Les systèmes de mise en œuvre de la protection sociale : un manuel de référence

Les systèmes de mise en œuvre de la protection sociale : un manuel de référence

Kathy Lindert,

Tina George Karippacheril,

Inés Rodríguez Caillava et

Kenichi Nishikawa Chávez,

éditeurs

GROUPE DE LA BANQUE MONDIALE

Table des matières

Chapitre 1   Objectifs, approche et feuille de route   1

Le Groupe de solutions mondiales sur les systèmes de mise en œuvre de protection sociale

Chapitre 2   Aperçu du cadre des systèmes de mise en œuvre   11

Kathy Lindert, Tina George Karippacheril, Kenichi Nishikawa Chávez et Inés Rodríguez Caillava

Chapitre 3   Information et sensibilisation   73

Surat Nsour, Vasumathi Anandan, Kathy Lindert et Tina George Karippacheril

Chapitre 4 Accueil, enregistrement des demandes et évaluation des besoins et des conditions de vie 97

Kathy Lindert, Phillippe Leite, Tina George Karippacheril, et Inés Rodríguez Caillava

Chapitre 5 Décisions d'éligibilité et d'inscription 169

*Kathy Lindert, Phillippe Leite, Tina George Karippacheril, Kenichi Nishikawa Chávez,
Inés Rodríguez Caillava et Anita Mittal*

Chapitre 6 Paiement des transferts monétaires 245

Tina George Karippacheril, Luz Stella Rodríguez, Ana Verónica López Murillo et Laura B. Rawlings

Chapitre 7   Fourniture de services sociaux et d'emploi   299

Lucía Solbes Castro, Verónica Silva Villalobos, Sara Giannozzi, María Cecilia Dedios et Kathy Lindert

Chapitre 8   Respect des obligations, actualisations et réclamations : décisions de sortie, notifications et gestion des réclamations   337

Kenichi Nishikawa Chávez, Kathy Lindert, Inés Rodríguez Caillava, John Blomquist, Saki Kumagai, Emil Tesliuc, Vasumathi Anandan, Alex Kamurase, Ahmet Fatih Ortakaya et Juul Pinxten

Figures

Tableaux

Avant-propos

Les systèmes de mise en œuvre de la protection sociale ont une importance cruciale. La conception des politiques et leurs systèmes de mise en œuvre ont toujours fonctionné de pair pour déployer des programmes aux effets significatifs. Il existe, dans la plupart des pays, une multitude de programmes à caractère social, parmi lesquels on peut citer les transferts monétaires, les subventions, les services de garde d'enfants, les dispositifs d'aide à la recherche d'emploi ou la promotion de la formation professionnelle. Ces différents programmes sont souvent fragmentés et leur accès parfois difficile pour grand nombre de bénéficiaires. Cependant, centrer ces politiques sur les individus et les ménages permettrait dans une large mesure de simplifier l'accès à ces services épars et d'en réduire la complexité, de promouvoir l'intégration des bénéficiaires et d'améliorer la couverture des différents programmes à caractère social. Les gouvernements y gagneraient également en efficacité, en qualité et en transparence. Les systèmes de mise en œuvre disposeraient de procédures plus simples et automatisées pour déterminer l'éligibilité des bénéficiaires, faciliter un contrôle régulier des prestations et services pour en améliorer la qualité, ce qui ne pourrait que contribuer à asseoir une relation de confiance entre les administrations et les populations.

Quelques exemples permettent d'illustrer ce que peuvent réaliser des systèmes plus efficaces de mise en œuvre de la protection sociale. En Turquie, un décret du Premier ministre a transféré des particuliers aux agents de l'administration nationale la mission de collecter les documents nécessaires pour l'enregistrement des ménages et individus auprès des différents services d'aide sociale et d'autres services publics. Cette décision a été le point de départ d'autres réformes administratives de grande ampleur qui ont contribué à une rationalisation du processus d'assistance sociale. En mettant à profit les moyens offerts par la technologie, permettant de coordonner la gestion de 24 agences à travers le pays, le délai d'instruction des demandes s'est trouvé réduit de 15 à 20 jours à quelques minutes seulement. Au Ghana, un programme de travaux publics à haute intensité de main-d'œuvre a permis d'économiser l'équivalent de 13 millions d'heures de travaux administratifs, grâce à l'automatisation des procédures d'enregistrement, d'inscription et de contrôle des bénéficiaires du programme, et de réduire les délais de paiement de leurs rémunérations de quatre mois à une semaine. Au Pakistan, une participation plus active des bénéficiaires aux activités de communication et au suivi des programmes par l'intermédiaire de « mères référentes » a permis d'améliorer le processus d'inscription des enfants dans les écoles primaires. Au Chili, des conseillers familiaux guident aujourd'hui les individus vulnérables, les familles en situation d'extrême pauvreté, les personnes âgées isolées, les sans-abris et les enfants dont les parents sont en détention, avec pour mission d'identifier les services d'aide sociale et les transferts dont ils ont besoin, et de leur en faciliter l'accès.

La Banque mondiale accompagne et assiste les gouvernements dans la mise en œuvre de leurs programmes et politiques depuis qu'elle œuvre dans le domaine de la protection sociale. Au fil du temps, nous avons accru l'intérêt pour ces programmes et développer les compétences internes nécessaires à leur mise en œuvre. Il y a cinq ans, nous avons créé un Groupe de solutions mondiales sur les systèmes de mise en œuvre de protection sociale et d'emploi avec pour mission d'approfondir nos connaissances sur le sujet, de renforcer les pratiques de la protection sociale et de l'emploi à l'échelle mondiale et de mettre l'accent sur les systèmes de mise en œuvre. Ce Groupe devait permettre de réunir des interlocuteurs issus de différents pays, d'élaborer des outils de connaissance et de participer à des activités didactiques. Si traiter des systèmes de mise en œuvre indépendamment des politiques mises en place peut de prime bord paraître artificiel, c'est néanmoins un moyen pratique d'aborder le sujet, à l'instar de la capacité d'une photo en noir et blanc de mieux souligner des formes qui n'apparaissent pas toujours à l'œil nu sur une photo en couleur. Et mieux discerner les formes de la mise en œuvre nous permettra en retour d'améliorer la composition et les politiques de la protection sociale.

Les travaux du Groupe de solutions mondiales consacrés aux systèmes de mise en œuvre de la protection sociale et de l'emploi ont porté sur de nombreux types de programmes spécifiques, notamment les transferts ciblant la pauvreté, les programmes relatifs au marché de l'emploi et à l'indemnisation du chômage, l'assistance invalidité, les différents services sociaux et professionnels, mais aussi sur les relations entre ces différents programmes. Ces travaux ont permis de tirer de très riches enseignements. Ils ont, notamment, pu mettre en lumière les éléments de la chaîne de mise en œuvre qui sont communs à de nombreux programmes de protection sociale. Cette découverte est importante car elle permet à des programmes créés pour un but spécifique de tirer des leçons utiles d'autres programmes, avant d'intégrer différents services à leur mise en œuvre.

Nous espérons que ce Manuel de référence contribuera à mieux comprendre et à mieux codifier nos connaissances des systèmes de mise en œuvre. Nous y avons inclus des solutions pratiques aux obstacles souvent rencontrés par nos clients, sur certains programmes, ou dans certains pays. Cet ouvrage a mobilisé le concours d'un très grand nombre d'auteurs, et tout aussi important, l'ensemble des collaborateurs qui ont participé aux différentes sessions de travail, missions, séminaires ou ateliers, et ont été les premiers témoins, sur le terrain, des propositions contenues dans ce Manuel. Nous avons voulu le rendre accessible au plus grand nombre, à la fois pour susciter la discussion sur certaines problématiques communes à tous les systèmes de mise en œuvre, et pour encourager les gestionnaires de programmes à rehausser les normes qui président à leur mise en œuvre, en s'inspirant peut-être de l'un des modèles présentés dans cet ouvrage. Ce Manuel de référence voit le jour à une époque où les crises sociales se font de plus en plus aigües et où la protection sociale peut être une forme de réponse. Dans le sillage de la pandémie de COVID-19, les gouvernements ont répondu aux chocs socio-économiques qui ont ébranlé le monde entier par la mise en œuvre de programmes de filets sociaux en faveur de millions de ménages. Près de 200 pays sur la planète ont engagé, sous diverses formes, des politiques de protection sociale destinées à indemniser les travailleurs de leurs pertes de revenus occasionnées par les mesures de confinement massives et le ralentissement économique généralisé qui s'en est suivi, et d'atténuer ainsi les effets néfastes de cette crise sur les personnes défavorisées et vulnérables. Ainsi, le paiement numérique des prestations de protection sociale a pu s'exercer dans le respect des exigences de distanciation sociale et dans des conditions garantissant leur sécurité et leur rapidité.

De nombreux pays s'efforcent aujourd'hui d'atteindre l'objectif de protection sociale universelle annoncé dans leurs stratégies nationales et figurant au rang des objectifs de développement durable. Par conséquent, la couverture et la complexité de leurs programmes exigeront certainement de recourir à des systèmes de mise en œuvre plus performants. Garantir l'inclusion des plus démunis et coordonner de nombreux programmes destinés à offrir à leurs bénéficiaires le meilleur accès possible et le système le plus efficient sont des défis qu'il va falloir relever. Nous espérons que cet ouvrage offrira à ces pays l'occasion de s'inspirer de l'expérience de nouveaux modèles en matière de systèmes de mise en œuvre, et partager leur savoir-faire.

Michal Rutkowski
Directeur du Pôle d'expertise mondiale pour la protection sociale et l'emploi
Banque mondiale

Préface

Ce *Manuel de référence* se veut être une synthèse de l'ensemble des connaissances et des expériences acquises à travers le monde en matière de systèmes de mise en œuvre de la protection sociale, en mettant l'accent sur les prestations et services sociaux et liés à l'emploi. Il présente l'intérêt d'aborder ces questions sous l'angle du *« comment »*. Comment en effet les différents pays du monde gèrent-ils la protection sociale en matière de versement des transferts et de fourniture de services ? Comment parviennent-ils à le faire de la manière la plus efficiente et efficace possible ? Comment peuvent-ils créer les conditions d'une inclusion dynamique dans un programme pour permettre à ceux qui en ont besoin d'y avoir accès ? Comment ces pays arrivent-ils à favoriser une meilleure coordination et une meilleure intégration, non seulement entre les différents programmes de protection sociale, mais aussi avec d'autres formes d'assistance par le gouvernement ? Comment peuvent-ils répondre aux besoins des populations cibles et assurer une meilleure satisfaction des bénéficiaires ?

Les systèmes de mise en œuvre de la protection sociale permettent de répondre à ces questions essentielles. Mais qu'entend-on par l'expression « systèmes de mise en œuvre » ? La réponse dépasse en effet la simple notion de prestation. Les systèmes de mise en œuvre de la protection sociale s'inscrivent dans un environnement opérationnel plus global permettant la mise en place des différents programmes de protection sociale. Cet environnement fait partie intégrante des principales étapes de leur déploiement, tout au long de la chaîne de mise en œuvre. Ces étapes sont communes à la plupart des programmes : elles passent par la sensibilisation,

l'accueil et l'enregistrement des bénéficiaires, mais aussi par l'évaluation des besoins et des conditions de vie, par l'éligibilité et l'inscription des bénéficiaires, jusqu'au versement des prestations et la fourniture des services, sans oublier la gestion et le suivi des bénéficiaires, ainsi que leur sortie des programmes. Les bénéficiaires et les organismes interagissent ainsi tout au long de la chaîne de mise en œuvre. Cette interaction est facilitée entre autres par les différents échanges qu'offrent les moyens de communication, les systèmes d'information et la technologie.

Ce *Manuel de référence* adopte une vision large de la protection sociale. Il couvre diverses populations ciblées, telles que les populations minoritaires, les familles défavorisées ou à faibles revenus, les chômeurs, ou encore les personnes handicapées et les individus confrontés à des risques sociaux. Il aborde plusieurs types d'interventions des pays en faveur des individus, des familles et des ménages, ce qui comprend différentes interventions par des programmes spécifiques, notamment le versement d'allocations familiales et de pensions à caractère social, ou les transferts conditionnels ou inconditionnels en espèces en faveur des personnes défavorisées, l'aide et l'indemnisation des chômeurs, ou encore l'aide et l'indemnisation des personnes handicapées. Sont également évoqués dans ce Manuel les différents services sociaux et professionnels, tels que les services d'aide à la recherche d'un emploi pour assister les personnes au chômage, ou les programmes actifs du marché du travail pour aider les chômeurs à améliorer leur employabilité. Il y est également question des différents services sociaux, notamment les services d'action sociale, les services sociaux et les services spécialisés, ainsi que les services d'aide et d'accompagnement dispensés au titre des transferts inconditionnels en espèces en faveur des personnes défavorisées (principalement dans le cadre des programmes centrés sur développement du capital humain et l'inclusion productive).

Ce *Manuel de référence* adopte enfin une perspective globale sur les différents systèmes de mise en œuvre de la protection sociale à travers le monde. Il prend exemple sur l'ensemble des régions du globe : l'Afrique, l'Asie de l'Est, le Pacifique, l'Europe, l'Asie centrale, l'Amérique latine, les Caraïbes, les pays de l'Afrique du Nord et du Moyen-Orient et l'Asie du Sud. Il repose sur un éventail de pays à faibles revenus, à revenus moyens et à revenus élevés.

Bien que ce *Manuel de référence* s'efforce de tirer les leçons des bonnes pratiques et des défis rencontrés partout dans le monde, il ne se veut nullement normatif. Le cadre des systèmes de mise en œuvre qui y sont présentés est plutôt destiné ici à asseoir une base de travail, concrète et pratique, pour engager un débat sur la mise en œuvre des programmes de protection sociale.

Ce Manuel de référence des systèmes de mise en œuvre de la protection sociale s'articule autour de huit principes clés qui constituent le code de conduite de la mise en œuvre :

1. Les systèmes de mise en œuvre ne suivent pas un modèle unique, mais tous les modèles partagent des points communs qui forment le cœur du cadre de mise en œuvre des systèmes de protection sociale.

2. La qualité de la mise en œuvre a une grande importance et la faiblesse de l'un des éléments constitutifs de la chaîne de mise en œuvre affectera négativement l'ensemble de celle-ci et réduira les impacts du ou des programmes qui lui sont associés.

3. Les systèmes de mise en œuvre évoluent dans le temps, de manière non linéaire et leur point de départ est important.

4. Dès le début de la mise en œuvre, des efforts devront être déployés pour « garder les choses simples » et pour « bien faire les choses simples ».

5. Le premier segment de la chaîne, à savoir l'interface entre les futurs bénéficiaires et l'administration, est souvent son maillon le plus faible. Son amélioration peut nécessiter des changements systémiques, mais ceux-ci contribueront considérablement à l'efficacité globale et atténueront les risques d'échec de cette interface.

6. Les programmes de protection sociale ne fonctionnent pas dans le vide et, par conséquent, leur système de mise en œuvre ne doit pas être développé en vase clos. Des opportunités de synergies entre institutions et systèmes d'information existent et les saisir peut améliorer les résultats des programmes.

7. Au-delà de la protection sociale, ces systèmes de mise en œuvre peuvent aussi améliorer la capacité des gouvernements à fournir d'autres prestations ou services, comme les subventions à l'assurance maladie, les bourses d'études, les tarifs sociaux de l'énergie, les allocations logement et l'accès aux services juridiques.

8. L'inclusion et la coordination sont des défis omniprésents et permanents. Pour les relever, il faut donc améliorer de façon continue les systèmes de mise en œuvre à travers une approche dynamique, intégrée et centrée sur la personne.

Remerciements

Ce *Manuel de référence* est le fruit du travail de toute une équipe dirigée par Kathy Lindert, Tina George et Inés Rodríguez Caillava, et composée de Kenichi Nishikawa Chávez, Lucía Solbes Castro, Estelle Raimondo, Briana Wilson, Phillippe Leite, Verónica Silva Villalobos, Sara Giannozzi, Surat Nsour, Vasumathi Anandan, Laura Rawlings, Luz Stella Rodríguez, Ana Verónica Lopez Murillo, John Blomquist, Ahmet Fatih Ortakaya, Saki Kumagai, Alex Kamurase, Emil Tesliuc, Juul Pinxten, Conrad Daly, Anita Mittal, Karen Peffley et Helena Makarenko. Elizabeth Schwinn et Nita Congress ont apporté leur aide éditoriale. L'orientation générale de l'ouvrage a été conduite par Michal Rutkowski (directeur global), Margaret Grosh (conseillère principale), Lynne Sherburne-Benz (directrice régionale) et Anush Bezhanyan (manager), tous issus du pôle mondial d'expertise en protection sociale et emploi au sein de la Banque mondiale.

Le *Manuel de référence* présente la particularité de synthétiser à la fois les expériences, les connaissances et les interventions recueillies par la Banque mondiale au cours des vingt dernières années sur les différents systèmes de mise en œuvre de la protection sociale à travers le monde. La création en juin 2015 du Groupe de solutions mondiales (GSG) sur les systèmes de mise en œuvre de la protection sociale et de l'emploi au sein du pôle mondial d'expertise en protection sociale et emploi a été l'occasion de systématiser et de rapprocher des décennies d'expérience et d'engagement de la Banque mondiale dans ce domaine. Les contributions des membres du Groupe GSG reposent sur l'implication directe d'interlocuteurs gouvernementaux et d'autres parties prenantes, qui sont essentiellement en première ligne dans la mise en œuvre de programmes de protection sociale dans un certain nombre de pays.

À cet égard, nous tenons à remercier nos propres équipes ainsi que nos interlocuteurs régionaux privilégiés pour leurs suggestions et leurs commentaires aux différents stades de la préparation de cet ouvrage. Ont ainsi accepté de réviser les épreuves de cet ouvrage, nos interlocuteurs régionaux : Bénédicte de la Brière et Melis Guven (pour l'Afrique), Changqing Sun (pour l'Asie de l'Est et le Pacifique) et Marina Petrovic (pour l'Europe et l'Asie centrale). Nous tenons à saluer aussi les interlocuteurs locaux qui ont contribué à ce *Manuel de Référence*, à savoir : Kenichi Nishikawa Chávez (pour l'Asie du Sud), Lucía Solbes Castro et Verónica Silva Villalobos (pour l'Amérique latine et les Caraïbes), Phillippe Leite (pour l'Asie du Sud) et Surat Nsour (pour le Moyen-Orient et l'Afrique du Nord), ainsi que les autres interlocuteurs régionaux, parmi lesquels : Alessandra Marini (pour l'Europe et l'Asie centrale), Elena Glinskaya (pour l'Asie de l'Est et le Pacifique) et Khalid Ahmed Moheyddeen (pour le Moyen-Orient et l'Afrique du Nord). L'ensemble de nos équipes tiennent également à exprimer leurs plus sincères remerciements à tous les collaborateurs qui ont apporté leurs contributions et leurs commentaires tout au long du processus d'élaboration de cet ouvrage, notamment : Aleksandra Posarac, Amjad Zafar Khan, Anand Raman, Anita Kumari, Asha Williams, Ashiq Aziz, Aylin Isik-Dikmelik, Boban Varghese Paul, Bojana Naceva, Cem Mete, Chipo Msowoya, Christabel Dadzie, Claudia P. Rodríguez Alas, Colin Andrews, Craig Kilfoil, David Ian Walker, Dominik Koehler, Elena Bardasi, Emily Weedon Chapman, Gisela Garcia, Gregory Chen,

Gustavo Demarco, Hana Brixi, Harish Natarajan, Heba Elgazzar, Iffath Sharif, Indhira Vanessa Santos, Jehan Arulpragasam, Jimena Garrote, Johannes Koettl, Josefina Posadas, Julieta Trias, Junko Onishi, Karol Karpinksi, Laura Ripani (IDB), Mahamane Maliki Amadou, Mariana Novikova, Matteo Morgandi, Mina Zamand, Mitchell Weiner, Muderis Abdulahi Mohammed, Nahla Zeitoun, Natalia Millan, Nina Rosas Raffo, Oleksiy Ivaschenko, Oleksiy Sluchynskyy, Pablo Ariel Acosta, Pablo Gottret, Philip O'Keefe, Quanita Khan, Raiden C. Dillard, Rashiel Velarde, Rasmus Heltberg, Rebecca Riso, Rene Antonio Leon Solano, Richon Mattis Nembhard, Robert Chase, Rovane Battaglin Schwengber, Ruslan Yemtsov, Samira Ahmed Hillis, Samantha Zaldivar, Sandor Sipos, Stefano Paternostro, Sylvia Baur, Ubah Thomas Ubah, Ugo Gentilini, Vlad Alexandru Grigoras, Yasuhiko Matsuda, Yasuhiro Kawasoe, Yoonyoung Cho, Yuliya Smolyar, et Zachary Green. Nous saluons également le concours apporté par le Groupe indépendant d'évaluation (IEG) de la Banque mondiale, dans le cadre de notre engagement de formation, pour sa contribution au Chapitre 9 de cet ouvrage intitulé « Évaluation des performances des systèmes de mise en œuvre de protection sociale ». Enfin, notre équipe tient à exprimer sa gratitude au *Rapid Social Response Trust Fund Program* soutenu par l'Australie, le Danemark, la Norvège, la Fédération de Russie, la Suède et le Royaume-Uni, et au *Programme du Protection Sociale Adaptative au Sahel*, programme soutenu par l'Allemagne, le Danemark, la France et le Royaume-Uni, pour leurs généreuses dotations sans lesquelles cet ouvrage et la version française n'aurait pas vu le jour. Cette contribution nous a permis de systématiser nos connaissances sur les différents systèmes intégrés de données sociales, qui ont pu enrichir certaines parties de ce recueil et de veiller à ce que le Sourcebook soit accessible aux spécialistes anglophones et francophones. La vocation de ce *Manuel de référence* est d'apporter une contribution dans la poursuite des travaux engagés avec les partenaires du développement, dans le cadre de l'Initiative d'évaluation interagences sur la protection sociale (*Interagency Social Protection Assessment Initiative* en Anglais).

La traduction a été réalisée par JPD Systems. En outre, l'équipe tient à remercier les collègues qui ont apporté leur soutien à la traduction et à l'édition de ce Sourcebook en français, à savoir Mahamane Maliki Amadou, Joachim Boko, Stephanie Brunelin, Aline Coudouel, Bénédicte De La Briere, Dieynaba Diallo, Matthieu Lefebvre, Mba Minko Djekombe Rony, Solène Rougeaux, Dame Seck Thiam, Kalilou Sylla, et Caroline Tassot. Le travail de traduction a été coordonné par Helena Makarenko (assistante de programme) et le processus de composition a été géré par Stephen Pazdan (éditeur de production).

À propos des rédacteurs, auteurs et contributeurs qui ont prêté leur concours à cet ouvrage

Rédacteurs

Tina George Karippacheril est spécialiste senior en protection sociale au sein de la Banque mondiale pour la région Afrique. Elle dirige un programme à travers six pays, intitulé « Programme d'identification unique pour l'intégration régionale et l'inclusion en Afrique de l'Ouest (WURI) », qui s'est vu décerner le Prix d'excellence du président de la Banque mondiale. Elle occupait auparavant les fonctions de co-responsable mondiale auprès du Groupe des systèmes de mise en œuvre. Ses travaux portent sur la gouvernance numérique, les systèmes de mise en œuvre de la protection sociale, les registres sociaux et les systèmes fondamentaux d'identification. Elle s'est également consacrée aux paiements de transferts de protection sociale et aux plateformes dédiées aux personnes défavorisées. Parmi ses publications les plus récentes, on peut citer notamment ses ouvrages intitulés Investing in People : Social Protection for Indonesia's 2045 Vision (paru en 2020) et Social Registries for Social Assistance and Beyond (paru 2017). Tina George Karippacheril est titulaire d'un doctorat en technologie, politique et gestion de la Technische Universiteit Delft des Pays-Bas.

Kathy Lindert a occupé le poste de responsable mondiale du Groupe des systèmes de mise en œuvre au sein du pôle mondial d'expertise en protection sociale et emploi à la Banque mondiale. Kathy a travaillé pendant cinq ans au bureau de la Banque mondiale au Brésil, où elle a géré notre partenariat dans le cadre du programme local Bolsa Família. Elle a également été responsable du secteur de la protection sociale pour la région Europe et Asie centrale. Elle a notamment rédigé des articles sur les filets sociaux, sur la pauvreté, sur les dépenses sociales, ou sur la redistribution et les transferts. Elle est également auteur d'articles consacrés aux registres sociaux, à la mise en œuvre décentralisée des transferts monétaires conditionnels et à la réforme des subventions alimentaires. Kathy Lindert est titulaire d'une licence en économie internationale de l'Université américaine de Paris, ainsi que d'une maîtrise et d'un doctorat en économie de l'Université d   e Californie à Davis.

Kenichi Nishikawa Chávez est économiste senior en protection sociale au sein du pôle mondial d'expertise en protection sociale et emploi à la Banque mondiale pour la région Asie du Sud. Il a beaucoup œuvré à la création et à la mise en œuvre de programmes et sur la protection sociale adaptative, en Amérique latine et en Asie du Sud. Avant de rejoindre la Banque mondiale, Kenichi occupait la fonction de directeur responsable de la mise en œuvre au ministère du Développement social du Mexique. Il est titulaire d'une maîtrise en administration publique auprès de l'Université de Cornell et d'une maîtrise en développement international délivrée par l'Université de Nagoya au Japon.

Inés Rodríguez Caillava est spécialiste de la protection sociale au sein du pôle mondial d'expertise en protection sociale et emploi à la Banque mondiale. Elle est par ailleurs membre du Groupe de solutions mondiales sur les systèmes de mise en œuvre de la protection sociale et de l'emploi, qui a pour mission d'approfondir et de développer les connaissances et la pratique à l'échelle mondiale en matière de mise en œuvre de la protection sociale. Elle a aussi travaillé sur les programmes consacrés aux filets sociaux, ainsi que sur les systèmes de mise en œuvre en Angola, au Burkina Faso, en République du Congo, à Djibouti, en Guinée-Bissau et au Mozambique. Inés Rodríguez Caillava est titulaire d'une licence et d'une maîtrise en relations internationales de l'Universidad de San Andrés en Argentine, et d'une maîtrise en développement international de la George Washington University.

Auteurs

Vasumathi Anandan est une spécialiste des politiques et sociologue qui possède plus de 10 ans d'expérience dans les domaines du développement international, des politiques publiques, de la recherche et des technologies de l'information et de la communication. Elle exerce au sein du pôle mondial d'expertise en protection sociale et emploi à la Banque mondiale depuis 2014. Avant cela, elle a travaillé auprès de l'Indian Institute of Technology de Madras, qui est le principal organisme de recherche et de technologie en Inde. Vasumathi Anandan est titulaire d'un master supérieur de recherche, avec une spécialisation en politique, délivré par l'Université George Washington, et d'un master supérieur de recherche en sociologie médicale du Loyola College en Inde.

John Blomquist est le responsable mondial du Groupe de solutions mondiales sur les systèmes de mise en œuvre de la protection sociale et de l'emploi à la Banque mondiale. Son travail porte sur les systèmes de mise en œuvre et sur la création de programmes, en particulier pour le secteur informel et non structuré. Il bénéficie d'une expérience acquise dans le secteur privé et, au cours des 25 dernières années, il a eu l'occasion d'exercer dans la plupart des régions du globe. John Blomquist est titulaire d'un doctorat en économie de l'Université de Pennsylvanie.

María Cecilia Dedios est professeur adjoint à l'Universidad de Los Andes de Colombie. Elle est chargée de recherche à la London School of Economics and Political Science de Londres. Ses travaux portent sur les processus de socialisation intrafamiliale et intragénérationnelle chez les jeunes vivant dans des milieux défavorisés, et sur la cognition sociale en relation avec les phénomènes de violence au sein de cette même population.

Sara Giannozzi est spécialiste senior en protection sociale au sein de l'unité Asie de l'Est et Pacifique du pôle mondial d'expertise en protection sociale et emploi à la Banque mondiale. Elle a beaucoup travaillé, en Afrique, en Asie de l'Est, en Amérique latine et aux Caraïbes, sur les systèmes de mise en œuvre, sur les services d'intermédiation, sur les filets sociaux et sur l'insertion économique. Sara Giannozzi est titulaire d'un diplôme en économie de l'Université de Florence en Italie, et d'une maîtrise en développement international de l'École des hautes études internationales de l'Université Johns Hopkins.

Margaret Grosh est conseillère principale au sein du pôle mondial d'expertise en protection sociale et emploi à la Banque mondiale. Elle a écrit et donné des conférences au niveau mondial et en Amérique latine sur la protection sociale, en particulier sur l'aide sociale, en plus des conseils qu'elle dispense par ailleurs. Elle bénéficie d'une large expérience en matière de protection sociale, qui est conçue autant pour répondre aux crises sociales que pour améliorer l'égalité des chances. Margaret Grosh est titulaire d'un doctorat en économie de l'Université de Cornell.

Alex Kamurase est spécialiste confirmé en protection sociale à la Banque mondiale. Il est fort de plusieurs années d'expérience dans les domaines opérationnels, analytiques et politiques, s'agissant des programmes centrés sur la réduction de la pauvreté, en Afrique, aux Caraïbes et au Moyen-Orient. Il a contribué à des articles et à des rapports consacrés aux filets sociaux, aux politiques de développement humain et à la participation des citoyens. Alex Kamurase est titulaire d'un master supérieur de recherche en gestion économique et finances publiques de l'Université de Birmingham au

Royaume-Uni, et d'une licence en commerce de l'Université de Makerere en Ouganda.

Saki Kumagai est spécialiste de la gouvernance à la Banque mondiale. Elle est plus particulièrement spécialisée dans l'aide apportée aux gouvernements dans la mise en place de systèmes à la fois plus transparents, plus responsables et plus participatifs. Saki dirige les travaux de la pratique mondiale de la gouvernance, en matière de participation des citoyens et de technologie communautaire. Elle collabore également à plusieurs programmes financés par la Banque mondiale, comme ceux en République arabe d'Égypte, en Éthiopie, au Malawi et en Somalie.

Phillippe Leite est spécialiste senior en protection sociale au sein de l'unité Asie du Sud, auprès du pôle mondial d'expertise en protection sociale et emploi à la Banque mondiale. Il a beaucoup œuvré à la création de programmes d'aide sociale en Afrique et en Amérique latine. Au sein du Groupe de recherche sur le développement de la Banque mondiale, il a également travaillé sur les facteurs déterminants, générateurs de pauvreté et d'inégalité, ainsi que sur les méthodes de cartographie de la pauvreté et sur les modèles de simulation microéconométriques. Philippe Leite est titulaire d'une licence et d'un master en statistiques (échantillonnage et modélisation) de l'ENCE/Brésil. Il est également diplômé d'un master et d'un doctorat en économie de l'École des Hautes Études en Sciences sociales de Paris.

Ana Verónica López Murillo exerce en qualité de consultante au sein du pôle mondial d'expertise en protection sociale et emploi à la Banque mondiale depuis 2012. Elle a écrit et contribué sur de nombreux sujets liés à la protection sociale et à l'emploi. Elle a notamment participé à des recherches sur les systèmes de paiement, sur les systèmes d'information sociale ou sur le ciblage et l'emploi des jeunes. Ana Verónica López Murillo est titulaire d'une maîtrise en économie du développement de l'Université américaine.

Anita Mittal est une experte senior en informatique qui travaille, au sein du pôle mondial d'expertise en protection sociale et emploi à la Banque mondiale, sur le programme intitulé « Initiative d'Identification pour le développement » (ID4D). Elle élabore des notes techniques pour les praticiens et propose des modèles de solutions. Elle conseille également les pays clients sur la mise en œuvre de systèmes d'identification numérique et de protection sociale. Elle bénéficie d'une expérience dans la mise en œuvre de projets de gouvernance électronique, notamment le projet Aadhaar en Inde. Anita Mittal a une certification en gestion de projets et dispose d'une licence et d'une maîtrise en informatique et en ingénierie.

Surat Nsour est spécialiste senior en protection sociale au sein de la Banque mondiale auprès du département Développement du capital humain en Afrique. Elle a rejoint la Banque mondiale en 2002. Elle a beaucoup œuvré à la protection sociale par une série d'interventions plus spécifiquement consacrées aux fonds sociaux, aux filets sociaux et aux marchés de l'emploi. Elle a contribué à la Stratégie de protection sociale et a mené des travaux sur la protection sociale, tant au plan national qu'à l'échelon régional, principalement dans les pays à revenus intermédiaire et élevé, dans les pays de l'Association internationale de développement et dans les pays en situation de post-conflit. Surat Nsour est titulaire d'un master en développement social et organisationnel de l'Université George Mason, et d'une licence en ingénierie architecturale de l'Université jordanienne des sciences et technologies.

Ahmet Fatih Ortakaya est spécialiste senior en protection sociale à la Banque mondiale, avec plus de 14 ans d'expérience dans la recherche, l'élaboration et la mise en œuvre de politiques de développement. Avant de rejoindre la Banque mondiale, il a travaillé comme consultant auprès de l'Organisation de coopération et de développement économiques (OCDE) et a également occupé un poste de haut fonctionnaire au sein du gouvernement turc. Il a également conduit un projet visant à réformer l'approche de ciblage des programmes de protection sociale. Ce projet visait aussi à imaginer et à développer le système intégré d'aide sociale en Turquie. Ahmet coordonne actuellement les travaux portant sur la réforme des filets sociaux en Arabie saoudite. Il s'intéresse principalement à la conceptualisation et mise en œuvre de programmes, aux systèmes de mise en œuvre de la protection sociale, aux algorithmes d'adéquation professionnelle des emplois, ainsi qu'aux approches de ciblage et à l'analyse prédictive. Ahmet Fatih Ortakaya est titulaire d'un doctorat en statistiques de l'Université technique du Moyen-Orient en Turquie.

Juul Pinxten est spécialiste de la protection sociale à la Banque mondiale. Il est en poste à Jakarta en Indonésie. Il a travaillé pendant un an au sein du Pôle d'expertise mondiale Pauvreté & équité, puis cinq ans auprès du Pôle d'expertise mondiale Protection sociale & emploi, toujours depuis l'Indonésie. Il a beaucoup œuvré en Indonésie et au Timor-Leste sur la création et la mise en œuvre des transferts monétaires, sur les systèmes de mise en œuvre de l'aide sociale et sur les méthodologies de ciblage.

Estelle Raimondo est cadre senior d'évaluation, chargée d'évaluation au sein du Groupe d'évaluation indépendant de la Banque mondiale. Forte de 10 ans d'expérience dans le domaine de l'évaluation du développement, elle est membre universitaire du Programme international de formation à l'évaluation du développement. Elle siège au conseil d'administration de la Société européenne d'évaluation. Ses recherches ont fait l'objet de publications approuvées par ses confrères dans plusieurs revues et manuscrits internationaux. Estelle Raimondo a obtenu un doctorat en recherche sur l'évaluation à l'Université George Washington.

Laura B. Rawlings est économiste principale à la Banque mondiale. Elle a conduit des recherches, des activités opérationnelles et des travaux consultatifs portant sur la création, la mise en œuvre et l'évaluation de programmes de développement du capital humain. Elle a également été coordinatrice et coauteur de deux ouvrages : *Impact Evaluation in Practice et Resilience, Equity, and Opportunity: The World Bank's Social Protection and Labor Strategy 2012-2022*. Elle est aussi membre de l'équipe du Projet consacré au capital humain, et professeur auxiliaire chargée du Programme de développement du capital humain de l'Université de Georgetown.

Luz Stella Rodríguez est spécialiste de la protection sociale à la Banque mondiale. Elle travaille en partenariat avec les pays d'Amérique latine et des Caraïbes pour renforcer la création et la mise en œuvre des systèmes de protection sociale. Luz contribue également à l'Agenda mondial des connaissances, destiné à améliorer l'efficacité et l'impact des prestations et services fournis par les gouvernements et centrés sur l'humain. Avant de rejoindre la Banque mondiale, Luz a rempli plusieurs fonctions en Colombie : elle a occupé un poste de fonctionnaire au ministère des Finances, a travaillé au sein du département de la planification nationale et a servi auprès du cabinet du chef de l'État. Elle a également travaillé avec des institutions financières internationales et des organisations onusiennes.

Verónica Silva Villalobos est spécialiste senior en protection sociale au sein du pôle mondial d'expertise en protection sociale et emploi à la Banque mondiale. Elle possède une solide expérience des politiques d'intervention dans le domaine de l'aide sociale et des services sociaux. Elle gère les politiques et les programmes sociaux à l'échelon des gouvernements, tout en conseillant les pays à travers le monde, particulièrement en Amérique latine et dans les Caraïbes.

Lucía Solbes Castro est spécialiste de la protection sociale au sein de l'unité Europe et Asie centrale, auprès du pôle mondial d'expertise en protection sociale et emploi à la Banque mondiale. Elle a rejoint la Banque mondiale en 2010 pour intégrer l'équipe qui a élaboré le *Rapport 2012 sur le développement dans le monde : égalité des sexes et développement*. Elle a depuis participé à des programmes de filets sociaux et à des systèmes de mise en œuvre de protection sociale en Afrique, en Europe, en Asie centrale et en Amérique latine. Lucía Solbes Castro est titulaire d'une licence en mathématiques de l'Universidad Complutense en Espagne, et d'un master en économie de l'Institut universitaire européen en Italie.

Emil Tesliuc est économiste senior à la Banque mondiale. Il est coauteur de deux ouvrages sur la création et la mise en œuvre de programmes d'aide sociale : *For Protection and Promotion: The Design and Implementation of Effective Safety Nets (paru en 2008) et Income Support for the Poorest: A Review of Experience in Eastern Europe and Central Asia* (paru en 2014). Il est également à l'origine d'un outil d'estimation de l'incidence des programmes de protection sociale, dénommé ADePT-SP. Emil Tesliuc est titulaire d'un doctorat en économie de l'Université d'études économiques de Bucarest, et d'une maîtrise en politique publique de l'Université de Princeton.

Briana Wilson est économiste senior en protection sociale au sein du pôle mondial d'expertise en protection sociale et emploi à la Banque mondiale. Elle est spécialisée dans le suivi et l'évaluation des politiques de protection sociale. Depuis 2009, elle a contribué à la création et à l'évaluation de différents programmes, en Afrique, en Europe, en Asie centrale et en Amérique latine. Avant cela, elle a exercé au sein des services consultatifs de la Société financière internationale. Briana Wilson est titulaire d'une licence de la Northwestern University, et d'une maîtrise de l'École des hautes études internationales de l'Université Johns Hopkins.

Contributeurs

Ashiq Aziz, spécialiste senior en protection sociale, Banque mondiale

Sylvia Baur-Yazbeck, analyste du secteur financier, Groupe consultatif d'assistance aux personnes défavorisées

Greg Chen, spécialiste du secteur financier, Groupe consultatif d'assistance aux personnes défavorisées

Christabel Dadzie, spécialiste de la protection sociale, Banque mondiale

Conrad Daly, consultant juridique senior, Banque mondiale

Gustavo Demarco, économiste principal, Banque mondiale

Heba Elgazzar, chef de projet, Banque mondiale

Melis Guven, spécialiste senior en protection sociale, Banque mondiale

Karol Karpinski, spécialiste du secteur financier, Banque mondiale

Amjad Zafar Khan, spécialiste senior en protection sociale, Banque mondiale

Quanita Khan, ex-consultante, Banque mondiale

Craig Kilfoil, consultant, Banque mondiale

Yasuhiko Matsuda, chef de projet, Banque mondiale

Harish Natarajan, spécialiste principal du secteur financier, Banque mondiale

Karen Peffley, analyste des opérations, Banque mondiale

Anand Raman, consultant, Banque mondiale

Nina Rosas Raffo, économiste senior, Banque mondiale

Ambrish Shahi, spécialiste senior en protection sociale, Banque mondiale

Oleksiy A. Sluchynskyy, économiste senior, Banque mondiale

Cornelia Tesliuc, spécialiste senior en protection sociale, Banque mondiale

Ubah Thomas Ubah, spécialiste senior en protection sociale, Banque mondiale

Nahla Zeitoun, spécialiste senior en protection sociale, Banque mondiale

Acronymes

4Ps	Programme Pantawid Pamilyang Pilipino (Philippines)	CPU	Unité centrale de traitement (*Central Processing Unit*)
AC	Assurance chômage	CUT	Compte unique du Trésor
ACA	Analyse coûts-avantages	CV	Curriculum vitae
AcC	Aide en cas de chômage	D2D	Porte-à-porte (*door-to-door*)
ACE	Analyse coûts-efficacité	DA	Assistance aux handicapés (*Disability Assistance*)
AED	Analyse par enveloppement des données	DESPE	Développement, éducation et soins à la petite enfance
AI	Assurance Invalidité		
ANS	Accord de niveau de service	DHHS	Département de la santé et des services sociaux
ASPIRE	Atlas des indicateurs de résilience et d'équité de la protection sociale (Banque mondiale) (*Atlas of Social Protection Indicators of Resilience and Equity*)	DHS	Département des services sociaux
		DIPRES	Direction du Budget (Chili) (*Dirección de Presupuesto*)
BBC	Comité des bénéficiaires du BISP (Pakistan) (*BISP Beneficiary Committee*)	DPSD	Département de la protection sociale et du développement (Philippines)
BDU	Base de données unifiée (Indonésie)	DPSE	Division de la planification, du suivi et de l'évaluation
BFP	Programme Bolsa Família (Brésil) (*Bolsa Família Program*)	DTE	Département du travail et de l'emploi
BIGS	Institut brésilien de géographie et de statistiques (*Brazilian Institute of Geography and Statistics*)	EFC	Erreur(s), fraude et corruption
		EFD	Équipe de formation de district
		e-GOV	Gouvernance en ligne (programme)
BISP	Programme Benazir de soutien des revenus (Pakistan) (*Benazir Income Support Programme*)	EPO	Examen des processus opérationnels
		FA	Programme Familias en Acción (Colombie)
BISS	Bureaux de l'Institut de la sécurité sociale	FCV	Fragilité, conflits et violence
BOMS	Système(s) de gestion des opérations des bénéficiaires (*Beneficiary Operations Management System(s)*)	FEDLRS	Fonds pour stimuler la performance et l'atteinte des résultats sociaux (Pérou) (*Fondo de Estímulo al Desempeño y Logro de Resultados Sociales*)
BPC	Prestation continue d'assistance (Brésil) (*Benefício de Prestação Continuada*)	FMIS	Système d'information sur la médecine familiale (Turquie) (*Family Medicine Information System*)
BSE	Bureau du service de l'emploi		
BSS	Bureau des services sociaux		
BUS	Système de mise à jour des bénéficiaires (Philippines) (*Beneficiary Update System*)	G2P	De gouvernement à personne (Paiements)
		GAB	Guichet automatique bancaire
CCH	Conception centrée sur l'humain	GDSA	Direction générale de l'assistance sociale (Turquie) (*General Directorate of Social Assistance*)
CLD	Chômeur de longue durée/chômage		
CNA	Chômeur non assuré		
COC	Ciblage des organisations communautaires	GPS	Système mondial de géolocalisation (*Global Positioning System*)

HH	Ménage (*household*)	PATH	Programme pour l'avancement par la santé et l'éducation (Jamaïque) (*Programme for the Advancement of Health and Education*)
HMT	Évaluation hybride des ressources (*hybrid means testing*)		
HTTP	Protocole de transfert hypertexte (*hypertext transfer protocol*)	PDV	Point(s) de vente
ID	Identité/identification	PEEF	Pas dans l'emploi, l'éducation ou la formation
IFMIS	Système intégré d'information de gestion financière (*Integrated Financial Management Information System*)	PH	Personne(s) en situation de handicap
		PIB	Produit intérieur brut
ISAS	Système intégré d'assistance sociale (Turquie) (*Integrated Social Assistance System*)	PIN	Numéro d'identification personnel (*Personal Identification Number*)
		PKH	Programme Keluarga Harapan (Programme de transferts monétaires conditionnels - Indonésie)
ISS	Institut de la sécurité sociale		
JSCI	Instrument de classification des demandeurs d'emploi (Australie) (*Job Seeker Classification Instrument*)	PMT	Évaluation des ressources par approximation (*Proxy Means Testing*)
		PS	Protection sociale
LGBT	Lesbiennes, gays, bisexuels et transgenres	PSP	Prestataire de services de paiement
MCC	Connexion communautaire du Maryland (*Maryland Community Connection*)	PSSN	Filet social productif (Tanzanie) (*Productive Social Safety Net*)
MdAS	Ministère des affaires sociales (Indonésie)	PTMS	Programme de transfert monétaire social (Malawi)
MdE	Ministère de l'éducation	RAM	Mémoire vive (*Random-Access Memory*)
MDS	Ministère du développement social (Brésil)	RAS	Région administrative spéciale
MdS	Ministère de la santé	RCT	Ratio coûts - transferts
MdTASEC	Ministère du travail, de l'assistance sociale et de l'égalité des chances (Albanie)	RGPD	Règlement général sur la protection des données (Union européenne)
		RMD	Revenu minimum différencié
MdTPS	Ministère du travail et de la protection sociale (Roumanie)	RMG	Revenu minimum garanti
		RSH	Registre social des ménages (*Registro Social de Hogares*) (Chili)
MENA	Région Moyen-Orient et Afrique du Nord (*Middle East and North Africa*)		
		RTCT	Ratio total coûts-transferts
MGR	Mécanisme de gestion des réclamations	SAGI	Secrétariat général pour l'évaluation et l'information (Brésil)
MIDIS	Ministère du développement et de l'inclusion sociale (Pérou) (*Ministerio de Desarrollo e Inclusión Social*)	SASF	Fondation d'assistance sociale et de solidarité (Turquie) (*Social Assistance and Solidarity Foundation*)
MoU	Protocole d'accord (*Memorandum of Understanding*)		
		SIBEC	Système de gestion des bénéficiaires (Brésil - *Sistema de Benefícios ao Cidadão*)
MT	Évaluation des ressources (*Means Testing*)		
NPMO	Bureau national de gestion du programme (Philippines) (*National Program Management Office*)	SICEC	Système de certification électronique des co-responsabilités (Mexique)
		SIG	Système d'information géographique
		SIG	Système d'information de gestion
NQSF	Cadre national des normes de qualité (Irlande) (*National Quality Standards Framework*)	SIIOP	Système d'information institutionnel pour le fonctionnement du programme Prospera (Mexique) (*Sistema Institucional de Información para la Operación del Programa*)
NSER	Registre socio-économique national (Pakistan) (*National Socioeconomic Registry*)		
		SIM	Module d'identification d'abonné (*Subscriber Identity Module*)
NTB	National Trust Bank		
OCDE	Organisation de coopération et de développement économiques	SISBEN	Système de sélection des bénéficiaires des programmes sociaux (registre social colombien) (*Sistema de Selección de Beneficiarios para Programas Sociales*)
OIT	Organisation internationale du travail		
ONG	Organisation non gouvernementale		
ORM	Opérateur de réseau mobile		
P2G	De personne à gouvernement (Paiements)		
PAI	Plan d'action individualisé		
PAMT	Programme actif du marché du travail		

SMS	Service de messages courts (texte) (*Short Message Service*)	UCA	Allocation universelle pour enfant (*Universal Child Allowance*)
SNE	Service national de l'emploi	UCA-PLUS	Allocation universelle pour enfant - PLUS (*Universal Child Allowance Plus*) (comprend un supplément pour les enfants vulnérables)
SNEA	Système national d'emploi et d'assurance		
SPE	Service(s) public(s) de l'emploi		
TCV	Temps, coûts et visites	VUP	Programme Umurenge - Vision 2020 (Rwanda) (*Vision 2020 Umurenge Program*)
TI	Technologies de l'information		
TMC	Transfert monétaire conditionnel (Programme)	WeT	Programme Waseela-e-Taleem (Pakistan) (*Waseela-e-Taleem Program*)
TMC	Transfert monétaire conditionnel	ZEE	Zone économique exclusive
TMI	Transfert monétaire inconditionnel		
UBR	Registre unifié des bénéficiaires (Registre social du Malawi) (*Unified Beneficiary Registry*)		

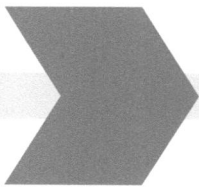

Chapitre 1

Objectifs, approche et feuille de route

Le Groupe de solutions mondiales sur les systèmes de mise en œuvre de protection sociale

La plupart des pays ont adopté des systèmes de protection sociale dont l'objectif est de bâtir un modèle fondé sur l'équité, les opportunités et la résilience pour leurs populations. Ces systèmes permettent d'apporter une aide aux populations, à travers un large éventail de prestations et de services qui redistribuent les revenus pour réduire les inégalités et la pauvreté et soutenir des investissements dans le capital humain. Ils constituent des relais contre les chocs et les risques de tous ordres, parmi lesquels on peut citer la pauvreté, la perte de revenus liée au grand âge, les chocs économiques, les catastrophes naturelles, le changement climatique, ou encore contre les conflits armés et les déplacements forcés. Ces interventions étatiques reposent généralement sur trois grands « piliers » de la protection sociale, à savoir : l'assistance sociale (qui comprend les prestations non contributives et les divers services sociaux), l'assurance sociale (qui concerne les prestations basées sur des cotisations contributives), et les politiques de l'emploi (qui englobent les prestations contributives et non contributives, ainsi que les services à l'emploi)[1].

Alors que beaucoup d'attention est donnée à l'élaboration des différents systèmes d'intervention en matière de protection sociale, ce *Manuel de référence* présente l'intérêt d'aborder cette problématique sous l'angle du « comment ». Plus spécifiquement, comment les différents pays du monde fournissent-ils les prestations et services de la protection sociale ? Comment les différentes composantes des systèmes de mise en œuvre peuvent-elles s'articuler entre elles pour parvenir à la mise en œuvre souhaitée des programmes ? Comment les pays parviennent-ils à le faire de la manière la plus efficace et efficiente possible ? Comment peuvent-ils créer les conditions d'une inclusion dynamique pour permettre aux personnes d'y accéder quand elles en ont besoin ? Comment les systèmes de mise en œuvre peuvent-ils être mis à profit pour favoriser une meilleure coordination et une meilleure intégration, non seulement entre les différents programmes de protection sociale, mais aussi avec les autres dispositifs gouvernementaux ? Comment peuvent-ils répondre aux besoins des populations ciblées et assurer une meilleure expérience client ? Les systèmes de mise en œuvre de protection sociale permettent de répondre à ces questions essentielles.

L'objectif de ce *Manuel de référence* est de faire la synthèse de l'ensemble des connaissances et des expériences acquises à travers le monde en matière de systèmes de protection sociale, en mettant l'accent sur les différents régimes de prestations sociales et d'emploi. L'idée est d'explorer plus en détail comment les différents systèmes sont mis en œuvre en pratique, en s'appuyant à la fois sur les politiques adoptées, sur la création des différents dispositifs de protection sociale et sur leur financement, tout en considérant les rapports et les problématiques éventuelles qui se posent entre les objectifs politiques poursuivis et leurs mises en œuvre effectives. Le contenu de ce *Manuel de référence* s'adresse avant tout aux professionnels de la protection sociale, aux équipes de la Banque mondiale et aux partenaires du développement qui travaillent à travers le monde sur divers programmes et systèmes de protection sociale.

Les systèmes de mise en œuvre constituent l'environnement opérationnel pour la mise en œuvre des prestations et services de protection sociale. Le cadre même des systèmes de mise en œuvre précise les composantes essentielles sur lesquelles repose cet environnement opérationnel d'ensemble. Ce cadre intègre les principales étapes de leur déploiement, tout au long de la chaîne de mise en œuvre. Ces différentes étapes sont communes à la plupart des programmes. Pour commencer, elles passent par la sensibilisation, l'accueil et l'enregistrement des bénéficiaires. Viennent ensuite l'évaluation de leurs besoins et conditions de vie, la vérification de leur éligibilité, la décision de leur inscription et la détermination des prestations et services qu'ils pourraient recevoir. La décision au sujet de leur intégration dans le programme mène au versement des prestations et à la fourniture des services, sans oublier également le contrôle et la mise à jour des données relatives aux bénéficiaires, la gestion des opérations des bénéficiaires, celle des plaintes ou réclamations et des sorties des programmes, ainsi que règlement des réclamations. Les principaux acteurs du système, qu'il s'agisse des individus (demandeurs et bénéficiaires) ou des institutions sociales (tant au plan national que local), interagissent entre eux tout au long de la chaîne de mise en œuvre de services. Cette interaction est facilitée entre autres par les différents échanges qu'offrent les moyens de communication, les systèmes d'information et la technologie. Ce cadre commun peut s'appliquer à un ou plusieurs programmes sociaux, comme à n'importe quel système de protection sociale adaptative.

Ce *Manuel de référence* adopte une vision large de la protection sociale. Il couvre un large spectre de populations ciblées et d'interventions étatiques. Parmi ces populations ciblées figurent notamment des groupes démographiques, les familles pauvres ou à faibles revenus, les personnes sans emploi, ou encore les personnes handicapées et les individus confrontés à des risques sociaux (voir le tableau 1.1). Ce manuel aborde également plusieurs types d'interventions des pays en faveur des individus, des familles et des ménages. Cela inclut des prestations telles que les programmes catégoriels (allocations familiales et pensions sociales), les transferts monétaires conditionnels et inconditionnels en faveur des pauvres, l'assurance chômage, l'assistance et l'assurance en cas de handicap[2]. Sont également évoqués dans ce manuel les différents services sociaux et professionnels, tels que les services d'aide à la recherche d'un emploi pour assister les personnes au chômage, ou les programmes actifs du marché du travail pour aider les personnes privées d'emploi à améliorer leur employabilité, comme les plans de formation professionnelle. Il y est également question de différents services sanitaires et sociaux, notamment les services d'action sociale, les services médico-sociaux et les services spécialisés, ainsi que des mesures d'accompagnement dispensées au titre des transferts monétaires inconditionnels en faveur des personnes pauvres (principalement dans le cadre des programmes centrés sur le développement du capital humain et l'inclusion productive)[3].

Le fait de porter un regard très large sur les différents systèmes de protection sociale est une démarche qui présente plus d'un avantage. En premier lieu, il est toujours instructif de scruter la manière dont les divers dispositifs de prestations et de services sont mis en œuvre en pratique à chacune de leurs phases. En second lieu, il est intéressant de constater que les interventions étatiques sont souvent liées les unes aux autres dans un ensemble de mesures de prestations et de services. Par exemple, certaines mesures d'activation peuvent

Tableau 1.1 Typologie des groupes de populations ciblées et des programmes de protection sociale référencés dans ce manuel

Groupes de populations ciblés		Types de programmes (exemples)
	Groupes démographiques • Enfants • Personnes âgées	Programmes catégoriels • Allocations de naissance — Allocations pour enfants • Pensions de vieillesse
	Statut socio-économique • Familles à faibles revenus • Familles pauvres	Programmes axés sur la pauvreté • Transferts monétaires inconditionnels tels que le revenu minimum garanti ou d'autres formes d'aides en espèces • Transferts monétaires conditionnels • Programmes d'emplois publics • Au-delà des programmes de protection sociale : subventionnements de l'assurance maladie, dotations de bourses d'études, allocations logement
	Statut de la main-d'œuvre • Travailleurs privés d'emploi • Travailleurs découragés ou inactifs • Demandeurs d'emploi	Prestations et services liés à l'activité professionnelle • Assurance chômage et prestations de chômage • Services d'aide à la recherche d'emploi : libre-service, services d'aide à la recherche d'emploi, etc. • Programmes actifs du marché du travail pour aider les personnes privées d'emploi à améliorer leur employabilité : formation professionnelle, aides à la création d'entreprise, etc.
	Personnes en situation de handicap • Personnes en situation de handicap (handicaps modérés ou graves, incapacités temporaires ou longues, incapacités totales ou partielles)	Prestations et services liés au handicap • Assurance invalidité et prestations d'invalidité • Services sanitaires et sociaux tels que les services d'action sociale, les services médico-sociaux et les services de soins spécialisés
	Individus confrontés à des risques sociaux • Enfants • Adolescents • Adultes • Personnes âgées	Services sociaux • Services des travailleurs sociaux : information et sensibilisation, évaluation et orientation, conseil et médiation • Services médico-sociaux : soins à domicile, soins de proximité, soins en hébergement • Services de soins spécialisés et préventifs

Source : Tableau conçu pour cette publication.

associer le versement de prestations en espèces avec des services d'aide au retour à l'emploi, tout en exigeant des bénéficiaires qu'ils justifient se trouver à la recherche effective d'un travail. Mais les services sociaux peuvent également prévoir le versement de prestations, soit dans le cadre de plans d'actions individuels et personnalisés, soit dans le cadre d'une aide groupée en faveur d'une catégorie de bénéficiaires et assortie de mesures d'accompagnement. En troisième lieu, on constate que cette conception d'ensemble des systèmes de protection sociale s'inscrit dans une tendance globale, observée dans un certain nombre de pays, vers des systèmes de protection sociale intégrés. Si plusieurs exemples de systèmes de mise en œuvre cités dans ce manuel concernent des interventions spécifiques de la part de certains pays, il existe ailleurs dans le monde de nombreux programmes qui répondent à la tendance des gouvernements de tirer le meilleur parti de leurs propres systèmes pour en faire des plateformes interopérables pour plusieurs programmes. Les différents cadres de protection sociale ont ceci en commun d'offrir la possibilité d'intégrer des systèmes de mise en œuvre, ce qui contribue à leur bonne coordination et à leur efficacité, tout en évitant l'écueil d'une approche en silo qui consisterait à faire fonctionner ces services de façon cloisonnée pour chaque programme. En pratique, les systèmes de mise en œuvre sont souvent utilisés comme des plateformes destinées à accueillir des dispositifs de protection sociale adaptatifs aussi bien que des interventions étatiques qui vont bien au-delà du simple cadre de la protection sociale, comme le subventionnement de l'assurance maladie, l'allocation de bourses d'études, la remise de bons d'accueil en garderies, ou encore les dotations aux services publics, les aides au logement et, d'une manière générale, les autres formes d'aides à caractère social.

Il n'en demeure pas moins qu'en dépit de cette conception d'ensemble des systèmes de protection sociale, ce *Manuel de référence* n'aborde pas de manière égale tous les types d'interventions en la matière. Les interventions étatiques dont il est fait mention dans les différents chapitres de cet ouvrage sont récapitulées dans le tableau 1.1 ci-dessous. Dans l'ensemble, on trouvera ici de nombreux exemples consacrés à l'assistance sociale, par rapport aux prestations et services liés à l'activité professionnelle et, dans une moindre mesure, par rapport à l'assistance invalidité et aux autres services sociaux[4]. En outre, s'il aborde les prestations servies pour certaines assurances sociales (principalement l'assurance chômage et l'assurance invalidité), ce manuel ne renferme pas quantité d'exemples relatifs aux pensions d'assurance sociale destinées aux personnes âgées. Il n'évoque pas non plus la question des cotisations applicables aux différents types d'assurances sociales, dans la mesure où — comme il a été exposé plus haut — cet ouvrage est exclusivement consacré à ce que proposent les systèmes de protection sociale et non pas aux modalités de leur financement[5].

Ce *Manuel de référence* adopte une perspective globale sur les différents systèmes de mise en œuvre de protection sociale en vigueur à travers le monde. Notre principale source de connaissances provient largement d'exemples de politiques mises en œuvre par les pays, pour lesquelles les auteurs ou leurs homologues locaux

se sont impliqués. C'est en scrutant ces politiques que nous avons pu examiner et analyser les structures de différents systèmes de mise en œuvre qui ont cours dans diverses régions du monde et qui ont fait la preuve de leur robustesse. Nous avons enrichi cette base documentaire par un grand nombre de contributions issues de la littérature publiée sur le sujet. Ce manuel comprend ainsi, pour chaque chapitre, une bibliographie propre pour chacun des thèmes abordés. À titre d'illustration, nous avons volontairement cherché à présenter quelques modèles de systèmes de protection sociale issus de différentes régions du globe. La liste ci-dessous répertorie les pays dont il est question dans les différents chapitres de ce manuel, étant précisé que ceux qui figurent en **caractères gras** font l'objet de développements plus approfondis :

- **Afrique :** Afrique du Sud, **Bénin, Burkina Faso, République du Congo, Côte d'Ivoire**, Éthiopie, **Ghana, Kenya**, Madagascar, **Malawi**, Mali, Maurice, Niger, **Nigeria**, Ouganda, Rwanda, Sénégal, Sierra Leone, Soudan du Sud, **Tanzanie, Zambie**
- **Asie de l'Est et Pacifique :** Chine, République de Corée, **Indonésie, Philippines**, Singapour, Thaïlande, Viêt Nam
- **Europe et Asie centrale :** Albanie, Allemagne, Arménie, Autriche, **Bulgarie**, Croatie, **Danemark**, Espagne, **Estonie, Finlande**, France, Géorgie, **Grèce, Irlande, Italie**, Kosovo, République kirghize, Lituanie, **Macédoine du Nord, Moldavie**, Mongolie, **Norvège**, Ouzbékistan, Pays-Bas, Portugal, Roumanie, **Royaume-Uni**, Fédération de Russie, **Serbie**, Slovaquie, Slovénie, Suède, Suisse, Tadjikistan, **Turquie**,
- **Amérique latine et Caraïbes :** Argentine, **Brésil, Chili, Colombie, Costa Rica**, République dominicaine, Honduras, **Jamaïque, Mexique, Nicaragua, Pérou**
- **Moyen-Orient et Afrique du Nord :** Bahreïn, Cisjordanie et Gaza, Djibouti, **République arabe d'Égypte**, République islamique d'Iran, **Irak**, Jordanie, Koweït, Liban, Maroc, Tunisie, **République du Yémen**
- **Asie du Sud : Bangladesh, Inde, Pakistan**, Sri Lanka
- **Autres pays membres de l'Organisation de coopération et de développement économiques (OCDE) : Australie, Canada, États-Unis**, Nouvelle-Zélande, autres pays membres mentionnés ci-dessus

Ajoutant à la diversité de ces pays, nous avons aussi cherché à intégrer dans ce *Manuel de référence* des exemples provenant de pays à faibles revenus, de pays à revenus intermédiaires et de pays à revenus élevés. Nous avons complété cet apport par des exemples tirés de contextes régionaux spécifiques, tels que certains pays en situation de fragilité, de conflits ou de violence.

Ce *Manuel de référence* présente différents modèles de fonctionnement. Outre l'objectif premier de cet ouvrage qui consiste à avoir une vision d'ensemble sur les programmes de protection sociale à travers le monde et de s'appuyer sur des situations réelles issues de nombreux pays, nous y avons intégré une variété de modèles d'exploitation. Si en effet les interventions étatiques en matière de protection sociale adoptent un cadre commun pour la majorité des systèmes de mise en œuvre, nous avons pu constater certaines variantes selon les pays et les programmes mis en œuvre. À cet égard, nous avons relevé ici deux types de variantes parmi les programmes observés :

● **Les systèmes de mise en œuvre qui accueillent un ou plusieurs programmes de protection sociale.** Certains systèmes opérationnels sont développés pour accueillir et piloter un seul et même programme. Il s'agit de systèmes à programme unique. Mais certains pays se sont dotés de systèmes qui permettent d'appuyer simultanément la mise en œuvre de plusieurs programmes au lieu d'un seul. Dans un nombre de pays de plus en plus croissant, plusieurs programmes sont ainsi arrimés à un système de mise en œuvre centralisé, ou à une plateforme interopérable, permettant d'utiliser certaines fonctions communes à tous les programmes. On peut citer à ce titre les registres sociaux.

● **A la demande ou impulsés par les administrateurs.** Il convient de distinguer selon que le processus d'accueil et d'enregistrement au système de mise en œuvre est effectué à la demande des bénéficiaires, ou qu'il est impulsé par les administrateurs. Trois caractéristiques principales permettent de distinguer ces modèles : ou bien le processus est initié par des bénéficiaires (à la demande), ou par les administrateurs (impulsés par les administrateurs) ; soit les bénéficiaires en font la demande à titre individuel (à la demande), soit ils sont enregistrés par les administrateurs en tant que groupe (impulsés

par les administrateurs) ; ou encore le calendrier du programme offre aux bénéficiaires la possibilité d'en faire la demande à tout moment (à la demande), ou de suivre le calendrier de groupe géré par les administrateurs (impulsés par les administrateurs). Ces modèles de fonctionnement n'affectent pas seulement l'accueil et l'enregistrement des bénéficiaires, mais influencent aussi l'ensemble de la chaîne de mise en œuvre.

Ces deux modèles d'exploitation mettent en lumière deux défis majeurs : la coordination des services et l'inclusion dynamique des bénéficiaires. Il s'agit là des enjeux principaux auxquels les systèmes de protection sociale se trouvent le plus souvent confrontés.

● **Le défi de la coordination.** La distinction entre la création de systèmes distincts dédiés à un seul programme et l'intégration de plusieurs programmes au sein d'un même système est au cœur du défi que représente la coordination des politiques en matière de protection sociale. On parle de systèmes fragmentés lorsque plusieurs programmes distincts sont gérés chacun par un système opérationnel qui leur est propre. Ce type de système peut se révéler coûteux, mais également inefficace pour ses utilisateurs, car il rend malaisée la navigation entre les différents programmes. Il contraint les bénéficiaires à réitérer les mêmes renseignements ou à fournir les mêmes documents à chacune de leurs démarches, générant ainsi de longs délais d'attente auprès de différents guichets. C'est également un facteur d'inefficacité du côté des administrateurs, car la fragmentation des systèmes peut parfois conduire soit à des doublons, soit à des omissions dans le traitement des demandes, sans parler des procédures qui font double emploi ou du gaspillage de ressources humaines et matérielles. L'absence de systèmes interopérables ne permet pas non plus de savoir quel demandeur a effectivement bénéficié de tel service ou perçu telle prestation, ni comment les fonds attribués à la protection sociale ont été affectés. C'est pourquoi un certain nombre de pays ont adopté des systèmes de mise en œuvre intégrés, précisément pour éviter les écueils que représente la gestion distincte de leurs programmes et pour favoriser la synergie des programmes entre eux. On comprend qu'une telle intégration entre les systèmes néces-site un haut niveau de coordination entre toutes les administrations concernées, ce qui peut en effet représenter un défi de taille.

- **Le défi de l'inclusion dynamique.** L'inclusion dyna-mique — c'est-à-dire le principe selon lequel tout individu en état de nécessité doit pouvoir bénéfi-cier d'aides à tout moment — est un principe fon-damental de la protection sociale. Mais s'agissant des systèmes de mise en œuvre, la question est de savoir s'ils reposent sur un fonctionnement sta-tique ou dynamique, en particulier dans la phase d'accueil et d'enregistrement des bénéficiaires. Les systèmes « à la demande » se prêtent davantage à l'inclusion dynamique, dans la mesure où ils per-mettent aux bénéficiaires de solliciter la mise à jour de leurs informations personnelles, ou de les mettre à jour eux-mêmes à tout moment. En revanche, les systèmes impulsés par les administrateurs sont en général plus statiques, car ils concernent de plus larges groupes de bénéficiaires qui ne sont enregis-trés qu'à plusieurs années d'intervalle ou à l'occa-sion de chocs covariants, comme une catastrophe naturelle dans une région donnée. Un autre aspect de l'inclusion dynamique touche à la portabilité des prestations, qui est généralement plus aisée à mettre en œuvre sur les systèmes à la demande que sur les systèmes impulsés par les administrateurs.

La mission que nous nous sommes assignée peut paraître impressionnante à première vue, puisque ce *Manuel de référence* aborde un très large éventail de programmes de protection sociale, en vigueur à travers le monde ; il traite également de leur mode de fonc-tionnement et des enjeux auxquels les gouvernements se trouvent confrontés. Bien davantage, cet ouvrage vise non seulement à passer en revue les principes, concepts, étapes pratiques élémentaires et intermé-diaires, qui guident les systèmes de protection sociale, mais il consacre aussi de plus larges développements à certaines autres problématiques. Naturellement, nous aurions pu être beaucoup plus exhaustifs sur des thèmes qui auraient mérité d'être traités ici, mais nous avons dû nous limiter au sujet de cet ouvrage dont la sphère est déjà bien vaste. Parmi ces autres théma-tiques, nous aurions pu aborder notamment la question de l'aide humanitaire aux réfugiés et aux demandeurs d'asile, ou les programmes spécifiques destinés à cer-taines catégories de populations minoritaires. Nous avons également fait le choix de ne pas traiter dans cet ouvrage de la fourniture de prestations et de services dans certains pays en situation de fragilité, de conflits ou de violence. Nous encourageons cependant les lecteurs qui interviennent dans des domaines très spécifiques, à considérer que les systèmes de mise en œuvre évoqués dans cet ouvrage puissent être adaptés avantageuse-ment à certains contextes ou à certaines situations don-nées, dans le prolongement de nos développements.

Nous tenons par ailleurs à rappeler que ce Manuel de référence ne se veut nullement normatif. Il s'efforce sim-plement de tirer les leçons des bonnes pratiques et des défis rencontrés partout dans le monde, en se gardant en règle générale d'émettre la moindre recommandation. Le cadre des systèmes de mise en œuvre qui y sont pré-sentés est plutôt destiné ici à asseoir une base de travail concrète et pratique, pour engager un débat sur la mise en œuvre des programmes de protection sociale.

À la suite de ce chapitre introductif, le chapitre 2 consacre un aperçu conceptuel sur le cadre général des systèmes de mise en œuvre, en abordant les dif-férentes étapes de leur mise en œuvre, ainsi que le rôle des acteurs de ces systèmes que sont les bénéfi-ciaires et les administrations, sans oublier l'atout essen-tiel que constituent les moyens de communication, les systèmes d'information et la technologie. Le cha-pitre 2 aborde également les deux modèles opération-nels, évoqués plus haut, qui mettent en lumière deux défis majeurs : la coordination des services et l'inclusion dynamique des bénéficiaires. Ce chapitre donne enfin un aperçu de l'ensemble de la chaîne de mise en œuvre de services, prise de bout en bout, au moyen d'un cas pratique permettant de faire la synthèse sur son articu-lation. Ce second chapitre est aussi l'occasion de revenir sur certains principes fondamentaux qui sont omnipré-sents dans les systèmes de mise en œuvre de la pro-tection sociale. Là encore, il ne s'agit pas de tirer des conclusions prescriptives de ces développements, mais plutôt de tracer des axes de réflexion sur les principes des systèmes de mise en œuvre.

Les chapitres suivants sont organisés autour de l'ar-chitecture propre de la chaîne de mise en œuvre de ser-vices, qui constitue le cadre général des systèmes de mise en œuvre (Figure 1.1).

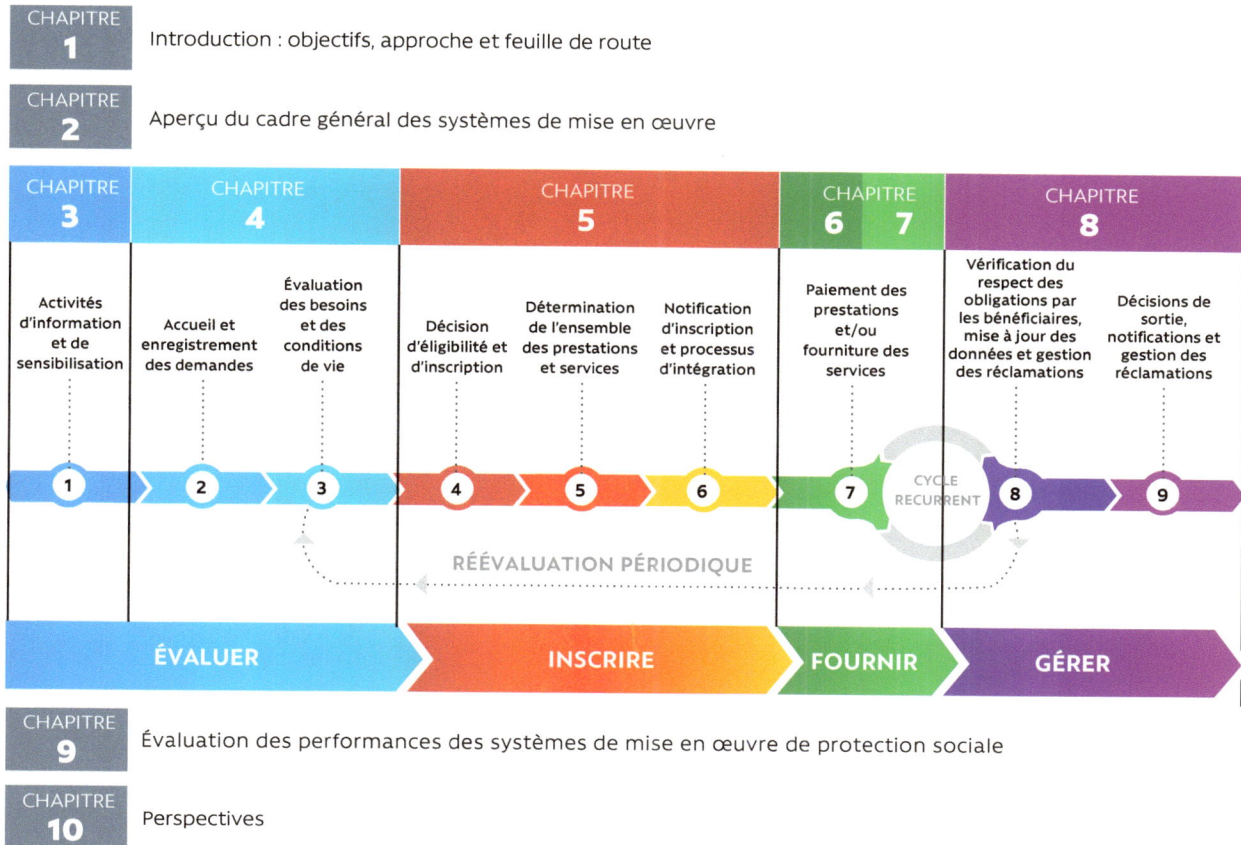

Figure 1.1 Architecture des chapitres du *Manuel de référence* suivant la chaîne de mise en œuvre des systèmes de protection sociale

CHAPITRE 1 Introduction : objectifs, approche et feuille de route

CHAPITRE 2 Aperçu du cadre général des systèmes de mise en œuvre

CHAPITRE 3	CHAPITRE 4		CHAPITRE 5			CHAPITRE 6 7	CHAPITRE 8	
Activités d'information et de sensibilisation	Accueil et enregistrement des demandes	Évaluation des besoins et des conditions de vie	Décision d'éligibilité et d'inscription	Détermination de l'ensemble des prestations et services	Notification d'inscription et processus d'intégration	Paiement des prestations et/ou fourniture des services	Vérification du respect des obligations par les bénéficiaires, mise à jour des données et gestion des réclamations	Décisions de sortie, notifications et gestion des réclamations
1	2	3	4	5	6	7	8	9

CYCLE RECURRENT

RÉÉVALUATION PÉRIODIQUE

ÉVALUER   **INSCRIRE**   **FOURNIR**   **GÉRER**

CHAPITRE 9 Évaluation des performances des systèmes de mise en œuvre de protection sociale

CHAPITRE 10 Perspectives

Source : Figure conçue pour cette publication

- Le chapitre 3 passe en revue les différentes activités d'information et de sensibilisation, qui sont cruciales, mais souvent négligées.
- Le chapitre 4 traite de l'accueil, de l'enregistrement et de l'évaluation des besoins et des conditions de vie des bénéficiaires.
- Le chapitre 5 présente les phases de l'inscription, qui comprennent la détermination de l'éligibilité, l'élaboration la décision d'inscription des bénéficiaires, la détermination de l'ensemble des prestations et des services fournis, la notification aux demandeurs, et enfin l'intégration des bénéficiaires. Les deux chapitres suivants portent sur les étapes de la fourniture des prestations et des services de la chaîne de mise en œuvre.
- Le chapitre 6 traite de la fourniture des prestations (la protection sociale et les paiements des gouvernements vers les individus [G2P]) et le chapitre 7 traite de la fourniture de services, et spécifiquement des modèles de services intégrés.
- Le chapitre 8 aborde le sujet plus complexe de la gestion des opérations des bénéficiaires, à savoir : (1) la gestion des données personnelles relatives aux allocataires (y compris les décisions de sortie des programmes), (2) le contrôle et le suivi des conditions prescrites en matière d'éducation et de santé pour les programmes de transferts monétaires conditionnels, (3) le contrôle et le suivi des conditions liées à l'activité professionnelle, telles que les exigences de recherche d'un emploi dans le cadre de certaines mesures d'activation ; 4) les mécanismes de gestion des réclamations ; 5) le contrôle et le suivi des erreurs matérielles, des fraudes et des actes de corruption.

- Le chapitre 9 reprend l'ensemble de ces thématiques, mais sous l'angle de l'évaluation des performances. Il y est question notamment de certains indicateurs de performances, tout au long de la chaîne de mise en œuvre. Il propose aussi une série de méthodes permettant d'évaluer les systèmes de mise en œuvre.
- Enfin, le chapitre 10 se penche sur les perspectives des systèmes de mise en œuvre.

Enfin, il est important de préciser que ce *Manuel de référence* n'a pas vocation à être lu de bout en bout. Même s'il est structuré, chapitre après chapitre, en suivant la logique de la chaîne de mise en œuvre qui gouverne le fonctionnement des systèmes de mise en œuvre, il est tout à fait loisible au lecteur de naviguer à travers les chapitres de cet ouvrage, au gré de l'intérêt qu'il y trouve, en s'aidant de la trame générale présentée au chapitre 2. En réalité, ce *Manuel de référence* a été rédigé et conçu pour tenir compte précisément des remarques formulées par le passé, et qui nous ont orientés vers l'élaboration d'un ouvrage plus pratique regroupant des informations spécifiques sur le « comment » des systèmes de protection sociale. Nous espérons que ce manuel constitue pour nos lecteurs un guide de référence utile sur l'ensemble des thématiques qui y sont traitées.

Notes

1. Dans ce *Manuel de référence*, le terme de « protection sociale » s'entend génériquement comme l'ensemble des systèmes, politiques ou programmes qui permettent aux sociétés et aux individus de faire face aux crises et aux risques d'instabilité et de les prémunir contre la pauvreté et la misère, grâce à un ensemble de dispositifs visant à renforcer la résilience des individus, à réduire les inégalités et à offrir à chacun de meilleures chances. On se reportera sur ce point au rapport de la Banque mondiale intitulé *Social Protection and Labor Strategy 2012-2022* (Banque mondiale, 2012). Ce rapport met particulièrement l'accent sur les services sociaux et les prestations en matière d'emploi, notamment sur certains dispositifs d'assurance sociale comme l'assurance chômage et l'assurance invalidité.
2. Les prestations dont il est question ici peuvent se définir par « toute prestation matérielle, fournie en nature ou en espèces, et prévue par un dispositif de protection sociale en faveur des individus, des familles et des ménages ». Ce manuel ne traite que de la fourniture de prestations en espèces (chapitre 6) et de services (chapitre 7) à caractère social, à l'exception de la fourniture des prestations en nature qui ne seront pas abordées ici. Si les étapes de la chaîne de mise en œuvre évoquées aux chapitres 3, 4, 5 et 8 font référence à certaines prestations en nature, la fourniture effective de ces prestations (qui peut comprendre aussi certaines fournitures de biens, au-delà des services proposés) dépasse le cadre de ce manuel pratique. Quant aux prestations à caractère alimentaire, elles ont déjà fait l'objet de larges développements par Alderman, Gentilini et Yemtsov (parus en 2018). Par ailleurs, si nous avons choisi d'évoquer ici les différents programmes d'emplois publics, nous avons exclu en revanche de traiter des aspects touchant aux programmes de passation des marchés publics dans la mesure où cette question a, elle aussi, fait l'objet de larges développements par Subbarao et autres en 2013.
3. Les services dont il est question ici s'entendent comme des moyens immatériels fournis ou proposés aux bénéficiaires, qu'il s'agisse d'activités ou de travaux participatifs, et destinés à contribuer à leur bien-être social (par exemple pour réduire la pauvreté, pour offrir les meilleures chances, pour améliorer l'employabilité ou pour diminuer les risques sociaux).
4. La multitude des dispositifs d'assistance en matière sociale rassemblés dans ce manuel est une illustration des différentes politiques observées à ce jour à travers le monde, et au cours des 20 à 30 dernières années, par le pôle mondial d'expertise en Protection sociale et emploi au sein de la Banque mondiale.
5. Si on regarde les différents systèmes de mise en œuvre, on constate que le processus qui conduit à la distribution des prestations en espèces au titre de l'assurance sociale est comparable aux conditions de versement des autres types de transferts en espèces. Comme nous l'avons abordé aux chapitres 4 et 5 au sujet de l'assurance sociale, la durée des cotisations est prise en compte dans l'évaluation des besoins et des conditions de vie, qui est utilisée pour déterminer l'éligibilité des bénéficiaires aux prestations et en calculer le montant. Autre précision : même si cette étude aborde certains dispositifs d'assurances sociales (comme l'assurance chômage et l'assurance invalidité), elle fait volontairement l'impasse sur la question des pensions versées à ce titre aux personnes âgées, et ceci pour deux raisons. D'une part, il est malaisé de distinguer les avantages sociaux des cotisations de retraite liées à la seule activité professionnelle durant la vie active, ce qui dépasserait largement le cadre de ce manuel. D'autre part, la Banque mondiale et l'Association Internationale de la Sécurité Sociale travaillent actuellement à l'élaboration d'une note

d'orientation et d'un guide pratique consacré à la gestion des régimes d'assurance sociale, qui couvre à la fois la question du financement et des prestations, ce qui ferait double emploi avec l'objectif de ce manuel. Pour de plus amples détails, se reporter à la note intitulée « *Social Insurance Administrative Diagnostic (SIAD) : Guidance Note* » (Sluchynsky, éd. 2019). Pour certains sujets qui paraissaient faire doublon, comme le règlement des réclamations ou le contrôle des erreurs matérielles ou des fraudes, tout comme les campagnes de sensibilisation et de communication, ce *Manuel de référence* s'est largement inspiré de cette note d'orientation parue en 2019, pour les systèmes de protection sociale concernés.

Bibliographie

Alderman, Harold, Ugo Gentilini, and Ruslan Yemtsov, eds. 2018. *The 1.5 Billion People Question: Food, Vouchers, or Cash Transfers?* Washington, DC: World Bank.

Grosh, Margaret, Carlo del Ninno, Emil Tesliuc, and Azedine Ouerghi. 2008. *For Protection and Promotion: The Design and Implementation of Effective Safety Nets*. Washington, DC: World Bank.

Leite, Phillippe, Tina George, Changqing Sun, Theresa Jones, and Kathy Lindert. 2017. "Social Registries for Social Assistance and Beyond: A Guidance Note and Assessment Tool." Social Protection and Labor Discussion Paper 1704, World Bank, Washington, DC. http://documents.worldbank.org/curated/en/69844150209524 8081/Social-registries-for-social-assistance-and-beyond-a-guidance-note-and-assessment-tool.

Sluchynsky, Oleksiy. 2019. "Social Insurance Administrative Diagnostic (SIAD): Guidance Note." World Bank, Washington, DC; International Social Security Association, Geneva, Switzerland.

Subbarao, Kalanidhi, Carlo del Ninno, Colin Andrews, and Claudia Rodríguez-Alas. 2013. *Public Works as a Safety Net: Design, Evidence, and Implementation*. Directions in Development Series. Washington, DC: World Bank.

World Bank. 2012. *Resilience, Equity, and Opportunity*. Washington, DC: World Bank. https://openknowledge.worldbank.org/handle/10986/12648.

World Bank and ILO (International Labour Organization). 2016. "A Shared Mission for Universal Social Protection: Concept Note." World Bank, Washington, DC; ILO, Geneva, Switzerland.

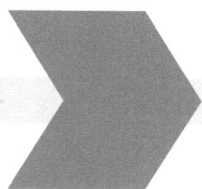

Chapitre 2

Aperçu du cadre des systèmes de mise en œuvre

Kathy Lindert, Tina George Karippacheril, Kenichi Nishikawa Chávez et Inés Rodríguez Caillava

Avec des contributions de Sara Giannozzi, Surat Nsour, Vasumathi Anandan, Anita Mittal et Yasuhiko Matsuda

Ce chapitre présente un aperçu du cadre des systèmes de mise en œuvre pour les programmes de protection sociale. Ce cadre a été conçu à partir d'expériences dans différents pays du monde. Le présent aperçu présente les principes et concepts, et donne quelques exemples brefs pour illustrer des points spécifiques. Les chapitres qui suivent présentent des exemples plus détaillés de pratiques dans des pays donnés, qui examinent les principaux éléments de chacune des phases tout au long du processus et des mécanismes de mise en œuvre.

La première section du présent chapitre définit le concept général et les éléments fondamentaux des systèmes de mise en œuvre de protection sociale. Il mentionne notamment (1) les différentes phases de la chaîne de mise en œuvre, (2) les grands acteurs qui interagissent le long de la chaîne de mise en œuvre (institutions et personnes) et (3) les facteurs favorables à ces interactions : communication, systèmes d'information et technologie.

La deuxième section du chapitre met en lumière deux difficultés courantes auxquelles doivent faire face les systèmes de mise en œuvre de protection sociale : les difficultés de coordination, et les difficultés d'inclusion. Les pays ont adapté différents modèles opérationnels en réaction à cette double difficulté. Ce chapitre introduit deux groupes de modèles différents qui seront examinés dans les différents chapitres de ce Manuel de référence. Le premier groupe propose d'une part, des modèles de système de mise en œuvre développés séparément pour chaque programme, et d'autre part, des modèles dans lesquels plusieurs programmes fonctionnent à l'aide d'un système intégré (ou des aspects intégrés de parties du système). Le défi dans ce premier groupe est la coordination. Le second groupe propose d'une part, des modèles opérationnels représentant des systèmes répondant à la demande, et d'autre part des modèles représentants des systèmes impulsés par des administrateurs. Si ces distinctions ont surtout un impact sur l'accueil et l'enregistrement, elles vont néanmoins affecter les systèmes de mise en œuvre dans ces processus et mécanismes d'exécution.

La troisième section du chapitre présente un exemple hypothétique basé sur une synthèse de cas réels. L'exemple répond à plusieurs objectifs :

- Il montre le cadre et les différentes phases de la chaîne de mise en œuvre pour les prestations comme pour les services, utilisant l'exemple d'une aide en cas de chômage qui inclut des programmes d'activation et des services d'emplois. Cette mise en perspective d'un bout à l'autre de la chaîne de mise en œuvre est importante et les prochains chapitres en examineront plus en détail les différentes parties.
- Il montre comment ces systèmes de mise en œuvre peuvent servir de plateformes d'intégration pour coordonner des programmes en dehors du champ de la protection sociale (comme les subventions d'assurance santé et les tarifs sociaux de l'énergie).
- Il montre l'intérêt des cartographies des processus, des cartographies des parcours, des indicateurs de gestion de performance, et autres outils de diagnostic pour évaluer l'efficacité et le rendement des systèmes de mise en œuvre du point de vue des gestionnaires de programme comme des clients.
- Il aborde de nombreux messages essentiels du présent *Manuel de référence* ; qui seront repris en détail dans la quatrième section de ce chapitre.

2.1   CONCEPTS ET ÉLÉMENTS FONDAMENTAUX DU CADRE DES SYSTÈMES DE MISE EN ŒUVRE

Si ce Manuel accorde une grande partie de son attention à la conception des interventions de protection sociale, il répond également à une autre question essentielle : comment ? Plus précisément, comment les pays fournissent-ils les prestations et les services de protection sociale ? Comment les différents éléments des systèmes de mise en œuvre sont coordonnés pour mettre en œuvre les programmes comme prévu ? Comment le font-ils de manière efficace et efficiente ? Comment garantissent-ils l'inclusion dynamique, pour que les personnes puissent y accéder quand elles en ont besoin ? Comment peut-on tirer parti des systèmes de mise en œuvre pour promouvoir une meilleure coordination et intégration, au sein de la protection sociale, mais également dans d'autres secteurs ? Comment peuvent-ils répondre aux besoins des populations visées et proposer une meilleure expérience client ? Les systèmes de mise en œuvre de protection sociale répondent à ces questions essentielles.

Que sont les systèmes de mise en œuvre ? La réponse courte est que les systèmes de mise en œuvre sont la mise en œuvre. La réponse plus longue : les systèmes de mise en œuvre sont l'environnement opérationnel qui permet d'offrir les prestations et les services de protection sociale. Cet environnement opérationnel inclut les différentes phases d'exécution de la chaîne de mise en œuvre, les principaux acteurs et les facteurs favorables. Une autre composante importante du cadre des systèmes de mise en œuvre est la performance. Évaluer la performance des systèmes de mise en œuvre est essentiel si l'on veut s'assurer de l'offre des prestations et des services efficaces et efficients. (Pour des éléments détaillés sur la performance, voir le chapitre 9.)

La chaîne de mise en œuvre comme point d'ancrage du cadre

En théorie, les programmes de protection sociale ont les mêmes phases d'exécution sur la chaîne de mise en œuvre. Lors de la conception du cadre des systèmes de mise en œuvre, nous avons analysé la façon dont un large spectre de programmes de protection sociale est mis en œuvre dans différents environnements, en incluant de nombreux types de prestations et de services de protection sociale et d'emploi (voir tableau 1.1 dans le chapitre 1). Même si les prestations et les services semblent très différents, ils ont presque tous été mis en œuvre de la même manière (figure 2.1). De fait, les systèmes de mise en œuvre pour l'ensemble des prestations et des services :

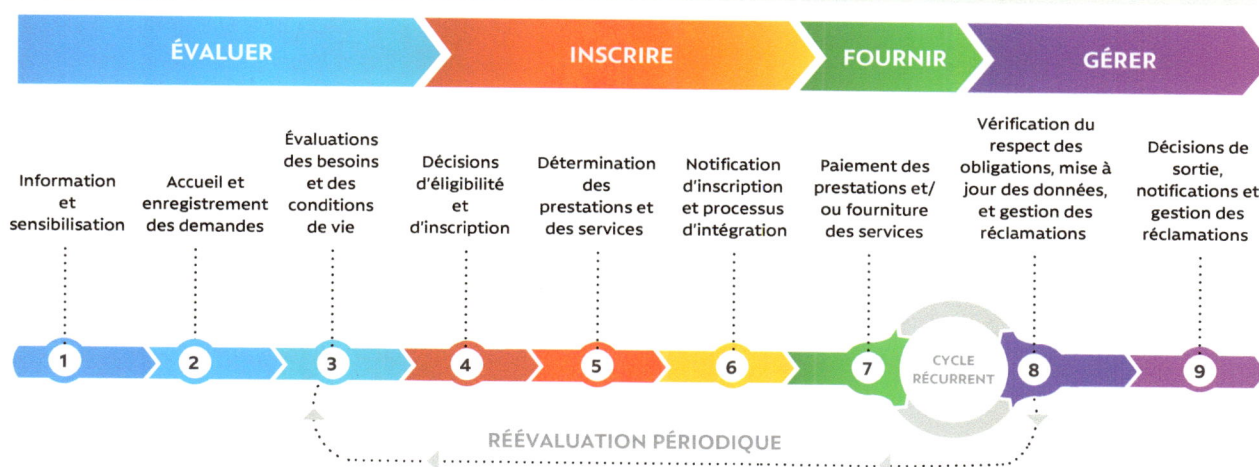

Figure 2.1 Chaîne de mise en œuvre de la protection sociale

ÉVALUER — INSCRIRE — FOURNIR — GÉRER

1. Information et sensibilisation
2. Accueil et enregistrement des demandes
3. Évaluations des besoins et des conditions de vie
4. Décisions d'éligibilité et d'inscription
5. Détermination des prestations et des services
6. Notification d'inscription et processus d'intégration
7. Paiement des prestations et/ou fourniture des services
8. Vérification du respect des obligations, mise à jour des données, et gestion des réclamations
9. Décisions de sortie, notifications et gestion des réclamations

CYCLE RÉCURRENT

RÉÉVALUATION PÉRIODIQUE

Source : Figure conçue pour cette publication.

- nécessitent des actions *d'information et de sensibilisation* pour que les populations en prennent connaissance et les comprennent ;
- impliquent une forme *d'accueil et d'enregistrement* pour collecter les informations relatives aux caractéristiques, besoins et conditions de vie des personnes ;
- entreprennent *une évaluation* de manière à établir le profil de ces caractéristiques, besoins et conditions de vie ;
- utilisent ces profils pour déterminer une potentielle *éligibilité*, attribuer le niveau adapté de *prestations et de services*, prendre des *décisions d'inscription* et *notifier et orienter* les bénéficiaires ;
- *fournissent* les prestations aux bénéficiaires inscrits, qui peuvent *se présenter sous forme d'un paiement en espèces* et/ou *de services*, ce qui peut varier en fonction de la nature du service spécifique ;
- *gèrent* les données des bénéficiaires pour s'assurer d'une part que les informations sont exactes et à jour et d'autre part qu'elles tiennent compte d'éventuels coresponsabilités, réclamations et recours, ainsi que de réévaluations et/ou de bénéficiaires sortis d'un ou plusieurs programmes.

Même si ces processus et mécanismes d'exécution sont courants au sein des systèmes de mise en œuvre de protection sociale, l'intensité et l'ordre de chaque phase pourront varier en fonction des spécificités du programme. Certaines phases pourront être plus intenses, en fonction de la nature du programme. Par exemple, les services pourront faire l'objet d'une surveillance plus forte que les prestations, et le suivi des transferts conditionnel d'espèces pourra être plus complexe que celui des transferts en espèce sans condition. Certains programmes organisent l'ordre des différentes phases autrement, les combinent ou les exécutent simultanément. Par exemple, dans le cas des services sociaux, un travailleur social pourra évaluer les risques sociaux d'une personne pendant l'entretien préalable. De même pour de nombreux programmes, la détermination de l'éligibilité et celle du paquet approprié de prestations et de services pourront avoir lieu au même moment (par exemple, avec une liste de prestations calculées en fonction des revenus du demandeur par rapport aux seuils d'éligibilité). En outre, les processus spécifiques au sein de chaque phase varieront en fonction du type de programme, de la nature des accords institutionnels et des systèmes technologiques et d'informations disponibles. Néanmoins, même quand les processus spécifiques sont différents, les programmes de protection sociale partagent des phases de mise en œuvre communes.

Les points communs de ces phases le long la chaîne de mise en œuvre forment l'ancrage fonctionnel du cadre des systèmes de mise en œuvre. La clarté qui entoure ces fonctions fondamentales sert de cadre organisationnel et peut également contribuer à éviter certains pièges rencontrés couramment, qui sont liés à l'utilisation inappropriée de certains termes (encadré 2.1). Enfin, l'harmonisation des fonctions essentielles sur l'ensemble des programmes pourrait servir de base à un modèle de mise en œuvre intégrée. Une bonne connaissance de ces points communs peut contribuer à empêcher la fragmentation des systèmes de mise en œuvre de protection sociale et à en améliorer l'efficacité et l'efficience qui découlent de la coordination administrative et de synergies dans le regroupement des interventions.

Le tracé de la chaîne de mise en œuvre montre que les produits de chaque phase de mise en œuvre deviennent des intrants de la phase suivante. Si les principaux chapitres de ce Manuel de *référence* sont consacrés à chacune des phases de la chaîne de mise en œuvre, il est utile de comprendre les liens qui existent entre elles. La figure 2.2 montre les liens entre les phases, en attribuant un code couleur aux intrants et produits pour représenter leur emplacement sur la chaîne de mise en œuvre[1].

- *Information et sensibilisation (chapitre 3).* La plupart des programmes commencent par informer et sensibiliser ; cela implique généralement des

---

Encadré 2.1 Clarifier certains termes couramment mal utilisés : mise en œuvre et personnes impliquées le long de la chaîne de mise en œuvre de la protection sociale

La communauté du développement utilise différents termes pour décrire les personnes et les phases d'exécution de la chaîne de mise en œuvre des programmes de protection sociale, ce qui peut malheureusement entraîner des confusions. Voici certains exemples de terminologie qui peuvent avoir plusieurs sens ou générer des confusions :

- **« Bénéficiaires » versus « Demandeurs ».** Les professionnels parlent souvent des demandeurs enregistrés comme des « bénéficiaires », appellent les personnes qui sont dans les registres sociaux des « bénéficiaires », ou utilisent les termes « identification des bénéficiaires » (comme décrit plus bas). Tous les demandeurs enregistrés ne deviendront pas des bénéficiaires. Cette mauvaise communication peut même générer une responsabilité des programmes parce que les demandeurs enregistrés peuvent penser qu'ils sont bénéficiaires, même si dans les premières phases de la chaîne de mise en œuvre les personnes ne sont pas bénéficiaires et il n'y a pas de garantie qu'elles le deviendront [a].
- **« Identification des bénéficiaires ».** Les professionnels du développement et les gestionnaires des programmes font souvent

référence aux phases combinées d'accueil et d'inscription, d'évaluation des besoins et conditions de vie et de détermination de l'éligibilité avec les termes « identification des bénéficiaires (potentiels) ». Cette terminologie est un raccourci pratique, mais il faut faire attention à ne pas créer de confusion autour du mot « identification » (qui pourrait être compris comme « preuve d'identité », au sens des systèmes d'identification unique fondationnel [fID]). En outre, utiliser le terme « bénéficiaire » pour parler des demandeurs ou personnes enregistrées peut perturber la communication, comme expliqué précédemment.

- **« Ciblage ».** Certains professionnels qualifient ces mêmes phases en amont de « ciblage » (ou qualifient les systèmes de registres sociaux qui les soutiennent de « systèmes de ciblage »). Ils utilisent également le terme de « critères de ciblage » pour parler des critères d'éligibilité. D'une manière générale, nous essayons d'éviter le terme « ciblage » pour parler de la mise en œuvre pour plusieurs raisons : (1) les prestations et les services de protection sociale ne sont pas tous « ciblés », et les programmes universels passent également par des phases similaires le long de la chaîne de mise en œuvre, (2) « ciblage » peut sembler violent

suite

pour des non-spécialistes (« nous sommes là pour vous cibler pour le programme x », au lieu de « nous sommes là pour vous inscrire pour une potentielle inclusion dans le programme x ») et (3), le terme « ciblage » sert à décrire de nombreux concepts, et un usage excessif peut créer de la confusion [b]. Nous utilisons parfois le terme « groupe cible » (pour désigner une population visée) et « mécanismes de ciblage », car ces termes désignent des concepts que nous tenons pour acquis. Enfin, nous utilisons également les termes « exactitude du ciblage » ou « résultats du ciblage », car il s'agit là de concepts d'évaluation.

■ **« Enregistrement » versus « Inscription ».** Certains professionnels utilisent indifféremment les termes « enregistrement » et « inscription ». Cela peut créer de la confusion, car les demandeurs s'enregistrent tous, mais seuls les bénéficiaires s'inscrivent à un programme.

■ **« Gestion de cas ».** Le terme « gestion de cas » est particulièrement polémique, car il est utilisé par différentes professions (par exemple les travailleurs sociaux, les professionnels de santé et les spécialistes des technologies de l'information)[c]. De plus, certains peuvent utiliser le terme « gestion de cas » pour désigner ce que nous appelons la phase de « gestion des opérations bénéficiaires » de la chaîne de mise en œuvre. Certains professionnels utilisent le terme pour désigner le travail social (qui couvre la sensibilisation, l'intermédiation, les orientations vers d'autres services et le conseil). D'autres utilisent le terme pour désigner une approche intégrée de la gestion des clients le long de la chaîne de mise en œuvre (pendant toute la « vie du cas » comme disent certains professionnels). Pour éviter les confusions, nous évitons le terme.

■ **« Prestation de services » versus « systèmes de mise en œuvre ».** Les personnes ont également tendance à utiliser le terme « prestation de services » pour parler des systèmes de mise en œuvre. C'est une conséquence de l'usage courant de « indicateurs des prestations de services » dans le développement humain, ou de « services

publics » en matière de gouvernance. Nous évitons le terme « prestations de service » pour désigner les systèmes de mise en œuvre pour différentes raisons, et notamment : (1) la protection sociale propose à la fois des prestations et des services (comme « produits »), et pas seulement des services et (2) la partie « systèmes » des systèmes de mise en œuvre est importante, elle reconnaît l'interaction simultanée de nombreuses parties mouvantes dans cet environnement opérationnel de mise en œuvre de la protection sociale.

■ **« SIG » ou « système d'information et de gestion ».** Le terme « SIG » a plusieurs définitions dans le monde des affaires, la communauté internationale du développement et la communauté des technologies de l'information (TI). Dans le monde des affaires, le « système d'information et de gestion » (SIG) est une discipline universitaire ou un programme d'études qui se concentre sur l'art de gérer efficacement les systèmes d'information, incluant les personnes, les organisations et la technologie. Dans le monde du développement international et des organisations non gouvernementales, « SIG » est un terme fourre-tout utilisé pour parler des systèmes qui gèrent des informations dans des contextes sectoriels précis. Par exemple, le SIG ressources humaines, le SIG éducation, le SIG santé. Dans le domaine de la protection sociale, les professionnels du développement utilisent souvent l'acronyme SIG pour parler des systèmes (ou applications informatiques) qui gèrent des informations pour faire fonctionner les systèmes d'enregistrement et d'éligibilité ou pour désigner des services spécifiques fournissant des prestations et des services (par exemple, paiement des transactions, suivi des conditions, etc.). Dans le monde des TI, le SIG se définit comme étant un système d'information qui produit les rapports dont la direction a besoin pour planifier et contrôler, sur la base d'informations capturées par des systèmes de traitement des transactions, stockées dans des bases de données. Le SIG est une tournure de phrase datée dans le domaine des TI. La terminologie contemporaine

suite

relative aux systèmes d'information qui produisent des rapports et tableaux de bord inclut des termes comme «veille économique» ou «analyse». Dans la terminologie TI contemporaine, le terme SIG tel qu'il a été conçu dans la communauté du développement désigne les systèmes d'information, et en particulier les applications informatiques et systèmes de gestion des bases de données. Étant donné la confusion qui règne autour du terme, nous préférons éviter l'acronyme SIG dans le présent ouvrage. Chaque fois que c'est possible, nous parlons de systèmes d'information, d'applications informatiques et de systèmes de gestion des bases de données comme définis dans le langage des TI. Quand l'identification d'un système d'information demande plus de précisions, nous employons des termes plus spécifiques comme «système de gestion des opérations des bénéficiaires» ou plateforme «du registre social».

Pour minimiser les risques de confusion quand les personnes ont des compréhensions différentes d'un même mot, le présent *Manuel de référence* cherche à adopter une terminologie claire et constante. Le glossaire de l'ouvrage explique la façon dont les termes spécifiques sont utilisés. Pour les phases de la chaîne de mise en œuvre, nous ancrons la terminologie dans les fonctions essentielles qui sont mises en œuvre. Néanmoins, nous reconnaissons que la terminologie utilisée ici pourra avoir besoin d'être adaptée pour être utilisée dans des environnements spécifiques. Dans certains pays par exemple, le terme «sélection» pourra être utilisé à la place de «évaluation des besoins et conditions de vie», tandis que d'autres pays utiliseront ce terme pour décrire la sélection initiale (ou présélection) qui sera suivie d'une évaluation plus approfondie (comme celles réalisées parfois pour des sous-ensembles de demandeurs). Un autre exemple : si le terme «registres sociaux» est un nom courant pour les systèmes d'information qui soutiennent la sensibilisation, l'accueil et l'enregistrement ainsi que l'évaluation des besoins et conditions de vie, certains pays pourront ne pas utiliser du tout le terme et préférer parler de «systèmes de ciblage», de «systèmes d'enregistrement et d'éligibilité automatiques», etc. Si nous sommes conscients que les utilisateurs individuels pourront avoir besoin d'adapter la terminologie utilisée, le présent ouvrage tente néanmoins d'afficher une terminologie cohérente au sein de ses pages.

---

a. Par exemple, certains professionnels utilisent le terme «identification des bénéficiaires» pour parler des processus de sensibilisation, d'accueil et d'enregistrement, d'évaluation des besoins et conditions de vie, et d'éligibilité et d'inscription. Comme nous ne connaissons pas le statut des personnes avant qu'elles fassent une demande, soient évaluées et jugées éligibles, nous ne pouvons pas appeler les populations ou demandeurs visés des «bénéficiaires». Tout du moins, ce raccourci devrait être formulé ainsi : «identification des bénéficiaires potentiels»; ce terme risque néanmoins d'impliquer que les personnes deviendront des bénéficiaires (et le terme «identification» prête également à confusion). Dans le même ordre d'idées, certains professionnels mélangent les termes «registres sociaux» et «registres des bénéficiaires».

b. Par exemple, il existe des mécanismes de ciblage (géographiques, catégoriels, socio-économiques, etc.), des groupes cibles (populations visées), des critères cibles (critères d'éligibilité), l'action de «cibler» quelqu'un pour désigner la mise en œuvre (que nous essayons d'éviter, comme susmentionné), des «systèmes de ciblage» pour désigner des systèmes d'information (comme les registres sociaux) qui soutiennent les phases en amont de sensibilisation, d'accueil et d'enregistrement, et d'évaluation des besoins et conditions de vie, et enfin, des «résultats de ciblage» (comme la couverture, l'incidence absolue et relative et les erreurs d'inclusion et d'exclusion).

c. Le texte suivant illustre un exemple de confusion autour du terme gestion de cas : «Il n'existe pas de définition unique standardisée ou reconnue nationalement et largement acceptée de gestion de cas. Une recherche Internet pour la définition de l'expression "gestion de cas" donnera des milliers de références Malgré l'étendue des résultats de recherche, les experts s'accordent à dire qu'il n'existe pas plus d'une vingtaine de définitions de "gestion de cas" [qui sont] considérées comme correctes. Ces définitions sont disponibles dans la littérature professionnelle évaluée par les pairs concernant la gestion de cas, ou sur des sites Internet d'organisation, de société et d'agences spécialisées en gestion de cas (ou liées à la gestion de cas)" https://www.cmbodyofknowledge.com/content / introduction-case-management-body-knowledge.

Figure 2.2 Intrants et réalisations le long de la chaîne de mise en œuvre de la protection sociale

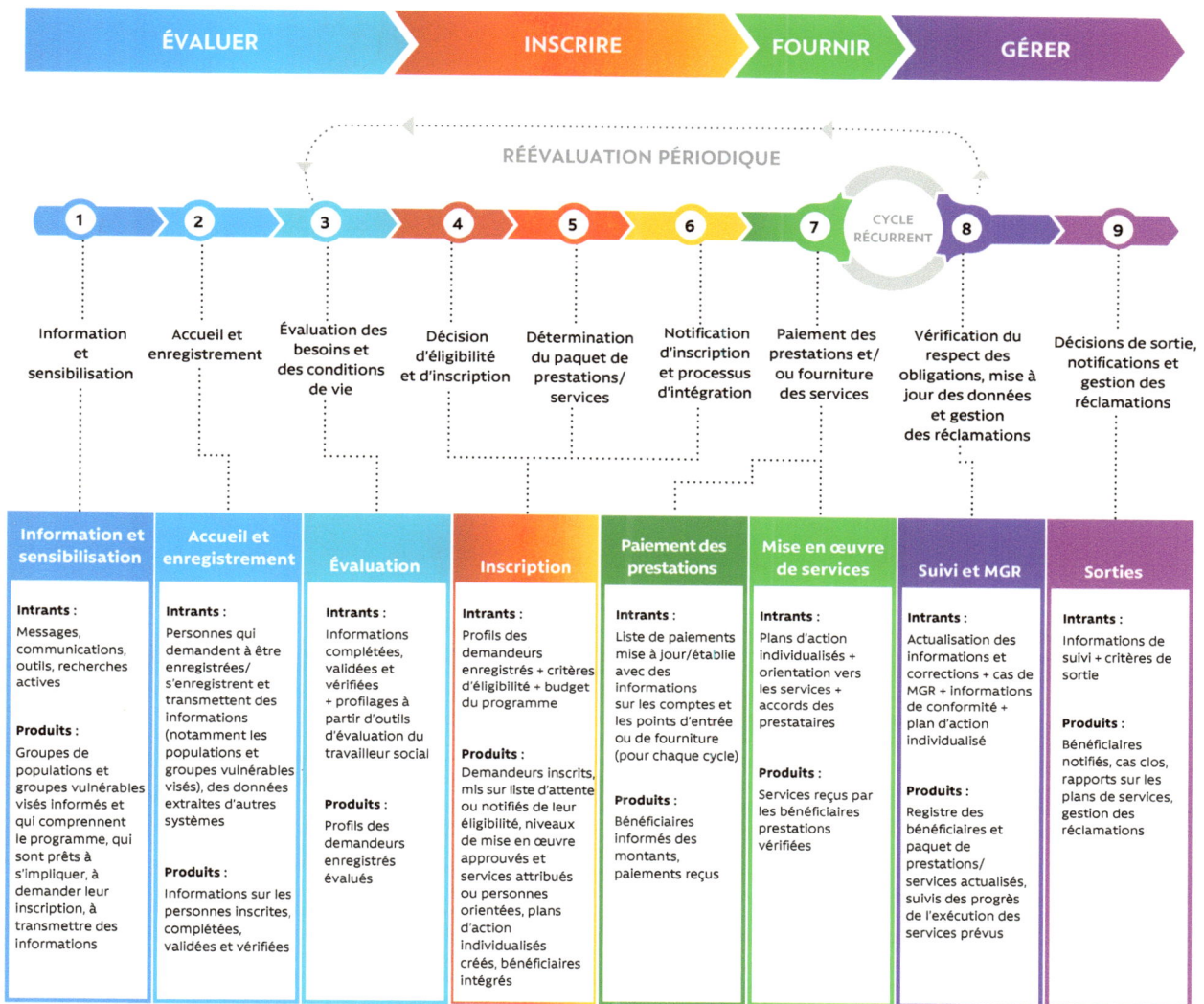

Figure 2.2 Intrants et réalisations le long de la chaîne de mise en œuvre de la protection sociale

ÉVALUER → INSCRIRE → FOURNIR → GÉRER

RÉÉVALUATION PÉRIODIQUE

CYCLE RÉCURRENT

1 Information et sensibilisation

2 Accueil et enregistrement

3 Évaluation des besoins et des conditions de vie

4 Décision d'éligibilité et d'inscription

5 Détermination du paquet de prestations/ services

6 Notification d'inscription et processus d'intégration

7 Paiement des prestations et/ ou fourniture des services

8 Vérification du respect des obligations, mise à jour des données et gestion des réclamations

9 Décisions de sortie, notifications et gestion des réclamations

Information et sensibilisation	Accueil et enregistrement	Évaluation	Inscription	Paiement des prestations	Mise en œuvre de services	Suivi et MGR	Sorties
Intrants : Messages, communications, outils, recherches actives	**Intrants :** Personnes qui demandent à être enregistrées/ s'enregistrent et transmettent des informations (notamment les populations et groupes vulnérables visés), des données extraites d'autres systèmes	**Intrants :** Informations complétées, validées et vérifiées + profilages à partir d'outils d'évaluation du travailleur social	**Intrants :** Profils des demandeurs enregistrés + critères d'éligibilité + budget du programme	**Intrants :** Liste de paiements mise à jour/établie avec des informations sur les comptes et les points d'entrée ou de fourniture (pour chaque cycle)	**Intrants :** Plans d'action individualisés + orientation vers les services + accords des prestataires	**Intrants :** Actualisation des informations et corrections + cas de MGR + informations de conformité + plan d'action individualisé	**Intrants :** Informations de suivi + critères de sortie
Produits : Groupes de populations et groupes vulnérables visés informés et qui comprennent le programme, qui sont prêts à s'impliquer, à demander leur inscription, à transmettre des informations	**Produits :** Informations sur les personnes inscrites, complétées, validées et vérifiées	**Produits :** Profils des demandeurs enregistrés évalués	**Produits :** Demandeurs inscrits, mis sur liste d'attente ou notifiés de leur éligibilité, niveaux de mise en œuvre approuvés et services attribués ou personnes orientées, plans d'action individualisés créés, bénéficiaires intégrés	**Produits :** Bénéficiaires informés des montants, paiements reçus	**Produits :** Services reçus par les bénéficiaires prestations vérifiées	**Produits :** Registre des bénéficiaires et paquet de prestations/ services actualisés, suivis des progrès de l'exécution des services prévus	**Produits :** Bénéficiaires notifiés, cas clos, rapports sur les plans de services, gestion des réclamations

Source : Figure conçue pour cette publication.
Remarque : MGR = mécanisme de gestion des réclamations.

communications et interactions qui permettent de sensibiliser, d'informer les personnes (la population et les groupes vulnérables visés) sur le(s) programme(s), et de les encourager à s'impliquer et à transmettre leurs informations pour une inclusion potentielle. Les principaux intrants de la sensibilisation incluent notamment les informations sur le programme, les messages clés et les outils de communication et « de recherche active ». Les principaux produits de la phase d'information et de sensibilisation seront alors les suivants : les populations et

groupes vulnérables visés sont informés et comprennent les interventions, ils sont prêts à s'impliquer, à demander leur inscription et à transmettre des informations. Ces produits deviennent des intrants de la phase suivante de la chaîne de mise en œuvre.

● *Accueil et enregistrement des demandes (chapitre 4) :* Les intrants pour la phase d'accueil et d'inscription sont les populations et groupes vulnérables visés qui ont été contactés et informés pendant la phase d'information et de sensibilisation, et qui sont prêts à s'impliquer et à transmettre des informations. Une autre source d'intrants pourrait être les informations provenant d'autres systèmes administratifs. Les produits de cette phase seront alors des informations complètes, validées et vérifiées sur les personnes qui se sont enregistrées. Ces résultats sont ensuite intégrés à la phase suivante de la chaîne de mise en œuvre.

- *Évaluations des besoins et des conditions de vie (chapitre 4).* Outre les informations vérifiées, différents outils d'évaluation serviront d'intrants pour l'évaluation des besoins et des conditions de vie. Les produits de cette phase sont les évaluations des profils des demandeurs.
- *Décisions d'éligibilité et d'inscription (chapitre 5).* L'évaluation des profils des demandeurs enregistrés et les critères d'éligibilité spécifiques aux programmes servent d'intrants pour la détermination de l'éligibilité. Les décisions d'inscription dépendent également du budget disponible, ainsi que des protocoles pour les individus éligibles en liste d'attente s'il n'existe pas suffisamment de place à cause de contraintes de capacité ou budgétaires. Les profils des demandeurs enregistrés fournissent également des informations nécessaires aux **décisions sur le paquet de prestations/ services**, conformément aux règles du programme, et selon ce qui est à la discrétion des travailleurs sociaux (pour assigner ou orienter vers d'autres services les demandeurs enregistrés éligibles aux services concernés). Les candidats sont **notifiés** de leur statut (éligible ou inéligible, accepté ou sur liste d'attente) et les bénéficiaires inscrits sont **intégrés dans le programme**, ce qui inclut une présentation des règles de ce dernier, de ses activités, de ce qu'on en attend, mais aussi des droits et responsabilités des bénéficiaires. Les travailleurs sociaux discutent également à cette étape avec les bénéficiaires de plans d'action individualisés (PAI), s'ils sont prévus. Des informations supplémentaires pourront être collectées pendant la période d'intégration (comme les informations bancaires pour les versements). Les résultats de cette phase d'inscription sont les informations sur les bénéficiaires spécifiques (ou cohortes de bénéficiaires s'ils sont traités en groupe) qui sont ajoutées au système de gestion des opérations des bénéficiaires, avec les informations connexes sur les prestations et les services.

- *Paiement des prestations : Paiements de Gouvernement à Personne (G2P) (chapitre 6).* Les systèmes de gestion des opérations des bénéficiaires fournissent des données au registre de paiements des prestations. Les autres intrants incluent les informations relatives au compte bancaire des inscrits, l'argent mobile, le portefeuille numérique ou les références de paiement. Pour les bénéficiaires déjà dans le programme, des intrants supplémentaires pour le registre de paiement pour les prochains cycles de mise en œuvre proviennent de l'étape de gestion des opérations des bénéficiaires, notamment les éventuels ajustements de statuts des bénéficiaires ou des montants. En outre, d'autres intrants sont issus de la réconciliation des paiements du cycle précédent. Les produits de la phase des paiements seront le déblocage des fonds et le versement des prestations aux bénéficiaires pour le cycle actuel de mise en œuvre. Cette phase nourrira ensuite l'étape de gestion des opérations des bénéficiaires (chapitre 8) dans le cadre du cycle récurrent de mise en œuvre.
- *Fourniture des services (chapitre 7).* Les principaux intrants de la fourniture de services sont les informations sur les bénéficiaires, les plans d'action individuels (PAI), les orientations vers d'autres services et les accords avec les prestataires de services (si la prestation de services est externalisée). Les intrants peuvent également provenir de l'étape de gestion des opérations des bénéficiaires du dernier cycle de mise en œuvre, notamment les éventuelles actualisations des PAI, des paquets de services, du statut de bénéficiaire ou d'autres changements. Le produit principal est la vérification de la qualité de la prestation des services. Cette phase ira ensuite nourrir l'étape de gestion des opérations des bénéficiaires (chapitre 8) dans le cadre du cycle récurrent de mise en œuvre. La fourniture des services en tant que telle est la phase la plus particulière de toutes les phases de la chaîne de mise en œuvre. Ceci parce que les « produits » fournis sont généralement assez spécialisés (services d'emplois et services sociaux) et que les modalités des prestations varient considérablement (ex. mises en œuvre par une institution publique, contractualisation d'une entreprise privée ou des fondations partenaires).

- *Gestion des opérations des bénéficiaires (chapitre 8).* Les principaux intrants de la gestion des opérations des bénéficiaires sont (1) l'octroi vérifié des prestations (du chapitre 6) et services (du chapitre 7) ainsi que (2) les produits de la phase d'inscription pour les bénéficiaires nouvellement ajoutés (du chapitre 5). Les grandes activités de l'étape de gestion des opérations des bénéficiaires incluent la mise à jour et la correction des informations des bénéficiaires et leur paquet de prestations/services, le suivi des conditions imposées aux bénéficiaires concernant les activités éducatives, de santé et liées au travail (en fonction des programmes spécifiques) et le classement, les enquêtes et la gestion des réclamations. Les produits principaux de cette phase sont un système de gestion des opérations des bénéficiaires actualisé (y compris les changements d'informations, les changements de statuts des bénéficiaires résultant de l'évaluation, et les décisions relatives à la sortie du programme), les changements dans le paquet de prestations/services, les décisions relatives aux pénalités ou sanctions pour le non-respect des conditions, et la résolution des réclamations (dans certains cas entraînant l'ajout de nouveaux bénéficiaires ou des changements dans le paquet de prestations/services). Cette phase va ensuite nourrir la fourniture des prestations (du chapitre 6) et la fourniture des services (chapitre 7).

Principaux acteurs : les personnes et les institutions

Les personnes

Les personnes sont des acteurs essentiels dans les systèmes de mise en œuvre. Au final, elles constituent l'élément le plus important des programmes de protection sociale. Mais « elles » ne sont pas faciles à décrire. En termes humains, il peut s'agir d'individus, de familles ou de ménages. Ces personnes peuvent être jeunes ou âgées, avoir une identité de genre masculine, féminine ou autre. Elles peuvent être pauvres, non pauvres, employées, sans emploi ou inactives. Elles peuvent être en situation de handicap ou vulnérables aux risques sociaux. Elles peuvent avoir été confrontées à un choc

sanitaire ou économique ou à un événement catastrophique, seules ou au sein d'un groupe. Elles peuvent vivre dans des zones isolées, dans des bidonvilles surpeuplés ou dans des régions fragiles, en proie à des conflits ou à la violence. Elles peuvent aussi avoir migré depuis un autre pays ou une autre région, soit volontairement, soit en raison d'un déplacement forcé. Comme indiqué au chapitre 1, ce *Manuel de référence* s'intéresse à des groupes démographiques (tels que les enfants ou les personnes âgées), les personnes pauvres ou à faibles revenus (individus, familles ou ménages), les travailleurs sans emploi, les personnes en situation de handicap et les individus confrontés à des risques sociaux (voir tableau 1.1).

Il est difficile de trouver le bon terme technique pour décrire les « personnes » une fois qu'elles font partie du système de mise en œuvre de protection sociale. Nous relevons ce défi terminologique de trois façons (et le glossaire fournit les définitions de ces termes et d'autres termes utilisés dans le *Manuel de référence*) :

- *Premièrement, une des difficultés tient au fait que le statut opérationnel des personnes évolue tout au long de la chaîne de mise en œuvre.* Cette évolution est illustrée à la figure 2.3. Dans la phase d'information et de sensibilisation, on parle généralement de la « population ciblée ». Au cours de la phase d'accueil et d'enregistrement et de l'évaluation des besoins et des conditions de vie, les personnes sont techniquement soit des « demandeurs », soit des « demandeurs enregistrés » selon le type de modèle opérationnel et selon que les personnes postulent activement à des programmes depuis des systèmes à la demande ou qu'elles sont enregistrées lors d'un enregistrement en masse dans le cadre d'approches impulsées par les administrateurs. Par souci de simplicité, nous désignons les demandeurs et les demandeurs enregistrés par le terme « demandeurs enregistrés » tout au long du Manuel (sauf si la discussion porte uniquement sur un système à la demande, auquel cas nous parlons également de demandeurs). Une fois que l'éligibilité est établie et que les demandeurs enregistrés sont inscrits à un programme, ils deviennent des « bénéficiaires ». (Voir l'encadré 2.1 pour en savoir plus sur la confusion qui peut résulter de la mauvaise

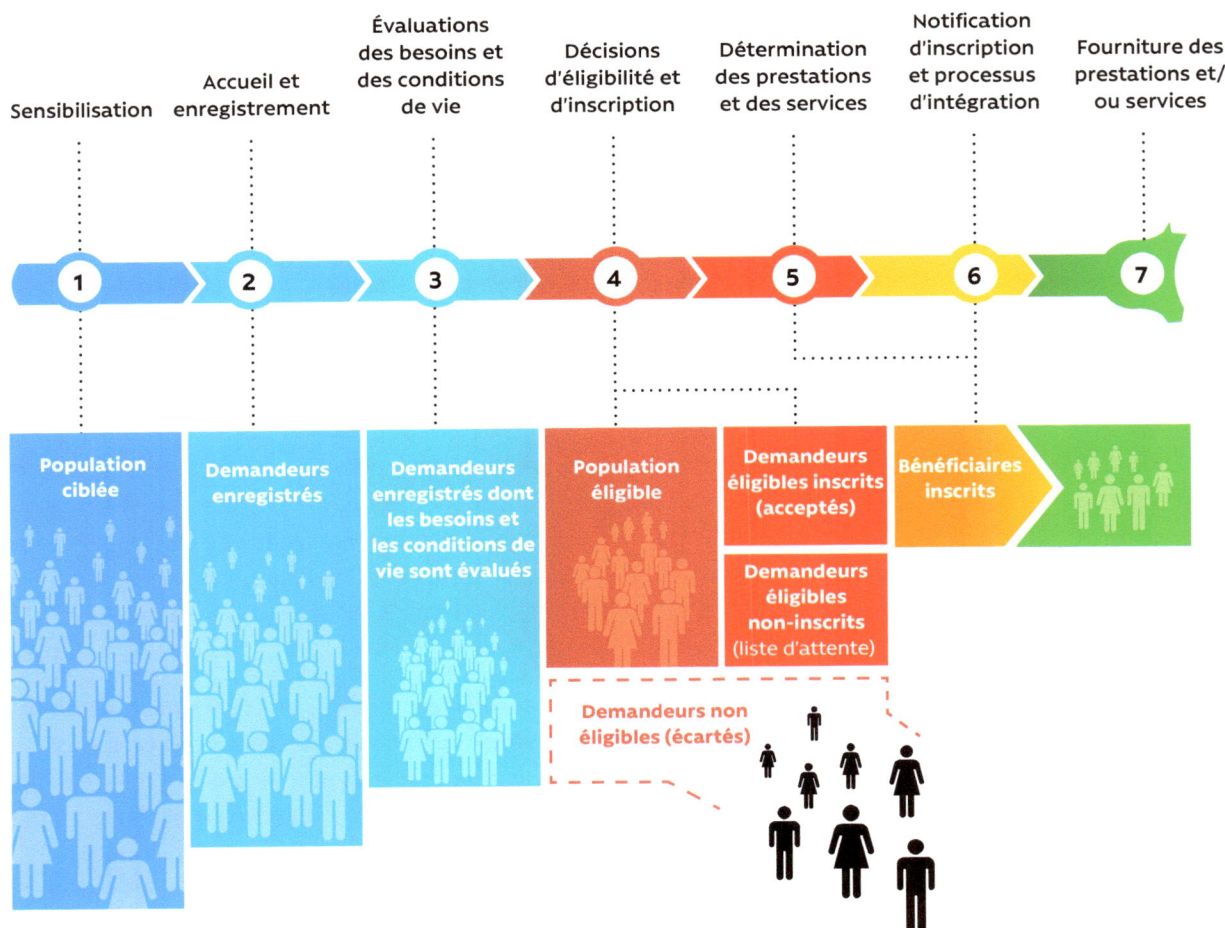

Source : Figure conçue pour cette publication.

utilisation des termes « demandeurs enregistrés » et « bénéficiaires ».)

- *Deuxièmement, la distinction entre les termes « unité d'assistance » et « récipiendaire désigné » est importante.* L'unité d'assistance peut être un individu, une famille ou un ménage, selon l'objet de l'intervention. En ce qui concerne le récipiendaire désigné, dans certains cas, un individu autre que le bénéficiaire prévu peut être le récipiendaire désigné (comme un parent ou un tuteur qui perçoit une allocation pour enfant au nom d'un enfant). Dans d'autres cas, même lorsque l'unité d'assistance est la famille ou le ménage, un bénéficiaire individuel

au sein du ménage est choisi comme récipiendaire désigné (la personne qui perçoit les prestations au nom de la famille).

Troisièmement, il n'existe pas de terme technique universel qui englobe toutes les personnes suivantes : population ciblée, demandeurs, demandeurs enregistrés, bénéficiaires, individus, familles, ménages, unités d'assistance et récipiendaires désignés. Dans certains pays, ces personnes sont toutes appelées « clients », dans le sens où les programmes visent à leur fournir des services. D'autres pays utilisent le terme « usagers », toujours dans une optique de service. Cependant, certains professionnels s'opposent aux termes « clients » ou « usagers », car ils peuvent impliquer que les personnes doivent payer pour bénéficier des prestations ou des services publics. Le terme « citoyens », qui découle du concept de « service aux citoyens » de l'administration publique, est tout aussi délicat, car il pourrait être mal interprété et laisser entendre que la citoyenneté ou un droit de résidence légale est nécessaire pour bénéficier de prestations ou de services. Dans ce Manuel, nous utiliserons autant que possible le terme « personnes » ou nous les désignerons par les catégories techniques appropriées (population ciblée, demandeurs, demandeurs enregistrés, bénéficiaires, individus, familles, ménages, unités d'assistance ou récipiendaires désignés). Dans certains cas, le présent Manuel peut utiliser le terme « client », par exemple avec « interface client » (car « interface personne » pourrait impliquer que les gestionnaires ou le personnel du programme ne sont pas des personnes).

Institutions : centrales, locales et prestataires

Les programmes de protection sociale offrent généralement une large gamme de prestations et de services pour améliorer et gérer le bien-être des individus et des familles pauvres et vulnérables. Les prestations et les services sont fournis par différentes institutions, comme des organismes publics, des organisations non gouvernementales, des fondations et/ou des prestataires privés tels que des agents de paiement. Elles peuvent se trouver à différents niveaux administratifs (central, sous-national, local) et dans différents secteurs, puisque les programmes de protection sociale font souvent intervenir des organismes et des partenaires d'autres secteurs.

Il n'existe pas de schéma directeur pour l'ensemble des dispositifs institutionnels accompagnant les systèmes de mise en œuvre de services de protection sociale[2]. En général, de nombreux acteurs sont impliqués, et la définition des rôles et des responsabilités est spécifique au contexte. En outre, les dispositifs institutionnels sont dynamiques. Le point de départ est important, et ce point de départ n'est généralement pas une page blanche. En outre, les systèmes et les dispositifs ont tendance à évoluer, et les facteurs qui les influencent peuvent être difficiles à contrôler. L'économie politique

détermine les choix, tout comme la disponibilité des ressources financières, physiques et humaines, du moins à court terme. À long terme, il est possible de réduire ces contraintes en investissant dans le renforcement des capacités et des infrastructures, mais la vitesse et l'ampleur de ces investissements sont également conditionnées par le point de départ et les contraintes institutionnelles existantes.

Les caractéristiques du contexte général du pays, telles que le niveau de décentralisation, les capacités des administrations locales et la dynamique politique locale et centrale, conditionnent et limitent les options optimales, ou même simplement réalisables, en matière de dispositifs institutionnels pour la fourniture de prestations et de services. Les dispositifs institutionnels au niveau macro, par définition, sont une réalité imposée du point de vue de l'entité de mise en œuvre du programme, et ils comprennent les éléments suivants :

- *Structure administrative au niveau du pays.* Le degré d'autonomie du niveau infranational a de fortes implications sur la manière dont les dispositifs institutionnels sont conçus. Les dispositifs varieront nécessairement selon qu'ils sont décidés dans des pays unitaires et fortement centralisés ou dans des pays fortement décentralisés, et même les États fédéraux peuvent avoir des dispositifs très différents en ce qui concerne la répartition des responsabilités en matière de protection sociale[3]. La constitution elle-même peut attribuer des responsabilités à un niveau particulier de gouvernement. Alors qu'au Mexique, le développement social relève de la responsabilité du gouvernement central, au Brésil, la réduction de la pauvreté et la protection sociale relèvent de la responsabilité simultanée de différents niveaux. En outre, la décentralisation politique, administrative et financière peut avancer à des rythmes différents et créer des tensions et des compromis difficiles à gérer.
- *Dynamique politique locale-centrale.* Dans la mesure où les administrations locales qui ne sont pas sous le contrôle hiérarchique direct de l'organisme de mise en œuvre jouent un rôle dans la mise en œuvre, la recherche de coopération et de coordination efficace pendant l'exécution deviendra une tâche essentielle (et une contrainte).

Évaluation des ressources au niveau local pour l'accompagnement des dispositifs existants. Outre la capacité du gouvernement central à fournir la structure d'incitation adéquate, la qualité de la mise en œuvre au niveau déconcentré dépend des capacités des administrations locales directement chargées de fournir les prestations et les services. De fait, l'évaluation de la capacité des ressources humaines existantes, de la charge de travail en cours et de la répartition des tâches, des ratios du personnel de terrain par rapport aux bénéficiaires et au personnel du niveau central, de l'utilisation de la technologie, etc. est essentielle. Ces évaluations permettront de choisir les dispositifs institutionnels et les structures d'incitation les plus appropriées pour les résultats finaux visés par la mise en œuvre. Cela doit être fait aux niveaux central et local (par exemple, au niveau de l'interface avec les citoyens), ainsi que pour les prestataires de services contractuels s'ils sont utilisés (par exemple, en tant qu'agents de paiement dans le cas de transferts en espèces) et il est nécessaire d'identifier quels éléments sont « statiques » (par exemple, donnés à court terme) et lesquels sont modifiables.

Divers rôles institutionnels influencent les résultats de la protection sociale. En matière d'élaboration des politiques publiques, les institutions sont responsables de la définition des politiques de protection sociale, de l'allocation budgétaire, de la sélection des programmes et de leurs paramètres (par exemple, les populations ciblées, les niveaux de prestations et les critères d'éligibilité). Ce rôle d'élaboration des politiques peut être tenu par un seul organisme ou partagé entre différentes institutions. Le rôle de mise en œuvre, qui fait l'objet de cet ouvrage, concerne la fourniture des prestations et des services. Les acteurs impliqués dans les systèmes de mise en œuvre incluent généralement les personnes chargées de superviser et de gérer le(s) programme(s) et les systèmes d'appui, ainsi que les personnes chargées des activités quotidiennes du programme, notamment les éléments clés de l'interface client.

Le rôle d'élaboration des politiques fait référence aux personnes responsables de la définition des politiques et des programmes de protection sociale. Comme énoncé précédemment, un seul organisme peut tenir ce rôle, ou celui-ci peut être partagé entre plusieurs organismes. Contrairement à d'autres secteurs sociaux tels que la santé et l'éducation, la protection sociale est relativement nouvelle en tant que « secteur » et les dispositifs institutionnels varient considérablement. Les programmes de protection sociale sont souvent complexes d'un point de vue organisationnel et font intervenir de multiples acteurs, systèmes et processus gouvernementaux. Dans de nombreux pays, les programmes ont évolué et ont été complétés au fil du temps, ce qui explique que les systèmes et programmes de protection sociale manquent souvent d'une vision stratégique globale et d'une structure institutionnelle claire. Les programmes de protection sociale sont souvent multisectoriels et peuvent relever de plusieurs ministères et organismes gouvernementaux.

Dans la plupart des cas, les acteurs centraux exercent les fonctions de financement, d'élaboration des politiques et de gestion des systèmes de mise en œuvre. Les principaux acteurs au niveau central comprennent généralement les ministères du Travail et de la Protection sociale (regroupés ou distincts) et les organismes d'assurance sociale, bien que les programmes de protection sociale puissent également être répartis entre de nombreux autres acteurs centraux (certains programmes étant gérés par les ministères de la Santé, de l'Éducation ou de l'Agriculture, entre autres). Les gouvernements centraux (nationaux) sont souvent les principaux bailleurs de fonds des programmes de protection sociale, en raison de leur rôle dans la collecte des recettes fiscales (par la fiscalité globale pour les programmes non contributifs ou la collecte des cotisations pour les programmes d'assurance sociale) et de leur capacité à redistribuer les fonds pour réduire les inégalités interrégionales[4]. Les acteurs centraux établissent aussi généralement des politiques et définissent les principaux paramètres des programmes à l'échelle nationale. Par ailleurs, ils gèrent et supervisent souvent la mise en œuvre des systèmes de mise en œuvre. En outre, dans de nombreux pays, ils gèrent les plateformes de mise en œuvre telles que les systèmes d'information. Dans de nombreux cas, une multitude d'acteurs centraux sont impliqués, ce qui peut nécessiter des mécanismes explicites de coordination ou d'intégration horizontale (voir l'exemple théorique dans la section suivante du chapitre).

Les dispositifs institutionnels horizontaux jouent un rôle clé pour répondre à l'un des deux principaux défis des systèmes de mise en œuvre de protection sociale : la coordination. La question fondamentale est de savoir dans quelle mesure les rôles et les responsabilités sont répartis horizontalement entre différents ministères/ acteurs, ce qui nécessite des dispositifs spécifiques pour prendre en charge le rôle de coordination. Dans certains cas, il peut y avoir un ministère central chargé de l'élaboration des politiques, de la mise en œuvre et de la coordination interinstitutionnelle. C'est le cas, par exemple, des ministères centraux puissants du Brésil, de l'Indonésie, du Pérou et des Philippines, mais aussi de ministères plus récents qui sont encore en train de renforcer leurs capacités, comme au Guatemala. Il se peut également que l'élaboration de la politique de protection sociale ne soit pas confiée à un organisme spécialisé, mais plutôt à un organisme national de planification multisectorielle, comme au Népal. Dans ce dernier cas, les rôles de mise en œuvre et d'élaboration de la politique sont effectivement séparés ; le niveau de supervision du programme est alors généralement faible, ce qui réduit l'impact potentiel de la politique. Il existe de nombreuses variantes intermédiaires, dans lesquelles plusieurs ministères/organismes se voient attribuer des mandats politiques et des portefeuilles de programmes distincts (bien que se recoupant souvent), parfois aidés par des organes de coordination interinstitutionnels, parfois non[5]. Bien qu'il soit toujours possible qu'un programme particulier soit mis en œuvre efficacement sous l'égide d'un seul ministère, une faible coordination horizontale affaiblit l'impact global de programmes disparates et réduit l'efficacité au niveau systémique.

Le rôle de mise en œuvre fait référence à la fonction de mise en œuvre de service. Contrairement à l'éducation ou à la santé qui sont souvent attribuées dans leur intégralité à un niveau particulier de gouvernement (par exemple, l'enseignement primaire au niveau municipal, le secondaire au niveau régional, les hôpitaux uniquement au niveau régional et/ou national, etc.), les programmes de protection sociale les plus importants ont tendance à être de nature nationale tout en dépendant des niveaux locaux pour leur mise en œuvre[6]. Les dispositifs institutionnels mis en place pour fournir des prestations et des services au public varient d'un programme à l'autre[7], tout comme les rôles des gouvernements au niveau central et local.

Les administrations locales sont appelées à remplir des fonctions spécifiques pendant la mise en œuvre, telles que l'information et la sensibilisation, l'accueil et l'enregistrement[8]. Il est avantageux de transférer la responsabilité de la mise en œuvre des programmes au plus près des clients. En effet, la proximité des administrations locales avec les communautés bénéficiaires simplifie les transactions avec les clients et permet une plus grande réactivité/sensibilité aux besoins et préférences locaux, ce qui peut ainsi contribuer à renforcer la redevabilité. Cela est particulièrement vrai pour les programmes sociaux destinés aux personnes pauvres ou aux groupes vulnérables qui pour des raisons de coût d'accès ou d'autres obstacles courraient un plus grand risque d'être exclus des prestations et des services. Cependant, cette séparation des responsabilités de financement et de mise en œuvre entre les différents niveaux de gouvernement oblige à bien réfléchir aux incitations institutionnelles afin que les prestataires de services soient tenus responsables des résultats des programmes. La coordination verticale peut être compliquée en raison, entre autres, du flou sur les rôles et les responsabilités attribués, de l'inadéquation des rôles et des ressources, de l'absence d'informations communes, de l'incapacité des administrations locales à répondre aux exigences du gouvernement central en raison de la faiblesse de leurs capacités, et de divergences politiques.

Les pays adoptent différents mécanismes en ce qui concerne l'ensemble des dispositifs institutionnels verticaux qui accompagnent la répartition entre niveaux central et local des responsabilités pour la fourniture de prestations et de services de protection sociale, en fonction de leur contexte institutionnel et administratif. Dans de nombreux pays à revenu faible ou intermédiaire, où la protection sociale est un secteur relativement récent (comparé, par exemple, à la santé et à l'éducation), les dispositifs institutionnels sont encore en cours d'évolution. L'une des principales différences entre le versement de prestations en espèces et la fourniture de services sociaux ou de services de l'emploi réside dans les différents degrés d'intensité des démarches administratives requises pour les fournir. Il est possible de déployer de vastes programmes de transferts en espèces ou d'assistance sociale avec des dispositifs institutionnels relativement centralisés. En revanche, à mesure que le système de protection sociale d'un pays mûrit et évolue vers une combinaison plus complexe d'interventions adaptées aux besoins variés des personnes pauvres ou vulnérables, le système institutionnel tend également à se complexifier, notamment en termes de capacité à fournir un soutien direct aux personnes[9]. Il est important de noter que ces dispositifs peuvent varier d'un programme à l'autre au sein d'un même pays (par exemple, il peut y avoir différents dispositifs pour l'assurance sociale et l'assistance sociale) ou pour des programmes similaires dans différents pays (il existe divers dispositifs pour les transferts monétaires conditionnels dans le monde). La figure 2.4 résume certaines des variantes que l'on trouve couramment dans les relations verticales dans le cas des systèmes de mise en œuvre de la protection sociale :

● **Centralisation avec des bureaux locaux déconcentrés.** Un programme particulier peut être entièrement centralisé au sens constitutionnel, avec une mise en œuvre réalisée par des bureaux locaux déconcentrés qui rendent compte directement à l'institution centrale. De tels dispositifs sont assez courants pour l'assurance sociale, par exemple, lorsque les organismes locaux de sécurité sociale sont placés sous la supervision de l'organisme central de sécurité sociale. Deux exemples de ces dispositifs centralisés ou déconcentrés dans les programmes d'assistance sociale sont le programme Prospera du Mexique (avec des bureaux

locaux déconcentrés qui sont placés sous l'autorité de l'agence centrale SEDESOL) et le Programme indonésien de transferts monétaires conditionnels — PKH (avec des milliers de facilitateurs engagés par le ministère central des Affaires sociales [MdAS], bien qu'ils soient recrutés dans des localités spécifiques et déployés dans tout le pays).

● **Partenariats entre niveaux central et local dans des contextes décentralisés.** Dans les pays où davantage de fonctions administratives (en particulier celles liées à la prise de décision) sont décentralisées vers les administrations locales (par exemple, les États fédéraux, mais aussi certains pays essentiellement unitaires dotés d'une autonomie politique relativement élevée), le ministère central peut conclure des partenariats avec des administrations locales autonomes pour assurer la mise en œuvre des programmes de protection sociale. C'est le cas du Programme Bolsa Família au Brésil ou du Filet de sécurité sociale productif en Tanzanie, dans lesquels le financement et la gestion globale du programme restent centralisés alors que de nombreuses

Figure 2.4 Principaux modèles de dispositifs institutionnels verticaux pour la protection sociale

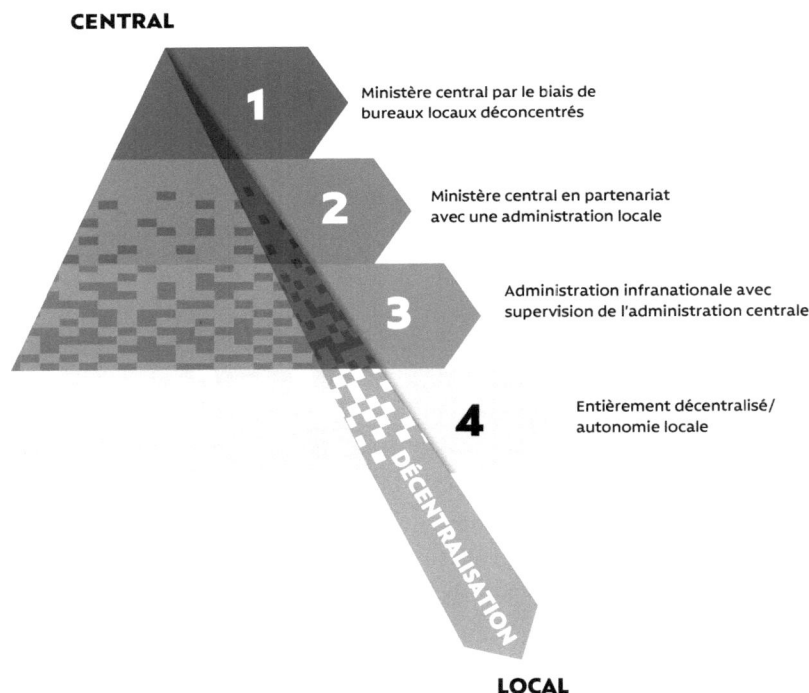

CENTRAL

1 — Ministère central par le biais de bureaux locaux déconcentrés

2 — Ministère central en partenariat avec une administration locale

3 — Administration infranationale avec supervision de l'administration centrale

4 — Entièrement décentralisé/ autonomie locale

DÉCENTRALISATION

LOCAL

Source : Figure conçue pour cette publication.

fonctions liées à la clientèle sont gérées par les municipalités. Ces dispositifs ont été formalisés par des accords de collaboration intergouvernementale qui, dans certains cas, prévoient également un partage partiel des coûts administratifs. Dans le cas du Brésil, par exemple, le gouvernement fédéral fournit des subventions pour le partage des coûts administratifs sur la base d'indicateurs de performance afin de garantir une mise en œuvre plus « cousue sur-mesure » selon les municipalités.

Gestion et mise en œuvre infranationales

- **Supervision de l'administration centrale.** Dans certains pays, la gestion et la mise en œuvre de certains programmes peuvent être entièrement décentralisées vers des acteurs infranationaux, soit avec un financement central complet, soit avec un cofinancement conjoint entre le gouvernement central et les administrations infranationales, souvent par des subventions forfaitaires ou de contrepartie. Parmi ceux-ci, on peut citer le programme d'assistance temporaire pour les familles dans le besoin (TANF) aux États-Unis. Il est cofinancé par le gouvernement fédéral et les gouvernements des pays par le biais de subventions forfaitaires et mis en œuvre par les gestionnaires de programme des pays et des comtés avec une supervision limitée du gouvernement fédéral. Les bureaux des services publics de l'emploi qui fonctionnent au niveau local en Chine et en Inde sont un autre exemple. Dans ces cas, cependant, les réglementations et les directives sont définies au niveau central (Auer et coll. 2008).

- **Décentralisation complète.** Certains programmes fonctionnent de manière totalement décentralisée, avec peu ou pas d'implication du gouvernement central. Ce dispositif est courant pour les services sociaux, qui peuvent être « locaux » non seulement dans leur gestion et leur mise en œuvre, mais aussi dans leur financement. Il peut notamment porter sur des programmes de garde d'enfants, de services de protection de l'enfance et de refuges pour les sans-abri. Dans certains cas, l'organisme central peut avoir des normes de qualité et des réglementations qui sont imposées au niveau central (incluant parfois un cofinancement du gouvernement central).

En outre, de nombreux programmes externalisent certains ou tous les aspects de la mise en œuvre à des organismes partenaires, parmi lesquels d'autres organismes publics, des fondations, des organisations à but non lucratif et des entreprises spécialisées à but lucratif. L'externalisation est particulièrement courante à l'étape de la fourniture de prestations et services dans la chaîne de mise en œuvre. Par exemple, le versement des prestations est souvent confié à des agents de paiement (comme les banques). La fourniture de services sociaux et de services de l'emploi est également fréquemment externalisée. Dans ces cas, les gouvernements ont des relations contractuelles avec les prestataires. Il peut s'agir de contrats basés sur les activités (contrats qui paient pour la mise en œuvre d'un certain nombre de services) ou sur les résultats (contrats qui paient en fonction des résultats). Ces derniers types de contrats transfèrent une plus grande part du risque lié aux résultats sur le fournisseur, mais ils sont également complexes à gérer. Dans les deux cas, l'externalisation nécessite une surveillance importante. Si elle est parfois utilisée pour compenser un manque de capacités, elle exige une capacité de gestion importante, tant pour établir le contrat que pour le superviser.

Il est également crucial de définir les rôles respectifs des différents acteurs le long de la chaîne de mise en œuvre d'un point de vue pratique et fonctionnel. Comme nous le verrons plus loin, les outils de cartographie des processus peuvent être utiles pour déterminer « qui fait quoi » tout au long de cette chaîne.

Les diagrammes de la chaîne de mise en œuvre sont des outils de gestion utiles pour représenter le séquençage des processus de mise en œuvre entre les acteurs (encadré 2.2). Elles identifient « qui fait quoi » et « quand » pour les processus de base accompagnant les fonctions des principales phases, ce qui permet d'éviter toute confusion. Il est essentiel d'attribuer des rôles uniques selon des principes de clarté et de redevabilité.

Des outils tels que les diagrammes de la chaîne de mise en œuvre peuvent aider à identifier trois fonctions principales :

- **Fonctions orientées vers le client.** Quels sont les acteurs qui assurent les fonctions orientées vers le client ? Les acteurs locaux et/ou les prestataires externes assurent généralement cette fonction. Les acteurs infranationaux ou locaux sont généralement

Encadré 2.2 Diagramme de la chaîne de mise en œuvre des services de protection sociale (diagrammes à couloirs). Conceptualiser l'organisation comme un système

Les diagrammes de la chaîne de mise en œuvre sont des outils de gestion utiles pour représenter le séquençage des processus entre les acteurs. Ces diagrammes utilisent les principes des diagrammes à « couloirs fonctionnels » qui sont des outils de gestion courants permettant de distinguer visuellement les rôles et les responsabilités des processus opérationnels. Chaque acteur se voit attribuer un « couloir fonctionnel », puis les principaux processus de mise en œuvre sont représentés dans l'ordre dans ces couloirs. Le terme « couloir fonctionnel » symbolise le concept selon lequel « chaque acteur reste dans son propre couloir » sans le traverser pour éviter les « collisions » ou la confusion sur les rôles.

Cette représentation permet d'évaluer la robustesse de la chaîne de mise en œuvre en identifiant « qui fait quoi » et « quand » pour les processus de base accompagnant les fonctions des principales phases de mise en œuvre. Il est essentiel d'attribuer des rôles uniques selon des principes de clarté et de redevabilité. Les diagrammes de la chaîne de mise en œuvre peuvent être tracés de bout en bout pour l'ensemble de la chaîne, ou pour les processus de phases spécifiques de mise en œuvre au sein de la chaîne (par exemple, tracer un diagramme de processus pour la phase de paiement sans les autres phases). Ces outils peuvent contribuer à promouvoir l'efficience, la transparence et l'efficacité des programmes sociaux et des systèmes de prestation.

Idéalement, l'élaboration d'un diagramme des processus devrait être réalisée de manière participative avec l'implication des principaux acteurs. De cette manière, chaque acteur comprend son propre rôle et comment il s'inscrit dans le système global. De plus, il peut contribuer à l'identification des améliorations et réformes potentielles. L'approche participative permet également de renforcer la confiance, le consensus, l'appropriation et la compréhension des processus clés de la chaîne de mise en œuvre. Des progiciels de bureautique courants peuvent être utilisés pour tracer et visualiser ces diagrammes de la chaîne de mise en œuvre — et elles peuvent également être dessinées de manière participative sur des tableaux de conférence.

Les principales étapes de la cartographie de la chaîne de mise en œuvre sont les suivantes :

■ Identifier les acteurs : organismes centraux, autres organismes ou prestataires, acteurs locaux et clients ;

■ Discuter des rôles et des responsabilités de chaque acteur le long de la chaîne de mise en œuvre ; Attribuer un « couloir fonctionnel » à chaque acteur (nous utilisons généralement des couloirs horizontaux avec les acteurs centraux en haut, puis les autres agences ou prestataires, puis les acteurs infranationaux et locaux, puis les personnes) ;

■ Identifier les étapes de réalisation des phases d'exécution le long de la chaîne de mise en œuvre ;

■ Créer un diagramme à couloirs des étapes dans l'ordre dans l'ensemble des « couloirs fonctionnels » pour chaque acteur ;

■ Examiner l'efficience et l'efficacité des processus. Toutes les étapes sont-elles nécessaires ? Quelles sont les étapes à « valeur ajoutée » ? Certaines étapes sans valeur ajoutée peuvent-elles être éliminées pour réduire les formalités administratives superflues ? Certaines étapes peuvent-elles être automatisées à l'aide de systèmes informatiques ?

Le diagramme à couloirs de la chaîne de mise en œuvre fait partie intégrante de l'élaboration ou de l'évaluation de la mise en œuvre des programmes de protection sociale. Ces outils de représentation remplacent les habituels « diagrammes spaghetti » que l'on voit couramment dans les manuels opérationnels des programmes — ceux qui comportent de nombreux acteurs, de nombreuses lignes entortillées sans que le début, l'enchaînement des séquences et la fin apparaissent clairement. Les diagrammes de la chaîne de mise en œuvre permettent également de stabiliser et d'identifier les processus et les fonctions qui pourraient être automatisés grâce à des systèmes informatiques et d'exploitation.

Ce chapitre présente des exemples de diagrammes de la chaîne de mise en œuvre pour deux scénarios fictifs. De nombreux exemples réels sont présentés ailleurs dans ce *Manuel de référence*.

Sources : Rummler et Brache, 1990 ; Hammer et Champy, 2003 ; Karippacheril et Lindert, 2016, 2017, 2018 ; Karippacheril, Nishikawa Chavez, et Rodriguez Caillava, 2019.

mieux placés que les acteurs centraux pour mettre en œuvre les fonctions de contact avec les clients, car ils peuvent avoir une meilleure connaissance de la clientèle des programmes ou avoir des contacts avec elle. Les acteurs infranationaux peuvent englober les branches administratives des pays, des régions ou des provinces. Les acteurs locaux peuvent inclure les bureaux administratifs municipaux, les bureaux locaux de l'organisme central, des bureaux locaux spécialisés et des équipes mobiles. Dans certains cas, les fonctions de contact avec les clients sont confiées à des prestataires spécialisés, tels que des fondations ou des organisations non gouvernementales, des acteurs privés, des agents de paiement, des prestataires de services spécifiques (tels que des instituts de formation, des prestataires de services de garde d'enfants, des centres d'accueil d'urgence ou d'autres services de protection) et d'autres acteurs. Le réseau de l'interface client peut prendre diverses formes. Cette interface est examinée plus en détail ci-dessous.

- **Fonctions de prise de décision.** Quels sont les acteurs qui prennent les décisions opérationnelles tout au long de la chaîne de mise en œuvre (par exemple, concernant l'éligibilité, l'inscription, le paquet de prestations/services, les sanctions et les sorties)? Dans de nombreux programmes, la responsabilité de ces décisions reste centralisée. Les avantages de la prise de décision centralisée sont les suivants : les personnes se trouvant dans des circonstances similaires reçoivent un traitement standard dans tout le pays; les pressions politiques et les pressions exercées par les clients sur les acteurs locaux sont réduites et le pouvoir discrétionnaire dans la prise de décision au niveau local est limité. Dans d'autres programmes, ces décisions sont décentralisées et confiées aux acteurs locaux (aux municipalités, aux conseils locaux, aux communautés, voire aux travailleurs sociaux ou aux facilitateurs). Cette décentralisation permet de tenir compte des réalités locales dans les décisions. Son désavantage est que l'introduction d'un pouvoir local discrétionnaire peut avoir des biais pour résultat.
- **Gestion des systèmes d'exploitation.** Qui gère les plateformes de mise en œuvre, comme par exemple les systèmes d'information? Dans de nombreux cas, ces systèmes sont gérés de manière centralisée (même en cas de stockage virtuel des données).

Parmi ces systèmes, on peut citer le Système intégré d'assistance sociale de la Turquie, le Registre social des ménages et le système d'information intégré du Chili, ainsi que les registres sociaux des Philippines et du Pakistan. Dans d'autres cas, il n'existe pas de systèmes nationaux. Par exemple, il n'existe pas de système national de gestion de l'assistance sociale aux États-Unis ; chaque État est responsable de la conception et de la création (ou de l'acquisition) et de la maintenance de son propre système. Dans certains cas, ces systèmes sont confiés à des agents d'exécution, comme le Cadastro Unico (registre social) du Brésil, qui est géré par le ministère des Affaires sociales, mais exploité par une banque fédérale nationale (qui gère également le système de paiement du programme). Un autre exemple est donné par Centrelink en Australie, qui est à la fois l'agent de gestion et le système d'exploitation de toutes les prestations de protection sociale.

Interface client : interaction entre les institutions et les personnes

Les institutions et les personnes interagissent à travers les processus et mécanismes de mise en œuvre. Du côté des institutions, des acteurs locaux ou des fournisseurs externes sont généralement chargés de la mise en œuvre des phases clés d'interaction avec les clients : information et sensibilisation, accueil et enregistrement, notification et intégration, paiement, fourniture de services, et certains aspects de la gestion des opérations des bénéficiaires. Du côté des clients, toute personne doit pouvoir (1) en savoir plus sur un programme et sur les processus associés, et identifier les personnes à contacter, (2) comprendre comment et où s'enregistrer, et accéder aux différents processus nécessaires à cet effet, (3) être informée des décisions concernant son éligibilité, son inscription et les prestations et les services dont elle bénéficie (si elle est inscrite), et les comprendre, (4) participer aux activités d'intégration (si elle est inscrite), (5) interagir avec les prestataires de services ou de paiement et bénéficier de services de qualité et de prestations en temps opportuns et (6) mettre à jour ses informations, être informée de toute modification de son propre statut (notamment en cas de non-respect des conditionnalités) et présenter des réclamations.

Il existe plusieurs modalités ou « points de contact » pour l'interface client. De nombreuses interactions se produisent en personne avec les travailleurs de première ligne, comme les travailleurs sociaux, les conseillers à l'emploi, les assistants sociaux, les relais communautaires ou médiateurs, les agents de vulgarisation ou encore les agents de santé communautaires. Les interactions peuvent avoir lieu au domicile de la personne (lors des visites à domicile des équipes mobiles), sur des sites communautaires ou dans des bureaux locaux, des centres de services, des lieux de services publics de l'emploi ou des points de service spécifiques (prestataires de services de paiement, par exemple). Les interactions peuvent également se produire sous forme numérique, par le biais d'appareils mobiles, de tablettes, d'ordinateurs, d'ordinateurs portables, d'agents conversationnels (chatbots), de GAB, de bornes automatiques dans des espaces publics, etc.

Le réseau de l'interface client peut être un maillon faible des systèmes de mise en œuvre et constituer un obstacle à l'inclusion. Pour l'interface client avec les personnes, il est important que le réseau sur lequel repose le système de mise en œuvre soit efficace, ou en tout cas adéquat. Toutefois, de nombreux pays et programmes négligent ce qu'on appelle parfois le « dernier kilomètre » des systèmes de mise en œuvre. Étant donné le rôle primordial des personnes dans l'efficacité et l'efficience des programmes de protection sociale, dans ce Manuel, ils sont considérés comme étant le « premier kilomètre » du système. Une vision inadaptée du « premier kilomètre » empêche les programmes de protection sociale d'évoluer, de s'étendre à l'échelle nationale, de répondre aux chocs et de progresser vers l'inclusion dynamique, dans le but de permettre à toute personne de solliciter des prestations et des services à tout moment.

Dans de nombreux pays, le réseau d'interface client est incomplet : la présence de bureaux se limite à certaines circonscriptions, la sensibilisation est faible ou inexistante dans les zones reculées, le nombre, la formation ou les compétences des agents de première ligne ne sont pas à la hauteur des tâches qui leur incombent ou les visites des équipes mobiles aux communautés locales sont espacées de plusieurs années. Parfois, lorsque les programmes s'appuient sur des équipes mobiles, aucune présence locale permanente n'est assurée. Les équipes peuvent également hésiter à collaborer avec les administrations locales autonomes en raison des contraintes institutionnelles ou du manque de capacité, ou par manque de confiance. Pour certains processus, il est possible de résorber ces lacunes grâce à la technologie, par l'utilisation des fonctionnalités en ligne ou mobile ; mais souvent, les contraintes restent problématiques.

Même lorsque l'interface client repose sur un vaste réseau, les interactions du premier kilomètre peuvent s'avérer lourdement bureaucratiques. En général, peu d'attention est accordée à l'expérience utilisateur des personnes qui naviguent dans le réseau. Malgré leurs bonnes intentions, la plupart des organismes sociaux adoptent et visualisent les processus et les systèmes du point de vue de l'administrateur. Ils se concentrent sur les processus organisationnels et les exigences institutionnelles, en faisant des hypothèses générales sur leurs clients. Pour les personnes, il peut donc s'avérer frustrant d'interagir avec les administrations publiques. L'interface client leur apparaît bureaucratique, difficile à consulter, distante, inexistante ou si fragmentée qu'ils doivent solliciter plusieurs prestations et services sur divers sites et faire maintes fois la queue, sans compter les coûts des multiples visites nécessaires pour obtenir de l'aide. Cette situation entraîne des pertes de temps, des coûts élevés et des déplacements excessifs, en raison du temps que les personnes consacrent au processus, des sommes qu'ils dépensent à cet effet (coûts de transport, coûts de garde d'enfants, absence au travail et frais de notaire) et du nombre de fois où ils doivent se rendre dans les bureaux locaux ou dans toute autre agence. Dans ce cas, le cheminement du client au travers du processus va comprendre un certain nombre de « passages pénibles » (comme expliqué dans la section 2.3 ci-dessous).

Que les interactions entre les personnes s'effectuent en personne ou sous forme numérique, il est possible de les améliorer grâce aux techniques de conception centrée sur l'humain (CCH). Ces techniques sont des processus qui consistent à comprendre les besoins des utilisateurs et à y répondre. De nombreux outils CCH facilitent l'évaluation de la qualité des interactions (ou de « l'expérience utilisateur ») dans les systèmes de protection sociale. C'est le cas notamment d'un diagramme de parcours » qui suit l'expérience client tout au long de la chaîne de mise en œuvre (voir encadré 2.3 et section 2.3 ci-dessous).

La CCH est essentielle pour l'inclusion des groupes vulnérables. Souvent, les organismes sociaux conçoivent

Encadré 2.3 Cartographies des parcours : comprendre l'expérience client des bénéficiaires des systèmes de mise en œuvre de la protection sociale

Les cartographies de parcours offrent une visualisation synthétique de l'expérience client de bout en bout. Elles incluent les expériences, les comportements et les émotions du client (les hauts, les bas et les aspects pénibles) tout au long du processus. L'empathie vis-vis de l'expérience personnelle du client est un aspect clé de ces cartographies, car la perspective du client peut être distincte de celle du processus administratif.

Les cartographies de parcours peuvent être établies en suivant les clients qui tentent d'accéder aux prestations et aux services de protection sociale ou en écoutant leurs témoignages. Elles n'ont pas besoin d'être complexes et laborieuses : une description rapide de l'expérience client du début à la fin du processus peut être très révélatrice. Les composants de base de ces cartographies sont les suivants :

- **« Réaliser » :** identification des principales activités, étapes et actions que le client doit réaliser au cours des différentes phases et détermination des points de contact ou modalités d'interaction des clients avec le système (en personne, en ligne ou par téléphone, par exemple).
- **TCV :** suivi des temps, coûts et visites (TCV) des personnes : (1) durée de chaque étape (en minutes ou en heures pour chaque activité, et total des jours calendaires écoulés depuis « l'événement déclencheur »), (2) montant ou coût privés requis pour que le client réalise les activités (tickets de bus, frais de notaire, absence au travail, coût de garde d'enfant, etc.) et (3) nombre de visites au bureau local ou à tout autre point de service, et autres déplacements (pour des rendez-vous dans d'autres agences ou avec d'anciens employeurs afin d'obtenir la documentation requise).
- **« Ressentir » :** détermination des émotions que le client peut expérimenter tout au long du parcours, aussi bien en raison des interactions avec les processus, qu'en raison de pressions et émotions contextuelles qu'il peut ressentir de par sa situation

et tout retard subi (préoccupations liées aux salaires perdus ou au paiement des factures, par exemple).

Les diagrammes de parcours permettent également d'évaluer si les indicateurs de performances et les normes de qualité répondent aux attentes des clients. Par exemple, les normes de qualité peuvent déterminer qu'un entretien doit avoir lieu dans un délai de 7 à 10 jours ouvrables à compter de la présentation d'une demande de prestation, et qu'une prestation doit être payée dans un délai de 7 à 10 jours ouvrables à compter du dépôt de la demande de paiement. Ces normes de qualité peuvent être parfaitement raisonnables du point de vue d'un administrateur. Pourtant, elles ne tiennent pas compte des actions supplémentaires que le client devra effectuer pour préparer les demandes de services ou de prestations, ni des délais, en jours calendaires, par rapport à leurs propres événements déclencheurs (licenciement, par exemple), véritables « bombes à retardement » pour les clients qui ont des factures à payer et s'efforcent d'arriver à la fin du mois.

Conjointement avec les diagrammes de la chaîne de mise en œuvre, les diagrammes de parcours permettent de mettre en évidence les goulots d'étranglement qui obstruent les processus, les problèmes d'inefficacité, les étapes sans valeur ajoutée ou inutiles, les retards (et leurs causes), les écarts entre les attentes et la réalité, etc. Ils peuvent même révéler les processus bureaucratiques inutiles, qui génèrent des inefficacités non seulement pour les clients, mais également pour les travailleurs sociaux et le système dans son ensemble (comme la duplication des processus, ou encore les documents que les clients doivent fournir parce que « c'est la procédure habituelle », même s'ils ne sont plus nécessaires). Ils peuvent fournir des informations essentielles pour structuration éventuelle des processus opérationnels et, bien sûr, pour améliorer les services aux clients.

Sources : US Digital Services, 2014 ; IDEO, 2015 ; Solomon, 2017 ; Karippacheril, 2018.

les interventions pour le demandeur ou bénéficiaire moyen tel qu'ils l'envisagent. Or, la population ciblée par un programme est généralement très variée : personnes vivant dans des zones reculées ou des zones de fragilité, conflits et violence (FCV), personnes en situation de handicap, personnes de langues et cultures différentes, femmes, enfants et jeunes, travailleurs du secteur informel, personnes sans domicile fixe, migrants et personnes déracinées de force. Des adaptations ou ajustements peuvent s'avérer nécessaires pour garantir la communication avec ces personnes et leur permettre d'accéder aux services et prestations. La CCH facilite l'adaptation des interventions aux besoins et contraintes spécifiques de ces personnes par la définition de groupes typiques d'individus (personas) et l'évaluation des interventions et processus auprès des différents groupes ainsi définis.

Facteurs favorables : communication, systèmes d'information et technologie

Les facteurs favorables tels que la communication, les systèmes d'information et la technologie contribuent à faciliter l'interface entre les personnes et les institutions. Ce sont aussi des aspects essentiels des systèmes de mise en œuvre. Dans une certaine mesure, les processus et la circulation de l'information entre les différents acteurs sont facilités par la communication et les systèmes d'information, qui peuvent eux-mêmes s'appuyer sur les technologies disponibles, le cas échéant.

Communication

La communication stratégique et la communication opérationnelle sont cruciales pour assurer l'efficacité et l'efficience des politiques, programmes et systèmes de mise en œuvre de protection sociale. La communication stratégique permet de sensibiliser et de responsabiliser les intervenants clés, de gagner leur soutien et de les aider à améliorer leurs connaissances. La communication opérationnelle facilite les processus de mise en œuvre et les interactions entre les principaux acteurs. Ainsi, elle favorise la transparence, la confiance et la responsabilisation. Les risques de mauvaise communication sont importants. Pour les politiques et des programmes, la désinformation peut entraîner une spirale négative de perceptions, un manque de crédibilité et l'échec ou l'annulation des réformes. Pour les systèmes de mise en œuvre, la désinformation peut provoquer le chaos et la confusion parmi les acteurs, entraver la mise en œuvre, générer des gaspillages de ressources, des problèmes d'inefficacité et des erreurs, et réduire l'efficacité des interventions.

Les systèmes de protection sociale doivent communiquer avec de nombreux intervenants. Une évaluation de la communication permet d'identifier et de cartographier les intervenants clés des programmes et systèmes de protection sociale. Les intervenants sont tout d'abord les acteurs des systèmes de mise en œuvre, tels que les clients (populations ciblées, personnes enregistrées et bénéficiaires) et les acteurs institutionnels majeurs. D'autres intervenants viennent s'y ajouter, notamment les agences partenaires (les bailleurs de fonds, par exemple), les décideurs, les responsables politiques, les leaders d'opinion, les médias et le grand public. Tout plan de communication doit établir clairement les éléments stratégiques et opérationnels des communications avec chaque intervenant. Les éléments stratégiques comprennent les objectifs de la communication, le comportement souhaité des récipiendaires, les messages et les informations (c'est-à-dire le contenu), les activités et risques associés à la communication et les résultats attendus. Les éléments opérationnels incluent les outils, canaux et calendriers de communication, les besoins en ressources de communication, ainsi que la désignation des personnes responsables de ces communications. Les activités, canaux et outils de communication tiennent compte de l'audience ciblée (intervenants). Dans le cas des clients, il faut parfois s'adapter à la langue préférée ou proposer les communications dans plusieurs langues, surmonter les obstacles potentiels à l'accès (tels que les handicaps) et tenir compte des niveaux d'alphabétisation, des préférences en matière de média, de la situation géographique et d'autres critères.

Du point de vue opérationnel, la communication facilite les processus et les interactions, tout au long de la chaîne de mise en œuvre. Elle « graisse les rouages » pour garantir que tous les acteurs comprennent tous les processus. À chaque phase de la chaîne de mise en œuvre, il est important d'identifier les intervenants clés, ainsi que les éléments stratégiques et opérationnels.

La communication est intrinsèque à la phase d'information et de sensibilisation. Cette dernière s'adresse essentiellement à la population ciblée et aux groupes vulnérables. Un élément clé d'une bonne sensi-bilisation consiste à entrer en contact avec les personnes sur des sites de proximité et d'une manière qui leur soit compréhensible. Le chapitre 3 détaille les approches d'information et de sensibilisation, notamment les adaptations nécessaires pour les groupes susceptibles de se heurter à des obstacles à l'accès, comme les per-sonnes âgées ou en situation de handicap, les minorités culturelles et linguistiques, et tout autre groupe margi-nalisé. Il aborde également les défis associés à la mise en œuvre de la sensibilisation dans les zones FCV. Dans cette phase, les messages clés consistent essentiel-lement à informer les personnes des programmes de protection sociale et des processus de mise en œuvre. L'information et la sensibilisation consistent à expliquer l'intervention (objectifs, population ciblée, règles du pro-gramme, critères d'éligibilité, champ d'application et contenu), ainsi que les aspects opérationnels, tels que les processus, les procédures, les points de contact, les calendriers et lieux d'enregistrement, de même que les droits et responsabilités des personnes enregistrées et des bénéficiaires. Une telle communication a pour but d'encourager la population ciblée à se mobiliser, à effec-tuer une demande et à fournir les informations requises pour démarrer la phase d'accueil et d'enregistrement. Dans cette phase, l'un des principaux risques liés à une communication déficiente est de ne pas atteindre la population ciblée. Celle-ci peut aussi ne pas avoir connaissance des programmes, ne pas les comprendre ou ne pas savoir comment s'enregistrer.

Les outils de communication facilitent également l'accueil, l'enregistrement et l'évaluation des besoins et des conditions de vie. L'interface client requiert une com-munication bilatérale pour (1) signaler aux personnes les procédures d'accueil et d'enregistrement, les sites et les points de contact, (2) faciliter la programmation (ren-dez-vous, événements d'enregistrement ou réunions communautaires), (3) réaliser des entretiens (éventuel-lement avec des listes de contrôle, des questionnaires et des outils assistés par ordinateur), (4) rassembler des informations précises et toute documentation requise, (5) répondre aux requêtes et (6) permettre les correc-tions ou mises à jour, en cas de besoin. Dans ces phases, les risques liés à une mauvaise communication sont nombreux : les personnes ne sauront pas où aller, com-ment et où s'enregistrer, quels documents et quelles informations fournir. Une telle confusion contribue au

manque d'efficacité des processus et à l'inexactitude des informations. Elle peut également créer des difficultés bureaucratiques qui découragent la population ciblée de s'enregistrer. Le taux d'adoption est alors faible parmi les personnes qui auraient probablement le droit de bénéficier des programmes de protection sociale (voir chapitre 4).

En phase d'inscription, la communication est cruciale pour les notifications et l'intégration. Les notifications doivent être envoyées à toutes les personnes enregis-trées, que celles-ci soient éligibles ou non, inscrites ou sur liste d'attente. Les notifications doivent expliquer clairement les raisons de ces décisions, ainsi que les prochaines étapes que la personne inscrite ou enregis-trée doit suivre. Pour les bénéficiaires inscrits, les notifi-cations et l'intégration doivent expliquer clairement le paquet de prestations/services, les attentes en matière de droits et de responsabilités, les points de contact, la documentation supplémentaire requise, les calendriers et lieux des prochaines mesures à prendre, etc. Pour les personnes en liste d'attente ou jugées non éligibles, les notifications doivent inclure les raisons de ces décisions, ainsi que des instructions claires sur la façon de procé-der pour effectuer une réclamation. Dans cette phase, divers risques sont liés à une mauvaise communication : non-réception des notifications (ce qui peut entraîner des retards, ou empêcher les demandeurs éligibles de savoir qu'ils sont inscrits), incompréhensions concernant le paquet de prestations/services (lorsque le calcul des prestations est complexe, par exemple), retards et ineffi-cacité de l'intégration, et grand nombre de réclamations (ce qui peut surcharger le système). L'exemple hypothé-tique de ce chapitre illustre certains de ces défis (voir chapitre 5).

Pour les paiements, la communication implique les bénéficiaires, l'agent de paiement et les institutions de gestion. Les communications comprennent générale-ment des alertes et avis de paiement, ainsi que des calen-driers de paiement. Les bénéficiaires doivent connaître le montant de leurs prestations, ainsi que le calendrier et la fréquence des paiements. Ils doivent savoir où et quand ils peuvent percevoir les paiements auxquels ils ont droit, comment retirer de l'argent (y compris tout code ou PIN requis), quels documents ils doivent four-nir pour effectuer des retraits et qui contacter s'ils ont des questions ou des réclamations, ou pour obtenir des informations supplémentaires. De leur côté, les agents de paiement et les institutions de gestion ont besoin de savoir si les paiements sont retardés ou s'ils n'arrivent pas, si le montant d'un paiement est incorrect ou si le paiement n'est pas versé. Quant aux personnes, ils doivent être en mesure de communiquer de tels événements et préoccupations. Dans cette phase, les risques liés à une mauvaise communication sont importants : retards ou défauts de paiement, paiements non réclamés, paiements versés aux personnes incorrectes, inefficacité du processus de paiement (longues files d'attente ou multiples visites, par exemple) et, par conséquent, grand nombre de réclamations (voir chapitre 6).

De nombreux intervenants peuvent être impliqués dans la fourniture de services, notamment les bénéficiaires, les travailleurs sociaux et les prestataires de services. Les bénéficiaires ont besoin de savoir qui sont les prestataires de services, où et quand ils doivent intervenir, etc. Un plan d'action individualisé (PAI) établi pendant l'intégration peut être utilisé pour définir les paramètres et des guides de communications lors de la fourniture de services. De plus, les normes de qualité sont très importantes pour communiquer (voir chapitre 7).

Par ailleurs, la communication est essentielle pour de multiples acteurs et activités impliqués dans la gestion des opérations des bénéficiaires. Dans le cadre de la gestion des données du bénéficiaire, les intervenants clés sont d'une part les bénéficiaires eux-mêmes, et d'autre part les acteurs institutionnels locaux et centraux. Les messages clés associés sont notamment les alertes concernant les erreurs, les écarts ou incohérences d'informations, les notifications indiquant aux bénéficiaires qu'ils doivent mettre à jour leurs informations ou être réévalués, et les notifications concernant les dates limites et les sorties du dispositif. Lors du contrôle de la conformité avec les conditionnalités (comme les exigences liées au niveau de formation, à la santé ou au travail du bénéficiaire), les bénéficiaires doivent d'abord savoir ce qu'on attend d'eux. Ils doivent aussi être alertés si le système détecte une non-conformité, émet des avertissements ou impose des sanctions. La communication joue un rôle déterminant dans les mécanismes de gestion des réclamations. Les réclamations peuvent impliquer des bénéficiaires, ainsi que toute personne souhaitant contester son statut de non-bénéficiaire. Les personnes ont besoin de savoir où et comment effectuer des réclamations ou des recours. Ils doivent avoir les moyens de suivre le statut de leurs réclamations, de

savoir comment celles-ci sont résolues et d'être informés des étapes suivantes (voir chapitre 8).

Un large éventail de technologies est utilisé pour la communication dans les systèmes de mise en œuvre. La communication entre les institutions et les clients peut se produire, entre autres, par une interaction directe (en personne), par le bouche-à-oreille, par téléphone, par e-mail, par SMS, par d'autres canaux mobiles, ou encore par des agents conversationnels (chatbots). Les outils de communication indirecte sont notamment les médias tels que la radio, la télévision, les sites Web, les réseaux sociaux et la presse écrite. Comme expliqué au chapitre 3, il est important d'adapter les outils de communication aux différents intervenants. Par exemple, les personnes jeunes seront peut-être plus enclines à utiliser les réseaux sociaux que les personnes âgées (elles-mêmes plus faciles à atteindre par la presse écrite), tandis que pour les populations isolées, il peut être plus judicieux d'utiliser les communications mobiles, la programmation radio ou la télévision. En outre, il est parfois nécessaire d'adapter les communications aux différences linguistiques, aux handicaps ou à tout autre obstacle à l'accès.

En général, malgré les risques générés par une communication insuffisante ou erronée, les programmes de protection sociale accordent peu d'importance à la communication, qui nécessitent une planification stratégique, une budgétisation et des ressources humaines. Les rôles de communication sont souvent confiés à un personnel non spécialisé ; les travailleurs sociaux de première ligne sont censés gérer la communication avec les clients, ou la communication est traitée comme une activité ponctuelle réalisée par des consultants ou des organisations non gouvernementales. Les programmes disposant de stratégies de communication performantes effectuent régulièrement des diagnostics de communication et planifient, mettent à jour et contrôlent leurs communications. En outre, ils s'appuient sur des ressources ou lignes budgétaires dédiées à la communication, et disposent du personnel adéquat. Au sein du Département de la protection sociale et du développement des Philippines, le programme Pantawid Pamilyang Pilipino (4Ps) offre un exemple de stratégie de communication réussie, avec ses transferts monétaires conditionnels et son registre social. Les communications du programme Bolsa Família et du Cadastro Unico au Brésil en sont un autre exemple. Les deux pays ont des équipes et des budgets de communications dédiés, ainsi que des stratégies et activités de sensibilisation et de communication proactives.

Systèmes d'information et technologie

Les systèmes d'information et la technologie servent de passerelle entre les personnes et les institutions tout au long de la chaîne de mise en œuvre. En transformant l'utilisation et l'administration des programmes de protection sociale, ils facilitent la circulation des informations et l'automatisation de certains processus. Les systèmes de mise en œuvre de protection sociale peuvent être conçus pour prendre en charge un programme spécifique (c'est-à-dire une intervention) ou plusieurs programmes. Comme expliqué ci-après, les pays s'appuient de plus en plus sur les systèmes de mise en œuvre intégrés qui servent plusieurs programmes, au lieu de continuer à développer des systèmes d'information distincts et déconnectés pour chaque programme. Ces systèmes peuvent prendre en charge différentes fonctions grâce à une conception basée sur une architecture de services modulaires. Pour connaître les définitions associées à la terminologie des systèmes d'information utilisée dans ce Manuel, reportez-vous au glossaire.

Les systèmes intégrés d'information sociale comprennent, entre autres modules, les registres sociaux, les systèmes de gestion des opérations des bénéficiaires (SGOB), ou encore les systèmes d'information et de gestion. Les registres sociaux prennent en charge le processus d'accueil et d'enregistrement des informations sur les personnes et permettent le traitement des informations pour évaluer les besoins et les conditions de vie de ces personnes. Les SGOB automatisent le traitement des informations pour faciliter les décisions concernant l'éligibilité et l'inscription, les décisions relatives au paquet de prestations/services, la fourniture des prestations et des services ainsi que la gestion des opérations des bénéficiaires (notamment la gestion des données du bénéficiaire, le contrôle de la conformité aux conditionnalités, le règlement des réclamations et décisions de sortie du programme, comme expliqué dans le chapitre 8). Il est possible d'intégrer les données des registres sociaux et des SGOB ou de les rendre interopérables afin de développer une plateforme de données intégrée[10]. La figure 2.5 présente ces principaux éléments, avec un code couleur correspondant aux différentes phases de la chaîne de mise en œuvre, ainsi que les opportunités pour les systèmes intégrés d'information sociale, de se relier et de contribuer à ceux sur lesquels repose une administration nationale.

Le développement de systèmes intégrés d'information sociale implique une orientation opérationnelle et une approche fondée sur une architecture de systèmes. **Une approche orientée processus et système n'est pas toujours adoptée.** Dans de nombreux pays, la gestion et l'administration des programmes sociaux ne reposent sur aucun système d'information, ou la portée de ces systèmes reste limitée. Les interventions ne consistent alors qu'à développer de « simples » bases de données et à gérer les données sous forme de listes (registres de classification socio-économique, registre des bénéficiaires, registres des paiements, etc.), au lieu de développer de véritables systèmes d'information automatisés prenant en charge les opérations quotidiennes et l'administration des programmes sociaux. Les applications logicielles associées se limitent aux interfaces visuelles permettant d'accéder à des programmes et de fournir des rapports sommaires. Les applications logicielles qui automatisent les fonctions et processus clés, comme les vérifications croisées, la validation et la vérification, la fourniture des prestations, l'administration des paiements, la gestion des données du bénéficiaire ou même le règlement des réclamations, sont partiellement informatisées ou manuelles. Elles ne sont pas développées dans le cadre d'un système d'information ni d'un système intégré d'information sociale. Lorsque les capacités sont limitées, l'approche traditionnelle du développement de systèmes d'information (exportation des données à partir d'une base de données sous la forme d'une feuille de calcul ou utilisation d'un système de gestion de base de données à échelle réduite) est envisageable à court terme[11]. Toutefois, à moyen et long terme, les pays cherchent généralement à orienter le développement de leurs systèmes d'information sur leurs processus opérationnels pour garantir que la gestion des programmes sociaux est automatisée de bout en bout. Cela leur permet de générer des données de transactions opportunes, précises, complètes et de qualité (Leite et coll., 2017).

L'orientation sur les processus opérationnels est indispensable pour développer de véritables systèmes d'information. Cette approche implique d'établir une

Figure 2.5

Systèmes intégrés d'information sociale en appui à la mise en œuvre des programmes sociaux : principaux éléments et liaison avec les systèmes pangouvernementaux

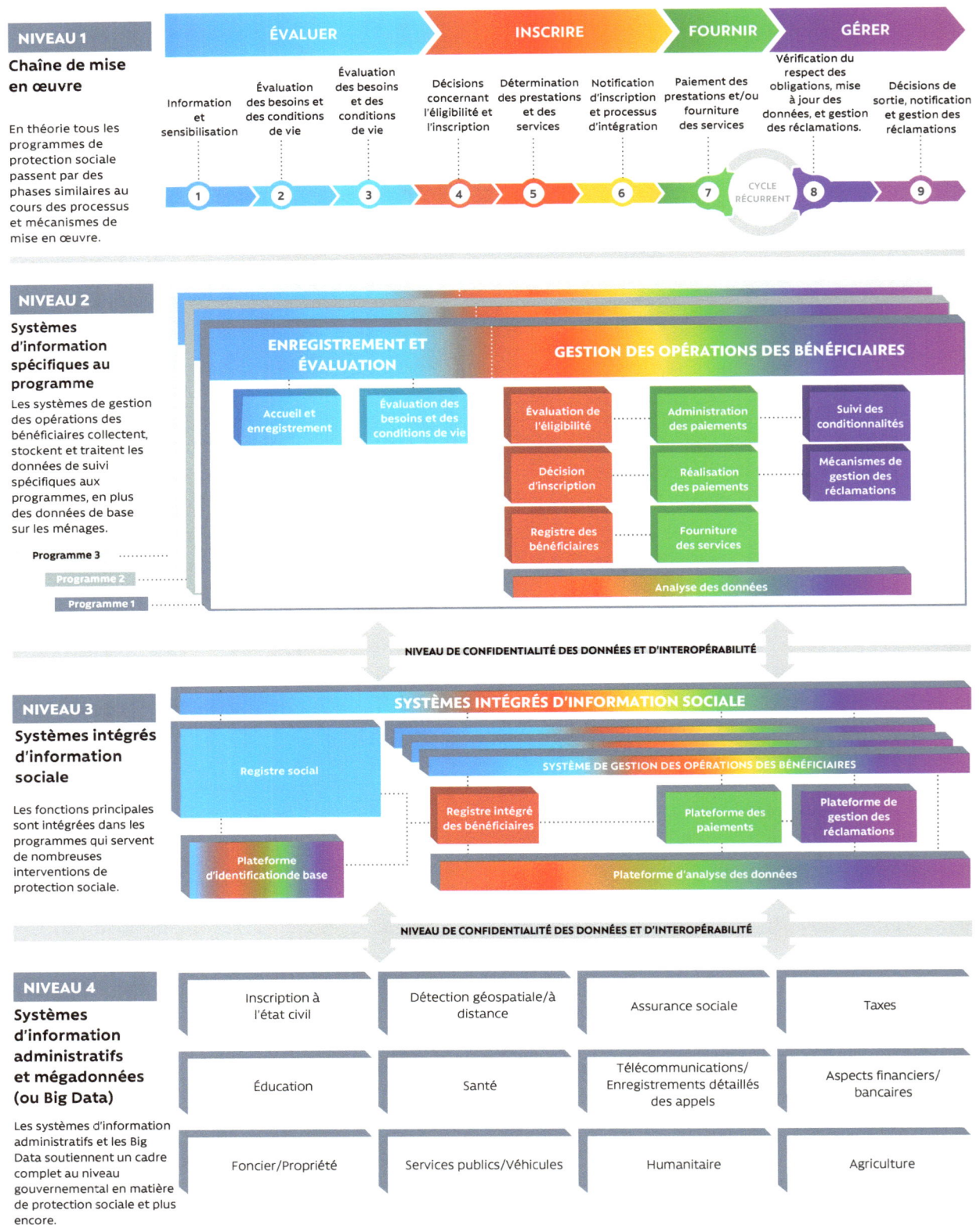

NIVEAU 1

Chaîne de mise en œuvre

En théorie tous les programmes de protection sociale passent par des phases similaires au cours des processus et mécanismes de mise en œuvre.

ÉVALUER — INSCRIRE — FOURNIR — GÉRER

1. Information et sensibilisation
2. Évaluation des besoins et des conditions de vie
3. Évaluation des besoins et des conditions de vie
4. Décisions concernant l'éligibilité et l'inscription
5. Détermination des prestations et des services
6. Notification d'inscription et processus d'intégration
7. Paiement des prestations et/ou fourniture des services
8. Vérification du respect des obligations, mise à jour des données, et gestion des réclamations.
9. Décisions de sortie, notification et gestion des réclamations

CYCLE RÉCURRENT

NIVEAU 2

Systèmes d'information spécifiques au programme

Les systèmes de gestion des opérations des bénéficiaires collectent, stockent et traitent les données de suivi spécifiques aux programmes, en plus des données de base sur les ménages.

Programme 3
Programme 2
Programme 1

ENREGISTREMENT ET ÉVALUATION
- Accueil et enregistrement
- Évaluation des besoins et des conditions de vie

GESTION DES OPÉRATIONS DES BÉNÉFICIAIRES
- Évaluation de l'éligibilité
- Administration des paiements
- Suivi des conditionnalités
- Décision d'inscription
- Réalisation des paiements
- Mécanismes de gestion des réclamations
- Registre des bénéficiaires
- Fourniture des services
- Analyse des données

NIVEAU DE CONFIDENTIALITÉ DES DONNÉES ET D'INTEROPÉRABILITÉ

NIVEAU 3

Systèmes intégrés d'information sociale

Les fonctions principales sont intégrées dans les programmes qui servent de nombreuses interventions de protection sociale.

SYSTÈMES INTÉGRÉS D'INFORMATION SOCIALE
- Registre social
- Plateforme d'identificationde base

SYSTÈME DE GESTION DES OPÉRATIONS DES BÉNÉFICIAIRES
- Registre intégré des bénéficiaires
- Plateforme des paiements
- Plateforme de gestion des réclamations
- Plateforme d'analyse des données

NIVEAU DE CONFIDENTIALITÉ DES DONNÉES ET D'INTEROPÉRABILITÉ

NIVEAU 4

Systèmes d'information administratifs et mégadonnées (ou Big Data)

Les systèmes d'information administratifs et les Big Data soutiennent un cadre complet au niveau gouvernemental en matière de protection sociale et plus encore.

Inscription à l'état civil	Détection géospatiale/à distance	Assurance sociale	Taxes
Éducation	Santé	Télécommunications/ Enregistrements détaillés des appels	Aspects financiers/ bancaires
Foncier/Propriété	Services publics/Véhicules	Humanitaire	Agriculture

Sources : Tina George Karippacheril ; Anita Mittal, consultante, protection sociale et emplois, World Bank ; Inés Rodríguez Caillava ; et Kenichi Nishikawa Chávez ; avec la contribution de Valentina Barca, consultante, GIZ et DFID.

cartographie complète des processus de la chaîne de mise en œuvre, et de définir de façon claire les rôles et responsabilités des différentes institutions (qui fait quoi, et quand — voir encadré 2.2). L'étape suivante consiste à conceptualiser l'architecture globale des systèmes de protection sociale intégrés pour le pays. Cela implique aussi de déterminer l'ordre dans lequel mettre en œuvre ces composants, parallèlement aux réformes législatives, aux réformes de l'administration publique et à l'application de la technologie dans le contexte local. Toutefois, cela n'impose pas nécessairement un développement progressif des systèmes d'information ou une absence complète de risques pour les pays. Le développement de véritables systèmes d'information pour les programmes sociaux ne se limite pas à une approche prudente par petits changements successifs. Il s'agit de tirer les enseignements des expériences des autres pays et de prendre des raccourcis technologiques, en s'appuyant sur des technologies intelligentes si nécessaire, notamment lorsque le pays a la capacité de développer rapidement des processus suffisamment opérationnels et des conceptions de systèmes convenables. Les gouvernements développent des systèmes intégrés d'information sociale dans le cadre de leur programme général pour gagner la confiance des personnes par les interactions quotidiennes avec eux et par le biais des services et prestations qu'ils leur proposent.

Les systèmes intégrés d'information sociale ne sont pas développés séparément des autres systèmes. La fragmentation des programmes de protection sociale entraîne souvent une prolifération de systèmes d'information cloisonnés dédiés aux différents programmes. Cette approche génère des inefficacités et alourdit la charge administrative des utilisateurs finaux de ces systèmes (demandeurs, bénéficiaires, gestionnaires de programme et travailleurs sociaux) et des décideurs qui travaillent sur les aspects financiers et la planification. Elle implique une duplication des fonctions et un manque d'interopérabilité entre les systèmes, voire des systèmes parallèles prenant en charge des fonctions similaires. Lorsque l'accueil et l'enregistrement sont gérés séparément dans chaque programme, les utilisateurs doivent fournir plusieurs fois les mêmes types d'informations lorsqu'ils demandent une inscription à plusieurs programmes. De même, si chaque programme développe son propre système de réalisation des paiements, les prestations sont fournies aux utilisateurs

finaux de manière fragmentée et non coordonnée. Par ailleurs, la gestion séparée des programmes peut entraver l'intermédiation. En effet, les travailleurs sociaux peuvent manquer d'information d'une part sur d'autres services disponibles vers lesquels ils pourraient orienter les personnes et d'autre part, sur les programmes dont celles-ci déjà bénéficient.

Intégrer des fonctions clé de mise en œuvre dans les divers programmes réduit la fragmentation, améliore la coordination et favorise l'harmonisation entre les programmes de protection et plus encore. Du moment où la personne exprime son intérêt pour un programme jusqu'à ce qu'elle bénéficie de la prestation ou du service, la circulation des informations est fluide, en raison de l'interopérabilité des systèmes prenant en charge les multiples fonctions et processus tout au long de la chaîne de mise en œuvre. Ainsi, l'accès aux programmes est garanti pour toute personne, et les besoins des ménages sont satisfaits en temps voulu.

Outre la couche des systèmes intégrés d'information sociale, les plateformes technologiques fondamentales prennent en charge un cadre valable pour l'ensemble du gouvernement en matière de protection sociale et plus encore. Les systèmes intégrés d'information sociale s'appuient sur diverses plateformes fondamentales pour la protection sociale et plus encore. La figure 2.5 montre certaines de ces interactions avec les plateformes pour l'ensemble du gouvernement, ainsi que l'utilisation des cadres d'interopérabilité et de protection des données. Le registre social lui-même est une plateforme fondamentale qui appuie les interventions de protection sociale et plus encore. Les systèmes de mise en œuvre de protection sociale peuvent utiliser d'autres plateformes fondamentales, notamment les suivantes :

- **Registres civils** : répertorient les informations actualisées sur les événements de la vie des personnes. L'intégration avec les registres civils permet de disposer d'informations actualisées sur les ménages dans les systèmes.
- **Plateformes de systèmes d'information géographique** : relient les informations géospatiales sur les ménages, les prestataires de services, etc. En combinant les données des systèmes d'information sociaux avec les plateformes de systèmes d'information géographique, il est possible de développer

des systèmes de protection sociale adaptatifs et plus susceptibles de répondre à des chocs.

- **Plateformes d'identification** de base : prennent en charge le processus d'attribution d'un identifiant unique à toute personne pour établir qu'elle est effectivement la personne qu'elle affirme être. Les systèmes d'identification sont importants pour quatre aspects du système de mise en œuvre de protection sociale : (1) assurer l'unicité (en garantissant que toute personne n'est qu'une fois enregistrée dans un programme et n'en reçoit qu'une seule fois les prestations), (2) répondre aux exigences de connaissance du client (KYC, « Know Your Customer ») définies par la réglementation des services financiers et les prestataires de services de paiement, (3) authentifier l'identité d'un récipiendaire pendant une transaction de paiement et (4) favoriser l'interopérabilité entre les différentes bases de données et donc améliorer la précision du ciblage, ainsi que les prestations et les services fournis. L'absence d'un système d'identification établissant l'unicité peut entraîner des vérifications d'identité répétées, ainsi que la délivrance d'identifiant pour chaque système fonctionnel (assistance sociale, assurance sociale, éducation, santé, etc.), ce qui multiple les informations d'identification fonctionnelles et les captures biométriques effectuées par chaque programme. Les coûts administratifs liés aux vérifications d'identité, à la délivrance d'identifiants et à la gestion peuvent alors redoubler.

- **Plateformes de paiement de gouvernement à personne (G2P) des prestations de protection sociale** : prennent en charge l'administration des paiements et la fourniture de services de paiement, ce qui facilite la distribution des paiements aux bénéficiaires. Comme expliqué au chapitre 6, les pays utilisent de plus en plus des plateformes de paiement multiprogrammes et multiprestataires, au lieu de se contenter d'arrangements spécifiques à un seul programme.

- **Mécanismes de gestion des réclamations (MGR)** : prennent en charge le traitement des recours en matière d'éligibilité, la gestion des réclamations, la soumission de commentaires et l'engagement des demandeurs, bénéficiaires et potentiels bénéficiaires des programmes sociaux. Un MGR peut être spécifique à un programme ou prendre en charge plusieurs programmes, ou encore être intégré à un système de gestion des réclamations plus étendu, utilisé par l'ensemble du gouvernement.

- **Plateformes d'analyse des données** : permettent la transformation, la génération, l'agrégation, l'analyse et la visualisation des données sous la forme d'informations significatives et exploitables, afin d'évaluer les politiques sociales et de soutenir les décisions stratégiques pour les programmes sociaux. Cela comprend des techniques comme la visualisation des données, le Data Mining (extraction de connaissances à partir de données), la création de rapports, l'analyse des séries chronologiques (y compris les techniques prédictives), le traitement analytique en ligne (OLAP, « Online Analytical Processing »), les analyses statistiques, la normalisation des rapports, les analyses ad hoc, les requêtes et rapports, les analyses de données semi-structurées, l'analyse de texte, etc.

Une architecture pour l'ensemble du gouvernement s'appuie sur des cadres d'intégration des données et d'interopérabilité pour faciliter l'échange de données avec les autres systèmes d'information administratifs. Par exemple, ils peuvent relier les registres sociaux aux systèmes d'information administratifs (bases de données d'inscription à l'état civil, cadastres de propriété ou de terrain, immatriculation de véhicules, système fiscal, système de cotisations sociales, système de paiement des pensions, travail et chômage, éducation et santé, etc.) pour créer des profils d'évaluation des personnes et des ménages.

Tout cadre d'interopérabilité est étayé par un contexte politique, légal, organisationnel, sémantique et technique. Politiquement, il doit exister un réel besoin, validé par les décisions politiques et reposant sur une base juridique. Les organisations impliquées partagent une même vision et des objectifs communs. Légalement, il doit respecter les lois régissant les informations (protection des données personnelles, signatures numériques, sécurité de l'information, renseignements publics et passation des marchés publics, par exemple). Sémantiquement, le cadre doit reposer sur des organisations qui comprennent les informations de la même façon. Cela suppose la création de dictionnaires de données communs (avec des définitions communes des variables, des unités de référence et des périodes de référence), de métadonnées, de thesaurus, de taxonomies, d'ontologies et de registres des services.

Techniquement, le cadre doit respecter les normes d'architecture informatique orientée services. De plus, l'interopérabilité requiert l'utilisation d'identifiants uniques dans les systèmes d'information, de façon à permettre le cas échéant de recouper les différentes données des personnes et dans la mesure où l'établissement de cette correspondance est autorisé.

Étant donnée la complexité des programmes de protection sociale impliquant de grands débits de données et de transactions, la confidentialité et la protection des données sont primordiales. Les organismes de mise en œuvre accordent beaucoup d'attention et consacrent des ressources significatives à leurs systèmes informatiques et à leurs référentiels de données, afin de s'assurer qu'ils sont bien gérés et sécurisés, et qu'ils leur permettent de soutenir les programmes de protection sociale en remplissant leurs missions. Les systèmes de mise en œuvre de protection sociale peuvent recueillir et utiliser des données très sensibles, notamment (1) des informations sur l'identité personnelle, (2) des données à caractère personnel sensibles, (3) des informations socio-économiques (4) des informations sur l'emploi et le chômage, (5) des informations sur le niveau de handicap et (6) des informations hautement confidentielles sur les divers risques sociaux auxquels sont exposées les personnes et les familles. Comme les systèmes intégrés d'information sociale nécessitent que certaines informations soient partagées entre les différents acteurs, la protection de ces informations doit être assurée pour garantir que les données personnelles restent précises et sécurisées, et qu'aucune personne non autorisée n'y accède. Voir la section Protection des données, confidentialité et sécurité dans le chapitre 4.

Enfin, certains gouvernements s'orientent vers l'adoption de centres de données partagés pour gérer les coûts des passations des marchés, des investissements et des opérations, ainsi que le temps qui y est consacré, et pour réaliser des économies d'échelle sur l'ensemble du gouvernement[12]. La fragmentation des programmes a entraîné la duplication des investissements en matière d'applications logicielles, de bases de données et d'infrastructures dédiées aux technologies de l'information et de la communication (TIC), aussi bien entre les organes gouvernementaux qu'au sein de chacun d'eux. Les gouvernements se tournent de plus en plus vers des approches basées sur le cloud (« infrastructure en tant que service »)[13] pour minimiser les coûts liés aux passations des marchés, aux investissements et aux opérations, et pour tirer profit de la puissance de calcul potentiellement illimitée du cloud, tout en tenant compte de la perte de contrôle occasionnée et des risques de sécurité supplémentaires que cette approche implique.

2.2 ADAPTER LES MODÈLES OPÉRATIONNELS POUR RELEVER LES DÉFIS DE LA COORDINATION ET DE L'INCLUSION

La coordination et l'inclusion sont deux défis communs aux systèmes de protection sociale du monde entier. Le défi de la coordination se pose pour de nombreuses raisons, dont notamment la diversité des acteurs impliqués dans les programmes et les systèmes de protection sociale ainsi que la multiplicité des programmes. Le défi de l'inclusion possède plusieurs facettes. La première concerne la couverture globale : de nombreux pays visent à étendre leurs programmes et même à atteindre une couverture nationale. La seconde est la couverture de groupes vulnérables spécifiques, y compris les personnes dont l'accès est potentiellement difficile. La troisième est le principe d'inclusion dynamique, selon lequel toute personne ayant besoin d'une protection sociale doit pouvoir y accéder à tout moment. Ce principe est également étroitement lié à la protection sociale adaptative, dans laquelle la couverture peut s'étendre ou être réorientée de manière flexible pour répondre aux chocs. Enfin, les capacités administratives et les financements disponibles exercent de fortes contraintes sur ce défi de l'inclusion.

Afin de relever ces deux défis, des pays ont adapté de manières différentes les modèles opérationnels de leurs systèmes de mise en œuvre de protection sociale. Bien qu'il ne soit pas prévu dans le cadre de cet ouvrage d'identifier et de décrire toutes les variations possibles des systèmes de mise en œuvre dans le monde, il est possible d'identifier les quatre variations les plus souvent observées auxquelles correspondent deux types de modèles opérationnels qui reposent chacun sur des choix opposables afin de répondre à ces deux défis.

- **Systèmes de mise en œuvre distincts ou intégrés.** Le premier type de modèle renvoie soit à l'exploitation de systèmes de mise en œuvre spécifiques à chaque programme, soit à celle de systèmes de mise en œuvre partagés (ou possédant des éléments communs) par plusieurs programmes. Cette distinction est liée au défi de la coordination. Les systèmes de mise en œuvre sont parfois conçus pour soutenir un seul programme (ou chaque programme séparément). Pourtant, lorsque de nombreux programmes fonctionnent en parallèle, cela peut entraîner une fragmentation. C'est pourquoi de nombreux pays s'orientent vers l'intégration de divers aspects de leurs systèmes de mise en œuvre afin de servir plusieurs programmes.
- **Approches à la demande contre approches impulsées par des gestionnaires de programme pour l'accueil et l'enregistrement.** Le deuxième type de modèle opérationnel fait la distinction entre les systèmes auxquels les clients accèdent à la demande et les approches impulsées par des gestionnaires de programmes qui effectuent des vagues peu fréquentes d'enregistrement en masse, généralement tous les trois à cinq ans seulement. Ces modèles opérationnels distincts sont apparus dans divers contextes pour relever le défi de l'inclusion, compte tenu des différences de capacité administrative et des contraintes de financement.

Le défi de la coordination : Systèmes de mise en œuvre distincts ou intégrés

Le manque de coordination, ou la fragmentation des programmes de protection sociale est un défi auquel sont confrontés tous les programmes et les systèmes dans le monde. Compte tenu du nombre d'acteurs impliqués dans la protection sociale, de gros efforts sont nécessaires pour coordonner efficacement les prestations et les services entre les acteurs opérant à différents niveaux administratifs (coordination

verticale) ou au même niveau administratif (coordination horizontale).

Une coordination efficace des programmes est importante pour de nombreuses raisons. Premièrement, la coordination au niveau de l'élaboration des politiques permet de hiérarchiser les objectifs, les programmes et les différents groupes de populations. Deuxièmement, de nombreux programmes individuels sont multidimensionnels ou multisectoriels par nature. Par exemple, les transferts monétaires conditionnels fournissent une aide en espèces aux familles pauvres, avec des incitations pour que leurs enfants aillent à l'école et reçoivent des soins de santé, et des incitations pour s'assurer qu'ils le font. Troisièmement, la coordination permet de regrouper les prestations et les services. Un exemple d'approche groupée est un programme offrant un paquet complet dans lequel une personne sans emploi bénéficie non seulement d'une aide au revenu, mais également de divers services pour l'aider à trouver un emploi, à accéder à des programmes actifs du marché du travail (PAMT) tels que la formation, la préparation à l'emploi ou d'autres services, ou à améliorer autrement son employabilité. De nombreux pays offrent de multiples prestations et des services, et le risque de fragmentation est plus grand lorsque ces programmes sont mis en œuvre par des systèmes de mise en œuvre distincts. Cette section se concentre sur les défis de ce dernier type de coordination.

Les pays offrent une multitude de prestations et de services. Si certains pays proposent moins d'une douzaine de programmes, d'autres en proposent beaucoup plus. Dans de nombreux cas, des systèmes de mise en œuvre distincts sont développés pour chacun de ces programmes (figure 2.6). Chaque système exécute les mêmes processus ou des processus similaires tout au long de la chaîne de mise en œuvre, mais pour un seul et même programme. Ces processus comprennent la sensibilisation, l'accueil, l'enregistrement et l'évaluation des besoins et des conditions de vie, ainsi que l'inscription, la fourniture de prestations ou de services et enfin la gestion des opérations des bénéficiaires. Chaque système de mise en œuvre a ses propres dispositions institutionnelles (centrales, locales et prestataires de services), réalise ses propres communications et exploite ses propres systèmes d'information et plateformes technologiques.

Bien que les différents programmes contribuent à répondre aux divers besoins des populations, leur

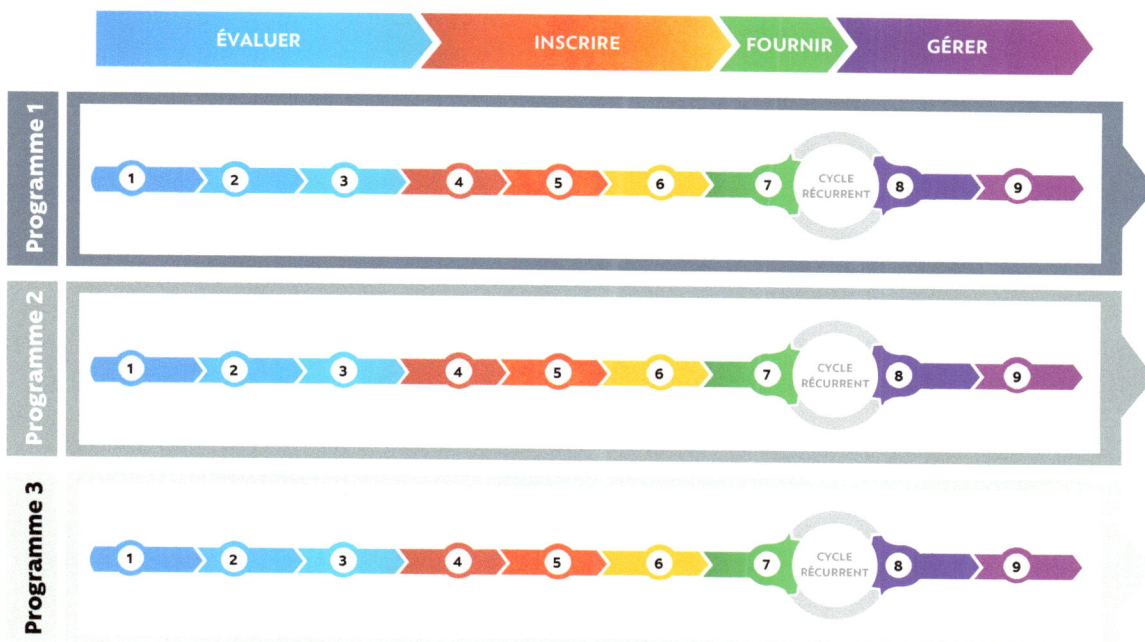

| ÉVALUER | INSCRIRE | FOURNIR | GÉRER |

Programme 1 — 1 2 3 4 5 6 7 CYCLE RÉCURRENT 8 9

Programme 2 — 1 2 3 4 5 6 7 CYCLE RÉCURRENT 8 9

Programme 3 — 1 2 3 4 5 6 7 CYCLE RÉCURRENT 8 9

Source : Figure conçue pour cette publication.

exploitation par le biais de multiples systèmes de mise en œuvre entraîne un risque accru de fragmentation. Pour les gens, les systèmes séparés sont inefficaces, car ils doivent se rendre dans plusieurs bureaux ou points de service pour des programmes distincts, encourir des frais de déplacement et faire de longues files d'attente, ou encore fournir les mêmes documents à plusieurs reprises et subir la frustration de naviguer dans une bureaucratie compliquée. De plus, les gens peuvent manquer l'opportunité de bénéficier de certains avantages et services seulement parce qu'ils ne sont jamais informés de l'existence d'autres programmes. Pour les gestionnaires de programmes, la fragmentation signifie des processus dupliqués, un fardeau et un coût d'administration plus élevés et un manque d'informations sur les autres prestations et des services dont leur clientèle est susceptible de bénéficier. Enfin, pour les décideurs politiques, la fragmentation signifie qu'ils manquent d'informations sur les questions politiques clés, telles que : Qui bénéficie de quels programmes ? Où va l'argent ? Quels sont les lacunes et les doublons dans la couverture des programmes ? Quelles sont les possibilités de

générer des synergies à partir de la fourniture de prestations et de services groupés ?

Conscients des avantages de la coordination, un certain nombre de pays s'orientent vers des systèmes intégrés ou coordonnés pour la mise en œuvre de programmes multiples, plutôt que de gérer des systèmes distincts pour chaque programme. Comme la plupart des programmes passent par des phases similaires dans la chaîne de mise en œuvre (figures 2.1 et 2.6), ces points communs créent des opportunités pour renforcer la coordination, souvent par le biais de processus partagés ou coordonnés. Voici quelques-unes des nombreuses façons dont les pays intègrent des systèmes de mise en œuvre communs ou partagés parmi les programmes :

● **Coordination et intégration le long de la chaîne de mise en œuvre.** Certains processus sont communs (ou peuvent être rendus communs) à plusieurs programmes, tels que la sensibilisation, l'accueil et l'enregistrement, l'évaluation des besoins et des conditions de vie, les paiements et certains aspects de la gestion des opérations des bénéficiaires. Les outils de cartographie de la chaîne de mise en œuvre peuvent aider à identifier ces opportunités de coordination ainsi qu'à faciliter la mise en œuvre de processus coordonnés, comme le montre l'exemple hypothétique qui suit.

● **Interface client partagée tout au long de la chaîne de mise en œuvre.** De nombreux pays adoptent une mise en commun des ressources pour le premier kilomètre de leur mise en œuvre. L'intégration au premier niveau peut être physique, sous la forme de bureaux localement partagés ou de guichets uniques/centres de services pour de nombreuses prestations et services. Ces bureaux partagés impliquent généralement aussi le partage de ressources humaines. Dans les zones reculées, des équipes mobiles de facilitateurs sensibilisent les communautés dispersées à plusieurs programmes plutôt qu'à un seul. Les guichets numériques intégrés en libre-service favorisent également une approche coordonnée dans ce premier kilomètre virtuel de mise en œuvre.

● **Coordination interinstitutionnelle.** Des mandats juridiques, des accords de coopération formels, un partage du budget ou des coûts administratifs peuvent également faciliter la coordination de la mise en œuvre.

● **Intégration/interopérabilité des systèmes d'information.** La coordination entre plusieurs programmes implique généralement le partage d'informations entre les agences et les acteurs, soit par des systèmes d'information communs, soit par l'interopérabilité. Si ce partage peut faciliter l'efficience et l'efficacité, il comporte également des risques pour la protection des données personnelles et la vie privée. Voici quelques exemples de systèmes d'information sociale intégrés :

  – **Registre social.** La collecte d'informations et de documents pour étayer l'accueil, l'enregistrement et l'évaluation des besoins et des conditions de vie est coûteuse. De nombreux pays utilisent des outils (tels que des formulaires de demande identiques) et des systèmes d'information communs qui contribuent à ces processus pour plusieurs programmes, plutôt que de les dupliquer pour chaque programme.

  – **Plateformes d'analyse de données.** Il s'agit d'outils de planification et de coordination qui relient les informations sur les bénéficiaires issues des programmes, afin d'aider les décideurs à évaluer et à coordonner quelles personnes reçoivent les prestations de quels programmes.

● **Les plateformes de paiement communes** facilitent le paiement des prestations pour de multiples programmes, tout en offrant la commodité et le choix des prestataires de paiement en faisant transiter les paiements par le système financier général.

● **L'approche de services intégrés,** parfois appelée « gestion intégrée de dossiers », aide les travailleurs sociaux à soutenir les bénéficiaires de bout en bout de la chaîne de mise en œuvre. Ces approches impliquent des évaluations multidimensionnelles pour identifier les besoins complexes d'un individu, la fourniture d'un ensemble de services (et parfois de prestations) et un suivi intensif. L'ensemble des services peut comprendre des services de travail social (y compris l'information, la sensibilisation, l'orientation, le conseil et la médiation), des services de soins sociaux (qui peuvent être à domicile, dans la communauté ou en institution) et des services spécialisés et préventifs.

La coordination et l'intégration de programmes multiples vont bien au-delà de la protection sociale. Les systèmes de mise en œuvre de services de protection sociale sont de plus en plus utilisés pour soutenir des interventions dans d'autres secteurs, en reliant les clients à l'assurance maladie, aux bourses d'études, aux subventions en matière d'énergie, aux allocations de logement et à d'autres programmes.

Le défi de l'inclusion : Approches à la demande contre approches impulsées par des gestionnaires de programmes pour l'accueil et l'enregistrement ?

Deux modèles de fonctionnement distincts sont apparus dans des contextes divers pour relever le défi de l'inclusion, en fonction de différentes capacités administratives et de contraintes de financement. Cette variation découle des processus d'accueil et d'enregistrement, et du fait que les gens sollicitent leur inscription quand ils le souhaitent ou qu'ils soient enregistrés en masse pendant certaines périodes. Nous appelons ces modèles distincts « approche à la demande » et « approche impulsée par les administrateurs ». Le contexte et les objectifs d'un programme dictent généralement le choix des modèles. Le tableau 2.1 résume les principales caractéristiques, utilisations et exigences de ces modèles. Il s'avère que ces approches n'affectent pas seulement l'accueil et l'enregistrement, mais ont également des implications sur l'ensemble de la chaîne de mise en œuvre, comme nous le verrons plus loin.

Au niveau mondial, la plupart des programmes de protection sociale adoptent l'approche à la demande. Cela inclut les programmes destinés à des catégories démographiques d'individus, de nombreux programmes ciblés sur la pauvreté, la plupart des prestations et des services liés au travail pour les personnes sans-emplois, les programmes d'invalidité et les services sociaux pour les individus à risque[14]. L'approche à la demande exige une certaine souplesse dans la conception, la mise en œuvre et les budgets des programmes (pour permettre aux dépenses des programmes de s'étendre ou de se contracter en fonction des changements de cette même demande). L'approche nécessite également un réseau permanent étendu pour l'interface client (physique, mobile ou numérique), soutenu par un budget administratif durable. Si de nombreux pays en développement mettent en œuvre des systèmes ou des programmes de protection sociale à la demande, dans d'autres pays, cette approche n'est pas encore réalisable en raison de l'absence d'un ou plusieurs de ces éléments clés.

En tenant compte des contraintes de capacité et de financement, de nombreux pays en développement utilisent l'approche impulsée par les administrateurs, en particulier pour les programmes ciblant la pauvreté. Cette orientation est particulièrement courante lorsqu'un pays met en place pour la première fois des programmes de protection sociale, car cette approche est une solution pratique face aux défis créés par un haut degré d'asymétrie de l'information (ou par manque de données), à une faible capacité administrative (ou à une faible confiance dans les institutions gouvernementales) ou encore à des populations éloignées ayant peu d'accès aux institutions ou aux services gouvernementaux. Le financement joue également un rôle : nous voyons souvent l'approche impulsée par des gestionnaires de programme dans les pays en développement qui dépendent fortement du financement des bailleurs de fonds, car cette approche ne nécessite qu'un financement occasionnel — souvent de sommes importantes — pour couvrir les efforts d'enregistrement en masse pendant des périodes spécifiques.

La philosophie qui sous-tend ces deux approches est distincte. Dans la solution à la demande, les gens s'adressent au gouvernement pour obtenir un soutien. L'engagement avec le processus provient du client qui demande des prestations et des services en fonction de leur propre estimation de leurs besoins et de leurs conditions de vie, et selon leur propre calendrier. Dans l'autre approche, le gouvernement s'adresse aux citoyens. Il initie le contact et enregistre des groupes de clients potentiels (généralement des ménages) selon son propre calendrier. Trois caractéristiques essentielles distinguent ces orientations (tableau 2.1).

- *L'initiative.* Qui prend l'initiative d'engager le processus ? La population ou le gouvernement ? Avec les approches à la demande, l'impulsion vient du client qui demande à être considéré comme potentiellement éligible au programme (ou aux programmes). Dans le cas de l'approche impulsée par les administrateurs, le programme (ou même le registre social) est à la base du processus d'inscription des clients en vue de leur éligibilité potentielle.

- *Inscription individuelle ou de groupe.* Avec la solution à la demande, des clients spécifiques (individus, familles, ménages) sont servis en fonction de leur propre situation. Dans celle impulsée par les administrateurs, les clients (généralement des familles ou des ménages) sont enregistrés et évalués ensemble en tant qu'une même cohorte. Cette distinction entre personnalisation et cohorte se retrouve dans l'ensemble de la chaîne de mise en œuvre, comme nous le verrons plus loin.

- *Calendrier.* Une différence majeure entre les deux approches concerne leur calendrier. Dans le cas de l'approche à la demande, c'est l'emploi du temps du client qui est déterminant, notamment pour l'accueil et l'inscription. Cela signifie que les personnes peuvent demander à être prises en considération pour des prestations et des services à tout moment. Dans le cas de l'approche impulsée par les administrateurs, le calendrier n'est pas déterminé par des besoins et des conditions de vie idiosyncrasiques. En général, il est lié à des facteurs administratifs tels que la capacité ou la disponibilité du financement pour les activités d'enregistrement ou pour le(s) programme(s).

Tableau 2.1 Principales caractéristiques, utilisations et conditions des approches à la demande comparées aux approches impulsées par des gestionnaires de programme pour les programmes de protection sociale

	À la demande		Impulsée par des gestionnaires de programmes
Caractéristiques distinctives	Initiative : les personnes s'adressent à l'État Personnes : individus, familles ou ménages spécifiques Calendrier : le calendrier est propre au client		Initiative : l'État s'adresse à la population Personnes : groupes de clients (généralement des ménages) Calendrier : déterminé par des facteurs administratifs tels que la capacité et le financement
Populations visées et types de programmes associés		Individus appartenant à des catégories démographiques (enfants, personnes âgées) Programmes catégoriels	
		Individus, familles ou ménages en fonction de leur statut socio-économique Programmes ciblés sur la pauvreté	Familles ou ménages, en fonction de leur statut socio-économique : pauvreté transitoire, chronique ou faibles revenus Programmes ciblés sur la pauvreté (Les groupes sont généralement dans une situation plus homogène)
		Personnes sans-emplois, demandeurs d'emploi, inactifs Prestations et services liés au travail	
		Personnes en situation de handicap Prestations et services pour les personnes en situation de handicap	
		Personnes à risque Services sociaux	
Réactions aux événements ou aux chocs 	Utilisé en cas de chocs idiosyncrasiques dans la situation spécifique du client Utilisé en cas de chocs covariants pour permettre aux clients affectés par le choc de demander une aide		Utilisé en cas de chocs covariants pour enregistrer des groupes de ménages affectés par un choc lors d'une vague d'enregistrement en masse — point de départ commun Pas utile pour les chocs idiosyncrasiques auxquels sont confrontés des clients spécifiques
Capacité de mise en œuvre et besoins de financement			
	Requiert un réseau permanent et étendu pour l'interface client (physique, mobile ou numérique) Nécessite un budget administratif permanent Nécessite une flexibilité dans la conception et la mise en œuvre		Nécessite temporairement un grand nombre d'équipes mobiles, de véhicules et d'autres moyens pour les vagues d'enregistrement en masse Nécessite un budget administratif important et irrégulier pour les vagues d'enregistrement

Source : Tableau conçu pour cette publication.

Le facteur temps détermine la mesure dans laquelle une approche peut faciliter le principe d'inclusion dynamique. Ce principe est étroitement lié à un principe fondamental de la protection sociale, selon lequel toute personne ayant besoin d'une protection sociale peut y accéder à tout moment. Dans la pratique, cela soulève la question de savoir si les systèmes de mise en œuvre sont statiques ou dynamiques, notamment lors de la phase d'accueil et d'enregistrement. Avec les systèmes à la demande, un réseau permanent et étendu d'interfaces avec les clients facilite l'inclusion dynamique, car les gens peuvent faire une demande ou mettre à jour leurs informations à tout moment. Les vagues d'inscription en masse associées aux approches impulsées par des gestionnaires de programmes sont généralement plus statiques, car elles effectuent les enregistrements de manière peu fréquente (généralement tous les trois à cinq ans) ou en réponse à un événement spécifique (comme une catastrophe naturelle). Cela signifie que, dans les périodes intermédiaires, l'inscription est généralement fermée et que le système est statique.

Dans les systèmes statiques, les risques d'erreurs en matière d'exclusion et d'inclusion à l'enregistrement augmentent avec le temps. Avec l'approche impulsée par les administrateurs, les ménages nouvellement formés ou ceux dont la situation a changé peuvent devoir attendre longtemps la prochaine vague d'enregistrement en masse. Ces risques d'exclusion se multiplient lorsque les systèmes statiques servent plusieurs programmes, car les ménages non enregistrés ou ceux dont la situation a changé risquent d'être exclus de plusieurs programmes, et non d'un seul. Cela ne signifie pas nécessairement que les ménages puissent avoir accès à tous les programmes de façon séparée, mais cela suggère qu'au fur et à mesure que les systèmes arrivent à maturité, ces ménages étudient la possibilité de passer à un système dynamique à la demande, ou au moins de mettre à jour et d'ouvrir les inscriptions plus fréquemment.

La transférabilité des prestations est également liée au principe d'inclusion dynamique. Si les gens déménagent d'un endroit à un autre, leurs prestations se déplacent-elles avec eux ? À tout le moins, peuvent-ils faire une nouvelle demande dans le nouveau lieu lorsqu'ils y arrivent ? Une telle transférabilité est généralement plus réalisable avec des approches à la demande qu'avec des approches impulsées par des gestionnaires

de programmes (puisque l'inscription n'est effectuée qu'une fois toutes les quelques années).

La capacité de chaque type de modèle opérationnel à répondre aux chocs diffère également. Techniquement, les deux approches peuvent être (et sont) utilisées pour répondre aux chocs covariants. Dans de nombreux pays, lorsqu'une catastrophe naturelle ou une crise économique survient, les gens peuvent demander des prestations et des services sur demande dans les bureaux locaux (ou en ligne). Certains programmes proposent même un traitement accéléré des prestations dans de telles situations (comme l'obtention accélérée de bons alimentaires aux États-Unis). L'inscription en masse peut être un moyen efficace de répondre à un choc tel qu'une catastrophe naturelle qui affecte la plupart des ménages, voire tous, d'une zone géographique spécifique au même moment. Cependant, si l'enregistrement en masse a été effectué plusieurs années auparavant, les données peuvent être obsolètes. Une façon de contourner ce problème est d'effectuer très fréquemment des mises à jour dans les zones exposées aux chocs. Dans le cas d'événements idiosyncrasiques, cependant, seule l'approche à la demande est compatible avec une réponse rapide. Il peut s'agir de la naissance d'un enfant, d'un individu atteignant un certain âge, de la perte d'un emploi, de l'apparition d'un handicap, de la détérioration de la situation socio-économique d'une famille ou de l'apparition de vulnérabilités et de risques sociaux. Dans le cas de ces événements, les personnes connaissent leur propre situation et peuvent solliciter, à la demande, des prestations et des services lorsque le besoin s'en fait sentir.

Les différences entre les deux approches vont au-delà de la phase d'accueil et d'enregistrement. Le tableau 2.2 résume ces différences à divers points de la chaîne de mise en œuvre, en notant également où les deux approches divergent au sujet de paramètres de conception clés tels que les critères d'éligibilité ou la définition des prestations et des services à fournir[15]. Compte tenu des implications de ces deux modèles tout au long de la chaîne de mise en œuvre, ce *Manuel de référence* approfondit ces distinctions dans les chapitres suivants.

Les implications d'une approche à la demande influent sur de nombreuses étapes de la chaîne de mise en œuvre. Une politique de sensibilisation doit être menée pour les systèmes à la demande, car les gens doivent être informés de l'existence d'un programme et savoir où et comment en faire la demande. Sans sensibilisation suffisante, les populations visées et vulnérables risquent d'être exclues. Pour l'accueil et l'enregistrement, les personnes peuvent demander des prestations et des services à la demande, à tout moment, lorsque leur propre situation suggère un besoin. L'évaluation de leurs besoins et de leur situation doit déterminer s'ils répondent aux critères d'éligibilité absolus. Cela signifie que leur droit aux prestations et aux services ne dépend pas de leur classement par rapport aux autres. Les clients éligibles reçoivent un ensemble spécifique de prestations/services qui peut ou non être adapté à leurs besoins et leurs conditions de vie spécifiques. Avec ces

Tableau 2.2 Paramètres de conception et modèles opérationnels distincts : approches de la protection sociale à la demande ou impulsée par les administrateurs

	Approche à la demande	Approche impulsée par les gestionnaires de programmes
Unité d'assistance (UA)	Individus, familles ou ménages	Généralement des familles ou des ménages
Approche générale	Chaque UA entre et progresse dans la chaîne de mise en œuvre selon son propre calendrier. Ensemble d'interventions et d'orientations sur mesure Vaste réseau d'interfaces client permanentes	Les groupes (ou cohortes) d'UA progressent ensemble tout au long de la chaîne de mise en œuvre, de l'enregistrement de masse à la fourniture d'un ensemble commun d'interventions
Information et Sensibilisation	L'information et la sensibilisation sont essentielles pour s'assurer que les gens connaissent les programmes, et savent comment et où postuler, etc.	L'information et la sensibilisation font souvent partie de l'enregistrement en masse initial
Accueil et enregistrement	Les UA peuvent solliciter à tout moment, à la demande Différentes UA entrent dans le système et lancent le processus à différents moments et dans différentes localités La demande (enregistrement) est fluide (inclusion dynamique)	L'enregistrement en masse se fait sur place Toutes les UA sont enregistrées au même moment (pendant la vague d'enregistrement) Le ciblage communautaire est parfois utilisé pour déterminer les personnes à enregistrer en priorité Les vagues d'enregistrement n'ont souvent lieu que tous les 3 à 5 ans.
Évaluation des besoins et des conditions de vie	Chaque UA est évaluée à l'aide d'outils d'évaluation (MT, PMT, HMT, etc.). L'évaluation crée un profil de leur situation spécifique au moment de l'accueil et de l'inscription Les classements relatifs n'ont pas de sens, car les gens postulent à des moments différents	Chaque UA est évaluée à l'aide d'outils d'évaluation (MT, PMT, HMT, etc.) Le groupe de cohortes des UA est « classé » du plus riche au plus pauvre (classement relatif) Le ciblage communautaire est parfois utilisé pour valider les classements relatifs
Décisions d'éligibilité	Les UA sont déterminées comme étant éligibles ou non selon les règles du programme On utilise généralement des seuils d'admissibilité absolus (si leur revenu ou leur score PMT est inférieur au seuil, ils sont admissibles — une approche de « droit à »). Les classements relatifs et les seuils d'éligibilité n'ont pas de sens, car les gens font leur demande à différents moments et dans différentes localités	Les UA sont déterminées comme étant éligibles en fonction de leur classement par rapport au reste du groupe Les programmes utilisent souvent des seuils d'éligibilité relatifs appliqués au classement des UA, de sorte que les XX % les plus pauvres sont éligibles, afin de gérer la demande compte tenu des contraintes de budget et de capacité (bien que certains utilisent également des seuils absolus)

(suite)

Tableau 2.2 *(suite)*

	Approche à la demande	Approche impulsée par les gestionnaires de programmes
Décisions relatives aux prestations et aux services	Niveaux de prestations : déterminés en fonction des règles du programme Ensemble de services : peuvent être adaptés aux besoins individuels Orientation vers d'autres services : Les UA peuvent être orientés vers d'autres services ou programmes en fonction de leur situation ou de leurs caractéristiques spécifiques Les plans d'action individualisés peuvent également être utilisés pour établir les droits et les responsabilités Si la capacité est limitée, il peut être nécessaire de gérer des listes d'attente pour des services spécifiques (formation, services de soins, etc.)	La cohorte de bénéficiaires éligibles se voit attribuer un ensemble de prestations et de services Dans certains programmes, la cohorte reçoit une séquence calibrée d'interventions ou de mesures d'accompagnement
Paiements (prestations)	Chaque client est spécifiquement ajouté au registre des paiements lorsqu'il devient admissible Les calendriers de paiements peuvent être individualisés (par exemple, payer les prestations lorsque leurs demandes sont traitées plutôt que d'attendre un événement de paie ou de paiement collectif).	Calendrier commun de paiements Sessions de paiements groupés (avec paiements manuels)
Fourniture de services	Les bénéficiaires reçoivent un ensemble de services personnalisés en fonction de leurs besoins, de leurs conditions de vie et de leur calendrier	Dans certains programmes, la cohorte peut progresser conjointement grâce à une intervention ou à une série d'interventions communes telles que des mesures d'accompagnement, des séances de développement familial et des approches d'inclusion productive
Gestion des opérations des bénéficiaires	Mise à jour : les informations sont mises à jour pour chaque UA lorsque sa situation change (par exemple, naissance, décès, changement d'adresse/de lieu, changement d'école, etc.) Réévaluation : chaque UA est réévaluée en fonction de l'échéance fixée, compte tenu de son point de départ (par exemple, moins de deux ans après l'entrée) Portabilité : si l'UA déménage dans une autre localité, elle peut continuer à être bénéficiaire ou refaire une demande dans la nouvelle localité Sorties : chaque UA est réévaluée à l'expiration d'un délai qui lui est spécifique, ou lorsqu'elle ne satisfait plus aux exigences d'admissibilité du programme, ou lorsqu'elle a complété son PAI, etc.	Mise à jour : le programme peut chercher à mettre à jour périodiquement les informations démographiques sur les UA. Réévaluation : toute la cohorte sera réenregistrée et réévaluée conjointement (avec d'autres UA qui n'avaient pas été initialement enregistrées) Portabilité : si l'UA déménage dans une autre localité, il est peu probable qu'elle puisse continuer à bénéficier du programme ou faire une nouvelle demande, étant donné que l'enregistrement ne se fait que par vagues massives tous les 3 à 5 ans. Sorties : la plupart du temps, le groupe entre et sort (ou se recertifie) ensemble ; les UA individuelles peuvent sortir si des mises à jour démographiques entraînent des changements de statut, ou lorsque le temps imparti est passé

Source : Tableau conçu pour cette publication.
Note : UA = unité d'assistance ; HMT = Évaluation hybride des ressources ; MT = Évaluation des ressources ; PMT = Évaluation des ressources par approximation.

services (ou les ensembles de prestations/services), les clients peuvent être orientés vers un ensemble de programmes adaptés à leur situation — et cela peut s'accompagner d'un plan d'action individualisé (PAI). Les prestations demandées peuvent être payées selon un calendrier basé sur la date spécifique des demandes des clients, ou selon un calendrier commun de versement des paiements pour tous les bénéficiaires. Les services peuvent être fournis aux clients selon leur propre calendrier et leur PAI. En ce qui concerne la gestion des opérations des bénéficiaires, les clients mettent à jour leurs informations lorsque leur situation change. Les bénéficiaires peuvent être réévalués selon un calendrier établi en fonction de leur date d'entrée ou de l'évolution de leur propre situation. Ils peuvent sortir selon leur propre calendrier — lorsqu'ils terminent le programme ou le PAI, qu'ils dépassent des limites dans le temps ou qu'ils ne satisfont pas aux exigences d'admissibilité en cours.

L'approche impulsée par des gestionnaires de programme influence également les différentes phases de la chaîne de mise en œuvre. La sensibilisation est généralement associée à des vagues d'enregistrement en masse qui impliquent des équipes mobiles se rendant dans les communautés pour enregistrer et évaluer des groupes de ménages. L'approche détermine également les normes d'éligibilité : les ménages sont classés du plus riche au plus pauvre et leur éligibilité est déterminée par leur position dans le classement. Par exemple, le tiers le plus pauvre des ménages du classement peut être éligible[16]. L'ensemble des prestations et des services n'est pas individualisé, mais commun à tous les ménages bénéficiaires. Les prestations sont généralement payées selon un calendrier commun, soit lors de sessions de paiement collectif en personne, soit par voie numérique. Dans certains programmes, la cohorte de bénéficiaires peut passer par différentes étapes d'interventions successives, de manière groupée. Ces pratiques sont courantes pour certaines mesures (comme les sessions de développement familial qui adoptent un programme séquentiel) ou pour l'approche d'inclusion économique productive et celle de graduation. Les ménages sont tous suivis, leurs caractéristiques sont mises à jour et réévaluées en tant que groupe, et ce, selon le même calendrier.

Chaque approche gère aussi différemment les contraintes budgétaires. Quel que soit le modèle opérationnel, les pays et les programmes du monde entier sont confrontés à des défis de gestion lorsque la demande de programmes de protection sociale dépasse les ressources disponibles, que ce soit en raison de contraintes de financement ou de capacité. Sur le plan humain, ce dilemme peut impliquer des choix douloureux, au regard du nombre de personnes confrontées à tant de besoins et que les ressources ne sont pas en mesure de les satisfaire[17]. En matière de politique et de conception, cette gestion des limitations budgétaires peut consister à ajuster les paramètres de base des programmes, par exemple en fixant des niveaux de prestations peu élevés, en établissant des critères d'éligibilité plus stricts ou en introduisant et en appliquant des limites de temps. Bien que ces choix de conception impliquent des compromis difficiles, les paramètres basés sur des règles ont l'avantage d'être plus transparents. En ce qui concerne la mise en œuvre, les différents modèles opérationnels utilisent diverses stratégies implicites et explicites tout au long de la chaîne de mise en œuvre pour limiter les dépenses budgétaires :

- *Gérer la demande dans une approche à la demande.* Alors que les approches à la demande permettent techniquement à quiconque de postuler à tout moment, les programmes disposent d'une variété de moyens pour limiter cette demande — ou pour l'empêcher d'aboutir à une inscription. Certaines sont implicites, comme l'information et la sensibilisation passives : si moins de personnes connaissent un programme, moins de personnes s'y inscriront. Cela peut être logique du point de vue de l'efficacité pratique : si un programme est sursouscrit, pourquoi dépenser des ressources administratives limitées pour le promouvoir ? Pourquoi continuer à susciter des attentes ? Toutefois, l'information et la sensibilisation passives risquent de laisser de côté des personnes qui auraient le plus besoin de bénéficier de ce programme et qui sont peut-être moins connectées ou moins au courant des avantages et des services. Des processus inefficaces ou trop bureaucratiques d'accueil et d'inscription peuvent dissuader les gens de faire une demande. Si ces obstacles peuvent entraîner une diminution des erreurs d'inclusion en dissuadant les personnes susceptibles de ne pas être admissibles de présenter une demande, ils peuvent également réduire les taux de participation des personnes susceptibles d'être admissibles — ils sont également coûteux, inefficaces et non transparents pour les administrations comme pour les clients. Lors des phases d'évaluation et d'éligibilité, les travailleurs sociaux peuvent « détourner le trafic » des programmes sursouscrits en appliquant des évaluations rigides et discrétionnaires ou en appliquant des critères d'éligibilité stricts. Cela nous amène à l'un des principaux instruments de gestion de la demande dans les systèmes à la demande : les listes d'attente, qui sont examinées plus en détail au chapitre 5. D'autres stratégies de limitation des coûts, plus en aval dans la chaîne de mise en œuvre, consistent à sanctionner les bénéficiaires qui ne respectent pas les conditions du programme et à appliquer des règles de sortie. La tension entre la pression pour l'inclusion et les réalités des capacités et des financements limités impose des choix difficiles, même dans les systèmes à la demande.

- **Contrôler les points d'entrée dans les systèmes impulsés par des administrateurs.** Avec cette approche, trois mécanismes sont utilisés pour limiter l'entrée et gérer les attentes face aux contraintes budgétaires et de capacité. Les deux premiers ont trait à l'accueil et à l'inscription, tandis que le troisième concerne l'admissibilité et l'inscription à des programmes spécifiques. Premièrement, dans le cadre de cette approche, les portes de l'inclusion ne s'ouvrent pas souvent en raison de vagues peu fréquentes d'inscription en masse (généralement tous les trois à cinq ans). Deuxièmement, même lorsque les portes sont ouvertes, tout le monde n'a pas la possibilité de s'inscrire, car de nombreux programmes (ou registres sociaux) utilisent des quotas d'inscription, comme nous l'avons vu au chapitre 4. D'un côté, cela peut être logique : pourquoi inscrire un grand nombre de ménages et susciter des attentes alors que les programmes ne peuvent sélectionner qu'une petite partie d'entre eux pour s'inscrire au programme ? Mais d'un autre côté, l'utilisation de quotas d'inscription présente des inconvénients. Elle peut donner l'impression d'une part d'un manque de transparence quant aux personnes incluses ou exclues de l'inscription (d'autant plus que les motifs d'inclusion ou d'exclusion sont peu documentés) et d'autre part, de reproduire les inégalités locales existantes et d'exclure les ménages les plus pauvres de l'inscription. Enfin, les erreurs d'exclusion

peuvent se multiplier lorsqu'on limite les personnes qui peuvent s'inscrire dans les registres sociaux alors que ceux-ci sont partagés par plusieurs programmes. Troisièmement, la limitation peut résulter de l'utilisation de classements et de seuils relatifs pour l'évaluation et la détermination de l'éligibilité aux programmes sociaux. Puisque le nombre de ménages est connu une fois que l'enregistrement en masse est terminé, la sélection d'un pourcentage pour l'éligibilité permet une planification budgétaire prévisible. Bien que dans cette approche il n'y ait pas de liste d'attente officielle, il existe néanmoins une demande latente, et des biais peuvent être introduits comme indiqué au chapitre 5.

Les compromis entre inclusion et limites de financement et de capacité sont difficiles à trouver. Les divers mécanismes utilisés pour gérer la demande au regard des contraintes présentent tous des inconvénients, qu'il s'agisse de l'approche à la demande ou de l'approche impulsée par les administrateurs. Cependant, à mesure que les capacités s'améliorent, certains pays cherchent à passer des systèmes impulsés par des gestionnaires de programmes à des systèmes à la demande en raison de leur dynamisme — en particulier avec les approches intégrées qui servent plusieurs programmes. Cette option a des implications tout au long de la chaîne de mise en œuvre, comme vu précédemment et comme le montre le tableau 2.2.

Même si les approches à la demande ou impulsées par des gestionnaires de programme constituent deux modèles distincts, elles opèrent dans un spectre. Dans la pratique, il existe des variations le long du spectre entre les deux modèles. Plusieurs pays qui fonctionnent selon des modèles impulsés par des gestionnaires de programmes commencent à mettre en œuvre quelques caractéristiques des approches à la demande (voir le chapitre 4 pour des exemples), ce qui peut constituer la base d'une transition vers ce dernier modèle.

Si l'approche à la demande et le principe d'inclusion dynamique sont des objectifs, il est important de reconnaître qu'il existe un conflit avec ce qui est faisable en pratique. Le choix d'un modèle plutôt qu'un autre dépend généralement en grande partie de la capacité administrative locale de chaque pays et de la disponibilité du budget.

2.3 CADRE DES SYSTÈMES DE MISE EN ŒUVRE — ILLUSTRATION À L'AIDE D'UN EXEMPLE COMPOSITE

L'exemple hypothétique d'un programme de prestation d'aide en cas de chômage combinée à des exigences d'activation décrit dans cette section illustre le cadre des systèmes de mise en œuvre. Il regroupe les pratiques réelles de plusieurs systèmes de transfert monétaire et de services de protection sociale que nous avons observées dans différents pays. Cet exemple montre comment les différents éléments du cadre des systèmes de mise en œuvre s'associent pour fournir les bénéfices et les services à l'aide d'une vue complète de la chaîne de mise en œuvre. En outre, il expose l'utilité de la cartographie de la chaîne de mise en œuvre, de la cartographie des parcours, des indicateurs de performance et d'autres outils de diagnostic dans l'évaluation de l'efficacité et de l'efficience des systèmes de mise en œuvre, tant du point de vue des gestionnaires de programme que des clients. Enfin, il démontre le bien-fondé de bon nombre des principaux messages de ce Manuel de référence.

Planter le décor : le système de protection sociale de la République de Morlandia

Contexte : L'exemple a pour décor l'hypothétique République de Morlandia, pays dynamique à revenu intermédiaire et peuplé de 28 millions d'habitants. Morlandia a connu une forte croissance au cours de la dernière décennie grâce à une économie diversifiée basée sur les produits de la mer et l'agro-industrie, le tourisme durable, le textile, l'électronique, les énergies renouvelables, les services financiers et un secteur de l'industrie et des services technologiques, de petite taille, mais en croissance et qui a attiré d'importants investissements locaux et étrangers. L'économie est un mélange d'entreprises privées et de sociétés publiques. Bénéficiant d'un large accès à la mer, Morlandia a également développé des zones économiques exclusives (ZÉE) afin de promouvoir l'économie maritime. Cependant, le pays enregistre, en plus d'une forte croissance, les conséquences néfastes du changement climatique, en particulier dans les zones côtières. Il est également particulièrement vulnérable aux fortes tempêtes tropicales et aux inondations.

Gouvernement : La République de Morlandia est une démocratie constitutionnelle présidentielle unitaire découpée en 12 régions administratives. Le ministère de la Décentralisation supervise les autorités locales, les conseils municipaux et les cantons. Par rapport aux autres pays de la région, Morlandia a investi une part importante de son PIB dans les secteurs sociaux : 4,3 % dans l'éducation, 3,9 % dans la santé et 6 % dans la protection sociale (principalement pour les retraites et l'assurance sociale, mais aussi 1,3 % pour l'assistance sociale). Cependant, les programmes de protection sociale sont répartis entre plusieurs agences et bénéficieraient de la collaboration d'autres entités gouvernementales.

- *Le ministère des Affaires sociales (MdAS)* est responsable des programmes sociaux visant à secourir et à protéger les personnes pauvres ou vulnérables. Les principaux programmes mis en œuvre sont (1) le système d'allocation universelle pour les enfants (UCA), petite prestation accordée à tous les enfants de la naissance jusqu'à l'âge de 16 ans, à laquelle s'ajoute une allocation supplémentaire (UCA-PLUS) accordée aux enfants orphelins, aux enfants des familles pauvres ou sans emploi, aux enfants des rues et à d'autres catégories vulnérables, (2) le programme pour les familles dans le besoin (PFB), un transfert en espèces pour les ménages vivant dans un état de pauvreté chronique, (3) un système d'aide en cas de chômage (AcC) accordée sous condition de ressources aux adultes qui travaillaient, ne cotisaient pas à l'assurance chômage et viennent de perdre leur emploi et (4) de nombreux autres petits transferts et services sociaux adaptés à d'autres populations vulnérables spécifiques. Le MdAS gère les **bureaux** délocalisés **des services sociaux** (BSS) ainsi que l'UNISO, registre social informatisé qui permet l'enregistrement et la détermination de l'éligibilité des demandeurs à différents programmes sociaux, notamment l'allocation universelle pour les enfants (UCA et UCA-PLUS), le programme pour les familles dans le besoin (PFB) et l'aide en cas de chômage (AcC).
- *Le Département du travail et de l'emploi (DTE)* du ministère du Travail, de l'Industrie et de l'Économie

(MTIE) supervise le Fonds d'assurance chômage (FAC) de Morlandia pour les travailleurs du secteur formel et délivre différents services relatifs à l'emploi, notamment d'informations, d'inscription, de conseil, d'insertion professionnelle, d'inspections des permis de travail et d'autres services en découlant. Le DTE gère les **bureaux** délocalisés **des services pour l'emploi (BSE)** ainsi que le système national d'emploi et d'assurance (SNEA) qui enregistre les données des contrats de travail et les cotisations mensuelles d'assurance chômage des employeurs et des employés.

- *L'Institut de sécurité sociale (ISS)* est une agence semi-autonome placée sous la tutelle générale du MTIE et gère les prestations de sécurité sociale pour les travailleurs du secteur formel qui sont à la retraite, ainsi qu'une petite allocation sociale pour les personnes pauvres, âgées ou en situation de handicap. L'ISS exploite ses propres bureaux délocalisés (BISS). Le système informatique des prestations de l'ISS est relié aux systèmes de l'administration fiscale (puisque les cotisations obligatoires de sécurité sociale sont perçues avec les impôts).

- *Le Bureau central de l'état civil (BCEC)* gère l'état civil et le système d'identification des personnes. Morlandia est l'un des rares pays de la région à disposer d'une large couverture de l'enregistrement de l'état civil et de l'identification. Les citoyens de Morlandia étaient auparavant identifiés à l'aide d'une carte d'identité en papier, progressivement supprimée et remplacée par une nouvelle carte d'identité biométrique de la Morlandia (CIM) qui prouve l'identité des personnes et permet les transactions sécurisées et fiables des services électroniques. La CIM enregistre le nom, la photographie, le numéro d'identification, le logo « PA » pour les personnes âgées, un code-barres lisible par machine, la date de naissance, l'adresse résidentielle, quatre modèles d'empreintes digitales ainsi qu'un certificat numérique qui garantit que les données enregistrées dans la carte ne peuvent être lues qu'à travers l'autorité de certification CIM.

- *Les autres administrations parties prenantes dans la protection sociale* sont (1) **le ministère de l'Innovation et de la Technologie (MIT)**, activement impliqué dans la promotion de l'économie numérique en pleine croissance en Morlandia et à la tête d'un important programme de gouvernance en ligne (e-GOV) destiné à améliorer les prestations des services publics et apporter au public un plus grand confort. Le programme e-GOV a déjà déployé plusieurs projets de systèmes d'information dans tous les ministères de tutelle, encouragé les capacités d'interopérabilité entre les ministères et soutenu le développement de l'UNISO au sein du MdAS, (2) **le ministère de la Santé (MdS)** qui gère les subventions d'assurance maladie sous conditions de ressources, tandis que (3) le **ministère de l'Éducation (MdE)** gère le programme national des cantines scolaires, des bourses d'études (basées sur les besoins et le mérite) et les bons « JumpStart » qui aident les enfants des familles pauvres à participer aux programmes destinés à la petite enfance.

Deux scénarios d'évolution des systèmes de mise en œuvre de protection sociale. Notre hypothétique exemple composite comprend deux scénarios articulés autour d'un point central : le scénario 1 se déroule « quelques années plus tôt » et le scénario 2 se déroule « quelques années plus tard ». Il serait tentant de raconter l'histoire d'une mauvaise bureaucratie et de réformes qui ont amené des améliorations, mais ce n'est généralement pas le cas des systèmes de mise en œuvre. Au contraire, l'évolution des systèmes de mise en œuvre de la protection sociale est continue et souvent non linéaire : les erreurs, l'apprentissage, les corrections à mi-parcours, les ajustements, les inversions, etc., jouent généralement un rôle dans l'expansion et l'amélioration des systèmes. Nous plaçons donc nos deux scénarios à des instants d'un long parcours évolutif continu, et chaque scénario est vivant et évolue au gré des précédentes réformes, améliorations et défis qui doivent encore être relevés.

- *Scénario 1, qui se déroule « quelques années plus tôt » : l'informatisation et la CIM ouvrent la voie à l'interopérabilité des systèmes d'information.* Le programme e-GOV du MIT a beaucoup investi dans le développement de la CIM biométrique pour assurer l'identification et l'authentification de tous les citoyens de Morlandia. Ce développement a permis une amélioration majeure pour les services publics et privés et a contribué à relier plusieurs systèmes administratifs par l'interopérabilité des systèmes et l'utilisation par ces systèmes du numéro CIM unique.

Pour faciliter ces efforts, le gouvernement de Morlandia a adopté une législation régissant l'utilisation et la protection des données personnelles, mis en place des protocoles normalisés pour le partage des données et investit davantage dans la sécurité. Le projet d'interopérabilité est en cours de déploiement dans toutes les agences. Après quelques problèmes initiaux dus à des enregistrements en double, des données incohérentes entre les agences et des données incomplètes et de mauvaise qualité dans plusieurs systèmes, la plupart des enregistrements des travailleurs du secteur formel sont désormais partagés par le MTIE, l'ISS et l'administration fiscale ainsi qu'avec d'autres ministères et départements. Plus récemment, le MIT a travaillé avec le MdAS, notamment en soutenant le développement et le fonctionnement du registre social du MdAS (UNISO) et le système de gestion des opérations des bénéficiaires (SGOB). La création du registre UNISO a été une étape importante dans l'harmonisation des critères de ressources applicables à toutes les prestations sociales. Bien qu'UNISO prenne en charge les informations au niveau des ménages, il offre également une certaine interopérabilité au niveau individuel avec d'autres systèmes. Malheureusement, la plupart de ces améliorations d'interopérabilité ont été purement administratives, et de nombreuses fonctions de première ligne des BSE, BSS et BISS locaux ne sont toujours pas interconnectées.

- *Scénario 2, qui se déroule «quelques années plus tard», après le scénario 1 : les systèmes continuent de s'améliorer, y compris les systèmes de première ligne.* Des améliorations significatives ont été apportées aux systèmes de Morlandia. À l'échelle du gouvernement, le MIT a poussé pour une rapide informatisation de tous les paiements G2P de protection sociale, a étendu son projet d'interopérabilité à d'autres agences et a développé une application interactive de services en ligne baptisée « MyMorlandia.gov ». Le MdAS a également continué à améliorer les systèmes, en particulier à travers différentes réformes à effet rapide, la simplification des processus et d'autres améliorations. Dans le cadre de la stratégie gouvernementale de politique sociale « Morlandia Cares », le MdAS a également conclu des accords avec plusieurs ministères pour leur permettre d'utiliser UNISO et leur faciliter ainsi l'accès à d'autres prestations sous condition de ressources (telles que les subventions à l'assurance maladie du MdS, le programme «Jump Start» du MdE et le tarif énergétique à caractère social). Le déploiement de ces réformes ne s'est pas déroulé sans problèmes et des défis subsistent, mais l'efficacité et l'efficience des programmes de protection sociale se sont améliorées sur bien des points.

Les clientes : Anaïs et Naomi. Nos scénarios mettent en scène deux mères qui travaillent, Anaïs et Naomi. Leurs parcours sont très différents, mais toutes deux travaillent dur et parviennent à s'en sortir chaque mois grâce à leurs revenus auxquels s'ajoutent les petites allocations familiales pour leurs enfants qui vivent avec elles. La mère d'Anaïs, en situation de handicap, vit également avec elle et reçoit une petite pension d'invalidité de l'ISS. Pour des raisons indépendantes de leur volonté, toutes les deux perdent leur emploi, ce qui porte un coup dur à la situation économique de leurs familles. Suivons leur parcours alors qu'elles naviguent dans le processus de recherche de prestations et de services sociaux qui pourront les aider à s'en sortir après ces revers, d'abord Anaïs dans le scénario 1, puis Naomi dans le scénario 2.

Scénario 1 : Le parcours d'Anaïs, quelques années plus tôt

Dans le scénario 1, qui se déroule il y a plusieurs années, nous rencontrons Anaïs, une mère célibataire qui vit avec sa mère âgée et ses deux enfants qui fréquentent tous deux l'école primaire. Leur maison est une petite maison en béton avec plomberie extérieure, construite dans les années 1970 et qui appartient à la mère d'Anaïs, veuve par suite du décès prématuré de son mari dans un accident. La mère d'Anaïs a été blessée dans l'accident et perçoit depuis une petite pension d'invalidité et de veuvage de l'ISS. Anaïs a abandonné l'école avant d'avoir terminé ses études secondaires afin de pouvoir aider sa famille. Elle travaille dans l'une des pêcheries artisanales de la zone économique exclusive (ZÉE). Cette pêcherie est une petite entreprise dirigée par des femmes et qui fournit des fruits de mer frais à la station écotouristique voisine et promeut une pêche durable qui n'érode pas les récifs coralliens autour de leur ville côtière. La semaine dernière, une violente tempête tropicale a balayé leur commune et les petites entreprises de pêche, y compris celles de la ZÉE, ont été durement touchées, leurs équipements et leurs bateaux de pêche endommagés. La petite entreprise pour laquelle Anaïs travaille fait partie des entreprises les plus touchées et a dû fermer. Les responsables sont désolés de devoir licencier le personnel et ont assuré les employés qu'ils reconstruiront. En attendant, Anaïs doit maintenant faire face à la perte de son emploi. Elle n'a pas droit à l'assurance chômage, car elle n'a travaillé que quelques années dans l'entreprise qui, de toute façon, n'était pas obligée de participer au régime d'assurance chômage en tant que petite entreprise. Anaïs est anéantie par la perte de son emploi et s'inquiète de savoir comment sa famille va s'en sortir sans ses revenus, avec seulement la pension d'invalidité de sa mère et les allocations familiales de ses enfants. Elle entend à la radio un message du MdAS annonçant aux personnes concernées qu'elles peuvent demander des prestations chômage à leur BSS local. Toutefois, des amis d'Anaïs racontent d'affreuses histoires sur les difficultés qu'ils ont dû surmonter avant d'obtenir ces prestations et ils affirment que si cela va mieux maintenant, elle ne devrait toutefois pas s'attendre à obtenir beaucoup d'aide. Anaïs se demande si, dans sa situation, elle pourra obtenir des prestations et des services de chômage.

Cartographie de la chaîne de mise en œuvre avec UNISO, interopérabilité des systèmes et paiement manuel des prestations

Afin de clarifier les rôles des parties prenantes et faciliter leur coordination, les processus « métier » de tous les programmes du MdAS ont été cartographiés à l'aide d'un schéma de la chaîne de mise en œuvre (voir encadré 2.2.). La figure 2.7 montre le schéma pour les prestations d'aide en cas de chômage dans le scénario 1. Bien que l'aide en cas de chômage soit gérée par le MdAS et mise en œuvre par les BSS, les clients interagissent également avec les BSE du MTIE par deux fois : premièrement, ils doivent s'inscrire dans les BSE en tant que personnes sans emploi et obtenir une attestation certifiée attestant qu'ils sont chômeurs non assurés (CSA) et deuxièmement, ils doivent faire contrôler dans les BSE leur activité de recherche d'emploi, exigence conditionnant les prestations d'aide

en cas de chômage (AcC). Bien que le MdAS et le DTE aient établi des capacités d'interopérabilité entre leurs systèmes centraux, ces réformes n'ont pas atteint leurs bureaux locaux qui ne disposent donc pas de connexion automatique et où de nombreuses fonctions restent manuelles. Par conséquent, les principaux acteurs représentés sur la figure 2.7 sont : le MdAS (ligne du haut), les BSS (qui relèvent du MdAS, deuxième ligne), les BSE (qui relèvent du DTE, troisième ligne) et les clients (ligne du bas). La figure 2.7-1 ci-dessous trace les étapes de base du scénario 1, en bleu pour les processus d'accueil, d'enregistrement et d'évaluation des besoins et des conditions de vie et en rouge pour les processus d'inscription.

- **Enregistrement au BSE.** Quand une personne se retrouve sans emploi et souhaite bénéficier des prestations d'AcC, elle doit tout d'abord se rendre au BSE pour s'enregistrer comme personne sans emploi et obtenir l'attestation certifiée de « chômeur non assuré » (CSA), comme indiqué à l'étape 1 de la figure 2.7. La personne sans emploi doit montrer sa CIM et présenter un document prouvant son dernier emploi et la lettre de licenciement. L'agent du BSE chargé des inscriptions examine les documents du client et vérifie son historique d'emploi et de cotisations dans le fichier SNEA. Si le client n'est pas éligible à l'assurance chômage, le BSE émet alors l'attestation de CSA (étape 2 de la figure 2.7).
- **Premier contact avec le BSS.** La personne sans emploi se rend ensuite au BSS pour récupérer le formulaire de demande d'AcC (étape 3 de la figure 2.7). Le BSS fournit le formulaire de demande, une liste des documents requis et différentes informations sur le processus de demande, telles qu'un aperçu du processus, les prochaines étapes et les droits et responsabilités du client, y compris les exigences de recherche d'emploi (étape 4 de la figure 2.7).
- **Dossier de demande d'AcC.** La personne sans emploi remplit la demande, rassemble les documents requis et retourne au BSS pour soumettre le dossier de demande d'AcC (étape 5 de la figure 2.7). Bien que l'entité demandant l'aide en cas de chômage, dont la délivrance est soumise à des conditions de ressources, soit un individu, des informations sont également requises à propos de son ménage. Les exigences en matière d'information

Figure 2.7

Schéma de la chaîne de mise en œuvre des prestations et des services d'aide en cas de chômage en Morlandia, Scénario 1

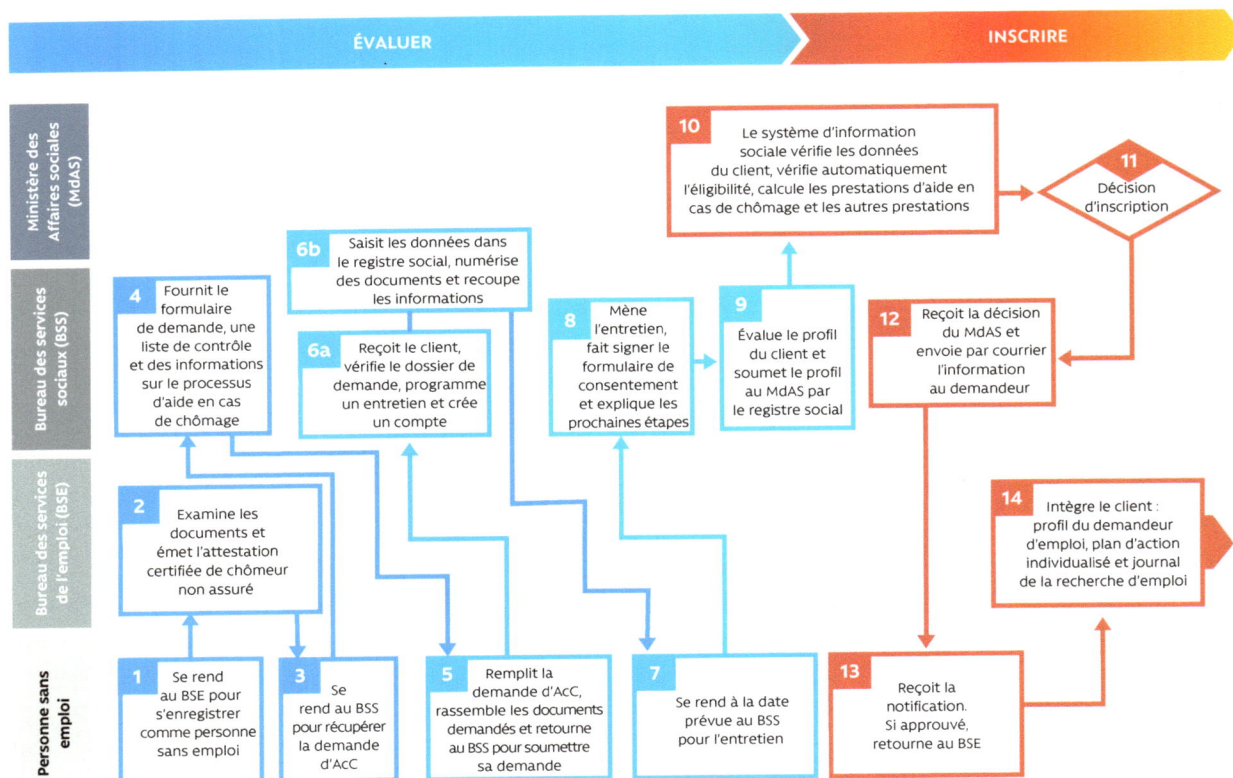

ÉVALUER | INSCRIRE

Ministère des Affaires sociales (MdAS)

10 — Le système d'information sociale vérifie les données du client, vérifie automatiquement l'éligibilité, calcule les prestations d'aide en cas de chômage et les autres prestations

11 — Décision d'inscription

Bureau des services sociaux (BSS)

4 — Fournit le formulaire de demande, une liste de contrôle et des informations sur le processus d'aide en cas de chômage

6b — Saisit les données dans le registre social, numérise des documents et recoupe les informations

6a — Reçoit le client, vérifie le dossier de demande, programme un entretien et crée un compte

8 — Mène l'entretien, fait signer le formulaire de consentement et explique les prochaines étapes

9 — Évalue le profil du client et soumet le profil au MdAS par le registre social

12 — Reçoit la décision du MdAS et envoie par courrier l'information au demandeur

Bureau des services de l'emploi (BSE)

2 — Examine les documents et émet l'attestation certifiée de chômeur non assuré

14 — Intègre le client : profil du demandeur d'emploi, plan d'action individualisé et journal de la recherche d'emploi

Personne sans emploi

1 — Se rend au BSE pour s'enregistrer comme personne sans emploi

3 — Se rend au BSS pour récupérer la demande d'AcC

5 — Remplit la demande d'AcC, rassemble les documents demandés et retourne au BSS pour soumettre sa demande

7 — Se rend à la date prévue au BSS pour l'entretien

13 — Reçoit la notification. Si approuvé, retourne au BSE

suite

et de documentation sont rassemblées dans le tableau 2.3 ci-dessous. Remarquons que les capacités d'interopérabilité n'ont réussi que partiellement à réduire le nombre de formulaires et de documents requis.

● **Enregistrement du dossier de demande et saisie des données.** L'agent d'accueil du BSS réceptionne ensuite le dossier de demande, l'examine pour s'assurer qu'il est complet, crée un compte client, enregistre la réception de la demande dans le système et planifie un entretien (étape 6a de la figure 2.7). Cette étape déclenche l'indicateur de suivi des performances du MdAS, car l'entretien doit être programmé dans les 10 jours ouvrables suivant la réception du dossier de demande. L'agent de saisie des données entre ensuite les informations dans UNISO, numérise les documents dans le dossier électronique du client et effectue différents recoupements en interne et en externe avec d'autres systèmes (étape 6b).

● **Entretien.** L'agent d'accueil rencontre le client pour discuter de ses récentes difficultés et examiner sa situation en fonction du dossier de demande (étapes 7 et 8). Ensemble, ils identifient les lacunes, les erreurs ou les incohérences présentes dans les données. L'agent d'accueil explique que l'entrevue et la demande ne garantissent pas l'éligibilité à des prestations ou à des services et explique les droits et responsabilités du client, en particulier les obligations en matière de recherche d'emploi. L'agent d'accueil obtient également le consentement du client pour l'utilisation et le partage de ses informations, explique les prochaines étapes et l'informe du calendrier probable.

● **Évaluation des besoins et des conditions de vie du client.** L'agent d'accueil évalue les besoins et les conditions de vie du client à l'aide des outils d'évaluation des ressources d'UNISO qui lui permet d'agréger les informations sur les revenus et les actifs du

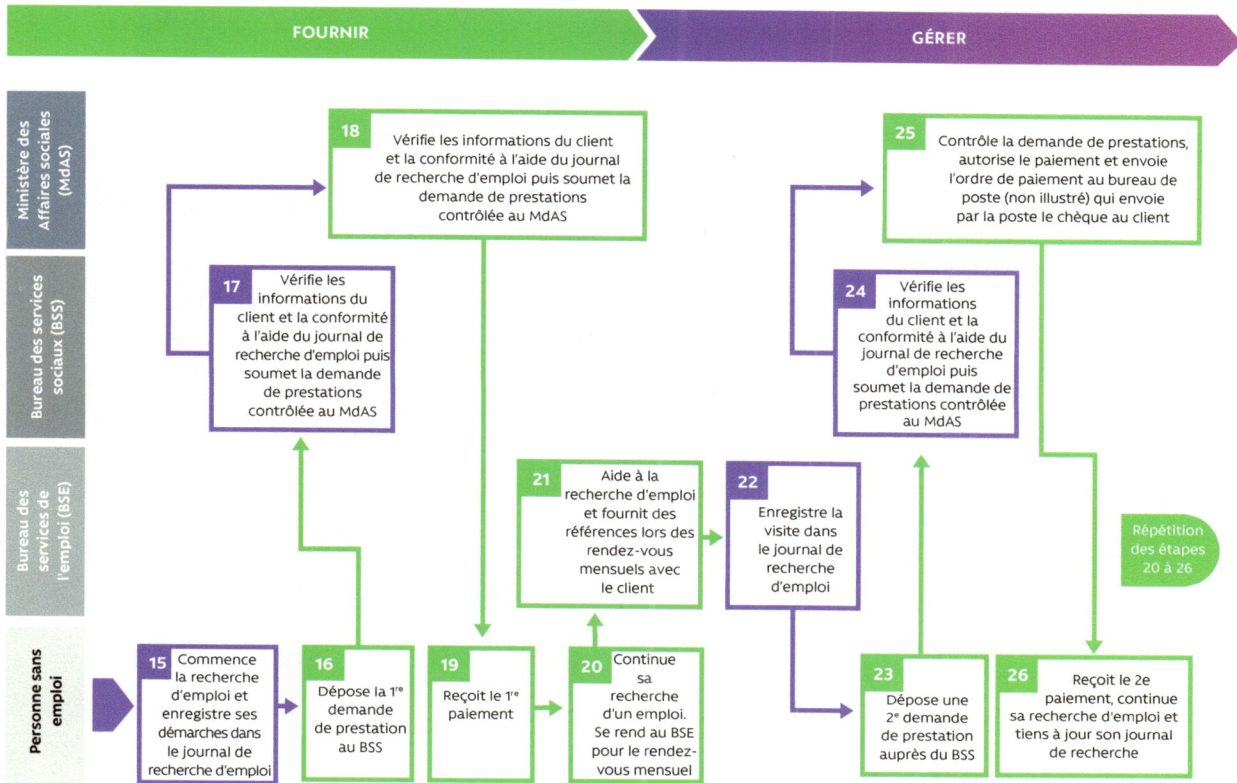

Figure 2.7 *(suite)*

FOURNIR — GÉRER

Ministère des Affaires sociales (MdAS)

18 — Vérifie les informations du client et la conformité à l'aide du journal de recherche d'emploi puis soumet la demande de prestations contrôlée au MdAS

25 — Contrôle la demande de prestations, autorise le paiement et envoie l'ordre de paiement au bureau de poste (non illustré) qui envoie par la poste le chèque au client

Bureau des services sociaux (BSS)

17 — Vérifie les informations du client et la conformité à l'aide du journal de recherche d'emploi puis soumet la demande de prestations contrôlée au MdAS

24 — Vérifie les informations du client et la conformité à l'aide du journal de recherche d'emploi puis soumet la demande de prestations contrôlée au MdAS

Bureau des services de l'emploi (BSE)

21 — Aide à la recherche d'emploi et fournit des références lors des rendez-vous mensuels avec le client

22 — Enregistre la visite dans le journal de recherche d'emploi

Répétition des étapes 20 à 26

Personne sans emploi

15 — Commence la recherche d'emploi et enregistre ses démarches dans le journal de recherche d'emploi

16 — Dépose la 1ʳᵉ demande de prestation au BSS

19 — Reçoit le 1ᵉʳ paiement

20 — Continue sa recherche d'un emploi. Se rend au BSE pour le rendez-vous mensuel

23 — Dépose une 2ᵉ demande de prestation auprès du BSS

26 — Reçoit le 2e paiement, continue sa recherche d'emploi et tiens à jour son journal de recherche

Source : Figure conçue pour cette publication, basée sur une compilation de cas observés.

Note : BSE = Bureau des services de l'emploi ; MdAS = ministère des Affaires sociales ; BSS = Bureau des services sociaux ; AcC = aide en cas de chômage.

ménage. Un profil des besoins du demandeur et de son ménage est alors créé et transmis (étape 9).

- **Détermination automatisée de l'éligibilité et calcul des prestations.** UNISO vérifie automatiquement le profil du client, vérifie son éligibilité et calcule l'AcC et les autres prestations d'aide sociale auxquelles il a droit (étape 10). Si le client répond aux critères d'éligibilité, le MdAS autorise alors son inscription et informe le BSS de la décision. Le MdAS centralise les décisions d'éligibilité et d'inscription pour assurer un traitement équitable et objectif des clients, favoriser la redistribution à travers le pays et réduire les éventuelles pressions et décisions discrétionnaires de la part des autorités locales.

- **Notification du client.** Par la suite, le BSS notifie à chaque client la décision prise au sujet de sa demande (étape 12). Cette notification formelle est envoyée par la poste. En cas d'approbation, la lettre de notification aux bénéficiaires comprend les informations sur le montant des prestations, les étapes et les formulaires de dépôt de demandes de paiement des prestations. Le courrier comprend également des instructions permettant aux bénéficiaires de se rendre au BSE pour enregistrer leur profil de demandeur d'emploi et commencer les activités de recherche d'emploi, activités qui conditionnent l'accès aux prestations d'AcC. En cas de refus, la lettre de notification aux clients dont la demande a été rejetée comprend également des instructions pour déposer des réclamations.

- **Intégration au BSE.** Le bénéficiaire inscrit se rend alors au BSE (étape 13), où un travailleur social procède à son inscription (étape 14), qui comprend la création du profil de demandeur d'emploi. Il récupère

Tableau 2.3 Informations et documentation exigées pour bénéficier des prestations sous condition de ressources à Morlandia : Scénarios 1 et 2

	Scénario 1 : quelques années plus tôt : Anaïs	Scénario 2 : quelques années plus tard : Naomi
Formulaire de demande, avec consentement de traitement des informations	✓ Signé par le demandeur et tous les adultes en âge de travailler	✓ Signé en ligne par le demandeur et tous les adultes en âge de travailler
Carte d'identité Morlandia (CIM) pour renseigner l'identité, la résidence, etc.	✓ Tous les adultes	✓ Tous les adultes
Certificats de naissance des enfants de moins de 18 ans — délivrés par le BCEC	✓	✓
Niveaux de scolarité (pour les adultes) et situation scolaire (pour les enfants)	✓ Auto-déclaration	✓ Auto-déclaration
Attestation d'invalidité (le cas échéant)	DX avec ISS (registre des personnes en situation de handicap), avec consentement	DX avec ISS (registre des personnes en situation de handicap), avec consentement
Attestation certifiée de chômeur non assuré (CSA) délivrée par le BSE	✓	N'est plus nécessaire
Informations sur l'emploi et le revenu de tous les membres de la famille en âge de travailler, y compris : • déclarations de revenus des trois derniers mois • déclarations de revenus de l'année précédente à l'administration fiscale • éventuelles prestations sociales	✓ ✓ DX avec UNISO, DTE et ISS, avec consentement	✓ DX avec l'administration fiscale, avec consentement DX avec UNISO, DTE et ISS, avec consentement
Acte de propriété ou bail de l'agence nationale foncière et immobilière	✓	DX avec ANTP avec consentement
Revenus fonciers (le cas échéant)	Obtenir la documentation certifiée du bureau municipal	Obtenir la documentation certifiée du bureau municipal
Dépenses pour les services publics (électricité, eau et assainissement)	Factures d'électricité, d'eau ou d'assainissement fournies par le client	DX avec des entreprises d'utilité publique, avec consentement
Véhicules détenus (DX possible, mais données de mauvaise qualité au ministère des Transports)	✓ (le cas échéant)	✓ (le cas échéant)
Relevés de compte bancaire des trois derniers mois plus attestation du solde financier actualisé	✓	✓
Autres informations sur les changements récents de la situation socio-économique du ménage	✓ (le cas échéant)	✓ (le cas échéant)
Nombre de documents requis	12 (contre 17 avant DX)	9

Source : Tableau conçu pour cette publication, basé sur une compilation de cas observés.

Note : BCEC = Bureau central de l'état civil ; DTE = Département du Travail et de l'Emploi ; DX = échange de données avec des systèmes d'autres services administratifs, BSE = Bureau des services de l'emploi ; ISS = Institut de Sécurité sociale ; UNISO = registre social de Morlandia ; MdAS = ministère des Affaires sociales ; BSS = Bureau des services sociaux ; AcC = aide en cas de chômage, ANTP = Agence nationale des terres et de la propriété.

également un journal de recherche d'emploi dans lequel il devra enregistrer ses activités de recherche, preuve qu'il devra joindre à sa demande de prestation d'AcC. Une fois inscrit, le bénéficiaire entre dans le cycle récurrent de mise en œuvre de la «fourniture de prestations et de services» et de gestion des opérations des bénéficiaires (SGOB). Ces étapes sont illustrées en vert (Fournir) et en violet (Gérer) dans la figure 2.7-2 et détaillées ci-après.

- **Dépôt de la première demande.** Le nouveau bénéficiaire doit officiellement attendre pendant sept jours avant de pouvoir déposer sa première demande. Il doit pendant cette période lancer les activités de recherche d'emploi et les enregistrer dans son journal de recherche d'emploi (étape 15). De telles pratiques destinées à favoriser une approche «*travailler d'abord*» sont courantes dans de nombreux pays. La demande de prestation est déposée au BSS local (étape 16).

- **Contrôle du respect des conditionnalités.** Lorsque le bénéficiaire dépose sa demande, le BSS vérifie son identité à l'aide de la CIM. Il examine également le journal de recherche d'emploi pour vérifier le respect des conditions d'éligibilité. Il enregistre dans l'ordinateur la demande de paiement et les informations de conformité puis imprime le reçu de la demande afin que le client puisse suivre ses paiements (étape 17).

- **Paiement.** Le service des paiements du MdAS contrôle les informations, ajoute le nouveau bénéficiaire à la liste de paiement et autorise le paiement en transmettant au bureau de poste un ordre de paiement (étape 18). La poste imprime alors le chèque et l'envoie par courrier au bénéficiaire. Selon les indicateurs de qualité du MdAS, l'ordre de paiement doit être émis dans les cinq jours ouvrables suivant la réception de la demande et le bureau de poste doit envoyer le chèque dans les cinq jours ouvrables (cachet de la poste faisant foi) suivant la réception de l'ordre de paiement (soit un total de 10 jours ouvrables à compter de la réception de la demande de paiement).

- **Prestation de services et contrôle du respect des conditionnalités.** Le bénéficiaire doit se rendre tous les mois au BSE pour un rendez-vous avec l'agent de l'emploi. Celui-ci contrôle le journal de recherche d'emploi du client, discute les stratégies de recherche et fournit une aide à la recherche ainsi que des orientations.

Le processus se poursuit avec les demandes suivantes, les contrôles, les paiements, les prestations de services, etc. Les bénéficiaires peuvent recevoir des prestations d'AcC pendant une période de 12 mois à condition qu'ils continuent de remplir les conditions du programme. De plus, une mesure incitative au retour à l'emploi permet aux bénéficiaires, s'ils trouvent un emploi au cours de ce délai de 12 mois, de continuer à percevoir des prestations décroissantes pendant une période de transition de trois mois supplémentaires (100 % le premier mois travaillé, 50 % le deuxième mois et 30 % le troisième mois). S'ils ne trouvent pas d'emploi pendant ces 12 mois, les bénéficiaires peuvent demander une prolongation de 6 mois et bénéficier ainsi de prestations d'AcC pendant une période totale de 18 mois (les bénéficiaires qui reçoivent une prolongation reviennent à l'étape 5 de la figure 2.7-1).

Cartographie du parcours d'obtention des prestations et des services d'aide en cas de chômage : l'expérience d'Anaïs après la perte de son emploi

Alors que l'investissement réalisé dans les systèmes informatiques a sensiblement amélioré le flux d'information dans les services administratifs, les critiques du public se sont multipliées en raison des longs délais de traitement et d'attente. Les discussions de groupe avec le personnel de première ligne, les demandeurs et les bénéficiaires confirment bon nombre des défis signalés dans la presse. Le MdAS a chargé une équipe d'effectuer une série d'exercices approfondis de cartographie du processus afin de suivre l'expérience réelle des clients et des bénéficiaires (voir l'encadré 2.3 plus haut dans ce chapitre).

L'une de ces cartes de parcours retrace l'expérience d'Anaïs (figure 2.8 ci-dessous). Le rapport de l'équipe rend compte de l'expérience d'Anaïs à chaque étape du processus en détaillant chaque activité, le nombre de visites que celle-ci a dû effectuer, la durée de chaque étape et les frais encourus. L'équipe a aussi effectué le suivi des normes de qualité du MdAS, en particulier le délai d'exécution des principales étapes. De plus, elle a calculé le nombre total de jours écoulés entre la date à laquelle Anaïs a perdu son emploi et celle du premier paiement. Bien que ce ne soit pas un indicateur de

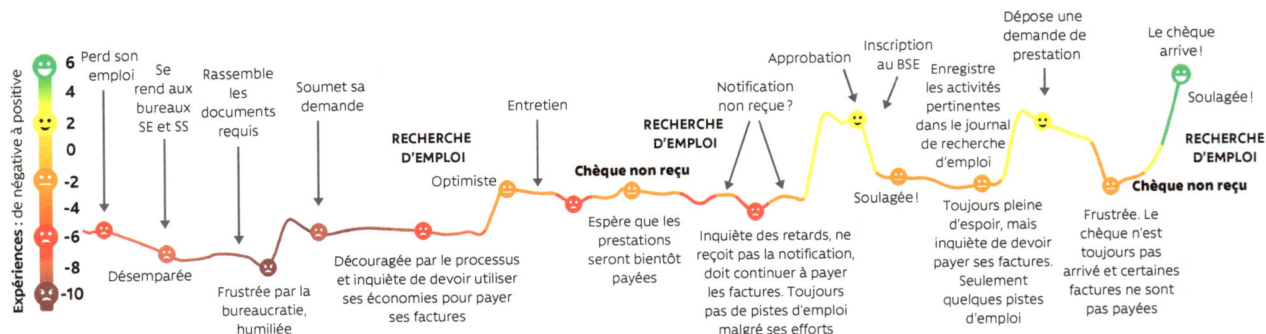

Source : Figure conçue pour cette publication, basée sur une compilation de cas observés.

Note : BSE = Bureau des services de l'emploi ; BSS = Bureau des services sociaux ; AcC = aide en cas de chômage

performance pour le MdAS, cette durée reflète le parcours du demandeur ; cette durée est finalement ce qui compte le plus pour le client. Enfin, le rapport détaille les sentiments d'Anaïs à chaque étape du processus, les aspects pénibles comme les expériences positives.

L'exercice de cartographie du parcours a révélé de nombreux goulots d'étranglement et inefficacités. Parmi les principaux points problématiques du rapport de synthèse, citons les suivants :

- **Temps, coûts et nombre de visites excessifs (TCV)**[18]. Avant d'obtenir le premier versement des prestations, Anaïs a dû se rendre 9 fois au BSS ou au BSE. Or, pour se rendre à l'antenne locale du BSS, elle devait parcourir de longues distances et traverser un quartier qu'elle estime dangereux. Quant au BSE, il est localisé dans une autre ville. Anaïs a également dû se déplacer à de nombreuses reprises dans d'autres administrations pour recueillir différents documents (voir ci-dessous). Ces voyages plus les frais de notaire lui ont coûté au total 34 $M (dollar morlandien). De plus, Anaïs a passé au total 53 heures à naviguer à travers le processus.

- ***Procédures de documentation fastidieuses.*** Anaïs a passé plusieurs jours et de nombreuses visites à rassembler les documents requis. En plus du déplacement initial au BSE pour obtenir l'attestation certifiée de CSA, Anaïs a dû se rendre 2 fois chez son ancien employeur pour obtenir la lettre de licenciement indiquant la raison de sa perte d'emploi (qui prouve qu'elle n'en est pas responsable, ce qui l'aurait disqualifiée pour bénéficier de prestations), ainsi que les relevés de paie des trois derniers mois. Elle a dû se rendre à l'administration fiscale pour obtenir ses déclarations fiscales officielles. Comme sa mère est propriétaire de leur maison, elle et sa mère en situation de handicap ont dû se rendre à l'Agence nationale des terres et de la propriété (ANTP), temps pendant lequel un voisin a dû surveiller ses enfants. Elle a également dû se rendre 2 fois à sa banque pour obtenir les relevés de compte bancaire des trois derniers mois, ainsi que l'attestation de ses soldes financiers à la date du dépôt de sa demande. Enfin, elle a dû se rendre chez un notaire public pour faire certifier tous les documents, ainsi que le formulaire de demande.

- **Entretien initial retardé.** Deux semaines se sont écoulées entre le jour où Anaïs a perdu son emploi et le jour où elle a finalement pu déposer son dossier d'inscription. Son premier entretien a été programmé deux semaines après le dépôt de ce dossier. Bien que ce délai se situe dans l'objectif de 10 jours ouvrables du MdAS, les jours de week-end supplémentaires ont prolongé le temps d'attente d'Anaïs. Par ailleurs, même si Anaïs est arrivée en avance pour son entretien, elle a néanmoins attendu longtemps avant que la personne employée par le service social puisse la voir, ce qui l'a obligée à rentrer chez elle en traversant à pied et dans l'obscurité un quartier potentiellement dangereux.

- **Notification manquée.** Même si le MdAS a envoyé à temps (dans les sept jours ouvrables suivant l'entretien) la notification de son inscription par la poste, cette notification n'est pas arrivée à son destinataire, pour des raisons inconnues. Anaïs a dû faire deux déplacements supplémentaires vers le BSS pour s'enquérir de la situation, à la suite de quoi, l'agent du BSS a finalement demandé au MdAS d'envoyer une autre notification. Au total, 18 jours calendaires se sont écoulés entre la date de l'entretien et celle de la réception de la notification d'inscription.

- **Période d'attente de sept jours.** Conformément à la politique du MdAS, Anaïs a ensuite dû attendre sept jours, période d'attente requise de sept jours. Au cours de cette période, elle a dû se rendre pour la deuxième fois au BSE, patienter dans une première file d'attente pour qu'un agent l'aide à enregistrer son profil de demandeur d'emploi dans la banque d'emplois du DTE et patienter encore dans une autre file d'attente pour recevoir son journal de recherche d'emploi.

- **Longueur du délai entre dépôt de la demande et réception du paiement.** 53 jours calendaires se sont écoulés entre le jour où Anaïs a perdu son emploi et le jour où elle a déposé sa demande de prestation. Elle a dû se rendre en personne à la « caisse » du BSS pour y déposer sa demande. En réalité, le « caissier » n'effectue plus de paiements comme avant, mais ce guichet a conservé son nom de « caisse ». Les paiements sont maintenant envoyés par courrier postal, mais, en comptant le délai de traitement, les jours de WE et un jour férié, il s'est encore écoulé neuf jours avant qu'Anaïs ne reçoive enfin le paiement de ses prestations.

- **Aspects pénibles et positifs.** La cartographie du parcours retrace les ressentis d'Anaïs tout au long du processus. Elle s'est sentie désemparée après la perte de son emploi, frustrée par la bureaucratie, humiliée, découragée, inquiète, pleine d'espoir et finalement soulagée. Les nombreux déplacements imposés dans des bureaux différents, la collecte des multiples documents requis, la charge induite par les TCV, des notifications n'arrivant pas et des retards ont déjà été pénibles pour Anaïs, mais elle a dû faire face à d'autres tracas. Chaque fois qu'elle se rendait au BSS ou au BSE, elle devait faire de longues files d'attente, souvent sans pouvoir s'asseoir. Dans deux cas, elle a été dirigée par erreur vers la mauvaise file, puis humiliée par la personne du guichet pour son erreur. Dans un autre cas, un homme l'a bousculée et est passé devant elle. La personne employée par le service social a ignoré cet incident et a fait attendre Anaïs, même si c'était son tour. Lorsqu'elle a soumis son formulaire de demande, l'agent a précisé à haute voix et devant toutes les personnes des files d'attente qu'elle s'exposerait à des sanctions pénales en cas de fausse déclaration. De plus, elle s'inquiétait pour la situation financière de sa famille ainsi que pour sa sécurité lorsqu'elle marchait et traversait certains quartiers pour se rendre au BSS. En ce qui concerne les aspects positifs, Anaïs a apprécié l'amabilité de la personne employée par le service social qui a mené son entretien et qui l'a encouragée. Elle a ressenti un immense soulagement lorsque les prestations sont arrivées.

- *Temps écoulé et difficultés économiques.* 63 jours calendaires se sont écoulés entre le jour où Anaïs a perdu son emploi et le jour où elle a reçu son premier paiement. Entre-temps, elle a manqué deux chèques de paie et elle et sa famille, sans revenu suffisant, ont dû puiser pendant ce temps dans leurs économies. Ses enfants sont tombés malades pendant cette période, peut-être à cause de l'eau contaminée après la tempête tropicale, et Anaïs a dû faire face à des frais médicaux. Elle a demandé des subventions à l'assurance maladie, mais les démarches sont différentes (avec là aussi de nombreux documents à fournir, les mêmes que ceux requis par le MdAS) et la réponse n'est pas arrivée à temps pour l'aider à couvrir les frais médicaux de ses enfants qu'elle a dû payer. De plus, le temps supplémentaire qu'elle a passé à s'occuper d'eux et à les amener à la clinique a réduit d'autant celui consacré à sa recherche d'emploi. Pour joindre les deux bouts, Anaïs et sa famille ont également dû réduire leur consommation d'aliments nutritifs, « ajouter de l'eau à la soupe » et n'acheter des aliments protéinés que quelques jours par mois. Anaïs s'est elle-même sacrifiée pour s'assurer que ses enfants mangent assez. Enfin, la famille n'a pas pu effectuer les réparations nécessaires sur leur petite maison endommagée par la tempête.

Fait intéressant : bien qu'Anaïs ait dû relever de nombreux défis pour naviguer et arriver au bout du processus, le MdAS a de son côté atteint ses objectifs de performance pour chaque phase critique. Premièrement, la norme de qualité relative au délai entre le dépôt du dossier de demande et le premier entretien prévu a été respectée (10 jours ouvrables). Deuxièmement, la notification de l'inscription a été postée moins de 10 jours ouvrables après l'entrevue (norme de service respectée), même si elle n'est pas parvenue à Anaïs avant trois semaines. Troisièmement, le chèque de prestations a été envoyé par le bureau de poste moins de 10 jours ouvrables après le dépôt de la demande par Anaïs (norme de service respectée). D'autres aspects procéduraux qualitatifs communément considérés comme de bonnes pratiques ont également été respectés : le formulaire de demande incluait le consentement du bénéficiaire pour l'utilisation de ses données personnelles et l'agent d'accueil du BSS a clairement expliqué au moment où Anaïs a soumis sa demande que celle-ci ne donnait aucune garantie d'obtention des prestations (ce qui est important pour gérer les attentes). Une différence importante de ressenti entre le MdAS et ses clients est que les normes de qualité du MdAS sont mesurées en nombre de jours ouvrables fixé dans les processus alors qu'Anaïs, comme d'autres personnes dans le besoin, courait contre la montre pour joindre les deux bouts. En fait, ce qui comptait pour elle était le délai en jours calendaires effectifs, le point de départ émotionnel et économique étant le jour de la perte d'emploi réelle. Ainsi, malgré la note positive des performances du MdAS, le nombre total de jours calendaires entre le moment où Anaïs a perdu son emploi et le moment où elle a reçu le premier paiement a été de 63 jours (plus de 2 mois) et de 50 jours calendaires à compter de la date à laquelle elle a déposé son dossier d'inscription.

Dans le scénario 1, les systèmes du MdAS présentent pourtant de bonnes fonctionnalités. Un énorme avantage structurel grâce auquel Anaïs a pu déposer son dossier d'AcC sur demande. Le fait que Morlandia dispose même pour l'interface client, un réseau qui permet aux personnes concernées de demander des prestations et des services à la demande est une réalisation majeure, qui n'est pas toujours effective dans de nombreux pays. De plus, les investissements réalisés dans l'interopérabilité du MTIE et du MdAS ont réduit le nombre de documents requis, même si d'autres améliorations sont possibles (voir Tableau 2.3). Par exemple, Anaïs n'a pas eu à fournir de documents sur la pension d'invalidité de sa mère, ceux-ci étant directement récupérés par UNISO par l'interopérabilité avec l'ISS. Elle n'a pas non plus eu à fournir de document sur les dépenses consacrées aux services d'utilité publique (tels que factures d'électricité), car l'échange de données permet à UNISO d'extraire ces informations sur une base trimestrielle à partir d'une base de données de la Morlandia Electric Company. De plus, Anaïs a pu bénéficier de l'allocation universelle supplémentaire pour les enfants (UCA-PLUS) sans avoir à faire une demande séparée, une facilité permise par les précédents efforts d'harmonisation des systèmes de prestations du MdAS.

D'un point de vue financier, et bien que les prestations d'AcC et d'UCA-PLUS ne remplacent pas entièrement les revenus que gagnait Anaïs à son travail, ces prestations combinées à l'UCA de base et à la pension d'invalidité de sa mère permettent à la famille de subvenir à ses besoins pendant qu'Anaïs cherche un nouveau travail. Enfin, et bien que le délai de 50 jours calendaires séparant le moment de la demande et le moment du premier versement de la prestation soit trop long pour le client, ce n'est pas une exception parmi les programmes actuellement en vigueur dans le monde où la délivrance des prestations peut prendre beaucoup plus de temps. Il existe cependant de larges marges d'amélioration.

Scénario 2 : Le parcours de Naomi, quelques années plus tard

Quelques années après les événements du scénario 1, nous retrouvons Naomi, une technicienne et mère de deux enfants en bas âge. Naomi est la première de sa famille à avoir terminé ses études secondaires et obtenu un diplôme universitaire. Pour elle et ses deux enfants, Naomi loue une petite maison située à la périphérie de la ville. Lorsqu'elle le peut, Naomi envoie de l'argent à sa famille, qui vit dans une autre région du pays. Ces dernières années, Naomi travaille comme opératrice de saisie de données et, parfois, comme employée du service clientèle chargée de répondre aux questions des clients pour plusieurs entreprises multinationales offshore. Ses tâches sont ponctuelles et elle les reçoit par une entreprise technologique privée qui prélève une partie de son salaire. Récemment, avec les avancées dans le domaine de l'automatisation des processus robotiques, les emplois à faible technicité impliquant des tâches répétitives telles que la saisie de données ont été remplacés. De même, avec l'apparition du traitement automatique du langage naturel, les entreprises commencent à utiliser des assistants virtuels qui peuvent répondre aux questions des clients 24 heures sur 24 moyennant un coût inférieur à la moitié du salaire d'un employé de service clientèle. Le sous-traitant, pour lequel elle travaille, a pâti de l'automatisation rapide des emplois à faible technicité et l'a informée qu'elle devrait trouver un autre emploi. Naomi a travaillé sans relâche pour terminer ses études et était fière de pouvoir subvenir à ses besoins et à ceux de sa famille. En outre, ses horaires de travail étaient flexibles et lui permettaient de s'occuper de ses enfants après l'école. Après tant d'années de dur labeur, elle est naturellement anéantie par la perte de

son travail et se demande comment elle fera pour payer les factures, en particulier le loyer, car son bailleur ne tolère pas les retards de paiement. Elle entame ainsi le long périple pour solliciter des prestations de chômage depuis son téléphone portable. Découvrons ensemble la suite de ce périple.

Ces dernières années, Morlandia a continué à investir dans l'amélioration des plateformes de son système de prestation. Cet investissement a considérablement amélioré l'efficacité et l'efficience des programmes de protection sociale, ainsi que d'autres programmes. Voici quelques-uns des principaux changements enregistrés :

- *L'adoption de réformes rapides.* Après les exercices de cartographie du parcours, le MdAS a procédé à un examen complet des processus opérationnels et des systèmes d'information, à un examen institutionnel et fonctionnel, ainsi qu'à une évaluation de la charge de travail et des capacités des ressources humaines dans les BSS. Ces diagnostics ont permis d'établir une feuille de route pour les réformes, qui a abouti à certaines « solutions rapides » telles que (1) la suppression de la période d'attente de sept jours entre l'inscription et la demande de prestation, qui avait fait l'objet de vives critiques de la part de la presse et des partis de l'opposition et (2) la simplification de certains processus et l'élimination des étapes « sans valeur ajoutée ». Par exemple, la suppression de l'obligation pour les demandeurs sans emploi de s'inscrire auprès des bureaux des services pour l'emploi (BSE) et d'obtenir une déclaration de CSA. Les évaluations du diagnostic ont révélé que le manuel des opérations n'avait pas été mis à jour pour tenir compte de l'interopérabilité et que les BSS exigeaient la déclaration de chômeur non assuré des BSE uniquement parce qu'ils avaient toujours procédé ainsi. Le MdAS a rapidement publié un bulletin officiel à l'intention de tous les BSS, éliminant ainsi cet obstacle inutile. Il a également raccourci ses délais de traitement et commencé à comptabiliser les jours calendaires plutôt que les jours ouvrables dans ses processus.
- *Passage des paiements manuels aux paiements numériques.* Les paiements sont désormais gérés et traités par la National Trust Bank (NTB), la banque parapublique, qui gère également d'autres paiements G2P pour les assurances, les salaires des fonctionnaires, etc. Les paiements sont désormais

directement déposés sur les comptes bancaires des bénéficiaires. Le MIT, le MdAS et d'autres ministères étudient toujours la possibilité de travailler directement avec le système financier par le biais de paiements intégrés afin d'offrir aux personnes plus de commodité, de choix et d'options pour l'utilisation des comptes d'argent mobile. Toutefois, cette réforme n'interviendra pas avant un an ou deux.

- **_Amélioration continue des systèmes par le MIT et le MdAS._** Tout d'abord, le MIT a continué à déployer son projet d'interopérabilité afin d'intégrer d'autres organismes tels que l'administration fiscale, l'Agence nationale des terres et des propriétés, le pouvoir judiciaire et les ministères de la Santé, de l'Éducation et des Transports (bien que les problèmes de qualité des données au sein du ministère des Transports continuent d'entraver l'utilisation des informations sur la propriété des véhicules). Deuxièmement, le MdAS a poursuivi ses efforts pour améliorer ses systèmes internes, notamment en concluant des accords d'échange de données avec divers ministères afin de réduire le nombre de documents requis pour le Registre social UNISO, en simplifiant et en automatisant divers processus, et en lançant une nouvelle plateforme de services Web conviviale pour les bureaux de première ligne avec le soutien du MIT.

- **_Élargissement de l'utilisation d'UNISO comme plateforme intégrée pour la politique sociale._** Dans le cadre de la stratégie gouvernementale de politique sociale « Morlandia Cares », de nombreux organismes ont signé des accords de partage de données avec le MdAS. Les personnes peuvent demander, tant auprès du MdAS que d'autres organismes, toutes sortes de prestations et de services sous condition de ressources par le biais d'une application commune liée à UNISO. Par exemple, le MdS peut extraire des données directement d'UNISO pour déterminer l'éligibilité des personnes et calculer les niveaux de subvention pour l'assurance maladie, au lieu de collecter les demandes et les documents séparément. Le MdE utilise les données d'UNISO pour déterminer l'éligibilité à son programme JumpStart. La Morlandia Electric Company utilise les données d'UNISO pour calculer les tarifs énergétiques à caractère social. UNISO peut également envoyer des profils de base de clients au pouvoir judiciaire pour permettre aux personnes de bénéficier de services juridiques

gratuits et de dispenses de frais de justice. Cette utilisation d'UNISO au service de la politique sociale de l'ensemble du gouvernement améliore l'efficacité des employés et des gestionnaires de programme au sein de ces nombreux organismes.

- **_Lancement d'un guichet de service interactif en ligne pour les clients._** Les évaluations du diagnostic du MdAS ont révélé que les personnes effectuaient un nombre excessif de visites aux BSS et BSE. Ces visites étaient contraignantes pour les clients et surchargeaient le personnel de première ligne, qui devait effectuer des tâches bureaucratiques répétitives au lieu de fournir des services haut de gamme aux clients ayant des besoins complexes. Le ministère du Travail et de la Protection sociale (MTPS) avait commencé à développer un guichet de services en ligne, mais lorsque le MIT a lancé une plateforme de services à l'échelle du gouvernement, appelée « MyMorlandia.org », le MdAS a décidé de recourir à cette plateforme qui est désormais connectée à UNISO. Au départ, le guichet de service en ligne du MIT a connu de nombreux problèmes, notamment des interruptions pour maintenance du système, des menus déroulants de façon répétitive, des erreurs de programmation et une navigation peu claire. Les centres d'appels étaient submergés de clients qui devaient se déplacer pour soumettre des demandes et des documents imprimés en raison de l'incompatibilité avec le logiciel. De nombreux clients ont fait fi du guichet de service en ligne et ont continué à présenter leur demande en personne, faisant la queue comme ils l'avaient toujours fait. La presse et l'opposition se sont emparées de ces dysfonctionnements qui ont fait plusieurs fois les gros titres de la presse. Aussi, le MIT a fait appel à un nouveau prestataire pour MyMorlandia.org, en exigeant cette fois que les développeurs fassent participer au moins 100 utilisateurs à la conception, au développement et à l'essai du prototype, qu'ils utilisent des outils et des techniques de conception centrée sur l'humain et que le site Web puisse fonctionner sur plusieurs appareils, y compris avec une application mobile. Les coûts de la nouvelle application ont été beaucoup moins élevés que la première fois, car le contrat stipulait que les développeurs de l'application devaient utiliser des logiciels libres et des normes ouvertes pour de nombreux aspects de la conception. Avec le lancement de cette nouvelle application, une proportion grandissante de clients a adopté avec succès MyMorlandia.org[19].

- *Lancement de JobMatch.com.* Le DTE a également passé un contrat avec une entreprise privée spécialisée afin de s'associer à une plateforme nationale de recherche d'emploi appelée « JobMatch.com », qui invite activement les employeurs à publier leurs offres d'emploi et les travailleurs à mettre à jour leur profil en fonction des offres. JobMatch.com a rencontré un vif succès auprès de nombreuses professions, notamment des entreprises et des travailleurs des secteurs technologiques et touristiques en plein essor de Morlandia. JobMatch.com est accessible depuis MyMorlandia.org.

Processus de la chaîne de prestation de service avec amélioration continue des systèmes, des paiements numériques et des heures de service

Ces réformes ont permis de rationaliser les étapes de traitement des programmes du MdAS. La figure 2.9 présente les schémas de la chaîne de prestation des services et des prestations d'allocation chômage dans ce scénario.

- *Sensibilisation, accueil, enregistrement et évaluation des besoins et des conditions de vie.* Les personnes peuvent obtenir des informations et faire une demande en ligne ou en personne dans les kiosques des BSS. Les informations sont également diffusées dans les communautés et les zones de service public telles que les hôpitaux, les écoles et les centres communautaires. Les clients potentiels créent un compte MyMorlandia et saisissent leur CIM et leurs informations d'identification de base (étapes 1a/1b de la figure 2.9). UNISO extrait leurs informations de divers systèmes administratifs (étape 2). Le MdAS a établi des protocoles clairs pour la mise à jour des informations et la correction d'éventuelles erreurs, et le système génère ensuite une liste de documents et des informations nécessaires pour combler d'éventuelles lacunes. Le nombre de documents requis a été réduit à un maximum de neuf (voir tableau 2.3),

et les clients peuvent télécharger leurs documents sur leur compte par voie électronique. Le système est programmé pour envoyer automatiquement des mises à jour sur l'état d'avancement à la fois sur les comptes des clients et sur leurs appareils mobiles par SMS (étape 3). Il leur permet également de programmer leur entretien d'accueil à l'aide du système de calendrier en ligne. Les responsables de dossiers mènent les entretiens dans les sept jours calendaires suivant la réception de la demande du client (étape 4). Un questionnaire aide les responsables de dossiers à orienter l'entretien, afin qu'ils aient une compréhension plus complète des besoins et des conditions de vie de leurs clients. Le profil des clients est établi afin de déterminer s'ils sont proches du marché du travail et s'ils ont des besoins complexes. Leurs réponses peuvent automatiquement déclencher des évaluations multidimensionnelles complémentaires (étape 4b) et éventuellement des services de soutien individualisés. Dans le back-office, UNISO vérifie automatiquement les informations du client à travers des contrôles internes et externes (étape 5). Si les informations sont complètes, le profil complet du client est généré, y compris les mesures globales d'aide sociale (pour les évaluations des ressources) et l'évaluation du travailleur social (étape 5).

- *Détermination de l'éligibilité, des prestations et des services, inscription et intégration.* UNISO vérifie automatiquement l'éligibilité et calcule les niveaux de prestations pour l'AcC et les autres prestations (étape 6). Grâce aux réformes, UNISO signale désormais automatiquement l'éligibilité potentielle aux prestations et aux services d'autres organismes, comme l'assurance maladie subventionnée du MdS, les bons préscolaires JumpStart du MdE, les tarifs énergétiques à caractère social, etc[20]. Le ministère du Travail et de la Protection sociale (MTPS) autorise ensuite les décisions d'inscription aux prestations du MdAS (étape 7), et les demandeurs reçoivent une notification par SMS leur demandant de vérifier leur compte client en ligne dans MyMorlandia (étape 8). Si la demande a été approuvée, la notification en ligne comprend une explication des prestations et des instructions pour les prochaines étapes, ainsi que des recommandations d'orientation. Si la demande n'a pas été approuvée, la notification comprend les procédures d'appel et de réclamation. Les normes de

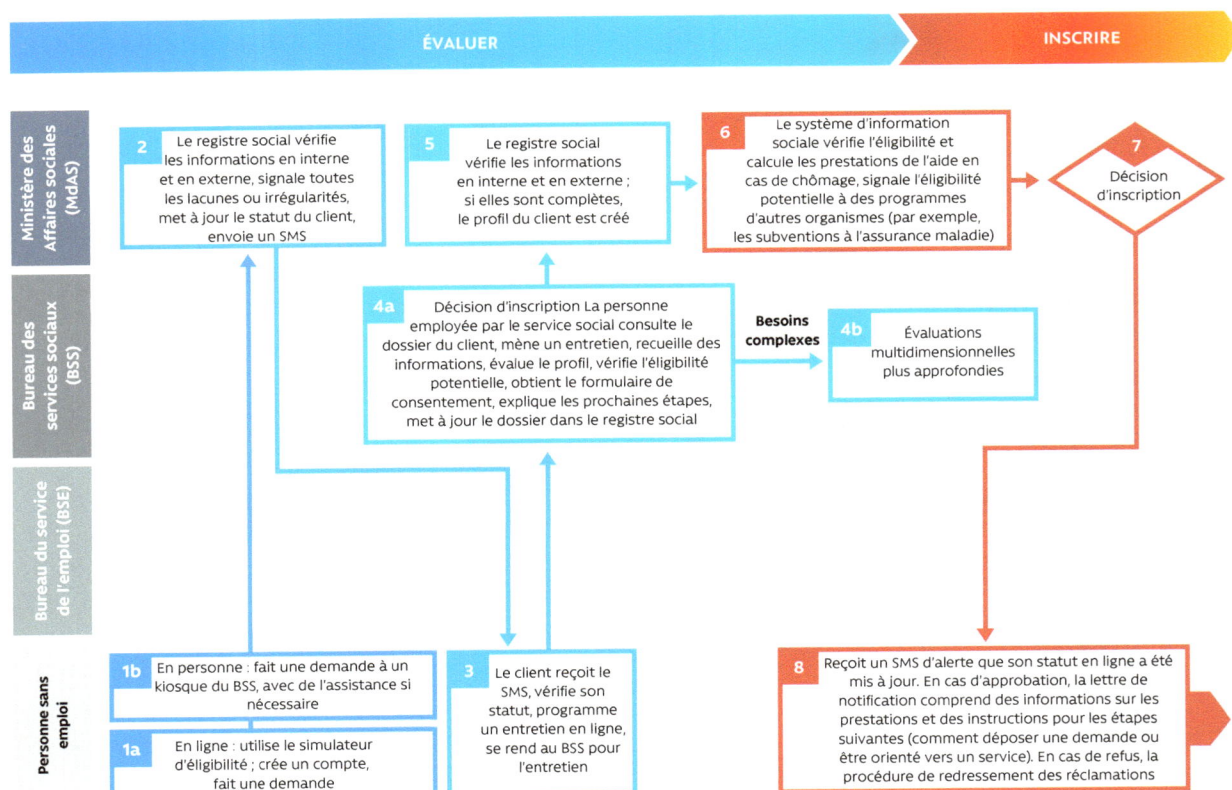

Figure 2.9 Schéma de la chaîne de prestation de services pour les prestations et les services d'aide en cas de chômage en Morlandia : Scénario 2

ÉVALUER · INSCRIRE

Ministère des Affaires sociales (MdAS)

2 — Le registre social vérifie les informations en interne et en externe, signale toutes les lacunes ou irrégularités, met à jour le statut du client, envoie un SMS

5 — Le registre social vérifie les informations en interne et en externe ; si elles sont complètes, le profil du client est créé

6 — Le système d'information sociale vérifie l'éligibilité et calcule les prestations de l'aide en cas de chômage, signale l'éligibilité potentielle à des programmes d'autres organismes (par exemple, les subventions à l'assurance maladie)

7 — Décision d'inscription

Bureau des services sociaux (BSS)

4a — Décision d'inscription La personne employée par le service social consulte le dossier du client, mène un entretien, recueille des informations, évalue le profil, vérifie l'éligibilité potentielle, obtient le formulaire de consentement, explique les prochaines étapes, met à jour le dossier dans le registre social

Besoins complexes

4b — Évaluations multidimensionnelles plus approfondies

Bureau du service de l'emploi (BSE)

Personne sans emploi

1b — En personne : fait une demande à un kiosque du BSS, avec de l'assistance si nécessaire

1a — En ligne : utilise le simulateur d'éligibilité ; crée un compte, fait une demande

3 — Le client reçoit le SMS, vérifie son statut, programme un entretien en ligne, se rend au BSS pour l'entretien

8 — Reçoit un SMS d'alerte que son statut en ligne a été mis à jour. En cas d'approbation, la lettre de notification comprend des informations sur les prestations et des instructions pour les étapes suivantes (comment déposer une demande ou être orienté vers un service). En cas de refus, la procédure de redressement des réclamations

suite

---

qualité stipulent que les décisions et les notifications d'inscription doivent être émises dans un délai de sept jours calendaires suivant l'entretien individuel avec le demandeur et dans un délai de 15 jours suivant la réception de la demande.

- **Fourniture de prestations.** Avec la suppression de la période d'attente de sept jours, les bénéficiaires peuvent immédiatement déposer des demandes en ligne auprès de la NTB (étape 9 de la figure 2.9). Le MdAS vérifie ensuite les informations puis autorise et traite les ordres de paiement (étape 10). La NTB traite ensuite les ordres de paiement et crédite les comptes bancaires des bénéficiaires (étape 11). Le MdAS a renforcé ses normes de qualité en matière de délai d'exécution (voir tableau 2.4), comme le reflète le contrat de performance avec la NTB.

- **Fourniture de services.** Les bénéficiaires dont le profil est « plus proche du marché du travail » sont invités à se rendre au BSE (étape 12) pour leurs visites au service (étape 13a). Ils peuvent créer leur profil sur JobMatch.com, seuls ou avec l'aide de conseillers à l'emploi du BSE. Les bénéficiaires doivent rendre compte de leurs activités de recherche d'emploi à chaque visite et participer à une série de séances vidéo de formation « Stratégies pour le succès » dans les BSE. Les conseillers fournissent également une aide à la recherche d'emploi et une orientation vers d'autres services, ainsi que des bons pour des programmes de formation spécialisés en fonction de leur profil. Les bénéficiaires dont le profil présente des besoins complexes s'adressent plutôt au BSS (ou à d'autres organismes de services spécialisés) pour obtenir une évaluation complémentaire des risques (étape 13 b) et un plan d'action individualisé (PAI) avec des services adaptés et des actions requises pour leur situation spécifique.

Figure 2.9 *(suite)*

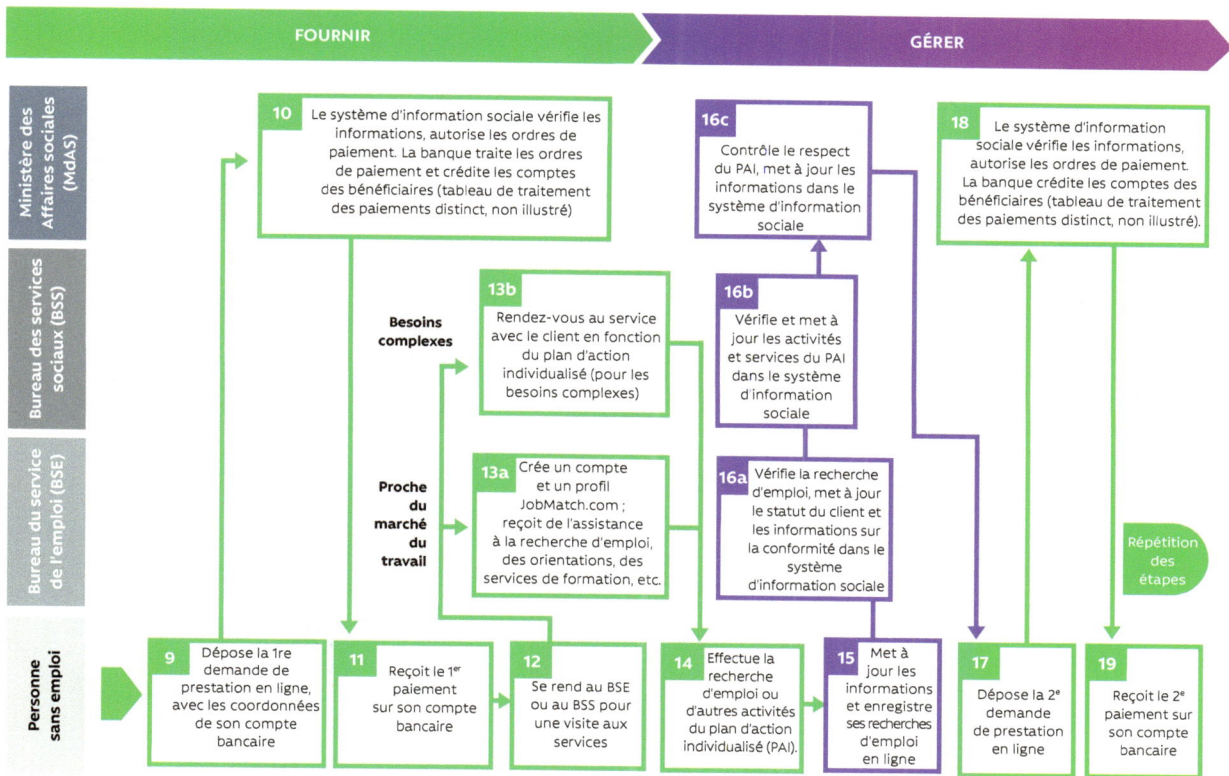

Source : Figure conçue pour cette publication, basée sur une compilation de cas observés.
Note : BSE = Bureau des services pour l'emploi ; PAI = Plan d'action individualisé ; NTB = National Trust Bank ; BSS = Bureau des services sociaux ; AcC = Aide en cas de chômage

- **Mise à jour des données et contrôle du respect des conditions.** Les clients doivent maintenir leurs informations à jour dans leur compte en ligne (étape 15), et il existe des protocoles pour mettre à jour les informations et les corriger. Ils consignent également leurs activités de recherche d'emploi (étape 14) depuis leur compte MyMorlandia, qui est également relié à leur profil JobMatch.com. Les conseillers à l'emploi du BSE et les travailleurs sociaux du BSS vérifient également le respect des exigences en matière de recherche d'emploi et/ou des PAI et consignent leurs notes dans UNISO (étapes 16a-c).

Le processus se poursuit avec les demandes consécutives, le suivi, les paiements, la fourniture de services, etc. Les bénéficiaires peuvent recevoir des prestations d'AcC pendant une période maximale de 12 mois, tant qu'ils continuent à remplir les conditions du programme. Une mesure incitative au retour à l'emploi permet aux bénéficiaires, s'ils trouvent un emploi au cours de ce délai de 12 mois, de continuer à percevoir des prestations décroissantes pendant une période de transition de trois mois supplémentaires (100 % le premier mois travaillé, 50 % le deuxième mois et 30 % le troisième mois). S'ils ne trouvent pas d'emploi, ils peuvent demander une prolongation de six mois, soit un maximum de 18 mois de prestations d'AcC au total (les clients qui obtiennent une prolongation reviennent à l'étape 3 de la figure 2.9), mais ils passent également à la catégorie des « besoins complexes » et doivent travailler avec les travailleurs sociaux du BSS pour un PAI.

Cartographie du parcours : L'expérience de Naomi dans sa quête de l'aide en cas de chômage après la perte de son emploi dans un monde du travail en mutation

Les réformes ont transformé les processus opération-nels du MdAS, mais comment cela s'est-il traduit pour les clients ? Le MdAS continue de recueillir des retours d'information, en suivant l'expérience des clients par le biais de groupes de discussion et de cartographie de parcours, y compris le cas de Naomi, qui a perdu ses emplois d'agent de saisie de données et d'agent de centre d'appels (voir la cartographie du parcours de Naomi à la figure 2.10). Le rapport de synthèse de l'expé-rience de Naomi comprenait les points suivants :

- **_La transition vers des processus numériques._** Elle a été en grande partie une réussite. Bien que Naomi ait perçu des allocations universelles pour enfant, elle ne les avait pas encore transférées sur un compte numérique. Elle a dû se renseigner sur le processus et créer un nouveau compte sur MyMorlandia.org. Le processus en ligne était facile, mais ses allocations

Figure 2.10   Parcours d'obtention des prestations et des services d'assistance chômage, Scénario 2 : l'expérience de Naomi

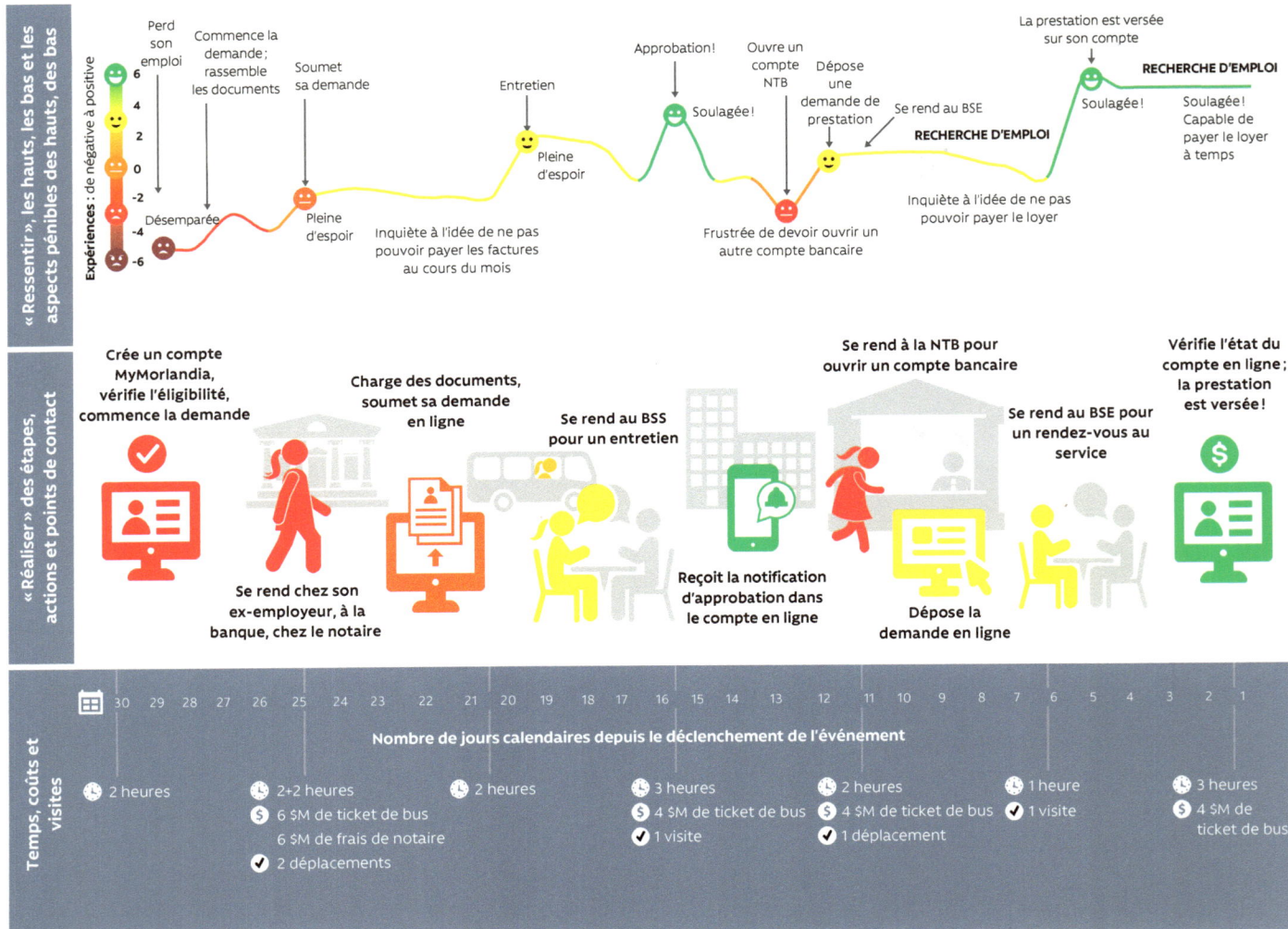

Source : Figure conçue pour cette publication, basée sur une compilation de cas observés.

universelles pour enfant n'apparaissaient pas immédiatement sur son compte, et elle a donc dû appeler le service d'assistance téléphonique. Elle a été mise en attente pendant environ 30 minutes, mais a fini par résoudre son problème. La fois suivante où elle s'est connectée, les allocations universelles pour enfant sont apparues avec ses informations. Naomi a également remarqué que certaines des informations personnelles affichées dans le système étaient incorrectes, et a donc dû suivre divers protocoles pour effectuer les corrections. Là encore, c'était facile, mais il a fallu du temps pour que le système reflète les changements, ce qui a incité Naomi à appeler à nouveau le service d'assistance téléphonique. Naomi a utilisé le bouton « Vérifier mon éligibilité »[21], qui lui a permis de simuler son éligibilité potentielle à divers avantages et services à partir d'un minimum d'informations. En quelques minutes, elle a appris qu'elle était potentiellement éligible non seulement aux prestations d'allocation chômage, mais aussi au complément UCA-PLUS, ainsi qu'à l'assurance maladie subventionnée et aux subventions à l'électricité. Quel soulagement ! Naomi a ensuite été invitée à faire une demande, mais elle a dû l'enregistrer comme brouillon pendant qu'elle rassemblait les documents requis. Après avoir téléchargé tous les documents, il lui a été facile de soumettre le dossier de candidature. Naomi a immédiatement reçu un SMS d'alerte confirmant le dépôt de son dossier, et son compte MyMorlandia.org est régulièrement mis à jour pour la tenir au courant de son statut et de la procédure.

- **Collecte de documents.** Malgré les efforts du MdAS et du MIT en faveur de l'interopérabilité, il restait encore quelques documents à apporter, notamment (1) la lettre de licenciement officielle de l'entreprise technologique expliquant son statut contractuel précédent et le motif de son licenciement, (2) les trois derniers mois de bulletins de salaire de son ancien employeur et (3) ses relevés bancaires et ses soldes actuels (pour des raisons de confidentialité, ces informations ne sont pas disponibles par l'échange de données). Après avoir rassemblé ces documents, Naomi a dû les apporter chez le notaire pour les faire authentifier.

- **La charge en TCV.** Au total, depuis le lancement de la procédure jusqu'à la date du premier versement, Naomi a dépensé 24 $M de sa poche (pour le transport et les frais de notaire) et 17 heures pour la procédure. Ce montant couvre une visite au BSS pour l'entretien, des déplacements pour rassembler des documents et un rendez-vous au service du BSE. Comme elle n'avait pas encore de compte à la NTB, elle a également dû se rendre à la banque pour ouvrir un compte et effectuer un dépôt minimum de 50 $M, comme indiqué ci-dessous.

- **Éligibilité à l'AcC, à l'UCA-PLUS et à divers autres avantages.** Naomi a été ravie d'apprendre qu'après son éligibilité à l'AcC et à l'UCA-PLUS en effectuant quelques actions supplémentaires sur MyMorlandia.org, elle pouvait également bénéficier d'une assurance maladie subventionnée et de tarifs énergétiques à caractère social sur sa facture d'électricité.

- **Demandes et paiements.** L'obligation d'ouvrir un compte bancaire auprès de la NTB, qui n'avait pas d'agence ou de GAB près de chez Naomi, a été une source de frustration et de désagrément pour elle. Naomi avait déjà un compte dans une banque commerciale et recevait ses versements des allocations universelles pour enfant par courrier. Cependant, elle devait maintenant s'adresser à une nouvelle banque pour recevoir un versement combiné de ses prestations d'aide en cas de chômage plus les allocations universelles pour enfant et le supplément UCAPLUS, ce qui obligeait Naomi à prendre plusieurs bus et à verser un dépôt minimum de 50 $M. Cette contrainte s'est traduite par un retard dans le dépôt de sa demande de prestations pendant qu'elle cherchait à obtenir des informations sur le compte.

- **Aspects pénibles et positifs.** À l'instar d'Anaïs, Naomi est passée par tous les états au cours du processus. À différents moments, elle s'est sentie désemparée, frustrée, inquiète, pleine d'espoir et soulagée. Tout au long de sa procédure, les principaux aspects pénibles ont été (1) la clarification de certains problèmes initiaux dans les informations de son compte MyMorlandia.org ; (2) la collecte des documents requis auprès de sa banque commerciale et de son ex-employeur (bien que le nombre de documents à chercher n'était pas aussi élevé que par le passé) et surtout (3) l'obligation d'ouvrir un autre compte auprès de la NTB. En outre, les attentes des services numériques sont toujours plus élevées, et par conséquent, les retards sont souvent des causes de frustration. Il y avait cependant de nombreux aspects positifs, notamment (1) d'avoir pu effectuer une grande partie du processus sur son appareil mobile, (2) d'avoir été reçu par un personnel des services sociaux aimable et attentif, (3) de pouvoir bénéficier de plusieurs prestations du MdAS et d'autres organismes et (4) en matière de services, d'avoir obtenu quelques pistes grâce à JobMatch.com, et des conseils de la part du conseiller professionnel et d'avoir pu s'inscrire à des cours de formation grâce aux bons de formation du BSE.

- **Temps écoulé.** Au total, il s'est écoulé 26 jours calendaires entre la date à laquelle Naomi a perdu son emploi et la date de son premier versement, dont 20 jours calendaires à compter de la date à

laquelle elle a soumis sa demande. Cela signifie que Naomi a pu recevoir sa prestation avant que le loyer du mois suivant ne soit dû, évitant ainsi à sa famille des difficultés importantes. Elle a quand même dû réduire ses dépenses, mais elle a pu tenir le mois grâce à ses prestations tout en cherchant un emploi.

Les réformes ont clairement amélioré le processus tant pour les gestionnaires de programme que pour les clients. En comparant les expériences d'Anaïs et de Naomi, nous constatons des améliorations significatives en termes de TCV, de temps écoulé et d'indicateurs de performance entre les deux cas (tableau 2.4). En fait, les deux scénarios ont donné de meilleurs résultats que de nombreux systèmes que nous avons vus dans le monde, et le délai d'exécution pour le cas de Naomi a été exceptionnellement rapide (même pour des systèmes matures).

Tableau 2.4 Comparaison des expériences d'Anaïs et de Naomi

Performance du point de vue du client		
	Anaïs (il y a plusieurs années)	**Naomi (quelques années plus tard)**
Principaux aspects pénibles	Les visites obligatoires plusieurs fois et à plusieurs organismes La collecte des documents Les notifications jamais arrivées par courrier Les demandes de subventions pour l'assurance maladie qui doivent être effectuées séparément et le manque d'information sur les autres prestations et les services dont elle pourrait bénéficier	Les attentes sont plus élevées avec les services numériques, de sorte que tout retard (même dû à des congés) peut être accueilli avec frustration. La collecte des documents L'obligation d'ouvrir un autre compte bancaire chez NTB avec un minimum de 50 $M, ce qui a également retardé le dépôt de la demande. Quelques problèmes initiaux avec son compte MyMorlandia.org
Aspects positifs	Les prestations ont été calculées avec précision La personne employée par le service social au BSS était sympathique Les périodes d'attente plus courtes que par le passé Moins de documents requis que par le passé en raison de l'interopérabilité interne du MdAS Son éligibilité à la prestation de l'AcC et au supplément UCAPLUS avec une seule demande	Une grande partie du processus effectuée depuis son domicile sur son appareil mobile La gentillesse des travailleurs sociaux Des périodes d'attente plus courtes que pour Anaïs Beaucoup moins de documents requis que pour Anaïs Son éligibilité à la prestation de l'AcC, au complément UCA-PLUS, à des subventions de l'assurance maladie et aux tarifs énergétiques à caractère social, ainsi qu'à une orientation vers des formations et des bons d'achat pour en bénéficier

suite

Tableau 2.4 *(suite)*

Performance du point de vue du client		
Temps écoulé	63 jours calendaires entre la perte d'emploi et le versement de la prestation	26 jours calendaires entre la perte d'emploi et le versement de la prestation
	53 jours calendaires entre la demande et le versement de la prestation	20 jours calendaires entre la demande et le versement de la prestation
Temps, coûts et visites	53 heures consacrées à la procédure	17 heures consacrées à la procédure
	34 $ de frais remboursables	24 $ de frais remboursables + dépôt minimum de 50 $ sur le compte NTB
	9 visites au BSS/BSE + 5 visites à d'autres organismes pour obtenir des documents	1 visite au BSS, puis 1 visite au service du BSE + 2 déplacements pour rassembler les documents + 1 déplacement pour ouvrir un compte bancaire
Normes de qualité des prestations officielles (modifiées avec les réformes)		
De la demande à l'entretien	≤ 10 jours ouvrables (respecté)	≤ 7 jours calendaires (respecté)
De l'entretien à la notification	≤ 10 jours ouvrables (respecté)	≤ 7 jours calendaires (respecté)
De la demande de prestation au versement	≤ 10 jours ouvrables (respecté)	≤ 8 jours calendaires (respecté)
De la demande au paiement	(il ne s'agit pas d'une norme de service, mais il a fallu 53 jours calendaires)	≤ 30 jours calendaires (respecté)

Source : Tableau conçu pour cette publication.

Remarque : BSE = Bureau des services pour l'emploi ; NTB = National Trust Bank ; BSS = Bureau des services sociaux ; AcC = allocation chômage ; UCA-PLUS = Allocation universelle pour enfant (plus supplément pour enfants vulnérables).

Le programme des systèmes n'est jamais achevé, et des défis subsistent. Dans le monde numérique, les gens se sont habitués à des réponses quasi instantanées, ce qui se traduit par des attentes plus élevées, y compris pour les services publics. Même avec des délais d'exécution relativement rapides, les retards peuvent être source de frustration. Cependant, les communications par SMS automatisées et les mises à jour de l'état des comptes ont permis de gérer les attentes en tenant les clients informés. Il s'agit d'une bonne pratique qui peut être transposée ailleurs. À l'avenir, le MdAS pourrait procéder à une réforme simple : proposer des services notariaux gratuits dans les BSS. Par ailleurs, le système MyMorlandia pourrait éviter toute exigence notariale en passant entièrement aux signatures et à la certification électroniques. Enfin, le principal aspect pénible pour Naomi a été de devoir ouvrir un autre compte bancaire (à la NTB) et effectuer un dépôt minimum juste pour déposer une demande et recevoir des prestations. Le MIT élabore actuellement des plans pour améliorer encore les paiements numériques en permettant aux clients de sélectionner les modalités de paiement avec une passerelle de paiement intégrée pour toutes les transactions G2P et les comptes mobiles — mais cette réforme n'aura pas lieu avant au moins un an ou deux. Le MIT doit également continuer à investir dans la protection des données ainsi que dans la protection de la confidentialité des informations des utilisateurs.

2.4 QUELQUES ÉLÉMENTS DE CONCLUSIONS : LES PRINCIPES FONDAMENTAUX

L'exemple hypothétique ci-dessus et les exemples présentés ailleurs dans ce *Manuel de référence* illustrent certains des principes fondamentaux des systèmes de mise en œuvre de protection sociale. Ces huit principes ne sont pas normatifs ; il s'agit plutôt de réflexions qui peuvent vous aider à construire votre façon d'appréhender les systèmes de versement de prestations et de fourniture de services.

1. Les systèmes de mise en œuvre évoluent dans le temps ; aussi, il est important de tenir compte de leurs situations de départ. En effet, cette évolution est non linéaire : les systèmes peuvent aller dans une direction, rencontrer des difficultés et faire l'objet de nouveaux investissements ou de corrections avant de poursuivre leur évolution. Parfois, ces investissements et corrections sont des améliorations marginales du système existant. D'autres fois, ces corrections se traduisent par un progrès décisif ou nécessitent une refonte des systèmes. Quelquefois, il s'avère nécessaire de renforcer des capacités là où il n'en existe plus (par exemple, dans des situations de FCV ou par suite de catastrophes). Même lorsque la mise en œuvre des systèmes est aisée, les politiques et programmes changent, de même le contexte et les circonstances, ou encore la technologie. Il existera toujours des possibilités d'amélioration. Les systèmes de mise en œuvre doivent toujours évoluer afin de se maintenir.

2. Lorsqu'il s'agit de concevoir des systèmes de mise en œuvre et les programmes qu'ils appuient, un des principes essentiels devrait être de « faire simple ». Il faudrait s'employer à « faire simple et bien » avant d'ajouter des éléments complexes à des programmes ou systèmes. Ceci est particulièrement vrai lorsqu'il s'agit de concevoir ou de réformer les programmes : veiller à ce que les fonctions de base soient correctement exécutées avant d'ajouter des éléments complexes qui pourraient compliquer la mise en œuvre et compromettre les efforts globaux déployés. À titre d'illustration, un programme de transfert monétaire devrait permettre d'inscrire des individus, de les enregistrer et de leur payer les prestations, avant qu'on

y ajoute un trop grand nombre d'autres éléments. De la même façon, les processus de mise en œuvre devraient être aussi simplifiés que possible, avec des efforts délibérés pour réduire ou empêcher des « étapes sans valeur ajoutée », des formalités administratives excessives ou encore une navigation confuse. L'élaboration de diagrammes de la chaîne de mise en œuvre permet de déterminer les étapes de la mise en œuvre pour chacun des acteurs, de préciser le séquençage et les transferts, et de garantir l'unicité des rôles.

3. La qualité de la mise en œuvre est essentielle ; aussi, les failles observées dans un quelconque élément clé affecteront le système tout entier. Une mise en œuvre de mauvaise qualité peut générer des inconvénients tels qu'un impact global plus faible, des erreurs d'inclusion et d'exclusion, un gaspillage de ressources et un nombre plus élevé de réclamations. Les systèmes de mise en œuvre sont aussi bons que ne l'est leur maillon le plus faible. En effet, ils impliquent l'interaction simultanée de nombreux éléments mobiles.

4. Le « premier kilomètre » — l'interface client — est crucial ; malheureusement, il s'agit généralement du maillon le plus faible de la chaîne de mise en œuvre. En principe, les personnes peuvent solliciter des prestations et des services de protection sociale chaque fois qu'elles en ont besoin. Toutefois, une telle inclusion dynamique nécessite un réseau étendu et permanent de l'interface client, lequel fait souvent défaut dans les pays en développement. Même avec une interface client permanente, les lourdeurs administratives peuvent rendre l'utilisation du système difficile. Dans certains cas, les améliorations des systèmes en aval peuvent rendre difficile leur utilisation par le client en amont. Ou alors, pendant que ces améliorations sont particulièrement bénéfiques pour le client ordinaire, elles ne tiennent pas compte de sous-groupes spécifiques (tels que les personnes des zones reculées). Lorsque l'interface client présente des lacunes, les personnes vont rencontrer des difficultés, des inefficacités seront relevées dans le système, et même le programme le mieux conçu techniquement ne pourra pas atteindre ses objectifs.

En outre, ces faiblesses ou lacunes dans les procédures d'entrée dans le système sont très visibles et peuvent être attaquées par les médias et les partis politiques.

5. Les systèmes de mise en œuvre de protection sociale ne fonctionnent pas de manière isolée et leur élaboration ne doit pas se faire en vase clos. Au contraire, ils font partie d'un système gouvernemental beaucoup plus vaste et devraient être conçus dans cette optique. Cette vision élargie peut être particulièrement utile pour créer des systèmes d'information efficients avec des liens d'interopérabilité vers d'autres systèmes, des normes de confidentialité et de protection des données personnelles, ainsi que des systèmes de paiement qui tirent parti des systèmes de paiement G2P et d'un système financier national. Elle peut par ailleurs favoriser des mécanismes institutionnels efficients qui s'inspirent des capacités existantes aux niveaux central et local, au lieu de créer des systèmes parallèles.

6. Les systèmes de mise en œuvre de protection sociale peuvent contribuer plus largement à la capacité du gouvernement à intervenir dans d'autres secteurs. Les registres sociaux, par exemple, peuvent aider les individus à bénéficier de prestations et de services en dehors de la protection sociale (tels que les subventions à l'assurance maladie, les bourses d'études, les tarifs énergétiques à caractère social et les services juridiques). De même, une orientation par le personnel des services sociaux peut relier les individus à un large éventail de prestations et de services. Dans la mesure où les prestations de protection sociale représentent souvent la première forme de transfert de fonds du gouvernement aux ménages pauvres, elles peuvent aussi favoriser le développement de plus vastes passerelles de paiement G2P et l'inclusion financière de ces ménages.

7. Il n'existe pas de schéma unique pour les systèmes de mise en œuvre, mais il existe des points communs. Quoique les contextes, programmes, individus, institutions et modèles de fonctionnement des systèmes de mise en œuvre soient variés, ils présentent de nombreuses similitudes. Ces points communs sont le noyau du cadre de systèmes de mise en œuvre, notamment les phases communes d'exécution de la chaîne de mise en œuvre. Le cadre décrit

dans ce *Manuel de référence* n'a pas un but prescriptif, mais il vise à fournir une méthode utile et pratique pour appréhender la façon dont les programmes de protection sociale sont mis en œuvre.

8. L'inclusion et la coordination sont des défis omniprésents et persistants, et contribuent à la réalisation des objectifs d'efficacité et d'efficience. Les systèmes de mise en œuvre efficaces sont par essence inclusifs, car ils atteignent non seulement les populations ciblées, mais aussi les populations vulnérables, ainsi que les clients qui rencontrent des problèmes spécifiques d'accès. Les systèmes de mise en œuvre efficients fonctionnent nécessairement dans des contextes de coordination élevée, car ils utilisent les synergies à l'intérieur des programmes ou entre les programmes pour réduire au minimum les coûts pour les administrateurs, et favorisent l'intégration entre les programmes pour réduire au minimum les coûts pour les clients.

Notes

1. Nous différencions les différents niveaux de mise en œuvre : (1) « Étape » désigne les niveaux plus élevés de « évaluer », « inscrire », « fournir » et « gérer », (2) au sein de ces étapes, il existe différentes phases de mise en œuvre (Information et sensibilisation, accueil et enregistrement, évaluation des besoins et conditions de vie, décisions d'éligibilité et d'inscription, détermination prestations et des services, notification d'inscription et processus d'intégration, fourniture des prestations et/ou des services, vérification du respect des obligations, mise à jour des données et gestion des réclamations, décisions de sortie, notifications et gestion des réclamations), (3) au sein de chaque phase de mise en œuvre, il peut exister des niveaux plus détaillés, comme des processus, étapes, etc.

2. Les dispositifs institutionnels comprennent les structures organisationnelles formelles (acteurs), les règles et les normes informelles.

3. Nous ne discutons ici que des programmes/services non contributifs. Voir Matsuda (2017) pour quelques illustrations sur ces différences.

4. Il existe bien sûr des exceptions, avec divers exemples de pays ou d'administrations infranationales qui financent (ou cofinancent) des programmes de protection sociale, en particulier dans les grands pays et/ou les États fédéraux comme le Canada, l'Inde, la Fédération de Russie et les États-Unis.

5. Dans toutes les situations susmentionnées, il ne suffit pas de comprendre les responsabilités formelles (*de jure*) de l'organe décisionnel. Ce sont ses capacités réelles (*de facto*), son niveau d'aptitude technique et son influence financière et politique qui font la différence dans la pratique.

6. Dans les pays fortement décentralisés, les administrations infranationales assument souvent certaines responsabilités résiduelles en matière de protection sociale. Cependant, il est rare que la protection sociale relève principalement de la responsabilité des administrations infranationales.

7. C'est-à-dire les structures organisationnelles formelles, les règles et les normes informelles.

8. Afin d'aligner plus étroitement les incitations et de renforcer la redevabilité, certains pays ont tenté de transférer au niveau local la responsabilité de la mise en œuvre des programmes ainsi que de leur financement. Cependant, les résultats sur ce dernier point ont été au mieux mitigés, en particulier dans les pays de l'Europe et de l'Asie centrale. Voir Bassett, Giannozzi, Pop, et Ringold (2012) et Grosh et coll. (2008).

9. Pour une analyse complète de ce point dans le contexte du Pakistan, voir Matsuda (2017).

10. Voir le glossaire pour en savoir plus sur les différences entre l'intégration et l'interopérabilité, qui sont souvent confondues.

11. Certains soi-disant « registres sociaux » sont de simples bases de données. Ils ne remplissent pas les fonctions des registres sociaux, comme l'inclusion et les systèmes d'information.

12. En 2005, la République de Corée a développé un centre de données intégré pour l'ensemble du gouvernement avec plus de 20 000 composants matériels et a réduit ses coûts de centre de données de 30 %.

13. Une partie de l'administration américaine utilise les services AWS (Amazon Web Services) basés sur le cloud.

14. Les programmes de travaux publics constituent une exception : ils ont tendance à adopter des approches impulsées par les administrateurs, mais sont destinés aux personnes sans emploi ou sous-employées.

15. Les paramètres de conception peuvent différer entre l'approche à la demande et l'approche impulsées par les administrateurs. Certains types de paramètres de conception sont compatibles avec l'approche par cohorte, mais pas avec l'approche à la demande. L'exemple le plus évident est l'utilisation de classements relatifs et de seuils d'éligibilité. Dans l'approche à la demande, les clients font leur demande et entrent dans le système à des moments différents, de sorte que le système des classements

relatifs ne peut être utilisé. Une autre différence de conception entre les deux approches est le calibrage du séquençage des mesures d'accompagnement ou des interventions d'inclusion économique productive pour un groupe de bénéficiaires. En effet, ce calibrage suppose qu'une cohorte de bénéficiaires passerait par les étapes de l'intervention ensemble et selon un calendrier commun. Ainsi, si les gestionnaires de programmes veulent passer d'une inscription de masse à une approche à la demande pour promouvoir l'inclusion dynamique, il se peut que des paramètres de conception doivent également changer, comme les critères d'éligibilité et le séquençage des interventions.

16. Les programmes qui adoptent une approche par cohorte gérée par l'administration n'utilisent pas tous des classements et des seuils relatifs pour déterminer l'éligibilité. Certains utilisent des seuils absolus appliqués aux mesures sociales pour chaque ménage de la cohorte.

17. Même si les prestations constituent le sujet principal de cette discussion, ces limites peuvent être tout aussi frustrantes dans le cas des services, par exemple lorsqu'un programme destiné aux enfants souffrant de troubles du développement ne dispose pas de suffisamment de créneaux horaires pour répondre à la demande, en raison de capacités et de financements limités.

18. Voir encadré 2.3 pour une discussion sur l'indicateur TCV

19. Les clients ne disposant ni d'un accès numérique ni de connaissances en la matière peuvent toujours déposer leur demande en personne dans les BSS, où des employés les aident à effectuer la procédure sur des kiosques numériques en libre-service dans le hall. À ce jour, un peu moins de 60 % des clients du MdAS ont opté pour les demandes numériques à partir de leurs propres appareils, et ce pourcentage continue de croître.

20. Bien qu'UNISO puisse présélectionner des personnes en vue d'une éligibilité potentielle à ces autres programmes, le mandat institutionnel et la compétence pour les décisions réelles d'éligibilité, d'inscription et de prestations incombent aux autres organismes (comme le MdS pour les subventions à l'assurance maladie). Lorsqu'une personne est préqualifiée par le biais de l'application commune du MdAS, UNISO envoie un indicateur au MdS, qui informe ensuite les clients de leur statut d'éligibilité depuis leur compte MyMorlandia.org.

21. Ces types de simulateurs « vérifier mon éligibilité » sont très utiles et peuvent être utilisés dans les fenêtres de service en ligne, même si le programme/pays ne dispose pas encore de demandes

en ligne complètes. Ils permettent d'éviter de saturer les systèmes à la demande avec des candidats inéligibles, la création inutile de comptes, et/ou des rendez-vous d'entretien inutiles dans les bureaux. Ces mesures peuvent permettre de réaliser des économies sur le temps, les coûts et les visites (TCV) pour les personnes qui auraient peu de chances de pouvoir bénéficier des prestations et des services et pour le personnel de première ligne. Lorsqu'ils sont utilisés, les simulateurs doivent clairement indiquer qu'ils ne garantissent pas l'éligibilité, mais ne sont qu'une indication d'une éligibilité potentielle.

Bibliographie

Alderman, Harold, Ugo Gentilini, and Ruslan Yemtsov, eds. 2018. The 1.5 Billion People Question: Food, Vouchers, or Cash Transfers? Washington, DC: World Bank.

Auer, Peter, Ümit Efendioglu, and Janine Leschke. 2008. Active Labour Market Policies around the World: Coping with the Consequences of Globalization. 2nd ed. Geneva: International Labour Office.

Barca, Valentina, and Richard Chirchir. 2019. "Building an Integrated and Digital Social Protection Information System." Deutsche Gesellschaft für Internationale Zusammenarbeit (GIZ) GmbH, Bonn, Germany. https://www.giz.de/de/downloads/giz2019-en-integrated-digital-social-protection-information-system.pdf.

Bassett, Lucy, Sara Giannozzi, Lucian Pop, and Dena Ringold. 2012. "Rules, Roles, and Controls: Governance in Social Protection with an Application to Social Assistance." Social Protection and Labor Discussion Paper no. SP1206, World Bank, Washington, DC. http://documents.worldbank.org/curated/en/301371468151778608/Rules-roles-and-controls-governance-in-social-protection-with-an-application-to-social-assistance.

Cavoukian, Ann. 2011. "Privacy by Design: The 7 Foundational Principles—Implementation and Mapping of Fair Information Practices." Information and Privacy Commissioner of Ontario, Canada. https://iab.org/wp-content/IAB-uploads/2011/03/fred_carter.pdf.

Grosh, Margaret, Carlo del Ninno, Emil Tesliuc, and Azedine Ouerghi. 2008. For Protection and Promotion: The Design and Implementation of Effective Safety Nets. Washington, DC: World Bank.

Hammer, Michael, and James Champy. 2003. Reengineering the Corporation: A Manifesto for Business Revolution. New York: Harper Business Essentials.

IDEO.org. 2015. The Field Guide to Human-Centered Design. IDEO.org, San Francisco.

Karippacheril, Tina George. 2018. "The First Mile in Delivering Social Protection and Jobs (SPJ): Human-Centered Design." Presentation at the World Bank's Social Safety Nets and Delivery Systems Core Course, Washington, DC.

Karippacheril, Tina George, and Kathy Lindert. 2016. "Delivery Chain Process Mapping and End-to-End Implementation Planning for Social Safety Net Programs." Social Protection and Labor Delivery Systems Global Solutions Group. Presentation at the World Bank's Social Safety Nets and Delivery Systems Core Course, Washington, DC.

Karippacheril, Tina George, and Kathy Lindert. 2017. "Delivery Chain Process Mapping and End-to-End Implementation Planning for Social Safety Net Programs." Social Protection and Labor Delivery Systems Global Solutions Group. Presentation at the World Bank's Social Safety Nets and Delivery Systems Core Course, Washington, DC.

Karippacheril, Tina George, and Kathy Lindert. 2018. "Delivery Chain Process Mapping and End-to- End Implementation Planning for Social Safety Net Programs." Social Protection and Jobs Delivery Systems Global Solutions Group. Presentation at the World Bank's Social Safety Nets and Delivery Systems Core Course, Washington, DC.

Karippacheril, Tina George, Kenichi Nishikawa Chávez, and Inés Rodríguez Caillava. 2019. "Delivery Chain Process Mapping for Social Programs." Presentation at SPJ Learning Days, Human Development Week, Washington, DC. Karippacheril, Tina George, and Inés Rodríguez Caillava. 2019. "Institutions and Coordination: Delivery Chain Process Mapping for Social Programs." Presentation at the World Bank's Social Safety Nets and Delivery Systems Core Course, Washington, DC.

Leite, Phillippe, Tina George, Changqing Sun, Theresa Jones, and Kathy Lindert. 2017. "Social Registries for Social Assistance and Beyond: A Guidance Note and Assessment Tool." Social Protection and Labor Discussion Paper 1704, World Bank, Washington, DC. http://documents.worldbank.org/curated/en/698441502095248081/Social-registries-for-social-assistance-and-beyond-a-guidance-note-and-assessment-tool.

Lindert, Kathy, and Tina George Karippacheril. 2017. "A Framework for Social Safety Net Delivery Systems." Social Protection and Labor Delivery Systems Global Solutions Group. Presentation at the World Bank's Social Safety Nets and Delivery Systems Core Course, Washington, DC. Lindert, Kathy, and Tina George Karippacheril. 2018. "Social Protection Delivery Systems and the Dual Challenges of Inclusion and Coordination." Presentation at the World Bank's

Social Safety Nets and Delivery Systems Core Course, Washington, DC.

Matsuda, Yasuhiko. 2017. Organizing Social Protection in Federal States: International Examples of Federalism and Social Protection and Implications for Pakistan. Washington, DC: World Bank. http://documents.worldbank.org/curated/en/525311532077545572/Organizing-social-protection-in-federal-states-international-examples-of-federalism-and-social-protection-and-implications-for-Pakistan.

Rummler, Geary A., and Alan P. Brache. 1990. Improving Performance: How to Manage the White Space on the Organization Chart. 2nd ed. Jossey-Bass Management Series. San Francisco: Jossey-Bass.

Sluchynsky, Oleksiy. 2019. "Social Insurance Administrative Diagnostic (SIAD): Guidance Note." World Bank, Washington, DC; International Social Security Association, Geneva, Switzerland.

Solomon, Jake. 2017. "Human Centered Design in Social Programs: Direct Experience from the US." Presentation at the World Bank, Washington, DC.

Subbarao, Kalanidhi, Carlo del Ninno, Colin Andrews, and Claudia Rodríguez-Alas. 2013. Public Works as a Safety Net: Design, Evidence, and Implementation. Directions in Development Series. Washington, DC: World Bank.

US Digital Services. 2014. "Digital Services Playbook." https://playbook.cio.gov/.

World Bank and ILO (International Labour Organization). 2016. "A Shared Mission for Universal Social Protection: Concept Note." World Bank, Washington, DC; ILO, Geneva, Switzerland.

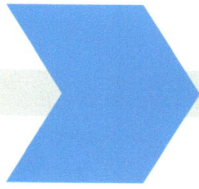

Chapitre 3

Information et sensibilisation

Surat Nsour, Vasumathi Anandan, Kathy Lindert et
Tina George Karippacheril

Comment le public prend-il connaissance des programmes de protection sociale ? Comment découvre-t-il les objectifs et les règles, ainsi que les processus de mise en œuvre des programmes tels que l'accueil et l'enregistrement ? Comment les gestionnaires de programmes s'assurent-ils que les populations visées et les groupes vulnérables soient atteints ? Voilà en quoi consistent les tâches de la phase d'information et de sensibilisation des systèmes de mise en œuvre de programmes de protection sociale.

L'information et la sensibilisation passent par des interactions dont le but est d'informer le public sur les programmes de protection sociale et les processus de mise en œuvre et d'apporter des adaptations pour les encourager à y participer[1]. Elles cherchent à atteindre les populations visées, lesquelles peuvent inclure : (1) les enfants, les jeunes, les personnes âgées ou d'autres groupes démographiques, (2) les pauvres ou d'autres groupes définis en fonction de leur statut socioéconomique, (3) les chômeurs ou d'autres demandeurs d'emploi, (4) les personnes en situation de handicap et (5) les personnes et les familles vulnérables exposées à des risques sociaux. La sensibilisation active doit également prévoir des adaptations pour garantir que les groupes vulnérables soient contactés et informés, par exemple des personnes présentant des différences culturelles ou linguistiques, des personnes en situation de handicap ou encore d'autres personnes ayant des difficultés d'accès. Certaines adaptations peuvent aussi être nécessaires pour atteindre les populations marginalisées telles que les sans-abris, les jeunes lesbiennes, gays, bisexuels ou transgenres (LGBT) ou des personnes vivant dans des régions éloignées ou dans des situations de fragilité, de conflits ou de violence (FCV). Outre la population visée, les efforts d'information et de sensibilisation doivent mobiliser d'autres acteurs potentiels susceptibles d'influer, directement ou indirectement, sur les personnes difficiles à atteindre. Au-delà de la population ciblée, le programme doit s'adresser à d'autres personnes, notamment :

- Au niveau des ménages, les membres clés qui influencent les comportements et augmentent le niveau de motivation et de participation. À Djibouti, par exemple, les actions d'information et de sensibilisation mettent l'accent sur la participation des grands-mères pour promouvoir la nutrition infantile, la santé et la participation des femmes.
- Au niveau de la communauté, les professionnels et les prestataires de services pertinents qui facilitent les orientations ainsi que le personnel d'autres programmes susceptibles de pouvoir donner des informations sur le programme, tel que les leaders communautaires, les enseignants, les médecins et d'autres personnes capables d'agir sur les changements par des interactions avec les parents et les soignants, ainsi que par des interactions personnelles avec les populations d'enfants et de jeunes difficiles à atteindre
- Au niveau des intermédiaires, ou des personnes en mesure d'entraîner des changements dans la communauté, qui réalisent ensuite des activités d'information et de sensibilisation auprès de la population visée, comme les travailleurs sociaux et les membres de la société civile
- Aux niveaux local et national, d'autres parties prenantes clés, notamment les médias, les responsables politiques, les bailleurs de fonds et les organes ou dirigeants locaux qui sont en mesure d'influencer l'atmosphère et les attitudes, en générant des connaissances pertinentes à propos de la population visée et des programmes et services disponibles.

Première phase de la chaîne de mise en œuvre (figure 3.1), la sensibilisation est essentielle pour déterminer l'efficacité des systèmes de mise en œuvre de tout programme de protection sociale. Bien que les communications et la sensibilisation soient nécessaires tout au long de la chaîne de mise en œuvre, cette section se concentre sur la sensibilisation initiale, qui a pour but d'informer la population visée de l'existence des programmes et de leur contenu et pour qu'une fois informée cette population cible se sente capable et suffisamment motivée pour s'engager. Les principaux éléments nécessaires à la sensibilisation comprennent des informations sur les programmes, leurs processus de mise en œuvre, leurs messages clés, ainsi que leurs outils de communication et de recherche active. Les principaux résultats obtenus de cette phase sont que la population visée soit informée, comprenne quelles sont les interventions et soit disposée à s'engager, à s'enregistrer et à fournir les informations requises. Ces résultats sont ensuite incorporés dans la phase suivante de la chaîne de mise en œuvre : l'accueil et l'enregistrement (voir chapitre 4).

Ce chapitre est organisé comme suit :

- Les sections 3.1 et 3.2 définissent le concept et les éléments de base de la sensibilisation et abordent ses défis
- Les sections 3.3 et 3.4 donnent un aperçu des stratégies, modalités et instruments de sensibilisation, y compris leur adaptation à des groupes et contextes spécifiques.
- La section 3.5 met en évidence certains aspects institutionnels.
- La section 3.6 présente une synthèse et une conclusion

Ce chapitre présente divers exemples de pays de chaque région :

- **Afrique :** Bénin, Kenya, Rwanda

<table>
<tr><td style="background-color:#4a90d9; color:white;">Figure 3.1</td><td>Phase d'information et de sensibilisation de la chaîne de mise en œuvre de la protection sociale</td></tr>
</table>

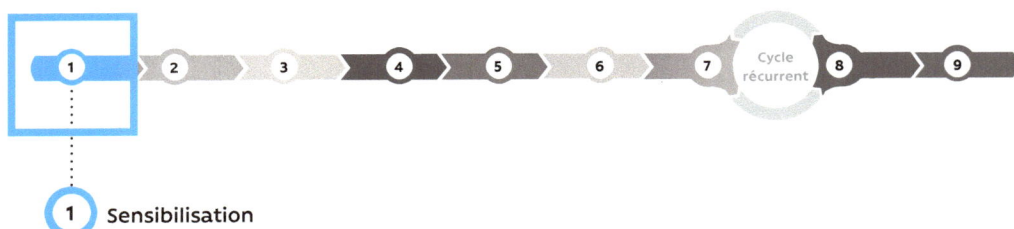

1 Sensibilisation

Source : Figure originale pour cette publication

- **Asie de l'Est et Pacifique :** Philippines
- **Europe et Asie centrale :** Bulgarie, Danemark, Estonie, Finlande, Allemagne, Portugal, Roumanie, République slovaque, Slovénie, Suède, Royaume-Uni
- **Amérique latine et Caraïbes :** Brésil
- **Moyen-Orient et Afrique du Nord :** Irak, République du Yémen
- **Asie du Sud :** Pakistan
- **Autres pays de l'Organisation de coopération et de développement économiques (OCDE) :** États-Unis

3.1   CONCEPTS ET ÉLÉMENTS FONDAMENTAUX

Bien que la plupart des praticiens de la protection sociale s'accordent à dire que la sensibilisation est vitale, il n'en existe aucune définition unique. Nous avons donc combiné de nombreux éléments que l'on retrouve dans la littérature et dans la pratique pour proposer la définition suivante de la sensibilisation dans les systèmes de mise en œuvre de protection sociale : l'ensemble des efforts entrepris de façon délibérée pour atteindre et informer les populations visées et les groupes vulnérables sur les programmes de protection sociale et les systèmes de mise en œuvre de manière à ce qu'ils les comprennent, afin qu'ils soient suffisamment conscients, informés, capables et motivés pour s'engager. Cette définition comporte plusieurs éléments : (1) objectif : informer les personnes sur les programmes de protection sociale et les systèmes de mise en œuvre, (2) personnes : l'accent est mis sur la population visée, en veillant notamment à ce que les groupes défavorisés ou vulnérables soient atteints et (3) approche proactive : des efforts délibérés et adaptés sont déployés pour garantir que la population visée soit atteinte et pour favoriser la compréhension, la sensibilisation et la capacité à s'engager.

L'objectif de la sensibilisation est d'informer les personnes sur les programmes de protection sociale et les systèmes de mise en œuvre afin qu'elles les comprennent, qu'elles soient capables de s'engager et qu'elles soient encouragées à le faire. Cela signifie qu'il faut d'abord s'assurer que ces personnes comprennent les différents aspects du ou des programmes de protection sociale : leurs objectifs, la population visée, les règles du programme, ses critères d'éligibilité, sa portée et son contenu. Il faut ensuite faciliter leur compréhension des systèmes de mise en œuvre : les processus, les acteurs institutionnels, les points de contact et la manière de les contacter, le moment et le lieu de l'enregistrement, les droits et les responsabilités des personnes enregistrées

et des bénéficiaires éventuels, les canaux pour le dépôt de réclamations, plaintes ou des recours, etc. Enfin, il faut faciliter la compréhension, la sensibilisation et l'accès à des composantes spécifiques des systèmes de mise en œuvre, comme les registres sociaux, ou à d'autres systèmes connexes, comme les systèmes de paiement, l'inscription à l'état civil et les systèmes d'identification de base.

La sensibilisation active est essentielle pour promouvoir l'inclusion potentielle de groupes « difficiles à atteindre » et marginalisés afin de déterminer leur éligibilité aux programmes sociaux. Pour que le registre social soit effectivement inclusif, il est important qu'il couvre autant de bénéficiaires potentiels de programmes sociaux (ou d'autres « programmes d'utilisateurs ») que possible. Il importe de mener des actions d'information et de sensibilisation soutenues pour garantir un accueil et un enregistrement dynamiques et à la demande. Les populations vulnérables peuvent ne pas connaître les avantages des programmes sociaux auxquels elles pourraient avoir droit.

Les données montrent qu'en l'absence d'une stratégie d'information et de sensibilisation bien pensée, les programmes de protection sociale risquent d'être entachés d'erreurs d'exclusion, soit à cause d'un manque d'information ou parce qu'ils ne réussissent pas à convaincre de leurs capacités à réellement produire des avantages immédiats ou à long terme, en particulier pour les personnes vivant dans des zones éloignées et isolées. Une action d'information et de sensibilisation proactive pourra aider à gérer les attentes, à minimiser les réclamations et à établir une meilleure compréhension mutuelle pour éviter tout risque de spirale négative, d'échec du programme, de manipulation extérieure, de perte de crédibilité ou de politisation.

3.2 LES DÉFIS DE LA SENSIBILISATION

Ce Manuel de référence se concentre sur les défis auxquels sont confrontées les populations cibles, à savoir (1) les enfants, les jeunes, les personnes âgées ou d'autres groupes démographiques, (2) les pauvres ou d'autres groupes définis en fonction de leur statut socioéconomique, (3) les chômeurs ou d'autres demandeurs d'emploi, (4) les personnes en situation de handicap et (5) les personnes et les familles vulnérables confrontées à des risques sociaux. Le tableau 3.1 met en évidence certains des défis propres à la sensibilisation et auxquels ces groupes peuvent être confrontés. Dans les chapitres suivants, le Manuel utilise la structure de ce tableau pour mettre en lumière les adaptations nécessaires afin d'encourager les personnes concernées à s'engager dans les différentes phases de la chaîne de mise en œuvre.

Au sein de ces populations, plusieurs groupes vulnérables et marginalisés nécessitent une certaine proactivité et des efforts adaptés. Si certains groupes peuvent ne pas avoir connaissance des programmes de protection sociale ou être dissuadés par la complexité ou le manque de clarté des procédures, d'autres sont confrontés à des défis supplémentaires.

La proactivité est un élément essentiel de la sensibilisation. Les approches centrées sur l'humain, délibérées et adaptées, garantissent que la population visée soit contactée et que la sensibilisation renforce la compréhension, la prise de conscience et la capacité à s'engager. La sensibilisation utilise des outils, des instruments et des plateformes de communication pour atteindre les personnes dans des lieux proches de leur environnement et pour faciliter leur compréhension. La section qui suit présente des exemples de stratégies, de modalités et d'instruments d'information et de sensibilisation proactives.

Tableau 3.1 Populations communes visées par les programmes de protection sociale et défis liés à la sensibilisation

	Groupes démographiques tout au long du cycle de vie	
	Enfants	Ils dépendent de leurs parents et tuteurs pour l'accès.
	Personnes âgées	Elles peuvent avoir un degré limité d'alphabétisation, d'accès au numérique ou de mobilité ou encore de connaître des difficultés provoquées par l'âge.
	Femmes	Elles peuvent être confrontées à des problèmes de mobilité, de violence domestique ou de stigmatisation.
	Groupes limités par leur statut socioéconomique	
	Personnes vivant sous le seuil de pauvreté	Elles peuvent ne pas avoir connaissance des programmes ou s'en faire une fausse idée ; elles peuvent être dissuadées par des procédures complexes ; elles peuvent manquer de confiance dans les institutions. Elles peuvent avoir un degré limité d'alphabétisation ou d'accès au numérique. Elles peuvent être confrontées à des difficultés familiales, à la stigmatisation ou avoir honte de leur situation économique.
	Personnes sans abri	Ces personnes peuvent être « invisibles » pour les programmes ou le système ; elles peuvent ne pas avoir connaissance des programmes ; elles peuvent être confrontées à la stigmatisation ou à la honte ; elles peuvent ne pas avoir d'adresse fixe, ce qui entrave leurs efforts pour s'enregistrer dans les programmes ou faire une demande.

suite

Tableau 3.1 (*suite*)

	Personnes vivant dans des zones isolées et éloignées	Elles peuvent ne pas avoir accès à des moyens de transport, manquer de mobilité ou d'accès physique. Elles peuvent être très dispersées, avec un accès physique difficile ; elles peuvent ne pas avoir accès à l'électricité ou à une connexion Internet. L'éloignement peut compliquer les actions d'information et de sensibilisation (et plus généralement les prestations) en raison de la dispersion des personnes, des difficultés d'accès physique, de l'absence d'électricité et de connexion Internet, etc. Elles peuvent ne pas avoir d'adresse permanente et ne pas posséder de pièces d'identité ou de documents officiels. (Les personnes vivant dans des zones éloignées peuvent facilement être omises par les programmes de protection sociale étant donné qu'elles sont moins visibles.)
	Groupes pastoraux, nomades et semi-nomades	Ces personnes peuvent ne pas avoir d'adresse permanente et ne pas posséder de pièces d'identité ou de documents officiels.
	Groupes autochtones	Ces personnes peuvent rencontrer des difficultés liées à leurs conditions de vie, à leur niveau de revenu, au taux d'emploi, à l'accès à l'eau potable, à l'assainissement, aux services de santé et à la disponibilité alimentaire ; elles peuvent être confrontées à la destruction de leurs terres, de leurs territoires ou des ressources essentielles à leur survie ; elles peuvent être confrontées aux conséquences néfastes du changement climatique et de la contamination de l'environnement (métaux lourds, gaz industriels et effluents) ; elles peuvent être isolées géographiquement et vivre dans la pauvreté, sans avoir les moyens de payer le coût élevé des transports ; ces difficultés peuvent être aggravées par la discrimination, le racisme, le manque de compréhension et de sensibilité culturelles et les barrières linguistiques. [a]
	Réfugiés, apatrides, immigrants, populations déplacées à l'intérieur de leur propre pays (PDI) et personnes vivant dans des zones fragiles, en proie à des conflits et à la violence	Ces personnes peuvent être isolées physiquement et socialement, ce qui constitue un obstacle aux contacts directs ; elles peuvent être confrontées à divers dangers et risques.
	Minorités ethniques, religieuses, linguistiques et visibles	Ces personnes peuvent être confrontées à la violence, être victimes d'agressions, être stigmatisées ou vivre dans la peur. Elles peuvent ne pas avoir de pièces d'identité ou de documents officiels. Elles peuvent se heurter à des barrières linguistiques et culturelles, faire face à la discrimination, ne pas connaître les programmes ou leurs droits ou vivre dans la peur (en particulier si le statut de résident n'a pas été officialisé).

suite

Tableau 3.1 (*suite*)

	Travail et conditions de travail	
Chômeurs	Ces personnes peuvent ne pas avoir connaissance des programmes ou s'en faire une fausse idée ; elles peuvent être rebutées par des procédures complexes ; elles peuvent être confrontées à d'autres obstacles tels que la stigmatisation, la honte, l'absence perçue de besoin ou le manque de confiance dans les institutions.	
Travailleurs découragés/ inactifs	Ces personnes peuvent avoir abandonné l'idée de trouver un emploi ou un soutien. Elles risquent d'être invisibles pour le ou les programmes ou pour le système (parce qu'elles ne sont pas inscrites auprès des services de l'emploi). (Les sous-groupes peuvent inclure les femmes inactives, les travailleurs âgés inactifs et les travailleurs migrants ou réfugiés).	
Travailleurs du secteur informel	Ces personnes peuvent avoir une assurance sociale insuffisante, être en mauvaise santé, être mal rémunérées ou ne pas avoir une épargne suffisante pour leur retraite.	
Travail forcé ou travail des enfants	Les enfants travailleurs peuvent être confrontés à la violence, à la peur, à la malnutrition, à des conditions de travail inappropriées, aux abus, à la négligence ou à l'absence de soins parentaux. (Le problème est toujours d'actualité dans de nombreux secteurs, en particulier dans l'industrie informelle du textile et de la confection et dans celle du traitement et de la transformation du cuir, ainsi que dans certaines activités du secteur agricole comme la récolte du thé ou du cacao)	
	Handicap	
Personnes en situation de handicap	Elles peuvent rencontrer des difficultés d'accès liées à la mobilité, à l'état physique, aux facultés cognitives ou à des troubles de langage ou de lecture. Elles peuvent être confrontées à la stigmatisation ou à la discrimination.	
	Personnes vulnérables confrontées à des risques sociaux spécifiques	
Enfants à risque	Les enfants sont dépendants et peuvent avoir du mal à défendre leurs intérêts. Ils sont probablement mal informés de leurs droits et des services sociaux qui pourraient les aider (en particulier s'ils sont victimes d'abus, de négligence ou du manque de soins parentaux).	
Jeunes à risque	Les adolescents qui ne sont pas dans l'emploi, l'éducation ou la formation (PEEF) peuvent ne pas être visibles pour le ou les programmes ou le système. Ils peuvent également ne pas connaître les programmes, les travailleurs sociaux ou d'autres professionnels ou être sceptiques à leur égard.	
Adultes à risque	Les adultes à risque peuvent se trouver dans des relations abusives et ne pas être en mesure de défendre leurs intérêts. Ils peuvent manquer d'informations sur les services de protection, ils peuvent être confrontés à la stigmatisation ou à la honte, à une multitude de besoins complexes et ne pas savoir où trouver de l'aide, ou même ne pas savoir qu'une telle aide est disponible.	
LGBT	Ces personnes peuvent être confrontées à la stigmatisation, la honte, la peur ou la discrimination ; elles peuvent ne pas avoir de domicile et être rejetées par leur famille ; elles peuvent ne pas être soutenues par la communauté, être exposées à des risques physiques ou à la violence ; elles peuvent avoir du mal à obtenir des pièces d'identité ou des lettres de référence ou à accéder à la couverture d'assurance maladie ou aux soins de santé.	

Source : Tableau conçu pour cette publication.

Remarque : LGBT = lesbiennes, gays, bisexuels et transgenres.

a. Voir le rapport des Nations unies *«La situation des peuples autochtones dans le monde»* sur https://www.un.org/esa/socdev/unpfii/documents/2016/Docs-updates/SOWIP_Health.pdf.

3.3 STRATÉGIES, MODALITÉS ET INSTRUMENTS DE SENSIBILISATION

Les stratégies d'information et de sensibilisation aux programmes de protection sociale comprennent des messages destinés à la population visée et à ceux qui exercent une influence et jouent un rôle dans la vie de ces personnes.

Aucune approche n'est applicable à tous les cas. Les stratégies d'information et de sensibilisation varient en fonction du contexte, des objectifs et des caractéristiques des populations visées. L'adaptation des modalités d'information et de sensibilisation pour les populations spécifiques et les groupes vulnérables visés accroît la probabilité de leur efficacité. Ce chapitre ne se veut pas prescriptif, mais documente plutôt divers types de stratégies, modalités et instruments utilisés dans divers contextes nationaux et pour une variété de programmes de protection sociale.

Stratégies d'information et de sensibilisation et diagnostics

Une élaboration rigoureuse des stratégies d'information et de sensibilisation doit reposer sur des diagnostics. Bien que ceux-ci puissent précéder l'élaboration, il peut également être utile de les réaliser pendant la mise en œuvre pour obtenir des retours et les modifier en conséquence pour améliorer la compréhension, pour vérifier que les groupes de population visés soient bien atteints et pour dissiper les mythes ou pour corriger les perceptions erronées. Les approches et attentes doivent être adaptées à la taille et aux caractéristiques de la population visée. Les outils de diagnostic peuvent inclure des analyses situationnelles, des évaluations des besoins de communication et des analyses des parties prenantes. Ils ont pour objet de rechercher et comprendre divers aspects des populations visées, notamment : leurs caractéristiques (aspects socioéconomiques, langue, alphabétisation, accès à des ordinateurs ou à d'autres systèmes, proximité du programme et des premières lignes des systèmes de mise en œuvre, etc.), leurs habitudes de communication (par exemple, se fient-elles aux médias sociaux ou aux journaux) et leur localisation précise (à l'aide de systèmes GPS si nécessaire).

Les stratégies d'information et de sensibilisation sont adaptées aux objectifs du programme et aux populations visées. Une fois les principales parties prenantes ou les populations visées identifiées, des stratégies proactives et adaptées sont formulées pour les atteindre. Ces stratégies sont inclusives par leur conception, ce qui permet de les adapter à des groupes vulnérables spécifiques. La stratégie d'information et de sensibilisation du Kenya pour le programme national de protection sociale Inua Jamii en est un exemple (encadré 3.1).

Divers instruments et modalités de sensibilisation

Les programmes de protection sociale et les systèmes de mise en œuvre font appel à de multiples modalités de sensibilisation, souvent en les combinant. En explorant le terrain, nous pouvons trouver de nombreuses modalités pour mener des actions d'information et de sensibilisation dans les programmes de protection sociale. Quatre grandes catégories se dégagent : (1) modalités directes, (2) sensibilisation au niveau communautaire, (3) sensibilisation au moyen d'intermédiaires et (4) sensibilisation par le biais de campagnes d'information et la technologie (résumé dans le tableau 3.2).

Les modalités d'information et de sensibilisation directes ont pour but de communiquer directement avec les personnes, soit individuellement, soit en groupe. Les actions de communication et d'information et de sensibilisation sont menées par les gestionnaires de programmes ou des systèmes de mise en œuvre et touchent directement les populations visées. Ces interactions directes peuvent avoir lieu dans des bureaux ou dans l'environnement de la population visée. Les gestionnaires de programmes peuvent être des agents d'information et de sensibilisation spécialisés ou des praticiens de l'action sociale, et l'interaction peut se faire à la demande lorsque les personnes se présentent dans les bureaux locaux, dans les bureaux satellites ou aux kiosques pour solliciter des informations. (Ce dernier point exige que la population visée ait déjà suffisamment connaissance de l'existence du ou des programmes ou des bureaux locaux pour chercher à obtenir un soutien.) Une autre solution

Encadré 3.1 Stratégie d'information et de sensibilisation : Programme national de protection sociale Inua Jamii au Kenya

Inua Jamii, le programme phare national du Kenya en matière de protection sociale, couvre quatre principaux programmes de transfert de fonds : (1) les transferts en espèces pour les personnes âgées, (2) les transferts en espèces pour les personnes atteintes d'un handicap grave, (3) les transferts en espèces pour les orphelins et les enfants vulnérables et (4) le programme de protection sociale contre la faim. Le gouvernement a développé une Stratégie de sensibilisation proactive, qui est une sous-composante de la Stratégie de communication existante pour atteindre les bénéficiaires actuels et potentiels des transferts monétaires, les parties prenantes et les partenaires de mise en œuvre au niveau des comtés et des sous-comtés. L'objectif principal de la stratégie de sensibilisation était de mieux faire connaître les principales caractéristiques du programme Inua Jamii, notamment ses objectifs, les critères d'éligibilité, les processus d'enregistrement et d'inscription, les paiements et les mécanismes de recours en cas de réclamations. En outre, la stratégie cherchait à donner aux populations visées les moyens de participer efficacement au programme en leur permettant de bien connaître et de comprendre leurs droits et leurs responsabilités.

La stratégie de sensibilisation s'articule autour de trois grands axes. D'abord, le programme visait à promouvoir l'image de marque et la sensibilisation du programme Inua Jamii afin de communiquer une identité de marque cohérente, crédible et reconnaissable pour le public visé. Pour ce faire, une campagne de visibilité a été lancée afin de mobiliser les acteurs locaux et le personnel du programme pour obtenir leur soutien proactif dans la sensibilisation active. Des forums des parties prenantes, accompagnés de la diffusion d'informations sur le programme par le biais de documents tels que des brochures et des dépliants, ont contribué à une compréhension commune du programme, en mobilisant les acteurs locaux de la société civile, de la communauté et des médias locaux. Ensuite, les mécanismes de communication interne ont été renforcés pour sensibiliser le personnel et les partenaires de mise en œuvre afin de garantir l'efficacité de l'engagement et de la communication du programme avec la population visée. Des agents de mise en œuvre ont ainsi été formés au niveau des comtés (division administrative du Kenya) et des sous-comtés pour mettre en place une équipe motivée et bien informée. Enfin, des actions de sensibilisation ont informé les populations visées des principales caractéristiques des processus de mise en œuvre du programme Inua Jamii, ainsi que de leurs droits et responsabilités potentiels. Une série d'approches adaptées se trouvaient au cœur de la stratégie de sensibilisation, notamment les approches suivantes :

- **Approche adaptée au contexte, inclusive et centrée sur l'humain.** L'approche centrée sur l'humain a conduit à une conception cohérente sur le plan stratégique et tactique qui a utilisé des diagnostics de terrain pour comprendre le contexte local, les obstacles à la communication et les habitudes de consommation d'informations de la population visée. En conséquence, les messages intégrés dans la langue locale et le vocabulaire visuel ont donné lieu à une campagne de sensibilisation facile à mémoriser et à identifier. Un cadre visuel de narration et de messages adapté aux réalités locales a facilité la diffusion de l'information, ce qui a permis une meilleure compréhension du programme.
- **Messagerie bilingue en swahili-anglais.** Ce système de messages a été conçu et introduit en plus des supports visuels pour la population semi-alphabétisée et la population monolingue qui ne parlait pas ou ne lisait pas l'anglais.
- **Une conception simple, pertinente et pratique.** Les informations sur le programme ont été présentées de manière simple et concise pour toucher la population visée. Les messages comprenaient des appels à l'action simples et clairs, diffusés à travers la mobilisation des bénéficiaires, la communication interpersonnelle et des outils de sensibilisation tels que des dépliants, des affiches et des fiches.

suite

■ **Approche collaborative et complémentaire.** Des efforts ont été déployés pour faciliter les canaux de communication bidirectionnels (face-à-face, possibilités de proposer des retours, de faire part de sa satisfaction, ou de faire une réclamation, etc. via des lignes d'assistance gratuites). La collaboration avec les partenaires locaux a permis de garantir la responsabilité, la couverture et une méthodologie à faible coût grâce à des points de service polyvalents (par exemple, le recours à des comités de bien-être des bénéficiaires, à des dispensaires, à des organisations confessionnelles et à des guichets uniques du Centre Huduma).

■ **Mise en œuvre progressive et gérable.** Un programme progressif d'activités spécifiques au contexte, sensibles au facteur temps et gérables a été conçu pour informer, éduquer et mobiliser les populations visées et d'autres parties prenantes clés. Des mécanismes de retour d'information ont été mis en place pour recueillir le feed-back continu des parties prenantes.

Source : Kenya, ministère du Travail et de la Protection sociale 2018.

Tableau 3.2 Typologie des modalités d'information et de sensibilisation utilisées dans les programmes de protection sociale

Modalités d'information et de sensibilisation directes	Sur demande avec les agents d'information et de sensibilisation (dans les bureaux locaux, les bureaux satellites, les kiosques)
	Équipes mobiles faisant du porte-à-porte dans les quartiers ou les communautés
Sensibilisation communautaire	Sensibilisation et mentorat entre pairs
	À base communautaire, s'appuyant sur les capacités locales de diffusion de l'information et de mise en relation des personnes, y compris les leaders communautaires, les groupes de mères et les chefs religieux
Sensibilisation au moyen d'intermédiaires	Recommandations personnelles d'autres professionnels ou programmes
	Diffusion de l'information et sensibilisation via d'autres services : écoles, cliniques, foyers d'hébergement, prisons
	Diffusion de l'information par l'intermédiaire d'autres groupes ou organisations, tels que des associations patronales ou professionnelles, des fondations et des organisations communautaires
Sensibilisation indirecte	Médias imprimés : brochures, bulletins, affiches
	Médias de masse : télévision, radio, journaux, médias sociaux
	Sites Web, guichets libre-service en ligne ; lignes d'assistance téléphonique

Sources : Basé sur Dewson, Davis et Casebourne (2006) ; Mosley, Scharle et Stefanik (2018) ; et Scoppetta et Buckenleib (2018).

consiste en ce que des équipes mobiles se rendent directement dans les ménages, les quartiers ou les communautés, l'avantage étant que ces actions d'information et de sensibilisation proactives sont menées au plus près des populations visées, dans leur propre environnement.

Toutefois, ce type d'actions peut être coûteux. En Bulgarie, en Estonie, en Allemagne et en Roumanie (Mosely, Scharle et Stefanik 2018), on a recours à des agents mobiles des services de l'emploi. Ils se rendent généralement dans les communautés locales une ou deux fois par mois pour faire connaître les offres d'emploi ou certains programmes en faveur du développement du marché du travail. Parfois, ils fournissent des services de conseil, de médiation ou de formation sur place.

Les modalités d'information et de sensibilisation au niveau communautaire s'appuient sur les acteurs locaux pour atteindre les populations visées et diffuser l'information. Ces méthodes peuvent faire appel à des personnes émanant de la population visée, formées en conséquence et susceptibles d'établir des contacts avec cette population pour le compte du programme. Elles peuvent être très efficaces avec les jeunes, qui sont plus enclins à faire confiance à leurs camarades. Les méthodes communautaires peuvent également mobiliser des leaders locaux, des groupes de mères, des chefs religieux, des organisations communautaires, etc. Ces méthodes peuvent être efficaces avec les personnes vivant dans des zones éloignées ou les représentants de

communautés culturellement ou linguistiquement distinctes, puisque les agents du programme ou les leaders communautaires appartiennent à leur propre communauté, parlent leur langue et comprennent leur situation (bien que des efforts soient faits pour s'assurer que les inégalités ou les préjugés existants ne soient pas renforcés au sein de la communauté). Le Fonds de développement social de la République du Yémen a adopté un modèle d'information et de sensibilisation communautaire qui se concentre sur l'utilisation des réseaux existants dans la communauté. L'encadré 3.2 présente un exemple d'information et de sensibilisation communautaires dans le cadre du Programme de soutien aux revenus Benazir (BISP) au Pakistan, qui a été adapté sur la base de diagnostics de communication, et qui associe un vaste réseau de groupes de mères et de mères leaders jouant le rôle d'agents de sensibilisation.

Encadré 3.2 Information et sensibilisation communautaires dans le cadre du programme de soutien aux revenus Benazir au Pakistan

Le programme pakistanais de soutien aux revenus Benazir (BISP) est le programme phare national de protection sociale qui fournit aux familles éligibles un transfert en espèces sans condition variant de 5 000 à 5 500 PRe (environ 36 USD) chaque trimestre de l'année. Lorsque l'équipe de communication du BISP a étudié ses bénéficiaires, elle a constaté que la plupart d'entre eux (96,43 %) n'étaient pas alphabétisés et que 68 % se trouvaient sous le seuil de pauvreté, étaient vulnérables ou manquaient de mobilité, sans compter les barrières culturelles et linguistiques existantes.

Les habitudes médiatiques des bénéficiaires ont été observées de près avant de concevoir le plan de sensibilisation du BISP. Un examen plus approfondi des bénéficiaires a révélé que la plupart d'entre eux se fiaient au bouche-à-oreille, mais que plus de 52 % d'entre eux avaient accès à un téléphone. Ils connaissaient les outils de sensibilisation informels en langue vernaculaire (par exemple, des annonces dans les mosquées) et utilisaient peu la radio. On a pu constater également que les bénéficiaires

se souvenaient peu du matériel d'information, d'éducation et de communication. Avec leur faible niveau d'alphabétisation, ils se souvenaient néanmoins du matériel visuel non verbal. On a également mis en évidence le niveau limité d'éducation financière des bénéficiaires, ainsi que leur mauvaise connaissance du fonctionnement des systèmes de paiement électronique.

Compte tenu de ces revers et de ces défis, le Pakistan a conçu un modèle de sensibilisation participatif associant les bénéficiaires avec les dirigeants locaux et exploitant les canaux de communication informels. Des Comités locaux de bénéficiaires du BISP (BBC - *BISP Beneficiary Committees*) ont été établis avec les responsables des groupes de mères ; et les canaux de communication traditionnels tels que les assemblées publiques locales, les annonces dans les mosquées, les appels vocaux automatisés pour les populations analphabètes et semi-alphabétisées et les théâtres de rue ont permis d'obtenir de très bons résultats.

Source : Sagheer et Khan 2018.

Les systèmes de retraite basés sur l'assurance sociale pour les personnes âgées dépendent de la confiance et du soutien du public, par le biais de la collecte des cotisations et de la mise en œuvre des prestations. La confiance est aussi un facteur important compte tenu des quantités considérables de données personnelles qui sont collectées et stockées. La communication et la sensibilisation sont essentielles pour contribuer à la prise de conscience, à la compréhension et à la confiance dans le système de retraite basé sur l'assurance sociale, à la fois pour (1) les cotisants — pour inciter les personnes et les entreprises à s'affilier et à cotiser et pour les tenir informés tout au long de leur vie de cotisation et (2) les bénéficiaires — pour s'assurer qu'ils connaissent les montants potentiels de leurs prestations, pour comprendre les processus de paiement, etc.

Ces défis en matière d'information et de communication sont communs à tous les régimes de retraite basés sur l'assurance sociale, mais ils prennent une importance toute particulière lorsque ces programmes tentent d'atteindre les travailleurs du secteur informel qui se trouvent traditionnellement en dehors de tout régime de sécurité sociale formel.

Au Bénin, un régime pilote d'assurance retraite destiné aux travailleurs du secteur informel est en cours d'élaboration, et la possibilité de travailler avec des associations (par exemple, des fédérations de travailleurs du secteur informel) est à l'étude. La sensibilisation est essentielle pour atteindre les travailleurs informels, expliquer clairement le régime volontaire d'épargne retraite, encourager la participation et gérer les attentes. Les avantages du partenariat avec les associations pourraient inclure leur présence parmi les travailleurs informels et leur représentation à tous les niveaux de la structure administrative du pays. Les résultats de l'enquête et des groupes de discussion suggèrent que les travailleurs informels seraient plus disposés à participer au programme si leurs associations y participaient également.

Sources : Guven 2019 ; Sluchynsky 2019.

La sensibilisation peut aussi se faire par le biais d'intermédiaires. Les informations sur les programmes de protection sociale et les points d'interface avec les clients peuvent être promus ou affichés par d'autres services, tels que les écoles, les cliniques de santé, les foyers d'hébergement, les prisons, les bureaux d'aide au logement, etc. Les professionnels de la santé, les conseillers d'éducation scolaire ou les travailleurs sociaux d'autres programmes peuvent orienter de manière personnalisée les personnes ou les familles vers les programmes sociaux en fonction d'indicateurs de risque ou d'autres facteurs. Les autres intermédiaires peuvent être des fondations, des organisations confessionnelles, des organisations caritatives et des associations professionnelles ou d'employés (voir l'encadré 3.3 pour l'exemple du Bénin). Dans le comté de Montgomery, au Maryland (États-Unis), le département de la Santé et des Services sociaux a fait appel aux institutions confessionnelles, aux organisations caritatives et à d'autres fondations pour informer les familles démunies de l'existence d'une aide et de services sociaux.

Enfin, la sensibilisation peut se faire de manière moins directe, avec des outils d'information, lesquels peuvent inclure des approches traditionnelles, telles que la distribution physique de documents imprimés et d'informations. Les médias de masse, comme la télévision, la radio et les journaux, peuvent également être utilisés pour diffuser des informations. L'encadré 3.4 illustre la façon dont ont été utilisés les canaux de communication de masse pour promouvoir la sensibilisation dans le programme Vision 2020 Umurenge du Rwanda. Les technologies en ligne sont de plus en plus utilisées pour promouvoir la sensibilisation aux programmes de protection sociale et aux systèmes de mise en œuvre, notamment les sites Web, les guichets de libre-service en ligne, les applications mobiles et les avis en ligne via les médias sociaux pour sensibiliser le public. Ces technologies ne peuvent opérer que si la population visée

Vision 2020 Umurenge est un programme rwandais de développement local intégré visant à accélérer l'éradication de la pauvreté, la croissance rurale et la protection sociale. Le ministère chargé des administrations locales, le MINALOC, à travers l'Agence de développement des entités administratives locales, est responsable de la diffusion et de l'explication du Programme Umurenge Vision 2020 (VUP) du Rwanda auprès de toutes les communautés sous sa responsabilité, y compris les ménages non bénéficiaires. À cette fin, le MINALOC a préparé une stratégie de communication pour partager l'information sur le VUP, y compris les objectifs, la politique et les procédures. Les stratégies de communication de masse utilisées sont détaillées ci-dessous :

■ **Émissions de radio et de télévision.** Des représentants de l'administration locale, du pouvoir central et des bénéficiaires sont régulièrement invités dans des émissions de radio et de télévision en direct pour expliquer le programme. En outre, ces émissions proposent des numéros gratuits que les auditeurs peuvent appeler pour poser leurs questions.

■ **Ateliers du programme.** Les ateliers et les activités de formation ciblent les maires, les maires adjoints et les secrétaires administratifs de district et de secteur. Les participants apprennent à présenter le VUP et donnent des conseils sur la manière de communiquer efficacement et avec précision sur le VUP à l'intention des membres de la communauté.

■ **Brochures d'information sur les programmes.** Des brochures contenant des informations importantes sur le programme sont distribuées aux communautés, rédigées dans la langue locale (Kinyarwanda) et comportant des illustrations simples.

■ **Site Web du programme.** Des informations relatives au programme VUP sont périodiquement publiées sur le site Web du ministère des Collectivités locales.

■ **Journaux et bulletins d'information.** Des articles sont périodiquement publiés dans les journaux nationaux sur les progrès du VUP. Une lettre d'information électronique est publiée toutes les quinzaines depuis novembre 2009.

Source : Rwanda, ministère du Développement local 2010.

fait preuve d'un certain niveau d'initiative pour rechercher les sites et les applications, recueillir les informations et utiliser les guichets numériques en libre-service.

Les lignes d'assistance téléphonique sont également utilisées et peuvent constituer des canaux essentiels pour les personnes confrontées à des risques sociaux.

3.4 ADAPTER LES MODALITÉS À DES GROUPES VULNÉRABLES ET À DES POPULATIONS CIBLES SPÉCIFIQUES

Les modalités d'information et de sensibilisation sont adaptées à des groupes de populations spécifiques afin d'encourager les groupes pauvres et vulnérables à recourir aux programmes sociaux. Les diagnostics identifient les habitudes et les capacités de communication des groupes de populations ciblées afin de découvrir les canaux les plus susceptibles d'atteindre des parties prenantes spécifiques. Le tableau 3.3 présente les diverses modalités à respecter avec les populations ciblées qui sont communes aux programmes de protection sociale.

Tableau 3.3 Populations fréquemment ciblées par les programmes de protection sociale et stratégies d'information et de sensibilisation associées

	Groupes démographiques tout au long du cycle de vie	
	Enfants	La stratégie d'information et de sensibilisation doit inclure les parents ou les tuteurs qui seraient les bénéficiaires désignés.
	Personnes âgées	Peut s'appuyer davantage sur les communications directes ou les médias de masse, et moins sur les outils accessibles par Internet ; les opérations de porte-à-porte peuvent également faciliter la sensibilisation des personnes à mobilité réduite.
	Femmes	Sensibilisation par le biais de communications directes, d'actions de plaidoyer, de conseils ou de médias de masse ; collaboration avec des groupes et des organisations d'entraide de femmes, d'autres efforts communautaires, des intermédiaires et des médias.
	Groupes contraints par le statut socioéconomique	
	Personnes vivant sous le seuil de pauvreté.	De nombreuses modalités pourraient fonctionner, telles que la sensibilisation directe, les efforts communautaires et au moyen d'intermédiaires : écoles, cliniques de santé, fondations, foyers d'hébergement, etc. (Les personnes vivant dans des zones rurales ou reculées peuvent avoir moins accès à l'Internet, aux médias sociaux, etc. ; l'illettrisme peut limiter l'utilisation des documents imprimés).
	Personnes sans abri	Sensibilisation par le biais de communications directes, de conseils et d'efforts communautaires, ainsi que par le biais d'organisations non gouvernementales et confessionnelles.
	Personnes vivant dans des zones isolées et éloignées	Sensibilisation spécialisée grâce à des communications directes, à l'intégration avec les communautés éloignées, au porte-à-porte et à un solide réseau de bureaux locaux pour l'interface client ; communications radio et dispositifs mobiles.
	Groupes pastoraux, nomades et semi-nomades	Ils élèvent généralement du bétail et pratiquent la transhumance saisonnière pour chercher eau et pâturage. La sensibilisation peut inclure des communications directes, des conseils et des actions d'information et de sensibilisation par des équipes mobiles et des travailleurs sociaux, des communications par radio et des dispositifs mobiles.
	Groupes autochtones	Sensibilisation spécialisée par le biais de communications directes, de messages adaptés à la culture, de communications par le biais d'intermédiaires et de dirigeants communautaires. Les considérations particulières comprennent l'adaptation et la sensibilité culturelles ainsi que la sensibilisation mobile.
	Réfugiés, apatrides, immigrants, personnes déplacées à l'intérieur de leur propre pays et personnes vivant dans des zones fragiles, en proie à des conflits ou à la violence.	Modalités reposant sur la technologie ; partenariats avec les communautés et les organisations humanitaires, les Nations unies, les ONG et les acteurs de la société civile[a].
	Minorités ethniques, religieuses, linguistiques et visibles	Sensibilisation spécialisée par le biais de communications directes et d'actions communautaires.

suite

Tableau 3.3 (*suite*)

	Emploi et conditions de travail	
Chômeurs	De nombreuses modalités pourraient fonctionner, telles que la sensibilisation directe, les actions communautaires ou au moyen d'intermédiaires comme les associations professionnelles et les syndicats. Pour les travailleurs qualifiés et ceux qui ont accès à l'Internet, des outils en ligne peuvent être utiles ; les anciens employeurs peuvent fournir des renseignements en cas de licenciement, et les agences pour l'emploi peuvent fournir des informations aux chômeurs sur demande.	
Travailleurs découragés/inactifs	Des actions en amont sont nécessaires, car ces personnes ne s'inscrivent pas auprès des services de l'emploi ; des efforts adaptés sont nécessaires pour les sous-groupes tels que les femmes inactives, les travailleurs âgés inactifs et les travailleurs migrants ou réfugiés[b]. Sensibilisation des femmes par le biais des agences familiales et sociales, des ONG et des groupes de la société civile. Politiques nationales visant à accroître la participation des femmes au marché du travail. Pour les minorités ethniques, la sensibilisation peut viser l'inclusion sociale. Sensibilisation par le biais de la presse écrite et des médias de masse, de l'Internet, d'échanges de données avec les programmes sociaux et des services d'information et de sensibilisation de la communauté dans les centres commerciaux, les salons de l'emploi et les écoles.	
Travailleurs du secteur informel	Des comités de travailleurs sont mis en place par le ministère du Travail : Conseil de protection des travailleurs (souvent des entreprises du secteur formel, mais qui peuvent embaucher des travailleurs informels), Conseil des travailleurs agricoles, Conseil des travailleurs de la construction, Conseil des travailleurs de Kretek (Indonésie), etc. ; sensibilisation par le biais d'associations de travailleurs du secteur informel et d'actions communautaires (tels que les groupes d'entraide au Bangladesh ou en Inde) ; sensibilisation par le biais d'ONG et d'autres organisations travaillant auprès des communautés rurales ; sensibilisation par le biais des autorités locales/chefs de village ; sensibilisation par le biais de campagnes médiatiques classiques dans les journaux, à la radio/ télévision et par le biais du théâtre de rue ; et sensibilisation par le biais du téléphone mobile.	
Travail forcé ou travail des enfants	Les options d'information et de sensibilisation sont similaires, mais une plus grande discrétion peut s'avérer nécessaire afin que les cas de travail forcé ou de travail des enfants soient signalés et que les mesures voulues soient prises. La sensibilisation inclurait les entreprises et les industriels, afin de les sensibiliser aux lois et aux conséquences qu'elles entraînent, de soutenir la mise en place de normes et de contribuer à leur application avec d'autres entreprises de la chaîne d'approvisionnement (par exemple, les grandes entreprises des filières du cacao et les marques de vêtements). La sensibilisation pourrait également inclure les associations de récupérateurs de déchets ou de chiffonniers. Groupes communautaires, ONG et OSC ; campagnes d'éducation ; et points d'accès multiples pour les réclamations et les poursuites.	

suite

Tableau 3.3 (*suite*)

Handicap		
Personnes et travailleurs en situation de handicap	Porte-à-porte pour les personnes à mobilité réduite ou atteintes d'un autre handicap.	
	Amélioration de l'accessibilité des locaux de bureaux et des centres de services, comme l'accès à des fauteuils roulants, les aires d'attente et de stationnement spécialisées, les traducteurs en langue des signes et le braille.	
	Technologies d'assistance pour la sensibilisation en ligne, mobile et autres technologies.	
Personnes vulnérables confrontées à des risques sociaux spécifiques		
Enfants à risque	Actions préventives mises en œuvre par l'intermédiaire des écoles, des centres de santé, de lignes d'assistance téléphonique, d'opérations de porte-à-porte et d'approches communautaires (pour atteindre à la fois les enfants et les parents).	
Jeunes à risque	Sensibilisation et mentorat entre pairs, opérations de porte-à-porte et dans les quartiers, et d'autres actions visant à sensibiliser les jeunes dans leur environnement ; sensibilisation basée sur la technologie, comme les médias sociaux, les sites Web, etc.	
Adultes à risque	Lignes d'assistance téléphonique, approches communautaires via des intermédiaires tels que les centres de santé et les hôpitaux, les organisations confessionnelles, etc.	
LGBT	Sensibilisation par le biais de foires communautaires, de campus universitaires, d'établissements sociaux locaux et d'événements LGBT, de médias sociaux, de cartes postales et de partenariats stratégiques avec des organisations travaillant étroitement avec les groupes LGBT.[c]	

Source : Tableau conçu pour cette publication.

Remarque : OSC = organisation de la société civile ; LGBT = lesbiennes, gays, bisexuels et transgenres ; ONG = organisation non gouvernementale.

a. https://www.unhcr.org/516d658c9.pdf.

b. https://publications.europa.eu/en/publication-detail/-/publication/ce86219d-2d84-11e8-b5fe-01aa75ed71a1/language-en.

c. https://aspe.hhs.gov/basic-report/outreach-and-enrollment-lgbt-individuals-promising-practices-field

En outre, ce chapitre examine de plus près les modalités d'information et de sensibilisation adaptées à certains de ces groupes, notamment (1) les personnes en situation de handicap, (2) les jeunes à risque, (3) les populations éloignées ou vulnérables, (4) les groupes présentant une diversité ethnique et linguistique (y compris les migrants et les réfugiés) et (5) les personnes vivant dans les situations de fragilité, de conflits et de violence (FCV).

Modalités d'information et de sensibilisation adaptées aux personnes en situation de handicap

Plus d'un milliard de personnes ont une forme de handicap qui affecte leur vie quotidienne. Ces personnes représentent 15 % de la population mondiale, la majorité vivant dans les pays en développement[2].

La sensibilisation des personnes en situation de handicap doit tenir compte des obstacles particuliers auxquels ils sont confrontés en matière d'accès. Les environnements inaccessibles entravent la participation et l'inclusion, par exemple une personne sourde ne disposant pas des services d'un interprète en langage des signes, une personne en fauteuil roulant dans un bureau de sensibilisation ne disposant pas d'une rampe d'accès, ou une personne aveugle utilisant un ordinateur sans logiciel de lecture d'écran. Ces scénarios peuvent être directement appliqués à la conception de stratégies d'information et de sensibilisation inclusives pour les personnes en situation de handicap.

Des modalités d'information et de sensibilisation adaptées peuvent aider à surmonter les difficultés rencontrées par les personnes en situation de handicap. Obliger ces personnes à se rendre au bureau est moins efficace qu'utiliser, par exemple, des approches de porte-à-porte ou des approches communautaires. L'orientation inclusive est également utile pour briser les barrières de la stigmatisation, par exemple en adoptant un langage inclusif mettant l'accent sur la personne plutôt que sur le handicap (comme « une femme qui utilise un fauteuil roulant » plutôt qu'« une femme en fauteuil roulant »). Les technologies d'assistance peuvent également être utiles. Les modalités d'information et de sensibilisation et les canaux de communication tels que les sites Web sont conçus pour être inclusifs. L'adaptation à des techniques d'assistance simples, comme envoyer à un utilisateur malvoyant un message vocal automatisé expliquant les détails du programme plutôt qu'un SMS automatique, peut améliorer l'expérience de l'utilisateur. De même, rendre plus inclusifs les sites Web des programmes en introduisant une vidéo en langue des signes illustrant les détails du programme ou en sous-titrant la vidéo du programme peut aider les personnes malentendantes. Introduire un logiciel de lecture d'écran capable de lire un texte affiché à l'écran et d'agrandir les caractères peut aider les personnes ayant des difficultés d'apprentissage ainsi que les personnes ayant une déficience visuelle.

Atteindre les jeunes à risque

Les modalités d'information et de sensibilisation adaptées sont plus efficaces avec les jeunes à risque, comme ceux qui sont sans emploi, éducation ou formation (PEEF). Les jeunes peuvent ne pas participer aux programmes de protection sociale (tels que l'emploi et la formation) par manque d'information, à cause de la difficulté d'accès des lieux ou parce que les avantages immédiats ou à long terme de ces programmes les laissent sceptiques. Les gestionnaires de programmes peuvent avoir du mal à atteindre les jeunes en raison d'un décalage entre leurs stratégies et leurs modalités d'approche, d'une part, et les intérêts, besoins et comportements des jeunes d'autre part. Des méthodes d'information et de sensibilisation adaptées peuvent aider à nouer le dialogue avec les adolescents, à les sensibiliser, à vaincre leur scepticisme et à les inciter à s'engager. Ces modalités peuvent inclure la sensibilisation et le mentorat entre pairs (avec des recruteurs de jeunes formés), les opérations de porte-à-porte et dans les quartiers, et d'autres actions visant à sensibiliser les jeunes dans leur environnement : centres pour les jeunes, centres commerciaux, parcs, centres de santé, clubs, cinémas, organisations communautaires et confessionnelles, foyers d'hébergement, etc. L'Internet, les médias sociaux et d'autres moyens technologiques d'information et de sensibilisation peuvent également donner de bons résultats.

Recherche active auprès des populations éloignées et marginalisées

Les populations éloignées au plan géographique et vulnérables risquent d'être exclues si on n'adopte pas des stratégies d'information et de sensibilisation adaptées et anticipatoires. L'éloignement peut compliquer les actions d'information et de sensibilisation (et la diffusion plus généralement), étant donné la dispersion géographique des personnes, la difficulté d'accès physique et le manque d'électricité et de connexion Internet. Les personnes vivant dans des zones reculées peuvent facilement être oubliées par les programmes de protection sociale, car elles sont moins visibles. Certains pays adoptent des méthodes de « recherche active » (ou d'information et de sensibilisation actives) par lesquelles les gestionnaires de programmes, les fonctionnaires locaux, les représentants de fondations ou d'autres personnes vont délibérément et de manière proactive à la rencontre des personnes vivant dans des zones reculées ou des populations vulnérables qui pourraient autrement être négligées ou ne pas avoir connaissance des programmes de protection sociale. Deux activités de ce type ont été menées pour des registres sociaux multiprogrammes au Brésil et aux Philippines (encadré 3.5).

Diverses approches pour atteindre les minorités ethniques et les migrants

Les minorités ethniques et les migrants peuvent être confrontés à une variété d'obstacles à l'accès aux programmes de protection sociale et aux systèmes de mise en œuvre. Ces obstacles peuvent inclure des barrières linguistiques et culturelles, la discrimination, la peur (en particulier si le statut de résident n'a pas été officialisé), l'isolement géographique et social, la défiance à l'égard des institutions publiques, la méconnaissance des programmes et le manque de confiance en soi face aux démarches bureaucratiques. Une étude récente a passé en revue plusieurs approches d'information et de sensibilisation visant à encourager les Roms, d'autres minorités ethniques et les migrants à promouvoir l'intégration sur le marché du travail et la participation aux services de l'emploi dans divers pays européens :

- **Sensibilisation et mentorat entre pairs.** Dans cette approche, l'agence pour l'emploi forme des membres du groupe cible et opère par leur intermédiaire. Ces méthodes peuvent accroître l'efficacité de la communication avec les clients potentiels, en raison des adaptations linguistiques et culturelles, de la confiance et de la motivation. En Bulgarie, par exemple, certains bureaux du travail ont réussi à employer des médiateurs roms pour faire de la sensibilisation. Des approches similaires ont été adoptées en République slovaque (pour les Roms), au Portugal (pour les migrants) et au Danemark (pour d'autres minorités ethniques).
- **Autres modalités d'information et de sensibilisation au niveau communautaire.** Dans cette approche, les programmes d'emploi s'appuyaient sur les capacités locales pour diffuser les informations sur les services proposés. On peut citer par exemple les actions d'information et de sensibilisation des communautés roms en Finlande, en Allemagne et au Royaume-Uni.

- **Équipes mobiles de SPE.** Les équipes mobiles des services publics de l'emploi (SPE) ou les bureaux détachés temporaires des SPE peuvent faciliter la sensibilisation, par exemple en effectuant des visites fréquentes pour faire connaître les offres ou les services d'emploi. Parmi les exemples d'équipes mobiles, citons les « caravanes de l'emploi » destinées à atteindre les travailleurs inactifs des communautés roms en Roumanie et les bureaux mobiles en Bulgarie, en Estonie et en Allemagne.
- **Informations en ligne et informations imprimées.** Des kits d'intégration ont été distribués aux migrants sans emploi, aux réfugiés et aux demandeurs d'asile en Slovénie, et le site Web du PSE en Suède fait la promotion de ses services auprès des réfugiés dans leur langue maternelle.

Tirer parti de la technologie pour aider à surmonter les défis de la sensibilisation dans les situations de fragilité, de conflits et de violence

La sensibilisation est particulièrement difficile et essentielle dans les pays qui ont traversé des décennies d'incertitude économique, de fragilité, de violence et de conflits. Utilisée à bon escient, la sensibilisation peut dissiper les doutes et renforcer la confiance dans le programme qui est lancé. Les informations sur les principaux éléments du programme (critères de participation, choix du programme, durée de l'emploi, répartition par sexe, rémunérations et avantages, etc.) peuvent être diffusées de manière claire, cohérente et complète. La sensibilisation fait partie de la planification du programme avant son lancement, sinon les programmes peuvent faire fausse route avant même d'avoir commencé (Subbarao et coll. 2013). Ceci est particulièrement important lorsque de nouvelles interventions sont introduites en réponse à des besoins émergents et urgents après un conflit ou des actes de violence. Avec l'émergence de nouvelles technologies abordables, les activités d'information et de sensibilisation peuvent atteindre plus facilement les zones reculées. L'encadré 3. 6 illustre les résultats d'une évaluation du paysage technologique menée pour l'Irak et la République du Yémen, avec les technologies recommandées pour la sensibilisation, l'accueil et l'enregistrement dans ces pays.

De nombreux pays gèrent des registres sociaux afin d'assurer l'accueil et l'enregistrement pour de multiples programmes sociaux, comme indiqué au chapitre 4. Les registres sociaux peuvent être des outils rentables pour fournir un accès potentiel à de multiples programmes, mais ils dépendent de la capacité de réussite d'actions de sensibilisation délibérées et actives pour s'assurer que les populations ciblées sont atteintes et informées. Cela peut s'avérer difficile avec les populations éloignées et marginalisées. Les registres sociaux au Brésil et aux Philippines ont adopté des approches proactives, délibérées et adaptées pour atteindre ces groupes et s'assurer qu'ils sont enregistrés.

Busca Ativa du Brésil. Le registre social du Brésil, le Cadastro Unico (Cadunico), fonctionne à la demande depuis 2007. N'importe qui peut s'inscrire et demander à bénéficier des prestations du programme Bolsa Família et des nombreux autres avantages et services qui utilisent le Cadunico comme passerelle intégrée à tout moment ; ce processus est connu sous le nom d'« inclusion dynamique ». En 2012, plus de 22 millions de familles s'étaient enregistrées dans le Cadunico (environ 40 % de la population). Toutefois, le ministère du Développement social s'est inquiété du fait que certaines familles extrêmement pauvres ne participaient pas au programme, en particulier les groupes difficiles à atteindre tels que les communautés autochtones et autres communautés ethniques, les handicapés, les personnes sans-abri, les personnes vivant et travaillant dans des décharges, les personnes travaillant dans les industries extractives, les pêcheurs, les personnes vivant dans des zones reculées, etc.

Le Brésil a développé une stratégie de sensibilisation active dans le cadre de son initiative Brasil Sem Miseria (Brésil sans pauvreté) dans le but de trouver et d'enregistrer toutes les familles extrêmement pauvres qui n'avaient pas encore été incluses dans le Cadunico. Cette nouvelle stratégie de « recherche active » (busca ativa) a été élaborée et mise en œuvre au niveau municipal, avec le financement d'un plan spécifique par l'État fédéral.

La stratégie a suivi un processus de recherche active basé sur la philosophie selon laquelle il était de la responsabilité de l'État de se rendre dans les zones de grande pauvreté pour trouver les pauvres qui risquaient autrement de ne pas être inclus dans le registre social, plutôt que d'attendre qu'ils demandent à y être inscrits. Les efforts ont ciblé certaines populations spécifiques, dont le sous-enregistrement dans les programmes sociaux avait été mis en évidence par une analyse statistique combinant les cartes de pauvreté et les données administratives du Cadunico. La stratégie de sensibilisation active comprenait des visites de porte-à-porte menées par des travailleurs sociaux, des visites de camionnettes mobiles « d'assistance sociale » dans des localités éloignées, ainsi que des partenariats avec des agences gouvernementales et de la société civile, suivant une approche en boule de neige qui consistait à visiter d'abord un ménage enregistré dans le Cadunico pour s'enquérir des am s ou des familles non enregistrés, afin de trouver les familles exclues. Les partenaires comprenaient des agents des communautés de santé et même des concessionnaires d'énergie électrique.

Activités de sensibilisation actives aux Philippines. Le Listahanan est le registre social des Philippines. L'enreg strement dans le Listahanan s'effectue par une collecte massive de données réalisée tous les deux ans. Même avec ces approches de « recensement par balayage », le risque de manquer des popu ations marginalisées, éloignées ou difficiles à desservir n'est jamais pas exclu. Lors de la dernière collecte de données à l'échelle nationale en 2015, le Département de la protection sociale et du développement (DPSD) a élaboré une stratégie de sensibilisation active qui impliquait une coopération étroite avec les administrations locales pour aider les agents recenseurs à se rendre auprès des populations éloignées et difficiles à atteindre, notamment avec des équipes mobiles sur de petits bateaux, des canoës et d'autres formes de moyen de transport adapté. Des efforts particuliers ont également été faits pour atteindre les personnes vivant dans des décharges sans adresse fixe.

Sources : Leite et coll. 2017 ; Ministère philippin de la Protection sociale et du Développement ; initiative brésilienne d'apprentissage pour un monde sans pauvreté à l'adresse suivante http://wwp.org.br/.

L'Irak est en proie à un long conflit armé qui a débuté en 2003. La poursuite de l'insurrection a mis à rude épreuve la capacité institutionnelle du pays à planifier les programmes sociaux. La guerre civile qui secoue la République du Yémen a commencé en 2015 et a rapidement entraîné une crise humanitaire dans le pays. Ces deux pays, confrontés à des contraintes de ressources, à des difficultés sur le terrain et à une érosion de leur capacité institutionnelle, nécessitent des interventions urgentes. Les méthodes et approches classiques de communication et de sensibilisation peuvent s'avérer irréalistes dans les contextes donnés. Cependant, de récentes avancées technologiques donnent la possibilité de fournir des solutions en temps réel dans ces régions fragiles, touchées par des conflits et la violence. Une évaluation du paysage technologique a permis de formuler un certain nombre de recommandations de solutions technologiques pour l'Irak et la République du Yémen. Elles sont énumérées ci-dessous.

- Les technologies mobiles et les enquêtes en face à face assistées par ordinateur (CAPI) facilitent les phases de sensibilisation, d'accueil et d'enregistrement. Elles ont permis d'obtenir des résultats remarquables en améliorant l'inclusion, la transparence et la responsabilité dans des contextes où les ressources et les budgets sont limités. L'omniprésence des appareils mobiles et l'augmentation de la télédensité font que les solutions mobiles fonctionnent efficacement dans les zones urbaines et rurales, et de plus en plus dans les zones FCV.
- Il est difficile de trouver les populations ciblées. L'imagerie satellite, les technologies géospatiales, la géolocalisation de l'emplacement des populations ciblées et des sites de programmes permettent de dessiner des cartes de la pauvreté réalistes afin de planifier des activités de sensibilisation précises pour des populations vulnérables spécifiques. La géolocalisation de l'emplacement des populations ciblées peut se faire par GPS et d'autres médias

divers tels que la photographie, la vidéo et la localisation des SMS. On peut ainsi localiser les populations ciblées et les retrouver lors des phases suivantes. Plus loin dans la chaîne de mise en œuvre, des applications géoréférencées relient les bénéficiaires éventuels aux distributeurs, aux points de paiement, aux détaillants et à d'autres services. Ils contribuent également à la supervision des prestataires et des auditeurs tiers.

- L'impossibilité d'accéder physiquement aux zones représente un défi en matière d'information, ce qui entrave les efforts de sensibilisation. L'une des technologies qui contribuent à informer les activités de sensibilisation est la télédétection, par laquelle on acquiert des informations sur un objet ou un phénomène sans aucun contact physique avec l'objet (« l'Internet des objets ») en utilisant un dispositif de détection, qui permet de capturer et de transmettre des données sur l'environnement physique, ainsi que des véhicules aériens sans pilote (UAV) ou des drones qui permettent d'observer, de scanner et de documenter l'état des sites du programme.
- Le règlement de réclamations en s'appuyant sur les médias sociaux peut être contrôlé par des chatbots interactifs. Les mécanismes de retour d'information sur les médias sociaux permettent aux bénéficiaires de vérifier le travail accompli, de confirmer les paiements effectués et de signaler tout problème susceptible de devenir une source de réclamations.
- Il est possible d'utiliser l'analyse des mégadonnées tirées des médias sociaux pour suivre les travaux très visibles qui suscitent beaucoup d'attention, de dialogues et de discussions. Les médias sociaux peuvent également être utilisés pour recueillir les réactions aux formations dispensées et pour traiter les réclamations.

La planification des interventions technologiques dans des régions de fragilité, de conflits et de violence doit tenir compte des contraintes de ressources et du fait que toutes les solutions techniques ne seront

suite

pas applicables à tous les scénarios. L'équipe de sensibilisation peut utiliser le paysage technologique pour cerner les caractéristiques et les capacités spécifiques des technologies potentielles, puis évaluer

et exposer les coûts-avantages de leur mise en œuvre. Une analyse qualitative primaire permettra de déterminer les besoins et la pertinence des technologies sélectionnées.

_____

Source : Vital Wave 2017.
Remarque : FCV = Fragilité, conflit et violence.

Il est essentiel de faire le bilan des actions de sensibilisation. Les systèmes de mise en œuvre performants garantissent l'efficacité et l'efficience tout au long de la chaîne de mise en œuvre, de la sensibilisation à la supervision régulière, et sont soutenus par des systèmes d'information, des interfaces clients et des institutions efficaces et efficientes. Pour mesurer la performance du plan et des activités de sensibilisation, des indicateurs clés de performance sont régulièrement suivis afin d'aider à diagnostiquer, à un stade précoce, les goulots d'étranglement dans la chaîne de mise en œuvre et à trouver des solutions de rechange en vue de corriger ou de prévenir tout autre problème. Les indicateurs

suivants peuvent servir de guides pour évaluer l'efficacité de la phase d'information et de sensibilisation : (1) le pourcentage de la population cible qui comprend le programme, (2) le pourcentage de la population cible enregistrée dans le programme, (3) le pourcentage de groupes ou de populations vulnérables confrontés à des difficultés d'accès enregistrés dans le programme et (4) la baisse avec le temps du nombre de cas de gestion des réclamations, qui peut être attribuée à une meilleure compréhension et à un meilleur engagement. La sélection des indicateurs peut varier selon les pays et les objectifs et la nature du programme et peut être adaptée en fonction des besoins[3].

3.5 ASPECTS INSTITUTIONNELS

Les dispositions institutionnelles accompagnant la sensibilisation peuvent être très diverses, vu le nombre de moyens utilisés dans cette phase. Ci-après, quelques combinaisons de dispositions institutionnelles :

- *Acteurs directs ou acteurs/intermédiaires communautaires.* Les gestionnaires de programmes peuvent mener des actions d'information et de sensibilisation de façon directe ou bien travailler avec des communautés, des pairs ou d'autres intermédiaires afin de mettre en œuvre de telles actions pour un programme spécifique ou pour plusieurs programmes. Ces arrangements peuvent être formels ou informels.
- *Programme unique ou multiprogramme.* Dans certaines modalités, des acteurs spécifiques au programme (travailleurs sociaux, agents de

vulgarisation, équipes mobiles) mettent en œuvre des activités d'information et de sensibilisation au nom du programme. Dans d'autres modalités, les agents de vulgarisation feront de la sensibilisation au nom de plusieurs programmes ou registres sociaux. Les approches multiprogrammes exigent que les messages d'information et de sensibilisation soient harmonisés, que l'on dispose d'informations sur tous les programmes, que les règles de chaque programme soient clairement comprises, etc.
- *Approches à la demande ou impulsées par les gestionnaires de programmes.* Comme nous l'avons vu au chapitre 2 et tout au long de ce guide, il existe deux modèles de fonctionnement distincts pour les systèmes de mise en œuvre. L'un concerne les systèmes à la demande, l'autre concerne les approches

impulsées par les gestionnaires de programmes. Les systèmes à la demande sont largement tributaires du fait que les gens soient suffisamment informés pour prendre l'initiative de postuler à des programmes (en personne ou par voie numérique). Toutefois, l'approche ne peut être passive. Si la sensibilisation est insuffisante, les populations ciblées ou les groupes vulnérables peuvent n'avoir ni l'information ni les capacités nécessaires pour demander de l'aide, au risque d'être oubliés. Toutes les modalités d'information et de sensibilisation peuvent être utilisées avec des méthodes à la demande. Les approches impulsées par les gestionnaires de programmes apportent l'accueil et l'enregistrement aux communautés, voire aux ménages directement. Dans ce sens, la sensibilisation est implicite, mais toujours proactive, et comprend la prise de contact avec les communautés, la diffusion d'informations, la prise de mesures d'adaptation aux différences linguistiques ou culturelles, etc.

- **Budgets et considérations administratives.** La sensibilisation est souvent négligée, en particulier lorsqu'il s'agit d'allouer des ressources, d'affecter du personnel qualifié et de fournir des intrants logistiques. Les coûts de la sensibilisation peuvent inclure le recrutement et la formation du personnel d'information et de sensibilisation ou d'autres agents (équipes mobiles, mentors pairs ou agents communautaires), la fourniture des moyens logistiques nécessaires (qui peuvent devenir obsolètes et inutilisables avec le temps), les supports de communication, le développement et la maintenance du site Web, le transport, etc.

- **Du côté institutionnel, les acteurs locaux, y compris les représentants des autorités centrales ou locales, ou les prestataires externes sont généralement responsables de la mise en œuvre auprès des clients lors de la phase de sensibilisation.** De nombreux programmes sous-traitent une partie ou la totalité des aspects de la mise en œuvre à des agences partenaires, qui peuvent inclure d'autres organismes publics, des fondations, des professionnels de la jeunesse, des organisations sans but lucratif et des entreprises spécialisées à but lucratif. Dans le cadre de la sensibilisation, les prestataires de services/agents d'information et de sensibilisation identifieront leur groupe cible et seront proches de la population cible. La sensibilisation peut se faire dans différents environnements : rues et autres lieux extérieurs, foyers, communautés de sans-abri, centres de jeunesse, centres communautaires villageois, centres de santé ou écoles. Quel que soit l'environnement, les travailleurs de proximité écoutent activement et établissent quels sont les besoins de la population cible. Ils déterminent les options de prestations et de services appropriées et les expliquent de manière à ce que les populations ciblées les comprennent et soient disposées à s'engager dans le processus de demande.

3.6 ÉLÉMENTS DE CONCLUSION

La sensibilisation est essentielle pour assurer l'efficacité et l'efficience des programmes de protection sociale et des systèmes de mise en œuvre. Elle suppose un effort délibéré pour atteindre et informer les populations ciblées et les groupes vulnérables sur les programmes de protection sociale et les systèmes de mise en œuvre de manière à ce qu'ils soient suffisamment sensibilisés, informés, capables et encouragés pour s'engager. Elle vise à s'assurer que les gens comprennent le ou les programmes, mais aussi les systèmes de mise en œuvre. L'information et la sensibilisation ne consistent pas simplement à diffuser de l'information et à mieux faire connaître tel ou tel programme. Elle consiste également à humaniser la population cible,

à instaurer la confiance, à faire participer activement les parties prenantes à la recherche d'un consensus et à promouvoir l'inclusion. Sur le plan pratique, le principal risque d'une information ou sensibilisation inadéquate est que la population cible soit oubliée, qu'elle ne soit pas informée ou qu'elle ne comprenne pas le ou les programmes ou les démarches d'enregistrement. Parmi les risques de plus grande portée, citons l'oubli des populations ciblées ou des groupes vulnérables, les erreurs d'exclusion et d'inclusion, la confusion, l'inefficacité et le manque de transparence.

La sensibilisation implique un objectif, des personnes et de la proactivité. Il ne saurait y avoir de stratégie unique applicable à tous les cas. Des approches sur mesure doivent être adoptées, notamment en raison de la diversité des contextes, des programmes de protection sociale et des groupes de populations. Les différentes modalités comprennent (1) l'information et la sensibilisation directes, (2) l'information et la sensibilisation communautaires, (3) l'information et la sensibilisation au moyen d'intermédiaires et (4) l'information et la sensibilisation par le biais d'outils et de technologies d'information. Ces modalités doivent être adaptées aux habitudes et aux contextes de communication de groupes de populations spécifiques, ainsi qu'aux modèles de fonctionnement des systèmes de mise en œuvre (systèmes à un ou plusieurs programmes et approches à la demande ou impulsées par les gestionnaires de programmes).

Notes

1. Les populations visées n'ont pas encore été enregistrées dans les systèmes de protection sociale ou ne sont pas encore des bénéficiaires. Certaines personnes utilisent les termes « bénéficiaires potentiels » ou « identification des bénéficiaires (potentiels) ». Comme nous ne connaissons pas la situation des personnes avant leur enregistrement, leur évaluation et leur accueil éventuel, nous ne pouvons pas les appeler des « bénéficiaires ». De même, nous préférons ne pas les appeler des « bénéficiaires potentiels » pour ne pas laisser entendre qu'elles pourraient devenir des bénéficiaires et pour ne susciter aucune attente en matière de droits qui risquerait de ne pas être satisfaite.
2. https://www.who.int/disabilities/world_report/2011/report.pdf
3. Plus de détails au chapitre 9 : Évaluer la performance des systèmes de mise en œuvre de la protection sociale.

Bibliographie

Andersson, Björn. 2013. "Finding Ways to the Hard to Reach—Considerations on the Content and Concept of Outreach Work." *European Journal of Social Work* 16 (2): 171–86.

Andersson, Bjorn. 2018. "Fringe Work—Street-Level Divergence in Swedish Youth Work." In *The Sage Handbook of Youth Work Practice*, edited by Pam Alldred, Fin Cullen, Kathy Edwards, and Dana Fusco, chapter 21. London: SAGE.

Dewson, Sara, Sara Davis, and Jo Casebourne. 2006. "Maximising the Role of Outreach in Client Engagement." Research Report 326, Department for Work and Pensions, London.

EURoma (European Network on Roma Inclusion under ESI Funds). 2009. "Study Visit to the ACCEDER Programme in Spain." Final report, EURoma, Madrid.

Fox, Charles, and Benjamin Stewart. 2018. "Need Better Maps? Take It to the Crowd!" World Bank Blogs, June 26, 2018. https://blogs.worldbank.org/digital-development/need-better-maps-take-it-crowd.

Guerreo Gamez, Sofia, Ana Rodriguez Coteron, and Guillermo Romero Rodriguez. 2018. "Accessibility and Inclusion: Two Key Factors for Individuals with Disabilities." World Bank Blogs, December 4, 2018. https://blogs.worldbank.org/latinamerica/accessibility-and-inclusion-two-key-factors-individuals-disabilities.

Guven, Melis. 2019. "Extending Pension Coverage to the Informal Sector in Africa." Social Protection and Jobs Discussion Paper 1933, World Bank, Washington, DC.

Iraq, Ministry of Labor and Social Affairs. 2018. "Emergency Social Stabilization and Resilience Project." Paper presented at the knowledge exchange event between South Sudan and Iraq, July 25, 2018.

Kenya, Ministry of Labour and Social Protection. 2018. "Beneficiary Outreach Strategy and Action Plan." State Department of Social Protection, Pensions and Senior Citizens Affairs. Working Paper, Pensions and Senior Citizens Affairs, State Department of Social Protection, Kenya.

Leite, Phillippe, Tina George, Changqing Sun, Theresa Jones, and Kathy Lindert. 2017. "Social Registries for Social Assistance and Beyond: A Guidance Note and Assessment Tool." Social Protection and Labor Discussion Paper 1704, World Bank, Washington, DC. http://documents.worldbank.org/curated/en/698441502095248081/Social-registries-for-social-assistance-and-beyond-a-guidance-note-and-assessment-tool.

Lindert, Kathy A. 2016. "Communication and Outreach in Social Safety Nets." Slide presentation, World Bank, Washington, DC.

Mikkonen, Mika, Jaana Kauppinen, Minna Huovinen, and Erja Aalto, eds. 2007. "Outreach Work among Marginalised Populations in Europe: Guidelines on Providing Integrated Outreach Services." Foundation Regenboog AMOC, Amsterdam.

Morse, Gary. 1987. "Conceptual Overview of Mobile Outreach for Persons Who Are Homeless and Mentally Ill." Paper presented at the American Public Health Association Annual Convention, New Orleans, October.

Mosley, Hugh, Agota Scharle, and Miroslav Stefanik. 2018. "The Role of PES in Outreach to the Inactive

Population." European Commission, Brussels, Belgium; ICON-INSTITUTE, Germany.

Paynter, Ben. 2017. "How Blockchain Could Transform the Way International Aid Is Distributed." *Fast Company*, September 18, 2017. https://www.fastcompany .com/40457354/how-blockchain-could-transform -the-way-international-aid-is-distributed.

Rhodes, Tim. 1996. "Outreach Work with Drug Users: Principles and Practice." Council of Europe, Strasbourg, France.

Rwanda, Ministry of Local Development. 2010. "VUP Public Awareness Program Summary."

Sagheer, Sumaira, and Quanita Ali Khan. 2018. "Pakistan: Reaching the Poor through the National Social Safety Net System—Role of Communication and Outreach in Stimulating Inclusive Participation." Presentation at the World Bank's Social Safety Nets and Delivery Systems Core Course, Washington, DC.

Scoppetta, Anette, and Arthur Buckenleib. 2018. "Tackling Long-Term Unemployment through Risk Profiling and Outreach." Technical Dossier 6, ESF Transnational Platform, European Commission, Brussels, Belgium.

Sluchynsky, Oleksiy. 2019. "Social Insurance Administrative Diagnostic (SIAD): Guidance Note." World Bank, Washington, DC; International Social Security Association, Geneva, Switzerland.

Subbarao, Kalanidhi, Carlo del Ninno, Colin Andrews, and Claudia Rodríguez-Alas. 2013. *Public Works as a Safety Net: Design, Evidence, and Implementation.*

Directions in Development Series. Washington, DC: World Bank.

Sudan. 2018. "The Safety Net and Skills Development Project (SNSDP)." Slide presentation at the knowledge exchange event between South Sudan and Iraq, July 25, 2018.

United States, National Council on Disability. 2012. "Guiding Principles: Successfully Enrolling People with Disabilities in Managed Care Plans." National Council on Disability, Washington, DC.

Villarreal, Fernando. 2013. "ACCEDER: Programme for the Employment of Roma through the Operational Programme Fight against Discrimination under the European Social Fund: Assessment Report." Fresno Consulting, Madrid. https://www.fresnoconsulting .es/upload/79/47/2013_assessment_report_acceder _fresno-osi.pdf.

Vital Wave. 2017. "Utilizing Technology for Smart Fiduciary Oversight in Fragile, Conflict Affected, and Violent Contexts." Slide presentation, Vital Wave, Palo Alto, CA.

WFP (World Food Programme). 2018. "Blockchain for Zero Hunger." Innovation Accelerator. WFP, Munich, Germany.

WHO (World Health Organization) and World Bank. 2011. *World Report on Disability.* Geneva, Switzerland: WHO; Washington, DC: World Bank.

WWP (Brazil Learning Initiative for a World Without Poverty). 2015. "Active Search and Targeting: The Importance of the Unified Registry for Brazil without Extreme Poverty Plan." Series No. 4. WWP.

Chapitre 4

Accueil, enregistrement des demandes et évaluation des besoins et des conditions de vie

Kathy Lindert, Phillippe Leite, Tina George Karippacheril, et Inés Rodríguez Caillava

Avec les contributions de Nina Rosas Raffo, Gustavo Demarco, Nahla Zeitoun, Ahmet Fatih Ortakaya, Anita Mittal, Conrad Daly, Vasumathi Anandan et Karen Peffley

Comment les gens font-ils une demande auprès des programmes de protection sociale ? Comment évalue-t-on leurs besoins et leurs conditions de vie pour déterminer s'ils sont éligibles aux prestations et aux services ? Ce sont les questions auxquelles on répond au cours des processus d'accueil et d'enregistrement et d'évaluation des besoins et des conditions de vie. Le présent chapitre décrit en détail ces phases des processus et mécanismes de mise en œuvre (figure 4.1).

L'accueil et l'enregistrement ainsi que l'évaluation des besoins et des conditions de vie sont les deuxième et troisième phases des processus et mécanismes de mise en œuvre. Leurs objectifs sont que les populations ciblées soient enregistrées de manière efficiente, que les informations fournies par les personnes soient consignées avec précision et que leur profil soit établi avec exactitude. L'accueil est le processus qui consiste à engager le contact, à impliquer les clients et à recueillir des informations, tandis que l'enregistrement consiste à enregistrer et à vérifier ces informations. Dans certains systèmes, les informations fournies par les personnes enregistrées sont complétées par des données supplémentaires provenant d'autres systèmes administratifs. L'accueil et l'enregistrement sont généralement simultanés. Après les efforts de sensibilisation (abordés au chapitre 3), les données saisies lors de l'accueil et de l'enregistrement concernent les personnes (individus, familles ou ménages) qui demandent une aide, entrent en contact avec une agence et fournissent des informations et des documents. Le principal résultat de l'accueil et de l'enregistrement est une information complète sur le demandeur, qui est vérifiée et validée pour servir de base à l'évaluation des besoins et des conditions de vie.

Figure 4.1 Les phases d'évaluation des processus et mécanismes de mise en œuvre de la protection sociale

Source : Figure conçue pour cette publication.

Cette dernière est alors le processus qui consiste à établir le profil des individus, des familles ou des ménages enregistrés en fonction de divers outils d'évaluation (tels que les mesures de bien-être socio-économique, les profils de risque et les profils professionnels). Ce profilage est le principal résultat de cette phase et permet de déterminer l'éligibilité potentielle à des programmes spécifiques et les prestations ou services qui peuvent être accordés (voir chapitre 5). Plus largement, un autre résultat de cette phase permet également de mesurer le besoin des programmes de protection sociale, ce qui peut aider les organismes dans la planification, la budgétisation et la coordination.

Ces deux phases sont axées sur les personnes : individus, familles ou ménages. Ils peuvent appartenir à diverses populations cibles (ou « groupes cible ») telles que (1) des catégories de groupes démographiques à un certain stade de la vie (comme les enfants ou les personnes âgées), (2) des groupes définis en fonction de leur statut socio-économique, (3) des personnes en situation de handicap, (4) des personnes ayant un statut professionnel particulier (demandeurs d'emploi et sans-emploi), (5) des individus vulnérables classés par risques sociaux ou (6) une combinaison de ces catégories. À ce stade des processus et mécanismes de mise en œuvre, nous appelons les personnes des « demandeurs » ou des « personnes enregistrées » (et non des bénéficiaires), car elles n'ont pas encore été jugées éligibles à un quelconque programme. Il est important de collecter et de conserver des informations sur tous les demandeurs ou personnes enregistrées, et pas seulement sur ceux qui deviennent à terme bénéficiaires des programmes (comme nous le verrons au chapitre 5).

Ce chapitre est organisé comme suit :

- La section 4.1 donne une vue d'ensemble de l'accueil et de l'enregistrement, à savoir les modalités d'accueil, les modalités d'enregistrement, les instruments et les techniques, et une analyse sur les liens entre le principe d'inclusion dynamique et l'accueil et l'enregistrement.
- La section 4.2 passe en revue les types d'informations recueillies au cours du processus d'accueil et d'enregistrement pour les populations ciblées. Elle examine également les possibilités d'utiliser des approches intégrées pour l'accueil et l'enregistrement.
- La section 4.3 passe en revue les outils utilisés pour évaluer les besoins et les conditions de vie de ces différents groupes (démographiques, socio-économiques, selon des handicaps, un statut professionnel, des risques sociaux), et examine également les possibilités de tirer parti des approches intégrées.
- La section 4.4 présente quelques diagrammes de processus pour illustrer l'enchaînement des étapes et des rôles institutionnels pour les phases d'accueil, d'enregistrement et d'évaluation des besoins et des conditions de vie.
- La section 4.5 examine les aspects structurels de ces processus, tels que les dispositions institutionnelles et les systèmes d'information qui les prennent en charge.
- Enfin, la section 4.6 résume les principales caractéristiques de l'accueil, de l'enregistrement et de l'évaluation des besoins et des conditions de vie qui peuvent être utilisées pour soutenir l'inclusion dynamique et la coordination.

Plusieurs exemples de pays sont examinés dans ce chapitre, dont plusieurs de chacune des régions suivantes :

- **Afrique :** Burkina Faso, République du Congo, Malawi, Mali, Maurice, Sénégal, Sierra Leone, Tanzanie
- **Asie de l'Est et Pacifique :** Chine, Indonésie, Philippines
- **Europe et Asie centrale :** Albanie, Danemark, Finlande, France, Géorgie, Grèce, Italie, Kosovo, République kirghize, Pays-Bas, Macédoine du Nord, Roumanie, Royaume-Uni, Fédération de Russie, Serbie, Suède, Turquie.
- **Amérique latine et Caraïbes :** Brésil, Chili, Colombie, République dominicaine, Mexique
- **Moyen-Orient et Afrique du Nord :** Djibouti, République arabe d'Égypte, Jordanie, Liban, Maroc
- **Asie du Sud** Pakistan
- **Autres pays de l'Organisation de coopération et de développement économiques (OCDE) :** Australie, Canada, États-Unis, autres pays mentionnés.

4.1 ACCUEIL ET ENREGISTREMENT

L'accueil et l'enregistrement nécessitent des structures et des processus d'interface avec les futurs clients potentiels du programme. Cette interface constitue ce qu'on appelle généralement le premier kilomètre dans une chaîne logistique (voir le chapitre 2 sur l'interface client et la conception centrée sur l'humain). L'interface client est le point de contact destiné aux personnes enregistrées et aux demandeurs. Les modalités d'accueil et d'enregistrement doivent avoir des points de contact clairs, idéalement en recourant à des canaux multiples tels que (1) un bureau local, un guichet de service ou un kiosque, (2) des équipes mobiles, (3) des travailleurs sociaux, du personnel de première ligne ou des enquêteurs et (4) des guichets de service numériques (figure 4.2). Elles peuvent être gérées par des organismes centraux (par exemple, par des fonctionnaires ou des sous-traitants) ou par des administrations locales.

Figure 4.2 Interface client : modalités d'accueil et d'enregistrement

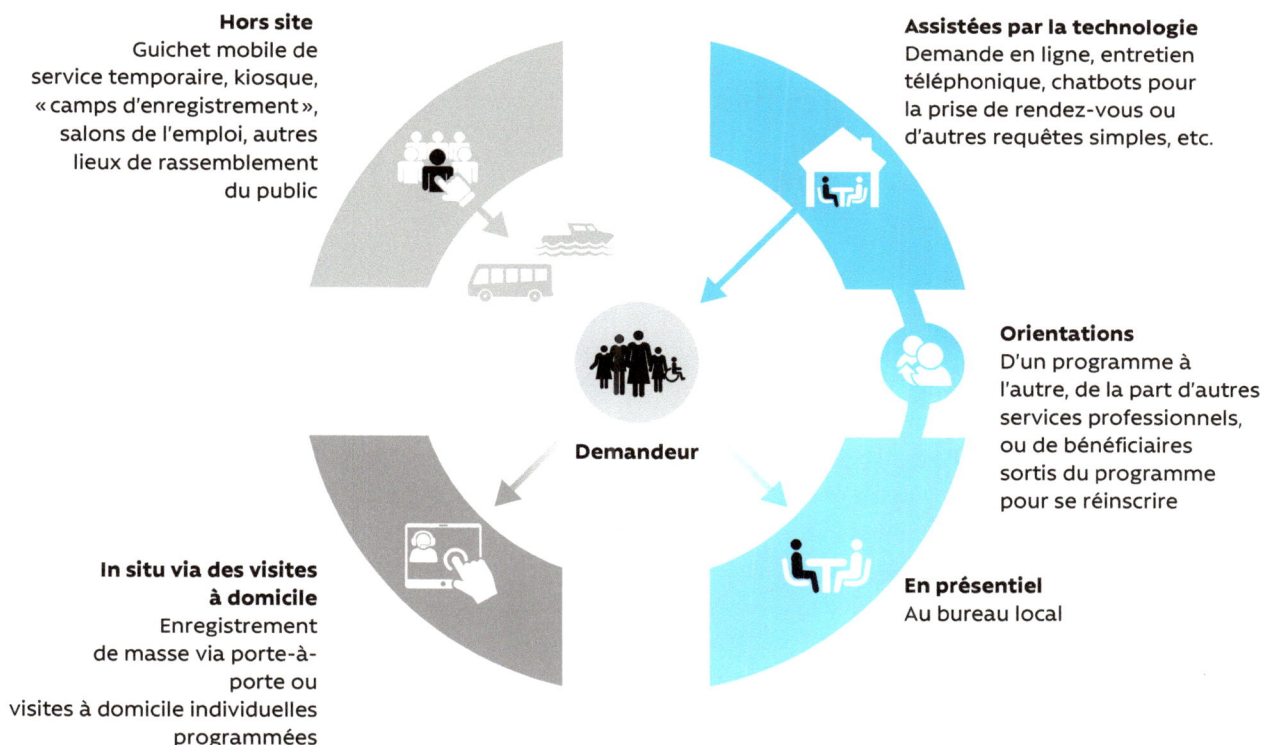

Hors site
Guichet mobile de service temporaire, kiosque, « camps d'enregistrement », salons de l'emploi, autres lieux de rassemblement du public

Assistées par la technologie
Demande en ligne, entretien téléphonique, chatbots pour la prise de rendez-vous ou d'autres requêtes simples, etc.

Orientations
D'un programme à l'autre, de la part d'autres services professionnels, ou de bénéficiaires sortis du programme pour se réinscrire

En présentiel
Au bureau local

In situ via des visites à domicile
Enregistrement de masse via porte-à-porte ou visites à domicile individuelles programmées

Demandeur

Source : Figure conçue pour cette publication.

L'interface client a également une importante « dimension temporelle » : le point de contact est-il accessible aux personnes de façon permanente ou peu fréquente ? Il est également utile de savoir si ce « contact » (par exemple, l'accueil et l'enregistrement) est initié par les demandeurs eux-mêmes (par exemple, à la demande) ou par un gestionnaire de programmes (par exemple, approche impulsée par un gestionnaire de programmes, collecte de données en masse). Enfin, un aspect important de l'interface client est « l'expérience utilisateur » — et si le point de contact et les processus associés sont centrés sur les personnes et axés sur le service. Une caractéristique clé est de savoir s'ils permettent l'inclusion dynamique, de sorte que n'importe qui peut faire une demande pour des programmes sociaux à tout moment. En d'autres termes, l'inclusion dynamique signifie que l'accès à l'accueil et à l'enregistrement est ouvert et continu — généralement, l'interface client comporte un guichet pour les démarches à la demande. Les gens doivent pouvoir d'une part s'enregistrer pour que leur éligibilité potentielle aux programmes sociaux soit examinée lorsqu'ils en ont besoin, ou d'autre part, mettre à jour leurs informations si leur situation change. L'interface client est particulièrement importante lors de l'élaboration de « systèmes de protection sociale adaptatifs » (Leite et coll., 2017).

Modalités d'accueil : Approches à la demande et approches impulsées par les gestionnaires de programmes

En matière d'accueil, le choix de l'approche à la demande ou de l'approche impulsée par les gestionnaires de programmes influe sur d'autres décisions des processus et mécanismes de mise en œuvre[1]. Trois caractéristiques clés distinguent ces approches : (1) le client prend l'initiative de postuler (à la demande) ou bien le programme ou le registre social sont à l'origine de l'enregistrement (impulsée par un gestionnaire de programmes), (2) les clients prennent contact séparément (à la demande) ou sont enregistrés ensemble en cohorte (impulsée par un gestionnaire de programmes) et (3) les clients postulent lorsqu'ils le souhaitent (à la demande) ou le calendrier est fonction du financement et de la capacité (impulsée par un gestionnaire de programmes).

Si l'approche impulsée par des gestionnaires de programmes et l'approche à la demande sont deux modèles distincts, elles peuvent aussi prendre la forme d'une combinaison des deux. Certains pays ont une approche entièrement à la demande, comme le Cadastro Unico du Brésil, et d'autres ont une approche entièrement impulsée par des gestionnaires de programmes, comme le Burkina Faso, le Malawi et la Tanzanie. Il existe d'autres cas, tels que le Registre socio-économique national (NSER) du Pakistan, le registre social de la République du Congo et le SPRINT de la Sierra Leone, qui utilisent des approches impulsées par des gestionnaires et comportent certains éléments à la demande.

L'éventail des programmes qui utilisent des approches à la demande et des approches impulsées par des gestionnaires de programmes est variable. Les approches à la demande sont utilisées pour tous les types de programmes de protection sociale (voir chapitre 2). Elles peuvent être utilisées pour un ou plusieurs programmes à la fois, et dans des situations de chocs spécifiques ou covariants. Les approches impulsées par des gestionnaires sont plus courantes pour les programmes axés sur la pauvreté et en réponse à des chocs covariants, dans lesquels tous les membres du groupe destiné à être enregistré sont confrontés au même choc. Certains programmes de protection sociale ont tendance à être plus « à la demande » que d'autres. Par exemple, l'assurance maladie et les pensions permettent un accueil et un enregistrement dynamiques, de même que les services sociaux et de l'emploi. Les programmes d'assistance sociale, en revanche, sont généralement davantage impulsés par des gestionnaires de programmes et réalisés par le biais de campagnes de recensement périodiques. Néanmoins, dans les pays à revenu élevé, de meilleurs systèmes d'information administrative permettent une inclusion dynamique même en ce qui concerne l'assistance sociale.

La conformité du processus d'accueil au principe de l'inclusion dynamique dépend de l'approche adoptée, à savoir si elle est à la demande ou impulsée par un gestionnaire de programme. Le calendrier d'accueil est important. Les personnes peuvent-elles faire une demande à tout moment (à la demande) en fonction de leur propre situation ? Cela facilite l'inclusion dynamique. Ou bien les gens doivent-ils attendre plusieurs années la prochaine vague d'enregistrement en masse, comme c'est le cas avec les approches impulsées par des gestionnaires de programme ? Cela signifie que de nombreuses personnes ne seront pas en mesure de faire une demande au moment où elles en ont besoin, mais devront attendre la prochaine vague d'enregistrement.

La définition de l'approche d'accueil dépend du contexte du pays et de la capacité administrative. Si l'approche à la demande et la garantie d'une inclusion dynamique sont souhaitables, elles sont réalisables pour de nombreux pays dans des contextes de forte capacité et de disponibilité d'un réseau permanent pour l'interface client. Lorsque la capacité administrative est faible et que le réseau pour l'interface client est limité, l'approche impulsée par un gestionnaire de programme peut être plus adaptée.

Accueil à la demande

Avec les approches à la demande, les personnes font une demande de manière proactive pour un ou plusieurs services et prestations. L'unité d'assistance peut être un individu, une famille ou un ménage. La dynamique de cette demande vient de clients spécifiques, bien qu'elle puisse également être stimulée par des efforts de sensibilisation et/ou des orientations d'autres programmes ou professionnels[2]. La date à laquelle ils font leur demande dépend largement de leur propre situation. Par exemple, une personne peut atteindre un certain âge (65 ans, par exemple), une famille peut avoir un enfant ou souffrir de pauvreté chronique ou d'un choc spécifique à sa situation, un travailleur peut être licencié, une personne peut être confrontée à l'apparition d'un handicap ou à des risques sociaux complexes. La date de la demande détermine le calendrier des autres phases des processus et mécanismes de mise en œuvre.

L'accueil peut se faire au domicile ou dans une administration publique, il peut s'appuyer sur des formulaires papier ou numériques (à la fois hors ligne et en ligne), et le processus peut être géré par l'administrateur (par ex. par un assistant social ou un travailleur social) ou être un processus en libre-service. Dans la pratique, la plupart des pays utilisent une combinaison de ces modalités. Par exemple, le processus peut commencer par la visite du client à une administration publique, suivie d'une visite à domicile par un assistant social, ou par une demande en ligne effectuée depuis le domicile du demandeur, suivie d'un rendez-vous dans une administration publique

pour un entretien ou pour transmettre des documents ou des informations supplémentaires.

La modalité la plus courante dans le cadre de l'approche à la demande est probablement la demande en personne dans des bureaux ou des kiosques locaux. Dans de nombreux pays, les gens se rendent dans un bureau local pour demander à bénéficier de programmes de protection sociale. Les démarches à la demande peuvent être faites dans les bureaux locaux de protection sociale, les agences pour l'emploi ou les bureaux des administrations locales[3].

Souvent, les bureaux locaux procèdent à l'accueil et à l'enregistrement de manière intégrée, de sorte que les personnes peuvent utiliser un seul formulaire de demande pour plusieurs prestations et services. On peut citer l'exemple de la Géorgie, où les agences régionales et locales de services sociaux font office de guichets uniques/centres de services où les personnes peuvent déposer une demande unique qui sera prise en compte pour plusieurs prestations et services. Au Brésil et au Chili, les personnes font une demande, passent un entretien et sont enregistrées dans des registres sociaux ; les personnes enregistrées sont évaluées pour de nombreux programmes sociaux. En Turquie, les gens font une demande pour une large gamme de prestations et de services sociaux et de santé auprès de 1000 Fondations locales d'assistance sociale et de solidarité (SASF)[4]. En Allemagne, les centres municipaux pour l'emploi sont le point d'entrée pour les services de l'emploi et les aides au revenu (encadré 4.1).

Dans certains comtés des États-Unis, la santé et l'assistance sociale (souvent appelées services de santé et services sociaux) ont été regroupées au niveau du comté. Par exemple, dans le comté de Montgomery, dans le Maryland, les gens peuvent accéder à 134 programmes de santé et d'aide sociale dans les bureaux locaux du comté ou leurs antennes locales. Un système innovant de gestion des arrivées en temps réel permet de minimiser les temps d'attente et d'optimiser l'affectation du personnel aux différents bureaux généraux ou spécialisés (encadré 4.2).

Les applications numériques sont également assez courantes. Certaines étapes du processus d'accueil peuvent être facilitées par les nouvelles technologies, comme les demandes en ligne (demandes initiales ou complètes), les entretiens par téléphone et la prise de rendez-vous en personne ou la réponse à des

À Mannheim, en Allemagne, les centres communaux pour l'emploi gèrent à la fois les services de l'emploi et les prestations et services sociaux. Si les personnes se présentent dans les bureaux locaux pour obtenir des prestations d'aide au revenu, on évalue également leur éligibilité aux services liés à l'emploi. L'affichage sur les fenêtres des bureaux souligne que le travail est un objectif primordial. Les bureaux sont organisés de manière à orienter les personnes vers divers guichets d'accueil, d'enregistrement et d'évaluation pour les différentes prestations et services (voir figure B4.1.1 ci-dessous).

1. La zone d'accueil reçoit les clients qui se présentent avec ou sans rendez-vous. À l'avant se trouvent une zone dédiée au placement rapide/aux emplois à embauche rapide et une zone de libre-service. La « règle des 30 secondes » s'applique aux normes de service dans cette zone de réception initiale.

2. Les clients sont ensuite dirigés vers la zone de demande initiale, où ils reçoivent un soutien personnalisé pour l'accueil et l'enregistrement.

3. Sur la base de l'entretien d'accueil initial et des informations fournies, ils sont ensuite orientés en fonction de leur profil soit vers les services de l'emploi, soit vers ceux d'assistance sociale et financière (ou les deux) qui se trouvent dans des « zones protégées » dont l'accès est mieux contrôlé. Dans les services de l'emploi, des conseillers leur fournissent des conseils, une aide pour l'élaboration de leur CV ou pour se préparer à l'emploi ainsi que des propositions de poste. Dans les services d'assistance sociale et financière, on évaluera s'ils ont droit à une aide au revenu et, le cas échéant, à un soutien par d'autres services sociaux situés dans le même bâtiment. Il peut s'agir de professionnels du soutien psychosocial, d'experts en toxicomanie, d'équipes médicales, de consultants en matière d'endettement personnel, de juristes du droit de l'immigration, de spécialistes de la pension alimentaire, etc.

4. Les jeunes (<25 ans) sont également orientés vers des services spécialisés en vue d'un placement immédiat dans une formation, un emploi ou le

Figure B4.1.1 Configuration des bureaux pour l'orientation des clients

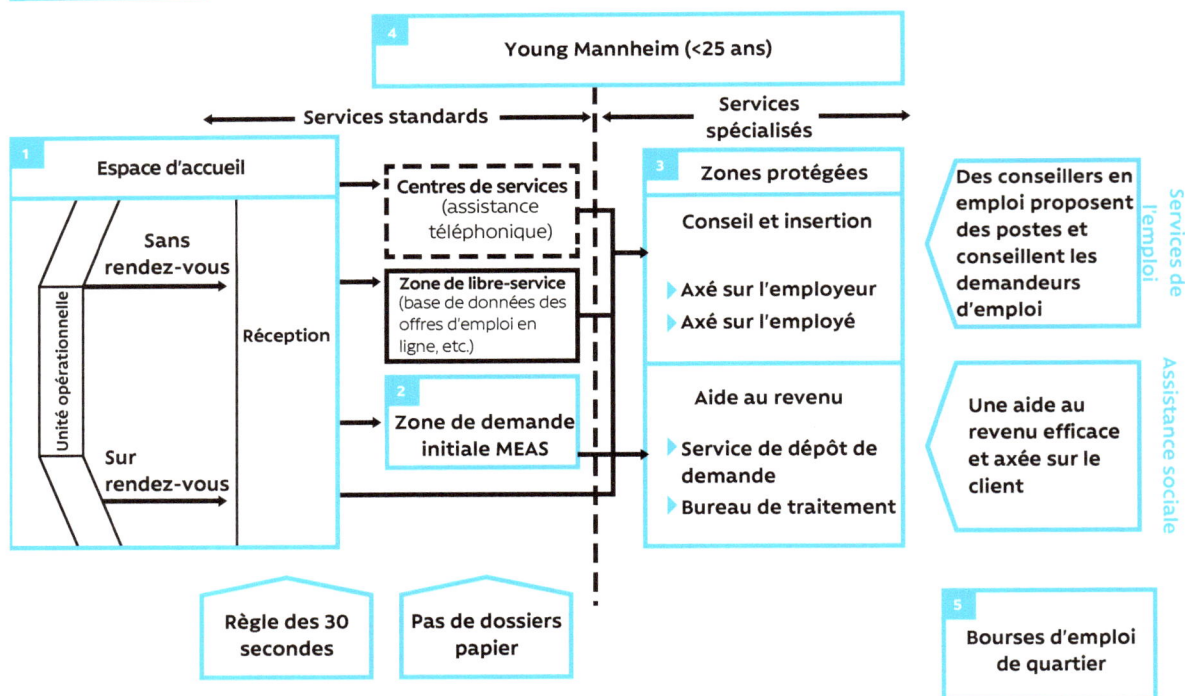

Source : Hoerning, 2011.

suite

«Jump Plus» (un système de coopération avec des entreprises sociales locales assurant la formation pour les jeunes). Ils bénéficient d'un soutien individuel et d'une assistance intensive si nécessaire, ainsi que d'un accompagnement rapproché par des travailleurs sociaux. On leur prête également des bicyclettes pour qu'ils puissent se rendre dans les centres d'emploi/de formation si nécessaire.

5. À proximité, des bourses de l'emploi existent dans chaque quartier, ce qui permet de réduire la stigmatisation qui pourrait survenir si elles étaient situées uniquement dans les quartiers défavorisés. Chaque boursier de l'emploi travaille avec un dirigeant d'entreprise ou un homme politique local (mécène). Les bourses de l'emploi aident les demandeurs d'emploi à identifier les postes vacants dans la région, à prospecter pour trouver des emplois, etc.

Encadré 4.2 Outils novateurs pour optimiser la gestion des arrivées dans le comté de Montgomery, Maryland (États-Unis)

Le Département de la santé et des services à la personne (DSSP) du comté de Montgomery a innové pour fournir une approche intégrée dans tous les domaines de services. Ceci est essentiel étant donné que le DSSP doit gérer, administrer et mettre en œuvre quelque 134 programmes au niveau fédéral, de l'État et du comté dans six domaines de services essentiels : les programmes pour les enfants, les jeunes et les familles (y compris les bons d'alimentation, l'assistance en espèces TANF, les services sociaux, etc.), la vieillesse et l'invalidité, les services de crise en matière de santé comportementale, les services de santé publique (y compris Medicaid et l'assurance maladie «Affordable Care Act»), les services aux sans-abri et les affaires communautaires. Des efforts d'intégration ont été déployés aux niveaux politique et institutionnel, dans la pratique du traitement intégré des dossiers, dans la gestion du personnel et dans l'infrastructure informatique. Parmi ces outils innovants, on peut citer «QLess», un système de gestion, d'orientation et de suivi des flux de clients au niveau du bureau d'accueil, et «eICM», un système de gestion intégrée des cas qui prend en charge les fonctions de présélection, d'accueil et d'enregistrement, d'évaluation des besoins et des conditions de vie, d'éligibilité, d'inscription, de gestion des prestations et des services, et assignation des cas.

QLess est un système de gestion des arrivées. Il vise à améliorer le service à la clientèle, à éliminer les longues files d'attente, à réduire les abandons et les réclamations des clients, à accroître la productivité du personnel et l'efficience opérationnelle, à obtenir des informations précieuses grâce au suivi et aux rapports, et à améliorer la communication et l'engagement des clients. Une gestion efficace du temps et des ressources à l'arrivée est essentielle, car un bureau peut accueillir 200 à 500 clients par jour pour de nombreuses prestations et services, ainsi que pour des rendez-vous administratifs (recertification, dépôt de documents, questions et réclamations).

■ **Pour les clients.** Lorsque les clients arrivent, ils s'inscrivent dans des kiosques judicieusement placés, qui offrent des options multilingues. Les indicateurs de langue préférée aident non seulement les clients à s'orienter, mais aussi le bureau à répartir le personnel multilingue entre les différents guichets. Les clients saisissent leur nom et leur numéro de téléphone mobile et sélectionnent les boutons correspondant aux services pour lesquels ils sont venus. Une fois qu'un client s'est connecté au guichet QLess, un avatar lui est attribué qui s'affiche sur les moniteurs dans la file d'attente sélectionnée pour ce client, afin d'indiquer sa place dans la file. Cet avatar change de couleur en fonction du statut du client et se déplace sur l'écran au cours des phases (attente, convocation, service, conclusion, départ). Le client reçoit un SMS qui l'avertit qu'il est le prochain dans la file d'attente et lui indique le poste ou le guichet où il sera servi lorsque son tour viendra.

■ **Pour l'administration du site.** Sur le plan opérationnel, le gestionnaire du site est toujours

suite

au courant du nombre de personnes dans le hall d'arrivée à tout moment de la journée grâce à un tableau de bord en direct et peut réagir à l'afflux de clients. Le gestionnaire du site peut surveiller les temps d'attente, cliquer sur des avatars spécifiques pour obtenir des détails sur les clients, ou réaffecter le personnel aux différents bureaux pour une meilleure optimisation des ressources (y compris l'affectation de personnel spécialisé ou de personnel multilingue en fonction des besoins des clients). Il peut également utiliser le système pour prendre des rendez-vous et gérer le calendrier tout en évitant les pics d'affluence.

Les avatars des clients passent par des couleurs indiquant leur statut dans QLess :

Vert : temps d'attente ≤ prévision initiale

Jaune : temps d'attente > de 25 % à la prévision initiale

Rouge : temps d'attente > de 50 % à la prévision initiale

Gris : client appelé à l'avance, mais qui ne s'est pas encore enregistré

Violet : client dont le rendez-vous est flexible et qui avance automatiquement dans la file d'attente virtuelle

Sources : Guide de formation QLess, version 6.0 : version 2018, Département de la santé et des services sociaux, comté de Montgomery, Maryland ; notes prises sur le site et discussions avec le personnel du DSSP.

Remarque : TANF = Programme d'assistance temporaire pour les familles dans le besoin.

---

questions simples via des chatbots. Les demandes de prestations de chômage en ligne sont courantes dans les pays de l'OCDE, bien que le recours à l'option en ligne varie de 1 ou 2 % des demandeurs en Espagne à 30 % en Nouvelle-Zélande, 58 % aux États-Unis, 88 % au Royaume-Uni, 95 % aux Pays-Bas et 100 % en Islande et en Italie (avec la possibilité de demander une assistance pour obtenir une aide dans le dépôt leur demande) (OCDE, 2015). Certains pays ont également introduit des demandes initiales en libre-service en ligne pour les programmes sociaux. Parfois, pour aider les gens à décider s'ils doivent ou non remplir une demande complète, des simulateurs leur permettent de savoir s'ils sont susceptibles d'être éligibles aux prestations. L'encadré 4.3 passe en revue quelques exemples d'enregistrement en ligne en Grèce, au Chili et aux États-Unis (État de Californie).

Même s'ils ne font pas intervenir d'êtres humains, les guichets numériques en libre-service sont le « visage » de l'organisme ou du programme pour le public. Par conséquent, les systèmes en ligne doivent être faciles à utiliser. Une procédure en ligne difficile à utiliser peut dissuader les clients de faire une demande, même s'ils sont potentiellement éligibles. Aux États-Unis, par exemple, une grande partie des familles éligibles dans de nombreux États ne demande pas de bons d'alimentation. Une étude récente sur les faibles taux d'utilisation dans l'État de Californie a ainsi révélé que les obstacles bureaucratiques — notamment une interface en ligne compliquée et déroutante — dissuadaient les gens de faire une demande.

Accueil impulsé par les gestionnaires de programme

Dans le cadre des approches impulsées par des gestionnaires de programme, l'accueil se fait principalement auprès du ménage, généralement par le biais de campagnes d'enregistrement basées sur un recensement au porte-à-porte. Les campagnes d'enregistrement en masse sont souvent utilisées dans les zones à forte concentration de la population ciblée, ou dans les pays dont les données ou la capacité administrative sont limitées. Les équipes de terrain font généralement du porte-à-porte avec des questionnaires d'enregistrement pour la totalité ou la plupart des familles dans une région spécifique. C'est le cas au Burkina Faso, où tous les ménages des régions, provinces et villages sélectionnés sont interrogés et enregistrés. Dans certains pays, les communautés précisent quels ménages doivent être interrogés et enregistrés en priorité (comme au Malawi, voir ci-dessous). Lorsque des approches d'enregistrement en masse sont utilisées au niveau national, une grande partie de la population peut être enregistrée, comme dans le cas du Listahanan aux Philippines (encadré 4.4).

Bien que les guichets numériques en libre-service soient de plus en plus courants, ils ne sont pas encore très répandus pour les programmes de protection sociale dans les pays en développement. Les exemples de la Grèce, du Chili et des États-Unis (État de Californie) illustrent certaines des utilisations des demandes en ligne pour les programmes d'assistance sociale, ainsi que l'importance d'une conception centrée sur l'humain.

Le programme grec de revenu de solidarité sociale (RSS) comprend une fonction de demandes en ligne sur le site web du RSS. Au départ, les demandes en ligne ont rencontré quelques difficultés lors de la phase pilote (aspects peu clairs, explications insuffisantes, absence de version PDF pour une consultation hors ligne, etc.). Toutefois, ces problèmes ont été résolus et la version actuelle a fait l'objet de tests préalables approfondis. Sa conception rend facile son utilisation, avec des notes explicatives qui apparaissent lorsque les demandeurs déplacent le curseur dans chaque champ, une section « Foire aux questions » et un lien vers un module de formation en ligne. Le formulaire de demande peut également être rempli avec l'aide du personnel municipal, ce qui favorise l'inclusion des personnes qui ne sont pas à l'aise avec les services en ligne, comme les personnes âgées, les étrangers, les Roms ou les personnes en situation de handicap ou peu instruites. Les participants à des groupes de discussion composés de particuliers et de fonctionnaires municipaux ont estimé que la procédure de demande en ligne était en général facile à utiliser (Marini et coll., 2016). Le système de demande en ligne mis en œuvre par la Grèce est particulièrement efficace, car il présente deux caractéristiques clés : (1) le formulaire de demande tire parti de l'interopérabilité avec d'autres systèmes administratifs pour préremplir diverses questions (champs de données) et (2) l'automatisation permet d'obtenir une indication du résultat en matière d'éligibilité dès la soumission de la demande, pour les demandeurs qui n'ont pas besoin de transmettre des informations supplémentaires aux municipalités.

Au Chili, les personnes peuvent faire une demande et être inscrites au Registre social des ménages (Registro Social de Hogares — RSH), le registre social du pays, afin d'être évaluées et sélectionnées pour bénéficier de nombreux programmes sociaux. Il existe trois modalités d'accueil, dont deux en ligne et une troisième en personne dans les locaux de la municipalité. La première modalité d'admission en ligne nécessite l'utilisation du mot de passe du registre civil du demandeur et permet à ce dernier de soumettre toutes les données et pièces justificatives requises par le biais du site web du RSH. La municipalité valide ensuite ces informations, sans que le demandeur ait besoin de se rendre en personne dans les bureaux de la municipalité. À la suite de quoi, un agent enquêteur de la municipalité rend visite au ménage. La deuxième modalité d'admission en ligne nécessite l'utilisation du numéro d'identification unique du demandeur et permet à ce dernier de faire sa demande et de transmettre les documents requis. Cette modalité nécessite une visite en personne dans les locaux de la municipalité afin que le demandeur puisse présenter une preuve de son identité, valider les informations et remettre les éventuels documents en attente.

L'expérience des demandes en ligne de bons d'alimentation aux États-Unis montre l'importance d'une conception centrée sur l'humain et les écueils qui peuvent se présenter si les guichets numériques en libre-service ne sont pas faciles à utiliser. Dans l'État de Californie, le taux d'utilisation des bons d'alimentation est assez faible : moins de deux tiers des personnes en font la demande [a]. Une étude réalisée par l'entreprise de technologie civique CodeForAmerica.org a révélé que les lourdeurs administratives étaient l'une des principales raisons de ce faible taux d'utilisation, même si les personnes peuvent faire leur demande en ligne. Les exercices de réalisation de cartographie de parcours (comme ceux abordés au chapitre 2) ont révélé que les guichets de services en ligne étaient incroyablement difficiles à utiliser : le site était hors service (« fermé ») pour maintenance programmée tous les jours de minuit à 6 heures du matin, la navigation sur le site était confuse, la demande en ligne comportait plus de 50 pages web et plus de 100 questions (dont beaucoup étaient redondantes et/ou déroutantes), le processus pouvait prendre une heure et ne fonctionnait pas sur les appareils mobiles, alors que la plupart des personnes à faibles revenus utilisent des smartphones [b]. L'État de Californie a collaboré avec des spécialistes de la technologie civique pour concevoir une application conviviale facilitant ces processus et basée sur les principes de conception centrée sur l'humain.

Sources : Grèce : Marini et coll., 2016 ; Chili : Chili, ministère du Développement social, 2017 ; Californie : Solomon, 2017.
a. Source primaire : Statistiques CalFresh à l'adresse : http://www.calfresh.ca.gov/PG844.htm.
b. Solomon, 2017 et https://www.codeforamerica.org/featured-stories/california-counties-make-it-easier-to-apply-for-calfresh

Le Listahanan philippin (connu officiellement sous le nom de Système national de ciblage des ménages pour la réduction de la pauvreté [NHTS-PR]) est un registre social qui rassemble des informations sur les caractéristiques socio-économiques des ménages et des familles à l'échelle nationale. Le formulaire d'évaluation familiale (FAF) du Listahanan 2015 contient 45 champs de questions ainsi qu'un questionnaire communautaire avec 11 champs de questions. Les données du Listahanan sont utilisées par de nombreux programmes sociaux, notamment le transfert monétaire conditionnel 4Ps, la pension sociale pour les personnes âgées démunies et l'assurance maladie subventionnée PhilHealth, ainsi que par 1095 entités administratives locales et divers autres utilisateurs. Par suite de la vague d'enregistrement de 2015, le Listahanan contient les enregistrements de 15 millions de ménages sur l'ensemble du pays (environ 75 % de la population), dont 5,2 millions classés comme pauvres et prioritaires pour les programmes gouvernementaux. La vague d'enregistrement de 2015 a été réalisée en seulement six mois en utilisant les modalités, instruments et techniques suivants :

■ La principale modalité d'accueil et d'enregistrement a été l'**approche de recensement au porte-à-porte**, in situ au domicile des personnes enregistrées. Des démarches à la demande ont également été utilisées pendant la phase de validation communautaire pour permettre aux ménages d'être enregistrés s'ils n'avaient pas été pris en compte par la vague d'enregistrement.

■ **Les questionnaires sur papier** ont été complétés par **une collecte de données assistée par ordinateur**. Quelque 13 000 tablettes Android et 4 500 ordinateurs portables ont été achetés pour faciliter la collecte de données et la supervision. Les tablettes ont été déployées principalement dans les zones urbaines où les connexions Internet étaient plus fiables pour la communication des

données. Les ordinateurs portables disposaient d'applications spécialisées, telles que le système de gestion des données pour les superviseurs et les coordonnateurs de zone. Cette application a permis aux superviseurs de surveiller la réalisation quotidienne des évaluations des ménages par les enquêteurs et de suivre le calendrier de l'enquête. Elle a également facilité des révisions plus rapides et des vérifications ponctuelles par les superviseurs de zone, ainsi que des routines de validation automatisées pour détecter les incohérences. Les questionnaires papier ont été utilisés principalement dans les zones rurales où l'approvisionnement électrique pour la recharge des appareils et la connectivité Internet sont problématiques. En moyenne, il a fallu 30 minutes pour remplir chaque questionnaire électronique, à comparer aux 33 minutes nécessaires pour un entretien auxquelles s'ajoutent 19 minutes supplémentaires pour la saisie des données à l'aide de questionnaires papier.

■ Une **formation approfondie, des communications et des activités de sensibilisation** ont également été utilisées. L'enregistrement de 2015 a largement utilisé des vidéos pour la formation dans tout le pays (notamment pour les 39 000 intervenants sur le terrain). Ces supports de formation vidéo ont beaucoup aidé à la cohérence des messages, des concepts et des protocoles, ainsi qu'aux contrôles de qualité. Le Département philippin de la protection sociale et du développement est également reconnu pour son utilisation généralisée des communications stratégiques et opérationnelles, et le Listahanan 2015 a largement utilisé ces outils. Les équipes du Listahanan ont également utilisé des techniques de sensibilisation proactives pour associer les autorités et les communautés locales et pour atteindre les populations marginalisées, telles que celles des zones géographiquement dispersées et les sans-abri.

Source : Velarde, 2018.

Note : 4Ps = Programme Pantawid Pamilyang Pilipino.

L'approche impulsée par des gestionnaires de programme est souvent périodique et ne permet généralement pas d'enregistrer la totalité de la population, en particulier dans les contextes où les financements et les capacités sont limités. Avec l'approche impulsée par des gestionnaires, l'accessibilité aux services n'est ouverte que périodiquement (généralement tous les trois à cinq ans) au lieu de permettre une inclusion continue. La décision de procéder à des enregistrements moins fréquents est généralement motivée par des ressources limitées pour les budgets des programmes de prestations et de services basés sur les informations recueillies lors de cette forme d'enregistrement. Elle peut également traduire des contraintes de capacité dans ce domaine, notamment l'existence de structures ou de capacités institutionnelles adéquates au niveau local pour mener à bien des processus à plus haute fréquence. Mais même lorsque l'accessibilité aux services est ouverte à tous à un moment précis, il est toujours difficile d'enregistrer tout le monde : à ce jour, aucune vague d'enregistrement collectif n'a couvert 100 % des ménages. Plusieurs pays ont toutefois enregistré plus de 70 % de la population **au moment** où l'enregistrement a été effectué[5].

Des quotas d'enregistrement sont parfois utilisés dans les environnements où les ressources et les capacités sont limitées et où l'exclusion échappe dans une certaine mesure au contrôle des acteurs impliqués dans les efforts d'enregistrement. De nombreux pays utilisent des quotas pour limiter le nombre de ménages qui peuvent être enregistrés. Ces quotas sont généralement fixés en pourcentage des ménages d'une localité particulière (district ou municipalité) ; parfois le même pourcentage est employé pour chaque localité pour des raisons politiques. Dans certains cas, ce sont les communautés elles-mêmes qui déterminent quels ménages enregistrer en priorité, soit par l'intermédiaire des dirigeants locaux, soit lors de réunions communautaires. Ces approches peuvent tirer parti des connaissances locales pour aider à donner la priorité aux plus pauvres. Dans certains cas, les quotas sont utilisés dans le but de ne pas renforcer l'exclusion. Par exemple, dans le cadre de la généralisation du Filet de sécurité sociale productif en Tanzanie en 2014, des quotas d'enregistrement ont été fixés parce que le programme, qui se compose de multiples interventions, ne pouvait couvrir que les 15 % de la population vivant dans l'extrême pauvreté ou vulnérables à celle-ci,

plutôt que la totalité des personnes vivant sous le seuil de pauvreté (Banque mondiale, 2016). Des cibles opérationnelles avec un nombre plus élevé de questionnaires d'enregistrement ont été établies pour augmenter les chances d'inclusion des personnes les plus démunies, et les communautés ont indiqué quels ménages devaient être inscrits en priorité. Les quotas peuvent également aider à gérer les attentes dans des contextes où les ressources sont limitées. Pourquoi enregistrer une grande partie (voire 100 %) des ménages et susciter des attentes si les programmes ne peuvent sélectionner qu'un petit pourcentage ou un nombre limité de ménages éligibles et inscrits à un ou plusieurs programme(s) ? Cependant, des efforts sont nécessaires pour atténuer les risques associés à ces ouvertures partielles, notamment (1) une bonne communication pour gérer les perceptions en matière d'équité et de transparence sur les raisons pour lesquelles certains sont exclus, (2) un processus systématique pour valider les décisions de la communauté afin de minimiser une éventuelle reproduction des inégalités locales existantes (par exemple, certains segments défavorisés sont exclus parce qu'ils sont moins informés ou moins connectés) et (3) différents canaux (tels qu'un mécanisme de gestion des réclamations [MGR] pour traiter les questions d'exclusion ou d'inclusion incorrecte.

Quelques pays qui appliquaient une approche impulsée par les gestionnaires de programmes ont commencé à intégrer des fonctionnalités de l'approche à la demande. Des équipes mobiles peuvent par exemple mettre en place des bureaux d'enregistrement temporaires dans des régions isolées. Un bureau temporaire pourrait être associé à l'approche à la demande, car les clients ont une démarche volontaire de s'inscrire dans le processus et supportent les coûts du déplacement physique. Toutefois, il relève principalement de l'approche impulsée par les gestionnaires de programmes, car ce sont ces derniers qui provoquent l'enregistrement et en déterminent le calendrier ; les bureaux sont en effet temporaires, ouverts uniquement pendant la durée de la campagne d'enregistrement collectif. Le Pakistan a expérimenté des bureaux temporaires en plus des méthodes de porte-à-porte lors de sa vague d'enregistrement collectif de 2018-2019 (encadré 4.5). De manière plus ou moins similaire, dans d'autres pays, le client prend l'initiative de se rendre à un événement d'enregistrement initial pour être présélectionné avant l'enregistrement,

En 2017, le Pakistan a entamé le processus de mise à jour de son Registre socio-économique national (NSER), qui contient des données sur les ménages et les caractéristiques socio-économiques de plus de 25 millions d'entre eux (plus de 85 % de la population). La mise à jour régulière du registre favoriserait une répartition équitable et efficace des prestations, réduirait les erreurs et les déclarations erronées et offrirait un meilleur service à la population ciblée ou potentiels bénéficiaires. Pour la vague d'enregistrement de 2017, le Pakistan a décidé d'expérimenter deux méthodes pour comparer leur efficacité et leur efficience : l'approche traditionnelle de porte à porte et une approche pilote de bureau temporaire. Avec l'approche traditionnelle, les équipes mobiles rendent visite à la totalité ou la plupart des ménages à leur domicile, mènent des entretiens avec les membres du ménage et font visuellement le point sur le logement et les autres conditions de vie de la famille. Avec l'approche de bureaux

temporaires, les équipes installent ces derniers au niveau du conseil villageois (Union Council), mènent des activités de sensibilisation pour s'assurer que les gens sont au courant des activités d'enregistrement et les encouragent à venir au bureau temporaire pour fournir leurs coordonnées et s'inscrire. Bien que cette approche de bureau temporaire implique un certain degré de libre choix et de demande, elle ne possède pas toutes les caractéristiques des méthodes à la demande analysées dans ce *Manuel de référence*. En effet, (1) elle s'inscrit toujours dans le cadre d'une vague d'enregistrement collectif dans lequel l'État va vers les communautés, (2) il s'agit toujours d'enregistrer les ménages en tant que groupe ou cohorte, et surtout, (3) le calendrier est toujours géré par les administrateurs et il est temporaire (de sorte que les personnes ne pourraient pas venir demander à être enregistrées à n'importe quel moment, mais seulement pendant une période définie)[a].

Source : Rosas, Jamy et Khan, 2017.
a. Voir le chapitre 2 et le glossaire pour les définitions des approches à la demande par rapport aux approches impulsées par les administrateurs.

comme en Sierra Leone, ou à un bureau gouvernemental, comme en République du Congo (encadré 4.6). Aussi, même si ces exemples présentent certaines caractéristiques de l'approche à la demande, ils ne sont pas classés dans cette catégorie, car les clients ne peuvent pas effectuer leur demande au moment de leur choix.

Modalités d'enregistrement des demandes

Certaines spécificités peuvent varier, mais en général, le processus d'enregistrement des demandes implique de consigner les informations données par les demandeurs, de collecter des données supplémentaires les concernant, de contrôler la qualité des données, de les consolider puis de stocker ces données révisées. Après avoir recueilli les informations fournies par le demandeur (en phase d'accueil), les organismes peuvent collecter des informations supplémentaires auprès d'autres systèmes administratifs, comme expliqué ci-après. Les contrôles

de qualité garantissent que les informations sont complètes et cohérentes. Ils peuvent inclure la validation des données, leur vérification pour confirmer leur cohérence avec les informations fournies aux autres programmes ou organismes publics (cette étape peut impliquer des vérifications croisées des informations sur le demandeur avec d'autres sources de données) ainsi que des révisions et des contrôles par sondage effectués par le superviseur. Les données sont regroupées et stockées, souvent avec des étapes supplémentaires pour en améliorer la qualité, comme l'élimination de la déduplication des enregistrements.

Les capacités en matière de technologie et de systèmes d'information déterminent généralement le niveau d'automatisation du processus d'enregistrement. Jusqu'à ces dernières décennies, il s'agissait purement d'un processus papier : l'agent d'accueil ou l'enquêteur effectuait l'enregistrement sur papier, puis utilisait des dossiers papier (modalité 1 de la figure 4.3). Avec l'expansion des technologies, certains bureaux d'aide sociale et

Le RSU de la République du Congo est un registre social qui rassemble des informations sur les caractéristiques socio-économiques des ménages. Ces données sont principalement utilisées par les programmes Lisungui de transferts monétaires (destinés aux enfants et aux personnes âgées ainsi que pour des activités génératrices de revenus) et pour offrir des soins de santé gratuits aux personnes pauvres et vulnérables. Elles seront bientôt utilisées pour soutenir l'offre de formation professionnelle à destination des jeunes pauvres et vulnérables. Auparavant, la RSU utilisait une approche de recensement collectif dans laquelle seuls les ménages présélectionnés par les travailleurs sociaux communautaires étaient enregistrés et le questionnaire était réalisé par l'Institut national de la statistique. Actuellement, le pays est en train de passer à une approche dans laquelle le ménage doit faire une demande au bureau local d'assistance sociale (Circonscription d'action sociale [CAS]), et l'accueil et l'enregistrement sont effectués par des travailleurs sociaux ou des enquêteurs embauchés de façon temporaire. Cette approche a été testée pour le programme de soins de santé subventionné.

De même, le Registre de protection sociale pour le ciblage national intégré (SPRINT) de la Sierra Leone est un registre social dont les données sont utilisées par quatre programmes, à savoir le programme de filets de sécurité sociale, le programme de filets sociaux de réponse rapide à Ebola, les travaux publics à forte intensité de main-d'œuvre et le programme de distribution de semences du ministère de l'Agriculture. Pour s'inscrire, les ménages doivent prendre contact avec l'administrateur. L'accueil et l'enregistrement se font alors en deux étapes. Tout d'abord, les

ménages les plus pauvres sont présélectionnés par le Comité d'identification communautaire (CIC) à travers un exercice participatif structuré. Ensuite, des représentants des ménages présélectionnés participent à une session d'enregistrement qui comprend un court questionnaire basé sur une évaluation « légère » des ressources par approximation (Light Proxy Means Test – LPMT). Le questionnaire, basé sur une version réduite de la formule PMT (comprenant quelques variables clés qui sont les prédicteurs les plus élevés), est réalisé à l'aide de téléphone mobile ou de tablette par l'organisme de mise en œuvre. La session est organisée à un emplacement central pour la communauté ou le groupe de communautés qui ont été sélectionnées par le biais du ciblage géographique. Ensuite, l'organisme statistique rend visite aux ménages qui répondent aux critères du LPMT (calculé au niveau central) pour remplir un questionnaire plus long basé sur la formule complète du PMT.

Si ces deux cas font apparaître certaines caractéristiques de l'approche à la demande, dont notamment l'initiative du client de faire une demande (auprès d'un bureau d'assistance sociale dans le cas de la République du Congo ou lors d'une session d'enregistrement dans le cas de la Sierra Leone), ils ne présentent pas les trois spécificités de l'approche à la demande. En particulier, les clients ne s'inscrivent pas au moment de leur choix, mais selon un calendrier défini par l'administrateur, car l'inscription n'est pas ouverte à tout moment. Même s'ils font une demande de leur propre initiative, les clients sont en quelque sorte enregistrés en tant que groupe, car ils appartiennent à une cohorte concernée par une vague d'enregistrement spécifique.

Sources : The Republic of Congo's Lisungi program mid-term review report, 2017 ; "Simplified Community-Based Targeting Processes for Rapid Ebola Social Safety Nets ", 2014.

services publics pour l'emploi ont commencé à utiliser des feuilles de calcul et des enregistrements numérisés pour gérer les informations. Aujourd'hui encore, de nombreux pays s'appuient sur des processus de recueil de données en format papier pour l'enregistrement et le remplissage des formulaires de demande en phase d'accueil, puis saisissent les données sur un ordinateur (modalité 2 de la figure 4.3). D'autres pays utilisent des appareils mobiles pour enregistrer les informations au format numérique (en ligne et hors ligne) en phase d'accueil et d'enregistrement, puis transmettent les informations à un système d'information. Ce processus est similaire pour les personnes qui effectuent des demandes en ligne (modalité 3 de la figure 4.3).

Figure 4.3 Modalités d'enregistrement des demandes

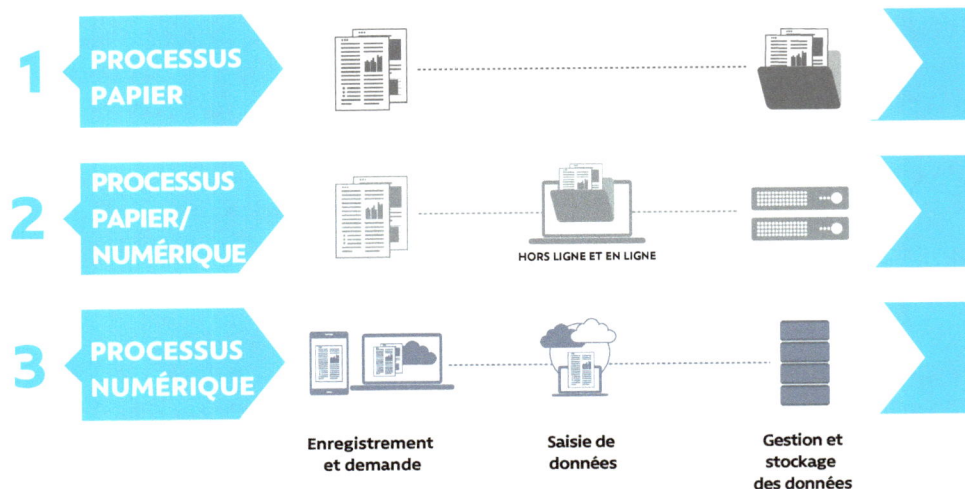

1 PROCESSUS PAPIER

2 PROCESSUS PAPIER/ NUMÉRIQUE

HORS LIGNE ET EN LIGNE

3 PROCESSUS NUMÉRIQUE

Enregistrement et demande   Saisie de données   Gestion et stockage des données

Source : Figure conçue pour cette publication.

Instruments et techniques pour l'accueil et l'enregistrement des demandes

Idéalement, les processus d'accueil et d'enregistrement des demandes se basent sur les principes de la conception centrée sur l'humain. Ces principes s'appliquent à tous les aspects de l'accueil et de l'enregistrement : techniques d'entretien, conception des questionnaires, documentation requise, guichets de service numériques, complexité des processus, temps, coûts ou visites que les demandeurs ou enregistrés doivent y consacrer, formulaires et instructions, etc.[6] Les cartographies de parcours permettent de rendre évident les goulots d'étranglement, les passages pénibles et les inefficiences, à l'aide d'un suivi de l'expérience des demandeurs tout au long du processus d'accueil et d'enregistrement des demandes[7]. Les difficultés liées aux procédures de demandes d'aide et d'enregistrement peuvent décourager les clients d'effectuer des demandes, alors même qu'ils sont potentiellement éligibles. Le taux d'adoption est alors faible.

La conception centrée sur l'humain consiste notamment à garantir que les personnes pour lesquelles il existe des obstacles à l'accès puissent s'enregistrer et effectuer des demandes d'aide. Les personnes qui sont, par exemple, en situation de handicap, qui ne s'expriment pas dans la langue utilisée par l'administration, sans-abri, habitant des zones reculées ou en situation de réfugiés peuvent avoir du mal à réaliser le processus. Les obstacles à l'accès ne sont pas toujours physiques : il peut s'agir de situations, de politiques ou d'attitudes qui entravent ou empêchent l'accès aux prestations et services. Par exemple, un demandeur dans l'incapacité de lire les textes imprimés ne pourra peut-être pas remplir les formulaires de demande (papier ou électroniques) sans assistance. De même, si un demandeur a un handicap moteur, il ne pourra peut-être pas accéder aux bureaux locaux, soit parce qu'aucun moyen de transport adapté n'est à sa disposition, soit en raison des difficultés d'accès aux bureaux (par exemple, la porte d'entrée ne se trouve pas au niveau du sol ou les portes sont trop lourdes ou trop étroites pour lui permettre de passer). Divers aménagements peuvent être effectués pour les personnes qui, sans aide, ne pourraient pas s'enregistrer et effectuer des demandes : aide au remplissage des formulaires, traduction, équipes mobiles qui se rendent aux domiciles des demandeurs potentiels, etc. Les personnes qui ne sont pas en situation de handicap peuvent également tirer parti de ces aménagements. Par exemple, l'utilisation d'un langage simple peut profiter non seulement aux personnes dont la compréhension est limitée, mais également aux personnes dont la langue maternelle n'est pas la langue officielle. De même, les aménagements qui améliorent l'accessibilité physique peuvent s'avérer pratiques pour les parents avec des poussettes, les personnes qui utilisent des déambulateurs et les livreurs.

Dans le processus d'accueil, les entretiens sont essentiels[8]. Ils abordent des explications élémentaires, les objectifs (notamment les motifs du client pour effectuer une demande, s'il en est l'initiateur), les informations requises pour évaluer les besoins et les conditions de vie (voir ci-après), les questions éventuelles de la personne enregistrée, la confidentialité, l'utilisation et la divulgation des informations, le consentement concernant le traitement des informations, etc. L'agent qui mène l'entretien doit également indiquer clairement à la personne enregistrée qu'il n'est pas garanti qu'elle pourra bénéficier de prestations ou services spécifiques. L'entretien d'accueil peut s'effectuer dans un certain ordre ou suivre un questionnaire donné (voir ci-après), mais ce n'est pas une enquête. Il s'agit d'une conversation entre l'agent et la personne, généralement concernant la vie de cette dernière (voir ci-après la section sur le contenu des informations), et souvent à un moment où elle a un besoin urgent. La conversation peut dépasser les limites du questionnaire. La dignité de la personne ou celle des membres de la famille doit également être protégée. Les protocoles et formations à la conduite d'entretien sont donc fondamentaux. En outre, il est important d'obtenir le consentement des personnes quant à l'utilisation des informations, en particulier dans les services sociaux gérant des situations délicates (mineurs, violences conjugales, etc.). Tout agent menant des entretiens doit être formé aux techniques d'entretien. Il peut adopter des stratégies interpersonnelles pour instaurer la confiance et éviter une application conventionnelle du questionnaire. Des efforts doivent être déployés pour tenir compte de la diversité des personnes. Ces efforts peuvent inclure des adaptations culturelles des questionnaires ou des styles d'entretiens, des traductions (par le biais d'agents d'accueil multilingues ou de traducteurs à distance joignables par téléphone pendant la conversation) ou encore des adaptations pour les personnes en situation de handicap (par exemple, aveugles ou malentendantes)[9].

Le questionnaire (ou formulaire de demande) est un autre outil essentiel de l'accueil et de l'enregistrement des demandes. Le formulaire de demande ou le questionnaire peut être rempli (sur papier ou au format numérique) soit par le demandeur lui-même, soit par un enquêteur ou un recenseur. Dans un cas comme dans l'autre, toutes les informations requises pour permettre à une administration d'évaluer les besoins et les conditions de vie du demandeur sont recueillies dans le formulaire. Un principe clé est de collecter les informations essentielles. Autrement dit, les données enregistrées dans le formulaire doivent se limiter aux informations nécessaires. Si des informations sont déjà à la disposition de l'administration, elles ne doivent pas être à nouveau demandées. Tous les formulaires peuvent au préalable être testés dans divers contextes par le personnel du programme, les personnes responsables des entretiens ou des personnes externes à l'administration ou au processus. Ces pré-tests peuvent inclure des jeux de rôle (encadré 4.7). Conformément aux principes de la conception centrée sur l'humain, le formulaire ou questionnaire doit être facile d'emploi : il ne doit pas prendre trop de temps à remplir ou à administrer, et doit être facile à comprendre et à parcourir. Ces principes s'appliquent aussi aux demandes en ligne qui, lorsqu'elles sont trop complexes, peuvent décourager les personnes d'effectuer des demandes d'inscription aux programmes de protection sociale.

En plus de remplir un formulaire, les demandeurs doivent parfois fournir des documents. Selon les informations requises (expliquées ci-après), la documentation demandée peut inclure (1) des informations d'identification et de résidence (pour une personne ou pour chaque membre de la famille) telles que des justificatifs d'identité, des actes de mariage et de naissance ou toute preuve de résidence, (2) toute documentation concernant la situation professionnelle (certificats fournis par les agences pour l'emploi), (3) des déclarations de revenus (obtenus auprès des employeurs ou de la sécurité sociale), (4) des titres de propriété foncière, de biens, d'automobiles, etc., et (5) des certificats d'invalidité, de grossesse ou de toute autre condition médicale. Le recueil de ces documents peut impliquer des coûts pour le demandeur, notamment en raison du temps et des dépenses consacrés aux déplacements effectués pour collecter les documents auprès des organismes pertinents, ainsi que des frais d'obtention des documents eux-mêmes (par exemple, coûts de certification et de photocopie). Une étude approfondie des programmes d'allocations financières ou de soutien au revenu en Europe et Asie centrale a permis de calculer le temps et

En Albanie, le ministère du Travail, de l'Assistance sociale et de l'Égalité des chances (MdTASEC) a largement utilisé les jeux de rôle pour tester au préalable le questionnaire et former le personnel à la conduite des entretiens du programme Ndihma Ekonomike. Les activités de formation et de prétest étaient très innovantes et comprenaient les aspects suivants :

■ **Formation et simulations basées sur des jeux de rôles.** Une formation a été dispensée à l'équipe du MdTASEC, ainsi qu'aux gestionnaires de programme des deux bureaux décentralisés des services sociaux situés aux endroits où les pré-tests allaient être effectués. L'objectif de la formation était de préparer les participants au prétest, avant de l'utiliser sur le terrain. La formation comprenait une présentation des objectifs des réformes, la révision détaillée d'une première version du questionnaire, ainsi que des instructions préparées pour les différents rôles associés au prétest sur le terrain : observateur général, observateur de questionnaire, personne responsable des entretiens, personne chargée de mesurer le temps ainsi que sur le formulaire de visite à domicile, etc. La formation a également inclus des simulations basées sur des jeux de rôle qui, sur la base de deux études de cas fictives, donnaient aux participants l'occasion de s'entraîner à la conduite d'entretiens à l'aide du nouveau questionnaire, avant de passer au prétest sur le terrain.

■ **Prétest sur le terrain avec des « cas réels », c'est-à-dire des familles dans différentes situations.** Le prétest sur le terrain s'est déroulé sur deux sites, l'un urbain (Tirana), l'autre rural (Berzhite), avec deux équipes de deux personnes (responsable des entretiens/observateur) sur chaque site. Quatre équipes formées de membres du MdTASEC, des administrations locales (administrateurs des bureaux de service social) et de la Banque mondiale ont activement participé au prétest. Au total, les quatre équipes ont mené des entretiens avec 32 demandeurs en deux jours. Les demandeurs comprenaient des familles actuellement bénéficiaires, ainsi que des familles auxquelles les prestations Ndihma Ekonomike avaient été refusées.

■ **Jour du bilan.** Ce jour-là, les quatre équipes ont présenté leurs réflexions/expériences/observations concernant le prétest sur le terrain. Selon ces observations, (1) les entretiens ont pris de moins en moins de temps à mesure que les gestionnaires locaux se familiarisaient avec le questionnaire, (2) certaines questions du questionnaire devaient être clarifiées ou simplifiées, (3) le processus d'entretien a été facilité par les connaissances locales des gestionnaires, (4) les visites à domicile ont permis de vérifier/corriger les réponses fournies par les demandeurs pendant l'entretien et (5) les scores relatifs, en particulier pour les familles auxquelles les équipes avaient rendu visite à domicile, étaient représentatifs du niveau relatif de pauvreté des ménages demandeurs observé lors des visites.

L'opération a considérablement amélioré le questionnaire et les méthodes d'entretien, et a permis de renforcer la responsabilisation et la compréhension à tous les niveaux.

Source : Banque mondiale, gouvernement albanais, 2011. Projet de modernisation de l'assistance sociale — Mission d'assistance technique. Prétest sur le terrain de la formule de calcul du score et du questionnaire d'accueil. Aide-mémoire, du 6 au 17 juin.

le coût de la collecte des documents de demande, dans cette région (Tesliuc et coll. 2014). D'après cette étude, en Roumanie, il faut en moyenne cinq jours aux demandeurs pour rassembler les documents, et cela leur coûte environ 10 % de la prestation mensuelle moyenne d'une famille. En République kirghize, le recueil des documents nécessitait en moyenne deux jours et coûtait entre 15 % de la prestation mensuelle moyenne d'une famille dans les zones rurales et 80 % dans les zones urbaines (car dans les villes, les coûts de transport étaient plus élevés et les administrations exigeaient plus de documents). La Turquie est un exemple remarquable à cet égard : elle a réussi à remplacer les 17 certificats ou documents officiels auparavant requis par un seul document, le justificatif d'identité de la personne ou des membres de la famille, même si une visite à domicile reste nécessaire (voir l'encadré 4.15 plus loin dans ce chapitre).

Par ailleurs, il est indispensable que les données soient de bonne qualité. En phase d'accueil et d'enregistrement, les informations sont à la fois les données d'entrée et de sortie. Il est donc essentiel de s'assurer qu'elles sont exactes et complètes. Il existe de nombreux outils pour améliorer la qualité des données. La supervision sur le terrain, la double saisie et le contrôle automatisé des erreurs permettent de garantir la qualité des données au moment de leur capture. Les révisions aléatoires des données déjà révisées et les contrôles par sondage indépendants des nouvelles données enregistrées peuvent également s'avérer utiles. Les vérifications croisées internes automatisées permettent de valider les informations en contrôlant et en corrigeant les données pour en assurer la cohérence et la complétude. Dans certains pays, des variables supplémentaires sont collectées en phase d'accueil et d'enregistrement des demandes pour contrôler à l'aide de vérifications croisées la cohérence des informations fournies (au Brésil, par exemple, le questionnaire inclut des variables de substitution pour vérifier les réponses relatives aux revenus autodéclarés). Quant aux visites à domicile, elles servent à obtenir et vérifier des informations. Elles aident les travailleurs sociaux à mieux comprendre la situation globale des demandeurs, d'un point de vue qualitatif. Enfin, les vérifications croisées externes permettent de vérifier et de valider les informations. Elles peuvent s'appuyer sur les informations fournies par d'autres organismes, par des systèmes interopérables (comme expliqué dans la section Registres sociaux et interopérabilité avec les autres systèmes d'information administratifs, plus loin dans ce chapitre). La validation externe peut également prendre la forme du contrôle par un tiers, lorsqu'elle est effectuée par les communautés, notamment pour valider la liste des ménages présélectionnés. Cette approche est ainsi mise en œuvre au Malawi et au Burkina Faso.

L'accueil peut être un processus laborieux. Le personnel qui en a la charge est donc essentiel. Il peut inclure des enquêteurs ou des personnes responsables des entretiens, des agents d'accueil, des travailleurs sociaux, des agents des services de l'emploi, des superviseurs et des employés chargés du contrôle par sondage. De nombreux facteurs déterminent la configuration et le nombre d'employés nécessaires pour assurer l'accueil et l'enregistrement : (1) les caractéristiques de la population ciblée, comme le nombre de personnes, de familles ou de ménages à enregistrer, leur concentration géographique et tout obstacle à l'accès (linguistique ou autre), (2) les modalités d'accueil et d'enregistrement des demandes, (3) la complexité et la quantité des informations à collecter, (4) le nombre de demandeurs ou d'enregistrés qui devront être traités chaque jour et (5) d'autres facteurs, comme la logistique, les capacités administratives, etc.

- Le recrutement du personnel nécessaire pour effectuer les campagnes d'enregistrement en masse menées par les gestionnaires de programme peut prendre plusieurs formes. Dans certains pays, des équipes de terrain sous contrat mettent en œuvre les campagnes d'enregistrement en masse pour les registres sociaux. Aux Philippines, en 2015, 39 000 agents de terrain (enquêteurs, superviseurs régionaux, codeurs, vérificateurs) ont enregistré 15 millions de ménages dans tout le pays sur une période de six mois (voir l'encadré 4.4) (Velarde, 2018). Dans d'autres pays, comme le Malawi, le personnel existant dans les districts et les communautés est chargé de déployer les enregistrements en masse sur l'ensemble des districts, comme décrit ci-après (Lindert et coll., 2018). Les deux approches ont des avantages. Il peut s'avérer efficace d'engager des équipes pour enregistrer rapidement un grand nombre de personnes. Le recours au personnel des institutions locales permet de les responsabiliser et de les aider à mieux comprendre le registre. En outre, les savoir-faire acquis pendant l'opération peuvent être mis à profit ultérieurement pour mettre à jour le registre.

- Avec les modalités à la demande, le personnel de première ligne réalise parfois diverses fonctions, en plus de l'accueil et de l'enregistrement des demandes. D'autres fois, certains employés sont des agents d'accueil spécialisés, tandis que d'autres, plus qualifiés, se chargent des fonctions d'orientation, comme le travail social et le conseil du service de l'emploi. La technologie permet aux équipes de consacrer moins de temps à l'accueil et à l'enregistrement des demandes. Par exemple, les demandeurs peuvent utiliser les guichets numériques en libre-service pour enregistrer directement une grande partie de leurs informations (l'opération étant parfois suivie d'un entretien en personne). En cas d'interopérabilité entre les différents organismes administratifs, de nombreux champs de données d'un formulaire peuvent être préremplis (voir l'encadré 4.3, ainsi que la section Registres sociaux et interopérabilité avec les autres systèmes d'information administratifs, plus loin dans ce chapitre). Si les agents passent moins de temps à enregistrer les demandes et à traiter l'information, ils ont plus de temps pour fournir d'autres services aux clients, ou encore pour répondre efficacement à la demande de clients plus nombreux. La technologie permet également d'optimiser l'attribution des tâches au personnel de première ligne, comme dans le comté de Montgomery (Maryland, États-Unis) (voir l'encadré 4.2).

La formation du personnel d'accueil est fondamentale. Elle doit concerner tous les niveaux et tous les types d'employés : enquêteurs, personnes responsables des entretiens, superviseurs, etc. Dans le cas des services sociaux, le besoin de formation continue est particulièrement important. Différentes modalités sont possibles pour former le personnel d'accueil. Par exemple, les séances de formation vidéo permettent d'uniformiser l'apprentissage et de garantir la cohérence des leçons et des pratiques transmises, notamment lorsque la formation s'adresse à un grand nombre d'agents de terrain. Lors de la vague d'enregistrement de 2015 aux Philippines, ce format a largement été mis à profit. Les vidéos de formation produites et distribuées à tous les bureaux locaux ont permis de garantir l'adoption de pratiques standard avec des contrôles de qualité et des supports de référence. Cette approche contraste avec celle de 2011, où la formation avait été effectuée comme une « formation de formateurs » en cascade : l'équipe centrale avait formé l'équipe régionale, qui avait ensuite formé les coordinateurs et superviseurs régionaux, qui avaient ensuite formé les enquêteurs. Des concepts clés étaient perdus à chaque étape, ce qui augmentait le temps consacré à la supervision et à la correction des erreurs (Velarde, 2018). Le Cadastro Unico (registre social) du Brésil s'appuie aussi sur la vidéo pour ses formations : des acteurs de télénovela professionnels miment divers scénarios d'accueil et d'enregistrement des demandes. La formation continue et le partage de connaissances sont également importants pour transmettre les nouvelles informations, partager les bonnes pratiques et communiquer les leçons apprises. Pendant le déploiement du programme de revenu minimum garanti (RMG) en Grèce, les employés municipaux se sont appuyés sur un centre d'appels et une liste de diffusion incluant les employés de toutes les municipalités pour échanger des informations, répondre aux requêtes et résoudre les problèmes. En Albanie, les employés du ministère et les agents de terrain locaux ont été formés à l'utilisation d'un nouveau questionnaire et d'une formule d'attribution de scores par le biais d'activités innovantes de pré-tests et de simulations basées sur des jeux de rôles (encadré 4.7).

4.2 INFORMATIONS À RECUEILLIR EN PHASE D'ACCUEIL ET D'ENREGISTREMENT DES DEMANDES

Les informations recueillies en phase d'accueil et d'enregistrement des demandes varient sensiblement selon les caractéristiques de la population ciblée et la nature du ou des programmes qui requièrent ces informations. Le tableau 4.1 présente des exemples d'informations à demander, selon les caractéristiques de la population ciblée. La définition de « l'unité d'assistance » est un concept clé en matière de recueil d'informations : il peut s'agir de la personne, de la famille ou du ménage. Toutefois, même si la demande est effectuée pour une personne, il peut être nécessaire de recueillir aussi des informations concernant un aide-soignant ou tuteur désigné, si la personne est dépendante (par exemple, dans le cas d'un adulte en situation de handicap sévère ou d'un enfant).

Groupes cibles déterminés par une catégorie démographique

De nombreux pays proposent des programmes de prestations ciblant des groupes démographiques spécifiques, par exemple : prestations de grossesse, congés

Tableau 4.1 Divers groupes cibles et types d'informations à collecter pour chacun d'eux

	Groupes cibles	Informations à collecter
	Groupes cibles sur la base de catégories démographiques tout au long de la durée de vie (unité d'assistance = la personne)	
	• Enfants • Personnes âgées • Femmes	• Information d'identification fondamentale (pour la personne et pour le tuteur désigné, le cas échéant) • Statut de résident/nationalité (pour la personne et pour le tuteur désigné, le cas échéant)
	Groupes cibles sur la base du statut socio-économique (unité d'assistance = la personne, la famille, le ménage)	
	• Personnes vivant au-dessous du seuil de pauvreté • Personnes sans-abri • Personnes qui vivent dans des zones reculées ou isolées • Groupes pastoraux, nomades et semi-nomades • Groupes autochtones • Immigrants, populations déplacées dans leur propre pays et/ou personnes vivant dans des zones fragiles • Minorités ethniques, religieuses, linguistiques et visibles	• Information d'identification fondamentale (pour la personne et pour le tuteur désigné, le cas échéant) • Statut de résident/nationalité (pour la personne et pour le tuteur désigné, le cas échéant) • Caractéristiques des membres du ménage • Situation professionnelle du chef de famille et/ou des adultes du ménage en âge de travailler • Informations sur les revenus de chaque membre du ménage • Actifs du ménage • Dépenses du ménage • Autres informations (variables de substitution, événements catastrophiques, etc.) • Informations géospatiales sur la situation géographique du ménage (adresse et autres informations de contact) et informations de géocodage GPS (dans la mesure du possible)
	Groupes cibles sur la base de l'emploi et des conditions de travail (unité d'assistance = la personne)	
	• Personnes sans emploi • Travailleurs découragés/inactifs • Travailleurs du secteur informel • Travailleurs forcés ou enfants ouvriers	• Informations d'identification fondamentales • Statut de résident/nationalité et preuve de résidence • Situation professionnelle actuelle (employé, sans emploi, inactif), parcours professionnel • Distance par rapport au marché du travail et obstacles à l'emploi
	Groupes cibles sur la base d'un handicap (unité d'assistance = la personne)	
	• Personnes en situation de handicap • Travailleurs en situation de handicap	• Information d'identification fondamentale (pour la personne et pour le tuteur/l'aide-soignant désigné, le cas échéant) • Statut de résident/nationalité (pour la personne et pour le tuteur/l'aide-soignant désigné, le cas échéant) • Informations médicales : nature, type, gravité et durée de du handicap, ainsi que toute condition secondaire ou comorbidité susceptible de requérir des soins préventifs ou un traitement • Limitations fonctionnelles : fonctions déficientes en raison du handicap, soins nécessaires • Considérations socio-économiques non médicales (voir ci-dessus) qui peuvent être directement liées au handicap, ou non • Aide recherchée : types de prestations et services que la personne souhaite obtenir (cette information facilite également l'évaluation des besoins et des conditions de vie)
	Groupes cibles sur la base de leur vulnérabilité à des risques sociaux spécifiques (unité d'assistance = la personne, la famille)	
	• Enfants à risque • Jeunes à risque • Adultes à risque • LGBT	• Informations d'identification fondamentales • Statut de résident/nationalité et preuve de résidence • Statut socio-économique • Informations relatives au travail • Facteurs clés de risque : famille, environnement social, abus de substances, violence, santé, itinérance, problèmes avec la justice, etc. • Auto-évaluation, aspirations, objectifs, perceptions, attitudes, préoccupations, etc.
	Approches intégrées de l'accueil et de l'enregistrement	
		• Divers programmes peuvent partager un même processus d'accueil et d'enregistrement des demandes

Source : Tableau conçu pour cette publication.

Remarque : LGBT = lesbiennes, gays, bisexuels et transgenres.

parentaux, allocations uniques à la naissance ou à l'adoption, allocations pour enfant, allocations de parent isolé, allocations familiales et pensions de vieillesse. Ces programmes sont particulièrement courants en Europe, en Asie centrale et dans les pays de l'OCDE.

Pour déposer une demande de prestations de vieillesse, la personne doit fournir certaines informations élémentaires, notamment :

- Informations d'identification fondamentales : nom, date de naissance, lieu de naissance, sexe à la naissance, état civil, adresse (domicile et adresse postale, si elles sont différentes), numéro d'identification et preuve de l'âge (généralement un certificat de naissance)
- Statut de résident et antécédents de résidence (avec la documentation pertinente lorsque des critères de résidence minimale s'appliquent ou pour les personnes résidant hors du pays au moment de la demande)

D'autres informations sont requises lorsque les pensions sont soumises à des conditions de ressources ou lorsque l'éligibilité et les niveaux de prestations dépendent de cotisations individuelles antérieures. De nombreuses pensions sociales destinées aux personnes âgées reposent à la fois sur des critères d'éligibilité catégoriels, comme l'âge, et sur des critères d'éligibilité basés sur les besoins, comme l'évaluation des ressources (Banque mondiale, 2018 b). Dans de tels cas, des informations supplémentaires sont nécessaires, non seulement concernant la personne titulaire d'une pension, mais également concernant le ménage. (Voir ci-après l'examen des informations socio-économiques.) Pour les pensions d'assurance sociale, l'éligibilité et le niveau des prestations dépendent des cotisations individuelles d'assurance. C'est pourquoi des informations concernant la vie professionnelle du demandeur et les cotisations qu'il a versées sont requises (voir chapitre 5).

Dans le cas de prestations pour enfant à charge, les informations requises concernent aussi bien le tuteur que l'enfant. En effet, l'unité d'assistance est la personne, mais la prestation est versée au récipiendaire désigné. En général, il s'agit des informations suivantes :

- Informations d'identification fondamentales concernant l'enfant et son tuteur : nom, date de naissance,

lieu de naissance, sexe à la naissance, état civil du tuteur, adresse (domicile et adresse postale, si elles sont différentes), numéro d'identification et preuve de l'âge de l'enfant (généralement un certificat de naissance)
- Statut de résident de l'enfant et de son tuteur (avec la documentation pertinente lorsque des critères de résidence minimale s'appliquent ou pour les personnes résidant hors du pays au moment de la demande)
- Preuve de tutelle, garde de l'enfant (situation légale et financière, condition de résidence) et relation avec l'enfant. En général, les prestations pour enfant à charge ne sont versées qu'à un récipiendaire désigné, qui doit définir sa relation avec l'enfant, ce qui peut être compliqué en cas de divorce.

Lorsque les allocations pour enfant à charge dépendent également des besoins, d'autres informations sont requises telles que les informations sur les revenus du ménage, d'autres indicateurs socio-économiques ou relatifs au handicap, comme expliqué ci-après.

Groupes cibles déterminés par un statut socio-économique

Les prestations et services s'adressent souvent à des populations spécifiques, en fonction de leur statut socio-économique. Ainsi, les prestations suivantes sont versées à des groupes particuliers : prestations sous condition de ressources à des groupes démographiques (par exemple, prestations pour enfant à charge et pensions sociales pour les personnes âgées), programmes de revenu minimum garanti (RMG), transferts en espèces, bourses d'études accordées en fonction des besoins, etc.

Certains services (y compris en dehors des institutions de protection sociale) peuvent également cibler des personnes ou des ménages en fonction de leur profil socio-économique : assurance maladie ou soins de santé subventionnés, transports gratuits/subventionnés, frais de garderie subventionnés, services du travail et de l'emploi, services sociaux, services juridiques gratuits, etc. La plupart des pays s'appuient sur les évaluations socio-économiques pour aider en priorité les populations pauvres ou tout autre groupe vulnérable. Toutefois, dans certains pays, le statut socio-économique sert à exclure les familles aux revenus élevés de l'accès aux aides (ou à réduire le niveau des prestations auxquelles elles ont droit). C'est le cas, par exemple, des prestations pour enfant à charge au Danemark, en France et au Royaume-Uni[10]. Cette pratique est parfois appelée « ciblage par le haut » qui tient compte d'un « plafond de ressources ».

Les informations de statut socio-économique sont collectées au niveau des ménages. Comme le statut socio-économique est généralement lié à l'économie du ménage, l'unité d'assistance est la famille ou le ménage pour ce groupe cible. Les informations collectées par un organisme dépendent du contexte, ainsi que des outils de profilage utilisés pour évaluer les besoins et les conditions de vie. (Ces outils sont examinés en détail ci-après.) Les questionnaires sont généralement conçus pour obtenir les informations suivantes :

- Informations d'identification fondamentales pour le demandeur et tous les membres de la famille/du ménage, ainsi que leur relation avec le chef de famille ou le demandeur (voir liste, ci-dessus)
- Statut de résident pour tous les membres du ménage (voir liste, ci-dessus)
- Caractéristiques des membres du ménage (alphabétisation, niveau de scolarité, situation scolaire et école actuelles, invalidité, maladie chronique, etc.)
- Situation professionnelle du chef de famille et/ou des adultes du ménage en âge de travailler (voir ci-après les programmes relatifs à l'emploi)
- Informations sur les revenus de chaque membre du ménage
- Actifs financiers et corporels du ménage
- Dépenses du ménage
- Événements catastrophiques récents (par exemple, décès dans la famille, problème de santé catastrophique, perte d'un emploi, perte de biens, vol ou catastrophe naturelle)
- Autres variables de substitution (par exemple, nombre de repas par jour, ou encore types et diversité des aliments consommés)
- Informations géospatiales sur la situation géographique du ménage (adresse et autres informations de contact) et informations de géocodage GPS (dans la mesure du possible)

Les informations sur les revenus peuvent couvrir un large éventail d'activités et donc requérir divers types de documents[11]. Elles peuvent être indiquées en espèces ou en nature, avec des imputations pour les valeurs en nature. Normalement, tous les membres du ménage disposant d'un emploi formel ou informel doivent signaler leurs revenus professionnels. Les informations de revenu incluent généralement le type de travail, le lieu du travail, le nom et l'adresse de l'employeur (s'il s'agit d'un emploi formel), la rémunération obtenue sur une période spécifique (avant impôt), la fréquence des versements de salaires et la durée de l'emploi. Ces informations peuvent être autodéclarées, éventuellement accompagnées de pièces justificatives. Des vérifications croisées avec les informations disponibles sur les autres systèmes des administrations publiques permettent de les contrôler. Les membres du ménage qui sont travailleurs autonomes doivent également signaler leurs revenus, qu'ils soient non agricoles (revenus provenant de la vente) ou agricoles (revenus provenant de la vente des récoltes, des produits végétaux transformés, des produits d'origine animale et de la consommation des aliments produits par le ménage). De plus, les demandeurs doivent généralement fournir des informations sur tout autre type de revenu perçu : prestations d'assistance sociale, prestations de sécurité sociale, prestations de chômage, pensions alimentaires, bourses d'études, revenus locatifs, intérêts perçus, autres aides aux dépenses, dons ou transferts privés, revenus provenant de transferts de fonds, gains à la loterie, etc.

Les actifs peuvent inclure des biens financiers et des biens corporels. Leur définition dépend de facteurs contextuels et du type d'informations requises pour réaliser l'évaluation des besoins et des conditions de vie. Les actifs financiers peuvent inclure des fonds en espèces, des comptes bancaires, des actions ou obligations, des assurances-vie, etc. Les actifs corporels sont notamment le logement (et le régime d'occupation : propriétaire, locataire, sans logement ou squat), la propriété foncière (taille, emplacement), le bétail, les véhicules et tout autre bien durable substantiel. Il est également possible de recueillir des informations sur la qualité du logement : nombre de pièces ou de chambres, nombre et types de fenêtres, fondations, matériaux du toit, des murs ou du sol, tuyauterie et source d'eau potable, principal combustible utilisé pour la cuisine, l'éclairage et le chauffage, ramassage des ordures ou encore présence d'une route d'accès goudronnée.[12] D'autres types d'actifs corporels peuvent encore être pris en compte : téléphones mobiles, télévisions, radios, réfrigérateurs, congélateurs, machines à laver, sèche-linge, appareils de cuisson, fers à repasser, vélos et machines à coudre, etc.

Enfin, des informations sur les dépenses des ménages peuvent aussi être collectées. Ces dépenses dépendent du contexte (type d'aide recherchée) et des informations qui seront exigées pour évaluer les besoins et les conditions de vie. Par exemple : loyer, crédit hypothécaire, impôts fonciers ou autres, frais de propriétaire, factures de services d'utilité publique (électricité, gaz, fioul, eau, traitement des eaux usées, téléphone, accès à Internet ou au câble), transport, garde d'enfants ou de personnes âgées, frais de scolarité, alimentation, hygiène, frais médicaux et primes d'assurance maladie.

Groupes cibles sur la base de la situation professionnelle

Souvent, les prestations et services sont octroyés en fonction de la situation professionnelle de la personne. Par exemple : prestations de chômage (sous forme d'assurance ou d'assistance), services de l'emploi pour aider les personnes à trouver un travail, services d'insertion professionnelle qui améliorent les chances des personnes de trouver un emploi et ensembles de prestations-services d'activation qui peuvent combiner tous les aspects cités précédemment (voir la topologie des prestations et services liés au travail au chapitre 7).

Les informations requises peuvent être simples ou élaborées, selon le type d'évaluation. En général, les informations fondamentales suivantes sont demandées :

- Informations d'identification fondamentales pour le demandeur, comme indiqué précédemment
- Statut de résident (voir liste, ci-dessus)
- Situation professionnelle actuelle : Si la personne est **employée** : intitulé du poste, activité, durée, salaire, historique de cotisations (pour l'assurance chômage) et informations sur l'employeur (nom, adresse et numéro d'identification fiscale). Si la personne est **sans emploi** : durée du chômage, emplois antérieurs (type, durée, motif du départ, salaire). Si la personne est **inactive** : durée et motif de l'inactivité, efforts de recherche d'emploi antérieurs, emplois antérieurs (type, durée, motif du départ, salaire).

- Références (en particulier pour les jeunes primodemandeurs d'emploi)
- Informations sur les attentes concernant le type d'emploi et de poste recherché

Des informations plus élaborées peuvent également être demandées pour faciliter l'évaluation des obstacles à l'emploi et la volonté de recherche de travail. Par exemple :

- Volonté de travailler : aspirations et objectifs, éducation, compétences, compétences de base en lecture et calcul, expérience et parcours professionnels, et préférences en matière d'emploi (type, heures de travail, zone géographique, volonté de se déplacer)
- Obstacles potentiels à l'emploi : obstacles identifiés par la personne, facteurs influençant l'attitude et le comportement (perception de soi, motivation et ouverture au travail), handicap ou trouble fonctionnel (abordés précédemment), état de santé mentale ou physique, difficultés en matière de transport, responsabilités familiales (par exemple, garde d'enfants ou de personnes âgées), compétences ou limites linguistiques, itinérance ou absence de domicile fixe, ennuis avec la justice ou incarcération, ou tout autre risque social (voir ci-après).

Groupes cibles sur la base d'un handicap

Dans le cas des prestations et services pour les personnes en situation de handicap, les demandeurs doivent habituellement fournir une attestation de handicap en plus des informations démographiques et d'identification fondamentale décrites précédemment. En général, ce certificat se base sur une évaluation du handicap. Il existe différentes méthodologies d'évaluation et d'attestation du handicap telles que l'approche axée sur la déficience médicale, l'approche axée sur la limitation fonctionnelle, ou encore l'approche basée sur la Classification internationale du fonctionnement, du handicap et de la santé. En phase d'accueil et d'enregistrement, les informations suivantes sont donc recueillies :

- Caractère médical du handicap (type, sévérité et durée probable)[13]

- Limitations fonctionnelles (signalées par des professionnels ou par la personne elle-même)[14]
- Considérations socio-économiques non médicales qui peuvent être directement liées au handicap, ou non
- Types de prestations et services que la personne souhaite obtenir (cette information facilite également l'évaluation des besoins et des conditions de vie) (Bickenback et coll. 2015)

Les informations sur le handicap peuvent être recueillies de plusieurs façons[15]. L'évaluation du handicap peut reposer sur une auto-évaluation ou sur une évaluation indépendante. L'auto-évaluation peut être une simple déclaration de handicap du demandeur. Il peut aussi lui être demandé de répondre à un questionnaire plus approfondi sur son état et ses limitations[16]. Les évaluateurs indépendants peuvent être des infirmiers, médecins, psychologues, thérapeutes, kinésithérapeutes, spécialistes en médecine physique et réadaptation, d'autres professionnels ou même des équipes pluridisciplinaires. Les évaluateurs peuvent être désignés ou engagés par la personne, l'organisme public ou la compagnie d'assurance. L'évaluation peut impliquer un entretien (en personne, par téléphone ou en ligne) basé sur un questionnaire normalisé. Elle peut aussi prendre la forme d'un test de performance ou d'un examen médical. Dans ce dernier cas, un examen physique et un dossier médical peuvent être demandés, dans la mesure où la personne a consenti à l'utilisation de ces informations dans le respect des lois et règlements sur la protection des données. Le choix des termes utilisés pour solliciter les informations sur le handicap peut avoir un impact considérable sur les informations fournies. Il peut être plus judicieux de demander une évaluation du handicap et des limitations fonctionnelles de la personne, plutôt qu'une attestation de handicap. Par exemple, une personne âgée ayant des limitations fonctionnelles tirerait profit des services pour personnes en situation de handicap, alors même qu'elle ne se considère pas dans cette situation. En outre, il est parfois impossible d'identifier les handicaps non visibles sans tester les limitations fonctionnelles (par exemple, maladies chroniques ou états épisodiques tels que le diabète ou l'épilepsie). Dans le cas des enfants en situation de handicap, il est important d'évaluer non seulement la situation actuelle des enfants, mais également les

facteurs de risque d'acquisition d'un handicap, comme les retards de développement émergents, la nutrition, les soins de santé et la socialisation (pour en savoir plus, voir ci-après la section sur les évaluations des risques sociaux).

Des informations socio-économiques peuvent également être requises. Cela peut être le cas lorsqu'un programme demande une évaluation des ressources pour déterminer l'éligibilité. En outre, la situation socio-économique est parfois très importante pour l'évaluation des besoins et des conditions de vie, notamment pour les personnes dont le handicap rend difficile l'exercice d'activités génératrices de revenus[17]. Comme expliqué précédemment, le statut socio-économique est généralement évalué pour l'ensemble de la famille ou du ménage ; l'évaluation s'étend donc au-delà de la personne en situation de handicap. Enfin, il est important de noter que parfois, la raison pour laquelle la personne effectue une demande d'aide n'a rien à voir avec son état de santé ou son handicap. La priorité doit toujours être de recueillir des informations concernant les besoins et conditions de vie pour lesquels la personne indique qu'elle souhaite obtenir de l'aide.

Groupes cibles sur la base de leur vulnérabilité à des risques sociaux

Les services sociaux s'efforcent de traiter les risques auxquels sont confrontées les personnes vulnérables (enfants, jeunes, adultes et personnes âgées). Ces services sont généralement axés sur une personne (l'unité d'assistance), mais ils peuvent aussi impliquer d'autres membres de la famille. Les services sociaux comprennent le travail social (sensibilisation concernant ces services, renseignement sur ces services, orientation vers les services pertinents, conseils, médiation), les soins sociaux (à domicile, dans la communauté ou en institution) et les services spécialisés pour des groupes spécifiques et des situations particulières (services de protection de l'enfance ou de l'adulte, adoption, famille d'accueil). Une typologie des services sociaux est fournie au chapitre 7.

Les informations suivantes peuvent être recueillies en phase d'accueil et d'enregistrement des demandes pour les services sociaux :

- Informations d'identification fondamentales (voir liste, ci-dessus)
- Statut de résident (voir liste, ci-dessus)
- Statut socio-économique (voir liste, ci-dessus)
- Informations relatives à la situation professionnelle (voir liste, ci-dessus)
- Information concernant les facteurs clés de risque : dynamique familiale, problèmes sociaux, difficultés relationnelles, abus de substances, violences conjugales, problèmes de santé (mentale ou physique), absence de domicile fixe, ou encore ennuis avec la justice ou incarcération
- Auto-évaluation, aspirations, objectifs, perceptions, attitudes et préoccupations de la personne

Au-delà de leur contenu, la collecte des informations est importante parce que la personne, le couple ou la famille peuvent être confrontés à de graves risques. En général, des approches formelles et informelles sont combinées, avec à la fois un questionnaire normalisé et des questions qualitatives ouvertes. Le processus d'accueil des services sociaux est généralement plus efficace lorsqu'un travailleur social formé s'en charge, plutôt qu'un assistant administratif. Il permet alors de commencer à instaurer la confiance entre le bénéficiaire et le prestataire de services, puisqu'ils vont devoir interagir souvent. De plus, ce premier entretien qui sert à recueillir des informations fait déjà partie du diagnostic ou de l'évaluation et peut même représenter un service en lui-même, selon le niveau de conseil fourni.

Approches intégrées pour l'accueil et l'enregistrement des demandes

L'accueil comme l'enregistrement des demandes peuvent être coûteux, et par conséquent l'intégration de leurs processus et résultats dans différents programmes de protection sociale est une manière efficace de réduire les coûts. En effet, quand différents programmes demandent les mêmes informations provenant de groupes de populations similaires, partager les processus de ces deux phases de mise en œuvre peut être plus efficace que de collecter les mêmes informations plusieurs fois. Un exemple de ce type de partage est le registre social, qui soutient l'accueil et l'enregistrement des demandes ainsi que les évaluations des besoins et des conditions de vie pour de nombreux programmes. Les gestionnaires de programme peuvent ainsi partager des ressources pour l'accueil et l'enregistrement, et réduire les doublons comme les coûts administratifs. Ce partage permet également de simplifier les procédures pour les personnes, qui peuvent alors faire des demandes pour plusieurs types de prestations et services avec un formulaire commun ; elles n'ont donc plus besoin de fournir constamment les mêmes informations à différents bureaux. Un registre social nécessite que les programmes qui l'utilisent se mettent d'accord sur les unités clés d'analyse, les variables, les codes de localisation géographique, les classifications, etc. Un registre social peut également faciliter l'accès aux personnes, familles et ménages dans le besoin à un ensemble de prestations et services, y compris dans d'autres domaines que celui de la protection sociale.

4.3 ÉVALUATION DES BESOINS ET DES CONDITIONS DE VIE

L'évaluation des besoins et des conditions de vie comporte des processus systématiques permettant de dresser un profil des personnes, familles ou ménages enregistrés à partir de différents outils d'évaluation (comme les mesures du bien-être socio-économique, les profils de risque, les profils de travail, etc.). Les informations collectées pendant la phase d'accueil et d'enregistrement des demandes sont des intrants essentiels pour l'évaluation des besoins et des conditions de vie des personnes, familles et ménages enregistrés. La principale réalisation de cette phase est la classification du demandeur ou l'élaboration de son profil qui permettent de déterminer son admissibilité potentielle à des programmes spécifiques ou à un mélange de prestations et services dont ils pourraient bénéficier (discutés dans le chapitre 5). D'un point de vue plus global, cette phase permet de mesurer la demande potentielle pour des programmes de protection sociale, ce qui est utile en matière de planification, budgétisation et coordination.

Les instruments et techniques qui permettent d'évaluer les besoins et les conditions de vie varient en fonction des caractéristiques du groupe ciblé (tableau 4.2).

Tableau 4.2 Groupes de populations cibles et outils associés pour évaluer les besoins et les conditions de vie

	Évaluations catégorielles des groupes démographiques tout au long du cycle de vie (Unité d'assistance = la personne)	
	• Enfants • Personnes âgées • Femmes	Classification des personnes basée sur des règles en fonction des caractéristiques du groupe Peuvent être combinées à d'autres facteurs des catégories ci-dessous, comme l'évaluation des ressources. Peuvent évaluer l'historique des contributions des travailleurs comme « condition » pour accéder aux retraites d'assurance sociale.
	Évaluation du statut socio-économique (Unité d'assistance = la famille ou le ménage)	
	• Personnes qui vivent en dessous du seuil de pauvreté • Personnes sans-abri • Personnes vivant dans des zones isolées ou reculées • Groupes pastoraux, nomades et semi-nomades • Groupes autochtones • Immigrés, populations déplacées dans leur propre pays et/ou qui vivent dans des zones fragiles • Minorités ethniques, religieuses, linguistiques et visibles	• Évaluation des ressources (MT) y compris évaluation des revenus et/ou des actifs • Évaluation des ressources par approximation (PMT) • Évaluation hybride des ressources (HMT) • Indicateurs multidimensionnels de pauvreté • Ciblage des organisations communautaires (COC)
	Évaluation de la situation professionnelle des demandeurs d'emploi et personnes sans emploi (Unité d'assistance = la personne)	
	• Personnes sans emploi • Travailleurs découragés/inactifs • Travailleurs du secteur informel	• Évaluations des travailleurs sociaux • Outils de profilage en matière d'emploi
	Évaluation du handicap (unité d'assistance = la personne)	
	• Personnes en situation de handicap • Travailleurs en situation de handicap	• Évaluation médicale des handicaps (handicap ou conditions qu'ils imposent) • Évaluations fonctionnelles des handicaps, tenant compte des capacités, des besoins de soin et des facteurs contextuels
	Évaluation des risques sociaux (unité d'assistance = la personne et/ou la famille)	
	• Enfants à risque • Jeunes à risque • Adultes à risque • Lesbiennes, gays, bisexuel ou transgenres	• Évaluation des travailleurs sociaux avec des outils formels et informels • Utilisation expérimentale de modèles de prévision
	Approches intégrées pour l'évaluation des besoins et des conditions de vie, l'accueil et l'enregistrement des demandes	
		• Évaluation multidimensionnelle des besoins et des conditions de vie : un exemple pourrait être de dépister les risques sociaux pour les demandeurs d'emploi ainsi que des facteurs classiques liés au travail déterminant leur distance par rapport au marché du travail • Des programmes multiples qui utilisent des outils d'évaluation et des informations communs, par exemple avec les évaluations économiques provenant des registres sociaux

Source : Tableau conçu pour cette publication.

Une méthode consiste simplement à classer les demandeurs selon des critères démographiques, comme le genre ou l'âge (pour les programmes catégoriels démographiques). Une autre approche s'appuie sur les évaluations des travailleurs sociaux (pratique courante dans les évaluations des services de l'emploi et des services sociaux). Une troisième méthode consiste à utiliser des outils automatisés pour agréger les principaux indicateurs d'évaluation (généralement pour agréger des mesures du bien-être socio-économique). Enfin, des outils statistiques comme l'analyse prédictive et l'intégration et l'analyse des données peuvent générer des profils de personnes ou de familles (ils sont parfois utilisés pour l'établissement d'un profil d'emploi ou pour prédire les risques sociaux).

Souvent, les agences combinent instruments et techniques. Le reste de la présente section analyse les approches utilisées pour les types suivants d'évaluation : évaluation socio-économique des besoins et des conditions de vie, évaluation du handicap, évaluation des demandeurs d'emploi et des personnes au chômage, et évaluation des risques sociaux pour les personnes et familles vulnérables. Enfin, la section se conclut par une discussion sur les opportunités d'utilisation intégrée des instruments et techniques.

Évaluation socio-économique des besoins et des conditions de vie

De nombreux outils pour l'évaluation du statut socio-économique construisent des mesures ou indices agrégés de bien-être en utilisant les informations récoltées pendant l'accueil et l'enregistrement des demandes. Ces outils génèrent principalement une variable comme indicateur de bien-être agrégé. Les variables sont calculées à l'aide d'algorithmes automatisés intégrés aux systèmes d'information. Ces algorithmes (1) calculent le montant total du revenu (autodéclaré ou obtenu d'autres agences), (2) donnent une estimation du revenu en combinant des paramètres estimés et des caractéristiques sociodémographiques et socio-économiques observables, et (3) génèrent une mesure agrégée, qui combine le revenu total et le revenu estimé, pour laquelle la majeure partie peut être vérifiée par des sources indépendantes et une petite partie provient d'une estimation[18]. L'unité d'assistance pour l'évaluation

socio-économique est généralement le ménage ou la famille, même si le programme en lui-même a pour unité d'assistance les personnes à qui il vient en aide. Voici des exemples d'outils d'évaluation socio-économique automatisés :

- **L'évaluation des ressources (MT),** qui peuvent inclure des évaluations de revenu, d'actifs, ou les deux. **Les évaluations de revenu** agrègent les informations de l'ensemble des sources de revenus pour tous les membres de la famille ou du ménage (en fonction de l'unité d'assistance) sur une période de référence commune (comme le revenu total du ménage du dernier mois, des 60 derniers jours, six mois, etc.). Comme expliqué précédemment, les revenus peuvent inclure les revenus du travail, les revenus locatifs, certains types de prestations obtenues en espèces, les revenus de l'agriculture ou d'un travail indépendant, etc. **Les évaluations d'actifs** tiennent compte de la valeur ou de la possession de différents actifs financiers ou physiques (comme discuté précédemment). Les informations relatives aux revenus et aux actifs peuvent être autodéclarées ou obtenues d'autres systèmes grâce à l'interopérabilité des systèmes (voir plus loin dans ce chapitre la section sur les registres sociaux et l'interopérabilité avec les autres systèmes d'information administratifs), mais sont vérifiées par croisement avec des sources indépendantes pour en garantir la robustesse. Les évaluations vérifiées des ressources sont utilisées couramment dans les pays de l'OCDE, et s'appuient sur un haut niveau de formalités des marchés du travail et sur l'interopérabilité des systèmes d'information (Banque mondiale, à venir). Dans une évaluation simple, l'évaluation des ressources se base sur les revenus autodéclarés, même si ces données autodéclarées sont parfois recoupées avec des informations complémentaires ou des variables de substitution (au Brésil par exemple).

- **L'évaluation indicative des ressources (PMT pour proxy means test).** Cette méthode évalue le bien-être socio-économique d'une famille à l'aide d'une mesure composite d'estimation du bien-être. Cette mesure (ou indice) est le score pondéré de caractéristiques observables des ménages (par exemple, les structures démographiques, les niveaux d'éducation, la localisation et la qualité du logement du ménage, la possession de biens durables et d'autres actifs). Les pondérations de chaque caractéristique ont été évaluées en utilisant des sources d'information, comme les enquêtes sur les revenus et dépenses des ménages. Ces caractéristiques observables sont en fait des variables de substitution pour l'estimation des « vraies » valeurs du revenu ou de la consommation réels[19]. On a recours au PMT quand le revenu ou la consommation réels sont difficiles à mesurer et à observer, comme dans des situations très informelles, ou quand les valeurs des actifs ne peuvent être obtenues directement[20]. Toutes les données pour ces variables de substitution sont collectées pendant le processus d'accueil et d'enregistrement des demandes, tandis que les pondérations sont obtenues à partir de modélisations. Le résultat est ensuite calculé automatiquement à l'aide d'un algorithme qui attribue des poids aux variables. Les pays qui utilisent la PMT sont notamment l'Albanie, le Burkina Faso, le Malawi, le Pakistan, les Philippines et la Turquie.[21]

- *L'évaluation hybride des ressources (HMT),* qui combine la MT et la PMT en rassemblant les informations sur un revenu observable d'un ménage qui peut être vérifié à l'aide de sources indépendantes, ainsi qu'en collectant des informations sur certains actifs du ménage aux fins d'estimer le revenu ou la consommation qui ne peuvent être vérifiés, comme pour la PMT. La HMT dépend de la disponibilité et de la qualité des données administratives, ainsi que de la fréquence des mises à jour. La HMT combine toutes les sources de revenu du ménage que l'on peut trouver dans les données administratives avec une estimation du revenu provenant des activités informelles. Ainsi, le score HMT est la somme du revenu formel d'un individu et du revenu imputé, basé sur certaines caractéristiques provenant des informations auto-déclarées ou d'autres dossiers administratifs. Cette méthode est recommandée quand le revenu formel représente une partie importante du revenu d'un ménage, et est plus souvent utilisée en Europe de l'Est et en Asie centrale (Tesliuc et coll., 2014). L'ajout du revenu imputé au revenu vérifiable rend cette méthode hybride. Elle peut être considérée comme une méthode de ciblage intermédiaire entre la MT et la PMT.

Un autre outil de l'évaluation socio-économique est le ciblage des organisations communautaires (COC). Le COC peut servir à prioriser les ménages à enregistrer (intrant pour l'accueil et l'enregistrement des demandes). Le COC peut également aider à valider les scores ou estimations de revenu et de consommation. Le Malawi utilise le COC pour prioriser les ménages à enregistrer et pour valider les scores PMT. Le Burkina Faso utilise le COC pour valider la liste des ménages éligibles en se basant sur leur score PMT. Enfin, le COC peut servir à évaluer directement les besoins et les conditions de vie des familles dans une communauté, et à les classer de la plus riche à la plus pauvre. Dans ces cas, le classement qualitatif COC ira directement nourrir les décisions d'éligibilité (voir le chapitre 5). Pour identifier les participants à un programme, le COC utilise les connaissances locales des membres ou des chefs locaux, qui sont mieux à même de déterminer les besoins de chacun des ménages de la communauté. La justification de l'utilisation du COC repose sur l'hypothèse que les connaissances locales pourront permettre des évaluations plus exactes que celles d'une personne étrangère à la communauté.

Les évaluations socio-économiques peuvent être organisées à la demande (au moment où les personnes demandent l'aide) ou impulsées par les gestionnaires de programme (faites en masse). Dans l'approche à la demande, la mesure absolue du bien-être des personnes enregistrées est calculée et pourra concerner par exemple, leur revenu agrégé, la valeur de leurs actifs ou de leur score PMT absolu. C'est aussi possible dans l'approche impulsée par les gestionnaires, mais dans ce cas, la mesure la plus souvent utilisée est un classement des ménages des plus pauvres aux plus riches. Cette mesure du bien-être est donc relative à celle des autres ménages du groupe. Ce classement relatif n'est possible que si les ménages sont tous enregistrés et évalués en groupe, sur une période commune et dans le cas de l'approche impulsée par les gestionnaires de programmes.

En effet, les classements relatifs ne peuvent pas être utilisés dans l'approche à la demande, car il n'est pas possible de reclasser l'ensemble des ménages à chaque fois qu'un nouveau ménage est enregistré (et cela n'a pas non plus de sens de comparer le classement de ménages qui se sont enregistrés à différents moments). Comme nous le verrons dans le chapitre 5, cette distinction a des implications importantes sur la façon dont l'éligibilité est déterminée pour les programmes sociaux.

Évaluer et profiler les personnes en recherche d'emploi et celles sans emploi

Quand des personnes en recherche d'emploi ou sans emploi font des demandes de prestations et de services, il est important de les différencier en fonction de leurs besoins, de leurs conditions de vie et employabilité. Une évaluation précise peut faire concorder des personnes avec des ensembles de prestations et services adaptés à leurs besoins (voir le chapitre 5). Elle permet de concentrer les interventions intensives sur ceux qui en ont le plus besoin, et d'optimiser les allocations de personnel, prestations et services. Des évaluations exactes aident les individus à trouver du travail, à améliorer leur employabilité, et à éviter de longues périodes de chômage. Des évaluations inexactes peuvent (i) faire perdre des ressources en assignant des interventions intensives à des personnes qui n'en ont pas besoin, (2) se traduire en opportunités manquées d'intervenir tôt et de manière adaptée pour éviter le chômage de longue durée, et (3) peuvent surcharger les travailleurs sociaux, les services de l'emploi et les programmes actifs du marché du travail (PAMT) en saupoudrant les ressources sur trop de cas, réduisant ainsi la qualité des services pour tous.

Différents instruments de profilage sont utilisés pour différencier les individus sans emploi. Ces instruments font généralement intervenir des évaluations des travailleurs sociaux, des outils de profilage statistique, ou une combinaison des deux. L'intérêt relatif des évaluations et outils de profilage dépend de la capacité d'un organisme à gérer les ressources humaines et les informations. D'une part, la capacité des travailleurs sociaux va dépendre de leur formation, de leur capacité à exploiter efficacement les informations et du nombre de dossiers à traiter (qui détermine le temps qu'ils peuvent consacrer à chaque cas). D'autre part, le type d'informations disponibles et leur degré de sophistication influencent également l'évaluation. Comme nous l'avons vu précédemment, ces informations peuvent inclure des données de base d'identification et des données juridiques, des renseignements sur le statut d'emploi et l'historique professionnel, et des informations plus complexes concernant l'employabilité et les obstacles au travail. Ces informations sont généralement collectées par le travailleur social pendant le processus d'entretien, mais peuvent également être complétées par d'autres agences ou vérifiées par ces dernières. En fonction des capacités du travailleur social et de l'agence, quatre approches peuvent être utilisées pour évaluer les besoins et les conditions de vie des personnes en recherche d'emploi et sans emploi (figure 4.4)[22] :

- *Catégorisation basée sur des règles.* Quand ses capacités ou les informations dont il dispose sont limitées, le travailleur social peut simplement catégoriser les demandeurs en fonction de caractéristiques de groupe, comme la durée du chômage, l'âge (par exemple, jeunes cherchant leur premier emploi, travailleurs de plus de 50 ans), ou un handicap. Dans cette approche, le travailleur social est le principal acteur, mais son pouvoir discrétionnaire reste limité. Aussi, cette approche basée sur les règles catégorielles offre l'avantage d'une mise en œuvre relativement facile à appliquer, mais l'inconvénient de ne pas permettre l'évaluation des besoins et des conditions de vie spécifique à chaque personne.

- *Profilage statistique.* Certains pays utilisent des outils de profilage statistique pour prédire la durée probable de chômage des demandeurs d'emploi, et pour faire la distinction entre ceux qui seront faciles à placer et ceux pour qui ce sera plus difficile (Loxha et Morgandi, 2014). (Voir l'encadré 4.8.) Ces outils utilisent les modélisations économétriques pour analyser les données sur les demandeurs d'emploi et pour prédire leur probabilité de retour au travail (comme mesure de leur employabilité) en fonction d'un modèle statistique. En générant un spectre de résultats statistiques liés au risque de chômage, les modèles permettent aux agences d'emploi de segmenter les demandeurs d'emploi en groupes de risque, sur une échelle allant de risque faible à risque élevé. Ces résultats renseignent les décisions d'éligibilité et la détermination des prestations et des services. Les outils de profilage statistique du travail offrent notamment l'avantage de fournir une évaluation objective, standardisée des perspectives de réemploi des demandeurs d'emploi, tout en générant des scores de risque individualisés.

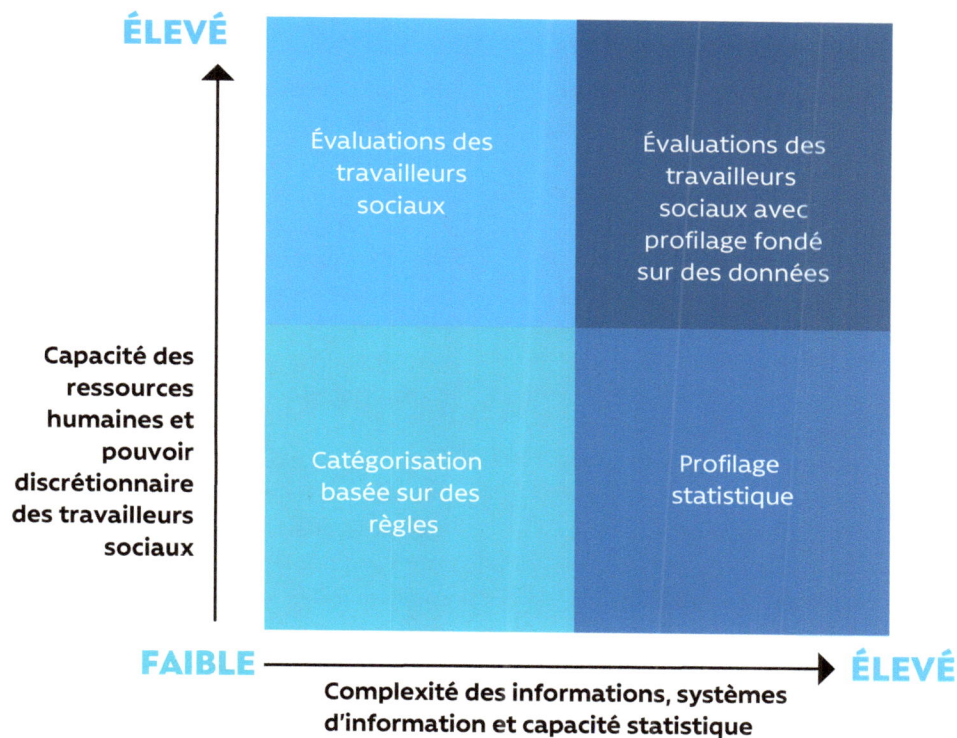

Source : Figure conçue pour cette publication.

Encadré 4.8 Outils de profilage statistique pour différencier les demandeurs d'emploi et les personnes sans emploi

Les outils de profilage statistiques peuvent prédire la durée probable d'une période de chômage, et faire la différence entre les personnes en recherche d'emploi faciles à placer et celles pour qui ce sera plus difficile (Loxha et Morgandi, 2014). Ces outils exploitent les données sur les demandeurs d'emploi pour prédire la probabilité qu'ils retournent au travail (mesure de leur distance par rapport au marché du travail) selon un modèle statistique. Ce type de méthode de profilage se base généralement sur l'analyse économétrique des données démographiques, socio-économiques et d'emploi des demandeurs d'emploi. En générant un spectre de résultats statistiques concernant le risque de chômage, les modèles permettent aux services de l'emploi de segmenter les demandeurs d'emploi par groupes de risque sur une échelle allant de risque faible à risque élevé. Les résultats iront ensuite renseigner les décisions sur l'éligibilité et les ensembles de prestations-services (voir chapitre 5).

L'Australie utilise un système de profilage statistique depuis 1998 pour identifier les personnes à risque face au chômage de longue durée. **L'instrument de classification des demandeurs d'emploi** (*Job Seeker Classification Instrument* **JSCI**) prend la forme d'un questionnaire auquel répondent les demandeurs d'emploi au moment de leur enregistrement auprès de Centrelink [a]. En fonction des réponses des demandeurs d'emploi, un score JSCI est calculé et utilisé pour classer les demandeurs d'emploi en trois catégories différentes : (1) personnes prêtes à travailler, (2) personnes qui reçoivent un soutien d'un travailleur social et certaines prestations de services et (3) personnes qui reçoivent le soutien intensif d'un travailleur social et des prestations de services importantes. Si le JSCI identifie des obstacles importants, les clients pourront bénéficier d'une évaluation supplémentaire, **une évaluation des services de l'emploi**, pour déterminer s'ils doivent être orientés vers la catégorie « 3 » ou vers

suite

un prestataire spécifique de services de l'emploi des personnes en situation de handicap. Les demandeurs d'emploi sont également réévalués et peuvent être reclassés dans une catégorie supérieure s'ils restent sans emploi pendant plus de 12 mois. Le JSCI s'est révélé efficace, Centrelink rapportant un taux d'exactitude de 65 % (Finn, 2011).

D'autres systèmes de profilage statistique se sont également révélés justes dans leurs prévisions [b]. Par exemple, les capacités de prévision du modèle statistique de la **Finlande** ont été évaluées à l'aide d'un échantillon représentatif de 60 000 personnes. Le modèle avait correctement prédit les résultats d'emploi dans 89 % des cas. En **Irlande**, le modèle statistique avait correctement prédit les résultats dans 69 % des cas parmi les personnes ayant 50 % de chance de trouver un emploi.

Les avantages des outils de profilage du travail pour évaluer les besoins et les conditions de vie sont les suivants : (1) fournir des évaluations objectives et standardisées des perspectives d'embauche des demandeurs d'emploi, et (2) générer des scores de risques spécifiques aux postulants qui peuvent permettre d'approfondir l'évaluation individualisée

de chaque demandeur d'emploi. Ces approches ont du potentiel, notamment quand le nombre de dossiers est beaucoup trop élevé pour les conseillers à l'emploi.

Pour ce qui concerne les inconvénients, des données de mauvaise qualité ou dépassées peuvent être problématiques et entraîner des erreurs importantes. Même avec des données de grande qualité, la modélisation statistique ne peut pas capturer les types d'informations que les travailleurs sociaux obtiennent grâce à des entretiens approfondis et d'autres méthodes d'évaluation qualitative, notamment les informations sur les motivations des demandeurs, leurs attitudes au travail, et leurs comportements (Loxha et Morgandi, 2014). Enfin, la réticence des travailleurs sociaux à utiliser les outils de profilage statistique s'est révélée un frein à leur adoption, les conseillers en emploi ne percevant pas la valeur supplémentaire de ces outils par rapport à leur propre évaluation. Certains pays ont testé la modélisation statistique, mais ne l'ont pas officiellement rendue obligatoire ou incorporée dans leurs processus d'évaluation des besoins et des conditions de vie des demandeurs d'emploi (et certains ont arrêté de l'utiliser)[c].

Source : Finn, 2011 ; Kurekova, 2014 ; Loxha et Morgandi, 2014 ; Scoppetta et Buckenleib, 2018 ; Ortakaya, 2018b.
a. Le JSCI de l'Australie a évolué depuis son introduction, à la suite de révisions continues. Le modèle décrit ici est en vigueur depuis 2015 et sa description provient de Scoppetta et Buckenleib (2018).
b. Les résultats de la modélisation prédictive sont résumés dans Loxha et Morgandi (2014).
c. Loxha et Morgandi (2014) notent que la modélisation statistique a été testée, mais jamais officialisée au Danemark, en Allemagne et en Suisse.

Cependant, les outils seront moins efficaces si les données sont de mauvaise qualité ou dépassées, ce qui peut entraîner des erreurs importantes. Même avec des données de grande qualité, la modélisation statistique ne permet pas non plus de capturer certaines informations que les travailleurs sociaux obtiennent grâce à des entretiens approfondis et d'autres méthodes ; c'est notamment le cas des informations sur les motivations des demandeurs, leurs attitudes au travail, et leurs comportements (Loxha et Morgandi, 2014).

- *Évaluation des travailleurs sociaux.* D'une manière générale, les travailleurs sociaux s'appuient

principalement sur les informations collectées pendant les entretiens, sur des outils qualitatifs et sur leur propre évaluation clinique des demandeurs (Kuddo 2012). Le principal avantage de cette approche est que les travailleurs sociaux peuvent évaluer les besoins et les conditions de vie individuels des demandeurs d'emploi, en établissant des liens étroits avec eux. Toutefois, la subjectivité des évaluations des travailleurs sociaux est un inconvénient couramment cité, ce qui veut dire que différents travailleurs sociaux pourront évaluer différemment le même chercheur d'emploi, ou que des préjugés pourront s'immiscer dans leurs évaluations. Ces évaluations demandent également beaucoup de travail ; elles sont chronophages et demandent beaucoup d'efforts de la part des travailleurs sociaux. Ces exigences peuvent être prohibitives dans des pays qui ont des ressources humaines limitées et de nombreux dossiers à traiter. À titre d'exemple, l'Organisation internationale du travail recommande que chaque membre des services publics pour l'emploi (SPE) traite les dossiers de 100 personnes enregistrées. Si la charge de travail dans l'Union européenne est proche de ce chiffre (150 pour 1), elle est nettement plus élevée dans les pays en développement comme l'Albanie, la Jordanie et la Serbie (tous, juste en dessous de 500 pour 1), l'Égypte, la Macédoine du Nord et la Turquie (toutes, au-dessus de 500 pour 1), le Liban et le Maroc (tous, au-dessus de 1 000 pour 1) ou encore le Kosovo (près de 2 000 pour 1)[23]. Avec un nombre de dossiers aussi important, il ne peut y avoir que peu d'évaluations des besoins et des conditions de vie individuels. Dans ces situations, la catégorisation basée sur des règles est plus courante et plus faisable d'un point de vue administratif, mais les outils de profilage statistique peuvent également se révéler utiles, en fonction de la capacité des systèmes d'information des organisations.

Évaluation des travailleurs sociaux avec profilage fondé sur des données. Cette approche intègre les outils de profilage statistique aux évaluations des travailleurs sociaux. Les travailleurs sociaux collectent des informations grâce aux entretiens et questionnaires, et utilisent également les outils de profilage statistique pour les données qu'ils ont collectées. Les travailleurs sociaux conservent ainsi leur rôle central dans l'évaluation des demandeurs, mais utilisent les données de manière plus intensive pour les diagnostics. Des outils supplémentaires peuvent être utilisés, comme l'évaluation psychométrique ou comportementale et le profilage en fonction des compétences relationnelles. Ces outils de profilage sont souvent intégrés dans les flux de travail et les questionnaires des clients. Les pays ayant recours à cette approche combinée sont notamment l'Irlande, les Pays-Bas et la Suède (Loxha et Morgandi, 2014). Cette approche combine une personnalisation individuelle qui peut résulter des interactions étroites entre le conseiller et le demandeur à l'objectivité du profilage statistique.

Évaluations du handicap

Les évaluations du handicap ne servent pas seulement aux programmes de protection sociale, mais à d'autres également. Elles peuvent en effet permettre de déterminer l'éligibilité d'une personne à des prestations précises (comme l'assistance ou l'assurance handicap) ou pour des services de soins spécialisés (à la maison, dans la communauté ou au sein d'un établissement), ainsi que ses besoins en matière de logement et de soutien (par exemple, une aide à l'école ou au travail).

Les déterminations ou évaluations du handicap ont pour objectif de certifier qu'une personne répond à la définition légale du handicap, et de lui permettre d'obtenir des prestations ou des services. D'autres critères d'éligibilité pourront également être pris en compte, comme l'âge, le lieu de résidence ou le niveau de revenu. Compte tenu des limitations en matière d'évaluation de la déficience ou d'évaluation médicale, de nombreux pays s'orientent plutôt vers une combinaison de cette approche à l'approche fonctionnelle, avec des éléments d'évaluation du handicap qui reflètent de manière plus précise les difficultés des personnes. D'autres pays souhaitent s'orienter vers une évaluation plus exhaustive du handicap, qui requiert beaucoup plus d'informations pour obtenir les prestations de services. Le scénario optimal s'efforce de combiner un système à trois niveaux :[24]

- **Les évaluations médicales** documentant les raisons de santé à l'origine des difficultés, et pour lesquelles le handicap est considéré comme un problème médical situé dans le corps d'un individu.
- **Les évaluations fonctionnelles** qui permettent de qualifier une personne comme « porteuse d'un handicap » et qui déterminent le degré du handicap et la nature du soutien nécessaire. Ces évaluations ne partent plus du postulat selon lequel le handicap serait fondamentalement conditionné par le corps d'une personne ; elles préfèrent envisager le handicap comme des caractéristiques biomédicales du corps/du cerveau d'une personne, et évaluer l'impact de ces dernières au sein du contexte environnemental global, physique et social dans lequel la personne évolue.
- **Les évaluations exhaustives du handicap** pour la conception et la fourniture de prestations et services encourageant une participation totale, quand le handicap n'est pas perçu comme une simple

question de fonctions corporelles d'une personne ou d'inconvénients environnementaux ou sociaux, mais plutôt comme la vision interactionnelle ou biopsychosociale du handicap qui est au cœur de la Classification internationale du fonctionnement du handicap et de la santé (CIF) de l'Organisation mondiale de la santé (OMS), adoptée officiellement par l'Assemblée mondiale de la santé en 2001. L'accent n'est donc pas mis sur ce que la personne a, mais sur ce qu'elle peut faire.

Processus d'évaluation du handicap

Une évaluation se doit d'être valide, fiable, transparente et standardisée, pour que les critères de détermination du handicap soient clairs et justes. La légitimité du processus d'évaluation du handicap dépend de son objectivité, de son équité, de son impartialité et des éléments de preuve sur lesquels il se base. Les évaluations doivent également être structurées de façon à répondre aux objectifs des politiques ou programmes qui les demandent.

Le processus d'évaluation du handicap débute généralement par une évaluation médicale, réalisée par des médecins ou docteurs en médecine et réputée scientifique et objective. Il existe deux grandes méthodes pour les évaluations médicales. La première définit le handicap en termes de déficience ou de maladie, et l'évaluation se base sur l'existence d'un diagnostic médical qui identifie un individu comme souffrant de cette déficience ou de cette maladie. La seconde est la méthode Barema, qui classe les handicaps sur « un barème fixe figurant dans un tableau selon lequel un certain pourcentage du handicap est attaché à des déficiences spécifiques. La liste ou le tableau de Barema se divise en deux sections couvrant les composantes physiques ou mentales du corps ou du système corporel, et des conseils sont donnés concernant les points de référence médicaux par rapport auxquels les évaluations doivent être faites » (Waddington et coll., 2018). Néanmoins, la pratique quotidienne montre que ce processus, s'il n'est pas standardisé et supervisé, peut entraîner de nombreuses simulations et fraudes. De plus, l'approche par déficience a été fortement critiquée en matière de fiabilité et d'hypothèses sous-jacentes.

L'évaluation médicale peut être complétée par une évaluation fonctionnelle, qui va au-delà du diagnostic médical pour tenir compte de l'impact d'un handicap sur la capacité d'un individu et sur ses besoins de soins. Une évaluation fonctionnelle cherche à établir des limitations pour des activités spécifiques, comme la capacité à travailler, à étudier, ou à être autonome. L'évaluation fonctionnelle peut sinon établir les besoins de soins ou de soutien, en évaluant notamment les activités que l'individu peut réaliser seul, et celles pour lesquelles il aura besoin de soutien. Les évaluations fonctionnelles peuvent également évaluer la capacité d'un individu ou ses besoins de soins en tenant compte de circonstances contextuelles et externes comme des aménagements du lieu de travail ou d'autres soutiens environnementaux. Pour évaluer ces capacités, un ensemble d'outils d'évaluation de la capacité fonctionnelle a été développé en se basant sur la CIF qui fournit un cadre et un langage exhaustifs et standardisés pour la description du fonctionnement et du handicap. L'outil fonctionnel peut être utilisé par un évaluateur formé qui peut être un travailleur social, un infirmier ou un ergothérapeute ; les approches varient d'un pays à l'autre. Les différents ensembles de questions couvrant différents types d'invalidité ont des scores pondérés et peuvent servir à préciser le degré d'invalidité (léger, modéré, sévère). L'approche fonctionnelle a ses propres limitations également, parce qu'elle évalue la capacité au travail en se basant sur des approximations subjectives (voir l'encadré 4.9).

Finalement, l'approche exhaustive du handicap tente de tenir compte de la même façon de tous les déterminants du handicap : médicaux, fonctionnels, environnementaux et personnels. Plusieurs pays modifient progressivement leurs procédures d'évaluation du handicap pour aller vers une approche de l'évaluation du handicap plus axée sur les droits, en se basant sur la CIF et le Disability Assessment Schedule 2.0 (WHODAS 2.0) de l'OMS. Le monde est passé d'une approche fondée sur les déficiences à une approche fonctionnelle puis à une approche globale du handicap, et les pays sont de plus en plus nombreux à intégrer la CIF et le WHODAS 2.0, notamment certains pays à revenu élevé (Allemagne, Arabie Saoudite, Canada, France, Suède, Royaume-Uni, États-Unis) et certains pays à revenu intermédiaire (Argentine, Brésil, Chypre, République arabe d'Égypte et Grèce). Le processus doit être graduel, tenir compte des sensibilités culturelles, et être piloté par le type d'objectif ou de politique recherché par le pays : aide monétaire, réadaptation, emploi, etc.

Le gouvernement égyptien a lancé le programme Takaful et Karama (TKP) en 2015 qui vise à fournir une aide au revenu et à accroître l'inclusion sociale des familles pauvres avec de jeunes enfants, ainsi que des personnes âgées et celles porteuses de handicaps sévères. Les objectifs principaux du programme incluent la protection des ménages vulnérables face à la grande pauvreté, l'investissement dans le capital humain en s'assurant que les enfants grandissent en bonne santé et bien éduqués, et l'autonomisation des femmes par des transferts monétaires. Takaful (solidarité) est un programme d'aide au revenu familial avec un programme de transfert monétaire en coresponsabilité (conditionnel) qui vise à réduire la pauvreté et à améliorer le développement humain (dans la santé et l'éducation). Karama (dignité) est un sous-programme d'aide au revenu inconditionnelle et d'inclusion sociale qui a pour objectif la protection et l'inclusion des personnes pauvres et âgées (plus de 65 ans) et des personnes en situation de handicap.

Karama a tout d'abord réalisé un exercice d'inventaire et d'analyse comparative pour identifier les difficultés et goulets d'étranglement dans le processus actuel d'évaluation du handicap, avant de concevoir une nouvelle solution. Cet exercice a permis de cerner des difficultés et des lacunes au sein de l'actuel processus de demande de prestation, notamment des procédures longues et coûteuses avec des exigences peu claires, ainsi que certains défauts dans l'évaluation uniquement basée sur une évaluation médicale et rarement objective. L'analyse des lacunes a eu les effets suivants :

- Lancement d'un nouvel outil d'évaluation fonctionnelle du handicap pour les adultes et les enfants utilisé par un corpus de commissions médicales formé à son utilisation afin de déterminer les bénéficiaires éligibles aux transferts monétaires du programme Karama. Le nouvel outil vise à déterminer l'impact fonctionnel et social du handicap pour le demandeur, et garantit simplicité et facilité d'utilisation ainsi qu'objectivité et équité.
- Développement d'un processus nouveau de demande efficace et automatisé, qui utilise un site Internet/centre d'appel pour garantir à toutes les personnes la transparence et l'équité d'accès aux informations. Le processus augmente l'efficience et réduit le temps d'attente pour prendre un rendez-vous. L'ancien système souffrait de longs temps d'attente et nécessitait de multiples visites. Toutes les données des bénéficiaires sont également enregistrées à l'aide de tablettes, ce qui permet l'installation d'un système de gestion des opérations des bénéficiaires en situation de handicap.
- Mise en place d'un mécanisme de gestion des réclamations pour recevoir les commentaires des clients et améliorer les prestations de services.
- Mise en place d'un groupe de travail sur le handicap pour s'assurer de la bonne gouvernance et pour superviser la transition d'une approche médicale vers une approche fonctionnelle, notamment en promouvant le bien-fondé d'une combinaison de ces deux approches auprès des médecins.

Aujourd'hui, le programme Karama dispose de normes et d'outils alignés sur la CIF et la Convention relative aux droits des personnes handicapées des Nations Unies. L'éligibilité se base sur un outil d'évaluation fonctionnel combiné à une évaluation des ressources par approximation. Les données collectées jusqu'à présent apportent également des éclairages sur les types et la fréquence des handicaps dans les différents gouvernorats. À l'avenir, Karama veut aller au-delà de la simple approche fonctionnelle qui offre des transferts en espèces pour tendre vers une approche exhaustive du handicap orientant les bénéficiaires éligibles vers des opportunités d'emploi et des services qui leur sont adaptés.

Source : Nahla Zeitoun, spécialiste de la protection sociale, Banque mondiale.

Il n'existe pas d'approches simple et universelle permettant de transformer les procédures d'appréciation et d'évaluation du handicap d'un pays. Chaque pays doit développer son propre outil adapté à sa culture, en s'appuyant sur des références et normes internationales. Il est important de rappeler qu'indépendamment de l'approche adoptée par un pays, le premier point de contact de toute évaluation du handicap doit toujours être un examen médical réalisé par un organisme autorisé. Ce processus doit être standardisé pour garantir rigueur et exactitude. Cet examen est ensuite suivi d'une évaluation du handicap qui inclut une évaluation fonctionnelle de la capacité ou l'aptitude au travail. Elle est parfois associée à une évaluation des ressources par approximation pour déterminer l'éligibilité aux programmes ciblant la pauvreté. Si un pays souhaite adopter progressivement une approche d'évaluation du handicap axée sur les droits, il lui faudra tenir compte des importants aspects suivants :

- Un cadre juridique définissant le handicap (loi sur le handicap) ;
- Une structure de gouvernance composée d'un groupe de travail multidisciplinaire sur le handicap qui inclut toutes les parties prenantes concernées et notamment le gouvernement, les personnes en situation de handicap et leurs organisations représentatives ;
- Un processus de demande de prestation pratique, transparent et faisable (comprenant un site Internet ou une assistance téléphonique) ainsi qu'un outil d'évaluation du handicap associé à un manuel de formation ;
- Des exigences techniques telles que l'automatisation du processus de demande de prestation, la collecte des données, la comparabilité et la validation des données, les outils de mesure, le suivi et l'évaluation, un mécanisme de gestion des réclamations et la création d'un corpus d'évaluateurs du handicap ;
- Des systèmes d'orientation clairs pour orienter les bénéficiaires éligibles vers des prestations et des services adaptés tels que la réadaptation, les dispositifs d'assistance, les prestations monétaires ou les opportunités d'emploi ;
- Des procédures claires d'évaluation.

Évaluation des risques sociaux auxquels sont confrontées les personnes vulnérables

L'outil le plus couramment utilisé pour diagnostiquer les facteurs de risque auxquels sont confrontées les personnes vulnérables est l'évaluation qu'en font les travailleurs sociaux. Cette évaluation peut être réalisée en plusieurs étapes avec, par exemple, un dépistage initial effectué par les travailleurs sociaux pour identifier les éventuelles vulnérabilités, puis une évaluation plus approfondie des facteurs de risque conduite par des équipes spécialisées. Sachant que les individus interagissent au sein d'une famille et d'une communauté, les facteurs de risque sont généralement évalués à trois niveaux. **Les risques individuels** incluent la santé physique et mentale, le handicap, les expériences négatives de l'enfance, l'estime et l'image de soi, les compétences sociales, les difficultés de communication, les problèmes de toxicomanie ou de dépendance et les troubles du comportement. **Les risques familiaux** incluent la santé mentale et la dépression parentale, la faiblesse ou l'absence de supervision parentale, la négligence et la maltraitance des enfants, les abus sexuels, la violence domestique, les conflits conjugaux et le divorce, les conflits familiaux, la grossesse d'adolescentes, la toxicomanie ou la dépendance des parents, la perte d'un parent ou d'un membre de la famille, le statut socio-économique et le chômage. **Les risques communautaires** incluent la violence régnant dans les quartiers dangereux ou au sein de la communauté (y compris la violence à l'école), les événements stressants ou traumatisants dans la communauté (y compris à l'école), le harcèlement ou le rejet par les autres individus de la communauté, la fréquentation de personnes qui consomment de la drogue, la perte d'un ami ou d'un mentor, entre autres. Les facteurs de risque sont souvent interdépendants et les individus peuvent être simultanément confrontés à plusieurs facteurs de risque.

Les travailleurs sociaux ont généralement recours à une combinaison de méthodes formelles et informelles pour conduire leurs évaluations. **Les méthodes formelles d'évaluation** incluent souvent des questionnaires, des entretiens et des listes de contrôle. Les questionnaires peuvent être particulièrement utiles pour classer un individu ou une famille dans les principales catégories de risque. C'est le cas en Macédoine du Nord, où les travailleurs sociaux répertorient les personnes en 22 catégories de risque, dont entre autres les orphelins, les enfants sans protection parentale, les enfants de parents divorcés, les adolescentes enceintes, les enfants dont les parents sont en train de divorcer ou sont parents isolés, les victimes et les auteurs de violence domestique, les victimes d'abus sexuels, de traite humaine ou de prostitution, les sans-abri, les ex-détenus ou les individus en conflit avec la loi, les demandeurs d'asile, les personnes âgées, les personnes en situation de handicap et autres[25]. Une fois identifiée la catégorie de risque, les travailleurs sociaux utilisent des questionnaires spécifiques correspondant aux risques détectés pour mieux évaluer ces derniers. De plus, ces méthodes formelles d'évaluation sont utilisées par des équipes multidisciplinaires, des personnes spécialisées ou des agences partenaires qui, pour ce faire, disposent d'outils spécialisés tels que l'évaluation du niveau éducatif et des compétences, du handicap, de la toxicomanie ainsi que l'évaluation psychosociale. Ces outils peuvent couvrir les antécédents médicaux de la personne enregistrée, les antécédents familiaux de maladie physique ou psychiatrique, les antécédents d'addiction (alcool/drogue), les antécédents de dépendance au jeu, les antécédents d'abus ou violence sexuels, les antécédents de violence domestique, l'historique de l'éducation ou de l'apprentissage, les antécédents sociaux, la mesure des fonctions exécutives (par exemple, la capacité pour mener à bien les activités de la vie quotidienne), les antécédents professionnels, le passé juridique, les interactions avec les membres de la famille ou du ménage, les antécédents de traitement antérieur, les récentes situations stressantes de la vie, l'état mental, les points forts de l'individu ainsi que l'impression clinique (Thompson, Van Ness et O' Brien, 2001). Les **méthodes informelles d'évaluation** reposent grandement sur les compétences interpersonnelles et non techniques des travailleurs sociaux, compétences qui leur permettent d'établir une relation de confiance, d'observer les modèles de comportement et d'inciter l'individu ou les membres de sa famille à leur donner des informations souvent privées (parfois même des informations que les individus eux-mêmes peuvent ne pas reconnaître comme pertinentes) qui les aident à évaluer leur vulnérabilité, leurs besoins et les conditionnalités. Le résultat de ces évaluations est généralement consigné dans un rapport où le travailleur social décrit la situation, les besoins et les conditions de vie ainsi que

les principaux risques et vulnérabilités du client et son impression générale. Le rapport d'évaluation éclaire le plan d'intervention et de services (voir le chapitre 5).

Bien que les outils d'analyse prédictive et de profilage statistique ne constituent pas encore les bases du travail social, certains pays les expérimentent en tant que contribution à l'évaluation des risques sociaux. Le Département des services sociaux (DSS) du comté d'Allegheny, Pennsylvanie (USA), utilise des données et analyses intégrées pour élaborer un modèle de pratiques intégrées pour ses services sociaux. Un des outils développés concerne la prévention de la maltraitance des enfants. En utilisant des données provenant de plusieurs sources internes et externes, il permet de calculer un score de dépistage qui vient compléter les évaluations cliniques réalisées par les travailleurs sociaux, dans les cas de signalement. Ce score de dépistage s'avère assez précis pour prédire si dans le futur un enfant sera placé hors du domicile familial en raison d'abus qui auront alors été perpétrés. Le comté d'Allegheny a adapté ses pratiques opérationnelles, ses politiques et son processus de prise de décision afin d'intégrer le score de dépistage dans l'évaluation par les travailleurs sociaux de la maltraitance des enfants (encadré 4.10). Cela dit, certaines critiques de cette approche soulignent les faiblesses de conception qui limitent la précision des modèles prédictifs et leur impact sur la situation des personnes pauvres ou vulnérables (Eubanks, 2018).

Approches intégrées en appui à l'évaluation des besoins et des conditions de vie

Les individus sont souvent confrontés à de multiples besoins et facteurs de risque. Pour les travailleurs sociaux, le fait de travailler en vase clos, dans des agences ou des bureaux, peut cacher cette complexité et entraîner des interventions inefficaces ou inadaptées. Les approches intégrées qui mettent en commun les compétences et les connaissances de différentes administrations peuvent aider à mieux évaluer les besoins et les conditions de vie parfois complexes des individus, et se traduisent par des ensembles de prestations et de services qui leur sont mieux adaptés.

Ces approches multidimensionnelles peuvent évaluer de manière exhaustive les besoins et les conditions de vie des individus selon différentes caractéristiques.

Le Département des services sociaux (DSS) du comté d'Allegheny, en Pennsylvanie (États-Unis), expérimente activement différents moyens d'utiliser l'intégration de données et l'analyse prédictive pour développer un modèle de pratiques intégrées pour ses services sociaux. L'un des objectifs de cette approche est l'amélioration de la prise de décision dans l'évaluation et la prévention de la maltraitance des enfants.

Objectif. L'objectif est de développer un outil qui aiderait les travailleurs de l'aide sociale à l'enfance à décider s'il est opportun de mener une enquête plus approfondie lorsqu'un cas de maltraitance d'enfant leur est signalé. L'objectif est de compléter (et non de remplacer) l'évaluation clinique des travailleurs sociaux par un outil de notation qui intégrerait des données sur les personnes impliquées afin de refléter les tendances passées et d'estimer la probabilité que l'enfant puisse être à nouveau en danger.

Énoncé du problème. Avant le développement de l'outil de notation, les données historiques montrent une surestimation du risque pour 48 % des cas, avec le déclenchement injustifié d'une enquête plus approfondie (erreur d'inclusion) et qu'à l'inverse, des erreurs de sous-estimation pour 27 % des cas ont conduit par erreur à un classement sans suite (erreur d'exclusion). Cette situation résulte principalement du peu d'informations accessibles aux travailleurs sociaux de la protection de l'enfance, généralement limitées aux allégations spécifiques et aux détails de l'événement présumé de maltraitance. De plus, les informations sont par nature asymétriques (l'agresseur présumé étant incité à cacher son comportement) et de nombreux facteurs peuvent obscurcir l'évaluation de la situation. Les travailleurs sociaux pouvaient avoir accès à d'autres données disponibles dans les systèmes d'information interconnectés, mais ne disposaient d'aucun moyen automatique de prise en compte de ces informations.

Modélisation par analyse prédictive et intégration des données. Une équipe de recherche en collaboration avec le DSS a développé un modèle d'analyse prédictive pour prédire la probabilité qu'un juge ordonne le retrait d'un enfant du domicile familial après signalement d'un cas de maltraitance à un centre d'accueil dédié[a]. Cette variable dépendante (probabilité d'un placement hors du domicile) concerne une décision extrême dans les cas de maltraitance d'enfant, et le modèle a cherché à identifier les facteurs de risque associés à un tel résultat. En utilisant des données administratives provenant de sources de données internes et externes déjà enregistrées « dans le système », ils ont identifié plus de 100 facteurs de prédiction d'un futur besoin d'orientation ou placement hors du domicile familial. Les données internes proviennent des différentes unités du DSS et concernent la vieillesse, la protection de l'enfance, le traitement des dépendances (drogues et alcool), l'intervention précoce, le soutien familial, le programme HeadStart (programme de développement de la petite enfance), l'assistance aux sans-abri, les aides au logement, la santé mentale et la déficience intellectuelle. Les données externes proviennent d'autres systèmes d'information administratifs, en particulier le registre des naissances, les dossiers d'autopsie, les prestations publiques d'aide sociale, l'aide publique au logement, le programme d'aide à la santé (Medicaid), le système scolaire, les systèmes de probation des mineurs et d'incarcération du comté, le système judiciaire des adultes et des familles, les appels d'urgence au 911 et différentes sources du secteur privé propres à l'emploi et à l'industrie. L'équipe a développé, en conjuguant ces données à un modèle d'analyse prédictive, un score de dépistage noté de 1 à 20 selon lequel plus le score est élevé, plus la probabilité d'un futur événement est élevée (maltraitance d'enfant, placement hors domicile, réorientation). Elle a ensuite « noté » des milliers de rapports historiques de maltraitance d'enfants afin de déterminer si le modèle développé pouvait améliorer la prise de décision après évaluation des cas de maltraitance d'enfant, puis a retracé l'historique des retours ultérieurs pour mesurer le nombre de cas où le modèle s'avérait correct.

Résultats. Ils ont constaté que leur modèle prédisait avec précision et dans une large mesure les futurs placements hors domicile. Plus précisément, 1 % des enfants pour lesquels le score prédictif était 1 (risque faible) et 50 % des enfants dont le score prédictif était 20 (risque le plus élevé) avaient été placés hors du domicile dans les deux ans suivant le signalement. La validation externe a montré que par rapport à un

suite

enfant dont le score prédictif était 1, un enfant dont le score atteignait 20 était 21 fois plus susceptible d'avoir une blessure auto-infligée, 17 fois plus susceptible d'être agressé physiquement et 1,4 fois plus susceptible d'être hospitalisé pour une chute accidentelle.

Changements intervenus ultérieurement dans les processus opérationnels, politiques et de prise de décision. Cet outil a entraîné la modification des politiques et des processus opérationnels. Tout d'abord, le comté a développé une interface de première ligne qui permet, entre autres, aux travailleurs sociaux « d'appuyer sur un bouton » pour calculer le score de dépistage familial, calcul qui a été également intégré dans les processus opérationnels standard. Dans une deuxième étape, et face au scepticisme des travailleurs sociaux, l'accent a porté sur certains changements culturels pour les encourager à réellement utiliser l'outil, notamment en soulignant qu'il ne remplaçait pas leur évaluation clinique, mais leur donnait simplement des informations supplémentaires utiles à leur évaluation. Par la suite, le comté a adopté des mesures qui obligeaient les travailleurs sociaux à utiliser l'outil de dépistage et à calculer le score de dépistage familial pour tous les cas signalés de maltraitance d'enfants. Enfin, le comté a adopté une mesure exigeant que tous les cas signalés de maltraitance d'enfants dont le score de dépistage atteignait 20 donnent lieu à une enquête supplémentaire. Voir Eubanks (2018) pour une critique de l'utilisation de tels modèles prédictifs.

Source : Dalton 2018.

a. Les membres de l'équipe de recherche étaient : Rhema Vaithianathan, Université de technologie d'Auckland ; Emily Putnam-Hornstein, Université de Californie du Sud ; Irène de Haan, Université d'Auckland ; Marianne Bitler, Université de Californie à Irvine ; Tim Maloney, Université de technologie d'Auckland et Nan Jiang, Université de technologie d'Auckland. L'équipe incluait également des experts en éthique, dont Tim Dare, Université d'Auckland et Eileen Gambrill, Université de Californie à Berkeley, ainsi que les évaluateurs : Hornby-Zellar Associates (pour évaluer les aspects du processus) et l'Université de Stanford (pour évaluer les impacts).

L'exemple d'une telle approche consiste à dépister les individus exposés à des risques sociaux dans le cadre d'un profil d'employabilité de demandeurs d'emploi. Pour illustrer ce défi, la figure 4.5 représente à la fois l'employabilité et la complexité des risques sociaux. Les conseillers à l'emploi dressent généralement le profil des demandeurs d'emploi et des chômeurs afin de déterminer leur degré d'employabilité, en se concentrant sur les groupes 1 et 2 de la figure 4.5. Mais un tel profilage pourrait ignorer les barrières sociales qui peuvent affecter la capacité à l'emploi. Certaines personnes peuvent être relativement aptes au travail, et désireuses de travailler, mais se heurtent à des barrières sociales qui pourraient être levées par d'autres interventions que les actions des services de l'emploi et les programmes actifs du marché du travail (PAMT) (groupe 3 de la figure 4.5). Les personnes devant surmonter de tels obstacles sont par exemple les travailleurs handicapés qui peuvent facilement exercer certains des emplois proposés à condition qu'ils puissent accéder à des installations et services adaptés (chiens d'aveugle, applications de transcription pour les aveugles et les sourds, etc.) et les parents célibataires avec de jeunes enfants qui peuvent travailler à condition de disposer de services adaptés de garde d'enfants. Certains demandeurs d'emploi peuvent être confrontés à des risques sociaux complexes et ne pas être immédiatement employables (groupe 4 de la figure 4.5). Si le profilage et les évaluations d'employabilité ne tiennent pas compte de ces facteurs de risque social, incorporer ces personnes dans les services standard pour l'emploi et les PAMT ne serait ni efficace ni efficient.

Les évaluations communes de facteurs spécifiques peuvent être également partagées entre les programmes, par exemple, lors de l'évaluation des besoins et des conditions de vie, quand différents programmes demandent les mêmes informations lors de l'accueil et l'enregistrement. Cette situation est courante pour l'évaluation du statut socio-économique des personnes, statut qui peut être exigé par de nombreux programmes tels que les pensions sociales sous condition de ressources pour les personnes âgées pauvres ou en situation de handicap, les prestations et ensembles de

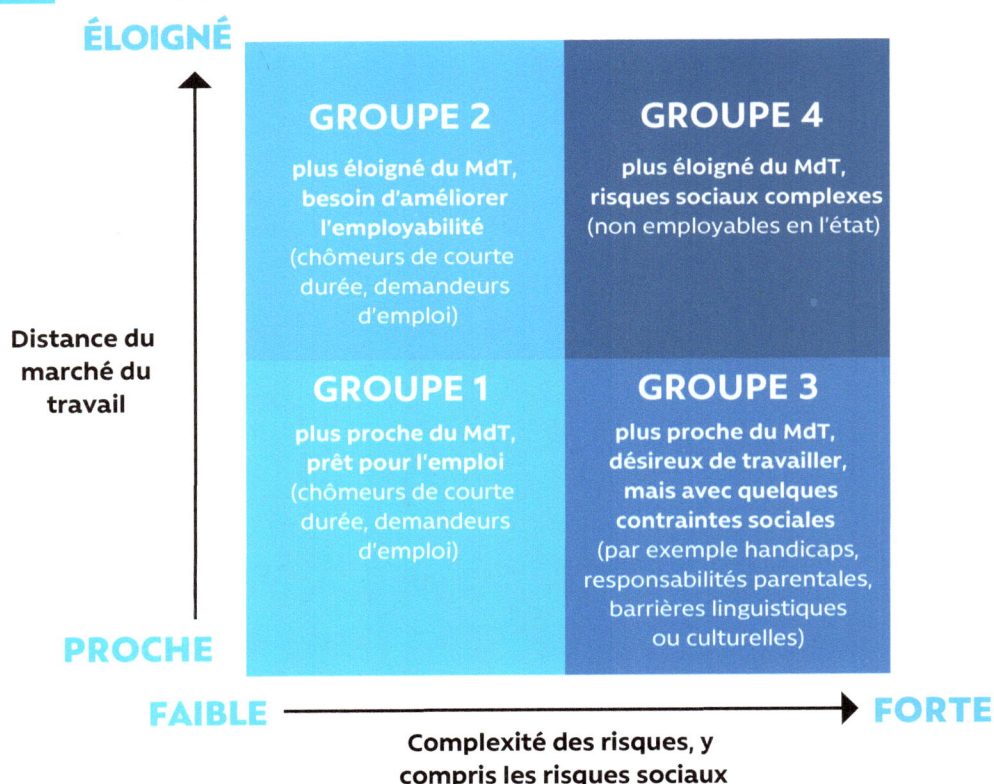

ÉLOIGNÉ

GROUPE 2

**plus éloigné du MdT,
besoin d'améliorer
l'employabilité**
(chômeurs de courte
durée, demandeurs
d'emploi)

GROUPE 4

**plus éloigné du MdT,
risques sociaux complexes**
(non employables en l'état)

**Distance du
marché du
travail**

GROUPE 1

**plus proche du MdT,
prêt pour l'emploi**
(chômeurs de courte
durée, demandeurs
d'emploi)

GROUPE 3

**plus proche du MdT,
désireux de travailler,
mais avec quelques
contraintes sociales**
(par exemple handicaps,
responsabilités parentales,
barrières linguistiques
ou culturelles)

PROCHE

FAIBLE FORTE

**Complexité des risques, y
compris les risques sociaux**

Source : Figure conçue pour cette publication.
Note : MdT = Marché du travail.

services pour les travailleurs à faible revenu ; les services sociaux pour les familles à faible revenu, les bourses d'études basées sur les besoins, les subventions d'assurance maladie sous condition de ressources et d'autres. Bien que les programmes présentent tous des exigences spécifiques, ils demandent tous une évaluation socio-économique des besoins et des conditions de vie. Les registres sociaux facilitent les approches intégrées en fournissant aux différents programmes un ensemble d'informations sur le statut socio-économique des personnes.

Réévaluation

Après l'évaluation initiale des besoins et des conditions de vie, la plupart des programmes ou des registres sociaux exigent une « re-certification ». Bien qu'il s'agisse du terme conventionnel largement utilisé, nous préférons utiliser le terme « réévaluation », car il renvoie à la phase d'évaluation des processus et mécanismes

de mise en œuvre et parce qu'il n'y a aucune garantie qu'une personne soit certifiée ou recertifiée, ce qui signifie essentiellement qu'elle soit déclarée éligible à une prestation ou un service.

La réévaluation et le délai sont liés, mais n'ont pas le même sens. Ils peuvent coïncider, mais ce n'est pas toujours le cas. Plusieurs périodes de réévaluation peuvent s'inscrire dans un certain délai. Tous les programmes n'ont pas de limite de temps, mais la plupart des programmes ont des exigences de réévaluation.

La périodicité de réévaluation varie selon les programmes et les pays, et parfois même selon les types de bénéficiaires d'un même programme. Les différents facteurs qui peuvent influer sur la périodicité de la réévaluation sont : (1) les objectifs du programme, (2) les caractéristiques de la population ciblée, (3) la capacité administrative, (4) le type initial d'accueil et d'enregistrement, à la demande ou impulsé par les gestionnaires de programme et (5) l'attitude (généralement implicite) de la société vis-à-vis des populations ciblées.

Pour les deux premiers points, objectifs du programme et caractéristiques de la population ciblée, les programmes visant les personnes vivant dans un état de pauvreté chronique peuvent prévoir un délai plus long entre deux réévaluations que les programmes d'aide à des groupes aux conditions de vie plus « transitoires », comme les chômeurs. En effet, certaines prestations de chômage exigent une preuve mensuelle ou trimestrielle de chômage en continu (ainsi qu'une preuve du respect des conditions de recherche d'emploi, ce qui est un concept distinct). Même si les programmes d'assistance sociale ciblent généralement les personnes vivant dans un état de pauvreté chronique, certains programmes de revenu minimum garanti (RMG) exigent de plus fréquentes réévaluations, comme en Lettonie et en Lituanie où elles sont effectuées tous les trois mois (voir l'encadré 4.11). Quant à la périodicité de réévaluation des prestations et des services pour les personnes handicapées, elle est généralement liée à la durée prévue de gravité du handicap, établie au moment de l'évaluation initiale.

La périodicité de réévaluation peut également varier au sein d'un même programme selon le type de bénéficiaires. Par exemple, la durée de la « période de certification » du programme américain de bons alimentaires (SNAP) dépend des caractéristiques du ménage : la plupart des ménages sont certifiés pour 6 à 12 mois, mais la période est allongée à 24 mois et plus pour les personnes âgées pauvres et les personnes en situation de handicap. La réévaluation peut être une partie continue du plan d'action individualisé (et en fait, une partie de l'intervention elle-même) des services sociaux et implique généralement un degré élevé d'implication des travailleurs sociaux.

La périodicité de réévaluation dépend également de la capacité administrative. Une fréquence élevée des réévaluations augmente la charge de travail du personnel et donc les coûts administratifs. C'est pourquoi la détermination des exigences de réévaluation d'un programme ou d'un registre social dépendra de la capacité du pays à les mettre en œuvre. En réalité, de nombreux registres et programmes sociaux pratiquent les réévaluations beaucoup moins fréquemment que ce que prévoient leurs règles de fonctionnement (voir l'encadré 4.11 pour différents exemples).

Dans les modèles à la demande, la fréquence de réévaluation s'étale généralement des exigences les plus fréquentes (tous les 1 à 3 mois) aux exigences les moins fréquentes (tous les 6, 12 ou 24 mois). De nombreux programmes visent un délai de 12 à 24 mois entre deux réévaluations. Les bénéficiaires des modèles à la demande reçoivent généralement une notification les alertant de la fin proche de leur période de certification et de la possibilité d'une cessation des prestations. Ces bénéficiaires peuvent alors rassembler la documentation requise pour présenter une nouvelle demande (ou demander une réévaluation) avant l'expiration de cette période. S'ils n'accomplissent aucune démarche, leurs prestations s'achèveront. C'est pourquoi de tels messages d'alerte sont destinés à inciter ou encourager les bénéficiaires à présenter une nouvelle demande.

Dans les modèles impulsés par les gestionnaires de programmes, les vagues d'enregistrement en masse sont effectuées moins fréquemment, généralement tous les 3 à 8 ans. Ces vagues d'enregistrement concernent à la fois les bénéficiaires existants, dont les besoins et les conditions de vie sont réévalués, et les nouveaux enregistrés, dont les besoins et les conditions de vie sont évalués pour la première fois (voir l'encadré 4.12 pour différents exemples de réévaluations dans les modèles impulsés par les gestionnaires de programmes).

L'attitude de la société vis-à-vis des populations ciblées peut également influer sur la périodicité de réévaluation. Il existe dans certains pays une méfiance implicite (et souvent omniprésente) à l'égard des personnes pauvres ou une crainte qu'elles deviennent « paresseuses » ou « dépendantes des prestations ». C'est pourquoi les bénéficiaires de certains pays sont censés fournir plus fréquemment les documents prouvant leur éligibilité. Inversement, d'autres pays ont une politique explicite opposée à de trop fréquentes réévaluations. Par exemple, certains programmes peuvent ne pas souhaiter que le statut d'éligibilité d'un bénéficiaire change trop fréquemment, même si celui-ci obtient un emploi ou que son revenu augmente, car d'autres objectifs liés aux prestations fournies nécessitent sa participation à plus long terme, au-delà du paiement de prestations.

Dans le cadre des programmes d'aide au revenu de dernier recours (LRIS) et de revenu minimum garanti (RMG) des pays de la région Europe et Asie centrale (EAC), une réévaluation régulière des besoins et des conditions de vie est effectuée pour chaque bénéficiaire, à différents intervalles donnés. L'approche de la réévaluation et les délais entre les réévaluations varient d'un pays à l'autre.

Processus. Habituellement, le processus de réévaluation consiste en une visite du bénéficiaire au bureau d'aide sociale au cours de laquelle un formulaire abrégé de demande ou de déclaration est rempli, dans lequel sont signalés les éventuels changements du statut social du bénéficiaire ou de la composition de sa famille. Cette demande ou déclaration doit être accompagnée de documents et certificats actualisés, mais, dans la plupart des cas, tous les documents exigés lors de la demande initiale ne sont pas requis. Si le bénéficiaire signale un changement de statut social ou de composition de son ménage, il est alors invité à remplir un formulaire de demande complet ; son statut d'éligibilité et le niveau des prestations sont alors réévalués. Le processus de réévaluation peut inclure soit des visites obligatoires à domicile, soit des visites à domicile uniquement dans le cas d'un changement de critères d'éligibilité, ou aucune visite à domicile.

Réévaluation par le bénéficiaire. La réévaluation est placée sous la responsabilité du bénéficiaire. S'il ne

Tableau B4.11.1 Fréquence de réévaluation et de mise à jour des informations des bénéficiaires

Pays et programme	Fréquence de réévaluation	Recoupement	Mise à jour obligatoire de documents (sélectionnés)	Visites à domicile requises pour réévaluation et mise à jour
Albanie — Aide économique (NE)	Tous les mois	Tous les mois	Tous les ans	Oui. Tous les 6 à 12 mois (moins souvent si les revenus sont peu susceptibles de changer)
Arménie — Prestations familiales (FBP)	Tous les ans (parfois tous les semestres et dans certains cas tous les trimestres)	Tous les mois	Tous les ans	Oui. Tous les ans (mais pas pour tous en raison du manque d'effectif)
Bulgarie — Revenu minimum garanti (GMI)	Tous les ans	Tous les ans	Tous les ans	Oui. Tous les ans
République kirghize — Prestations mensuelles unifiées (UMB)	Tous les ans (parfois tous les semestres et dans certains cas tous les trimestres, en particulier dans les zones urbaines)	Non	Tous les ans	Non. Seulement à l'initiative de l'organisme de mise en œuvre
Lithuanie — Prestations sociales (SB)	Tous les trimestres (moins souvent si les revenus sont peu susceptibles de changer)	Tous les trimestres	Tous les trimestres (moins souvent si les revenus sont peu susceptibles de changer)	Non. Seulement à l'initiative de l'organisme de mise en œuvre
Roumanie — Revenu minimum garanti (RMG)	Tous les ans (tous les trimestres pour preuve d'inscription auprès des services de l'emploi)	Non	Tous les ans	Oui. Tous les 6 mois ou à l'initiative de l'organisme de mise en œuvre
Ouzbékistan — Prestations aux familles à faibles revus (BLIF)	Tous les trimestres	Tous les trimestres	Tous les trimestres	Oui. Tous les trimestres

Source : Tesliuc et coll. 2014.

suite

soumet pas à la fréquence souhaitée sa demande et les formulaires d'accompagnement, il est suspendu du programme pour une courte période (ou période de grâce pouvant aller jusqu'à quatre mois), puis exclu. Dans certains pays (par exemple, la République kirghize), les bénéficiaires doivent recevoir une notification avant la date limite de réévaluation afin de préparer les documents. Cependant, cette règle n'est pas appliquée en pratique et les notifications sont plutôt aléatoires.

Fréquence. En général, la fréquence de réévaluation peut varier de trois mois à un an (voir le tableau B4.11.1 ci-dessous). L'Albanie fait exception à cette règle et exige une visite mensuelle des bénéficiaires aux bureaux de l'Aide économique (NE), visite considérée davantage comme un mécanisme d'augmentation du coût d'opportunité pour les bénéficiaires et

de réduction du risque de versement des prestations à des personnes ayant migré à l'étranger. Dans certains pays, la fréquence de réévaluation varie en pratique selon les groupes de bénéficiaires. En République kirghize, la réévaluation se fait plus fréquemment, tous les trois à six mois, dans les zones urbaines où les opportunités d'emploi sont plus nombreuses. En Lituanie, les municipalités peuvent autoriser un délai de trois mois à un an entre deux réévaluations. De façon générale, les travailleurs sociaux peuvent décider eux-mêmes de la fréquence de réévaluation en fonction du profil du bénéficiaire (par exemple, allonger le délai si le travailleur social estime que la composition de la famille ou le niveau des revenus ne sont pas susceptibles de changer ou dans le cas de personnes en situation de handicap et de personnes âgées).

Source : Tesliuc et coll. 2014

Encadré 4.12 Réévaluation dans le modèle impulsé par les gestionnaires de programmes : Mexique, Colombie et Philippines

Dans le modèle impulsé par les gestionnaires de programmes, les réévaluations sont généralement effectuées tous les trois à huit ans. Cela est principalement dû au fait que ce modèle s'appuie sur une approche de recensement, qui peut être longue et coûteuse, et que la population ciblée par les programmes sociaux vit généralement dans un état de pauvreté chronique. Il existe plusieurs exemples de cette approche des réévaluations, dont la fréquence varie.

Au **Mexique**, les familles qui figuraient dans le registre des bénéficiaires de Prospera [a] devaient être réévaluées tous les huit ans. Le processus de réévaluation se composait des étapes suivantes : (1) les familles bénéficiaires étaient informées du processus de réévaluation, (2) les informations socio-économiques et démographiques de chaque ménage soumis à ce processus étaient recueillies lors d'une visite à domicile et

(3) les familles étaient ensuite informées du résultat du processus de réévaluation.

En **Colombie,** le registre social du pays (SISBEN) doit être mis à jour tous les trois ans conformément à la législation nationale. Mais en pratique, les mises à jour sont moins fréquentes. La mise en œuvre de SISBEN, dans sa première version (SISBEN I), a commencé en 1995. Celle de SISBEN II a commencé en 2005 (10 ans après SISBEN I) et celle de SISBEN III a commencé en 2011. SISBEN traverse actuellement son quatrième cycle de mise à jour.

Aux **Philippines**, le registre social du pays (Listahanan) doit être mis à jour tous les quatre ans. La première version du Listahanan a été mise en place en 2011 et la seconde en 2015 (voir l'encadré 4.4). Une vague supplémentaire d'enregistrements était en cours en 2019.

Sources : Colombie, Departamento Nacional de Planeacion, 2016 ; Mexique, Secretaria de Desarrollo Social 2018 ; Vélarde 2018.
a : Ce programme a été récemment transformé et n'existe plus en tant que programme de transferts monétaires conditionnels en raison de changements initiés dans la politique sociale du Mexique.

4.4 PROCESSUS D'ACCUEIL ET D'ENREGISTREMENT AUX PROGRAMMES SOCIAUX

Les processus spécifiques à l'accueil et à l'enregistrement des demandeurs peuvent considérablement varier selon les programmes. Ils peuvent même se résumer à l'envoi en ligne des informations pour examen.

En principe, l'idée d'éviter complètement le processus d'accueil pourrait être séduisante. Et si « le système » savait à l'avance qu'une personne avait droit aux prestations ? Ou que se passerait-il si « le système » pouvait prédire que la situation d'une personne allait soudainement changer et pouvait anticiper ces changements pour fournir automatiquement la prestation correspondante ?

Le **Canada** met déjà à la disposition de certains citoyens une version simple d'accueil automatique à la pension de sécurité de la vieillesse : ils sont automatiquement enregistrés un mois après leur 65e anniversaire si leurs données personnelles sont à jour et s'ils répondent à toutes les conditions d'éligibilité. Toutefois, ce processus ne s'applique pas systématiquement à tous les bénéficiaires potentiels s'il existe des « zones grises », en particulier pour l'éligibilité (comme le fait d'avoir résidé à l'étranger pendant de longues périodes). Ceux-ci doivent alors demander de bénéficier de la pension et fournir les documents supplémentaires exigés.

En **Australie,** l'organisme social public Centrelink explore la possibilité d'utiliser l'analyse prédictive associée à des systèmes d'information intégrés pour proposer immédiatement une assistance lorsqu'une personne fait face à un changement imprévu. Par exemple, le système pourrait détecter qu'une personne a perdu son emploi et la mettre immédiatement en contact avec les services de l'emploi ou les services d'aide aux chômeurs (voir l'encadré 4.8).

Sources : Emploi et développement social au Canada ; Centrelink en Australie.

Certains pays peuvent même complètement omettre les étapes d'accueil et d'enregistrement, comme le fait le Canada pour la pension de sécurité de la vieillesse (voir l'encadré 4.13). D'autres processus peuvent impliquer des rendez-vous dans des bureaux locaux accompagnés d'un traitement administratif assisté par les systèmes d'information centraux. D'autres encore impliquent des équipes sur le terrain, les communautés et des systèmes d'information centraux. Pour donner un aperçu de cette variété et des quelques étapes de base mises en jeu, cette section présente quelques exemples et diagrammes de processus pour différents programmes et groupes cibles.

Registre unifié des bénéficiaires (UBR) du Malawi : enregistrement massif et évaluation socio-économique basée sur le ciblage des organisations communautaires (CBT) et l'évaluation des ressources par approximation (PMT)

Le registre unifié des bénéficiaires du Malawi est un bon exemple d'enregistrement en masse au niveau des districts et d'évaluation socio-économique basée sur le ciblage des organisations communautaires (CBT) ainsi que d'évaluation des ressources par approximation (PMT)[26]. Considéré comme un registre social, l'UBR a été conçu pour soutenir à la fois l'accueil et l'enregistrement des bénéficiaires et l'évaluation des besoins et des conditions de vie pour plusieurs programmes sociaux.

L'une des principales forces de l'UBR est d'utiliser les structures locales existantes, et en particulier les comités de soutien social de district (CSSD), les équipes de formation de district (EFD) ainsi que les membres des comités exécutifs régionaux (CER), les comités de soutien social communautaire (CSSC) et d'autres responsables communautaires. Les avantages de la mise en place d'un registre social à partir des structures locales existantes ne doivent pas être sous-estimés et peuvent se résumer comme suit : (1) les dispositions prises au niveau local permettent d'associer un «visage» connu au registre social des communautés et d'identifier les personnes contact (pour le traitement des requêtes, des réclamations), (2) le recours à des organisations locales connues aide à renforcer la compréhension, l'appropriation et la crédibilité de l'UBR au niveau du district (plutôt que des soupçons si une unité extérieure devait procéder à l'enregistrement, comme cela se produit dans d'autres pays), (3) ces dispositions évitent la duplication coûteuse, déroutante et inefficace associée à l'utilisation de structures parallèles, (4) elles renforcent les liens et les interactions entre acteurs centraux et locaux et (5) le recours à des structures locales souligne effectivement la fonction permanente et essentielle du registre social et le positionne durablement pour les futures opérations, y compris pour de futures mises à jour et une éventuelle évolution vers un modèle à la demande (Lindert et coll., 2018).

Les principales étapes de la mise en œuvre de l'UBR peuvent être regroupées en trois phases le long des processus et mécanismes de mise en œuvre (figure 4.6) : (1) information, sensibilisation et formation (étapes 1 à 4), (2) accueil et enregistrement (ou collecte des données, étapes 5 et 6) et (3) évaluation des besoins et des conditions de vie afin de déterminer l'éligibilité potentielle aux programmes sociaux (étapes 7 à 9).

Après les étapes initiales d'information, de sensibilisation et de formation, la deuxième phase (accueil et enregistrement) inclut trois étapes dans lesquelles sont impliquées les parties prenantes à la fois des districts et des communautés. Premièrement, une étape préparatoire a permis de cartographier toutes les communautés et tous les ménages d'un district. Deuxièmement, lors de la première réunion communautaire, chaque communauté a sélectionné les ménages qui seraient enregistrés (étape 5 de la figure 4.6). Ainsi, lors du premier

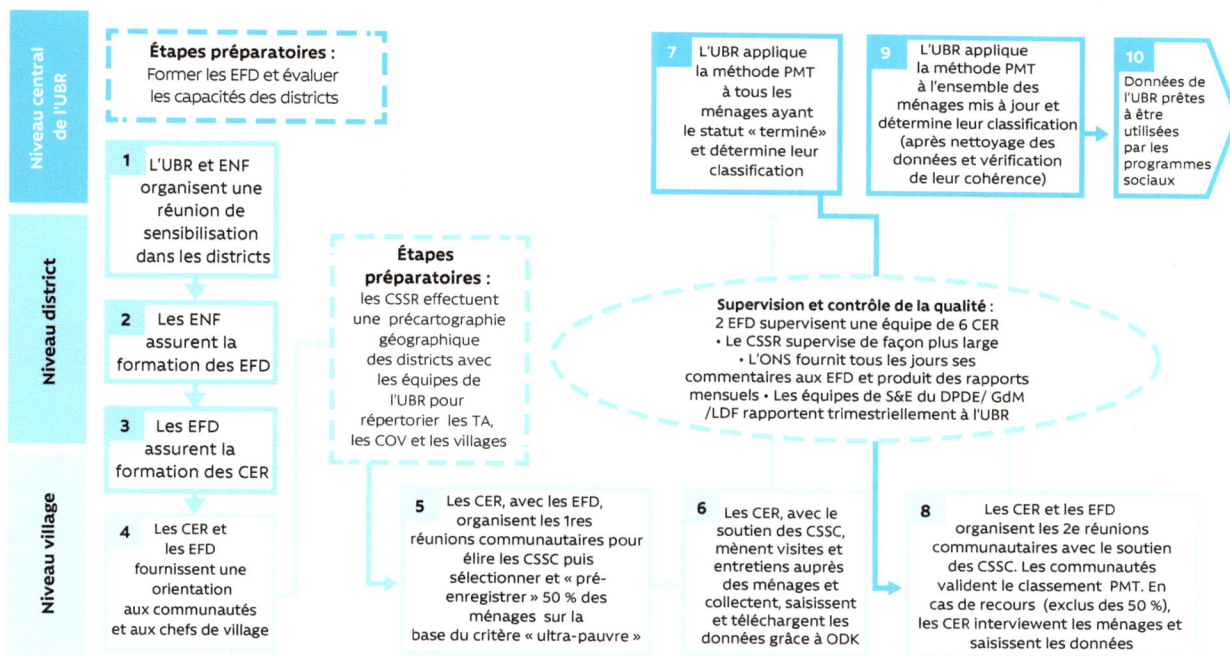

Figure 4.6 Diagramme du processus d'accueil et d'enregistrement — UBR, Malawi

Source : Lindert et coll. (2018) en s'appuyant sur les directives opérationnelles de l'UBR au Malawi (UBR = «registre unifié des bénéficiaires», bien qu'il s'agisse en fait d'un registre social).

Note : CBT = ciblage des organisations communautaires ; CER = Comité exécutif régional ; COV = Chef officiel du village ; CSSC = Comité de soutien social communautaire ; CSSR = Comité de soutien social régional ; DPDE = Département de la planification et du développement économiques ; EFD = Équipe de formation du district ; ENF = Équipe nationale de formation ; GdM = gouvernement du Malawi ; MFDL = Mécanisme du Fonds de Développement local ; ODK = Open Data Kit ; ONS = Office national des statistiques ; PMT = évaluation des ressources par approximation ; S&E = Suivi et évaluation ; TA = Autorité traditionnelle.

déploiement de l'UBR, il leur a été demandé de donner la priorité et d'enregistrer 50 % des ménages les plus pauvres en utilisant les méthodes participatives de ciblage communautaire[27]. Troisièmement, les comités exécutifs communaux (CER) ont mené des visites et entretiens au domicile des ménages sélectionnés, puis ont saisi les données recueillies sur tablette à l'aide du logiciel de collecte mobile de données Open Data Kit (ODK) (étape 6 de la figure 4.6) avant de procéder à l'accueil et enregistrement.

L'évaluation socio-économique des besoins et des conditions de vie s'est appuyée à la fois sur le calcul des scores PMT et sur la validation communautaire à l'aide d'approches participatives de ciblage. Plus précisément, le système d'information de l'UBR a appliqué des algorithmes de notation PMT aux données collectées et saisies lors de l'accueil et de l'enregistrement des bénéficiaires (étape 7 de la figure 4.6). Une deuxième réunion communautaire est organisée pour que les membres de la communauté puissent discuter et valider le classement PMT (étape 8 de la figure 4.6). D'autres ménages sont interrogés et enregistrés au cours de cette phase sur la base de réclamations ou de discussions entre membres de la communauté. L'algorithme de calcul des scores PMT a été appliqué à l'ensemble révisé des données/ménages (étape 9 de la figure 4.6). Une fois le processus terminé, les données de l'UBR intégrant les scores PMT sont prêtes à être utilisées par les programmes sociaux qui prennent alors les décisions d'éligibilité et d'enregistrement.

Système intégré d'assistance sociale de la Turquie (ISAS) : enregistrement à la demande avec interopérabilité des informations et évaluation socio-économique basée sur les scores PMT

Le système intégré d'assistance sociale (ISAS) de la Turquie fournit un bon exemple combinant enregistrement à la demande, systèmes d'information interopérationnels et évaluation socio-économique basée sur les scores PMT et réalisée au niveau des districts. L'ISAS est un système intégré d'information sur la protection sociale qui se compose d'un registre social (qui prend en charge l'accueil, l'enregistrement et l'évaluation des besoins et des conditions de vie), un registre multiprogramme des bénéficiaires et de systèmes de paiement et de gestion des opérations des bénéficiaires. L'ISAS facilite de façon électronique toutes les étapes nécessaires à la gestion de différents programmes de protection sociale, y compris l'accueil et l'enregistrement, l'évaluation des besoins et des conditions de vie, la décision d'éligibilité et d'inscription, la détermination des prestations et des services, la notification d'inscription et le processus d'intégration, le paiement des prestations et la fourniture des services, le décaissement des fonds et le suivi et l'audit (Turquie, ministère de la Famille et de la Politique sociale, 2018).

Les principaux atouts du système sont son interopérabilité étendue, une meilleure coordination entre les institutions et l'utilisation efficace des bureaux locaux. L'ISAS est géré par la Direction générale de l'assistance sociale (GDSA) et mis en œuvre localement à travers les 1 000 bureaux autonomes et implantés dans chaque district de la fondation d'assistance sociale et de solidarité (SASF). Basé sur des protocoles établis de partage des données et mis en œuvre dans plusieurs ministères, l'ISAS est relié à 24 organisations publiques différentes, telles que le registre de la population et de la citoyenneté, la sécurité sociale, l'administration fiscale, l'immatriculation des véhicules, le registre foncier, l'enregistrement des agriculteurs, les informations sur le contrôle de la santé, l'éducation (fréquentation scolaire, changement de niveau, etc.) et l'agence pour l'emploi, entre autres. En conséquence, l'ISAS peut rassembler en temps réel et à l'aide d'un identifiant national unique un ensemble de données extraites des bases de données de ces organisations. En complément, le système s'appuie sur les connaissances locales des travailleurs sociaux (qui effectuent des visites à domicile) et du conseil d'administration de chaque SASF. Chacun de ces conseils d'administration comprend des représentants de plusieurs organisations locales telles que les plus hauts fonctionnaires au niveau du district des ministères de l'Éducation, de la Santé, des Finances et de l'Agriculture, les chefs de village, des représentants d'organisations non gouvernementales et d'organisations caritatives. Cette collaboration permet la prise en compte des différents points de vue, une meilleure coordination des parties prenantes et des prises de décision basées sur le consensus. Cet ensemble de dispositions améliore l'efficience de la prestation grâce à un système d'information dynamique et interopérable, aux fréquentes visites rendues aux communautés et aux ménages et aux prises de décision participatives et transparentes.

Les principales étapes de la mise en œuvre de l'ISAS peuvent être regroupées en quatre phases le long des processus et mécanismes de mise en œuvre (figure 4.7) : (1) accueil initial et enregistrement, (2) interopérabilité pour collecter les informations administratives et préremplir un questionnaire d'accueil détaillé, (3) visites à domicile pour collecter les informations manquantes à l'aide du questionnaire détaillé et (4) génération automatique du profil socio-économique des ménages en utilisant les scores PMT/HMT comme principale mesure de l'évaluation des besoins et des conditions de vie. Les informations du score PMT des ménages sont ensuite prises en compte par le conseil d'administration de chaque SASF pour décider de leur éligibilité et inscription.

L'accueil initial et l'enregistrement se composent de trois étapes qui impliquent principalement les parties prenantes des districts. Le processus débute par le dépôt d'une demande d'un membre adulte du ménage (généralement une femme) auprès de la SASF de son district. Le seul document exigé à cette étape est la carte nationale d'identité (CNI) du demandeur (étape 1 de la figure 4.7). Lors du dépôt de la demande, tous les membres adultes du ménage doivent signer un formulaire de consentement écrit qui permettra à la SASF d'accéder à leurs données personnelles réparties dans tous les systèmes administratifs répertoriés sur le formulaire (étape 2 de la figure 4.7). Enfin, un agent de la SASF crée une « fiche ménage » dans l'ISAS en saisissant l'identifiant du demandeur (étape 3 de la figure 4.7).

La collecte d'informations administratives par le biais de l'ISAS inclut deux étapes effectuées au niveau central. Tout d'abord, l'ISAS collecte les données administratives du ménage auprès de 24 autorités publiques

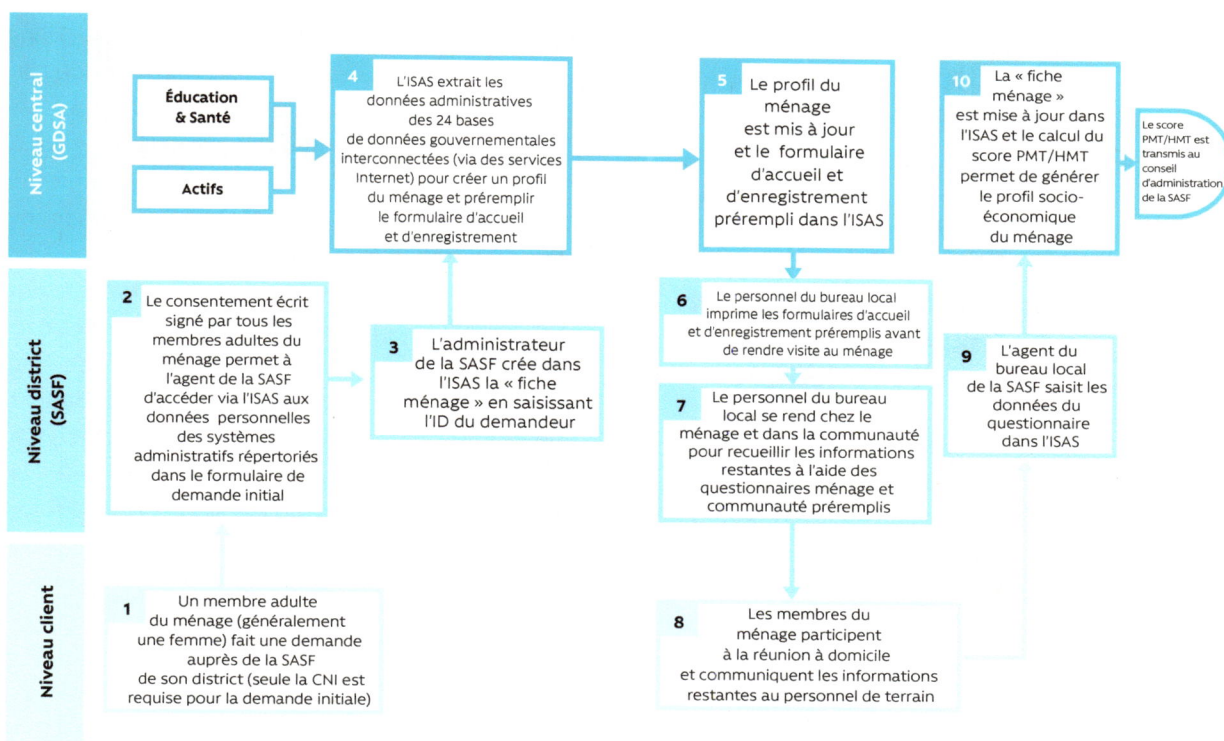

Figure 4.7 Diagramme du processus d'accueil, d'enregistrement et d'évaluation des besoins et des conditions de vie — l'ISAS, Turquie

Niveau central (GDSA)

- Éducation & Santé
- Actifs

4 L'ISAS extrait les données administratives des 24 bases de données gouvernementales interconnectées (via des services Internet) pour créer un profil du ménage et préremplir le formulaire d'accueil et d'enregistrement

5 Le profil du ménage est mis à jour et le formulaire d'accueil et d'enregistrement prérempli dans l'ISAS

10 La « fiche ménage » est mise à jour dans l'ISAS et le calcul du score PMT/HMT permet de générer le profil socio-économique du ménage

Le score PMT/HMT est transmis au conseil d'administration de la SASF

Niveau district (SASF)

2 Le consentement écrit signé par tous les membres adultes du ménage permet à l'agent de la SASF d'accéder via l'ISAS aux données personnelles des systèmes administratifs répertoriés dans le formulaire de demande initial

3 L'administrateur de la SASF crée dans l'ISAS la « fiche ménage » en saisissant l'ID du demandeur

6 Le personnel du bureau local imprime les formulaires d'accueil et d'enregistrement préremplis avant de rendre visite au ménage

7 Le personnel du bureau local se rend chez le ménage et dans la communauté pour recueillir les informations restantes à l'aide des questionnaires ménage et communauté préremplis

9 L'agent du bureau local de la SASF saisit les données du questionnaire dans l'ISAS

Niveau client

1 Un membre adulte du ménage (généralement une femme) fait une demande auprès de la SASF de son district (seule la CNI est requise pour la demande initiale)

8 Les membres du ménage participent à la réunion à domicile et communiquent les informations restantes au personnel de terrain

Source : Ortakaya 2018a.

Note : GDSA = Direction générale de l'Assistance sociale ; HMT = Évaluation hybride des ressources ; ISAS = Système intégré d'assistance sociale ; PMT = Évaluation des ressources par approximation ; SASF = Fondation d'assistance sociale et de solidarité.

interconnectées et plus de 112 services Internet (ce qui ne prend que quelques secondes) et crée le profil du ménage (étape 4 de la figure 4.7). La « fiche ménage » est ensuite mise à jour avec les informations recueillies. Lors de ces deux étapes, l'ISAS peut donc remplir automatiquement la plupart des champs du questionnaire détaillé (étape 5 de la figure 4.7). L'introduction de l'ISAS a grandement amélioré l'efficience de ces processus.

Les autres informations concernant le ménage sont recueillies lors de visites à des membres de la communauté et au domicile du ménage. Pour ce faire, les travailleurs sociaux impriment les questionnaires partiellement remplis par l'ISAS (étape 6 de la figure 4.7) qui serviront lors des visites que les agents de la SASF effectuent ensuite au domicile du ménage et dans la communauté pour recueillir les informations restantes (étapes 7 et 8 de la figure 4.7) et entrent les informations qu'ils recueillent dans l'ISAS (étape 9 de la figure 4.7).

Les informations recueillies lors de l'accueil et de l'enregistrement sont utilisées pour évaluer les besoins et les conditions de vie. Cette évaluation intègre les propres évaluations professionnelles des assistants sociaux et les scores PMT/HMT calculés automatiquement (étape 10 de la figure 4.7). Le profil socio-économique généré par cette évaluation est ensuite transmis au conseil d'administration des SASF locaux qui décident de l'éligibilité et de l'inscription des ménages aux différents programmes proposés.

Programme italien de revenu de citoyenneté (RdC) : enregistrement à la demande et évaluation à plusieurs niveaux des besoins et des conditions de vie

Le programme italien de revenu de citoyenneté (RdC) illustre une évaluation à plusieurs niveaux des besoins et des conditions de vie pour un ensemble de prestations composé d'une aide monétaire et de plans d'intervention personnalisés pour l'emploi et l'assistance sociale[28]. L'accueil et l'enregistrement sont effectués principalement dans les centres d'assistance fiscale (CAF) et les bureaux de poste locaux où les demandeurs peuvent remplir le formulaire de demande (étape 2 de la figure 4.8). Les données sont transmises au système d'information central de l'Institut national de la Sécurité

sociale (INSS). Celui-ci contrôle les informations transmises par rapport aux registres sociaux et fiscaux et à d'autres systèmes administratifs (tels que le registre de l'état civil et le registre national des véhicules).

Plusieurs niveaux d'évaluation suivent les étapes d'accueil et d'enregistrement. Premièrement, des algorithmes de test de ressources sont appliqués aux données comme base de l'évaluation socio-économique (étape 3, figure 4.8) et fournissent une entrée pour la détermination de l'éligibilité conditionnelle au programme de RMG (pour être éligibles, les bénéficiaires doivent accepter de se conformer à des plans d'action individualisés). Deuxièmement, les bénéficiaires sont répartis en trois groupes en fonction de leur situation de vulnérabilité. Les bénéficiaires du premier groupe (principalement les jeunes, les personnes âgées, les personnes en situation de handicap ou les employés pauvres qui ne travaillent pas)[29] sont exemptés de toute conditionnalité et recevront tous les mois un transfert en espèces sur la seule base des critères d'éligibilité (voir étape 9 de la figure 4.8). Les bénéficiaires du deuxième groupe, identifiés comme « plus proches du marché du travail »[30], sont dirigés vers les services de l'emploi où ils seront invités à signer un « Pacte pour l'emploi » (étape 12L de la figure 4.8). Les bénéficiaires restants sont dirigés vers les services sociaux où ils signeront un « Pacte d'inclusion sociale » négocié avec les travailleurs sociaux (étape 12S de la figure 4.8). La répartition des bénéficiaires entre services sociaux et services de l'emploi peut être revue lors de la phase d'évaluation par les travailleurs sociaux ou les responsables des services publics de l'emploi.

Une évaluation multidimensionnelle obligatoire des besoins et des conditions de vie des bénéficiaires dirigés vers les services sociaux est réalisée. Si cette évaluation initiale montre que les besoins de la famille sont complexes, une évaluation globale est effectuée par une équipe multidisciplinaire à l'aide d'outils d'évaluation choisis par le ministère du Travail en accord avec les représentants des régions et d'autres parties prenantes. Pour les familles sans besoins complexes, le travailleur social détermine si la pauvreté du ménage est principalement liée à la santé ou à d'autres facteurs. Cette série d'évaluations influence la décision sur l'ensemble des prestations et services délivrés au ménage : un ensemble de prestations et services complexes et personnalisés pour les ménages aux besoins complexes, un ensemble de prestations et services personnalisés plus

Figure 4.8

Diagramme du processus d'évaluation multiniveaux des besoins et des conditions de vie pour le programme de RMG + services de l'emploi + services sociaux - RdC, Italie

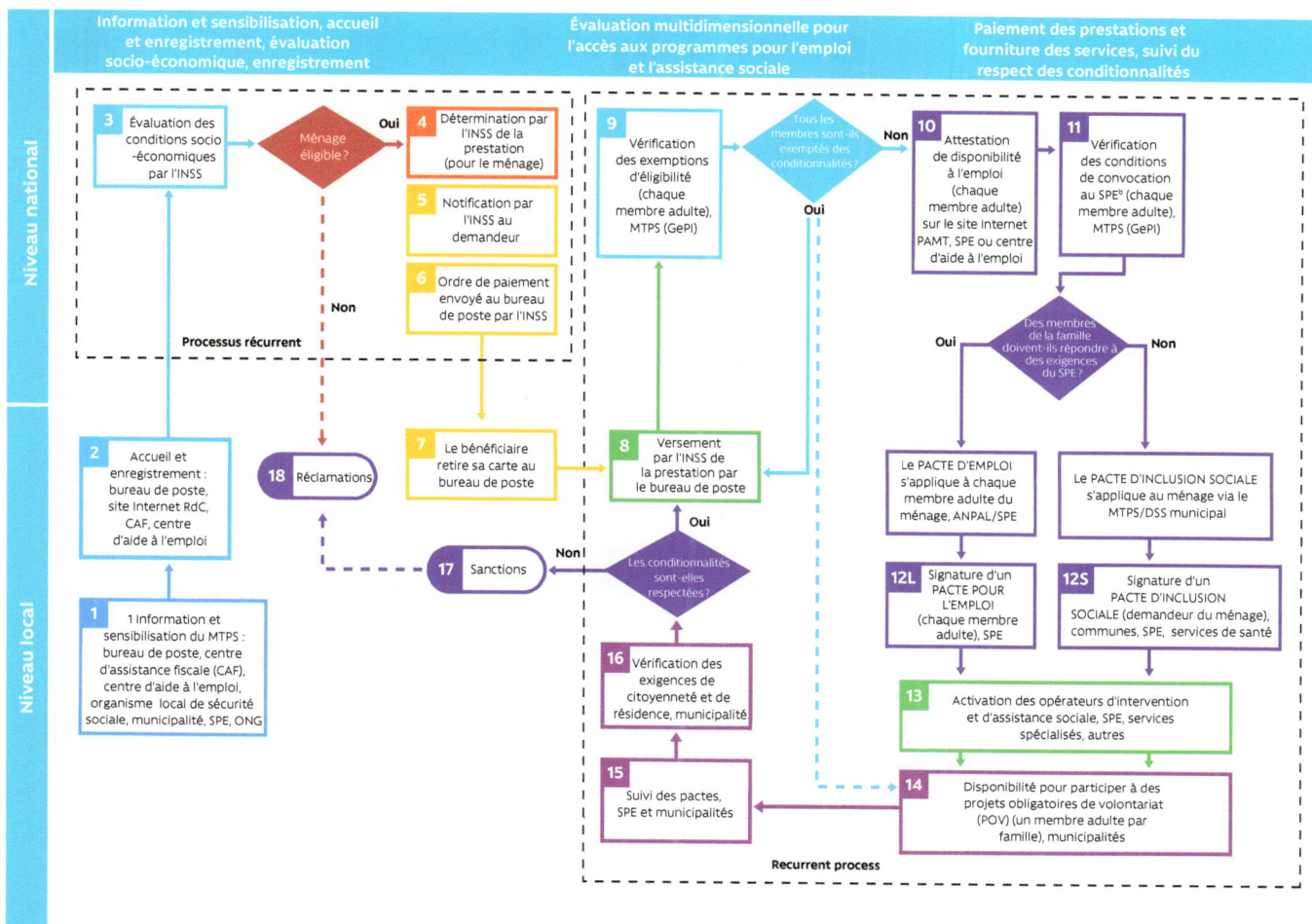

Source : Adapté d'une présentation du ministère du Travail et des politiques sociales d'Italie, 18 mars 2020.

Note : PAMT = Programme actif du marché du travail ; ANPAMT = Agence Nationale des PAMT ; CAF = Centre d'assistance fiscale ; DSS = Département des services sociaux ; GePI = Système d'information sur la gestion des dossiers ; INSS = Institut national de la Sécurité sociale ; MTPS = ministère du Travail et de la Protection sociale ; ONG = Organisation non gouvernementale ; POV = Projet obligatoire de volontariat ; RdC = Programme de revenu de citoyenneté ; SPE = Service public pour l'emploi.

a. Ne répond pas aux conditions du RdC (pour un ménage d'une seule personne) : (1) <18 ans ; (2) actif (revenu > 8 145 € travail salarié et > 4 800 € travail indépendant) ; (3) étudiant régulier ; (4) retraité ou âgé de 65 ans et plus ou (5) personne en situation de handicap (sauf demande volontaire d'adhésion à un parcours personnalisé).

b. Conditions pour être convoqué au SPE (le membre individuel du ménage est tenu de remplir les conditions avec au moins une des conditions suivantes et avec la condition de ne pas avoir souscrit à un projet personnalisé du programme de revenu d'inclusion (RdI) auprès des services sociaux) : (1) sans emploi depuis plus de deux ans, (2) bénéficiaire du NASPI ou autre filet de sécurité sociale en cas de chômage involontaire ou de cessation d'emploi pour une durée n'excédant pas un an et (3) contrat de service actif avec le SPE signé au cours des deux dernières années.

basiques pour ceux dont la pauvreté est déterminée par d'autres facteurs que le chômage, et un ensemble de prestations et de services basé sur des mesures d'activation pour ceux dont la pauvreté est principalement associée au chômage. Cette approche optimise les ressources et le temps du personnel et des clients dans la mesure où elle utilise différentes évaluations à plusieurs niveaux. De fait, une évaluation multidimensionnelle des risques n'est effectuée que pour ceux dont l'évaluation socio-économique (en fonction des ressources) montre qu'ils en ont besoin et qu'une évaluation multidisciplinaire plus complète n'est effectuée que pour ceux qui ont été présélectionnés et qui présentent effectivement des besoins complexes.

4.5 SYSTÈMES D'INFORMATION ET DISPOSITIFS INSTITUTIONNELS

Systèmes d'information à l'appui de l'accueil, de l'enregistrement des demandes et de l'évaluation des besoins et des conditions de vie[31]

L'information est un point d'entrée et de sortie essentiel des processus d'accueil, d'enregistrement des demandes et d'évaluation des besoins et des conditions de vie. Les systèmes d'information jouent par conséquent un rôle majeur dans l'efficacité de ces processus (enregistrement, transformation et utilisation des informations, en plus de l'automatisation des processus eux-mêmes). Bien que la majorité des pays développent des systèmes séparés en ce qui concerne les caractéristiques socio-économiques, les situations et mesures de la population active et les évaluations des risques sociaux, ces systèmes possèdent de nombreux points communs en matière de gestion de l'information. Les pays ont tous besoin d'enregistrer les informations collectées lors de l'accueil, de recueillir des données supplémentaires, de valider et de vérifier les données, et ensuite de les utiliser pour soutenir l'évaluation des besoins et des conditions de vie. Certaines de ces informations, notamment les données sur les revenus, peuvent être des données structurées ; d'autres, comme les notes et rapports d'évaluation du travail social, peuvent être des données non structurées.

Les systèmes d'information peuvent renforcer l'accueil, l'enregistrement des demandes et l'évaluation pour un ou plusieurs programmes. Lorsqu'ils contiennent des informations socio-économiques, ces systèmes sont généralement appelés registres sociaux, même lorsqu'ils contiennent également des informations spécialisées telles que l'état de handicap. En effet, les registres sociaux sont définis comme des systèmes d'information qui appuient les processus d'accueil, d'enregistrement des demandes et d'évaluation des besoins et des conditions de vie afin de déterminer une éventuelle éligibilité à un ou plusieurs programmes.

Les registres sociaux collectent les informations de tous les demandeurs, renforçant les processus d'accueil et d'enregistrement des demandes, et aident à déterminer l'éligibilité sur la base, entre autres, de données socio-économiques. Un registre social regroupe et évalue les informations dans le

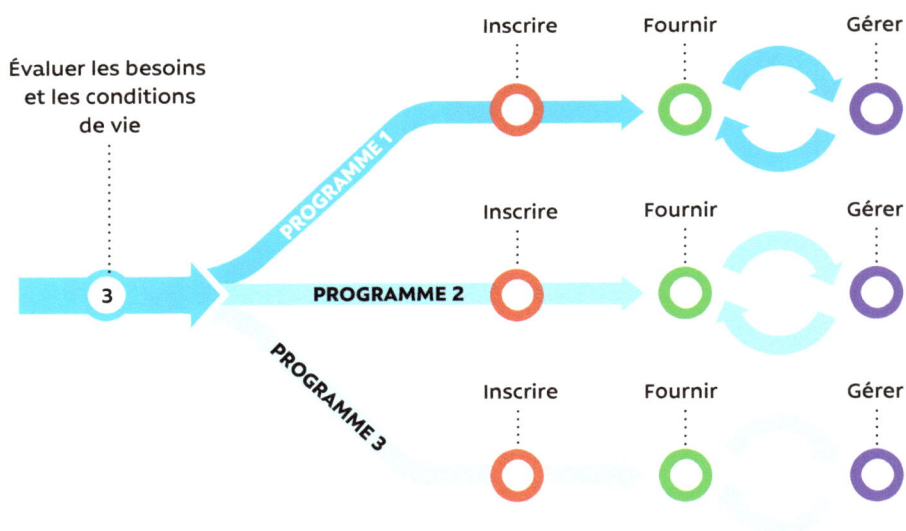

Figure 4.9 Registres sociaux pour plusieurs programmes

Source : Adapté de Leite et coll. 2017.

cadre d'un système plus vaste de gestion des activités pour un programme spécifique. Il peut aussi s'agir d'un registre social multiprogramme qui favorise les processus communs d'accueil et d'enregistrement des demandes et une approche commune de l'évaluation des besoins et des conditions de vie (par exemple, à l'aide de variables et de mesures de bien-être harmonisées en lien avec la situation socio-économique). Comme mentionné précédemment, les registres sociaux sont efficients tant pour les gestionnaires de programmes (qui n'ont dès lors plus besoin de collecter les mêmes informations auprès des mêmes personnes) que pour les clients (qui n'ont plus besoin de fournir les mêmes informations à différents programmes). La figure 4.9 illustre le rôle des registres sociaux dans l'efficacité des processus communs d'accueil, d'enregistrement des demandes et d'évaluation des besoins et des conditions de vie pour plusieurs programmes. Les programmes qui ont recours au registre social utilisent chacun ces informations socio-économiques communes pour décider eux-mêmes de l'éligibilité et de l'inscription, même si dans certains cas, ils les complètent par d'autres informations et évaluations spécifiques au programme.

Divers pays du monde utilisent les registres sociaux pour soutenir de nombreux programmes en protection sociale et étendent leur utilisation à d'autres secteurs également (figure 4.10). En effet, une étude récente de Leite et coll. (2017) a révélé que les pays utilisent les registres sociaux pour de nombreux programmes gouvernementaux, dont plusieurs dépassent le cadre de la protection sociale. Comme exemples de programmes liés à la protection sociale, on peut citer les transferts monétaires, les pensions sociales, les prestations et services liés au travail et à l'emploi, les services sociaux, l'aide d'urgence et les programmes d'assistance en nature. Les exemples au-delà de la protection sociale illustrent la capacité de ces plateformes à soutenir une approche pour l'ensemble du gouvernement. Il s'agit notamment des prestations de logement, des subventions de services d'utilité publique, des programmes d'éducation et de formation (tels que les bourses adaptées aux besoins ou les bons de formation), de l'assurance maladie subventionnée, des programmes d'inclusion productive et des services juridiques (tels que les exemptions judiciaires ou l'assistance juridique pro bono).

Figure 4.10 Les registres sociaux comme plateformes intégrées non seulement pour la protection sociale mais aussi pour d'autres usages

a. Programmes de protection sociale

b. Utilisation dans des pays choisis

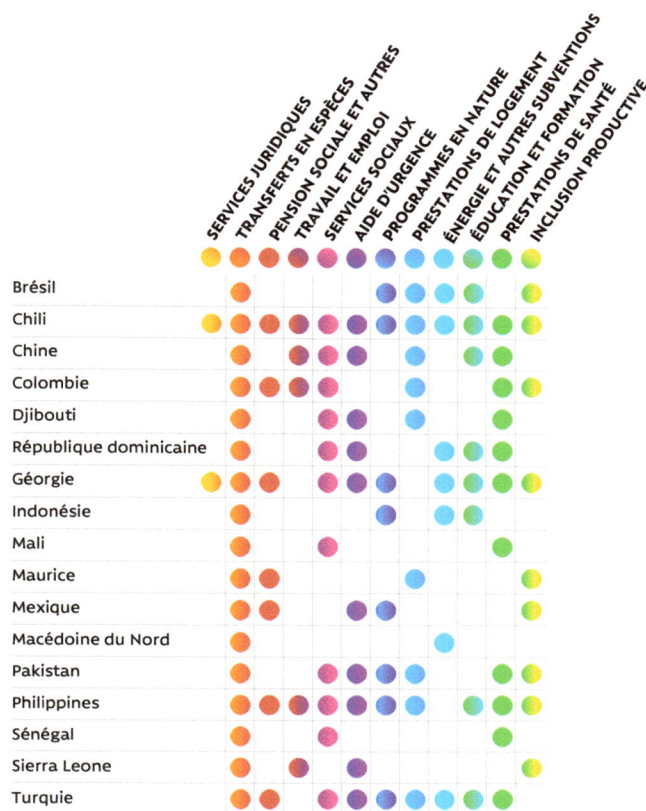

Source : Figure conçue pour cette publication.

Registres sociaux comme plateformes de service pluridimensionnelles

De la Guinée au Chili, à la Turquie, à Djibouti, au Pakistan et à l'Indonésie, les registres sociaux permettent de connecter les gens à un éventail de services publics, notamment la protection sociale, la santé et l'inclusion financière. Ces services sont fondés sur le principe de l'universalisme progressif, qui élargit la couverture tout en donnant la priorité aux plus pauvres. Ce système améliore la coordination des programmes et génère de l'épargne. Lorsqu'ils sont reliés à un numéro d'identification unique, ces plateformes peuvent réduire les coûts associés aux erreurs d'inclusion. Au Pakistan, le registre social, qui intègre près de 85 % de la population et qui a favorisé l'accès aux données à 70 institutions et programmes à des fins d'éligibilité et d'analyse, a généré une épargne de 248 millions d'USD. En Afrique du Sud, un processus similaire a permis d'économiser 157 millions d'USD et en Guinée, 13 millions d'USD. En Argentine, le fait de connecter 34 bases de données de programmes sociaux au numéro d'identification unique des bénéficiaires a révélé des erreurs d'inclusion concernant l'éligibilité à divers programmes sociaux. Cette action a permis de réaliser des économies de 143 millions d'USD sur une période de huit ans. Les registres sociaux constituent des plateformes de service multifacettes pour un éventail de programmes gouvernementaux (encadré 4.14).

Encadré 4.14 Les plateformes multifacettes de protection sociale connectent les individus aux prestations sociales et à bien plus

Les registres sociaux et les plateformes d'identification fondamentales, les centres commerciaux et AirBnB sont tous des plateformes de service multifacettes qui ont toutes un point de rencontre commun où une partie peut fournir des prestations à l'autre partie (Evans, Hagiu et Schmalense, 2006 ; Gawer, 2009 ; Karippacheril, Nikayin, De Reuver et Bouwman, 2013 ; Rochet et Tirole, 2003). Les centres commerciaux sont des plateformes multifacettes. Leurs développeurs créent des plateformes qui attirent à la fois les commerçants et les clients. Ils tirent profit des commerçants alors que les clients visitent le centre commercial gratuitement. Plus le centre commercial est attrayant pour les clients (plus de services fournis, plus facile à utiliser, etc.), plus les commerçants ont envie d'y vendre. AirBnB, le marché en ligne dédié aux locations saisonnières, est une analogie encore plus illustrative. Il exploite une plateforme de systèmes d'information comme un « moteur invisible » qui, combiné aux informations, à la confiance et aux connexions humaines, regroupe les deux parties sur la plateforme au même moment (les potentiels locataires et bailleurs). Les registres sociaux sont aussi des « moteurs invisibles » qui servent d'intermédiaires entre les particuliers et les gouvernements (programmes, prestataires) afin de déterminer l'éligibilité potentielle à un ou plusieurs programmes. Lorsqu'ils servent plusieurs programmes, ils agissent essentiellement comme une plateforme de service multifacettes. Plus les programmes seront nombreux à les utiliser, plus les gens voudront s'enregistrer ou seront disposés à fournir leurs informations aux registres sociaux. Dans le même registre, les plateformes d'identification fondamentales servent d'intermédiaires entre les individus et les prestataires de services public et privés pour déterminer si « vous êtes la personne que vous déclarez être ». Lorsqu'elles servent plusieurs programmes de service, elles agissent aussi comme plateformes de service multifacettes. Plus les programmes de service seront nombreux à les utiliser, plus les gens voudront s'enregistrer ou seront disposés à fournir leurs informations pour obtenir un document d'identification fondamental.

Plateformes de protection sociale. L'inclusion sociale constitue à la fois le moyen de transition vers l'économie numérique et le but des innovations technologiques réussies. Les trois plateformes clés (identification, registres sociaux et plateformes de paiement de protection sociale [P2G/G2P]) contribuent à un accès inclusif à l'économie numérique (voir figure B4.14.1). Elles montrent l'importance de

suite

construire un écosystème numérique pour favoriser l'accès à l'assistance sociale, à l'assurance, au travail, à des offres et à l'emploi des jeunes. Une plateforme d'identification déploie son plein potentiel uniquement lorsque les personnes pauvres et les vulnérables sont les premiers kilomètres (et non les derniers) dans l'obtention d'une identification. Les près d'un milliard de personnes sans preuve d'identité reconnue par l'État tendent à être les personnes exclues de la société. Développer une plateforme d'identification sans faire passer en priorité les personnes les plus vulnérables risque par conséquent de renforcer l'exclusion et pourrait ne pas produire un véritable impact transformationnel. Lorsque tout le monde, indépendamment du statut juridique, économique ou social possède une preuve d'identité reconnue par le gouvernement par l'intermédiaire d'une plateforme d'identification fondamentale, les plateformes de registres sociaux peuvent réaliser la couverture universelle et déterminer de façon fiable l'éligibilité aux services d'assistance sociale et de santé, aux services juridiques pro bono et aux programmes d'eau et d'assainissement. Les plateformes de paiement de protection sociale peuvent alors non seulement transférer des prestations, mais aussi contribuer à l'inclusion financière numérique des plus pauvres et des femmes.

Figure B4.14.1   Les plateformes de protection sociale dans l'économie numérique

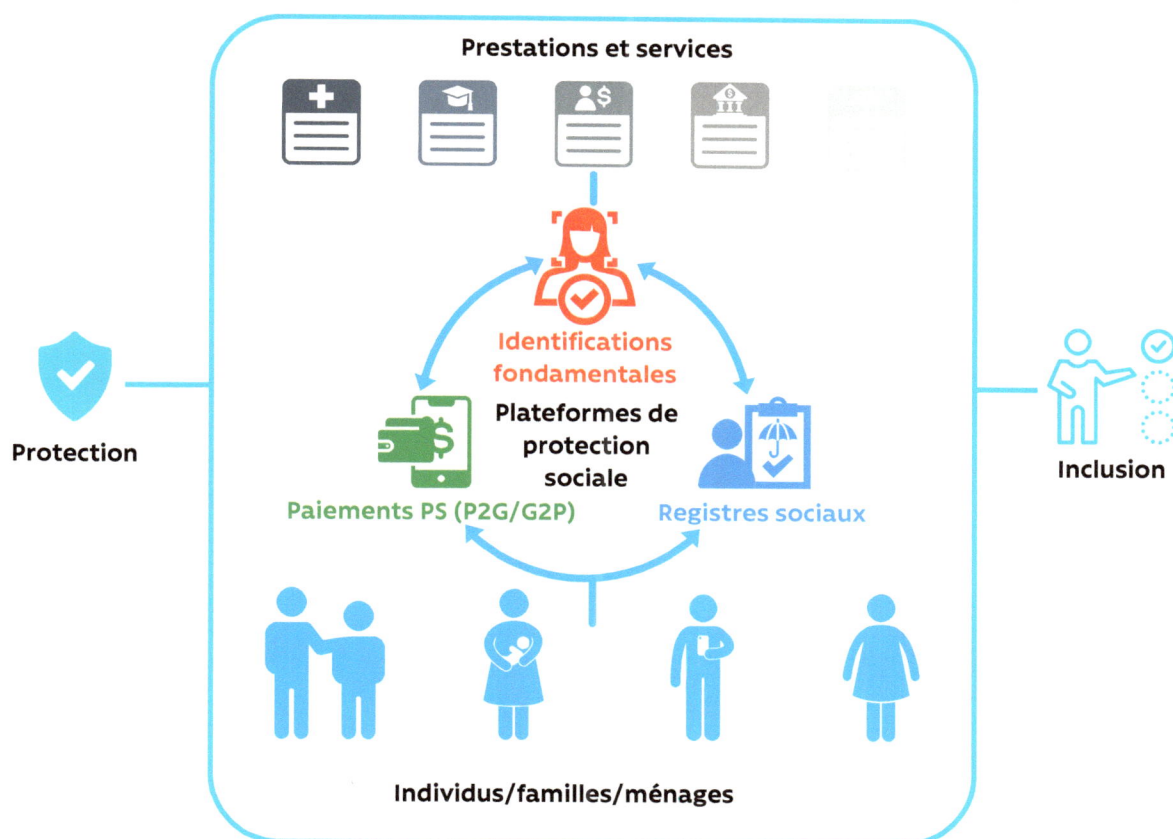

Sources : Exposé de Tina George Karippacheril « Social Protection in the Digital Economy », Banque mondiale, 2019 ; et l'exposé « Digital Social Protection » à Bonn, septembre 2016.

N. B. : Les paiements de protection sociale (PS) comprennent les paiements de personne à gouvernement (P2G) et les paiements de gouvernement à personne (G2P).

Les registres sociaux et leur interopérabilité avec d'autres systèmes d'information administratifs

Les registres sociaux peuvent obtenir des données issues d'autres systèmes d'information. En effet, les données peuvent être collectées d'autres systèmes administratifs pour préremplir les formulaires de demande ou compléter les informations autodéclarées fournies par les demandeurs. L'intégration à d'autres systèmes permet de vérifier les informations obtenues du client et s'assurer qu'elles correspondent aux informations contenues dans d'autres systèmes d'information administrative faisant foi (vérifications croisées externes). Enfin, les données issues de l'évaluation des besoins et des conditions de vie peuvent être fournies par le registre à d'autres programmes pour les aider à prendre des décisions en matière d'éligibilité et d'inscription. L'ISAS en Turquie constitue l'exemple patent d'un système qui a considérablement amélioré son efficience à l'aide d'une telle interopérabilité (encadré 4.15).

Avec la pénétration rapide des appareils mobiles et la couverture du réseau mobile, les applications mobiles sont utilisées pour l'accueil et l'enregistrement des demandes, les vérifications croisées, et la détermination de l'éligibilité. Dans certains pays, des applications logicielles front office peuvent être disponibles pour les travailleurs sociaux à leur bureau (ou sur des tablettes/appareils mobiles) ou pour les opérateurs de saisie de données qui devront entrer lesdites données dans le système. En dépit de la disponibilité de telles applications, les travailleurs sociaux peuvent toujours finir par utiliser des formulaires papier pour plus de rapidité et d'efficience lorsqu'ils sont en face à face avec des demandeurs dans leur bureau ou sur le terrain. Ils peuvent ensuite utiliser une application logicielle pour entrer les données durant les moments libres. De tels scénarios beaucoup plus probables qu'improbables montrent que ces logiciels doivent être développés en gardant à l'esprit les principes de conception centrés sur l'humain, de façon à ne pas placer une charge administrative inutile sur les clients ou les travailleurs sociaux.

Les informations données par les clients sont logées et gérées dans des systèmes de gestion de base de données. L'architecture de la gestion des données varie considérablement d'un pays à l'autre, et il n'en existe pas un modèle unique. Les systèmes d'information sont développés au fil du temps avec des technologies et approches de gestion de bases de

---

Encadré 4.15 Améliorer l'efficience avec le système intégré d'assistance sociale de la Turquie

En 2010, le Système intégré d'assistance sociale de Turquie (ISAS) a été lancé par la Direction générale de l'assistance sociale (GDSA), pour contribuer à remédier aux faiblesses suivantes identifiées dans le système d'assistance sociale de Turquie : (1) Une intégration limitée entre les fondations d'assistance sociale et de solidarité (SASF), qui signifiait que les ménages pouvaient postuler à des programmes similaires à plus d'un bureau et bénéficier ainsi de prestations très semblables, (2) des inefficiences administratives affectant tant les demandeurs que les bénéficiaires, (3) des temps de traitement prolongés, et (4) une mauvaise qualité de l'information.

L'ISAS tire parti de précédentes tentatives d'améliorer la situation. En 2005, l'introduction de guichets ou centres de services uniques a permis de transférer aux agents de première ligne la charge administrative des demandeurs, qui avaient la responsabilité d'apporter les documents justificatifs. En 2009, un Système d'information d'assistance sociale (SAIS) a automatisé le processus de collecte de données fondées sur le service web de divers systèmes d'information administratifs tels que Mernis (ID), la sécurité sociale et l'emploi. Ces précédents ont permis la création en 2010 du Système intégré d'assistance sociale (ISAS). L'ISAS relie les informations issues de 24 organisations publiques afin de faciliter la gestion de programmes de protection sociale, notamment en ce qui concerne les demandes, la détermination de l'éligibilité, les décisions d'inscription, les paiements, la gestion des opérations des bénéficiaires, la comptabilité automatisée et l'audit.

suite

Depuis son introduction, l'ISAS a eu un impact majeur sur l'exécution des programmes de protection sociale en Turquie. Il a permis à la Direction générale d'assistance sociale (GDSA) d'avancer avec une approche axée sur les ménages et de garantir l'harmonisation en matière de demande, de détermination de l'éligibilité, de paiements et de gestion des opérations des bénéficiaires. Par ailleurs, il a considérablement réduit le temps, le coût et les efforts d'administration des programmes de protection sociale, et a amélioré l'expérience client concernant l'interaction avec les agents de première ligne. Comme exemples d'efficiences réalisées grâce à l'ISAS, on peut notamment citer :

- **Une meilleure efficience du processus d'accueil et d'enregistrement des demandes.** Avant l'ISAS, tout le processus de demande à bénéficier d'un programme de protection sociale était entièrement sur papier. La demande pour un seul programme nécessitait au moins 17 documents papier différents, à collecter auprès des entités gouvernementales et organisations compétentes, y compris, mais sans s'y limiter, les informations et dossiers sur l'identification, la sécurité sociale (de trois institutions), l'emploi, les actifs, les véhicules, le registre foncier, les impôts, les frais de scolarité et les bourses, l'éducation et la santé. Le processus de demande à lui seul prenait de 15 jours à un mois. Avec l'ISAS, le processus de demande est désormais de quelques minutes seulement. Les individus peuvent déposer une demande à la SASF de leur district sans aucun document valide, à l'exception de leur carte d'identité. L'ISAS crée alors un fichier du ménage et recueille les informations requises des bases de données interconnectées des collectivités territoriales pour chaque personne du ménage

en quelques secondes. Après une présélection initiale, les travailleurs sociaux effectuent une visite à domicile afin de compléter et vérifier les informations.

- **Moins de fragmentation entre les programmes et peu de personnel dédié.** Avant l'ISAS, la protection sociale était fragmentée entre de nombreux programmes et institutions. Par exemple, les pensions de vieillesse et d'invalidité étaient gérées par plus de 250 membres du personnel de la Direction générale des paiements non contributifs. Le programme de pensions, initié en 1976 comprenait alors plus de 1,2 million de bénéficiaires actifs. Il était complètement sur papier, et il fallait en moyenne un an et demi pour qu'une personne soit éligible. Avec le lancement de l'ISAS et une révision majeure des lois et règlements, l'ancienne direction générale a été fermée, et le programme de pensions de vieillesse et d'invalidité transféré à la GDSA. Actuellement géré par un département composé de cinq à sept membres de personnel, le délai pour la demande et l'éligibilité au programme est réduit à moins d'un mois.

- **Autres réalisations**. Avant l'ISAS, les collectivités territoriales étaient plus réticentes à partager les données avec les institutions et les ministères de tutelle. Avec l'ISAS, les collectivités concernées ont compris quels sont les avantages d'un tel partage : une meilleure efficience du ciblage, la réduction des coûts administratifs, une plus grande transparence dans la détermination de l'éligibilité et une utilisation plus efficace des fonds publics.

Une mise en œuvre des programmes plus efficiente a également permis à l'ISAS d'avoir un impact considérable, comme pour le suivi des conditions d'éligibilité des transferts monétaires conditionnels. Cet aspect est présenté au chapitre 8.

Source : Turquie, ministère de la Famille et des Politiques sociales 2018.

données différentes. Ils peuvent être détenus par plusieurs sections d'une organisation. Cette fragmentation a pour résultat une dispersion des données dans de nombreux matériels, logiciels, frontières organisationnelles et géographiques.

De nombreux types de modèles architecturaux sont possibles pour gérer les données et améliorer les performances du système.

- Pour certains pays, le registre social exploite un système de gestion autonome de base de données, sans liens vers les autres systèmes administratifs des organismes publics ou des niveaux d'administration. Il est programmé pour répondre aux demandes d'ordinateurs clients connectés à un serveur de base de données. Les registres sociaux autonomes dépendent en grande partie des informations fournies personnellement par les clients, lesquelles proviennent de séries d'enquêtes de recensement en masse ou de formulaires d'accueil et d'enregistrement des demandes.
- Dans les pays où le registre social fait partie intégrante d'une architecture de gestion des systèmes d'information des institutions de l'ensemble du gouvernement, il peut utiliser soit un modèle centralisé, soit un modèle virtuel/fédéré. Dans un modèle centralisé, les données sont issues d'autres systèmes, répliquées et stockées localement. Un modèle fédéré ou virtuel permet un échange de données avec d'autres systèmes qui stockent des données dans des systèmes de gestion de bases de données ou modèles de stockage incompatibles, lesquels pourraient avoir été développés à des moments différents par différentes entités. Une base de données fédérée ou virtuelle est connectée à plusieurs sources comme s'il s'agissait d'une seule entité. Ces bases de données sont connectées par un réseau d'ordinateurs et on peut par conséquent y accéder comme s'ils provenaient d'une seule base de données. Le but est de pouvoir afficher les données et d'y accéder d'une façon unifiée sans avoir besoin de les copier ou de les dupliquer dans plusieurs bases de données ou encore de combiner manuellement les résultats issus de nombreuses requêtes.

L'interopérabilité des systèmes est nécessaire pour permettre aux registres sociaux de communiquer avec d'autres systèmes administratifs. Les normes techniques, les normes de données et les normes de processus doivent être fixées pour garantir l'interopérabilité. Le client doit être identifié sans équivoque dans les systèmes pour permettre la liaison entre les données. Le document d'identification joue aussi un rôle clé par une identification précise du client au moment de son enregistrement. Les exemples de types de systèmes administratifs auxquels les registres sociaux se connectent sont entre autres : les plateformes d'identification fondamentales (essentielles pour l'identification et l'interopérabilité), les registres civils pour les informations de naissance et de décès, les systèmes fiscaux, les registres de logement et de propriété, ainsi que les systèmes relatifs aux cotisations sociales, aux prestations de retraite, à l'assurance maladie, à l'éducation, et à la gestion de véhicules.

Les protocoles peuvent régler les problèmes de conflits de données entre le registre social et les autres systèmes d'information. Dans certains pays, l'application logicielle affiche des signaux d'alarme ou des messages d'alerte signalant une nécessité de vérification, de mise à jour ou de rectification, qui font alors l'objet d'une vérification croisée orale auprès des clients lorsqu'ils entrent en contact avec le travailleur social, les équipes mobiles, le centre de service ou autre personnel de première ligne. Le Pakistan, par exemple, a piloté cette approche. Dans d'autres pays comme le Chili, il existe des protocoles pour les mises à jour et la rectification de données. Le point de données ayant l'horodatage le plus récent prévaut ; il est alors recoupé oralement par le client au point d'accueil et d'enregistrement des demandes, ou lorsqu'il entre en contact avec le personnel de première ligne. En Turquie, le système alerte les gestionnaires de programmes en cas de conflits de données à l'aide d'une liste de tâches avec points d'action.

Les registres sociaux peuvent interopérer avec les systèmes de gestion des opérations des bénéficiaires pour fournir des données sur les demandeurs/enregistrés potentiellement éligibles afin de déterminer ultérieurement leur éligibilité à un programme spécifique (voir aussi le chapitre 5). Au Malawi, le Programme de transfert en espèces social (PTMS) et le Programme des travaux publics (PWP) accèdent aux données du registre social (dénommé UBR) sur les ménages, et à leurs scores PMT, afin de créer des listes de bénéficiaires potentiels, qui sont par la suite validées lors de réunions communautaires, à l'issue desquelles les bénéficiaires finaux sont inscrits au programme (figure 4.11).

Les registres sociaux peuvent aussi interagir avec les autres systèmes par une approche couvrant l'ensemble des activités du gouvernement, permettant ainsi aux individus d'effectuer une demande et d'être pris en compte pour les programmes, à l'aide de fenêtres numériques en libre-service, fonctionnant en temps réel. Cette approche de partage de données entre les organismes publics favorise une inclusion dynamique, la qualité des données, l'efficience et l'intégrité. Une telle approche nécessite un protocole robuste d'échange de données pouvant faciliter l'échange entre organismes publics des informations les plus récentes obtenues auprès des clients par l'intermédiaire des organismes de première ligne tels que les centres médicaux, les écoles, les centres de service aux citoyens pour l'enregistrement des propriétés, terres, véhicules, entreprises, etc. L'intégration en temps réel entre le registre social et les autres systèmes administratifs peut aider à détecter les données ayant le plus récent horodatage, car

certains types de données sont dynamiques et transactionnels. Les données dynamiques ont une dimension temporelle ou une valeur numérique, et renvoient à un ou plusieurs objets de données de référence[32]. Elles changent du fait d'un événement (ou d'une transaction), et par conséquent les besoins et les conditions de vie des individus ou des familles changent. Exemple : naissance, mariage, décès, état de santé ou situation professionnelle. Cependant, ce ne sera pas toujours possible de développer des connexions en temps réel entre le registre social et d'autres systèmes administratifs en raison des problèmes de performance et de latence. À l'inverse, certaines données sont statiques ou fixes et changent rarement après qu'elles ont été enregistrées (par exemple, le nom, le genre, la date de naissance, etc.). D'autres types de données changent peu souvent (par exemple, les données fiscales qui changent une fois l'an) et n'ont pas besoin d'être mises à jour à partir de l'intégration en temps réel dans le registre social et d'autres systèmes administratifs. De ce fait, les institutions conviennent d'un calendrier périodique d'échange

Figure 4.11 Le registre social est utilisé par de nombreux programmes de protection sociale au Malawi

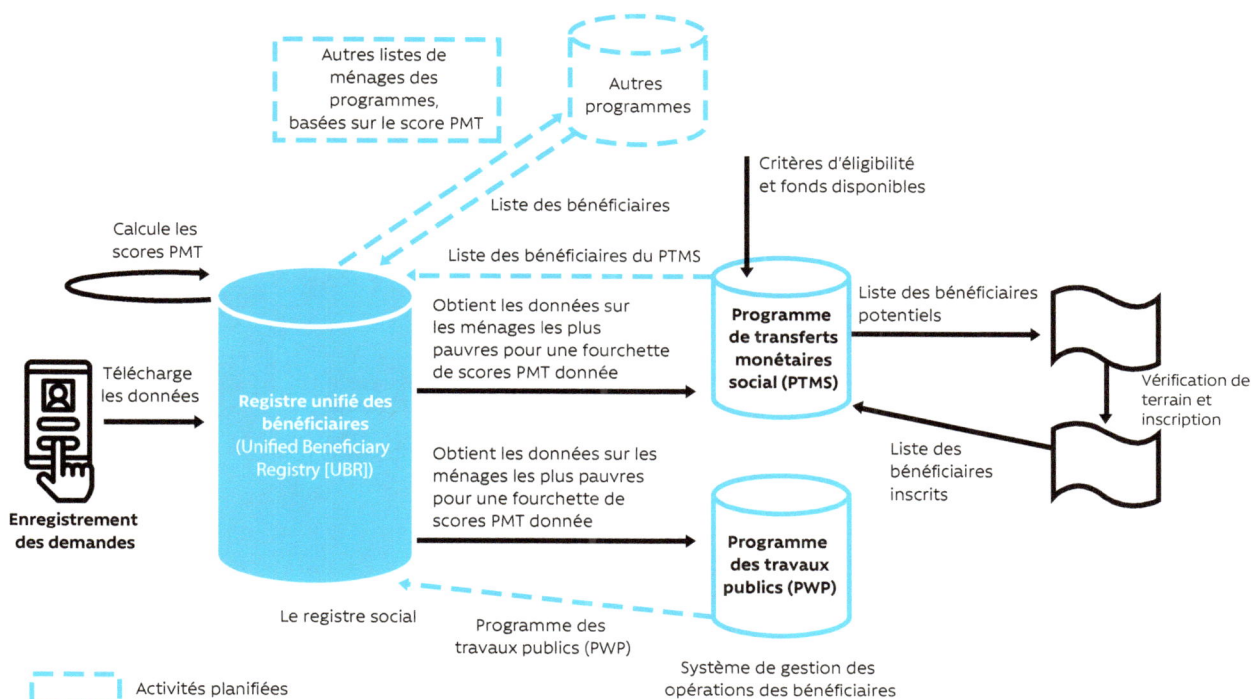

Source : Lindert, Andrews, et al. 2018.

N. B. : PMT = Évaluation des ressources par approximation.

de données, et les données sont collectées par un transfert de données de masse.

Les protocoles d'échange de données interorganisations sont généralement basés sur un cadre d'interopérabilité au niveau du pays ou de l'ensemble de la région. L'Estonie a conçu un niveau permettant l'échange de données de l'ensemble du gouvernement, dénommée X-Road[33]. L'objectif est de permettre aux citoyens, entreprises et entités gouvernementales d'échanger les données et d'accéder aux informations conservées dans les bases de données de divers organismes via Internet, sur la base du principe « Une seule fois », qui stipule que « l'État ne demande pas aux citoyens et aux entreprises des données déjà en sa possession » (Commission européenne, 2016). Par exemple, une demande pour une prestation parentale catégorielle se fait via des e-services (logiciel distribué) et ne nécessite la soumission

d'aucune pièce justificative. Les différents certificats et documents requis sont générés automatiquement par e-services à partir des différentes bases de données des organismes pour collecter les données sur le demandeur (voir Kalja, Reitsakas, et Saard 2005) (figure 4.12). Néanmoins, les protocoles d'échange de données ne nient pas la nécessité d'informations autodéclarées fournies par les clients qui s'enregistrent pour des prestations et services sociaux, au moins sous la forme d'une demande ou d'une réclamation, car elles sont l'expression d'un besoin. Même en Estonie, les prestations de revenu minimum garanti nécessitent la soumission d'une demande, la documentation liée à la propriété et aux actifs mobiliers, et la preuve que, après avoir payé les dépenses de logement, les familles ou les individus ne seront pas en mesure de couvrir les besoins essentiels de subsistance.

Figure 4.12 La plateforme X-Road de l'Estonie pour l'interopérabilité et l'échange sécurisé de données pour les programmes sociaux

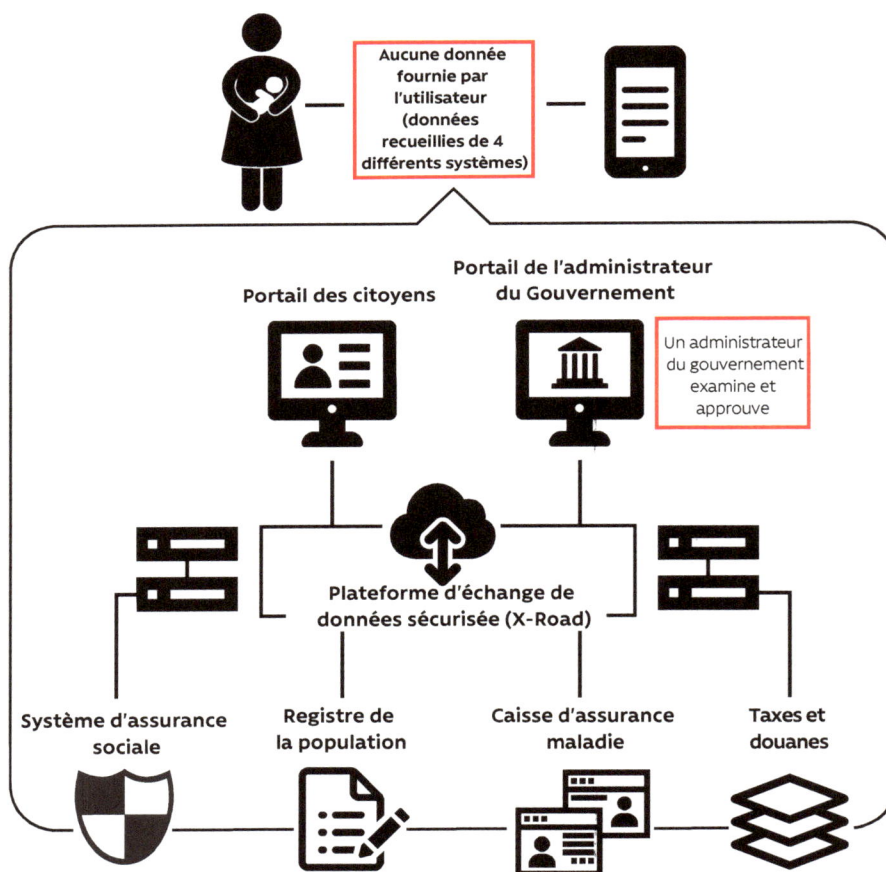

Source : Anita Mittal, Social Protection and Jobs, Banque mondiale ; adapté de Kalja, Reitsakas et Saard 2005.

Protection des données, confidentialité et sécurité[34]

Les risques relatifs à la confidentialité des données peuvent découler de toute activité de collecte, de stockage ou de traitement des données personnelles. Ces risques comprennent l'exposition des données personnelles, le vol de données et d'identité, la discrimination ou la persécution, l'exclusion, le traitement injuste et la surveillance. Les registres sociaux utilisent des données socio-économiques, ainsi que des données provenant de plusieurs systèmes gouvernementaux, pour évaluer les besoins et les conditions de vie des individus, des familles et des ménages dans le cadre des programmes de protection sociale. En outre, les données recueillies dans un registre social ne sont pas seulement de nature personnelle, mais elles recoupent nécessairement plusieurs systèmes afin d'évaluer ces besoins et ces conditions de vie.

Étant donné que les registres sociaux mettent en jeu des quantités importantes d'informations personnelles, socio-économiques et d'identification, il est primordial que des instruments juridiques soient mis en place pour soutenir la sécurité de l'information et la protection de ces informations (Leite et coll., 2017). Ces protections — qui comprennent la législation, les mesures politiques, les protocoles et autres — sont essentielles non seulement au bon fonctionnement du système, mais aussi à la confiance placée en lui et à sa crédibilité — sans confiance, les individus seront réticents à s'engager avec lui ou à fournir les informations nécessaires. À ce titre, le développement d'un registre social doit s'articuler autour du concept de gouvernance numérique, notamment l'accès à l'information, la cybersécurité, la sécurité des données, leur confidentialité, les normes de cette confidentialité et la protection des données personnelles.

Les registres sociaux sont d'importantes sources de données personnelles, mais peu d'écrits ont été consacrés à la protection des données et aux risques pour la vie privée qui doivent être pris en compte lors de la création de ces registres. Dans le même temps, les bonnes pratiques internationales mettent la barre de plus en plus haut à mesure que l'on reconnaît l'importance du droit à la vie privée en général et à la confidentialité des données en particulier. En effet, plusieurs tribunaux nationaux ont reconnu le droit à la vie privée, même s'il n'est pas explicite dans leurs instruments constitutionnels[35]. On notera en particulier le Règlement général sur la protection des données (RGPD) de l'Union européenne, qui établit une nouvelle norme internationale de bonnes pratiques en matière de protection des données et de la vie privée ; cet instrument fournit des orientations utiles — et, selon le contexte, éventuellement contraignantes — pour ceux qui créent des registres sociaux (encadré 4.16).

Le RGPD traite de la protection des données et de la vie privée, en imposant des obligations à ceux qui collectent et traitent les données ; cependant, une mise en œuvre efficace nécessite des éléments supplémentaires. À cette fin, d'autres instruments comblent le manque — par exemple, les principes des Nations Unies pour la protection des données personnelles et le respect de la vie privée, les Lignes directrices de l'OCDE régissant la protection de la vie privée et les flux transfrontaliers de données à caractère personnel, et les normes fédérales américaines de traitement de l'information (*Federal Information Processing Standard*) — souvent en fournissant des conseils sur la façon dont les données devraient être traitées ou régies pour garantir que les bonnes normes et attentes internationales sont bien respectées (encadré 4.17).

Cadre du consentement et architecture du consentement

Le consentement est un élément central pour remettre le pouvoir sur les données personnelles collectées entre les mains de l'individu concerné. Les données personnelles collectées appartiennent à cet individu — la « personne concernée », comme le dit le RGPD. C'est pourquoi les bonnes pratiques internationales visent non seulement à assurer de solides garanties en matière de protection des données, mais aussi à redonner à l'individu le contrôle de l'utilisation des données collectées. Un élément clé à cet égard est d'exiger de ceux qui traitent ou contrôlent les données qu'ils obtiennent le consentement de l'utilisateur. Ce consentement est au cœur de la notion de confidentialité des données : il conditionne la collecte de données personnelles à leur utilisation exclusive à des fins particulières. Lorsque les données ne sont pas utilisées à ces fins autorisées, elles doivent être conservées en sécurité et ne pas être utilisées (voir encadré 4.16)[36]. Le consentement éclairé requiert certains

Les données sont un outil puissant qui aide à mieux comprendre et à améliorer les prestations. Compte tenu de la reconnaissance accrue de la valeur des données et de la nécessité croissante de les traiter, on observe une évolution constante de la compréhension globale de ce que devraient être les bonnes pratiques en matière de protection des données et des personnes. Le règlement général sur la protection des données (RGPD) de l'Union européenne ouvre une nouvelle ère en matière de protection des données et de normes de confidentialité. Bien qu'il s'agisse davantage d'une évolution que d'une révolution, et que de nombreux principes sous-jacents restent les mêmes, le RGPD est considérablement plus complet et d'une plus grande portée, préservant bon nombre des mêmes principes de base tout en mettant progressivement en œuvre des règles plus strictes et plus étendues. En changeant l'approche des « choses à faire et à ne pas faire », le RGPD cherche à placer les personnes concernées au centre en leur donnant le contrôle et la connaissance de la façon dont leurs données sont utilisées. Pour comprendre les obligations créées pour les registres sociaux, il est important de comprendre quelques notions, comme suit.

Bien qu'il n'existe pas de concept général théorique ou juridique universellement applicable pour le droit au respect de la vie privée [a], il peut être plus fondamentalement compris comme le « droit d'être laissé seul » [b]. **La confidentialité des données**, en revanche, est un concept plus nuancé et plus restreint qui pourrait être mieux compris comme **l'utilisation et la gestion appropriées et autorisées des données personnelles.** Cette distinction mérite d'être soulignée, car les données personnelles recueillies dans les registres sociaux sont généralement collectées et utilisées à certaines fins — pour déterminer l'éligibilité, évaluer les besoins et les conditions de vie, etc. C'est dans l'espace intermédiaire — hors des cas où les informations sont accessibles aux utilisateurs autorisés à des fins autorisées — que les données doivent rester privées et que la notion de confidentialité des données émerge. **La protection des données** — c'est-à-dire la sécurisation des informations collectées — est fondamentale pour garantir la confidentialité de ces données. La confidentialité des données, qui est un processus et une question juridique, est axée sur les personnes autorisées à accéder aux données, tandis que la protection des données est davantage une question technique.

Toutes les données ne nécessitent pas le même niveau de protection. **Les données à caractère personnel** font référence à « toute information se rapportant à une personne physique identifiée ou identifiable. » (RGPD, Article 4.) Une **personne physique identifiable** (ou « sujet des données ») est définie comme une personne physique « qui peut être identifiée, directement ou indirectement, notamment par référence à un identifiant tel qu'un nom, un numéro d'identification, des données de localisation, un identifiant en ligne, ou à un ou plusieurs facteurs spécifiques propres à son identité physique, physiologique, génétique, psychique, économique, culturelle ou sociale » (RGPD, Article 4). **Les données personnelles sensibles** (ou « catégories particulières de données ») font référence aux « données à caractère personnel qui sont, par nature, particulièrement sensibles du point de vue des libertés et des droits fondamentaux et [qui] méritent une protection spécifique, car le contexte dans lequel elles sont traitées pourrait engendrer des risques importants pour ces libertés et droits ». Il s'agit notamment des données relatives à l'origine raciale ou ethnique, aux opinions politiques, aux convictions religieuses ou philosophiques, aux données génétiques ou biométriques, à la santé, à la vie ou à l'orientation sexuelle. (RGPD, Considérant 51.)

Source : Conrad Daly, consultant juridique senior, Opérations juridiques, la Banque mondiale.
a. Voir l'article « The Right to Privacy » par Anna Jonsson Cornell, dans « Max Planck Encyclopædia of Comparative Constitutional Law », 2016.
b. Voir « The Right to Privacy » par Samuel Warren et Louis Brandeis, dans la Harvard Law Review, vol. 4, p.193, 15 décembre 1890.

Bien qu'élaborés dans le cadre des agences des Nations unies, les principes des Nations Unies pour la protection des données personnelles et le respect de la vie privée[a] s'appuient sur les bonnes pratiques internationales antérieures ; selon ces principes, les données personnelles doivent être :

- **traitées de manière équitable et légitime**, en tenant compte du consentement et de l'intérêt supérieur de la personne, ainsi que de bases juridiques plus larges ;
- traitées et conservées de manière **compatible avec les objectifs spécifiés**, en conciliant les droits, libertés et intérêts pertinents ;
- proportionnelles au besoin, en étant pertinentes, limitées et adéquates à ce qui est nécessaire aux fins spécifiées ;
- **conservées uniquement pendant le temps nécessaire** aux fins indiquées ;

- **tenues exactes** et à jour afin de remplir les objectifs spécifiés ;
- traitées dans le respect de la **confidentialité** ;
- sécurisées par des **mesures de protection appropriées** (organisationnelles, administratives, physiques et techniques), et en mettant en œuvre des procédures idoines pour protéger la sécurité des données personnelles, notamment contre l'accès non autorisé ou accidentel, les dommages, les pertes ou d'autres risques présentés par le traitement des données ;
- traitées de manière **transparente pour les personnes concernées**, le cas échéant et dans la mesure du possible ;
- transférées à un tiers uniquement si elles bénéficient des **protections appropriées** ;
- **traitées de manière responsable,** avec la mise en place de mesures et de mécanismes adéquats pour assurer le respect de ces principes.

a. Comité de haut niveau sur la gestion, 2018.

éléments spécifiques : il doit être librement donné, spécifique, éclairé et sans ambiguïté (encadré 4.18).

Le partage des données nécessite un consentement. L'utilisation et la gouvernance appropriées et autorisées des données personnelles qui permettent la confidentialité des données exigent que le partage des données entre les entités nécessite également le consentement de l'individu. Cet aspect est particulièrement important lorsqu'il y a plusieurs fournisseurs, mais un seul collecteur de données, et donc particulièrement important pour les registres sociaux.

Le Registre national unique (RNU) du Sénégal a appliqué les principes de la protection des données aux processus clés activés par le registre. Ces principes sont appliqués aux processus d'une part de collecte des données, d'autre part d'analyse et stockage et enfin de transmission et utilisation des données. Pour la phase de collecte des données, les recommandations préconisent (1) d'informer les ménages de l'objectif du registre social, de ses utilisateurs potentiels, du droit de ne pas

répondre (ce qui empêcherait l'inclusion) et de la durée de conservation, (2) d'obtenir le consentement des ménages, (3) de ne collecter que les données nécessaires à cette phase et (4) de garantir le téléchargement sécurisé des données[37].

L'adoption de protocoles de partage de données, d'accords juridiques et d'un protocole d'accord (MoU) entre les programmes sociaux et le dépositaire des données des registres sociaux est essentielle. Cela permet de garantir une utilisation appropriée et autorisée des données personnelles entre l'entité de collecte et l'entité de traitement. Ces protocoles d'accord servent à institutionnaliser le consentement de l'individu et garantissent que non seulement l'entité qui collecte les données, mais aussi toutes les entités « en aval » traitant les données de l'individu, adhèrent aux termes de ce consentement de l'individu. D'une manière générale, les protocoles d'accord doivent garantir une bonne gouvernance des données, conformément aux bonnes pratiques internationales (voir encadré 4.16). Cela dit,

Le consentement requiert certains éléments spécifiques : pour être valable, le consentement doit être donné par un acte positif clair par lequel la personne concernée manifeste de façon libre, spécifique, éclairée et univoque son accord au traitement des données à caractère personnel la concernant[a].

■ Un consentement donné **librement** implique non seulement qu'il est donné volontairement, mais qu'il s'agit d'un véritable choix fait par l'individu. En tant que telle, toute pression ou influence inappropriée susceptible d'affecter le résultat de ce choix rend le consentement invalide. Cette norme est la même que celle utilisée dans la communauté médicale, en tenant compte des déséquilibres de pouvoir entre le collecteur et le contrôleur des données et l'individu. Il convient de noter que l'exécution d'un contrat ne peut être conditionnée par le consentement à traiter d'autres données à caractère personnel qui ne sont pas nécessaires à l'exécution du contrat.

■ Le consentement **spécifique** vise à limiter le « détournement de fonction », ce qui signifie

que toutes les activités et tous les traitements à effectuer doivent être identifiés ; et lorsque le traitement a plusieurs finalités, le consentement devrait être donné pour l'ensemble d'entre elles. De même, si le consentement de la personne concernée est donné à la suite d'une demande introduite par voie électronique, cette demande doit être claire et concise.

■ **Informé** signifie que la personne a été informée au moins (1) de l'identité du responsable du traitement, (2) de la nature des données à traiter et (3) de la ou des finalités du traitement des données.

■ Le consentement **sans ambiguïté** signifie que l'acte de consentement doit être clairement positif et qu'il doit être donné sous la forme d'une déclaration active de consentement (par exemple, une déclaration, une case à cocher sur le site web, un choix de paramètres techniques ou un comportement clair et contextualisé). Le consentement peut être retiré à tout moment, et avec la même facilité qu'il a été donné.

_____

a. Voir Art. 7 et Considérant 32 du Règlement général sur la protection des données de l'Union européenne (RGPD).

les accords de partage des données doivent être clairs quant à l'utilisation convenue et spécifique des informations à partager, aux types exacts d'informations à partager (par exemple, variables spécifiques, durée), à la spécification des principes et des garanties de confidentialité et de sécurité, à la définition précise des utilisateurs spécifiques et de leurs niveaux d'accès, etc.

Un principe fondamental régissant ces accords est que les registres sociaux doivent partager avec les programmes utilisateurs légitimes uniquement les informations spécifiques nécessaires aux fins convenues, afin de protéger la sécurité et la confidentialité des informations (c'est-à-dire juste l'ensemble minimal convenu de variables nécessaires aux programmes utilisateurs pour prendre leurs décisions). Ainsi, dans la mesure du possible, la mise à disposition des données d'un registre ne doit pas se faire de manière globale, mais de façon

sélective en ne mettant à disposition d'un programme que les seules données nécessaires à son activité en cours. À cet égard, l'Estonie constitue un excellent exemple. Outre la garantie d'une utilisation appropriée et autorisée des données personnelles, les protocoles d'accord doivent assurer une bonne gouvernance des données, tant au niveau de leur traitement que de leur protection et leur sécurisation.

Concevoir un système qui assure la protection des données et la confidentialité

Les bonnes pratiques internationales adoptent une vision intégrative, fondée sur le cycle de vie de la protection et de la confidentialité des données. On notera en particulier l'approche « privacy-by-design » (PbD)

(Cavoukian, 2011), qui exige des contrôles complémentaires à chaque étape du cycle de vie. L'approche PbD peut être appliquée aux registres sociaux et aux systèmes d'identification fondamentaux, afin d'offrir des conseils précieux pour répondre aux exigences fixées par le RGPD (voir encadré 4.19). Bien qu'elle concerne bon nombre des éléments examinés, l'approche PbD adopte une vision plus large, dépassant le cadre juridique et les principes ou lignes directrices régissant le traitement des données pour aborder la conception et la mise en œuvre du système, avec un regard particulier sur la manière dont les individus sont engagés.

Dispositions institutionnelles

Les dispositions institutionnelles pour l'accueil, l'enregistrement et l'évaluation des besoins et des conditions de vie impliquent une variété d'acteurs. Il peut s'agir d'acteurs locaux, d'organismes publics centraux et d'agences partenaires. Selon les populations cibles concernées, l'accueil et l'enregistrement nécessitent une interface directe avec le client. L'évaluation des besoins et des conditions de vie est également souvent effectuée au niveau local — en particulier les évaluations des travailleurs sociaux. En ce qui concerne les évaluations

---

Encadré 4.19 Intégration d'une approche « Privacy-by-Design » dans les registres sociaux

L'approche privacy-by-design (PbD) offre des conseils précieux pour répondre aux besoins en matière de protection et de confidentialité des données, définis par le Règlement général sur la protection des données (RGPD) de l'Union européenne, à savoir :

- **Développer des systèmes proactifs et non réactifs,** qui adoptent une approche préventive et non corrective.
- **Faire de la protection de la vie privée un paramètre par défaut, plutôt que d'exiger une action volontaire.**
  - **La spécification des objectifs :** Les fins auxquelles les renseignements personnels sont recueillis, utilisés, conservés et divulgués doivent être communiquées à la personne concernée avant ou au moment de la collecte des renseignements. Les objectifs spécifiés doivent être clairs, limités et pertinents par rapport aux circonstances.
  - **Les limites de la collecte :** La collecte d'informations personnelles doit être équitable, légale et limitée à ce qui est nécessaire pour les objectifs spécifiés.
  - **La minimisation des données :** La collecte d'informations permettant d'identifier une personne doit être limitée au strict minimum. La conception des programmes, des technologies de l'information et des communications ainsi que des systèmes doit commencer par des interactions et des transactions non identifiables, par défaut. Dans la

mesure du possible, la possibilité d'identifier l'observabilité du système et la capacité de mettre en lien des informations personnelles doivent être réduites au minimum.
  - **La limitation de l'utilisation, de la conservation et de la divulgation :** L'utilisation, la conservation et la divulgation des renseignements personnels seront limitées aux fins pertinentes présentées à une personne, et pour lesquelles, elle a donné son consentement, sauf si la loi en dispose autrement. Les renseignements personnels ne seront conservés qu'aussi longtemps que nécessaire pour remplir les objectifs énoncés, puis ils seront détruits de façon sécurisée.
- **Intégrer le respect de la vie privée dans la conception technique** dès le départ, plutôt que par une mise à jour
- **Concevoir le respect de la vie privée dans une optique de somme positive** (« gagnant-gagnant »), et non comme une somme nulle (« ou bien ou bien »).
- **Développer la sécurité de bout en bout** en vue de la protection des données durant leur cycle de vie complet
  - **Sécurité :** Les entités doivent assumer la responsabilité de la sécurité des informations personnelles (généralement en fonction de leur degré de sensibilité) tout au long de leur cycle de vie, conformément aux normes élaborées par les organismes de normalisation reconnus.

suite

- **Normes de sécurité appliquées :** Les entités doivent garantir la confidentialité, l'intégrité et la disponibilité des données personnelles tout au long de leur cycle de vie, notamment par des méthodes de destruction sécurisée, un cryptage approprié et des méthodes de contrôle d'accès et de journalisation rigoureuses.

- **Renforcement de la visibilité et de la transparence** et maintien de systèmes ouverts et responsables

- **Responsabilité :** La collecte d'informations personnelles entraîne un devoir de diligence pour leur protection. La responsabilité de toutes les politiques et procédures relatives à la protection de la vie privée doit être documentée et communiquée, le cas échéant, et confiée à une personne déterminée. Lors du transfert d'informations personnelles à des tiers, une protection équivalente de la vie privée doit être assurée par des moyens contractuels ou autres.

- **Ouverture et transparence :** La transparence est la clé de la responsabilité. Les informations sur les politiques et pratiques relatives à la gestion des informations personnelles doivent être facilement accessibles aux personnes.

- **Conformité :** Des mécanismes de gestion des réclamations doivent être mis en place et des informations doivent être communiquées aux individus à leur sujet, y compris sur la manière d'accéder au niveau suivant de réclamations/plaintes. Les mesures nécessaires pour contrôler, évaluer et vérifier le respect des politiques et procédures de protection de la vie privée doivent être prises.

- **Maintien d'un système centré sur l'utilisateur,** en veillant à respecter la confidentialité des données de l'utilisateur.

- **Consentement :** Le consentement libre et spécifique de la personne est requis pour la collecte, l'utilisation ou la divulgation de renseignements personnels, sauf si la loi en dispose autrement. Plus la sensibilité des données est grande, plus la qualité du consentement requis est claire et spécifique. Le consentement doit pouvoir être retiré à une date ultérieure.

- **Exactitude :** Les informations personnelles doivent être aussi précises, complètes et à jour que nécessaire pour atteindre les objectifs spécifiés.

- **Accès :** Les personnes doivent pouvoir accéder à leurs données personnelles et être informées de leurs usages et divulgations. Elles doivent pouvoir également vérifier si les informations sont correctes et complètes et au besoin pouvoir les rectifier ou compléter.

Source : Adapté de « Privacy by Design » (Cavoukian, 2011).

socio-économiques, cependant, les systèmes d'information centraux peuvent automatiser l'agrégation des mesures de revenu et de consommation. Les dispositions institutionnelles relatives à l'admission et à l'enregistrement dépendent largement du fait que l'interaction avec le client se fasse en personne ou en ligne, et que cette admission et cet enregistrement se fassent à la demande ou soient impulsés par les gestionnaires de programmes.

Avec les approches à la demande, l'interaction avec le client repose généralement sur les acteurs institutionnels locaux. Pour les prestations et les services sociaux, les points d'entrée locaux sont, dans certains pays, des bureaux décentralisés du ministère de tutelle. Par exemple, les agences de services sociaux (SSA) régionales et locales de Géorgie servent de guichets uniques/centres de services où les gens peuvent déposer une demande commune pour de nombreux services et prestations. Dans d'autres pays, les bureaux locaux sont gérés par les municipalités, comme au Brésil, où les personnes peuvent faire une demande, passer un entretien et être enregistrées dans le registre social (Cadastro Único). À partir de ce registre, elles seront évaluées et considérées comme éligibles pour de nombreux programmes sociaux. Les rôles et les responsabilités des personnels des bureaux municipaux sont étroitement contrôlés en matière de qualité de mise en œuvre, avec pour effet de déterminer également le montant des subventions pour frais administratifs qu'ils reçoivent (encadré 4.20). En Turquie, les personnes peuvent demander de nombreuses prestations et services sociaux auprès de 1000 fondations locales autonomes d'assistance et de solidarité sociales (SASF). En ce qui concerne les prestations et les services liés au travail, les agences publiques pour l'emploi fonctionnent généralement comme des agences d'exécution indépendantes qui opèrent de manière autonome dans un cadre juridique et politique établi et avec les budgets de fonctionnement du ministère de tutelle. Toutefois, dans certains pays (comme l'Australie et le Royaume-Uni, et de nombreux comtés aux États-Unis), ces fonctions ont été externalisées à des prestataires privés.

Encadré 4.20 Outils de collaboration verticale pour la mise en œuvre du Cadastro Único au Brésil

La collaboration verticale peut être une source de difficultés, car elle nécessite souvent des accords formels, une supervision de la qualité et un partage des coûts administratifs. Dans le contexte décentralisé du Brésil, le ministère du Développement social (MDS) s'appuie sur trois outils clés pour étayer la mise en œuvre du Cadastro Único en partenariat avec 5570 municipalités autonomes.

■ Premièrement, il maintient des **accords de gestion conjointe officiels** avec chacune des 5570 municipalités. Ces accords détaillent les rôles et responsabilités clés, ainsi que les normes institutionnelles minimales pour la mise en œuvre du programme.

■ Deuxièmement, il a développé un **Indice de suivi de la qualité de la mise en œuvre décentralisée**, appelé IGD (indice de gestion décentralisée). Cet outil suit de nombreux indicateurs de la mise en œuvre, notamment (1) des indicateurs de qualité des données du registre social, tels que la part des familles enregistrées dans un registre « valide » (informations complètes et cohérentes) et (2) la part de familles pour lesquelles les informations du registre ont été mises à jour au minimum au cours des deux dernières années. Il suit également d'autres indicateurs liés à la mise en œuvre du programme de transfert monétaire conditionnel du programme Bolsa Família (comme le suivi des conditionnalités) et à la fourniture de services sociaux.

■ Troisièmement, il utilise l'IGD pour calculer les **incitations basées sur la performance pour la qualité de la mise en œuvre décentralisée**. Ces incitations fournissent un soutien aux municipalités en matière de coûts administratifs par un remboursement (partiel) des coûts de mise en œuvre du programme Bolsa Família. Le versement de ces incitations financières est subordonné à la signature d'un accord préalable de gestion conjointe et aux scores obtenus dans le cadre de l'IGD (basé sur les performances). La subvention pour les coûts administratifs est déterminée en multipliant un coefficient financier par les résultats obtenus par les municipalités dans le cadre de l'IGD. Pour encourager une mise en œuvre de qualité dans les petites municipalités (qui peuvent avoir moins de capacités), ces dernières reçoivent le double du montant pour les 200 premières familles de leur quota. Le MdS a également établi un seuil de qualité minimum pour l'IGD, de sorte que les municipalités dont le score à l'IGD est inférieur à un certain seuil ne reçoivent aucune subvention pour les coûts administratifs. Dans ce cas, le MdS prend des mesures supplémentaires pour aider à renforcer la qualité de la mise en œuvre dans ces municipalités. Le MdS transfère les subventions pour les coûts administratifs aux municipalités en utilisant des allocations globales.

Sources : MdS–IGD Manuel opérationnel sur http://www.mds.gov.br/webarquivos/publicacao/bolsa_familia/Guias_Manuais /ManualIGD.pdf and Lindert et coll. 2007.

Dans le cas des approches impulsées par les gestionnaires de programme, l'interface avec le client est temporaire, puisque l'accueil et l'enregistrement des demandes sont effectués par des vagues d'enregistrement en masse peu fréquentes. Dans ce type d'approche, la plupart des pays font appel à des équipes ou à des agents communautaires pour enregistrer les ménages[38]. Ces arrangements sont particulièrement courants pour les modalités d'enregistrement en masse. Certains gestionnaires de registres sociaux (comme le Listahanan des Philippines, le SISBEN de Colombie et le SIUBEN de la République dominicaine) engagent des équipes de terrain sous contrat pour enregistrer les populations locales. D'autres utilisent une combinaison d'équipes de terrain sous contrat et de communautés, comme pour le RSU de Djibouti, le RSU du Mali, le RNU du Sénégal et le SPRINT de Sierra Leone. En Indonésie, des équipes du Bureau des statistiques ont mené à bien les enregistrements en masse en 2015 pour la base de données unifiée (UDB).

Les acteurs centraux peuvent assumer différents rôles, comme celui de la gestion des systèmes d'information. Ces systèmes peuvent être utilisés pour automatiser les évaluations socio-économiques. C'est le cas pour les registres sociaux multiprogrammes (comme le Cadastro Único au Brésil) ou pour les systèmes d'information sociale intégrés (comme l'ISAS en Turquie ou le RSH au Chili). Ces acteurs centraux peuvent être les ministères des Affaires sociales ou du Travail. Lorsque les systèmes d'information sont au service de plusieurs programmes (comme dans le cas des registres sociaux), les dispositions institutionnelles de ces systèmes peuvent être distinctes de celles des programmes qui les utilisent. C'est le cas de l'UBR du Malawi qui est géré de manière centralisée par un groupe de travail multiagences. Même lorsque le registre social est hébergé par le ministère central des Affaires sociales, il dessert souvent des programmes utilisateurs extérieurs à ce ministère (comme au Brésil, au Chili, aux Philippines et en Turquie).

4.6 QUELQUES POINTS DE CONCLUSION

Ce chapitre a passé en revue les modalités, les instruments et les techniques utilisés pour l'accueil et l'enregistrement, et l'évaluation des besoins et des conditions de vie. Ces outils se concentrent sur les personnes qui font une demande, s'enregistrent et sont évaluées en fonction de caractéristiques spécifiques, notamment les catégories démographiques, le statut socio-économique, le statut professionnel, le handicap et les risques sociaux. Tant la phase de l'accueil et l'enregistrement que celle de l'évaluation des besoins et des conditions de vie sont affectées par deux défis majeurs auxquels sont confrontés les pays du monde entier : l'inclusion dynamique et la coordination.

L'inclusion dynamique dépend fortement de l'approche choisie par les systèmes de mise en œuvre pour l'accueil et l'enregistrement des demandes, à la demande ou impulsée par les gestionnaires de programmes.

- **Avec les systèmes à la demande**, les personnes (individus, familles, ménages) peuvent demander à être évaluées et prises en compte pour une inclusion potentielle dans les programmes sociaux à tout moment. Au niveau mondial, la plupart des programmes de protection sociale adoptent l'approche à la demande. Cela inclut les programmes destinés à des catégories démographiques d'individus, de nombreux programmes ciblés sur la pauvreté, la plupart des prestations et des services liés au travail (tels que les prestations de chômage, les services de l'emploi et les PAMT), les prestations et services liés au handicap et les services sociaux. Les systèmes à la demande ont l'avantage de faciliter l'inclusion dynamique, car les personnes peuvent faire une demande à tout moment en fonction de leur propre situation. Cependant, les approches à la demande ont l'inconvénient d'exiger une capacité administrative importante. Elles dépendent de l'existence d'un réseau permanent et étendu d'interfaces avec les clients (en personne ou numérique), ainsi que du financement continu des coûts administratifs fixes (tels que le personnel des bureaux locaux).

- **Avec l'approche** impulsée par les gestionnaires de programmes, des cohortes de ménages sont enregistrées en masse selon un calendrier qui dépend principalement de la capacité et du financement. Les processus impulsés par les gestionnaires de programmes sont principalement utilisés pour les programmes d'aide sociale destinés aux ménages pauvres ou vulnérables dans les pays en développement ou dans des situations où la capacité administrative locale est limitée. Ils ont tendance à être plus statiques (ce qui signifie que leurs informations sont souvent obsolètes), car ils n'ouvrent l'enregistrement que rarement, généralement tous les trois à cinq ans. De telles vagues d'enregistrement en masse, rapides et uniques, peuvent également être utilisées pour soutenir la réponse aux catastrophes dans des zones spécifiques. Cependant, les approches de cohorte impulsée par les gestionnaires de programmes ne permettent pas aux agences de répondre aux circonstances idiosyncrasiques ou aux chocs qui sont spécifiques aux conditions de vie individuelles des clients (comme la naissance d'un enfant, le vieillissement, la perte d'un emploi, un handicap, la situation socio-économique d'une famille individuelle, ou les vulnérabilités spécifiques de ce client). Ces approches reposent généralement sur des équipes contractuelles. Leurs besoins de financement sont « ponctuels » — ce qui signifie que des sommes importantes sont nécessaires pour financer les vagues d'enregistrement en masse, avec un financement moindre pendant les années intermédiaires.

Des processus et des systèmes partagés pour l'accueil et l'enregistrement des demandes et l'évaluation des besoins et des conditions de vie offrent des possibilités de coordination entre plusieurs programmes. Deux aspects de l'intégration ont été abordés dans ce chapitre :

- L'utilisation de processus communs pour l'accueil et l'enregistrement des demandes et l'évaluation des besoins et des conditions de vie par plusieurs programmes. Lorsque les programmes ont besoin d'informations communes provenant de groupes de populations similaires, il peut être efficace de partager les processus d'accueil et d'enregistrement plutôt que de collecter des informations similaires séparément. Cela nécessite des questionnaires harmonisés pour l'accueil et l'enregistrement des demandes. Les programmes multiples peuvent également utiliser

des outils d'évaluation communs tels que l'évaluation des ressources ou l'évaluation des ressources par approximation. Ces outils permettent de déterminer l'éligibilité à des prestations telles que les pensions sociales pour les personnes pauvres, les personnes âgées ou les personnes en situation de handicap, les prestations d'activation et les ensembles de services pour les travailleurs à faibles revenus, les services sociaux pour les familles à faibles revenus, les bourses d'études basées sur les besoins et les subventions d'assurance maladie sous condition de ressources. Si ces programmes peuvent avoir des exigences individuelles spécifiques, ils requièrent tous une sorte d'évaluation socio-économique des besoins et des conditions de vie. Les registres sociaux permettent de mettre en place des processus communs d'accueil, d'enregistrement et d'évaluation des besoins et des conditions de vie pour plusieurs programmes.

- L'évaluation multidimensionnelle des besoins et des conditions de vie. Chaque personne ayant des caractéristiques différentes, ces processus peuvent recueillir des informations et évaluer les profils des personnes en fonction de diverses caractéristiques pour, par exemple, le dépistage des risques sociaux chez les demandeurs d'emploi, en plus des facteurs liés au travail ou la mise sous condition de ressources des prestations catégorielles, du chômage ou du handicap.

En somme, plusieurs facteurs favorisent un accueil et un enregistrement précis et efficaces ainsi que l'évaluation des besoins et des conditions de vie :

- Des processus simples et centrés sur l'humain (qu'ils soient numériques ou en personne) ;
- Des agents d'accueil ou des travailleurs sociaux bien formés, dotés de compétences relationnelles ;
- Des aménagements pour les personnes éprouvant des difficultés d'accès (adaptations pour les personnes en situation de handicap, traduction linguistique, etc.) ;
- Des questionnaires d'accueil et des formulaires de demande courts et faciles à comprendre, fondés sur le principe de la collecte d'informations minimales ;
- L'utilisation des informations déjà présentes dans le système pour éviter de les collecter à nouveau ;

- Des points d'accueil stratégiquement situés, proches des individus dans leurs communautés ;
- Un réseau adéquat et idéalement permanent d'interfaces client qui permettrait une inclusion dynamique, de sorte que n'importe qui puisse s'inscrire à tout moment ;
- Des approches intégrées d'accueil et d'enregistrement des demandes qui peuvent permettre aux personnes d'être considérées simultanément pour plusieurs programmes.

Notes

1. Voir le chapitre 2 pour une analyse de ces deux approches ainsi que le glossaire pour les définitions.
2. Les orientations sont particulièrement courantes pour les services de l'emploi et les services sociaux, comme discuté au chapitre 7. D'autres prestataires de services proposent généralement des orientations, parmi lesquels les travailleurs sociaux, les agents de services de l'emploi, le personnel d'autres programmes, les responsables scolaires, les professionnels de santé et ceux du système judiciaire. Certaines orientations concernent des services prescrits par la loi (comme l'orientation vers les services de protection de l'enfance par un enseignant ou un professionnel de la santé). D'autres seront fondées sur des exigences de participation, dictées par le programme (comme l'orientation vers des services d'intermédiation sur le marché du travail, comme l'exige un contrat de responsabilité mutuelle pour l'activation des prestations). De nombreuses orientations sont faites sous forme de recommandations de prestations et de services qui pourraient aider le ou les clients à améliorer leur situation (comme les orientations proposées par un travailleur social ou un agent des services publics pour l'emploi vers des prestations et des services liés au handicap). Lorsqu'une personne est orientée vers un autre service, il arrive que ses informations d'accueil soient transférées par l'organisme d'origine. En général, l'organisme ou le programme vers qui la personne est (re)dirigée, a besoin d'au moins quelques informations supplémentaires, et le processus d'accueil se poursuit donc par la collecte des informations restantes par le nouvel organisme.
3. Dans le comté de Montgomery, dans le Maryland (États-Unis), le Department of Health and Human Services (DHHS) a une politique « de portes ouvertes » et encourage la sensibilisation pour permettre l'accueil et l'enregistrement dans de nombreux endroits en plus de ses bureaux locaux. Par exemple, les agents d'accueil sont habituellement équipés d'ordinateurs portables pour pouvoir enregistrer les personnes dans d'autres services publics, tels que les hôpitaux, les prisons (où les familles en visite peuvent avoir besoin de soutien) et les organismes à but non lucratif.
4. Les bureaux des Fondations d'assistance sociale et de solidarité de Turquie sont créés en tant qu'entités juridiques privées conformément à la loi n° 3294, sous la présidence des gouverneurs provinciaux et sous-provinciaux. Ils sont situés dans chaque district (c'est-à-dire qu'ils sont fortement décentralisés). Il n'y a pas de hiérarchie entre les SASF et ils ont tous des organes de décision distincts (conseils d'administration). Ils sont autonomes dans leurs décisions, mais ils doivent se conformer à la loi n° 3294, aux décisions du conseil d'administration du Fonds de solidarité de l'assistance sociale, ainsi qu'à tous les règlements et décisions applicables de la Direction générale de l'assistance sociale. Leurs conseils d'administration se réunissent généralement une fois par semaine.
5. Leite et coll.,2017. Le SISBEN de Colombie couvre environ 73 % de la population, le Listahanan des Philippines 75 %, le SIUBEN de la République dominicaine 85 % et le NSER du Pakistan 87 %.
6. Comme expliqué au chapitre 9, les coûts privés de participation aux processus peuvent être mesurés de plusieurs façons : « coûts en temps », « coûts monétaires » ou « nombre de visites » que les citoyens doivent effectuer pour réaliser les processus (c'est-à-dire, dans ce cas, les processus d'accueil et d'enregistrement des demandes).
7. Les diagrammes de parcours offrent une visualisation synthétique de l'expérience client de bout en bout tout au long des processus et mécanismes de mise en œuvre. Elles incluent les expériences, les comportements et les émotions du client tout au long du processus (voir chapitre 2).
8. Sauf dans le cas des demandes entièrement numériques.
9. Au Brésil, par exemple, le Cadastro Único s'est doté de modules spécialisés pour s'adapter aux pratiques culturelles des différentes populations, telles que les communautés autochtones ou quilombolas.
10. Tableaux comparatifs du MISSOC, janvier 2018, à la page https://www.missoc.org/missoc-database/comparative-tables/.
11. Voir Tesliuc et coll. (2014) pour un examen complet des informations sur les revenus, utilisées pour évaluer les besoins et les conditions de vie et pour déterminer l'éligibilité d'accès aux programmes d'aide au revenu en Europe et en Asie centrale.
12. Ces informations incluent parfois des photos (géocodées) de logements et d'actifs, ce qui facilite les vérifications et contribue à la qualité des données.

Ces photos ne doivent être prises et utilisées qu'avec le consentement des personnes concernées.

13. Des informations sur la cause du handicap peuvent être requises, mais ce n'est pas toujours le cas. D'un côté, la cause du handicap est souvent sans intérêt pour déterminer les besoins, et le recueil de ces informations pourrait occasionner une stigmatisation des personnes concernées. D'un autre côté, il est parfois possible d'accéder en priorité à certains programmes en fonction des circonstances à l'origine du handicap (par exemple, vétéran ou accidenté du travail).

14. Notamment l'identification des fonctions déficientes en raison du handicap (activités quotidiennes, comme conduire, entretenir la maison ou encore garder un emploi), ainsi que des besoins non satisfaits et des coûts supplémentaires liés au handicap (par exemple, la nécessité d'obtenir des biens non durables tels que des produits médicaux, ou encore les frais occasionnés par la collecte de documentation auprès des établissements de santé).

15. Cette section s'appuie largement sur un récent rapport de Waddington et coll. (2018) qui présente les méthodologies d'évaluation du handicap pour les programmes de protection sociale et autres.

16. Il convient de rappeler que le handicap semble souvent être la caractéristique proéminente d'une personne, alors que cette vision n'est pas en cohérence avec le vécu de la personne. Les personnes susceptibles de bénéficier de mesures et d'aménagements consacrés au handicap ne s'identifient pas forcément comme des personnes en situation de handicap. Il est possible qu'elles ne connaissent pas cette opportunité ou qu'elles craignent la stigmatisation et les restrictions dont elles risquent de faire l'objet si elles sont qualifiées de personnes en situation de handicap. Naturellement, l'évaluation du handicap aborde rarement les aspects positifs du handicap, comme la force que la personne développe en raison du handicap ou en lien avec lui.

17. Les personnes en situation de handicap doivent souvent supporter des coûts supplémentaires en raison de leur handicap (Mitra, Posarac et Vick. 2011). Outre les coûts financiers, il faut parfois tenir compte de contraintes de temps, d'énergie et de santé.

18. Les modèles unidimensionnels et multidimensionnels sont principalement estimés en utilisant des pondérations prédéfinies pour des caractéristiques observables. Les pondérations sont estimées sur la base de modèles statistiques tels que les composantes principales, les modèles flous, la régression linéaire, la régression binaire, la régression quantile, les arbres de régression et l'analyse de corrélation.

19. Cet outil d'estimation approximative s'applique également à d'autres mesures du bien-être, comme les indices d'actifs et les indices multidimensionnels, l'objectif principal étant d'utiliser des modèles statistiques et les informations sur le groupe ciblé provenant d'enquêtes antérieures pour obtenir une meilleure représentation de l'importance de chaque variable pour le bien-être ou l'indice.

20. On pourra utiliser des algorithmes pour estimer la valeur de ces actifs. Pour déterminer l'éligibilité, les tests d'actifs pourront également adopter des filtres « oui/non » pour la possession d'actifs. Par exemple, pour la valeur des terres on multiplie souvent la superficie des terres par la valeur moyenne des terres provenant des taxes foncières ; pour la valeur du bétail, on multiplie le nombre de têtes par la valeur estimée de la production/vente des animaux.

21. La PMT est souvent combinée à d'autres approches comme le ciblage des organisations communautaires ou le ciblage géographique.

22. Une grande partie de la présente section se base sur le cadre présenté dans un article de Loxha et Morgandi (2014).

23. Données de 2009 sur le nombre de dossiers (Kuddo, 2012).

24. Une grande partie de la présente section s'appuie sur les contenus d'un article récent de Waddington et coll. (2018) qui propose une analyse des aspects conceptuels et pratiques relatifs à l'organisation des évaluations du handicap, avec des exemples provenant d'Europe, ainsi que de Bickenbach et coll. (2015).

25. Extrait d'une présentation par des fonctionnaires du ministère du Travail et de la Politique sociale de la Macédoine du Nord.

26. Cette section s'inspire largement de la récente évaluation rapide du registre social du Malawi (UBR) réalisée par Lindert et coll. (2018). L'acronyme UBR signifie « Registre unifié des bénéficiaires », mais le terme « bénéficiaires » n'est pas approprié, car l'UBR est en fait un registre social (et non un registre de bénéficiaires). Cela signifie que les ménages enregistrés dans l'UBR n'ont aucune garantie de bénéficier à terme d'une prestation.

27. Cette pratique consistant à prioriser et à enregistrer 50 % des ménages les plus pauvres a été remplacée par l'enregistrement par principe de 100 % des plus pauvres pour la phase 2 de l'UBR (dans d'autres districts). Lindert et coll. (2018).

28. Le programme de RdC a été lancé à l'échelle nationale le 28 janvier 2019 en remplacement du Revenu d'inclusion (RdI) et en intégrant certaines de ses caractéristiques. Le RdI avait été lancé à l'échelle nationale le 1er décembre 2017.

29. Bénéficiaires avec un revenu supérieur à 8 145 €/an pour un travailleur salarié ou supérieur à 4 800 €/an pour un travailleur indépendant.

30. Les allocataires qui n'ont pas été exemptés des conditionnalités, qui n'ont pas été par le passé orientés vers les services sociaux et qui sont au chômage depuis moins de deux ans, ont reçu une aide au chômage ou ont signé récemment un pacte pour l'emploi.

31. La présente section s'inspire d'un examen plus approfondi des systèmes d'information dans l'article récent de Leite et coll. sur les registres sociaux. (2017) et d'un document à venir, *Interagency Social Protection Assessments* (ISPA) traitant des systèmes intégrés d'assistance sociale.

32. Dans le contexte de la gestion des données, les données de référence sont une liste de valeurs admissibles utilisées par les données de base ou les données de transactions. Elles sont souvent définies par des organismes de normalisation, tels qu'ISO. Exemple : unités de mesure, codes pays, etc. Les données de base sont un ensemble unique de données communes, convenues, partagées dans toute l'organisation et utilisées dans plusieurs systèmes, applications et processus. Pour les programmes sociaux, les exemples de données de base comprennent les données sur les citoyens (individus, familles, ménages) ; les programmes sociaux (transferts en espèces, aliments) ; etc.

33. « Interoperability of the State Information System: Framework: Version 3.0, », 2011, ministère des Affaires économiques et de la Communication, Estonie.

34. Cette section est basée sur « Data Protection, Privacy, and Security for Social Protection Programs » (à paraître) de Conrad Daly, Tina George Karippacheril et al, la Banque mondiale, Washington DC.

35. Voir, par exemple, Justice KS Puttaswamy (Retd.) v. Union of India, 24 août 2017. La Cour a annulé un précédent dans sa décision unanime de neuf juges : « Le droit à la vie privée est protégé en tant que partie intrinsèque du droit à la vie et à la liberté individuelle (...) de la Constitution. »

36. Le consentement s'applique aux données traitées pour les raisons spécifiques suivantes : exécution d'un contrat, respect d'une obligation légale, sauvegarde des intérêts vitaux de la personne concernée, mission d'intérêt public et intérêts légitimes (RGPD de l'Union européenne, article 6[1]).

37. Extrait de la présentation de Solène Rogeaux sur la protection des données et les registres sociaux au Sénégal, la Banque mondiale, Washington, DC, décembre 2017.

38. Voir Leite et coll. (2017) pour un examen plus approfondi des dispositifs institutionnels des registres sociaux.

Bibliographie

Almeida, Rita, Juliana Arbelaez, Maddalena Honorati, Arvo Kuddo, Tanja Lohmann, Mirey Ovadiya, Lucian Pop, Maria Laura Sanchez Puerta, and Michael Weber. 2012. "Improving Access to Jobs and Earnings Opportunities: The Role of Activation and Graduation Policies in Developing Countries." Social Protection and Labor Discussion Paper 1204, World Bank, Washington, DC.

ANED (Academic Network of European Disability Experts). 2018. "Disability Assessment in European States: ANED Synthesis Report." https://www.disability -europe.net/.

Barca, Valentina, and Richard Chirchir. 2014 and revised draft 2016. "Single Registries and Integrated MISs: De-mystifying Data and Information Management Concepts." Department of Foreign Affairs and Trade, Australia.

Baum, Tinatin, Anastasia Mshvidobadze, and Josefina Posadas. 2016. *Continuous Improvement: Strengthening Georgia's Targeted Social Assistance Program*. Directions in Development Series. Washington, DC: World Bank.

Beegle, Kathleen, Aline Coudouel, and Emma Monsalve, eds. 2018. *Realizing the Full Potential of Social Safety Nets in Africa*. Africa Development Forum Series. Washington, DC: World Bank.

Bickenbach, Jerome, Aleksandra Posarac, Alarcos Cieza, and Nenad Kostanjsek. 2015. "Assessing Disability in Working Age Population: A Paradigm Shift: From Impairment and Functional Limitation to the Disability Approach." Report No. ACS14124, World Bank, Washington, DC.

Cavoukian, Ann. 2011. "Privacy by Design: The 7 Foundational Principles—Implementation and Mapping of Fair Information Practices." Information and Privacy Commissioner of Ontario, Canada. https://lab.org/wp-content/IAB-uploads/2011/03 /fred_carter.pdf.

Center for Community Health and Development. 2018. Community Tool Box, University of Kansas. https://ctb.ku.edu/en/table-of-contents/implement /access-barriers-opportunities/overview/main.

Chile, Ministry of Social Development and Family. 2017. "Household Social Registry: System that Supports the Selection of Users of Social Benefits." Undersecretary of Social Evaluation, Ministry of Social Development and Family, Santiago.

Coady, David, Margaret Grosh, and John Hoddinott. 2004. *Targeting of Transfers in Developing Countries: Review of Lessons and Experience*. Washington, DC: World Bank.

Colombia, Departamento Nacional de Planeación. 2016. «Declaración de Importancia Estratégica del Sistema de Identificación de Potenciales Beneficiarios (Sisbén IV).» Documento CONPES 3877, Departamento Nacional de Planeación, Bogotá. https://colaboracion.dnp.gov.co/CDT/Conpes/Econ%C3%B3micos/3877.pdf.

Dalton, Erin. 2018. "Data and Analytics to Support an Integrated Case Practice Model." Allegheny County Department of Human Services, Pennsylvania.

Dewson, Sara, Sara Davis, and Jo Casebourne. 2006. "Maximising the Role of Outreach in Client Engagement." Research Report 326, Department for Work and Pensions, London.

Eubanks, Virginia. 2018. *Automating Inequality: How High-Tech Tools Profile, Police, and Punish the Poor.* New York: St. Martin's Press.

European Commission. 2016. "European eGovernment Action Plan 2016–2020." https://ec.europa.eu/digital-single-market/en/european-egovernment-action-plan-2016-2020.

Evans, D. A., A. Hagiu, and R. Schmalense. 2006. *Invisible Engines: How Software Platforms Drive Innovation and Transform Industries.* Cambridge, MA: MIT Press

Finn, Dan. 2011. "Job Services Australia: Design and Implementation Lessons for the British Context." Research Report 752, Department for Work and Pensions, Sheffield, UK.

Gawer, A. 2009. «Platform Dynamics and Strategies: From Products to Services.» In *Platforms, Markets, and Innovation*, edited by A. Gawer. Cheltenham, U.K.: Edward Elgar Publishing.

Grosh, Margaret. 1994. "Administering Targeted Social Programs in Latin America: From Platitudes to Practice." World Bank, Washington, DC.

Grosh, Margaret, Carlo del Ninno, Emil Tesliuc, and Azedine Ouerghi. 2008. *For Protection and Promotion: The Design and Implementation of Effective Safety Nets.* Washington, DC: World Bank.

Grosh, Margaret, and Phillippe Leite. Forthcoming. "An Updated Take on Targeting Methods and Concepts." World Bank, Washington, DC.

Hoerning, Ulrich. 2011. "Activation-Safety Net Links in Germany: Hartz Reforms Six Years On." Slide presentation, Astana, Kazakhstan, February 26.

InclusionNL. 2019. "Accommodations in Service Delivery." InclusionNL, St. John's, Newfoundland and Labrador, Canada.

Indonesia, Office of the Vice President. 2015. "Indonesia's Unified Database for Social Protection Programmes: Management Standards." National Team for the Acceleration of Poverty Reduction, Secretariat of the Vice President of the Republic of Indonesia, Jakarta.

JAN (Job Accommodation Network). 2019. Searchable Online Accommodation Resource (SOAR). https://askjan.org/a-to-z.cfm.

Kalja, A., A. Reitsakas, and N. Saard. 2005. "eGovernment in Estonia: Best Practices." In *Technology Management: A Unifying Discipline for Melting the Boundaries*, edited by T. R. Anderson, T. U. Daim, and D. F. Kucaoglu, 500–506. Portland, OR: Portland International Conference on Management of Engineering and Technology (PICMET) and IEEE.

Karippacheril, Tina George, and Phillippe Leite. 2019. «Integrated Social Information Systems and Social Registries.» Social Safety Nets and Delivery Systems Core Course, October, World Bank, Washington, DC.

Karippacheril, T. G., F. Nikayin, M. De Reuver, and H. Bouwman. 2013. «Serving the Poor: Multisided Mobile Service Platforms, Openness, Competition, Collaboration and the Struggle for Leadership.» *Telecommunications Policy* 37 (1): 24–34.

Konle-Seidl, Regina. 2011. "Profiling Systems for Effective Labour Market Integration: Use of Profiling for Resource Allocation, Action Planning, and Matching." European Commission Mutual Learning Programme for Public Employment Services: DG Employment, Social Affairs, and Inclusion, Brussels, Belgium.

Kuddo, Arvo. 2009. "Employment Services and Active Labor Market Programs in Eastern European and Central Asian Countries." Social Protection and Labor Discussion Paper 0918, Human Development Network, World Bank, Washington, DC.

Kuddo, Arvo. 2012. "Public Employment Services and Activation Policies." Social Protection and Labor Discussion Paper 1215, World Bank, Washington, DC.

Kurekova, Lucia Mytna. 2014. "Review of Profiling Systems, Categorization of Jobseekers and Calculation of Unit Service Costs in Employment Services: Implications and Applications for Slovakia." Central European Labour Studies Institute, Bratislava, Slovak Republic.

Leite, Phillippe, Tina George, Changqing Sun, Theresa Jones, and Kathy Lindert. 2017. "Social Registries for Social Assistance and Beyond: A Guidance Note and Assessment Tool." Social Protection and Labor Discussion Paper 1704, World Bank, Washington, DC. http://documents.worldbank.org/curated/en/698441502095248081/Social-registries-for-social-assistance-and-beyond-a-guidance-note-and-assessment-tool.

Leite, Phillippe, and Tina George Karippacheril. 2017. "Social Registry Information Systems for Social Assistance (and Beyond): Framework, Definition, Typology, and Trajectories." Presentation at Social Safety Nets Core Course, March 9, World Bank, Washington, DC.

Lindert, Kathy. 2005. "Implementing Means-Tested Welfare Systems in the United States." Social Protection Discussion Paper 0532, World Bank, Washington, DC.

Lindert, Kathy. 2017a. "Georgia's Social Registry Information Systems: Overview and Strategic Directions." Informal Technical Note, World Bank, Washington, DC.

Lindert, Kathy. 2017b. «Social Registries as Integrated Gateways for Social Safety Nets and Beyond.» Lightning Talk at Human Development Week 2017, World Bank, Washington, DC.

Lindert, Kathy, Colin Andrews, Chipo Msowoya, Boban Varghese Paul, Elijah Chirwa, and Anita Mittal. 2018. "Rapid Social Registry Assessment: Malawi's Unified Beneficiary Registry (UBR)." Social Protection and Jobs Discussion Paper 1803, World Bank, Washington, DC.

Lindert, Kathy, Tina George Karippacheril, and Phillippe Leite. 2018. "Social Registries, Beneficiary Registries, and Integrated Social Information Systems." Social Safety Nets and Delivery Systems Core Course, May, World Bank, Washington, DC.

Lindert, Kathy, Anja Linder, Jason Hobbs, and Benedicte de la Briere. 2007. "The Nuts and Bolts of Brazil's Bolsa Família Program: Implementing Conditional Cash Transfers in a Decentralized Context." Social Protection Discussion Paper 0709, World Bank, Washington, DC.

Loxha, Artan, and Matteo Morgandi. 2014. "Profiling the Unemployed: A Review of OECD Experiences and Implications for Emerging Economies." Social Protection and Labor Discussion Paper 1424, World Bank, Washington, DC.

Marini, Alessandra, Michele Zini, Eleni Kanavitsa, and Alexandro Karakitsios. 2016. "Greece: Initial Support to the Guaranteed Minimum Income Rollout: Process Evaluation of the First Phase of the GMI Rollout." Social Protection and Labor Global Practice, World Bank, Washington, DC.

Mazza, Jacqueline. 2017. Labor Intermediation Services in Developing Economies: Adapting Employment Services for a Global Age. Cham, Switzerland: Palgrave Macmillan.

Mexico, Secretaría de Desarrollo Social. 2018. Reglas de Operación de Prospera Programa de Inclusión Social para el ejercicio.

Mikkonen, Mika, Jaana Kauppinen, Minna Huovinen, and Erja Aalto, eds. 2007. "Outreach Work among Marginalised Populations in Europe: Guidelines on Providing Integrated Outreach Services." Foundation Regenboog AMOC, Amsterdam.

Mitra, Sophie, Aleksandra Posarac, and Brandon Vick. 2011. "Disability and Poverty in Developing Countries: A Snapshot from the World Health Survey." Social

Protection Discussion Paper 1109, World Bank, Washington, DC.

Mostafa, Joana, and Natália G. D. Sátyro. 2014. "Cadastro Único: A Registry Supported by a National Public Bank." Working Paper 126, International Policy Centre for Inclusive Growth, Brasilia, Brazil.

OECD (Organisation for Economic Co-operation and Development). 2014. Connecting People with Jobs: Activation Policies in the United Kingdom. Paris: OECD Publishing. https://doi.org/10.1787/9789264217188-en.

OECD (Organisation for Economic Co-operation and Development). 2015. OECD Employment Outlook 2015. Paris: OECD Publishing. https://doi.org/10.1787/empl_outlook-2015-en.

Ortakaya, Ahmet Fatih. 2018a. "Monitoring Conditionalities in Turkey's CCT Program: Background Note." Delivery Systems Global Solutions Group, Social Protection and Jobs Global Practice, World Bank, Washington, DC.

Ortakaya, Ahmet Fatih. 2018b. "Improving Decision-Making in Delivery Systems by Predictive Analytics." Internal note, World Bank, Washington, DC.

Ortakaya, Ahmet Fatih. 2018c. "Improving Efficiency with Turkey's Integrated Social Assistance System: Before and After." Internal note, World Bank, Washington, DC.

Rochet, J.-C., and J. Tirole. 2003. «Platform Competition in Two-Sided Markets.» Journal of the European Economic Association 1 (4): 990–1029.

Rosas, Nina, Gul Najam Jamy, and Amjad Zafar Khan. 2017. "Value for Money of Different Registration Approaches—Preliminary Findings: Pakistan's National Socioeconomic Registry Update." Slide presentation, December 2017.

Scoppetta, Anette, and Arthur Buckenleib. 2018. "Tackling Long-Term Unemployment through Risk Profiling and Outreach." Technical Dossier 6, ESF Transnational Platform, European Commission, Brussels, Belgium.

Silva Villalobos, Verónica. 2016. "Integrating Social Protection Programs and Delivery Systems: Chile's Evolving Trajectory. Presentation, Washington DC, October 4, 2016.

Silva Villalobos, Verónica, Gaston Blanco, and Lucy Bassett. 2010. "Management Information Systems for Conditional Cash Transfers and Social Protection Systems in Latin America: A Tool for Improved Program Management and Evidence-Based Decision-Making." Social Protection Unit, Human Development Network, World Bank, Washington, DC.

Silva Villalobos, Verónica, et al. 2015. "Avanzando hacia sistemas de protección social y trabajo en América Latina y el Caribe." Social Protection and Labor Global Practice, World Bank, Washington, DC.

Sluchynsky, Oleksiy. 2017. «Better Data for Better Programs and Policies in Social Protection Enabled by e-Government Solutions: Case Studies.» Presentation at Human Development Week 2017, World Bank, Washington, DC.

Solomon, Jake. 2017. "Human Centered Design in Social Programs: Direct Experience from the US." Presentation at the World Bank, Washington, DC.

Sundaram, Ramya, and Nithin Umapathi. 2016. "Greece Social Welfare Review: Institutional Mapping." Social Protection and Labor Global Practice, World Bank, Washington, DC.

Tesliuc, Emil, Lucian Pop, Margaret Grosh, and Ruslan Yemtsov. 2014. *Income Support for the Poorest: A Review of Experience in Eastern Europe and Central Asia.* Directions in Development Series. Washington, DC: World Bank.

Thompson, Terri S., Asheley Van Ness, and Carolyn T. O'Brien. 2001. *Screening and Assessment in TANF/Welfare-to-Work: Local Answers to Difficult Questions.* Washington, DC: U.S. Department of Health and Human Services; Washington, DC: Urban Institute.

Turkey, Ministry of Family and Social Policy. 2017a. "ISAS Butunlesik: Turkey's Integrated Social Assistance System." Presentation by the Government of the Republic of Turkey, Washington, DC, April 21, 2017.

Turkey, Ministry of Family and Social Policy. 2017b. "Turkey's Integrated Social Assistance System." Ministry of Family and Social Policy, Ankara; World Bank, Washington, DC.

Turkey, Ministry of Family and Social Policy. 2018. "Turkey's Integrated Social Assistance System." Ministry of Family and Social Policy, Ankara; World Bank, Washington, DC. http://documents.worldbank.org/curated/en/515231530005107572/Turkey-s-integrated-social-assistance-system.

Velarde, Rashiel B. 2018. "The Philippines' Targeting System for the Poor: Successes, Lessons, and Ways Forward." Social Protection Policy Note 16, World Bank and Australian Aid, Washington, DC.

Villalobos, Verónica Silva. 2017. «Integrated Social Information System (SIIS): The Case of Chile.»

Presentation at Human Development Week 2017, World Bank, Washington, DC.

Waddington, Lisa, et al. 2018. "Disability Assessment in European States: ANED Synthesis Report." Academic Network of European Disability Experts (ANED).

WHO (World Health Organization) and World Bank. 2011. *World Report on Disability.* Geneva, Switzerland: WHO; Washington, DC: World Bank.

Wiseman, William. 2015. "Turkey's Integrated Social Assistance Service System: Case Study." Presentation, World Bank, Washington, DC.

World Bank. 2016. *Evaluating Tanzania's Productive Social Safety Net: Targeting Performance, Beneficiary Profile, and Other Baseline Findings.* Washington, DC: World Bank. http://documents.worldbank.org/curated/en/273011479390056768/Evaluating-Tanzanias-productive-social-safety-net-targeting-performance-beneficiary-profile-and-other-baseline-findings.

World Bank. 2018a. *Guidelines for ID4D Diagnostics.* Washington, DC: World Bank. http://documents.worldbank.org/curated/en/370121518449921710/Guidelines-for-ID4D-Diagnostics.pdf.

World Bank. 2018b. *The State of Social Safety Nets 2018.* Washington, DC: World Bank.

World Bank. Forthcoming. *An Updated Take on Targeting Concepts and Methods.* Washington, DC: World Bank.

World Bank and ILO (International Labour Organization). 2016. "A Shared Mission for Universal Social Protection: Concept Note." World Bank, Washington, DC; ILO, Geneva, Switzerland.

Zini, Michele, Alessandra Marini, Eleni Kanavitsa, Chrysa Leventi, Natalia Millan, and Nithin Umapathi. 2018. "Greece: Initial Support to the Guaranteed Minimum Income Rollout: Quantitative Evaluation of the GMI Rollout." Social Protection and Labor Global Practice, World Bank, Washington, DC.

Chapitre 5

Décisions d'éligibilité et d'inscription

Kathy Lindert, Phillippe Leite, Tina George Karippacheril, Kenichi Nishikawa Chávez, Inés Rodríguez Caillava et Anita Mittal

Avec la contribution de Gustavo Demarco, Karen Peffley, et Nina Rosas Raffo

La phase d'inscription comprend la détermination de l'éligibilité des ménages aux programmes ainsi que la détermination des prestations et services qu'ils peuvent recevoir. L'objectif est que l'éligibilité soit déterminée de manière efficace selon des critères spécifiques, que les prestations et services soient définis avec précision, et que les ménages éligibles soient inscrits et intégrés de manière efficace avec un minimum de fuites vers les populations non éligibles. Cette phase du processus et des mécanismes de mise en œuvre comporte plusieurs étapes : 1) détermination de l'éligibilité et prise des décisions d'inscription ; 2) définition des prestations et services de chaque bénéficiaire ; 3) notification à tous les ménages ou individus de leur éligibilité et de leur statut d'inscription ; et 4) intégration des bénéficiaires en leur présentant le ou les programmes et en recueillant, si nécessaire, des informations opérationnelles supplémentaires[1]. Les principaux intrants de cette étape proviennent de l'évaluation des besoins et conditions de vie, caractérisant les demandeurs à l'aide de divers outils d'évaluation

(chapitre 4), des critères d'éligibilité au programme et du budget disponible. Le principal résultat est la mise à jour de la liste des bénéficiaires, nécessaire à la phase de paiement des prestations (chapitre 6) et de fourniture des services (chapitre 7).

Ce chapitre se concentre sur les programmes et les bénéficiaires. Les programmes peuvent comprendre des prestations catégorielles (telles que les allocations familiales ou les pensions de vieillesse) ; des programmes destinés aux pauvres ou aux personnes ayant un statut socioéconomique particulier ; des prestations et des services destinés aux personnes en situation de handicap ; des prestations et des services liés au travail (tels que les services de l'emploi, les services d'amélioration de l'employabilité, et les paquets de prestations et services d'activation) ; et divers services sociaux visant à soutenir les personnes et les familles vulnérables aux risques sociaux. À ce stade des processus et mécanismes de prestation, les entités concernées peuvent être des individus, des familles ou des ménages. *Ils entrent dans cette étape en tant que* demandeurs et deviennent des bénéficiaires s'ils sont jugés éligibles, puis sont inscrits et intégrés (figure 5.1). Une fois les décisions d'éligibilité prises, l'accent est mis sur les bénéficiaires.

Ce chapitre s'organise de la façon suivante :

- La section 5.1 examine les facteurs intervenant dans la détermination de l'éligibilité tels qu'ils s'appliquent aux différents types de programmes couverts dans ce livre : les programmes catégoriels, les programmes ciblant la pauvreté, les prestations et services liés au travail, les programmes pour les personnes en situation de handicap, et les services sociaux.
- La section 5.2 aborde les décisions d'inscription, qui peuvent diverger des décisions d'éligibilité lorsque les fonds ne sont pas suffisants pour pouvoir inscrire tous les bénéficiaires éligibles.
- La section 5.3 examine les facteurs intervenant dans la détermination du paquet de prestations que les bénéficiaires recevront, en faisant la distinction entre 1) les offres de prestations et les décisions ; et 2) les paquets de services.
- La section 5.4 donne un aperçu des étapes finales de la phase d'inscription : la notification et l'accueil.
- La section 5.5 passe en revue les dispositions institutionnelles et les systèmes d'information qui peuvent être utilisés pour soutenir les différentes fonctions de cette phase.
- Enfin, la section 5.6 fournit une liste de contrôle sommaire des considérations de mise en œuvre de la phase d'inscription, en soulignant notamment

certaines des tensions entre la conception des objectifs du programme et celle de la mise en œuvre.

Des exemples tirés de divers pays sont présentés dans ce chapitre :

- **Afrique :** Afrique du Sud, Burkina Faso, Kenya, Malawi, Maurice, Tanzanie
- **Asie de l'Est et Pacifique :** République de Corée, Indonésie, Philippines, Thaïlande
- **Europe et Asie centrale :** Albanie, Allemagne, Arménie, Bulgarie, Croatie, Danemark, Estonie, Fédération de Russie, Finlande, France, Géorgie, Grèce, Irlande, Italie, Kosovo, Lituanie, Macédoine du Nord, Moldavie, Norvège, Ouzbékistan, Pays-Bas, Portugal, République kirghize, Roumanie, Royaume-Uni, Serbie, Slovénie, Suède, Turquie
- **Amérique latine et Caraïbes :** Argentine, Brésil, Colombie, Jamaïque, Mexique
- **Moyen-Orient et Afrique du Nord :** Bahreïn, République arabe d'Égypte, Koweït
- **Asie du Sud :** Pakistan
- **Autres pays membres de l'Organisation de coopération et de développement économiques (OCDE) :** États-Unis

Cette liste comprend les pays figurant dans l'annexe 5A, qui donne un aperçu des paramètres de conception (critères d'éligibilité et structures des prestations) pour divers types de prestations (catégorielles, socioéconomiques, chômage et invalidité).

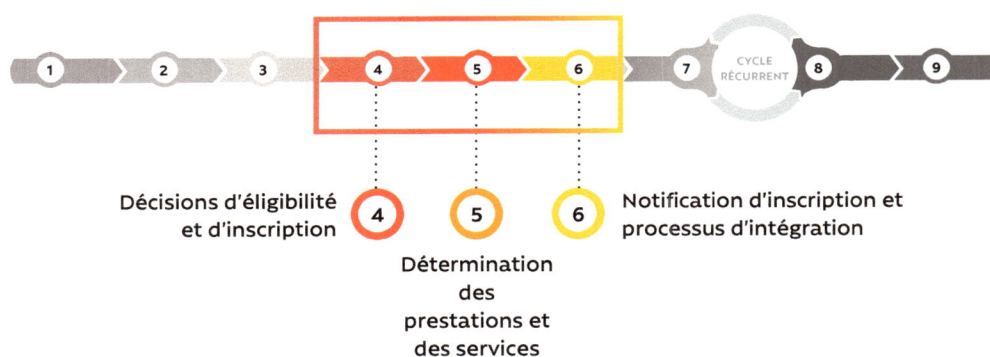

Figure 5.1 Phase d'inscription des processus et mécanismes de mise en œuvre de la protection sociale

Décisions d'éligibilité et d'inscription

Détermination des prestations et des services

Notification d'inscription et processus d'intégration

Source : figure conçue pour cette publication.

5.1 DÉTERMINATION DE L'ÉLIGIBILITÉ

Une fois que les besoins et les conditions de vie des demandeurs ont été évalués, leurs profils sont comparés aux critères d'éligibilité des programmes concernés. Trois éléments clés permettent de déterminer l'éligibilité aux programmes de protection sociale : les critères d'éligibilité, les profils des demandeurs basés sur l'évaluation de leurs besoins et de leurs conditions de vie (chapitre 4), et la définition de l'entité assistée (individu, famille ou ménage). Ce manuel de référence n'a pas pour vocation de commenter les mérites relatifs des différents critères d'éligibilité. Ce chapitre donne plutôt un aperçu des considérations de mise en œuvre associées aux différents types de critères. Les critères d'éligibilité utilisés pour divers programmes d'un certain nombre de pays sont présentés dans les tableaux 5A.1 à 5A.4 de l'annexe 5A.

La plupart des programmes ont recours à une combinaison de critères pour déterminer l'éligibilité. Le tableau 5.1 résume les caractéristiques des programmes évoqués dans le manuel de référence. La majorité des programmes utilisent plus d'un facteur pour déterminer l'éligibilité. Par exemple, des critères socioéconomiques sont souvent combinés à des critères démographiques pour déterminer l'éligibilité aux pensions sociales et aux allocations familiales. Des critères socioéconomiques sont utilisés en plus du statut professionnel pour déterminer l'éligibilité à une allocation en cas de chômage, et ils sont pondérés avec le statut d'invalidité pour déterminer l'assistance aux personnes en situation de handicap. Bien que les programmes utilisent souvent une combinaison de critères, nous nous concentrerons ici sur trois d'entre eux : 1) l'éligibilité basée sur des critères socioéconomiques ; 2) l'éligibilité fondée sur le statut de chômage, l'historique d'emploi, et les cotisations d'assurance ; et 3) l'éligibilité basée sur le statut d'invalidité.

Éligibilité basée sur des critères socioéconomiques : seuils absolus, seuils relatifs et filtres

Les prestations et services reposent souvent sur des critères socioéconomiques comportant des seuils d'éligibilité appliqués aux revenus, aux actifs et à d'autres mesures du bien-être. Par exemple : 1) les prestations

d'assistance sociale, notamment les transferts monétaires conditionnels (TMC) et transferts monétaires inconditionnels (tels que les programmes de revenu minimum garanti [RMG], certaines allocations familiales et pour les enfants, certaines pensions sociales, ou encore les prestations d'invalidité) ; 2) prestations et services liés au travail, tels que les prestations d'allocation en cas de chômage sous condition de ressources et le programme d'activation combinant des prestations et des services ; 3) divers services sociaux ciblant les personnes à faible revenu ; 4) les prestations et services hors protection sociale, tels que les subventions pour l'assurance maladie, les bourses d'études fondées sur les besoins et le mérite, et les subventions d'aide au logement et au paiement des services publics.

Il existe trois types courants de critères d'éligibilité socioéconomiques : les seuils absolus, les seuils relatifs et les filtres. Nous commencerons par la mise en œuvre des seuils absolus et relatifs et aborderons ensuite l'utilisation des filtres.

Avant d'entrer dans les détails, soulignons les différences d'utilisation de ces critères entre les modèles d'accueil et d'enregistrement à la demande et ceux impulsés par les administrateurs. Les seuils d'éligibilité relatifs nécessitent que l'enregistrement soit réalisé pour un groupe de ménages. L'éligibilité de chaque ménage dépendant de sa position par rapport aux autres ménages, ces seuils relatifs sont incompatibles avec les systèmes à la demande.

Seuils absolus

Dans le cas des seuils absolus, un ménage est éligible si la mesure de son bien-être est inférieure à un certain niveau. L'estimation du « bien-être » résulte de l'accueil, de l'enregistrement et de l'évaluation des besoins et des conditions de vie du ménage (voir chapitre 4)[2]. Avec l'évaluation des ressources, les seuils absolus sont généralement fixés soit comme un niveau de revenu donné, soit comme une fourchette de revenus. Citons par exemple les pensions sociales et le programme *Bolsa Família* du Brésil ; les programmes de revenu minimum garanti (RMG) en Bulgarie, en Croatie et en Roumanie ; et les pensions sociales, l'aide

Tableau 5.1 Détermination de l'éligibilité à divers types de programmes de protection sociale

	Critères d'éligibilité (combinés dans de nombreux programmes)	Profil évalué et entité assistée
Programmes catégoriels démographiques	Règles démographiques telles que des enfants de moins de cinq ans ou des adultes de plus de 65 ans (le sexe peut aussi être un critère d'éligibilité). Exigences de nationalité et/ou de résidence. Historique des emplois et des cotisations pour des pensions d'assurance sociale. Les critères socioéconomiques sont également souvent utilisés pour déterminer l'éligibilité aux pensions sociales et à divers types d'allocations familiales et pour enfant.	Profil évalué : informations vérifiées concernant le statut démographique. Entité assistée : l'individu ; le récipiendaire désigné peut être différent du bénéficiaire dans les situations de dépendance (parent, soignant, tuteur, etc.) L'évaluation se base sur la famille ou le ménage pour les critères socioéconomiques.
Programmes ciblant la pauvreté	Seuils absolus. Seuils relatifs. Filtres d'exclusion (oui-non). Divers autres types de critères.	Profil évalué : MT, PMT, HMT. Entité assistée : en général, la famille ou le ménage.
Programmes pour chômeurs (AC, AcC, services)	Statut de chômage. Durée du chômage. Historique d'emploi. Historique des contributions minimales pour l'AC. Seuils socioéconomiques souvent utilisés pour déterminer l'éligibilité à l'AcC.	Profil évalué : profil d'emploi tiré de l'évaluation par l'assistant(e) social(e) et/ou du profilage statistique. Entité assistée : l'individu. L'évaluation est fondée sur la famille ou le ménage avec les critères socioéconomiques.
Programmes pour les personnes en situation de handicap (AI, DA, services)	Seuils ou catégories basés sur la gravité, le type et la durée de l'invalidité. Pourcentage de perte fonctionnelle dans la capacité de travail. Statut de chômage et historique des cotisations minimales pour l'AI. Seuils socioéconomiques souvent utilisés pour déterminer l'éligibilité à la DA.	Profil évalué : statut d'invalidité. Entité assistée : l'individu ; le récipiendaire désigné peut être différent du bénéficiaire dans les situations de dépendance (par exemple, soignant). L'évaluation est fondée sur la famille ou le ménage avec les critères socioéconomiques.
Services sociaux	Certains services : aucun critère d'éligibilité (disponibles sur demande pour les résidents locaux). Certains services : critères démographiques, catégorie de risques ou de besoins sociaux, critères socioéconomiques ou autres critères spécialisés. Éligibilité à la discrétion de l'assistant social et/ou par référence. Certains services peuvent être imposés par la loi.	Profil évalué : besoins sociaux ou profil de risque. Entité assistée : l'individu, la famille.

Source : tableau conçu pour cette publication.

Remarque : DA = assistance aux personnes en situation de handicap (*Disability Assistance*) ; AI = assurance invalidité ; HMT = évaluation hybride des ressources (*Hybrid Means Testing*) ; MT = évaluation des ressources (*Means Testing*) ; PMT = évaluation des ressources par approximation (*Proxy Means Testing*) ; AcC = aide en cas de chômage ; AC = assurance chômage.

sociale aux enfants vulnérables et les prestations d'invalidité en Afrique du Sud (pour plus d'exemples, voir l'annexe 5A). Certains programmes reposant sur l'évaluation des ressources par approximation (PMT – *Proxy* *Means Testing*) utilisent également des seuils absolus. C'est notamment le cas du programme de transfert monétaire inconditionnel (TMI) *Burkin-Naong-Sa Ya* du Burkina Faso (encadré 5.1) ; du programme de transfert

---

Encadré 5.1 Utilisation de seuils absolus pour déterminer l'éligibilité au Burkina Faso et en Tanzanie

Le programme de transfert monétaire inconditionnel *Burkin-Naong-Sa Ya* du Burkina Faso utilise une combinaison de ciblage géographique, d'évaluation des ressources par approximation (PMT – *Proxy Means Testing*) et de validation par la communauté. La première vague du programme a été mise en œuvre en 2015 dans le Nord du pays. La couverture visée dans cette région était de 15 000 ménages. Une fois les scores PMT calculés, le seuil a été défini en fonction de ces scores jusqu'à ce que le nombre cible de 15 000 ménages ait été atteint. La deuxième vague du programme a été mise en œuvre en 2016 pour couvrir les régions de l'Est et du Centre-Est. Une fois les scores PMT calculés, le nombre de ménages éligibles dépassait le nombre initialement prévu pour ces deux régions, qui avait été estimé d'après les données disponibles sur la pauvreté. Même si cette décision nécessitait un budget plus élevé que celui prévu au départ, le Gouvernement a choisi d'appliquer le même seuil que dans le Nord, afin de garantir que les ménages résidant dans les différentes régions et présentant des niveaux de pauvreté équivalents aient les mêmes chances de bénéficier du programme. Fin 2018, le programme a commencé à s'étendre dans la région du Sahel. La cible était alors de 20 000 ménages. Lorsque les scores PMT ont été calculés, près de 29 000 ménages étaient éligibles au programme. En raison des contraintes de budget et de l'insécurité croissante dans l'ensemble du pays, le Gouvernement a décidé de maintenir la cible initiale en inscrivant les 20 000 ménages les plus pauvres, tout en accordant la priorité à l'expansion vers les autres régions au cours du deuxième semestre 2019. Bien que tous les ménages éligibles du Sahel n'aient pas été inscrits, les ménages bénéficiaires restaient au-dessous du seuil appliqué dans les autres régions.

Les ménages éligibles non-inscrits ont constitué une liste d'attente qui pourrait être traitée dans de futures expansions du programme.

En Tanzanie, le programme *Productive Social Safety Net* (PSSN – programme de filet social productif) combine le ciblage géographique, le ciblage communautaire et la vérification du niveau de bien-être à l'aide d'une évaluation des ressources par approximation. Les quotas ou cibles sont définis au niveau infranational pour les districts, quartiers et communautés (les villages, *mitaa* ou *shehia*), au moyen d'une formule d'allocation des ressources accordant la priorité aux zones les plus pauvres. Dans les zones sélectionnées, les représentants des communautés choisies évaluent et présélectionnent les ménages par recensement. L'évaluation des ressources par approximation est appliquée aux ménages présélectionnés afin d'attribuer à chacun d'eux un score de bien-être. Les ménages dont le score de bien-être est inférieur au seuil sont ceux vivant sous ou près du seuil d'extrême pauvreté et sont considérés comme éligibles au programme, même si cela signifie que le nombre résultant de bénéficiaires pour le district diffère quelque peu des objectifs initiaux. Un seuil unique est appliqué à toutes les zones pour minimiser la complexité de la mise en œuvre et améliorer la compréhension du processus par les communautés, tandis que la formule PMT comprend également des composantes de localisation pour donner la priorité aux ménages les plus pauvres. Les ménages reçoivent ensuite différentes composantes du PSSN en fonction de leurs besoins. Tous les ménages sont éligibles au transfert de base, mais seuls les ménages avec enfants ont droit aux transferts conditionnels, et seuls les ménages comptant des membres valides peuvent participer aux travaux publics.

Sources : documents du programme *Burkin-Naong-Sa Ya* du Burkina Faso ; Manuel d'utilisation du programme PSSN de Tanzanie ; Banque mondiale, 2016.

monétaire conditionnel (TMC) *Familias en Acción* de la Colombie ; du program de TMC pour l'avancement par la santé et l'éducation (PATH – *Program for the Advancement of Health and Education*) en Jamaïque ; du programme *Prospera* au Mexique ;[3] du programme de TMI Benazir de soutien des revenus (BISP – *Benazir Income Support Program*) et du programme de TMC *Waseela-e-Taleem* (WeT) du Pakistan ; ainsi que du programme *Productive Social Safety Net* en Tanzanie (encadré 5.1).

Le panneau de gauche de la figure 5.2 illustre le fonctionnement des seuils absolus. Dans cet exemple simplifié, le ménage 1 (M1) est évalué et jugé éligible, car son bien-être estimé (revenu total, score PMT, etc.) est de 110, ce qui est inférieur au seuil d'éligibilité

absolu, défini à 150. Le ménage M2 n'est pas éligible la première fois qu'il introduit une demande, car son bien-être estimé est de 160, ce qui est supérieur au seuil. Toutefois, si la situation change et que le bien-être de M2 chute à 90 (en raison d'une perte d'emploi, par exemple), M2 pourra mettre à jour ses informations et devenir éligible. Notons qu'avec les seuils absolus, les statuts d'éligibilité de M1 et M2 sont indépendants l'un de l'autre.

Dans de nombreux pays, des règles complexes régissent les mesures du bien-être et l'application des seuils absolus. De nombreux critères peuvent être introduits, et les règles des programmes ont souvent de multiples facettes reflétant la diversité des objectifs des programmes. Des seuils différenciés peuvent être

Figure 5.2 Comparaison entre les seuils absolus et relatifs pour l'éligibilité aux programmes de protection sociale

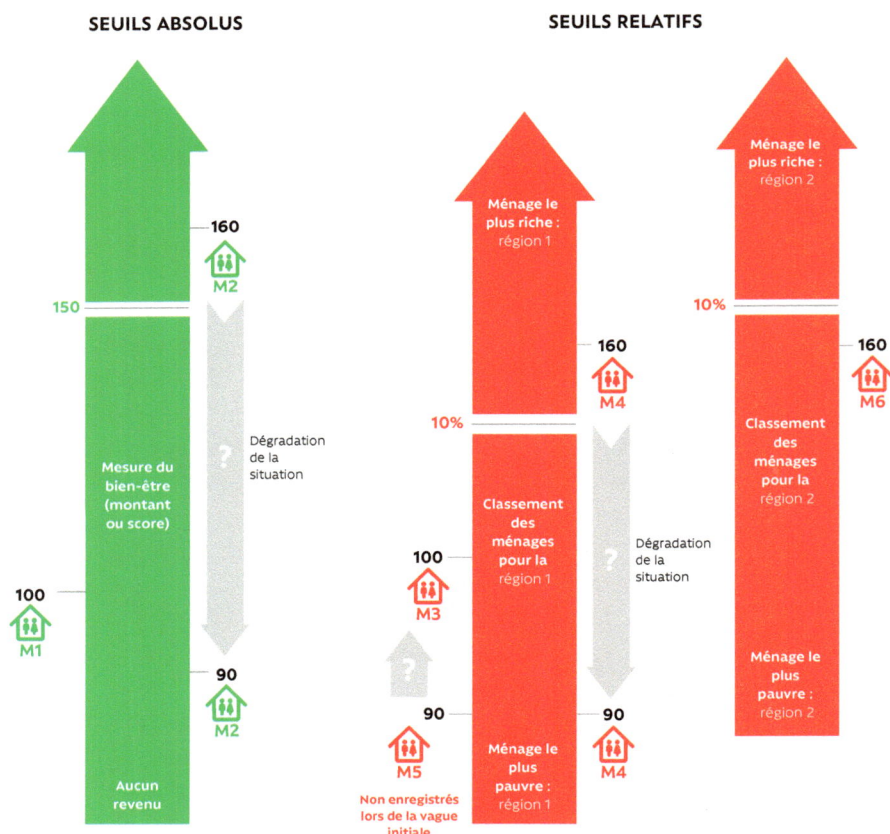

Source : figure conçue pour cette publication.
Remarque : M= ménage.

fixés pour déterminer l'admissibilité à des niveaux de prestations ou à des ensembles de services de prestations différents. Certains programmes appliquent des abattements sur les revenus, permettant d'exempter un certain montant ou type de revenu des calculs d'admissibilité afin de fournir des incitations positives au travail. Certains programmes peuvent également exempter certains biens (logement principal d'une taille donnée, terres agricoles ou forestières, ou véhicule utilisé pour transporter des enfants ou des personnes en situation de handicap).

Les considérations relatives à la mise en œuvre de seuils absolus comprennent les exigences en matière d'information, la complexité des calculs, la clarté des communications, et le risque de réclamations. Avec les seuils absolus, une fois les profils de bien-être évalués (chapitre 4), les principales étapes comprennent l'utilisation d'algorithmes pour déterminer l'éligibilité (peut être automatisé) et l'approbation des décisions d'éligibilité (selon les rôles institutionnels). Avec les seuils absolus, l'une des considérations est de savoir s'il faut utiliser un seuil unique ou plusieurs seuils, par exemple des seuils variant en fonction des zones géographiques. Un seuil unique est souvent utilisé lorsque plus de complexité de l'algorithme n'améliore pas la précision de la prédiction du statut de bien-être ou qu'il existe d'autres limitations des données. Il permet également de communiquer les décisions aux demandeurs avec plus de clarté. Si les règles d'éligibilité sont abstraites ou complexes, les gens peuvent avoir des difficultés à comprendre les décisions, ce qui augmente le nombre de réclamations et de recours. L'utilisation d'un seuil unique peut également aider à réduire le nombre de calculs à effectuer, et donc d'erreurs, en particulier dans les environnements disposant de capacités limitées, où les processus n'ont pas été entièrement automatisés.

Seuils relatifs

Avec les seuils relatifs, l'éligibilité de chaque ménage est déterminée en fonction de celle des autres. La population enregistrée est évaluée et classée du plus pauvre au plus riche en fonction d'une mesure spécifique du bien-être telle que donnée par la PMT (chapitre 4). Les seuils d'éligibilité sont ensuite appliqués à ce classement relatif sous la forme d'un pourcentage. La partie droite de la figure 5.2 montre le fonctionnement de

base des seuils relatifs. On y voit que « le critère de bien-être » n'est pas une valeur quantitative telle qu'un montant ou des scores, mais plutôt le classement des ménages du plus pauvre au plus riche. Le M3 fait partie des 10 % de ménages éligibles. Le M4 n'a pas été inclus parce que d'autres ménages (non représentés) étaient plus pauvres que lui et satisfaisaient le quota d'éligibilité de 10 %.

L'utilisation des classements et seuils relatifs peut entraîner deux difficultés. La première concerne le dynamisme au cours du temps. *L'utilisation des classements et seuils relatifs est statique par nature, car elle nécessite un enregistrement, une évaluation et un classement des familles d'un groupe à un moment donné.* Donc, si les conditions de vie du M4 venaient à se détériorer, il n'en serait pas pour autant inscrit au programme, même s'il devenait plus pauvre que le M3, parce que le quota de 10 % d'éligibilité au programme aurait déjà été atteint.

De plus, si le M5 est par inadvertance oublié au cours de la première vague d'enregistrement des demandes, ou s'il s'est récemment constitué, il ne pourra pas non plus être inscrit, même s'il est moins bien loti que le M3. Le seul moyen pour que le M4 ou le M5 puissent être inscrits est qu'un autre ménage (par exemple le M3) sorte du programme. Or, cela pourrait signifier que le M3 serait retiré du programme, même si sa situation socioéconomique n'avait pas changé. Cette rigidité entrave le principe d'inclusion dynamique voulant qu'à n'importe quel moment, n'importe qui puisse s'enregistrer ou actualiser ses informations et voir son dossier étudié en vue d'une éventuelle éligibilité. Ensuite, avec les seuils relatifs, le traitement des familles ayant des conditions de vie comparables pourrait ne pas être le même dans tout le pays.[4] Une pratique courante des seuils relatifs consiste à rendre éligible le même pourcentage des ménages dans chaque région, parce qu'elle est souvent perçue comme plus viable politiquement. Toutefois, lorsque la pauvreté est nettement plus élevée dans une région que dans une autre, les familles à faible revenu de la région la plus pauvre peuvent être exclues du dispositif, tandis que dans la région plus riche, des familles un peu mieux loties pourront en faire partie. Dans la figure 5.2 par exemple, le M6 et le M4 ont des mesures de bien-être similaires. Toutefois, comme le M6 appartient à la région 2 (comptant moins de familles pauvres), il est inclus dans les 10 % du quota d'éligibilité de cette région, tandis que le M4 n'est pas repris dans celui de la région 1 qui compte de nombreux ménages plus pauvres que lui.

Les seuils d'éligibilité relatifs sont parfois utilisés dans les modèles d'approches impulsées par les administrateurs pour l'accueil et l'enregistrement. La capacité à classer et prioriser les besoins et conditions de vie des familles les unes par rapport aux autres dépend de leur enregistrement sous la forme d'un groupe. L'enregistrement en masse permet de classer les familles de la plus pauvre à la plus riche afin que les programmes puissent ensuite sélectionner la catégorie la plus pauvre du groupe, qui deviendra éligible. Ces classements du bien-être sont parfois utilisés avec des approches de notation PMT, et comprennent souvent des méthodes de ciblage communautaires pour déterminer les ménages à enregistrer en priorité ou pour valider les classements obtenus. À titre d'exemple, le programme de filet social du Kenya utilise une approche de ciblage basée sur un plan d'expansion adopté en 2014 pour les quatre programmes de transferts monétaires. L'expansion géographique est guidée par la pauvreté : 30 % des nouveaux bénéficiaires sont fixés de manière égale à l'ensemble des circonscriptions, et 70 % sont priorisés sur la base de leurs profils de pauvreté. Un formulaire commun d'accueil et d'enregistrement a également été conçu pour les quatre programmes. Les ménages pauvres et vulnérables sont, en priorité, enregistrés et validés par les membres de la communauté. Les ménages sont enregistrés, évalués et classés en fonction de leur vulnérabilité catégorielle et de leurs scores PMT relatifs. De même, des classements et seuils relatifs déterminent l'éligibilité à différents programmes au Malawi (encadré 5.2) et en Indonésie (encadré 5.3).

La principale motivation pour l'utilisation des seuils relatifs est d'assurer que les ménages les plus pauvres soient prioritaires lorsque les budgets sont très serrés. Malheureusement, les ressources sont limitées dans la plupart des pays, en particulier ceux à plus faible revenu où les classements et seuils relatifs, et le modèle impulsé par les administrateurs ont tendance à être utilisés. Comme les fonds ne suffisent pas pour couvrir toutes les personnes qui en ont besoin, ces pays doivent trouver une façon de concentrer les rares ressources sur les plus pauvres. Les classements relatifs facilitent cet objectif de principe. Les seuils relatifs facilitent également la gestion et la prévisibilité budgétaires. La planification et la budgétisation sont simplifiées quand le seuil d'éligibilité à un programme est calculé en pourcentage d'un nombre fixe de ménages enregistrés et classés. De plus, le seuil relatif peut être fixé en fonction du budget disponible.

Les pays qui s'orientent vers une approche à la demande de l'enregistrement pour soutenir des systèmes plus dynamiques devront vraisemblablement passer des seuils relatifs aux seuils absolus pour déterminer l'éligibilité. Les seuils relatifs nécessitant un enregistrement de masse pour déterminer le classement relatif des ménages des uns par rapport aux autres, ils ne sont pas compatibles avec les approches à la demande. À mesure que les systèmes arrivent à maturité, de nombreux pays envisagent de passer à des systèmes à la demande. S'ils s'engagent dans cette voie, l'utilisation des classements et seuils relatifs devra être abandonnée, s'ils sont utilisés.

Filtres d'exclusion

En plus des seuils d'éligibilité, certains pays ont également recours à des filtres d'exclusion « oui/non ». Ceux-ci sont souvent utilisés pour exclure des ménages en fonction de leur richesse apparente. Il peut s'agir, par exemple, de la possession de certains biens : un véhicule, une résidence secondaire, des biens de luxe durables, des appareils électroniques, des revenus locatifs, et des économies ou des actifs financiers supérieurs à un certain montant. Si le ménage possède un de ces biens, le filtre oui/non l'exclut de l'éligibilité, indépendamment des autres critères. Ces filtres sont courants dans les programmes de soutien au revenu en Europe et Asie centrale, par exemple dans les programmes de RMG en Bulgarie et en Grèce (voir annexe 5A). Au Malawi, les ménages extrêmement pauvres comptant un adulte valide sont exclus du programme de transfert monétaire social (PTMS), mais restent éligibles aux programmes de travaux publics (encadré 5.2).

Éligibilité fondée sur le statut de chômage, l'historique des emplois, et les cotisations d'assurance

De nombreuses prestations de protection sociale dépendent du statut de chômage, de l'historique

Au Malawi, l'éligibilité aux paquets de programmes sociaux est déterminée à l'aide d'un registre social connu sous le nom d'UBR (voir également le chapitre 4). Les communautés déterminent la priorité des ménages à enregistrer, puis valident le classement relatif de ceux-ci en fonction de leurs résultats à l'évaluation des ressources par approximation. Sur la base de ce classement relatif, les ménages sont répartis en trois groupes de pauvreté, dotés chacun de leur propres prestations et services. Tout d'abord, les 10 % les plus pauvres sont considérés comme ultra pauvres et inaptes (sans adultes valides, ce qui constitue un filtre d'exclusion supplémentaire). Ces 10 % les plus pauvres sont éligibles au programme de transfert monétaire social (PTMS) et à aux cantines scolaires. Ensuite, les 15,5 % suivants sont considérés comme ultra pauvres avec une capacité de travail et sont éligibles aux travaux publics et aux cantines scolaires. Enfin, les 26,2 % suivants sont considérés comme modérément pauvres, et sont potentiellement éligibles à différents programmes, dont notamment les programmes d'inclusion productive (voir la figure B5.2.1).

Du point de vue de la mise en œuvre, les filtres ne sont pas particulièrement complexes. Les informations nécessaires sont collectées au cours de la phase d'accueil et d'enregistrement, puis évaluées dans une liste de contrôle qui pourra être utilisée pour filtrer les candidats à des programmes spécifiques. Les informations relatives à de nombreux filtres peuvent être déjà enregistrées dans des systèmes administratifs, tels que les dossiers des bénéficiaires d'autres programmes, ou les registres des biens immobiliers, biens mobiliers, actifs financiers et passeports. Il est indispensable de communiquer aux candidats exclus la raison de leur exclusion, et les demandeurs doivent pouvoir contester leur classement à travers un système de gestion des réclamations. Du point de vue de la conception, une utilisation excessive des filtres peut entraîner des taux élevés d'erreurs d'exclusion de ménages pauvres qui pourraient autrement être éligibles à une assistance. Tesliuc et coll. (2014) montrent les effets des filtres sur l'exclusion des pauvres des programmes d'assurance sociale en Albanie, Croatie et Roumanie.

Figure B5.2.1 Catégories de pauvreté et interventions de protection sociale correspondantes au Malawi

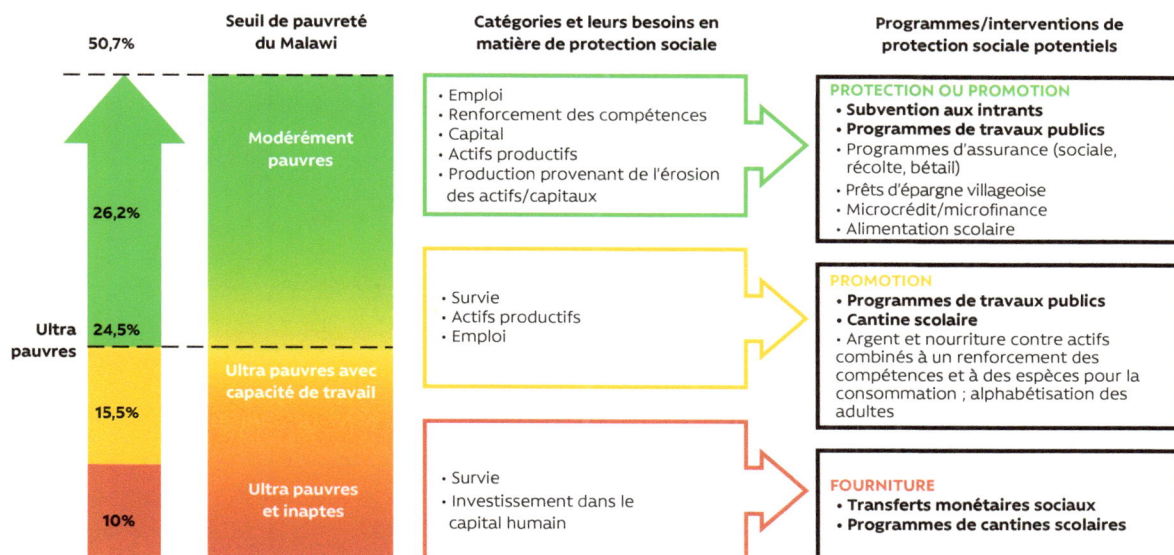

Source : Lindert et coll. 2018 ; ministère des Finances, de la Planification et du Développement économique du Malawi.

Encadré 5.3 Détermination de l'éligibilité à de multiples programmes de développement humain à l'aide de la BDU de l'Indonésie

Le registre social de l'Indonésie, la Base de données unifiée (BDU), sert à déterminer l'éligibilité potentielle à de multiples programmes sociaux. L'accueil et l'enregistrement ont été effectués en 2015 au moyen d'un recensement. Environ 40 % des ménages ont été enregistrés et évalués à l'aide de modèles d'évaluation des ressources par approximation. Les ménages enregistrés ont ensuite

été classés du plus pauvre au plus riche. Des seuils d'éligibilité relatifs ont été appliqués à ce classement afin de sélectionner les bénéficiaires d'une série de programmes de développement humain, dont : 16 % pour le programme de transferts monétaires conditionnels (« PKH »), 25 % pour les bourses d'études pour les pauvres (« BPNT ») et 38 % pour la subvention d'assurance maladie (voir figure B5.3.1)

Figure B5.3.1 Catégories de pauvreté et interventions de protection sociale en Indonésie

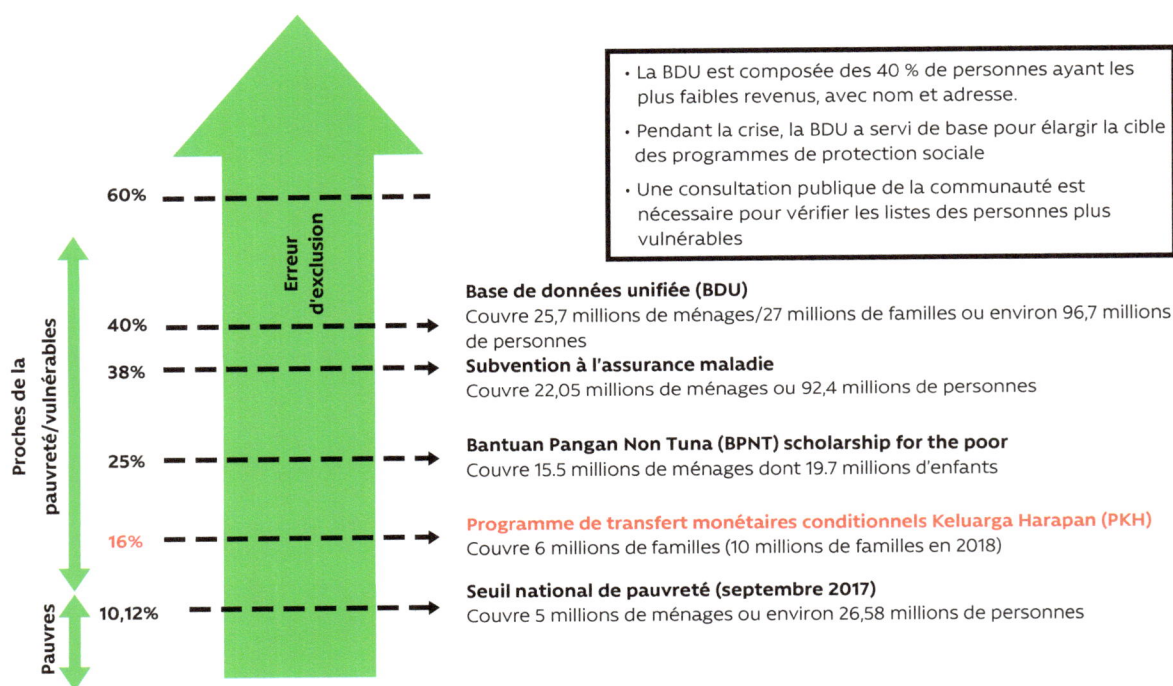

- La BDU est composée des 40 % de personnes ayant les plus faibles revenus, avec nom et adresse.
- Pendant la crise, la BDU a servi de base pour élargir la cible des programmes de protection sociale
- Une consultation publique de la communauté est nécessaire pour vérifier les listes des personnes plus vulnérables

Base de données unifiée (BDU)
Couvre 25,7 millions de ménages/27 millions de familles ou environ 96,7 millions de personnes

Subvention à l'assurance maladie
Couvre 22,05 millions de ménages ou 92,4 millions de personnes

Bantuan Pangan Non Tuna (BPNT) scholarship for the poor
Couvre 15.5 millions de ménages dont 19.7 millions d'enfants

Programme de transfert monétaires conditionnels Keluarga Harapan (PKH)
Couvre 6 millions de familles (10 millions de familles en 2018)

Seuil national de pauvreté (septembre 2017)
Couvre 5 millions de ménages ou environ 26,58 millions de personnes

Source : Indonésie, 2015.

d'emplois et des cotisations d'assurance. Il s'agit notamment des prestations d'assurance chômage (AC), des prestations d'assurance invalidité et de la sécurité sociale pour la vieillesse. L'annexe 5A comporte des exemples de programmes d'assurance chômage et assurance invalidité se basant sur ces critères.

- **Obligation d'être officiellement inscrit comme chômeur** auprès des agences locales pour l'emploi souvent requise pour avoir droit aux allocations de chômage et pour avoir accès aux services de l'emploi et aux PAMT. Elle peut également être une condition préalable à l'obtention d'autres droits, tels que l'éligibilité aux prestations de l'assurance maladie (Kuddo, 2012).

Cette inscription est obligatoire dans la plupart des pays d'Europe et d'Asie centrale, par exemple.

- Les filtres relatifs au **statut de chômage** requièrent généralement que la personne se retrouve involontairement sans emploi (et non en raison d'une mauvaise conduite ou parce qu'elle a démissionné). Certains pays précisent les motifs de licenciement admissibles et non admissibles. Dans le dispositif d'AC de l'Arménie, par exemple, la séparation avec l'employé doit être le résultat d'une réorganisation de l'entreprise, d'une réduction de personnel ou de l'annulation d'accords collectifs. Dans le programme d'AC de l'Ile Maurice, les personnes doivent avoir été licenciées pour des raisons économiques, technologiques ou structurelles affectant l'entreprise, ou parce qu'il y a eu une violation illégale du contrat de travail de l'entreprise. En Thaïlande, le programme d'AC interdit certains motifs de chômage : exercice malhonnête de fonctions, délit commis intentionnellement, violation grave des règles de travail, etc.

- Les filtres relatifs à **l'historique d'emplois** requièrent généralement un nombre minimal d'années de travail précédant le chômage. Ils peuvent également s'appliquer à la dernière catégorie d'emploi du travailleur. Les prestations d'AC sont généralement réservées aux travailleurs du secteur formel. Certains pays ont étendu la couverture aux indépendants et aux travailleurs du secteur informel. Par exemple en Corée, la couverture est offerte aux indépendants et aux entreprises de moins de cinq salariés.

- **Les exigences en matière de cotisations d'assurance** stipulent le nombre minimal de mois de cotisations devant précéder immédiatement le chômage. Dans notre échantillon de pays, il va de six mois en Corée, à l'Ile Maurice et en Thaïlande à 24 mois en Moldavie (voir tableau 5A.3 dans l'annexe 5A). D'autres pays établissent une distinction entre la première demande et les demandes ultérieures, comme le dispositif d'AC de Bahreïn, qui exige 12 mois pour la première demande, 12 mois sur 18 pour la deuxième, 18 mois sur 24 pour la troisième, et ainsi de suite. D'autres pays font une différence en fonction du type de travailleurs, comme le programme d'AC de l'Argentine qui exige 6 mois au cours des 3 dernières années pour les travailleurs réguliers, 3 mois au cours des 12 derniers mois pour les travailleurs temporaires et 8 mois au cours des 24 derniers mois pour les travailleurs de la construction.

La mise en œuvre de ce type de filtres nécessite des documents et des informations officiels. Les informations sont collectées au cours de la phase d'accueil et d'enregistrement, comme expliqué au chapitre 4. La mise en œuvre exige des preuves de l'historique d'emplois et des cotisations, qui peuvent généralement être obtenues auprès des entreprises, des employés ou de l'organisme d'assurance et donc être vérifiées. La preuve du motif du chômage peut être plus difficile à documenter. Le travailleur sans emploi doit obtenir de son ancien employeur des documents mentionnant les raisons de son licenciement. Cela peut être un problème si l'entreprise et l'ancien employé ne sont pas d'accord sur les raisons de la séparation. Des difficultés supplémentaires peuvent apparaître si une personne a connu plusieurs périodes de chômage au cours de la période précédant sa demande de prestations.

Éligibilité basée sur le statut d'invalidité

De nombreux programmes visent à soutenir les personnes en situation de handicap. Les prestations regroupent les prestations d'assistance aux personnes en situation de handicap (DA – *disability assistance*) (non contributives) et celles de l'assurance invalidité (AI) (prestations contributives, généralement destinées aux travailleurs devenus temporairement ou définitivement invalides). Les services soutiennent les personnes en situation de handicap (enfants, adultes) et leurs familles de plusieurs façons, notamment à travers : 1) les services sociaux, qui offrent des services de plaidoyer, de dépistage, de référencement et de coordination ; 2) les services de soins, y compris les soins à domicile, les adaptations améliorant l'accessibilité, l'aide à la vie autonome, les services de soin de jour communautaires et médicaux, les services en institution ; et 3) une série de services spécialisés. Les services d'invalidité liés à l'emploi comprennent également des services de soutien à la réadaptation et des aménagements sur le lieu du travail. Les critères d'éligibilité classent généralement les personnes en fonction du type et du degré de leur handicap. Étant donné les contraintes budgétaires strictes, le but est souvent de veiller à ce que ces prestations ne soient accordées qu'aux personnes répondant à des critères d'éligibilité étroitement définis (Waddington, 2018). Dans de nombreux programmes, l'éligibilité est fondée sur une échelle liée au degré ou à la durée du handicap. Par exemple, pour être éligible aux prestations de la DA en Argentine, un individu doit avoir une perte de capacité de gains évaluée à au moins 76 %. Le coefficient d'éligibilité correspondant au degré de handicap est de 71 % pour le programme de DA de la Bulgarie, de 60 % pour celui de Maurice et pour l'AI de la Turquie, et de 50 % pour l'AI du Koweït (voir le tableau 5A.4 de l'annexe 5A). Dans les autres programmes, l'éligibilité est liée à des types spécifiques de handicap. En Albanie par exemple, les prestations de DA sont réservées aux personnes souffrant d'un « handicap physique, sensoriel, mental ou psychologique remontant à la naissance, à un accident ou à une maladie ».

La mise en œuvre peut être difficile à cause des exigences en matière d'information et parce que le critère de handicap peut être contesté. Les exigences d'information concernent les évaluations médicales, fonctionnelles ou complètes du handicap, comme discuté au chapitre 4. La subjectivité peut s'immiscer dans le processus lorsque les responsables du programme y appliquent des critères d'éligibilité. Les critères d'éligibilité du programme peuvent ne pas être alignés ou complètement définis par l'évaluation médicale ou fonctionnelle, ce qui implique un degré de discrétion du travailleur social ou d'auto déclaration. Cela peut entraîner des difficultés au moment de communiquer les décisions d'éligibilité aux demandeurs, ainsi qu'un risque de réclamations et de recours plus nombreux. Ces recours pourront même aller jusqu'au système judiciaire. Citons comme exemple la pension sociale brésilienne *Beneficio de Prestacao Continuada* (BPC), qui est un droit garanti par la Constitution pour les personnes âgées pauvres et les personnes pauvres en situation de handicap. Compte tenu de ce droit et d'une certaine marge d'interprétation des critères d'éligibilité, des demandeurs qui se sont vu refuser des prestations ont fait appel aux tribunaux, si bien qu'un nombre important de bénéficiaires ont été jugés éligibles par le système judiciaire (encadré 5.4).

Encadré 5.4 Recours au système judiciaire lorsque les prestations sont un droit constitutionnel : la pension sociale BPC du Brésil

En termes de dépenses publiques, la pension sociale *Beneficio de Prestacao Continuada* (BPC) est le plus vaste programme d'assistance sociale du pays. La BPC fournit une aide au revenu aux personnes pauvres âgées et en situation de handicap.[a] Les dépenses de la BPC sont passées de 0,3 % à 0,69 % du PIB entre 2000 et 2015. Ce chiffre est à comparer aux dépenses du programme de transferts monétaires bien connu, *Bolsa Familia*, qui représentait 0,45 % du PIB en 2015.

L'extension de la couverture a été l'une des raisons clés de l'accroissement des dépenses de la BPC. Plus précisément, la couverture est passée de 1,6 million de personnes en 2002 à un total de 4,2 millions en 2015. Les personnes en situation de handicap représentent le plus grand groupe de bénéficiaires, avec 55 % des bénéficiaires de la BPC en 2015, les personnes âgées constituant les 45 % restant. Le vieillissement et l'évolution démographique expliquent une partie, mais pas la totalité, des pressions à la hausse exercées sur la couverture de la BPC.

L'un des facteurs expliquant l'élargissement de la couverture est l'augmentation de la prévalence de l'éligibilité aux prestations de la BPC accordée par les tribunaux. Celle-ci est liée aux fondements juridiques de la BPC qui en font un droit constitutionnel. De nombreux demandeurs se sont tournés vers le système judiciaire pour obtenir ces prestations lorsque leurs demandes introduites par les voies normales dans les bureaux locaux de sécurité sociale étaient rejetées. De nombreuses études ont documenté le rôle du système judiciaire dans l'octroi des prestations, mettant en évidence les tensions entre l'agenda des droits des citoyens, les difficultés pratiques de la mise en œuvre et les pressions budgétaires. En effet, une part importante et croissante des prestations a été accordée par le biais du système judiciaire, atteignant 18,7 % de l'ensemble des prestations de la BPC en

suite

2015, contre 2,6 % en 2004. Les deux points les plus fréquemment contestés dans les affaires judiciaires concernaient 1) le statut d'invalidité et 2) les critères de revenu, les juges autorisant la détermination de la subsistance par des facteurs autres que le revenu. En effet, la part des prestations d'invalidité de la BPC accordées par le biais du système judiciaire a atteint près de 30 % en 2015 et, comme nous l'avons vu plus haut, la couverture globale des prestations d'invalidité a connu une croissance particulièrement rapide ces dernières années, avec une augmentation de 5 % par an entre 2010 et 2015. La Cour suprême a par la suite estimé que la loi-cadre régissant l'éligibilité et les définitions de la « vulnérabilité sociale » étaient inconstitutionnelles, mais pas annulées, et la situation n'est donc toujours pas résolue.

Sources : Brito leal Ivo et Silva, 2011 ; Meneguetti Pereira, 2012 ; Louback da Silva, 2012 ; Banque mondiale, 2017.
a. Le programme a été officiellement réglementé par la loi organique d'assistance sociale (*Lei Organica de Asistencia Social* – LOAS) n° 8 742/1993, article 20 pour répondre aux obligations constitutionnelles énoncées dans l'article 203 V de la Constitution de 1988. Plus précisément, la BPC effectue un versement en espèces équivalent à un salaire minimum mensuel (937 BRL en 2017) aux personnes âgées ou en situation de handicap ayant prouvé qu'elles ne sont ni en mesure de subvenir à leurs besoins ni soutenues par leur famille. Ce seuil est défini comme le revenu des ménages par habitant inférieur au salaire minimum (soit moins de 220 BRL en 2016). Bien qu'il soit supervisé par le MDSA et apparaisse comme un poste budgétaire dans le budget de celui-ci, le BPC est administré et mis en œuvre par l'Institut de sécurité sociale (INSS). Les bénéficiaires potentiels introduisent une demande de prestations BPC auprès des bureaux locaux de sécurité sociale (APS) gérés par l'INSS, et le programme est soumis à des conditions de ressources fondées sur les revenus déclarés par les intéressés eux-mêmes.

5.2 DÉCISIONS D'INSCRIPTION

Une fois les personnes jugées éligibles, les administrateurs du programme décident de qui inscrire. Comme illustré par la figure 5.3, plusieurs étapes sont nécessaires pour devenir bénéficiaire après que les demandeurs ont été enregistrés, évalués pour établir un profil de leurs besoins et conditions de vie, et jugés éligibles. L'étape suivante consiste à décider si les personnes éligibles doivent être inscrites ou placées en liste d'attente pour un programme lorsque les places sont limitées.

Les listes d'attente sont une des nombreuses stratégies utilisées par les pays pour gérer la demande en cas de ressources limitées, comme expliqué dans le chapitre 2. La raison d'être des listes d'attente devrait être d'accorder la plus grande priorité aux plus démunis avec les ressources disponibles. Les listes d'attente sont principalement utilisées dans les approches à la demande. Même quand les personnes ayant postulé à la demande pour un programme ont été jugées éligibles, il peut ne pas y avoir suffisamment de places pour tout le monde (à moins que le programme ne soit un droit, auquel cas des places supplémentaires doivent être créées), d'où l'utilisation des listes d'attente ou d'autres mécanismes de rationnement. La figure 5.3 montre le transfert des demandeurs éligibles sur une liste d'attente plutôt que sur la liste des bénéficiaires inscrits au programme. Si les listes d'attente peuvent être visibles, la façon dont elles sont gérées n'est pas forcément transparente. Beaucoup de programmes adoptent une approche « premier arrivé, premier servi », facile à gérer et à vérifier si les demandes et décisions d'inscription sont horodatées. Néanmoins, cette approche biaise injustement les décisions d'inscription en faveur de ceux ayant des relations et une connaissance du programme (qui introduiront plus rapidement leur demande) et au détriment des populations marginalisées rencontrant des difficultés d'accès. Cette façon de faire peut également ne pas accorder la priorité aux personnes qui en ont le plus besoin, mais seulement à celles placées en

Figure 5.3 Devenir bénéficiaire des programmes de protection sociale

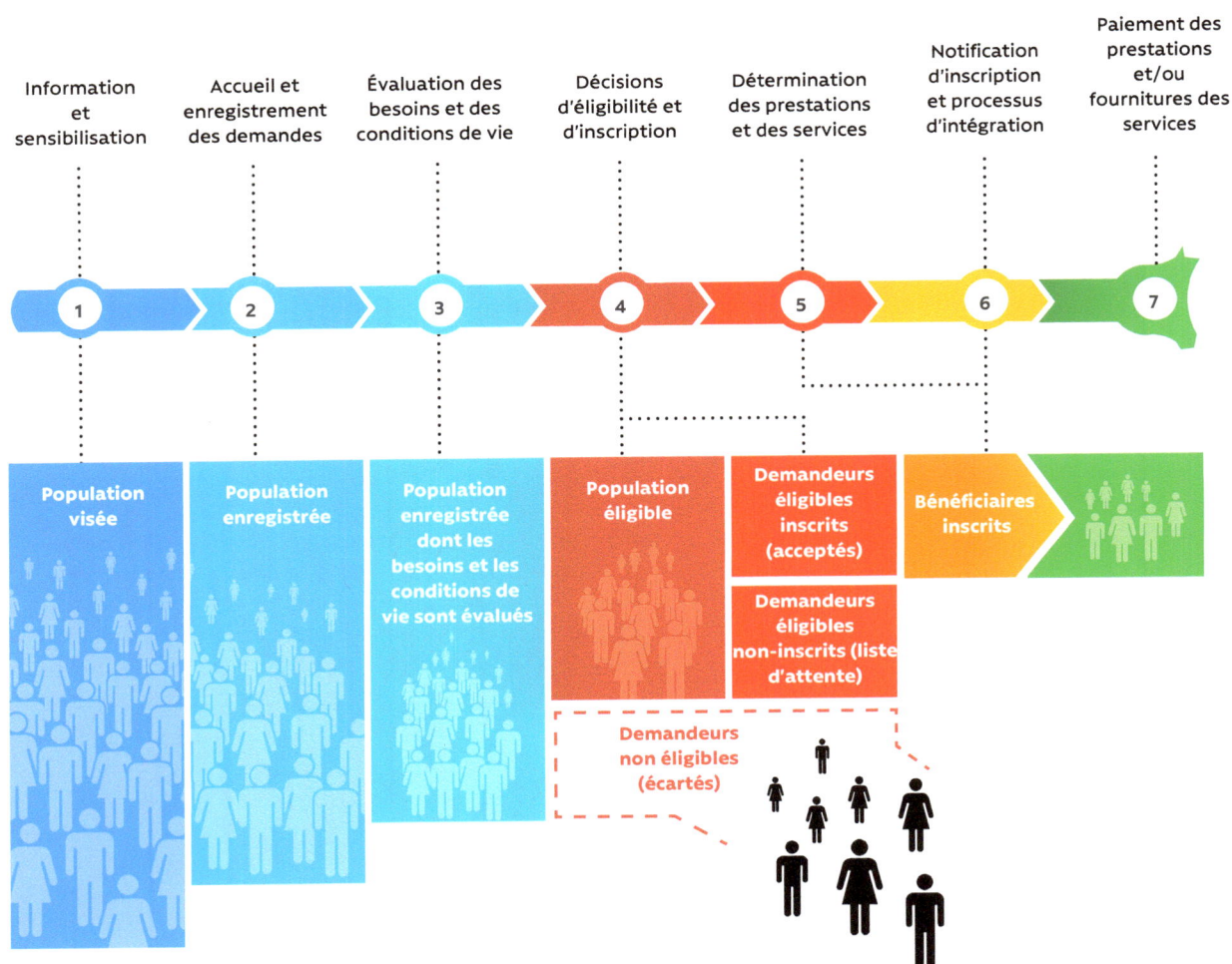

Source : Figure conçue pour cette publication

début de liste. De plus, l'approche « premier arrivé, premier servi » ouvre la porte au pouvoir discrétionnaire des travailleurs sociaux et à un éventuel favoritisme. L'*approche suivie par certains programmes est entièrement opaque : ils ne sont guidés par aucun protocole ni aucune règle,* il n'y a aucune trace de la façon dont les décisions ont été prises ni des raisons pour lesquelles elles l'ont été, et aucune explication claire ou modèle perceptible chez les personnes choisies pour l'inscription. *Une approche aussi secrète peut ouvrir la porte à des interférences non identifiées, à une manipulation politique ou à de la corruption.* En revanche, certains programmes sélectionnent un échantillon aléatoire de candidats éligibles pour l'inscription, comme c'est, par exemple, le cas pour les services aux personnes en

situation de handicap dans l'État du Maryland (États-Unis, voir encadré 5.5). Il s'agit probablement du système le plus transparent, car les règles du jeu sont claires, le système sélectionne automatiquement les demandeurs, et tous ceux qui sont éligibles ont une chance égale d'être admis dans le programme. Il est également attrayant parce qu'assez facile à gérer et à vérifier ; les seules variables sont le moment de la sélection et le regroupement des demandes (par exemple, sélection parmi tous les demandeurs jugés éligibles au cours du dernier mois ou d'une autre période donnée, ou parmi tous les demandeurs d'une zone géographique donnée). Des protocoles sont toutefois nécessaires pour effectuer une sélection parmi les candidats admissibles restants lorsqu'une personne quitte le programme.

Le programme de services de soutien de faible intensité (LISS) de l'État du Maryland apporte un appui aux enfants et aux adultes souffrant de troubles du développement et est conçu pour aider les personnes qui peinent dans cette situation à vivre chez elles avec leur famille ou dans leur propre maison au sein de la communauté. Le programme fournit jusqu'à 2 000 USD pour aider ces personnes et leurs familles à se procurer des services ou équipements d'assistance homologués afin de répondre à leurs besoins. Les services ou articles qui peuvent être achetés avec les fonds du LISS sont, par exemple, de la technologie d'assistance ; des soins auxiliaires ; de l'élimination d'obstacles ; des camps (pour jeunes et adultes) ; de la garde d'enfants ; de la garde de jour ; des services de l'emploi ; des services de santé ; des adaptations du logement ; des services d'identification ; du conseil individuel ou familial ; des achats, locations et réparations d'équipement médical ; des soins personnels ; des services de relève pour les soignants ; de l'équipement spécialisé ; des services thérapeutiques ; de la formation et du soutien à l'autonomie sociale ; de l'aide au transport ; de l'équipement adapté ; et des frais de scolarité pour une formation universitaire ou professionnelle postsecondaire.

Le nombre de demandeurs éligibles dépasse les quotas disponibles pour le programme en raison des contraintes de financement. C'est pourquoi le programme utilise un processus de sélection aléatoire pour garantir l'égalité d'accès des demandeurs éligibles. Comment cela fonctionne-t-il ?

- **Dispositifs institutionnels.** Le programme est supervisé par l'Administration chargée des troubles du développement (*Developmental Disabilities Administration*) du Maryland qui délègue la mise en œuvre du programme à des fondations sous contrat par région (regroupement de comtés dans l'État), telles que *Maryland Community Connection* (MCC).
- **Sensibilisation.** La sensibilisation est assurée par MCC ainsi que par les coordinateurs des comtés et d'autres professionnels. L'introduction des demandes et la documentation étant complexes, le personnel de MCC organise des séances d'information et fournit une assistance pour les formulaires de demande.
- **Accueil et enregistrement.**
  - À la demande, mais les formulaires de demande doivent être introduits à certaines dates (deux cycles par an).
  - Les personnes doivent remplir un formulaire de demande, réunir les documents requis et déposer la demande en personne ou par courrier auprès de MCC.
  - Les documents requis comprennent une preuve d'identité, une preuve de résidence dans l'État du Maryland, une preuve d'invalidité (attestation d'un professionnel de la santé ou plan d'éducation individualisé avec diagnostic du handicap), une preuve d'assistance médicale (telle que les soins de santé subventionnés par Medicaid).

- **Évaluation.** Le personnel de MCC procède à l'évaluation du statut d'invalidité de l'individu. Il élimine les demandeurs bénéficiant d'une aide dans le cadre d'autres programmes spécifiés afin d'éviter la duplication des prestations/services.
- **Critères d'éligibilité.** Le personnel procède à une sélection des enfants ou adultes vivant dans le foyer et présentant une déficience intellectuelle attribuable à un handicap physique ou mental, autre qu'une maladie mentale, ou à une combinaison de déficiences physiques et mentales, et susceptible de durer indéfiniment.
- **Inscription avec processus de sélection aléatoire.** Le nombre des personnes éligibles étant supérieur à celui des quotas disponibles, l'administration chargée des troubles du développement utilise la sélection aléatoire, qui est un système automatisé de sélection parmi les demandeurs éligibles afin de garantir l'égalité d'accès. Le processus de sélection aléatoire est appliqué à chaque série de demandeurs (première série en juillet et deuxième en novembre).

suite

■ **Notification et intégration.** Les prestataires du programme LISS notifient ensuite par courrier leur statut aux demandeurs. Pour ceux qui sont sélectionnés, cette notification comprend le guide et le formulaire d'éligibilité aux services du programme LISS. À l'aide de ce formulaire, les demandeurs sélectionnés fournissent une liste détaillée des services et articles pour lesquels ils demandent un financement (jusqu'à 2 000 USD) avec des documents pour chaque service/équipement (facture ou devis d'un fournisseur de services, informations sur le prestataire de services, etc.)

■ **Paiement des prestations.** Les prestataires du programme LISS paient alors directement les fournisseurs de services, achètent les articles éligibles en ligne et les font expédier au bénéficiaire, pour un total allant jusqu'à 2 000 USD.

■ **Gestion.** MCC assure le suivi des bénéficiaires et des services/équipements demandés, ainsi que des paiements aux fournisseurs.

Sources : Maryland Community Connection (https://marylandcommunityconnection.org) ; Maryland Developmental Disabilities Administration, 2018.

5.3 DÉTERMINATION DU PAQUET DE PRESTATIONS ET SERVICES

Une fois que les décisions d'éligibilité et d'inscription ont été prises, l'étape suivante consiste à déterminer les prestations ou services que les bénéficiaires recevront. Il peut s'agir de prestations, de services ou d'un ensemble de prestations/services (comme dans le cas des mesures d'activation et des combinaisons de prestations/services sociaux).

Du point de vue du processus, il s'agit d'une phase de décision. Une fois que l'information issue de l'évaluation des besoins et des conditions de vie et de la détermination de l'éligibilité sont disponibles, cette phase consiste essentiellement à prendre des décisions sur les prestations ou services que les bénéficiaires recevront en appliquant les règles du programme ou le pouvoir discrétionnaire du travailleur social. Nous commencerons par examiner les éventails de prestations, puis les services (y compris les paquets combinant des prestations ou services sociaux et de l'emploi).

Éventails de prestations et sélection des prestations

Du point de vue de la conception, les niveaux et les structures des prestations sont généralement fixés de façon à atteindre les objectifs du programme, en tenant compte des compromis incontournables entre générosité et contraintes budgétaires (Grosh et coll., 2008). Ces objectifs peuvent consister à apporter un complément de revenu aux ménages pauvres ou à faible revenu, à fournir un revenu de remplacement aux personnes qui ne travaillent pas (parce qu'elles sont sans emploi, en situation de handicap ou âgées), à remplacer le revenu apporté par les enfants afin de réduire leur travail et encourager leur scolarisation, à soutenir les investissements dans le capital humain, etc. (Grosh et coll., 2008 ; Grosh et Lindert, 2018). Les objectifs doivent être mis en balance avec le risque de dissuader les adultes de travailler. Tant le niveau que la structure des prestations peuvent avoir une incidence sur ces facteurs de dissuasion. L'annexe 5A présente les structures des prestations de certains pays, notamment 1) celles visant des catégories démographiques d'individus ; 2) celles ciblant des familles ou ménages sur base de leur statut socioéconomique (programmes ciblant la pauvreté) ; 3) les prestations d'assistance et d'assurance sociales pour les personnes en situation de handicap ; et 4) les programmes d'aide en cas de chômage et d'assurance chômage.

La littérature sur la protection sociale reconnaît depuis longtemps les tensions entre les objectifs complexes des programmes et la simplicité des structures des prestations (Grosh et coll., 2008). Les prestations peuvent être forfaitaires, c'est-à-dire que tous les bénéficiaires reçoivent la même somme d'argent (par personne ou par famille). Ou bien, selon les objectifs du programme, le montant des prestations peut varier en fonction des caractéristiques des bénéficiaires. Il peut, par exemple, varier en fonction de la taille et de la composition des ménages afin de favoriser les ménages plus nombreux ou certaines catégories de membres de la famille (telles que les femmes enceintes, les jeunes enfants, les enfants scolarisés ou les personnes âgées). Les structures des prestations peuvent varier selon les groupes socioéconomiques afin de favoriser les ménages plus pauvres. Elles peuvent également être différenciées en fonction du niveau de revenu spécifique à chaque ménage afin que les plus pauvres d'entre eux reçoivent un revenu minimum. En ce qui concerne les prestations d'assurance sociale, les éventails de prestations peuvent varier en fonction de l'historique des revenus et des cotisations afin de soutenir un certain degré de remplacement du revenu pour les travailleurs sans emploi, en situation de handicap ou retraités. Enfin, la structure des prestations peut varier en fonction du degré d'invalidité, afin de favoriser les personnes souffrant de plus graves handicaps. Ces variations peuvent être essentielles pour les objectifs d'un programme, mais elles ont des répercussions sur la mise en œuvre.

Comment les différentes structures des prestations influencent-elles la mise en œuvre ? Le cadre des processus et mécanismes de mise en œuvre permet de décrypter les nombreux aspects de la mise en œuvre de divers types de structures des prestations, tels que les suivants.

● *Informations à recueillir lors de l'accueil et de l'enregistrement des demandes.* Même si l'automatisation peut faciliter le traitement des algorithmes de calcul des prestations, quelle que soit leur complexité, les exigences en matière d'information peuvent varier selon le type de prestation. Les prestations forfaitaires requièrent des informations minimales : une détermination de l'éligibilité de la personne, de la famille ou du ménage, ainsi que le nom et les informations d'identification du récipiendaire désigné. Certaines prestations

variables nécessitent également des informations minimales, dans la mesure où la différenciation des niveaux de prestation peut être effectuée selon la taille ou la composition du ménage, l'âge des membres du ménage, ou le groupe socioéconomique, des données recueillies au cours de l'accueil et de l'enregistrement. Dans d'autres cas, lorsque le calcul des prestations devient plus complexe, il nécessite parfois davantage d'informations. Les informations nécessaires pour calculer les prestations ne sont alors pas nécessairement les mêmes que pour déterminer l'éligibilité. Par exemple, l'éligibilité à un programme peut être universelle, mais les prestations être fixées en fonction du revenu des ménages, de sorte que les familles à revenu plus élevé ne reçoivent pas autant d'argent. Tel est le cas de l'allocation pour enfants et jeunes du Danemark, qui est universelle, mais soumise à des conditions de ressources pour le calcul des prestations (encadré 5.6). Un autre exemple est le dispositif d'assurance chômage de la Corée : l'éligibilité est liée au statut de chômage et à l'historique des cotisations, mais le montant des prestations est calculé en fonction de l'historique des revenus récents de l'assuré (voir tableau 5A.3 de l'annexe 5A). De ce fait, pour la mise en œuvre, davantage d'informations doivent être collectées, non uniquement à des fins d'éligibilité, mais aussi pour le calcul des prestations. Ces informations supplémentaires peuvent être recueillies auprès de tous les demandeurs durant la phase d'accueil et d'enregistrement (chapitre 4) ou au cours du processus d'intégration des personnes jugées éligibles (voir ci-dessous).

● *Notification et facilité de compréhension des bénéficiaires.* Les bénéficiaires doivent recevoir des communications expliquant les niveaux de prestations d'une manière facile à comprendre. Plus les calculs sont complexes, plus ils peuvent être difficiles à communiquer et à comprendre. Les bénéficiaires doivent comprendre à combien ils ont droit et, idéalement, la base de calcul des prestations. Ils doivent également comprendre toute modification ultérieure des prestations et les raisons de ces changements. Lorsque les prestations sont complexes, des efforts de communication supplémentaires doivent être déployés pour que la justification de la différenciation des niveaux de prestations puisse être facilement comprise.

Il a beaucoup été question dans les travaux de recherche des prestations universelles de soutien au revenu. L'une des options analysées est la notion de « revenu de base universel dégressif » (TUBI -*tapered universal basic income*). Dans cette option, l'*éligibilité* est universelle, mais les *niveaux de prestations* diminuent progressivement quand le revenu des personnes augmente. Bien qu'elles ne soient pas utilisées pour l'*éligibilité*, les informations sur les revenus et les actifs des ménages sont soumises à des conditions de ressources pour permettre cette réduction progressive des niveaux de prestations.

Un exemple de cette réduction ou de ce « ciblage à partir du haut » (« *targeting from the top* ») est l'allocation pour enfants et jeunes du Danemark. Ce régime est universellement accessible à tous les enfants et jeunes de moins de 18 ans (citoyens et résidents). Les niveaux de prestations sont ensuite calculés sur la base : 1) des prestations plus élevées pour les enfants plus jeunes (avec des prestations différentielles pour les enfants de 0 à 2 ans, 3 à 6 ans, 7 à 14 ans et 15 à 17 ans) et 2) des prestations plus faibles pour les bénéficiaires ayant des revenus plus élevés. L'allocation pour enfants et jeunes est donc réduite pour les familles ayant un revenu élevé. La réduction de la prestation commence lorsque le revenu dépasse 765 800 DKK (102 854 EUR) et que le montant de cette prestation est égal à 2 % du revenu dépassant 765 800 DKK (102 854 EUR). Pour les couples mariés, la réduction est de 2 % du revenu de chaque conjoint dépassant 749 000 DKK (100 598 EUR). Ainsi, même si aucune information sur le revenu familial n'est nécessaire pour déterminer l'éligibilité à la prestation universelle pour les enfants et les jeunes, elle est néanmoins requise pour le « ciblage à partir du haut » visant à réduire les prestations pour les familles à revenu élevé.

Sources : Banque mondiale, 2018c ; base de données MISSOC pour l'allocation pour enfants et jeunes du Danemark.

● *Paiements.* Les formules de prestations complexes peuvent également avoir des effets sur le processus de paiement, tant pour les administrateurs que pour les bénéficiaires. Pour les bénéficiaires, un problème souvent négligé est l'importance pratique d'obtenir une prestation d'un montant qu'ils peuvent retirer à un guichet automatique bancaire (GAB). Des montants de prestations inhabituels peuvent rendre les versements particulièrement complexes. Par exemple, lorsqu'un bénéficiaire doit recevoir 100 USD et l'autre 118,50 USD, tous deux ne peuvent en pratique retirer que 100 USD si le guichet automatique utilisé pour le paiement ne distribue que des billets de 20 USD. Il est vrai qu'ils pourraient chercher d'autres points de paiement (comme des agences bancaires), mais cela leur coûterait du temps et des frais de déplacement, qui constitueraient une gêne importante. Les prestations qui doivent être payées en billets ou en pièces de différentes valeurs compliquent également le versement manuel des allocations, parce que les prestataires des services de paiement doivent avoir la monnaie exacte, compter les montants des prestations individuelles pour chaque famille et enregistrer les montants précis versés. Plus généralement, les formules de prestations forfaitaires ou simples peuvent être plus faciles pour les administrateurs en termes de traitement, d'encaissement, de réconciliation et d'audit.

● *Gestion des opérations des bénéficiaires : mises à jour, corrections et réclamations.* L'uniformité des montants des prestations peut faciliter la gestion des opérations des bénéficiaires, notamment la mise à jour des dossiers. Si les catégories de prestations sont moins nombreuses ou si le calcul des prestations est plus simple, il y aura moins de mises à jour ou de modifications des montants des prestations et donc moins de modifications des versements pour le cycle suivant. Lorsque les prestations sont plus complexes, de petits changements peuvent affecter leur montant, entraînant des mises à jour et des modifications plus fréquentes des versements. De même, des formules de prestations plus complexes peuvent donner lieu à un plus grand nombre de réclamations et de corrections parce que les bénéficiaires sont déroutés ou que les administrateurs ont commis des erreurs dans le calcul des prestations. Même si nous nous concentrons principalement sur les structures des prestations, il nous faut relever également certaines difficultés de mise en œuvre liées aux montants des prestations. En effet, plus la prestation est importante, plus le risque de fraude est élevé, et plus il est nécessaire de mettre en place des mécanismes de surveillance et de contrôle étendus et intensifs (voir chapitre 8).

La mise en œuvre de prestations forfaitaires est relativement simple. Elles sont utilisées dans tous les types de programmes de protection sociale : pensions sociales, allocations pour enfants, transferts monétaires conditionnels et inconditionnels, et allocations d'invalidité (voir annexe 5A). La plupart des prestations forfaitaires sont définies par un montant fixe pour chaque bénéficiaire (par individu, famille ou ménage). Certaines sont toutefois calculées en pourcentage d'une valeur de référence, telle que le salaire minimum. C'est le cas, par exemple, de la prestation d'assistance en cas de chômage en Arménie et de la pension sociale au Brésil. Les prestations forfaitaires requièrent un minimum d'informations, sont faciles à communiquer et entraînent des mises à jour, des corrections et des réclamations moins fréquentes. Les prestations forfaitaires simplifient également le traitement des paiements, la réconciliation et les audits.

Certains programmes calculent les prestations sur base de la taille du ménage, tandis que d'autres considèrent à la fois la taille et la composition. Les objectifs de conception peuvent consister à favoriser les familles nombreuses (ou du moins à ne pas les défavoriser en fonction du nombre de personnes) ; à favoriser les ménages dont certains membres sont plus vulnérables (comme les femmes enceintes ou allaitantes, les jeunes enfants, les personnes âgées ou en situation de handicap), et à promouvoir des incitations spécifiques, telles que des niveaux de prestations plus élevés pour les adolescents pour lesquels les coûts d'opportunité de la fréquentation de l'école sont plus élevés que ceux de leurs frères et sœurs plus jeunes. Le programme de transferts sociaux en espèces du Malawi différencie les niveaux de prestations en fonction de la taille

des ménages. De même, le programme de transferts monétaires *Burkin-Naong-Sa Ya* du Burkina Faso différencie les niveaux de prestations en fonction du nombre d'enfants ; les ménages ayant moins de cinq enfants de moins de 15 ans reçoivent un transfert de 30 000 FCFA (51 USD) tous les trois mois, contre 40 000 FCFA (68 USD) par trimestre pour les ménages en ayant cinq ou plus. Le programme *Prospera* du Mexique différencie les niveaux de prestations en fonction de l'année scolaire et du sexe, et la Tanzanie, en fonction du niveau d'éducation des enfants des ménages bénéficiaires (voir tableau 5.2). Parmi les autres exemples de programmes ciblant la pauvreté qui différencient les prestations en fonction de la taille et de la composition des ménages, on peut citer les transferts monétaires conditionnels ou inconditionnels en Croatie, en Jamaïque, aux Philippines et en Tanzanie. Ces structures de prestations n'ajoutent pas beaucoup de complexité à la mise en œuvre. Les exigences en matière d'information pour le calcul des prestations en fonction de la taille et de la composition du ménage reposent en grande partie sur les informations déjà recueillies pour l'éligibilité. Elles peuvent parfois accroître la complexité de l'étape de gestion des opérations des bénéficiaires. Étant donné que l'entité assistée est le ménage (plutôt que l'individu) et que la taille et la composition du ménage sont dynamiques, les données requises pour le calcul des prestations comprennent des informations de suivi et de liaison pour chaque membre du ménage, et pas seulement pour le récipiendaire désigné. Ces informations doivent être tenues à jour, ce qui ajoute à la tâche de gestion des opérations des bénéficiaires.

Certains programmes différencient également le calcul des prestations en fonction du groupe socioéconomique, afin de fournir des prestations plus importantes aux ménages des groupes les plus pauvres. Parmi ceux-ci figure le Programme brésilien *Bolsa Família*, qui verse des prestations plus élevées aux ménages classés comme extrêmement pauvres qu'à ceux considérés comme modérément pauvres (le programme différencie également les prestations en fonction de la taille et de la composition du ménage). Du point de vue de la mise en œuvre, une fois l'éligibilité établie, peu d'informations supplémentaires sont nécessaires pour calculer les prestations, car le ménage a déjà été jugé pauvre. La complexité de ce système est similaire à celle des prestations fondées uniquement sur la taille et la composition

Tableau 5.2 Structure des prestations du programme PSSN de la Tanzanie

Composante du PSSN	Type de transfert	Nom du transfert	Coresponsabilité	Prestation (TSh)	Plafond mensuel (TSh)	Plafond annuel (TSh)
TMC	Fixe	Transfert de base	Extrême pauvreté	10 000	10 000	120 000
	Fixe	Allocation pour enfants du ménage	Ménage avec enfants de moins de 18 ans	4 000	4 000	48 000
	Variable	Allocation pour nourrisson	Conformité sanitaire des petits de 0 à 5 ans	4 000	4 000	48 000
	Variable	Prestation individuelle pour l'école primaire	Conformité scolaire au primaire	2 000	8 000	96 000
	Variable	Prestation individuelle pour l'enseignement secondaire inférieur	Conformité scolaire pour l'enseignement secondaire inférieur	4 000	12 000	144 000
	Variable	Prestation individuelle pour l'enseignement secondaire supérieur	Conformité scolaire pour l'enseignement secondaire supérieur	6 000		
	Variable	Prestation pour travaux publics	Extrême pauvreté et personnes de plus de 18 ans en mesure de travailler	2 500	37 500	150 000

Source : Banque mondiale, 2016.

Note : TMC = transfert monétaire conditionnel ; PSSN = Filet de sécurité sociale productif ; TP = travaux publics.

du ménage. Il peut certes être un peu plus difficile pour les gens de comprendre le niveau de leurs prestations (ou sa façon de différer de celui de leurs voisins), ce qui peut entraîner un certain nombre de réclamations supplémentaires (voir la section du chapitre 8 sur les réclamations). Le traitement et la réconciliation des paiements ne posent pas de problème particulier avec cette structure des prestations, bien que les audits puissent être plus complexes s'ils vérifient la taille et la composition des ménages ainsi que les classifications de la pauvreté. Hormis les réévaluations périodiques, les exigences au stade de la gestion sont comparables à celles des programmes où les prestations sont calculées uniquement en fonction de la taille et de la composition du ménage.

Les structures de prestations les plus complexes différencient les prestations en fonction du montant qu'un ménage devrait recevoir pour que le niveau de son revenu atteigne un certain minimum. Le programme de revenu minimal garanti (RMG) de la Bulgarie est un exemple typique de cette approche (voir encadré 5.7), qui fixe des niveaux pour le revenu familial existant, en plus de la taille et de la composition du ménage. Les prestations sont calculées pour chaque membre de la famille en fonction de ses caractéristiques et de la différence entre le revenu de la famille et le revenu minimum différencié (RMD) afin de porter son revenu à ce niveau minimum adapté. Les exemples de l'encadré 5.7 ne sont présentés que pour deux niveaux de revenus hypothétiques (50 et 20 BGN), mais ces calculs sont adaptés à chaque ménage en fonction de sa taille, de sa composition et de son niveau de revenu. D'autres exemples figurent dans l'annexe 5A. Du point de vue de la mise en œuvre, ces programmes de revenu minimum garanti ont les structures de prestations les plus complexes. Bien que des logiciels puissent traiter les algorithmes du calcul des prestations, les exigences en matière d'information ne sont pas minces pour ces calculs – et il peut y avoir d'importantes erreurs de mesure dans les revenus et la valeur des actifs de chaque ménage. En outre, la complexité de ces calculs est assez difficile à expliquer pour un organisme et à comprendre pour les bénéficiaires, ce qui peut entraîner un taux plus élevé de réclamations ou de recours (voir chapitre 8). Lors des entretiens avec des groupes de discussion en Grèce, par exemple, les bénéficiaires du premier essai pilote du programme de RMG ont déclaré qu'ils s'attendaient à recevoir la totalité du montant du

seuil (au lieu de la différence entre leurs revenus mesurés et le seuil). Si des processus de réconciliation des paiements ou des audits sont nécessaires pour faire correspondre les montants versés et ceux auxquels les bénéficiaires ont droit, ils doivent être liés aux informations horodatées sur la taille, la composition et le niveau de revenu des ménages au moment où les prestations sont autorisées. Enfin, la gestion des opérations des bénéficiaires nécessiterait de maintenir des informations précises et actualisées sur la taille, la composition et le revenu des ménages.

La plupart des prestations d'assurance chômage sont variables, calculées sur la base de l'historique des revenus, souvent avec des planchers minimum et des plafonds maximum. Du point de vue de la conception, la raison d'être des structures de prestations fondées sur les revenus est de lisser les revenus en cas de perte d'emploi, avec au moins un taux de remplacement minimum des revenus perdus. En même temps, comme la

---

Encadré 5.7 Exemple d'éventail de prestations : calcul des prestations de revenu minimum garanti en Bulgarie

La prestation de revenu minimum garanti (RMG) de la Bulgarie vise à assurer un niveau de revenu minimum aux familles extrêmement pauvres et aux personnes vulnérables. L'éligibilité dépend de l'évaluation des ressources avec un seuil absolu, ainsi que de l'application de divers filtres. La structure de la prestation vise à différencier le revenu par type d'individu (caractéristiques démographiques) et à verser la différence entre le revenu mensuel différencié (RMD) de chaque individu et le revenu mensuel familial réel (la prestation est versée mensuellement). Le RMD est calculé sous la forme d'un coefficient social (pourcentage) multiplié par le niveau fixe du RMG (75 BGN depuis 2017). Les coefficients sociaux (pourcentages) spécifiques sont attribués aux individus ou aux membres individuels de la famille en fonction des catégories démographiques. Les prestations sont calculées pour chaque individu de la famille ; ceux qui remplissent les critères de plusieurs catégories ont droit aux pourcentages les plus favorables. Le montant de la prestation mensuelle égale le RMD

moins le revenu du mois précédent, comme l'illustrent le tableau B5.7.1 et les exemples qui suivent.

Exemple 1 : Mariana (parent isolé) avec son fils Peter (13 ans) et sa fille Katia (7 ans, présentant un handicap permanent) ; revenu familial = 20 par personne. Prestation de Mariana = 75 - 20 = 55 ; prestation de Peter = 68,25 - 20 = 48,25 ; prestation de Katia = 75 - 20 = 55. Total des prestations pour la famille = 55 + 48,25 + 55 = 158,25 BGN/mois.

Exemple 2 : Sofia (parent isolé) avec son fils Ivan (13 ans) et sa fille Boryana (7 ans, présentant un handicap permanent) ; revenu familial = 50 par personne. Prestation de Sofia = 75 - 50 = 25 ; prestation d'Ivan = 68,25 - 50 = 18,25 ; prestation de Boryana = 75 - 50 = 25. Total des prestations pour la famille = 25 + 18,25 + 25 = 68,25 BGN/mois.

Exemple 3 : Georgi, homme âgé vivant seul, 78 ans, revenu = 50. Prestation = 123,75 - 50 = 73,75 BGN/mois.

Exemple 4 : Ana, adulte vivant seule, 50 ans, revenu = 20. Prestation = 54,75 - 20 = 34,75 BGN/mois.

suite

Tableau B5.7.1 Montant de l'allocation minimale, par catégorie

Catégorie d'individus	Coefficient de paiement social (K1, %)	Revenu minimum différencié = K1*RMG, où RMG = 75	La prestation varie en fonction du revenu (Y) de chaque famille.	
			Si Y = 50, la prestation =	Si Y = 20, la prestation =
Personne de plus de 75 ans vivant seule	165	123,75	73,75	103,75
Personne de plus de 65 ans vivant seule	140	105,00	55,00	85,00
Personne de plus de 65 ans	100	75,00	25,00	55,00
Adulte de plus de 65 ans vivant seul	73	54,75	4,75	34,75
Adultes vivant en cohabitation (chacun)	66	49,50	0,00	29,50
Personne ayant une capacité de travail réduite de plus de 50 %	100	75,00	25,00	55,00
Personne ayant une capacité de travail réduite de 70 %	125	93,75	43,75	73,75
Enfant de 0 à 16 ans (jusqu'à 20 ans si étudiant)	91	68,25	18,25	48,25
Enfant de 7 à 16 ans avec plus de 5 absences non justifiées	30	22,50	0	2,50
Enfant de 7 à 16 ans non scolarisé	20	15,00	0	0
Enfant sans certificat des vaccins obligatoires	30	22,50	0	2,50
Orphelin ou enfant en famille d'accueil	100	75,00	25,00	55,00
Enfant en situation de handicap permanent	100	75,00	25,00	55,00
Parent isolé s'occupant d'un enfant de moins de 3 ans	120	90,00	40,00	70,00
Parent isolé avec enfant de moins de 16 ans (moins de 20 ans si étudiant)	100	75,00	25,00	55,00
Femme enceinte 45 jours avant la date d'accouchement et s'occupant d'un enfant de moins de 3 ans	100	75,00	25,00	55,00

Source : Jeliazkova et Minev, 2014.

plupart des prestations d'assurance chômage sont calculées en pourcentage des revenus récents jusqu'à un plafond, le système est conçu pour que « le travail paie », de sorte que les gens gagnent plus en travaillant qu'en étant au chômage. De nombreux exemples de ces systèmes d'assurance chômage sont recensés dans le tableau 5A.3 de l'annexe 5A, notamment en Afrique du Sud, en Albanie, en Argentine, en Arménie, à Bahreïn,

en Grèce, au Koweït, en Corée, à Maurice, en Moldavie, en Thaïlande et en Turquie. Du point de vue de la mise en œuvre, le calcul des prestations variables en fonction de l'historique des revenus et des cotisations peut être complexe. Bien qu'un historique des revenus ne soit pas indispensable pour être éligible, l'individu ou le système administratif doit pouvoir suivre et vérifier cet historique pour la période de référence (par exemple, les revenus moyens ou les salaires les plus élevés des six derniers mois). Ce suivi est moins complexe que le calcul du revenu du ménage et de la valeur des actifs, puisque le revenu du travail concerne l'individu. La complexité du système peut le rendre difficile à comprendre par les bénéficiaires et donc nécessiter une communication claire sur les prestations reçues, afin d'éviter les réclamations. Le traitement et la réconciliation des paiements ne sont pas particulièrement difficiles pour cette structure des prestations, même si les audits peuvent être plus complexes lorsqu'ils vérifient l'historique des revenus pour faire correspondre le montant des prestations versées avec celui auquel le bénéficiaire a droit. Le suivi du statut de chômage d'une personne est généralement plus dynamique que celui de la situation socioéconomique à plus long terme d'un ménage ; ainsi, les exigences en matière de suivi des indemnités de chômage (éligibilité et calcul des prestations) peuvent être plus exigeantes et accroître la charge de travail des administrateurs des programmes.

Certaines structures des prestations font une distinction en fonction du degré d'invalidité. En Albanie, par exemple, le dispositif d'assistance aux personnes en situation de handicap verse des montants différents selon les catégories de handicap, telles qu'incapacité non liée au travail, paraplégie, tétraplégie ou cécité. De même, le dispositif d'assistance aux personnes en situation de handicap de la Moldavie fait également la distinction entre les classifications médicales de l'invalidité chez les enfants et les adultes. En Bulgarie, les niveaux de prestations sont calculés en fonction de l'évaluation fonctionnelle de l'invalidité, en versant 120 % de la pension sociale de base aux personnes dont la perte de capacité évaluée est supérieure à 90 % ; 110 % à celles pour lesquelles cette perte se situe entre 71 % et 90 %, etc. (voir tableau 5A.4 de l'annexe 5A). La difficulté de la mise en œuvre des dispositifs de prestations faisant une distinction selon le degré d'invalidité est comparable à celle de la mise en œuvre des programmes distinguant différents groupes de pauvreté : une fois l'éligibilité établie, il n'est pas nécessaire de recueillir beaucoup de données supplémentaires. Lorsque les prestations sont versées à un récipiendaire désigné (tel qu'un tuteur), les informations relatives à cette personne sont également liées au bénéficiaire. La communication aux bénéficiaires des niveaux des prestations et des classifications est importante parce qu'ils doivent comprendre ce à quoi ils ont

droit et pourquoi. En dehors des réévaluations périodiques du statut d'invalidité, les exigences en matière de gestion des opérations des bénéficiaires doivent être comparables à celles d'autres types de prestations versées à des personnes, même si la vérification du soutien via les récipiendaires désignés peut être difficile.

Certaines structures des prestations font une distinction en fonction du degré d'invalidité. En Albanie, par exemple, le dispositif d'assistance aux personnes en situation de handicap verse des montants différents selon les catégories de handicap, telles qu'incapacité non liée au travail, paraplégie, tétraplégie ou cécité. De même, le dispositif d'assistance aux personnes en situation de handicap de la Moldavie fait également la distinction entre les classifications médicales de l'invalidité chez les enfants et les adultes. En Bulgarie, les niveaux de prestations sont calculés en fonction de l'évaluation fonctionnelle de l'invalidité, en versant 120 % de la pension sociale de base aux personnes dont la perte de capacité évaluée est supérieure à 90 % ; 110 % à celles pour lesquelles cette perte se situe entre 71 % et 90 %, etc. (voir tableau 5A.4 de l'annexe 5A). La difficulté de mise en œuvre des dispositifs de prestations faisant une distinction selon le degré d'invalidité est comparable à celle de la mise en œuvre des programmes distinguant différents groupes de pauvreté : une fois l'éligibilité établie, il n'est pas nécessaire de recueillir beaucoup de données supplémentaires. Lorsque les prestations sont versées à un récipiendaire désigné (tel qu'un tuteur), les informations relatives à cette personne sont également liées au bénéficiaire. La communication aux bénéficiaires des niveaux des prestations et des classifications est importante parce qu'ils doivent comprendre ce à quoi ils ont droit et pourquoi. En dehors des réévaluations périodiques du statut d'invalidité, les exigences en matière de gestion des opérations des bénéficiaires doivent être comparables à celles d'autres types de prestations versées à des personnes, même si la vérification du soutien via les récipiendaires désignés peut être difficile.

Détermination du paquet de services

La détermination du profil au cours de la phase d'évaluation permet généralement de définir les services que recevront les bénéficiaires. Un autre facteur est la disponibilité des services. Lorsque les quotas sont limités, les personnes peuvent être mises sur liste d'attente ou les travailleurs sociaux peuvent essayer de détourner les demandeurs des services surchargés. En supposant qu'il y ait des disponibilités, l'objectif est de mettre en relation les personnes avec les services appropriés, compte tenu de leurs besoins et de leurs conditions de vie.

De nombreux pays ont recours à une approche intégrée des services : ils regroupent plusieurs services, incluant parfois des prestations. Les services peuvent également être fournis en tant qu'intervention unique où une personne demande un service spécifique, est évaluée, jugée éligible, s'inscrit et se voit ensuite attribuer ce service. Lorsqu'ils sont regroupés, les services sont attribués en fonction du profil et des besoins de l'individu ou de la famille. Le chapitre 7 examine plus en détail cette approche de services intégrés. Parmi les ensembles de prestations et de services, on peut citer : 1) les programmes d'activation ; et 2) la combinaison d'une assistance sociale et de services sociaux. Parfois, la prestation est l'intervention de base, et les services viennent en complément, comme dans le cas des programmes d'aide sociale comprenant des mesures d'accompagnement visant à relier des personnes et des services tels que des cours de parentalité, la nutrition, les interventions concernant la petite enfance, et les services d'inclusion productive.

Services de l'emploi et paquets d'activation

Pour les services de l'emploi, de nombreux pays attribuent des prestations/services d'activation aux chômeurs en fonction de leur employabilité, ou de leur « éloignement » par rapport au marché du travail. La figure 5.4 illustre cette approche d'aiguillage fondée sur un composite de différents pays. Après l'accueil et l'enregistrement, le profil du chômeur est établi à l'aide de l'évaluation du travailleur social et des outils statistiques de profilage des travailleurs (voir chapitre 4). Sur base de cette évaluation, la personne est classée en fonction de son « éloignement » par rapport au marché du travail. Les personnes « plus proches » du marché du travail

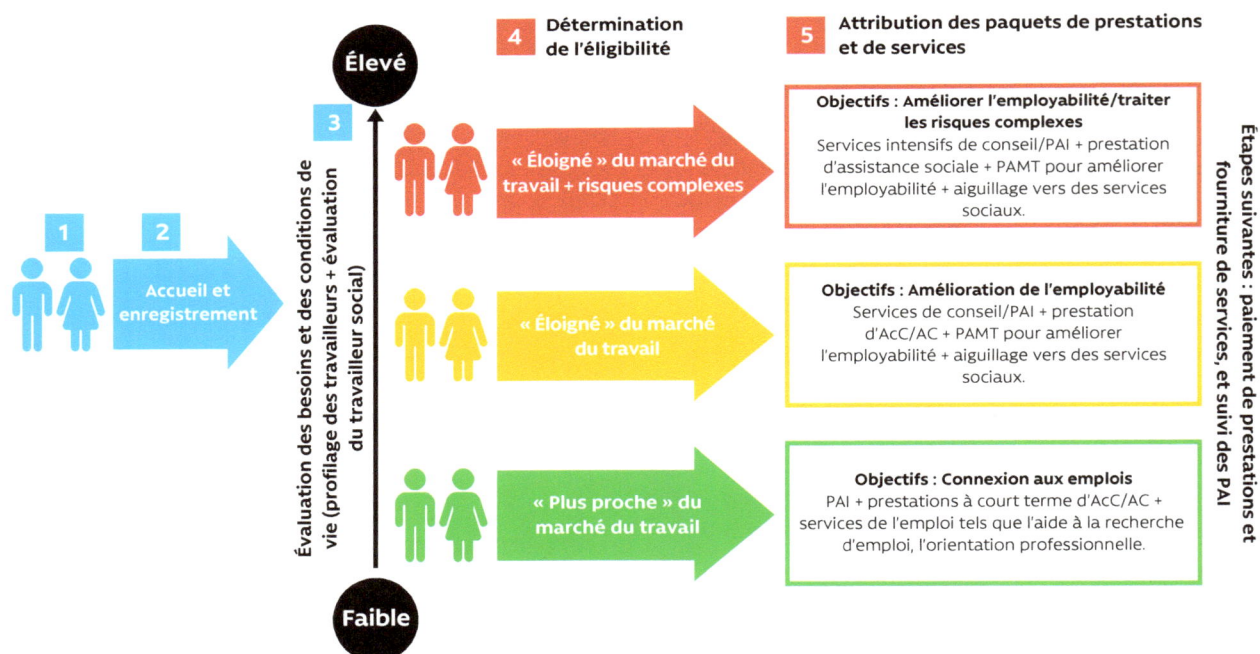

Figure 5.4 Triage pour l'activation des paquets de prestations et services en fonction du profil des travailleurs

Source : Adaptation en tant que composite des exemples présentés dans Loxha et Morgani (2014).
Note : PAMT = programme actif du marché du travail ; PAI = plan d'action individualisé ; MT = marché du travail ; AcC = aide en cas de chômage ; AC = assurance chômage.

(faciles à placer) peuvent bénéficier d'un paquet d'allocations de chômage (assurance ou aide en cas de chômage) et de services de l'emploi pour les aider à trouver un travail (recherche d'emploi, assistance à l'emploi, références, orientation professionnelle, etc.). Ceux qui sont plus éloignés du marché du travail (par exemple, les chômeurs de longue durée ou les personnes ne travaillant que périodiquement, les travailleurs découragés, etc.) peuvent se voir attribuer un paquet de prestations combinant des allocations de chômage (assurance ou assistance en cas de chômage), des conseils, des PAMT pour les aider à améliorer leur employabilité (par exemple, une formation) et des services d'emploi. Enfin, les chômeurs de longue durée, les inactifs ou les travailleurs découragés et les personnes présentant des besoins sociaux et des risques plus complexes peuvent se voir attribuer des mesures comprenant des services intensifs de conseil, des prestations d'assistancesociale de plus longue durée, un aiguillage vers des services de l'emploi ou sociaux spécialisés, et éventuellement, si

on les estime employables, des PAMT (telles que des formations) pour les aider à améliorer leur employabilité. L'encadré 5.8 présente l'approche adoptée par l'Irlande pour ce triage des bénéficiaires ainsi que les paquets de prestations/services.

La participation aux services de l'emploi peut être volontaire ou obligatoire. Les demandeurs d'emploi pour lesquels elle est volontaire se rendent dans les agences locales pour l'emploi ou sur les guichets de services en ligne, et utilisent diverses possibilités en libre-service (telles que les banques d'emplois). Ils peuvent également utiliser, comme ils le souhaitent, des services, tels que des sessions de formation, un accompagnement professionnel et d'autres services de l'emploi. En revanche, pour les bénéficiaires de prestations de chômage ou d'assistance sociale, le programme d'activation peut rendre obligatoire la participation aux services assignés. En fait, les bénéficiaires peuvent même être sanctionnés s'ils ne participent pas activement aux services requis. L'objectif de ces prestations/services d'activation

---

Encadré 5.8 Triage des paquets de prestations et services d'activation en Irlande à l'aide d'outils de profilage des travailleurs

De nombreux pays trient les chômeurs bénéficiaires en fonction de leur profil professionnel et de la probabilité qu'ils restent chômeurs de longue durée, afin de leur attribuer des prestations et des services adaptés. Cela peut contribuer à optimiser l'allocation des ressources publiques entre les bénéficiaires pour plus d'efficacité et d'efficience. En Irlande, le profilage statistique des travailleurs est devenu un outil essentiel pour classer les personnes par ordre de priorité pour des services appropriés, sur base de leur risque de rester chômeurs de longue durée. Le profilage statistique permet de constituer trois groupes de chômeurs à risque dans le registre du chômage (*Live Register*) du ministère de la Protection sociale (DSP).

- La première catégorie est celle des personnes à faible risque, qui devraient rester sans emploi et dans le Live Register pendant moins de trois

mois. Les chômeurs de ce groupe bénéficieront d'une planification et d'un accompagnement à la recherche d'emploi de la part d'un travailleur social.
- Le deuxième groupe est celui des personnes à risque moyen, qui devraient rester sans emploi et dans le *Live Register* pendant plus de trois mois. Les chômeurs de ce groupe seront prioritaires pour les séances de conseil et de formation en groupe afin d'améliorer leurs compétences et de renforcer leur employabilité.
- Le troisième groupe est constitué de personnes à haut risque, qui devraient devenir des chômeurs de longue durée (restant dans le *Live Register* pendant plus de 12 mois). Ils sont considérés comme ayant des besoins immédiats et sont prioritaires pour un soutien intensif individuel et sont orientés vers des mesures de placement professionnel (telles que des projets de travaux publics).

Source : Loxha et Morgandi, 2014.

est de fournir une aide au revenu et des services de l'emploi tout en incitant les adultes valides à retourner au travail et en limitant la dépendance aux prestations.

Des plans d'action individualisés (PAI) sont souvent utilisés pour affiner les prestations/services d'activation, ainsi que les droits, les responsabilités et autres activités. Les PAI peuvent porter des noms différents selon les pays, tels que « plans de progression personnelle » ou « contrats de responsabilités mutuelles ». Quel que soit son nom, un PAI est souvent utilisé pour documenter l'accord de service pour le bénéficiaire (les PAI sont également utilisés pour les services sociaux, comme indiqué ci-dessous). Avec les chômeurs, les PAI sont utilisés pour planifier et réaliser des activités visant à aider le demandeur d'emploi à trouver du travail. Les PAI sont généralement produits pendant les phases d'évaluation ou d'inscription, habituellement avec la participation du travailleur social et du travailleur, et sont ensuite suivis au moyen de contrôles réguliers. Les principaux éléments du PAI comprennent un résumé de l'évaluation individuelle, notamment les résultats du profilage ; les objectifs et les étapes convenues pour les atteindre ; les prestations (le cas échéant) ; la liste des services attribués (services de l'emploi, PAMT et autres activités disponibles pour le demandeur d'emploi) ; les actions requises et les engagements des deux parties (le demandeur d'emploi et le travailleur social ou le conseiller pour l'emploi) ; les règles et procédures relatives aux sanctions en cas de non-respect des actions requises ; les droits du demandeur d'emploi ; et des informations sur les procédures du mécanisme de gestion des réclamations (MGR). Au cours de la phase d'intégration (abordée ci-dessous), le PAI est signé par le bénéficiaire et le travailleur social.[5] Les actions requises peuvent être différentes en fonction de la catégorie du demandeur d'emploi. Pour ceux qui sont plus « proches » du marché du travail, les exigences peuvent comprendre un rapport hebdomadaire sur les activités de recherche d'emploi, l'engagement de répondre aux offres d'emploi, la participation aux services de l'emploi attribués, et le calendrier des réunions suivantes. Pour ceux qui sont plus « éloignés » du marché du travail, les actions requises peuvent inclure la participation à des séances d'orientation, à une évaluation spécialisée, et à un appui à la préparation à l'emploi ; la participation à d'autres formations, à des séances de pratique professionnelle ou à un accompagnement professionnel ; l'utilisation de services spécialisés, etc.

Services sociaux

Une approche de triage similaire à celles utilisées pour faire correspondre les services aux besoins des chômeurs peut également être utilisée pour les services sociaux. Elle est généralement à la discrétion du travailleur social, même si certains services sont obligatoires et que d'autres ont des critères d'éligibilité formalisés. Avec ses paquets de services personnalisés, le programme italien de RMG présenté au chapitre 4 illustre ce triage pour une combinaison de services sociaux et de l'emploi dépendant du profil de l'individu ou de la famille.

Certains services peuvent être sollicités (par les demandeurs) ou recommandés (par les travailleurs sociaux) sur une base volontaire, tandis que d'autres peuvent être légalement mandatés ou requis dans le cadre d'un PAI. Le caractère volontaire ou obligatoire des services dépend du type de service et du profil de risque social de l'individu. Par exemple, les cours d'éducation parentale, les services d'accompagnement des parents adolescents, les services à la petite enfance, le dépistage de la toxicomanie et les services sociaux peuvent être accessibles à tous à la demande, mais être aussi des activités obligatoires dans le cadre d'un PAI. Certains services sociaux sont imposés par la loi : soit l'individu doit y participer, soit l'État doit les fournir, soit les deux. Citons par exemple certains types de services de protection des enfants ou des adultes et certains programmes destinés aux jeunes à risque. Dans certains cas, l'obligation légale concerne de manière générale toute personne confrontée à un risque social spécifique ; dans d'autres, il s'agit d'une décision de justice visant un cas donné. Certains services peuvent être recommandés par les travailleurs sociaux ou d'autres professionnels. Par exemple, certains types de services d'accompagnement des parents, des enfants et des jeunes peuvent être proposés lorsqu'un professionnel de la santé ou un responsable scolaire observe des signes de risque potentiel. Les travailleurs sociaux communautaires peuvent également orienter les jeunes vers des programmes de prévention des gangs ou destinés aux jeunes à risque.

Services aux personnes en situation de handicap

Pour les services aux personnes en situation de handicap, l'éligibilité dépend des évaluations des travailleurs sociaux, de la gravité et de la durée du handicap, ainsi que des besoins spécifiques. Même si l'éligibilité aux prestations n'est pas utilisée comme une porte d'entrée vers les services aux personnes en situation de handicap, les critères et l'évaluation utilisés pour déterminer cette éligibilité peuvent être similaires. Par ailleurs, l'évaluation et les critères peuvent être plus qualitatifs et prendre en considération le handicap spécifique et les activités pour lesquelles la personne a besoin d'aide afin de déterminer le niveau de soins approprié (par exemple, si la personne a besoin d'aide pour prendre soin d'elle ou pour se déplacer). En ce qui concerne les services, les critères d'éligibilité peuvent avoir deux objectifs : restreindre l'éligibilité afin de rationner les ressources rares et veiller à ce que les besoins de la personne handicapée soient satisfaits en trouvant la meilleure adéquation avec les services disponibles (Waddington, 2018).

Une approche intégrée de la fourniture de services sociaux adéquats et d'une assistance aux personnes en situation de handicap (PH) impliquerait un ensemble de prestations et services, tels que le soutien au revenu, la réadaptation, le développement des compétences et l'inclusion sociale et productive. Le principal défaut observé dans la plupart des pays est la fragmentation des programmes. La responsabilité du soutien au revenu incombe généralement aux services d'assurance sociale et d'assistance sociale. Les liens sont généralement faibles avec les programmes de réadaptation, dont la taille a tendance à être réduite dans les pays à revenu faible ou intermédiaire et la mise en œuvre à être assurée par différents organismes. De même, les programmes visant à développer les compétences et à aider les personnes en situation de handicap à trouver un emploi sont souvent menés parallèlement à l'appui fourni par des interventions distinctes, une fois encore faiblement liées aux programmes de soutien au revenu et de réadaptation. Idéalement, les pays devraient adopter une approche intégrée pour toute une série de programmes tels que ceux décrits dans le tableau 5.3.

Tableau 5.3 Approche intégrée de la détermination des paquets de prestations et services destinés aux personnes en situation de handicap

Objectif	Description	Résultats attendus
Soutien au revenu	Les programmes d'assurance sociale fournissent un revenu de remplacement aux travailleurs assurés devenus handicapés, et l'assistance sociale ou les pensions sociales apportent un soutien au revenu catégoriel aux personnes en situation de handicap les plus démunies.	Soutien adéquat au revenu. Bien ciblé (l'exclusion et les erreurs d'inclusion sont réduites au minimum). Durable (fourniture d'un financement adéquat, détermination claire des coûts).
Réadaptation	La réadaptation est parfois liée à des programmes de soutien au revenu, favorisant en fin de compte l'inclusion sociale et la réinsertion sur le marché du travail. Trop souvent axée sur la réadaptation physique et les dispositifs d'aide médicale.	De la réadaptation physique à la réadaptation fonctionnelle en vue d'accéder à des emplois.
Développement des compétences	Ces programmes devraient être un complément naturel à l'éducation inclusive, en soutenant l'accès à l'éducation et à l'emploi pour les enfants et les jeunes en situation de handicap afin d'améliorer leurs chances de vie et de travail.	Nombre accru de personnes en situation de handicap dotées des compétences nécessaires pour occuper des emplois correspondant à leurs capacités fonctionnelles.
Possibilités d'emploi	L'accès aux emplois est assuré et l'emploi des personnes en situation de handicap est encouragé par l'application de quotas ou d'incitations.	Nombre accru de personnes en situation de handicap dans les emplois.

suite

Tableau 5.3 *(suite)*

Objectif	Description	Résultats attendus
Services sociaux	Les programmes vont au-delà du soutien au revenu et proposent, par exemple, des crèches, des programmes sportifs et culturels, et des activités sociales en général pour promouvoir l'inclusion sociale.	Pleine intégration des personnes en situation de handicap dans la société. Apport d'un soutien à la participation aux activités de la vie quotidienne, en particulier pour faciliter les transitions du cycle de vie (par exemple, de l'enfance à l'âge scolaire, de l'enseignement primaire à l'enseignement secondaire, de l'école à l'emploi, retour à l'emploi après une invalidité aiguë, soins aux personnes âgées).

Source : Tableau conçu pour cette publication.

5.4 NOTIFICATION DE L'INSCRIPTION ET PROCESSUS D'INTÉGRATION

Bien qu'une grande partie de la phase d'inscription du processus de mise en œuvre concerne des décisions, elle comporte néanmoins certaines étapes comprenant des activités opérationnelles, notamment la notification de l'inscription et le processus d'intégration. L'une et l'autre impliquent des actions de contact avec le client (en personne, par courrier ou en ligne) et requièrent de la communication.

La notification est simple, mais souvent négligée. Le principe de base est que chacun doit être informé des décisions d'inscription, qu'il soit bénéficiaire, sur liste d'attente ou jugé inéligible. Cette étape est souvent omise dans les systèmes impulsés par les administrateurs, car les ménages sont enregistrés, mais n'introduisent pas de demandes officielles (et un laps de temps important sépare souvent le moment de l'enregistrement et celui des décisions d'éligibilité et d'inscription). *Dans de nombreux pays, seuls les bénéficiaires reçoivent une notification formelle. Cela laisse les gens s'interroger sur leur statut et réduit la crédibilité et la transparence.* Le contenu des notifications varie selon qu'une personne soit inscrite, sur liste d'attente ou inéligible. Pour les personnes sur liste d'attente ou jugées inéligibles, la notification doit inclure les motifs de la décision ainsi que des instructions pour le dépôt des réclamations et recours. Au minimum, les notifications doivent indiquer la décision, ce que le bénéficiaire recevra, quand, où et comment il le recevra, ses droits et responsabilités, les points et informations de contact, et les prochaines étapes. Des informations supplémentaires pour le processus d'intégration sont présentées ci-dessous. Les autres aspects des étapes de notification comprennent 1) les responsabilités institutionnelles pour l'exécution de la notification ; 2) les canaux de communication à utiliser (en personne, lettre officielle, courriel, mise à jour du statut dans le compte en ligne, etc.) ; et 3) les normes de qualité.

L'intégration peut être réalisée selon différentes modalités, en fonction du programme et du modèle opérationnel. Les objectifs de l'intégration sont d'orienter, intégrer et préparer les nouveaux bénéficiaires à participer au(x) programme(s). À ce stade, les bénéficiaires doivent avoir une compréhension plus détaillée et opérationnelle du fonctionnement du programme, des personnes à contacter, du lieu et de la manière d'obtenir les prestations et les services (points de paiement, exécuteurs des paiements, canaux ou prestataires de services), des calendriers de paiement et de prestation des services, du moment et du lieu des réunions de suivi, de leurs droits, rôles et responsabilités, du lieu et de la manière de déposer des plaintes, etc. Il existe plusieurs modalités d'intégration, dont certaines utilisées en combinaison :

- *Communications imprimées*, y compris les kits et documents d'intégration, en plus de la notification elle-même. Le kit des bénéficiaires peut également comprendre des cartes de prestations électroniques, des livrets et des carnets de bord pour le suivi, et d'autres documents du programme. Il peut également comprendre la version imprimée du PAI signé. La simple distribution des supports imprimés et des kits des bénéficiaires requiert moins d'efforts que le contact direct, mais requiert que les bénéficiaires soient alphabétisés dans la langue des documents imprimés.

- *Rencontres individualisées en personne* pour expliquer le fonctionnement du programme, ses attentes, les droits et responsabilités du bénéficiaire, etc. Ces rencontres incluent aussi parfois la finalisation et la signature des PAI. Les rencontres en face à face sont principalement utilisées pour les programmes

à la demande, où les bénéficiaires entrent dans le système à des moments différents.

- *Séances d'orientation de groupe* couramment utilisées dans les programmes utilisant des approches impulsées par les administrateurs pour l'accueil et l'enregistrement, où les bénéficiaires sont inscrits en tant que cohorte au même point de départ. Des exemples de séances d'intégration de groupe sont présentés dans l'encadré 5.9 pour le Programme de

---

Encadré 5.9 Séances d'intégration de groupe pour les programmes d'assistance sociale : exemples tirés du Malawi et de l'Indonésie

Les programmes d'assistance sociale organisent souvent des séances d'intégration de groupe lorsque les bénéficiaires sont inscrits (ou recertifiés) en tant que cohorte au même point de départ. Ces séances sont parfois organisées en même temps que l'inscription. Elles sont essentielles pour garantir que les bénéficiaires comprennent leurs droits, leurs rôles, leurs responsabilités, etc. Voici deux exemples :

- **Le Programme de transferts monétaires sociaux du Malawi (PTMS).** Des réunions communautaires sont organisées pour inscrire, annoncer et intégrer la liste finale des bénéficiaires sélectionnés (dans la limite du seuil d'éligibilité de 10 %). Les agents sociaux communautaires organisent la réunion. Ils rappellent à la communauté les processus qui ont été utilisés pour l'inscription et la sélection, y compris le rôle de la communauté dans la définition des priorités des personnes à inscrire et la validation des résultats de l'évaluation. Ils expliquent également que le budget du programme ne permet d'accepter que les familles classées parmi les 10 % les plus pauvres (seuil relatif) ne comptant pas d'adultes valides (filtre). Ils appellent ensuite les noms de ceux qui ont été sélectionnés et procèdent aux activités d'inscription et d'intégration qui comprennent la confirmation des récipiendaires désignés, la vérification de leurs identités, la prise de photos pour chaque individu identifié dans le programme, et l'explication du fonctionnement du processus pour les paiements, etc.

- **Le Programme Keluarga Harapan (PKH – Programme de transferts monétaires conditionnels de l'Indonésie).** Une fois les bénéficiaires sélectionnés (ceux faisant partie des 16 % les plus pauvres du classement des ménages enregistrés), les coordinateurs de district travaillent avec les facilitateurs et les opérateurs pour distribuer les bénéficiaires en fonction de la zone de travail des facilitateurs (afin de répartir la charge de travail). Les facilitateurs se coordonnent ensuite avec les responsables des sous-districts et des villages pour organiser une première réunion d'intégration. Les objectifs de celle-ci sont : 1) expliquer les objectifs et les règles du programme ; 2) diffuser des informations sur le programme, la validation des données et les exigences de la participation au PKH ; 3) expliquer les conditionnalités (appelées « engagements ») du programme (éducation, santé et participation aux séances de développement familial) ; 4) expliquer les conséquences du non-respect des engagements ; 5) expliquer les procédures du mécanisme de gestion des réclamations et d'écoute des doléances ; 6) expliquer les droits et obligations des récipiendaires désignées (femmes) ; 7) demander aux récipiendaires désignées de signer une lettre de volonté d'honorer les conditionnalités ; 8) expliquer le calendrier des paiements, le calendrier des visites de soins de santé et l'inscription à l'école. Si les familles bénéficiaires ne peuvent pas assister à la réunion, l'animateur doit se rendre à leur domicile après la réunion et leur présenter les mêmes informations.

Sources : PTMS du Malawi ; manuel opérationnel du PKH de l'Indonésie ; observations et visites sur le terrain effectuées par Kathy Lindert.

transferts monétaires sociaux du Malawi et le programme de TMC de l'Indonésie.

En plus d'éclairer les bénéficiaires sur le programme, l'intégration comprend généralement la collecte d'informations supplémentaires nécessaires au fonctionnement du programme. Il peut s'agir d'une photo (pour l'identification par le programme ou fonctionnelle), d'un numéro de téléphone mobile, d'informations sur le compte bancaire ou le porte-monnaie électronique, de formulaires de consentement signés par les bénéficiaires (ou le récipiendaire désigné), etc. Pour les TMC, le programme recueille également des informations sur les établissements de soins de santé ainsi que sur l'affectation scolaire de chaque membre de la famille concerné,

ce qui est essentiel pour contrôler le respect des conditionnalités, comme indiqué au chapitre 8.

En conclusion, les résultats de l'étape d'inscription permettent de mettre à jour le système de gestion des opérations des bénéficiaires. L'étape d'inscription englobe de nombreuses décisions (éligibilité, inscription et ensemble de prestations/services) et certains processus (notification et intégration). Les résultats de cette phase comprennent la notification de tous les inscrits, l'intégration de tous les bénéficiaires, et l'établissement ou la mise à jour de la liste des bénéficiaires dans le fichier des bénéficiaires. Cette liste alimente ensuite soit la paie (pour les prestations), soit le fichier des bénéficiaires et des services qui leur sont attribués.

5.5 DISPOSITIFS INSTITUTIONNELS ET SYSTÈMES D'INFORMATION

Dispositifs institutionnels

Les dispositifs institutionnels de la phase d'inscription varient considérablement selon les pays, les programmes et les modèles opérationnels. Dans l'ensemble des pays, les principaux facteurs agissant sur ces dispositifs sont le degré et le type de décentralisation, la capacité administrative, ainsi que les rôles et responsabilités des acteurs centraux et locaux (comme indiqué au chapitre 2). Les variations entre les programmes sont déterminées par le type de programme (prestation, service ou intégré), le groupe cible (démographique, socioéconomique, chômeurs, en situation de handicap, ou personnes présentant des besoins et des risques sociaux) et d'autres facteurs propres au programme. Enfin, les modèles de fonctionnement peuvent varier, par exemple, entre les approches intégrées et celles à programme unique, et entre les approches à la demande et celles impulsées par les administrateurs.

Il est important d'identifier qui détient le pouvoir de décision. Dans de nombreux programmes, en particulier pour les prestations, les décisions concernant l'éligibilité et l'inscription sont centralisées, même si l'accueil, l'enregistrement, l'évaluation et l'intégration sont locaux. Cela présente l'avantage de soulager les acteurs locaux des pressions inhérentes à la prise de telles décisions et de garantir que les critères d'éligibilité sont appliqués

de la même façon à l'ensemble de la population. Dans d'autres programmes, cette prise de décision est locale, en particulier pour les services. Pour ceux-ci, un autre facteur est le fait de savoir si la décision appartient au service référent ou au service référé. Parfois, le travailleur social référent souhaite offrir un service aux bénéficiaires, alors que le service référé n'a plus aucun créneau disponible. Enfin, un autre aspect de la prise de décision concerne les réclamations et recours, comme expliqué au chapitre 8.

Les dispositifs institutionnels de la phase d'inscription peuvent différer de ceux de la phase d'évaluation. C'est le cas des registres sociaux ; un organisme peut mettre en œuvre l'accueil, l'enregistrement et l'évaluation pour divers programmes, et ensuite ces derniers, qui peuvent être gérés par le même organisme ou par d'autres, ont leur propre mandat institutionnel et leur propre pouvoir en matière de décisions d'éligibilité et d'inscription.

Systèmes d'information

Les systèmes d'information agissent comme un moteur invisible intervenant entre les personnes et les institutions tout au long des processus et mécanismes de mise en œuvre. Les systèmes de gestion des opérations des bénéficiaires et les bases de données qui les sous-tendent, appelées « registres des bénéficiaires », sont une composante essentielle des systèmes d'information sociale intégrés, comme décrit au chapitre 2.

Pour automatiser les processus de gestion des opérations des programmes sociaux, bon nombre de pays développent des systèmes autonomes pour chaque programme social. Idéalement, ces systèmes d'information sont conçus et exploités comme des systèmes cohérents, dynamiques et modulaires avec des boucles de rétroaction. Les systèmes qui automatisent ces processus sont parfois appelés « SIG ». Dans le manuel de référence, nous utilisons l'expression « système de gestion des opérations des bénéficiaires (BOMS – *beneficiary operations management system*) » pour désigner les systèmes d'information automatisant les processus fonctionnels associés aux décisions concernant la détermination de l'éligibilité, l'inscription, le niveau des prestations et/ou le paquet de services, et sous-tendant l'administration des programmes. Nous utilisons aussi le terme « registres intégrés des bénéficiaires » pour désigner les bases de données sous-jacentes rassemblant les informations sur les bénéficiaires gérées par chaque programme social. Ces registres sont des plateformes d'analyse des données fournissant des informations sur « qui reçoit quoi » et aident à détecter les doublons, les lacunes et les chevauchements entre les programmes sociaux (figure 5.5).

Les systèmes de gestion des opérations des bénéficiaires soutiennent plusieurs processus de la chaîne de mise en œuvre, avec un accent sur les phases d'inscription, de paiement des prestations/fourniture des services et de gestion. Ils sont construits pour soutenir la mise en œuvre d'un seul programme, même s'ils peuvent parfois en appuyer plusieurs. Ils peuvent être conçus comme une architecture modulaire de micro-services, axée sur différents processus ou fonctions. Outre les processus de décision pour la détermination de l'éligibilité et l'inscription, ces systèmes appuient également les fonctions d'administration des paiements (traitées au chapitre 6) et les fonctions de gestion des opérations des bénéficiaires (décrites au chapitre 8), ainsi que la mesure des performances (couverte au chapitre 9). Ces fonctions en aval sont également abordées ci-dessous étant donné la difficulté qu'il y a à diviser les systèmes en composantes et à répartir celles-ci dans les chapitres correspondants décrivant les processus et mécanismes de mise en œuvre.

● ***Processus de décision concernant la détermination de l'éligibilité, l'inscription et la détermination des niveaux des prestations et/ou des paquets de services.*** Grâce à l'inscription, les demandeurs éligibles deviennent des bénéficiaires, sur la base des critères d'éligibilité établis pour chaque programme.

Figure 5.5   Modules fonctionnels des systèmes de gestion des opérations des bénéficiaires

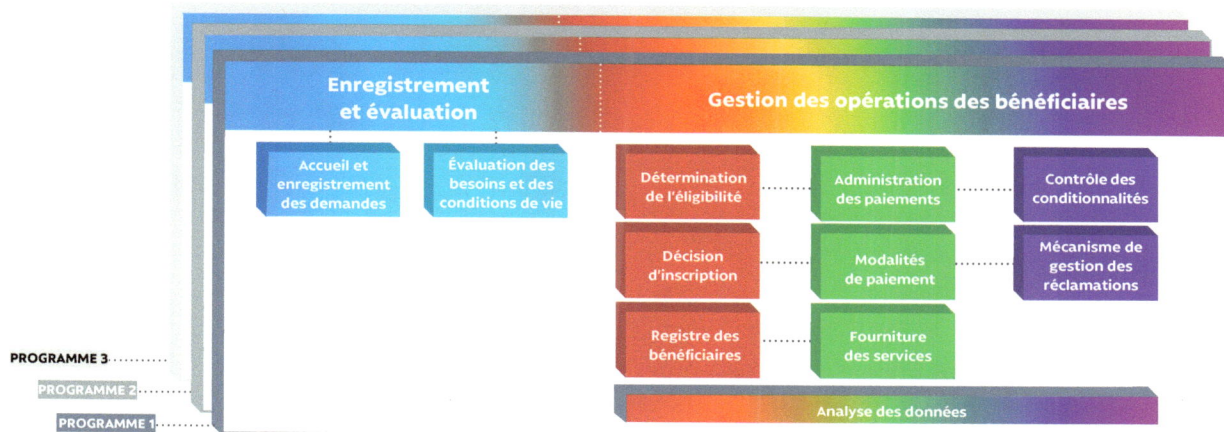

Source : Banque mondiale, à paraître : « Interagency Social Protection Assessment (ISPA) Tool on Integrated Social Information Systems », Banque mondiale, Washington, DC. Voir aussi la figure 2.5 dans le chapitre 2.

Le système de gestion des opérations des bénéficiaires permet de générer une liste de bénéficiaires ainsi que leurs cartes d'identification (voir le chapitre 8 sur la gestion des données des bénéficiaires). Il permet également de décider des niveaux des prestations et/ou des paquets de services, conformément aux règles du programme.

- *Processus d'administration des paiements y compris la réconciliation.* Le système de gestion des opérations des bénéficiaires génère les listes de bénéficiaires avec le montant des prestations à verser à chacun. Après la finalisation d'une session de paiement, il prend également en charge le processus de réconciliation rapprochant les données sur les paiements réellement effectués et les montants réellement décaissés (voir chapitre 6).

- *Processus de gestion des données des bénéficiaires.* Ils comprennent la mise à jour et la rectification des informations, telles que les changements dans la composition du ménage (naissances, décès ou membres entrant ou sortant du ménage) ; le suivi du paiement des prestations et de la fourniture des services ; la gestion des réclamations ; et la gestion des décisions de sortie.

- *Suivi des conditionnalités ou de la participation aux mesures d'accompagnement.* Si le programme comprend des conditionnalités (généralement liées à la santé ou à l'éducation), le système de gestion des opérations des bénéficiaires stocke des données sur leur respect. Il prend également en charge les processus liés aux conséquences du non-respect des conditions, qui peuvent comprendre l'envoi au ménage d'une notification ou d'un avertissement, ou même une réduction ou un arrêt des prestations perçues par le ménage. Si le programme comprend des mesures d'accompagnement (telles que des sessions sur la nutrition et le développement de la petite enfance, ou des visites à domicile), le système stockera les données sur la participation à ces sessions (voir chapitre 8).

- *Tableau de bord pour l'analyse des données.* Les systèmes de gestion des opérations des bénéficiaires sont également capables de générer, agréger et analyser les données utiles pour le suivi général d'un programme, ainsi que pour l'analyse des politiques générales et l'appui à la vision stratégique des programmes sociaux. Ces systèmes peuvent générer des indicateurs de suivi de base (voir chapitre 9).

Données du système de gestion des opérations des bénéficiaires

Les systèmes de gestion des opérations des bénéficiaires collectent, stockent et traitent les données de suivi spécifiques aux programmes, en plus des données de base sur les ménages. Il s'agit notamment des données sur le récipiendaire désigné des prestations et des services, le niveau des prestations, le paiement des prestations et la fourniture des services, le calendrier des paiements, le suivi du respect des conditionnalités ou de la participation aux mesures d'accompagnement, les visites à domicile et les réclamations.

Intégration des données issues de divers programmes sociaux

À mesure que les programmes de protection sociale sont créés ou étendus, l'exploitation de systèmes d'information distincts pour chaque programme engendre des inefficacités dues à la fragmentation. Elles peuvent compliquer la tâche des personnes qui essaient d'y accéder (administrateurs et travailleurs sociaux ainsi qu'organismes sociaux, de planification et de financement). Lorsque ces systèmes fonctionnent en parallèle, ils prennent en charge plusieurs des fonctions énumérées ci-dessus, notamment les modules responsables de la détermination de l'éligibilité, de l'inscription, de la détermination des prestations et des services, et de l'administration des paiements. Cela entraîne une redondance des fonctions et un manque d'intégration entre les systèmes, plusieurs systèmes prenant en charge les mêmes fonctions.

La fragmentation peut être frustrante, coûteuse et inefficace. L'intégration au sein de registres intégrés des bénéficiaires des données issues de divers systèmes de gestion des opérations des bénéficiaires soutenant les programmes sociaux individuels peut aider à régler un bon nombre des difficultés rencontrées par les personnes, les administrateurs de programmes et les programmes sociaux (tableau 5.4).

Les registres intégrés des bénéficiaires constituent un outil de *back-office* utile pour la coordination, le suivi, la planification, l'analyse et l'efficacité de l'administration des prestations. Ils permettent le suivi et la coordination de « qui reçoit quelles prestations », et l'identification des doublons intentionnels ou non dans l'ensemble des

Tableau 5.4 Avantages de l'intégration des données issues de programmes sociaux et inconvénients de la fragmentation

	Inconvénients de la fragmentation des programmes sociaux	Avantages des registres intégrés des bénéficiaires
Pour les personnes	• Se rendre dans des bureaux différents pour des programmes sociaux séparés • Long temps d'attente • Fournir sans cesse les mêmes documents • Être frustrés par des procédures administratives compliquées • Rater des opportunités, prestations et services • Temps et frais de déplacement pour la fourniture des services et les paiements	Si exploités en temps réel : • Permettent aux personnes de vérifier le statut de leurs prestations et les services vers lesquels ils sont orientés
Pour les administrateurs de programmes	• Myriade complexe de règles de programmes • Lourdes charges administratives et coûts élevés • Doublons dans les processus • Manque d'informations sur les autres prestations et services fournis • Ignorance des cas à mettre en priorité	Si exploités en temps réel : • Fournissent aux administrateurs des informations sur les autres prestations et services reçus par leurs populations clientes • Facilitent l'intermédiation et les orientations

Pour les organismes de planification sociale et de financement	• Programmes fragmentés et non coordonnés dans différents organismes
	• Information non partagée par les programmes ; risques de doublon et gaspillage de ressources publiques
	• Capacité administrative insuffisante
	• Financement insuffisant par rapport à la demande d'aide sociale
	• Infrastructures médiocres et insécurité dans certaines régions entravant la mise en œuvre (détermination de l'éligibilité, paiements, suivi)
	• Programmes de courte durée et d'une portée limitée
	• Manque d'informations sur :
	  – le profil des besoins et des conditions de vie de la population
	  – qui bénéficie de quels programmes
	  – les lacunes et les doublons dans la couverture
	  – les synergies potentielles dans les paquets de prestations et services
	  – où va l'argent
	  – la manière d'exploiter les programmes en temps de crise
		• Coordination
		• Suivi de « qui reçoit quels programmes »
		• Identification des paquets complémentaires de prestations et services
		• Identification des doublons non intentionnels dans l'ensemble des programmes
		• Analyse et suivi de l'« offre » des programmes
		• Suivi, analyse, budgétisation et planification

Sources : Lindert et Karippacheril, Présentation du système de mise en œuvre des prestations sociales, Cours de base 2016-2018 et présentation du système de PS au Symposium de Bonn, 2016.

programmes. Les registres des bénéficiaires regroupant les informations sur les bénéficiaires des programmes sociaux, ils peuvent être un signal de l'« offre » potentielle de programmes sociaux. Ils fonctionnent comme des entrepôts de données collectant des informations issues de différents programmes sociaux et de leurs systèmes d'administration des prestations, telles que le nombre et les caractéristiques des bénéficiaires, la valeur, les dépenses des programmes sociaux, et la performance des programmes (fréquence des paiements/transferts, rapidité ou durée du cycle des processus clés et nombre de réclamations reçues et résolues).[6] Ils permettent d'effectuer des vérifications croisées à l'aide de mécanismes d'interopérabilité entre les systèmes autonomes distincts d'administration des prestations, et d'autres systèmes d'information administratifs tels que l'impôt sur le revenu, l'état civil et le registre social. Ils permettent de suivre ces informations, d'en rendre compte et de les ventiler par zone géographique. Ces analyses sur les divers programmes sont utiles non seulement aux pouvoirs publics, mais aussi aux bénéficiaires pour plus de transparence sur la performance et la gestion des programmes d'aide sociale. Le système de registre unique du Kenya en est un exemple. Le pays dispose de plusieurs programmes de filets sociaux de sécurité, notamment 1) le programme de transfert monétaire pour les orphelins et les personnes vulnérables ; 2) le programme de transfert monétaire pour les personnes âgées ; 3) le programme de transfert monétaire pour les personnes en situation de handicap ; 4) le programme de filet de sécurité contre la faim ; et 5) le programme d'assistance alimentaire pour la création d'actifs du Programme alimentaire mondial. Le Kenya a consolidé ces programmes en créant un registre intégré des bénéficiaires de la protection sociale, afin de réduire les chevauchements entre les programmes et de fournir des rapports analytiques précis sur le secteur de la protection sociale. Un système d'information intégré a également été développé pour trois des quatre programmes de transfert monétaire. Avant le développement de ce système, trois programmes de transfert monétaire gérés par le même ministère avaient mis au point des applications logicielles, des bases de données et des infrastructures de technologie de l'information et de la communication (TIC) parallèles pour la gestion des informations sur les bénéficiaires, l'administration des prestations et les paiements. Les travailleurs sociaux de première ligne responsables de ces programmes utilisaient des applications logicielles

séparées. Un processus graduel de consolidation de ces programmes a permis d'harmoniser les applications logicielles du *front-office* pour leur donner un aspect et une convivialité similaire, même si les composantes de leur base de données restaient séparées. Finalement, ces bases de données ont été consolidées grâce à un entrepôt de données servant de registre intégré des bénéficiaires, appelé le Registre unique. Celui-ci a permis de suivre efficacement les programmes, a réduit les doublons, accru la transparence et la redevabilité, favorisé le transfert efficace des données, et amélioré la qualité des opérations. Notons que de nombreux pays utilisent *soit* un registre social, *soit* un registre intégré des bénéficiaires.

● **Certains pays ayant des registres sociaux n'ont pas de registres intégrés des bénéficiaires.** De nombreux pays ont axé leurs efforts sur le développement de registres sociaux en tant qu'outils de gestion de la « passerelle » pour la détermination de l'éligibilité aux programmes sociaux. Ils ne relient toutefois pas les informations sur les bénéficiaires réels entre les programmes sociaux, en particulier lorsque ceux-ci sont gérés par plusieurs organismes. Autrement dit, ils n'ont pas développé de systèmes intégrés de registre des bénéficiaires, et par conséquent, n'ont pas la capacité de suivre et de coordonner « qui reçoit quelles prestations », ni d'identifier les doublons intentionnels ou non présents dans l'ensemble des programmes. Le Brésil en est un exemple. Alors que le registre social *Cadastro Único* sert de passerelle commune à une trentaine de programmes sociaux destinés aux pauvres et aux groupes à faible revenu, le Brésil ne gère aucun registre intégré des bénéficiaires qui lui permettrait de coordonner et de suivre les prestations de ces programmes, en particulier l'ensemble de ceux ne relevant pas du ministère du Développement social et agraire (MDSA). Il n'a donc aucun moyen de savoir « qui reçoit quoi » dans les programmes gérés par différents organismes, même si ceux-ci utilisent tous la passerelle commune du *Cadastro Único*.

● **D'autres pays ont développé des registres intégrés des bénéficiaires (figure 5.6), mais n'utilisent pas de registres sociaux.** D'autres encore ont concentré leurs efforts sur la création et l'intégration de registres des bénéficiaires pour soutenir l'administration et la coordination des prestations, sans toutefois développer

Figure 5.6 Registres intégrés des bénéficiaires

Programme de transferts monétaires

Autres programmes

Pension sociale

Services sociaux

Registre intégré des bénéficiaires

Subventions à l'assurance maladie

Assistance en cas d'urgence

Tarifs sociaux pour l'électricité

Source : figure conçue pour cette publication.

des registres sociaux. Comme évoqué plus haut, le Kenya a mis au point un registre unique pour consolider les registres des bénéficiaires. Certains pays (ou programmes) n'enregistrent pas d'informations sur tous les bénéficiaires potentiels (enregistrés ou demandeurs) d'un programme social. Leurs programmes ne collectent, au contraire, que les informations concernant les bénéficiaires, sur la base des décisions d'inscription prises « en dehors du système ». Par exemple, avec les mécanismes de ciblage communautaires, les communautés ou les conseils locaux prennent souvent des décisions d'inscription sans enregistrer les informations concernant tous les bénéficiaires potentiels. Par contre, une fois que les décisions d'inscription sont prises, les informations sur les bénéficiaires sont enregistrées dans des systèmes de gestion des opérations des bénéficiaires. Les efforts ont ensuite été orientés vers la consolidation de ces registres des bénéficiaires dans des registres intégrés pour une meilleure coordination des programmes. Toutefois, en l'absence de registres sociaux, soutenant l'accueil et l'enregistrement des demandes ainsi que la détermination de l'éligibilité potentielle de tous les demandeurs, ces systèmes ne disposent pas de mécanismes de redevabilité sociale tels que des systèmes de gestion des réclamations introduites par les personnes ou les ménages exclus des programmes sociaux (non-bénéficiaires potentiellement éligibles). Un autre exemple de pays disposant de registres intégrés de bénéficiaires, mais pas de registres sociaux, est le Vietnam, qui a développé POSASOFT, un registre intégré des bénéficiaires.

5.6 QUELQUES POINTS POUR CONCLURE

Le présent chapitre a examiné la phase d'inscription faisant partie des processus et mécanismes de mise en œuvre, qui comprend les différents critères utilisés pour déterminer quels demandeurs sont qualifiés pour les programmes ; les décisions d'inscription fondées sur les critères d'éligibilité et le budget disponible ; et la détermination des paquets de prestations et services ; ainsi que la notification et l'intégration des bénéficiaires.

Les questions de coordination et d'inclusion sont particulièrement pertinentes dans la phase de détermination de l'éligibilité et d'inscription. La coordination entre les différents organismes et programmes est essentielle pour déterminer les paquets de prestations et services convenant à chaque personne, famille ou ménage. L'utilisation d'une approche intégrée regroupant plusieurs prestations et services offre des possibilités de coordination. Les difficultés d'inclusion sont liées aux types de critères d'éligibilité utilisés (par exemple, l'utilisation de seuils et de classements relatifs entrave le principe d'inclusion dynamique) et aux décisions d'inscription qui, en cas de budget limité, peuvent conduire à n'inscrire qu'une fraction de la population éligible et à entraîner ainsi la création de listes d'attente.

La phase d'éligibilité et d'inscription implique également certaines tensions et certains défis de mise en œuvre :

- Les critères d'éligibilité et les éventails de prestations affectent la réalisation non seulement des phases de décision des processus et mécanisme de mise en œuvre, mais également d'autres parties de ceux-ci :

- Les critères d'éligibilité et les structures des prestations influencent les informations qui doivent être collectées durant la phase d'accueil et d'enregistrement. Certains types d'informations peuvent être difficiles à recueillir et à documenter, tels que la raison pour laquelle un travailleur a été licencié ou le degré d'invalidité d'une personne.

- Les critères peuvent aussi affecter le choix du modèle opérationnel. Par exemple, les classements et seuils d'éligibilité relatifs sont généralement utilisés dans les modèles impulsés par les administrateurs, mais ne sont pas compatibles avec les systèmes à la demande.

- Il peut y avoir des tensions entre la conception et la mise en œuvre des critères d'éligibilité et les éventails de prestations. Une multiplicité d'objectifs de programmes peut nécessiter une conception plus complexe, mais la simplicité peut faciliter la mise en œuvre d'un programme.

  - D'un côté, les prestations forfaitaires sont plus simples à administrer, mais elles ne sont pas aussi bien adaptées aux objectifs d'un programme.

  - De l'autre, les critères d'éligibilité et les éventails de prestations complexes des programmes de RMG sont utilisés en vue de garantir un niveau de revenu minimum pour tous et d'accorder la priorité aux ménages les plus pauvres. Toutefois, les caractéristiques de la conception associées à ces objectifs peuvent ajouter de la complication à certains aspects de la mise en œuvre.

- Lorsque les programmes n'ont pas suffisamment de créneaux à cause d'un manque de capacité ou de financement, toutes les personnes éligibles ne sont pas forcément inscrites. Les programmes utilisent diverses méthodes pour gérer la demande en cas de contraintes budgétaires. Citons, par exemple, les listes d'attente, la sélection aléatoire parmi les participants éligibles, l'inscription aux programmes en fonction de l'ordre dans lequel les demandeurs se sont présentés, et la discrétion du travailleur social basée sur le profilage (par exemple, pour les services).

- La notification et l'intégration sont parfois une étape négligée de la phase d'inscription des processus et mécanismes de mise en œuvre. Toutes les personnes enregistrées doivent être informées en temps opportun de leur éligibilité ou non-éligibilité, puis être inscrites ou éventuellement placées sur une liste d'attente. Les bénéficiaires (ceux qui sont éligibles et inscrits) doivent également recevoir une orientation et des informations les préparant à participer aux programmes.

En résumé, plusieurs facteurs favorisent la mise en œuvre efficace et efficiente des critères d'éligibilité, des décisions d'inscription, de la détermination des paquets de prestations et services, ainsi que de la notification et de l'intégration :

- La détermination de l'éligibilité par l'application de critères propres aux programmes ;

- Des règles claires pour déterminer l'inscription et créer des listes d'attente lorsque les ressources sont limitées ;

- La détermination des bons paquets de prestations et services, sur la base d'éventails de prestations clairs et des services disponibles ;

- La notification aux personnes enregistrées de leur statut dans un délai raisonnable après l'introduction de leur demande ;

- La fourniture d'un programme d'intégration complet, comprenant des informations générales sur les droits et responsabilités des bénéficiaires.

ANNEXE 5A : EXEMPLES DE CRITÈRES D'ÉLIGIBILITÉ ET DE STRUCTURES DES PRESTATIONS DE DIFFÉRENTS TYPES DE PROGRAMMES

Tableau 5A.1 Structures des prestations pour les programmes catégoriels démographiques : pensions sociales de vieillesse et allocations familiales/pour les enfants

Programmes et organismes	Critères d'éligibilité	Structures des prestations par individu	
		Calcul de la prestation	Durée/limite de temps
Afrique du Sud Pension sociale de vieillesse Depuis 2004. L'Agence sud-africaine de sécurité sociale administre le programme.	**Critères démographiques :** 60 ans et plus. **Conditions de ressources (revenus et actifs) avec seuils d'éligibilité absolus :** le revenu annuel doit être inférieur à 73 800 ZAR pour une personne seule ou à 147 600 ZAR pour un couple ; les actifs doivent être inférieurs à 1 056 000 ZAR pour une personne seule ou à 2 112 000 ZAR pour un couple. **Critères particuliers :** droit à l'allocation pour présence constante : la personne a besoin de la présence constante d'autres personnes pour accomplir ses tâches quotidiennes. **Perception d'autres prestations :** les bénéficiaires ne peuvent recevoir qu'une seule aide sociale à la fois.	**Prestations variables en fonction de la tranche d'âge :** montant fixe mensuel pour les 60 à 74 ans ; plus élevé pour les 75 ans et plus. La prestation est réduite pour les personnes placées en institution pendant plus de 3 mois. **Prestation forfaitaire :** pour l'allocation pour présence constante (allocation de soins).	Décès du bénéficiaire.
Afrique du Sud Assistance aux enfants vulnérables Depuis 2004. L'Agence sud-africaine de sécurité sociale administre le programme.	**Subvention catégorielle et légale pour les enfants placés en famille d'accueil :** versée à la personne qui s'occupe d'un enfant placé en famille d'accueil, âgé de 18 ans ou moins (21 ans s'il s'agit d'un étudiant). Il doit exister une décision de justice indiquant le statut d'accueil de l'enfant.	**Prestation forfaitaire :** par enfant éligible.	Selon l'âge de l'enfant éligible placé en famille d'accueil

suite

Programmes et organismes	Critères d'éligibilité	Structures des prestations par individu	
		Calcul de la prestation	Durée/limite de temps
	Subvention d'aide à l'enfance, catégorielle et soumise à des conditions de ressources : versée au principal fournisseur de soins s'occupant d'un enfant de 18 ans ou moins avec un maximum de six enfants non apparentés biologiquement (aucune limite pour les enfants biologiquement apparentés). Le fournisseur de soins principal doit être âgé de 16 ans ou plus. Conditions de ressources : le revenu annuel doit être inférieur à 45 600 ZAR pour une personne seule et à 91 200 ZAR pour un couple. **Subvention pour dépendance aux soins (catégorielle + sous condition de ressources + handicap) :** versée au parent, au parent adoptif ou au principal fournisseur de soins d'un enfant de 18 ans ou moins qui a besoin de soins permanents ou de services de soutien en raison d'un handicap mental ou physique grave. L'enfant doit être soigné à domicile et le handicap doit être confirmé par une évaluation médicale. **Conditions de ressources :** le revenu annuel doit être inférieur à 192 000 ZAR pour une personne seule et à 384 000 ZAR pour un couple. L'allocation d'accueil n'est pas considérée comme un revenu dans le cadre de l'évaluation des ressources.		
Argentine Pension sociale de vieillesse Loi de 2016. Le ministère du Développement social supervise les programmes d'aide sociale. La Commission nationale des pensions administre les programmes de pension de l'assistance sociale.	**Critères démographiques :** 70 ans et plus. Les citoyens naturalisés doivent avoir résidé dans le pays pendant au moins les 5 années précédant immédiatement la demande de pension ; les résidents étrangers pendant au moins 40 ans. **Conditions de ressources :** revenus et actifs inférieurs au niveau de subsistance et aucune perception d'une quelconque prestation de sécurité sociale ou d'un soutien nutritionnel par les membres de la famille.	**Prestation forfaitaire :** paiement de 70 % de la pension de vieillesse mensuelle minimale (pension de base, pension compensatoire et pension complémentaire). **Revalorisation des prestations :** en même temps que celle du minimum vieillesse.	Décès du bénéficiaire.

suite

Tableau 5A.1 *(suite)*

Programmes et organismes	Critères d'éligibilité	Structures des prestations par individu	
		Calcul de la prestation	Durée/limite de temps
Brésil Pension sociale de vieillesse (*Beneficio de Prestacao Continuada* – BPC) Depuis 1993. L'Institut national de la Sécurité sociale gère les prestations.	**Critères démographiques :** plus de 65 ans. **Statut d'emploi** : sans emploi rémunéré. **Conditions de ressources :** revenu mensuel du ménage inférieur à 25 % du salaire minimum légal mensuel par personne.	**Prestation forfaitaire = salaire minimum.** L'allocation mensuelle est égale au salaire minimum mensuel légal. **Ajustement des prestations** : les prestations sont révisées annuellement en fonction de l'évolution du salaire minimum.	Décès. L'éligibilité est contrôlée tous les deux ans.
Bulgarie Pension sociale de vieillesse Depuis 1924, loi actuelle des années 2000. Ministère du Travail et de la Politique sociale.	**Critères démographiques :** 70 ans et plus (65 ans et plus pour une personne seule). **Conditions de ressources :** le revenu familial des 12 derniers mois ne doit pas excéder 12 fois le revenu minimum mensuel garanti pour chaque membre de la famille.	**Prestation forfaitaire :** montant fixe par mois.	Décès du bénéficiaire.
Bulgarie Diverses allocations familiales ou pour les enfants Depuis 1942, loi actuelle de 2002. L'Agence d'assistance sociale du ministère du Travail et de l'Assistance sociale gère le programme.	**Allocation de naissance (universelle) :** versée pour chaque naissance vivante, quel que soit le revenu familial. **Allocation de grossesse (revenu limité à un seuil absolu) :** versée aux femmes non assurées 45 jours avant la date d'accouchement prévue, à condition que le revenu mensuel de chaque membre de la famille ne dépasse pas le seuil absolu. **Allocation familiale (démographique et revenu limité à un seuil absolu) :** versée pour les enfants scolarisés (de 7 à 20 ans) non placés dans des établissements d'accueil spécialisés. Critère de revenu : le revenu mensuel de chaque membre de la famille ne doit pas dépasser le seuil absolu (sauf si l'enfant est atteint d'un handicap permanent).	**Allocation de naissance, variable selon l'ordre de naissance :** montant fixe pour la naissance du premier, deuxième, troisième enfant et de chaque enfant supplémentaire. Montant supplémentaire pour la naissance d'un enfant en situation de handicap.	Avancée en âge des enfants éligibles.

suite

Tableau 5A.1 *(suite)*

Programmes et organismes	Critères d'éligibilité	Structures des prestations par individu	
		Calcul de la prestation	Durée/limite de temps
	Supplément pour enfant en situation de handicap : versé pour un enfant en situation de handicap non placé dans un établissement d'accueil spécialisé. **Allocation d'éducation (soumise à des critères démographiques et de revenu avec un seuil absolu) :** versée à la personne qui s'occupe d'un enfant de moins d'un an (de deux ans en cas de handicap) et qui ne perçoit pas d'allocations de maternité. L'enfant ne doit pas être placé dans un établissement d'accueil spécialisé. Critère de revenu : le revenu mensuel de chaque membre de la famille ne doit pas dépasser le seuil absolu (sauf si l'enfant est en situation de handicap).	**Allocation de grossesse, prestation forfaitaire :** versement d'une somme forfaitaire. **Allocation familiale, variable selon l'ordre de naissance :** montant fixe pour le premier, le deuxième, le troisième, le quatrième enfant et les enfants supplémentaires. Les prestations sont doublées pour les enfants en situation de handicap. **Supplément pour invalidité, prestations variables :** montant spécifique versé pour chaque enfant admissible, au sein d'une fourchette en fonction du degré d'invalidité. **Allocation d'éducation, prestation forfaitaire :** montant fixe par enfant.	
Géorgie Pension sociale de vieillesse. Depuis 1956. Le ministère du Travail, de la Santé et des Affaires sociales supervise le programme. L'Agence des services sociaux (ASS) administre le programme, avec les bureaux régionaux et locaux de l'ASS (guichets uniques/centres de services).	**Critères démographiques :** 70 ans et plus (hommes) et 65 ans et plus (femmes). La pension est versée à une personne ou à une famille sans autre moyen de subsistance.	**Prestation forfaitaire :** pension sociale (vieillesse), montant fixe mensuel. **Ajustement des prestations :** les prestations sont ajustées sur une base *ad hoc*.	Décès du bénéficiaire.

suite

Tableau 5A.1 *(suite)*

Programmes et organismes	Critères d'éligibilité	Structures des prestations par individu	
		Calcul de la prestation	Durée/limite de temps
Grèce Allocations familiales (prestations de soutien aux enfants) Différentes lois de 1958, 1999, 2012, 2013, 2014 et 2018. Le ministère du Travail et de la Sécurité sociale supervise le programme. L'Organisation de l'Aide sociale et de la Solidarité sociale (OPEKA) administre le programme.	**Critères démographiques/légaux** : enfant de moins de 18 ans (moins de 24 ans si étudiant ou en situation de handicap), être célibataire et résider en Grèce. **Conditions de ressources avec des seuils absolus dépendant de la taille du ménage** : revenu familial annuel inférieur à 26 500 EUR pour les familles avec un enfant, inférieur à 30 000 EUR avec deux enfants, inférieur à 33 750 EUR avec trois enfants ; plus 1 500 EUR par enfant supplémentaire.	**Prestations variables** : jusqu'à 70 EUR par mois sont versés pour le premier et le deuxième enfant, jusqu'à 140 EUR pour le troisième et tout enfant à charge au-delà du troisième, en fonction des revenus et des conditions de vie de la famille.	Avancée en âge des enfants éligibles.
Kenya Programme national de filet de sécurité Depuis 2013. Ministère du Travail et de la Protection sociale.	**Catégorisation et priorisation démographiques** : ménages avec OEV ; ménages dirigés par des enfants. Les personnes âgées et les personnes en situation de handicap grave sont prioritaires. **Classement socioéconomique avec PMT/relatif** : ménages extrêmement pauvres. Ciblage en trois étapes : 1) géographique (prévalence de la pauvreté) ; 2) priorisation communautaire ; et 3) classements PMT avec validation communautaire. **Perception d'autres prestations** : le ménage ne doit pas être inscrit à d'autres programmes de transferts monétaires.	**Prestation forfaitaire :** mensuelle, payée sur une base bimensuelle.	Lorsque l'enfant ne réside plus dans sa famille ou atteint l'âge de 18 ans. Décès du bénéficiaire.

suite

Tableau 5A.1 *(suite)*

Programmes et organismes	Critères d'éligibilité	Structures des prestations par individu	
		Calcul de la prestation	Durée/limite de temps
Maurice Pension sociale universelle de vieillesse de base Depuis 1976. Ministère de la Sécurité sociale, de la Solidarité nationale et des Institutions de la Réforme.	**Critères démographiques/légaux** : plus de 60 ans. Les ressortissants mauriciens doivent avoir résidé à Maurice pendant plus de 12 années après l'âge de 18 ans. Il n'y a aucune condition de résidence pour les personnes âgées de 70 ans ou plus. Les citoyens non mauriciens doivent avoir résidé dans le pays pendant plus de 15 ans depuis l'âge de 40 ans, y compris les trois années précédant immédiatement la demande. **Statut d'emploi :** la retraite n'est pas nécessaire **Critères spécialisés/statut d'invalidité** : allocation pour assistance constante : versée aux bénéficiaires de la pension de vieillesse de base dont l'invalidité est évaluée à au moins 60 % et qui ont besoin de la présence constante d'autres personnes pour accomplir leurs tâches quotidiennes.	**Prestations variables par catégorie d'âge :** montant fixe pour les 60 à 89 ans ; plus élevé pour les personnes de 90 à 99 ans ; plus élevé pour les 100 ans et plus. **Prestation forfaitaire :** pour l'allocation d'assistance constante (allocation de soignant).	Décès du bénéficiaire.
Moldavie Pension sociale de vieillesse Depuis 1956, loi actuelle de 1999. Le ministère de la Santé, du Travail et de la Protection sociale est responsable de la politique de sécurité sociale. L'Office national d'assurance sociale administre les programmes.	**Critères démographiques** : 62 ans et 4 mois (hommes, passant progressivement à 63 ans en 2019) et 57 ans et 6 mois (femmes, passant progressivement à 63 ans en 2028). **Pas d'autre couverture** : personne ne remplissant pas les conditions de couverture pour une pension de vieillesse de l'assurance sociale.	**Prestation forfaitaire :** mensuelle. **Ajustement des prestations :** les prestations sont révisées en avril en fonction de l'évolution des prix à la consommation de l'année précédente.	Décès du bénéficiaire.

suite

Tableau 5A.1 *(suite)*

Programmes et organismes	Critères d'éligibilité	Structures des prestations par individu	
		Calcul de la prestation	Durée/limite de temps
Moldavie Allocations de naissance et pour enfant à charge Première loi : 1977, lois en vigueur de 1992 (enfance), 1993 (protection de l'enfance et de la famille) et 2002 (allocations familiales). Le ministère de la Santé, du Travail et de la Protection sociale coordonne et supervise le programme. L'Office national d'assurance sociale administre le programme.	**Allocation de naissance (universelle)** : versée pour chaque naissance vivante, quel que soit le revenu familial **Allocation de garde d'enfant** : versée à la personne qui s'occupe d'un enfant de moins de 2 ans et qui ne remplit pas les conditions de cotisation à l'allocation de garde d'enfant de l'assurance sociale.	**Allocation de naissance** : montant forfaitaire par enfant. Une allocation supplémentaire est versée pour les naissances multiples ou l'adoption de deux enfants en même temps. **Allocation de garde d'enfant** : mensuelle.	Avancée en âge des enfants éligibles (après l'âge de 2 ans).
République kirghize Allocation sociale de vieillesse Depuis 1922. Le Fonds social gère les pensions.	**Critères démographiques** : plus de 65 ans (hommes) et plus de 60 ans (femmes), 2 ans au-delà de l'âge normal de la retraite. **Pas d'autre couverture** : Personnes non éligibles à une pension de l'assurance vieillesse.	**Prestation forfaitaire :** montant mensuel fixe.	Décès du bénéficiaire.

Sources : Administration de la sécurité sociale avec l'Administration internationale de la sécurité sociale (AISS), https://www.ssa.gov /policy/docs/progdesc/ssptw/2016, 2017, 2018, selon le pays et la région. Certaines informations proviennent également de l'inventaire des programmes de socialprotection.org, http://socialprotection.org/discover/programme/search, complétées dans certains cas par des sources gouvernementales spécifiques aux pays.

Note : SM = salaire minimum ; OEV = orphelins et enfants vulnérables ; PMT = évaluation des moyens d'existence par approximation (*proxy means testing*) ; BAS = Bureau d'aide sociale.

Tableau 5A.2 Structure des prestations de programmes ciblant la pauvreté

Programmes et organismes	Critères d'éligibilité	Conditions	Structure des prestations par famille ou ménage	
			Calcul de la prestation	Durée/limite de temps
Brésil Programme *Bolsa Familia* (TMC) Depuis 2003 ; géré par le ministère du Développement social et agraire (MDSA), responsabilités décentralisées assumées par les bureaux municipaux.	**Seuils absolus appliqués à l'examen des ressources :** extrêmement pauvre (XP) = dont le revenu par personne est inférieur à 89 BRL ; modérément pauvre (MP) = dont le revenu par personne est inférieur à 178 BRL. **Autres critères :** âge, sexe, grossesse des membres de la famille.	Fréquentation scolaire pendant plus de 85 % du temps pour les 6 à 15 ans et fréquentation scolaire pendant plus de 75 % du temps pour les 16 à 17 ans. Santé : calendrier des visites médicales et des vaccins selon le ministère de la Santé pour les femmes enceintes/ allaitantes et pour les enfants de 0 à 6 ans (voir chapitre 8).	**Offre de prestations :** différencié en fonction de la taille, de la composition et du groupe de pauvreté du ménage. **Allocation de base forfaitaire pour les personnes extrêmement pauvres** : 89 BRL pour les XP (avec des revenus inférieurs à 89 BRL). **Allocation variable en fonction de la composition du ménage** : Pour MP et XP : enfants de 0 à 6 ans = 41 BRL ; de 6 à 15 ans = 41 BRL ; de 16 à 17 ans (maximum deux membres de la famille dans cette catégorie) = 48 BRL ; femme enceinte/allaitante = 41 BRL. **Allocation variable de type RMG pour les personnes extrêmement pauvres** : allocation variable RMG = 89 BRL moins les revenus déclarés.	Aucune. Mais réévaluation tous les deux ans.

suite

Tableau 5A.2 *(suite)*

Programmes et organismes	Critères d'éligibilité	Conditions	Structure des prestations par famille ou ménage	
			Calcul de la prestation	Durée/limite de temps
Bulgarie Revenu minimum garanti (RMG) Depuis 1942, loi actuelle de 2002. L'Agence d'assistance sociale du ministère du Travail et de l'Assistance sociale administre le programme.	**Critères légaux :** Citoyens bulgares et résidents permanents ou les personnes ayant le statut de réfugié ou de demandeur d'asile **Conditions de revenu avec seuils absolus** : le revenu familial net mensuel par personne ne doit pas dépasser le revenu minimum différencié RMD, qui est fixé comme un coefficient social (%) du RMG. Le coefficient social (%) varie en fonction des caractéristiques de chaque membre du ménage. RMG = niveau fixe du revenu mensuel de 75 BGN (depuis 2017). Le *revenu* est défini comme l'ensemble des sommes provenant des pensions, salaires, loyers, baux, allocations familiales, pensions alimentaires, etc. **Critères basés sur les actifs** : maximum une résidence ; maximum 1 chambre/personne ; aucun bien mobilier ou immobilier susceptible de générer un revenu dépassant les besoins habituels de la famille (exemples : terres, équipement agricole, etc.) ; ne peut être enregistrés en tant qu'entrepreneurs/propriétaires uniques d'une société ; certains actifs financiers ; ne peut avoir vendu une maison de vacances ou une seconde résidence au cours des cinq dernières années, etc. **Filtres d'exclusion pour certaines catégories de personnes :** par exemple, les adultes de moins de 30 ans cohabitant avec leurs parents, certaines catégories d'étudiants, etc.	Adultes valides en âge de travailler[a] : doivent être inscrits auprès de la Direction du travail depuis au moins 6 mois avant de demander l'aide sociale ; ne peuvent refuser le travail proposé ou la participation à des cours d'alphabétisation, de qualification professionnelle ou de formation aux compétences clés, ou à d'autres services de l'emploi. Éducation : scolarisation des enfants bénéficiaires. Santé : dossiers de vaccination des enfants en âge scolaire.	**RMG variable en fonction du revenu ainsi que de la composition et de la taille du ménage :** l'allocation RMG est égale à la différence entre le revenu mensuel différencié (RMD) et le revenu familial mensuel réel (l'allocation est versée mensuellement). Le RMG est calculé comme un coefficient social (%) multiplié par le niveau fixe du RMG (75 BGN depuis 2017). Les coefficients sociaux spécifiques (%) sont attribués aux individus ou aux membres individuels de la famille en fonction des catégories démographiques. Les prestations sont calculées pour chaque membre de la famille. Ceux qui répondent aux critères de plusieurs catégories ont droit aux pourcentages les plus favorables. Montant de la prestation mensuelle = RMD moins le revenu du mois précédent	Durée illimitée, mais réévaluation périodique obligatoire.

suite

Tableau 5A.2 *(suite)*

Programmes et organismes	Critères d'éligibilité	Conditions	Structure des prestations par famille ou ménage	
			Calcul de la prestation	Durée/limite de temps
Colombie Programme *Familias en Accion* (FA-TMC) Depuis 2000. Département de la prospérité sociale.	**Seuils absolus appliqués aux scores PMT :** éligibilité en fonction du score PMT dans des limites spécifiques pour chaque région, basée sur le SISBEN (registre social) et déterminée par le programme en coordination avec le Département de la planification (DNP). **Critère démographique :** avoir des enfants de moins de 18 ans.	Fréquentation scolaire supérieure à 80 % pour les 5 à 18 ans. Visites de santé pour les moins de 6 ans. (Voir chapitre 8.)	**Prestation variable en fonction de la taille, de la composition et de la situation géographique du ménage :** la prestation varie en fonction de la région et du niveau scolaire.	Pas de limite de temps ; réévaluation périodique
Croatie Revenu minimum garanti (RMG) Depuis 1949 (première loi), loi actuelle de 2015. Le ministère de la Démographie, de la Famille, de la Jeunesse et de la Politique sociale assure la supervision juridique générale. Les Centres d'aide sociale gèrent le programme de revenu minimum garanti à travers les bureaux régionaux.	**Critères légaux :** citoyens et résidents permanents de la Croatie et certains citoyens étrangers en résidence temporaire. **Conditions de ressources/actifs avec seuils absolus :** versée aux familles et aux personnes à faible revenu ou sans revenu. Le critère de revenu est basé sur le revenu et les biens individuels ou familiaux.	Les chômeurs doivent être inscrits auprès d'un bureau de placement, être capables de travailler et être disponibles pour l'emploi. Doivent accepter les offres d'emploi, quelles que soient leurs qualifications ou expérience (y compris des emplois saisonniers ou temporaires). Les prestations sont suspendues si une offre d'emploi est refusée[b.]	**Prestation variable en fonction de la taille et de la composition du ménage :** calculée en pourcentage du revenu mensuel garanti (800 HRK en 2017). La prestation est déterminée à 60 % du RMG pour un adulte, 115 % pour une personne seule en situation de handicap, 100 % pour un parent célibataire non en situation de handicap, 40 % pour un enfant et 55 % pour un enfant vivant dans une famille monoparentale. **Plafond maximum** : La prestation mensuelle maximale est le salaire minimum mensuel brut (3 275 HRK en 2017).	Pas de limite de temps, sauf pour les personnes aptes au travail qui ne peuvent bénéficier que de 24 mois et ne sont pas autorisées à refaire une demande pendant une période de trois mois (mais le droit est maintenu pour les autres membres de la famille).

suite

Tableau 5A.2 *(suite)*

Programmes et organismes	Critères d'éligibilité	Conditions	Structure des prestations par famille ou ménage	
			Calcul de la prestation	Durée/limite de temps
Grèce Revenu minimum garanti (RMG) Depuis 2015. Le ministère du Travail, de l'Assurance sociale et de la Solidarité sociale surveille la mise en œuvre et l'évaluation. La gouvernance électronique de la Prévoyance sociale (I.DI.K.A) soutient les systèmes d'information. Les OAED (bureaux pour l'emploi) assurent les liaisons professionnelles.	**Critères légaux :** résider en Grèce. **Condition de revenu avec seuil absolu :** les revenus des 6 mois précédant la demande ne peuvent dépasser le seuil d'aide maximum fixé en fonction de la taille du ménage : 200 EUR/mois pour un ménage d'une personne, 100 EUR/mois pour chaque adulte supplémentaire ; 50 EUR/mois pour chaque enfant mineur. Revenu = revenu brut total de tous types, toutes prestations et autres aides reçues. Non comptabilisés comme revenu : 20 % des revenus nets des services salariés et toutes les prestations d'invalidité non contributives. Non-pris en compte dans les revenus : lorsque les bénéficiaires adultes trouvent un emploi, les revenus suivants ne sont pas pris en compte : 100 % du salaire du premier mois ; 40 % du salaire des 2 mois suivants. **Valeurs des actifs et filtres** : valeur des biens immobiliers et mobiliers et des actifs financiers dépassant les seuils spécifiés ; possession d'actifs spécifiques (bateaux de plaisance privés, avions, hélicoptères, planeurs, piscines). (Si l'un des critères n'est pas rempli, le candidat est considéré comme non éligible.)	Fréquentation scolaire des enfants bénéficiaires en âge d'école. Les adultes sans emploi et aptes au travail doivent s'inscrire auprès des bureaux de placement (OAED), accepter toute offre d'emploi correspondant à leurs compétences et aptitudes et participer aux programmes d'emploi ou aux formations professionnelles qui leur sont proposés. Plan individuel d'insertion et d'intégration établi par les travailleurs sociaux (pas encore strictement appliqué).	**Prestation variable en fonction de la taille du ménage et du revenu :** Différence entre le niveau de soutien garanti et le revenu mensuel moyen des six derniers mois. **Plafond maximum :** 900 EUR **Liens vers d'autres prestations et services :** accès gratuit au système public de soins de santé ; orientation vers les services psychosociaux ; tarif social pour l'électricité, l'eau, l'impôt ; prioritaire pour les services de formation et d'éducation ; liens avec d'autres programmes de lutte contre la pauvreté.	Aucun, mais signaler tout changement dans les 15 jours et soumettre chaque année ses informations fiscales.

suite

Tableau 5A.2 *(suite)*

Programmes et organismes	Critères d'éligibilité	Conditions	Structure des prestations par famille ou ménage	
			Calcul de la prestation	Durée/limite de temps
Indonésie Programme *Keluarga Harapan* (PKH – TMC) Depuis 2007. Ministère des Affaires sociales	**Seuils relatifs appliqués au PMT :** pour être éligibles au PKH, les ménages doivent faire partie des 16 % des ménages les plus pauvres enregistrés dans la BDU (dernière vague de recensement de masse de 2015) et être reconfirmés après validation effectuée par des facilitateurs.	Fréquentation scolaire supérieure à 85 % pour les 6 à 21 ans jusqu'à la fin de leur scolarité. Visites de santé pour les FEA et les jeunes enfants. Participation à des séances de développement familial (souple, jusqu'à présent). (Voir chapitre 8)	**Prestation forfaitaire :** par ménage en 2018. **Prestations variables et différenciées selon la composition du ménage :** pour différentes catégories de membres de la famille avant 2017 et à nouveau à partir de 2019 : FEA, jeunes enfants, écoliers, personnes âgées, en situation de handicap, etc. Pour 2019 : prestations fournies durant la phase 1 de paiement de l'année civile. Allocation fixe par zone : 550 000 IDR par famille dans les zones normales, 1 000 000 IDR par famille dans les régions éloignées. Prestations variables par membre du ménage : 2 400 000 IDR pour les femmes enceintes et les enfants de moins de 5 ans, 900 000 pour un enfant à l'école primaire, 1 500 000 IDR pour un enfant au secondaire inférieur, 2 000 000 IDR pour un enfant au secondaire supérieur, 2 400 000 IDR pour les personnes âgées ou en situation de handicap grave. Maximum 4 prestations variables par famille (choisies pour maximiser la valeur de la prestation variable), mais tous les membres de la famille doivent satisfaire les conditions qui les concernent et seront suivis.	Réévaluation après 6 ans, puis 3 ans supplémentaires si toujours pauvre ou sinon sortie. La réévaluation n'est pas encore mise en œuvre, mais est prévue pour 2019.

suite

Tableau 5A.2 *(suite)*

Programmes et organismes	Critères d'éligibilité	Conditions	Structure des prestations par famille ou ménage	
			Calcul de la prestation	**Durée/limite de temps**
Jamaïque Programme pour l'avancement par la santé et l'éducation (PATH – TMC) Depuis 2001. Ministère du Travail et de la Sécurité sociale (PATH relevant de la Division de l'assistance publique), avec les bureaux paroissiaux.	**Seuils absolus appliqués aux scores PMT :** éligibilité provisoire jusqu'à vérification du ménage pour ceux situés sous le seuil ; ménages à la limite avec 5 points au-dessus du seuil. **Critères démographiques :** des membres du ménage doivent appartenir à l'une des catégories suivantes : enfants de 0 à 6 ans ; enfants de 6 à 18 ans ; FEA ; personnes âgées, personnes en situation de handicap, adultes pauvres.	Fréquentation scolaire supérieure à 85 % pour les 6 à 18 ans. Visites de santé pour les FEA, les jeunes enfants, les personnes âgées et les personnes en situation de handicap. (Voir chapitre 8.)	**Prestation minimale forfaitaire :** 800 JMD (inconditionnel). **Prestations variables selon la composition du ménage (par catégorie de membre de la famille) :** 1 600 JMD pour un enfant de la 1re à la 6e année, 2 050 JMD pour un enfant de la 7e à la 9e année, 2 400 JMD pour un enfant de la 10e à la 13e année, 1 850 JMP pour une FEA, 2 250 JMD pour une personne âgée, 1 850 JMD pour une personne en situation de handicap ou un adulte pauvre.	Pas de limite de temps. Les membres individuels du ménage peuvent avancer en âge. Réévaluation tous les 4 ans.
Malawi Programme social de transfert monétaire (TMI), au sein d'un programme-cadre plus large de protection sociale regroupant des travaux publics (PW), l'alimentation scolaire (SF) et d'autres programmes. Depuis 2015. Ministère du Genre, de l'Enfance, du Handicap et de la Protection sociale.	**Seuils relatifs en % appliqués aux PMT :** 10 % pour les XP des programmes PTMS et SF ; 15,5 % pour les XP aptes au travail pour les programmes PW et SF ; 26,2 % pour les MP du programme PW, subventions aux intrants, prêts d'épargne villageois, et autres programmes d'inclusion économique productive **Filtre d'exclusion :** adultes non valides (c'est-à-dire non aptes au travail).	Aucune condition	**Prestation variable par ménage avec ajustement selon la taille du ménage :** 1 personne = 2 600 MWK, 2 personnes = 3 300 MWK, 3 personnes = 4 400 MWK, 4 personnes et plus = 5 600 MWK. **Primes scolaires :** primaire = 800 MWK, secondaire = 1 500 MWK.	Aucune indication, mais délai théorique de 4 ans pour la réévaluation.

suite

Tableau 5A.2 *(suite)*

Programmes et organismes	Critères d'éligibilité	Conditions	Structure des prestations par famille ou ménage	
			Calcul de la prestation	Durée/limite de temps
Mexique *Prospera* Depuis 1997. Géré par le Bureau national de coordination du programme *Prospera*, un organe décentralisé du Département du développement social (SEDESOL).	**Seuils absolus appliqués aux scores PMT** : un ménage est éligible si son score PMT est inférieur au seuil minimum de bien-être ajusté, déterminé par le Conseil national d'évaluation de la politique de développement social (CONEVAL).	Scolarisation et moins de 4 absences par mois au primaire et au secondaire inférieur, et attestation de permanence scolaire au secondaire supérieur. Inscription dans le centre de santé désigné, présence de tous les membres du ménage aux visites de santé programmées et participation aux ateliers d'autogestion de la santé.	**Prestation variable en fonction de la taille et de la composition du ménage** : la prestation varie en fonction du nombre d'enfants de moins de 9 ans (pension alimentaire), du nombre d'enfants scolarisés et de leur année d'études (bourses), ainsi que du nombre d'adultes âgés (aide aux aînés). Un ménage peut recevoir des bourses et une pension alimentaire pour un maximum de 3 membres.	Pas de limite de temps. Réévaluation périodique (tous les 8 ans).
Pakistan BISP (TMI) et WeT (TMC) BISP depuis 2008, WeT depuis 2012. Les agences BISP fonctionnent de manière autonome sous la tutelle du ministère des Finances.	**Critères démographiques/ légaux** : les familles doivent comporter une bénéficiaire de sexe féminin titulaire d'une carte nationale d'identité informatisée (CNII) valide. Les bénéficiaires individuelles doivent être veuves ou divorcées et sans parents masculins. Pour le programme WeT – TMC, les familles doivent compter au moins un enfant en âge d'école. **Seuils absolus pour les scores de pauvreté du PMT :** Ceux dont les scores sont inférieurs au seuil (et satisfaisant d'autres critères).	Fréquentation scolaire supérieure à 70 % pour les 4 à 12 ans (Programme WeT – TMC). (Voir chapitre 8)	**BISP-UCT :** montant forfaitaire par ménage. **WeT-TMC :** prestation supplémentaire par enfant.	Pas de limite de temps explicite. Enfant ayant dépassé l'âge limite et/ou ayant terminé l'école primaire.

suite

Tableau 5A.2 *(suite)*

Programmes et organismes	Critères d'éligibilité	Conditions	Structure des prestations par famille ou ménage	
			Calcul de la prestation	Durée/limite de temps
Philippines Programme *Pantawid Pamilyang Pilipino* (4Ps, TMC) Depuis 2007. Département de la protection sociale et du développement (DPSD).	**Seuil absolu :** ménages classés comme « pauvres » dans le registre social *Listahanan* sur base du « revenu estimé » prédit par les modèles PMT. Seuils établis au niveau provincial. **Critère démographique :** le ménage doit compter au moins un enfant de 0 à 18 ans et/ou une femme enceinte (au moment de l'inscription au *Listahanan*). **Vérification communautaire** : à l'aide du ciblage par les organisations communautaires (COC).	Fréquentation scolaire supérieure à 85 % pour les 3 à 18 ans. Visites de santé pour les FEA et les enfants. (Voir chapitre 8)	**Subvention santé, variable en fonction de la taille et de la composition du ménage** : 500 PHP/ménage/mois pendant 12 mois pour les familles avec FEA (au moment de l'inscription). **Allocation d'éducation, variable en fonction de l'âge des enfants, jusqu'à un nombre maximum d'enfants** : 300 PHP/enfant/mois pour les enfants en garderie/école, ou 500 PHP/enfant/mois pour les enfants fréquentant l'école secondaire pendant 10 mois, plafond maximum de 3 allocations familiales/ménage.	Pas de limite de temps. Les membres du ménage peuvent avancer en âge. Réévaluation périodique lors des vagues de recensement.
Roumanie Revenu minimum garanti (RMG) Depuis 1950, différentes lois et réformes dans les années 2000 à 2010.	**Critères légaux :** tous les citoyens roumains ou étrangers (résidents) et les sans-abris.	Participation à des programmes pour l'emploi actifs. Acceptation d'un travail convenable.	**Prestation variable selon le revenu et la taille du ménage :** versement de la différence entre les revenus familiaux et le niveau différencié (RMD) du RMG. Le RMD est déterminé par un coefficient social (correspondant à la taille du ménage) multiplié par l'Indice d'insertion sociale (fixé à 500 RON depuis janvier 2014). Pour un ménage d'une personne, le RMD = 28,3 % de 500 RON, soit 142 RON ; pour un ménage de deux personnes, le RMD = 51 % de 500 RON, soit 255 RON ; pour un ménage de trois personnes, le RMD = 71,4 % de 500 RON, soit 357 RON ;	Aucune limite de temps (peut être payé indéfiniment si les conditions d'éligibilité sont remplies).

suite

Tableau 5A.2 *(suite)*

Programmes et organismes	Critères d'éligibilité	Conditions	Structure des prestations par famille ou ménage	
			Calcul de la prestation	Durée/limite de temps
Le ministère du Travail et de la Justice sociale est responsable de la supervision générale et de l'élaboration des politiques. L'Agence nationale des paiements et de l'inspection sociale administre toutes les prestations sociales. Les bureaux locaux, les conseils locaux et d'autres organismes paient les prestations.	**Conditions de ressources avec seuil absolu :** familles et personnes dont les revenus sont inférieurs à un seuil légal de revenu minimum garanti (RMG). L'évaluation des moyens de subsistance est basée sur le revenu et les biens de la famille (actifs non monétaires tels que le bétail, la terre, etc.) qui outrepassent quantitativement les limites fixées pour chaque catégorie d'actifs considérés comme strictement nécessaires.	Fourniture d'un nombre spécifié d'heures de service communautaire.	pour un ménage de quatre personnes, le RMD = 88,4 % de 500 RON, soit 442 RON ; pour un ménage de cinq personnes, RMD = 105,4 % de 500 RON, soit 527 RON, etc. La prestation est alors égale à la différence entre le revenu minimum différencié et le niveau des revenus. **Prestation complémentaire d'incitation à l'emploi :** les familles dont au moins un membre travaille bénéficient d'une allocation complémentaire de 15 % pour encourager l'emploi.	Fournir tous les trois mois un affidavit sur la composition de la famille et les revenus, ainsi que les preuves d'éligibilité.
Tanzanie TMI, TMC et autres programmes au sein du programme-cadre PSSN Depuis 2014. Fonds d'action sociale de la Tanzanie (TASAF).	**Seuils absolus appliqués au PMT :** si les scores de bien-être sont inférieurs aux seuils, le ménage est considéré comme éligible aux programmes associés à ces seuils (même si cela signifie que le nombre de bénéficiaires qui en résulte est supérieur aux allocations de la planification budgétaire de ce district). **Critère démographique :** taille et composition du ménage.	Fréquentation scolaire supérieure à 80 % pour les enfants de 5 à 18 ans. Visites de santé pour les femmes enceintes et les enfants. (Voir chapitre 8)	**TMI :** **montant forfaitaire par ménage** de 10 000 TZS/mois **TMC :** **montant supplémentaire variable par ménage,** en fonction de la taille et de la composition du ménage : 4 000 TZS/mois supplémentaires pour les ménages avec femmes enceintes ou enfants.	Aucun, bien que les membres de la famille puissent avancer en âge.
Turquie TMC Depuis 2003.	**Seuils absolus appliqués aux conditions de ressources :** aucun revenu provenant d'un emploi formel parmi les membres du ménage, et des scores de bien-être inférieurs aux seuils.	Fréquentation scolaire supérieure à 80 % pour les enfants de 6 à 25 ans.	**Prestation variable basée sur la taille et la composition du ménage et fonction de la composante éducation ou santé.**	Aucune limite de temps (peut être payé si les conditions d'éligibilité sont remplies).

suite

Tableau 5A.2 *(suite)*

Programmes et organismes	Critères d'éligibilité	Conditions	Structure des prestations par famille ou ménage	
			Calcul de la prestation	Durée/limite de temps
Géré par la Direction générale des aides sociales relevant du ministère de la Famille, du Travail et des Services sociaux et mis en œuvre par 1 000 fondations d'aide sociale et de solidarité de district.	**Critères démographiques :** composante éducation : âge et inscription dans l'enseignement formel. Composante santé : Femme enceinte parmi les membres de la famille.	Visites de santé pour les femmes enceintes et les enfants de 0 à 6 ans. (Voir chapitre 8)	Pour la composante Éducation (par mois) : garçons à l'école primaire ou secondaire = 35 TRY (22,43 USD), filles à l'école primaire ou secondaire = 40 TRY (25,64 USD), garçons dans l'enseignement secondaire supérieur = 50 TRY (32,05 USD), fille dans l'enseignement secondaire supérieur = 60 TRY (38,46 USD). Pour la composante Santé (par mois) : prestation forfaitaire pour chaque enfant de 0 à 6 ans = 35 TRY (22,43 USD), prestation prénatale et postnatale = 35 TRY (22,43 USD) et prestation d'accouchement = 75 TRY (48,07 USD). (Basé sur la PPA 2017, 1 USD = 1,56 TRY, FMI).	Les profils des ménages sont mis à jour par des sources de données administratives (au moins une fois tous les 45 jours) et lors des visites au ménage (une ou deux fois par an).

Sources : Inventaire des programmes de Socialprotection.org http://socialprotection.org/discover/programme/search ; Administration de la sécurité sociale de l'AISS (*International Social Security Administration*), https://www.ssa.gov/policy/docs/progdesc/ssptw/. Brésil : Manuel opérationnel du programme *Bolsa Familia*. Bulgarie : Jeliazkova et Minev, 2014 ; IME, 2015 ; site Internet de la Commission européenne ; Administration de la sécurité sociale, 2018b. Colombie : Manuel opérationnel de la FA. Croatie : Stubbs et Zrinscak, 2015. Grèce : Marini et coll., 2016 ; Vardaramatou et Pertsinidou, 2018 ; Zini et coll., 2018. Ministère indonésien des Affaires sociales ; documents opérationnels du PKH. Jamaïque : Manuel opérationnel du PATH. Malawi : ICBS, 2018 ; Lindert et coll., 2018. Mexique : Règles opérationnelles de *Prospera*, 2018. Roumanie : Commission européenne, 2014 ; Banque mondiale, 2015. Turquie : Manuel opérationnel des programmes d'assistance régulière centrée de la Turquie (Direction générale de l'assistance sociale, octobre 2014) ; Ortakaya, 2018.

Note : BDU = base de données unifiée ; BISP = Programme de soutien du revenu *Benazir* ; COC = ciblage par les organisations communautaires ; CNII = carte nationale d'identité informatisée ; DPSD = Département de la protection sociale et du développement ; FEA = femmes enceintes/allaitantes ; MdS = ministère de la Santé ; MP = modérément pauvre ; PATH = Programme pour l'avancement par la santé et l'éducation (*Programme for the Advancement of Health and Education*) ; PKH = Programme *Keluarga Harapan* ; PMT = évaluation des moyens d'existence par approximation (*proxy means testing*) ; PTMS = Programme de transfert monétaire social ; PSSN = filet de protection sociale productif (*Productive Social Safety Net*) ; RMD = revenu minimum différencié ; RMG = revenu minimum garanti ; TASAF = Fonds d'action sociale de la Tanzanie (*Tanzania Social Action Fund*) ; TMC = Transfert monétaire conditionnel (programme) ; TMI = Transfert monétaire inconditionnel (programme) ; WeT = Programme *Waseela-e-Taleem* ; XP = extrêmement pauvre.

a. Cette condition ne s'applique pas à : 1) un parent élevant un enfant jusqu'à l'âge de 3 ans ; 2) une personne en situation de handicap vivant avec une invalidité permanente ou un type et un degré d'invalidité de 50 % ou plus ; 3) une personne prenant soin d'un membre de la famille ou d'un cohabitant gravement malade ; 4) une personne atteinte d'une maladie mentale attestée par un document des autorités compétentes ; 5) une personne de plus de 18 ans quotidiennement scolarisée sous une forme ou l'autre dans le système d'enseignement public ou des établissements secondaires spécialisés ; et 6) une femme enceinte d'au moins trois mois (Jeliazkova et Minev, 2014).

b. Certaines personnes sont exemptées de ces conditionnalités, notamment celles se trouvant à moins de 5 ans de l'âge de la retraite ; les parents ayant à charge un enfant de moins de 1 an, des jumeaux de moins de 3 ans ou un enfant en situation de handicap grave ; les enfants de moins de 15 ans (ou plus s'ils suivent un enseignement à temps plein) ; les personnes de 65 ans et plus ; les personnes en situation de handicap ; les femmes enceintes/allaitantes (jusqu'à six mois après l'accouchement), etc. (Stubbs et Zrinscak, 2015).

Tableau 5A.3 Structures des prestations d'assurance chômage et d'aide en cas de chômage

Programme et organisme	Conditions d'éligibilité	Conditions	Structures des prestations par individu	
			Calcul de la prestation	Durée
Afrique du Sud AC Depuis 1996. Le ministère du Travail supervise ; le Fonds d'assurance chômage administre le programme (comités locaux d'indemnisation et responsables des réclamations).	**Statut de chômage :** résulter de la résiliation du contrat de l'assuré, de la fin d'un CDD, du licenciement de l'assuré (sauf pour des raisons disciplinaires), de l'insolvabilité ou du décès de l'employeur (pour les employés de maison). **Délai du chômage :** être incapable de trouver un emploi dans les 14 jours suivant le début du chômage. **Délai :** La demande de prestation doit être déposée dans les 6 mois suivant le début du chômage. **Historique des cotisations :** avoir au moins acquis un crédit avant de devenir chômeur.	S'inscrire et se présenter au bureau de placement public (sauf si le chômage résulte d'une maladie ou d'une grossesse). Être capable de travailler et disponible pour le faire.	**Prestation variable :** fixée comme un % des revenus journaliers de l'année écoulée (le % est plus élevé pour les personnes ayant des revenus plus faibles). **Plafond maximal :** sur les gains mensuels (comme base de calcul) et sur le montant des allocations journalières.	Jusqu'à 238 jours, moins les crédits utilisés pour les prestations de maladie, d'adoption ou de survivant.
Albanie AC Depuis 1993. Le ministère des Finances et de l'Économie supervise ; l'Institut de sécurité sociale administre ; le Service national de l'emploi verse les prestations ; la Direction générale des impôts perçoit les cotisations.	**Statut de chômage :** être en chômage forcé. **Historique des cotisations :** plus d'un an de cotisations précédant le chômage. **Pas d'autres prestations :** (sauf invalidité partielle).	S'inscrire à l'agence pour l'emploi. Être disposé à suivre une formation.	**Prestation forfaitaire :** par personne.	3 à 12 mois selon la durée de la période de cotisation.

suite

Tableau 5A.3 *(suite)*

Programme et organisme	Conditions d'éligibilité	Conditions	Structures des prestations par individu	
			Calcul de la prestation	Durée
Argentine AC Depuis 1967, loi en vigueur depuis 1991. Le ministère du Travail, de l'Emploi et de la Sécurité sociale (MdTESS) supervise ; l'Administration nationale de la sécurité sociale administre ; administration distincte pour les travailleurs agricoles et les travailleurs de la construction.	**Statut de chômage et historique des cotisations :** période minimale de cotisation précédant le chômage (6 mois au cours des 3 dernières années ; 3 mois au cours des 12 derniers mois pour les travailleurs temporaires ; 8 mois au cours des 24 derniers mois pour la construction). **Critères spécifiques :** prestations prolongées pour les chômeurs de plus de 45 ans avec enfants. **Aucune autre prestation.**	S'inscrire comme chômeur. Être disponible pour un emploi approprié.	**Prestations variables :** fixées à 50 % du salaire le plus élevé de la personne au cours des 6 mois précédents. **Plancher minimum, plafond maximum. Avantages supplémentaires :** pour les chômeurs et les personnes à charge, prestations médicales de l'aide sociale, allocations familiales et, éventuellement, maintien de l'assurance maladie. **Prestation forfaitaire :** pour les chômeurs envisageant de créer une entreprise et présentant un plan d'affaires au MdTESS pour approbation.	2 à 12 mois selon la durée de la période de cotisation. Possibilité de prolonger la prestation pendant 6 mois supplémentaires, avec un pourcentage dégressif.
Arménie AC Depuis 1992. Les Services de sécurité sociale de l'État assurent le financement ; le Service de l'emploi de l'État administre le programme par l'intermédiaire des centres régionaux.	**Statut de chômage :** être au chômage en raison d'une réorganisation de l'entreprise, d'une réduction du personnel ou de l'annulation d'une convention collective. **Catégorie d'emploi :** salariés et indépendants. **Historique des cotisations :** plus de 12 mois de cotisations.	S'inscrire à l'agence pour l'emploi. Être capable et désireux de travailler. Chercher activement du travail.	**Prestation forfaitaire :** fixée à 60 % du salaire minimum.	Jusqu'à 12 mois.

suite

Programme et organisme	Conditions d'éligibilité	Conditions	Structures des prestations par individu	
			Calcul de la prestation	Durée
Bahreïn AC Depuis 2006. Le ministère du Travail enregistre les chômeurs, prend les décisions d'éligibilité, d'inscription et de droit aux prestations, et fournit des formations. L'Organisation de l'assurance sociale gère le programme (cotisations et paiements).	**Critères démographiques/ légaux :** ne pas avoir atteint l'âge de la retraite ; résider légalement au Bahreïn. **Statut de chômage :** ne pas être au chômage suite à un départ volontaire, à une faute professionnelle ou au refus d'une offre d'emploi convenable. **Catégorie d'emploi :** Emploi formel dans les secteurs public et privé (à l'exclusion des indépendants). **Historique des cotisations :** période minimale d'emploi consécutif de 12 mois et de 12 à 18 mois, 18 à 24 mois, 36 à 48 mois pour les demandes suivantes.	S'inscrire à l'agence pour l'emploi. Être capable de travailler et disponible pour le faire.	**Prestation variable :** fixée à 60 % du salaire le plus élevé de la personne au cours des 12 mois précédents. **Plancher minimum, plafond maximum.**	Jusqu'à 6 mois.
Bahreïn AcC Idem que ci-dessus.	**Critères démographiques/ légaux :** plus de 17 ans et en dessous de l'âge de la retraite ; être citoyen bahreïni. **Catégories d'emploi :** personnes à la recherche d'un premier emploi ou assurés n'ayant pas droit à l'assurance chômage. **Critère économique :** ne pas exercer d'activité rémunérée ni posséder une entreprise.	S'inscrire à l'agence pour l'emploi. Être capable de travailler et disponible pour le faire.	**Prestation forfaitaire :** deux catégories : montant plus élevé pour les personnes ayant des qualifications académiques, montant plus faible pour les autres chômeurs.	Jusqu'à 6 mois.

suite

Tableau 5A.3 *(suite)*

Programme et organisme	Conditions d'éligibilité	Conditions	Structures des prestations par individu	
			Calcul de la prestation	Durée
Grèce AC Depuis 1954, loi en vigueur depuis 1985. Le ministère du Travail et de la Sécurité sociale supervise ; l'Organisation pour l'emploi de la main-d'œuvre (OAED) gère les prestations et les services pour l'emploi par l'intermédiaire des agences locales pour l'emploi ; le Fonds unifié de sécurité sociale perçoit les cotisations.	**Critère démographique :** moins de 65 ans. **Statut de chômage :** être en chômage forcé. **Historique des cotisations :** périodes de cotisation minimales précédant le chômage (selon les catégories de travailleurs) ; droit à la prestation pour les travailleurs saisonniers : plus de 125 jours de cotisation au cours des 14 derniers mois. **Condition de ressources :** revenu maximal pour les indépendants. **Autres prestations :** ne pas percevoir de pension d'invalidité.	Être inscrit à l'agence pour l'emploi. Être capable de travailler et être disponible pour le faire.	**Montant forfaitaire de la prestation. Allocation supplémentaire pour charges familiales conditionnée par les ressources :** 10 % du salaire de l'assuré pour chaque personne à charge, jusqu'à maximum 70 %. **Prestation forfaitaire :** pour l'allocation saisonnière.	Jusqu'à 12 mois, en fonction de l'historique des cotisations.
Grèce AcC Idem que ci-dessus.	**Allocations pour les jeunes :** chômeurs de 20 à 29 ans. **Assistance spéciale au chômage pour les CLD :** Chômeurs de 20 à 66 ans n'ayant plus droit à l'assurance chômage (au chômage depuis plus d'un an) ; conditions de ressources : revenu annuel inférieur ou égal au seuil (ajusté pour chaque enfant).	Idem que ci-dessus.	**Montants forfaitaires des prestations.**	Jusqu'à 5 mois pour l'allocation des jeunes gens ; jusqu'à 12 mois pour AC spéciale pour CLD.

suite

Tableau 5A.3 *(suite)*

Programme et organisme	Conditions d'éligibilité	Conditions	Structures des prestations par individu	
			Calcul de la prestation	Durée
Koweït AC Depuis 2013. L'organisme public de sécurité sociale (conseil présidé par le ministre des Finances) administre le programme.	**Critères démographiques/ légaux :** être âgé de 18 à 60 ans et ressortissants koweïtiens. **Autres prestations :** ne peut prétendre à une pension de vieillesse. **Historique des cotisations :** période minimale de cotisations précédant les demandes de chômage.	S'inscrire au Programme de restructuration de la main-d'œuvre dans les 6 mois suivant la cessation d'emploi. Prendre l'emploi ou la formation qui devient disponible à travers ce programme.	**Prestation variable :** fixée à 60 % du dernier salaire mensuel de la personne plus la pension de vieillesse à laquelle l'assuré aurait droit dans le cadre de ce système complémentaire. **Plafond maximum.**	Jusqu'à 6 mois.
Maurice AC Depuis 1983. Ministère du Travail, des Relations industrielles et de l'Emploi (MdTRIE) et ministère de la Sécurité sociale, de la Solidarité nationale et des Institutions de réforme.	**Statut de chômage :** avoir été licencié pour des raisons économiques, technologiques ou structurelles affectant l'entreprise, ou résulter d'une rupture illégale du contrat de travail. **Catégories d'emploi :** travailleurs du secteur formel (à l'exception des fonctionnaires, employés des entreprises publiques, indépendants, travailleurs à temps partiel, travailleurs migrants). **Historique des contributions :** avoir plus de 6 mois d'emploi continu chez l'employeur au moment du licenciement.	S'inscrire et participer au Programme de travail du MdTRIE dans les 7 jours suivant le licenciement.	**Prestation variable :** fixée à 90 % du revenu de base de l'assuré. **Plancher minimum.**	3 à 12 mois.
Maurice AcC Depuis 1983. Le ministère de la Sécurité sociale, de la Solidarité nationale et des Institutions de réforme administre le programme d'AcC.	**Statut de chômage et membres de la famille :** Chômeur, chef de famille, personnes à charge. **Évaluation des ressources :** niveau des revenus évalué pour déterminer le montant des prestations.	Être prêt à travailler et apte à le faire. Rechercher activement un emploi. Être inscrit comme chômeur à la bourse du chômage depuis au moins 30 jours.	**Prestation variable :** condition de ressources jusqu'à un **plafond maximum.** **Prestation variable :** pour l'allocation de loyer (% du loyer jusqu'à un **plafond maximum**). **Prestations forfaitaires :** pour le conjoint, les enfants de différentes catégories d'âge. **Plancher minimum, plafond maximum.**	Jusqu'à 12 mois.

suite

Tableau 5A.3 *(suite)*

Programme et organisme	Conditions d'éligibilité	Conditions	Structures des prestations par individu	
			Calcul de la prestation	Durée
Moldavie AC Depuis 1992. Le ministère de la Santé, du Travail et de la Protection sociale et l'Agence nationale pour l'emploi administrent le programme.	**Statut juridique :** résidents moldaves. **Historique des cotisations :** plus de 9 mois d'emploi couvert au cours des 24 mois précédant la date d'inscription. **Critère économique/ évaluation des ressources :** n'avoir aucun revenu imposable.	Être inscrit auprès d'un bureau de placement. Être prêt à travailler et apte à le faire. Les prestations peuvent être réduites, reportées, suspendues ou supprimées si l'assuré est licencié pour avoir enfreint les règles de discipline du travail, avoir quitté son emploi sans motif valable, avoir enfreint les conditions d'un placement ou d'une formation professionnelle ou avoir introduit des demandes frauduleuses.	**Prestation variable :** déterminée comme un % du salaire moyen de l'assuré à sa dernière place ; le % varie selon la cause et les circonstances du chômage (30 %, 40 % ou 50 %). **Plancher minimum :** Salaire minimum. **Plafond maximum :** Salaire mensuel moyen national.	Jusqu'à 6, 9 ou 12 mois, en fonction du nombre d'années d'emploi précédentes.
République de Corée AC Depuis 1995. Le ministère de l'Emploi et du Travail (MdET) supervise le programme ; les bureaux de sécurité de l'emploi du MdET administrent le programme et versent les prestations ; le Service coréen d'indemnisation et de protection des travailleurs perçoit les cotisations.	**Critère démographique :** avoir moins de 65 ans. **Catégories d'emploi :** tous les employés ; couverture volontaire pour les indépendants ou ceux ayant plus de 5 employés. **Filtres d'exclusion :** personnes travaillant moins de 60 heures par mois ou moins de 15 heures par semaine, et travailleurs familiaux. **Historique des cotisations :** plus de 6 mois de cotisations au cours des 18 derniers mois.	Être inscrit auprès d'un bureau de sécurité de l'emploi. Être capable de travailler et disponible pour le faire. Des allocations supplémentaires « conditionnelles » sont versées aux chômeurs pour les encourager à se recycler ou à rechercher un emploi. Les services de l'emploi sont fournis à travers le Programme de stabilisation de l'emploi et le Programme de développement des compétences professionnelles.	**Prestation variable :** fixée à 50 % du salaire journalier moyen de l'assuré au cours des 3 mois précédant le chômage. **Plancher minimum, plafond maximum.** Les allocations conditionnelles supplémentaires comprennent l'allocation de réemploi anticipé, l'allocation de développement des capacités professionnelles et l'allocation de transport et de déménagement.	La prestation est versée après une période d'attente de 7 jours, et de maximum 90 jours pour les personnes ayant une couverture de 6 à 12 mois ; de maximum 240 jours pour les personnes ayant une couverture de plus de 10 ans, ou âgées de 50 ans ou plus, ou invalides.

suite

Tableau 5A.3 *(suite)*

Programme et organisme	Conditions d'éligibilité	Conditions	Structures des prestations par individu	
			Calcul de la prestation	Durée
Thaïlande AC Depuis 2004. Le ministère du Travail supervise ; le Bureau de la sécurité sociale perçoit les cotisations et verse les prestations ; le Département de l'emploi, dépendant du ministère du Travail, inscrit les chômeurs en vue d'un placement et d'une formation par le biais du Bureau du service public de l'emploi. Le Département du développement des compétences, dépendant du ministère du Travail, forme les chômeurs à de nouveaux emplois.	**Critère démographique :** avoir de 15 à 60 ans. **Statut de chômage :** interdiction de certains motifs de chômage (exercice malhonnête de fonctions, infraction pénale intentionnelle, violation grave des règles du travail, etc.) **Catégories d'emploi :** salariés inclus ; indépendants exclus. **Historique des cotisations :** plus de 6 mois de cotisations au cours des 15 mois précédant le chômage.	S'inscrire auprès de l'Office public de l'emploi. Être prêt et capable d'accepter toute offre d'emploi appropriée. Se présenter au moins une fois par mois au service public de l'emploi. L'Office de sécurité sociale peut suspendre le versement des prestations en cas de non-respect des conditions.	**Prestation variable :** fixée à 50 % du salaire de l'assuré (3 mois les plus élevés des 9 derniers mois) pour les chômeurs non volontaires ; 30 % pour les chômeurs volontaires. **Plafond maximum.**	Jusqu'à 180 jours pour les chômeurs non volontaires. Jusqu'à 90 jours pour les chômeurs volontaires.

suite

Tableau 5A.3 *(suite)*

Programme et organisme	Conditions d'éligibilité	Conditions	Structures des prestations par individu	
			Calcul de la prestation	Durée
Turquie AC Depuis 1999 avec les plus récentes réformes en 2008. Le ministère du Travail et de la Sécurité sociale supervise le programme ; l'Organisme de sécurité sociale est responsable de la collecte des cotisations ; l'Agence pour l'emploi (IKSUR) administre le programme.	**Critère démographique :** avoir 18 ans ou plus. **Catégories d'emploi :** Les salariés ayant des contrats privés ou publics et certains autres groupes. **Historique des cotisations :** plus de 600 jours de cotisation au cours des 3 années précédant le chômage, dont les 120 derniers jours d'emploi.	Être inscrit et disponible pour un emploi approprié.	**Prestation variable :** fixée à 50 % des gains quotidiens moyens établis sur les 4 derniers mois. **Plafond maximum :** en fonction du secteur d'activité dans lequel l'assuré a travaillé.	Jusqu'à 180 jours, 240 jours ou 300 jours selon le nombre de jours de cotisation.

Sources : Administration de la sécurité sociale avec l'Administration internationale de la sécurité sociale (AISS) ; https://www.ssa.gov/policy/docs/progdesc/ssptw/2016, 2017, 2018 selon le pays et la région. Certaines informations proviennent également de l'inventaire des programmes de socialprotection.org, http://socialprotection.org/discover/programme/search, complété par des sources gouvernementales spécifiques au pays dans certains cas.

Note : DD = Durée déterminée ; CLD = chômeur de longue durée ; MdT = ministère du Travail ; EP = entreprise publique ; AcC = aide en cas de chômage ; AC = assurance chômage.

Tableau 5A.4 Structures des prestations pour l'assistance aux personnes en situation d'handicap et des prestations d'assurance invalidité

Programme et organisme	Conditions d'éligibilité	Structures des prestations par individu	
		Calcul des prestations	Durée/limite dans le temps
Afrique du Sud Prestations d'assistance aux personnes en situation de handicap Depuis 2004. Le ministère du Développement social supervise le programme ; l'Agence sud-africaine de sécurité sociale administre le programme.	**Critère démographique :** être âgé de 18 à 59 ans. **Statut d'invalidité :** être reconnu comme temporairement handicapé depuis plus de six mois. L'invalidité doit être confirmée par une évaluation médicale. **Conditions de revenus (revenus et biens) avec des seuils d'éligibilité absolus :** le revenu annuel doit être inférieur à 73 800 ZAR pour une personne seule ou inférieur à 147 600 ZAR pour un couple ; le montant des biens doit être inférieur à 1 056 000 ZAR pour une personne seule ou inférieur à 2 112 000 ZAR pour un couple. **Critères spécifiques :** droit à l'allocation pour assistance constante (la personne en situation de handicap a besoin de l'assistance constante d'autres personnes pour accomplir ses fonctions quotidiennes). **Pas d'autres prestations :** les bénéficiaires ne peuvent percevoir qu'une seule prestation sociale à la fois.	**Prestations forfaitaires :** pour la subvention d'aide sociale aux personnes en situation de handicap et pour l'allocation pour soignant (plus faible).	Aucune mention.

suite

Tableau 5A.4 *(suite)*

Programme et organisme	Conditions d'éligibilité	Structures des prestations par individu	
		Calcul des prestations	Durée/limite dans le temps
Afrique du Sud Assurance invalidité des travailleurs Depuis 1993. Le ministère du Travail supervise le programme ; le commissaire à l'indemnisation administre le programme, y compris les décisions relatives aux demandes d'indemnisation et la gestion des fonds à partir desquels les indemnités sont versées.	**Évaluation du handicap :** temporaire ou permanent et partiel ou total (degré d'invalidité). Confirmé par une évaluation médicale. **Catégorie d'emploi :** personnes employées travaillant plus de 24 heures par mois, y compris les travailleurs domestiques et saisonniers. **Filtres d'exclusion :** fonctionnaires, stagiaires, étrangers travaillant sous contrat et personnes bénéficiant d'une indemnité du fonds de compensation pour accident du travail ou maladie professionnelle.	**Prestations variables en cas d'invalidité totale, en fonction de l'historique des revenus :** Pour une invalidité reconnue comme totale (100 %), la prestation est fixée à 75 % du dernier salaire mensuel de l'assuré. **Prestations variables en cas d'invalidité partielle, en fonction du degré d'invalidité et de l'historique des revenus :** pour une invalidité reconnue comme partielle, le pourcentage des revenus est déterminé par le Bureau du commissaire à l'indemnisation. Si le degré d'invalidité reconnu est compris entre 31 % et 99 %, un pourcentage de la pension complète est versé en fonction de ce degré d'invalidité. Si le degré d'invalidité reconnu est inférieur ou égal à 30 %, une somme forfaitaire pouvant atteindre 15 fois le dernier revenu mensuel de l'assuré est versée. **Plancher minimum et plafond maximum :** pour les revenus et les prestations.	Pour une incapacité temporaire : maximum 12 mois, pouvant être prolongés jusqu'à 24 mois après une nouvelle évaluation de l'invalidité.

suite

		Structures des prestations par individu	
Programme et organisme	Conditions d'éligibilité	Calcul des prestations	Durée/limite dans le temps
Albanie Prestations de l'assurance invalidité Depuis 1993. Ministère des Finances et de l'Économie ; Institut d'assurance sociale ; Direction générale des impôts.	**Évaluation fonctionnelle du handicap :** être évalué comme souffrant d'une invalidité totale (aveugle, gravement handicapé ou incapable d'effectuer tout travail) ; ou partielle (incapable d'effectuer un travail habituel, mais capable de travailler sous certaines conditions). Pour une invalidité partielle, la perte de capacité de travail doit être comprise entre 33 % et 67 %. La commission médicale évalue le degré d'invalidité. **Historique des emplois et des cotisations :** avoir été couvert pendant au moins 75 % du temps depuis l'âge de 20 ans, dont au moins un an au cours des cinq années précédant le début de l'invalidité. **Critères spécifiques :** un supplément pour présence constante est versé si l'assuré a besoin de l'assistance constante d'autres personnes pour accomplir ses fonctions quotidiennes.	**Prestation variable en fonction des cotisations et de l'historique des revenus :** la pension mensuelle correspond au rapport entre la période de couverture de l'assuré et la période de couverture requise par la loi, multiplié par le montant de la pension sociale de vieillesse, plus 1 % du salaire moyen couvert de l'assuré pour chaque année de couverture. Pension d'invalidité partielle : 50 % de la pension d'invalidité totale est versée. Supplément forfaitaire en cas d'invalidité totale. Supplément pour présence constante : 15 % du salaire moyen couvert de l'assuré. **Plancher minimum :** la pension d'invalidité mensuelle minimale est de 75 % du salaire minimum mensuel légal. **Ajustement des prestations :** les prestations sont ajustées chaque année.	Aucune mention.

suite

Tableau 5A.4 *(suite)*

Programme et organisme	Conditions d'éligibilité	Structures des prestations par individu	
		Calcul des prestations	Durée/limite dans le temps
Albanie Prestations d'assistance aux personnes en situation de handicap Depuis 1993. Ministère des Finances et de l'Économie ; Institut d'assurance sociale.	**Critères démographiques/légaux :** être citoyen albanais **Statut d'invalidité :** être reconnu comme ayant un handicap physique, sensoriel, mental ou psychologique acquis à la naissance, à la suite d'un accident ou d'une maladie. **Aucun historique de cotisations :** aucune exigence de cotisation pour la pension d'invalidité de l'assurance sociale.	**Prestations variables selon la catégorie d'invalidité :** montants spécifiés pour différentes catégories : incapacité non liée au travail ; paraplégie ou tétraplégie (due à des causes liées ou non au travail) ; cécité. **Ajustement des prestations :** les prestations sont ajustées annuellement sur la base des décisions du Conseil des ministres (DCM).	Aucune mention.
Argentine Prestation d'assistance aux personnes en situation de handicap Lois en vigueur : 1971 et 2016. Le ministère du Développement social supervise les programmes d'aide sociale. La Commission nationale des pensions administre les programmes de pension d'assistance sociale.	**Critères démographiques/légaux :** être plus jeune que l'âge normal de la retraite. Les citoyens naturalisés doivent avoir au moins 5 ans de résidence immédiatement avant la demande de pension ; les résidents étrangers doivent avoir au moins 20 ans de résidence. **Statut d'invalidité fonctionnelle :** avoir au moins 76 % de perte de capacité de revenu reconnue. **Pas d'autres aides :** ne bénéficier d'aucune autre pension ni d'aucun soutien nutritionnel de la part des membres de la famille. Les médecins des établissements de santé publique évaluent le degré d'invalidité.	**Prestation par personne en % du salaire minimum :** 70 % de la pension de vieillesse minimale (pension de vieillesse de base, pension compensatoire et pension complémentaire) sont versés. Des prestations supplémentaires peuvent être versées pour les personnes à charge au titre des allocations familiales. **Ajustement des prestations :** les prestations sont ajustées en même temps que la pension minimale.	La pension d'invalidité s'arrête à l'âge normal de la retraite et est remplacée par une pension de vieillesse universelle.

suite

Tableau 5A.4 *(suite)*

Programme et organisme	Conditions d'éligibilité	Structures des prestations par individu	
		Calcul des prestations	Durée/limite dans le temps
Bahreïn Prestations d'assurance invalidité Depuis 1976. Le ministère des Finances assure la supervision générale ; l'Organisation de l'assurance sociale, gérée par un conseil d'administration, administre le programme.	**Critères démographiques/ légaux :** être un citoyen bahreïni travaillant au Bahreïn/Conseil de coopération du Golfe. L'assuré doit avoir moins de 60 ans (hommes) ou de 55 ans (femmes) au début de l'invalidité. **Historique des cotisations :** avoir au moins 6 mois consécutifs de cotisations immédiatement avant le début de l'invalidité ou 12 mois non consécutifs dont 3 mois immédiatement avant le début de l'invalidité. La pension est également versée si l'invalidité a commencé dans l'année qui a suivi l'arrêt des cotisations.	**Prestation variable en fonction de l'historique des revenus et des cotisations :** la pension est égale à 44 % du revenu mensuel moyen de l'assuré au cours de la dernière année de cotisation précédant le début de l'invalidité ou à 2 % du revenu moyen de l'assuré au cours de la dernière année de cotisation, multiplié par le nombre d'années de cotisation, le montant le plus élevé étant retenu. **Plancher minimum :** la pension minimale est égale à 44 % du salaire mensuel moyen de l'assuré au cours de la dernière année de cotisation ou à 180 dinars, le montant le plus élevé étant retenu ; un assuré ayant un revenu inférieur à 180 dinars perçoit une pension égale à 100 % de son salaire moyen ayant donné lieu à contribution au cours de la dernière année. **Plafond maximum :** la pension maximale est de 80 % du revenu moyen de l'assuré, plus un supplément de 10 % de la pension. Au lieu de ces 10 % supplémentaires, le bénéficiaire peut opter pour un montant forfaitaire de 3 % du revenu mensuel moyen des deux dernières années, multiplié par 12 fois le nombre d'années couvertes.	Aucune mention.

suite

Tableau 5A.4 *(suite)*

Programme et organisme	Conditions d'éligibilité	Structures des prestations par individu	
		Calcul des prestations	Durée/limite dans le temps
Brésil Pension sociale d'invalidité (BPC – *Beneficio de Prestacao Continuada*) Depuis 1993. L'Institut national de sécurité sociale gère les prestations.	**Statut d'invalidité :** être reconnu comme souffrant d'un handicap. **Conditions de ressources :** le revenu mensuel du ménage doit être inférieur à 25 % du salaire minimum légal mensuel par personne.	**Prestation forfaitaire = salaire minimum.** La prestation mensuelle correspond au salaire minimum légal mensuel. **Ajustement des prestations :** les prestations sont adaptées annuellement en fonction de l'évolution du salaire minimum.	Aucune, mais l'éligibilité est revue tous les deux ans.
Bulgarie Prestations d'aide aux personnes en situation de handicap Depuis 1924. Lois en vigueur des années 2000. Ministère du Travail et de la Politique sociale.	**Critères démographiques :** être âgé de 16 ans ou plus. **Invalidité fonctionnelle :** avoir une perte de capacité de travail reconnue d'au moins 71 %. La perte de capacité de travail est évaluée par les commissions d'experts médicaux du ministère de la Santé.	**Prestation variable en fonction du degré d'invalidité :** 120 % du montant mensuel de la pension sociale de vieillesse sont versés pour une perte de capacité de travail reconnue supérieure à 90 % ; 110 % pour une perte de capacité de travail reconnue entre 71 % et 90 %.	Aucune mention.
Géorgie Prestations d'aide aux personnes en situation de handicap (pension sociale pour personnes en situation de handicap) Depuis 1956. Le ministère du Travail, de la Santé et des Affaires sociales supervise le programme ; l'Agence des services sociaux administre le programme, avec les bureaux régionaux et locaux de l'ASS (guichets uniques/ centres de services).	**Statut d'invalidité :** être reconnu comme souffrant d'un handicap. **Aucun autre soutien :** la pension est versée à une personne ou à une famille sans autre moyen de subsistance.	**Prestation forfaitaire par personne :** mensuelle **Ajustement des prestations :** les prestations sont ajustées sur une base *ad hoc*.	Aucune mention.

suite

Programme et organisme	Conditions d'éligibilité	Structures des prestations par individu	
		Calcul des prestations	Durée/limite dans le temps
Jamaïque Prestations d'invalidité Depuis 1965. Le ministère du Travail et de la Sécurité sociale administre les prestations par l'intermédiaire de sa Division de l'assurance nationale et de ses bureaux locaux ; l'Administration fiscale jamaïcaine perçoit les cotisations.	**Invalidité fonctionnelle :** avoir une incapacité de travail permanente reconnue d'au moins 10 %. Un médecin-conseil indépendant nommé par le ministère du Travail et de la Sécurité sociale évalue l'incapacité. **Historique des cotisations :** avoir plus de 156 semaines de cotisations payées.	**Prestation variable en fonction du degré d'invalidité :** la prestation hebdomadaire est établie à l'intérieur d'une fourchette de prestations dépendant du degré d'invalidité reconnu, de 10 % à 100 %. **Prestations forfaitaires :** Supplément hebdomadaire pour le conjoint ; la prestation supplémentaire d'invalidité est versée sous forme d'un montant forfaitaire.	Aucune mention.
Koweït Pension d'assurance invalidité Depuis 1995. L'Organisme public de sécurité sociale, géré par un conseil d'administration et présidé par le ministre des Finances, administre le programme.	**Statut d'invalidité fonctionnelle :** avoir un degré d'incapacité de travail reconnu supérieur à 50 %. Le conseil médical général évalue le degré d'invalidité.	**Prestation variable en fonction des cotisations et des revenus :** la prestation est égale à 65 % (75 % pour les militaires) du dernier revenu mensuel de l'assuré, majoré de 2 % pour chaque année de cotisation au-delà de 15 ans, jusqu'à 95 % du revenu (100 % pour les militaires). L'assuré est crédité d'années de cotisation depuis la date du début de l'invalidité jusqu'à l'âge de 60 ans. **Ajustement des prestations :** ajustements forfaitaires apportés aux prestations tous les 3 ans.	Jusqu'à 60 ans.

suite

Tableau 5A.4 *(suite)*

Programme et organisme	Conditions d'éligibilité	Structures des prestations par individu	
		Calcul des prestations	Durée/limite dans le temps
Maurice Prestations universelles de base d'assistance aux personnes en situation de handicap Depuis 1976. Ministère de la Sécurité sociale, de la Solidarité nationale et des Institutions de réforme.	**Critères démographiques/légaux :** être âgé de 15 à 59 ans ; pas de condition de résidence pour les citoyens mauriciens ; les non-ressortissants doivent avoir résidé à Maurice pendant au moins cinq des dix dernières années, dont une année précédant immédiatement la demande. **Statut d'invalidité :** être atteint d'une invalidité de plus de 60 % prévue pour durer au moins 12 mois ; une commission médicale doit reconnaître l'invalidité. **Critères spécifiques :** allocation pour présence constante versée aux bénéficiaires de la pension d'invalidité de base qui ont besoin de l'assistance constante d'autres personnes pour accomplir leurs tâches quotidiennes.	**Prestations forfaitaires :** Par personne.	Aucune mention.
Maurice Prestations de l'assurance invalidité Depuis 1976. Ministère de la Sécurité sociale, de la Solidarité nationale et des Institutions de réforme.	**Statut d'invalidité :** être reconnu comme souffrant d'une invalidité d'au moins 60 % qui devrait durer au moins 12 mois. Une commission médicale doit reconnaître l'invalidité.	**Prestations variables :** selon l'historique des cotisations et les projections actuarielles.	Aucune mention.

suite

Tableau 5A.4 *(suite)*

Programme et organisme	Conditions d'éligibilité	Structures des prestations par individu	
		Calcul des prestations	Durée/limite dans le temps
Moldavie Prestations d'assistance aux personnes en situation de handicap (pension sociale) Depuis 1956, loi en vigueur de 1999. Le ministère de la Santé, du Travail et de la Protection sociale est responsable de la politique de sécurité sociale ; l'Office national d'assurance sociale administre les programmes.	**Statut d'invalidité : (classifications médicales) :** les personnes souffrant d'un handicap grave, important ou moyen remontant à l'enfance ; les enfants de moins de 18 ans souffrant d'un handicap grave, important ou moyen ; et les adultes reconnus comme souffrant d'un handicap du groupe I, II ou III. **Aucune autre couverture :** pour ceux qui ne remplissent pas les conditions de couverture pour une pension d'invalidité de l'assurance sociale. **Allocation pour soignant :** versée aux personnes s'occupant d'un enfant de moins de 18 ans souffrant d'un handicap grave, d'une personne souffrant d'un handicap grave remontant à l'enfance ou d'un aveugle souffrant d'un handicap grave.	**Prestation variable en fonction du degré d'invalidité :** la pension sociale d'invalidité mensuelle la plus élevée est versée à une personne souffrant d'un handicap grave remontant à l'enfance ou âgée de moins de 18 ans ; un montant légèrement inférieur est versé pour un handicap important ; et un montant mensuel encore plus bas pour un handicap moyen. Les niveaux de prestations varient également pour les adultes souffrant d'un handicap du groupe I, II ou III qui ne remplissent pas les conditions de couverture pour une pension d'invalidité de l'assurance sociale (le plus élevé pour le groupe I, modéré pour le groupe II, inférieur pour le groupe III). **Montant forfaitaire :** pour l'allocation pour soignant. **Ajustement des prestations :** les prestations sont ajustées en avril sur base de l'évolution des prix à la consommation de l'année précédente.	Aucune mention.
Thaïlande Assurance invalidité Depuis 1990.	**Statut d'invalidité :** être incapable de travailler ; des médecins-conseils désignés par l'Office de la sécurité sociale évaluent chaque année le degré d'invalidité.	**Prestation variable en fonction de l'historique des revenus :** 50 % du salaire journalier moyen de l'assuré au cours des 3 mois les mieux rémunérés des 9 mois précédant le début de l'invalidité.	La prestation est versée jusqu'au décès ou jusqu'à la réadaptation du pensionné.

suite

Tableau 5A.4 *(suite)*

Programme et organisme	Conditions d'éligibilité	Structures des prestations par individu	
		Calcul des prestations	Durée/limite dans le temps
Le ministère du Travail assure la supervision générale ; le Bureau de la sécurité sociale perçoit les cotisations et verse les prestations.	**Historique des cotisations :** avoir cotisé pendant au moins 3 mois au cours des 15 mois précédant le début de l'incapacité physique ou mentale totale. La prestation est versée après la fin du droit à l'indemnité de maladie en espèces.	**Plancher minimum et plafond maximum :** pour les revenus. **Ajustement des prestations :** les prestations sont ajustées sur une base *ad hoc* en fonction de l'évolution du coût de la vie.	Réévaluation annuelle.
Turquie Assurance invalidité Depuis 1957, lois en vigueur depuis les années 2000. Le ministère du Travail et de la Sécurité sociale supervise ; l'Organisme de la sécurité sociale perçoit les cotisations et administre le programme.	**Handicap fonctionnel :** être reconnu comme ayant une perte de capacité de travail d'au moins 60 %. **Historique des emplois et des cotisations :** avoir été employé et avoir au moins 10 années de couverture, dont au moins 1 800 jours de cotisations payées. L'exigence relative aux années de couverture est supprimée si l'assuré a besoin d'une présence constante. **Critères spécifiques :** allocation pour présence constante (l'assuré a besoin de la présence constante d'autres personnes pour accomplir ses tâches quotidiennes).	**Prestation variable en fonction de l'historique des revenus :** la pension correspond au salaire mensuel moyen de l'assuré multiplié par le taux d'accumulation. Le salaire mensuel moyen correspond à la rémunération totale de l'assuré au cours de sa vie divisée par le nombre total de jours de cotisations payées avant le début de l'invalidité, multiplié par 30. Majoration de 10 % pour l'allocation pour présence constante (allocation pour soignant). **Ajustement des prestations :** Les prestations sont ajustées en janvier et en juillet de chaque année en fonction de l'évolution de l'indice des prix à la consommation.	Aucune mention.

Sources : Administration de la sécurité sociale avec l'Administration internationale de la sécurité sociale (AISS), https://www.ssa.gov /policy/docs/progdesc/ssptw/2016, 2017, 2018 selon le pays et la région. Certaines informations proviennent également de l'inventaire des programmes de socialprotection.org, http://socialprotection.org/discover/programme/search, complétée dans certains cas par des sources gouvernementales spécifiques aux pays.

Notes

1. Ces phases peuvent ou non être réalisées dans cet ordre, et certaines peuvent être combinées.
2. Ces phases peuvent ou non être réalisées dans cet ordre, et certaines peuvent être combinées. Pour les cas d'accueil, d'enregistrement et d'évaluation multi-programmes, les dispositions institutionnelles de la phase d'évaluation peuvent être confiées à un organisme autre que les programmes (comme pour un registre social), tandis que les décisions d'éligibilité relèvent généralement de la juridiction institutionnelle de chaque programme.
3. Le programme a récemment été transformé et n'existe plus en tant que TMC en raison de l'évolution de la politique sociale du Mexique.
4. Les seuils relatifs fonctionnent à la manière d'une « notation sur une courbe » où la note de chaque étudiant dépend des performances des autres. Ainsi, un élève 1 ayant un résultat de 85 % dans une classe peu performante peut obtenir un A, alors qu'un élève 2 affichant également 85 % pour le même examen peut n'avoir qu'un B malgré sa performance comparable, car il fait partie d'une classe relativement plus performante.
5. Une ressource pour les plans d'action individualisés figure dans Tubb (2012).
6. Dans certains cas, les donateurs ou autres organismes exploitent des plateformes numériques pour la gestion intégrée des bénéficiaires et des prestations. Par exemple, SCOPE, du Programme alimentaire mondial est une plateforme numérique interne de gestion des bénéficiaires et des transferts qui importe des données sur les bénéficiaires d'un programme, utilise des fonctions biométriques pour saisir et stocker des données d'identité afin de les authentifier au point d'enregistrement, élimine les doublons dans les données sur les bénéficiaires, gère les droits de ceux-ci, administre la fourniture des prestations par l'intermédiaire de prestataires de services de paiement commerciaux (en espèces ou mobiles) avec une authentification multifactorielle (carte SCOPE, carte d'identité des ménages à code-barres, code PIN, biométrie), et fournit des analyses sur les opérations du programme. (Tiré de discussions avec le personnel du Programme alimentaire mondial des Nations unies à Washington, DC, en mars 2017, et d'une présentation sur SCOPE à Beyrouth, en août 2016.)

Bibliographie

Almeida, Rita, Juliana Arbelaez, Maddalena Honorati, Arvo Kuddo, Tanja Lohmann, Mirey Ovadiya, Lucian Pop, Maria Laura Sanchez Puerta, and Michael Weber. 2012. "Improving Access to Jobs and Earnings Opportunities: The Role of Activation and Graduation Policies in Developing Countries." Social Protection and Labor Discussion Paper 1204, World Bank, Washington, DC.

Beegle, Kathleen, Aline Coudouel, and Emma Monsalve, eds. 2018. *Realizing the Full Potential of Social Safety Nets in Africa*. Africa Development Forum Series. Washington, DC: World Bank.

Brito Leal Ivo, Anete, and Alessandra Buarque de A. Silva. 2011. "O hiato do direito dentro do direito: Os excluídos do BPC." *Revista Katálysis* 14 (1): 32–40.

Brown, Alessio JG, and Johannes Koettl. 2015. "Active Labor Market Programs—Employment Gain or Fiscal Drain?" *IZA Journal of Labor Economics* 4 (12): 1–36. https://doi.org/10.1186/s40172-015-0025-5.

Chile, Ministry of Social Development and Family. 2017. "Household Social Registry: System That Supports the Selection of Users of Social Benefits." Undersecretary of Social Evaluation, Ministry of Social Development and Family, Santiago.

Coady, David, Margaret Grosh, and John Hoddinott. 2004. *Targeting of Transfers in Developing Countries: Review of Lessons and Experience*. Regional and Sectoral Studies. Washington, DC: World Bank.

del Ninno, Carlo, and Bradford Mills, eds. 2015. *Safety Nets in Africa: Effective Mechanisms to Reach the Poor and Most Vulnerable*. Africa Development Forum Series. Washington, DC: World Bank and Agence Française de Développement.

European Commission. 2014. "European Minimum Income Network Country Report: Romania." European Commission, Brussels, Belgium.

Grosh, Margaret E. 1994. "Administering Targeted Social Programs in Latin America: From Platitudes to Practice." World Bank, Washington, DC.

Grosh, Margaret, Carlo del Ninno, Emil Tesliuc, and Azedine Ouerghi. 2008. *For Protection and Promotion: The Design and Implementation of Effective Safety Nets*. Washington, DC: World Bank.

Grosh, Margaret, and Kathy Lindert. 2018. "Design Choices for Cash Transfer Programs." Slide presentation at the World Bank's Social Safety Nets and Delivery Systems Core Course, Washington, DC.

Handa, Sudhanshu, Carolyn Huang, Nicola Hypher, Clarissa Teixeira, Fabio V. Soares, and Benjamin Davis. 2012. "Targeting Effectiveness of Social Cash Transfer Programmes in Three African Countries." *Journal of Development Effectiveness* 4 (1): 78–108.

ICBS (Ideal Consulting and Business Services). 2018. "Beneficiary Verification and Technical Audit of the Social Cash Transfer Programme in New World Bank Funded Districts." Final consultant report on Malawi's Social Cash Transfer Programme.

IME (Institute for Market Economics). 2015. "Challenges Faced by Social Assistance in Bulgaria." IME, Sofia, Bulgaria.

Immervoll, Herwig, and Carlo Knotz. 2018. "How Demanding Are Activation Requirements for Jobseekers?" IZA Discussion Paper 11704, Institute of Labor Economics, Bonn, Germany.

Indonesia, Office of the Vice President. 2015. "Indonesia's Unified Database for Social Protection Programmes: Management Standards." National Team for the Acceleration of Poverty Reduction, Secretariat of the Vice President of the Republic of Indonesia, Jakarta.

Jeliazkova, Maria, and Douhomir Minev. 2014. "European Minimum Income Network Country Report: Bulgaria." European Commission, Brussels, Belgium.

Karippacheril, Tina George. 2019. «Integrated Social Information Systems.» Webinar to conference at ADB Manila, September 12, 2019. World Bank, Washington, DC.

Karippacheril, Tina George. 2019. «Integrated Social Information Systems and Social Registries.» Webinar to Socialprotection.org, October 3, 2019. World Bank, Washington, DC.

Karippacheril, Tina George, and Phillippe Leite. 2019. «Integrated Social Information Systems and Social Registries.» Social Safety Nets and Delivery Systems Core Course, October 2019. World Bank, Washington, DC

Karippacheril, Tina George, and Anita Mittal. Forthcoming. "IPSA Toolkit on Integrated Social Information Systems." World Bank, Washington, DC.

Konle-Seidl, Regina. 2011. "Profiling Systems for Effective Labour Market Integration: Use of Profiling for Resource Allocation, Action Planning, and Matching." European Commission Mutual Learning Programme for Public Employment Services: DG Employment, Social Affairs, and Inclusion, Brussels, Belgium.

Kuddo, Arvo. 2009. "Employment Services and Active Labor Market Programs in Eastern European and Central Asian Countries." Social Protection and Labor Discussion Paper 0918, Human Development Network, World Bank, Washington, DC.

Kuddo, Arvo. 2012. "Public Employment Services and Activation Policies." Social Protection and Labor Discussion Paper 1215, World Bank, Washington, DC.

Kurekova, Lucia Mytna. 2014. "Review of Profiling Systems, Categorization of Jobseekers and Calculation of Unit Service Costs in Employment Services: Implications and Applications for Slovakia." Central European Labour Studies Institute, Bratislava, Slovak Republic.

Leite, Phillippe, Tina George, Changqing Sun, Theresa Jones, and Kathy Lindert. 2017. "Social Registries for Social Assistance and Beyond: A Guidance Note and Assessment Tool." Social Protection and Labor Discussion Paper 1704, World Bank, Washington, DC. http://documents.worldbank.org/curated/en/698441502095248081/Social-registries-for-social-assistance-and-beyond-a-guidance-note-and-assessment-tool.

Lindert, Kathy. 2005. "Implementing Means-Tested Welfare Systems in the United States." Social Protection Discussion Paper 0532, World Bank, Washington, DC.

Lindert, Kathy, Colin Andrews, Chipo Msowoya, Boban Varghese Paul, Elijah Chirwa, and Anita Mittal. 2018. "Rapid Social Registry Assessment: Malawi's Unified Beneficiary Registry (UBR)." Social Protection and Jobs Discussion Paper 1803, World Bank, Washington, DC. http://documents.worldbank.org/curated/en/363391542398737774/Rapid-Social-Registry-Assessment-Malawis-Unified-Beneficiary-Registry-UBR.

Lindert, Kathy, Tina George Karippacheril, and Phillippe Leite. 2018. «Social Registries, Beneficiary Registries, and Integrated Social Information Systems.» Social Safety Nets and Delivery Systems Core Course, May. World Bank, Washington, DC.

Lindert, Kathy, Anja Linder, Jason Hobbs, and Benedicte de la Briere. 2007. "The Nuts and Bolts of Brazil's Bolsa Família Program: Implementing Conditional Cash Transfers in a Decentralized Context." Social Protection Discussion Paper 0709, World Bank, Washington, DC.

Louback da Silva, Naiane. 2012. "A judicialização do Benefício de Prestação Continuada da assistencia social." *Serviço Social e Sociedade* 111 (July/September): 555–75.

Loxha, Artan, and Matteo Morgandi. 2014. "Profiling the Unemployed: A Review of OECD Experiences and Implications for Emerging Economies." Social Protection and Labor Discussion Paper 1424, World Bank, Washington, DC.

Marini, Alessandra, Michele Zini, Eleni Kanavitsa, and Alexandro Karakitsios. 2016. "Greece: Initial Support to the Guaranteed Minimum Income Rollout: Process Evaluation of the First Phase of the GMI Rollout." Social Protection and Labor Global Practice, World Bank, Washington, DC.

Maryland Developmental Disabilities Administration. 2018. Low-Intensity Support Services Program (eligibility guide, application form, frequently asked questions). https://dda.health.maryland.gov/Pages/liss.aspx.

Mazza, Jacqueline. 2017. *Labor Intermediation Services in Developing Economies: Adapting Employment Services for a Global Age*. Cham, Switzerland: Palgrave Macmillan.

Meneguetti Pereira, Luciano. 2012. "Análise crítica do Benefício de Prestação Continuada e sua efetivação pelo judiciário." *Revista CEJ* 56 (January/April): 15–27.

Mostafa, Joana, and Natália G. D. Sátyro. 2014. "Cadastro Único: A Registry Supported by a National Public Bank." Working Paper 126, International Policy Centre for Inclusive Growth, Brasilia, Brazil.

OECD (Organisation for Economic Co-operation and Development). 2014. *Connecting People with Jobs: Activation Policies in the United Kingdom*. Paris: OECD Publishing. https://doi.org/10.1787/9789264217188-en.

OECD (Organisation for Economic Co-operation and Development). 2015. *OECD Employment Outlook 2015.* Paris: OECD Publishing. https://doi.org/10.1787/empl_outlook-2015-en.

Ortakaya, Ahmet Fatih. 2018. "Improving Efficiency with Turkey's Integrated Social Assistance System: Before and After." Internal note, World Bank, Washington, DC.

Scoppetta, Anette, and Arthur Buckenleib. 2018. "Tackling Long-Term Unemployment through Risk Profiling and Outreach." Technical Dossier 6, ESF Transnational Platform, European Commission, Brussels, Belgium.

Social Security Administration. 2017a. "Social Security Programs throughout the World: Africa, 2017." Social Security Administration, Washington, DC. https://www.ssa.gov/policy/docs/progdesc/ssptw/2016-2017/africa/index.html.

Social Security Administration. 2017b. "Social Security Programs throughout the World: Asia and the Pacific, 2016." Social Security Administration, Washington, DC. https://www.ssa.gov/policy/docs/progdesc/ssptw/2016-2017/asia/ssptw16asia.pdf.

Social Security Administration. 2018a. "Social Security Programs throughout the World: The Americas, 2017." Social Security Administration, Washington, DC. https://www.ssa.gov/policy/docs/progdesc/ssptw/2016-2017/americas/index.html.

Social Security Administration. 2018b. "Social Security Programs throughout the World: Europe, 2018." Social Security Administration, Washington, DC. https://www.ssa.gov/policy/docs/progdesc/ssptw/2018-2019/europe/index.html.

Stubbs, Paul, and Sinisa Zrinscak. 2015. "ESPN Thematic Report on Minimum Income Schemes: Croatia." European Commission, Brussels, Belgium.

Sundaram, Ramya, and Nithin Umapathi. 2016. "Greece Social Welfare Review: Institutional Mapping." Social Protection and Labor Global Practice, World Bank, Washington, DC

Tesliuc, Emil, Lucian Pop, Margaret Grosh, and Ruslan Yemtsov. 2014. *Income Support for the Poorest: A Review of Experience in Eastern Europe and Central Asia.* Directions in Development Series. Washington, DC: World Bank.

Thompson, Terri S., Asheley Van Ness, and Carolyn T. O'Brien. 2001. *Screening and Assessment in TANF/Welfare-to-Work: Local Answers to Difficult Questions.* Washington, DC: U.S. Department of Health and Human Services; Washington, DC: Urban Institute.

Tubb, Helen. 2012. "Activation and Integration: Working with Individual Action Plans: Toolkit for Public Employment Services." European Commission Mutual Learning Programme for Public Employment Services:

DG Employment, Social Affairs, and Inclusion, Brussels, Belgium.

Turkey, Ministry of Family and Social Policy. 2017a. "ISAS Butunlesik: Turkey's Integrated Social Assistance System." Presentation to the government of Turkey.

Turkey, Ministry of Family and Social Policy. 2017b. "Turkey's Integrated Social Assistance System." Ministry of Family and Social Policy, Ankara; World Bank, Washington, DC.

Vardaramatou, Dina, and Ioanna Pertsinidou. 2018. "EMIN Context Report: Greece." European Commission, Brussels, Belgium.

Velarde, Rashiel B. 2018. "The Philippines' Targeting System for the Poor: Successes, Lessons, and Ways Forward." Social Protection Policy Note 16, World Bank and Australian Aid, Washington, DC.

Waddington, Lisa, et al. 2018. «Disability Assessment in European States: ANED Synthesis Report.» Academic Network of European Disability Experts (ANED).

Wiseman, William. 2015. "Turkey's Integrated Social Assistance Service System: Case Study." Mimeo. World Bank, Washington DC.

World Bank. 2015. "Romania: Major Social Assistance Benefits." Informal note, World Bank, Washington, DC.

World Bank. 2016. *Evaluating Tanzania's Productive Social Safety Net: Targeting Performance, Beneficiary Profile, and Other Baseline Findings.* Washington, DC: World Bank. http://documents.worldbank.org/curated/en/273011479390056768/Evaluating-Tanzanias-productive-social-safety-net-targeting-performance-beneficiary-profile-and-other-baseline-findings.

World Bank. 2017. *A Fair Adjustment: Efficiency and Equity of Public Spending in Brazil: Volume 1—Overview (English).* Washington, DC: World Bank. http://documents.worldbank.org/curated/en/643471520429223428/Volume-1-Overview.

World Bank. 2018a. *Guidelines for ID4D Diagnostics.* Washington, DC: World Bank. http://documents.worldbank.org/curated/en/370121518449921710/Guidelines-for-ID4D-Diagnostics.pdf.

World Bank. 2018b. "Risk-Sharing for a Diverse and Diversifying World of Work." Review draft, Social Protection and Jobs Global Practice, World Bank, Washington, DC.

World Bank. 2018c. *The State of Social Safety Nets 2018.* Washington, DC: World Bank.

World Bank. Forthcoming. "Interagency Social Protection Assessment (ISPA) Tool on Integrated Social Information Systems," World Bank, Washington, DC.

World Bank and ILO (International Labour Organization). 2016. "A Shared Mission for Universal Social Protection: Concept Note." World Bank, Washington, DC; ILO, Geneva, Switzerland.

Zini, Michele, Alessandra Marini, Eleni Kanavitsa, Chrysa Leventi, Natalia Millan, and Nithin Umapathi. 2018.

"Greece: Initial Support to the Guaranteed Minimum Income Rollout: Quantitative Evaluation of the GMI Rollout." Social Protection and Labor Global Practice, World Bank, Washington, DC.

Chapitre 6

Paiement des transferts monétaires

Tina George Karippacheril, Luz Stella Rodríguez,
Ana Verónica López Murillo et Laura B. Rawlings

Avec les contributions de Karol Karpinski, Ubah Thomas Ubah, Sylvia Baur-Yazbeck, Christabel Dadzie, Craig Kilfoil, Melis Guven, Amjad Zafar Khan, Quanita Khan, Harish Natarajan, Greg Chen, Ashiq Aziz, Kenichi Nishikawa Chávez, Cornelia Tesliuc, Heba Elgazzar, Ahmet Fatih Ortakaya, Anita Mittal, Ambrish Shahi et Anand Raman

La fourniture des prestations et services est une étape clé de la chaîne de mise en œuvre. Ce chapitre se concentre sur le versement des transferts monétaires, autrement dit sur les paiements, tandis que le chapitre 7 s'intéresse à la fourniture des services.[1] Le processus de versement des paiements est intimement lié au processus d'inscription, ainsi qu'à la vérification du respect des conditions par les bénéficiaires, lorsque le programme l'exige. Les paiements sont une phase essentielle du cycle récurrent de mise en œuvre et constituent souvent l'un des principaux points de contact entre un programme et les personnes concernées (figure 6.1).

Les transferts monétaires sont largement utilisés pour la protection sociale, et l'accent est de plus en plus mis sur la numérisation pour garantir des paiements sûrs, sécurisés, rapides et pratiques dans le cadre de la pandémie de COVID-19. Pour l'assistance sociale, les transferts monétaires représentent 0,7 % du PIB et bien plus de la moitié (55 %) du total des dépenses consacrées aux filets de sécurité sociale dans la base de données ASPIRE de la Banque mondiale. En outre, dans les pays de l'Organisation de coopération et de développement économiques (OCDE), les dépenses consacrées aux allocations chômage (assurance ou aide) représentent en moyenne 0,7 % du PIB, les dépenses publiques pour les prestations liées à l'invalidité ou à l'incapacité représentent 1,5 % du PIB[2], et celles consacrées aux pensions de retraite (assurance et assistance) représentent en moyenne 7,5 % des prestations. En résumé, des dépenses importantes passent des pouvoirs publics aux personnes sous la forme de prestations de protection sociale en espèces.

À l'échelle mondiale, près d'un quart des adultes perçoivent des paiements de l'État — qu'il s'agisse d'un salaire ou d'une pension du secteur public ou de transferts publics (des prestations sociales telles que des subventions, des allocations de chômage ou des paiements pour des dépenses d'éducation ou de santé), selon les enquêtes *Global Findex* 2017 de la Banque mondiale[3]. Dans les économies à revenu élevé, 43 % des adultes bénéficient de paiements de ce type, contre 19 % dans les pays en développement. Dans les pays à faible revenu, ces paiements sont principalement reçus en espèces ou à l'aide de moyens proches de l'argent liquide.

Figure 6.1 Phase de paiement des prestations dans les processus et mécanismes de mise en œuvre de la protection sociale

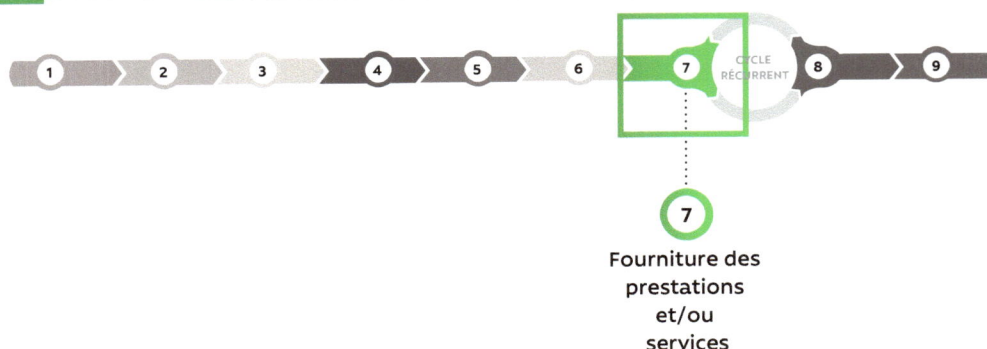

Source : figure conçue pour cette publication.

Ce chapitre est organisé comme suit :

- La section 6.1 donne un aperçu de la façon dont les paiements des prestations de protection sociale (PS), en particulier les paiements de gouvernement à personne (G2P), ont évolué avec le temps[4]. Les changements dans la technologie, l'urbanisation, l'infrastructure financière et les chocs à facteurs multiples tels que la crise de la COVID-19 introduisent un ensemble de nouveaux acteurs et instruments susceptibles d'améliorer les services de paiement aux bénéficiaires et ont donc des effets positifs sur l'inclusion financière et l'autonomisation.

- La section 6.2 analyse ce que la numérisation peut signifier tout au long d'un processus de paiement et présente les principaux changements qui sont apparus au cours de l'évolution des systèmes de paiements de PS, depuis G2P 1.0 jusqu'à G2P 4.0.

- La section 6.3 décrit les éléments clés à considérer à chaque étape de la conception des paiements de PS, depuis l'établissement d'un système de paiement jusqu'à la gestion du cycle des paiements réguliers, y compris les étapes d'administration et de versement des paiements.

- La section 6.4 illustre les processus de paiement pour les différentes générations (G2P 1.0 à 4.0) identifiés à l'aide de la cartographie des processus sur la base d'exemples de différents pays (Sao Tomé-et-Principe, Nigeria et Pakistan) illustrant ces approches.

- La section 6.5 contient des détails sur les technologies soutenant l'administration des paiements, ainsi que sur les nouveaux mécanismes et plateformes de paiements numériques et mobiles permettant une approche de conception plus centrée sur l'humain pour servir les personnes pauvres et vulnérables.

- Enfin, la section 6.6 présente quelques éléments de conclusion sur les occasions non saisies d'amélioration de l'inclusion financière, d'utilisation des nouvelles technologies et d'emploi d'une approche de conception centrée sur l'humain pour adapter le versement des paiements aux besoins des personnes.

Les exemples de pays abordés dans ce chapitre sont :

- **Afrique :** Côte d'Ivoire, Ghana, Kenya, Nigeria, Zambie
- **Asie de l'Est et Pacifique :** Indonésie
- **Europe et Asie centrale :** Turquie
- **Amérique latine et Caraïbes :** Brésil, Colombie
- **Moyen-Orient et Afrique du Nord :** République islamique d'Iran, Irak
- **Asie du Sud :** Bangladesh, Inde, Pakistan
- **Autres pays de l'OCDE :** Australie, États-Unis

6.1 ÉVOLUTION DES PAIEMENTS G2P POUR LA PROTECTION SOCIALE : INCLUSION FINANCIÈRE DU « PREMIER KILOMÈTRE »

La numérisation des paiements de gouvernement à personne (G2P) est en plein essor. Selon l'Enquête mondiale sur les systèmes de paiement (GPSS, 2016) et l'aperçu des systèmes de paiement dans le monde (*Snapshot of*

Payment Systems Worldwide, 2018) de la Banque mondiale, les instruments électroniques sont de loin les moyens les plus utilisés pour les paiements G2P (y compris les salaires du secteur public, les pensions et les paiements de transferts, les transferts monétaires et les prestations sociales)[5]. Sur les 103 banques centrales ayant répondu à l'enquête, 55 % ont indiqué que des paiements électroniques sont utilisés pour les transferts de fonds et les prestations sociales, contre 70 % pour les pensions et les prestations de transfert et 81 % pour les salaires du secteur public. Même si plus d'un cinquième des économies en développement utilisent les versements directs en espèces pour la protection sociale, certains pays ont abandonné les Modes de paiement traditionnels au profit des services financiers et technologiques en rapide évolution, afin d'améliorer l'accès et de minimiser les coûts d'administration et de versement.

L'élan en faveur de la numérisation des paiements de PS a sans doute largement visé à dégager des gains d'efficacité pour les pouvoirs publics. Les changements dans la technologie, l'urbanisation, l'infrastructure financière et des chocs tels que la crise de la COVID-19 introduisent un nouvel éventail d'instruments et d'acteurs dans l'élaboration et la mise en œuvre des transferts monétaires, en se concentrant directement sur les personnes qui les reçoivent. Les transferts qui, il y a une vingtaine d'années, étaient effectués en espèces par les ministères de tutelle évoluent vers des paiements numériques effectués par des prestataires de services de paiement, souvent sur des comptes bancaires ou de téléphonie mobile. Les gains d'efficacité résultant de la virtualisation des paiements ont un impact budgétaire important pour les pays, car ils permettent aux pouvoirs publics de réaliser des économies en réduisant les fuites, en améliorant la transparence et en prévenant les erreurs, la fraude et la corruption. Conçue et mise en œuvre de manière appropriée, la numérisation des paiements de PS peut avoir un effet important pour les bénéficiaires. Les paiements sans intervention manuelle peuvent améliorer la sûreté, la rapidité, la sécurité, la commodité, le choix, la prévisibilité, la répartition des points de paiement et permettre une confidentialité accrue et un meilleur contrôle de l'utilisation des fonds (Bold, Porteous et Rotman, 2012). Le versement des prestations à l'aide de paiements numériques peut s'avérer difficile pour certains individus et ménages, en particulier ceux vivant dans des zones reculées ou ayant un faible niveau de connaissances financières, d'information et de préparation.

Les paiements G2P aux bénéficiaires des programmes de protection sociale constituent une occasion non saisie d'améliorer l'inclusion financière ainsi que l'autonomisation économique des femmes pour le « premier kilomètre ». La possibilité d'accéder à des comptes d'opérations financières ou à des instruments électroniques permettant de conserver de l'argent et d'envoyer et recevoir des paiements est la première étape vers une inclusion financière plus large permettant aux personnes d'utiliser en toute sécurité une série de services financiers appropriés, tels que l'épargne, les paiements, le crédit et l'assurance[6]. Les enquêtes *Global Findex* constatent que le taux de possession d'un compte (auprès d'une institution financière ou d'un fournisseur d'argent mobile) a augmenté au niveau mondial, mais qu'il existe une forte inégalité d'accès entre les sexes, les groupes de revenus et les secteurs ruraux et urbains. Cette situation est particulièrement fréquente dans les pays en développement. Les bénéficiaires de la protection sociale sont généralement pauvres, sont souvent des femmes et portent un lourd héritage d'exclusion financière[7]. Réussir à atteindre ces populations du « premier kilomètre » et à assurer leur inclusion financière aura sans aucun doute un effet transformationnel, étant donné le grand nombre des personnes concernées : la masse salariale de la fonction publique représente la majeure partie du PIB donnant lieu à des paiements G2P, mais le nombre des bénéficiaires de la protection sociale recevant des paiements G2P est cinq fois supérieur à celui des fonctionnaires. La numérisation des paiements pour les programmes de protection sociale est donc susceptible d'améliorer considérablement l'inclusion financière, en particulier dans les populations pauvres et vulnérables.

Il existe différents niveaux de numérisation des paiements des programmes de protection sociale. La figure 6.2 montre l'évolution des systèmes G2P, et la section 6.2 donne une typologie de la numérisation des systèmes de paiement. La plupart des programmes de protection sociale ont tendance à offrir des paiements G2P 1.0, 1.5 et 2.0, mais des pays tels que la Zambie et le Bangladesh sont en train de passer de G2P 3.0 à G2P 4.0.

L'évolution de G2P 1.0 à G2P 4.0 et au-delà n'est pas linéaire, et des modalités différentes coexistent dans de nombreux programmes et pays. Le choix des modalités de paiement est limité à la fois par l'infrastructure

Figure 6.2 Évolution des paiements de gouvernement à personne pour la protection sociale

PRINCIPALES CARACTÉRISTIQUES

G2P 1.0 Un seul programme avec un seul prestataire (en main propre)

Transfert monétaire — PROGRAMME — PRESTATAIRE

- Un programme géré par un prestataire
- Le prestataire peut être externalisé (par exemple, bureau de poste) ou géré au sein d'un ministère des Affaires sociales
- Les bénéficiaires font la queue en main propre pour percevoir un paiement en espèces

G2P 1.5 Un seul programme avec un seul prestataire (en main propre, assisté numériquement)

Transfert monétaire — PROGRAMME — PRESTATAIRE

- Un programme géré par un prestataire
- Le prestataire est externalisé (par exemple, banques commerciales ou opérateurs de réseaux mobiles/guichets automatiques).
- Les bénéficiaires font la queue en personne pour « toucher leur argent » (si possible) auprès d'un agent, d'un kiosque, etc.

G2P 2.0 Un seul programme avec un seul prestataire (versement virtuel)

Transfert monétaire — PROGRAMME — PRESTATAIRE

- Un programme géré par un prestataire
- Le prestataire est externalisé (par exemple, banques commerciales ou opérateurs de réseaux mobiles/guichets automatiques).
- Le paiement est virtuel, et les transferts sont déposés sur un compte bancaire ou un compte d'argent mobile

G2P 3.0 Un seul programme avec plusieurs prestataires (versement virtuel)

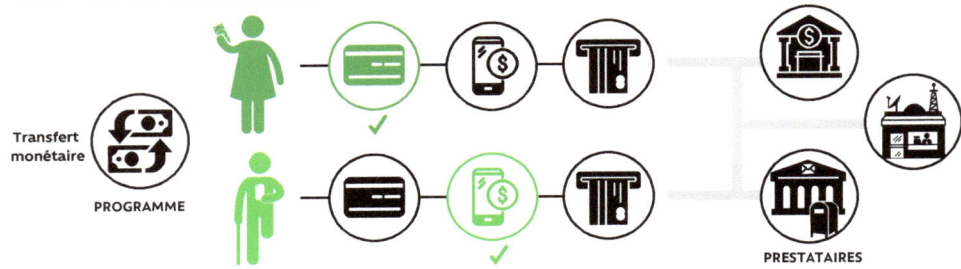

Transfert monétaire — PROGRAMME — PRESTATAIRES

- Un programme, MAIS avec plusieurs prestataires
- Les bénéficiaires peuvent opter pour le prestataire de leur choix, et les transferts sont virtuels et déposés sur un compte bancaire ou un compte d'argent mobile.

G2P 4.0 Plusieurs programmes avec plusieurs prestataires (versement virtuel)

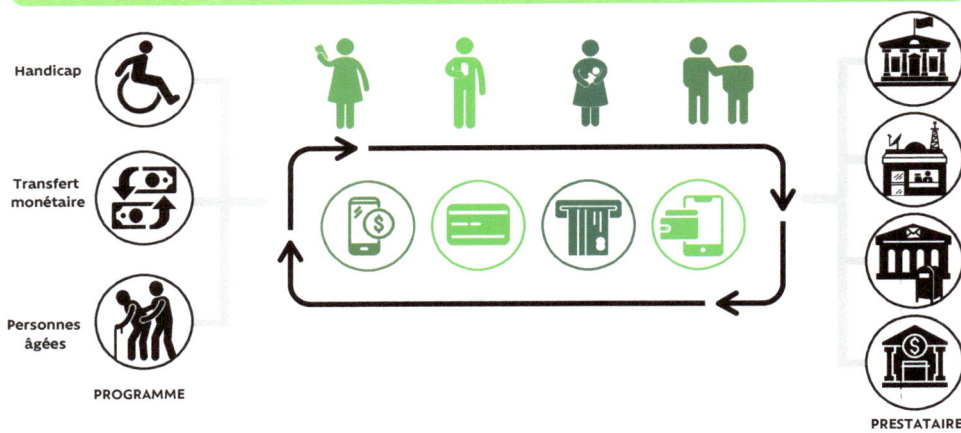

Handicap — Transfert monétaire — Personnes âgées — PROGRAMME — PRESTATAIRES

- Plusieurs programmes sur une seule plateforme qui peut se connecter au fournisseur choisi.
- Les bénéficiaires peuvent choisir le prestataire pour chaque programme, et les transferts sont virtuels et déposés sur un compte bancaire ou un compte d'argent mobile.

Source : figure conçue pour cette publication, avec la contribution de Craig Kilfoil, consultant, Protection sociale et emplois, Banque mondiale, et adaptée d'une présentation de Silvia Baur-Yazbeck et Gregory Chen du CGAP (Groupe consultatif d'assistance aux plus pauvres) sur le modèle G2P 3.0, « Future of Government Payments », Banque mondiale, février 2019.

6.2 TYPOLOGIE ET OBJECTIF DE LA NUMÉRISATION DES PAIEMENTS DE PROTECTION SOCIALE

numérique d'un pays (souvent plus restreinte dans les zones rurales plus pauvres où opèrent les programmes de protection sociale) et par l'environnement réglementaire financier, entre autres choses. Les modèles G2P 3.0 et G2P 4.0 sont considérés comme plus souhaitables, mais requièrent non seulement une infrastructure numérique et des réglementations financières favorables, mais aussi la capacité de travailler avec plusieurs fournisseurs de paiement et potentiellement plusieurs programmes. Bien que les modèles G2P 1.0, 1.5 et 2.0 soient généralement plus répandus dans les pays en développement, les progrès des systèmes et des infrastructures de paiement évoluent rapidement.

Simplement mettre en regard les paiements manuels et les paiements numériques n'aide pas à comprendre le spectre et l'évolution des paiements de protection sociale (PS). Un processus de paiement numérisé, où à la toute dernière étape, les gens doivent se présenter et faire la queue pour recevoir des mains d'un administrateur de terrain ou d'un prestataire de services de paiement, de l'argent liquide ou une carte à puce chargée de monnaie électronique doit-il être considéré comme un paiement manuel ou numérisé ? La numérisation des paiements va au-delà de l'authentification biométrique des bénéficiaires ou du versement virtuel des paiements, deux processus de première ligne visibles par les individus, les familles et les ménages. Elle s'étend jusqu'à l'automatisation de l'administration des paiements, c'est-à-dire aux processus internes qui ne sont visibles que pour les gestionnaires des programmes. Elle se prolonge, en outre, vers l'avant, au-delà de l'administration et de l'exécution, jusqu'à l'utilisation des fonds (par les individus, les familles et les ménages) grâce à des systèmes interopérables et à l'acceptation des transactions numériques (par les prestataires de services et les commerçants). Lorsque les paiements G2P sont transférés à l'aide de systèmes « en circuit fermé », les fonds peuvent avoir circulé virtuellement ou numériquement de bout en bout, mais les gens doivent en fin de compte les encaisser en espèces, car ils ne parviennent pas à effectuer des transactions sans échange d'argent liquide ni à utiliser des porte-monnaie numériques, des comptes d'argent mobile ou des comptes bancaires. Le versement des paiements par des systèmes interopérables en « circuit ouvert » garantit que les gens ne sont pas obligés d'encaisser leurs transferts, mais qu'ils peuvent les conserver sur des comptes et utiliser ceux-ci facilement et commodément pour les transactions quotidiennes, telles que l'achat de nourriture chez un commerçant ou le paiement de visites médicales, à l'aide de systèmes de point de vente (PDV).

Cela pose la question de savoir si la numérisation est une fin en soi ou un moyen. Du point de vue de la conception centrée sur l'humain, la numérisation des paiements de PS est un moyen d'arriver à une fin, par :

- *L'automatisation de l'administration des paiements.* Les processus internes sont automatisés pour plus d'efficacité, mais les paiements peuvent toujours être effectués en main propre en première ligne.
- *La virtualisation des paiements.* Les paiements sont effectués numériquement aux personnes en première ligne, parfois à l'aide d'approches de conception centrées sur l'humain pour s'adapter à leur contexte, permettent dès le départ l'inclusion financière et l'autonomisation.

Dans la figure 6.3, une matrice 2x2 regroupe des caractéristiques opposées à chaque extrémité du spectre pour donner un aperçu de la typologie des paiements de PS effectués en automatisant les processus administratifs d'arrière-ligne et en numérisant la mise en œuvre des processus de première ligne. À l'aide de cette typologie de la numérisation des paiements et d'exemples de cas nationaux, nous expliquons la façon dont les approches G2P 1.0 à 4.0 ont évolué pour la protection sociale (voir figure 6.2).

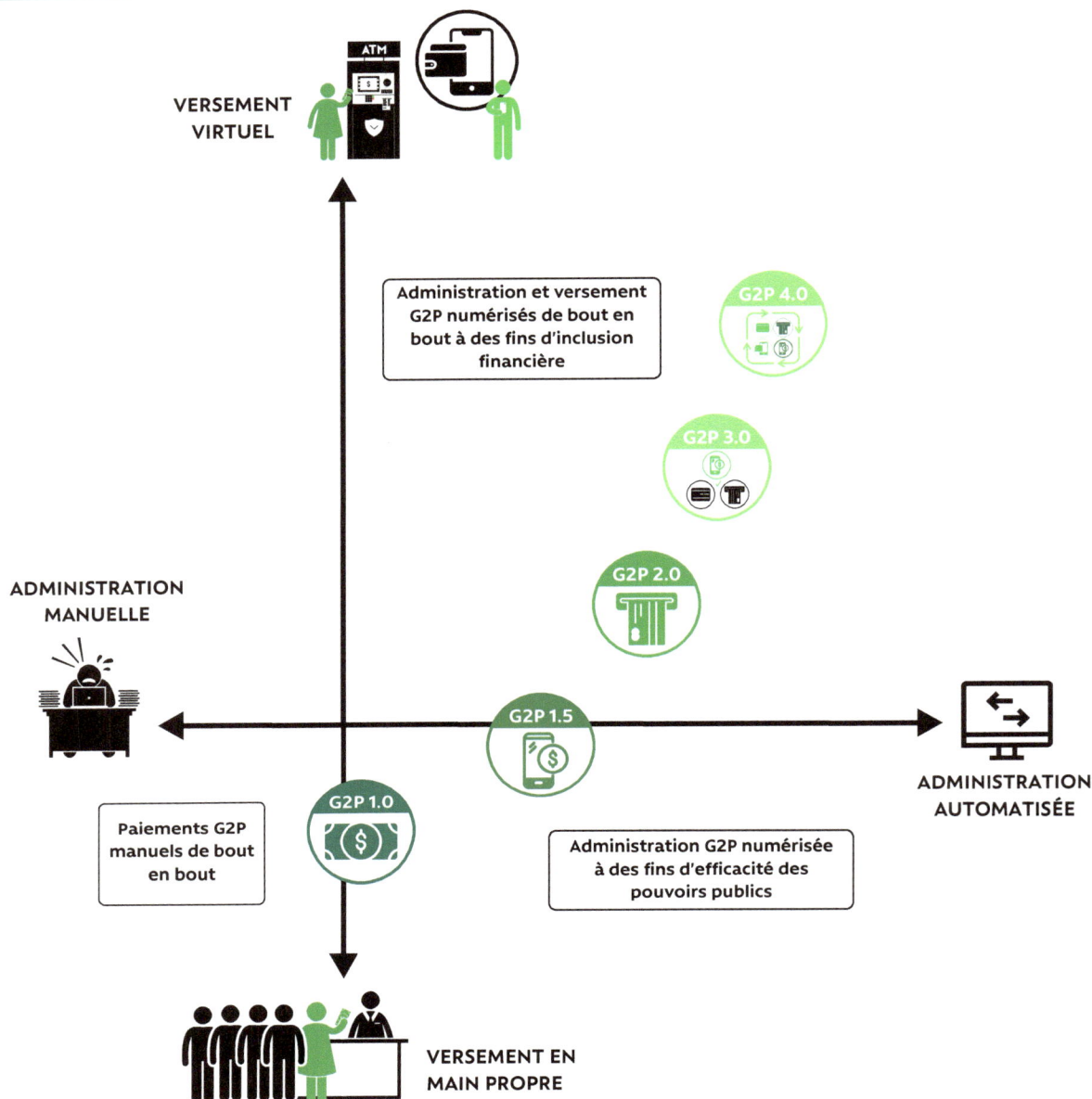

VERSEMENT VIRTUEL

Administration et versement G2P numérisés de bout en bout à des fins d'inclusion financière

G2P 4.0

G2P 3.0

G2P 2.0

ADMINISTRATION MANUELLE

G2P 1.5

ADMINISTRATION AUTOMATISÉE

G2P 1.0

Paiements G2P manuels de bout en bout

Administration G2P numérisée à des fins d'efficacité des pouvoirs publics

VERSEMENT EN MAIN PROPRE

Sources : figure conçue pour cette publication, avec Craig Kilfoil, consultant, Protection sociale et emplois, Banque mondiale, et les contributions du Groupe consultatif d'assistance aux plus pauvres sur l'évolution des paiements G2P pour la protection sociale.
Note : G2P = paiements de gouvernement à personne

G2P 1.0, 1.5 : Un seul programme avec un seul prestataire

Les processus d'administration des paiements sont généralement automatisés. Peu de pays, voire aucun, gèrent le processus interne d'administration des paiements manuellement ou au moyen de feuilles de calcul Excel (quadrant inférieur gauche de la figure 6.3 : paiements G2P manuels de bout en bout). Le principal objectif de l'automatisation de l'administration des paiements est d'accroître l'efficacité de la gestion des finances publiques, d'éviter les détournements et de réduire les coûts opérationnels.

G2P 1.0 renvoie à la distribution directe des prestations d'un programme unique avec un prestataire unique, où le versement des prestations se fait en main propre (quadrant inférieur droit de la figure 6.3 : administration G2P numérisée pour des raisons d'efficacité des pouvoirs publics), une modalité courante dans les pays en développement (voir également la figure 6.2). Le versement des prestations en main propre continue d'être proposé par de nombreux programmes, même quand d'autres méthodes sont disponibles. Les paiements peuvent être effectués au moyen d'instruments tels que de l'argent liquide. Dans certains cas, l'authentification biométrique peut être utilisée comme preuve d'identification et preuve de vie.

Plusieurs pays en développement utilisent la remise d'espèces en main propre pour payer les pensions, les transferts et les prestations sociales, nettement plus fréquemment que les économies à revenu élevé. Plus d'un cinquième (21 %) des pays en développement utilisent des espèces pour le versement des prestations sociales[8]. Le motif habituel est que l'écosystème financier n'est pas suffisamment développé pour permettre un volume élevé de transactions de faible valeur avec un coût de transaction raisonnable (pour les pouvoirs publics, les personnes, ou les deux). La méthode traditionnelle de versement des transferts monétaires comporte une série de problèmes, en particulier dans le cadre de la crise de la COVID-19. Pour les programmes, les problèmes relèvent de la logistique de la distribution, tels que l'organisation des dates de paiement, le contact avec les bénéficiaires et la garantie de la sécurité du transport et de la livraison de l'argent. Les bénéficiaires doivent souvent parcourir de longues distances pour percevoir les paiements à l'heure et à l'endroit prévu. Au Niger, les bénéficiaires du programme recevant des espèces devaient parcourir environ 2 km (dans chaque sens), soit environ une demi-heure de trajet, pour toucher le transfert, tandis que le groupe recevant des transferts par argent mobile devait parcourir moins de 0,5 km (soit moins de 10 minutes de trajet), et ils pouvaient retirer leur argent liquide en plusieurs fois (Aker et coll., 2016). Le modèle G2P 1.0 constitue une occasion manquée d'inclusion financière. Il offre néanmoins des avantages en termes de familiarité des bénéficiaires avec le mode de paiement, d'utilisation des jours et des points de paiement pour organiser des marchés et des formations, et de contact direct entre le programme et les bénéficiaires.

G2P 1.5 correspond à la distribution des prestations d'un programme unique avec un prestataire unique, où le versement des prestations est effectué en main propre et assisté électroniquement (voir figure 6.2). Des pays tels que le Ghana sont passés d'un processus d'administration des paiements basé sur Excel à un processus entièrement automatisé (quadrant inférieur droit de la figure 6.3 : administration G2P numérisée à des fins d'efficacité des pouvoirs publics), ce qui a permis à l'Administration de réaliser des économies considérables en temps et en coûts administratifs (encadré 6.1). **Les paiements restent néanmoins effectués en** main propre, **même s'ils sont assistés électroniquement.** La raison principale en est que les agences bancaires rurales ne sont pas assez proches des bénéficiaires, si bien que les prestataires des services de paiement se rendent sur le lieu de travail pour effectuer les paiements. L'instrument utilisé dans ce cas n'est pas l'argent liquide, mais une carte à puce. L'Administration ghanéenne recherche d'autres options telles que des paiements dans les stations-service et/ou les magasins où des retraits peuvent être effectués à des guichets automatiques.

G2P 2.0 : Un seul programme avec un seul prestataire

G2P 2.0 renvoie à l'étape initiale de la numérisation des modalités de paiement, passant souvent par le biais d'un seul canal (voir figure 6.2). Dans le cadre de l'approche G2P 2.0, les processus d'administration des paiements reliant les programmes sociaux et les prestataires des services de paiement sont numérisés. Les objectifs de cette numérisation ne sont toutefois que partiellement atteints, car les déplacements et les temps d'attente encourus par le client ne diffèrent pas vraiment de ceux des modèle G2P 1.0 ou 1.5. Les paiements peuvent être effectués directement sur un compte bancaire (à usage limité ou ordinaire) ou sur un compte d'argent mobile offrant une certaine flexibilité quant au moment où les personnes peuvent avoir accès à leur argent ou le retirer. Les bénéficiaires peuvent néanmoins avoir à payer des frais importants pour retirer de l'argent, lorsqu'ils vivent loin d'une agence bancaire, d'un guichet automatique bancaire ou d'un agent chargé d'encaissement/décaissement (CICO). Le modèle G2P 2.0 peut améliorer l'efficacité du processus de paiement et,

Le programme Travail contre argent du Ghana (LIPW) affecte les bénéficiaires à des activités du projet. Les bénéficiaires pointent à leur arrivée et à leur départ à l'aide de données biométriques. Les données sur les présences sont synchronisées avec le système de gestion des opérations des bénéficiaires (BOMS) du programme. Lorsqu'elles sont validées, le BOMS génère un calendrier de paiement et le soumet à trois séries d'examens administratifs avant que le paiement final ne soit approuvé et le financement engagé.

Auparavant, les feuilles de présence quotidiennes (DASH), basées sur Excel, étaient imprimées et distribuées sur place après 14 jours de travail et remises physiquement à l'autorité locale de mise en œuvre. Une fois que celle-ci avait approuvé les dossiers, le bureau des finances du district générait, à l'aide d'Excel, une liste enregistrant les références des bénéficiaires et les jours ouvrés. Une liste manuelle des paiements était ensuite produite et envoyée sur le terrain sous forme de copies imprimées. Les bénéficiaires devaient faire la queue et être appelés par leur nom pour venir apposer l'empreinte de leur pouce sur les gains calculés afin de recevoir leur argent. Il fallait jusqu'à quatre mois pour réconcilier la liste des paiements et les versements effectués aux bénéficiaires. Le module d'administration des paiements du BOMS du Ghana, appelé GHIPSS, a été automatisé grâce au développement d'une application logicielle et à l'introduction d'une application biométrique pour l'enregistrement automatique des présences. L'ensemble du processus d'administration des paiements de bout en bout est donc ainsi réalisé en temps réel. Une fois les instructions de paiement approuvées, le système charge jusqu'à 500 000 cartes à puce par heure avec les paiements des salaires.

Bien que l'administration des paiements soit automatisée, le versement est effectué physiquement, en main propre. Les bénéficiaires sont soumis à une authentification biométrique confirmant qu'ils sont bien les propriétaires des cartes avant que les paiements des salaires n'y soient chargés. Ils font la queue pour encaisser leurs paiements. Les cartes à puce peuvent conserver de l'argent au cas où le bénéficiaire ne souhaiterait pas retirer la totalité de ses gains ou manquerait une date de paiement. Les fonds sont accessibles aux guichets automatiques. La carte peut être utilisée pour effectuer des transactions chez certains commerçants où elles sont acceptées.

Source : Christabel Dadzie, spécialiste de la protection sociale, Protection sociale et emplois (SPJ), Banque mondiale, Formation de base SPJ, 2018.

---

correctement structuré, il peut conférer aux bénéficiaires certains éléments d'inclusion financière.

L'un des défis du modèle G2P 2.0 est que, dans un même pays, les différents programmes de protection sociale ont tendance à approcher la numérisation de manière non coordonnée. Les programmes individuels peuvent passer un contrat indépendant avec un ou plusieurs fournisseurs de services de paiement, en fonction de la couverture géographique, de la nature du paiement, du type de bénéficiaire, du cycle budgétaire, etc. Lorsque les bénéficiaires n'ont pas la possibilité de choisir leur prestataire, on parle alors d'une approche à « canal unique ». Lorsque les paiements sont effectués par un intermédiaire externalisé (prestataire de services de paiement), les coûts peuvent être plus élevés,

en pourcentage des transferts.[9] Les problèmes techniques peuvent entraîner des retards dans les paiements. Les fournisseurs de technologie ont tendance à personnaliser et verrouiller celle-ci, et les systèmes fonctionnent en circuit fermé, tandis que les passations de marché sont souvent longues et opaques. La coordination institutionnelle de la numérisation des paiements entre les programmes sociaux et l'interopérabilité entre les institutions et les prestataires constituent donc un défi, même s'il n'est pas impossible à relever. En général, les écosystèmes financiers moins développés, dotés de réglementations des paiements rigides (ou dépassées), requièrent de multiples transferts entre les acteurs avant d'atteindre le bénéficiaire final, entraînant, en général, des coûts de transaction plus élevés.

Les pays disposant d'une infrastructure de paiement plus solide et plus intégrée, c'est-à-dire des systèmes ayant adopté le modèle du compte unique du Trésor, autorisent les transferts directs du ministère des Finances (Trésor public) ou de la Banque centrale vers les comptes des bénéficiaires. Les instructions de paiement sont traitées par la Banque centrale qui débite le compte unique du Trésor et crédite le compte du bénéficiaire. Les transferts directs de l'Administration vers des comptes bancaires individuels exigent que les institutions bancaires confirment la preuve de l'identification et de la propriété unique d'un compte à l'aide de processus de connaissance des clients (KYC — *know your customer*) et de vigilance à l'égard de la clientèle (CDD — *customer due diligence*). Les paiements effectués directement sur des comptes d'argent mobile ou de porte-monnaie numérique peuvent nécessiter des réformes juridiques, réglementaires et technologiques des systèmes de gestion des finances publiques.

L'Indonésie est rapidement passée des paiements monétaires en main propre à des paiements sur des comptes bancaires, avec des gains considérables d'efficacité et de transparence. L'Administration a fait un pas important vers le développement d'un canal de distribution unique pour les transferts sociaux monétaires et en nature du PKH (transferts monétaires conditionnels), du PIP (aide à l'éducation), du BPNT (assistance alimentaire) et de certaines subventions. Les transferts sont effectués directement à partir d'un compte unique du Trésor vers les comptes bancaires des bénéficiaires. Pour ce faire, l'Indonésie a ouvert des comptes bancaires pour 10 millions de ménages bénéficiant du programme de transferts monétaires conditionnels PKH (quadrant supérieur droit de la figure 6.3 : administration et paiements G2P numérisés de bout en bout pour l'inclusion financière) (encadré 6.2). L'Iran a entrepris, en 2010-2011, une ambitieuse réforme des subventions aux carburants, en remplaçant celles-ci par des transferts monétaires universels. L'Administration a collaboré avec les banques pour ouvrir 16 millions de nouveaux comptes, soit une augmentation de 36 % en un an. Le réseau des guichets automatiques bancaires (GAB) a été étendu dans les zones rurales. Au total, 92 % des paiements G2P de protection sociale ont été effectués numériquement sur un compte (Atansah et coll., 2017).

Encadré 6.2 Permettre les paiements électroniques sur les comptes bancaires : un seul programme avec un seul prestataire en Indonésie

Le ministère des Affaires sociales (MdAS) définit les familles qui peuvent bénéficier du programme indonésien de transferts monétaires conditionnels (PKH – Programme *Keluarga Harapan*). Une instruction de paiement est envoyée pour approbation à la trésorerie du ministère des Finances, puis à l'HIMBARA (banque publique) concernée pour traitement et exécution du paiement. Lorsque les responsables de la mise en œuvre du PKH et l'HIMBARA ont entamé le passage initial aux paiements numériques, les comptes ont été ouverts au siège des banques avec les données des bénéficiaires issues, dans un premier temps, de la base de données unifiée (UDB – *Unified Data Base*) et ensuite validées par les facilitateurs. Ces derniers ont collecté les données nécessaires à la connaissance du client (KYC) et les ont envoyées au MdAS, qui les a transmises aux banques.

Le PKH utilise le système d'information de gestion des finances publiques, OMSPAN, pour transférer directement les paiements du Trésor public vers les comptes bancaires des personnes en utilisant le compte unique du Trésor (CUT). CSPAN est le mécanisme utilisé par l'Administration pour verser les salaires des fonctionnaires directement à partir du Trésor public. En 2019, toutes les familles de la première et de la deuxième phase de paiement du programme PKH ont reçu des paiements directement versés sur leurs comptes depuis le Trésor public, contrôlés par OMSPAN avec l'exécution gérée par HIMBARA.

Ces processus ont considérablement amélioré l'efficacité de l'Administration et contribué aux résultats en matière d'inclusion financière. Ils sont obtenus par la mise en place d'une autorité intégrée chargée des paiements de l'aide sociale et d'un groupe de cinq banques publiques (HIMBARA), avec

suite

un regroupement des prestations et paiements dans une carte d'assistance sociale (KKS – *Kartu Keluarga Sejahtera*). Fin 2018, 10 millions de ménages ont reçu des prestations BPNT (aide alimentaire) gérées par la plateforme KKS/HIMBARA et 10 millions de ménages ont reçu des paiements dans le cadre du programme PKH. Pour le PIP (aide à l'éducation), les paiements sont passés au système bancaire avant ceux du PKH, mais ne sont pas encore intégrés à la même plateforme de paiement que le PKH et le BPNT. Les autres programmes d'aide sociale ne sont pas reliés à cette plateforme de paiement.

Conscient des difficultés liées au passage des paiements en espèces aux paiements numérisés, l'État indonésien s'est intéressé aux expériences de terrain réalisées à différents endroits. Les visites sur place ont permis d'effectuer un certain nombre d'observations du côté du prestataire des services de paiement (la banque publique Mandiri, un des membres de l'HIMBARA) et des bénéficiaires. Les entretiens avec les bénéficiaires de l'île de Buru (province de Maluku) à l'Est, ont révélé un éventail de problèmes assez habituels :

- **Identification.** De nombreuses personnes n'ont toujours pas de cartes NIK-ID (cartes d'identification des citoyens indonésiens), en particulier dans les zones montagneuses. Un certificat de mariage est nécessaire pour obtenir

une carte d'identité familiale (KK – *Kartu Keluarga*), mais les personnes ne peuvent l'obtenir que si elles se sont mariées au cours d'une cérémonie religieuse officielle, les mariages traditionnels/ informels n'étant pas reconnus.
- **Accès.** Les guichets automatiques bancaires se trouvent en ville, à plus de cinq kilomètres de leur village. Ils doivent marcher pendant des heures pour se rendre dans le sous-district, puis faire la queue pour obtenir l'argent auprès de la banque (lors des événements de distribution d'argent).
- **Connaissances techniques.** Certains n'avaient jamais utilisé de carte de guichet automatique bancaire et ont dû apprendre à saisir leurs codes PIN.

La numérisation des paiements s'avère bénéfique pour l'amélioration de l'efficacité opérationnelle de l'Administration, mais reste un défi pratique, en particulier pour desservir les habitants des zones reculées. Des ajustements supplémentaires doivent encore être apportés pour tirer le meilleur parti des systèmes G2P 2.0.

Le fait d'offrir du choix et de la commodité aux bénéficiaires à l'aide de canaux multiples (une approche G2P 3.0 ou 4.0) peut contribuer à faire progresser les objectifs de l'Indonésie en matière de protection sociale et d'inclusion financière des plus pauvres.

Sources : Kathy Lindert ; Juul Pinxten, spécialiste de la protection sociale, Protection sociale et emplois, Banque mondiale ; Changqing Sun, économiste principal, Protection sociale et emplois, Banque mondiale ; Tina George Karippacheril.

G2P 3.0 : Un seul programme avec plusieurs prestataires

G2P 3.0 fait référence à la numérisation des paiements, versés par un programme unique à de multiples prestataires, offrant du choix et étant plus pratique pour les utilisateurs finaux (voir figure 6.2). Le modèle G2P 3.0 permet aux bénéficiaires d'accéder aux paiements d'un ou plusieurs programmes sur les comptes et à travers les prestataires de leur choix. Il leur permet de changer de prestataire de services et de transférer des comptes en fonction de leur propre analyse des coûts et de la mise

en pratique. Les administrations peuvent travailler avec plusieurs prestataires de services et offrir des volumes de transfert plus importants, réduisant ainsi les coûts de prestation et accroissant l'attrait commercial de ces paiements pour les prestataires potentiels. Le modèle incite à une plus grande interopérabilité entre les institutions publiques et les prestataires de services, ce qui permet également de réorienter la fourniture des services vers une approche plus centrée sur l'humain, contrairement à l'approche traditionnelle où les utilisateurs finaux sont les organismes publics. La conception centrée sur l'humain permet des solutions différentes dans les zones reculées ou pour les clients rencontrant des difficultés particulières, y compris parfois des paiements en espèces lorsque ceux-ci conviennent le mieux. Le modèle G2P 3.0 pour la protection sociale est un peu ambitieux pour un certain nombre de pays. En plus des gains d'efficacité obtenus à l'aide de ce modèle, cette approche permet de donner aux pauvres le choix et d'être plus facile à obtenir grâce à la numérisation des paiements. Pour plus de détails, voir la section 6.5, Technologies soutenant les paiements numériques.

La Zambie compte de multiples programmes de protection sociale, parmi lesquels le transfert monétaire social occupe une place centrale. Malgré cela, seul le projet pour l'éducation des filles et pour l'autonomisation et les moyens de subsistance des femmes (GEWEL — *Girl's Education and Women's Empowerment and Livelihoods Project*) offre des paiements dans le cadre d'une approche coordonnée passant par de multiples canaux (voir le quadrant supérieur droit de la figure 6.3 : administration et paiements G2P numérisés de bout en bout). GEWEL est un programme d'inclusion productive et de bourses d'études destiné aux femmes et aux jeunes filles. Il utilise un système de paiement national pour verser des subventions productives aux bénéficiaires de manière virtuelle à travers de multiples canaux. GEWEL offre aux bénéficiaires la possibilité de choisir leur mode de paiement. À la fin de 2020, 75 000 femmes vivant dans des zones rurales et reculées auront reçu des transferts sur un compte bancaire, un portefeuille mobile ou une carte prépayée (encadré 6.3).

G2P 4.0 : Plusieurs programmes avec plusieurs prestataires

G2P 4.0 fait référence à la numérisation des paiements permettant à plusieurs programmes d'être reliés à de multiples prestataires grâce à une interopérabilité (voir figure 6.2). Le Bangladesh dispose de programmes sociaux multiples et fragmentés s'efforçant d'offrir des paiements à l'aide d'une approche coordonnée utilisant de multiples canaux et cherchant à mettre en place un modèle multiprogramme impliquant des prestataires multiples. Il est fondé sur l'idée que les gens devraient pouvoir choisir des prestataires de services de paiement différents pour des programmes différents, ou le même prestataire pour différents programmes. Une approche de passerelle de paiement peut contribuer à l'interopérabilité des méthodes de paiement pour différents programmes destinés à un même individu/famille/ménage. Sous l'égide de l'Unité de gestion du budget de la protection sociale (SPBMU) de la Division des finances, le Bangladesh met en place un système interopérable de gestion des paiements en vue de les coordonner avec divers prestataires de services publics et privés. Il inclut une table de correspondance

---

Encadré 6.3 Permettre une approche coordonnée des paiements : un seul programme avec plusieurs prestataires en Zambie dans le programme GEWEL

Dans le cadre de sa composante d'appui à l'éducation des femmes, le projet GEWEL (projet pour l'éducation des filles et pour l'autonomisation et les moyens de subsistance des femmes) de la Zambie offre un transfert monétaire de 225 USD répartis en deux paiements. L'analyse des prestataires du secteur financier a montré qu'aucun prestataire du secteur privé n'avait, à lui seul, la capacité d'effectuer les paiements de GEWEL au niveau national. L'Administration a donc décidé de laisser les familles choisir entre plusieurs options, plutôt que de faire appel à un ou plusieurs prestataires de services de paiement. Le programme GEWEL a mis au point une plateforme de paiements et établi des procédures

d'autorisation des paiements auxquelles participent cinq prestataires : 1) *Zoona*, un service de transfert de personne à personne (P2P) et un portefeuille mobile ; 2) *ZamPost*, le service postal national zambien, qui propose des services de transfert, des comptes et des prêts ; 3) *United Bank for Africa*, une banque commerciale offrant un compte traditionnel avec une carte Visa GAB ; 4) *National Savings and Credit Bank* (NatSave), une institution financière non bancaire publique qui propose des comptes traditionnels ; et 5) *MTN*, un opérateur de réseau mobile qui propose un portefeuille mobile. La plateforme offrant ces différents prestataires dessert 30 districts du programme, dont la totalité des 51 districts sera couverte à la fin de 2020.

suite

Un système national de paiement/transfert électronique de fonds (TEF) gère les transmissions de plusieurs programmes à des prestataires de services de paiement multiples. Lorsque les instructions de paiement aux bénéficiaires sont reçues de la part de plusieurs organismes publics dans le cadre des programmes d'aide sociale, le système national de paiement les transmet à divers prestataires de services

de paiement. Il permet aux prestataires des services de paiement d'offrir un plus grand choix et plus de commodité aux bénéficiaires des paiements. La figure B6.3.1 illustre les systèmes de paiement en Zambie où ZECHL, un commutateur interbancaire, se connecte aux opérateurs de réseaux mobiles MTN, Airtel et Zoona, ainsi qu'aux banques (IndoZambia, Barclays, Stanbic, UBA, NatSave, Zenaco, Investrust et Cavmont).

Figure B6.3.1 Fonctionnement des systèmes de paiement : le programme GEWEL en Zambie

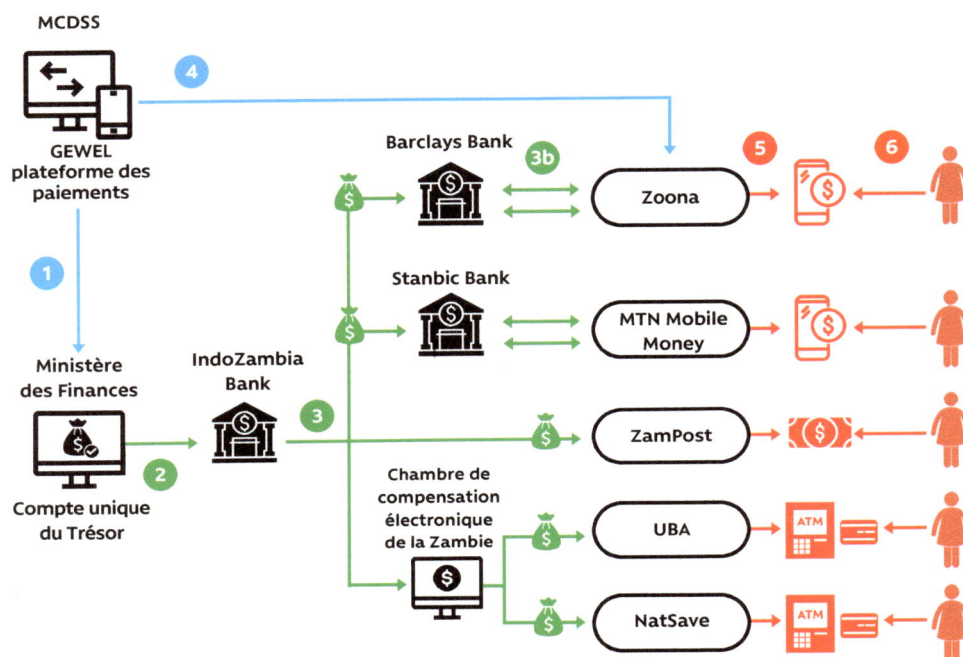

1. Le ministère du Développement communautaire et des Services sociaux (MCDSS) demande le paiement par le biais de la plateforme de paiement, en fournissant le montant du transfert agrégé pour chaque prestataire

2. Le comptable général du ministère des Finances approuve la demande et lance le paiement du Trésor public à l'IndoZambia Bank.

3. L'IndoZambia Bank transfère les paiements agrégés aux prestataires par l'intermédiaire de la Chambre de compensation électronique de la Zambie (ZECHL – Zambia Electronic Clearing House Ltd.) ou d'accords bilatéraux

3b. La Barclays Bank et la Stanbic Banks créditent les comptes communs de Zoona et MTN (un opérateur de réseau mobile).

4. Le MCDSS initie une deuxième demande de paiement à chaque prestataire par l'intermédiaire de la plateforme, en fournissant le montant du transfert pour chaque participant.

5. Les prestataires créditent les comptes des participants des montants auxquels ils ont droit.

6. Chaque participant se rend à son point d'accès préféré pour l'encaissement.

Sources : Craig Kilfoil, cours de base de la Banque mondiale (2018) (Protection sociale et emploi), 2018 ; Baur-Yazbeck, Kilfoil et Botea, 2019.
Note : GEWEL = projet pour l'éducation des filles et pour l'autonomisation et les moyens de subsistance des femmes (*Girl's Education and Women's Empowerment and Livelihoods Project*) ; UBA = *United Bank for Africa*.

entre numéros d'identification uniques et adresses financières. L'objectif est d'offrir aux bénéficiaires la possibilité de percevoir leurs paiements partout et à tout moment. Cela contraste avec les modalités de paiement électronique en circuit fermé couramment adoptées dans plusieurs pays, où les bénéficiaires doivent aller chercher leur paiement auprès d'un bureau de paiement temporaire à une ou plusieurs dates données. L'idée est d'améliorer l'expérience du bénéficiaire en utilisant l'identification nationale (NID) pour l'authentification (en évitant les cartes de débit et les mécanismes d'authentification redondants), avec l'aide de la table de correspondance pour relier les informations d'identification des bénéficiaires à leurs comptes respectifs, leur donnant ainsi la possibilité de percevoir leurs prestations auprès de n'importe quelle agence bancaire commerciale ou quel agent d'un prestataire de services de paiement mobile ou quel bureau de poste publique. Cela leur permet également de changer facilement de prestataire et de compte (encadré 6.4).

Encadré 6.4 Construire un système de gestion des paiements interopérable : plusieurs programmes avec plusieurs prestataires au Bangladesh

Le Bangladesh développe un répertoire interopérable avec le système national d'identification (relevant de la commission électorale) pour la vérification des identités et avec les banques et les prestataires de services de paiement mobile pour la vérification des comptes. Il permet également l'échange d'informations sur la vérification des identités (voir figure B6.4.1).

Figure B6.4.1 Systèmes de paiement au Bangladesh

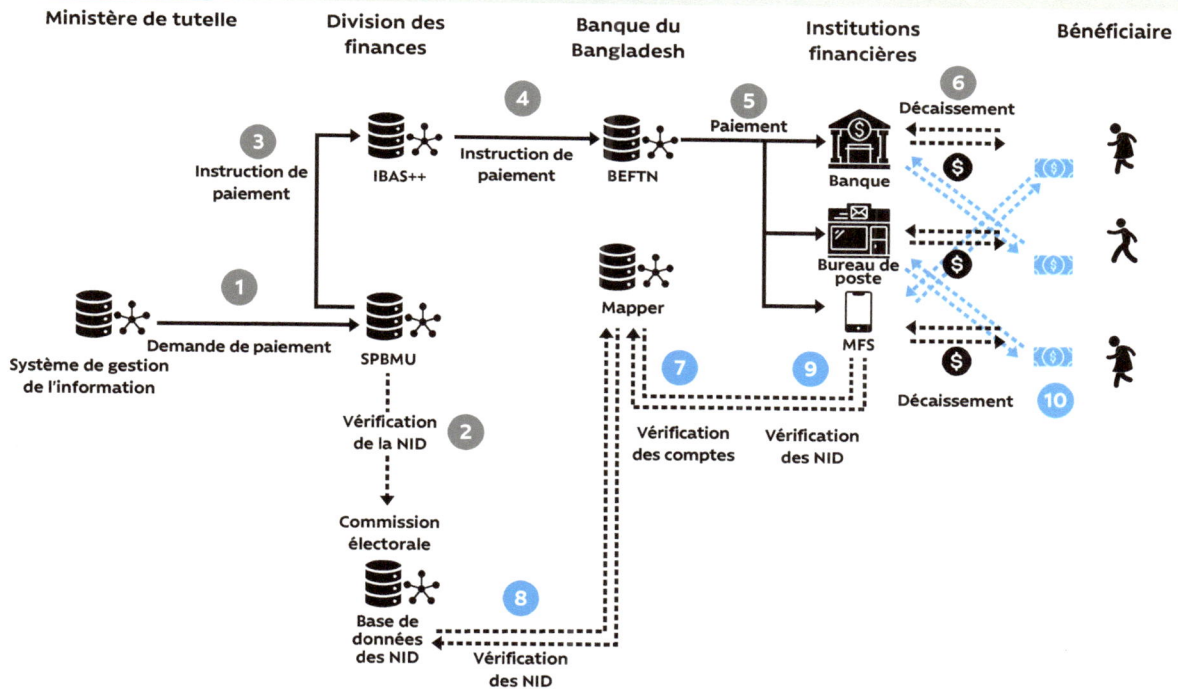

Sources : Ashiq Aziz, spécialiste senior de la protection sociale, Protection sociale et emplois, Asie du Sud, Banque mondiale ; Yoonyoung Cho, économiste senior, Protection sociale et emplois, Asie de l'Est et Pacifique, Banque mondiale ; Kenichi Nishikawa Chavez, 2018.
Note : BEFTN = réseau de transfert de fonds électronique du Bangladesh ; MFS = service financier mobile ; NID = identification nationale ; SPBMU = Unité de gestion du budget de la protection sociale

6.3 COMMENT EFFECTUER LES PAIEMENTS G2P POUR LA PROTECTION SOCIALE

Étant donné la place prépondérante des transferts monétaires dans les dépenses de protection sociale, il est capital de comprendre comment les paiements G2P sont conçus, administrés et versés dans les programmes de PS. Les paiements sont des processus à acteurs et étapes multiples, qui nécessitent la mise en place d'un système de paiement pour gérer des cycles de paiement récurrents. Nous examinons ces étapes plus en détail, en accordant une attention particulière aux tendances, innovations et considérations de conception centrées sur l'humain pour la l'élaboration, l'administration et le versement des paiements G2P de protection sociale, afin de faire progresser les objectifs d'inclusion financière et d'autonomisation économique des femmes.

La mise en œuvre des paiements implique :

1. **des processus d'administration des paiements** et
2. **des modalités de paiement ainsi que la réconciliation des paiements.**

La figure 6.4 fournit un aperçu par étape des processus décrits ci-dessus, en commençant par l'évaluation de l'environnement favorable (étape 1) ; la détermination de l'approche de paiement (étape 2) ; la détermination d'une approche de passation des marchés/de sous-traitance (étape 3) ; l'administration des paiements (étape 4) ; le versement des paiements (étape 5) ; et la réconciliation des paiements (étape 6).[10]

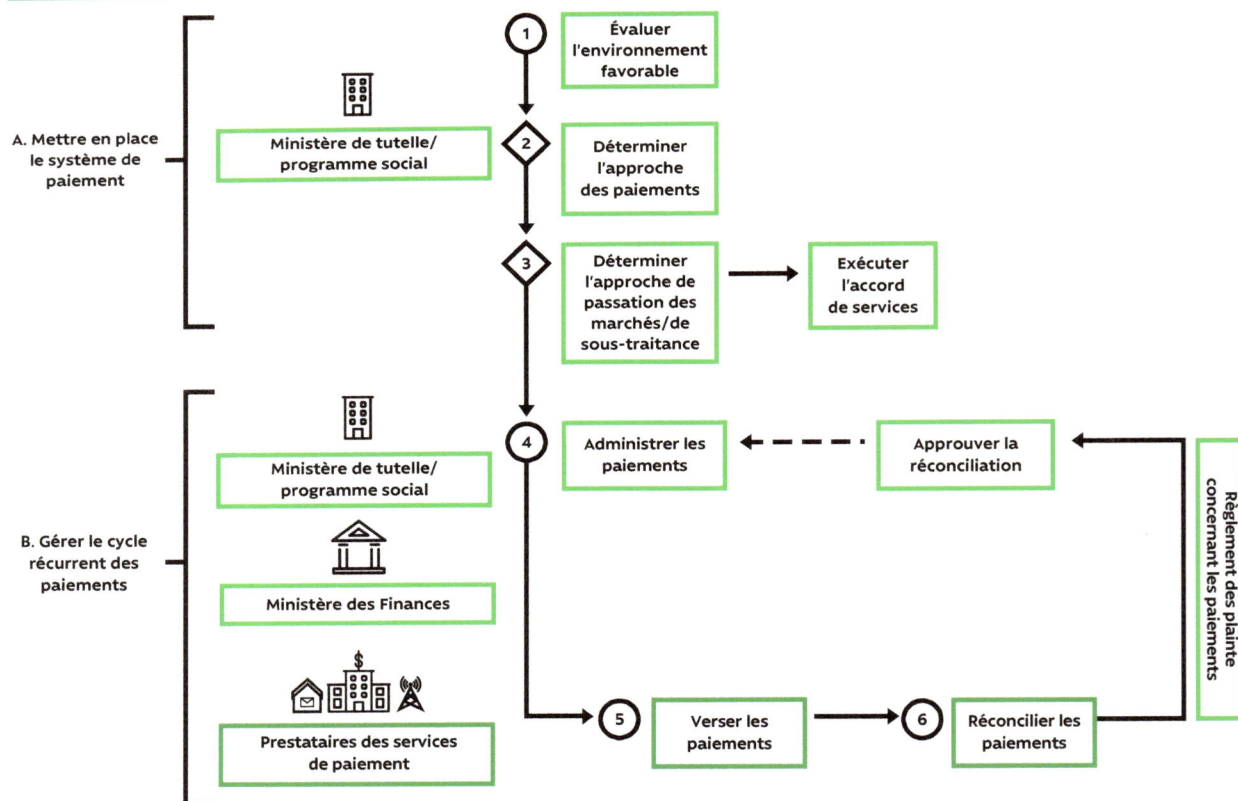

Figure 6.4 Paiement des transferts monétaires de gouvernement à personne pour la PS : phases de mise en œuvre

Source : figure conçue pour cette publication
Note : PS = protection sociale.

Mettre en place le système de paiement[11]

La mise en place d'un système de paiement implique plusieurs décisions et facteurs. Certains sont déterminés par des réalités externes et spécifiques au pays, tandis que d'autres mettent l'accent sur une approche de conception centrée sur l'humain. Une évaluation de l'environnement favorable d'un pays fournit des informations clés pour déterminer les instruments de paiement appropriés (options numériques ou en main propre) et l'approche la plus adaptée, qu'il s'agisse de transferts directs d'une banque centrale vers le compte individuel d'un bénéficiaire dans une banque de son choix ou de l'intervention d'un ou plusieurs prestataires de services de paiement.[12] Une conception du système de paiement centrée sur l'humain privilégiera la façon dont les bénéficiaires vivent les paiements de la protection sociale, que ce soit à travers l'accueil ou d'autres éléments de conception.

Évaluer l'environnement favorable

Les décisions relatives aux mécanismes de paiement doivent prendre appui sur une évaluation complète de l'environnement des paiements. Cela implique de comprendre les institutions exécutant les processus d'administration des paiements ainsi que l'écosystème des paiements, les prestataires de services de paiement potentiels et l'infrastructure physique de distribution des transferts – les points d'accès potentiels permettant de récupérer l'argent – tels que les centres communautaires, les agences bancaires, les guichets automatiques, les terminaux de points de vente (POS) et autres canaux, y compris les réseaux d'agents CICO. Cela nécessite une évaluation de la couverture géographique ainsi qu'une connaissance de la structure existante des coûts. Nous examinerons plus avant les dispositions institutionnelles pour les paiements, les aspects réglementaires, l'interopérabilité et la couverture. Vous trouverez de plus amples détails sur l'environnement favorable global ainsi qu'un guide d'évaluation de l'environnement des paiements dans l'outil destiné aux paiements de protection sociale (ISPA, 2016) de l'*Inter-Agency Social Protection Assessments* (ISPA – évaluations entre agences de la protection sociale).

Dispositions institutionnelles

Par essence, les paiements G2P de PS comprennent des acteurs et secteurs multiples. Différents acteurs interviennent dans la mise en œuvre des paiements G2P de PS : décideurs politiques, responsables de la mise en œuvre, bailleurs de fonds, régulateurs, agrégateurs et prestataires des services de paiement, entre autres. Un environnement de paiement sous-développé comporte souvent moins d'acteurs, offrant ainsi moins de possibilités de paiement pour les bénéficiaires. Les pays dotés d'un environnement de paiement plus évolué ont tendance à proposer un plus grand nombre d'options, des réglementations favorables et une distribution plus claire des rôles et responsabilités (voir le tableau 6A.1 de l'annexe 6A). Les acteurs impliqués dans la mise en œuvre des services de paiement de protection sociale incluent les bénéficiaires (ou les récipiendaires désignés), les ministères de tutelle chargés de l'exécution des programmes sociaux, les ministères des Finances, les banques centrales, les organismes d'identification, les autorités chargées de l'enregistrement des données de l'état civil, les autorités responsables des communications, les régulateurs, les prestataires de services de paiement, les donateurs et les organismes humanitaires.

Le ministère des Finances joue un rôle majeur dans le processus. Le département du Trésor des pays ayant adopté le compte unique du Trésor (CUT) est chargé d'autoriser les paiements à partir des comptes de l'État. Quand le processus de paiement est externalisé, le Trésor transfère l'argent aux PSP responsables des crédits et des retraits de compte au « premier kilomètre ». Pour les paiements directs des prestations, le Trésor effectue directement le paiement par lots sur les comptes des bénéficiaires (à condition qu'ils disposent tous d'un compte bancaire). Les commutateurs de paiement interopérables permettent de transférer des fonds, en une seule transaction, du compte du programme public vers le compte ou le porte-monnaie du bénéficiaire du programme de protection sociale (voir plus loin la section 6.5 Technologies soutenant les paiements numériques).

Les ministères de tutelle responsables des politiques et programmes de PS supervisent la conception et la mise en œuvre des programmes ainsi que l'administration des prestations correspondantes. Même si la fourniture des services sociaux fait clairement partie des activités essentielles des ministères de tutelle, le processus de versement de l'argent a souvent tendance à être nouveau pour eux ou à sortir de leur champ d'expertise, si bien qu'ils décident généralement de faire appel à des acteurs externes pour prendre en charge l'exécution des paiements ou y participer. Pour les versements en main propre, les ministères de tutelle peuvent s'appuyer sur les autorités locales, les organisations communautaires ou les organisations non gouvernementales (ONG).

Les ministères de tutelle ont tendance à déléguer l'exécution des paiements à des prestataires de services de paiement tels que des banques publiques, des bureaux de poste, des banques commerciales, des fournisseurs d'argent mobiles et d'autres entreprises de services monétaires. L'externalisation du processus de bout en bout peut inclure l'ouverture de comptes, le crédit des comptes ou porte-monnaie des bénéficiaires, ou l'encaissement par des fournisseurs tiers. Les prestataires de services de paiement peuvent avoir des motivations différentes. Certains sont impliqués dans les paiements de protection sociale pour des raisons de responsabilité sociale des entreprises, tandis que d'autres sont motivés par l'espoir réel d'une opportunité commerciale rentable.

Une des difficultés de la conception et de la mise en œuvre des paiements est de comprendre les raisons poussant chacun des intervenants à prendre part à l'exécution des paiements. Lorsqu'elle est possible, la multiplicité des prestataires peut s'avérer bénéfique pour les coûts et la commodité. Une concurrence accrue peut faire baisser les coûts des programmes et offrir des options supplémentaires aux bénéficiaires. Le fait d'avoir un ou plusieurs prestataires de services de paiement est un choix pratique déterminé, par exemple, par la couverture géographique ou la réglementation du secteur financier. Certaines zones géographiques ne sont couvertes que par une seule banque ou n'offrent qu'une disponibilité limitée du haut débit ou des points de paiement. Les réglementations peuvent stipuler les types d'entités ayant légalement le droit d'opérer en tant que prestataires de services de paiement pour les paiements G2P, et/ou interdire aux entités non bancaires de traiter des transferts monétaires. La participation des banques publiques peut s'expliquer par des facteurs tels que le manque de couverture géographique par les institutions financières commerciales, les coûts liés à la prestation des services, ou ceux associés à l'atteinte des populations des zones reculées.

Cadre réglementaire et infrastructure

La compréhension de l'environnement des paiements passe par celle du cadre juridique et réglementaire régissant le secteur financier des pays, ainsi que par la connaissance des infrastructures financières. Généralement, la référence juridique de base pour les paiements est établie par la Banque centrale. Les autres lois pertinentes sont, notamment, la loi bancaire, les lois sur le marché des valeurs mobilières (qui font explicitement référence aux questions liées aux systèmes de paiement), les règlements de la Banque centrale, et les lois sur les systèmes de paiement, les lois sur la monnaie électronique (avec des références explicites aux paiements). Les lois sur les systèmes de paiement se retrouvent généralement dans les régions où l'infrastructure juridique des transactions financières a tendance à être plus faible. Le cadre juridique comprend des aspects couvrant le caractère définitif du règlement, la compensation et le traitement électronique des paiements.[13] D'autres aspects juridiques des paiements incluent, entre autres, la monnaie électronique, l'accès des individus aux comptes, la réglementation permettant la fourniture non bancaire de services de paiement, la réglementation concernant les banques sans agences, la réglementation KYC (*know your customer* – connaissez votre client), les réglementations relatives à la protection et à la confidentialité des données, ainsi qu'à la protection des consommateurs (Staschen et Meagher, 2018.).

Évaluer l'infrastructure financière nécessite de déterminer les entités autorisées à opérer dans le pays et enregistrées. Il peut s'agir de prestataires de services spécialisés tels que des chambres de compensation, des entités exploitant des plateformes d'argent mobile, des réseaux de cartes de paiement, des commutateurs, des réseaux de transferts électroniques de fonds, et des agrégateurs de paiements. En plus des institutions financières telles que les banques commerciales et publiques, les prestataires des services de paiement (PSP) comprennent les prestataires de services de paiement non bancaires, tels que les opérateurs de transferts d'argent (OTA), les opérateurs de réseaux mobiles (ORM), les institutions financières non bancaires supervisées ou non, et d'autres institutions non financières. En général, les banques centrales réglementent et supervisent les opérateurs des systèmes de paiement, en partageant la responsabilité avec les autorités de supervision bancaire.

En ce qui concerne le cadre réglementaire, des évaluations déterminent quelles entités peuvent offrir des comptes de transaction et des services de paiement, sachant que les transferts G2P de protection sociale ont tendance à représenter des volumes importants de transferts de faible valeur. Les réglementations existantes peuvent ne pas autoriser les institutions non bancaires (telles que les entreprises de télécommunications) à effectuer des paiements G2P, afin de limiter les risques fiduciaires. D'autres aspects du cadre réglementaire incluent la loi sur la lutte contre le blanchiment d'argent et le financement du terrorisme (LBA-FT), les normes du Groupe d'action financière (GAFI), et les lois et normes KYC et CDD pour l'ouverture des comptes et porte-monnaie. Il s'agit de contrôles et de politiques standard utilisés par les institutions financières pour vérifier l'identité et s'assurer que les prestataires des services de paiement font affaire avec des entités légitimes. Les réglementations sur les frais de transfert et d'encaissement des fonds, les normes de protection des consommateurs et l'existence de produits imposés par la réglementation, tels que les comptes bancaires « sans superflu » ou de base, sont également importantes.[14]

Les instruments de paiement pour les transactions sans numéraire incluent les virements, les débits directs, les paiements par cartes de débit et de crédit, et la monnaie électronique. Les points d'accès et les canaux sont notamment les agences bancaires, les agents, les guichets automatiques, les terminaux de points de vente, et les appareils mobiles connectés à Internet. Les terminaux des points de vente peuvent être dotés d'un accès à bande magnétique, biométrique ou à puce. Ces transactions reposent sur des mécanismes de compensation et de règlement tels que les chambres de compensation automatisées et les systèmes de règlement brut en temps réel.

Considérons l'ensemble des frais, fixes et variables, qui peuvent être imputés aux programmes et aux bénéficiaires, en particulier quand les programmes se préparent à s'étendre à l'échelle supérieure. Les frais administratifs et opérationnels peuvent être, notamment, les frais d'identification et d'ouverture des comptes bancaires ; les frais associés à l'émission de cartes bancaires ; les frais récurrents liés à l'utilisation des GAB, des points de vente, des virements électroniques et des virements individuels ; ainsi que des frais ou des charges supplémentaires pour l'organisation de formations financières. Pour atténuer les coûts, l'Administration peut autoriser les PSP à gagner de l'argent sur les fonds de caisse, en payant des frais aux prestataires, ou en versant un complément aux bénéficiaires (voir annexe 6B sur les modèles de contrat des services

de paiement et le tableau 6C.1 de l'annexe 6C pour les options de répartition des frais).

Interopérabilité et couverture

L'interopérabilité permet aux individus d'utiliser aisément (mais probablement à un certain coût) leurs comptes, porte-monnaie ou cartes partout où ceux-ci sont acceptés. Les GAB font plus souvent partie d'un réseau interopérable que les terminaux des points de vente, même si en Asie de l'Est et dans le Pacifique, en Afrique subsaharienne et en Asie du Sud, une faible interopérabilité des points d'accès est très courante.[15] Un commutateur de paiement relie diverses institutions, permettant l'échange d'opérations de paiement entre celles-ci par l'acheminement de messages liés à l'autorisation et à l'authentification, ainsi que la génération et la distribution de fichiers de compensation et de règlement. Si les commutateurs cherchaient, à l'origine, à traiter les transactions des GAB et des points de vente, ils se sont développés et couvrent maintenant les transactions Internet, les appareils mobiles, et les cartes de paiement intelligentes (cartes stockant des données sur des puces à circuit intégré ou sur des bandes magnétiques pour assurer la rétrocompatibilité). Les commutateurs de paiement peuvent également accueillir des plateformes d'échange d'argent. L'interopérabilité augmente les externalités positives des réseaux pour les bénéficiaires et donc, la taille du réseau de canaux d'accès.

Pour atteindre les bénéficiaires de la PS, les PSP doivent disposer d'un vaste réseau de distribution, comprenant leurs propres agences et des agents tiers, sans lequel le coût d'accès peut être élevé. La couverture de l'infrastructure et la qualité du réseau d'agents sont importantes, en particulier la capacité de ceux-ci à offrir suffisamment de liquidités et leur volonté d'apporter des services aux bénéficiaires de la PS. De nombreux PSP utilisent des agents pour verser les paiements aux bénéficiaires. Ces agents vérifient l'identité, permettent les transactions, et font office d'interface client (ISPA, 2017). Par exemple, malgré d'importantes différences entre les pays de l'Afrique subsaharienne, à 228 pour 100 000 personnes, les agents chargés de l'argent mobile ont une portée sept fois supérieure à celle des GAB et 20 fois supérieure à celle des agences bancaires (Aker, 2020).

Une évaluation de la couverture des systèmes d'identification unique fondamentaux et des registres sociaux est essentielle. Les preuves d'identité uniques fondamentales, reconnues par les pouvoirs publics, permettent aux bénéficiaires d'ouvrir des comptes et d'authentifier leur identité pour recevoir des transferts. Les systèmes d'identification font également partie intégrante de la mise en œuvre du CDD pour les exigences KYC. Les registres sociaux permettent l'évaluation des besoins et conditions de vie des demandeurs/inscrits aux programmes sociaux. Les données recueillies auprès des demandeurs figurant dans les registres sociaux ou les systèmes de gestion des opérations des bénéficiaires (voir les chapitres 4, 5 et 8) peuvent inclure le choix des modes de paiement ainsi que des adresses financières pour les paiements.

Déterminer l'approche de paiement

Des choix judicieux doivent être opérés concernant la mise en œuvre et la conception des paiements, car ils auront des implications pour l'accessibilité des prestations de protection sociale et une plus large inclusion financière des pauvres. Le premier ensemble de choix concerne le fait d'automatiser ou non les processus d'administration des paiements d'arrière-ligne pour faciliter la mise en œuvre, et de décider ensuite soit de concevoir le système pour un unique programme (une approche courante, mais pas forcément idéale) soit d'adopter une approche coordonnée avec d'autres programmes sociaux.

Numériser les paiements

Les pouvoirs publics investissent généralement dans la numérisation des systèmes d'administration des paiements d'arrière-ligne en vue de réaliser des gains d'efficacité, mais cette approche de la numérisation est partielle, comme indiqué plus haut dans la section sur l'évolution des paiements G2P de PS. Concernant la numérisation des processus de première ligne de mise en œuvre des services de paiements, un deuxième ensemble de choix doit être fait : remettre les paiements aux personnes en main propre ou virtuellement à l'aide d'une variété de moyens numériques tels que des comptes bancaires. La combinaison de ces choix aura des implications pour l'inclusion financière et l'accessibilité des paiements, notamment pour les personnes pauvres et vulnérables. Pour plus de détails, voir plus loin la section 6.5 Technologies soutenant les paiements numériques, y compris les adaptations de conception centrées sur l'humain (voir encadré 6.8 et tableau 6.2).

Transfert direct

Dans les pays ayant adopté le CUT pour la gestion des finances publiques, le département du Trésor est chargé d'autoriser les paiements à partir des comptes publics sous la forme de « transferts directs ». Un tiers des pays ayant participé à l'enquête de la Banque mondiale sur les systèmes de paiement mondiaux (GPSS – Global Payment Systems Survey) ont indiqué que les ministères des Finances (par l'intermédiaire des Trésors nationaux ou d'institutions équivalentes) versent tous les paiements directement au bénéficiaire à la demande de l'agence d'exécution.[16] Les transferts directs peuvent se passer des prestataires de services de paiement et autres intermédiaires généralement chargés du versement des transferts. Les transferts G2P directs présentent l'avantage d'éliminer les intermédiaires et les coûts, et d'améliorer la sécurité et la discrétion, tout en encourageant l'inclusion financière. Les transferts directs sont possibles à condition que les bénéficiaires aient tous un compte en banque et puissent tous être identifiés de manière unique. Certains coûts, généralement couverts par les programmes sociaux, sont néanmoins reportés sur les bénéficiaires.[17] Par contre, près de la moitié de tous les répondants du GPSS ont déclaré que les ministères des Finances (par l'intermédiaire des Trésors nationaux ou d'institutions équivalentes) déposent des fonds sur les comptes de différents organismes publics, qui versent à leur tour les paiements aux bénéficiaires concernés.

Prestataire de services de paiement

En fonction de la compréhension de l'environnement des paiements, le ministère de tutelle ou l'administrateur du programme détermine s'il faut distribuer des espèces aux bénéficiaires (par l'intermédiaire de bureaux locaux, de bureaux de poste, d'agences bancaires, de caissiers ou de points de paiement temporaire/« pop-up »), ou plutôt transférer directement l'argent sur les comptes des bénéficiaires. Dans un cas comme dans l'autre, le ministère de tutelle évalue le canal le plus approprié pour effectuer les paiements, et détermine si le processus peut être géré au sein de l'Administration (sans intervention d'acteurs externes), ou s'il est nécessaire de déléguer cette responsabilité à un prestataire de services de paiement. L'Administration peut choisir d'avoir une ou plusieurs modalités et un ou plusieurs PSP. Si la décision implique de verser les paiements (en totalité ou en partie) sur des comptes bancaires, le ministère de tutelle doit veiller à ce que :

- les récipiendaires désignés des familles bénéficiaires aient des comptes auprès d'institutions financières, sachent comment accéder à leur argent, et à ce qu'il existe des mécanismes de recours et de soutien aux clients **(ouverture des comptes)** ;
- les comptes soient crédités des fonds – le montant de la prestation – et à ce que les bénéficiaires sachent quand les fonds sont disponibles **(transferts des fonds)** ; et
- les bénéficiaires aient les moyens d'utiliser les fonds pour satisfaire leurs besoins sans avoir à supporter des charges indues ou des frais de transaction excessifs **(utilisation des fonds)**. On peut distinguer le retrait d'argent liquide et l'utilisation des fonds pour des paiements sans numéraire (par exemple, dans des magasins, paiements électroniques instantanés).

Les décisions relatives aux méthodes d'authentification doivent convenir au contexte et au besoin. Différents facteurs d'authentification permettent de s'assurer que le bénéficiaire visé reçoit bien un paiement. Les normes de LCB-FT régissent l'authentification pour les institutions financières. Que les paiements soient remis en main propre par les ministères de tutelle ou sous-traités, des méthodes d'authentification à un ou deux facteurs doivent être disponibles. Des technologies peuvent soutenir l'authentification (par exemple des lecteurs biométriques), mais la facilité d'utilisation, la commodité pour les destinataires, ainsi que le rendement de l'investissement doivent être l'objet d'une attention particulière et de calculs, car ces technologies sont généralement coûteuses.

Passer des paiements en espèces en main propre à des approches de versement virtuel peut avoir un coût pour les bénéficiaires. Les transferts monétaires versés en main propre peuvent être effectués à proximité des bénéficiaires, tandis que les paiements sur des comptes passent par l'infrastructure financière existante (agences, GAB, points de vente) qui peut imposer que les bénéficiaires se déplacent plus loin pour atteindre les points de paiement, même si cela peut varier. Les questions relatives aux coûts privés, telles que les frais de déplacement, peuvent donc être intégrées dans la structure des coûts, par exemple en ajustant les paiements

pour indemniser les bénéficiaires (voir annexe 6C). De même, les interactions et l'expérience avec de nouvelles interfaces nécessitent que les bénéficiaires acquièrent de nouvelles compétences. Les aspects liés à l'éducation financière et au service à la clientèle doivent également être considérés comme prioritaires et planifiés dans le cadre de la transition entre les approches de versement des paiements.

Fréquence des paiements

Les facteurs liés à la conception des programmes incluent 1) **l'objectif du transfert**, étant donné que dans les programmes cherchant à stabiliser les revenus, les transferts sont généralement plus fréquents, mais le sont moins quand les programmes visent l'inclusion productive ; 2) **le type de programme**, par exemple, les transferts monétaires conditionnels, ont tendance à avoir un calendrier de paiement différent de celui d'une pension sociale ou de travaux publics, étant donné que le contrôle des conditionnalités ou le nombre de jours ouvrés peuvent avoir des implications sur la fréquence ; et 3) **la taille du montant de la prestation** (par rapport aux coûts privés encourus par les bénéficiaires). Les facteurs liés à la mise en œuvre incluent la disponibilité des fonds, l'infrastructure financière (disponibilité et accessibilité des points de paiement) et la capacité des prestataires de services de paiement (Rodriguez et coll., à paraître).

Les facteurs financiers, ainsi que les contraintes administratives et réglementaires, peuvent jouer un rôle dans les décisions de modification de la fréquence des paiements, notamment les efforts pour réduire les coûts des programmes. Des frais sont habituellement associés aux paiements individuels (en plus des frais encourus pour verser une somme forfaitaire « flottante » sur le compte d'un prestataire de services de paiement).[18] Une diminution du nombre annuel des paiements peut se traduire par une réduction importante des frais de transaction. Les coûts en temps et en capacité peuvent également déterminer le besoin d'ajustement de la fréquence des paiements d'un programme. Des contraintes peuvent découler des processus administratifs de contrôle des conditionnalités et/ou de réconciliation des paiements. Des changements technologiques, tels que l'automatisation des processus ou des modifications dans les modalités de paiement, peuvent également affecter la fréquence des paiements (par exemple, le passage d'une distribution manuelle des paiements à des dépôts directs sur le compte des bénéficiaires). De même, des changements dans l'environnement réglementaire qui restreignent ou autorisent des modifications des modalités de paiement (par exemple, de nouvelles modalités ou de nouveaux prestataires) peuvent avoir le même effet. La COVID-19 et la distanciation sociale ont également joué un rôle dans la fréquence et l'échelonnement des paiements.

La fréquence des paiements peut également dépendre des besoins et préférences des bénéficiaires. Ainsi, si les coûts privés ou ceux des programmes sont trop élevés (par rapport au montant réel des prestations), la fréquence peut être réduite. Voir l'encadré 6.5 sur la gestion, la fréquence et le calendrier des paiements du programme *Bolsa Familia* du Brésil.

Déterminer l'approche de passation des marchés/de sous-traitance

Des accords sont passés avec des prestataires de services de paiement pour l'ouverture des comptes des bénéficiaires et le versement des paiements. Les options comprennent 1) une réglementation autorisant des prestataires de services de paiement tels qu'une banque d'État ou des bureaux de poste à être mandatés pour effectuer les paiements à un coût fixe ; 2) un contrat pour atteindre les bénéficiaires des transferts monétaires moyennant une rémunération ; (3) un appel d'offres concurrentiel sans subventions ni réglementation supplémentaire ; ou 4) la mise en œuvre par le marché sans contrat ni tarification particulière. Ces options de contrats (ou leur absence) peuvent être combinées (voir tableau 6.1).

La contractualisation des PSP peut se faire par accord direct ou à travers un processus national ou international de passation des marchés. Une méthode fréquemment adoptée pour passer un contrat avec un fournisseur de paiements externe est l'accord direct (par contrat ou réglementation, souvent utilisé avec les banques publiques et les bureaux de poste).

En plus de la sélection des PSP, un accord doit être trouvé sur l'instrument de paiement à utiliser pour distribuer les paiements. L'instrument par défaut est l'argent liquide,[19] et pour les paiements virtuels, il peut être des bons, une carte (de débit, à puce, prépayée), un porte-monnaie mobile, de l'argent mobile, etc. (voir plus loin la section 6.5).

Encadré 6.5 Paiements pour le programme *Bolsa Familia* du Brésil : gestion, fréquence et calendrier

Le programme *Bolsa Familia* (BFP) verse mensuellement aux familles bénéficiaires un transfert monétaire conditionnel déterminé en fonction de leur revenu par tête, du nombre de membres de la famille et du nombre d'enfants et d'adolescents de 0 à 17 ans ou de femmes enceintes ou allaitantes dans le ménage. Les familles peuvent, à la demande, se porter candidates à une inclusion dans le programme auprès des bureaux municipaux, via le *Cadastro Unio* (registre social). Le programme couvre environ 14 millions de familles.

Les paiements sont effectués mensuellement et gérés par la *Caixa Economica Federal* (Caixa) à l'aide du *Cadastro Unico* et du SIBEC (système de gestion des bénéficiaires), sous la supervision du ministère du Développement social (MDS). La Caixa est chargée de distribuer les cartes sociales du BFP à toutes les familles et de créditer leurs comptes des paiements mensuels.[a]

Une caractéristique innovante du BFP est le calendrier échelonné des paiements. Tous les bénéficiaires ne sont pas payés le même jour du mois. La date du paiement est établie en fonction du dernier chiffre du numéro d'identification sociale (NIS) de chaque bénéficiaire.[b] Cet échelonnement des dates de paiement présente de nombreux avantages : 1) il évite de coïncider avec les jours où les autres opérations bancaires sont les plus nombreuses, afin de ne pas surcharger le système avec un excès de retraits d'espèces au cours d'un jour donné ; 2) il peut contribuer à l'effet multiplicateur en lissant l'afflux d'argent liquide dans les petites économies locales, et éviter les pics de prix ou les ruptures d'approvisionnement (qui peuvent intervenir si tout

suite

le monde va au marché le même « jour de paie ») ; et 3) il peut contribuer à protéger la sécurité des bénéficiaires parce que les autres ne savent pas quand ils perçoivent leur argent. Le calendrier des paiements est largement diffusé pour que les personnes sachent quand leur compte sera crédité. Les grandes étapes du processus de paiement sont :

- **Approbation des prestations.** Tous les changements détectés dans le *Cadastro Unico*, ainsi que les résultats du contrôle des conditionnalités se reflètent dans les paiements mensuels du BFP aux familles. De nouveaux bénéficiaires peuvent être ajoutés chaque mois, et les montants des prestations peuvent être ajustés en fonction du contrôle des conditionnalités et des informations relatives aux bénéficiaires. L'octroi des prestations ne dépend que du MDS, qui donne des instructions à la *Caixa* pour qu'elle intègre dans la liste des paiements du BFP les familles ayant droit sélectionnées. Ce processus, exécuté par le SIBEC (le système de gestion des bénéficiaires) et géré par la *Caixa* est impersonnel, ce qui constitue un avantage non négligeable du système.

- **Établissement de la liste des paiements.** Une fois la prestation approuvée, les données de la famille sont enregistrées dans la liste des paiements du BFP, qui est actualisée mensuellement. Elle contient la totalité des familles bénéficiaires identifiées par le NIS du récipiendaire désigné, ainsi que le montant de la prestation approuvée et d'autres

informations. La carte sociale du BFP contient le nom et le NIS du récipiendaire désigné de chaque famille. La *Caixa* traite la liste des paiements au début de chaque mois.

- **Encaissement.** Le paiement est effectué au cours des 10 derniers jours ouvrables de chaque mois, en fonction du NIS du récipiendaire désigné. La carte sociale est le moyen le plus utilisé pour retirer l'argent du BFP. En mai 2017, 73 % des retraits étaient effectués de cette façon. Les autres méthodes de paiement comprennent : 1) un compte-chèques bancaire simplifié de base ; 2) un paiement hors ligne à l'aide d'un mandat bancaire, avec présentation d'une pièce d'identité par le récipiendaire désigné (très rare) ; ou 3) une procédure de retrait spéciale utilisée par les équipes mobiles de la *Caixa* dans les zones reculées où il n'y a pas de DAB en état de marche. Les reçus de paiement imprimés comprennent des informations relatives à la date et au montant du paiement. Ils servent également au MDS pour envoyer des messages aux bénéficiaires, tels que des informations sur les prochaines dates limites pour l'actualisation de leurs informations, des rappels des conditionnalités, des mises à jour de leur statut de conformité, etc. Les bénéficiaires peuvent également télécharger une application sur leur smartphone à l'aide de laquelle ils peuvent consulter le calendrier des paiements, vérifier le statut de leurs prestations, et trouver l'endroit le plus proche où accéder aux fonds.

---

a. Les cartes des bénéficiaires (identifiant fonctionnel) sont remises aux bénéficiaires par la poste et accompagnées d'un numéro de suivi postal. Les familles bénéficiaires reçoivent également des informations et des conseils sur le programme ainsi que des instructions pour activer les cartes en appelant le centre d'appel de la *Caixa* et en enregistrant un mot de passe électronique auprès d'une des agences bancaires ou des points de service loterie de la *Caixa* (*lotericas*). À ce stade, le récipiendaire désigné doit signer un formulaire de consentement. L'ensemble du processus, depuis l'ajout du nom du bénéficiaire sur la liste des paiements jusqu'à l'activation de la carte, peut prendre jusqu'à 45 jours. La carte doit être activée dans les 180 jours, sous peine d'expirer.

b. Par exemple, en janvier 2017, pour les bénéficiaires dont le dernier chiffre du NIS = 1, les paiements ont été faits le 18 janvier, pour ceux dont le NIS = 2, paiements le 19 janvier, NIS = 3, paiements le 20 janvier, NIS = 4 paiements le 23 janvier, NIS = 5 paiements le 24 janvier, NIS = 6, paiements le 25 janvier, NIS = 7, paiements le 26 janvier, NIS = 8 paiements le 27 janvier, NIS = 9, paiements le 30 janvier, NIS = 0, paiements le 31 janvier. Ces calendriers sont publiés chaque année bien à l'avance, et sont largement diffusés.

Tableau 6.1 Types de contrats conclus avec les prestataires de services de paiement

Type de contrat avec les prestataires des services de paiement	Caractéristiques des services de paiement			
	Service à la clientèle et formation : veiller à ce que le bénéficiaire ait accès à l'aide et sache comment accéder au transfert ou à d'autres services, le cas échéant	**Ouverture de compte :** veiller à ce que le bénéficiaire du programme d'assistance sociale ait accès à un compte ou à un porte-monnaie	**Transfert de fonds :** débit du compte du programme et crédit au compte des bénéficiaires	**Instruments :** utilisation d'instruments sans numéraires (cartes, porte-monnaie mobiles) pour effectuer des paiements ou des retraits en espèces dans des agences ou les guichets automatiques
Réglementation : l'Administration ou le régulateur du secteur financier charge une institution financière de fournir un service à un coût prescrit.	Exigences réglementaires pour la fourniture d'une formation financière.	Réglementations comptables de base requérant que chaque citoyen répondant à certains critères dispose d'un compte, gratuitement ou à faible coût (Brésil, Costa Rica, Inde, Indonésie, Malaisie, Mexique). Subventions gouvernementales accordées aux institutions financières pour l'ouverture de comptes destinés aux citoyens éligibles (inscrites dans la loi ou la législation secondaire).	Plafonds réglementaires sur les frais de transfert, applicables à tous les transferts ou spécifiquement aux prestations d'assistance sociale (Bangladesh, Équateur, Inde, Malaisie).	Exigences réglementaires pour l'ouverture d'agences dans les régions reculées (Éthiopie ; banques de services de paiement au Nigeria).
Accords bilatéraux : le programme de protection sociale signe un contrat avec une institution financière et lui verse une commission en échange de la prestation du service.	Le contrat peut préciser l'institution qui devra fournir une formation financière adaptée aux besoins des bénéficiaires.	Le contrat prévoit des frais pour l'ouverture d'un nombre convenu de comptes.	Le contrat peut spécifier des frais par transfert, un pourcentage de la valeur du transfert, ou des frais variant en fonction de l'emplacement du point d'accès (pouvant être différents du taux en vigueur sur le marché) (Colombie, République dominicaine).	Paiements pour l'établissement d'agents dans les zones mal desservies (Bangladesh, Éthiopie, Nigeria).
Appel d'offres : mise en concurrence des prix et des conditions de service.	L'institution financière fournit des informations et un service à la clientèle. Pas de facilitation particulière pour les bénéficiaires.	Différents comptes selon les options du marché (économies à revenu élevé : la plupart des pays de l'OCDE, RAS de Hong Kong, Chine, Singapour).	Frais basés sur le marché (économies à revenu élevé : la plupart des pays de l'OCDE, RAS de Hong Kong, Chine, Singapour).	Utilisation des instruments disponibles sur le marché. Pas de facilitation particulière pour les bénéficiaires.
Basé sur le marché : pas de contrat	L'institution financière fournit des informations et un service à la clientèle. Pas de facilitation particulière pour les bénéficiaires.	Utilisation du compte existant du bénéficiaire.	Frais basés sur le marché (économies à revenu élevé : la plupart des pays de l'OCDE, RAS de Hong Kong, Chine, Singapour).	Utilisation des instruments disponibles sur le marché. Pas de facilitation particulière pour les bénéficiaires.

Source : Karol Karpinski, spécialiste du secteur financier, Finance, Compétitivité et innovation, Banque mondiale.

Note : OCDE = Organisation de coopération et de développement économiques.

Il est conseillé de signer un accord de service détaillé et bien structuré entre l'Administration et le ou les PSP. Le ou les accords doivent stipuler clairement les modalités, les instruments, les frais, les types et le nombre des points de paiement, les délais, et autres dispositions pour l'exécution des paiements de PS. Certains pays optent pour des accords annuels (correspondant généralement au cycle budgétaire), mais les accords pluriannuels (ou avec renouvellement automatique en fonction des performances) offrent des options pour atténuer le risque de perturbations des calendriers de transfert entre les contrats et encourager les PSP à investir dans des technologies et infrastructures pour mieux servir les clients. Les accords doivent être suffisamment flexibles pour laisser la place à des mécanismes de paiement innovants développés par les PSP.

Le programme s'assure que les PSP fournissent leurs services de manière responsable, en respectant les normes de protection des consommateurs. Il doit se mettre d'accord avec les PSP sur les mécanismes de gestion des réclamations et sur ceux employés pour informer les bénéficiaires sur les paiements et les former à leur utilisation. Les contrats doivent préciser la confidentialité, la protection et la sécurité des données, ainsi que les caractéristiques techniques des bases de données et des flux d'informations.

Il existe également des alternatives au recours de l'Administration à un prestataire de services de paiement. Dans les modèles G2P 3,0 et 4,0, les personnes sont libres d'utiliser le prestataire de services de paiement de leur choix. Dans ce cas, la concurrence et les choix du marché sont laissés aux individus plutôt qu'à l'institution. Une telle approche peut être profitable pour les bénéficiaires en raccourcissant les procédures institutionnelles et en réduisant les coûts administratifs ainsi que les coûts privés encourus par les habitants des zones reculées et difficiles à atteindre.

Gérer un cycle de paiements récurrents

Administrer les paiements

Dans cette section, l'administration des paiements décrit les processus sous-tendant le versement des paiements des prestations. L'administration des paiements comprend un certain nombre de sous-processus pour les transferts de fonds, comprenant l'établissement et la vérification de la liste des paiements ; la fixation du calendrier des paiements ; la demande de transfert entre comptes (du ministère de tutelle vers le Trésor public) ; l'émission de l'ordre de paiement entre comptes (du Trésor public vers le prestataire de services de paiement) ; l'émission de l'instruction de paiement (du ministère de tutelle vers le prestataire de services de paiement) ; et le paiement des bénéficiaires (par le prestataire de services de paiement).

L'objectif de ce processus est de produire la liste des paiements, y compris le calcul, la validation et l'approbation du bon montant pour les bons bénéficiaires (voir chapitres 5 et 8). Le calendrier des paiements est communiqué au prestataire des services de paiement, et les fonds lui sont transférés. En cas de paiement électronique, les transactions doivent garantir que le montant est bien crédité à l'adresse financière du bénéficiaire (compte bancaire, compte d'argent mobile, porte-monnaie mobile, numéro de mobile ou numéro d'identification de base/unique).

Un des intrants du processus d'administration des paiements est une liste ou un répertoire à jour des bénéficiaires. Cette liste contient des informations sur le montant à payer à chaque bénéficiaire, des informations actualisées sur le paquet de prestations et services, des informations sur la réconciliation des paiements du cycle de paiement précédent, ainsi que des informations sur l'adresse financière des bénéficiaires. Le calcul des paiements est effectué à l'aide d'algorithmes (au moyen d'applications logicielles, de feuilles de calcul Excel ou de calculs manuels) et d'un processus de validation et d'approbation, basé sur l'environnement d'autorisation de ces transactions. Les systèmes intégrés d'information de gestion financière (SIGF), les systèmes d'accréditation des comptes (système de transfert interne des banques, systèmes de transfert des services financiers mobiles), et les contrats ou accords de service sont tous indispensables aux processus d'administration des paiements. Les extrants de l'administration des paiements comprennent la liste des paiements, les comptes des bénéficiaires crédités (en cas de transfert électronique) et les paiements distribués (en cas de paiements manuels). Le résultat de ces processus est le versement au bon moment du bon montant de prestations au bon bénéficiaire, à travers un canal établi de fourniture des services de paiement.

Deux activités distinctes composent l'administration des paiements : l'établissement de la liste des paiements et la gestion des paiements.

Établir la liste des paiements

L'établissement de la liste des paiements nécessite des activités administratives périodiques pour constituer un calendrier des paiements vérifiant et certifiant les bénéficiaires et leurs prestations. Le module d'administration des paiements d'un système de gestion des opérations des bénéficiaires (BOMS – *Beneficiary operations management system*) établit la liste des paiements sur la base des données d'inscription (avec, le cas échéant, un lien avec le suivi du respect des conditionnalités). Les paiements sont également liés au registre social et aux systèmes d'identification centraux ou fonctionnels. Les informations de la liste des paiements comprennent des informations personnelles sur les bénéficiaires, telles que le nom, le compte, l'adresse, le montant des droits et le numéro d'identification unique. L'organisme central, généralement le ministère des Affaires sociales, vérifie la liste des paiements et certifie la qualité et l'exactitude des données. Ces vérifications croisées peuvent être réalisées grâce à une interopérabilité avec le registre social, le BOMS et les systèmes d'identification unique. Ils peuvent être liés à d'autres systèmes d'information administratifs tels que les registres des biens, des véhicules et de l'état civil.

Les principaux points à connaitre pour établir la liste des paiements sont les suivants :

- Les agences chargées d'établir, vérifier et certifier la liste des paiements ;
- Les systèmes d'information soutenant l'administration des paiements ;
- L'organisme gérant le BOMS ;
- Les informations nécessaires à la vérification de la liste des paiements ;
- Les étapes du processus d'établissement de la liste des paiements et la durée de chacune.

Gérer les paiements

La gestion des paiements implique l'envoi périodique au Trésor public des transactions de la liste des paiements et des instructions de paiement, à travers des processus d'approbation des transferts et de libération des fonds. Le Trésor programme les instructions de paiement et distribue les fonds à un ou plusieurs prestataires de services de paiement (PSP) qui délivreront les fonds. Le fichier des instructions de paiement est envoyé au Trésor qui examine les transactions, saisit les demandes de paiement et libère les fonds sous réserve de disponibilité budgétaire (encadré 6.6). Dans de nombreux pays, un compte unique du Trésor (CUT) contrôle toutes les transactions et transfère les fonds aux PSP depuis l'organisme responsable de la dépense. Dans certains pays, le Trésor public transfère les fonds alloués vers les comptes bancaires d'organismes publics donnés. Ceux-ci donnent ensuite l'ordre à la banque de transférer les fonds à certains bénéficiaires. Ou bien, le Trésor conserve le contrôle des fonds, balaie les soldes inactifs des comptes bancaires et consolide, à la fin de chaque journée, la position de trésorerie de l'Administration. Le CUT envoie électroniquement un fichier d'instructions de paiement et les fonds requis aux PSP. Ceux-ci peuvent être des banques publiques ou commerciales, des opérateurs de réseau mobile (ORM), des ONG, des bureaux de poste, des coopératives de crédit, des institutions de microfinance ou des organisations coopératives d'épargne et de crédit (SACCO).

La gestion des paiements inclut également d'autres éléments tels que :

- la gestion des transferts budgétaires, à travers un CUT ou autre ;
- la gestion des transferts de paiement vers les points de paiement et les prestataires des services de paiement locaux ou infranationaux, ce qui est particulièrement important lors de l'extension à des zones éloignées et mal desservies.

Verser les paiements

Dans cette section, les modalités de paiement décrivent le processus de décaissement des paiements au profit des bénéficiaires, après le transfert des paiements aux PSP par les ministères de tutelle. Les paiements sont effectués soit en main propre (en espèces), soit virtuellement/électroniquement (sans numéraires).

Le personnel des programmes sociaux effectue souvent les paiements en espèces en remettant physiquement l'argent aux bénéficiaires. Les fonds sont transférés électroniquement sur une série de comptes ouverts au niveau du district ou infranational, et les responsables locaux, le personnel du programme ou les

La Turquie dispose d'un système intégré d'assistance sociale (ISAS) sophistiqué qui automatise le processus d'administration des paiements. Une liste des ménages à payer est préparée par l'ISAS. Celui-ci permet à l'administrateur de choisir le programme auquel a droit le bénéficiaire dans la liste des programmes (transfert monétaire conditionnel, aide aux veuves, pension d'invalidité et de vieillesse, etc.). Il sélectionne ensuite le prestataire de services de paiement approprié. Les informations de paiement sont ensuite ajoutées (périodicité des paiements, date, etc.) Les données de paiement sont enregistrées dans un fichier des paiements et transmises aux prestataires de services. L'unité compétente du ministère de l'Assistance sociale prépare la liste des paiements pour transmission. Le fichier des paiements est un fichier texte personnalisé où les informations relatives aux paiements sont regroupées en un seul fichier reprenant des informations sur tous les bénéficiaires, dont est extrait un fichier séparé destiné à chaque prestataire des services de paiement. Les données relatives aux paiements qui y sont reprises sont l'identifiant du bénéficiaire, ses nom et prénom, le nom de son père, son numéro de compte bancaire international (IBAN), le code de l'agence, l'option de paiement à domicile (si sélectionnée), son adresse, le montant de la prestation et la date de paiement. Les fichiers des paiements peuvent être transmis aux PSP de différentes manières, notamment à l'aide du protocole de transfert de fichiers (FTP), des services Internet et des passerelles de paiement.

Les banques mettent à jour chaque nuit dans l'ISAS les informations relatives aux paiements/retraits. Elles actualisent également le statut du versement des prestations à l'adresse FTP de la Direction générale de l'Assistance sociale (GDSA). Chaque banque envoie une mise à jour du statut à l'aide d'un fichier texte personnalisé enregistré à l'adresse FTP de la GDSA. Le moment de chaque retrait par le bénéficiaire d'un paiement correctement effectué est enregistré dans ce fichier texte par la banque concernée. Si le retrait n'est pas effectué en raison d'un décès, d'un dépassement du délai, de plus de six mois d'inactivité ou de l'annulation du paiement par la GDSA, les informations sur l'annulation et le montant de la prestation reversé sur le compte de la GDSA sont enregistrées dans le fichier des statuts des retraits. Une fois les fichiers des retraits transmis à l'aide du FTP, l'ISAS procède à leur analyse. Chaque fichier est interprété automatiquement selon le format de la banque et conformément au contrat entre les banques et l'ISAS. Le résultat de chaque paiement est enregistré pour la prestation d'assistance sociale correspondante figurant dans le profil du ménage concerné conservé dans l'ISAS. Les paiements des prestations ne sont pas toujours annulés pour cause de décès ou de dépassement du délai. La GDSA annule parfois des prestations lorsqu'elle met à jour les montants des paiements ou ajoute de nouveaux types de prestations. En pareil cas, la GDSA envoie un fichier d'annulation à la banque ou aux PTT (postes turques) concernées. Le fichier d'annulation est envoyé à la banque concernée sous la forme d'un fichier texte prédéfini, via une adresse FTP désignée.

Source : Ahmet Fatih Ortakaya, spécialiste principal de la protection sociale, Protection sociale et emplois, Banque mondiale, 2019.

dirigeants des communautés locales se rendent dans une agence bancaire ou un bureau de l'Administration pour y percevoir l'argent. Celui-ci est physiquement transporté jusqu'aux points de paiement (bureaux de poste, bureaux de l'Administration ou installations communautaires), où les bénéficiaires récupèrent le montant des prestations à un moment prédéterminé. Avant d'effectuer le paiement, le personnel du programme doit authentifier l'identité du bénéficiaire. Certains pays sous-traitent ce processus à des bureaux de poste nationaux ou à des banques publiques qui remettent l'argent aux bénéficiaires à des points de paiement spécifiques. Les bénéficiaires sont informés du lieu où les paiements seront effectués (points de paiement), du moment (calendrier des paiements) et de la manière (ce qu'ils doivent apporter). Toutefois, la remise physique d'espèces devient une contrainte depuis la crise de la COVID-19.

Les paiements électroniques sont généralement délégués à des PSP tiers, tels qu'une banque (publique ou privée), un opérateur de réseau mobile (ORM) ou un agrégateur de paiements. Le processus implique le transfert électronique aux PSP du montant total de tous les transferts destinés aux bénéficiaires pour une période de paiement. Les PSP créditent ensuite électroniquement les comptes individuels des bénéficiaires. Normalement, un seul PSP gère tous les aspects de l'exécution des paiements, mais un consortium de prestataires peut, dans certains cas, être responsable de différents aspects (ISPA, 2016). De même, les pays peuvent sélectionner différents PSP et leur déléguer le processus en fonction de leur couverture et de leur présence régionale. Les PSP sont chargés d'organiser le processus de distribution des paiements aux différents bénéficiaires. Ils doivent les informer des dates et points de paiement et authentifier les preuves d'identité. Pour les banques, ce processus devra être conforme aux normes CDD/KYC du système bancaire. Lorsque les paiements sont réalisés par un réseau d'agents, l'identité des bénéficiaires est vérifiée aux points de paiement (encadré 6.7).

En cas de paiements en espèces directement aux personnes, les bénéficiaires peuvent encourir des coûts personnels importants pour se rendre aux points de paiement et y attendre de recevoir l'argent. Sans directives de distanciation sociale, ce processus devient lourd pour les bénéficiaires. Lorsqu'ils résident dans des zones reculées, les frais de déplacement peuvent représenter une part importante de l'argent reçu. Pour recevoir le paiement, les bénéficiaires doivent prouver qui ils sont à l'aide de pièces d'identité et parfois de données biométriques. Pour les paiements en main propre, le personnel du programme et les administrateurs sur le terrain vérifient physiquement que le bénéficiaire figure sur la liste des paiements ou une liste nominative. Pour les authentifications hors ligne, ils peuvent vérifier les pièces d'identité reconnues par l'Administration en les comparant

---

Encadré 6.7 Intégration des bénéficiaires des programmes de protection sociale dans les modalités de paiement

Pour les paiements transférés directement du Trésor public aux particuliers, des comptes bancaires doivent être ouverts au nom des bénéficiaires des programmes de protection sociale. Le numéro et les détails du compte nouvellement ouvert doivent être transmis au ministère ou à l'organisme de tutelle. Certains bénéficiaires peuvent déjà avoir un compte auprès d'une banque ou d'une institution non financière. Toutefois, les programmes qui ne recueillent pas d'informations sur les comptes bancaires dès le départ, au cours de l'accueil et de l'enregistrement (chapitre 4) ou de l'inscription (chapitre 5), ont tendance à ouvrir de nouveaux comptes bancaires, ce qui entraîne une dispersion des comptes et des cartes pour les différents programmes de protection sociale.

Lorsque les prestataires des services de paiement sont responsables des modalités de paiement, ils doivent ouvrir des comptes, fournir des instructions concernant les instruments de paiement (cartes et appareils mobiles), les méthodes d'authentification des pièces d'identité aux points de paiement, et les mécanismes de gestion des réclamations. L'ouverture des comptes est facilitée par le système e-KYC (connaissez votre client ou en anglais, *know your customer*) si celui-ci est connecté aux principales plateformes d'identification du pays. L'authentification des pièces d'identité au moment de l'ouverture des comptes minimise les risques de blanchiment d'argent et de financement du terrorisme. L'Inde et le Pakistan utilisent une technologie de vérification biométrique de l'identité des personnes pour permettre aux agents de saisir et de vérifier les pièces d'identité afin de répondre aux exigences KYC et d'ouvrir des comptes.[a] Si l'environnement est favorable, des applications numériques en libre-service peuvent être fournies pour permettre aux bénéficiaires d'ouvrir des comptes depuis leur domicile, les écoles ou les bureaux des programmes sociaux. Dans ce cas, le coût marginal de l'intégration des nouveaux bénéficiaires sera proche de zéro.

---

a. En Inde, l'utilisation de l'identifiant *Aadhaar* n'est pas obligatoire. Toutefois, les institutions financières peuvent accepter *Aadhaar* en tant que document KYC valide.

visuellement à une photo ou en contrôlant les données démographiques qui y figurent. L'authentification en ligne est réalisée à l'aide de terminaux POS, d'appareils connectés à Internet et d'appareils mobiles. Avec le transfert, les bénéficiaires peuvent également recevoir une preuve de paiement (par exemple, un reçu, un carnet de chèques, un livret, etc.) (voir encadré 6.7).

Avec les paiements électroniques, les bénéficiaires peuvent passer par de multiples canaux pour encaisser les transferts, à condition que les systèmes soient interopérables. Mais ces possibilités peuvent entraîner des coûts privés supplémentaires pour les bénéficiaires des zones reculées (voir encadré 6.8 sur la conception centrée sur l'humain). Lorsque les bénéficiaires reçoivent

une carte (par exemple, une carte prépayée, une carte à puce ou une carte de débit) ou ont un compte géré sur un appareil mobile (portefeuille électronique), ils doivent généralement introduire un code PIN pour s'authentifier et retirer de l'argent dans les agences bancaires et des PSP, les DAB et autres organismes. La norme minimale pour les paiements électroniques est l'authentification à l'aide de deux des trois facteurs suivants : certaines de vos caractéristiques physiques (données biométriques) ; des objets dont vous disposez (carte ou jeton) ; ou une information que vous connaissez (PIN ou mot de passe). En fonction du cadre réglementaire, commercial et d'interopérabilité existant, les bénéficiaires devraient pouvoir utiliser des points d'accès relevant de différents

---

Encadré 6.8 Une approche centrée sur l'humain de la numérisation G2P

La numérisation des paiements pourrait augmenter à la fois la possession et l'utilisation de comptes. Les efforts de numérisation des paiements G2P ont néanmoins souffert de lacunes. Une des plaintes souvent exprimées par les bénéficiaires des transferts de l'Administration payés numériquement est que les outils de paiement sont difficiles à utiliser. Les bénéficiaires font état de longues files d'attente dans les agences bancaires et déclarent avoir du mal à obtenir

de l'aide lorsqu'ils ont une question ou un problème avec leurs paiements. D'autres signalent avoir été la cible de fraudes. Il est non seulement important de s'assurer que les bénéficiaires reçoivent leurs paiements de façon fiable et régulière, mais aussi de garantir que les transactions sont simples et accessibles et que les pratiques frauduleuses sont évitées.

Voir dans la figure B6.8.1, un exemple de parcours des bénéficiaires de paiements humanitaires.

Figure B6.8.1 Cartographie du parcours des bénéficiaires de transferts monétaires

Détermination de l'éligibilité	Inscription	Réception de la carte	Réception du transfert	Dépense	Conclusion
+ Une nouvelle aide est disponible dans le quartier − Ne pense pas que l'aide sera fournie	+ L'évaluation est professionnelle + La réception de l'argent de l'organisation est anonyme	+ Le processus d'obtention d'une carte SIM (pour l'identification sur mobile) est simple + L'employé fournit des informations − Difficultés à recevoir des SMS − L'achat d'un nouveau téléphone et le maintien en activité de la carte SIM coûtent cher	− Entendu des amis et parents parler de transferts d'argent − Le trajet pour retirer l'argent est long, fatigant et coûteux − Des frais inattendus sont supportés − L'employé s'en fiche	+ L'argent permet de régler les dettes et de couvrir les dépenses alimentaires et de santé − Les billets sont anciens	− Difficultés à contacter le service d'assistance téléphonique − Compte tenu des déplacements − La coupure brutale de l'assistance est décevante

Source : Tiré de « Iraq Case Study: Improving User Journeys for Humanitarian Cash Transfers » par Ground Truth Solutions et Humanitarian Policy Group, DFID, décembre 2018. Utilisé avec autorisation ; autorisation requise en cas de réutilisation.

fournisseurs, mais cette facilité comporte généralement des frais supplémentaires.

Conception centrée sur l'humain, genre, et numérisation des paiements

Une approche de conception centrée sur l'humain (CCH) est utile pour adapter les modalités des paiements aux populations habituellement concernées. Par exemple, le faible taux de possession de téléphones portables et le manque de connaissances numériques et financières chez les femmes peuvent compliquer l'adoption par celles-ci de modes de paiement numériques à la place des transferts monétaires manuels. Des choix de conception relevant explicitement d'une approche CCH peuvent lever différents obstacles et adapter les paiements de protection sociale aux groupes vulnérables (voir tableau 6.2).

La numérisation des paiements G2P constitue une occasion d'accélérer la réduction de l'écart d'inclusion financière numérique existant entre les sexes et d'amplifier les résultats de l'autonomisation économique des femmes grâce à l'utilisation active de services financiers numériques. Comme expliqué dans les critères D3 de la Fondation Bill et Melinda Gates (Chamberlin et coll., 2019), l'autonomisation économique des femmes peut conduire à de meilleurs résultats pour les enfants et la communauté, à plus d'investissement dans le capital humain des femmes et à un plus grand capital social des femmes. Accroître la possession et l'utilisation de comptes par les femmes grâce aux programmes G2P pourrait avoir un effet réellement transformationnel.

> Les transferts numériques des prestations de protection sociale peuvent être un puissant outil de renforcement de l'autonomisation des femmes. Ils peuvent fournir aux femmes un accès indépendant à des flux de revenus prévisibles, et la réception d'un paiement numérique peut conférer aux femmes un meilleur contrôle de la façon dont l'argent sera utilisé, en particulier lorsqu'il est versé dans un produit où l'argent peut être engrangé, tel qu'un porte-monnaie électronique[20].

Identification et paiement des prestations de protection sociale

Les plateformes d'identification font partie intégrante de l'authentification de l'identité. Elles garantissent que les paiements sont effectués à la bonne personne et que les PSP respectent les exigences CDD/KYC. Les services d'authentification qu'elles proposent peuvent s'appuyer sur une approche minimale, de type question-réponse, demandant si « oui ou non, cette personne est vraiment celle qu'elle prétend être ? », privilégiant la protection des données personnelles et de la vie privée. En l'absence d'une plateforme d'identification fondamentale, les programmes ont tendance à authentifier les individus soit à l'aide d'une vérification hors ligne comparant visuellement un nom ou un visage avec une carte en papier ou en plastique, soit en stockant électroniquement les données d'identification des personnes dans les systèmes de gestion des opérations des bénéficiaires, avec pour conséquences le partage et l'exposition des données personnelles.

Les niveaux d'authentification des différents programmes sociaux doivent être déterminés de manière appropriée en fonction du risque plutôt qu'en suivant une approche valable dans tous les cas. Ils correspondent au degré de confiance qu'une partie utilisatrice (le fournisseur de services) peut avoir dans l'authentification de l'identité, compte tenu du risque, de la méthode d'authentification et de la preuve d'identité. Pour les faibles niveaux de risque, un seul facteur d'authentification peut être nécessaire. Pour les niveaux de risque importants, au moins deux facteurs différents peuvent être requis. Les niveaux de risque élevés nécessitent au moins deux facteurs différents plus une prévention supplémentaire de la duplication et de la falsification. Pour une transaction financière, au moins deux facteurs d'authentification différents peuvent être exigés. Les facteurs d'authentification peuvent être une information connue par la personne (mot de passe, code PIN), une de ses caractéristiques (données biométriques telles que l'empreinte digitale ou l'iris) ou un objet qu'elle possède (carte, téléphone mobile, mot de passe à usage unique). Les facteurs qui influencent le choix des systèmes d'authentification et la conception des justificatifs comprennent le niveau d'assurance nécessaire à l'authentification (élevé, substantiel, faible), la couverture Internet, la pénétration des téléphones mobiles et les équipements supplémentaires requis pour l'authentification (lecteurs de cartes à puce, lecteurs biométriques et les cartes à puce elles-mêmes).

Atténuation des risques et contrôles

Dans certains pays, les bénéficiaires reçoivent un chèque ou un bon qui peut être encaissé ultérieurement

Tableau 6.2 Défis liés aux paiements G2P de protection sociale pour les groupes vulnérables

	Groupes démographiques tout au long du cycle de vie	
	Enfants	Dépendent de leurs parents ou tuteurs pour percevoir les paiements.
	Personnes âgées	Peuvent avoir un niveau limité d'alphabétisation ou de mobilité, ou d'autres difficultés liées à l'âge. Peuvent avoir des difficultés à se rappeler les mots de passe et les codes PIN. Doivent parfois se reposer fortement sur une personne de confiance pour retirer l'argent.
	Femmes	Manque de pouvoir de négociation, faible taux de possession de téléphones portables, connaissances numériques et financières restreintes, et mobilité limitée en raison des normes sociales ou culturelles ; exposition à la violence domestique et potentiellement à la cyberviolence ; manque de temps dû aux travaux domestiques non rémunérés ; faible nombre d'agents de paiement féminins, ce qui peut ralentir l'adoption des systèmes de paiement (paiements des travailleuses de l'industrie du vêtement), etc.
	Groupes contraints par leur statut socioéconomique	
	Personnes vivant en dessous du seuil de pauvreté	Peuvent ne pas être sensibilisées aux programmes ou avoir des idées fausses sur eux ; être dissuadées par la complexité des procédures ; manquer de confiance dans les institutions. Les problèmes propres au paiement peuvent inclure un faible niveau d'alphabétisation, des difficultés à se souvenir des codes PIN et ne pas être informé des paiements. Les quartiers pauvres et les villages ruraux peuvent ne pas disposer des infrastructures financières nécessaires aux paiements.
	Personnes vivant dans des régions isolées et reculées	Peuvent manquer de moyens de transport, de mobilité, d'accès physique ; la mise en place de points de paiement peut être coûteuse (par exemple, lorsque la fourniture des paiements nécessite un transport aérien ou maritime cher) ; les points de paiement peuvent être éloignés, ce qui augmente le coût du déplacement pour les bénéficiaires ; les voyages accroissent les risques d'insécurité ; etc. Des « banques mobiles » avec des « points de paiement » et des horaires communiqués à l'avance peuvent être utilisées dans ces contextes, mais elles requièrent une certaine préparation. Cette approche comporte des problèmes tels que l'insécurité physique des bénéficiaires, mais reste une solution de travail jusqu'à ce que des dispositions alternatives viables soient prises pour les paiements.
	Pasteurs, groupes de travailleurs agricoles nomades, semi-nomades et migrants	La mobilité constante de ces populations rend difficile l'accès aux points de retrait. Les systèmes de paiement interopérables sont préférables, mais peuvent augmenter le coût des transactions, etc.
	Réfugiés, apatrides, immigrants, populations déplacées à l'intérieur de leur propre pays (PDI) et/ou personnes vivant dans des zones fragiles, en situation de conflit ou de violence (FCV)	Peuvent manquer d'identification formelle (par exemple, les camps de Rohingya au Bangladesh, etc.). L'utilisation d'espèces et de services financiers peut être limitée dans les camps de réfugiés.
	Handicap	
	Personnes en situation de handicap	Peuvent être confrontées à des obstacles à l'accès : mobilité, moyens physiques, cognitifs, de langage ou de lecture (aveugles, sourds et muets) et à d'autres obstacles tels que la stigmatisation, les attitudes, la discrimination.

Source : tableau conçu pour cette publication.

ou utilisé en échange de nourriture ou de services. Les chèques et les bons peuvent être une option raisonnable en raison de leur facilité de transport et des risques de sécurité faibles par rapport aux espèces, mais ils demandent à la fois un réseau d'agences bancaires ou d'autres établissements pour retirer ou échanger l'argent, ainsi qu'un système d'audit pour s'assurer que les vendeurs ne surfacturent pas les achats effectués par les bénéficiaires de ces transferts ni ne les forcent à acquérir des produits non désirés. Voir l'encadré 6.9 sur l'atténuation des risques et le contrôle des erreurs, de la fraude et de la corruption.

Réconcilier les paiements

La réconciliation permet aux ministères de tutelle de vérifier que les transferts ont été correctement effectués en étant remis aux bénéficiaires ou crédités sur leurs comptes. Dans les programmes de protection sociale utilisant les transferts directs des prestations et une infrastructure de paiement interopérable, le processus peut être entièrement automatique et les fonds non crédités renvoyés à l'expéditeur.

Dans les systèmes basés sur les comptes, l'argent devient la propriété du titulaire du compte au moment du règlement final du transfert de crédit. Quand les prestations sont versées sur les comptes individuels des bénéficiaires, les organismes de protection sociale n'ont qu'une faible marge de manœuvre pour superviser leur utilisation. Dans les processus de décaissement traditionnels (en espèces), le principe est généralement que si les fonds ne sont pas retirés par le bénéficiaire dans un délai prescrit, ils sont considérés comme abandonnés. Dans les systèmes basés sur les comptes, il n'est généralement pas légal d'essayer de récupérer l'argent si le bénéficiaire ne l'a pas utilisé avant une certaine date. De plus, les lois sur le secret bancaire peuvent

---

Encadré 6.9 Atténuation des risques et contrôle des erreurs, de la fraude et de la corruption

L'introduction des paiements numériques requiert de prêter attention aux nouveaux risques auxquels sont exposés les consommateurs. Les bénéficiaires de la protection sociale G2P étant souvent novices en matière de services financiers formels, et en particulier d'argent « virtuel », ils sont plus susceptibles de vivre une expérience négative en accédant aux paiements numérisés ou en les utilisant. Les consommateurs de paiements numériques sont, au minimum, exposés aux cinq risques suivants, qui peuvent réduire leurs chances d'inclusion financière :

■ incapacité d'effectuer des transactions en raison d'une interruption du réseau ou d'un manque de fiabilité du service ;
■ manque de liquidité des agents ou des guichets automatiques ;
■ complexité des interfaces utilisateur et/ou du processus de paiement ;
■ insuffisance ou inexistence d'un mécanisme de recours ; et
■ fraude ciblant le bénéficiaire.

Ces risques doivent être atténués pour renforcer la confiance des personnes dans l'utilisation des paiements numériques et des services financiers de base, ainsi que la valeur qu'ils leur accordent.[a]

Des contrôles doivent être prévus pour prévenir la fraude et les fuites. Les paiements doivent être sécurisés afin que la totalité des sommes destinées aux bénéficiaires leur parvienne. Le processus doit être transparent et facile à auditer. La transmission des instructions de paiement doit passer par des canaux sécurisés et être accompagnée de mesures destinées à prévenir toute modification de la liste finale des bénéficiaires et des montants. Les données relatives aux preuves de vie, ainsi que l'authentification des pièces d'identité biométriques peuvent limiter les fuites au profit de bénéficiaires fantômes. L'interopérabilité des données entre les principaux registres tels que ceux de l'état civil, les systèmes de gestion des opérations des bénéficiaires, les registres sociaux, et les systèmes de paiement peut contribuer à réduire les erreurs humaines, la fraude et la corruption.

L'authentification de l'identité est essentielle pour garantir que les paiements sont effectués à la bonne personne. Un processus d'authentification sécurisé doit être mis en place et utiliser tout un éventail de mesures.[b] L'approche d'authentification choisie doit équilibrer les exigences de sécurité de l'identification

suite

et les besoins et conditions des utilisateurs finaux. Par exemple, un code PIN peut être difficile à retenir et nécessiter une formation et de la pratique pour créer des codes PIN et des mots de passe, les modifier, les mémoriser et les utiliser efficacement. Des études traitent de l'adéquation de la biométrie dans certains contextes, tels que ceux des personnes âgées, des travailleurs manuels et des personnes en situation de handicap.

Les dispositions relatives aux paiements par des agents prévoient de protéger les bénéficiaires contre les fraudes éventuellement commises par les agents. Il s'agit notamment de prélèvements non autorisés sur les comptes bancaires ou les porte-monnaie électroniques des bénéficiaires, de la facturation de frais non autorisés ou de la surfacturation d'achats de marchandises par les bénéficiaires. Les mesures appropriées peuvent consister à s'assurer que des personnes dignes de confiance sont recrutées en tant qu'agents, à surveiller les performances des agents par l'intermédiaire des prestataires des services de paiement, et à maintenir un mécanisme de gestion des réclamations et de recours indépendant des agents eux-mêmes, tel qu'une ligne d'assistance téléphonique gratuite.

La remise d'espèces aux personnes présente des risques de sécurité importants qui doivent être atténués. Les grandes quantités d'argent liquide qui voyagent et sont conservées aux points de paiement nécessitent d'importantes mesures de sécurité, telles

que des gardes armés, des policiers ou des soldats pour assurer la sécurité. Les services de transfert de fonds peuvent ne pas vouloir se rendre dans certains endroits peu sûrs ou se montrer coûteux pour le faire, si bien que d'autres possibilités de paiement doivent être explorées. Lorsque la date et le lieu des paiements de masse aux bénéficiaires sont connus, ceux-ci sont alors exposés à des risques de vol ou d'extorsion lorsqu'ils rentrent chez eux ou jusqu'à ce qu'ils aient dépensé leur argent. Les pouvoirs publics ont généralement du mal à assurer la sécurité de cibles aussi dispersées.

La recherche de sécurité doit être équilibrée avec les objectifs du programme et l'orientation vers l'humain. Il est important de garder à l'esprit que l'introduction de mesures de sécurité peut accroître le coût de l'accès pour les bénéficiaires et, en fin de compte, pour l'Administration. Les paiements en espèces ont tendance à être plus vulnérables à la fraude et au vol, mais un système numérique ne garantit pas des opérations sans erreurs, ni fraude, ni corruption. Les paiements numériques permettent toutefois de réduire considérablement l'incidence et le volume de la fraude, en particulier lorsque les bénéficiaires sont bien informés et formés pour se protéger. Pour un examen plus détaillé des mécanismes de prévention des erreurs et des fraudes, voir l'outil ISPA pour les paiements de la protection sociale [b].

---

a. Baur et Zimmermann, 2016.

b. L'outil *Inter-Agency Social Protection Assessments* (ISPA – évaluation entre agences de la protection sociale) fournit des conseils détaillés sur la manière d'évaluer la performance des processus d'identification et d'authentification dans un programme de protection sociale (ISPA, 2017).

empêcher l'agence de surveiller les transactions et d'obtenir les données personnelles des personnes qui n'ont pas encaissé leur prestation. La plupart des juridictions disposent de règles relatives à l'inactivité des comptes, qui garantissent la confiscation des soldes des comptes inactifs (et leur restitution au Trésor public), mais elles exigent habituellement que la période d'inactivité soit d'au moins un an. Lorsque le programme d'assistance sociale dépend de l'exercice d'un contrôle plus strict de l'utilisation des fonds, sa mise en œuvre peut nécessiter

la publication de réglementations supplémentaires ou une modification de la loi. Alternativement, l'utilisation d'autres modalités de paiement (telles que les cartes prépayées) peut être étudiée (Rodriguez et coll., à paraître).

Quelle que soit la forme du paiement, il est important d'atténuer les risques fiduciaires qui peuvent apparaître lorsque l'argent n'est pas utilisé aux fins prévues ou n'est pas correctement comptabilisé. Le risque fiduciaire ne se limite pas au risque de fraude ou de corruption, mais comprend d'autres risques, tels que le détournement de fonds vers d'autres domaines de dépenses publiques, ou des transferts n'atteignant pas leurs destinataires en raison d'une mauvaise conception des programmes. Une réconciliation des transferts avec les paiements réellement effectués aux bénéficiaires doit donc être réalisée pour identifier les erreurs et abus (DFID, 2006).

6.4 CARTOGRAPHIE DES PROCESSUS D'ADMINISTRATION ET DE VERSEMENT DES PAIEMENTS

Dans cette section, nous examinons le fonctionnement des processus de paiement dans quelques pays à l'aide d'une cartographie des processus et mécanismes de mise en œuvre (décrits dans le chapitre 2) et en recherchant quelles étapes et activités pourraient être améliorées. Notre objectif est de considérer les processus de mise en œuvre impliquant l'exécution des paiements avec un seul prestataire (G2P 1.0, G2P 1.5 et G2P 2.0) et de détecter les améliorations qui pourraient, le cas échéant, contribuer à faire évoluer ces systèmes vers une approche de versement de paiements virtuels comprenant plusieurs programmes et plusieurs prestataires (G2P 3.0 et G2P 4.0).

Sao Tomé-et-Principe (G2P 1.0 – Un seul programme avec un seul prestataire, en main propre)

Sao Tomé-et-Principe est une petite nation insulaire et un pays à revenu intermédiaire de la tranche inférieure, avec une population de moins d'un quart de million d'habitants. Les paiements des programmes sociaux sont effectués en espèces distribuées en main propre. Le programme *Maes Carenciadas* (mères nécessiteuses) verse un transfert monétaire aux mères pauvres ayant trois enfants ou plus, ainsi que deux pensions de vieillesse non contributives destinées aux pauvres. En ce qui concerne les dispositions institutionnelles, le Département de la protection sociale (DPSS) dispose au niveau national d'une équipe chargée de coordonner l'exécution du programme d'assistance sociale. Le DPSS emploie également des coordinateurs de district qui, entre autres activités, soutiennent l'exécution des paiements dans les sept districts du pays.

Étapes du processus

Le département de la protection sociale du ministère de l'Emploi et des Affaires sociales (MEAS) produit une liste des paiements, qui est approuvée par le ministère des Finances (voir étape 1 de la figure 6.5). Le ministère des Finances envoie les fonds vers les comptes bancaires du MEAS ouverts auprès de banques commerciales (étape 2). Celles-ci reçoivent les fonds (étape 3). Une fois que les ressources sont disponibles sur ses comptes bancaires, le MEAS en organise la distribution par l'intermédiaire de ses coordinateurs de district (étape 4). Ces derniers reçoivent les fonds (étape 5) et se déplacent et prennent les dispositions nécessaires au versement des paiements aux bénéficiaires (étape 6). Les points de paiement comprennent les mairies de district et autres centres sociaux/communautaires. Les coordinateurs de district communiquent aux bénéficiaires les dates de paiement, les montants à recevoir et les points de paiement (étape 7). Pour ce processus, l'Administration utilise principalement les stations de radio nationales, les mairies de district et les stations de radio communautaires (locales). Les bénéficiaires se rendent aux points de paiement et font la queue pour percevoir leurs transferts (étape 8), ils présentent des pièces d'identité (carte nationale ou électorale, ou acte de naissance) pour être authentifiés par les coordinateurs de district (étape 9), et reçoivent leur argent (étape 10). Une fois en possession de leurs transferts, les bénéficiaires signent la liste des paiements ou apposent leur empreinte digitale s'ils ne peuvent pas signer de leur nom.[21]

Analyse des améliorations potentielles du processus

Les coordinateurs de district se déplacent souvent sans mesures de sécurité pour distribuer les paiements. L'infrastructure des points de paiement est précaire et dotée de conditions de prestation des services aux communautés inadéquates ; la connectivité, l'accès à

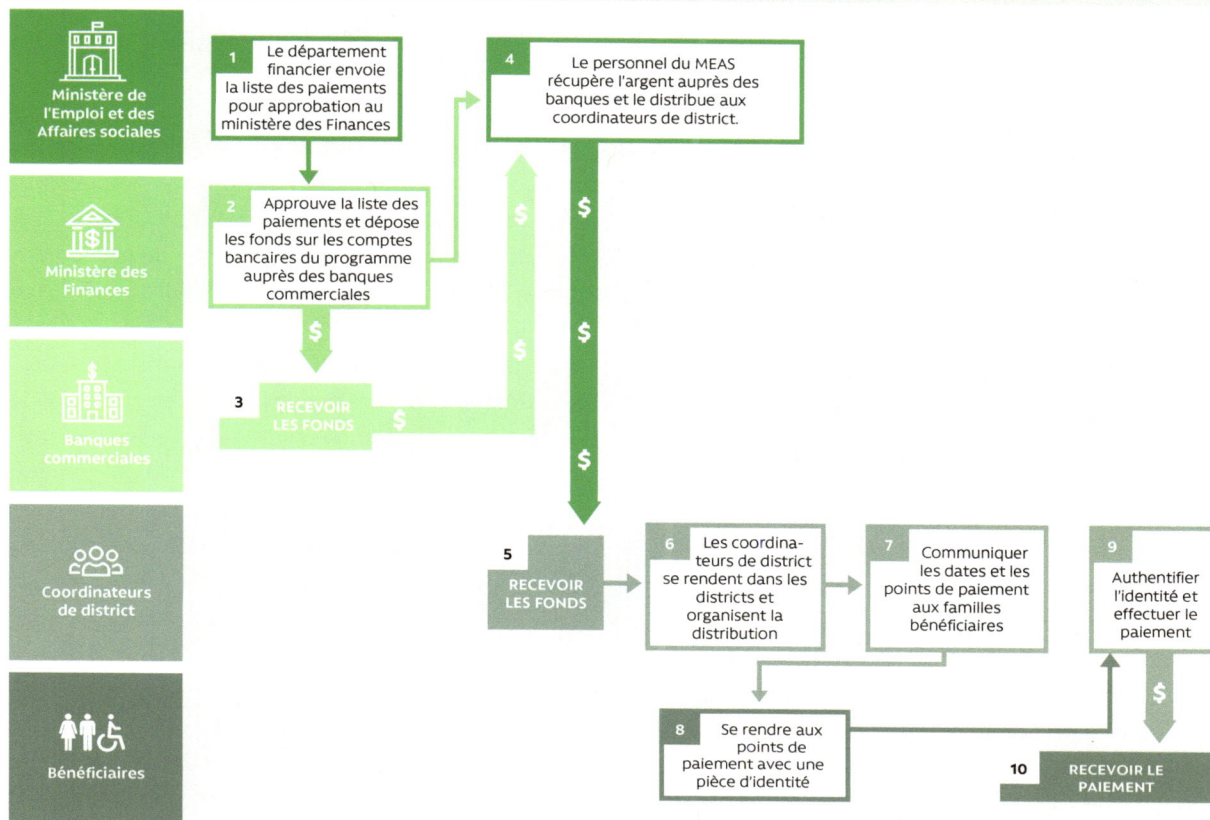

Figure 6.5 Exécution des paiements manuels dans le programme *Maes Carenciadas* de São Tomé-et-Príncipe

Ministère de l'Emploi et des Affaires sociales

Ministère des Finances

Banques commerciales

Coordinateurs de district

Bénéficiaires

1. Le département financier envoie la liste des paiements pour approbation au ministère des Finances

2. Approuve la liste des paiements et dépose les fonds sur les comptes bancaires du programme auprès des banques commerciales

3. RECEVOIR LES FONDS

4. Le personnel du MEAS récupère l'argent auprès des banques et le distribue aux coordinateurs de district.

5. RECEVOIR LES FONDS

6. Les coordinateurs de district se rendent dans les districts et organisent la distribution

7. Communiquer les dates et les points de paiement aux familles bénéficiaires

8. Se rendre aux points de paiement avec une pièce d'identité

9. Authentifier l'identité et effectuer le paiement

10. RECEVOIR LE PAIEMENT

Source : figure conçue pour cette publication.

l'électricité et la capacité à s'isoler pour des raisons de confidentialité sont généralement très limitées. Le personnel est chargé de distribuer les paiements en plus de ses activités supplémentaires, ce qui alourdit considérablement sa charge de travail quotidienne. La sécurité des paiements est implicitement renforcée par la présence pendant le processus de paiement d'agents de contrôle locaux (veedores) et de chefs de la communauté ou de quartier (Banque mondiale, 2015). Des processus permettent à des récipiendaires suppléants de percevoir les paiements au nom des bénéficiaires. Aucune preuve de paiement n'est fournie aux bénéficiaires. La réconciliation des paiements est rare. Dans la situation actuelle, le versement en main propre est approprié compte tenu de l'écosystème financier. Les endroits où les bénéficiaires peuvent retirer de l'argent liquide (guichets automatiques, agents ou agences bancaires) sont

peu nombreux, et l'utilisation des transactions mobiles ou des cartes est limitée dans les zones rurales. Au vu de l'évolution des paiements G2P de PS dans des contextes similaires, l'automatisation pourrait soutenir certaines tâches du processus d'administration des paiements, telles que la production de listes des paiements à jour, l'échange d'informations entre les ministères, les approbations, et la vérification des rapports de réconciliation. Une coordination accrue non seulement des mouvements de fonds, mais aussi des calendriers de paiement peut améliorer la fréquence des paiements. Les canaux de communication peuvent être renforcés pour veiller à ce que les bénéficiaires soient au courant des dates de paiement. Des améliorations pourraient être apportées à la façon dont les bénéficiaires vivent le processus de versement des transferts en main propre, et réduire les erreurs. Des normes d'authentification peuvent être mises en place. Des protocoles de confidentialité peuvent être établis pour veiller à ce que la réception des paiements ait lieu dans une pièce séparée ou dans des cabines privées. Des processus de réconciliation doivent également être mis en place, comprenant, notamment, la distribution à chaque bénéficiaire d'un reçu mentionnant le montant auquel le ménage a droit ainsi que les coordonnées des personnes à contacter pour éventuellement soumettre des questions relatives aux paiements.

Nigeria (G2P 1.5 – Un seul programme avec un seul prestataire, en main propre, assisté numériquement)

Le Nigeria, un pays d'Afrique subsaharienne à revenu intermédiaire de la tranche inférieure comptant 190 millions d'habitants, verse des paiements en espèces aux bénéficiaires. Sur les 2 milliards de personnes non bancarisées dans le monde, 2,7 % vivent au Nigeria. Le *National Social Safety Nets Project* (NASSP – le projet national de filets de protection sociale) a mis en place un système de paiements numériques de base. Les ménages pauvres et vulnérables ciblés sont identifiés à l'aide du registre social national et inscrits dans le programme de transfert d'argent, le *Household Uplifting Programme*. Des transferts réguliers et fiables sont effectués à l'aide d'un système de paiements électroniques de bout en bout, qui crée un porte-monnaie mobile ou un compte bancaire pour chaque ménage. Les transferts sont versés sur ces comptes, puis des réseaux d'agents de paiement liés aux différents prestataires de services de paiement distribuent physiquement l'argent aux bénéficiaires à des endroits déterminés tous les deux mois. Chaque ménage perçoit un transfert de base de 5 000 NGN (16 USD) par mois. Cette prestation de base est conçue pour assurer un paiement minimum et fiable en vue de lisser la consommation, de lutter contre l'insécurité alimentaire et de protéger les familles des chocs économiques. Certains ménages peuvent également bénéficier d'une prestation mensuelle supplémentaire (complémentaire) de 5 000 NGN conditionnée par la réalisation de coresponsabilités convenues.

Étapes du processus

Le système de gestion des opérations des bénéficiaires (BOMS) produit un calendrier des paiements pour chaque communauté pour les transferts monétaires de base (BCT) et les transferts monétaires conditionnels (TMC), sur la base des données du système de suivi des conditionnalités, et un calendrier des paiements particulier destiné à chaque communauté pour les BCT et TMC, sur base des données du système de gestion des réclamations (voir étape 1 de la figure 6.6). Un spécialiste des paiements de l'Administration fédérale (NCTO) diffuse le calendrier des paiements pour examen et approbation (étape 2). Le service comptable examine et valide le calendrier des paiements (étape 3). Le service d'audit le vérifie (étape 4). Le coordinateur du programme NCTO appose le tampon « approuvé » sur le calendrier des paiements (étape 5). Le module des paiements du BOMS imprime un mémo d'autorisation de paiement (étape 6). Le BOMS génère la liste des paiements et l'envoie simultanément au PSP (étape 7). Le PSP reçoit la liste approuvée des bénéficiaires et des montants, c'est-à-dire le calendrier des paiements (étape 9a). Le service comptable engage le montant à verser par le PSP, et le verse sur son compte (étape 8). Le PSP reçoit les fonds sur son compte de règlement (étape 9b). Le PSP fixe les calendriers de distribution des paiements au niveau des communautés (étape 10a). Les agents du PSP au niveau communautaire reçoivent les calendriers de distribution des paiements du PSP (étape 10b). Les agents du PSP se rendent ensuite dans les banques locales pour y récupérer l'argent conformément au calendrier (étape 11). Les facilitateurs des transferts monétaires informent les bénéficiaires des calendriers de distribution des paiements dans chaque communauté (étape 12a). Les agents se rendent dans les communautés aux dates indiquées dans le calendrier de distribution des paiements (étape 12b). Les paiements sont effectués tous les deux mois. Les PSP distribuent l'argent aux bénéficiaires dans les *wards*, (les plus petites unités administratives de la structure fédérale nigériane), avec la collaboration de la *State Cash Transfer Organization* (SCTO – l'organisation chargée des transferts monétaires de l'État). Les agents authentifient les bénéficiaires aux points de paiement à l'aide de cartes d'identité laminées comportant un code QR (étape 13). Les bénéficiaires authentifiés reçoivent le

Figure 6.6 Processus d'administration des paiements : programme de transferts monétaires HUP du Nigeria

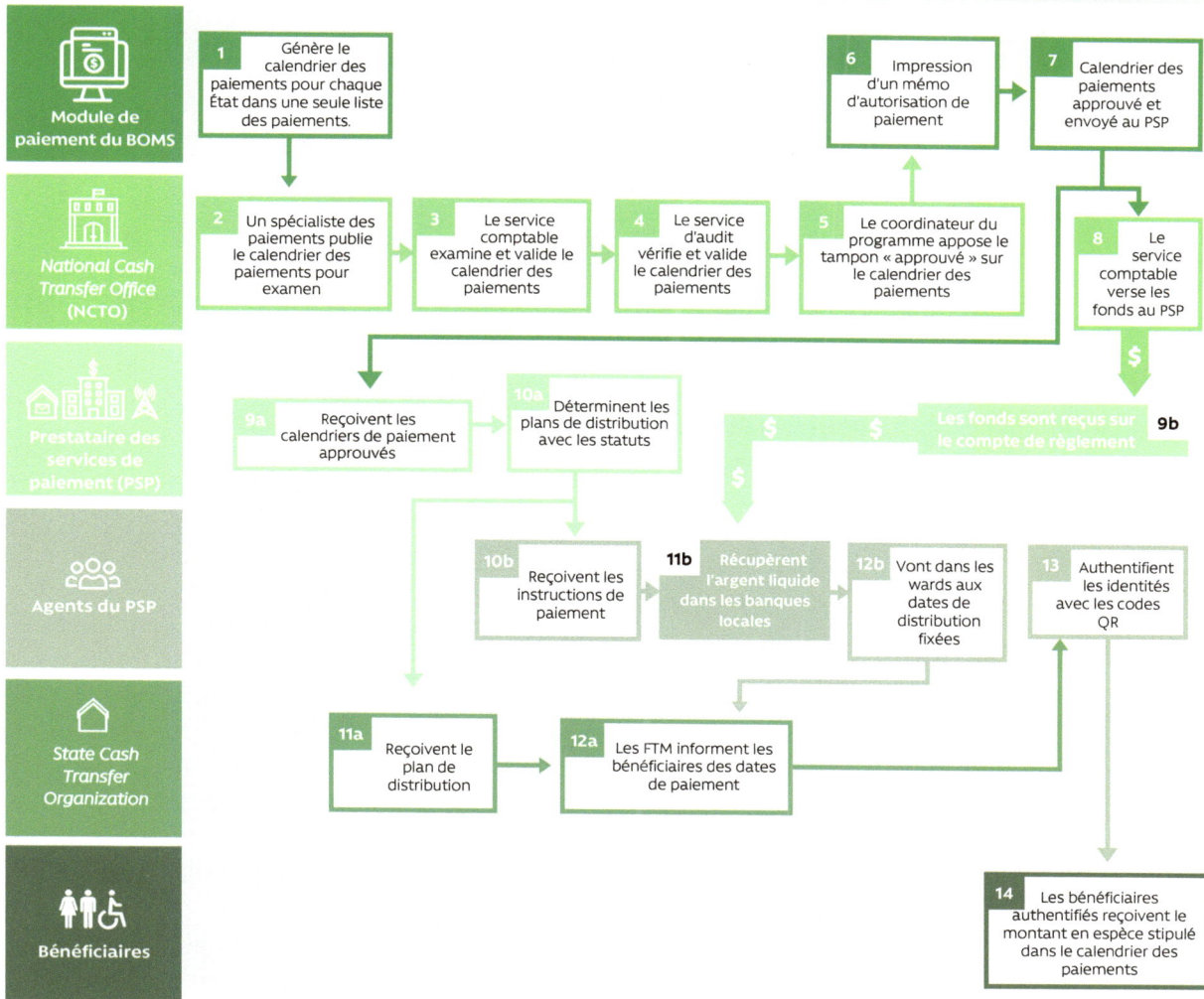

Module de paiement du BOMS

1. Génère le calendrier des paiements pour chaque État dans une seule liste des paiements.
6. Impression d'un mémo d'autorisation de paiement
7. Calendrier des paiements approuvé et envoyé au PSP

National Cash Transfer Office (NCTO)

2. Un spécialiste des paiements publie le calendrier des paiements pour examen
3. Le service comptable examine et valide le calendrier des paiements
4. Le service d'audit vérifie et valide le calendrier des paiements
5. Le coordinateur du programme appose le tampon « approuvé » sur le calendrier des paiements
8. Le service comptable verse les fonds au PSP

Prestataire des services de paiement (PSP)

9a. Reçoivent les calendriers de paiement approuvés
10a. Déterminent les plans de distribution avec les statuts
9b. Les fonds sont reçus sur le compte de règlement

Agents du PSP

10b. Reçoivent les instructions de paiement
11b. Récupèrent l'argent liquide dans les banques locales
12b. Vont dans les wards aux dates de distribution fixées
13. Authentifient les identités avec les codes QR

State Cash Transfer Organization

11a. Reçoivent le plan de distribution
12a. Les FTM informent les bénéficiaires des dates de paiement

Bénéficiaires

14. Les bénéficiaires authentifiés reçoivent le montant en espèce stipulé dans le calendrier des paiements

Sources : Ubah Thomas Ubah, spécialiste de la protection sociale, Protection sociale et emplois, Banque mondiale ; Cornelia M. Tesliuc, spécialiste senior de la protection sociale, Protection sociale et emplois, Banque mondiale, 2019.

Note : BOMS = système de gestion des opérations des bénéficiaires ; FTM = facilitateur des transferts monétaires ; HUP = *Household Uplifting Programme* ; PSP = prestataire des services de paiement ; QR code = code-barres matriciel.

montant en espèce stipulé dans le calendrier des paiements (étape 14).

Analyse des améliorations potentielles du processus

La reconception des processus de l'administration des paiements pourrait contribuer à simplifier les processus de l'Administration relatifs aux décaissements (étapes 1 à 9b de la figure 6.6). La plupart des bénéficiaires vivent dans des zones rurales avec un accès limité ou inexistant aux services ainsi qu'aux infrastructures vitales telles que les routes, les soins de santé, les télécommunications, les services financiers, etc. Pour assurer le succès des versements en espèces à ses bénéficiaires, le NCTO (l'office national des transferts monétaires) s'appuie actuellement sur une combinaison de technologies et d'agences bancaires traditionnelles pour gérer le cycle de vie des paiements. Les paiements sont effectués à une distance raisonnable des bénéficiaires. En raison de l'insécurité régnant dans certaines régions, il est permis de transporter les bénéficiaires jusqu'au lieu sûr le plus proche où les paiements peuvent être effectués.

Les programmes de protection sociale axés sur l'égalité des sexes, tels que le NASSP au Nigeria, peuvent jouer un rôle capital dans l'amélioration de l'accès des femmes au financement, grâce aux paiements numériques ; ils peuvent les rendre autonomes au sein de leur foyer et mener à de meilleurs résultats pour leur famille (Fondation Bill et Melinda Gates, 2019). Le versement des paiements à l'aide de moyens électroniques peut conférer aux femmes bénéficiaires plus de contrôle sur la façon d'utiliser l'argent, en particulier quand celui-ci passe par un produit permettant de le stocker tel qu'un porte-monnaie mobile (Chamberlin et coll., 2019). Des systèmes mal conçus peuvent toutefois aussi avoir des effets négatifs sur l'autonomisation et la sécurité des femmes. À l'heure actuelle, les dernières étapes du versement ne donnent pas accès à des comptes transactionnels. Une cartographie géospatiale de l'infrastructure existante (couverture mobile, succursales, agents, guichets automatiques, points de vente) pourrait mettre en évidence des endroits où tester des solutions G2P 2.0, permettant aux bénéficiaires de posséder des comptes bancaires ou des porte-monnaie mobiles, avec la possibilité de retirer ou de stocker les transferts de fonds, avec l'appui de conseils, d'une éducation financière et d'un service à la clientèle. Des options pour impliquer d'autres PSP peuvent être recherchées. Certains États peuvent être mieux desservis par d'autres institutions financières, ce qui pourrait également élargir le choix des bénéficiaires.

Pakistan (G2P 2.0 Un seul programme avec un seul prestataire, versement virtuel)

Le Pakistan, un pays d'Asie du Sud à revenu intermédiaire de la tranche inférieure, comptant 197 millions d'habitants, effectue des paiements aux bénéficiaires à l'aide de cartes de débit et de cartes à puce. Sur les 2 milliards de personnes non bancarisées dans le monde, 5,2 % vivent au Pakistan. Le programme Benazir de soutien au revenu (BISP – *Benazir Income Support Programme*) a été mis en place au profit des femmes des ménages pauvres et, depuis 2009, il a touché plus de 5 millions de bénéficiaires. Parmi celles-ci, 87 % reçoivent leurs transferts à travers un système sans carte, permettant de transférer des fonds par le biais d'un porte-monnaie

mobile ou de retirer de l'argent aux points de vente ou aux distributeurs automatiques de billets équipés de lecteurs biométriques. Des évaluations récentes du BISP ont révélé des effets positifs sur la malnutrition des filles, la consommation alimentaire et l'autonomisation des femmes : les bénéficiaires sont plus susceptibles d'être autorisées à se déplacer seules dans la communauté et de déclarer pouvoir voter.

Étapes du processus

Comme le montre la figure 6.7, le calendrier des paiements est créé et libéré en interne dans le système de gestion des opérations des bénéficiaires du BISP (étape 1). Les données sont envoyées aux banques en temps réel à travers des services Web pour ouvrir des lots de comptes (étape 2). Les fonds sont libérés sur les comptes CML-1 (CML = compte à mandat limité) du BISP auprès des banques (étape 2). Les bénéficiaires reçoivent un SMS de confirmation à l'aide d'une carte SIM à vérification biométrique (étape 3). Les banques partenaires reçoivent les instructions de virement (étape 4). À partir des CML-1, les fonds sont portés au crédit des comptes virtuels CML-2 ou des comptes bancaires sans agence des bénéficiaires (étape 5). Les bénéficiaires reçoivent une notification de la disponibilité des fonds (étape 6) et peuvent soit les retirer auprès d'agents franchisés ou de guichets automatiques en utilisant des cartes BISP, soit les transférer (étape 7). Les banques sont informées de la transaction choisie (étape 8) et débitent les comptes CML-2 (pour le retrait d'espèces ou le transfert de fonds) ou créditent les comptes sans agence.

Analyse des améliorations potentielles du processus

Les réconciliations électroniques en temps réel montrent que 87 % des bénéficiaires retirent les paiements par carte de débit dans les 72 heures suivant le transfert des fonds sur les comptes bancaires. Une des raisons à cela peut être une exigence imposant que les fonds non retirés des comptes CML-2 soient retransférés aux comptes CML-1 dans les 180 jours suivant le virement. En plus de cela, à part utiliser des cartes de débit et à puce pour retirer le montant total du transfert, les bénéficiaires n'ont aucune possibilité

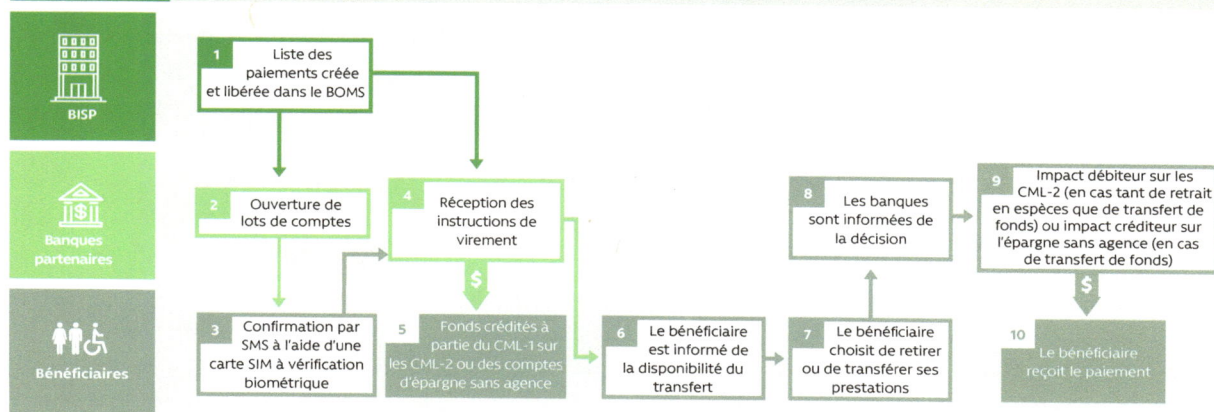

Figure 6.7 Administration des paiements dans le cadre du programme de transferts monétaires BISP du Pakistan

Source : Amjad Zafar Khan, spécialiste principal de la protection sociale, Protection sociale et emplois, Banque mondiale.
Note : BISP = Programme Benazir de soutien des revenus (Pakistan) (*Benazir Income Support Programme*) ; BOMS = système de gestion des opérations des bénéficiaires (*beneficiary operations management system*) ; BVS = système de vérification biométrique (*Biometric Verification System*) ; CML = compte à mandat limité.

d'effectuer une quelconque autre transaction financière, y compris des transactions d'épargne ou de pair-à-pair, ce qui limite la capacité du programme à améliorer les résultats dans le domaine de l'inclusion financière. La conversion des comptes virtuels en comptes transactionnels permettrait d'accéder à des services financiers supplémentaires. L'utilisation d'opérateurs de systèmes de paiement supplémentaires, tels que les agrégateurs de paiement, ou la mise en place d'un système interopérable utilisant un commutateur national, permettrait à d'autres PSP d'envisager de distribuer les transferts du BISP. Des prix et des services compétitifs peuvent inciter les banques existantes à passer à des comptes transactionnels ou à mettre d'autres solutions à la disposition des bénéficiaires. L'intégration des paiements G2P (pensions, salaires et autres transferts d'aide sociale) pourrait constituer pour les banques et autres institutions financières une occasion commerciale de travailler avec la banque sur des solutions interopérables.

6.5 TECHNOLOGIES SOUTENANT LES PAIEMENTS NUMÉRIQUES

L'évolution rapide des progrès financiers et technologiques, associée à des chocs à facteurs multiples tels que la COVID-19, donne un nouvel élan aux pays désireux de dépasser les approches traditionnelles des paiements de PS pour venir en aide aux personnes ayant un besoin urgent d'assistance.

Améliorer les paiements de PS aux personnes grâce aux nouvelles technologies

Plusieurs pays sont confrontés au défi d'offrir des paiements de PS faciles aux pauvres et aux personnes vivant dans des situations de fragilité, de conflit et de violence, ou de permettre un versement 100 % numérique à l'ère de la COVID-19. Malgré les investissements dans la numérisation de l'administration et du versement des paiements, le type d'interface utilisateur facilitant les transactions sur des plateformes privées basées sur Internet telles qu'Amazon, Alibaba, Gojek et Jumia reste hors de portée des pauvres.

En même temps, l'utilisation des paiements numériques est en expansion, selon les enquêtes *Global Findex* 2017 de la Banque mondiale. Dans les économies en développement, la part des adultes utilisant des paiements numériques a augmenté de 12 points de pourcentage, pour atteindre 44 %.[22] Les méthodes de paiement numériques offrent une alternative aux cartes de débit et de crédit. Elles peuvent être utilisées à l'aide d'un téléphone mobile ou d'internet. Dans les économies en développement, 19 % des adultes (30 % des propriétaires de comptes) ont déclaré avoir effectué au moins un paiement direct au moyen d'un compte d'argent mobile, d'un téléphone mobile ou d'internet.

Différents modèles de services financiers numériques existent dans le grand public, dont notamment les porte-monnaie numériques et l'argent mobile. Les comptes des porte-monnaie numériques sont accessibles à travers un service mobile et sur le Web), tandis que les comptes d'argent mobile sont liés à un numéro de téléphone mobile.

Porte-monnaie numériques

Dans l'espace grand public, de plus en plus de personnes adoptent des solutions de porte-monnaie numériques dans la foulée de l'élan généré par les innovations Fintech telles que les technologies P2P (de personne à personne). En Chine, *Alipay* et *WeChat* ont, selon certaines sources, traité plus de 37 000 milliards d'USD de paiements mobiles en 2018.[23] L'Indonésie a *Go-Pay* et *Ovo*[24] ; l'Inde a *Paytm*[25] ; le Nigeria a *JumiaPay*[26] et *Paga* ; et la Colombie a *DaviPlata*. Dans ce modèle, les applications pour smartphone sont liées à un compte ouvert dans une banque ou un autre type d'institution financière. Les utilisateurs utilisent un crédit numérique pour payer des biens et services dans l'application ou chez des marchands partenaires. L'essor d'*Alipay* et de *WeChat* a permis de passer une journée entière sans avoir à utiliser de l'argent liquide. Ces applications utilisent un téléphone mobile, un code QR (code-barres bidimensionnel) et une authentification biométrique pour envoyer et recevoir des paiements aux particuliers, aux entreprises et aux pouvoirs publics. Dans la plupart des cas, les porte-monnaie numériques ne sont pas utilisés par les pouvoirs publics pour transférer des prestations de protection sociale (PS).

Argent mobile

Il est largement reconnu que les services financiers numériques agissent comme un catalyseur essentiel de l'inclusion financière, offrant davantage de commodité avec, éventuellement, un coût inférieur à celui des banques traditionnelles. Les points d'accès à la monnaie électronique sont plus nombreux que ceux permettant d'accéder à de l'argent liquide, et il y a plus d'utilisateurs mobiles que de titulaires de comptes bancaires et d'institutions de microfinance (IMF), ce qui fait de la technologie mobile l'un des outils les plus prometteurs pour élargir l'accès au financement et atteindre les objectifs d'inclusion financière. Ainsi, la Banque centrale des États de l'Afrique de l'Ouest a adopté, en 2015, un nouveau cadre permettant l'octroi de licences aux émetteurs de monnaie électronique. La pénétration de la téléphonie mobile dans cette région représente une expansion potentielle des services de paiement mobile, qui peuvent contribuer à améliorer l'inclusion financière du pays (Guven, 2019 ; Guven, Brodersohn et Joubert, 2018).

L'argent mobile est proposé par des opérateurs de réseaux mobiles dont les comptes ne sont pas nécessairement liés à des comptes dans une institution financière. Citons par exemple, les services financiers mobiles tels que *m-Pesa* au Kenya, qui sont principalement proposés par des opérateurs de réseaux mobiles, mais ne sont pas nécessairement utilisés pour les paiements de protection sociale. Au Kenya, la plupart des titulaires de comptes possèdent à la fois un compte auprès d'une institution financière et un compte d'argent mobile. On peut le constater dans la façon dont les gens effectuent les paiements mobiles. Le problème est que de nombreux comptes d'argent mobile sont des systèmes de paiement « en circuit fermé ». Cela signifie que lorsque les bénéficiaires reçoivent des transferts sur ces comptes, ils doivent retirer de l'argent liquide pour pouvoir effectuer des transactions quotidiennes. L'interopérabilité des systèmes de paiement avec des systèmes « en circuit ouvert » permettant aux personnes d'effectuer, à leur gré et commodément, des transactions quotidiennes sans argent liquide est complexe et difficile à réaliser, mais elle est essentielle à la réussite.

Plusieurs pays d'Afrique de l'Ouest utilisent des comptes d'argent mobile pour les paiements de PS aux bénéficiaires, notamment la Côte d'Ivoire (encadré 6.10), le Bénin, le Niger, le Tchad, le Togo et d'autres pays de l'Union économique et monétaire ouest-africaine (UEMOA). Pour répondre à la crise de la COVID-19, le Togo a mis en place un programme de transfert monétaire d'urgence, appelé Novissi, qui utilise une plateforme d'argent mobile. Les bénéficiaires ont été encouragés à effectuer des transactions électroniques, et il leur a été conseillé de ne pas encaisser les prestations afin de ne pas surcharger les opérateurs d'argent mobile et de respecter la distanciation sociale. Des mesures d'accompagnement telles que l'augmentation de la densité des agents CICO et la prolifération des technologies d'acceptation telles que les codes QR et NFC pourraient inciter les bénéficiaires à effectuer davantage de transactions électroniques et à réduire leur besoin de faire des retraits, conformément aux mesures de distanciation sociale (Boko et coll., 2020).

Services bancaires/paiements par Internet

Une autre façon d'effectuer des paiements numériques consiste à utiliser l'infrastructure de paiement sur les comptes bancaires des utilisateurs, intégrée aux applications des pouvoirs publics accessibles à travers une interface mobile ou Web. Les utilisateurs peuvent également utiliser les canaux bancaires traditionnels pour encaisser les paiements à l'aide de chèques, de guichets automatiques, d'agences bancaires et de correspondants bancaires. Les bénéficiaires peuvent également effectuer des achats en ligne sur des sites de commerce électronique avec leurs comptes bancaires, leurs cartes de débit ou leurs cartes prépayées.

La promesse des Fintech pour les paiements G2P de protection sociale

Le marché de la Fintech est en pleine croissance. Les paiements G2P des programmes sociaux peuvent potentiellement atteindre des millions d'individus, de familles et de ménages situés à la base de la pyramide. Lorsque les bénéficiaires de programmes de protection sociale ont la possibilité d'utiliser des paiements G2P en circuit ouvert pour effectuer des transactions directement avec d'autres individus, des commerçants ou des prestataires de services, pour acheter de la nourriture ou bien payer des frais de scolarité ou des visites médicales, ils ont plus de chances d'influencer le moment, l'endroit et la manière d'utiliser l'argent. La promesse d'interopérabilité entre les plateformes G2P et P2P (pair-à-pair) représente une réelle chance pour les bénéficiaires des programmes de protection sociale, les femmes en particulier, en contribuant à leur autonomisation économique, en investissant dans le capital humain de leurs familles, et en épargnant pour la vieillesse ou les crises. Ce marché pourrait être attrayant pour les entreprises de Fintech (technologie financière), car les volumes sont essentiels à leur croissance. Cela pourrait contribuer à augmenter les chiffres et à rapprocher les gens de l'inclusion financière.

Le principal défi est de permettre aux pauvres et aux personnes vulnérables de posséder leur propre porte-monnaie numérique ou compte d'argent mobile et de continuer à l'utiliser. En Indonésie, la plupart des gens retirent immédiatement leurs prestations sociales de leur porte-monnaie électronique parce qu'ils ne trouvent aucun intérêt au compte numérique. Ils ne sont pas pleinement au courant du programme et de la façon d'effectuer des transactions et de gérer leurs comptes.[27] Au Pakistan, les paiements de PS sont effectués sur des comptes à mandat limité, de sorte que la plupart des bénéficiaires encaissent les paiements dans les 72 heures suivant le versement. Les programmes de PS peuvent permettre la création d'un écosystème numérique autour des paiements G2P, en incitant les commerçants et les autres acteurs de la chaîne de valeur à passer au numérique et à accepter les paiements sous cette forme, afin d'encourager les gens à posséder des comptes et à continuer à les utiliser.

En Indonésie, *Go-Pay*, un porte-monnaie numérique dérivé de l'application de covoiturage *Gojek*, permet aux utilisateurs de recharger leur porte-monnaie numérique *Go-Pay* auprès de la plupart des guichets automatiques bancaires de la majorité des villes du pays. Ils peuvent en faire de même dans les supérettes ou bien à l'aide des recharges en ligne ou par l'intermédiaire des conducteurs *Gojek*. Lorsque les gens n'ont pas de compte bancaire, ils peuvent recharger leur porte-monnaie en donnant de l'argent liquide à des conducteurs *Gojek*. Pour *Gojek*, chaque chauffeur est à la fois un distributeur de billets *Go-Pay* et un guichet automatique ambulant où les gens peuvent retirer de l'argent.[28]

L'Inde et la Colombie exploitent également les nouvelles technologies pour les paiements de protection sociale, bien que d'une manière différente. En Inde, l'Administration a tenté de le faire à l'aide de la trinité JAM (comptes de la *Jan Dhan Bank*, identifiants uniques *Aadhaar* et appareils mobiles). En Colombie, l'objectif était d'encourager les gens à utiliser des porte-monnaie numériques sans avoir à se connecter à des comptes bancaires.

En Inde, dans le cadre de l'initiative de transfert direct des prestations (DBT – *Direct Benefits Transfer*), les bénéficiaires de programmes sociaux ont été invités à ouvrir des comptes bancaires pour permettre des transferts directs G2P. Avant cette initiative, l'Inde a rendu obligatoire l'ouverture d'un compte bancaire abordable et sans solde (JDY – *Jan Dhan Yojana*, le système de richesse du peuple) assorti d'une assurance accident et d'une assurance vie gratuites, afin

d'améliorer l'inclusion financière.[29] En cinq ans, plus de 357 millions de comptes ont été ouverts. De cette façon, les paiements G2P du programme social ont tiré parti du JDY pour effectuer des transferts directement sur les comptes des gens, puisque ceux-ci pouvaient être utilisés pour recevoir des transferts. Le but était d'encourager les bénéficiaires à épargner sur un compte bancaire, car les comptes d'épargne doivent verser des intérêts sur les dépôts des particuliers. La plate-forme d'identification unique de l'Inde a permis d'ouvrir des comptes avec un outil KYC (*Know Your Customer* – Connaissez votre client) électronique. Elle a également permis aux bénéficiaires de programmes sociaux de lier leur numéro *Aadhaar* (numéro d'identification unique) à un compte bancaire de leur choix. Grâce à elle, tout programme de transfert de prestations publiques peut utiliser le numéro *Aadhaar* comme adresse financière unique. Grâce à la correspondance entre le numéro *Aadhaar* et le compte bancaire maintenue dans le système *Aadhaar Payments Bridge* (APB) géré par la *National Payments Corporation of India*, l'Administration a pu mettre en place pour ses programmes de protection sociale, des paiements en masse directement crédités sur des milliers de comptes individuels de bénéficiaires, sans devoir recueillir et mettre à jour les détails de ces comptes dans de multiples bases de données publiques. Les bénéficiaires peuvent fournir leur numéro d'identification *Aadhaar* et s'authentifier de manière biométrique dans les succursales, auprès des agents ou chez les commerçants pour prouver leur identité lors de l'ouverture et de la mise à jour des comptes, ainsi que pour effectuer des transactions. Un autre système, l'*Aadhaar-enabled Payments System* (AePS), permet d'utiliser des terminaux de points de vente et des micro-GAB pour retirer de l'argent à l'aide du numéro *Aadhaar* et d'une authentification biométrique. Si nécessaire, les bénéficiaires peuvent changer de compte et y recevoir des paiements en le liant à leur numéro *Aadhaar*, ce qui atténue la nécessité de fournir des mises à jour aux programmes sociaux. Voir également l'encadré 6.11.

En Colombie, la *Banco Davivienda* a créé *DaviPlata*, une technologie de paiement mobile P2P qui n'exige pas que les personnes aient un compte bancaire et offre des services de transfert d'argent gratuits pour

L'interface de paiement unifiée (UPI – *Unified Payments Interface*) permet d'effectuer, en temps réel, des paiements de détail d'un faible montant à partir de presque n'importe quelle banque ou compte numérique vers n'importe quelle autre banque ou compte numérique. En Inde, cette interface permet aux applications mobiles liées à des comptes bancaires d'effectuer des paiements. Elle permet également aux particuliers d'effectuer des transferts d'argent instantanés directement entre deux comptes bancaires, deux personnes ou un client et un commerçant (pair-à-pair). Les utilisateurs peuvent choisir parmi plusieurs applications mobiles, qui peuvent être développées par des banques ou non-banques supportant l'UPI. Pour pouvoir fournir ce service, les fournisseurs non bancaires doivent toutefois être parrainés par au moins une banque participant au système UPI de la *National Payments Corporation of India* (NPCI). L'argent peut être transféré par un expéditeur à un destinataire à l'aide soit de son ID UPI (l'identifiant unique de son adresse de paiement virtuelle), soit du numéro de compte bancaire et d'un identifiant bancaire (code IFSC), soit d'un numéro de téléphone mobile. Une fois créé et associé à un compte bancaire, un identifiant UPI (par exemple, monnom@nomdelabanque) est partagé avec le payeur, qui l'utilise pour envoyer de l'argent qui sera directement crédité sur le compte bancaire du destinataire. Ces applications mobiles peuvent également être utilisées pour effectuer des paiements aux commerçants en scannant un code QR sur un terminal point de vente dans un magasin. (Le code QR encode les détails de l'adresse de paiement, tels que le code IFSC, le compte bancaire, etc.) La NPCI fournit l'infrastructure et la mise en œuvre de l'échange d'informations ainsi que la compensation et le règlement des fonds sous-jacents à l'interface UPI qui permet l'interopérabilité des différents identifiants (adresse de paiement virtuelle, numéro de mobile, numéro de compte plus code IFSC) entre les différentes banques participant au système UPI. La NPCI a estimé à 1,3 milliard le nombre total des transactions UPI effectuées dans le pays en juin 2020.[a]

Source : Cook et Raman, 2019.

a. https://www.npci.org.in/product-statistics/upi-product-statistics.

les pauvres. *DaviPlata* permet aux personnes de créer un compte en ligne lié à leur carte d'identité, délivrée par les pouvoirs publics, et de retirer des fonds aux guichets automatiques de *Davivienda* ou aux points *DaviPlata* dans tout le pays. La plateforme a remporté un contrat public pour effectuer des paiements G2P à plus de 900 000 bénéficiaires de *Familias en Accion*, le plus vaste programme d'aide sociale de la Colombie, qui offre des transferts conditionnels aux familles pour apporter des soins de santé aux enfants et les maintenir à l'école. L'application *DaviPlata* permet aux gens d'effectuer des transferts d'un porte-monnaie à l'autre, d'encaisser et de retirer de l'argent, et de consulter gratuitement le solde de leur porte-monnaie sur leur téléphone (encadré 6.12).

Enfin, des technologies plus récentes, telles que la *blockchain*, permettent d'administrer des paiements pour des services sociaux tels que l'aide aux personnes en situation de handicap. Une récente démonstration de faisabilité exécutée par la *National Disability Insurance Agency* (NDIA) d'Australie montre comment les paiements sont rendus possibles par la création de jetons représentant des promesses de paiement en numéraire pour des services tels que l'aide aux personnes en situation de handicap (encadré 6.13).

En Colombie, *DaviPlata* propose des approches innovantes pour offrir des services financiers aux pauvres. Cette application ne nécessite pas de compte bancaire et fournit des services de transfert d'argent gratuits aux pauvres.

L'enregistrement et l'activation de l'application se font par une opération *over-the-air* au cours d'une session ouverte à partir du menu fourni par une carte SIM. Cette opération ne nécessite le plus souvent aucune aide extérieure ou intervention d'un tiers. Le numéro de compte électronique est le même que le numéro de téléphone mobile, et il suffit d'entrer le nom, le numéro d'identification, la date et le lieu d'émission pour l'ouvrir, et cela sans frais.

Les transactions autorisées comprennent les retraits aux guichets automatiques (avec un code PIN), les transferts entre comptes *DaviPlata* et depuis ou vers un compte d'épargne ou un compte courant de *Davivienda*, les envois de fonds et les paiements internationaux, les paiements pour les services publics et privés, la recharge des minutes de téléphone portable, les changements de mot de passe et les demandes de renseignements sur les soldes et les transferts.

Selon la réglementation, les dépôts ne peuvent dépasser la limite mensuelle de trois salaires minimum légaux mensuels. Les comptes sont exonérés de la taxe sur les retraits du système financier (appelée « taxe sur les mouvements financiers » et équivalente à 4 ‰).

Le modèle du service était fondé sur l'idée d'amener les gens aux services bancaires sans agence. Il nécessitait un centre d'appels distinct de celui de la banque, sous-traité à un tiers. Au fil du temps, la banque a adapté son système de réponse vocale interactive, en incorporant une solution prédictive avec un *DaviPlata* spécifique pour le site *Familias en Accion* et en utilisant les réseaux sociaux pour étendre l'interaction avec les bénéficiaires du programme. En outre, pour tirer parti de son vaste réseau de guichets automatiques, la banque a autorisé les retraits exclusivement dans ses GAB, qui avaient été adaptés pour fonctionner sans carte, à l'aide d'un mot de passe unique. La décision de proposer des retraits exclusivement aux GAB a été modifiée par la suite, lorsque les retraits dans les banques commerciales, les autres points de paiement, les points d'accès et les points de retrait ont été autorisés.

Beaucoup de choses ont changé depuis le lancement de l'instrument au début des années 2010. Des améliorations réglementaires, technologiques et opérationnelles ont modifié son interface et ses fonctionnalités. *DaviPlata* a évolué et est désormais un instrument de premier plan pour les paiements de personne à personne (P2P) et de gouvernement à personne (G2P). La situation en Colombie a également rapidement évolué, et on estime que le pays compte aujourd'hui près d'une douzaine de porte-monnaie numériques.

Source : CGAP, 2015.

En Australie, la *National Disability Insurance Agency* (NDIA) fournit des fonds aux personnes en situation de handicap (les participants), pour qu'elles les dépensent en services d'aide. Les fonds sont dépensés conformément aux règles établies dans le plan de chaque participant. Le projet a créé de l'argent programmable en attachant des contrats intelligents à des jetons de blockchain qui peuvent être échangés contre un paiement en dollars australiens. Une fois programmée, la monnaie intelligente sait par qui, pour quoi, quand et jusqu'à quelle hauteur elle peut être dépensée, et connaît toute autre condition susceptible d'être fixée par la partie qui finance le paiement. La conception de la démonstration de faisabilité combine la technologie des jetons blockchain et la nouvelle plateforme de paiement de l'Australie. La composante blockchain a été conçue comme un système utilisant des jetons représentant les promesses de paiement en dollars australiens ; des contrats intelligents pour créer des conditions de dépense basées sur les règles du plan NDIA ; et des registres représentant des parties de l'environnement de paiement telles que les listes de prestataires éligibles pour des services particuliers. Voir la figure B6.13.1 pour un aperçu visuel.

Figure B6.13.1 Contrats intelligents et jetons blockchain pour les paiements des prestataires de services

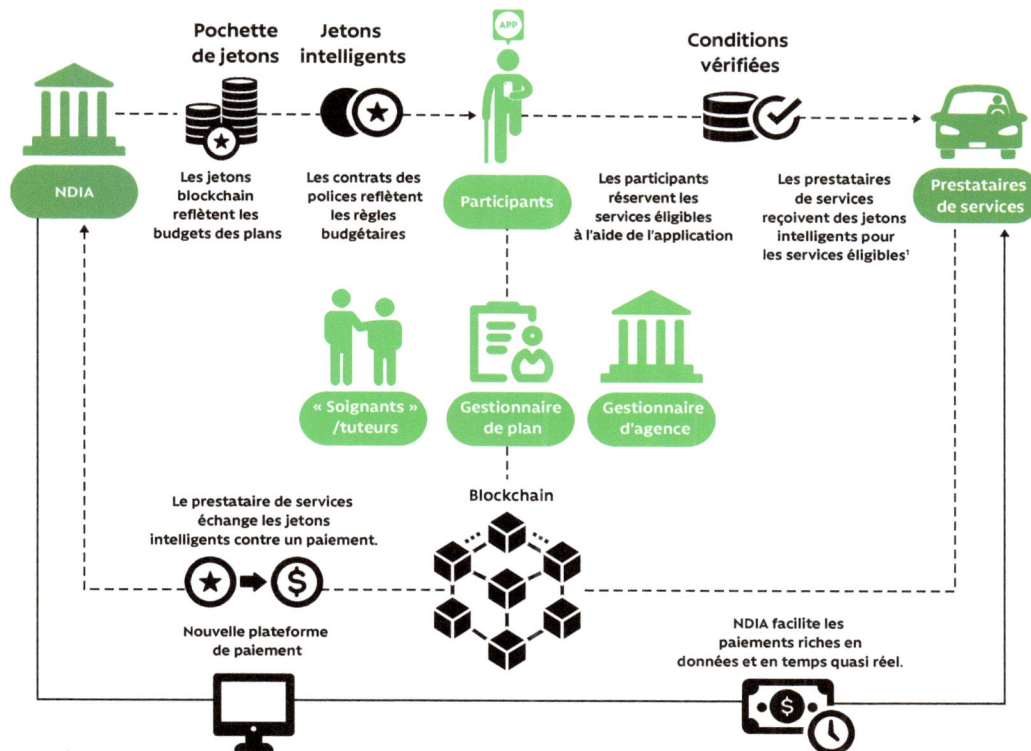

Source : Royal et coll., 2018.

Note : NDIA = *National Disability Insurance Agency* (l'agence nationale d'assurance invalidité).

6.6 QUELQUES POINTS POUR CONCLURE

Les paiements G2P aux bénéficiaires des programmes de protection sociale constituent une occasion non saisie d'améliorer l'inclusion financière ainsi que l'autonomisation économique des femmes du « premier kilomètre ». Les bénéficiaires de la protection sociale sont généralement pauvres, sont souvent des femmes et portent un héritage d'exclusion financière. Atteindre ces populations du « premier kilomètre » et assurer leur inclusion financière est une vraie promesse de transformation, étant donné que les bénéficiaires de la protection sociale recevant des paiements G2P sont cinq fois plus nombreux que les fonctionnaires. La numérisation des paiements des programmes de protection sociale peut considérablement améliorer l'inclusion financière, en particulier des personnes pauvres ou vulnérables. Il existe tout un éventail de numérisations utilisées dans les paiements des programmes de protection sociale. L'évolution des modèles de G2P de 1.0 à 1.5, 2.0, 3.0 et 4.0 n'est pas linéaire, et plusieurs versions peuvent coexister dans de nombreux programmes et pays. En outre, la notion de « numérisation des paiements » va au-delà de l'authentification biométrique des bénéficiaires ou du versement virtuel des paiements, deux processus de mise en œuvre très visibles pour les individus, les familles et les ménages. La numérisation des paiements s'étend à l'automatisation de l'administration des paiements, et aux processus d'arrière-ligne essentiellement visibles par les administrateurs des programmes. Les systèmes modernes de paiement G2P améliorent l'expérience des bénéficiaires en leur permettant de choisir les prestataires et les comptes où recevoir les fonds, diminuent les coûts de prestation pour l'Administration, réduisent les pertes grâce à des systèmes de paiement intégrés, et offrent des incitations aux prestataires de services de paiement en concurrence pour leur part de marché.[30]

Une approche de conception centrée sur l'humain est utile pour adapter le versement des paiements aux populations visées. Les efforts de numérisation des paiements G2P de PS ont souffert de lacunes. Les personnes percevant des transferts publics sous forme numérique se plaignent souvent du fait que les produits de paiement ne tiennent pas compte du contexte des bénéficiaires. Des mesures d'atténuation des risques et des contrôles doivent être mis en place pour prévenir les erreurs, la fraude et la corruption dans les paiements. La sécurité doit trouver un équilibre entre les objectifs du programme et la priorité accordée aux personnes. La cartographie des processus et des mécanismes de mise en œuvre peut aider à analyser les actuels processus de bout en bout, offrir des possibilités d'éliminer les étapes sans valeur ajoutée pour l'administration, et améliorer les processus pour mieux répondre aux besoins et aux attentes des utilisateurs finaux.

Les nouvelles technologies permettent à certains pays de dépasser les approches de paiement traditionnelles, mais le principal défi est de permettre aux personnes pauvres et marginalisées de posséder leur propre porte-monnaie numérique/compte d'argent mobile, et de continuer à l'utiliser. Les pays améliorent l'accès et la possession de comptes, tout en minimisant les coûts d'administration et de fourniture, en adoptant des services financiers et technologiques évoluant rapidement. Il subsiste néanmoins des problèmes d'interopérabilité des systèmes de paiement, dont beaucoup sont « en circuit fermé » et ne permettent pas aux utilisateurs d'effectuer des transactions quotidiennes sans argent liquide selon leur choix et à leur convenance, ce qui entrave l'inclusion financière et l'autonomisation économique des femmes. Un autre défi majeur est le partage des données, la protection des données et la confidentialité. Voir Protection des données, confidentialité et sécurité au chapitre 4.

ANNEXE 6A : PRESTATAIRES DE SERVICES DE PAIEMENT LES PLUS COURANTS DANS LES PROGRAMMES DE PROTECTION SOCIALE

Tableau 6A.1 Caractéristiques des prestataires de services de paiement courants

Prestataires de services de paiement	Principales caractéristiques
Organismes et bureaux publics	**Il s'agit de la forme la plus élémentaire de PSP. Elle est plus répandue dans les pays dont l'infrastructure financière est limitée et qui manquent d'autres possibilités.** Dans ce cas, les bureaux nationaux ou infranationaux/locaux des ministères de tutelle ou les organisations communautaires sont chargés de la distribution manuelle d'espèces, de chèques ou de bons. L'Administration met en place une série de points de paiement (en tirant parti de l'infrastructure sociale et communautaire) et organise un processus de paiement, généralement à l'aide d'une liste des paiements sur papier indiquant le nom des bénéficiaires et les montants à leur payer. L'identité des bénéficiaires est validée à l'aide d'un programme ou d'un identifiant national (fondamental), d'une signature et souvent d'une empreinte digitale. La réconciliation est effectuée en envoyant la liste des paiements signée au bureau central, souvent sans processus important de prévention de la fraude. Les avantages de cette approche sont le processus relativement aisé de mise en place des points de paiement et la relation étroite avec les bénéficiaires. Les séances de paiement peuvent également être utilisées pour diffuser des informations relatives au programme. Parmi les pays où les paiements sont manuellement effectués par les ministères de tutelle, citons le Mozambique, avec son programme de retraite sociale (*Programa Subsidio Social Basico*) et la Zambie, avec son transfert social en espèces. Les inconvénients des paiements manuels ont été largement documentés, notamment les problèmes de sécurité (tant pour les gestionnaires des programmes que pour les bénéficiaires), le peu de contrôle de l'identité, les coûts élevés pour les bénéficiaires (déplacements et temps d'attente), et l'absence de réconciliation rigoureuse des paiements.
Banques	**Les banques publiques ou privées sont les PSP les plus courants dans les transferts de PS.** Elles peuvent être utilisées non seulement comme points de paiement en espèces ou en bons, mais aussi pour offrir des comptes bancaires aux bénéficiaires. Quel que soit le type de la banque et la nature de son implication dans un programme, le modèle commercial de la banque doit impérativement lui permettre d'exécuter de manière satisfaisante les transferts de PS et de faciliter l'inclusion financière des bénéficiaires du programme. C'est là l'une des principales conditions préalables garantissant la pérennité du versement des paiements. Les banques offrent de nombreux avantages en tant que PSP, car elles disposent chacune d'un réseau pour distribuer les paiements, notamment des agences, des guichets automatiques, des services bancaires sans agence (agents), des services bancaires mobiles, des services bancaires en ligne, etc. En outre, les transactions bancaires offrent souvent de la sécurité aux utilisateurs et aux responsables de la mise en œuvre des programmes, ainsi que de la redevabilité à travers la réconciliation et la réalisation d'audits. Notons toutefois que des coûts et des frais qu'une partie ou l'autre devra supporter sont associés à chacune des modalités de paiement. Plus les coûts sont élevés pour la banque, plus la probabilité est grande qu'ils soient répercutés sur les bénéficiaires ou le programme.[a] Les agences bancaires pouvant parfois être difficiles à atteindre, l'un des inconvénients de l'utilisation des banques est le coût supplémentaire éventuel de l'extension du réseau de paiement en vue d'une plus grande couverture géographique. De plus, il est courant que les bénéficiaires de la PS soient relativement peu au courant des produits bancaires, du maniement des transactions, ou du coût des services financiers. Il est donc important de préparer et mettre en place des processus visant à familiariser les bénéficiaires avec les instruments financiers. Plus de la moitié des programmes inclus dans l'inventaire utilisent des banques (publiques ou commerciales) pour effectuer les transferts des programmes de protection sociale.

suite

Tableau 6A.1 *(suite)*

Prestataires de services de paiement	Principales caractéristiques
Bureaux de poste (BP)	**Dans de nombreux pays, en plus des services postaux, les BP sont chargés de fournir des services financiers de base (transferts de fonds, dépôts, paiements, etc.) principalement aux personnes n'ayant pas accès au système bancaire.** Parmi les avantages courants des BP, on peut citer leur large couverture géographique, les itinéraires de livraison établis et la familiarité avec tous les clients potentiels. Les inconvénients courants comprennent le transfert des fonds, qui sont généralement déplacés physiquement vers les bureaux avant d'être remis en espèces aux bénéficiaires, ce qui peut poser des problèmes de sécurité. En outre, en raison de limitations technologiques, d'infrastructure (ou parfois réglementaires), les BP ont plus de difficultés à proposer des comptes transactionnels se connectant à d'autres réseaux de paiement ou des possibilités de stockage des ressources. De plus, au niveau des BP, les processus de rapprochement des paiements sont souvent manuels, et l'authentification de l'identité peut poser des problèmes. Dans des pays tels que la République arabe d'Égypte (programme *Takaful* et *Karama*, TMC), le Maroc (*Tayssir*, TMC) et le Vietnam (décret 136, pension sociale), la poste est le seul organisme autorisé à mettre en œuvre des programmes de protection sociale, tandis que dans d'autres pays, tels que la Jamaïque (PATH – *Programme for the Advancement of Health and Education*, TMC), la Roumanie (Allocation universelle pour les enfants) et la Turquie (*Sartli Egitim Yardimi*, TMC), les pouvoirs publics ont choisi de faire appel à différents prestataires et modalités pour le versement des paiements de la PS, entre autres les bureaux de poste nationaux.
Fournisseurs de services d'argent mobile/ de monnaie électronique	**Les paiements par des opérateurs de réseaux mobiles (ORM) présentent des avantages en matière de couverture, étant donné la forte pénétration de la téléphonie mobile dans le monde.** Leur fonctionnement doit toutefois être autorisé par un cadre réglementaire. En outre, les ORM doivent être en mesure d'offrir un large réseau de points de vente au détail pour permettre aux bénéficiaires de retirer leurs transferts. Parmi les exemples, citons *Orange Money*, qui effectue des transferts pour le filet de sécurité sociale productif de la Côte d'Ivoire, et MTN, pour le programme SAGE en Ouganda. Dans certains pays, les ORM ont commencé à travailler en partenariat avec des institutions financières (principalement des banques) proposant des applications d'argent mobile, telles que DaviPlata (un porte-monnaie électronique) en Colombie, l'un des PSP utilisés pour le versement des prestations de *Familias en Accion* (TMC).
Institutions de microfinance (IMF)	**Les IMF visent à promouvoir l'activité économique des personnes à faible revenu ayant des difficultés à accéder aux services bancaires.** Les IMF peuvent avoir toutes les formes et toutes les tailles. Elles peuvent se distinguer par leur taille, leur expérience, leur statut juridique, leur stratégie et leur budget. Leur caractéristique commune est qu'elles fournissent aux particuliers et aux groupes locaux, des services financiers difficiles à trouver ailleurs. Une IMF peut être un bon acteur, car elles visent généralement les personnes à faible revenu en opérant localement et en proposant des produits financiers adaptés à leurs clients. Les réglementations sur le type de produits susceptibles d'être proposés par ces institutions varient considérablement d'un pays à l'autre. On ne constate pas une implication significative des IMF dans le versement des paiements de protection sociale, et en fait, aucun des programmes inclus dans l'inventaire n'utilise les IMF pour le versement des prestations sociales.

Source : ISPA, 2016.3

Note : Les agents et les correspondants commerciaux sont essentiellement des points de retrait travaillant avec des PSP agréés plutôt que des PSP proprement dits. TMC = transfert monétaire conditionnel (programme) ; ORM = opérateur de réseau mobile ; PSP = fournisseur de services de paiement ; SAGE = *Social Assistance Grants for Empowerment* (allocation d'assistance sociale pour l'autonomisation) ; PS = protection sociale.

a. Tiré de Margaret Grosh, Carlo del Ninno, Emil Tesliuc, et Azedine Ouerghi, 2008, *For Protection and Promotion: The Design and Implementation of Effective Safety Nets*, Banque mondiale, Washington, DC.

ANNEXE 6B : MODÈLES DE CONTRATS DE SERVICES DE PAIEMENT

Il existe une grande diversité dans les frais de service et dans ceux de virement des paiements électroniques. Dans les accords de niveau de service (ANS), la structure des frais de service dépend largement de la maturité du programme, de l'infrastructure de paiement du pays et des instruments de paiement électronique spécifiques utilisés. Les modèles de paiement par carte impliquent généralement des frais de service de base plus le coût de la carte. Dans certains cas, l'ANS peut également comprendre des frais de retrait ou des frais d'infrastructure pour inciter le PSP ou couvrir les coûts de mise en place. Les paiements mobiles ou les paiements au guichet appliquent, en général, uniquement des frais de service. Voir ci-dessous pour plus de détails (Khan, 2015).

Frais de service uniquement. Sont généralement appliqués aux paiements mobiles, où ils sont partagés entre l'opérateur mobile et les agents. Les bénéficiaires retirent généralement de l'argent au guichet ou effectuent des transactions de type point de vente dans les points de service de l'opérateur mobile ou dans le réseau d'agents désignés. Ces solutions sont un moyen rentable d'atteindre les bénéficiaires, à condition que le réseau d'agents soit suffisamment étendu.

Fonds de caisse uniquement. Lorsque les pouvoirs publics ne disposent pas d'une marge de manœuvre budgétaire suffisante pour payer des frais de service liés aux paiements de la totalité des bénéficiaires, un paiement forfaitaire est versé à l'avance au PSP sélectionné. Celui-ci peut alors tirer des gains du fonds de caisse ainsi constitué avant le versement des paiements. Cette possibilité est habituelle dans les programmes d'urgence où le montant du transfert monétaire a déjà été affecté par les pouvoirs publics et transféré aux PSP, alors que les bénéficiaires sont encore en cours d'identification et d'inscription. C'est ce qui s'est passé dans les programmes de transferts monétaires d'urgence au Pakistan.

Frais de service fixes et frais de carte uniquement. Les Philippines ont adopté cette structure simple d'ANS, comportant un minimum de services ou de frais supplémentaires, puisqu'il s'agissait d'un contrat entre deux ministères. La banque habilitée facturait des frais de service forfaitaires fondés sur les transactions pour les paiements aux bénéficiaires plus le coût de la carte, qui pouvait être utilisée pour retirer de l'argent à n'importe quel guichet automatique autorisé. Cet accord peut être appliqué à condition que le pays dispose d'un large réseau de points d'accès financiers, et que le PSP soit mandaté par les pouvoirs publics pour fournir des services. Aux Philippines, lorsque les pouvoirs publics ont lancé les paiements, l'utilisation du système bancaire a permis de négocier un accord de niveau de service simplifié qui maintenait les frais de service à un faible niveau (moins de 1 %) et a permis au programme de lancer les paiements sur des comptes de façon relativement rapide. L'absence d'investissements supplémentaires dans la sensibilisation peut accroître les coûts de transaction pour les bénéficiaires, en particulier ceux des zones rurales qui doivent parcourir de longues distances pour atteindre les distributeurs automatiques désignés pour les retraits d'argent.

Frais de service pour les transferts et les retraits d'espèces. Au Bangladesh, les accords de niveau de service conclus entre le Programme de soutien au revenu des plus pauvres (ISPP – *Income Support Program for the Poorest*) et la poste du pays prévoient ce qui suit : 1) des frais de service standard pour chaque transfert d'espèces vers le compte du bénéficiaire ; et 2) des frais de retrait supplémentaires lorsque le bénéficiaire retire des espèces de son compte.[31] Les premiers sont standard au niveau mondial, tandis que les frais de retrait servent à inciter les PSP à encourager les bénéficiaires à retirer leurs paiements dès qu'ils les reçoivent ou dans un délai donné. Cela dissuade les PSP de développer des produits d'épargne destinés aux bénéficiaires en accompagnement de leurs comptes de transfert d'argent liquide, tout en remplissant la fonction première de garantir des paiements en temps voulu.

Combinaisons de frais de service pour les transactions et de revenus pour la mise en place de l'infrastructure. Cette approche s'applique aux personnes adoptant pour la première fois les paiements électroniques avec, au départ, une infrastructure bancaire sans agence limitée. Le BISP du Pakistan l'a utilisée lorsqu'il a entamé le déploiement des paiements électroniques en 2009/2010. À l'époque, le réseau bancaire sans agence était restreint, et les PSP étaient une combinaison de banques commerciales privées et publiques fournissant, pour la première fois, des paiements électroniques aux personnes extrêmement pauvres. L'ANS comprenait deux éléments : 1) des frais de service forfaitaires d'environ 2,75 % pour les transactions de transfert d'espèces sur les comptes des bénéficiaires ; et 2) des coûts de mise en place de l'infrastructure comprenant un coût unique pour la carte et une avance sur le fonds de caisse à utiliser pour mettre en place l'infrastructure permettant d'inscrire les bénéficiaires aux paiements électroniques. Le second élément incitait les PSP à participer et à améliorer l'infrastructure financière et la portée des paiements électroniques du BISP pour les bénéficiaires. Ce double coût a certes rendu chère la mise en œuvre initiale du programme, mais il a été considéré nécessaire pour rendre la participation du secteur privé attractive (Banque mondiale, 2014). Finalement, cette mesure a été abandonnée à mesure que le volume des paiements électroniques G2P et des transactions bancaires sans agence augmentait (Khan, 2015).[32] Le BISP paie désormais une commission de 3 % dans le cadre d'un contrat de deux ans. Ces frais ont été déterminés par des consultations avec le secteur bancaire et reflètent les normes mondiales (Rotman, Kumar et Parada, 2013).

Modèle d'ANS ouvert et concurrentiel. Depuis 2016, tous les paiements du *Mahatma Gandhi National Rural Employment Guarantee Scheme* (MGNREGS – le programme national Mahatma Gandhi de garantie d'emploi rural) de l'Inde sont effectués à l'aide du système de transfert direct des prestations (DBT – *Direct Benefit Transfer*) qui permet d'effectuer des paiements électroniques sur les comptes bancaires des bénéficiaires et est lié au numéro Aadhar, lorsqu'il est disponible.[33] En raison de la durée du programme et à la suite de divers essais pilotes des paiements, l'Administration a adopté un critère prédéfini pour les PSP. Conformément à une circulaire du ministère des Finances datée du 26 mai 2017, l'Administration indienne paie 0,50 INR par transaction, à répartir entre la banque commanditaire, la banque destinataire et la *National Payment Corporation of India*. Cela permet aux organismes d'exécution de l'État de passer plus facilement des contrats avec des PSP, sans devoir à chaque fois négocier des accords de niveau de service. En outre, contrairement à ce qui se passe en Indonésie, au Pakistan et dans plusieurs autres pays, en Inde, le modèle d'ANS n'est pas un processus d'appel d'offres limité dans le temps ; il est ouvert à tout PSP désireux de participer. Les frais de service de 1 % sont probablement trop bas pour que les PSP puissent fournir ce service de manière durable, en particulier dans les zones reculées.

ANNEXE 6C : COMPRENDRE LES OPTIONS DE STRUCTURATION DES FRAIS DES PAIEMENTS DE GOUVERNEMENT À PERSONNE

Tableau 6C.1 Structuration des frais des paiements de gouvernement à personne

Ce qu'il faut payer	Payer le fournisseur de services de paiement (PSP)	Payer le client	L'Administration couvre les coûts ou fait appel à un tiers
Commission de distribution/ encaissement	Pas de frais d'encaissement pour un nombre défini de transactions au cours d'une période donnée, ce qui rend l'encaissement gratuit ou moins cher pour les bénéficiaires.	Montant du transfert complété avec les frais d'encaissement pour que le bénéficiaire puisse toucher la totalité de ses prestations	N/A
Éloignement des récipiendaires/ transport jusqu'au point d'accès	Structures de tarification échelonnée pour les PSP desservant les clients (l'échelonnement doit correspondre à l'éloignement, déterminé par la distance jusqu'aux autoroutes et par la densité de population).	Utiliser une base de remboursement des frais de déplacement progressive : la distance entre l'emplacement du bénéficiaire et le point d'accès le plus proche.	N/A

suite

Tableau 6C.1 (*suite*)

Ce qu'il faut payer	Payer le fournisseur de services de paiement (PSP)	Payer le client	L'Administration couvre les coûts ou fait appel à un tiers
Ouverture de compte/connaître le client	Frais fixes pour chaque ouverture d'un nouveau compte éligible, répartis sur les six premiers mois d'utilisation. Les banques peuvent être encouragées à renoncer aux frais en raison de la mobilisation potentielle des dépôts.	Montant fixe au moment du premier décaissement ou réparti sur plusieurs paiements	L'Administration apporte un soutien aux bénéficiaires pour ouvrir un compte
Éducation et formation des bénéficiaires	Commissions pour les PSP éduquant les bénéficiaires (échelonnées en fonction de l'éloignement, déterminé par la distance jusqu'aux autoroutes et par la densité de population).	Indemniser le bénéficiaire pour son coût d'opportunité et ses frais de déplacement.	Bénéficiaires formés directement par l'Administration ou par des tiers
Exigences et dispositifs technologiques	Pour l'acquisition de terminaux de service en fonction de la demande	Fournir des téléphones portables ou d'autres appareils électroniques aux bénéficiaires	N/A
Assistance à la clientèle et recours	Coûts initiaux de la mise en place de l'assistance à la clientèle et des voies de recours	N/A	L'Administration forme les bénéficiaires à la manière d'accéder à l'assistance et à la gestion des réclamations.

Source : Baur-Yazbeck et Mdluli, à paraître.

Note : N/A = non applicable.

Notes

1. Ce manuel traite du paiement des transferts monétaires (dans ce chapitre) et de la fourniture de services (chapitre 7), mais la question de la fourniture de prestations en nature ne sera pas abordée en détail ici. Même si les autres étapes de la chaîne de mise en œuvre évoquées aux chapitres 3, 4, 5 et 8 peuvent toutes s'appliquer aux prestations en nature, la fourniture effective de celles-ci dépasse le cadre de ce manuel de référence. En outre, les prestations à caractère alimentaire ont déjà été abordées en détail par Alderman, Gentilini et Yemtsov (2018).

2. dont une partie est également consacrée aux services aux personnes en situation de handicap.

3. Voir Base de données Global Findex à l'adresse https://globalfindex.worldbank.org/.

4. Ce chapitre ne comprend pas d'analyse des paiements de PS de personne à gouvernement (P2G) pour les programmes de PS contributifs.

5. World Bank Global Payment Systems Survey (GPSS) 2016, http://www.worldbank.org/en/topic/financialinclusion/brief/gpss et « Payment Systems Worldwide: A Snapshot », Groupe de la Banque mondiale,

Washington, DC, septembre 2018. http://pubdocs.worldbank.org/en/591241545960780368/GPSS-4-Report-Final.pdf.

6. Stratégie UFA2020 : https://www.worldbank.org/en/topic/financialinclusion/brief/achieving-universal-financial-access-by-2020.

7. Présentation de Silvia Baur-Yazbeck et Gregory Chen du CGAP (Groupe consultatif d'assistance aux plus pauvres) sur le modèle G2P 3.0 : « Future of Government Payments », Banque mondiale, février 2019.

8. http://www.worldbank.org/en/topic/financialinclusion/brief/gpss.

9. World Bank's Mozambique Financial Inclusion and Stability Project–Procurement Plan P166107 : http://documents.worldbank.org/curated/en/626361590678996837/Mozambique-AFRICA-P166107-Mozambique-Financial-Inclusion-and-Stability-Project-Procurement-Plan.

10. La réconciliation est le processus consistant à comparer le nombre des transferts approuvés dans la liste des paiements avec celui des transferts effectués. Pour les services, le processus de comparaison entre les prestations de services planifiées et réelles

est normalement exécuté dans le cadre du suivi des progrès des bénéficiaires, qui fait partie de la gestion des opérations des bénéficiaires.

11. Cette section s'appuie sur Rodriguez et coll. (à paraître)

12. Les approches de fourniture des paiements peuvent adopter de nombreuses structures, et l'intermédiation des services peut intervenir à différents niveaux. Par exemple, les paiements peuvent être effectués en une seule étape, depuis le Trésor public vers le bénéficiaire. De même, le processus peut nécessiter deux ou trois étapes, au cours desquelles les fonds sont d'abord transférés sur des comptes communs auprès d'un ou plusieurs prestataires de services ou agrégateurs, puis versés aux bénéficiaires.

13. Le caractère définitif du règlement fait référence au moment où une des parties est réputée avoir exécuté une obligation ou avoir transféré un actif ou un instrument financier à une autre partie, et où cette exécution ou ce transfert devient inconditionnel et irrévocable malgré l'insolvabilité ou l'entrée en faillite de l'une des parties. Voir le Principe 8 (Caractère définitif du règlement) des Principes pour les infrastructures des marchés financiers. La « compensation » désigne la résolution de toutes les transactions bancaires à la fin de la journée.

14. Les comptes d'épargne « sans superflu », simplifiés ou de base fournissent des services bancaires de base aux clients à faible revenu afin de promouvoir l'inclusion financière (grâce à l'accès à des services financiers tels que les microcrédits, l'épargne, les assurances, les virements, etc.). De manière générale, les services disponibles sur ces comptes comprennent la réception à travers des canaux de paiement électronique, d'un argent versé par des organismes publics. Les principales caractéristiques de ces comptes sont qu'ils n'ont pas d'exigences de solde minimum ou de frais nominaux, et qu'ils offrent un nombre limité de transactions sans frais. Ils exigent en outre habituellement peu de documents et adoptent des processus KYC plus légers. Ils ont parfois des exigences d'éligibilité supplémentaires, telles que ne pas être bancarisé ou bénéficier de l'assistance sociale. Dans les comptes « sans superflu » ou simplifiés, la plupart des facilités offertes sont limitées. Une fois ce plafond dépassé, la banque facture des frais pour ces services.

15. GPSS 2016 – Accounts and Access, http://www.worldbank.org/en/topic/financialinclusion/brief/gpss.

16. https://www.worldbank.org/en/topic/financialinclusion/brief/gpss.

17. Des programmes tels que le programme GEWEL en Zambie complètent la valeur du transfert aux bénéficiaires pour compenser une partie du coût privé des transferts directs aux bénéficiaires. Plus précisément,

le système de paiement compense les frais et fournit une indemnité de déplacement.

18. Dans certains systèmes comportant plusieurs prestataires de services de paiement, un montant forfaitaire est transféré temporairement aux prestataires des services de paiement pour garantir la liquidité jusqu'à ce que l'ensemble des bénéficiaires ait reçu les transferts.

19. Les espèces ou l'argent liquide désignent l'argent sous la forme physique d'une monnaie tels que les billets de banque et les pièces.

20. D'après les critères D3 de la Fondation Bill et Melinda Gates, fournis en 2019 par Liz Kellison de la Fondation.

21. Le système de paiement de Sao Tomé-et-Principe a changé depuis la rédaction de ce chapitre.

22. Voir la base de données Global Findex sur https://globalfindex.worldbank.org/.

23. Gouverneur Lael Brainard. « The Digitalization of Payments and Currency: Some Issues for Consideration ». Exposé présenté au Symposium sur l'avenir des paiements, Stanford, CA, 5 février 2020. https://www.federalreserve.gov/newsevents/speech/brainard20200205a.htm. Ils ne sont toutefois pas utilisés par les pouvoirs publics pour verser les prestations aux ménages éligibles.

24. Entrepreneur.com, « How Ovo Has Grown to Be Indonesia's Largest Digital Payments Platform », 28 mars 2019. https://www.entrepreneur.com/article/330561.

25. L'Administration indienne a toutefois spécifiquement évité d'utiliser des porte-monnaie numériques pour le versement des prestations. Il y a plusieurs raisons à cela et l'une des principales est l'absence de taux d'intérêt sur l'épargne.

26. Toptechblitz.com, « All You Need to Know about JumiaPay », 25 juillet 2018. https://toptechblitz.com.ng/all-you-need-to-know-about-jumiapay/.

27. Back to Office Report (BTOR) sur la Fintech, décembre 2018.

28. Inc42.com, « We Are Banking On Our Digital Wallet Go-Pay for the Foreseeable Future—Go-Jek CTO, Ajey Gore, » 11 juillet 2017. https://inc42.com/buzz/go-jek-go-pay-digital-wallet-indonesia/.

29. L'assurance vie comporte une prime, mais celle-ci est prise en charge par l'État indien.

30. Cette idée est explorée dans la note de synthèse du CGAP intitulée « The Future of G2P Payments : Expanding Customer Choice », qui présente les avantages et les défis de ce modèle et explique comment les pouvoirs publics peuvent créer un tel système G2P (Baur-Yazbeck, Chen et Roest, 2019).

31. L'ISPP est un programme de TMC pour la mère et l'enfant, introduit en 2014 pour fournir un soutien au revenu des plus pauvres des pauvres.

32. La Colombie a suivi un chemin similaire en 2009, lorsque les paiements électroniques ont été lancés pour la première fois pour les transferts sociaux en espèces. Les frais initiaux comprenaient les coûts de mise en place de l'infrastructure, par l'unique soumissionnaire *Union Temporal*, et étaient près de 70 % plus élevés que les frais de paiement en espèces précédents, étant donné que le PSP devait émettre des cartes de débit, effectuer des mises à niveau du système et améliorer le réseau de points d'accès financiers. Ces coûts ont été considérablement réduits au fil du temps : la part des paiements électroniques est passée de 24 % à 91 % entre 2009 et 2011 (Bold, Porteous et Rotman, 2012).

33. Le MGNREGS a toujours soutenu le transfert électronique des fonds. Toutefois, la loi stipule que toute personne ne souhaitant pas recevoir des paiements électroniques peut en décider ainsi. Le système comporte une option de refus. Voir Financial Express, « All Wage Payments to MGNREGA Workers from April 1 through Direct Benefit Transfer: Govt », 2 février 2016, https://www.financialexpress.com/economy/all-wage-paymentstomgnrega-workers-from-april-1-through-direct-benefittransfergovt/206169/.

Bibliographie

A2i. 2019. "Amplifying Beneficiary Impact and Experience in the G2P Digital Transformation." A2i, Dhaka, Bangladesh.

Aker, Jenny C. 2020. "Social Protection Programs in the Time of a Pandemic: Reevaluating What We Know." Presentation to the World Bank, Fletcher School and Department of Economics, Tufts University, Medford, MA, April.

Aker, Jenny C., Rachid Boumnijel, Amanda McClelland, and Niall Tierney. 2016. "Payment Mechanisms and Anti-Poverty Programs: Evidence from a Mobile Money Cash Transfer Experiment in Niger." Tufts University Working Paper, Fletcher School and Department of Economics, Tufts University, Medford, MA.

Alderman, Harold, Ugo Gentilini, and Ruslan Yemtsov, eds. 2018. *The 1.5 Billion People Question: Food, Vouchers, or Cash Transfers?* Washington, DC: World Bank.

Atansah, Priscilla, Masoomeh Khandan, Todd Moss, Anit Mukherjee, and Jennifer Richmond. 2017. "When Do Subsidy Reforms Stick? Lessons from Iran, Nigeria, and India." CGD Policy Paper 111, Center for Global Development, Washington, DC. https://www.cgdev.org/publication/when-do-subsidy-reforms-stick-lessons-iran-nigeria-and-india.

Bansal, Mohit, Shekhar Lele, Ashish Punjabi, and Pooja Lad. 2018. "UPI 2.0: Towards a Complete Digital Ecosystem." PricewaterhouseCoopers India. https://www.pwc.in/consulting/financial-services/fintech/fintech-insights/upi-2-0-towards-a-complete-digital-ecosystem.html.

Barrientos, Armando, and David Hulme, eds. 2008. *Social Protection for the Poor and Poorest: Concepts, Policies, and Politics*. Houndmills, Basingstoke, Hampshire, UK: Palgrave Macmillan.

Baur, Silvia. 2016. "Digital Social Payments and Financial Inclusion." Presentation at the World Bank's Social Safety Nets and Delivery Systems Core Course, Washington, DC, April 2016.

Baur-Yazbeck, Silvia, Gregory Chen, and Joep Roest. 2019. *"The Future of G2P Payments: Expanding Customer Choice."* Focus Note, Consultative Group to Assist the Poor, Washington, DC. https://www.cgap.org/sites/default/files/publications/2019_09_FocusNote_Future_G2P_Payments_1.pdf.

Baur-Yazbeck, Silvia, Craig Kilfoil, and Ioana Botea. 2019. "Case Study: The Future of G2P Payments: Expanding Customer Choice in Zambia." Consultative Group to Assist the Poor, Washington, DC.

Baur-Yazbeck, Silvia, and Gcinisizwe Mdluli. Forthcoming. "Pricing G2P Payments Distribution: Considerations for Program Designers." Consultative Group to Assist the Poor, Washington, DC.

Baur-Yazbeck, Silvia, and Joep Roest. Forthcoming. "G2P 3.0 Case Study: A2i in Bangladesh: Toward a Shared Government Payments Platform." Consultative Group to Assist the Poor, Washington, DC.

Baur-Yazbeck, Silvia, and Jamie Zimmerman. 2016. "Understanding Consumer Risks in Digital Social Payments." Consultative Group to Assist the Poor, Washington, DC. https://www.cgap.org/research/publication/understanding-consumer-risks-digital-social-payments.

Beegle, Kathleen, Aline Coudouel, and Emma Monsalve, eds. 2018. *Realizing the Full Potential of Social Safety Nets in Africa*. Africa Development Forum Series. Washington, DC: World Bank.

Berthaut, Antoine, Bertrand Ginet, Sebastian di Paola, and Tobias Thayer. 2018. "Cash Digitization: UN Collaboration, Coordination, and Harmonization Opportunities." Better than Cash Alliance, UNHCR, UNICEF, and WFP, New York.

Bill & Melinda Gates Foundation. 2019. "A G7 Partnership for Women's Digital Financial Inclusion in Africa." Report Prepared at the Request of the G7 French Presidency. https://docs.gatesfoundation.org/Documents/WomensDigitalFinancialInclusioninAfricaEnglish.pdf.

Boko, Joachim, Luis Inaki Alberro Encinas, Maimouna Gueye, Audrey Ariss, and Tina George Karippacheril. 2020. "Technical Note on Togo's Novissi Program: Technology and Innovations for Africa's Human

Capital in the Face of the COVID-19 Crisis." Social Protection and Jobs Global Practice and Finance, Competitiveness, and Innovation Global Practice, World Bank, Washington, DC.

Bold, Chris, David Porteous, and Sarah Rotman. 2012. "Social Cash Transfers and Financial Inclusion: Evidence from Four Countries." Focus Note 77, Consultative Group to Assist the Poor, Washington, DC.

CaLP (Cash Learning Partnership). 2018. *The State of the World's Cash Report: Cash Transfer Programming in Humanitarian Aid*. Oxford, UK: CaLP.

CDFI (Centre for Digital Financial Inclusion). 2018. "Rethinking Benefit Delivery: Exploring the Reasons behind the Success of the Pradhan Mantri Matru Vandana Yojana (PMMVY), the Government of India's Flagship Maternity Benefit Programme." CDFI, New Delhi.

CGAP (Consultative Group to Assist the Poor). 2015. «DaviPlata: Taking Mobile G2P Payments to Scale in Colombia» (blog post), July 1, 2015: https://www.cgap.org/blog/daviplata-taking-mobile-g2p-payments-scale-colombia.

Chamberlin, Wendy, Liz Kellison, Jeni Klugman, and Jamie Zimmerman. 2019. "Enhancing Women's Economic Empowerment through Digital Cash Transfers: Digitize/Direct/Design: The D3 Criteria." Bill & Melinda Gates Foundation. Working draft. https://www.findevgateway.org/sites/default/files/publications/files/_bmgf_d3_criteria_june_1_2019.pdf.

Cho, Yoonyoung, Ashiq Aziz, and Kenichi Nishikawa Chávez. 2018. "Evolution of Safety Net Payments in Bangladesh." Presentation at the World Bank's Social Safety Nets and Delivery Systems Core Course, Washington, DC, May 7, 2018.

Coady, David, Margaret Grosh, and John Hoddinott. 2004. *Targeting of Transfers in Developing Countries: Review of Lessons and Experience*. Regional and Sectoral Studies. Washington, DC: World Bank.

Cook, William, and Anand Raman. 2019. "National Payments Corporation of India and the Remaking of Payments in India." Working paper, Consultative Group to Assist the Poor, Washington, DC.

del Ninno, Carlo. 2016. "Payment Systems: An Introduction Training Course on 'For Protection and Promotion: The Design and Implementation of Effective Social Safety Nets'" (Social Safety Nets Core Course). Presentation, World Bank, Washington, DC, April 26, 2016.

del Ninno, Carlo, and Bradford Mills, eds. 2015. *Safety Nets in Africa: Effective Mechanisms to Reach the Poor and Most Vulnerable*. Africa Development Forum Series. Washington, DC: World Bank and Agence Française de Développement.

Demirgüç-Kunt, Asli, Leora Klapper, Dorothe Singer, Saniya Ansar, and Jake Hess. 2018. *The Global Findex Database 2017: Measuring Financial Inclusion and the Fintech Revolution*. Washington, DC: World Bank.

DFID (UK Department for International Development). 2006, June. "How-to Note: Managing the Fiduciary Risk Associated with Social Cash Transfer Programmes." DFID Practice Paper ref. no. PD Info 098. http://www.gsdrc.org/docs/open/sp22.pdf.

Grosh, Margaret E. 1994. "Administering Targeted Social Programs in Latin America: From Platitudes to Practice." World Bank, Washington, DC.

Grosh, Margaret, Carlo del Ninno, Emil Tesliuc, and Azedine Ouerghi. 2008. *For Protection and Promotion: The Design and Implementation of Effective Safety Nets*. Washington, DC: World Bank.

Guven, Melis. 2019. "Extending Pension Coverage to the Informal Sector in Africa." Social Protection and Jobs Discussion Paper 1933, World Bank, Washington, DC.

Guven, Melis, Ernesto Brodersohn, and Clement Joubert. 2018. "Benin: Pension Scheme for Informal Sector Workers." Unpublished country paper, Social Protection and Jobs Global Practice, World Bank, Washington, DC.

HelpAge International. 2012. "Electronic Payment for Cash Transfer Programmes: Cutting Costs and Corruption or an Idea Ahead of Its Time?" Pension Watch Briefing No. 8, HelpAge International, London.

Hikmat, Harry. 2018. "Balancing Impact and Inclusion: Scaling Up the PKH Conditional Cash Transfer Program in Indonesia." Presentation, World Bank, Washington, DC.

Holmemo, Camilla, Pablo Acosta, Tina George, Robert J. Palacios, Juul Pinxten, Shonali Sen, and Sailesh Tiwari. 2020. *Investing in People: Social Protection for Indonesia's 2045 Vision*. Jakarta, Indonesia: World Bank. https://openknowledge.worldbank.org/handle/10986/33767.

Ibarrarán, Pablo, Nadin Medellin, Ferdinando Regalia, and Marco Stampini, eds. 2017. *How Conditional Cash Transfers Work: Good Practices after 20 Years of Implementation*. Washington, DC: Inter-American Development Bank.

ICRC (International Committee of the Red Cross). 2018. "Cash Transfer Programming in Armed Conflict: The ICRC's Experience." ICRC, Geneva, Switzerland.

IFC (International Finance Corporation). n.d. "A Sense of Inclusion: An Ethnographic Study of the Perceptions and Attitudes to Digital Financial Services in Sub-Saharan Africa." IFC, Washington, DC. https://www.ifc.org/wps/wcm/connect/industry_ext_content/ifc_external_corporate_site/financial+institutions/resources/a+sense+of+inclusion+an+ethnographic+study+of+the+perceptions+and+attitudes+to+digital+financial+services+in+sub-saharan+africa.

International Rescue Committee. 2019. "Safer Cash Toolkit: Collecting and Using Data to Make Cash Programs Safer." International Rescue Committee and United States Agency for International Development, New York. https://reliefweb.int/report/world/safer -cash-toolkit-collecting-and-using-data-make-cash -programs-safer.

ISPA (Inter-Agency Social Protection Assessments). 2016. "Social Protection Payment Delivery Mechanisms: What Matters Guidance Note." ISPA, Washington, DC. https://ispatools.org/payments/.

ISPA (Inter-Agency Social Protection Assessments). 2017. "Identification Systems for Social Protection: What Matters." Guidance Note, ISPA, Washington, DC. https://ispatools.org/id/.

Joyce, Michael, Shelley Spencer, Jordan Weinstock, and Grace Retnowati. 2015. "Qualitative Survey of Current and Alternative G2P Payment Channels in Papua and Papua Barat." TNP2K Working Paper 26-2015, Team for the Acceleration of Poverty Reduction (TNP2K), Jakarta, Indonesia.

Karippacheril, Tina George. 2018. "The 'First Mile' in Delivering Social Protection and Jobs (SPJ): Human-Centered Design." Presentation at the Plenary Session of the World Bank's Social Safety Nets and Delivery Systems Core Course, Washington, DC, April.

Karippacheril, Tina George, and Kathy Lindert. 2017. "Payments in Social Protection and Labor Delivery Systems." Presentation, World Bank, Washington, DC, March.

Khan, Quanita. 2015. "Digital Payments for Pakistan." Presentation at the World Bank's Fragility, Conflict, and Violence Forum 2015, Washington, DC, February 11–13.

Kilfoil, Craig. 2018. "Multi-Service Provider Payments: Girls' Education, Women's Empowerment, and Livelihoods (GEWEL) Project in Zambia." Presentation at the World Bank's Social Safety Nets and Delivery Systems Core Course, Washington, DC, May 7, 2018.

Leisering, Lutz. 2018. The Global Rise of Social Cash Transfers: How States and International Organizations Constructed a New Instrument for Combating Poverty. Oxford, UK: Oxford University Press.

Marulanda Consultores. 2015. "Going Mobile with Conditional Cash Transfers: Insights and Lessons from the Payment of Familias en Acción through DaviPlata Wallets in Colombia." Consultative Group to Assist the Poor, Washington, DC.

Muralidharan, Karthik, Paul Niehaus, and Sandip Sukhtankar. 2014. "Payment Infrastructure and the Performance of Public Programs: Evidence from Biometric Smartcards in India." Technical Paper, BREAD (Bureau for Research and Economic Analysis of Development).

Namara, Suleiman, and Christabel Dadzie. 2018. "Ghana—Paperless Public Works Program: Building Efficient Delivery Systems." Presentation at the World Bank's Social Safety Nets and Delivery Systems Core Course, Washington, DC, May 7, 2018.

OECD (Organisation for Economic Co-operation and Development). 2019. Public Spending on Unemployment Benefits, Incapacity, Pensions (indicators). Social Expenditures Database. doi: 10.1787 /f35b71ed-en (accessed April 30, 2019).

OPM (Oxford Policy Management). 2012. "Disbursement of Social Assistance Cash Transfers through Bank Accounts: A Study of PKH Payment Mechanisms and Options for Social Assistance Cash Transfers." OPM in collaboration with Tim Nasional Percepatan Penanggulangan Kemiskinan (TNP2K), Jakarta, Indonesia. http://www.tnp2k.go.id/images/uploads /downloads/PKH%20payment%20study-English%20 Final-1.pdf.

Palacios, Robert. 2017. "Identification and Payments." Presentation at the World Bank's Pensions and Social Insurance Core Course, Washington, DC, March 9, 2017.

Pickens, Mark, David Porteous, and Sarah Rotman. 2009. "Banking the Poor via G2P Payments." Focus Note 58, Consultative Group to Assist the Poor, Washington, DC.

Pulver, Caroline. 2019. "Driving Financial Inclusion through G2P Payments: A Literature Review and Country Landscaping Exercise." Bill & Melinda Gates Foundation, Seattle, WA.

Rawlings, Laura. 2016. "Social Protection Payments Tool." Presentation at the World Bank's Social Safety Nets and Delivery Systems Core Course, Washington, DC, April 2016.

Rawlings, Laura, and Luz Stella Rodríguez. 2018. "Social Protection Payments Delivery." Presentation at the World Bank's Social Safety Nets and Delivery Systems Core Course, Washington, DC, May 7, 2018.

Rodríguez, Luz, Laura Rawlings, Ana Verónica Lopez, Quanita Khan, Harish Natarajan, Karol Karpinski, and Anita Kumari. Forthcoming. "Cash Transfer Payment Systems: Lessons from Programs in 35 Countries." Technical Note, World Bank, Washington, DC.

Rotman, S., K. Kumar, & M. Parada. 2013. An Overview of the G2P Sector Payments in Pakistan. Washington, DC: CGAP (Consultative Group to Assist the Poor). https://www.cgap.org/research/publication/overview -g2p-payments-sector-pakistan.

Royal, Daniel, Paul Rimba, Mark Staples, Sophie Gilder, An Binh Tran, Ethan Williams, Alex Ponomarev, Ingo Weber, Chris Connor, and Nicole Lim. 2018. "Making Money Smart: Empowering NDIS Participants with

Blockchain Technologies." Commonwealth Bank of Australia and Data61 (CSIRO), Sydney, Australia.

Sagmeister, Elias, Sara Pavanello, Maximilian Seilern, Ledia Andrawes, Paul Harvey, and Anna Kondakhchyan. 2018. "Iraq Case Study: Improving User Journeys for Humanitarian Cash Transfers." Ground Truth Solutions and the Humanitarian Policy Group (HPG), DFID. https://groundtruthsolutions.org/wp-content/uploads/2018/12/User_Journeys_Iraq_Report_2018.pdf.

Smart, Kristin. 2018. "CTP Operational Models Analytical Framework." Cash Learning Partnership, Oxford, UK.

Staschen, Stefan, and Patrick Meagher. 2018. "Basic Regulatory Enablers for Digital Financial Services." Consultative Group to Assist the Poor, Washington, DC. https://www.cgap.org/research/publication/basic-regulatory-enablers-digital-financial-services.

Tesliuc, Emil, Lucian Pop, Margaret Grosh, and Ruslan Yemtsov. 2014. *Income Support for the Poorest: A Review of Experience in Eastern Europe and Central Asia.* Directions in Development Series. Washington, DC: World Bank.

TNP2K (National Team for the Acceleration of Poverty Reduction) and World Bank. 2018. "Government-to-Person Social Assistance Payments in Indonesia: The Landscape." Report. TNP2K and World Bank, Jakarta, Indonesia.

World Bank. 2014. "Beneficiary Study on Financial Inclusion and Literacy Outcomes of Cash Transfer Beneficiaries in Pakistan." World Bank, Washington, DC.

World Bank. 2015. "ISPA Payments Assessment Report for São Tomé." Social Protection and Jobs Global Practice, World Bank, Washington, DC.

World Bank. 2016. "Social Protection Payments in the Productive Social Safety Net Program in Tanzania." Interagency Social Protection Assessment.

World Bank. 2018a. "Payment Systems Worldwide: A Snapshot." Summary Outcomes of the Fourth Global Payment Systems Survey, September. World Bank, Washington, DC.

World Bank. 2018b. "Risk-Sharing for a Diverse and Diversifying World of Work." Review draft, Social Protection and Jobs Global Practice, World Bank, Washington, DC.

World Bank. 2018c. *The State of Social Safety Nets 2018.* Washington, DC: World Bank.

WWP (Brazil Learning Initiative for a World Without Poverty). 2017. "How Are Bolsa Família Cash Benefits Granted?" http://wwp.org.br/.

Zimmerman, Jamie, and Silvia Baur. 2016. "Understanding How Consumer Risks in Digital Social Payments Can Erode Their Financial Inclusion Potential." Consultative Group to Assist the Poor, Washington, DC.

Zimmerman, Jamie, Anjana Ravi, and Nichole Tosh. 2012. "From Protection to Investment: Understanding the Global Shift to Financially-Inclusive Social Protection Payment Systems." New America Foundation, Washington, DC.

Chapitre 7

Fourniture de services sociaux et d'emploi

Lucía Solbes Castro, Verónica Silva Villalobos, Sara Giannozzi, María Cecilia Dedios et Kathy Lindert

Les transferts monétaires fournissent une aide financière aux personnes et aux familles dans le besoin, mais ils ne suffisent souvent pas pour répondre à toutes sortes de risques et vulnérabilités qui requièrent la fourniture de services sociaux et d'emploi. Le terme « services » désigne un ensemble d'actions et d'activités visant à aider les individus et leurs familles à faire face à certaines situations difficiles et à contribuer à leur bien-être général. Les transferts monétaires peuvent certes avoir un impact positif sur la réduction de la pauvreté et les conditions de vie des ménages, mais des services sociaux et d'emploi peuvent plus efficacement s'attaquer à certaines vulnérabilités qui ne relèvent pas purement du revenu et de la consommation. En outre, les gens sont souvent confrontés simultanément à plusieurs besoins qui peuvent être mieux pris en charge par un ensemble de prestations et de services. Par exemple, les personnes extrêmement pauvres souffrent généralement d'une conjonction de situations difficiles qui peuvent être traitées par des paquets combinant une aide en espèces et des services sociaux, tels que des interventions en faveur de la petite enfance ou de membres de la famille en situation de handicap. Un autre exemple courant est l'offre aux personnes sans emploi de paquets d'activation combinant des allocations de chômage ou d'assistance sociale avec des services d'emploi et des programmes actifs du marché du travail (PAMT), généralement dans le cadre d'un plan d'action individualisé (PAI) et d'exigences de responsabilités mutuelles.

En fournissant des services sociaux et d'emploi, les pouvoirs publics sont confrontés au double défi de l'inclusion et de la coordination. La plupart des pays offrent généralement un éventail de services sociaux et d'emploi, mais ceux-ci sont souvent de petite taille, déconnectés, disponibles uniquement grâce aux fonds de donateurs, et ils ne couvrent pas correctement l'ensemble de la population ou certains groupes vulnérables, avec un impact négatif sur l'inclusion et l'efficacité du système de protection sociale. En effet, de nombreux pays en développement sont confrontés au problème de l'indisponibilité des services et/ou des prestataires de services, ce qui compromet encore davantage le principe d'inclusion dynamique. La multiplicité des acteurs impliqués dans la fourniture des services sociaux et d'emploi, en particulier lorsque la fourniture concerne une combinaison de services (ou de prestations et de services), provoque souvent un manque de coordination préjudiciable pour l'efficacité. Comme nous l'avons vu au chapitre 2, pour faire face à ce double défi, les pays ont recours à différents modèles opérationnels. Par exemple, dans les pays où les services sociaux sont bien développés, les gens ont généralement accès aux services en continu (approche à la demande). En revanche, lorsque les services sociaux sont rares ou inexistants, les pouvoirs publics renforcent généralement les systèmes de prestation de base d'un programme existant déjà bien installé, en y rattachant progressivement des services. Par exemple, les gens reçoivent généralement des services en complément d'un transfert monétaire (approche impulsée par l'administrateur), comme dans les programmes « cash plus » qui offrent également des services de groupe (tels que des séances de développement familial). De même, lorsque les pouvoirs publics fournissent des paquets combinés de prestations et de services, ils ont tendance à mettre en œuvre des stratégies assurant une meilleure coordination.

Les étapes du processus de mise en œuvre des transferts monétaires s'appliquent également à la fourniture des services. Les étapes communes de mise en œuvre, notamment la sensibilisation, l'accueil et l'enregistrement, l'évaluation des besoins et des conditions de vie, l'inscription, la prestation et la gestion des opérations des bénéficiaires, s'appliquent à la fourniture de la plupart des services sociaux et d'emploi (figure 7.1).

La fourniture des services constitue l'étape la plus spécifique en raison de la nature spécialisée de nombreux services. Son principal objectif est de veiller à ce que les bénéficiaires inscrits reçoivent des services appropriés, conformément aux normes de service. Les principaux intrants de la fourniture des services sont les informations sur les bénéficiaires, les PAI et l'orientation vers des services spécialisés. Les intrants peuvent également provenir des étapes de gestion des opérations des bénéficiaires d'un cycle de mise en œuvre précédent, notamment les éventuelles mises à jour des PAI, des paquets de services, du statut des bénéficiaires ou autres modifications. Le principal résultat est la vérification de la fourniture effective des services. Bien que ce chapitre soit centré sur l'étape de fourniture, un service intervenant au cours d'autres étapes du processus de mise en œuvre peut également fournir un « service » intangible aux clients. Par exemple, la réalisation d'évaluations peut constituer un service, tout comme l'élaboration et le suivi d'un plan d'action individualisé, puisque le processus comporte généralement une part de conseil. La dimension services de nombreuses étapes du processus de mise en œuvre est abordée dans les chapitres correspondants.

Compte tenu de sa nature multidimensionnelle, la protection sociale constitue une plateforme permettant de relier les interventions et de fournir des paquets intégrés de services (ou de prestations et de services). Ce chapitre fait une distinction entre la fourniture directe de services spécifiques directement liés à la protection sociale (avec un accent sur les soins et l'emploi), et la fourniture intégrée de services. Cette dernière désigne la fourniture organisée de services sociaux et

Figure 7.1 Étape de fourniture des services du processus de mise en œuvre de la protection sociale

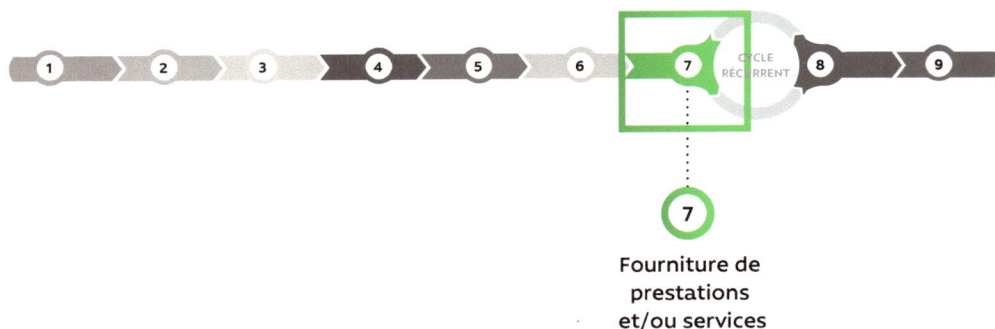

Source : Figure conçue pour cette publication

d'emploi accompagnés de prestations et adaptés au profil, aux besoins et à la situation d'un groupe cible, en vue d'améliorer le bien-être général de celui-ci. En ce sens, la protection sociale peut être considérée comme une plateforme fournissant aux individus et aux familles les informations, les liens, les références et les services d'accompagnement les plus adaptés à leurs besoins et à leur situation, que ce soit sous la forme d'une intervention unique ou d'un paquet intégré de prestations et de services. Ce chapitre n'aborde pas la fourniture des services sociaux de base (santé et éducation) ni d'autres services spécifiques ne relevant pas du développement humain.

Ce chapitre est organisé comme suit :

- La section 7.1 présente une typologie des services sociaux et d'emploi au sein d'un cadre organisationnel des groupes à risque et des modalités de service. Elle donne un aperçu général de la diversité des services existants mis à la disposition de la population, en plus des prestations, afin de préparer le terrain pour la discussion qui suit, axée sur la fourniture et l'intégration des services.
- La section 7.2 offre un aperçu de la fourniture des services sociaux et d'emploi, ainsi qu'une analyse des normes de qualité applicables à ces services.
- La section 7.3 aborde le cœur du chapitre : la fourniture intégrée des services sociaux et d'emploi. Aux différentes étapes du processus de mise en œuvre, l'assistance intégrée aux personnes constitue un service en soi, dans la mesure où elle

accorde une attention personnalisée à travers des évaluations, une intermédiation et des services d'assistance individualisée. Dans ce cadre, le présent chapitre examine les principaux moteurs de l'intégration des services, propose un cadre pour les niveaux d'intégration de la fourniture des services, et analyse les principaux outils utilisés pour fournir des services sociaux et d'emploi intégrés, en plus des prestations.

- La section 7.4 présente quelques éléments de conclusion soulignant les principaux aspects de la fourniture des services sociaux et d'emploi.

Ce chapitre présente divers exemples couvrant un large éventail de services sociaux et d'emploi. Ils sont issus de chaque région du monde :

- **Afrique :** Burkina Faso, Madagascar, Niger, Rwanda, Sénégal
- **Asie de l'Est et Pacifique :** Chine, Indonésie, Singapour, Vietnam
- **Europe et Asie centrale :** Allemagne, Estonie, Finlande, Irlande, Pays-Bas, Norvège
- **Amérique latine et Caraïbes :** Colombie, Costa Rica, Mexique, Nicaragua, Pérou
- **Moyen-Orient et Afrique du Nord :** Jordanie, Liban, Maroc, République arabe d'Égypte
- **Asie du Sud :** Bangladesh
- **Autres pays de l'Organisation de coopération et de développement économiques (OCDE) :** Canada, Nouvelle-Zélande, États-Unis

7.1 TYPOLOGIE DES SERVICES SOCIAUX ET D'EMPLOI

Le terme « services » désigne un ensemble d'actions et d'activités, n'impliquant généralement pas des transactions de biens, qui aident les individus et les familles à surmonter certaines vulnérabilités afin d'améliorer leur bien-être général. Les services sociaux aident les individus et leurs familles à améliorer leurs conditions de vie lorsqu'ils sont confrontés à divers risques au cours du cycle de vie. Les services d'emploi appuient l'intégration des individus sur le marché du travail dans le but d'améliorer leur capacité à générer des revenus. Les types de services sociaux et d'emploi existants sont trop

nombreux pour être abordés dans ce guide. Cette section vise donc à organiser la discussion sur les services en une typologie pratique.

Typologie des services sociaux

Les services sociaux comprennent un large éventail de programmes offerts par des organismes publics ou privés pour aider les individus ou les familles à faire face à leurs risques particuliers et à améliorer leur bien-être général. Ils sont généralement organisés autour des individus en tant qu'unité d'assistance, mais font souvent intervenir des membres de la famille, du ménage ou de la communauté pour renforcer l'appui. Les services peuvent être demandés volontairement par les individus ou les familles, recommandés ou conseillés par les travailleurs sociaux, ou imposés, par exemple par une décision de justice ou des mandats juridiques particuliers.

Une large gamme de services sociaux est fournie dans le monde entier. Un simple coup d'œil sur les listes de services sociaux proposés sur les sites web des municipalités ou des ministères centraux permet de constater que des milliers de services sociaux sont à la disposition de la population. Ils peuvent être classés par groupes de risques, par groupes administratifs, par cadres juridiques, par domaines de développement humain, ou de toute autre manière — avec souvent des dizaines ou des centaines de services répertoriés dans chaque catégorie.

Ce chapitre porte sur la fourniture de services sociaux et d'emploi, mais étant donné l'étendue de la gamme des services, il est utile de disposer d'une sorte de typologie logique des services. Dans ce chapitre, nous définissons une typologie des services sociaux par groupes de risque et par modalités de fourniture. Les groupes de risque peuvent être, entre autres, les enfants (de 0 à 18 ans), les adolescents et les jeunes (de 12 à 29 ans), les adultes, les personnes âgées, les personnes en situation de handicap, les personnes et les familles sans abri, les migrants et les réfugiés, et bien d'autres encore. Les modalités de fourniture des services sociaux de notre typologie sont les suivantes :

- **Les services de travail social** sont ceux fournis par les travailleurs sociaux, les assistants sociaux, les animateurs, les conseillers, les psychologues (dans les programmes, les municipalités, les communautés, etc.) Il s'agit de services d'information et de sensibilisation, d'évaluation, d'intermédiation et d'orientation vers des services spécialisés, de conseil et de médiation (également appelés services d'assistance individualisée[1]).
- **Les services de soins** peuvent être dispensés à domicile, dans la communauté ou dans un cadre institutionnel. Ils peuvent être fournis par différents spécialistes, tels que des spécialistes socioéducatifs dans le cas des enfants et des jeunes, des

professionnels de la santé et du personnel sociosanitaire dans le cas des personnes âgées et des personnes en situation de handicap.
- **D'autres services spécialisés** destinés à des groupes et à des situations spécifiques concernent généralement des services fournis par des professionnels de la santé spécialisés ou par des conseillers juridiques.

Nous illustrons cette typologie avec des exemples de services sociaux visant des groupes et des risques particuliers. Ce manuel de référence n'a pas vocation à couvrir tous les types de groupes de risques ou de services sociaux. Nous cherchons plutôt à illustrer la typologie pour certains groupes (et un sous-ensemble de risques auxquels ils peuvent être confrontés).

Les enfants peuvent être confrontés à un large éventail de facteurs de risque et de besoins, dont, entre autres, la négligence, la maltraitance, la condition d'orphelin, les besoins comportementaux, l'apprentissage et la stimulation, les besoins nutritionnels, les soins et la supervision. Le tableau 7.1 ne présente des exemples que d'une fraction des types de services sociaux susceptibles d'être proposés aux enfants pour certains facteurs de risque. Par exemple, en cas de retard de développement de l'enfant, les services sociaux peuvent comprendre des cours et des groupes de soutien aux parents, des évaluations spécialisées et divers services de conseil. Dans certains pays en développement, les programmes d'éducation parentale sont combinés à des transferts en espèces pour promouvoir le développement de la petite enfance à l'aide de séances de développement familial au niveau communautaire (encadré 7.1). Les services de soins peuvent avoir lieu à domicile, comme l'installation dans la maison d'équipements adaptés à certains handicaps physiques ; les technologies d'assistance ; une prise en charge temporaire offrant un répit aux personnes s'occupant d'enfants en situation de handicap sévère (soins de répit) ; les services de soins personnels ; les services communautaires, tels que les programmes d'intervention précoce (programmes de stimulation précoce) ; les programmes de crèches/garde d'enfants ; les services d'aide à l'apprentissage (tutorat, plans d'éducation individualisés, aménagements scolaires) ; divers types de thérapies (ergothérapie, kinésithérapie, orthophonie) ; les services de transport ; ou les soins en institution, tels que l'adaptation ; et les soins à domicile. Une série

Tableau 7.1 Typologie des services sociaux : exemples pour les enfants de 0 à 18 ans

Groupes à risque	Services de travail social			Services de soins			Autres
	Information, sensibilisation	Intermédiation, orientation	Conseil, médiation	À domicile	Communautaires	Institutionnels	Spécialisés
Enfants en situation de handicap ou souffrant d'un retard de développement	Cours sur l'éducation parentale et le développement de la petite enfance, séances de développement familial, groupes de soutien, enseignement spécialisé	Évaluations spécialisées (de l'apprentissage, psychosocial, professionnel, physique)	Conseils pour les besoins comportementaux, conseils aux familles	Technologies d'assistance, aménagements du domicile, soins de répit, soins personnels	Programmes d'intervention précoce ; garde d'enfants ; soutien à l'apprentissage ; tutorat ; PEI ; ergothérapie, kinésithérapie, orthophonie ; transport	Habilitation résidentielle, soins en institution	Services de santé, équipement ou matériel médical ou autre équipement spécialisé
Enfants en danger de négligence, d'abandon, de maltraitance	Ligne téléphonique d'urgence pour les enfants maltraités, prévention de la maltraitance des enfants, sensibilisation	Dépistage de la maltraitance des enfants, évaluation des risques, orientation vers des services spécialisés	Conseils aux enfants et aux familles, médiation, planification de la réunification familiale	Visites à domicile, services de protection à domicile, soutien aux familles d'accueil	Services de protection de l'enfance, centre de crise, foyers, placement dans des familles d'accueil	Centres résidentiels pour les cas de protection	Gestion des cas de protection des enfants, adoption, défense juridique

Source : tableau conçu pour cette publication.

Note : PEI = plan d'éducation individualisé

de services spécialisés peut également être disponible (voir chapitre 5, section 5.3, pour d'autres exemples). Lorsque les enfants risquent d'être victimes de maltraitance ou de négligence, les services de travail social peuvent comprendre une ligne téléphonique d'urgence pour les enfants maltraités ; des services de prévention et de sensibilisation ; des dépistages et des évaluations de la maltraitance des enfants ; ainsi que des conseils et une médiation. Les services de soins et les services spécialisés peuvent comprendre un éventail de services de protection de l'enfance, le placement dans une famille d'accueil, l'adoption et d'autres interventions.

L'adolescence est une période associée à de nombreux risques, tels que la toxicomanie, la dépression et d'autres troubles de la santé mentale, les comportements suicidaires, le décrochage scolaire, la non-participation à l'éducation, à l'emploi ou à la formation (PEEF), les grossesses adolescentes, les maladies sexuellement transmissibles, les abus physiques et sexuels, la violence des gangs et les activités criminelles, le sans-abrisme des adolescents, etc. Même si ce manuel de référence ne vise pas à couvrir tous les risques ou services, le tableau 7.2 illustre la typologie de certains des

services susceptibles d'être proposés aux adolescents et aux jeunes confrontés à la grossesse, à la parentalité et à la toxicomanie. La grossesse et la parentalité chez les adolescentes sont des situations de vulnérabilité particulière ayant des effets majeurs sur le développement humain, tant de la mère que de l'enfant. Un large éventail de services peut être disponible pour fournir un soutien « global » aux parents adolescents. Au Nicaragua, par exemple, le ministère de la Famille encourage une approche intégrée de la fourniture des services médico-sociaux aux adolescentes enceintes, aux parents adolescents et à leurs enfants (encadré 7.2). Les services de lutte contre la toxicomanie peuvent être fournis isolément ou dans le cadre de services intégrés destinés à la jeunesse. Les services concernés peuvent inclure la sensibilisation et la prévention, le dépistage et l'évaluation de la toxicomanie, le conseil, l'aide à domicile (y compris des kits de dépistage des drogues et de l'alcool pour un suivi quotidien) ainsi que d'autres services. L'abus de substances pouvant coexister avec un bon nombre d'autres risques (décrochage scolaire, comportements sexuels à risque, conflits familiaux, troubles de la santé mentale, activités criminelles et sans-abrisme

Les parents et les personnes s'occupant d'enfants sont essentiels au bon développement des nourrissons, car ils sont les responsables de l'investissement dans leur nutrition, leur santé et leur sécurité. Ils déterminent l'environnement au sein duquel l'enfant se développe et ils contribuent à lui garantir un foyer sûr et bienveillant ainsi qu'un accès aux principaux services. Ils influencent aussi activement les compétences et le développement socioémotionnel des enfants en leur parlant, en jouant avec eux, en leur lisant ou en leur racontant des histoires, et en répondant de manière interactive à leurs signaux.

Conscients de l'importance des parents dans le développement du jeune enfant, de nombreux pays en développement renforcent actuellement les programmes de transferts en espèces en les assortissant de services complémentaires tels que des programmes d'éducation parentale. Ceux-ci visent à améliorer les interactions entre parents et enfants, les connaissances, les croyances, les attitudes, les comportements et les pratiques parentales grâce à de l'information et de la sensibilisation, de la formation et des cours, ainsi que de l'accompagnement. Le contenu de ces services couvre généralement toute une série de sujets, dont la santé, l'hygiène, la stimulation de l'enfant, la parentalité positive et la nutrition. Les modèles de fourniture des services varient, mais lorsqu'ils sont associés à des transferts monétaires, une pratique habituelle consiste à fournir ces informations et ces formations au cours de sessions de développement familial proposées à des groupes de familles au sein de la communauté. Les visites à domicile et les liens avec des établissements de soins de santé primaires sont d'autres modalités de fourniture des services.

Arriagada et coll. (2018) identifient plusieurs modèles dans lesquels les programmes d'éducation parentale sont associés à des transferts monétaires :

- ■ **Approche intégrée.** L'intervention d'éducation parentale est gérée par le programme de transferts monétaires. Citons à titre d'exemple : *Jawtno* (Bangladesh), *Familias en Accion* (Colombie), *Burkin-Naong-Sa Ya* (Burkina Faso) et Filets sociaux du Niger (Niger).
- ■ **Approche de convergence.** Différents organismes combinent explicitement leurs efforts pour que des programmes distincts de transferts monétaires et d'éducation parentale bénéficient aux mêmes populations. Exemples : le programme *Keluarga Harapan* (PKH) (Indonésie) et le programme de transferts monétaires pour le développement humain (Madagascar).
- ■ **Approche d'alignement.** Les programmes de transferts monétaires et d'éducation parentale ne sont pas explicitement coordonnés entre eux, mais offrent des interventions aux mêmes populations ou à des populations similaires. *Juntos et Cuna Mas* (Pérou) en sont un exemple.
- ■ **Approche d'accrochage à un programme existant.** Les transferts monétaires sont effectués au moyen d'une plateforme existante, telle que le réseau de soins de santé primaires, qui offre déjà un programme d'éducation parentale. Exemple : un transfert monétaire social d'intervention rapide axé sur les enfants (Sénégal).

Les séances de développement familial sont courantes dans les pays en développement où l'offre de services sociaux est rare. C'est donc par l'intermédiaire de la plateforme des programmes de transferts monétaires que ces interventions sont dispensées par le personnel des programmes à un groupe de personnes, plutôt que par un travailleur social à une seule personne ou famille. Dans quelques pays, ces interventions ont connu des résultats prometteurs, notamment l'amélioration des pratiques parentales et des résultats en matière de développement de l'enfant, avec des avancées dans la cognition et le langage.

_____

Source : Arriagada et coll., 2018.

Tableau 7.2 Typologie des services sociaux : exemples pour les adolescents et les jeunes de 12 à 19 ans

| Groupes à risque | Services de travail social | | | Services de soins | | | Autres |
	Information, sensibilisation	Intermédiation, orientation	Conseil, médiation	À domicile	Communautaires	Institutionnels	Spécialisés
Adolescentes enceintes, parents adolescents	Sensibilisation, cours d'éducation parentale, formation aux compétences de la vie quotidienne, relations saines, sensibilisation à la nutrition, cours sur la petite enfance	Tests de grossesse confidentiels, orientation vers d'autres services	Conseils individuels, familiaux ou de groupe	Visites à domicile, services à domicile, soutien à la coparentalité	Programmes destinés à la petite enfance et de garde d'enfants, groupes de soutien, services scolaires parents-enfants pour les adolescents, programmes de parentalité responsable	Services résidentiels pré et postnatals, logements de transition	Planning familial, soins prénataux pour les adolescentes
Jeunes courant un risque de toxicomanie (drogues et alcool)	Sensibilisation et prévention, cours d'éducation sur la toxicomanie	Dépistage et évaluation de la toxicomanie, orientation vers des services spécialisés	Conseils individuels, familiaux et de groupe ; soutien au rétablissement	Interventions au sein de la famille, soutien à domicile, kits de dépistage, services en ligne	Programmes de lutte contre la toxicomanie, programmes de traitement de jour, programmes scolaires, groupes de soutien, soins continus, services de prévention des rechutes	Services aux patients hospitalisés, programmes résidentiels de traitement et de désintoxication	Services intégrés destinés aux jeunes, services juridiques lorsque la toxicomanie a des répercussions juridiques

Source : tableau conçu pour cette publication.

chez les adolescents, entre autres), les services intégrés destinés aux jeunes visent souvent l'abus de substances dans le cadre d'un ensemble plus large de services sociaux.

Les adultes peuvent être confrontés à tout un éventail de risques sociaux (en plus de l'invalidité et du chômage). Parmi ceux-ci figurent la violence sexiste (VS), la violence domestique (VD) et la violence entre partenaires, la toxicomanie, le sans-abrisme, les maladies mentales, etc. Ces risques peuvent affecter leur bien-être général, leur capacité à travailler et à gagner un revenu, ainsi que leur aptitude à prendre soin de leur famille. Les services sociaux comprennent généralement toute une gamme de services individuellement destinés aux adultes (en plus de ceux destinés aux familles). Le tableau 7.3 présente des exemples pour deux types de risques : VS/VD et toxicomanie.

Les personnes en situation de handicap et les personnes âgées sont confrontées à toutes sortes de besoins et de risques. Pour les premières, les besoins et les risques peuvent comprendre 1) un risque

économique (faible revenu, pauvreté, capacité de travail réduite, chômage, coûts élevés des soins de santé et autres coûts supplémentaires associés au handicap) ; 2) des obstacles physiques ; 3) des obstacles à la mobilité et au transport ; 4) un accès réduit aux services ; 5) des difficultés d'apprentissage, des obstacles à l'éducation ; 6) des obstacles à la communication ; et 7) un isolement social et des obstacles liés aux comportements (stigmatisation, stéréotypes, perception des lacunes plutôt que des atouts). Le tableau 7.4 présente une typologie des nombreux services qui peuvent être offerts aux personnes en situation de handicap. Pour les personnes âgées, ces risques et besoins peuvent être 1) des risques économiques tels qu'un faible revenu, la pauvreté et les coûts élevés des soins de santé et des médicaments ; 2) des risques d'invalidité ; 3) une détérioration de la santé et du bien-être ; 4) des risques de santé mentale (y compris la démence) ; 5) des obstacles à la mobilité et au transport ; et 6) un isolement social et un manque d'activités ou d'opportunités. Les services de soins similaires étant courants

La grossesse adolescente constitue un grave problème au Nicaragua. Un quart des filles de 15 à 19 ans ont des enfants ou sont enceintes (34 % dans le quintile le plus pauvre). Les grossesses et les responsabilités parentales des adolescentes sont également liées au phénomène chez les jeunes, car les mères adolescentes ne sont souvent ni à l'école ni au travail. En outre, l'importance du développement de la petite enfance et des programmes destinés aux parents adolescents n'est plus à démontrer. C'est pourquoi le Nicaragua a élaboré une approche intégrale d'appui aux adolescentes enceintes et aux parents adolescents, couvrant les services à la fois sociaux et de santé. Cette approche comprend les éléments suivants :

- **Les *Casas Maternas* (maisons maternelles).** Elles fournissent des services sanitaires et sociaux aux futures mères et à leurs bébés. Ils comprennent 1) un solide réseau permettant d'atteindre les adolescentes enceintes ; 2) des services de santé et un hébergement temporaire : soins et suivi prénataux, intervention précoce pour les grossesses à risque, incluant la mise à disposition d'un lieu d'hébergement des futures mères (y compris avec des membres de la famille et d'autres enfants) afin qu'elles puissent rester à proximité de l'établissement de santé avant l'accouchement,

ce qui est particulièrement important pour les mères adolescentes des zones rurales ; et 3) information, éducation et sensibilisation au développement de la petite enfance, informations sur le planning familial, etc.

- **Le *Programa Amor* (Programme Amour).** Ce programme est une intervention précoce visant les jeunes enfants. Il comprend une coordination multisectorielle aux niveaux central et local. Les services destinés aux enfants concernent le développement de la petite enfance, la nutrition, le suivi de la croissance et des étapes du développement de l'enfant, ainsi que la stimulation et l'éducation précoces. Les services destinés aux parents comprennent le conseil, la formation, l'éducation et la sensibilisation à l'art d'être parent, et la parentalité positive. Les familles pauvres peuvent bénéficier d'une aide au revenu et d'autres services intégrés. Nombre de ces services sont fournis à tous les jeunes enfants et parents de la communauté (y compris les séances de groupe), tandis que d'autres sont fournis à des individus et à des familles particuliers (y compris le soutien au revenu, le conseil et d'autres programmes). Le programme n'est pas limité aux parents adolescents, mais la participation de ceux-ci est activement encouragée, notamment à travers les *Casas Maternas*.

Source : Montenegro, 2014.

---

pour les personnes en situation de handicap et les personnes âgées, le tableau 7.4 présente les types de services de travail social et de soins disponibles pour ces deux groupes de population.

Typologie des services d'emploi

Un examen de la littérature sur les services d'emploi révèle une multiplicité de façons de classer les services d'emploi.[2] Dans notre typologie, les services d'emploi sont classés en deux grandes catégories : les services d'aide à l'emploi et les services d'amélioration de l'employabilité. Ces deux types de services peuvent également être combinés en un paquet d'activation associant les services à des

prestations actives ou passives, souvent accompagnées d'exigences spécifiques adressées aux bénéficiaires. Plus précisément, ils peuvent inclure les éléments suivants :

- ***Les services d'aide à l'emploi.*** Services fournis aux demandeurs d'emploi, aux personnes sous-employées, aux chômeurs ou aux inactifs, aux travailleurs en situation de handicap ou autres, pour les aider à trouver un emploi rémunéré. Ils peuvent être répartis en deux sous-types : les services fournissant des informations et ceux offrant des conseils et une intermédiation. Parmi les exemples de services liés à l'information, citons 1) les outils en libre-service contenant des informations sur l'emploi (sites Web,

Tableau 7.3 Typologie des services sociaux : exemples pour les adultes (en dehors du handicap et du chômage)

| Groupes à risque | Services de travail social | | | Services de soins | | | Autres |
	Information, sensibilisation	Intermédiation, orientation	Conseil, médiation	À domicile	Communautaires	Institutionnels	Spécialisés
Adultes exposés à la violence sexiste/ violence domestique	Ligne d'assistance télé-phonique pour la violence domes-tique, prévention de la violence sexiste/violence domestique, sensibilisation, plaidoyer	Évaluations des risques, orientation vers des services spécialisés	Conseils aux indi-vidus, aux couples ou aux familles	Visites à domicile, services de crise	Services de protection des enfants, centre de crise, refuges	Logements sûrs, centres résidentiels pour les cas de protection	Services juridiques
Adultes courant un risque de toxicomanie (drogues et alcool)	Sensibilisation et prévention, cours sur la toxicoma-nie	Dépistage et évalua-tion de la toxicomanie, orientationvers des services spécialisés	Conseils individuels, familiaux et de groupe ; soutien au rétablisse-ment	Interventions familiales, soutien à domicile, kits de dépistage, services en ligne	Programmes de lutte contre la toxicomanie, pro-grammes de traitement de jour, programmes en milieu scolaire, groupes de soutien, soins continus, ser-vices de prévention des rechutes	Services aux patients hospitalisés, programmes de traitement et de désin-toxication résidentiels	Services juridiques lorsque la toxico-manie a des réper-cussions juridiques

Source : tableau conçu pour cette publication.

Tableau 7.4 Typologie des services sociaux : exemples pour les personnes en situation de handicap et les personnes âgées

| Groupes à risque | Services de travail social | | | Services de soins | | | Autres |
	Information, sensibilisation	Intermédiation, orientation	Conseil, médiation	À domicile	Communautaires	Institutionnels	Spécialisés
Personnes en situa-tion de handicap	Information de sensibilisation aux services et aux handi-caps, cours pour les soignants, enseignement spécialisé	Évaluation des handicaps, évaluations spécialisées, soins coor-donnés, orientationvers des services spécialisés	Conseils indivi-duels, familiaux ou de groupe	Soins à domi-cile, soutien à l'autonomie au quotidien, techno-logies d'assistance, aménagements du domicile, soins de répit, soins per-sonnels, aides à domicile	Centres de jour ; soutien à l'autonomie au quotidien ; camps ; sou-tien scolaire ; ergothérapie, kinésithérapie, orthophonie ; transport	Soins résidentiels	Apprentissage tout au long de la vie, services de santé et de réadaptation, équipement ou matériel spé-cialisé
Personnes âgées	Information de sensibilisation au vieillisse-ment, à la santé, au bien-être, aux services de préven-tion ; cours pour les soignants ; information	Évaluation des handicaps, évaluations spécialisées, soins coor-donnés, orientations vers des services spé-cialisés	Conseils, aide sociale géria-trique	Soins à domi-cile, soutien à l'autonomie au quotidien, techno-logies d'assistance, aménagements du domicile, soins de répit, soins per-sonnels, aides à domicile	Soins commu-nautaires, soins de jour pour adultes	Soins résidentiels	Vieillesse active, appren-tissage tout au long de la vie, services de santé et de réadaptation, équipement ou matériel spécialisé

Source : tableau conçu pour cette publication.

guichets de service en ligne, kiosques, bulletins, etc.), y compris des informations sur la valeur de l'éducation ou le rendement économique des spécialités techniques ; 2) les plateformes d'appariement des emplois (où les entreprises publient des offres d'emploi et les demandeurs d'emploi affichent leur profil) ; et 3) d'autres activités de promotion de l'emploi, telles que les salons et les postes vacants ou les clubs d'emploi. Les services de conseil et d'intermédiation sont plus proactifs et comprennent généralement une assistance individualisée directe au client impliquant un travailleur social, un membre du personnel du programme, un conseiller emploi, un agent des services d'emploi ou une personne similaire. Il s'agit, entre autres, de l'aide à la recherche d'emploi, de l'orientation professionnelle, de l'orientation et du soutien d'un travailleur social, de l'orientation vers des emplois, et du conseil en matière de technologie et de pratiques de gestion agricoles. Ces services sont fournis par les services publics de l'emploi (SPE, également appelés bureaux de l'emploi, centres pour l'emploi ou autres noms) et les programmes pour l'emploi là où les SPE sont rares. Ils peuvent également être confiés à des organismes privés.

- **Les services d'amélioration de l'employabilité.** Souvent appelés programmes actifs du marché du travail (PAMT). Ils visent à accroître les chances des clients de trouver un emploi rémunéré ; en d'autres termes, à améliorer leur employabilité. Ils comprennent, par exemple, les formations de remise à niveau ou d'amélioration des compétences, la formation à l'entrepreneuriat, l'apprentissage, la préparation à l'emploi et la formation aux compétences non techniques, la formation aux compétences professionnelles ou techniques, l'enseignement de base et de la deuxième chance, la formation à la culture numérique, les subventions salariales encourageant les entreprises à embaucher des chômeurs ou des personnes à la recherche d'un premier emploi, les travaux publics ou la création d'emplois.

- **Les paquets d'activation.** Paquets de prestations et de services associant une certaine forme d'aide au revenu, telle que l'assurance chômage ou les prestations d'assistance, à une combinaison adaptée de services d'aide à l'emploi et/ou de PAMT améliorant l'employabilité. Ils incluent souvent aussi des responsabilités mutuelles, requérant que les bénéficiaires

participent aux services fournis et déploient activement des efforts de recherche d'un emploi. Comme indiqué au chapitre 5, section 5.3, les paquets d'activation sont souvent détaillés dans un plan d'action individualisé (PAI) fournissant un résumé de l'évaluation individuelle reprenant les résultats du profilage ; les objectifs et les étapes convenues pour atteindre les objectifs ; les avantages (le cas échéant) ; une liste des services alloués (services d'aide à l'emploi, PAMT et autres activités disponibles pour le demandeur d'emploi) ; les actions et les engagements requis des deux parties (le demandeur d'emploi et l'assistant social ou le conseiller emploi) ; les règles et procédures relatives aux sanctions en cas de non-respect des actions requises ; les droits du demandeur d'emploi ; et les informations sur les procédures du mécanisme de gestion des réclamations (MGR).

Les services d'emploi varient selon les groupes à risque. Ceux-ci sont identifiés en fonction de leur éloignement du marché du travail, déterminé durant l'établissement des profils du demandeur d'emploi et les évaluations des travailleurs sociaux (comme indiqué au chapitre 4). Ils comprennent les demandeurs d'emploi salariés (à la recherche d'un meilleur emploi), les chômeurs de courte durée (y compris ceux cherchant un premier emploi), les chômeurs de longue durée, les travailleurs inactifs ou découragés, les travailleurs du secteur informel, les personnes sous-employées et les travailleurs temporaires, saisonniers ou à temps partiel. Des caractéristiques transversales (âge, handicap, sexe) peuvent éloigner encore davantage ces personnes du marché du travail. Ces caractéristiques d'éloignement se retrouvent chez les membres de groupes tels que les jeunes (en tant que demandeurs d'un premier emploi ou que PEEF), les femmes qui réintègrent la population active, les parents isolés, les travailleurs en situation de handicap, les migrants et réfugiés, les anciens détenus, les travailleurs âgés, et les chômeurs atteints de toxicomanie (Kuddo, 2012).

Étant donné le nombre important des combinaisons de groupes à risque et de types de services d'emploi, nous illustrerons la typologie en nous bornant aux services destinés à trois grands groupes. Le tableau 7.5 présente la typologie pour les chômeurs et les sous-employés de courte et de longue durée, étant donné que ces catégories sont celles les plus souvent abordées dans

Tableau 7.5 Typologie des services d'emploi pour les chômeurs de courte et de longue durée, par type de service

| Groupes à risque | Prestations (passives ou actives) | Services d'aide à l'emploi : aider les gens à trouver un emploi | | Services d'amélioration de l'employabilité ou PAMT : aider les gens à devenir plus aptes à l'emploi |
		Information, orientation	Conseil, intermédiation, assistance individualisée à l'activation	
Chômeurs de courte durée	Prestations de courte durée (assurance chômage ou aide en cas de chômage), généralement avec des PAI et des coresponsabilités. Incitations à la reprise du travail. Appui à la création d'entreprises, à l'entrepreneuriat	Outils en libre-service. Plateformes de recherche d'emploi. Sites web et centres d'appels. Informations sur le rendement de l'éducation	Aide à la recherche d'emploi. Orientation et suivi par le travailleur social, y compris les PAI. Orientation vers des emplois. Orientation professionnelle. Préparation à l'emploi	Formation de mise à niveau ou d'amélioration des compétences. Formation à l'entrepreneuriat. Apprentissage. Subventions salariales aux entreprises pour l'embauche de chômeurs ou de personnes à la recherche d'un premier emploi. Subventions aux entreprises pour l'adaptation du lieu de travail ou l'achat de technologies d'assistance pour les employés en situation de handicap.
Chômeurs de longue durée	Prestations de longue durée (aide en cas de chômage ou aide sociale après la fin de l'assurance chômage), généralement avec un PAI et des coresponsabilités	Outils en libre-service. Plateformes d'appariement des emplois. Activités de sensibilisation destinée aux jeunes, aux travailleurs découragés et aux inactifs. Informations sur la valeur de l'éducation, le rendement des spécialités techniques	Conseil plus intense et orientation du travailleur social, y compris des PAI. Assistance à la recherche d'emploi, orientation vers des emplois. Mentorat	Préparation à l'emploi et formation aux compétences non techniques. Formation aux compétences professionnelles/techniques. Éducation de base et éducation de la deuxième chance. Culture numérique. Subventions salariales aux entreprises pour l'embauche de chômeurs de longue durée. Travaux publics/création d'emplois
Personnes sous-employées	Prestations de courte durée (assurance chômage ou aide en cas de chômage), généralement avec des PAI et des coresponsabilités. Appui à la création d'entreprises, à l'entrepreneuriat	Outils en libre-service. Sites web et centres d'appels. Informations sur la valeur de l'éducation, le rendement des spécialités techniques	Aide à la recherche d'emploi. Orientation vers des emplois. Orientation professionnelle. Informations et conseils sur les technologies et pratiques de gestion agricoles	Formation en cours d'emploi. Apprentissage. Formation à l'entrepreneuriat et à la gestion d'entreprise (finance, comptabilité, etc.). Soutien financier et microcrédits combinés avec des conseils techniques. Services de développement des entreprises avec subventions et assistance technique

Sources : d'après Brown et Koettl (2015) ; Blatman et Ralston (2015) ; Datta et coll. (2018 a, 2018b) ; Kuddo (2012) ; et Loxha et Morgani (2014).

Note : PAMT = programme actif du marché du travail ; PAI = plan d'action individualisé.

a. L'Organisation internationale du travail définit deux types de sous-emploi : le sous-emploi lié au temps, où les heures de travail sont insuffisantes, et les situations d'emploi inadéquates, dues à d'autres limitations présentes sur le marché du travail qui restreignent les capacités et le bien-être des travailleurs. Une personne peut se trouver en même temps dans ces deux formes de sous-emploi (BIT, 1998).

la littérature sur le travail et également celles mentionnées à travers tout le Manuel de référence. Par exemple, dans la plupart des pays en développement, les programmes et services d'emploi visent à aider les personnes qui travaillent déjà à accéder à des emplois plus productifs et de meilleure qualité ou à augmenter leur productivité dans les activités qu'elles exercent déjà. Un exemple en est le *Youth Employment and Opportunities Project* du Kenya, qui combine des subventions et un soutien au développement des entreprises. Les services d'emploi étant souvent fournis en même temps que des prestations dans le cadre de paquets d'activation, le tableau 7.5 présente également divers types de prestations actives et passives. En fait, la participation aux services d'aide à l'emploi ou aux PAMT peut même être une exigence pour recevoir des prestations, comme le prévoient les PAI. Le paiement des prestations est traité au chapitre 6 de ce Manuel de référence.

7.2 MODALITÉS DE FOURNITURE DES SERVICES ET NORMES DE QUALITÉ

L'une des principales différences entre la fourniture des prestations et celle des services sociaux ou d'emploi réside dans l'intensité administrative requise dans chaque cas. Par nature, les services requièrent davantage d'interaction en face à face avec les bénéficiaires que les prestations, c'est pourquoi leur organisation institutionnelle a tendance à se complexifier. Cette complexité est également l'une des raisons pour lesquelles les services commencent à se multiplier dans les systèmes de protection sociale plus mûrs, qui ont eu le temps de développer les dispositions institutionnelles et organisationnelles requises pour la fourniture de services au niveau local. Une organisation institutionnelle préexistante (incluant la capacité administrative) et des normes de qualité sont deux facteurs clés d'une fourniture de services réussie. Même s'il ne revient pas à ce Manuel de référence d'approfondir les nuances des diverses modalités de financement, de passation des marchés et de fourniture des services, nous tenons néanmoins à souligner quelques points clés.

Modalités de fourniture des services

Il peut être utile d'illustrer certaines complexités de la fourniture des services à l'aide d'un exemple impliquant différentes modalités de fourniture. Prenons pour ce faire les services d'aide à l'emploi destinés aux jeunes à risque qui sont des PEEF (figure 7.2).[3] Dans ce cas, un jeune peut intégrer le processus par l'intermédiaire d'un recrutement actif ou d'une orientation. Une évaluation initiale doit permettre de déterminer si le jeune peut être orienté directement vers des services d'aide à l'emploi ou de formation, ou si la situation est plus complexe et nécessite des services complémentaires (sociaux, de santé ou autres). Ce service unique comporte donc plusieurs services différents, dont la fourniture implique de multiples acteurs. Ceux-ci peuvent être des organismes publics, des organisations non gouvernementales, le secteur privé, des communautés ou les ménages eux-mêmes.

- *Accueil et évaluation (intermédiation des services de travail social, dans la typologie de la section précédente).* Au cours de l'accueil et de l'enregistrement, un travailleur social ne se contente pas de recueillir les informations nécessaires pour comprendre la situation, il profite également de l'occasion pour établir une relation avec le jeune. Si l'évaluation initiale suggère que le jeune n'est pas prêt à travailler ou à suivre une formation, une évaluation plus complète est réalisée. Celle-ci peut comporter des évaluations éducatives et cognitives spécialisées.[4] Un PAI est approuvé de commun accord, et le travailleur social suit les progrès et les activités du jeune conformément au PAI, en ajustant, si nécessaire, les services jusqu'à ce que le jeune quitte le programme (ce qui se produit lorsque les objectifs sont atteints). Ces services de travail social sont généralement fournis par les bureaux de l'administration locale.
- **Services d'aide à l'emploi.** La fourniture de services d'aide à l'emploi varie considérablement dans le monde.[5] Certains de ces services ne sont fournis que par des organismes publics, tandis que beaucoup sont sous-traités ou fournis en partenariat avec des entreprises privées ou des fondations.

Figure 7.2 Exemple composite de services d'aide à l'emploi destinés aux jeunes à risque (PEEF)

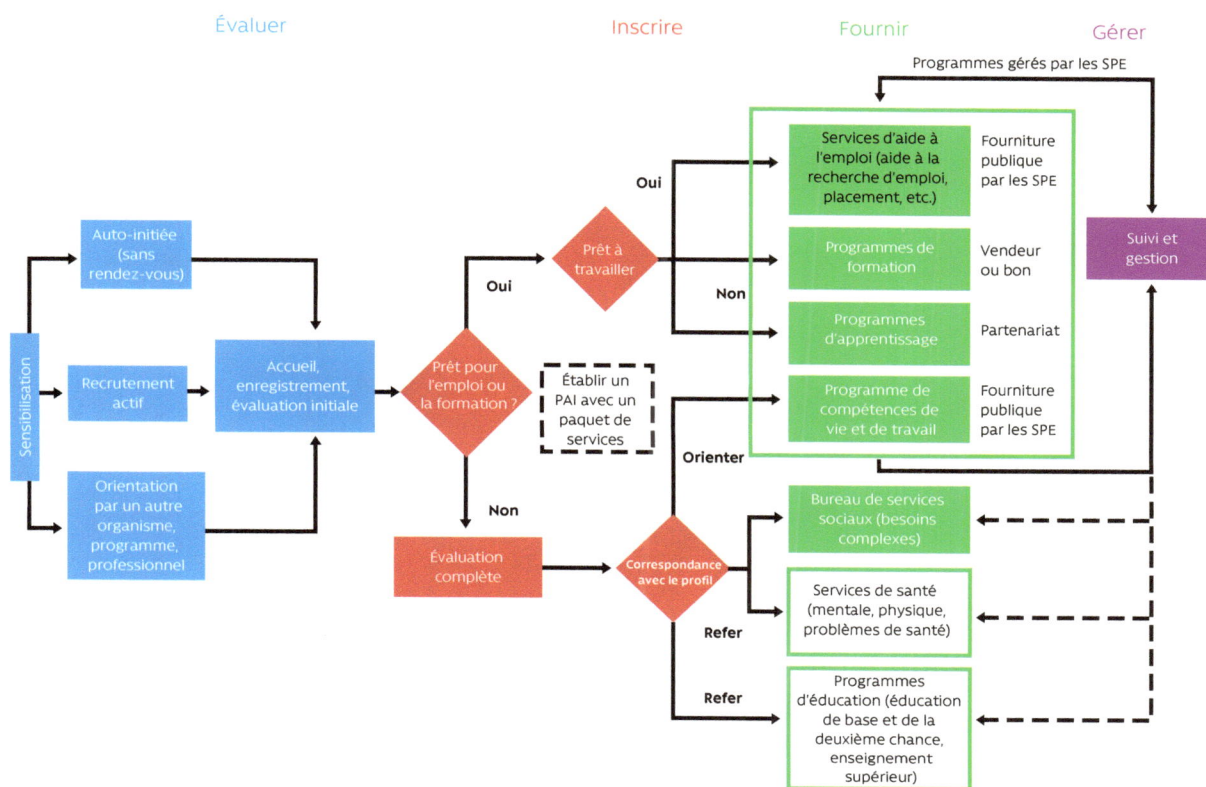

Note : PAI = Plan d'action individualisé ; PEEF = Pas dans l'emploi, l'éducation ou la formation ; SPE = Services publics de l'emploi.

Ces partenariats public-privé sont gérés à travers un large éventail d'accords tels que 1) un modèle de coopération au sein duquel les prestataires publics et privés partagent des informations sur les postes vacants et les services ; 2) un modèle de complémentarité où un service public de l'emploi externalise certains services d'aide à l'emploi ou d'amélioration de l'employabilité ; et 3) un modèle d'externalisation complète, dans lequel la fourniture des services est déléguée et réglementée par contrat à des entreprises privées ou à des fondations.

Services de formation. Si des compétences ou une expérience supplémentaire sont nécessaires, le PAI peut se concentrer sur l'orientation vers des programmes de formation ou d'apprentissage. Avec les PAMT, en particulier la formation, la fourniture est généralement assurée par des entités privées avec un financement public au moins partiel. Les fournisseurs privés peuvent être des organismes privés, des instituts semi-privés et des acteurs de la société civile, ainsi que des employeurs. Par exemple, dans certains cas, le secteur privé peut financer les efforts de formation des travailleurs aux compétences dont les entreprises estiment qu'elles auront besoin dans le futur.

Les services sociaux (services de travail social et de conseil, selon la typologie de la section précédente). L'évaluation complète peut mettre en évidence un certain nombre de besoins complexes, auquel cas le jeune peut également être orienté vers les services sociaux. Tout comme les services d'intermédiation, les services de conseil et de médiation sont souvent fournis par le secteur public (aussi près que possible du bénéficiaire, en fonction des capacités administratives existantes), même si, dans certains cas de conseil ou de médiation très spécialisés, ces services peuvent être externalisés. Lorsque des services d'assistance sociale sont nécessaires, ils sont souvent délégués à des prestataires ou fournis par des fondations ou d'autres partenaires.

Dans la pratique, les modalités de fourniture varient sensiblement selon la capacité du pays et le type de service, mais on peut observer une tendance à l'externalisation de certains services due à la complexité de l'administration par le secteur public de tant de types de services différents et des détails nécessaires à leur bon fonctionnement. La gestion des centres de soins résidentiels, par exemple, s'est avérée être un défi pour les pouvoirs publics, en grande partie à cause, entre autres difficultés, du poids des marchés publics et de l'administration des intrants requis, ainsi que de la nécessité d'embaucher, gérer et superviser un grand nombre d'employés dans les centres. Pour tenter de réduire les coûts et d'améliorer les résultats, de nombreux pays ont abandonné la fourniture de soins résidentiels en institution pour se tourner davantage vers les soins communautaires et familiaux. L'encadré 7.3 présente le cas de la désinstitutionnalisation dans la région Europe et Asie centrale.

Dans le cas des services d'aide à l'emploi, les services liés au conseil, à l'intermédiation et à l'activation sont encore souvent gérés et fournis par les SPE eux-mêmes, mais il est de plus en plus courant que les efforts visant à améliorer les résultats pour les personnes difficiles à placer passent par des partenariats public-privé. Par exemple, au Royaume-Uni, les chômeurs de longue durée sont orientés vers des organisations privées, qui sont rémunérées en fonction des résultats de l'intégration sur le marché du travail selon les PAI établis pour ces clients. Pour les PAMT et la formation, il a été démontré qu'une formation technique et aux compétences de vie en classe combinée avec une formation pratique à l'aide de stages et d'apprentissages est plus efficace qu'une formation professionnelle en classe uniquement. La fourniture de ces services combinés exige souvent que les programmes de formation professionnelle et technique forgent des alliances avec le secteur privé. Dans certains pays de la région Moyen-Orient et Afrique du Nord (la Tunisie et, dans une certaine mesure, le Maroc), les services d'emploi continuent d'être fournis essentiellement par le secteur public, tandis que dans d'autres (tels que l'Égypte, la Jordanie et le Liban), le secteur privé participe activement à la fourniture de formations, de services de courtage d'emploi et d'autres services du marché du travail.[6] L'encadré 7.4 examine les principales questions à prendre en compte dans la sous-traitance des services d'emploi et de formation aux compétences sur la base des résultats/performances.

Dans tous les cas, une participation importante du secteur public est nécessaire pour gérer et/ou réglementer efficacement la fourniture des services sociaux et d'emploi. La gestion efficace de l'externalisation n'est pas chose aisée. Même lorsque les services sont délégués, les entités publiques continuent généralement d'assumer les fonctions clés du processus et des mécanismes de mise en œuvre, telles que l'accueil, l'enregistrement, l'évaluation, l'inscription et la gestion des opérations des bénéficiaires. Elles gèrent également les partenariats ou les contrats avec les entreprises et les fondations. Dans plusieurs cas, ces relations contractuelles transfèrent une partie du risque lié à l'obtention de résultats aux prestataires de services. Les contrats qui rémunèrent les prestataires pour la fourniture d'un certain nombre de services (contrats basés sur les produits) transfèrent peu de risques, contrairement à ceux payant en fonction des résultats (contrats basés sur les résultats) qui transfèrent la majeure partie des risques, mais nécessitent également une surveillance accrue pour contrôler la conformité.[7] Un domaine où les contrats basés sur les résultats sont de plus en plus utilisés est la fourniture de services liés au marché du travail et à la formation. Parfois, lorsque la capacité administrative est faible, l'externalisation de la fourniture des services clés est une solution de dernier recours. Toutefois, il convient de garder à l'esprit deux points importants lorsqu'on envisage d'externaliser, en particulier dans des contextes à revenu moyen ou faible : 1) l'existence d'un marché de prestataires de services offrant suffisamment d'options pour permettre la concurrence ; et 2) la disponibilité d'une capacité adéquate au sein du secteur public pour mettre en place et contrôler correctement l'externalisation.

Lorsque les services sont entièrement fournis par le secteur privé, les pouvoirs publics doivent encore réglementer la fourniture des services afin de garantir une couverture et des services adéquats pour les groupes cibles, y compris ceux les plus difficiles à desservir. Le processus de réglementation comporte généralement trois éléments : 1) des règles fixant des normes de qualité ; 2) un suivi, des inspections ou d'autres moyens d'évaluer le respect de ces normes ; et 3) l'application des lois ou d'autres recours pour remédier aux problèmes de qualité. Les normes de qualité sont abordées dans la section suivante. Dans les deux cas (externalisation et prestation privée), l'entité publique contractante ou responsable devra investir de manière significative en personnel et en ressources humaines pour assurer une supervision adéquate des services.

Encadré 7.3 La désinstitutionnalisation dans les pays de l'Europe et de l'Asie centrale

En Europe, depuis le début du XIXe siècle, les institutions résidentielles ont été la réponse habituelle des pays aux besoins des personnes en situation de handicap nécessitant un hébergement et une assistance dans la vie quotidienne. Dans la plupart des pays européens, des institutions résidentielles ont également été créées pour les orphelins, les personnes âgées, les malades chroniques, les pauvres et d'autres groupes. Les personnes placées dans des institutions publiques ou privées par des autorités expertes ne pouvaient pas participer au choix des services dont elles avaient besoin, et vivaient souvent toute leur vie dans l'isolement, séparées de leur famille, de leurs amis et des communautés locales. Les initiatives de désinstitutionnalisation sont apparues au milieu du XXe siècle en tant qu'approche fondée sur les droits de l'homme, défendant le droit de toute personne à vivre dans la communauté (Convention des Nations unies relative aux droits des personnes handicapées, article 19), avec un accès à des services à domicile ou dans la communauté. L'un des exemples mondialement reconnus de désinstitutionnalisation des personnes handicapées mentales est également un exemple d'intégration réussie des services sociaux et de santé dans la région de la ville italienne de Trieste. Le Département de la santé mentale de la province de Trieste, qui comptait 236 000 habitants en 2013, est un réseau d'institutions comportant quatre centres communautaires de santé mentale (accessibles 24 heures sur 24 et 7 jours sur 7), un service de réadaptation et de soutien résidentiel, et un réseau de 15 coopératives sociales. Ce département est cofinancé par le budget de l'État pour les soins de santé et par des budgets locaux pour les soins sociaux et de santé. Il s'agit d'un service bien établi au sein duquel des psychiatres, des psychologues, des assistants sociaux, des formateurs, des thérapeutes, des infirmiers (205 employés au total) permettent de répondre aux urgences et d'éviter les séjours de longue durée dans les hôpitaux ou les foyers sociaux.

Dans les pays en transition de l'Europe du Sud-Est et de la Communauté des États indépendants (CEI), le processus de désinstitutionnalisation a commencé plus tard (dans les années 1990) et est devenu un processus continu depuis le début du XXIe siècle. À l'époque du socialisme, l'État était le fournisseur exclusif des services sociaux, qui étaient principalement organisés dans de grandes institutions de soins résidentiels pour divers groupes de bénéficiaires (enfants privés de soins parentaux, personnes souffrant de handicaps physiques et mentaux, et personnes âgées). Le processus de désinstitutionnalisation comprenait donc une diversification des fournisseurs de services sociaux, le développement de services communautaires, et une restriction d'accès (limitation ou interdiction des orientations vers les anciennes institutions). Les pouvoirs publics des pays en transition modifient leur cadre législatif et leurs pratiques afin de passer des soins en institution aux services de proximité et de faire évoluer leur rôle de fournisseur direct de services vers celui d'autorité de réglementation et de contrôle. Le centre de services communautaires d'Ozalj en Croatie est un exemple de transformation réussie d'un centre de réhabilitation. Les bénéficiaires étaient auparavant placés dans des résidences situées dans des zones rurales et isolées des communautés locales. Fin 2014, la résidence de Zorkovac (hébergeant 55 bénéficiaires) a été fermée. Sur ces bénéficiaires, 32 ont commencé à vivre accompagnés dans des appartements de Karlovac et Ozalj, tandis que les 23 autres ont été renvoyés dans leurs comtés d'origine. Depuis 2019, l'établissement ne compte plus aucun résident permanent. En plus du logement accompagné de 80 bénéficiaires adultes, l'institution propose des soins en demi-journée, un soutien psychosocial et des activités professionnelles. Quelque 85 enfants présentant des difficultés de développement bénéficient de services de proximité tels que l'intervention précoce et l'inclusion dans des programmes éducatifs normaux et divers programmes de réhabilitation. L'ancien bâtiment principal est utilisé pour des ateliers, tandis que les autres bâtiments abritent des activités professionnelles dans le domaine de la production agricole, de la transformation de produits et de la production de cosmétiques naturels.

Source : préparé par Lidija Japec, consultante, SCASO, Banque mondiale, sur la base de Mansell et coll. (2007) ; https://zeroproject.org/practice/mental-health-department-whocc-italytrieste/ ; et https://www.centar-ozalj.hr/.

Au moment de sous-traiter des services d'emploi ou de formation aux compétences, il convient de garder à l'esprit certains éléments importants :

- Comment un marché peut-il être concurrentiel lorsqu'il n'y a pas suffisamment de fournisseurs de services de qualité ?
- Comment amener un prestataire privé à desservir des zones « à coût élevé » ?
- Quelles incitations peuvent amener les fournisseurs privés à desservir les populations difficiles à atteindre ?
- Comment sélectionner les fournisseurs de services potentiels lorsqu'il n'y a pas suffisamment d'informations sur la « qualité » *ex ante* ?
- Comment inciter les prestataires de services à fournir des services de qualité, et comment appliquer un contrôle et des normes de qualité ?

Il est facile de considérer les contrats fondés sur la performance comme une règle d'or pour la passation de contrats de fourniture de services, étant donné qu'ils transfèrent le risque de non-performance sur le prestataire. Ce type de contrat peut sans nul doute améliorer l'efficacité (Vinson, 1999), mais lorsqu'il est « non contrôlé », il peut pervertir la fourniture des services en incitant à promouvoir l'efficacité au détriment de la qualité. Une partie du problème réside dans la difficulté de déterminer et mesurer les résultats de qualité examinés dans ce chapitre. Par exemple, si le contrat/les résultats ne sont pas correctement définis, les fournisseurs peuvent privilégier les objectifs faciles à atteindre au détriment de ceux plus difficiles à réaliser, comme dans l'« écrémage » des clients des services d'aide à l'emploi, lorsque le fournisseur préfère les placements immédiats aux emplois durables à long terme ou oriente la prestation des services vers les personnes les plus « employables » au détriment de celles qui ont besoin de plus d'aide pour trouver un emploi.

Lorsque la structure de rétribution est bien conçue, le financement fondé sur les résultats peut contribuer à accroître significativement la performance tout en permettant un transfert efficace des risques liés à la fourniture des services de l'acheteur public au prestataire externalisé. Il peut toutefois être difficile de trouver le bon équilibre entre la performance/ les résultats et le risque pour les prestataires. Plus l'accent est mis sur la performance, plus le risque de non-paiement ou de paiement réduit est élevé pour le prestataire. Dans certains cas, il peut être plus efficace d'offrir des primes aux prestataires pour qu'ils maintiennent un certain taux d'achèvement plutôt que de les pénaliser pour les abandons.

Un nombre croissant d'expériences montre que l'accent doit être mis sur les résultats lors de la passation et de la gestion des contrats (GPL, 2016, 2017 ; Mansour et Johnson, 2006). Ce sont la capacité de gestion et les pratiques de passation des marchés qui détermineront l'efficacité de la prestation externalisée. Dans l'ensemble, il est conseillé d'établir des plans de manière stratégique, en formulant clairement les objectifs et les problèmes à résoudre par le service (social, d'emploi) ; d'intégrer des résultats qualitatifs dans le cadre des performances ; d'utiliser des données (qualitatives et quantitatives) pour comprendre les besoins de la population ; et de fixer des objectifs appropriés et réalistes pour les programmes. Laisser aux prestataires la possibilité de proposer de nouvelles interventions et de s'intéresser aux domaines sur lesquels il existe peu de données, et réserver des fonds pour l'évaluation. Enfin, même si la conformité est importante, il faut également que les pouvoirs publics et les contractants puissent aborder ensemble les questions de performance.

La passation des marchés de services dans des environnements où la capacité est faible présente des difficultés supplémentaires. Par exemple, à ses débuts, pour qu'un marché de prestataires se développe, il peut être nécessaire de réduire le risque pour le prestataire et donc de mettre moins l'accent sur la performance, puis d'accroître progressivement cette composante. Le suivi des activités étant plus aisé que celui des produits ou des résultats, il peut également être préférable, lorsque le contexte est difficile, de passer progressivement au suivi des produits et résultats.

_____

Sources : élaboré sur la base de Vinson (1999) ; GPL (2016, 2017) ; et Mansour et Johnson (2006).

Normes de qualité pour la fourniture de certains services sociaux et d'emploi

En plus des modalités de mise en œuvre et des dispositions institutionnelles, l'autre facteur majeur de l'efficacité des services est la qualité de leur fourniture[8]. La fourniture des services sociaux et d'emploi est un processus de gestion complexe, étant donné la diversité des risques et des obstacles auxquels les services entendent s'attaquer, et le haut degré de spécialisation ainsi requis. En ce sens, il est essentiel que les pays définissent et appliquent un ensemble de normes de qualité pour les services. Même si la fourniture des services varie considérablement en fonction des contextes nationaux, il n'en existe pas moins un consensus sur les normes de qualité générales applicables. Le Cadre volontaire pour la qualité des services sociaux (2009) de l'Union européenne propose sept indicateurs à utiliser pour garantir la qualité des services, non seulement sociaux, mais aussi d'emploi. Dans ce cadre, les services doivent s'efforcer de respecter les sept principes fondamentaux suivants, à savoir être :

- **Disponibles**, en assurant aux utilisateurs un accès à une large gamme de services sociaux afin de répondre de manière appropriée à leurs besoins, et idéalement en leur garantissant une liberté de choix et un emplacement pratique ;
- **Accessibles**, en facilitant l'accès aux services de ceux qui en ont besoin, avec des informations et des conseils impartiaux sur les services et les prestataires disponibles ; les personnes en situation de handicap doivent avoir un accès garanti aux services, aux informations et à la communication ;
- **Abordables**, c'est-à-dire gratuits ou à un coût raisonnable pour ceux qui en ont besoin ;
- **Centrés sur les personnes**, en répondant en temps voulu et de manière flexible à l'évolution des besoins et de l'environnement (physique, intellectuel, culturel et social) de l'individu, afin d'améliorer sa qualité de vie ;
- **Complets**, en répondant aux multiples besoins, capacités et préférences des utilisateurs avec des services intégrés ;
- **Continus**, non seulement en assurant la continuité de la fourniture des services pendant toute la durée d'un besoin, mais également, en répondant aux besoins de développement à long terme des utilisateurs ; et
- **Axés vers les résultats**, en se concentrant principalement sur les avantages pour les utilisateurs, tout en tenant compte des éventuels avantages pour les familles et les communautés, et en incluant des processus d'évaluation et de retour d'information continus (Comité de la protection sociale de l'UE, 2010).

Les contraintes budgétaires et autres limitations programmatiques rendent difficiles la définition et le respect de certaines normes de qualité. Celles-ci décrivent le principe général à sauvegarder, et même si la plupart des pouvoirs publics souhaiteraient idéalement établir des normes de qualité élevées pour tous les services, leur mise en application n'est pas nécessairement possible dans tous les cas, et en particulier dans les pays à revenu faible ou intermédiaire. C'est pourquoi les pays fixent des normes de qualité en suivant une logique de niveaux de qualité progressifs. Les tensions entre la qualité (et la couverture) des services et les contraintes budgétaires définissent les niveaux minimaux de l'échelle de qualité, et des systèmes de certification sont souvent mis en place pour encourager des niveaux de qualité plus élevés dans la prestation des services. Dans le cas des services de développement, d'éducation et de soins de la petite enfance (ESPE), le niveau minimum des normes de qualité comporte généralement des aspects liés à la structure des bâtiments, à un personnel suffisant et à des installations adéquates, mais chaque pays définit ces normes minimales en fonction de ses préférences et de ses contraintes. En général, ces normes minimales doivent être respectées pour pouvoir ouvrir un établissement d'ESPE. Des difficultés apparaissent lorsque les services ne sont pas formellement soumis à des normes de qualité, comme dans le cas des sessions de développement familial liées aux programmes de transfert monétaires. Lorsque les pays disposent d'une assurance chômage, les pouvoirs publics sont davantage incités à améliorer les services d'emploi afin de réduire la population cible de cette assurance. En outre, plus l'économie informelle est importante dans un pays, plus la demande de services d'emploi est faible et plus les incitations à améliorer leur qualité sont maigres (Auer, Efendioglu et Leschke, 2008).

En plus des normes de qualité générales présentées plus haut pour la fourniture des services, des critères de qualité spécifiques peuvent accompagner les services ciblant un groupe démographique ou vulnérable particulier. Dans les sous-sections suivantes, les ensembles de normes de qualité associés à quelques groupes de population et services sélectionnés sont identifiés afin de décrire la manière dont différents pays mettent en œuvre les normes de qualité et d'offrir quelques exemples de décisions de hiérarchisation prises par certains pays pour définir des niveaux minima et des augmentations progressives de la qualité de la fourniture des services. Le tableau 7.6 résume les principales normes de qualité des services destinés aux enfants, aux jeunes, aux personnes âgées et aux chômeurs.

Services de développement, d'éducation et d'accueil de la petite enfance

La qualité des services d'ESPE peut être améliorée par diverses actions. Le recrutement d'un personnel qualifié, une formation continue et des conditions de travail favorables sont essentiels à la fourniture de services d'ESPE de qualité. En outre, des ratios enfants par adulte et des groupes d'une taille adéquate peuvent aider le personnel à adopter des pratiques réfléchies et innovantes. Le programme éducatif est un autre élément important de la qualité des services d'ESPE ; lorsque ceux-ci sont de bonne qualité, ils combinent l'éducation et les soins pour un développement holistique des enfants. Ils répondent également aux besoins des enfants aux différents stades de leur développement et facilitent un apprentissage actif chez les enfants, en encourageant les activités initiées tant par le personnel que par les enfants. Enfin, les services d'ESPE de bonne qualité cherchent à impliquer les parents, à inclure des enfants différents et à établir des rôles et responsabilités claires pour toutes les parties prenantes.

En définissant des normes de qualité pour les services d'accueil de la petite enfance, les pays se concentrent sur la qualité structurelle et des processus. Aux États-Unis, en Europe et dans d'autres économies à revenu élevé, le principe est d'avoir des normes d'autorisation strictes pour le fonctionnement des crèches ainsi que des systèmes de certification garantissant la qualité structurelle (infrastructure, sécurité et programme).

Les pays à revenu faible ou intermédiaire peuvent avoir nettement plus de difficultés à appliquer des normes de qualité structurelle strictes (Araujo, Dormal et Schady, 2017 ; Lopez Boo, Araujo et Tome, 2016). Les données montrent de plus en plus qu'une fois que la qualité structurelle a atteint une qualité minimale, il vaut mieux que les services d'ESPE concentrent leurs efforts et leurs ressources financières sur la qualité du processus plutôt que sur la qualité structurelle. En ce qui concerne la qualité du processus, l'expérience des soignants et leur capacité à entretenir des interactions de qualité avec les petits sont fortement associées à la qualité du développement des enfants fréquentant les programmes d'ESPE. Les éducateurs expérimentés sont plus à même de favoriser des interactions de haute qualité et d'accroître leur fréquence lorsque le ratio enfants/éducateur est adéquat et gérable. Notons toutefois que l'expérience d'un soignant n'est pas nécessairement déterminée par son niveau d'instruction. Par exemple, au Pérou, des programmes d'ESPE ont recruté des mères de la communauté ayant de l'expérience dans l'éducation des enfants et leur ont offert une formation (Araujo, Dormal et Schady, 2017).

Services pour les jeunes à risque

La qualité des services fournis aux jeunes dépend en très grande partie du fait qu'ils soient fondés sur les droits, participatifs et intersectoriels. La participation des jeunes aux principaux aspects des services, tels que la conception, la mise en œuvre et l'évaluation des programmes, garantit que ceux-ci répondent à leurs besoins. Une telle approche tient compte des capacités cognitives et sociales émergentes des jeunes et de leur développement en tant qu'individus et citoyens. Il peut toutefois s'avérer très difficile de faire participer les jeunes à l'amélioration de la qualité des services. Les cycles d'amélioration de la qualité des services sont longs, dépassant généralement la durée de la fréquentation des programmes et services par les jeunes. En outre, le développement social et psychologique des jeunes est lié aux résultats obtenus dans des secteurs, tels que l'éducation, le travail et la santé. En outre, la formation et l'assistance technique du personnel, ainsi que des conditions d'emploi satisfaisantes, sont capitales pour garantir des interactions et des pratiques pédagogiques de meilleure qualité avec les jeunes (Smith et coll., 2012),

Tableau 7.6 Exemples de normes de qualité pour des services sociaux et d'emploi spécifiquement destinés à certains groupes à risque.

Groupes de population visés	Service et critères pour les normes de qualité
Petite enfance	**Services de développement, d'éducation et d'accueil de la petite enfance** • Accessibles, disponibles et abordables pour les familles et les enfants, encourageant la participation, la diversité et l'inclusion sociale. • Personnel qualifié bénéficiant d'une formation continue et de conditions de travail favorables à l'observation, la réflexion, l'innovation, la planification et le travail d'équipe avec les parents. • Un programme éducatif fondé sur des objectifs et des valeurs pédagogiques, combinant l'éducation et les soins pour un développement holistique, afin de garantir le plein potentiel des enfants et l'engagement conjoint du personnel, des enfants et des parents. • Des processus de suivi et d'évaluation favorisant des améliorations continues utiles à l'intérêt supérieur de l'enfant. • Une gouvernance forte avec des rôles et responsabilités claires pour tous les intervenants.
Jeunes	**Services pour les jeunes à risque :** • Participation des jeunes à la conception, la mise en œuvre et l'évaluation du projet afin de garantir la prise en compte de leurs besoins. • Formation du personnel et assistance technique • Respect des lois applicables aux enfants et aux jeunes, y compris celles sur la santé et la sécurité, et création d'un environnement favorable. • Une série de méthodologies efficaces de travail avec les jeunes, contribuant à développer les compétences techniques, personnelles et sociales • Pratique de l'innovation et de la réflexion critique
Personnes âgées	**Soins à domicile, en communauté et en institution pour les personnes âgées :** • Libre choix du prestataire • Personnel qualifié pour fournir des soins personnalisés • Faible niveau de bureaucratie • Qualité structurelle, y compris l'environnement physique et l'exploitation des technologies. • Financement central pour garantir au moins des normes minimales de qualité des soins aux personnes âgées.
Chômeurs	**Services d'aide à l'emploi pour les chômeurs :** • Instructeurs qualifiés s'engageant dans une relation de soutien avec le client • Certification et formation théorique du personnel • Facteurs structurels permettant d'élaborer des plans d'action individualisés (PAI) efficaces • Ratios clients par conseiller raisonnables • Systèmes de gestion des réclamations • Normes pour les établissements • Rétributions et salaires adéquats pour les participants • Utilisation des technologies de l'information et de la communication (TIC)

Sources : Élaboré sur la base de Commission européenne (2014) ; Barlett (2010) ; Irlande, ministre de la Santé et de l'Enfance (2010) ; Glinskaya et Feng (2018) ; Auer, Efendioglu et Leschke (2008) ; Honorati et McArdle (2013) ; et Piopiunik et Ryan (2012).

car elles correspondent souvent à des niveaux d'engagement plus élevés de la part des jeunes dans le programme et son contenu.

Le cadre irlandais des normes nationales de qualité (NQSF — *National Quality Standards Framework*) pour le travail des jeunes, élaboré en 2010 est un bon exemple d'une telle approche de la qualité. En Irlande, les services de la jeunesse travaillent pour — et avec — les jeunes en dehors du secteur de l'éducation formelle. Guidés par le NQSF, les programmes destinés aux jeunes ont pour objectif explicite « d'aider et d'améliorer le développement personnel et social des jeunes » et cherchent activement à inclure les jeunes dans la conception, la mise en œuvre et l'évaluation des services fournis. L'une des principales caractéristiques du NQSF est donc qu'il encourage l'auto-évaluation en tant qu'élément fondamental du processus d'amélioration de la qualité des services pour la jeunesse. À cet effet, les services à la jeunesse sont soumis à une double évaluation — interne et externe — et à un « plan d'amélioration continue » (similaire à un PAI) comprenant des échéances et différentes sources de preuves d'amélioration (internes et externes). Sept ans après son déploiement initial, le NQSF a été évalué en 2017. La plupart des fournisseurs des services pour la jeunesse ont considéré que la qualité de ceux-ci était élevée. Les coupes financières, la réduction du nombre d'employés et de leurs heures de travail, ainsi qu'une charge bureaucratique accrue pour le personnel (résultant de la mise en œuvre du NQSF), empêchent toutefois les services de s'engager dans l'amélioration de la qualité aussi pleinement qu'ils le souhaiteraient. En effet, dans le cas irlandais, l'une des conséquences involontaires de l'effort d'amélioration de la qualité est que le personnel a dû réduire le temps qu'il passait avec les jeunes !

Services de soins de longue durée pour les personnes âgées

On considère généralement que les normes de qualité pour les soins de longue durée appartiennent à deux domaines : la qualité des soins et la qualité de vie. La qualité des soins est liée à la compétence technique des services médicaux et non médicaux. Le manque de formation des travailleurs du secteur des soins de longue durée est une cause majeure de la mauvaise qualité des services aux personnes âgées. La plupart des lois portent sur la qualité des soins. La qualité de vie fait référence à des facteurs tels que le choix du patient et l'autonomie, la dignité, l'individualité, le confort et les activités enrichissantes. En ce sens, les principaux éléments de la qualité des soins pour les personnes âgées sont 1) la qualification du personnel prodiguant des soins individualisés ; 2) la nécessité de maintenir un faible niveau de bureaucratie ; 3) la capacité du patient à choisir librement son prestataire de services ; 4) la qualité structurelle des services fournis, y compris l'infrastructure assurant la santé et la sécurité des bénéficiaires âgés ; et 5) l'évaluation continue et obligatoire des prestataires de services.

Les pays du monde entier ont développé différentes stratégies pour assurer et améliorer la qualité des soins aux personnes âgées. Elles sont conditionnées par les ressources économiques disponibles et le degré d'externalisation des services ou de fourniture par les pouvoirs publics. L'Australie, le Japon, la Suède, le Royaume-Uni et les États-Unis sont des exemples de pays où des fonds publics importants sont alloués aux soins de longue durée, et où les systèmes d'assurance qualité sont donc les plus développés. Ces cinq pays s'appuient largement sur l'inspection et la réglementation des services aux personnes âgées. Très préoccupée par le fait de fixer des normes minimales et de suivre les améliorations, cette approche a tendance à privilégier la qualité structurelle par rapport à la qualité des processus. Dans la plupart de ces pays, la qualité des services fournis aux personnes âgées est recherchée à travers des systèmes de certification des prestataires de soins en résidence et à domicile. Les exigences requises pour obtenir une certification de qualité varient considérablement suivant les pays (Glinskaya et Feng, 2018). Le tableau 7.7 résume ces exigences dans ces pays.

Services d'aide à l'emploi pour les chômeurs

En plus des normes de performance générales susmentionnées, plusieurs facteurs déterminent la qualité de la prestation des services d'aide à l'emploi. L'un des facteurs clés est la dotation en personnel. Les services d'aide à l'emploi nécessitent des instructeurs qualifiés, bien formés et connaissant les techniques et les instructions qu'ils fournissent au client. En outre, il est essentiel que le personnel puisse s'engager dans une relation

Tableau 7.7 Exigences pour la certification de qualité des services aux personnes âgées

Pays	Service et critères spécifiques pour les normes de qualité
Australie	Les prestataires doivent satisfaire 44 critères, notamment relatifs à l'environnement physique, au personnel et aux systèmes de gestion, et le financement est conditionné par la certification.
Japon	Il existe des procédures strictes de gestion des réclamations et des protections pour les personnes âgées. Une formation et des qualifications sont exigées du personnel pour garantir la qualité du service.
Suède	Requiert que le personnel ait des compétences de base (une formation en soins de santé de niveau secondaire supérieur), et de préférence des compétences avancées (une formation universitaire en soins de santé). Mesure le pourcentage de personnel à plein temps (de préférence plus de 85 %), le taux de rotation du personnel après un an, et la capacité de gestion (rapport entre les employés et les responsables de première ligne) pour assurer la qualité de la structure.
Royaume-Uni	Les prestataires doivent respecter des « normes essentielles de qualité et de sécurité » dans six domaines comportant des indicateurs spécifiques, et il existe un processus de certification dans lequel les prestataires sont évalués par une organisation indépendante.
États-Unis	Les normes de qualité fédérales doivent être respectées pour que le prestataire puisse bénéficier de l'assurance maladie fédérale. Les normes de qualité fédérales englobent à la fois la qualité structurelle et la qualité des processus, y compris la qualité des soins, la qualité de vie et la disponibilité des services infirmiers, diététiques, médicaux, dentaires et de réadaptation.

Source : D'après Glinskaya et Feng (2018) et Stolt et coll. (2011).

de soutien du client, en lui fournissant des conseils et des orientations, lorsque nécessaire, et qu'il adopte une attitude et des stratégies de travail positives. La certification et la formation formelle du personnel sont évidemment souhaitables, mais il est également possible d'embaucher des travailleurs hautement qualifiés et de les former au rôle d'instructeurs. Des exemples réussis de cette approche ont été observés en Gambie, au Kenya, au Malawi, au Mali et au Maroc. Les PAI sont un autre élément majeur assurant la qualité des services d'aide à l'emploi. Les facteurs structurels, tels que le fait de disposer du temps et des ressources nécessaires pour développer des PAI efficaces avec les clients, sont hautement importants. Le ratio clients par conseiller est également essentiel, car les séances individuelles de travail sur les PAI sont plus efficaces que le travail en groupe. L'existence de systèmes permettant d'enregistrer les réclamations et les doléances des bénéficiaires et d'y répondre est également importante pour garantir la responsabilité d'un prestataire de services et assurer un retour d'information sur les besoins non satisfaits des clients et sur les possibilités d'amélioration. Les normes des installations (équipement, outils, matériaux, salles de classe et ateliers, ainsi que des normes de sécurité adéquates) sont un autre facteur important pour garantir des normes minimales de qualité des services. En outre, il est avéré que le fait de payer des indemnités ou salaires corrects aux participants améliore l'efficacité et la qualité (par exemple, la satisfaction des bénéficiaires) des programmes de formation. Enfin, et surtout, il est important que les prestataires utilisent au mieux les technologies disponibles pour améliorer la qualité des services d'aide à l'emploi (Auer, Efendioglu et Leschke, 2008 ; Honorati et McArdle, 2013 ; Piopiunik et Ryan, 2012).

Pour garantir la qualité des PAI, les pays ont défini différentes mesures. Par exemple, en Allemagne, les SPE ont mis en place une série de mesures générales et spécifiques d'assurance qualité en tant que condition préalable à des entretiens de conseil et des PAI de bonne qualité : 1) la qualité des interactions avec les bénéficiaires et le développement d'un PAI approprié exigent des compétences de base en matière de conseil ; 2) les travailleurs sociaux mènent les entretiens sans être dérangés (les appels téléphoniques entrants sont redirigés vers un centre de services) et ils disposent de modules de texte reflétant la loi applicable qui peuvent être individualisés ; 3) les chefs des équipes locales de placement examinent régulièrement le degré d'individualité et l'exhaustivité des PAI, et discutent des problèmes dans des cercles de qualité ; et 4) les activités de contrôle sont menées par les unités centrales et par l'unité d'audit interne. En Estonie, la qualité des PAI est contrôlée pour s'assurer que les programmes sont orientés vers l'emploi et sont pertinents pour les demandeurs d'emploi (c'est-à-dire qu'ils tiennent compte des talents et des obstacles des demandeurs d'emploi). Deux fois par an, un échantillon de PAI représentatif de tous les bureaux régionaux du SPE est examiné et évalué. En outre, une équipe de spécialistes du siège examine les aspects convenus des PAI et les évalue sur une échelle de 1 à 4 points. Ces aspects comprennent l'exactitude et la cohérence des informations de base, l'évaluation des avantages et des obstacles à l'emploi, l'approche globale et la cohérence du plan, la pertinence des activités prévues, et le rapport d'avancement. Des points sont attribués aux bureaux régionaux pour l'emploi en fonction de leurs résultats (Tubb, 2012).

7.3 FOURNITURE INTÉGRÉE DES SERVICES (ET DES PRESTATIONS)

La fourniture efficace de services aux clients est essentielle pour créer la confiance et améliorer la façon de percevoir le secteur public. Les récentes tendances mondiales et l'évolution des attentes des citoyens, ainsi que les opportunités découlant des derniers progrès technologiques, ont encouragé les décideurs à accorder la priorité à l'intégration des services pour certains groupes de population.

Dans ce chapitre, la prestation intégrée des services fait référence à la fourniture organisée d'une combinaison de services sociaux et d'emploi[9], ainsi que de prestations, convenant au profil et aux besoins d'un groupe cible, afin d'améliorer les résultats finaux. Lara Montero et coll. (2016) définissent les services intégrés comme « un ensemble d'activités mises en œuvre pour parvenir à une coordination efficace entre les services et à une amélioration des résultats pour les utilisateurs des services ». Pour la Commission européenne, l'intégration des services désigne « toutes les initiatives visant à établir ou à renforcer une coopération systématique entre les services d'aide à l'emploi et les services sociaux » (Commission européenne, 2018). Munday (2007) mentionne que le terme d'intégration « fait référence non pas à une seule, mais à une série d'approches ou de méthodes visant à obtenir une plus grande coordination et efficacité entre les services, et principalement de meilleurs résultats pour les bénéficiaires des services ». Dans ce chapitre, en ligne avec les définitions précédentes, l'intégration des services ne fait pas simplement référence à la somme des services fournis, mais plutôt à la fourniture d'une combinaison de services convenant le mieux aux besoins et au profil du groupe cible, pour atteindre un objectif commun centré sur le ménage ou l'individu. Dans le reste du chapitre, l'intégration des services peut également faire référence à l'intégration des services et des prestations, puisque ce ne sont pas seulement les services qui sont offerts en réponse à ces besoins multidimensionnels.

Comme le laissent entendre certaines des définitions reprises ci-dessus, deux éléments moteurs des initiatives d'intégration des services sont la nécessité d'améliorer les résultats finaux dans les cas particulièrement complexes et le souci d'améliorer l'efficacité de la prestation des services eux-mêmes. Les personnes peuvent être confrontées à une combinaison de risques et de défis à chaque étape de leur vie, et ces risques et défis sont liés et enchevêtrés avec d'autres besoins auxquels leurs familles, communautés et environnements généraux sont confrontés au fil du temps. Les familles vulnérables et pauvres sont exposées à un plus grand nombre d'obstacles, généralement pendant de plus longues périodes. Dans ces cas, la fourniture d'un service ou d'une prestation unique peut ne pas suffire, et la fourniture en parallèle de plusieurs services (et éventuellement prestations) peut ne pas être efficace. La fragmentation des services peut entraîner des doublons et des lacunes dans leur fourniture, une charge importante pour les personnes tentant de s'orienter à travers les différents processus d'inscription et, ainsi, une augmentation du mécontentement des clients et des résultats médiocres. Une réponse plus efficace — et éventuellement plus efficiente — à ces situations complexes consiste à fournir un ensemble approprié de services et de prestations de manière combinée et ordonnée, en tenant compte de la famille et de l'environnement.

Facteurs d'intégration des services

Améliorer les résultats finaux pour les cas complexes. Du point de vue des utilisateurs, certaines tendances mondiales accroissent le besoin de fourniture intégrée de services aux groupes particulièrement vulnérables. L'intégration des services peut aider à répondre à une série de besoins multidimensionnels des individus et de leurs familles, mais un examen des cas internationaux, et plus particulièrement des expériences européennes, suggère qu'il est possible d'identifier trois grands groupes cibles « difficiles à servir » à l'origine du souhait d'intégration des services : 1) **les chômeurs de longue durée et les jeunes chômeurs,** qui sont confrontés à des obstacles plus importants et plus complexes à l'entrée sur le marché du travail et pour lesquels une combinaison de services sociaux et de services liés au marché du travail est nécessaire[10] ; 2) **les enfants** qui, compte tenu de leurs besoins particuliers de protection, de prévention des risques et de développement de la petite enfance, nécessitent par nature une fourniture intégrée des services destinés à chaque enfant et à sa famille ; 3) **les personnes âgées,** dont la population augmente dans le monde dans un contexte de changements structurels dans la composition des familles, ont davantage besoin de services de santé et de soins, mais aussi de services soutenant un vieillissement actif et un apprentissage tout au long de la vie. Un autre groupe cible difficile à desservir qui bénéficie de plus en plus de services intégrés, notamment dans les pays en développement, est celui **des personnes extrêmement pauvres.** Dans les cas complexes, il est important de travailler avec la famille dans son ensemble, car tous ses membres sont vulnérables, et les interventions doivent être concentrées sur le ménage et suivre un enchaînement logique tenant compte de tous ses membres. Dans le monde entier, de plus en plus de pays commencent à relier les bénéficiaires de l'aide sociale et les services sociaux et d'emploi au sein, entre autres, de stratégies d'inclusion productive et de graduation.

Rechercher des gains d'efficacité. Du point de vue des organismes publics chargés de fournir des services, les mêmes tendances que celles identifiées ci-dessus sont responsables de l'augmentation du nombre des utilisateurs des services individuels, avec pour conséquence une pression accrue sur le personnel et les processus de première ligne, ainsi que des contraintes budgétaires. Les changements structurels de l'économie ont amplifié la volatilité du marché du travail, entraînant une hausse du chômage de longue durée et une augmentation du taux de chômage des jeunes. Le vieillissement, avec l'augmentation de la morbidité qui l'accompagne, et les changements structurels dans la composition des familles accroissent le besoin de services de santé et de soins destinés aux personnes âgées. Cette augmentation du nombre des utilisateurs met en évidence des inefficacités dans la fourniture des services entraînant des doublons tant pour les utilisateurs que pour le personnel. Lorsque des étapes sont similaires dans les processus de plusieurs services distincts (par exemple, l'évaluation), l'intégration peut simplifier les processus, réduire les coûts (en temps et en argent) et améliorer l'accès pour les utilisateurs.

Impulsion institutionnelle. Les efforts d'intégration peuvent découler soit d'objectifs politiques (approche descendante), soit de besoins locaux spécifiques, souvent nécessaires pour plus d'efficacité (approche ascendante). Dans le premier cas, en fonction du niveau de développement des services et de la capacité institutionnelle de l'administration publique, les réformes d'intégration peuvent être entreprises soit 1) à partir du niveau central, avec des changements institutionnels majeurs et des tâches réparties entre l'État et les collectivités locales ; soit 2) sur la base d'un modèle plus flexible prenant appui sur une coopération moins institutionnalisée assortie d'une large marge de manœuvre au niveau local (Commission européenne, 2018). Lorsque les efforts sont initiés au niveau local, les motifs de l'intégration sont davantage liés à la gestion d'un volume croissant d'utilisateurs des services et à la nécessité de fournir des prestations et des services plus efficaces, en particulier à des familles ayant des besoins complexes. La littérature suggère que l'intégration fonctionne mieux lorsqu'une « approche systémique globale » est adoptée, ce qui signifie que les efforts d'intégration s'accompagnent d'une responsabilisation des services et de mécanismes de gouvernance. L'intégration des services nécessite le soutien du niveau supérieur de gouvernance, mais doit également mobiliser les autorités publiques et les programmes locaux. Les principales étapes de l'évaluation des services à intégrer sont 1) l'identification des groupes de population qui en ont le plus besoin ; 2) la détermination des services les plus nécessaires et 3) parmi ceux-ci, la sélection des services qui pourraient être fournis de manière intégrée pour plus d'efficacité. Dans cette analyse, il est important de limiter l'exercice à un nombre gérable de services disponibles et étroitement liés, mais aussi de tenir compte des contextes juridiques et institutionnels. L'encadré 7.5 présente un exemple de facteurs institutionnels liés à l'intégration des services au Pérou.

Une condition préalable à l'intégration des services est qu'ils fonctionnent correctement dans leur champ d'action. Par exemple, l'intégration peut être une très bonne stratégie pour améliorer la qualité, l'efficacité et la rentabilité de la fourniture des services, mais elle peut ne pas être une priorité majeure si la qualité ou l'accessibilité des services sociaux sont limitées (Commission européenne, 2015a ; OCDE, 2015). D'ailleurs, certains pays en développement ont déjà relevé le défi de l'offre de services en complétant certaines interventions destinées aux plus vulnérables avec des services collectifs, tels que des séances d'inclusion productive ou de développement familial. De plus, la standardisation des processus d'intégration des services peut parfois avoir lieu au prix d'une perte de spécialisation dans les cas les plus complexes. Il est donc important de trouver un équilibre entre l'intégration et la fourniture adéquate de services particuliers (Cosmo, 2017). De plus, les efforts d'intégration ne devraient pas partir de zéro, mais tenir compte des conditions et des processus existants.

Encadré 7.5 Dispositions institutionnelles et principales caractéristiques de la fourniture intégrée de services : le Fonds de performance du Pérou

Les dispositions institutionnelles sont un élément essentiel de l'intégration réussie de la fourniture des services. De nombreux programmes de protection sociale nécessitent de transférer une partie de la responsabilité de la mise en œuvre des programmes à des administrations locales, à des prestataires de services publics non gouvernementaux ou au secteur privé, tandis que les autorités centrales définissent généralement les politiques (conception) et le financement. De plus, les institutions fournissant les services peuvent être mises en place de manière très différente en ce qui concerne la répartition des rôles et des responsabilités entre les différents niveaux de gouvernement (c'est-à-dire qu'elles peuvent ou non être décentralisées à des degrés divers), ce qui signifie que les fonctions essentielles pour l'intégration peuvent être réalisées à des niveaux administratifs différents, ajoutant ainsi de la complexité à la conception des dispositions institutionnelles appelées à les soutenir. L'intégration et les dispositions institutionnelles qui la sous-tendent doivent donc être considérées à toutes les étapes du cycle politique pour que la fourniture et la mise en œuvre soient réussies.

Confronté à des problèmes de coordination verticale dans la fourniture des interventions intégrées, le ministère péruvien du Développement social et de l'Inclusion (MIDIS — *Ministerio de Desarrollo e Inclusion Social*) a créé en 2014 un Fonds de performance (FED — *Fondo de Estimulo al Desempeno y Logro de Resultados Sociales*) pour favoriser l'intervention multisectorielle et la coordination interinstitutionnelle, dans le but de soutenir le développement de la petite enfance. Le FED agit comme un mécanisme d'incitation destiné aux administrations régionales. Il leur fournit à la fois une assistance technique et des ressources supplémentaires pour les inciter à atteindre des objectifs donnés liés à la fourniture du paquet intégré de services destinés aux femmes enceintes et aux moins de cinq ans, tels que les traitements prénataux, la supplémentation en micronutriments, la vaccination, le suivi de la croissance, la stimulation et l'éducation précoces, ainsi que différents services au niveau communautaire tels que la garde d'enfants ou l'eau et l'assainissement. Les objectifs sont convenus entre le MIDIS, le ministère des Finances et chaque administration régionale dans un accord spécifique de financement fondé sur les performances (CAO — *Convenio de Asignacion por Desempeno*). Le FED a particulièrement réussi à améliorer l'utilisation des ressources et à obtenir des résultats grâce à un travail mieux coordonné entre les autorités centrales et les administrations locales.

_____

Source : basé sur MIDIS, 2016 (Pérou)

Niveaux d'intégration de la fourniture des services

Partout dans le monde, la fourniture des services est de plus en plus intégrée, et les modes d'intégration varient considérablement. Le niveau d'intégration des services peut être défini en fonction de la fréquence des interactions entre le fournisseur de services et l'utilisateur ainsi que de leur degré d'intensité. Au niveau le plus élémentaire, le fournisseur de services ou une plateforme virtuelle **informe et oriente** les clients vers d'autres prestations et services disponibles. Un deuxième niveau peut être **l'intermédiation**, où le fournisseur de services ou le travailleur social d'un centre communautaire oriente les clients de manière informelle vers un autre service à travers un canal formel. À un niveau plus élevé d'intégration de la fourniture des services, l'**assistance individualisée** peut comprendre également le traitement et impliquer un prestataire de services ou un travailleur social agissant en tant que point de contact pour les clients. Ce travailleur social peut suivre le dossier, fournir de l'information, effectuer des évaluations, travailler sur des plans d'action individuels, orienter vers d'autres possibilités et suivre le dossier jusqu'à sa clôture (figure 7.3). Chaque niveau d'intégration a besoin du niveau précédent, en ce sens qu'à travers l'intermédiation, le travailleur social fournit également de l'information et de la guidance et qu'à travers l'assistance individualisée, il fournit des informations et

une intermédiation, ainsi qu'un traitement spécialisé supplémentaire. De plus, l'analyse des expériences révèle que les niveaux d'intégration deviennent un continuum, dans le sens où des exemples particuliers peuvent se situer entre les niveaux, en fonction des caractéristiques de la fourniture des services et des instruments utilisés.

Niveau 1 : Information et guidance à propos des prestations et des services disponibles

Au niveau d'intégration le plus élémentaire, l'individu ou la famille accède à un service ou à un centre communautaire où lui sont fournies une information générale et une première indication sur l'ensemble des services et prestations disponibles, sans une évaluation approfondie des besoins. Ces informations peuvent notamment comprendre le lieu et le calendrier des services, le type de soutien, les critères d'éligibilité, ainsi que les exigences et les délais pour l'introduction des demandes. Bien que cette possibilité permette de fournir des informations de manière unifiée et soit parfois une occasion d'effectuer certaines transactions administratives, les services continuent en général d'être fournis indépendamment les uns des autres, et les personnes y accèdent par des voies séparées. Pour atteindre ce niveau d'intégration, un nombre important de services doivent impérativement participer et actualiser leurs informations afin de

---

Figure 7.3 Niveaux d'intégration de la fourniture des services

1 Information et Orientation

2 Intermédiation et orientation vers des services

3 Assistance individualisée

Source : figure conçue pour cette publication.

faciliter l'accès et l'engagement des utilisateurs. En général, de tels efforts touchent une population plus large que les deux niveaux suivants de fourniture intégrée.

Ce niveau d'intégration peut être fourni aux clients de différentes manières. L'une d'entre elles est virtuelle : une plateforme numérique rassemble les informations relatives aux prestations et aux services, et est accessible soit à tous les fournisseurs, soit au public. Les sites virtuels sont parfois organisés en fonction des situations les plus courantes dans le pays (« J'ai besoin d'un emploi », « J'ai un enfant handicapé », « Je retourne dans mon pays », etc.) Parmi les exemples de plateformes virtuelles, on peut citer *Service Canada* (qui offre des informations permettant d'accéder à une série de services, notamment l'emploi, les impôts, la migration, les dossiers administratifs et les pensions), ainsi que *Service public* en France et *eCitizen Portal* à Singapour[11].

Les plateformes virtuelles peuvent être complétées par des bureaux installés dans des organismes sectoriels, des centres communautaires ou un quelconque autre point d'information, où les clients peuvent directement recevoir des informations tirées des données de la plateforme virtuelle ou d'autres sources. Cette modalité est particulièrement importante pour les clients n'ayant pas accès à un ordinateur ou à Internet. Le Vietnam, par exemple, a mis en place un réseau de 11 160 guichets uniques offrant de l'information et permettant d'effectuer des démarches administratives à tous les niveaux de gouvernement (province, district, commune, avec des compétences complémentaires). La couverture est large, tout comme l'étendue des services et transactions proposés. Chaque centre s'appuie sur un site internet contenant des informations sur les services fournis, leur étendue, les coûts, les délais et les instructions pour introduire une demande. La plupart des services sont offerts au niveau du district, bien que le niveau provincial fournisse quelques services supplémentaires, tandis que le niveau communautaire sert généralement de point d'information. En complément, un service d'assistance téléphonique dédié fournit ces informations localement. L'encadré 7.6 présente une approche innovante des séances d'information et de développement familial à Madagascar.

Encadré 7.6 Une approche innovante des sessions de développement familial à Madagascar

À Madagascar, le programme de transferts monétaires conditionnels (TMC), le Transfert monétaire pour le développement humain, est complété par un ensemble de pratiques essentielles de développement de la famille et de la petite enfance, diffusées au cours de séances de groupe. Ces sessions mensuelles, appelées « espaces de bien-être », sont dispensées aux mères par des mères « animatrices » élues par les bénéficiaires et formées, afin de renforcer les principaux messages délivrés. Des séances d'encouragement (« coups de pouce ») comportemental sont organisées le jour du paiement des prestations. Elles ont été conçues en vue d'améliorer la compétence de planification des mères et de développer leur confiance en elles-mêmes. Ces séances comprennent la détermination d'étapes intermédiaires dans le parcours vers les objectifs et la mise de côté de l'argent nécessaire pour atteindre ceux-ci. Elles doivent également permettre aux mères de définir ce qu'elles veulent et de prendre des décisions concernant le bien-être de la famille, de renforcer leur identité en tant que tutrices et leur pouvoir d'améliorer la vie de leurs enfants. Pour renforcer leur impact, les interventions sont réalisées de manière très interactive et imagée, à l'aide de dessins, de jeux avec des cartes et des pierres, d'autocollants, de cartes illustrées, de livres de contes et de moments récréatifs avec les enfants. Ces activités étant réalisées en groupes, les bénéficiaires peuvent partager leurs objectifs et leurs succès, et faire bouger les normes sociales locales grâce à une action collective. Enfin, le moment de l'intervention est important, car il a lieu juste avant que les femmes (cheffes de famille) reçoivent les paiements, alors qu'elles sont prêtes à réfléchir aux besoins et aux dépenses immédiats et non à des objectifs à plus long terme. La programmation de ces « coups de pouce » juste avant les paiements est une tentative pour briser ce cycle et susciter une réflexion à plus long terme sur les dépenses, l'investissement et l'épargne.

Source : Vermehren et Ravelosoa, 2017.

Niveau 2 : Intermédiation et orientation

À ce niveau, le prestataire de services ou le travailleur social du centre communautaire évalue la situation particulière du client et lui fournit des informations et une intermédiation en l'orientant vers les prestations et les services qui lui conviennent. Cette orientation implique que le client sera éligible au programme ou au service vers lequel il est orienté, même si tel n'est pas toujours le cas (cela dépend de la maturité du processus d'orientation). De plus, le travailleur social informe le client et le programme de l'orientation recommandée. Ce niveau d'intégration n'implique ni un traitement spécifique ni un suivi une fois que le client a été orienté, mais il nécessite au moins une vérification ou une évaluation rapide de la personne, ainsi que des connaissances des prestations et services alternatifs afin que l'orientation soit éclairée.

Ce niveau d'intégration peut être assuré par un réseau de fournisseurs de services ou par regroupement. Dans le premier cas, chaque service du réseau est un point d'entrée pour le client. En ce sens, quel que soit l'endroit où un client accède au réseau, il est orienté vers le service qui répond le mieux à ses besoins. Cela est effectué d'une manière plus structurée et souvent à l'aide de partenariats. L'autre possibilité est que les différents services soient géographiquement regroupés dans un même centre. Lorsque la personne entre dans le centre, un professionnel parle avec elle de ses besoins et l'oriente vers le service compétent, soit dans le même centre, soit dans un autre. L'encadré 7.7 présente un exemple de regroupement dans le comté de Montgomery, Maryland (USA).

Les pays de l'OCDE ont cherché à intégrer les services destinés aux enfants et aux adolescents ayant des problèmes de santé mentale. Cela a généralement nécessité des services multidisciplinaires installés dans les écoles. Les services intégrés comprennent le plus souvent la prévention de la toxicomanie et de l'alcoolisme, la gestion des cas, le conseil individuel et collectif, et l'orientation vers les services de santé communautaires. La Norvège utilise largement le regroupement des centres de santé dans les écoles. Dans les écoles des Pays-Bas, des équipes spéciales de soins et de conseil aident à détecter divers problèmes, y compris de santé mentale, afin d'orienter les enfants vers les services de santé adéquats. Le regroupement de ces services dans les écoles garantit qu'ils sont disponibles là où le groupe cible passe la majeure partie de son temps, ce qui constitue un avantage pour les élèves et leurs familles. De plus, les organismes chargés de l'éducation et de la santé profitent eux aussi de cette situation : pour l'éducation, la résolution des problèmes complexes auxquels sont confrontés les élèves permet d'améliorer leur apprentissage ; pour la santé, leur regroupement dans l'école permet aux responsables de localiser un groupe cible particulier, qu'ils n'auraient pas l'occasion de détecter dans un centre de santé. D'autres pays, tels que la France et la Belgique, offrent des services intégrés sous la forme de maisons de l'enfance et de la jeunesse implantées au sein de la communauté et regroupant les prestataires de services en un même lieu[12].

Niveau 3 : Assistance individualisée

Au niveau d'intégration le plus avancé, l'interaction entre le travailleur social et le client implique un traitement spécifique ainsi qu'un suivi et un contact étroits. Le dossier est confié à un travailleur social doté d'une expérience spécialisée, qui accompagne et soutient le client tant que le dossier reste ouvert. Le travailleur social analyse en profondeur la situation et les difficultés du client ; il prépare avec lui, et si nécessaire avec d'autres membres de sa famille, un plan pour aller de l'avant, qui comprendra les services vers lesquels le client sera orienté, ainsi que ses obligations additionnelles, le suivi des orientations vers d'autres services, le suivi du dossier à l'aide de contrôles périodiques, et un soutien global au client. Le dossier sera clôturé lorsque les objectifs du plan auront été atteints ou à la demande du client. À ce niveau d'intégration, les services vers lesquels le client a été orienté travaillent en toute collaboration pour répondre aux besoins du client. Ils sont en outre chargés d'informer le travailleur social responsable du dossier de l'évolution de son client, généralement à l'aide d'un mécanisme de réorientation et des procédures correspondantes. Ce niveau représente le plus haut degré d'intégration de la fourniture des services, mais il est important de noter que tous les types d'individus ou de besoins n'en ont pas nécessairement besoin et qu'il est, en revanche, probablement requis pour les cas les plus complexes ou les clients difficiles à servir. Par ailleurs, plus le degré d'intégration effective est élevé, plus le groupe cible est spécifique et moins la diversité des services offerts est élevée.

Le ministère de la Santé et des Services sociaux (DHHS — *Department of Health and Human Services*) du comté de Montgomery, dans le Maryland, a innové dans l'intégration de ses services. Ce point est critique, car le DHHS doit administrer, fournir et mettre en œuvre quelque 134 programmes (services et prestations) fédéraux, étatiques et du comté dans six grands domaines : les programmes destinés aux enfants, aux jeunes et aux familles ; les services aux personnes âgées et aux personnes en situation de handicap ; les services de santé mentale ; les services de santé publique (y compris *Medicaid* et la loi sur les soins abordables) ; les services pour les sans-abri et les programmes pour les communautés. Au fil du temps, plusieurs réorganisations ont donné lieu à des efforts d'intégration déployés aux niveaux politique et institutionnel, dans la gestion intégrée des dossiers, la gestion du personnel et l'infrastructure TIC. Un pourcentage important des clients du DHHS ayant besoin d'au moins trois services, l'intégration a permis au personnel d'être plus facilement au courant des services dont bénéficient déjà les clients. De plus, un mécanisme permet de coordonner régulièrement la fourniture des services dans le cadre de plusieurs programmes et systèmes, ce qui permet au personnel non seulement d'identifier les besoins des clients, mais aussi les services spécifiques disponibles et la façon d'y accéder.

Certains aspects clés de cette intégration progressive sont :

- **Une direction unique**. Les six zones de service relèvent du même directeur.
- **Des fonctions administratives centralisées**. Les premières étapes de la réorganisation ont porté sur la centralisation de toutes les fonctions administratives (budget, finances, contrats et responsabilité), puis l'accent a été mis sur la coordination des traitements et des services.
- **Un formulaire d'éligibilité unique** (dossier unique). Un seul dossier client permet de collecter les informations sur les personnes desservies par le département et favorise l'échange d'informations entre les secteurs pour une meilleure intégration des services.
- **Les défis** : 1) il reste nécessaire de maintenir le lien avec d'autres applications à cause des mandats de l'État ; 2) il faut continuer de tenir un dossier papier ; 3) les divers programmes et disciplines ont des exigences et une terminologie différente ; 4) la qualité des données est parfois médiocre ; 5) pour des raisons de confidentialité, le système ne permet pas le partage entre les programmes.
- **Une entrée multiservice et multipoint**. Il n'y a pas de « mauvais » point d'entrée, et l'outil d'évaluation (dossier unique) permet une identification précoce des besoins multiples. Toutes les portes sont ouvertes en tant que points d'entrée, car l'objectif est de maximiser l'inclusion.
- **Un protocole de traitement des cas intensifs** (ITP — *Intensive teaming protocol*) pour prendre en charge les utilisateurs intensifs et moyens : 20 % des clients bénéficient de plusieurs services et les desservir représente un coût important (80 % des ressources). En revanche, 80 % des clients n'utilisent qu'un seul service pour seulement 20 % des ressources.
- **La confidentialité**. L'intégration d'une large gamme de services nécessite des ajustements dans la gestion de l'information pour atteindre un meilleur niveau de confidentialité.

Sources : QLess Training Guide Version 6.0 : version 2018, DHHS, comté de Montgomery, Maryland. Notes de la visite sur le terrain et des conversations avec le personnel du DHHS.

Ce troisième niveau est généralement assuré au niveau local par les départements des services sociaux, mais les pays commencent à créer des programmes et stratégies spécifiques de fourniture intégrée des services pour répondre aux tendances mondiales récentes. Depuis 2011, avec sa stratégie *Pathways to Work*, l'Irlande a cherché à relier le paiement des prestations à une participation à l'activation, à l'aide d'interventions ciblées précoces visant en priorité le retour au travail, avec comme but ultime la prévention du chômage de longue durée (CLD). Cette stratégie a nécessité de fusionner complètement les services afin que les dossiers puissent être gérés dans un même endroit. Les services ainsi fusionnés comprenaient les services d'aide à l'emploi, les services d'assistance sociale communautaires, les services destinés aux personnes licenciées ou insolvables, et les services aux personnes en situation de handicap. Grâce aux centres *Intreo*, les points de contact uniques pour toutes les aides à l'emploi et au revenu, les clients peuvent bénéficier du soutien d'experts fonctionnels pour satisfaire leurs besoins immédiats et recevoir un appui à la recherche d'emploi ou être orientés vers des services de développement personnel (Kennedy, 2013). L'encadré 7.8 donne un exemple détaillé de la stratégie *Puente al Desarrollo* du Costa Rica, qui inclut une assistance individualisée aux familles extrêmement pauvres.

Instruments pour l'intégration de la fourniture de services

L'intégration de la fourniture de services requiert un ensemble d'outils transversaux. Pour atteindre un certain niveau d'intégration, il est nécessaire de disposer d'un ensemble d'outils de gestion visant à soutenir le fonctionnement et à assurer la réalisation des objectifs intégrés. Ils peuvent avoir différents niveaux de sophistication, mais des instruments simples apportent souvent une aide importante à la coordination et à la fourniture intégrée de services. Certains outils sont considérés dans l'encadré 7.7 abordant la fourniture intégrée de services dans le comté de Montgomery, dans le Maryland (États-Unis).

- **Systèmes d'information :** Mécanismes permettant d'échanger des informations, qui varient sensiblement en fonction du type de contenu et du degré de développement des technologies de l'information (TI). Un partage efficace des informations contribue à éviter les doublons dans l'information recueillie et à soutenir des actions coordonnées au profit du client, à tous les stades de la fourniture des services. Voir l'encadré 7.9 pour un exemple détaillé d'un système d'information soutenant le travail social en Jordanie.

- **Cartographie des services :** Catalogue ou inventaire de l'offre locale de services et de prestations, tant publics que privés. Il est périodiquement mis à jour avec des protocoles définis conjointement. Il sert à fournir des informations et de la guidance, mais constitue également la base des mécanismes d'orientation et de contre-orientation.

- **Mécanismes d'orientation et de contre-orientation :** Ces mécanismes fonctionnent sur la base de protocoles de services, formalisés sur la base d'accords entre organismes, avec chacun des prestataires. Ces protocoles définissent les rôles et responsabilités de chaque prestataire, ainsi que les règles de respect de la confidentialité et du caractère privé des informations.

- **Évaluations complètes communes :** Pour la sélection sociale et la planification conjointe, comme indiqué au chapitre 4.

- **Dossier unique :** Dossier d'information sur une personne, partagé par tous les organismes impliqués dans une intervention multidisciplinaire. Il permet de garder la trace des différents soutiens. Il doit émettre des signaux d'alerte lorsque la gestion des cas requiert une attention particulière. Il nécessite un accord conjoint entre les organismes sur la façon de partager et mettre à jour les informations, mais il ne se substitue pas aux registres spécifiques que ceux-ci utilisent en interne pour la gestion.

Le tableau 7.8 résume les caractéristiques minimales que les outils doivent présenter pour servir au mieux les différents niveaux d'intégration. Par exemple, un système d'information de base et une cartographie des services sont nécessaires pour le niveau d'information et de guidance. Pour l'intermédiation, il faut disposer d'un mécanisme d'orientation avec les protocoles formalisés associés. Le niveau d'intégration correspondant à l'assistance individualisée nécessite plusieurs instruments (dossier unique, évaluation globale et planification conjointe, mécanismes d'orientation et de contre-orientation), combinés à des techniques de travail propres au secteur du travail social.

Encadré 7.8 Assistance individualisée dans le programme *Puente al Desarrollo* au Costa Rica

Le programme *Puente al Desarrollo* (Pont vers le développement) est une stratégie nationale de réduction de l'extrême pauvreté qui utilise des *cogestores sociales* (travailleurs sociaux) pour travailler avec des familles extrêmement pauvres et les orienter vers les prestations et services de l'État destinés à réduire la pauvreté. Il fournit un cadre permettant d'améliorer l'efficience et l'efficacité des efforts publics de réduction de la pauvreté grâce à une coordination entre institutions. L'une de ses composantes se concentre sur l'amélioration de la fourniture des services aux familles en situation d'extrême pauvreté (dans 75 districts prioritaires) grâce à une intervention de conseil produisant un plan de développement familial et facilitant l'accès de ces familles aux principaux programmes sociaux fournis par l'État. Pour briser le cycle de la pauvreté, l'accès de ces familles à des services complémentaires est priorisé, coordonné et soutenu par différentes compétences. Ces familles doivent vivre dans l'un des 75 districts prioritaires où se retrouvent les plus fortes concentrations de pauvreté, extrême pauvreté et misère. Quelque 65 % des personnes extrêmement pauvres du pays y vivent.

Pour assurer un changement dans l'approche de la lutte contre la pauvreté, *Puente al Desarrollo* s'appuie sur cinq éléments : 1) un suivi et une coordination dirigés par un Conseil social présidentiel ; 2) un registre social reprenant les informations sur les bénéficiaires potentiels et réels des programmes sociaux ; 3) un indice de pauvreté multidimensionnel prenant en compte des facteurs autres que la pauvreté monétaire ; 4) une « cartographie sociale » des services sur le territoire pour identifier les lacunes dans la fourniture des services sociaux ; et 5) un mécanisme de redevabilité fondé sur un ensemble d'objectifs communs à tous les organismes participant à la stratégie, et contrôlé par le Conseil présidentiel.

La mise en œuvre de *Puente al Desarrollo* comprend quatre phases : éligibilité, préparation du plan familial, mise en œuvre et suivi du plan, et sortie du programme (voir figure B7.8.1). En ce qui concerne l'assistance individualisée, les travailleurs sociaux rapprochent l'offre programmatique des besoins des familles, accompagnent celles-ci dans le développement de leurs compétences et de leurs liens avec l'emploi ou les opportunités productives, veillent à ce qu'elles respectent les engagements pris, et assurent le suivi du plan de soutien intégré.

Figure B7.8.1 Phases du programme *Puente al Desarrollo*

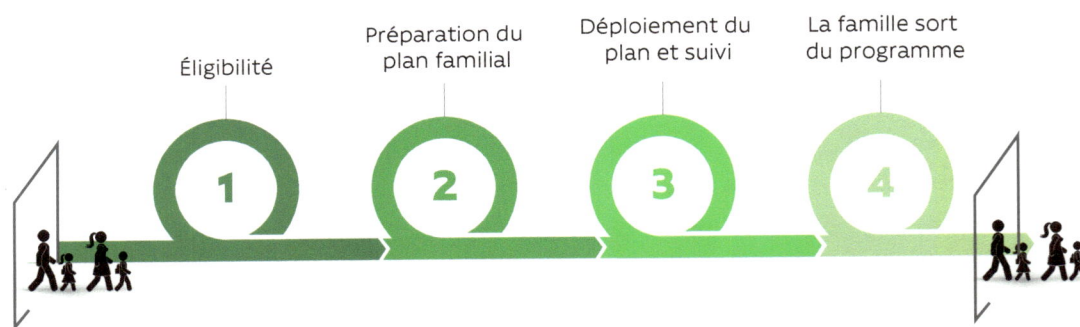

Sources : IMAS, 2015, 23 ; Zumaeta, 2016.

Au troisième niveau d'intégration (assistance individualisée), il est souvent nécessaire de faire intervenir différents secteurs ou disciplines. Dans ce contexte, le client interagit non seulement avec le travailleur social responsable de son dossier, mais également avec une équipe pluridisciplinaire composée de spécialistes de différents secteurs qui apportent leur appui au cours de chacune des phases (principalement l'évaluation et le traitement). Dans la ville de Salos (Finlande), les centres de services destinés aux travailleurs, appelés LAFOS, offrent des services intégrés aux chômeurs de longue durée (CLD). Les clients des LAFOS sont soumis à une évaluation de leur capacité de travail et sont accompagnés à toutes les étapes du processus de service par une équipe composée d'un agent de l'emploi, d'un travailleur social et d'un employé de l'assurance nationale, occasionnellement rejoints par un médecin. Les centres LAFOS visent d'abord les problèmes de santé, qui constituent l'un des principaux problèmes auxquels sont confrontés les chômeurs de longue durée (Commission européenne, 2018). De même, la municipalité d'Asker, en Norvège, a développé un nouveau concept de fourniture de services intégrée, centré sur l'utilisateur, dans lequel tous les services municipaux concernés ainsi que des partenaires externes investissent ensemble pour le bien-être d'un individu. Le choix de la formulation est voulu : cette équipe multisectorielle est appelée « équipe d'investissement ». Dans ce modèle, les personnes ayant des besoins complexes, ou les agents municipaux travaillant avec elles, contactent le *Welfare Lab*, qui organise une réunion avec une équipe interdisciplinaire afin d'étudier leur situation. L'équipe est formée à la conception créative (*design thinking*) et utilise une matrice de planification spécialement mise au point pour produire avec l'utilisateur un plan comprenant des objectifs à court et à long terme.[13] Le but commun est de parvenir à une situation durable avec de meilleures conditions de vie. La famille est confiée à un travailleur social responsable du suivi du dossier, mais chaque membre de l'équipe multidisciplinaire a le pouvoir d'orienter les personnes vers d'autres services et a la capacité de mettre en commun des ressources issues de l'intérieur ou de l'extérieur du secteur public.[14]

Tableau 7.8 Instruments pour la fourniture intégrée de services de protection sociale

Instrument	Niveaux d'intégration		
	Information et guidance	**Intermédiation**	**Assistance individualisée**
Système d'information	Cartographie des services avec des informations complémentaires pour la gestion et l'amélioration du système (nombre et types de demandes, etc.)	Contient des informations propres au client. Idéalement, le système devrait calculer automatiquement l'éligibilité de chaque individu/famille. Sert également à l'orientation vers d'autres services	Système plus sophistiqué soutenant l'évaluation (collecte d'informations et détermination de l'éligibilité), la planification (préparation du plan conjoint) et le suivi du plan conjoint. Sert également à l'orientation et à la contre-orientation
Cartographie des services	Contient des informations sur les caractéristiques génériques telles que le lieu, le calendrier, les principaux critères d'éligibilité, le type de soutien, etc.	Doit contenir des informations détaillées sur les critères d'éligibilité et le calendrier spécifique ou la date prévue pour l'accueil des nouveaux bénéficiaires	Détails similaires à ceux de l'intermédiation
Mécanismes d'orientation et de contre-orientation	Non applicable	Protocoles de service simples, souvent de simples accords généraux de collaboration	Protocoles de service plus détaillés précisant les modalités d'orientation et de contre-orientation, ainsi que le suivi conjoint des dossiers
Dossier unique	Non applicable	Fichier comprenant des informations simples, issues d'une brève sélection, généralement non envoyées à d'autres programmes	Dossier plus détaillé contenant des informations provenant de l'évaluation, du plan conjoint et des activités ainsi que du suivi des progrès, renseigné par les services eux-mêmes (et non par les clients)

Source : conçu pour cette publication.

L'ensemble d'outils sert à faciliter l'intégration des services, mais les compétences et l'attitude du personnel travaillant avec le client ainsi que les dispositions institutionnelles sont essentielles pour une fourniture efficace et efficiente des services. Comme déjà mentionné dans les sections précédentes de ce chapitre, une condition préalable garantissant la qualité de la fourniture intégrée des services est que le personnel soit bien préparé et se coordonne efficacement pour réaliser des interventions sur mesure, et que les dispositions institutionnelles aient atteint une maturité suffisante pour faciliter cette intégration. En outre, nous nous sommes essentiellement concentrés ici sur l'étape de la fourniture, mais la fourniture intégrée serait impossible si le principe d'intégration n'était pas pris en compte durant toutes les autres étapes du cycle des politiques. Au moment de la conception, il est important de réunir,

dès le début, toutes les parties prenantes pour évaluer la structure institutionnelle existante et définir un objectif global clair pour tous, ainsi que des objectifs spécifiques pour guider le travail des différents acteurs. Durant les étapes de planification et de financement, il serait idéal d'envisager une mise en œuvre graduelle avec des changements progressifs et des activités de renforcement des capacités pour les nouvelles tâches partagées, en sélectionnant les partenaires sur la base de leurs capacités ainsi que de leur contribution à l'objectif global et, surtout, en définissant clairement la répartition des responsabilités avec des incitations financières ou administratives. La phase de suivi et d'évaluation doit être adaptée à la nature des services intégrés, avec des indicateurs de performance convenant aux efforts conjoints, dans le cadre d'un système de suivi et d'un mécanisme de redevabilité unifiés

7.4 QUELQUES POINTS POUR CONCLURE

Ce chapitre a examiné la phase de fourniture du processus et des mécanismes de mise en œuvre des services sociaux et d'emploi, consistant à fournir des services aux bénéficiaires inscrits, conformément aux normes relatives à ces services. Nous concluons avec les remarques suivantes :

- Au cours de leur vie, les personnes et les familles sont souvent confrontées à des risques et vulnérabilités nécessitant des interventions spécialisées comportant la fourniture de services sociaux et d'emploi, et pas nécessairement ou pas uniquement de prestations en espèces. Il est fréquent que les familles soient confrontées simultanément à des besoins multiples, qui seraient mieux pris en charge par un ensemble de services ou de services et de prestations fournis en temps utile et de manière structurée (en même temps ou séquentiellement, selon le cas). C'est ce que le chapitre entend par « fourniture intégrée des services ».

- De nombreuses phases du processus et des mécanismes de mise en œuvre remplissent des fonctions essentiellement de service. Au-delà de la fourniture effective de services spécifiques, de nombreuses fonctions de gestion de cas exécutées pendant la « vie du cas » peuvent conférer une valeur de service intrinsèque. Celle-ci découle de nombreuses phases du processus et des mécanismes de mise en œuvre, telles que les évaluations, l'établissement d'un plan de services ou plan d'action individualisé (PAI), l'orientation vers un large éventail de services, la gestion des opérations des bénéficiaires, etc., en plus de la « phase de fourniture de services » formelle.

- La protection sociale peut servir de plateforme pour la fourniture intégrée de services sociaux et d'emploi. Compte tenu de sa nature multidimensionnelle, la protection sociale peut appuyer la fourniture intégrée de paquets de prestations et services adaptés aux individus et à leurs familles dans le cadre d'approches multisectorielles.

- Les pays offrent une myriade de services sociaux et d'emploi, classés par les différents acteurs en fonction de divers aspects transversaux tels que les groupes à risque, les secteurs, les cadres juridiques, etc. Ce chapitre présente une typologie des services sociaux, basée sur les groupes à risque et les modalités des services sociaux, ainsi qu'une typologie des services d'emploi fondée sur les groupes à risque et les types de services d'emploi. Ces typologies ont ouvert la voie à la discussion sur la fourniture et l'intégration des services.

- Les modalités de fourniture diffèrent sensiblement selon la capacité du pays et le type de service, mais on constate toutefois une tendance à externaliser certaines parties de la fourniture de services au secteur privé ou à des organisations non gouvernementales. En pareil cas, une participation importante du secteur public est nécessaire pour gérer et réglementer efficacement la fourniture de services sociaux et d'emploi.

- La fourniture de services sociaux et d'emploi étant un processus de gestion complexe, compte tenu de la diversité des vulnérabilités que visent ces services, les pays définissent et appliquent un ensemble de normes de qualité pour leur fourniture. Ce chapitre a fourni un aperçu général des normes de service proposées par les pays et des tensions générées lorsqu'il s'agit de les définir, de les respecter et de les faire appliquer dans un environnement où les ressources sont limitées.

- Au cours de la dernière décennie, les pays ont commencé à intégrer la fourniture des services pour répondre à la nécessité d'améliorer les résultats finaux dans les cas particulièrement complexes, et au désir d'améliorer l'efficacité de la fourniture des services eux-mêmes. Les services intégrés sont courants pour les enfants, les personnes âgées, les chômeurs et les personnes extrêmement pauvres.

- Ce chapitre résume les trois niveaux d'intégration les plus couramment pratiqués par les pays : un premier niveau d'intégration visant l'information et la guidance, un deuxième niveau visant l'intermédiation et l'orientation, et un troisième niveau, plus sophistiqué, visant l'assistance individualisée. Ces niveaux d'intégration requièrent des fréquences et des degrés d'intensité différents dans les interactions entre le prestataire de services (généralement un travailleur social) et le client. Ce chapitre présente également une série d'outils susceptibles de faciliter l'intégration de la fourniture des services aux trois niveaux. Même si les outils sont utiles, les aspects les plus importants d'une intégration réussie sont la qualité et la capacité du personnel ou des travailleurs sociaux qui interagissent avec les clients ; des dispositions institutionnelles adéquates et correctement alignées ; et des systèmes d'information intégrés ou interopérables.

Notes

1. L'« assistance individualisée » désigne des interventions globales commençant par une évaluation complète de la situation et la préparation d'un plan de travail ou d'un projet en collaboration avec le bénéficiaire, suivies d'un accompagnement de celui-ci dans la réalisation du projet, jusqu'à la clôture de l'intervention. Comme indiqué au chapitre 2, dans certaines régions, ce type d'intervention est également appelé gestion de cas.

2. Kuddo (2012), Brown et Koettl (2015), et Mazza (2017), entre autres. Notre typologie reflète celle de Kuddo (2012). Brown et Koettl (2015) font la distinction entre 1) les services destinés à la demande de main-d'œuvre (employeurs) ; 2) les services destinés à l'offre de main-d'œuvre, répartis en deux catégories : a) les incitations à la recherche et à la conservation d'un emploi (prestations, travaux publics, activation et assistance individualisée, sanctions) ; et b) les incitations à l'amélioration du capital humain (formation) ; et (3) les services de mise en relation avec le marché du travail, qui servent d'intermédiaire entre la demande et l'offre de travail. Cet ensemble de services est appelé PAMT. Mazza (2017) distingue trois catégories de services d'emploi : 1) les « fonctions de base », similaires à ce que nous appelons les services d'aide à l'emploi, qui comprennent l'aide à la recherche d'emploi, le conseil, le placement et les banques d'emplois pour les demandeurs d'emploi et les employeurs ; 2) les « services étendus — intermédiation plus », proches de ce que nous appelons les services d'amélioration de l'emploi, qui comprennent la gestion ou la formation d'autres PAMT, les services de soutien aux migrants, l'appui aux microentreprises et au travail indépendant, ainsi que les services de placement pour les employeurs ; et 3) les « services de soutien », comprenant les systèmes d'information sur le marché du travail, les services spécialisés de ressources humaines destinés aux employeurs, et les passerelles de services sociaux ou l'administration de l'assurance chômage.

3. L'exemple est un composite d'exemples de programmes de divers pays et contextes. Il illustre diverses modalités de fourniture des services, ainsi que des liens avec des services dans d'autres secteurs, tels que l'éducation et la santé.

4. Cet échelonnement des évaluations permet d'associer l'individu à un paquet personnalisé de services adaptés.

5. Parmi les références utiles sur le thème de la fourniture des services d'emploi, citons Angel-Urdinola et Leon-Solano (2013) ; Banque mondiale (2014) ; Kuddo (2012) ; Mazza (2017) ; et OCDE (2014).

6. Par exemple, selon une étude récente de la Banque mondiale, il existe 45 organismes d'emploi privés agréés en Jordanie et 54 en Égypte (Angel-Urdinola et Leon— Solano, 2013).

7. Pour une analyse plus complète de ces questions, voir Bassett et coll. (2012).

8. La littérature sur les normes de qualité identifie trois dimensions : 1) la qualité structurelle, qui se rapporte aux propriétés stables du service, notamment la façon dont le service est conçu et organisé, la certification, les ratios personnel-utilisateurs, les exigences physiques requises pour répondre aux impératifs de sécurité et de santé, le programme éducatif, etc. ; 2) la qualité du processus, qui se rapporte à la façon dont le service est fourni (la pratique au sein du service et façon dont la qualité du service reçu est perçue) ; et 3) la qualité des résultats, qui se rapporte à l'évolution, entre avant et après l'intervention, des avantages pour les utilisateurs, leurs familles, leurs communautés et la société en général.

9. Dans le sens d'opportun, structuré, simultané ou séquencé selon le cas.

10. Pour un examen des expériences d'intégration des services d'emploi et sociaux pour les bénéficiaires du revenu minimum dans les pays de l'Union européenne, voir Commission européenne, 2018.

11. Voir les plateformes suivantes : https://www.canada.ca/fr/emploi-developpement-social/entreprise/portefeuille/service-canada.html ; https://www.service-public.fr/ et https://www.gov.sg/resources

12. OCDE, 2015. Pour d'autres exemples d'intégration, en particulier des services sociaux et des services d'emploi, voir Commission européenne, 2018.

13. La conception créative ou *Design Thinking* fait référence aux processus cognitifs, stratégiques et pratiques par lesquels les concepts de la conception (propositions de nouveaux produits, constructions, machines, etc.) sont élaborés par les concepteurs et/ou des équipes de conception (Hevner et coll., 2004 ; IDEO, 2015 ; Simon, 1996).

14. En raison de l'intensité de cette approche, la phase pilote (2016-2017) s'est concentrée sur trois groupes

cibles particuliers : les familles avec enfants soumises à des « conditions de vie vulnérables » ; les jeunes vulnérables de 17 à 25 ans ; et les familles avec enfants en situation de handicap. L'*Asker Welfare Lab* est actuellement dans sa deuxième phase de développement impliquant un ensemble plus large de services et de participants, et il a reçu de multiples récompenses pour l'innovation dans le service public, tant en Norvège qu'au niveau international (OCDE, 2018, étude de cas de la Norvège sur l'*Asker Welfare Lab*).

Bibliographie

Angel-Urdinola, Diego F., and Rene A. Leon-Solano. 2013. "A Reform Agenda for Improving the Delivery of ALMPs in the MENA Region." *IZA Journal of Labor Policy* 2 (13). http://www.izajolp.com/content/2/1/13.

Araujo, Maria Caridad, Marta Dormal, and Norbert Schady. 2017. "Child Care Quality and Child Development." Working Paper IDB-WP-779, Inter-American Development Bank, Washington, DC.

Arriagada, Ana-Maria, Jonathan Perry, Laura Rawlings, Julieta Trias, and Melissa Zumaeta. 2018. "Promoting Early Childhood Development through Combining Cash Transfer and Parenting Programs." Policy Research Working Paper 8670, World Bank, Washington, DC.

Auer, Peter, Ümit Efendioglu, and Janine Leschke. 2008. "Active Labour Market Policies around the World: Coping with the Consequences of Globalization." 2nd ed. International Labour Office, Geneva, Switzerland.

Barlett, William. 2010. "People-Centred Analyses: The Quality of Social Services." United Nations Development Programme, London.

Bassett, Lucy, Sara Giannozzi, Lucian Pop, and Dena Ringold. 2012. "Rules, Roles, and Controls: Governance in Social Protection with an Application to Social Assistance." Social Protection and Labor Discussion Paper 1206, World Bank, Washington, DC. http://documents.worldbank.org/curated/en/301371468151778608/Rules-roles-and-controls-governance-in-social-protection-with-an-application-to-social-assistance.

Behrendt, Christina. 2013. "Building National Social Protection Floors and Social Security Systems: The ILO's Two-Dimensional Social Security Strategy." In *Social Protection in Developing Countries: Reforming Systems*, edited by Katja Bender, Markus Kaltenborn, and Christian Pfleiderer, 207–18. New York: Routledge.

Blattman, Christopher, and Laura Ralston. 2015. "Generating Employment in Poor and Fragile States: Evidence from Labor Market and Entrepreneurship Programs." https://ssrn.com/abstract=2622220.

Brown, Alessio JG, and Johannes Koettl. 2015. "Active Labor Market Programs—Employment Gain or Fiscal Drain?" *IZA Journal of Labor Economics* 4 (12): 1–36. https://doi.org/10.1186/s40172-015-0025-5.

Cosmo, Howard. 2017. "Putting One-Stop-Shops into Practice: A Systematic Review of the Drivers of Government Service Integration." *Evidence Base* 2017 (2): 1–14.

Datta, Namita, Angela Elzir Assy, Johanne Buba, Sara Johansson de Silva, Samantha Watson, et al. 2018a. "Integrated Youth Employment Programs: A Stocktake of Evidence on What Works in Youth Employment Programs." World Bank, Washington, DC.

Datta, Namita, Angela Elzir Assy, Johanne Buba, Samantha Watson, et al. 2018b. "Integration: A New Approach to Youth Employment Programs." World Bank, Washington, DC.

EU (European Union) Social Protection Committee. 2010. "A Voluntary European Quality Framework for Social Services." Report no. SPC/2010/10/8 Final, 13. Social Protection Committee, Brussels, Belgium.

European Commission. 2014. "Proposal for Key Principles of a Quality Framework for Early Childhood Education and Care." Directorate-General for Education and Culture, European Commission, Brussels, Belgium.

European Commission. 2015a. "Literature Review and Identification of Best Practices in Integrated Service Delivery: Part I—Study." Publications Office of the European Union, Luxembourg.

European Commission. 2015b. "Literature Review and Identification of Best Practices in Integrated Service Delivery: Part II—Case Studies." Publications Office of the European Union, Luxembourg.

European Commission. 2018. "Study on Integrated Delivery of Social Services Aiming at the Activation of Minimum Income Recipients in the Labour Market—Success Factors and Reform Pathways." Publications Office of the European Union, Luxembourg.

European Social Network. 2016. "Integrated Social Services in Europe: A Study Looking at How Local Public Services Are Working Together to Improve People's Lives." European Social Network, Brussels, Belgium.

European Social Network. 2017. "Investing in Later Life: A Toolkit for Social Services Providing Care for Older People." European Social Network, Brussels, Belgium.

Glinskaya, Elena, and Zhanlian Feng, eds. 2018. *Building an Efficient and Sustainable Aged Care System*. Directions in Development Series. Washington, DC: World Bank.

Golub, Stephen, and Faraz Hayat. 2014. "Employment, Unemployment, and Underemployment in Africa." United Nations University WIDER Working Paper 2014/014. World Institute for Development Economics Research, Helsinki, Finland.

GPL (Government Performance Lab). 2016. "Results-Driven Contracting: An Overview." Harvard Kennedy School, Cambridge, MA.

GPL (Government Performance Lab). 2017. "Active Contract Management: How Governments Can Collaborate More Effectively with Social Service Providers to Achieve Better Results." Harvard Kennedy School, Cambridge, MA.

Grosh, Margaret, Carlo del Ninno, Emil Tesliuc, and Azedine Ouerghi. 2008. *For Protection and Promotion: The Design and Implementation of Effective Safety Nets.* Washington, DC: World Bank.

Hevner, Alan R., Salvatore T. March, Jinsoo Park, and Sudha Ram. 2004. "Design Science in Information Systems Research." *MIS Quarterly* 28 (1): 75–105.

Honorati, Maddalena, and Thomas P. McArdle. 2013. "The Nuts and Bolts of Designing and Implementing Training Programs in Developing Countries." Social Protection and Labor Discussion Paper 1304, World Bank, Washington, DC.

IDEO.org. 2015. *The Field Guide to Human-Centered Design.* IDEO.org, San Francisco.

ILO (International Labour Organization). 1998. "Resolution Concerning the Measurement of Underemployment and Inadequate Employment Situations, Adopted by the Sixteenth International Conference of Labor Statisticians." ILO, Geneva, Switzerland.

ILO (International Labour Organization). 2012. "R202: Social Protection Floors Recommendation (n. 202)." Adopted at the 101st International Labour Conference, Geneva, Switzerland, June 14, 2012. https://www.ilo.org/dyn/normlex/en/f?p=NORMLEX PUB:12100:0::NO::P12100_INSTRUMENT_ID:3065524.

IMAS (Instituto Mixto de Ayuda Social). 2015. Puente Strategy. http://www.imas.go.cr/ayuda_social/plan _puente/Documento%20Estrategia%20Puente%20 al%20Desarrollo.pdf. https://www.imas.go.cr /es/general/estrategia-nacional-para-la-reduccion -de-la-pobreza-extrema-puente-al-desarrollo; https://www.imas.go.cr/sites/default/files/custom /Documento-Estrategia-Puente-al-Desarrollo.pdf.

International Youth Foundation. 2018. "Support Implementation of a National Unified Registry and Outreach Program for Targeting Social Assistance." Slide presentation, World Bank, Amman, Jordan.

Ireland, Minister for Health and Children. 2010. "National Quality Standards Framework (NQSF) for Youth Work." Government Publications, Dublin.

Kennedy, Barry 2013. "Coordination and Integration of Institutions: Pathways to Work—Ireland." Slide presentation, World Bank workshop on Activation of Social Safety Nets Beneficiaries, Tbilisi.

Kuddo, Arvo. 2009. "Employment Services and Active Labor Market Programs in Eastern European and Central Asian Countries." Social Protection and Labor Discussion Paper 0918, Human Development Network, World Bank, Washington, DC.

Kuddo, Arvo. 2012. "Public Employment Services and Activation Policies." Social Protection and Labor Discussion Paper 1215, World Bank, Washington, DC.

Lara Montero, Alfonso, Sarah van Duijn, Nick Zonneveld, Mirella M N Minkman, and Henk Nies. 2016. *Integrated Social Services in Europe: A Study Looking at How Local Public Services Are Working Together to Improve People's Lives.* Brighton, UK: European Social Network.

López Bóo, Florencia, María Caridad Araujo, and Romina Tomé. 2016. *How Is Child Care Quality Measured? A Toolkit.* Washington, DC: Inter-American Development Bank. https://publications.iadb.org/en /how-child-care-quality-measured-toolkit.

Loxha, Artan, and Matteo Morgandi. 2014. "Profiling the Unemployed: A Review of OECD Experiences and Implications for Emerging Economies." Social Protection and Labor Discussion Paper 1424, World Bank, Washington, DC.

Malley, Juliette, and José-Luis Fernández. 2010. "Measuring Quality in Social Care Services: Theory and Practice." *Annals of Public and Cooperative Economics* 81 (4): 559–82.

Mansell, Jim, Martin Knapp, Julie Beadle-Brown, and Jennifer Beecham. 2007. *Deinstitutionalisation and Community Living—Outcomes and Costs: Report of a European Study.* Volume 2: Main Report. Canterbury, UK: University of Kent.

Mansour, Jane, and Richard Johnson. 2006. "Buying Quality Performance: Procuring Effective Employment Services." WorkDirections, UK, London.

Mazza, Jacqueline. 2017. *Labor Intermediation Services in Developing Economies: Adapting Employment Services for a Global Age.* Cham, Switzerland: Palgrave Macmillan.

Montenegro, Miriam. 2014. "Nicaragua: An Innovative Model of Community Participation and Integrated Delivery of Social Services." Slide presentation, World Bank, Washington, DC.

Munday, Brian. 2007. *Integrated Social Services in Europe.* Strasbourg, France: Council of Europe Publishing.

OECD (Organisation for Economic Co-operation and Development). 2014. *Connecting People with Jobs: Activation Policies in the United Kingdom.* Paris: OECD Publishing. https://doi.org/10.1787/9789264217188-en.

OECD (Organisation for Economic Co-operation and Development). 2015. *Integrating Social Services for Vulnerable Groups: Bridging Sectors for Better Service Delivery.* Paris: OECD Publishing. https://doi .org/10.1787/9789264233775-en.

OECD (Organisation for Economic Co-operation and Development). 2018. *Embracing Innovation in Government: Global Trends 2018.* Paris: OECD Publishing.

Peru, MIDIS (Ministerio de Desarrollo e Inclusión Social). 2016. Fondo de Estímulo al Desempeño y Logro de Resultados Sociales—FED. http://www.midis.gob.pe /fed/sobre-el-fed/el-fed.

Pfeil, Helene, Berenike Laura Schott, and Sanjay Agarwal. 2017. "Recent Developments and Key Considerations Impacting the Operations of One-Stop Shops for Citizens: A Summary of Major Trends and a Design Guide for Citizen Service Centers." Citizen Service Centers Brief No. 1, World Bank, Washington, DC. http://documents.worldbank.org/curated /en/108371498753288065/Recent-developments -and-key-considerations-impacting-the-operations -of-one-stop-shops-for-citizens-a-summary -of-major-trends-and-a-design-guide-for-citizen -service-centers.

Piopiunik, Marc, and Paul Ryan. 2012. "Improving the Transition between Education/Training and the Labour Market: What Can We Learn from Various National Approaches?" European Expert Network on Economics of Education, European Commission, Brussels, Belgium.

Scoppetta, Anette, and Arthur Buckenleib. 2018. "Tackling Long-Term Unemployment through Risk Profiling and Outreach." Technical Dossier 6, ESF Transnational Platform, European Commission, Brussels, Belgium.

Simon, Herbert A. 1996. *The Sciences of the Artificial.* 3rd ed. Cambridge, MA: MIT Press.

Smith, Charles, Tom Akiva, Samantha Sugar, Thomas Devaney, Yun-Jia Lo, Kenneth Frank, Stephen C. Peck, and Kai S. Cortina. 2012. *Continuous Quality Improvement in Afterschool Settings: Impact Findings from the Youth Program Quality Intervention Study.* Washington, DC: Forum for Youth Investment.

Stolt, Ragnar, Paula Blomqvist, and Ulrika Winblad. 2011. "Privatization of Social Services: Quality Differences in Swedish Elderly Care." *Social Science and Medicine* 72 (4): 560–67. https://doi.org/10.1016/j .socscimed.2010.11.012.

Tubb, Helen. 2012. "Activation and Integration: Working with Individual Action Plans: Toolkit for Public Employment Services." European Commission Mutual Learning Programme for Public Employment Services: DG Employment, Social Affairs, and Inclusion, Brussels, Belgium.

UNRISD (United Nations Research Institute for Social Development). 2010. "Universal Provision of Social Services." In *Combating Poverty and Inequality: Structural Change, Social Policy and Politics*, 161–84. Geneva, Switzerland: UNRISD.

Vermehren, Andrea, and R. Ravelosoa. 2017. "Behavioral Interventions: Designing and Implementing an Innovative Approach." Unpublished.

Vinson, Elisa. 1999. "Performance Contracting in Six State Human Services Agencies." Governing for Results and Accountability. Urban Institute, Washington, DC.

Waddington, Lisa, with contributions from Mark Priestley and Roy Salisbury. 2018. "Disability Assessment in European States: ANED Synthesis Report." Academic Network of European Disability Experts. https://sid .usal.es/idocs/F8/FDO27447/ANED_2017_18_Disability _assessment_synthesis_report.pdf.

Wiener, J., M. Freiman, and D. Brown. 2007. "Strategies for Improving the Quality of Long-Term Care" (p. 50). National Commission for Quality Long-Term Care, Washington, DC.

World Bank. 2014. "Experience of OECD Countries in Contracting Employment Services: Lessons for Saudi Arabia." Policy Research Paper EW-P151144-ESW-BBRTA, Social Protection and Labor Global Practice, World Bank, Washington, DC.

Zumaeta, Melissa. 2016. "Social Protection Reforms in Costa Rica: An Accelerated Process to Increase the Effectiveness of Social Interventions." Internal document, World Bank, Washington, DC.

Chapitre 8

Respect des obligations, actualisations et réclamations : décisions de sortie, notifications et gestion des réclamations

Kenichi Nishikawa Chávez, Kathy Lindert, Inés Rodríguez Caillava, John Blomquist, Saki Kumagai, Emil Tesliuc, Vasumathi Anandan, Alex Kamurase, Ahmet Fatih Ortakaya et Juul Pinxten

L'une des étapes les plus négligées des processus et mécanismes de mise en œuvre de la protection sociale est celle liée à l'activité continue de gestion des opérations des bénéficiaires. Cet aspect souvent oublié lors de la période de conception initiale, puis pendant celle de mise en œuvre, n'attire l'attention que lorsqu'émergent des problèmes dans les systèmes de mise en œuvre ainsi que des préoccupations quant à sa qualité. Les gestionnaires de programmes et les décideurs politiques s'intéressent typiquement aux aspects suivants. Au cours de la période initiale de mise en œuvre, l'attention se concentre sur les phases d'accueil, d'enregistrement des demandes, d'évaluation, de détermination de l'éligibilité et d'inscription (« intégrer » les gens dans le programme) ainsi que sur le processus de paiement (versement des prestations) ou sur la fourniture de services. On pourrait considérer qu'il s'agit de **l'étape axée sur les produits**, l'attention étant portée sur le nombre de bénéficiaires inscrits et les prestations payées ou les services fournis. Au fur et à mesure du déroulement des cycles de mise en œuvre des programmes, l'attention se déplace vers l'évaluation, la mesure de l'impact des programmes prenant le dessus. Cette étape peut être considérée comme l'étape axée sur les résultats. Dans la plupart des cas, les questions relatives à la qualité de la mise en œuvre passent en tête de liste des priorités des gestionnaires de programmes souvent sous l'effet des critiques de la presse et d'autres parties prenantes[1]. Ces préoccupations concernent généralement un manque ressenti en matière de responsabilité ou de fiabilité des informations, des erreurs et des fraudes, la gestion des réclamations ainsi que des processus inefficaces tels que notamment de longues files ou périodes d'attente, un excès de documents à fournir et des systèmes statiques. C'est à ce stade que la gestion des opérations des bénéficiaires reçoit enfin l'attention qu'elle mérite, et peut être considérée comme une **étape de maintenance et d'amélioration continue**. Finalement, dans le cas des transferts en espèces, lorsque le programme arrive à maturité et que le parcours du demandeur au bénéficiaire est amélioré et consolidé par l'intermédiaire des cycles de mise en œuvre, l'attention des gestionnaires du programme, ainsi que celle des décideurs

politiques, se déplace vers les questions de dépendance des bénéficiaires, de réévaluation et de sortie. Il s'agit de l'étape axée sur la sortie du programme[2] (figure 8.1).

Ce chapitre se concentre sur l'étape de la chaîne de mise en œuvre qui concerne la gestion des opérations des bénéficiaires (figure 8.2). Cette phase est essentielle pour tous les programmes (prestations ou services). Elle devrait idéalement être envisagée plus tôt dans la gestion de ces programmes qu'elle ne l'est dans la figure ci-dessous. Les **intrants** de la gestion des opérations des bénéficiaires proviennent d'une part de la phase de paiement ou fourniture du cycle récurrent de mise en œuvre pour les bénéficiaires déjà inscrits au programme et d'autre part de la phase d'inscription de nouveaux bénéficiaires. Ces données comprennent le registre des bénéficiaires, des informations sur les montants des prestations et les services qui seront fournis, ainsi que des informations sur les conditionnalités exigées des bénéficiaires ou les activités qu'ils doivent réaliser. Les autres intrants comprennent les réclamations déposées par les bénéficiaires ou les non-bénéficiaires[3]. Les **produits** de la gestion des opérations des

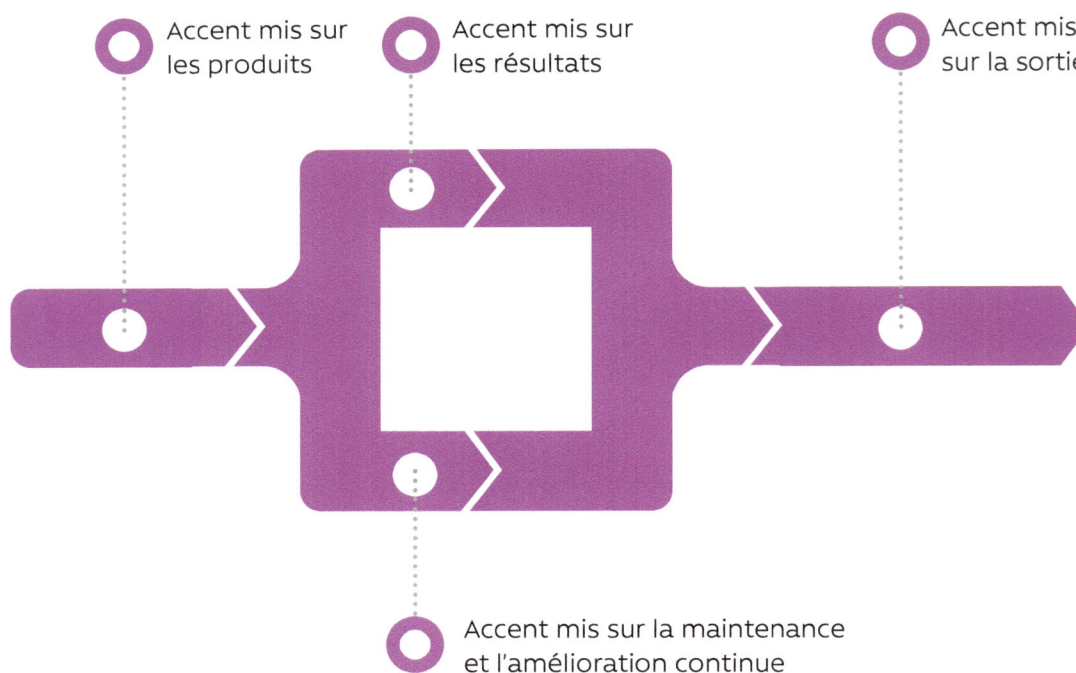

Figure 8.1 Évolution des priorités d'administration des programmes de protection sociale

Accent mis sur les produits

Accent mis sur les résultats

Accent mis sur la sortie

Accent mis sur la maintenance et l'amélioration continue

Source : Figure conçue pour cette publication

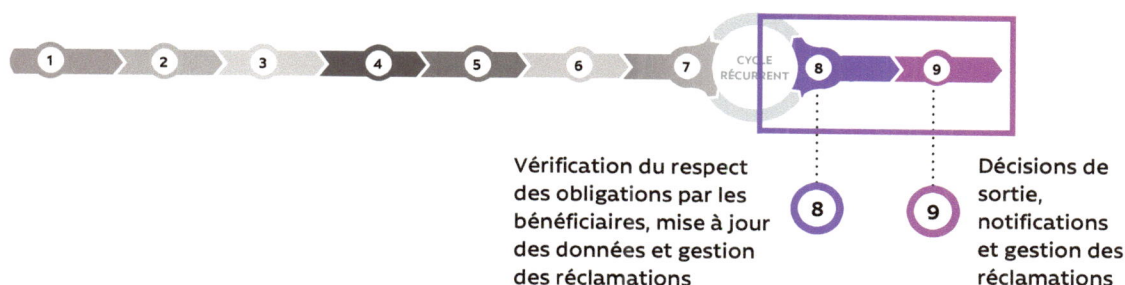

Vérification du respect des obligations par les bénéficiaires, mise à jour des données et gestion des réclamations

Décisions de sortie, notifications et gestion des réclamations

Source : Figure conçue pour cette publication

bénéficiaires comprennent les modifications du registre des bénéficiaires (dossier et statut) ainsi que celles des prestations et services à fournir. Ces modifications sont transmises à la phase de paiement des prestations et des services des processus et mécanismes de mise en œuvre en vue de son prochain cycle. De nombreuses **activités** sont réalisées au cours de cette phase, notamment la gestion des données relatives aux bénéficiaires, le contrôle et le suivi des conditionnalités (pour l'éducation, la santé et les conditions d'activation, en fonction du type de programme et de ses exigences), ainsi que la gestion des réclamations.

Ce chapitre comporte six sections principales :

- La section 8.1 fournit un cadre général pour la gestion des opérations des bénéficiaires, en détaillant les intrants, les produits et les activités ainsi que la manière dont ces éléments s'assemblent pour fournir à nouveau des informations pour la phase des paiements.

- La section 8.2 approfondit la gestion des données relatives aux bénéficiaires, y compris le cycle récurrent de mise à jour et de correction des informations, l'examen de la progression des bénéficiaires, de la qualité de la mise en œuvre et de la logistique ainsi que d'autres aspects. Cette section aborde également des activités moins fréquemment réalisées du programme telles que la recertification et les décisions de sortie.

- Les sections 8.3 et 8.4 étudient comment les pays vérifient et recherchent la conformité aux conditionnalités en matière d'éducation et de santé dans le cadre des transferts monétaires conditionnels (TMC, section 8.3) ainsi que les exigences liées à l'activation dans les programmes d'aide à l'emploi (section 8.4).

- La section 8.5 traite des réclamations ainsi que de la gestion des mécanismes de leur règlement.

- La section 8.6 décrit une approche spécifique utilisée par certains pays pour identifier et corriger les prestations ou services affectés par erreur(s), fraude ou corruption (EFC).

- De nombreux exemples sont abordés dans les six sections de ce chapitre. Ils comprennent différents types de services sociaux et professionnels. Il y a également des exemples pour chaque région :

- **Afrique :** Éthiopie, Ouganda, Rwanda, Sierra Leone, Tanzanie

- **Asie de l'Est et Pacifique :** République de Corée, Indonésie

- **Europe et Asie centrale :** Allemagne, Arménie, Autriche, Bulgarie, Croatie, Danemark, Espagne, Estonie, Irlande, Macédoine du Nord, Moldavie, Mongolie, Pays-Bas, Roumanie, Royaume-Uni, Fédération de Russie, Suisse, Tadjikistan, Turquie

- **Amérique latine et Caraïbes :** Brésil, Chili, Colombie, Costa Rica, Honduras, Jamaïque, Mexique

- **Moyen-Orient et Afrique du Nord :** Cisjordanie et Gaza

- **Asie du Sud :** Bangladesh, Inde, Pakistan

- **Autres pays membres de l'Organisation de coopération et de développement économiques (OCDE) :** Australie, États-Unis, Nouvelle-Zélande

8.1 CADRE GÉNÉRAL DE LA GESTION DES OPÉRATIONS DES BÉNÉFICIAIRES

Les professionnels ou les administrations désignent régulièrement ces phases par l'expression « gestion des cas ». Comme mentionné au chapitre 2, cette locution est particulièrement problématique, car elle est utilisée différemment en fonction des professions. Certains professionnels l'utilisent pour désigner l'étape de gestion des opérations des bénéficiaires dans les processus et mécanismes de mise en œuvre, tandis que d'autres font référence à une approche intégrée de la gestion des besoins complexes de l'individu ou de la famille pendant toute la durée du traitement du cas. Pour cette raison, dans ce manuel, on utilise plutôt l'expression « gestion des opérations des bénéficiaires ». Cette locution désigne l'activité continue d'interaction et de collecte des informations sur le terrain ou à partir d'autres sources (comme d'autres bases de données), qui sont ensuite traitées selon un ensemble de protocoles, enregistrées et utilisées pour la prise de décisions. Ce processus simple d'interaction, de collecte, de traitement et de décision est le fil conducteur qui relie l'ensemble des activités qui se déroulent en permanence dans la mise en œuvre d'un programme.

Qu'est-ce que la gestion des opérations des bénéficiaires ? Pour simplifier, prenons l'exemple d'un programme de transferts monétaires. Dans le cas d'un transfert monétaire inconditionnel (TMI) ou conditionnel (TMC), la gestion des opérations des bénéficiaires représente la boîte noire des activités qui se déroulent normalement entre les périodes de paiement, et par laquelle un ensemble d'activités coordonnées sont mises en œuvre pour collecter, valider et décider de tous les intrants nécessaires en vue de procéder efficacement au paiement de la période suivante, en veillant à ce qu'une prestation adaptée soit réalisée auprès des bonnes personnes au bon moment et selon le dispositif de mise en œuvre approprié (figure 8.3).

Cette étape comprend généralement trois fonctions principales qui sont mises en œuvre simultanément : la gestion des données relatives aux bénéficiaires, le contrôle des conditionnalités et la mise en œuvre d'un mécanisme de gestion des réclamations (tableau 8.1). Cette étape est une partie essentielle du cycle récurrent de mise en œuvre et a pour objectif de mettre à jour, corriger et vérifier en permanence les informations sur les bénéficiaires, de suivre le parcours de ces derniers au sein du programme et de prendre des décisions sur leur statut. Elle couvre un large éventail de tâches que nous regroupons dans les catégories de fonctions suivantes :

- *Corriger les erreurs liées à la mise en œuvre :* identifier les problèmes liés à la mise en œuvre, les erreurs d'inclusion ou d'exclusion de bénéficiaires dans les programmes, les informations incorrectes, etc., dans le but d'apporter des mesures correctives et, éventuellement, préventives.
- *Assurer une logistique de mise en œuvre adéquate :* évaluer l'évolution des besoins en matière d'accès ou de situation géographique afin de garantir l'accès des bénéficiaires à l'interface de mise en œuvre des services ou des prestations.
- *Assurer la mise en œuvre de prestations ou de services corrects :* évaluer en permanence l'adéquation entre l'évolution des caractéristiques, des besoins et des conditions de vie des bénéficiaires et les mesures offertes par le programme.
- *Vérifier ou contrôler le respect des conditionnalités spécifiques au programme :* contrôler le respect par le bénéficiaire des coresponsabilités du programme, sur lequel sera basé le calcul du montant des prestations, ou l'accès ultérieur à des services ou des prestations dans le cas de programmes comportant des étapes progressives pour les bénéficiaires tels les programmes d'activation de la main-d'œuvre.
- *Donner aux bénéficiaires la possibilité de s'exprimer sur la gestion du programme :* leur donner, ainsi qu'à d'autres personnes, la capacité de faire des retours d'information positifs et négatifs aux gestionnaires du programme. Il s'agit notamment de signaler régulièrement les erreurs de paiement de prestation ou de fourniture de services, les erreurs potentielles d'inclusion et d'exclusion, des comportements inappropriés de travailleurs de première ligne, etc. Les avis des bénéficiaires peuvent

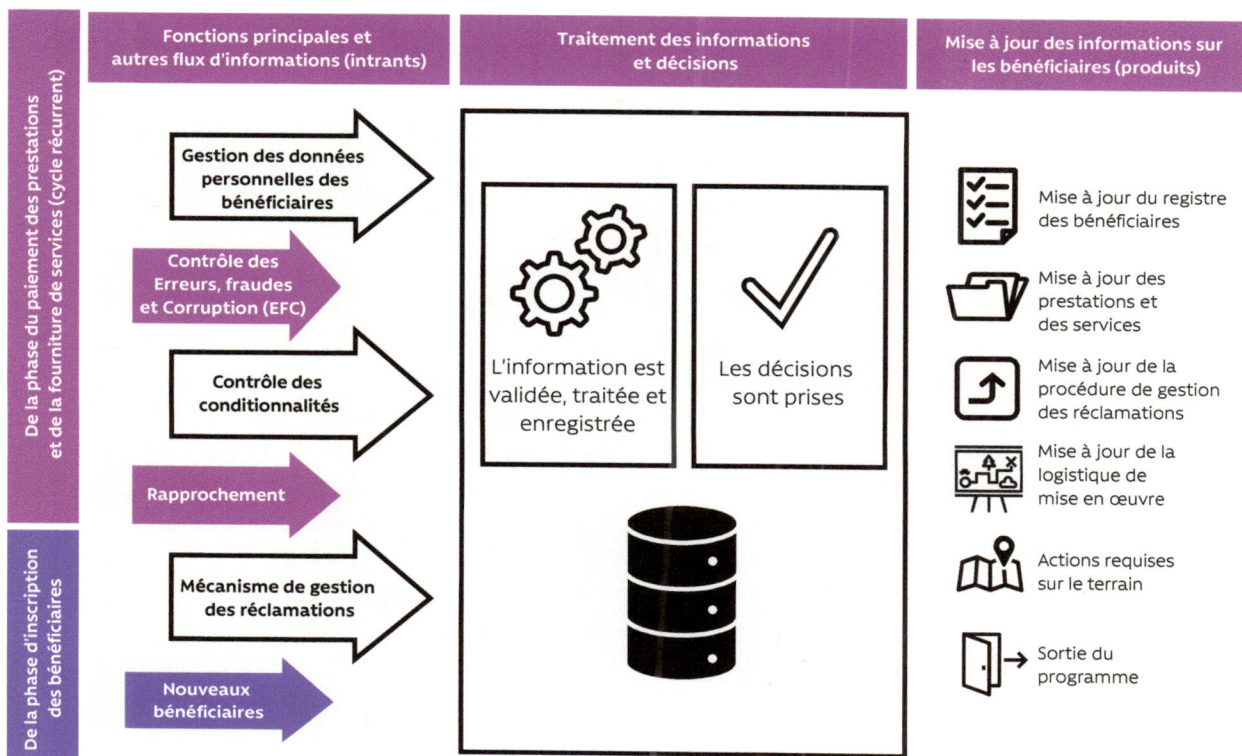

Figure 8.3 Cadre de la gestion des opérations des bénéficiaires

Source : Figure conçue pour cette publication
Note : EFC = erreur(s), fraude et corruption.

également être canalisés pour renforcer les bonnes pratiques de mise en œuvre et la qualité des performances du personnel.

- *Surveiller le statut et la progression des bénéficiaires :* déterminer qui doit continuer à participer au programme et qui doit en sortir. Certains programmes ont mis au point un statut du bénéficiaire différencié selon ses progrès dans le programme. Cette tâche permet également au programme d'évaluer le niveau d'accompagnement requis.
- *Mettre à jour les informations relatives à l'éligibilité :* déterminer si les bénéficiaires répondent toujours aux critères établis.
- *Identifier et corriger les cas d'EFC :* cela se produit normalement dans les pays qui ont adopté une approche spécifique de la gestion des erreurs, de la fraude et de la corruption.

Les tâches de gestion des opérations des bénéficiaires ne sont pas indépendantes les unes des autres

et ne respectent pas une séquence spécifique. En général, elles ont lieu en simultané et la manière dont elles sont liées les unes aux autres est fonction du type de programme. Par exemple, le contrôle et le suivi de la progression peuvent entraîner des changements dans le statut d'un bénéficiaire, une correction des informations sur les bénéficiaires peut entraîner des changements en matière de prestations ou de services et des changements en matière de services peuvent entraîner des modifications dans la logistique de mise en œuvre. Le tableau 8.1 montre comment les tâches sont normalement réparties entre les trois principales procédures mentionnées ci-dessus.

Produits, flux d'information et fréquence

Une caractéristique essentielle de la phase de gestion des opérations des bénéficiaires est qu'elle sert de source de collecte d'informations du programme.

Tableau 8.1 Tâches impliquées dans la gestion des opérations des bénéficiaires

Fonctions	Tâches
Gestion des données personnelles relatives aux bénéficiaires	Corriger les erreurs liées aux services ou à la gestion de l'information
	Assurer une logistique de mise en œuvre adéquate
	Assurer un ensemble de prestations ou de services corrects
	Assurer l'exactitude du statut et de la progression des bénéficiaires
	Respecter la conformité aux critères d'éligibilité
Contrôle et suivi des conditionnalités	Vérifier ou contrôler le respect des conditionnalités spécifiques au programme
Mécanisme de gestion des réclamations	Corriger les erreurs liées aux services ou à la gestion de l'information
	Donner aux bénéficiaires la possibilité de s'exprimer sur l'administration du programme

Source : Tableau conçu pour cette publication.

Elle traite les informations issues de différents flux et les traduit en un flux unique, ce qui permet aux gestionnaires du programme de prendre des décisions en vue d'obtenir les résultats suivants :

- Mise à jour du système de gestion des opérations des bénéficiaires (y compris les bénéficiaires qui sortiront du programme)
- Mise à jour des prestations ou des services
- Mise à jour de la logistique de mise en œuvre
- Application de pénalités ou de sanctions pour le non-respect des conditionnalités ainsi que pour les cas de fraude
- Apport ou enregistrement de solutions pour les réclamations
- Identification et planification des actions supplémentaires sur le terrain

Les flux d'informations peuvent varier d'un programme à l'autre. Comme le montre la figure 8.3,

ces flux peuvent inclure les trois principales procédures de gestion des opérations des bénéficiaires : la gestion des données relatives aux bénéficiaires, le contrôle du respect des obligations et les informations sur les réclamations. Ils peuvent aussi inclure le rapprochement des prestations et des services du cycle précédent ainsi qu'une liste des bénéficiaires nouvellement inscrits, qui sont intégrés pour la première fois dans le cycle récurrent.

La fréquence de ces tâches est fonction de l'approche et des cycles de prestations d'un programme. Dans les programmes qui s'appuient sur une approche impulsée par les gestionnaires, la gestion des opérations des bénéficiaires s'aligne normalement sur les cycles de paiement. Autrement dit, si un programme fournit des prestations tous les deux mois, les processus de gestion des opérations des bénéficiaires ont lieu à la même fréquence. Par exemple, dans les programmes TMC réguliers tels que le programme Pantawid Pamilyang Pilipino (4Ps) des Philippines, le programme Benazir d'aide au revenu (BISP) du Pakistan et le programme Jawtno du Bangladesh, la collecte, la numérisation et le traitement des informations relatives à la gestion des opérations des bénéficiaires respectifs s'alignent sur leurs cycles de paiement. La logique qui sous-tend cet alignement est simple. Le calcul du montant des prestations et la logistique de mise en œuvre doivent être aussi précis que possible à chaque cycle. La gestion des opérations des bénéficiaires permet une mise à jour permanente de leur identité, des montants qu'ils ont perçus et du lieu de perception. Par ailleurs, dans les programmes qui fonctionnent selon des approches à la demande, la gestion des opérations des bénéficiaires reflète normalement l'intensité des interactions du programme avec un individu ou un ménage. Le programme Puente al Desarrollo du Costa Rica en est un exemple. Ce programme propose un ensemble de prestations et de services personnalisés pour chaque bénéficiaire, sur la base d'un diagnostic du ménage et d'un plan d'action individualisé (PAI). La fréquence des tâches de gestion des opérations des bénéficiaires est fonction des interactions prévues entre le travailleur social (appelé *cogestor*) et le ménage, ce qui varie selon les bénéficiaires.

Dans de nombreux programmes basés sur des approches impulsées par les gestionnaires, les différents flux d'informations sont planifiés de telle sorte qu'ils convergent tous vers un même point à chaque cycle. En effet, le gestionnaire du programme fixe une date limite à chaque cycle pour terminer la collecte des réclamations le contrôle des conditionnalités et la mise à jour des informations de base, puis il traite les informations. Le calendrier principal est un outil commun utilisé pour gérer le calendrier et la convergence des flux d'informations, comme décrit ci-après.

Les cycles de paiement déterminent la fréquence à laquelle les informations doivent être mises à jour. Dans les programmes qui nécessitent un échéancier de paiement, par exemple, les personnes chargées du calcul peuvent avoir besoin de savoir si un bénéficiaire est toujours en vie (dans le cas des programmes de pension sociale), si une famille s'est rendue dans un centre de santé pour la prise de mesure mensuelle (dans le cas des programmes TMC sensibles aux aspects liés à la nutrition) ou si le bénéficiaire s'est rendu sur son lieu de travail (dans le cas des programmes de travaux publics). Le fait de disposer de ces informations en temps voulu, pour poursuivre l'exemple du registre de paiement, permet au gestionnaire du programme d'effectuer un calcul précis des prestations et une planification logistique reflétant les changements effectués.

Des cycles plus courts nécessitent des mécanismes efficaces de gestion des opérations des bénéficiaires. Les programmes de travaux publics effectuent normalement les paiements aux bénéficiaires toutes les unes ou deux semaines. Cette particularité des programmes de travaux publics pose un défi aux gestionnaires du programme. Les présences doivent être vérifiées, les réclamations collectées, les mises à jour enregistrées et le tout finalisé, presque quotidiennement, en vue de procéder aux paiements à la fin de la période de travail ou quelques jours plus tard.

L'outil de l'alignement des flux d'information : le « calendrier principal »

La gestion des flux d'informations peut s'avérer être l'une des activités les plus complexes d'un programme au cours des premières phases de sa mise en œuvre. Parmi les dispositifs les plus complexes, on trouve les TMC qui comportent des conditionnalités en matière de santé et d'éducation. Cette complexité résulte de trois facteurs principaux : la multiplicité des sources de flux d'informations, la coordination intersectorielle (verticale et horizontale) ainsi que les différents délais de traitement. De tels défis sont normalement relevés en élaborant un **calendrier principal**. Cet outil fait partie intégrante de la planification de la mise en œuvre et sert à programmer de manière séquentielle et logique toutes les activités de chaque cycle, en tenant compte du temps de traitement, de la capacité et de la charge de travail, entre autres variables. Ce processus est parfois appelé « programmation ».

Un calendrier principal facilite la coordination entre les différents acteurs internes et externes du programme et les rend responsables du respect de certains délais et résultats. Par exemple, le programme de pension sociale du Mexique, le programme de Pension pour les personnes âgées (Pension para el Bienestar de las Personas Adultas Mayores), met à jour chaque année un calendrier principal détaillé. Le calendrier est approuvé par les services internes concernés par le programme et le prestataire des services de paiement et il est communiqué à tous les bureaux régionaux. Les services internes de ce programme qui participent à la finalisation du calendrier principal sont les suivants :

- *Service de mise en œuvre.* Ce service est responsable de la préparation de la proposition du calendrier principal. La proposition se fonde sur un historique des informations et des délais convenus précédemment pour déterminer les périodes et les échéances de chaque étape du processus.
- *Service du registre des bénéficiaires (responsable du système de gestion des opérations des bénéficiaires du programme).* Ce service est responsable de l'une des activités les plus complexes du processus de gestion des opérations des bénéficiaires du programme. Il intègre les différents flux d'informations, en s'assurant de la cohérence des informations collectées sur le terrain, en fournissant un registre actualisé et en calculant le montant des prestations.
- *Service financier.* Ce service veille à ce que les périodes de paiement correspondent bien aux allocations budgétaires mensuelles du programme, fournies par le ministère des Finances.

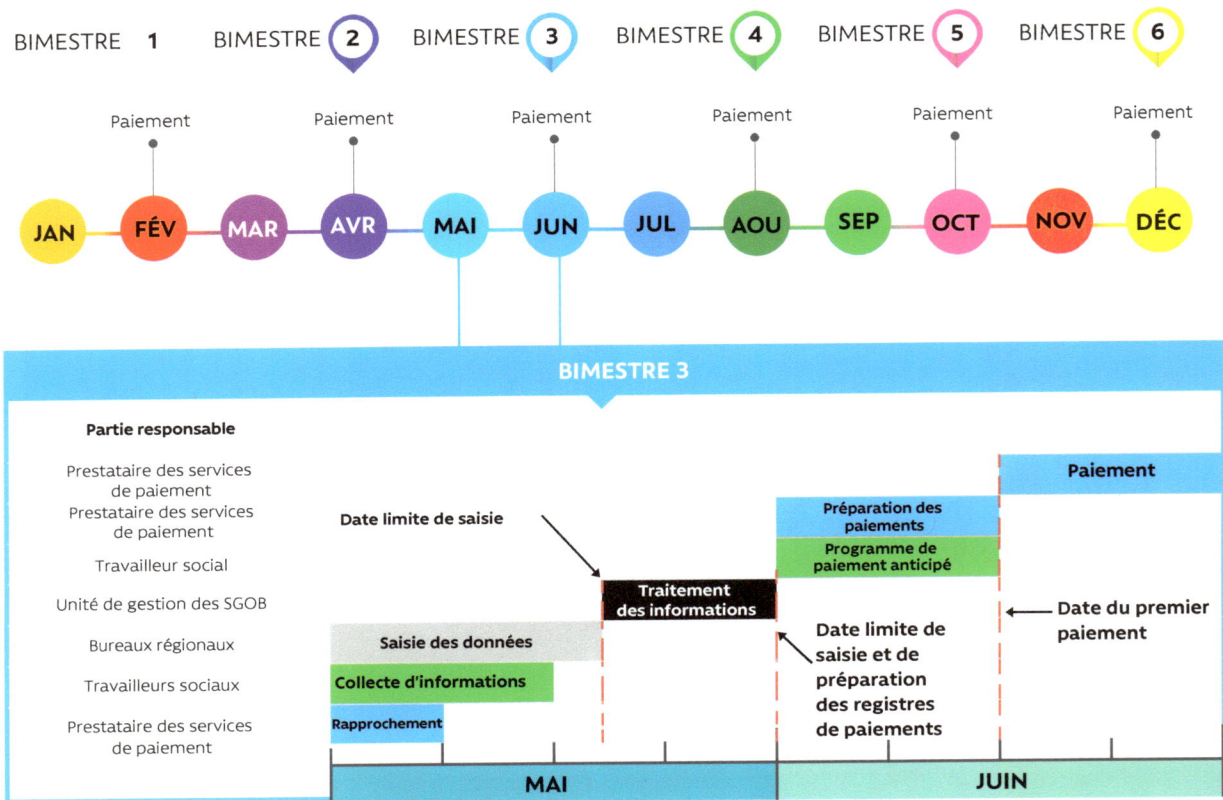

Figure 8.4 Calendrier principal : programme de pension pour les personnes âgées au Mexique

BIMESTRE 1   BIMESTRE 2   BIMESTRE 3   BIMESTRE 4   BIMESTRE 5   BIMESTRE 6

Paiement   Paiement   Paiement   Paiement   Paiement   Paiement

JAN FÉV MAR AVR MAI JUN JUL AOU SEP OCT NOV DÉC

BIMESTRE 3

Partie responsable

Prestataire des services de paiement
Prestataire des services de paiement
Travailleur social
Unité de gestion des SGOB
Bureaux régionaux
Travailleurs sociaux
Prestataire des services de paiement

Date limite de saisie

Paiement

Préparation des paiements

Programme de paiement anticipé

Traitement des informations

Date du premier paiement

Saisie des données

Date limite de saisie et de préparation des registres de paiements

Collecte d'informations

Rapprochement

MAI   JUIN

Source : Figure conçue pour cette publication
Note : SGOB = Système(s) de gestion des opérations des bénéficiaires

Après approbation du calendrier principal par ces trois services, il est envoyé au prestataire des services de paiement pour examen et acceptation (voir chapitre 6).

La figure 8.4 illustre comment les périodes et les échéances sont définies pour un bimestre dans le programme de pension sociale du Mexique.

8.2   GESTION DES DONNÉES RELATIVES AUX BÉNÉFICIAIRES

La gestion des données relatives aux bénéficiaires est une fonction récurrente des programmes. Elle consiste à mettre à jour et à corriger les informations sur les bénéficiaires, ainsi qu'à prendre des décisions en fonction de ces changements. Comme mentionné dans la section d'introduction du chapitre 8, elle est l'une des trois principales fonctions réalisées par les programmes au cours de chaque cycle des processus et mécanismes de mise en œuvre de la protection sociale, à l'étape de gestion des opérations des bénéficiaires (figure 8.5).

Cette fonction est un composant essentiel de la maintenance quotidienne des programmes. Actuellement, les discussions autour des systèmes de mise en œuvre sont axées sur le rôle des technologies dans l'implémentation des systèmes. La plupart des discussions concernent l'amélioration des services fournis par les programmes en utilisant par exemple les avancées dans le secteur financier via la technologie financière (« fintech ») et d'autres stratégies ultramodernes, comme l'e-KYC (Electronic Know Your Customer).

Figure 8.5
La fonction de gestion des données relatives aux bénéficiaires dans les processus et mécanismes de mise en œuvre de la protection sociale

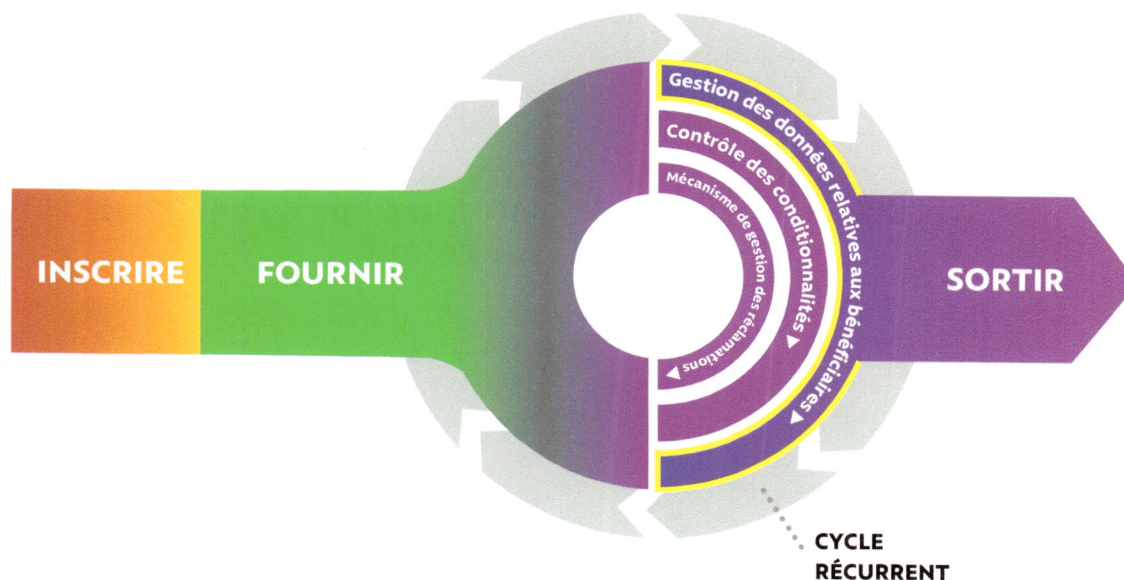

Source : Figure conçue pour cette publication.

D'autres discussions s'intéressent à l'interopérabilité des bases de données administratives, qui permettrait de les lier au registre social pour faciliter l'évaluation des besoins et des conditions de vie. Les premières sont axées sur la manière de rendre les systèmes de paiement plus accessibles et transparents en exploitant la technologie ; les secondes se concentrent sur la réduction des erreurs d'inclusion et d'exclusion grâce à l'innovation. Ces deux types d'innovations garantissent des gains d'efficience immédiats et faciles à appréhender. C'est pourquoi les décideurs et les gestionnaires de programme suivent la vague de l'innovation liée à ces domaines, mais négligent, dans une certaine mesure, d'étudier la pertinence des nouvelles technologies pour le processus standard de maintenance des informations. Dans cette section, nous allons voir comment les innovations permettent d'affiner la pertinence des décisions concernant le registre des bénéficiaires en cours **en maintenant la précision** des informations collectées précédemment.

Dans cette section, nous verrons aussi comment les programmes maintiennent exactes les informations de base sur les bénéficiaires, par des mises à jour et des corrections qui permettent ainsi de leur attribuer un statut ainsi que les prestations et services toujours appropriés. En effet, les programmes peuvent manquer des informations nécessaires pour prendre les bonnes décisions au quotidien du fait de deux motifs majeurs :

- *Les informations sont obsolètes*, car les besoins et conditions de vie des familles évoluent. Les informations collectées durant les phases d'évaluation et d'inscription fournissent une vue d'ensemble des besoins et des conditions de vie d'un individu ou d'un ménage à un moment donné. Ces informations changent à mesure que des événements (naissances, décès, mariage, migration, etc.) viennent ponctuer la vie de ces personnes. Elles peuvent également changer sous l'influence d'autres facteurs tels que l'évolution des conditions socio-économiques, des changements dans la situation de vulnérabilité ou d'autres influences.
- *Les informations sont incorrectes, car collectées de manière erronée* durant les phases d'évaluation et d'inscription, ou incorrectement autodéclarées, que ce soit intentionnel ou non[4].

L'utilisation d'informations incorrectes ou obsolètes peut conduire à un enchaînement d'erreurs qui affecte le cycle récurrent. Par exemple, des paiements ou centres de service incorrects sont attribués à des bénéficiaires, des paiements sont versés à des bénéficiaires décédés (notamment dans le cas des pensions sociales) ou des ménages continuent de bénéficier de services qui ne reflètent pas l'évolution de leur situation. Certaines personnes peuvent aussi continuer de recevoir des prestations alors qu'elles n'ont plus droit à cette aide en raison de changement dans leur situation géographique ou socio-économique.

Pour réduire ces erreurs, les programmes ont adopté des procédures de gestion des données relatives aux bénéficiaires. Comme nous verrons dans cette section, certaines de ces mises à jour et corrections sont effectuées dans le cadre du cycle récurrent d'un programme. Certains mécanismes réduisent la fréquence des mises à jour et des corrections. Cette approche, qui nécessite généralement plus de temps et de ressources, n'est pas mise en œuvre dans le cycle standard des programmes, pour des raisons que nous aborderons plus loin.

Un autre aspect important de cette section est « l'existant ». Comme expliqué précédemment, les informations sont mises à jour ou corrigées pour faciliter les prises de décision. L'une des décisions majeures concerne la détermination du temps pendant lequel les bénéficiaires sont inclus dans le programme. Comment la sortie des bénéficiaires d'un programme est-elle gérée ? Il s'agit de la dernière phase des processus et mécanismes de mise en œuvre de la protection sociale et, en dehors de considérations de politiques, les protocoles à exécuter pour achever le parcours du bénéficiaire à travers un programme ont fait l'objet de trop peu d'attention.

La section 8.2 se présente donc trois sous-sections :

- *Types de mises à jour et informations de base des programmes.* Cette sous-section explore la manière dont les programmes organisent les informations de base sur les bénéficiaires et comment ces informations sont liées aux décisions courantes de ces programmes.
- *Mécanismes de mise à jour.* Cette sous-section analyse les différentes stratégies couramment mises en œuvre, ainsi que certaines innovations dans le domaine.
- *Décisions de sortie.* Cette sous-section aborde les critères employés et les procédures appliquées en ce qui concerne la sortie des bénéficiaires d'un programme.

Tout au long de cette section, des exemples de pays viendront illustrer la fonction de cette étape. Avant de passer aux mécanismes, la sous-section suivante aborde les informations de base du programme et la manière dont celles-ci sont exploitées dans les procédures de mise à jour et de correction des informations.

Types de mises à jour et informations de base des programmes

Les informations de base des programmes sont constituées d'un ensemble de champs de données que les gestionnaires de programme vérifient continuellement pour garantir la cohérence du registre des bénéficiaires. Ces champs sont régulièrement utilisés pour évaluer les changements potentiels suivants :

- *Maintien dans le programme.* Il s'agit d'identifier les bénéficiaires qui doivent rester dans le programme et ceux qui doivent en sortir, notamment en cas de décès.
- *Logistique de mise en œuvre.* Ces informations sont utilisées pour déterminer où et comment les prestations et fournir les services.
- *Paquet de prestations ou de services.* Ce type d'informations permet aux programmes offrant des paquets de prestations/services différenciés de savoir si les prestations et services correspondent aux besoins des bénéficiaires.

Dans le cas de mises à jour susceptibles d'affecter le maintien d'un bénéficiaire dans un programme, la tâche s'appuie sur certaines fonctions exécutées lors de la décision d'inscription (abordée au chapitre 5). En effet, les gestionnaires de programme cherchent à déterminer si, à la suite d'un changement des informations de base le concernant, le bénéficiaire répond toujours aux critères d'éligibilité établis. De plus, lorsque le statut socio-économique calculé par le biais de mesures agrégées de niveau de bien-être (décrites au chapitre 4) est un critère d'éligibilité du programme, il est généralement inenvisageable de réévaluer continuellement cette information, car il faudrait soumettre de longs questionnaires aux ménages, ce qui serait coûteux et prendrait trop de temps. C'est pourquoi certains programmes ont choisi de mettre en œuvre une procédure distincte, en dehors du cycle standard[5]. Cette procédure est parfois appelée « recertification », mais ici, nous l'appelons « réévaluation ». Elle permet de vérifier que les individus ou ménages actuellement inscrits dans le registre ont toujours le profil de bénéficiaire du programme. Selon le programme, cette activité peut supposer une réévaluation des besoins et des conditions de vie socio-économiques ou, dans le cas des individus et ménages vulnérables, une réévaluation de la situation professionnelle ou des risques sociaux. Elle s'inscrit dans la gestion des données relatives aux bénéficiaires, car elle s'applique aux bénéficiaires actuels, mais les mécanismes de sa mise en œuvre sont identiques à l'évaluation des besoins et des conditions de vie décrite au chapitre 4. C'est donc dans ce dernier qu'on peut trouver une explication détaillée de l'activité. Par conséquent, cette section présente essentiellement des exemples de types de mises à jour et de corrections courantes dans le cycle récurrent des processus et mécanismes de mise en œuvre.

La gestion des données relatives aux bénéficiaires concerne différentes mises à jour, en fonction du programme et des données administratives du pays. Aux Philippines, le programme 4Ps repose sur un système de mise à jour des bénéficiaires (BUS — Beneficiary Update System) qui applique 12 types de mises à jour

(tableau 8.2). À ne pas confondre avec un logiciel, le système BUS est une procédure complète qui inclut des processus opérationnels, des responsabilités et des critères, et qui fournit un mécanisme permettant aux bénéficiaires de modifier leurs informations de base (le processus est décrit en détail dans la section suivante). Dans le système BUS, deux types de mises à jour peuvent avoir un impact sur le maintien dans le programme : (1) les bénéficiaires cessent de résider dans la zone du programme Pantawid Pamilya, ou (2) le bénéficiaire ou un membre de la famille/du ménage décède. De plus, neuf mises à jour du système BUS peuvent entraîner une modification de la logistique de mise en œuvre pour le bénéficiaire : arrivée d'un enfant dans la famille, changement d'adresse, changement de service de soins de santé attitré, changement d'école, changement de récipiendaire désigné (ce qui implique de nouvelles informations de contact), retour au foyer d'un enfant biologique ou adopté légalement, correction des informations de base, remplacement des enfants pris en compte dans la vérification du respect des conditionnalités, et nouvelle grossesse. Enfin, huit types de mises à jour peuvent entraîner un changement du paquet de services (tableau 8.2).

Tableau 8.2 Types de mises à jour des bénéficiaires pour le programme 4Ps aux Philippines

Type de mise à jour	Pièces justificatives	Changement potentiel
Nouveau-né	• Certificat de naissance • Service de soins de santé rural/Centre de soins de santé de barangay (unité administrative) • Certificat d'enregistrement	Logistique de mise en œuvre et paquet de prestations/services
Changement d'adresse (sans sortir des zones du programme Pantawid Pamilya)	Attestation de changement de résidence fournie par le chef du barangay	Logistique de mise en œuvre
Déménagement vers une localité située hors de la province, de la ville ou de la municipalité (dans des zones ne relevant pas du programme Pantawid Pamilya)	• Attestations de l'ancienne adresse et de la nouvelle, fournie par le chef du barangay • Attestation d'un agent de liaison urbain/municipal (C/ML)	Maintien dans le programme
Changement du centre de santé, attitré pour des services	Certificat d'enregistrement fourni par le nouveau centre de santé/service et signé par le gestionnaire municipal de la santé ou le chef du centre de santé	Logistique de mise en œuvre

suite

Tableau 8.2 *(suite)*

Type de mise à jour	Pièces justificatives	Changement potentiel
Changement d'école/nouvelle inscription	Preuve d'inscription signée par le directeur ou le chef d'établissement	Logistique de mise en œuvre et paquet de prestations/services
Changement de récipiendaire désigné	• Acte de décès • Attestation d'un C/ML spécifiant le motif de l'absence de longue durée • Certificat médical • Formulaire Land Bank of the Philippines du nouveau bénéficiaire correctement rempli et accompagné des autres documents • Rapport d'incident ou étude de cas du bureau municipal du développement social (MSWDO). Pour validation de l'étude de cas des C/ML par le MSWDO	Logistique de mise en œuvre
Décès du bénéficiaire ou d'un membre du ménage	Acte de décès	Maintien dans le programme et paquet de prestations/services
Retour au foyer d'un enfant de moins de 18 ans biologique ou adopté légalement	• Certificat de naissance (dans le cas d'un enfant biologique) • Documents d'adoption légale (dans le cas d'un enfant adopté) • Certificat d'inscription à l'école (pour un enfant de 3 à 18 ans) • Attestation d'inscription dans un centre de santé si l'enfant a moins de 5 ans • Attestation d'un C/ML certifiant que l'enfant n'est pas déjà un bénéficiaire du programme Pantawid Pamilya sur son lieu d'origine	Logistique de mise en œuvre et paquet de prestations/services
Correction des informations de base (nom, sexe, date de naissance)	• Certificat d'inscription à l'école (pour un enfant de 3 à 18 ans) • Certificat d'enregistrement auprès du RHU/BHS (pour un enfant de 0 à 5 ans) et certificat médical (pour un enfant en situation de handicap) attestant le handicap et l'invalidité	Logistique de mise en œuvre et paquet de prestations/services
Identification d'appartenance à une tribu autochtone	Certificat d'un chef de tribu autochtone	Ensemble de prestations ou de services
Remplacement d'enfants pris en compte dans la vérification du respect des conditionnalités	• Certificat médical (dans le cas d'un enfant en situation de handicap) attestant le handicap et l'invalidité • Acte de décès en cas de décès • Certificat de naissance • Certificat d'inscription	Logistique de mise en œuvre et paquet de prestations/services

suite

Tableau 8.2 *(suite)*

Type de mise à jour	Pièces justificatives	Changement potentiel
Nouvelle grossesse	Certificat d'enregistrement auprès du service de santé rural (RHU)/centre de santé de barangay (BHS)	Logistique de mise en œuvre et paquet de prestations/services

Source : d'après les informations fournies dans le manuel des opérations du programme Pantawid Pamilyang Pilipino des Philippines, Département de la protection sociale et du développement, décembre 2015

Remarque : C/ML = agent de liaison urbain/municipal (City/Municipal Link) ; RHU/BHS = services de santé ruraux/centre de santé de barangay (Rural Health Units/Barangay Health Station) ; 4Ps = programme Pantawid Pamilyang Pilipino ; MSWDO = Bureau municipal du développement social (Municipal Social Welfare Development Office)

Les pièces justificatives peuvent être utilisées comme outils de validation. Il peut s'avérer compliqué de certifier une mise à jour ou une correction, car les documents administratifs associés à certains événements ne sont pas disponibles immédiatement. Par exemple, un changement d'adresse peut être difficile à certifier, soit parce que les factures d'électricité et de téléphone n'existent pas encore, soit parce qu'elles sont au nom d'un autre chef de ménage, ou encore parce que les personnes concernées ne disposent pas des documents de base requis. Les programmes optent souvent pour demander, en tant que pièce justificative, une lettre de la collectivité locale certifiant la nouvelle adresse du bénéficiaire. Quelle que soit la documentation choisie, l'établissement de documents constituant une preuve de changement permet d'assurer un certain niveau de traçabilité et de redevabilité. Le tableau 8.2 fournit des exemples de pièces justificatives acceptées pour chaque type de mise à jour.

Certains programmes incluent un autre type de mise à jour : la sortie volontaire du programme. L'inconstance des besoins et des conditions de vie d'un ménage bénéficiaire ne signifie pas que ces conditions vont toujours empirer. Parfois, les besoins diminuent et les conditions de vie s'améliorent. Les personnes concernées peuvent alors se retirer d'un programme parce qu'elles ne souhaitent plus assumer les coûts associés au respect des obligations du programme. Au Pakistan, par exemple, dans le programme Benazir d'aide au revenu, l'un des sept types de mise à jour du sous-programme TMC Waseela-e-Taleem est la sortie volontaire d'un ménage. Les directives du programme spécifient :

« Sortie volontaire du programme par un ménage : lorsqu'un bénéficiaire souhaite sortir volontairement du programme, en justifiant sa décision ou non. »

Mécanismes de mise à jour et de correction des informations sur les bénéficiaires

Les programmes font appel à différents mécanismes de mise à jour et de correction pour maintenir l'exactitude des informations de base sur les bénéficiaires. Cette section décrit plusieurs mécanismes actuellement employés en s'appuyant sur les exemples de divers pays.

Les processus de mise à jour peuvent être classifiés en fonction de l'initiateur du processus et de la portée de la mise à jour. Ainsi, les mécanismes de mise à jour se répartissent en deux groupes principaux. D'une part, des procédures planifiées par les programmes ont lieu tous les ans (ou tous les deux ans). Elles couvrent tous les bénéficiaires du système de gestion des opérations des bénéficiaires (SGOB). D'autre part, des procédures à la demande peuvent être déclenchées par le bénéficiaire ou par un travailleur social. Dans ce cas, les demandes de mise à jour ne concernent que les bénéficiaires qui ont signalé un changement au programme ou qui ont eu une réunion de suivi avec un travailleur social. Comme détaillé ci-après dans cette sous-section, certains programmes combinent les deux types de mécanismes, tandis que d'autres utilisent seulement les procédures planifiées ou seulement les procédures à la demande.

Mécanismes de mise à jour à la demande

Mise à jour à la demande d'un bénéficiaire

Ce mécanisme de mise à jour est l'un des plus courants. Dans ce cas, le bénéficiaire signale de manière proactive tout changement concernant les informations de base sur le ménage aux gestionnaires de programme. Cette déclaration est parfois une obligation du bénéficiaire spécifiée dans les directives du programme. Par exemple, tous les demandeurs éligibles qui souhaitent adhérer au programme 4Ps des Philippines se voient présenter, pendant la phase d'intégration, leurs droits et obligations, et sont tenus de signer un « serment d'engagement » qui décrit ces responsabilités. L'obligation concernant les mises à jour est ainsi mentionnée : le bénéficiaire doit « participer aux réunions et sessions de groupe et se coordonner avec les mères référentes 4Ps de quartiers sur les questions liées au programme 4Ps dans la communauté [...] et tout changement des informations sur le ménage »[6].

De même, le programme Benazir d'aide au revenu spécifie que le bénéficiaire est tenu de « présenter les mises à jour/réclamations/demandes avec les informations/documents requis par le biais de tout mécanisme disponible, en cas de mises à jour/réclamations/demandes »[7].

En général, avec ce type de mécanisme, les demandes de mise à jour et de correction sont recueillies tout au long de l'année. Toutefois, les mises à jour ne sont pas forcément traitées immédiatement. Normalement, les programmes qui appliquent ce mécanisme organisent la procédure en fonction des cycles de paiement réguliers. Au Mexique, le programme de pension pour les personnes âgées (Pension for the Elderly Program) recueille en permanence les demandes de mise à jour, mais elles ne sont traitées qu'une fois par bimestre, autrement dit tous les deux mois (figure 8.6). Les gestionnaires de programme locaux doivent soumettre les demandes de mise à jour/correction au système de gestion des opérations des bénéficiaires du programme dans un délai établi conformément au calendrier principal, de manière à laisser suffisamment de temps pour traiter le changement demandé. La mise à jour peut ainsi prendre effet pour le traitement du paiement en cours. Il est essentiel d'utiliser le calendrier principal pour que ce mécanisme se déroule de manière fluide.

Par ailleurs, les mécanismes déclenchés à la demande du bénéficiaire nécessitent la définition de procédures de validation et d'approbation. Comme les demandes de mise à jour et de correction sont recueillies sur le terrain, il est nécessaire de vérifier si elles respectent les paramètres des directives du programme, ainsi que de contrôler la validité des pièces justificatives. Une question est fondamentale : qui autorise et approuve les modifications finales apportées au registre

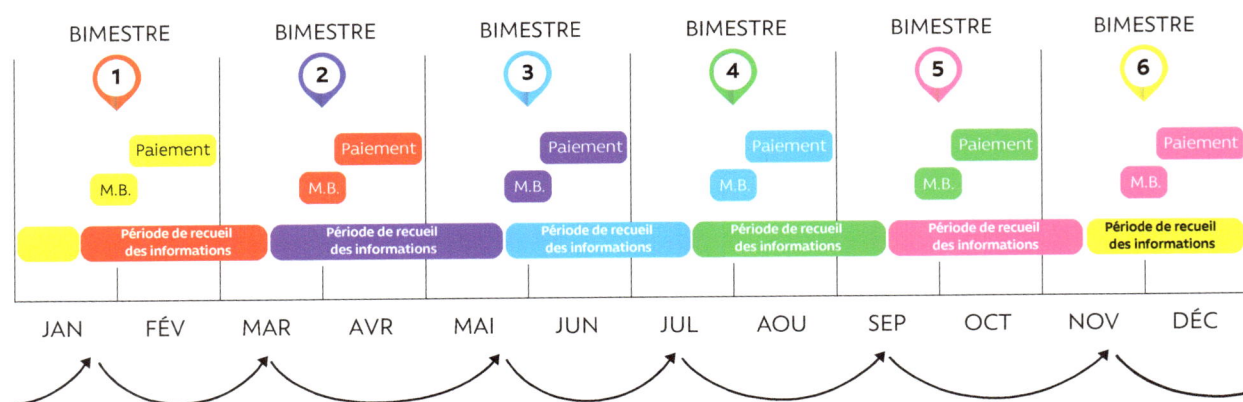

Figure 8.6 Mécanisme de mise à jour du programme de pension pour les personnes âgées au Mexique

Source : figure conçue pour cette publication.

Remarque : M.B. = processus de mise à jour/correction du registre des bénéficiaires.

des bénéficiaires ? Dans le cas du programme 4Ps, par exemple, la demande est recueillie par le parent référent de quartier. Elle est ensuite envoyée à l'agent de liaison urbain ou municipal qui vérifie qu'elle est complète et la saisit dans le système d'information du programme (PPIS — Pantawid Pamilyang Information System). Ultérieurement, elle est regroupée avec les autres demandes correspondant à la même période de mise à jour, pour révision en masse par le pôle de province. Enfin, elle est soumise au directeur régional pour approbation finale (figure 8.7).

Certains programmes mettent en place des mécanismes de vérification pour établir une « chaîne de surveillance » de la demande de mise à jour[8]. Au Mexique, le programme de pension pour les personnes âgées utilise un formulaire (« Ficha Unica de Atencion ») qui inclut un numéro de soumission unique, ainsi qu'un accusé de réception que le bénéficiaire doit conserver (figure 8.8). Le numéro de soumission unique permet au programme de contrôler la demande aux différentes étapes du processus. L'accusé de réception permet au bénéficiaire de suivre le processus de mise à jour dans tous les centres d'appels ou bureaux du programme. Il sert aussi de trace écrite ou preuve de la transaction pour le bénéficiaire[9]. De plus, le numéro unique du travailleur social qui a reçu la demande initiale est indiqué sur l'accusé de réception et sur la demande, ce qui renforce le niveau de responsabilisation. En outre, à mesure que la demande remonte dans le système de gestion des opérations des bénéficiaires du programme, toute action qui a un impact sur elle est accompagnée du numéro du gestionnaire de programme responsable de l'action (de la personne chargée de saisir les données au dirigeant qui approuve la demande).

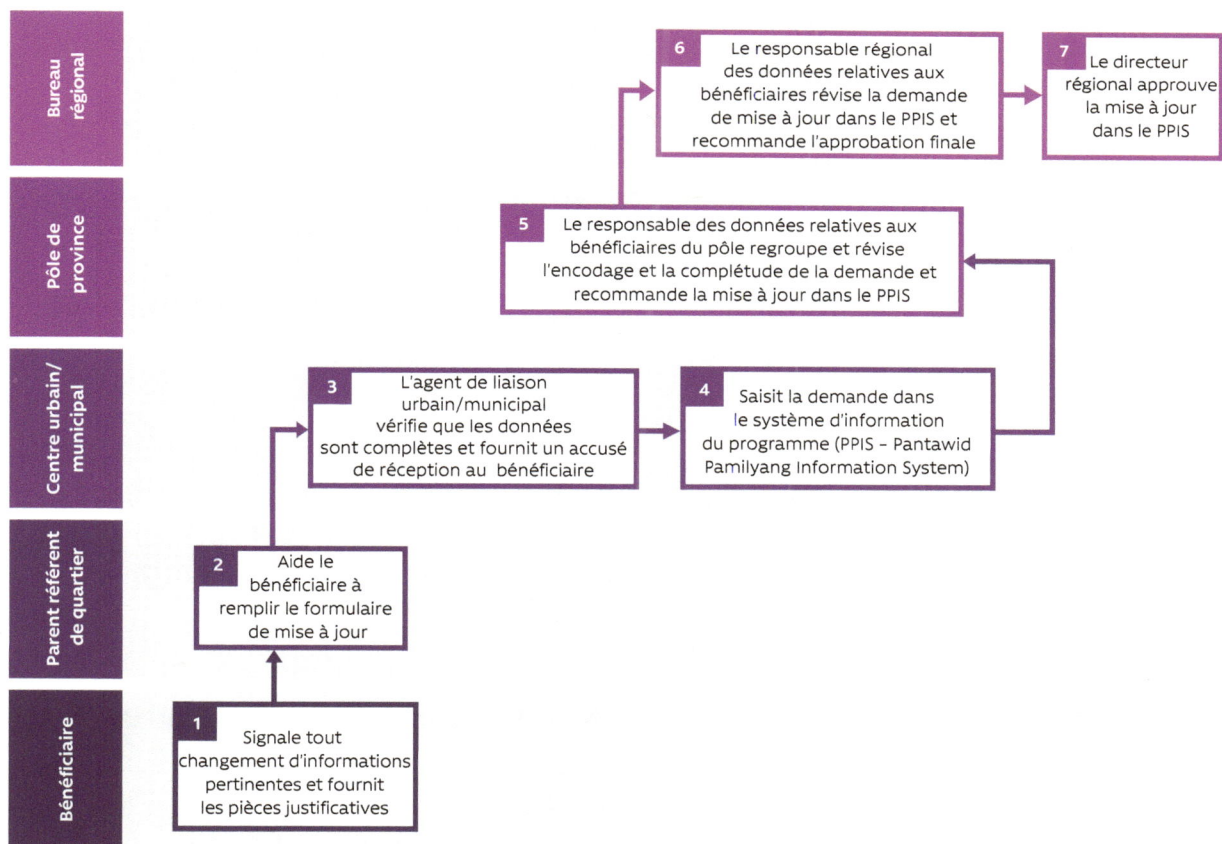

Figure 8.7 Figure d'une mise à jour engagée par le bénéficiaire : exemple du programme Pantawid Pamilyang des Philippines (4Ps)

Source : d'après les descriptions de processus fournies dans le manuel des opérations du programme Pantawid Pamilyang Pilipino des Philippines, Département de la protection sociale et du développement, décembre 2015.

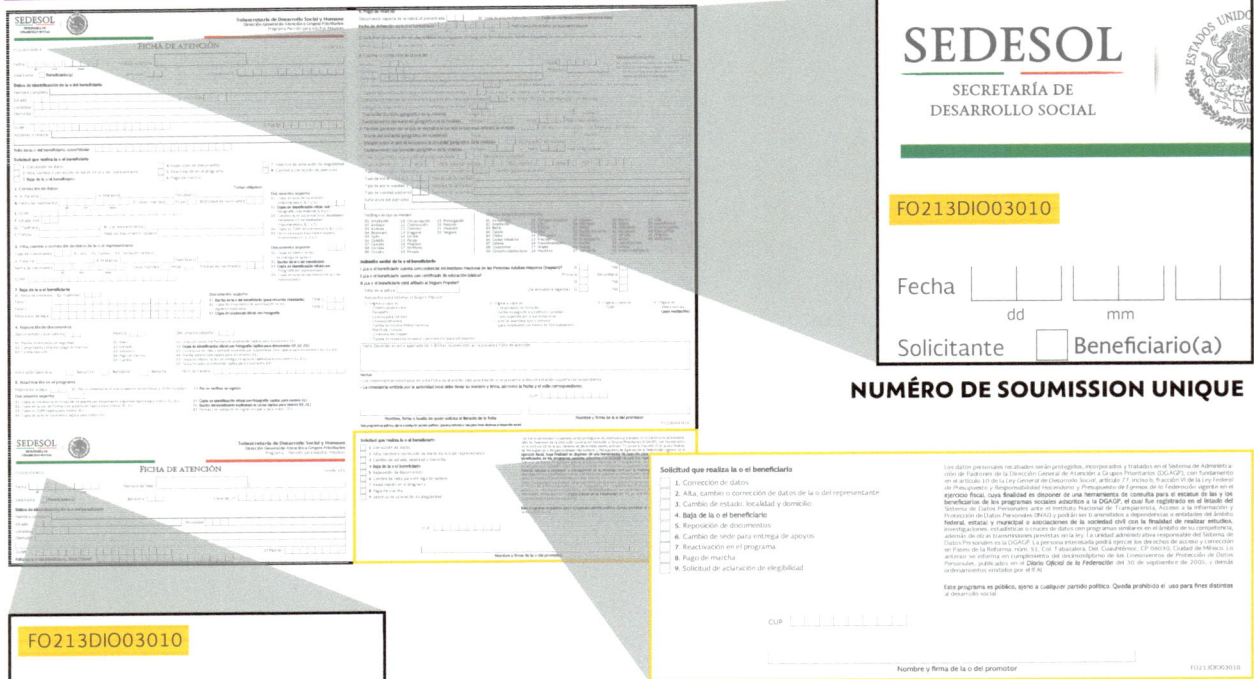

Figure 8.8 Formulaire de mise à jour du programme de pension pour les personnes âgées au Mexique

Source : « Guia para el Llenado de Fichas de Atencion », Secretaria de Desarrollo Social, Mexique, Direccion General de Atencion a Grupos Prioritarios, 2017.

Mise à jour à la demande d'un travailleur social

Ce mécanisme est essentiellement appliqué dans les services sociaux. Il sert à effectuer le suivi de la progression du bénéficiaire dans les différentes phases de l'assistance. Sa fréquence est fonction des interactions entre le bénéficiaire et les assistants sociaux du programme. Le programme Puente al Desarrollo du Costa Rica est un programme d'intervention familiale qui intègre des services de diverses disciplines et de différents organismes publics. Dans ce programme, l'assistant social développe un plan d'action individualisé (PAI) avec chaque famille et réalise régulièrement des visites de suivi auprès des ménages. Il relève également de sa responsabilité de mettre à jour la progression et les informations de base sur le bénéficiaire après chaque séance avec une famille. Dans cette optique,

le programme a développé le système d'attention personnalisée à la famille (SAPEF — Sistema de Atencion Personalizada a las Familias). Ce système contient à la fois les informations de base sur le bénéficiaire et le PAI de chaque famille. Ici, contrairement aux mécanismes déclenchés à la demande du bénéficiaire, le travailleur social est formé et habilité à saisir, valider et autoriser les changements à apporter aux informations sur le bénéficiaire.

Mécanismes de mise à jour planifiée par le programme

Le deuxième groupe de mécanismes de mise à jour et de correction correspond à ceux qui sont déclenchés par une procédure planifiée. Normalement, ces procédures impliquent l'ensemble du registre des bénéficiaires. Elles peuvent aussi reposer sur des références croisées avec d'autres bases de données administratives. Il existe deux principaux types de mécanismes de mise à jour planifiée par le programme : (1) ceux qui s'appuient sur l'interopérabilité des bases de données administratives pour mettre à jour les informations et (2) ceux qui utilisent la validation de champ pour mettre à jour le registre.

Mécanismes intégrés de mise à jour des informations sociales

Ces mécanismes consistent à effectuer des mises à jour périodiques en extrayant les données relatives aux bénéficiaires fournies par diverses bases de données administratives connectées. En Turquie, le système d'information intégré des services d'assistance sociale (ISAS — Integrated Social Assistance System, voir chapitre 4) intègre les fonctions d'un registre social et d'un registre intégré de bénéficiaires ainsi qu'un système intégré de gestion des paiements et un autre de données relatives aux bénéficiaires[10]. L'un des programmes reposant sur le système ISAS est un TMC dont le registre compte près de 3 millions de bénéficiaires. Le TMC n'utilise pas de système distinct de gestion des opérations des bénéficiaires. Il constitue simplement un sous-ensemble d'individus du système ISAS, qui comprend plus de 10 millions de ménages et 40 millions de personnes. Les informations de l'ensemble des personnes enregistrées dans le système ISAS sont actualisées tous les 45 jours via une procédure de services web qui extrait les données de 24 bases de données administratives connectées. Cette mise à jour peut être effectuée à tout moment, mais pour éviter de surcharger les systèmes interconnectés, le gouvernement a décidé de procéder par lots, une fois tous les 45 jours. De plus, les utilisateurs locaux des 1 000 fondations d'assistance sociale et de solidarité (SASF — Social Assistance and Solidarity Foundation) peuvent mettre à jour leur profil de bénéficiaire dans le système à tout moment s'ils le souhaitent (via des services web). Par ailleurs, les données de tous les bénéficiaires de l'assistance sociale (TMC compris) doivent être mises à jour avant le calcul des paiements.

Au Chili, le registre social des ménages (RSH — Registro Social de Hogares) repose également sur un mécanisme intégré de mise à jour des informations sociales. Une fois par mois, le RSH extrait 18 champs de données de

20 bases de données administratives différentes. Le RSH utilise l'intégration des systèmes pour mettre à jour les données administratives et, parallèlement, utilise un mécanisme déclenché à la demande du bénéficiaire pour mettre à jour les données autodéclarées.

Mécanismes de validation planifiée sur le terrain

Ce mécanisme implique de mobiliser des ressources une ou deux fois par an sur le terrain, pour vérifier les informations relatives aux bénéficiaires. Par exemple, au Mexique, le programme Prospera profitait de la première période de paiement de l'année pour demander aux bénéficiaires si leurs informations de base avaient changé (figure 8.9)[11]. Dans ce but, chaque chef de ménage recevait un formulaire imprimé (appelé F1) contenant les informations de base de son ménage, pour lui permettre de signaler tout changement éventuel. Si un changement était identifié, l'assistant social du programme remplissait un formulaire de mise à jour unique (Ficha Unica de Atencion) qui était géré par un processus similaire à celui du système BUS du programme 4Ps aux Philippines.

En Turquie, outre le mécanisme intégré de mise à jour des informations expliqué ci-dessus, tous les récipiendaires de l'assistance sociale (y compris les bénéficiaires de TMC) doivent passer une évaluation annuelle réalisée en personne par un inspecteur de l'assistance sociale du bureau SASF local. Pour ce faire, l'inspecteur de l'assistance sociale imprime un formulaire de « visite aux ménages » standard généré par le système ISAS. Le formulaire est prérempli par les données administratives. Une fois la visite terminée, le formulaire est saisi dans le système ISAS.

De même que le système ISAS en Turquie, certains programmes combinent plusieurs mécanismes pour renforcer la fiabilité. Un autre exemple est le programme de pension pour les personnes âgées du Mexique. Tous les deux mois, il recoupe son registre des bénéficiaires avec la base de données d'inscription à l'état civil du bureau de registre national de la population pour vérifier si des bénéficiaires ont été déclarés décédés.

Les mécanismes intégrés de mise à jour des informations sont généralement plus efficaces, aussi bien en matière de temps que de coûts, car ils exploitent la technologie : les données peuvent alors être traitées

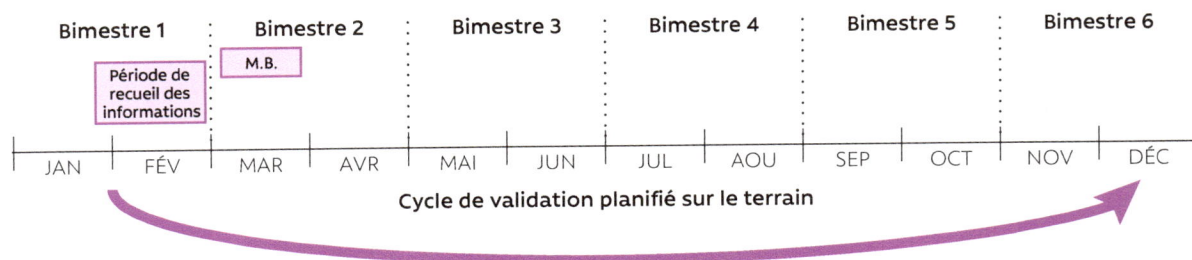

Source : figure conçue pour cette publication.
Remarque : M.B. = processus de mise à jour/correction du registre des bénéficiaires.

en moins de quatre heures. Toutefois, selon le contexte du pays, ils ne sont pas toujours envisageables, car ils s'appuient pleinement sur l'utilisation d'un système d'identification présentant une bonne couverture, la normalisation des données sur l'ensemble des plate-formes d'informations du gouvernement et la numérisation des dossiers administratifs pertinents.

Décisions de sortie

Dans le cadre de la gestion des bénéficiaires, la sortie de ces derniers du programme est l'une des décisions majeures. En général, les registres des bénéficiaires les plus performants sont très dynamiques : continuelle-ment, ils incorporent de nouveaux bénéficiaires par la phase d'inscription et retirent ceux qui ont terminé leur parcours de bénéficiaire, ainsi que ceux qui, en raison d'un changement ou d'une correction, ne répondent plus aux critères du programme. Pourquoi les béné-ficiaires sortent-ils d'un programme ? Parfois, parce qu'ils ont achevé le programme. Certains programmes sont constitués d'un ensemble déterminé d'interven-tions successives. Après les avoir effectuées, l'individu ou le ménage est certifié avoir réalisé le programme. C'est généralement le cas des interventions du mar-ché du travail, en particulier celles qui sont conçues pour améliorer l'employabilité de l'individu par le biais d'un ensemble spécifique de modules de formation. La durée limitée est un autre paramètre d'achèvement courant. Elle s'applique souvent aux programmes para-métriques. Les ménages sont évalués individuelle-ment et, pour chacun d'eux, un plan d'action pouvant atteindre 41 objectifs sur six dimensions d'amélioration

est formalisé[12]. Le bénéficiaire sort du programme lors-qu'il a atteint les objectifs ou une fois qu'il a passé deux ans dans le programme.

Une modification du profil du bénéficiaire est un autre motif de sortie d'un programme. À cet égard, le changement de statut socio-économique est le cri-tère le plus couramment utilisé, notamment dans le cas des filets de protection sociale. Comme expliqué précédemment, certains programmes de transfert monétaire conditionnel mettent en œuvre des pro-cessus de réévaluation pour valider continuellement l'éligibilité du registre (voir chapitre 4). Le lieu de rési-dence est aussi un paramètre courant, notamment dans les programmes qui comportent un ciblage géographique. Habituellement, les paramètres de sortie basés sur le ciblage géographique sont liés au déménagement des bénéficiaires vers des zones non ciblées. Comme décrit dans le tableau 8.2, le pro-gramme 4Ps des Philippines, qui cible des provinces spécifiques, vérifie continuellement si les bénéfi-ciaires ont déménagé vers des zones du pays non ciblées par le programme.

L'évolution du cycle de vie est un autre motif de sor-tie du programme, notamment lorsque le bénéficiaire perd l'éligibilité du programme en raison de son âge ou lorsqu'il décède. Dans le sous-programme Waseela-e-Taleem du programme BISP (WeT BISP) au Pakistan, toute personne qui a atteint l'âge de 15 ans répond à ce que le programme appelle le « critère de séparation » et est éliminée du registre. Les décès sont vérifiés réguliè-rement dans les programmes de pension sociale, mais ce ne sont pas les seuls programmes à effectuer ces contrôles.

Enfin, un autre motif de sortie d'un programme est le non-respect du bénéficiaire aux conditions ou coresponsabilités du programme. Ces conditions seront décrites plus en détail dans les sections suivantes de ce chapitre. Le tableau Revoir l'ordre de numérotation répertorie quatre motifs majeurs de sortie d'un programme.

Du point de vue de la mise en œuvre, une autre question est plus pertinente : comment les bénéficiaires quittent-ils le registre ? Plus précisément, comment les cas de sortie sont-ils identifiés ? Comment le programme vérifie-t-il que les critères de sortie ont été satisfaits ? Et comment la décision est-elle signalée aux individus ou ménages concernés ?

Habituellement, les programmes éliminent les bénéficiaires du registre en quatre étapes : déclencheur de sortie, validation des critères, décision de sortie, puis notification au bénéficiaire. Les déclencheurs de sortie sont des changements, soit dans les informations de base sur le bénéficiaire qui découlent du processus de mise à jour (décrit ci-dessus), soit dans les indicateurs de respect des obligations à l'issue du contrôle des conditionnalités, et indiquent que le bénéficiaire ne répond plus aux paramètres du programme. Les déclencheurs peuvent être intégrés au système de gestion des opérations des bénéficiaires (SGOB, voir chapitre 5). Ils sont également faciles à constater dans les systèmes basés sur des supports papier (Grosh et coll., 2008). Comme expliqué dans la section dédiée aux mécanismes de mise à jour,

ces déclencheurs peuvent provenir du terrain, avec les mécanismes de mise à jour à la demande, ou émaner d'un mécanisme de mise à jour planifiée.

La vérification des critères de sortie est rarement explicitée dans le manuel des opérations du programme, mais cette étape est décisive pour réaliser le processus de manière fiable. Dans le cas des filets de protection sociale, où la participation des bénéficiaires aux programmes peut durer toute une décennie, il est particulièrement important de déterminer avec précision si les bénéficiaires ont atteint les critères de sortie. Un exemple clair est la vérification du décès pour les programmes de pension sociale. Il peut être tentant de valider trop rapidement un décès afin de faire de la place pour une autre personne dans le registre des bénéficiaires. Un mécanisme clair et fiable doit être mis en place pour certifier, si possible par des moyens officiels (comme un acte de décès), que la personne est décédée et que les informations correspondent sans équivoque à celles du SGOB.

Idéalement, les décisions de sortie doivent être prises par des fonctionnaires habilités à prendre des décisions de haut niveau. Dans certains cas, comme celui des services sociaux, l'interface avec le bénéficiaire sur le terrain est un travailleur social formé qui, dans le cadre de son activité, peut prendre des décisions de sortie de manière indépendante. Dans d'autres cas, les agents de terrain sont chargés des fonctions de recensement et de mobilisation sociale, mais n'ont pas les compétences, la formation ou la rémunération pour assumer une telle responsabilité. Il est alors souhaitable d'établir des couches verticales de supervision pour garantir que les décisions de sortie passent par un processus plus rigoureux. C'est le cas du programme 4Ps, illustré dans la figure 8.7 : un changement apporté au registre des bénéficiaires passe d'abord par l'agent de liaison municipal pour être ensuite révisé par le pôle de province, puis approuvé par le directeur régional.

Un processus de notification bien conçu est essentiel pour garantir une expérience client aboutie. Comme dans toute organisation orientée vers les services, la manière de finaliser l'engagement est toute aussi importante que la façon de l'initialiser. Ici, la question est : une fois la décision prise, comment la communiquer au bénéficiaire ou au ménage ? Toujours avec l'exemple du Puente al Desarrollo au Costa Rica, lorsque la durée limitée par le programme à deux ans arrive à expiration

Tableau 8.3 Motifs de sortie des bénéficiaires d'un programme

Catégories de sortie	Critères de sortie
Achèvement	• Durée limitée • Plan d'action individualisé • Certification
Modification du profil du bénéficiaire	• Statut socio-économique • Condition de vulnérabilité • Position géographique • Emploi
Cycle de vie	• Âge • Décès
Non-respect des conditions du programme	• Exigences d'activation du travail • Conditionnalités en matière de santé ou d'éducation du programme

Source : Tableau conçu pour cette publication.

pour un ménage bénéficiaire, le travailleur social qui lui est affecté organise une réunion de travail pour réviser ce qu'il a réalisé pendant cette période et finaliser la procédure de sortie. Toutefois, les modalités de communication ne sont pas décrites explicitement dans le manuel des opérations de la plupart des programmes mentionnés dans ce chapitre. Des méthodes efficaces de communication des décisions de sortie doivent être décrites en détail et normalisées, et il est important d'utiliser les voies appropriées.

8.3 CONTRÔLE DE LA CONFORMITÉ AUX CONDITIONNALITÉS EN MATIÈRE D'ÉDUCATION ET DE SANTÉ DANS LES TMC

Justification des conditionnalités. Plus de 60 pays mettent en œuvre des transferts monétaires conditionnels (TMC)[13]. Ils visent à atténuer la pauvreté en fournissant une aide en espèces aux familles pauvres et à réduire la transmission intergénérationnelle de la pauvreté en encourageant les investissements dans le capital humain (Baird et coll., 2014). (Le tableau 8A.1 en annexe présente les éventails des conditionnalités dans neuf pays.) Les TMC figurent probablement parmi les instruments de politique sociale les plus minutieusement évalués, et on dispose de preuves solides de leur impact impressionnant sur la pauvreté, la scolarisation et les résultats en matière de santé[14].

Suivi des conditionnalités tout au long de la chaîne de mise en œuvre. Quelques études ont examiné les caractéristiques de mise en œuvre des conditionnalités, et l'une des principales conclusions est qu'il est important d'assurer le suivi et l'application des conditionnalités (Baird et coll. 2014 ; Bastagli et coll. 2016 ; Dodleva et coll. 2018 ; Ibarraran et coll. 2017). Une question cruciale se pose : comment les conditionnalités sont-elles contrôlées et appliquées dans le cadre des TMC ? Cette section vise à décrypter les processus et les systèmes qui sous-tendent ce suivi, qui fait partie du cycle récurrent de gestion des opérations des bénéficiaires sur la chaîne de mise en œuvre. L'objectif du suivi des conditionnalités est de donner des « incitations » comportementales aux bénéficiaires en vérifiant leur assiduité scolaire et leur utilisation des soins de santé. L'élément principal du contrôle des conditionnalités est la liste des individus au sein des familles bénéficiaires qui nécessitent un suivi dans chaque cycle de mise en œuvre, comme les femmes enceintes ou post-partum, les enfants âgés de 0 à 6 ans, les enfants âgés de 6 à 15 ans et les jeunes âgés de 16 à 18 ans, y compris les établissements scolaires et de santé qui leur sont assignés. Le suivi nécessite également (1) une coordination institutionnelle, notamment une collaboration avec les prestataires de services (établissements d'enseignement et de santé), (2) des ressources humaines, (3) des formulaires, protocoles et processus de vérification de la conformité et (4) des systèmes de gestion des opérations des bénéficiaires (SGOB). Le principal produit du contrôle des conditionnalités est une mise à jour du SGOB avec des informations sur la conformité ou la non-conformité pour ce cycle de suivi, les décisions sur les conséquences de la non-conformité et toute révision du montant des prestations en raison de pénalités financières. La mise à jour du registre des bénéficiaires permet ensuite de mettre à jour les versements pour le prochain cycle de paiement.

Étude de cas de neuf pays. Dans le but de couvrir un large éventail d'expériences régionales et contextuelles à travers le monde, ce manuel de référence inclut des TMC mis en œuvre dans neuf pays : le programme Bolsa Familia (BFP) du Brésil, le programme Familias en Acción (FA) de Colombie, le programme Keluarga Harapan (PKH) d'Indonésie, le Programme pour l'avancement par la santé et l'éducation (PATH) de Jamaïque, le programme Prospera du Mexique, le programme Waseela-e-Taleem (WeT) du Pakistan, le Programme Pantawid Pamilyang Pilipino (4Ps) des Philippines, le programme de transfert monétaire conditionnel des filets sociaux productifs (PSSN CCT) de la Tanzanie et le programme de TMC de la Turquie.

Feuille de route. La première section se penche sur les questions fondamentales suivantes : comment les pays contrôlent-ils les conditionnalités des TMC et comment établissent-ils des liens avec les paiements pour appliquer les pénalités en cas de non-respect ? La deuxième section explore la manière de répercuter les conséquences d'un manque de conformité aux conditionnalités et le lien entre les conditionnalités et les cycles de paiement. La troisième section présente quelques indicateurs de base pour évaluer la performance de la mise en œuvre du contrôle des conditionnalités (avec des liens vers le chapitre 9). La quatrième section fournit un résumé de la liste de contrôle des bonnes pratiques en matière de suivi des conditionnalités.

Comment les conditionnalités sont-elles contrôlées dans le cadre des TMC ?

Une question clé est de savoir comment les pays contrôlent les conditionnalités dans les TMC. Cette section vise à décrypter la « boîte noire » de la mise en œuvre pour examiner les dispositifs et processus institutionnels de contrôle des conditionnalités. Elle examine également l'utilisation des systèmes d'information (SGOB[15]) et la manière dont ils sont utilisés non seulement pour enregistrer et gérer les données sur la conformité, mais aussi pour automatiser les processus et améliorer l'efficacité en réduisant les temps de traitement.

Dispositifs institutionnels et importance de la coordination verticale et horizontale

La coordination institutionnelle — tant verticale qu'horizontale — est un élément essentiel du contrôle des conditionnalités. L'un des facteurs qui rendent le suivi de la conformité complexe est le nombre et la diversité des acteurs impliqués, notamment le personnel de première ligne du programme, les enseignants, les professionnels de santé, les organismes infranationaux et les organismes centraux, dont les ministères des Affaires sociales, de l'Éducation et de la Santé.

Le suivi des TMC nécessite une collaboration verticale importante entre les ministères centraux, les acteurs infranationaux et les acteurs locaux. Les ministères sociaux centraux supervisent généralement les TMC, gèrent les systèmes d'information, y compris les modules de vérification de la conformité, décident des éventuelles conséquences en cas de non-conformité

et transmettent les informations relatives à la conformité au service des paiements pour le traitement des versements. Les acteurs infranationaux (régionaux ou locaux) servent généralement d'intermédiaires pour transmettre les informations, superviser le processus et interagir avec les prestataires de services. Diverses approches régissent ces accords de collaboration verticale.

- Certains TMC s'appuient sur des **agents déconcentrés au niveau infranational**, avec un financement central et des dispositions en matière de rapport. C'est le cas du PKH indonésien, qui est géré au niveau national par la sous-direction de la Sécurité sociale familiale (JSK) du ministère des Affaires sociales (MdAS), au niveau infranational par 33 bureaux de mise en œuvre provinciaux et, au niveau local ou du district, par environ 36 000 facilitateurs de programme engagés par la JSK ou le MdAS pour gérer les opérations en première ligne[16]. De même, le programme 4Ps des Philippines est géré au niveau central par le Bureau national de gestion du programme (NPMO) du Département de la protection sociale et du développement (DPSD), au niveau infranational par les Bureaux régionaux de gestion du programme et les bureaux provinciaux des opérations, et au niveau local par les agents de liaison des villes et des municipalités qui sont engagés par le DPSD et sont placés sous l'autorité des bureaux régionaux.

- Dans les pays dont le contexte est décentralisé, les TMC s'appuient sur une **collaboration verticale avec des unités gouvernementales autonomes infranationales et locales**. Au Brésil, les coordinateurs municipaux sont directement associés à la mise en œuvre locale du suivi des conditionnalités. La mise en œuvre municipale est guidée par des accords d'adhésion formels entre le ministère du Développement social (MDS) et les municipalités, et la qualité de la mise en œuvre est étroitement surveillée par un indice de performance qui inclut l'exhaustivité des informations pour la vérification des conditionnalités. Le MDS effectue d'importants transferts budgétaires basés sur la performance vers les municipalités pour les aider à couvrir leurs coûts administratifs pour ces activités.

Une autre approche consiste à **externaliser** ; le programme de TMC WeT du Pakistan sous-traite à deux entreprises partenaires de mise en œuvre certaines des responsabilités infranationales et locales, notamment le processus de la vérification de la conformité[17].

Sur le plan horizontal, tous les TMC exigent une collaboration intersectorielle au niveau local ; certains impliquent également une coordination avec les autorités centrales et infranationales chargées de l'éducation et de la santé. Premièrement, une coordination horizontale est au minimum nécessaire au niveau local pour impliquer les responsables scolaires et les professionnels de la santé dans le processus, étant donné leur rôle de première ligne dans l'enregistrement de l'assiduité scolaire et des visites médicales, ainsi qu'avec le personnel du programme local en raison de son rôle dans le suivi des familles. Étant donné leur rôle central, il est essentiel de s'assurer que ces acteurs de première ligne sont tous d'accord avec les objectifs du programme et comprennent leurs responsabilités. Il est également important de veiller à ce que les processus de contrôle des conditionnalités et de remplissage des documents soient gérables et faciles à utiliser (Encadré 8.1). Deuxièmement, certains TMC font également intervenir les ministères centraux ou les échelons infranationaux de l'éducation et de la santé directement dans le processus de suivi, en plus des acteurs locaux. Au Mexique, les autorités de l'éducation et de la santé au niveau de l'État ont été directement associées au suivi des conditionnalités de Prospera, comme expliqué ci-après. Les TMC du Brésil et de la Turquie s'appuient fortement sur

---

Encadré 8.1 Aspects du contrôle des conditionnalités basés sur une conception centrée sur l'humain

Le contrôle du respect des conditionnalités peut requérir un déploiement important de ressources humaines, selon le degré d'automatisation employé. Il est important que les processus soient également « centrés sur l'humain », c'est-à-dire qu'ils sont souples et n'imposent pas de charges excessives aux bénéficiaires, aux responsables scolaires et aux prestataires de soins de santé, ou au personnel du programme.

Pour les bénéficiaires. Cinq lignes directrices aideront les bénéficiaires à respecter les conditionnalités. Premièrement, une approche centrée sur l'humain implique de garder les conditionnalités simples et de les synchroniser avec les exigences des établissements scolaires et des centres de santé, tout en reconnaissant leurs limites inhérentes aux contextes locaux, comme les distances à parcourir et les limitations de l'offre. Deuxièmement, une approche centrée sur l'humain implique également de communiquer clairement leurs droits et leurs responsabilités aux bénéficiaires et de s'assurer qu'ils comprennent ce que l'on attend d'eux. L'Indonésie, la Jamaïque et le Pakistan proposent tous des formations d'intégration pour s'assurer que les familles ou ménages bénéficiaires sont correctement intégrés dans leurs programmes de TMC, et qu'ils comprennent leurs droits et responsabilités, ainsi que les conditionnalités qu'ils doivent respecter. Troisièmement, il s'agit d'informer les bénéficiaires de tout cas de non-conformité observé avant l'application d'une éventuelle pénalité, afin qu'ils puissent s'organiser en conséquence. Quatrièmement, il s'agit de s'assurer qu'il existe des canaux accessibles et des processus réalisables pour le dépôt des réclamations, des enquêtes rapides sur celles-ci et des interventions pour les résoudre. Cinquièmement, il est important de procéder à des évaluations périodiques des bénéficiaires, notamment en les interrogeant sur leur expérience des services d'éducation et de santé ainsi que sur leur expérience du respect des conditionnalités.

Pour les responsables scolaires et les agents de santé. Il est important de communiquer avec les fonctionnaires de première ligne sur le programme afin qu'ils comprennent ses objectifs, leur rôle dans sa mise en œuvre, ainsi que les procédures et les calendriers pour rendre compte de l'assiduité scolaire, des visites médicales, du suivi de la croissance et des vaccinations de la population bénéficiaire. Là encore,

suite

le fait de minimiser les formalités administratives et de veiller à ce que les conditionnalités soient simples et synchronisées avec les systèmes scolaires et de santé contribue également à la volonté des fonctionnaires de collaborer. En outre, il est important de les tenir au courant de leurs «dossiers» et des changements dans les listes de bénéficiaires attribués à leurs établissements, avec des listes mises à jour et des formulaires de vérification de la conformité pour chaque cycle de mise en œuvre transmis suffisamment tôt pour leur permettre de préparer les formalités administratives. Il est également utile que les représentants locaux du programme (tels que les facilitateurs ou les travailleurs sociaux) entretiennent des relations avec les responsables scolaires et les agents de santé, instaurent un climat de confiance et coopèrent avec eux en ce qui concerne les modifications de calendrier (telles que les vacances scolaires et les périodes d'examen, ou des visites d'équipes médicales mobiles dans les villages). Enfin, il est important de procéder à des évaluations qualitatives périodiques comprenant des entretiens avec les responsables scolaires et les prestataires de soins de santé concernant leur rôle dans le programme.

Pour le personnel du programme, comme les facilitateurs, les travailleurs sociaux, les recenseurs et les superviseurs, une approche centrée sur l'humain implique de former le personnel afin qu'il ait les connaissances et les compétences nécessaires pour faire son travail, résoudre les problèmes et traiter les réclamations, interagir avec les familles, les chefs de village, les prestataires de services et les responsables locaux en tant que «visage du programme», etc. Cette approche implique également de fournir au personnel, en temps opportun, les outils nécessaires pour faire correctement leur travail, tels que des espaces de bureaux au niveau local, des équipements (tels que des tablettes, des ordinateurs portables, des formulaires de vérification de la conformité et des supports de communication), et des transports sûrs ou des indemnités de transport afin qu'ils puissent rencontrer les familles et les prestataires de services. Les efforts visant à minimiser les coûts des formalités administratives et des transactions pour toutes les parties concernées sont également importants. Enfin, il est important de maintenir le nombre des dossiers et les charges de travail à un niveau gérable afin que le personnel puisse accomplir ses tâches dans les délais impartis et éviter l'épuisement des travailleurs sociaux.

_____

Sources : Compilation basée sur des visites de terrain au Brésil et en Indonésie, ainsi que sur des rapports de terrain, des manuels et des évaluations du Brésil, de l'Indonésie, de la Jamaïque et du Pakistan.

une collaboration intersectorielle opérationnelle directe au niveau central (en plus du niveau local), les ministères centraux de l'éducation et de la santé assumant la responsabilité directe de la gestion des informations relatives au suivi de l'assiduité scolaire et des visites médicales, comme expliqué là aussi ci-après.

Processus de contrôle des conditionnalités

Plusieurs étapes clés sont associées au suivi des conditionnalités. Elles font partie d'un cycle récurrent de contrôle des conditionnalités, qui commence par examiner la dernière liste des membres concernés de la famille ou du ménage bénéficiaire et se termine par un registre révisé des bénéficiaires contenant des informations actualisées sur la conformité pour ce cycle, ainsi que des décisions sur les conséquences en cas de non-conformité. Cette mise à jour du SGOB (produit) est mise en lien avec les versements pour le cycle de paiement suivant. Chaque cycle de suivi comporte deux périodes clés : (1) la période de conformité, qui est la période pendant laquelle les bénéficiaires sont observés pour vérifier leur conformité (en d'autres termes, la période pendant laquelle ils sont censés respecter les conditions requises) et (2) la période de vérification de la conformité, qui est la période pendant laquelle le processus de vérification est mis en œuvre (le temps alloué peut différer du temps réellement nécessaire).

La plupart des TMC adoptent une période de conformité de deux mois pour chaque cycle, à quelques exceptions près (figure 8.10). Le programme de TMC du WeT du Pakistan et le programme PKH de l'Indonésie utilisent tous deux des périodes de conformité de trois mois (trimestrielles)[18]. Le BFP du Brésil utilise des périodes de conformité de six mois pour les conditionnalités liées à la santé, vu la nature sporadique des visites médicales et, par conséquent, la nécessité d'une période de collecte plus longue pour saisir les données sur la conformité. Le PATH de la Jamaïque fait une distinction entre les différents groupes, avec des périodes de conformité de deux mois pour les conditionnalités liées à la santé concernant les mères et les enfants, mais des périodes de six mois pour les personnes en situation de handicap, les personnes âgées et les adultes (conformément à l'exigence selon laquelle ils effectueront des visites médicales semestrielles).

Ce tour d'horizon révèle huit étapes de vérification de la conformité qui sont communes aux programmes de TMC de l'échantillon :

1. Génération d'une liste de suivi des bénéficiaires mise à jour, avec des informations pertinentes sur chaque famille/ménage de chaque catégorie, ainsi que sur les établissements scolaires et de santé qui leur sont assignés (il s'agit de l'élément clé du processus de contrôle des conditionnalités).

Figure 8.10 Périodes de conformité pour les conditionnalités relatives à l'éducation et la santé dans les TMC de certains pays

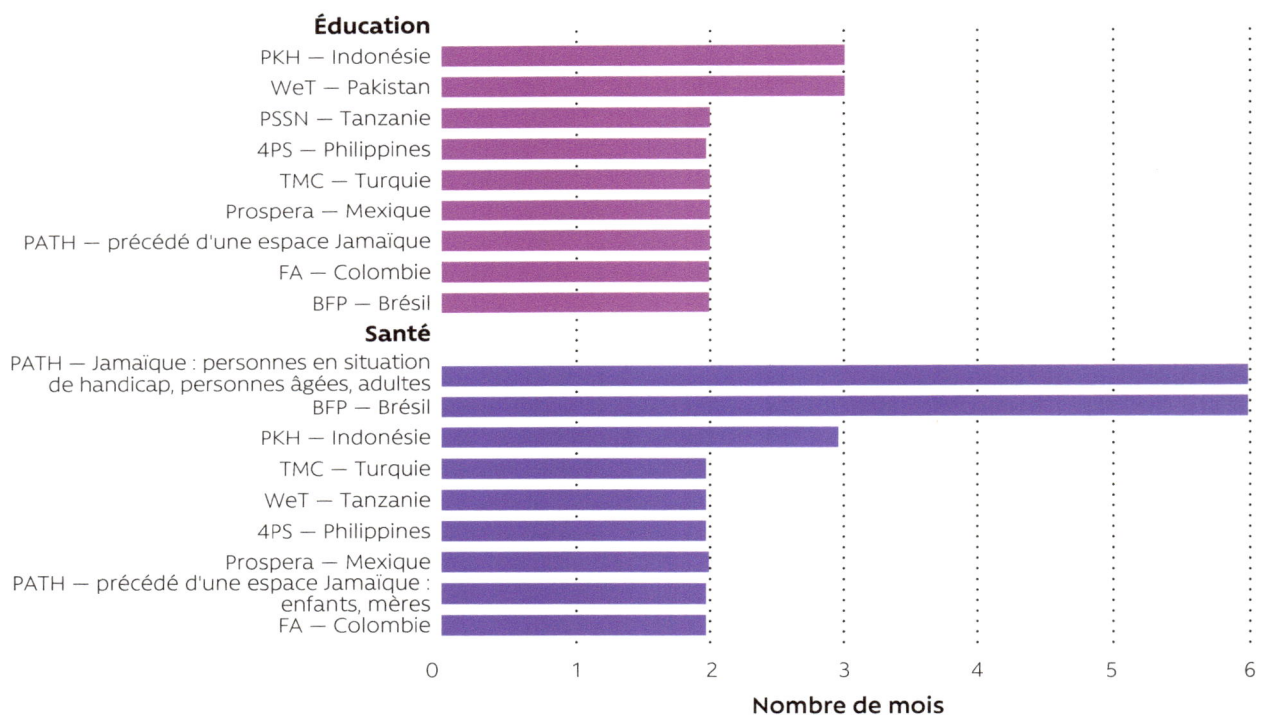

Sources : Brésil : Manuel opérationnel BFP du MDS, 2017 ; Colombie : Prosperidad Social, Manuel opérationnel FA, 2017 ; Indonésie : MdAS (2018), Réglementation ministérielle du MdAS (2018) sur le PKH, articles 3, 4 et 5 ; Jamaïque : Manuel opérationnel PATH MTSS, 2017 ; Mexique : Davila Larraga, 2016 ; Pakistan : Équipe BISP-WeT, Manuel opérationnel pour WeT, 2017 ; Philippines : Manuel opérationnel du programme Pantawid Pamilyang Pilipino du DPSD, décembre 2015 ; Tanzanie : TASAF III, Manuel opérationnel du PSSN ; Turquie : Direction générale de l'assistance sociale, Ortakaya, 2018 et calendrier du ministère de la Santé.

Note : Une période de conformité est la période de chaque cycle de suivi au cours de laquelle les bénéficiaires sont tenus de respecter les conditionnalités. TMC = transferts monétaires conditionnels (programme).

2. Transmission de la liste de suivi des bénéficiaires mise à jour et distribution des formulaires de vérification de la conformité (FVC).

3. Enregistrement de l'assiduité scolaire/de l'utilisation des soins de santé dans les établissements assignés pour chaque bénéficiaire de chaque catégorie sur les FVC.

4. Collecte des FVC auprès des prestataires de services

5. Saisie et transmission des données des FVC

6. Consolidation, transmission et réception des données

7. Examen des informations et détermination du statut de conformité de chacun des bénéficiaires (oui ou non)

8. Décision sur les conséquences éventuelles, ainsi que les mesures complémentaires telles que le suivi ou le conseil aux familles, et mise à jour du SGOB avec les montants révisés des prestations associés à la conformité ou à la non-conformité des différents membres de la famille (c'est le « produit » du contrôle des conditionnalités) et transmission comme données de base du registre des paiements pour le prochain cycle de versement des prestations.

Une étape importante qui n'est pas toujours mise en œuvre consiste à informer les bénéficiaires des décisions relatives à leur conformité. Des pratiques de communication efficaces pour les programmes de TMC devraient inclure des protocoles pour informer les bénéficiaires d'une non-conformité et de toute éventuelle pénalité. De nombreux programmes comptent sur le personnel de première ligne pour informer les bénéficiaires, mais les protocoles ne sont pas toujours formalisés ou suivis. Certains programmes de TMC disposent de protocoles et de processus formalisés pour informer les bénéficiaires des décisions prises en cas de non-conformité. Par exemple, dans le programme WeT du Pakistan, les bénéficiaires sont informés de leur statut de non-conformité par une alerte SMS ou une visite à domicile par l'entreprise partenaire de mise en œuvre ou le comité des bénéficiaires du BISP. Dans le programme BFP du Brésil, le MDS informe les familles de leur statut de non-conformité par des lettres et des messages sur leurs relevés bancaires lorsqu'elles retirent leurs prestations. Ces messages indiquent aux familles qu'elles doivent contacter le coordinateur municipal du BFP pour toute question.

D'autres étapes parallèles portent sur le traitement des réclamations et les activités de supervision. La plupart des TMC disposent de mécanismes de gestion des réclamations, et ceux-ci couvrent généralement les recours concernant le statut de non-conformité (voir section 8.5). Dans le programme de TMC de la Turquie, les recours peuvent être déposés auprès des SASF locales. Ces recours peuvent être accordés si les données de suivi sont mises à jour avec des documents justificatifs provenant des établissements d'enseignement ou de santé concernés. Dans le cadre du BFP brésilien, les familles peuvent déposer un recours auprès du bureau municipal si elles estiment qu'il y a eu une erreur d'information ou que le non-respect des conditionnalités était justifié. Un délai est fixé pour le dépôt du recours, qui est ensuite enregistré et évalué (accordé ou refusé) par l'administration municipale. Si le recours est accepté, le dossier de non-conformité est annulé et les familles retrouvent un statut normal afin de garantir un paiement régulier des prestations (WWP 2016a). Les TMC utilisent également des mécanismes de supervision, tels que des contrôles ponctuels réguliers pour comparer les données de conformité avec les registres de l'établissement, afin de renforcer la qualité des processus et des résultats. Certains programmes entreprennent également des évaluations plus approfondies des processus pour examiner le contrôle des conditionnalités, comme l'évaluation de la conformité pour le programme de TMC PATH de la Jamaïque (voir le chapitre 9 pour plus d'informations sur les évaluations de processus).

Le diagramme des processus pour le programme 4Ps des Philippines illustre un processus typique de vérification de la conformité, avec le diagramme commun en forme de U que nous observons dans la plupart des pays. Le processus commence par la création par l'organisme central d'une liste actualisée de toutes les personnes à contrôler et se termine également au niveau central, où les décisions de l'organisme central sur le statut de conformité et les conséquences sont intégrées dans le registre actualisé des bénéficiaires pour les futurs versements. Dans le cadre du programme 4Ps aux Philippines, ces fonctions centrales sont assumées par la division de vérification de la conformité (DVC) du NPMO du DPSD (voir la ligne supérieure du diagramme de processus de la figure 8.11). Entre ces deux étapes, des processus se déroulent aux niveaux infranational et local, exécutés par des prestataires de services (responsables scolaires

Figure 8.11

Processus typique en forme de « U » pour la vérification de la conformité, aux Philippines

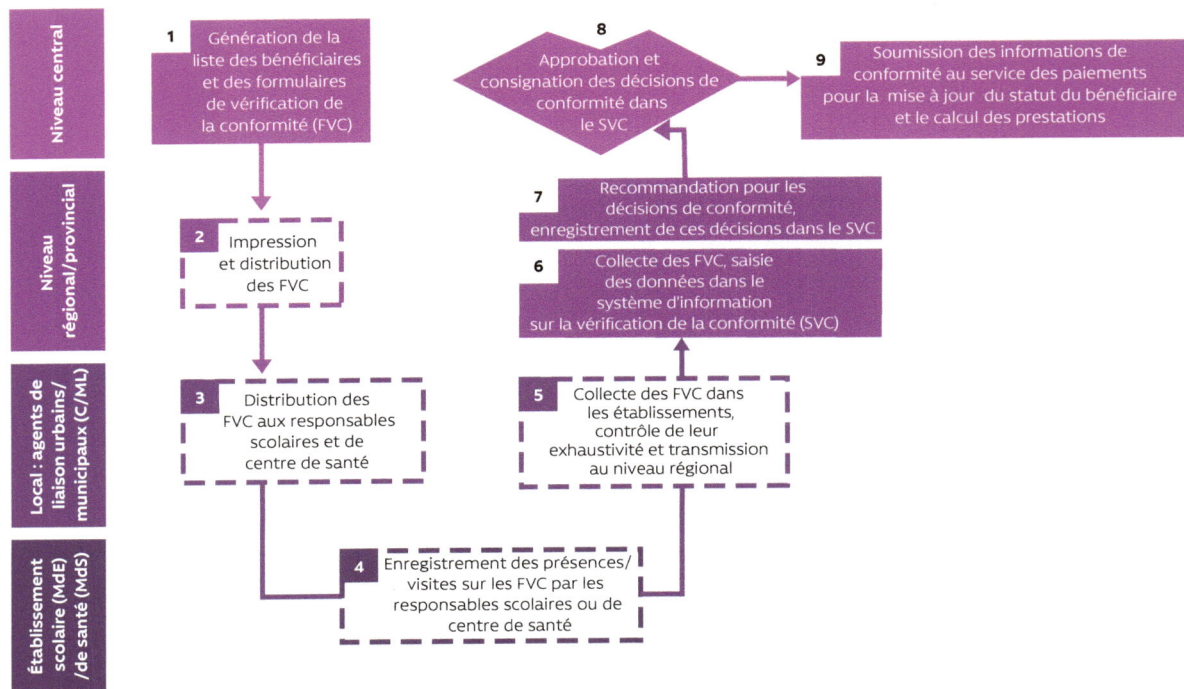

Sources : d'après les processus décrits dans Philippines, Département du bien-être social et du développement (2015b) et PWC (2016).
Note : les cases en violet uni indiquent un système informatisé ; les cases blanches indiquent un processus sur papier.
MdE= ministère de l'Éducation ; Remonter ligne supérieure.
MdS= ministère de la Santé.

et de centre de santé). Dans ce pays, les acteurs infra-nationaux sont (1) les bureaux régionaux de gestion du programme et les bureaux provinciaux des opérations, qui sont chargés d'imprimer et de distribuer les FVC, puis de les collecter pour gérer la saisie, la consolidation, la révision et la transmission des données (deuxième ligne du diagramme de processus) et (2) les acteurs locaux, notamment les agents de liaison urbains ou municipaux (C/ML, qui sont sous contrat avec le DPSD), assistés par les travailleurs sociaux (troisième ligne du diagramme de processus). Enfin, les responsables scolaires (directeurs, secrétaires et enseignants relevant du département de l'éducation) et les agents de santé (qui dépendent des unités gouvernementales locales) sont chargés d'enregistrer les informations relatives à l'assiduité scolaire et aux visites médicales des bénéficiaires (dernière ligne du diagramme de processus). Le contrôle des conditionnalités s'appuie sur le système d'information Pantawid Pamilyang (PPIS), notamment le système de vérification

de la conformité (SVC) qui prend en charge la saisie, le traitement et la consolidation des données, et qui est relié au système de génération du registre de paiement des bénéficiaires.

Dans la quasi-totalité des programmes de TMC de l'échantillon, les processus de vérification du respect des conditionnalités suivent le même diagramme en forme de U, du niveau central vers les niveaux locaux, puis de retour vers le niveau central. Bien qu'il existe quelques différences entre les pays, les huit étapes de base se situent à des niveaux similaires de responsabilité institutionnelle (voir le tableau 8.4). Certains programmes de TMC peuvent combiner certaines de ces étapes (notamment avec l'automatisation), tandis que d'autres peuvent avoir des sous-étapes supplémentaires. Le tableau 8.4 présente les dispositions institutionnelles relatives à ces étapes pour chacun des neuf pays de notre échantillon. Le codage couleur révèle des similitudes dans les niveaux de collaboration verticale : le bleu indique les

Tableau 8.4 Responsabilités institutionnelles pour les étapes communes de vérification de la conformité des conditionnalités dans les programmes de TMC des pays sélectionnés

	BFP – Brésil	FA – Colombie	PKH – Indonésie	PATH – Jamaïque	Prospera – Mexique	WeT – Pakistan	4Ps – Philippines	PSSN – Tanzanie	TMC – Turquie
1. Générer une liste actualisée des bénéficiaires	MDS : SIBEC (système d'information), SICON (système d'information) + MdE/MdS	Prosperidad Social, Sistema de Informacion de Familias en Accion (SIFA)	Ministère des Affaires sociales (MdAS)	Siège du ministère du Travail et de la Sécurité sociale (MTSS)	Bureau de coordination nationale de Prospera (SIIOP)	Programme Benazir de soutien des revenus (BISP)	DVC, Bureau national de gestion du programme (NPMO)/ DPSD	Siège du Fonds d'action sociale de Tanzanie (TASAF)	Les fondations d'assistance sociale et de solidarité (SASF) au niveau des districts mettent à jour le profil des bénéficiaires dans ISAS
2. Transmettre la liste et les FVC (ou les télécharger sur le système/les tablettes)	Coordinateurs municipaux sous l'égide du MdE/MdS	Prosperidad Social/SIFA	Opérateurs au niveau du district ou de la province	Bureaux paroissiaux du MTSS	Autorités chargées de l'éducation et de la santé au niveau de l'État, SICEC	Unité WeT	RPMO/ POO, puis transmettre au niveau local	Autorité administrative locale du projet (PAA)	
3. Enregistrer l'assiduité scolaire/ l'utilisation des services de santé	Responsables scolaires/ de centre de santé dans le cadre du MdE/MdS	Les responsables scolaires/ de centre de santé saisissent les données directement dans le système SIFA	Les facilitateurs visitent les établissements scolaires/de santé pour enregistrer les données de non-conformité	Responsables scolaires/de centre de santé	Responsables scolaires/ de centre de santé (support papier ou électronique dans le SICEC)	Responsables scolaires/ de centre de santé	Responsables scolaires/ de centre de santé	Responsables scolaires/ de centre de santé	Les responsables scolaires saisissent les données relatives aux élèves dans le SIG E-school du MdE; les responsables de la santé saisissent les données médicales dans le système FMIS du MdS
4. Collecter et transmettre les FVC	Coordinateurs municipaux sous l'égide du MdE/MdS		Facilitateurs au niveau du district	Travailleurs sociaux pour les bureaux de paroisse	Bureaux d'État de Prospera, SICEC	Les équipes de l'EPM collectent les informations et les saisissent sur des tablettes	Les C/ ML locaux collectent les DVC	PAA	
5. Saisir et transmettre les données			Opérateurs de saisie des données du district	Unité SIG du MTSS			RPMO/POO	PAA	
6. Consolider, transmettre, recevoir les données	Les MdE/MdS rassemblent les informations	Prosperidad Social/SIFA	Bureaux au niveau provincial	Administrateur de paroisse	SIIOP	SIG du programme WeT	RPMO		ISAS récupère les données du SIG E-school et du FMIS

suite

Tableau 8.4 *(suite)*

	BFP – Brésil	FA – Colombie	PKH – Indonésie	PATH – Jamaïque	Prospera – Mexique	WeT – Pakistan	4Ps – Philippines	PSSN – Tanzanie	TMC – Turquie
7. Examiner les informations et déterminer le statut de conformité	MDS/SICON en un seul bloc sur 7 et 8 identifie les cas de non-conformité	Prosperidad Social/SIFA	SIG du programme PKH au MdAS	Unité PATH du MTSS	SIIOP	Unité BIPS/SIG	RPMO	Filet de sécurité sociale productif (PSSN) unité SIG	L'ISAS assure le suivi de la conformité
8. Décider des conséquences, mettre à jour la liste des bénéficiaires, transmettre au service des paiements	MDS/SICON	Prosperidad Social/SIFA	Programme PKHS au MdAS	Unité PATH du MTSS	SIIOP	Unité BIPS/SIG	Responsables de projet nationaux au sein du NPMO	Siège du TASAF	Décisions automatisées du système ISAS et retour vers le service de paiements

Sources : Brésil : Manuel opérationnel BFP du MDS, 2017 ; Colombie : Prosperidad Social, Manuel opérationnel FA, 2017 ; Indonésie : MdAS (2018) Réglementation ministérielle du MdAS (2018) sur le PKH, articles 3, 4 et 5. Jamaïque : Manuel opérationnel PATH MTSS 2017 ; Mexique : SEDESOL 2018 ; Pakistan : Équipe BISP-WeT, Manuel opérationnel pour WeT, 2017 ; Philippines : Manuel opérationnel du programme Pantawid Pamilyang Pilipino du DPSD, décembre 2015 ; Tanzanie : TASAF III, Manuel opérationnel du PSSN ; Turquie : Direction générale de l'assistance sociale, Ortakaya, 2018 et calendrier du ministère de la Santé.

Note : ■ = niveau central ; ■ = niveaux infranationaux et locaux ; ■ = prestataire de services. TMC = transfert monétaire conditionnel (programme) ; DVC = division de vérification de la conformité ; FVC = formulaire de vérification de la conformité ; DPSD = Département de la protection sociale et du développement ; FMIS = Système d'information sur la médecine familiale ; EPM = entreprise partenaire de mise en œuvre ; ISAS = Système intégré d'assistance sociale ; MDS = ministère du Développement social ; SIG = système de gestion de l'information ; MdE = ministère de l'Éducation ; MdS = ministère de la Santé ; NPMO = Bureau national de gestion de programme ; RPMO/POO = bureau de gestion du programme régional et bureaux provinciaux des opérations ; SICEC = Système de certification électronique des co-responsabilités.

responsabilités au niveau central, le gris représente les acteurs infranationaux et locaux, et le jaune indique les étapes qui relèvent de la responsabilité des prestataires de services (établissements scolaires, centres de santé). Lorsque ces étapes sont cartographiées à l'aide de diagrammes de processus à « couloirs » (comme celui des Philippines ci-dessous ; voir également l'encadré 2.2 du chapitre 2), elles présentent un diagramme commun en forme de « U », du niveau central au niveau local, puis de nouveau au niveau central. Les variantes de mise en œuvre entre les programmes de TMC proviennent (1) de différences dans les dispositions institutionnelles de collaboration verticale, (2) de différences dans le degré de coordination intersectorielle entre les ministères de l'Éducation et de la Santé (central et local) et (3) du degré d'automatisation des processus ou de recours au support papier.

Combien de temps ces processus prennent-ils ? Les données sur les délais de traitement réels proviennent généralement des évaluations des processus opérationnels et ne sont pas facilement disponibles pour tous les pays. Aux Philippines, le DPSD a commandé un examen des processus opérationnels afin d'évaluer l'adéquation des objectifs de traitement pour la mise en œuvre du programme 4Ps (voir l'encadré 9.11 au chapitre 9) (PWC, 2016). Un tel examen est assez approfondi. Sur la base de l'examen du cas philippin, le temps total alloué au processus de vérification de la conformité est de 53 jours ouvrables (figure 8.12). Pour gagner du temps, certaines étapes du processus sont réalisées pendant la période de conformité, comme la génération, l'impression et la distribution des FVC, qui représentent ensemble 24 jours de chaque cycle. Cependant, les étapes restantes doivent avoir lieu après la fin de la période de conformité pour représenter un enregistrement significatif de l'assiduité scolaire et des visites médicales des bénéficiaires. Ces étapes portent sur la vérification de la conformité et le remplissage des FVC, la collecte des FVC auprès des établissements scolaires et de santé, la saisie des données, l'examen des informations et la détermination du statut de conformité, les prises de décision finale en matière de conformité et la préparation des montants révisés des prestations pour les versements. Il faut au total 29 jours, ce qui peut imposer un délai d'exécution serré en cas de retard, car cela dépasse le nombre total de jours ouvrables d'un mois civil. L'examen a révélé que des retards supplémentaires résultent du regroupement de processus tels que la saisie de données, étant donné le grand nombre de FVC à encoder par région et le nombre variable de FVC traités par jour. La sous-estimation du temps nécessaire à la saisie des données peut entraîner une surcharge de travail pour les opérateurs de saisie et par conséquent des inexactitudes dans les données ainsi que de

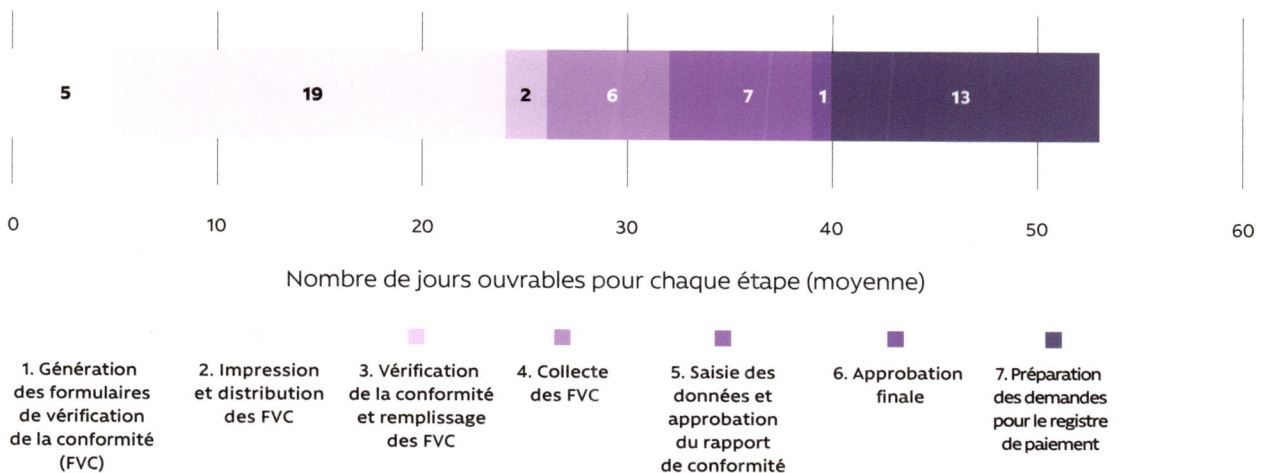

Figure 8.12 Délais de traitement de la vérification de la conformité dans l'évaluation du processus du programme 4Ps aux Philippines

Nombre de jours ouvrables pour chaque étape (moyenne)

1. Génération des formulaires de vérification de la conformité (FVC)
2. Impression et distribution des FVC
3. Vérification de la conformité et remplissage des FVC
4. Collecte des FVC
5. Saisie des données et approbation du rapport de conformité
6. Approbation finale
7. Préparation des demandes pour le registre de paiement

Source : PWC 2016.

Note : 4Ps = Programme Pantawid Pamilyang Pilipino.

l'absentéisme (PWC, 2016). En outre, les objectifs de traitement doivent être adaptés aux divers contextes, avec des délais probablement plus longs dans les zones isolées ou géographiquement dispersées.

Systèmes d'information pour la prise en charge du suivi des conditionnalités

Tous les programmes de TMC s'appuient sur des systèmes d'information pour enregistrer les données relatives à la conformité ; certains les utilisent également pour automatiser les processus. Pour certains TMC, une grande partie du processus reste largement basée sur le papier, les systèmes d'information servant davantage à enregistrer les données qu'à automatiser les processus. Dans ce dernier cas, les transferts administratifs sont nombreux, et la saisie des données se fait à un stade avancé du processus, éloigné du moment de collecte. Des goulets d'étranglement peuvent apparaître en raison du regroupement de la saisie des données pour tous les FVC pendant la période de vérification de la conformité. D'autres programmes de TMC font un usage intensif de systèmes d'information intégrés et d'un niveau élevé de collaboration et d'interopérabilité avec les ministères de l'Éducation et de la Santé pour automatiser et accélérer les processus de vérification de la conformité, comme indiqué ci-dessous (voir également le chapitre 5).

Les politiques et pratiques en matière de confidentialité et de sécurité des informations sont particulièrement importantes pour le suivi des conditionnalités, étant donné la nature sensible des données personnelles concernées par la vérification de la conformité. Les conditionnalités en matière d'éducation et de santé font intervenir des informations personnelles sur l'assiduité scolaire et l'utilisation des soins de santé par les bénéficiaires individuels. La confidentialité et la sécurité de ces informations, que celles-ci soient basées sur des documents papier ou automatisées, doivent être protégées. Les informations de santé (grossesse, accouchement, visites médicales, vaccins, suivi de la croissance) sont particulièrement sensibles et doivent répondre à des normes de confidentialité. Les processus de vérification de la conformité font intervenir la transmission de ces informations des prestataires d'éducation et de santé aux représentants locaux du programme

(par exemple, les facilitateurs), puis au système d'information du programme de TMC. En Turquie, un consentement écrit est requis de la part du demandeur, indiquant l'autorisation d'utiliser les données personnelles tout au long du processus de mise en œuvre. Le consentement est explicite quant aux types d'informations à utiliser. En Jamaïque, les agents de santé insistent sur le fait qu'ils seront les seuls à examiner les dossiers médicaux des bénéficiaires et à remplir les FVC. Avec les programmes de TMC, d'autres complexités apparaissent en raison de la nature individuelle des conditionnalités alors que le ménage est l'unité d'assistance pour les prestations. Si un membre de la famille ne respecte pas les conditions, les programmes de TMC doivent (devraient) habituellement informer le ménage (en général, ou le récipiendaire désigné) de la non-conformité et des conséquences éventuelles sur le montant des prestations. Cela implique donc un partage d'informations personnelles au sein des ménages (voir Protection des données, vie privée et sécurité au chapitre 4).

Dans certains programmes de TMC, la plupart des étapes sont manuelles et la saisie des données est centralisée après la collecte et la consolidation de tous les FVC. Le programme PATH de la Jamaïque est un exemple de cette approche. Le système d'information sur la gestion des bénéficiaires (BMIS) permet de générer des listes de suivi pour chaque cycle de mise en œuvre et d'enregistrer les informations de conformité au niveau central. Cependant, la plupart des processus sont encore manuels et sous support papier. Des efforts considérables sont consacrés à la production et à la vérification des listes de bénéficiaires, à la préparation des lots de FVC, à leur distribution aux prestataires de services concernés, puis à leur collecte et à leur transmission au ministère du Travail et des Services sociaux, où les données sont saisies. Il est intéressant de noter, comme détaillé ci-après, que les taux de suivi de la Jamaïque sont relativement élevés malgré ces processus manuels sur papier, notamment pour la vérification des conditionnalités en matière de santé, qui est particulièrement difficile dans tous les pays.

Dans certains programmes de TMC, la saisie des données s'effectue plus près du point de collecte, ce qui réduit le nombre de transferts de données sur papier. Dans le programme 4Ps des Philippines, les données sont saisies au niveau régional ou provincial (après avoir été collectées dans les établissements scolaires et de santé par les C/ML) et sont ensuite transmises par voie électronique à l'agence centrale, le DPSD (figure 8.11). Dans d'autres programmes de TMC, la saisie des données est effectuée localement, immédiatement après la collecte des informations sur la conformité, auprès des établissements d'enseignement et de santé. Dans le programme PKH indonésien, par exemple, les facilitateurs collectent les informations de conformité auprès des établissements scolaires et des centres de santé et transmettent les FVC aux opérateurs de saisie des données. Les opérateurs saisissent les données dans le SIG PKH, qui les transmet à l'organisme central. Le MdAS/JSK a lancé une application logicielle pour tablettes qui permet la saisie directe des informations de conformité par les facilitateurs en première ligne. De même, dans le cadre du programme de TMC WeT au Pakistan, les tablettes ont permis d'automatiser certains processus,

avec une saisie des données en première ligne une fois que les informations de conformité sont collectées dans les établissements scolaires par le personnel de l'entreprise partenaire de mise en œuvre.

Le programme Prospera du Mexique est passé à un système qui a automatisé les processus de vérification de la conformité, avec une coexistence de méthodes sur papier et électroniques. La figure 8.13 illustre les processus sur papier et électroniques (les cases violettes indiquent le système automatisé). La dépendance à l'égard des processus sur papier imposait de nombreuses étapes de traitement et des transferts de documents. Avec le développement du système de certification électronique des coresponsabilités (SICEC), nombre de ces processus ont été automatisés. En 2018, environ la moitié des établissements scolaires et de santé ont saisi les données de conformité des bénéficiaires de Prospera

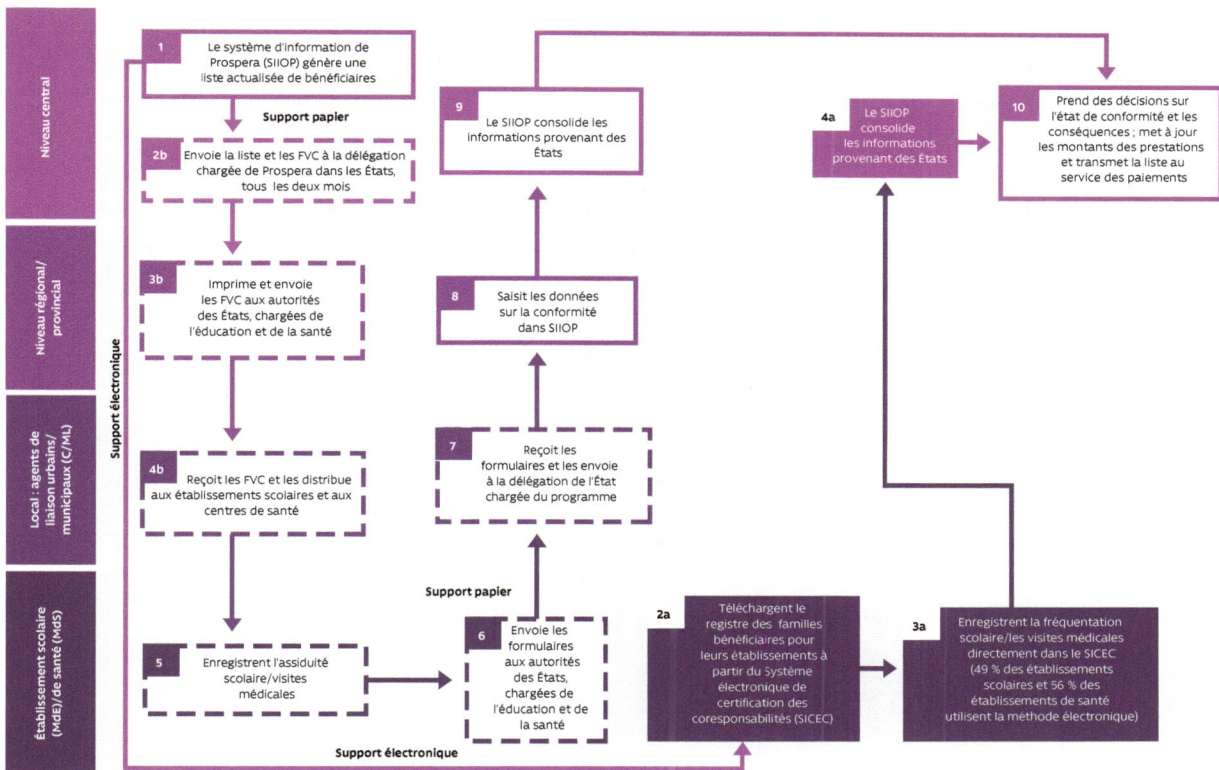

Figure 8.13 Processus de vérification des conditionnalités dans le programme *Prospera* au Mexique

Source : Adapté de SEDESOL (Mexique, Secretaria de Desarrollo Social 2018a).
Note : Les cases en fond violet indiquent un traitement électronique par le biais d'un système automatisé ; les cases blanches avec des contours en pointillés indiquent un traitement manuel dans un système utilisant le support papier ; les cases blanches avec des contours pleins indiquent un traitement électronique dans l'un ou l'autre système. FVC = formulaire de vérification de la conformité.

directement dans SICEC, qui a ensuite transmis les données au principal système d'information institutionnel de Prospera (SIIOP). SICEC a permis de réduire considérablement le nombre d'étapes de traitement.

Les processus de vérification de la conformité au Brésil sont fondés sur un niveau élevé de collaboration intersectorielle et d'interopérabilité entre le BFP et les ministères de l'Éducation et de la Santé. Sur le plan institutionnel, les responsabilités sont clairement délimitées entre les organismes centraux en fonction de leurs responsabilités sectorielles : les ministères de l'Éducation et de la Santé supervisent la prestation des services et contrôlent l'assiduité scolaire et l'utilisation des soins de santé à l'aide de leurs propres systèmes d'information ; le ministère du Développement social est chargé d'établir des liens entre ces informations et les systèmes du BFP et de prendre des décisions sur la conformité ou

la non-conformité. Les étapes et responsabilités spécifiques sont illustrées dans le diagramme de processus de la figure 8.14 (bien que la figure 8.14 concerne l'éducation, le diagramme de processus est similaire pour la santé). L'interopérabilité entre trois systèmes d'information soutient ces processus :

- ***Le ministère du Développement social (MDS) héberge le SICON, le système d'information pour le suivi des conditionnalités du BFP.*** Les principales fonctions du SICON sont : (1) générer la liste des membres de la famille du bénéficiaire dont les conditions seront contrôlées pour chaque cycle grâce aux informations provenant du système de gestion des prestations du BFP (SIBEC) avec des liens vers le registre social (Cadastro Unico), (2) transmettre ces listes aux ministères de l'Éducation et de la Santé, (3) consolider les

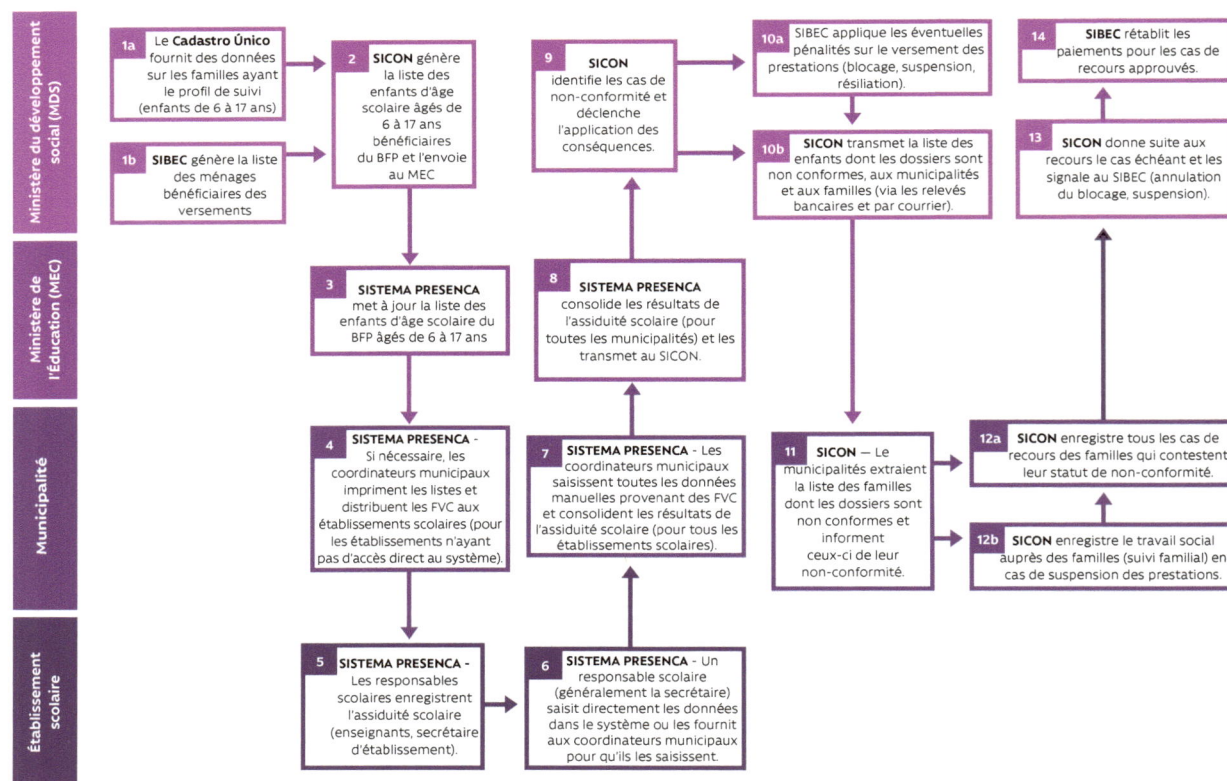

Figure 8.14 Brésil : Collaboration directe avec le ministère de l'Éducation pour le suivi des conditionnalités dans l'enseignement

Sources : Brésil : Manuel opérationnel BFP du MDS 2017 ; http://wwp.org.br/ (voir WWP 2016a-e).

Note : BFP = Programme Bolsa Família ; SIBEC = système de gestion des prestations ; SICON = système d'information.

informations du ministère de l'Éducation (Sistema Presenca) et du ministère de la Santé (Sistema PBF Saude) sur les familles dont les membres ne respectent pas les conditions (en établissant des liens entre les informations sur le non-respect des conditionnalités liées à l'éducation et à la santé et chaque famille du BFP) ; (4) répercuter les conséquences sur les prestations versées aux familles qui ne respectent pas les conditions requises et (5) générer des rapports analytiques pour la prise de décision. L'accès à ce système se fait en ligne, et les responsables BFP des États et des municipalités ont leur propre mot de passe pour se connecter. Les étapes supervisées par le MDS et soutenues par le SICON sont présentées à la figure 8.14, avec des liens vers des systèmes partenaires tels que le SIBEC et le Cadastro Unico, également gérés par le MDS.

- **Le ministère de l'Éducation est chargé de gérer le système de suivi de l'assiduité scolaire de tous les enfants et adolescents du BFP âgés de 6 à 17 ans[19].** Les données sur l'assiduité scolaire des bénéficiaires du BFP sont enregistrées directement dans le Sistema Presenca, hébergé par le ministère de l'Éducation. Les principales fonctions du Sistema Presenca sont : (1) recevoir (du SICON du MDS) la liste actualisée des bénéficiaires du BFP dont l'assiduité scolaire doit être contrôlée, (2) recevoir les dossiers d'assiduité scolaire de chaque bénéficiaire du BFP, qui sont saisis au niveau municipal sur la base des dossiers scolaires, (3) mettre à disposition des données de suivi consolidées sous une forme concise et analytique et (4) transmettre les données de suivi de l'assiduité scolaire des enfants et adolescents bénéficiaires du BFP au SICON du MDS. Les étapes qui sont supervisées par le ministère de l'Éducation et soutenues par le Sistema Presenca sont présentées dans la figure 8.14.

- **Le ministère de la Santé est responsable de la gestion du système de suivi des informations médicales et de l'utilisation des services par les bénéficiaires du BFP : (1) tous les enfants participant au BFP âgés de moins de 7 ans et (2) toutes les femmes en âge de procréer (14-44 ans).** Comme la grossesse est un événement aléatoire du point de vue du gestionnaire de programme, il a été décidé de suivre les informations médicales et l'utilisation des services pour toutes les femmes bénéficiaires en âge de procréer, et de

consigner toutes les grossesses et les visites prénatales associées dans le système. Le ministère de la Santé accueille/héberge le Sistema PBF Saude, un système de suivi médical spécialement conçu pour le BFP, qui contrôle le respect des conditionnalités liées à la santé pour tous les membres concernés de la famille. Les principales fonctions de ce système sont : (1) recevoir et conserver les informations sur tous les membres du ménage bénéficiaire, qui doivent être suivis pour des visites médicales (suivi de la croissance, vaccins, visites prénatales) ; (2) suivre les informations sur la santé et l'état nutritionnel, y compris les données sur les vaccinations, les visites médicales et les mesures anthropométriques (taille, poids), ce qui permet d'établir des diagnostics nutritionnels, (3) recevoir les dossiers de suivi de santé des membres individuels de la famille, (4) transmettre au MDS les informations sur le respect des conditionnalités liées à la santé pour les bénéficiaires du BFP et (5) générer des rapports de synthèse pour les familles bénéficiaires et pour l'analyse.

La collaboration interinstitutionnelle, l'interopérabilité et les innovations informatiques ont amélioré l'efficacité en réduisant les temps de traitement des données pour la vérification de la conformité dans le programme Bolsa Familia[20]. La collaboration intersectorielle et les améliorations des étapes de traitement se sont accompagnées d'investissements dans des solutions informatiques pour faciliter la vérification de la conformité. Le système SICON a été développé avec de nouvelles solutions informatiques centrées sur l'installation d'un système de gestion de base de données relationnelle Teradata, l'intégration de routines opérationnelles, l'intégration des systèmes et l'amélioration des analyses. Ces améliorations des systèmes ont permis de réduire les délais pour les routines opérationnelles de base qui sont passés ainsi de 2 jours, 22 heures et 30 minutes à 1 heure et 27 minutes pour l'ensemble du traitement des données : le traitement des données relatives aux conditions liées à l'éducation prend seulement 4 minutes et celui des données de santé 12 minutes ; le reste est consacré aux transferts de données, à la validation et à d'autres traitements. Toutefois, ces temps de traitement ne tiennent pas compte du temps nécessaire aux transactions manuelles telles que l'enregistrement de l'assiduité scolaire et des visites médicales par les prestataires de services et la saisie des données par les coordinateurs municipaux pour les établissements qui n'accèdent pas directement au système.

La Turquie pousse encore plus loin la collaboration intersectorielle et l'automatisation avec le suivi universel de l'assiduité scolaire et du recours aux soins de santé pour tous les individus (pas seulement les bénéficiaires des TMC) et l'interopérabilité des systèmes d'information. Ainsi, le Système intégré d'assistance sociale (ISAS) de la Direction générale de l'assistance sociale (GDSA) extrait des informations sur les bénéficiaires des TMC des systèmes d'information des ministères de l'Éducation et de la Santé pour vérifier leur conformité, de la façon suivante :

- Le **ministère de l'Éducation** contrôle l'assiduité scolaire, l'absentéisme et les notes de tous les enfants en âge d'être scolarisés, de la maternelle à la terminale, à l'aide du **SIG E-school**, son système de gestion intégrée des informations. Les responsables scolaires saisissent systématiquement les données de tous les élèves dans le système E-school.
- De même, le **ministère de la Santé (MdS)** contrôle les services de soins de santé, leur utilisation, les grossesses, les vaccinations et les visites médicales pour tous les individus par le biais du **Système d'information sur la médecine familiale (FMIS)**, qui est un registre de santé intégré hébergé par le MdS. Le FMIS est relié à toutes les institutions de santé publique concernées et contient des informations sur la santé de tous les individus. Le ministère de la Santé applique des règles strictes en matière de surveillance de la santé des femmes pendant la grossesse et la période post-partum, et des enfants de la naissance à l'âge de six ans. Les responsables de la santé contactent tous les individus s'ils ne se présentent pas à temps pour les vaccinations, les visites de suivi de la croissance et du développement, le suivi des soins de santé, etc.
- Grâce à l'interopérabilité des systèmes et à un identifiant unique, le **Système intégré d'assistance sociale (ISAS[21])** (1) extrait des données sur la population des bénéficiaires des TMC dont les conditionnalités seront contrôlées pour chaque cycle à partir du SIG E-school et du FMIS par le biais de services web, (2) contrôle le respect des conditionnalités,

(3) rattache les individus aux ménages et met à jour les montants des prestations dans le registre de paiement préparé pour le versement suivant, en calculant automatiquement les pénalités éventuelles en cas de non-conformité (les prestations étant réduites au prorata des membres dont les dossiers ne sont pas conformes). L'ISAS n'a pas besoin de générer une liste de bénéficiaires mise à jour et de la distribuer aux bureaux locaux ou aux prestataires de services d'éducation ou de santé, car il se contente d'extraire les informations relatives à la conformité des bénéficiaires concernés, au cours de chaque cycle de suivi des conditionnalités à partir du SIG E-school et du FMIS.

Ces systèmes ont considérablement amélioré l'efficacité de la vérification de la conformité au programme de TMC turc, effectuée en quelques heures seulement. Avant ISAS, le programme de TMC exploitait son propre système de gestion des opérations des bénéficiaires, qui n'était pas relié aux autres systèmes administratifs. Le suivi des conditionnalités se faisait entièrement sur papier. Pour chaque cycle de suivi (mensuel pour l'éducation et bimestriel pour la santé), les bénéficiaires eux-mêmes étaient chargés d'obtenir des formulaires de vérification de la conformité (en version papier) auprès des bureaux locaux d'assistance sociale (SASF) et de se rendre dans les établissements d'éducation ou de santé pour les faire valider par le personnel compétent. Par la suite, les bénéficiaires devaient rapporter les FVC aux SASF. Les travailleurs sociaux saisissaient ensuite les données dans le système de gestion des opérations des bénéficiaires. En raison du volume élevé de formulaires (surtout dans les grands districts), ce processus prenait jusqu'à deux ou trois mois. Il y avait peu ou pas de contrôles ponctuels aléatoires ou de vérification des formulaires de conformité des établissements d'enseignement et de santé concernés. Avec ISAS, l'efficacité du contrôle des conditionnalités a été considérablement améliorée. Grâce à l'interopérabilité entre ISAS, le SIG E-school du ministère de l'Éducation, le FMIS du ministère de la Santé et de nombreux autres organismes, l'ISAS extrait du système d'information scolaire électronique des informations sur l'éducation (nom de l'établissement, niveau, classe, assiduité, réussite scolaire et autres informations) pour chaque élève bénéficiaire. Il extrait des informations sur la santé (suivis, contrôles de santé, vaccinations, par niveau d'établissement) du FMIS pour tous les bénéficiaires concernés. ISAS identifie ensuite automatiquement les cas de non-conformité et ajuste les niveaux de prestations en conséquence (en déduisant le montant pour tout membre ayant un dossier non conforme). Ce processus ne prend plus que deux ou trois heures.

Comment répercuter les conséquences d'un manque de conformité aux conditionnalités ? Relier les cycles de suivi des conditionnalités et les cycles de paiement

Dans leurs échéanciers principaux de mise en œuvre, les programmes de TMC tentent généralement de coordonner les cycles de suivi des conditionnalités avec ceux des paiements. Comme expliqué précédemment, le non-respect peut en effet entraîner une réduction des prestations (partielle ou totale, temporaire ou irrévocable). Par conséquent, le traitement des paiements s'accomplit sur la base du principal produit du suivi des conditionnalités pour ajuster le montant des prestations. Le tableau 8A.2 de l'annexe 8A présente les cycles de mise en œuvre pour les programmes de TMC dans les neuf pays de notre échantillon. Sur chaque diagramme, nous avons tracé les mois du cycle de suivi des conditionnalités, y compris la période de conformité et le temps alloué à la période de vérification de la conformité — en reconnaissant que cette dernière pourra être différente des délais réels de traitement. Nous avons également tracé les mois correspondants au calendrier des versements. Chaque diagramme part du principe qu'il s'agit là d'une part des cycles réguliers de mise en œuvre pour lesquels le suivi des conditionnalités sera demandé et que d'autre part, les écoles sont ouvertes (c'est-à-dire hors les mois de vacances)[22]. Pour standardiser le format des calendriers d'un pays à l'autre, chaque calendrier démarre au début de la première période de conformité[23].

Certains programmes de TMC relient directement tous les versements au suivi des conditionnalités et à ses conséquences (pour les conséquences du non-respect, voir le tableau 8A.3 en annexe). Un exemple

est le TMC de la Turquie, qui a étroitement aligné sa période de conformité avec le cycle de versement bimestriel. Comme expliqué précédemment, la vérification de la conformité ne prend que deux à trois heures en raison (1) de la surveillance en continu de la présence des enfants à l'école par le ministère de l'Éducation et des visites médicales par le ministère de la Santé, et (2) du niveau élevé d'interopérabilité des systèmes d'information. L'ISAS peut ainsi récupérer les informations immédiatement après la clôture de la période de conformité, et appliquer automatiquement des pénalités à temps pour le prochain versement bimestriel (tableau 8.5). Les six cycles de versement sont liés au suivi des conditionnalités (même si les liens avec celles en matière d'éducation sont supprimés pendant les vacances scolaires).

D'autres programmes de TMC échelonnent délibérément leur calendrier pour que les vérifications de conformité ne concernent qu'un sous-ensemble de paiements pendant l'année. Tous les programmes de TMC ne lient pas tous leurs versements au suivi des conditionnalités, et ils n'ont d'ailleurs pas à le faire. Le BFP du Brésil est un exemple de calendrier échelonné. Le BFP effectue 12 versements mensuels par an, mais le montant des prestations n'est ajusté par suite d'éventuelles non-conformités que quatre fois par an pour l'éducation et deux fois par an pour la santé. Ce calendrier permet des versements plus fréquents, ce qui a l'avantage de fournir une source régulière de revenu aux familles bénéficiaires, tout en respectant le temps dont ont besoin les familles pour être en conformité avec les conditionnalités, et les gestionnaires de programme pour le vérifier. Le tableau 8.6 montre le calendrier officiel pour le suivi des conditionnalités tandis

Tableau 8.5 Liens directs entre les cycles de versements et de suivi des conditionnalités dans le programme de transferts monétaires conditionnels de la Turquie

TMC de la Turquie : éducation et santé	Mois		
Période de conformité (PC)	PC1	PC2	Continue avec le cycle suivant (3)
Période de vérification (PVC) de la conformité et lien vers les registres de paiement			PVC + liens vers les registres de paiement (2-3 heures)
Fréquence des versements	Bimestriel		Bimestriel

Sources : Turquie, direction générale de l'Assistance sociale, 2014 ; Ortakaya, 2018, calendrier du MdS

Tableau 8.6 Calendrier du suivi des conditionnalités du programme *Bolsa Familia* du Brésil

Type	Période de conformité	Temps alloué à la vérification de la conformité	Application des conséquences/ liens vers les versements
Éducation (durée du cycle entier : 4 mois)	Période de 2 mois	Période d'un mois	Les conséquences sont répercutées dans le 4e mois du cycle
	Février — mars Avril — mai Août — septembre Octobre — novembre	Avril Juin Octobre Décembre	Mai Juillet Novembre Mars (janvier — février ignorés, car les écoles sont fermées)
Santé (durée du cycle entier : 9 mois)	Période de six mois	Exigence d'achèvement	Les conséquences sont répercutées trois mois après la fin de la période de suivi
	1er semestre : janvier — juin 2e semestre : juillet — décembre	Avant juillet — août Avant janvier — février	Septembre Mars

Sources : Manuel de fonctionnement du BFP du MDS du Brésil ; WWP 2016a.

Remarque : les versements sont effectués de manière continue par le système bancaire. L'année scolaire au Brésil court de février à novembre. Remarque : l'information concernant les nouveaux cas de grossesses est transmise chaque mois pour permettre l'introduction d'une nouvelle prestation variable pour les mères enceintes. Toutes les autres informations relatives à la santé sont transmises par semestre.

Tableau 8.7 Liens échelonnés des cycles de versements et de suivi des conditionnalités dans le programme *Bolsa Familia* du Brésil

BFP du Brésil : éducation	Mois			
	1	2	3	4
Période de conformité	PC1 (2 Mois)		Continue avec le cycle suivant	
Période de vérification de la conformité (PVC) et lien vers le registre de paiement			PVC1 (réel < 1 mois)	Conformité répercutée sur les paiements
Fréquence des versements	Mensuelle	Mensuelle	Mensuelle	Mensuelle

BFP du Brésil : santé	Mois								
	1	2	3	4	5	6	7	8	9
Période de conformité	PC1 de six mois						Continue avec le cycle suivant...		
Période de vérification de la conformité et lien vers le registre de paiement							PVC1 (réel inférieur aux deux mois alloués)		Conformité répercutée sur les paiements
Fréquence des versements	Mensuelle	Mensuelle	Mensuelle	Mensuelle	Mensuelle	Mensuelle	Mensuelle	Mensuelle	Mensuelle

Sources : Manuel de fonctionnement du BFP du MDS du Brésil ; WWP 2016a ; Initiative brésilienne d'apprentissage pour un monde sans pauvreté, http://wwp.org.br.

que le tableau 8.7 le présente dans notre format standardisé comme c'est fait pour les autres pays (voir le tableau 8A.3 dans l'annexe 8A).

Certains pays ont jugé nécessaire de recalibrer leurs échéanciers principaux pour accorder plus de temps aux vérifications de la conformité et éviter des retards dans les versements. Avant de récentes réformes, le calendrier serré du programme PKH de l'Indonésie entraînait une trop forte concentration des charges de travail sur quelques jours pour les opérateurs de saisie de données, ce qui causait des retards de paiement.

Le calendrier n'allouait qu'un mois aux vérifications de la conformité à la fin de chaque période de conformité de trois,mois (première colonne du tableau 8.8). Les facilitateurs imprimaient les FVC, rendaient visite aux prestataires de services (écoles, établissements de santé) et enregistraient les données de conformité de l'ensemble des individus dans leurs dossiers. Ils apportaient ensuite les FVC aux opérateurs de saisie des données, qui compilaient et entraient toutes les données dans le système d'information de gestion (SIG) via l'application Internet e-PKH (ou bien scannaient les formulaires

Tableau 8.8 Séparation des cycles de suivi des conditionnalités et de versements dans le PKH de l'Indonésie (avant et après les réformes)

PKH de l'Indonésie : éducation et santé, avant les réformes (avant 2018)	Mois					
	1	2	3	4	5	6
Période de conformité	PC1			Continue avec le cycle suivant...		
Période de vérification de la conformité et lien vers le registre de paiement				PVC1 (1 mois alloué)	Conformité répercutée sur les paiements	
Fréquence des versements		Trimestrielle	Souvent en retard...		Trimestrielle	Souvent en retard

PKH de l'Indonésie : éducation et santé, après les réformes de 2018	Mois					
	1	2	3	4	5	6
Période de conformité	PC1 (3 Mois)			Continue avec le cycle suivant...		
Période de vérification de la conformité et lien vers le registre de paiement				PVC1 (2 mois alloués dans le calendrier)		Conformité répercutée sur les paiements
Fréquence des versements			Trimestrielle			Trimestrielle

Source : ministère des Affaires sociales de l'Indonésie, 2016.

dans le SIG du PKH). Le MdAS/JSK recevait les données, en vérifiait la qualité, entrait les décisions relatives à la conformité dans le SIG puis actualisait en conséquence les données de paiement avant d'effectuer les versements. D'après l'échéancier principal, ces processus de vérification des conditionnalités devaient être effectués en un mois, pour des millions d'enfants (conditionnalités aux programmes scolaires ou de santé) et des centaines de milliers de femmes (conditionnalités au programme de santé) dans des milliers d'établissements à travers tout le pays. Le calendrier serré entraînait des goulots d'étranglement importants avec des surcharges de travail sévères, des soumissions de données incomplètes et des données de mauvaise qualité. En 2018, les réformes ont recalibré les cycles de suivi des conditionnalités et des versements afin d'accorder plus de temps à la vérification de la conformité (voir la deuxième colonne du tableau 8.8). Le temps alloué à la vérification et au traitement de la conformité est maintenant de deux mois au lieu d'un, avec la période de conformité 1 qui renseigne les montants des prestations des versements de la période 2.

Indicateurs de performance pour les systèmes de suivi des conditionnalités

Si l'objectif principal est de vérifier la conformité des bénéficiaires individuels, les métadonnées générées par les systèmes de suivi des conditionnalités peuvent également servir à suivre la performance des programmes de TMC et de leurs systèmes de mise en œuvre. La plupart des TMC se concentrent sur la surveillance des taux globaux de conformité, exprimés comme le nombre de bénéficiaires dans chaque catégorie dont la conformité aux conditionnalités est vérifiée en pourcentage des personnes suivies. Néanmoins, comme discuté ci-après, les taux de conformité peuvent être trompeurs quand seul un petit pourcentage du nombre total de bénéficiaires de chaque catégorie est suivi. Idéalement, il faudrait surveiller aussi bien les taux de conformité que les taux de suivi. Il est important de transmettre ces indicateurs pour chaque catégorie de bénéficiaires, ou tout au moins de séparer l'éducation et la santé et ne pas se contenter de rester au niveau des ménages, car les attentes comportementales varient d'un groupe à l'autre (comme discuté plus haut). Certains pays comme la Jamaïque surveillent même séparément la fréquentation scolaire des garçons et des filles, ce qui est considéré comme une bonne pratique.

La plupart des bénéficiaires suivis respectent les conditionnalités demandées. Les taux de conformité sont en moyenne de 92 % pour la fréquentation scolaire et de 90 % pour les conditionnalités liées à la santé dans les programmes de TMC de notre échantillon (voir figure 8.15). Dans plusieurs pays, la quasi-totalité des bénéficiaires respecte les conditionnalités. Les taux de conformité sont un peu plus bas en Colombie (pour la santé) et en Jamaïque, où une baisse des taux de conformité dans le temps a déclenché une évaluation approfondie pour déterminer les facteurs sous-jacents à la non-conformité.

Figure 8.15 Taux de conformité pour les conditionnalités liées à l'éducation et la santé dans les programmes de transferts monétaires conditionnels d'une sélection de pays

a. Éducation

Bénéficiaires jugés en conformité, en % du total des personnes suivies

b. Santé

Bénéficiaires jugés en conformité, en % du total des personnes suivies

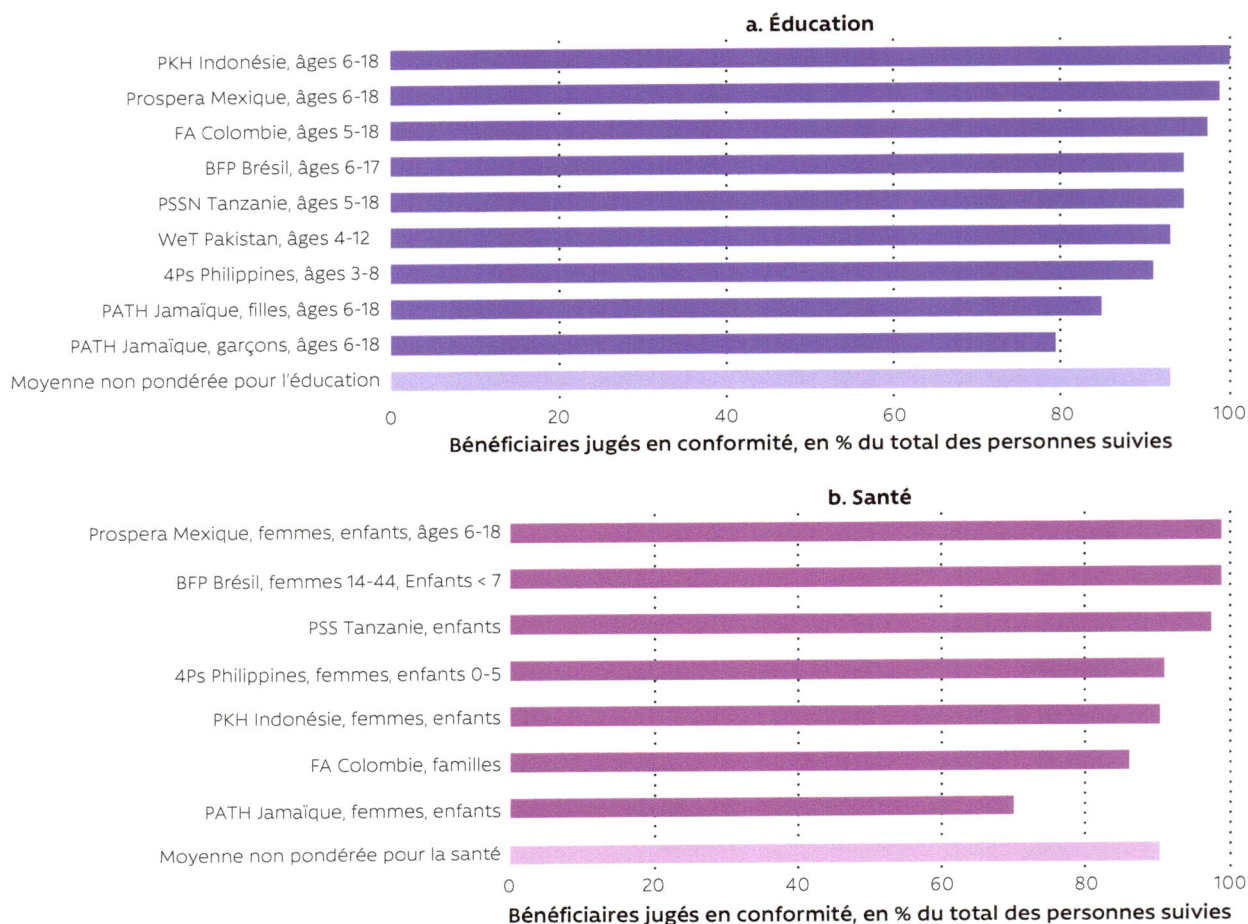

Sources : BFP du Brésil : SICON—Sistema de Condicionalidades—DECON/SENARC/MDS, données pour septembre 2018. FA Colombie : Prosperidad Social, données d'août à septembre 2017. PKH Indonésie : MdAS PMIS, données collectées pour le rapport de supervision de la deuxième réforme sur l'assistance sociale, avril à juillet 2018. PATH Jamaïque : système d'information de gestion des bénéficiaires du MLSS, données pour août 2018. Mexique — Prospera : SSIOP, données sur l'éducation pour 2017 ; Servicios Estatales de Salud e IMSS-Prospera, novembre à décembre 2017. Pakistan — WeT PROGRAMMES DE TMC : SIG WeT, données du trimestre terminant en avril 2018. 4Ps Philippines : rapport sur le statut de mise en œuvre du programme 4Ps du DPSD pour le premier trimestre 2018 : données de conformité de décembre 2017 à janvier 2018. PSSN CCT Tanzanie : SIG TASAF III PSSN pour 2018.

Cependant, tous les programmes ne surveillent pas les taux de suivi. Nous définissons les taux de suivi comme le nombre de bénéficiaires suivis dans chaque catégorie en pourcentage du nombre total de bénéficiaires dans cette catégorie[24]. Certains programmes ne suivent pas ces taux pour toutes les catégories, et certains adoptent des définitions différentes. La plupart des difficultés concernent le suivi des conditionnalités de la santé, qui sont plus complexes que celles de l'éducation, comme discuté ci-après. À titre d'exemple,

le programme Prospera du Mexique ne surveille que les conditionnalités des bénéficiaires qui sont enregistrés dans des cliniques. Par conséquent, comme le programme a obtenu les informations sur tous les inscrits dans les cliniques, il affiche un taux de suivi de 100 %, or les bénéficiaires non-inscrits ne sont pas du tout suivis. Le programme 4Ps des Philippines ne suit que les enfants qui étaient âgés de 0 à 5 ans et les femmes qui étaient enceintes au moment du dernier enregistrement Listahahan en 2015[25].

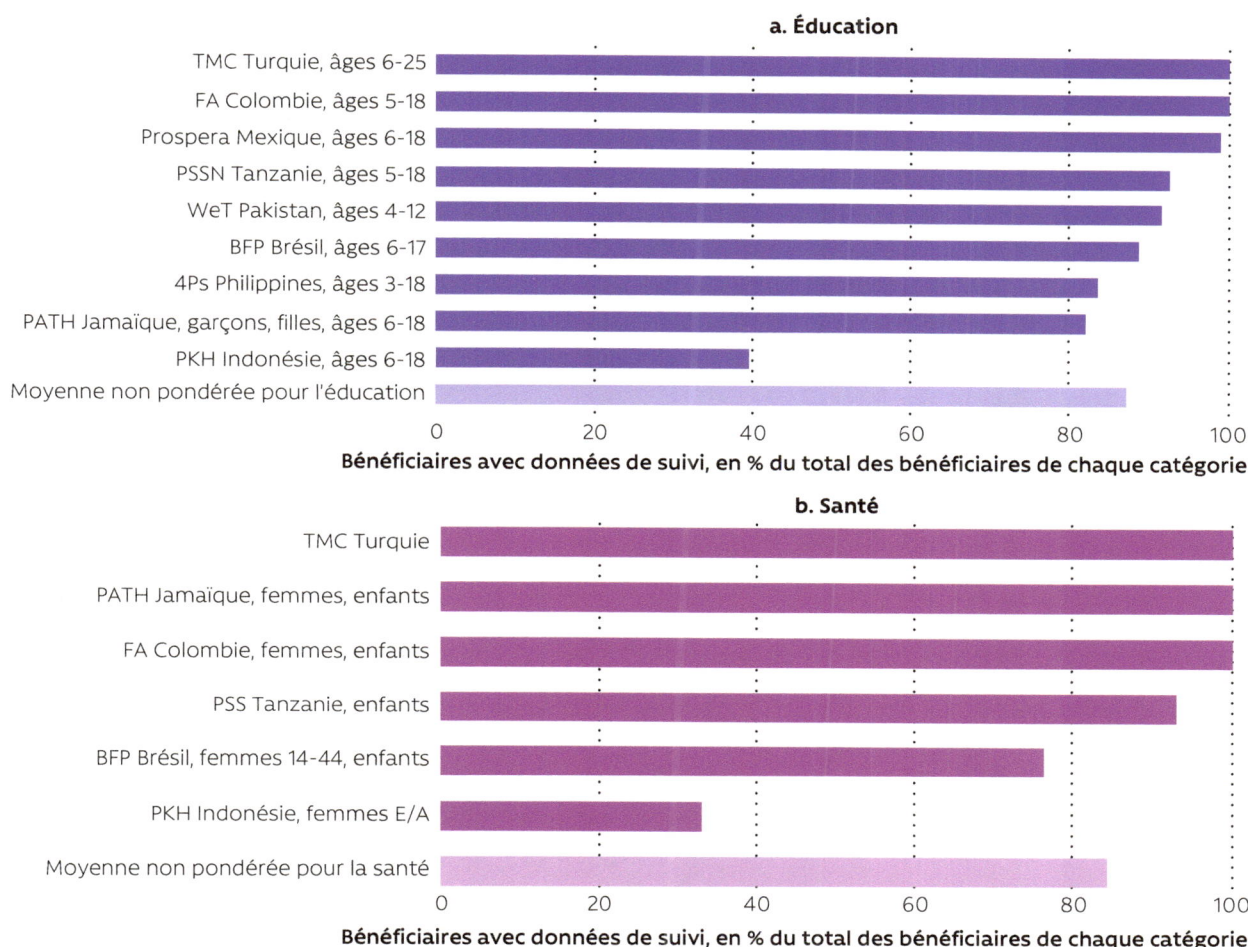

a. Éducation

- TMC Turquie, âges 6-25
- FA Colombie, âges 5-18
- Prospera Mexique, âges 6-18
- PSSN Tanzanie, âges 5-18
- WeT Pakistan, âges 4-12
- BFP Brésil, âges 6-17
- 4Ps Philippines, âges 3-18
- PATH Jamaïque, garçons, filles, âges 6-18
- PKH Indonésie, âges 6-18
- Moyenne non pondérée pour l'éducation

Bénéficiaires avec données de suivi, en % du total des bénéficiaires de chaque catégorie

b. Santé

- TMC Turquie
- PATH Jamaïque, femmes, enfants
- FA Colombie, femmes, enfants
- PSS Tanzanie, enfants
- BFP Brésil, femmes 14-44, enfants
- PKH Indonésie, femmes E/A
- Moyenne non pondérée pour la santé

Bénéficiaires avec données de suivi, en % du total des bénéficiaires de chaque catégorie

Sources : BFP du Brésil : SICON—Sistema de Condicionalidades—DECON/SENARC/MDS, données pour mai 2018. FA Colombie : Prosperidad Social, données d'août à septembre 2017. PKH Indonésie : MdAS PMIS, données collectées pour le rapport de supervision de la deuxième réforme sur l'assistance sociale, avril à juillet 2018. PATH Jamaïque : système d'information de gestion des bénéficiaires MLSS, données pour août 2018. Mexique — Prospera : SIIOP, données éducation pour 2017. Pakistan — WeT PROGRAMMES DE TMC : SIG WeT, données du trimestre terminant en avril 2018. 4Ps Philippines : DPSD, actualisations du programme Pantawid Pamilyang Pilipino à mai 2018. PSSN CCT Tanzanie : SIG TASAF III PSSN pour 2018. PROGRAMMES DE TMC de la Turquie : Ortakaya 2018.
Remarque : E/A = enceintes/allaitantes.

De plus, les programmes qui surveillent les taux de suivi se rendent compte que tous les bénéficiaires ne sont pas suivis. Pour les programmes pour lesquels nous avons des données comparables, les taux de suivi sont en moyenne de 87 % pour la fréquentation scolaire et de 84 % pour la santé (figure 8.16). Les chiffres varient fortement entre les programmes, allant de 39 % pour l'éducation et 33 % pour la santé dans certains programmes de TMC, à la quasi-totalité des bénéficiaires pour d'autres. Ces moyennes non pondérées pour la santé n'incluent pas les données du Mexique et des Philippines parce que des différences dans la façon de rapporter les données surestimeraient les taux de suivi, comme évoqué précédemment.

La plupart des programmes de TMC ont des politiques explicites qui permettent d'éviter de pénaliser des bénéficiaires pour manque d'informations relatives à leur conformité aux conditionnalités. Au Brésil, ce manque d'information est perçu comme un échec potentiel de l'État ou du service, ou comme une vulnérabilité extrême de la part du bénéficiaire[26], et ne pas pénaliser les bénéficiaires pour qui les informations sont manquantes est cohérent avec l'approche non punitive des conditionnalités d'une manière générale. De même en Jamaïque, le programme PATH accorde des dérogations aux bénéficiaires pour lesquels les écoles ou centres de soins n'ont pas fourni des informations suffisantes ou complètes pour la période de conformité, afin d'éviter de punir les bénéficiaires dans ces établissements. Au Pakistan, quand les écoles n'envoient pas de rapports, le SGOB leur envoie un message avec un formulaire, ce qui déclenche un suivi des écoles par les services de l'éducation concernés ainsi qu'une notification aux familles. Les enfants bénéficiaires sont notés « conformes » pour les écoles qui n'ont pas envoyé de rapports sur une période pouvant aller jusqu'à trois trimestres.

Pourquoi les programmes de TMC ne surveillent-ils pas la conformité pour tous les bénéficiaires ? D'une manière générale, l'activité de suivi des conditionnalités est complexe, et nécessite une collaboration verticale entre les acteurs centraux et locaux, ainsi qu'une coopération horizontale entre les secteurs et les agences. Elle nécessite en outre de gérer les informations actualisées pour de nombreux ménages bénéficiaires (dont la composition, la localisation et le statut de bénéficiaire peuvent changer pour d'autres raisons) ainsi que sur les membres individuels et leur propre utilisation des services d'éducation et de santé dans des milliers de points de service à travers le pays, et ce de manière continue.

De nombreux facteurs peuvent sous-tendre l'absence de rapports relatifs au respect des conditionnalités. Il se peut que des informations telles qu'un changement d'adresse ou de prestataires de services de la part des bénéficiaires ou leur sortie du programme n'aient pas été actualisées dans les registres de bénéficiaires. D'autres facteurs peuvent concerner des prestataires, par exemple une école ou un établissement de santé qui ne fournit pas les informations (ou alors de manière incomplète) pour un cycle de mise en œuvre. Ou, ce qui est plus inquiétant, les bénéficiaires qui ne sont pas suivis pourraient avoir abandonné l'école ou ne pas avoir utilisé les services de santé, ce qui suggère des vulnérabilités importantes qu'il faut traiter pour inciter les ménages à se conformer ou pour les aider à éliminer les obstacles à leurs investissements dans le capital humain[27]. Sans examen complémentaire, il est par définition impossible de connaître les raisons pour lesquelles

des informations sur la conformité peuvent être manquantes. Le Brésil a réalisé en 2014 une enquête pour diagnostiquer les failles dans le suivi des conditionnalités. Sur cette période, les informations de conformité en matière d'éducation manquaient pour 10,8 % des enfants d'âge scolaire bénéficiaires : dans 63 % des cas, les enfants et jeunes n'avaient pas été trouvés (l'école de l'élève était inconnue) et dans 37 % des cas les écoles n'avaient pas fourni d'informations portant sur les présences. En matière de santé, les informations de conformité manquaient pour 26,7 % des familles bénéficiaires. Parmi elles, 83 % n'avaient pas reçu de visites pendant la période de conformité, 4 % avaient eu des visites, mais n'étaient pas suivies, 2,7 % étaient partiellement suivies et enregistrées (au moins un des membres ne l'était pas) et 11,2 % n'avaient pas été trouvées à l'adresse indiquée dans leurs dossiers.

Le suivi des conditionnalités est particulièrement complexe dans le domaine de la santé. Avec la fréquentation scolaire, un ensemble connu de bénéficiaires est censé être dans un endroit spécifique à un moment donné, cinq jours par semaine pendant l'année scolaire. Avec les soins de santé, du point de vue du gestionnaire du programme, grossesses et naissances sont des « événements aléatoires » qui peuvent se produire à des moments inconnus dans des endroits inconnus. Même pour les enfants, les dates auxquelles leurs parents les conduisent à la clinique pour une visite médicale peuvent ne pas coïncider avec la collecte programmée des formulaires de conformité, notamment pour les enfants plus âgés qui ont une obligation moins fréquente de se rendre dans les centres de santé. Ces difficultés sont visibles dans les données de suivi incomplètes des bénéficiaires des programmes de TMC. De plus, les difficultés pour contrôler la conformité peuvent conduire à supprimer la conditionnalité. Par exemple, le programme de TMC PSSN de la Tanzanie a arrêté les conditionnalités pour les femmes enceintes.

Le Brésil et la Turquie se sont attaqués à ces difficultés en assurant le suivi de tout le monde. Plutôt que d'attendre le signalement d'une grossesse, le Brésil suit l'ensemble des femmes en âge de procréer (14-44 ans) de manière continue, pour s'assurer qu'elles sont toutes reliées au système de santé en cas de grossesse[28]. Le ministère de la Santé de la Turquie suit l'utilisation des soins de santé de tous les citoyens (pas uniquement les bénéficiaires), et le programme de TMC se contente d'extraire les informations sur les bénéficiaires d'un programme pour vérifier la conformité. Pour les deux pays, le suivi continu de toute la population (ciblée) a permis de réduire l'imprévisibilité autour de l'utilisation des soins de santé pour des personnes dans des états spécifiques (par exemple grossesse, naissance, vieillissement).

L'expansion rapide de la couverture des programmes de TMC rend également difficile le suivi systématique des conditionnalités, notamment dans les grands pays. C'est le cas de l'Indonésie, où le programme PKH est passé de 3,5 millions de familles en 2016 à 6 millions en 2017 et 10 millions en 2018. Il a donc plus que triplé pendant ces deux ans, pour devenir le deuxième programme de TMC le plus important du monde derrière le BFP du Brésil. Cet accroissement rapide n'a pas été immédiatement suivi par un renforcement des systèmes de mise en œuvre, qui ne suivaient déjà qu'environ la moitié de l'ensemble des bénéficiaires du programme avant même l'expansion. Un suivi complet impliquerait de surveiller la fréquentation quotidienne de 12,4 millions d'écoliers, ainsi que les visites médicales de 3,2 millions de jeunes enfants et de près de 200 000 femmes enceintes ou postnatales, dans un pays de 13 000 îles habitées où les opérations du programme PKH couvrent maintenant l'ensemble des 520 districts et plus de 7 000 sous-districts.

Le suivi des conditionnalités a également été compliqué par l'expansion rapide du programme Bolsa Familia du Brésil (BFP), qui a nécessité d'apporter des améliorations aux systèmes. Au cours des premières années du programme, la couverture s'est fortement élargie, passant de 3,4 millions de familles au moment de son lancement en octobre 2003 à 11 millions à mi-2006 et 14 millions pendant la crise économique. Les difficultés rencontrées par le Brésil pour suivre les conditionnalités avec l'expansion du programme sont bien visibles sur la figure 8.17. Pendant l'année de transition entre octobre 2003 et octobre 2004, le ministère du Développement social a momentanément arrêté de demander aux municipalités de consolider et transmettre les informations pour le suivi de la conformité. Le décalage reflétait les transitions conceptuelles et juridiques du programme pendant la période de réforme, ainsi que les inévitables difficultés systémiques liées à la transition entre les programmes de TMC d'avant la réforme et le BFP, alors même que le programme doublait en taille. Le suivi central de la conformité aux conditionnalités des programmes d'éducation a repris à la fin de 2004 après la publication d'un décret juridique, et le suivi des conditionnalités pour les programmes de santé a été lancé en 2005. Même ainsi, plusieurs années ont été nécessaires pour arriver aux niveaux actuels de suivi des conditionnalités de 88 % pour la fréquentation scolaire et de 77 % pour les soins de santé ; et cela a requis (1) des améliorations conséquentes des systèmes, (2) une coopération très forte entre le MDS et les ministères de l'Éducation et de la Santé et (3) une collaboration directe avec les contreparties de ces ministères dans 5 570 municipalités. Ce niveau de couverture est une grande réussite dans un pays aussi vaste et diversifié que le Brésil, ou pour un programme aussi étendu que le BFP, qui surveille la fréquentation scolaire quotidienne de plus de 14 millions d'enfants dans 160 000 écoles du pays, et les visites de plus de 9 millions de femmes et de jeunes enfants dans des établissements de santé à travers tout le pays.

Suivi et application des conditionnalités : résumé de la liste de contrôle

Cette section cherche à examiner la façon dont les pays suivent et appliquent les conditionnalités pour les programmes de TMC comme phase essentielle de la chaîne de mise en œuvre. Une liste de contrôle rapide des considérations relatives à la conception et à la mise en œuvre inclut les éléments suivants :

- *Pour le suivi des conditionnalités,* il est recommandé (1) d'utiliser des diagrammes « à couloirs » (voir chapitre 2) pour cartographier les acteurs des étapes de mise en œuvre, (2) de créer des processus simples, sans trop de bureaucratie ni trop de surcharge de travail pour les acteurs (par exemple avec des principes de conception centrée sur l'humain et une cartographie de l'activité, voir le chapitre 2), (3) d'explorer l'interopérabilité et les systèmes d'information pour automatiser et accélérer les processus, (4) de communiquer systématiquement avec les bénéficiaires à propos de changements dans leur statut de conformité, (5) de faciliter les voies de recours pour les réclamations, et (6) d'envisager dans le suivi des familles qui ne sont pas en conformité qu'un travailleur social les accompagne pour identifier les obstacles qu'elles

La triple difficulté d'une expansion rapide : systèmes en évolution et suivi des conditionnalités dans le programme *Bolsa Familia* du Brésil

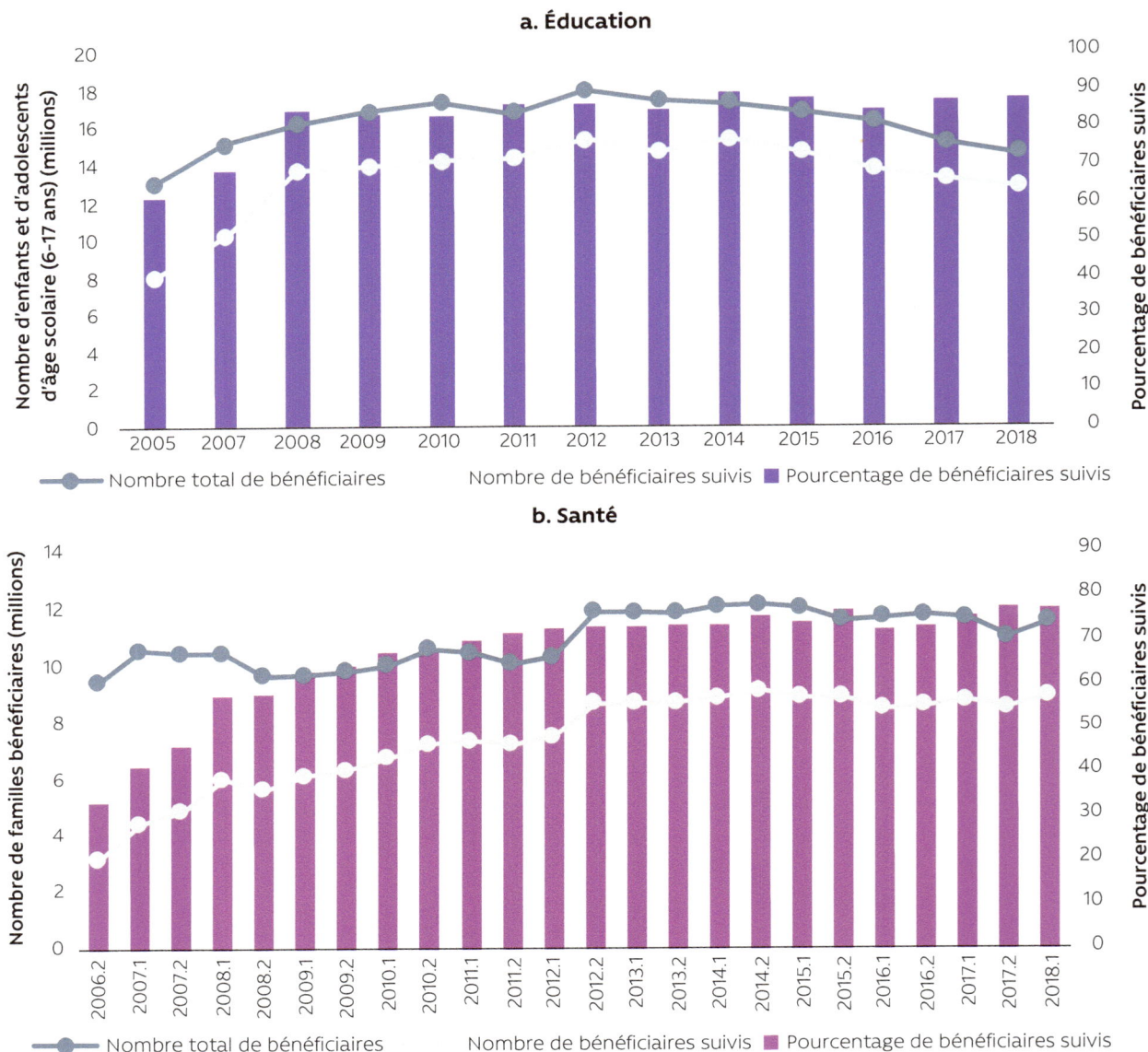

a. Éducation

Nombre d'enfants et d'adolescents d'âge scolaire (6-17 ans) (millions) — axe vertical gauche (0 à 20)

Pourcentage de bénéficiaires suivis — axe vertical droit (0 à 100)

Années : 2005, 2007, 2008, 2009, 2010, 2011, 2012, 2013, 2014, 2015, 2016, 2017, 2018

—●— Nombre total de bénéficiaires   Nombre de bénéficiaires suivis   ■ Pourcentage de bénéficiaires suivis

b. Santé

Nombre de familles bénéficiaires (millions) — axe vertical gauche (0 à 14)

Pourcentage de bénéficiaires suivis — axe vertical droit (0 à 90)

Périodes : 2006.2, 2007.1, 2007.2, 2008.1, 2008.2, 2009.1, 2009.2, 2010.1, 2010.2, 2011.1, 2011.2, 2012.1, 2012.2, 2013.1, 2013.2, 2014.1, 2014.2, 2015.1, 2015.2, 2016.1, 2016.2, 2017.1, 2017.2, 2018.1

—●— Nombre total de bénéficiaires   Nombre de bénéficiaires suivis   ■ Pourcentage de bénéficiaires suivis

Sources : Sources du gouvernement brésilien MDS/SICON/DECON/SENARC avec des données provenant du Sistema de Accompanhamento de Frecuencia Escolar (Sistema Presenca) et du Sistema PBF Saude

rencontrent et le moyen de les dépasser afin de faciliter la fréquentation scolaire et les visites à un centre de santé.

- *Pour appliquer les pénalités,* il est recommandé de (1) coordonner le cycle de suivi des conditionnalités et le cycle de versement des prestations dans le calendrier principal pour disposer d'assez de temps pour répercuter sur le montant des prestations, les

changements éventuels liés à la vérification de la conformité, (2) d'envisager d'échelonner le calendrier pour que tous les versements ne soient pas liés à la vérification de la conformité, (3) de rester réalistes sur les délais entre les périodes de conformité et l'application des pénalités financières.

- *Pour évaluer les performances*, il est recommandé de suivre à la fois les taux de conformité et ceux de suivi.

Enfin, pour ceux qui seraient découragés par la quantité de travail nécessaire au suivi des conditionnalités, il est important de se souvenir des effets importants des programmes de TMC, démontrés dans d'innombrables évaluations. Ces effets sont plus importants dans le cas des programmes de TMC que ceux de TMI, et les études montrent que le suivi compte tout autant que les conséquences sur le montant des prestations d'un manque de respect de la conformité. Nous pensons que le lien entre incitations et comportement est peut-être moins une affaire d'imposition effective de sanctions financières que de suivi. Très peu de bénéficiaires subissent des pénalités financières, et quand c'est le cas, les montants sont relativement faibles et bien après le moment où une obligation n'a pas été respectée. La plupart des bénéficiaires respectent les conditionnalités, et il est possible que la simple menace de la perte des prestations suffise à motiver un changement de comportement. Étant donné que les personnes pauvres vivent au mois le mois, la force de ces pénalités semble plutôt émoussée. C'est pour cela qu'il est possible que les effets importants mesurés dans les évaluations d'impact des programmes de TMC proviennent plutôt des actions de suivi.

Suivre la conformité aux conditionnalités incite les familles à investir dans le capital humain. Le simple fait de savoir que leurs comportements sont suivis peut inciter des personnes à respecter les conditionnalités.

Elles reçoivent des incitations régulières, à des moments importants : (1) par les enseignants et les professionnels de santé qui enregistrent leur présence, (2) par le personnel du programme qui accompagne les familles et collecte les données des prestataires de services, (3) par le « système » s'il publie des notifications officielles ou avertissements quand une non-conformité est détectée, et (4) par les travailleurs sociaux des programmes qui apportent des soutiens et des conseils supplémentaires en réponse aux signaux de non-conformité persistante qui sont envoyés. Ce soutien supplémentaire peut contribuer à identifier les raisons pour lesquelles des familles ne se conforment pas aux conditionnalités ; il peut également aider ces familles à surmonter les obstacles décelés et à renforcer leurs liens avec les services. Enfin, il peut permettre de corriger des erreurs dans les informations. Ces encouragements vont donc relier les prestations de protection sociale aux services de l'éducation et de la santé.

De futures évaluations d'impact pourraient approfondir l'analyse de l'importance relative du suivi par rapport à une application des conditionnalités. Cette question dépasse le champ du présent Manuel de référence, mais nous espérons que les informations ci-dessus sur les mécanismes de la mise en œuvre » contribuent à éclairer le processus, ou tout au moins à suggérer certains des aspects clés de la mise en œuvre qu'il faudrait évaluer.

8.4 CONTRÔLE DE LA CONFORMITÉ AUX CONDITIONNALITÉS DES PROGRAMMES POUR L'EMPLOI

Conditions d'accès et de participation aux programmes pour l'emploi et aux programmes d'activation

L'obligation de respecter certaines conditions qui permettront de continuer à percevoir des prestations pour cause de chômage ou de bénéficier de programmes d'activation remplit deux fonctions. Premièrement, l'introduction de conditionnalités réduit le problème d'un risque moral causé par l'acceptation par certains bénéficiaires de transferts monétaires sans avoir cherché des opportunités d'emploi rémunéré, ou du moins sans en profiter. De nombreux gouvernements et sociétés accordent une importance politique à la « coresponsabilité » de l'État et de l'individu et s'inquiètent des effets dissuasifs pour l'emploi que peuvent provoquer les transferts monétaires inconditionnels. Les États-Unis et le Royaume-Uni, par exemple, ont tous deux mis en œuvre au cours des dernières décennies de nouvelles politiques qui instaurent des conditions plus strictes d'attribution des transferts de protection sociale en général et des allocations de chômage en particulier. Par ailleurs, de nombreux pays d'Asie de l'Est, notamment l'Indonésie, la Thaïlande et récemment la Malaisie, mettent l'accent sur l'emploi productif et n'ont par conséquent que peu ou pas de programme d'assurance-chômage.

Deuxièmement, les conditionnalités peuvent être utilisées comme mécanisme de ciblage. En théorie, des conditionnalités strictes et étroitement contrôlées n'auront une portée incitative que pour les personnes qui ont le plus besoin de demander et recevoir des prestations, alors qu'elles seront dissuasives pour celles qui peuvent trouver plus rapidement un emploi approprié et ne feront pas les efforts nécessaires pour se conformer aux obligations du programme. Par ailleurs, de nombreux pays maintiennent plusieurs programmes variés de filets sociaux en espèces et en nature destinés à aider les personnes pauvres et les plus vulnérables à la pauvreté. Les interventions pour l'emploi et l'activation peuvent compléter les filets de sécurité, mais elles ne doivent pas être considérées comme des substituts d'autant plus qu'elles exigent souvent une surveillance plus stricte des conditionnalités. De nombreux articles et modèles universitaires ont été consacrés ces 30 dernières années à la détermination, selon différentes hypothèses du marché du travail, de l'équilibre optimal entre attribution des prestations, contrôle des conditions et application des sanctions. Distinguer ces cas n'est pas toujours facile en pratique.

L'existence de ce compromis entre stricte application des conditionnalités et délivrance des prestations est encore plus évidente lorsqu'on prend en compte l'évolution de la nature du travail à l'échelle mondiale, la persistance de l'informalité et la fréquence plus élevée des changements des profils d'emploi au cours de la vie des travailleurs. Les programmes traditionnels pour l'emploi, y compris l'assurance-chômage (AC), l'assistance en cas de chômage (AcC) et les programmes actifs du marché du travail (PAMT) tels que l'aide à la recherche d'emploi et la formation, ont tous été conçus pour répondre à un marché du travail formalisé. Les emplois sont, pour la plupart, censés être à durée indéterminée, avec des salaires réguliers ouvrant droit à pension et autres prestations. L'assurance-chômage et l'assistance en cas de chômage sont destinées à combler les périodes d'inactivité relativement rares survenant entre deux périodes d'emploi, tandis que l'aide à la recherche d'emploi et la formation visent à redonner le plus rapidement possible un emploi aux personnes dans le même secteur ou la même profession de préférence. Ce scénario ne prévaut plus dans de nombreux pays et n'a jamais existé dans la plupart des pays en développement. La plupart des travailleurs occupent des emplois informels aux salaires irréguliers ou forfaitaires et ne bénéficient de la part de leur employeur que de prestations limitées ou inexistantes. Beaucoup de jeunes feront l'expérience au cours de leur vie professionnelle de nombreux emplois différents, souvent dans plusieurs professions ou industries différentes, passant parfois d'un emploi informel à un emploi formel et inversement.

La nature des programmes en faveur du marché du travail devra changer pour répondre au nouveau monde du travail. L'assistance devra être plus directement intégrée à d'autres formes de protection sociale, y compris les transferts monétaires, les filets de sécurité et les mécanismes d'assurance sociale transférables. Les stratégies d'activation devront anticiper la grande variété des relations de travail et des voies d'accès aux emplois productifs. De même, le suivi des bénéficiaires et les types de conditionnalités devront peut-être également évoluer. Toutefois, cette section se concentrera uniquement sur le contrôle du respect des conditionnalités tel qu'il est actuellement exercé.

Les conditions initiales d'admissibilité de la plupart des programmes pour l'emploi sont similaires. Trois types de conditions sont couramment appliquées aux demandeurs de prestations : (1) avoir travaillé pendant une période minimale avant d'être au chômage, appelée souvent période d'intégration à la population active. Cette condition d'éligibilité s'applique notamment pour l'assurance-chômage, financée en partie par les charges sociales et les cotisations patronales. Si une personne commence à travailler ou n'a travaillé que pendant de courtes périodes d'emploi temporaire, elle n'a pas suffisamment cotisé au système d'assurance pour justifier le versement de prestations, (2) avoir involontairement perdu son emploi et se retrouver au chômage et non à la suite d'un renvoi ou une démission et (3) être capable et avoir la volonté de rechercher et d'accepter un emploi approprié.

Par la suite, les conditions régulières d'éligibilité découlent des conditions initiales. Pour continuer à percevoir des prestations, la personne doit démontrer :

- Sa capacité et sa volonté de rechercher et d'accepter un emploi approprié et
- Sa participation à des PAMT spécifiées.

Cette section du chapitre se concentrera sur le suivi des conditions régulières d'admissibilité des programmes pour l'emploi. La sous-section suivante examine comment les conditionnalités sont contrôlées et décrit les dispositions institutionnelles standard et les processus de contrôle. La dernière sous-section se termine par l'examen d'une sélection de cas concrets où sont utilisés des indicateurs de performance et des systèmes de suivi des conditions d'éligibilité.

Comment sont contrôlées les conditionnalités des programmes pour l'emploi ?

Le contrôle et le suivi du respect des conditionnalités propres à un programme sont une fonction essentielle de la gestion des opérations des bénéficiaires dans tous les programmes pour l'emploi. De nombreux filets de sécurité sociale et programmes de transferts monétaires évaluent l'éligibilité initiale des personnes lors de leur demande et les réévaluations ne sont réalisées que bien plus tard, parfois après plusieurs années. Les programmes d'activation pour l'emploi impliquent généralement un contrôle fréquent des conditions d'éligibilité sur une base hebdomadaire ou mensuelle.

Dispositions institutionnelles

La forme dominante d'organisation qui fournit les services de l'emploi est le SPE (service public de l'emploi). Il s'agit généralement d'une agence gouvernementale qui aide les demandeurs d'emploi à trouver un poste et les employeurs à trouver des personnes à recruter. L'agence fournit un soutien à la recherche d'emploi et des services de conseil et de placement, des informations sur le marché du travail et un soutien pour améliorer l'employabilité des demandeurs d'emploi à l'aide de PAMT tel que des formations à l'emploi et au travail indépendant ou à l'entrepreneuriat. Tous les SPE ne fournissent pas la gamme complète de ces services, mais nombre d'entre eux l'élargissent en mettant l'accent sur les PAMT. Une étude mondiale portant sur 73 pays a révélé qu'au moins la moitié d'entre eux avaient élargi entre 2014 et 2016 la disponibilité des services publics de l'emploi aux populations prioritaires (OIT, 2018). Certains SPE délivrent également les prestations liées au chômage et des subventions connexes, bien que les AC/AcC soient dans de nombreux cas gérées par une agence dédiée et distincte du ministère du Travail ou de la Sécurité sociale. Dans presque tous les pays, les SPE relèvent du ministère du Travail ou d'une autre autorité centrale et possèdent leur propre structure organisationnelle et leurs propres bureaux. Dans certains cas, les SPE relèvent directement du ministère du Travail ou d'une autre autorité centrale. Dans d'autres cas, les SPE sont plus autonomes, mais restent supervisés par une autorité centrale. Dans la région du Moyen-Orient et de l'Afrique du Nord (MENA), par exemple, la République arabe d'Égypte et la Jordanie proposent des PAMT par l'intermédiaire d'un département placé au sein du ministère du Travail tandis qu'au Liban, au Maroc et en Tunisie, ces programmes sont administrés par des agences publiques de l'emploi indépendantes et supervisées par le ministère du Travail.

Dans certains pays, l'accent est plutôt mis sur l'activation des bénéficiaires de l'aide sociale ainsi que sur les demandeurs d'emploi au chômage. Dans le passé, et toujours dans de nombreux pays, les programmes de filets sociaux étaient organisés et gérés dans des ministères distincts ayant des liens verticaux avec les localités par le biais des bureaux des programmes de filets sociaux, tandis que les organisations nationales de SPE se concentraient sur les chômeurs assurés et les clients plus aptes à l'emploi (Mosley, 2011). Depuis le début des années 2000, l'activation des bénéficiaires de l'aide sociale est devenue une priorité de la politique de l'emploi. Dans certains pays comme l'Allemagne, la Finlande, la Macédoine du Nord et la Norvège, cette priorité a pris la forme d'une coopération obligatoire entre les services sociaux et les SPE, ou même une responsabilité uniforme pour les chômeurs assurés et les bénéficiaires de l'aide sociale activés (par exemple, au Danemark et en Serbie).

Historiquement, le nombre de travailleurs sociaux et de conseillers disponibles chargés de gérer les demandeurs d'emploi dans les programmes d'activation était limité. C'est encore le cas dans de nombreux pays en développement. Les pays à faible revenu et en développement ne disposent pas souvent d'assistants sociaux formés et se concentrent principalement sur l'aide par transfert monétaire ou sur les formes de recherche d'emploi automatisée. L'Organisation internationale du travail recommande une charge de travail moyenne de 100 dossiers de demandeurs d'emploi par travailleur social, mais celle-ci est souvent beaucoup plus élevée dans la pratique. Selon de récentes études menées sur les SPE à travers le monde, elle est en moyenne d'environ 170 dossiers pour l'Europe et de plus de 500 dossiers dans certains pays d'Europe et d'Asie centrale (Kosovo, Macédoine du Nord, Turquie)[29]. Elle se situe à un peu plus de 280 dans les pays d'Asie de l'Est et du Pacifique et atteint entre 2 100 et 5 200 dans les pays de la région MENA, d'Afrique et d'Amérique latine. Le nombre élevé de demandeurs d'emploi par bureau rend plus difficiles l'élargissement effectif des PAMT et l'aide qui leur est apportée. Parmi les pays à revenu élevé, le nombre de dossiers a diminué en moyenne ces dernières années, ce qui a potentiellement amélioré de façon significative l'engagement vis-à-vis des candidats à l'emploi et rendu plus efficace la tâche de contrôle des conditionnalités.

De nombreux pays sous-traitent de plus en plus les services d'activation de l'emploi au secteur privé ou à des organisations non gouvernementales (ONG). Le modèle traditionnel d'un SPE centralisé fournissant tous les services d'activation est toujours le plus courant, mais évolue au fil du temps, à la fois en raison des dépenses encourues et d'une inefficacité généralement associée aux prestations gouvernementales, mais aussi en raison de l'importance de lier plus étroitement la formation et les services de l'emploi aux besoins du marché du travail du secteur privé. Les deux tiers environ de tous les SPE interrogés en 2014 étaient responsables de la délivrance de l'ensemble disponible des services de l'emploi. Le tiers restant a externalisé ou coordonne la prestation des services fournis par d'autres organisations ou le secteur privé[30]. Seuls quelques pays s'appuient exclusivement sur des services privés ou sur un réseau combiné d'organisations publiques, privées et à but non lucratif, notamment l'Australie, la Colombie, le Danemark, la Suisse et le Royaume-Uni.

Il existe plusieurs exemples de pays utilisant largement les services privés. Au Danemark, par exemple, les bureaux locaux du SPE disposent d'un degré élevé d'autonomie pour organiser et contracter des services indépendants d'activation. Au Honduras, le Service national de l'emploi du Honduras (SENAEH) s'est associé à des organisations privées pour cogérer et cofinancer les services de l'emploi. Le personnel et les fournitures nécessaires à la délivrance des services sont également fournis par le secteur privé[31]. L'Agence nationale indienne de développement des compétences est une société anonyme à but non lucratif relevant (et financée par) le

ministère indien du Développement des compétences et de l'Entrepreneuriat, qui finance des entreprises et des organisations privées proposant des formations professionnelles dans tout le pays. « Jobactive Australia » (JSA) s'appuie fortement sur des contrats basés sur les résultats pour fournir des services de l'emploi. JSA a un concept de guichet unique/centre de services qui oriente tous les chômeurs inscrits vers des prestataires sur la base d'un contrat prévoyant le paiement de frais de service standard plus une prime basée à la fois sur les résultats et sur les services au bénéfices des demandeurs d'emploi difficiles à placer. Au Royaume-Uni, « Jobcentre Plus » paie les sociétés contractantes en fonction des résultats du placement et de la viabilité des emplois en matière de durée et de fidélisation des salariés. C'est également le cas en Allemagne où un chèque placement permet au demandeur d'emploi de faire appel à une agence privée. Si le demandeur obtient un emploi, l'agence reçoit alors un pourcentage prédéterminé de ce chèque placement au moment de l'embauche du demandeur et le reste six mois après.

L'encadré 8.2 donne un exemple détaillé de la manière dont les services de l'emploi sont organisés et fournis par le biais d'un SPE à service complet en Macédoine du Nord.

Processus de suivi des conditionnalités

Dans presque tous les pays, le suivi des conditionnalités commence dès l'élaboration d'un plan d'action individualisé (PAI) du demandeur d'emploi[32]. Celui-ci entre généralement dans les programmes d'activation par l'intermédiaire d'un bureau local situé près de la résidence du demandeur d'emploi, généralement le bureau du SPE, mais parfois un bureau spécialisé d'AC ou un bureau d'aide sociale. Une fois remplies les formalités d'inscription et le demandeur d'emploi inscrit, un PAI est élaboré en consultation avec un intervenant ou un conseiller désigné. Voir les chapitres 4 et 5 de ce manuel détaillant les processus d'enregistrement des demandes, d'évaluation des besoins, de détermination de l'éligibilité et d'inscription. Le PAI décrit les activités que le demandeur d'emploi devra entreprendre et définit un ensemble d'obligations mutuelles que le demandeur d'emploi et différents fournisseurs de services devront remplir au cours de sa participation au programme. L'encadré 8.3

La Macédoine du Nord offre une gamme complète d'allocations chômage et de services d'activation. En collaboration avec le ministère du Travail et de la Politique sociale (MOLSP), le service public de l'emploi du pays, l'Agence du service de l'emploi (ASE), est responsable de la mise en œuvre de la politique nationale de l'emploi. L'ASE est une institution publique indépendante relevant du MOLSP et chargée de (1) collecter et diffuser les informations relatives au marché du travail, (2) informer et conseiller sur les emplois et les orientations professionnelles, (3) proposer des services de placement et (4) administrer les programmes passifs (AC) et actifs du marché du travail. Elle est financée par une combinaison de ressources budgétaires de l'État (environ 75 % du total) et de cotisations d'assurance-chômage.

L'ASE dispose de plusieurs départements et d'une présence locale dans de nombreuses régions. En 2014, elle se compose d'un bureau central, d'un centre d'emploi situé dans la capitale, Skopje, de 29 centres locaux d'emploi et de 16 bureaux de proximité pour un total de 473 employés. Le bureau central de l'ASE compte 54 employés répartis dans des unités chargées de l'assurance-chômage, des politiques actives pour l'emploi, la recherche et l'analyse ; et dans plusieurs unités administratives et de soutien telles que les technologies de l'information et les ressources humaines.

La répartition des tâches assignées au personnel dépend de la disponibilité des ressources humaines, du nombre de chômeurs inscrits affectés au bureau local et du volume total de travail à effectuer. En moyenne, chaque membre du personnel de la réception prend en charge 378 demandeurs d'emploi, et plus de 80 % du personnel est désigné pour intervenir auprès des demandeurs d'emploi. En pratique, la gestion de l'allocation chômage est gérée par des conseillers spécialisés uniquement dans les grands pôles d'emploi. Dans la plupart des petits bureaux, le personnel de première ligne couvre tous les services de l'emploi (enregistrement, conseil, orientation, enregistrement des offres d'emploi, placement, enregistrement des contrats de travail et gestion des mesures passives et actives).

Tous les demandeurs d'emploi sollicitent des prestations auprès d'un centre d'emploi et sont inscrits au registre du chômage de l'ASE. Les demandeurs d'emploi « actifs » sont ceux qui sont disponibles pour occuper un emploi et recherchent activement un emploi. L'ASE dispose pour les employeurs et les demandeurs d'emploi d'un ensemble bien développé de services d'auto-assistance basés sur Internet. Seuls les demandeurs d'emploi actifs rencontrent un conseiller à l'emploi ou un personnel de première ligne pour élaborer un PAI et être orientés vers une formation ou d'autres services.

Les allocataires de l'assurance-chômage et de l'aide sociale sont tenus de rechercher activement un emploi et refuser deux fois une offre d'emploi ou une opportunité de formation/reconversion est sanctionné par la perte des allocations. Les bénéficiaires peuvent être réintégrés après avoir démontré des activités de recherche d'emploi et la participation à une formation.

Source : Résumé de Corbanese, 2015.

met en évidence les obligations pour un échantillon représentatif de participants au programme Jobactive, la principale initiative australienne d'activation.

Les obligations, ou conditionnalités, varient souvent selon le type de demandeur d'emploi. Les personnes qui viennent de perdre leur emploi peuvent mettre l'accent sur une recherche d'emploi à court terme accompagnée de conseils, tandis que les chômeurs de longue durée peuvent disposer d'une plus grande composante de formations professionnelles. Les personnes plus jeunes ou les jeunes non scolarisés peuvent bénéficier d'une combinaison de formation, d'apprentissage ou de formation en cours d'emploi destinée à les préparer à un premier emploi ou même une aide à l'entrepreneuriat.

Sur la base des activités particulières incluses dans le PAI, les conditionnalités sont suivies à différents points d'interaction entre le demandeur d'emploi et le prestataire de services ou l'employeur potentiel, enregistrées

Une fois que le demandeur d'emploi a été évalué par l'instrument de classification des demandeurs d'emploi du programme « Jobactive », principal programme de services de l'emploi en Australie, et qu'il est placé dans un flux d'emploi, un plan pour l'emploi est élaboré qui identifie les activités et les exigences de retour à l'emploi. Un ensemble « d'exigences d'obligation mutuelle » est partagé avec le demandeur d'emploi au moment où il s'inscrit à l'un des programmes composants. Ces obligations doivent être remplies pour que le demandeur continue à percevoir des allocations de soutien du revenu. Ces obligations incluent la présence régulière aux rendez-vous des prestataires de services et la conformité aux exigences minimales en matière de recherche d'emploi. De plus, le demandeur d'emploi doit satisfaire à une exigence annuelle d'activités qui détermine le nombre d'heures et la période pendant laquelle les activités doivent être entreprises. Le non-respect des obligations mutuelles et du plan pour l'emploi entraîne une pénalité sur l'aide en espèces et peut entraîner l'exclusion.

Le tableau ci-dessous détaille les exigences pour les différentes catégories de demandeurs d'emploi âgés de moins de 30 ans. Les obligations mutuelles d'un demandeur d'emploi varient en fonction de son âge et de son « flux » de placement. Dans le cadre du programme « Jobactive », un demandeur d'emploi passera par exemple, en plus de la phase « Travail contre allocation » par une phase de « gestion de cas » , et ceux du volet A (général) auront une phase « self-service et activité d'emploi » incluse dans leurs six premiers mois. D'autres exigences présentes dans d'autres phases, y compris la fréquence de la recherche d'emploi et les heures d'activité annuelles, sont détaillées dans le tableau.

Tableau B8.3.1 Obligations mutuelles : demandeurs d'emploi âgés de moins de 30 ans

Période de service	Flux A (général)	Flux B (général)	Flux C
De 0 à 6 mois	self-service et activité d'emploi • rendez-vous • recherche d'emploi (20 par mois) • autres activités appropriées	Gestion de cas • rendez-vous • recherche d'emploi (20 par mois) • autres activités appropriées	Gestion de cas • rendez-vous • recherche d'emploi (dépend de la capacité) • autres activités appropriées
De 6 à 12 mois	Gestion de cas • rendez-vous • recherche d'emploi (20 par mois) • autres activités appropriées		Gestion de cas • rendez-vous • recherche d'emploi (dépend de la capacité) • autres activités appropriées
De 1 à 18 mois De 24 à 30 mois Etc.	« Travailler contre allocation » • rendez-vous • recherche d'emploi (dépend de la capacité) • exigences annuelles d'activité : 650 heures réparties sur 26 semaines (50 heures sur 2 semaines), « travailler contre allocation » comme principale activité		
De 18 à 24 mois De 30 à 36 mois Etc.	Gestion de cas • rendez-vous • recherche d'emploi (20 par mois) • autres activités appropriées		Gestion de cas • rendez-vous • recherche d'emploi (dépend de la capacité) • autres activités appropriées

Source : ANAO — Rapport annuel 2017-2018, Office national d'Audit Australie, Tableau A.2. /ANAO_Rapport_2017-18_04.pdf.

et traitées par le système de contrôle, renvoyées au PAI, et leur non-respect peut parfois entraîner des sanctions. La figure 8.18 illustre un processus général de contrôle de la conformité pour un programme typique d'activation. Il identifie les étapes clés du contrôle sous la responsabilité de chacun des principaux acteurs : le demandeur d'emploi, l'agent du service de l'emploi, le travailleur social ou un autre prestataire de services, le bureau des services sociaux et enfin, le ministère ou le département au niveau central.

Le processus de contrôle commence après que le demandeur d'emploi a convenu d'un PAI avec le travailleur social et commence le processus d'activation. Pour les programmes AC/AcC sans PAMT, les rapports ne portent généralement que sur les activités de recherche d'emploi, ainsi que sur les raisons pour lesquelles une possible offre d'emploi n'a pas été acceptée. Pour les PAMT ou les programmes combinés d'activation, les rapports enregistrent la participation à des activités de conseil et de formation ainsi qu'à des activités de recherche d'emploi. Dans de nombreux pays, les demandeurs d'emploi déclarent directement les activités effectuées, soit à l'aide d'un carnet sur support papier, soit à l'aide d'un logiciel en ligne. Dans le cas des services d'activation tels que le conseil ou la formation, le prestataire de services enregistre généralement la participation du demandeur d'emploi. À ce stade, il n'y a pas de contrôle ou de vérification de la véracité des déclarations du demandeur d'emploi.

Un rendez-vous avec le travailleur social ou le bureau du service de l'emploi sera planifié à un intervalle prédéterminé. Pendant cette réunion, l'assistant social fait le point avec le demandeur d'emploi sur les activités et les objectifs du PAI et vérifie le journal des entretiens d'embauche et des services. En plus des réunions régulières, des entretiens intensifs sont organisés avec les demandeurs d'emploi pour revoir ou adapter le PAI en fonction du rythme de progression vers l'emploi. Les entretiens peuvent être assez longs, jusqu'à une heure dans certains cas, lorsque le PAI est en cours d'ajustement ou que

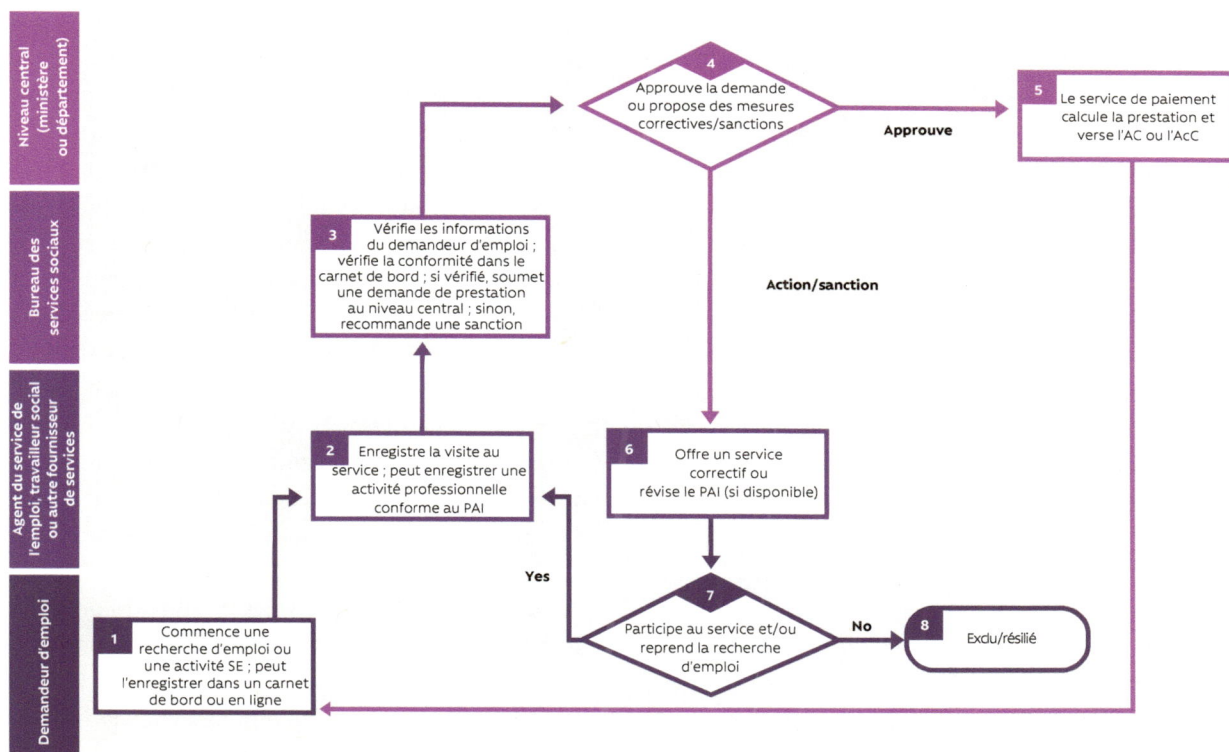

Figure 8.18 Contrôle de la conformité au programme pour l'emploi

Source : Figure originale de cette publication.
Note : SE = service de l'emploi ; PAI = plan d'action individualisé.

de nouvelles activités sont intégrées. La fréquence des entretiens intensifs varie selon les règles du programme et le profil du demandeur d'emploi. Le tableau 8.9 résume la fréquence des entretiens, le nombre de dossiers et d'autres caractéristiques de plusieurs programmes de SPE des pays de l'OCDE. Le tableau suggère que de nombreux programmes demandent un entretien intensif tous les uns à trois mois. Au Royaume-Uni, des entretiens sont programmés régulièrement après la demande initiale d'allocation, la première au bout de 13 semaines, puis au bout de 26 semaines et de 52 semaines pour les personnes toujours au chômage. Ces dates correspondent aux dates de déclenchement des différentes prestations, y compris la prolongation du paiement des prestations, l'allocation d'invalidité, le soutien hypothécaire et autres. Les entretiens personnels peuvent être moins fréquents dans les programmes s'appuyant fortement sur les rapports et le suivi en ligne, comme c'est le cas au Danemark.

Les personnes se rendent souvent directement à l'agence locale du SPE ou utilisent les applications en ligne pour enregistrer leur recherche et s'entretenir individuellement avec la personne qui les suit sur une base hebdomadaire ou mensuelle. Cependant, ces rendez-vous se font souvent en personne plutôt qu'en ligne et les agents chargés des dossiers vérifieront les rapports en contactant de manière sélective les potentiels employeurs avec lesquels le demandeur d'emploi a prétendu être en contact. Par exemple, aux USA, le programme d'assistance temporaire aux familles nécessiteuses (TANF) exige que les personnes fournissent leur planning hebdomadaire à l'assistant social qui suivra leur participation à des activités salariées. Le Royaume-Uni a récemment intensifié les contrôles qui sont passés d'un rythme bimensuel à hebdomadaire, pour près de la moitié de tous les demandeurs d'assurance-chômage, en partie pour enquêter sur l'efficacité des différentes procédures de contrôle. Aux Pays-Bas, les demandeurs doivent fournir sur demande tous les détails de leur recherche d'emploi et doivent documenter en ligne toutes les activités de recherche. Les pays d'Amérique latine et des Caraïbes ont différentes exigences de recherche d'emploi. Par exemple, le programme SINE (Sistema Nacional de Emprego), SPE brésilien, n'impose pas d'exigence de recherche active d'emploi, mais limite le versement de l'assurance-chômage à cinq mois et ne permet pas aux nouveaux arrivants sur le marché du travail de percevoir les prestations. En Pologne, c'est le travailleur social ou l'agent du service de l'emploi qui est chargé de documenter les activités de recherche d'emploi et d'identifier un éventuel défaut de conformité plutôt que le demandeur d'emploi lui-même. Cependant, l'accent mis sur la documentation par des travailleurs sociaux, comme en Pologne, n'est pas une pratique courante dans la plupart des SPE. Dans certains pays, la recherche d'emploi s'est déplacée vers une plus grande utilisation des portails d'emploi en ligne et des journaux de recherche numériques que les travailleurs sociaux peuvent consulter comme ils le souhaitent sans avoir à recevoir un rapport formel d'activité du bénéficiaire de l'AC. L'utilisation de portails en ligne est courante au Danemark, par exemple, et de nombreux SPE des pays de l'OCDE s'éloignent du suivi individuel de toutes les composantes des PAI. Aux Pays-Bas, le « e-werkcoach » suit en ligne les progrès des demandeurs d'emploi, leur rappelant les activités convenues du PAI et les conséquences d'une non-conformité. Seuls les demandeurs d'emploi les plus exposés au risque de chômage de longue durée reçoivent un soutien et des conseils individuels. L'Allemagne, la Région flamande de Belgique et l'Estonie s'appuient toutes à des degrés divers sur les systèmes en ligne pour servir et suivre les demandeurs d'emploi et le succès des PAI[33].

Lorsque la formation, le conseil et peut-être d'autres services sont fournis par des prestataires privés, un système de suivi séparé est généralement établi entre le prestataire et le SPE ou l'agence gouvernementale. Les prestataires peuvent transmettre périodiquement un fichier où est enregistrée la présence des demandeurs d'emploi ou peuvent avoir accès à un système hors ligne ou en ligne où figurent les détails de la participation. Les contrats peuvent prévoir le déclenchement du paiement aux prestataires en fonction du nombre de demandeurs d'emploi qui terminent une formation ou sortent des services, ou plus précisément, du nombre de demandeurs d'emploi qui sont placés ou trouvent un emploi au cours d'une période donnée. La conception des contrats passés avec les prestataires privés et basés sur la performance est de plus en plus importante dans les programmes d'activation.

Le suivi des demandeurs d'emploi implique également de plus en plus souvent des prestataires privés. Dans le cadre du programme « Jobcentre Plus » du Royaume-Uni, par exemple, les prestataires privés d'aide

Tableau 8.9 Calendrier et suivi des PAI, nombre de cas et participation aux PAMT dans certains SPE de l'OCDE, 2009/2010

	Autriche	Danemark	Allemagne		Royaume-Uni	Suisse
			SGB II (prévoyance)	SGB III (assurance)		
Au moment du PAI et lors du premier entretien intensif	90 % des dossiers dans les 4 semaines suivant l'inscription	Cible : PAI au début de la phase d'activation Réel : 1er entretien 11 semaines après l'inscription, en moyenne	Cible : 10 à 15 jours Réel : 15,4 jours après l'enregistrement, en moyenne	5,5 jours après l'enregistrement, en moyenne	Cible : JSA 6 semaines après demande ; ESA 8 semaines après	Cible : 15 jours Réel : 12,6 jours en moyenne
Suivi de la recherche d'emploi	Chaque entretien d'embauche	Chaque semaine, en ligne	Chaque entretien d'embauche		Toutes les 2 semaines, en personne	Chaque entretien d'embauche
Fréquence des entretiens	Tous les 37 jours, en moyenne	Cible : tous les 3 mois	Selon le profil du client Profils prêts à l'emploi et complexes : tous les 3 à 4 mois, en moyenne Clients d'activation : tous les 1 à 2 mois, en moyenne		Cible : après 13, 26 et 52 semaines Réel : taux d'achèvement : 86 %	Cible : mensuel Réel : variable
Durée de l'entretien	Zone de conseil		Recommandé :	Recommandé :		
initial	30 min en moyenne	s.o.	60 minutes	60 minutes	40 min en moyenne	s.o.
de suivi	24 min en moyenne	s.o.	selon le profil du client	de 30 à 45 minutes	7 min en moyenne	s.o.
Nombre de dossiers (ratio personnel — clients)	Zone de service : 1/257 Zone de conseil : 1/142	s.o.	Clients de plus de 25 ans : 1/79 Clients de moins de 25 ans : 1/160	1/142	1/142	1/100
Participation à un PAMT	Décision du conseiller Obligatoire une fois convenu dans le PAI	Activation en fonction de l'âge Obligatoire une fois convenu dans le PAI	Décision du conseiller Obligatoire une fois convenu dans le PAI Offre immédiate de travail ou de formation pour les clients de l'aide sociale âgés de moins de 25 ans		Orientation vers un programme pour l'emploi sous réserve du type/ de l'âge du demandeur de la prestation	Décision du conseiller Obligatoire une fois pris en compte par le travailleur social

Source : Konle-Seidl, 2012.

Note : PAMT = Programme actif du marché du travail ; ESA = allocation de soutien à l'emploi ; PAI = plan d'action individualisé ; JSA = allocation de demandeur d'emploi ; N/A = non applicable ; OCDE = Organisation de coopération et de développement économiques ; SGB = Sozialgesetzbuch (Code social).

à l'emploi fournissent des services conformément à un contrat de prestation, mais informent également l'agence gouvernementale de l'éligibilité des participants lorsque ceux-ci ont besoin d'une aide supplémentaire (telle qu'une allocation de formation) ou lorsqu'ils sont soupçonnés de non-conformité. De même dans le cadre du programme élargi de travaux publics (EPWP) de l'Afrique du Sud, les organisations à but non lucratif engagées dans le cadre du programme doivent enregistrer la présence quotidienne des bénéficiaires ainsi que les informations d'identification et de paiement qui doivent être disponibles pour d'éventuels contrôles par les autorités du programme.

Lorsqu'un manquement à la conformité se produit, le travailleur social ou le bureau d'assistance sociale le signale officiellement au SPE ou au département ou au ministère central. Les travailleurs sociaux font souvent preuve d'une certaine discrétion en ce qui concerne la fréquence des rapports transmis à leur supérieur. Lorsque les effectifs le permettent, de nombreux programmes pour l'emploi transfèrent la décision de sanctionner à d'autres personnes spécialisées à l'intérieur ou à l'extérieur du SPE (Konle-Seidl, 2012). Le conseiller à l'emploi n'est plus alors perçu comme un policier ou un bureaucrate du système. À l'inverse, supprimer complètement le rôle de policier peut saper l'autorité du conseiller. C'est un équilibre difficile. Plusieurs SPE des pays de l'Union européenne offrent une formation régulière aux conseillers pour l'emploi sur la gestion du stress, la conscience psychologique de soi, l'affirmation de soi et même des séances de groupe qui viennent compléter la formation technique qu'ils reçoivent (au SPE irlandais, par exemple). Après signalement d'un manquement à la conformité, le SPE ou le ministère central décidera s'il convient d'examiner plus en détail le rapport, proposera une action corrective au demandeur d'emploi par l'intermédiaire du travailleur social et pourra en parallèle sanctionner le demandeur.

Les pratiques de sanction varient considérablement. Dans de nombreux cas, les prestations peuvent être temporairement suspendues ou réduites en fonction du degré de manquement à la conformité. Le refus d'accepter une opportunité d'emploi est généralement la violation la plus grave dans la plupart des systèmes. En Russie, les allocations de chômage peuvent être suspendues jusqu'à un mois si le demandeur n'accepte pas

deux offres consécutives d'emploi approprié ou ne participe pas, après une période d'un mois de chômage, à des travaux publics rémunérés ou à une formation[34]. En Estonie, les allocations peuvent être suspendues une première fois pour une période de 10 à 30 jours si le demandeur d'emploi refuse un travail approprié sans raison valable ou si le demandeur perçoit un revenu égal à 30 jours d'allocation chômage (Kuddo, 2012). L'Australie, la République de Corée, l'Espagne, la Nouvelle-Zélande, les Pays-Bas, le Royaume-Uni et la Suède prévoient tous des périodes de suspension des prestations en cas de refus d'un emploi. Les Pays-Bas imposent une échelle mobile de réduction jusqu'à 100 % des versements en fonction du nombre de refus et de leur nature (Immervoll et Knotz, 2018).

Au-delà du refus d'une opportunité d'emploi, de nombreux SPE sanctionnent les demandeurs d'emploi qui ne remplissent pas leurs obligations. La Suède sanctionne les demandeurs s'ils ne participent pas à la rédaction du PAI, s'ils ne soumettent pas le « rapport d'activité » tous les mois, s'ils manquent un rendez-vous, s'ils n'acceptent pas un emploi recommandé et/ou s'ils ne recherchent pas activement un emploi (Garsten, Jacobsson et Sztandar-Sztanderska, 2016). Le premier cas de non-conformité donne lieu à un avertissement, tandis que le deuxième cas entraîne la suspension des prestations pendant 1 jour, le troisième cas, pendant 5 jours et le quatrième cas pendant 10 jours. Le cinquième cas entraîne l'annulation des prestations jusqu'à ce qu'une nouvelle condition d'emploi soit remplie.

Dans le cadre du programme Jobactive australien, une évaluation automatique appelée « évaluation complète de la conformité » est déclenchée si le demandeur d'emploi atteint un seuil de non-conformité en matière de déclaration ou de participation. L'évaluation est déclenchée après trois non-enregistrements des activités de recherche d'emploi ou une non-participation aux activités ou aux entretiens d'embauche ou un non-accord sur un plan d'emploi. Une évaluation peut être également demandée par le prestataire de services ou par le Département des services de santé (DHS) lorsqu'ils déterminent qu'un demandeur d'emploi n'est pas en mesure de satisfaire aux exigences de l'obligation mutuelle (voir l'encadré 8.3 pour plus de détails). Un spécialiste du DHS évalue le dossier et produit un rapport où figurent les futures étapes et activités pour le demandeur d'emploi et éventuellement le prestataire de services. Si l'évaluation détermine qu'un manquement grave ou une fraude a eu lieu, une pénalité de paiement de huit semaines sur l'aide monétaire est imposée. Tout manquement supplémentaire à l'exécution des activités d'éligibilité proposées peut entraîner d'autres sanctions, y compris la réduction ou la résiliation de l'aide monétaire. Ces étapes graduées sont clairement identifiées dans les obligations mutuelles.

Le suivi des bénéficiaires des programmes de travaux publics est quelque peu différent du suivi standard des programmes d'activation pour l'emploi. Les programmes de travaux publics sont souvent considérés comme des programmes d'autociblage, où les participants sont payés en dessous ou très près du salaire minimum en vigueur, de sorte qu'il est supposé que les bénéficiaires n'acceptent un travail dans le cadre de ces programmes que si un autre travail n'est pas disponible. La plupart des programmes consacrent donc la plus grande attention administrative à s'assurer que les personnes qui veulent travailler dans le cadre de ces programmes sont prises en charge et que la performance des agents d'exécution et des prestataires qui doivent mener à bien ces activités soit suivie. Cependant, il est toujours important de s'assurer que les travailleurs sont présents sur les chantiers et n'ont pas dépassé le nombre limite imposé de jours de participation autorisés.

En Inde, le programme MGNREG (Mahatma Gandhi National Rural Employment Guarantee Act) surveille quotidiennement la présence des travailleurs et enregistre les jours travaillés grâce à la carte de travail de chaque famille. Si un membre du ménage n'est pas enregistré par le Gram Rozgar Sevak (responsable du programme au niveau du village) comme étant présent sur le chantier un jour donné, les prestations ne sont pas versées au ménage pour ce jour-là. Si la période pour laquelle l'emploi est recherché se termine sans qu'un membre du ménage se soit présenté pour travailler, les prestations ne sont pas versées et la demande est résiliée. Si un ménage a obtenu 100 jours de travail au cours de l'exercice, ce ménage ne reçoit pas de prestations supplémentaires s'il travaille plus. MGNREG a développé au fur et à mesure de l'évolution du programme un système de gestion des opérations des bénéficiaires (SGOB) sophistiqué connu sous le nom de NREGAsoft qui prend en charge chaque domaine de flux du programme et enregistre toutes les transactions, de l'enregistrement du demandeur au paiement des salaires. L'encadré 8.4 fournit plus de détails sur NREGAsoft.

En plus des composantes standard de l'emploi, certains programmes de travaux publics intègrent des composantes de renforcement du capital humain qui nécessitent un suivi des bénéficiaires similaire aux programmes CCT. Par exemple, le programme PATI (Programa de Ingreso Temporal) du Salvador fournit un revenu temporaire par le biais de projets communautaires et de séances de formation destinées à améliorer l'employabilité des personnes vulnérables, y compris les jeunes des zones urbaines défavorisées. En Éthiopie, le programme de filet de sécurité productif inclut différentes composantes, dont un programme de travaux publics, la fourniture de dons alimentaires et de transferts monétaires ainsi qu'un accès facilité aux moyens de subsistance, la formation et le crédit. Dans ce programme public, la responsabilité essentielle des clients est de participer à un programme communautaire d'éducation à la santé et à la nutrition, et aux changements de comportement en la matière, au moins six fois au cours des six mois d'une période de travaux publics. Cette participation aux séances est comptée comme participation aux travaux publics. Pour ce faire, les agents de vulgarisation sanitaire du ministère de la Santé enregistrent la présence d'une personne à une de leur séance sur sa « carte client » qui sert de preuve et permet de la comptabiliser comme jour de travail lorsque le chef de chantier remplit les fiches de présence aux travaux publics. Le chef de chantier enregistre la présence des ouvriers deux fois par jour, généralement avant de commencer le matin et après la fin des travaux de la journée. Les ménages sont réévalués chaque année par les groupes de travail sur la sécurité alimentaire communautaire sur la base de plusieurs critères, notamment l'état des actifs et des revenus du ménage, la vulnérabilité des personnes, notamment la maladie, la présence de personnes âgées et les ménages dirigés par une femme, entre autres. La liste des ménages éligibles est vérifiée par la communauté au sens large, affichée dans un lieu public et discutée lors d'une assemblée générale plénière des habitants du village[35].

Le MGNREGA (Mahatma Gandhi National Rural Employment Guarantee Act) est le plus grand programme de travaux publics au monde. Il garantit 100 jours d'emploi aux ménages des zones rurales par le biais d'activités locales de travaux publics. 75,8 millions de personnes ont obtenu du travail en 2018-2019, avec une moyenne de 46 jours de travail pour 51,1 millions de ménages et des dépenses totalisant plus de 6 milliards d'USD.

Processus et suivi. Le bénéficiaire potentiel demande une carte de travail au Gram Panchayat (GP, représentant gouvernemental au niveau du village), puis soumet une demande écrite de recherche d'emploi. Le GP ou l'agent de développement du quartier prépare et soumet une « e-Muster Roll a » à l'agent du gouvernement chargé de la mise en œuvre ou à d'autres agents menant des activités de travaux publics. Le travail effectué est enregistré chaque semaine sur la base d'une liste d'appel nominative hebdomadaire, la présence quotidienne étant enregistrée par le Gram Rozgar Sevak (agent de liaison du village, employé du MGNREG). Des copies authentifiées des listes d'appel et des pièces justificatives des dépenses sont transmises par les agents d'exécution aux agents chargés de la saisie en ligne, et une autre copie est transmise au GP concerné pour mise à jour du registre des emplois et des cartes de travail individuelles. Les travailleurs bénéficiaires sont payés dans les 15 jours suivant l'achèvement des travaux directement sur les comptes bancaires individuels.

Système complet de gestion des opérations des bénéficiaires (SGOB). Le ministère du Développement rural a développé une application SGOB en ligne connue sous le nom de NREGAsoft et basée sur le flux de travail. Le logiciel permet d'enregistrer tous les détails des transactions des différents processus mis en œuvre dans le MGNREGA, rendant une grande partie de l'information directement accessible au public. NREGAsoft est disponible en ligne et hors ligne

afin de répondre aux problèmes de connectivité de certaines régions reculées de l'Inde. Il prend en charge toutes les langues locales et est disponible dans les technologies supportées par Microsoft comme les technologies open source. Le logiciel inclut différents modules qui prennent en charge chaque domaine de flux de travail du programme. Trois sont plus pertinentes dans le suivi des bénéficiaires :

- **Le module de gestion des travailleurs** constitue l'épine dorsale des services fournis aux travailleurs, de leur enregistrement et délivrance des cartes de travail jusqu'au paiement des salaires via des comptes bancaires.
- **Le module d'audit social** capture les détails des audits sociaux effectués par différents GP.
- **Le module du budget de l'emploi** aide les GP à planifier l'exercice suivant et aide le ministère à décider du montant à débloquer en fonction de leurs projections futures de la demande de main-d'œuvre et des travaux à entreprendre.

Les autres modules sont : (1) le module de gestion des fonds, qui suit le transfert et la localisation des fonds, (2) le mécanisme de gestion des réclamations, (3) le module de dotation des postes, qui renforce la communication et la coordination entre les différents intervenants, (4) le module d'estimation des coûts, qui estime de façon détaillée les travaux entrepris dans le cadre du programme, (5) le réseau des connaissances et échange de solutions qui fournit une plate-forme commune à toutes les parties prenantes pour échanger des points de vue, poser des questions et exposer les bonnes pratiques et (6) les modules agences bancaires/bureaux de poste qui fournissent des informations sur les travailleurs et les salaires aux institutions financières pour créditer les comptes personnels.

Pour plus d'informations, voir : https://www.nrega .nic.in/netnrega/home.aspx.

Source : résumé basé sur la circulaire principale A MGNREGA — Guide de mise en œuvre du programme FY 2018-2019 du gouvernement indien.

a. La « e-Muster Roll » est une liste des travailleurs éligibles pour un chantier, produite électroniquement. Elle comporte les noms des participants éligibles entrés dans NREGAsoft et les détails préremplis et vérifiés par l'agent de quartier des travailleurs. Une liste d'appel manuelle est préparée dans certaines zones particulières où l'électricité et la connectivité sont limitées.

Conformité et indicateurs de performance des programmes d'activation

Historiquement, les SPE ont collecté et diffusé des informations sur le marché du travail pour améliorer le ciblage et l'efficacité des services des PAMT. Il est important de suivre les tendances de l'emploi, des offres d'emploi régionales et locales et des performances sectorielles pour accroître la pertinence de l'orientation professionnelle, du placement des chômeurs et de la formation. Ces informations sont souvent collectées par le biais d'un Système d'information sur le marché du travail (SIMT) qui associe les données d'enquête sur l'offre et la demande d'emplois et de compétences combinées aux offres d'emploi publiées par les employeurs, généralement limitées au secteur formel. Les informations contenues dans les SIMT sont souvent mises à la disposition des parties prenantes extérieures aux SPE pour permettre d'éclairer les prises de décision des personnes, des employeurs, des prestataires de formation et d'autres organismes publics et privés.

De nombreux SPE vont désormais au-delà du suivi des conditions générales du marché du travail pour collecter et utiliser une série d'indicateurs de performance plus étroitement liés à la performance des services des PAMT. Les données sont souvent extraites de dossiers administratifs conservés dans chaque bureau de l'emploi ou numérisées et agrégées de manière plus centralisée. Les indicateurs de base de base collectés incluent généralement les éléments suivants[36] :

- *Taux de placement.* Nombre de demandeurs d'emploi inscrits (ou ceux qui ont terminé une formation ou un autre PAMT) qui doivent être employés dans la période suivante, souvent le mois ou le trimestre suivant.
- *Coût de placement.* Nombre de demandeurs d'emploi inscrits qui ont obtenu un emploi divisé par le budget du programme au cours d'une période donnée, souvent l'année fiscale.
- *Taux de maintien dans l'emploi.* Nombre de demandeurs d'emploi inscrits qui sont toujours employés pendant les périodes suivantes, souvent deux trimestres.

- *Revenu moyen.* Revenu moyen des demandeurs d'emploi inscrits qui sont toujours employés pendant une période donnée, souvent le trimestre ou l'année.
- *Taux de postes vacants pourvus.* Nombre d'offres d'emploi enregistrées et pourvues par des demandeurs d'emploi enregistrés sur une période, souvent le trimestre.
- *Taux d'adéquation.* Proportion de demandeurs d'emploi inscrits qui ont terminé une formation et ont trouvé un emploi dans une profession compatible avec la formation dispensée, pendant une période donnée (souvent le mois ou le trimestre).
- *Taux de sous-emploi.* Proportion de demandeurs d'emploi inscrits qui ont terminé une formation et ont trouvé un emploi dans une profession nécessitant un profil d'éducation inférieur, pendant une période donnée.

Des systèmes plus complets pourraient inclure un plus grand nombre d'indicateurs tirés de données administratives et de données d'enquête. Ces indicateurs mesurent les ressources et les intrants ainsi que les produits et les résultats en vue d'évaluer l'effet réel des services fournis sur les demandeurs d'emploi. Certains SPE utilisent les données disponibles sur le marché du travail et des données administratives pour aider à évaluer la performance des programmes pour l'emploi. Par exemple au Danemark et en Allemagne où une banque de données est utilisée par les gestionnaires du SPE. Au Danemark, les données sont accessibles au public via un site Internet. Les utilisateurs définissent leurs propres requêtes en sélectionnant différentes prestations, activités, catégories de dépenses et caractéristiques individuelles. Les données proviennent de nombreuses sources, y compris les inscriptions au chômage des bureaux locaux des SPE, les fonds de chômage, les permis de séjour du service danois de l'immigration, les revenus du ministère danois des impôts et le niveau d'éducation du ministère de l'Enseignement supérieur et des Sciences, entre autres. En Allemagne, les données proviennent principalement des systèmes d'exploitation des bureaux locaux[37]. La Pologne surveille également la performance des bureaux locaux du SPE et a lié depuis 2014 une partie des ressources du Fonds national du travail au taux de placement des demandeurs d'emploi. Ce changement a directement touché le personnel des

SPE des bureaux locaux, car leur rémunération est également liée aux performances de leur bureau[38].

L'encadré 8.5 résume l'approche de la gestion des performances en Autriche qui encourage le partage des connaissances pour le suivi et l'amélioration des programmes. Le «tableau de bord prospectif» permet d'évaluer et de comparer les bureaux du SPE, mais le système encourage également à l'aide d'incitations financières le partage des connaissances et l'amélioration des programmes. Il encourage également par des récompenses publiques non financières les comportements de partage des connaissances.

L'Inde met actuellement au point un système complet de gestion de la formation professionnelle qui collecte un large éventail d'informations sur les performances et les diffuse largement. Le système de gestion du développement des compétences a été conçu à l'origine comme un système de traitement des transactions

pour les prestataires privés de formation devant être utilisé par la National Skill Development Corporation. Ce système évolue actuellement vers un SIG complet et un logiciel de gestion de programme. Des modules sont en cours de développement pour enregistrer et intégrer les demandeurs d'emploi et de formation, enregistrer les établissements de formation, faciliter les annonces de programme et l'établissement des rapports aux demandeurs d'emploi et aux formateurs, enregistrer et gérer les paiements et les coûts, évaluer les processus de flux de travail et d'autres analyses via des applications Internet. Les données de placement sont également enregistrées, car les personnes et les instituts de formation doivent être déclarés dans les 90 jours suivant la certification des candidats formés dans le système de gestion du développement des compétences.

Le système de mesure de l'exactitude des prestations (BAM) des USA est un exemple de système de

---

Encadré 8.5 Gestion des performances : tableau de bord prospectif et incitation au partage des connaissances en Autriche

Le tableau de bord prospectif (BSC du nom anglais *Balanced Scorecard*) est destiné à fournir une comparaison objective des performances des services publics régionaux et locaux de l'emploi (SPE). Il comprend 25 indicateurs couvrant les résultats quantitatifs, les objectifs axés sur les processus et la qualité tels que le taux de réintégration des mesures d'activation, les services aux employeurs, les services des centres d'appels et les processus de gestion. Le BSC est pondéré pour tenir compte de l'état du marché de l'emploi local, de la dotation en personnel et des budgets alloués.

Le BSC est utilisé pour comparer les performances des 100 bureaux locaux du SPE. La performance d'un bureau est mesurée selon différents points de référence : (1) résultats attendus spécifiques au bureau, (2) analyse comparative entre deux types différents de groupes de bureaux et (3) références fixes comparables entre tous les bureaux.

Le BSC est utilisé au niveau local pour directement ajuster et corriger les procédures et aux niveaux

régional et fédéral pour surveiller les bureaux locaux. Les bureaux peu performants et très performants au sein des groupes sont encouragés à partager leurs connaissances sur l'amélioration des performances. De plus, une base de données des projets permet de maintenir la transparence et diffuser les enseignements. Cette base de données comprend des informations sur les processus de base des SPE, l'étendue de la mise en œuvre et de la réalisation des objectifs du marché du travail et l'amélioration des scores BSC.

Le SPE autrichien donne la priorité au partage des connaissances entre les bureaux locaux afin d'encourager la diffusion des bonnes pratiques. Les visites à d'autres bureaux pour discuter des performances sont considérées en soi comme un indicateur de performance. Les bureaux locaux sont financièrement récompensés s'ils partagent leurs connaissances. Chaque année, un jury formel sélectionne trois projets innovants qui seront récompensés lors d'une cérémonie de remise des prix autrichiens du PSE.

Source : Résumé de Bjerre, Sidelman et Puchwein-Roberts, 2016.

---

surveillance et de performance basé sur l'échantillonnage. Le système BAM évalue l'exactitude des décisions prises pour les demandes payées et refusées des programmes d'assurance-chômage aux États-Unis. Chaque semaine, les agences de l'emploi des états (SWA) sélectionnent des échantillons aléatoires dans l'univers des demandes d'assurance-chômage et le personnel BAM des états examine les dossiers des agences, contacte les demandeurs, les employeurs et d'autres parties prenantes pour vérifier les informations pertinentes aux demandes d'assurance-chômage. Les conclusions sont saisies dans une base de données automatisée maintenue dans chaque SWA. Le ministère fédéral du Travail utilise les données BAM pour mesurer les performances des SWA et obtenir des informations sur les opérations d'assurance-chômage et les caractéristiques des demandeurs. Le tableau 8.10 détaille les différents types de trop payés enregistrés par le BAM en 2017. La colonne de gauche indique la part des sommes trop payées réparties par cause (environ 3,71 milliards d'USD). La colonne de droite affiche la part des trop payés en raison de fraudes, pour les mêmes causes (environ 1,09 milliard d'USD ont été estimés comme trop payés en raison des fraudes). La principale cause de trop payé résulte de problèmes liés à la recherche d'emploi, généralement le fait de ne pas renseigner avec précision les efforts de recherche. Viennent ensuite les revenus déclarés au cours de l'année de perception des prestations d'assurance-chômage. Lorsque l'analyse porte sur les fraudes, la principale cause est de loin

Tableau 8.10 Système BAM : prestations d'assurance-chômage — trop payé, États-Unis, de juillet 2016 à juillet 2017

Cause relative à :	Total trop payé (%)	Total trop payé en raison de fraude (%)
Recherche d'emploi	37,44	3,12
Revenus	26,38	54,81
Cessation d'emploi (démission ou renvoi)	17,30	26,82
Aptitude et disponibilité pour travailler	5,55	6,48
Autres	13,33	8,77
Total	100,00	100,00

Source : Résumé des données nationales du Programme de mesure de l'exactitude des prestations (BAM : Benefit Accuracy Measurement) du Département du travail des États-Unis, Paiements inappropriés, année de performance 2017

la dissimulation des revenus. C'est-à-dire que près de 55 % des trop payés en raison de fraude proviennent de bénéficiaires qui ne déclarent pas leurs revenus tout en continuant à percevoir les prestations d'assurance-chômage. La deuxième principale source de fraude détectée est la fausse déclaration de la cause de la cessation d'emploi, déclarée comme étant involontaire alors que la véritable cause prouvée est soit la démission, soit le renvoi. Ce schéma persiste depuis plus d'une décennie[39].

8.5 MÉCANISMES DE GESTION DES RÉCLAMATIONS DANS LES SYSTÈMES DE MISE EN ŒUVRE DE LA PROTECTION SOCIALE

Les mécanismes de gestion des réclamations (MGR) sont une composante importante de la gestion des opérations des bénéficiaires. En donnant au public la capacité d'envoyer des commentaires aux gestionnaires du programme, le MGR apporte aux bénéficiaires et au grand public une voix dans l'administration du programme et dans la gestion de ses performances. Les réclamations peuvent concerner un manque de clarté des directives du programme, une méconnaissance du programme résultant d'une sensibilisation insuffisante, des erreurs éventuelles d'inclusion ou d'exclusion, un paquet de prestations et services insatisfaisant, des problèmes de paiement des prestations ou de fourniture de services, un mauvais traitement par le personnel de première ligne, ou le MGR en lui-même. En outre, les données de réclamations cumulées représentent un point de données pour les gestionnaires et décideurs d'un programme pour juger de son efficacité, de son efficience et de la performance du personnel, en se basant sur l'expérience des bénéficiaires et des autres citoyens.

Il est essentiel que toutes les parties prenantes comprennent comment les réclamations seront collectées et résolues. Comment s'informent-elles sur les manières et les moyens de répondre aux réclamations et sur les règles et procédures réglementaires des programmes ? Comment les gestionnaires du programme peuvent-ils s'assurer que les réclamations, plus particulièrement celles affectant les groupes vulnérables, sont traitées, et que personne ne passe à travers les failles du système ? Voici un aperçu du « quoi, pourquoi, qui, où et comment » des MGR :

- **De quoi s'agit-il ?** Un MGR est un système par lequel les demandes, suggestions, retours positifs et préoccupations concernant un programme sont traités, les problèmes de mise en œuvre résolus, et les réclamations effectivement et efficacement traitées. Dans le contexte des programmes de protection sociale, les réclamations sont des demandes de renseignements, des suggestions, retours, réclamations et recours concernant le programme venant de la part des bénéficiaires et des parties prenantes des programmes de protection sociale ainsi que du grand public[40]. Les réclamations traitées dans ce chapitre sont d'ordre administratif.

- **Pourquoi ?** Un MGR permet aux institutions d'être plus efficaces dans leurs programmes de protection sociale en établissant et en renforçant les systèmes pour un partage constructif des informations, des retours d'information des citoyens et la gestion des réclamations. Il canalise et renforce les interactions entre l'État et le client et accroît l'implication des parties prenantes dans le programme. Il contribue à de meilleurs résultats du programme en matière de développement, car il permet (1) d'améliorer les prestations et les services, (2) de rendre le programme plus efficace, (3) d'augmenter le niveau de satisfaction des bénéficiaires et des clients, (4) d'allouer les ressources de manière efficiente, (5) de réduire la fraude et la corruption et (6) d'améliorer la gouvernance. Un MGR encourage également à une plus grande sensibilisation à un programme et à ses objectifs. Les programmes de protection sociale sont complexes et généralement mis en œuvre sur une grande échelle. Il est donc important de détecter et d'atténuer les risques et les réclamations de manière précoce avant qu'ils ne créent des bouleversements massifs,

n'entraînent la méfiance du public et ne nuisent à la réputation d'un programme.

- **Qui ?** Un MGR bien conçu et bien mis en œuvre est utile aux bénéficiaires d'un programme, mais aussi aux bénéficiaires potentiels, aux non bénéficiaires et au grand public, qui peuvent être intéressés par le programme, être affectés par ce dernier ou même en bénéficier indirectement.

- **Où ?** Un MGR bien conçu et bien mis en œuvre est accessible par des guichets de réception des réclamations différents en genre et localisation. Ceux-ci peuvent inclure le courrier, le courrier électronique, des centres d'appel, un site web, les plateformes des réseaux sociaux, des formulaires de réclamation, des dialogues en face à face avec les gestionnaires du programme, des messages ou SMS et des boîtes à réclamations.

- **Comment ?** Un MGR bien conçu et bien mis en œuvre est généralement constitué de six étapes pour collecter les réclamations et y répondre. Ces étapes sont (1) leur réception, (2) leur tri et traitement, (3) l'accusé de réception et le suivi, (4) la vérification, l'investigation et l'action, (5) le contrôle et l'évaluation, (6) le retour d'information. Les étapes seront développées plus loin dans ce chapitre.

Il n'existe pas de MGR universel. Même si les MGR bien conçus et bien mis en œuvre partagent des caractéristiques communes, ils doivent être adaptés à leur objectif ainsi qu'aux contextes du pays et du programme. Lors de la conception ou de l'amélioration d'un MGR, il est important d'évaluer les pratiques existantes de collecte et de résolution des réclamations, formelles et informelles. Les questions suivantes peuvent servir à évaluer si un MGR associé à un programme fonctionne à son plein potentiel.

- **Structure.** Comment le programme ou le ministère gère-t-il actuellement la collecte et le traitement des réclamations ? Existe-t-il des pratiques ou structures informelles si le programme ou le ministère n'a pas de structure formelle existante ? Si le MGR est formalisé, le programme fait-il usage de procédures, processus et mécanismes internes pour la collecte et le traitement des réclamations (comme un service des réclamations, des postes dédiés à la résolution des réclamations ou une commission des réclamations) ?

Les agents du programme de tous les niveaux sont-ils informés du système de MGR et de ses processus et procédures ?

- **Capacité à collecter et à traiter les réclamations.** Existe-t-il des processus internes pour enregistrer, suivre et contrôler les réclamations et les mesures prises pour y répondre ? Ceux-ci peuvent se présenter sous la forme d'un journal, d'une feuille de calcul Excel, ou d'un système informatique. S'il existe, qui accède au système de gestion des enregistrements, de quelle manière et à quel niveau ?

- **Autorité.** Les agents du programme responsables de l'enregistrement et de la résolution des réclamations ont-ils l'autorité pour prendre ou pour réclamer des mesures correctives ?

- **Pratiques en vigueur.** Le MGR apporte-t-il une réponse rapide (écrite ou autre) aux plaignants sur les mesures prises ?

- **Recours.** Existe-t-il un processus de recours en place accessible par les usagers s'ils ne sont pas satisfaits du traitement de leur réclamation ?

- **Du point de vue du plaignant potentiel.** Les personnes concernées par le programme, y compris les bénéficiaires, ont-elles le sentiment de pouvoir déposer une réclamation sans crainte de représailles ? Quels sont les canaux de communication et d'interaction utilisés communément dans le pays et avec les groupes ciblés ? Quels sont les niveaux d'éducation et de connaissances technologiques des plaignants éventuels ? Les bénéficiaires du projet sont-ils informés de leur droit de déposer une réclamation et du processus de gestion des réclamations en général[41] ?

L'absence de réclamations dans le cadre d'un programme ne signifie pas qu'elles n'existent pas. Cette absence pourrait indiquer un certain nombre de problèmes comme l'inexistence d'un MGR formel ou bien des canaux insuffisants et irréguliers de gestion des réclamations. L'absence de réclamations peut également être un signe d'obstacles géographiques ou de difficultés sur le terrain, comme l'éloignement vis-à-vis des guichets de réception des réclamations et les dépenses personnelles encourues par les personnes souhaitant déposer une réclamation. Certains programmes n'ont pas les capacités institutionnelles ni les ressources nécessaires pour collecter, documenter et traiter les réclamations. Au-delà des obstacles qui empêchent le public de déposer des réclamations, un autre motif pourrait être les erreurs systématiques ou la fraude et la corruption à un ou plusieurs niveaux de l'administration. Enfin, l'absence d'utilisation d'un MGR peut être un signe de manque d'accessibilité pour les populations marginalisées, notamment les personnes ayant peu ou pas d'éducation et qui ne connaissent pas les processus de MGR, et le coût anticipé pour déposer une réclamation qui peut aller de dépenses de transport à la crainte de représailles de la part des responsables locaux.

Un MGR efficace comprend une boucle rétroactive permanente et constructive entre le public et les institutions ou les gestionnaires du programme. Bien que les réclamations puissent survenir à toutes les phases de la chaîne de mise en œuvre, leur résolution fait partie de l'étape de gestion des opérations des bénéficiaires et peut avoir des effets sur les étapes précédentes. Les décisions prises pour résoudre les réclamations (par exemple des erreurs d'exclusion, de données relatives au bénéficiaire ou de montants de prestations) peuvent avoir des effets jusque dans les étapes d'évaluation et d'inscription, ainsi que dans le cycle de mise en œuvre récurrente des prestations et des services.

Les MGR sont également un instrument d'amélioration continue de l'efficacité et de l'efficience des systèmes de mise en œuvre, et pour la promotion d'une plus grande transparence et redevabilité dans les programmes de protection sociale. Les gestionnaires peuvent intégrer les enseignements tirés des réclamations récurrentes pour améliorer la conception et la mise en œuvre du programme ainsi que les performances des systèmes de mise en œuvre. Le principal objectif d'un MGR est de réceptionner, d'évaluer et de résoudre les réclamations, les recours, les actualisations et autres réclamations en vue d'améliorer la prestation des avantages et des services. Les systèmes de MGR éclairent les gestionnaires des programmes sur l'efficacité et l'efficience des systèmes de mise en œuvre et sur les améliorations qu'il est possible d'y apporter.

Réclamations le long de la chaîne de mise en œuvre

Les réclamations peuvent survenir à n'importe quelle étape ou phase de la chaîne de mise en œuvre, comme le montrent les exemples de la figure 8.19.

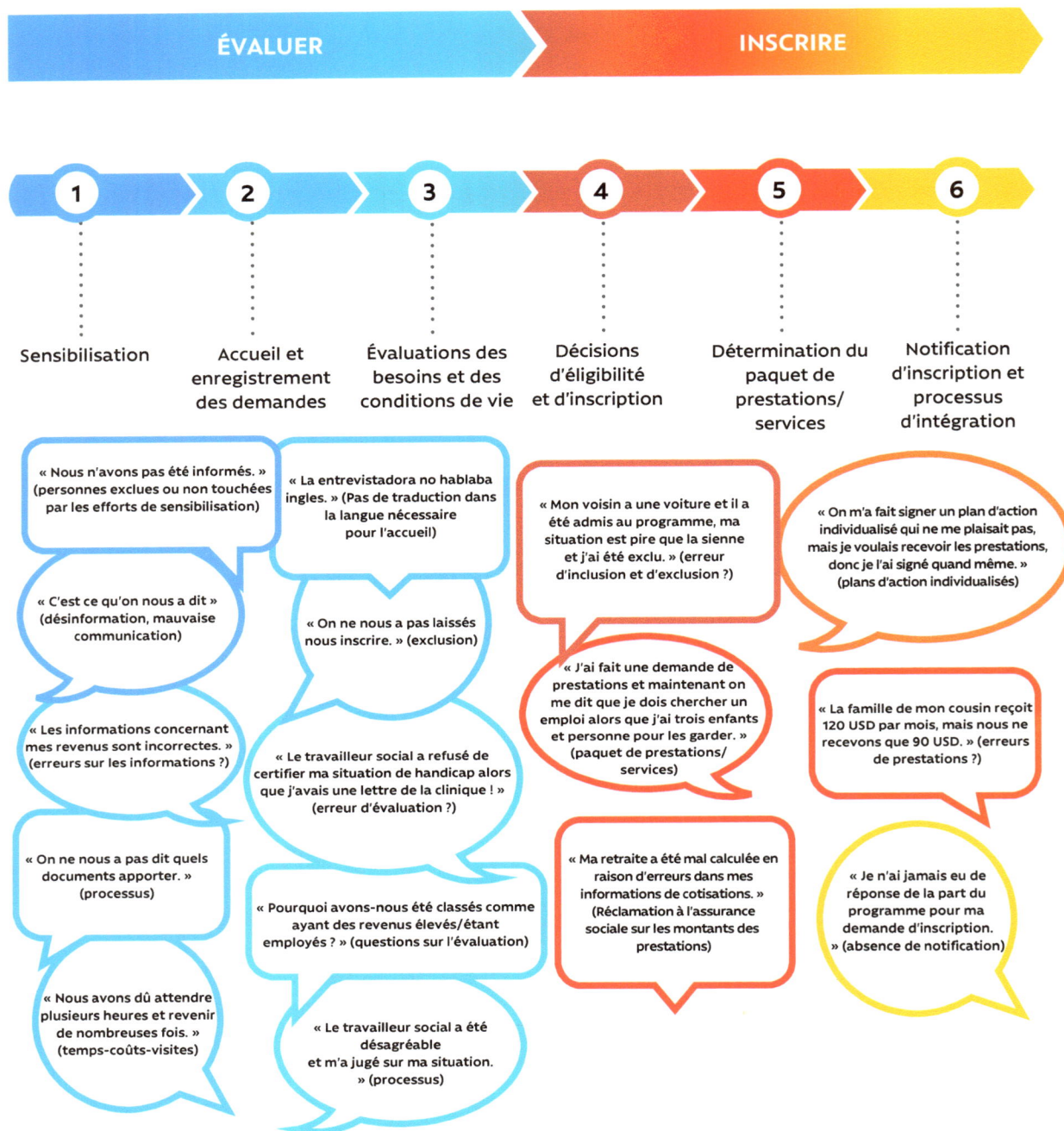

ÉVALUER   INSCRIRE

1 Sensibilisation

2 Accueil et enregistrement des demandes

3 Évaluations des besoins et des conditions de vie

4 Décisions d'éligibilité et d'inscription

5 Détermination du paquet de prestations/services

6 Notification d'inscription et processus d'intégration

« Nous n'avons pas été informés. » (personnes exclues ou non touchées par les efforts de sensibilisation)

« La entrevistadora no hablaba ingles. » (Pas de traduction dans la langue nécessaire pour l'accueil)

« Mon voisin a une voiture et il a été admis au programme, ma situation est pire que la sienne et j'ai été exclu. » (erreur d'inclusion et d'exclusion ?)

« On m'a fait signer un plan d'action individualisé qui ne me plaisait pas, mais je voulais recevoir les prestations, donc je l'ai signé quand même. » (plans d'action individualisés)

« C'est ce qu'on nous a dit » (désinformation, mauvaise communication)

« On ne nous a pas laissés nous inscrire. » (exclusion)

« J'ai fait une demande de prestations et maintenant on me dit que je dois chercher un emploi alors que j'ai trois enfants et personne pour les garder. » (paquet de prestations/services)

« Les informations concernant mes revenus sont incorrectes. » (erreurs sur les informations ?)

« Le travailleur social a refusé de certifier ma situation de handicap alors que j'avais une lettre de la clinique ! » (erreur d'évaluation ?)

« La famille de mon cousin reçoit 120 USD par mois, mais nous ne recevons que 90 USD. » (erreurs de prestations ?)

« On ne nous a pas dit quels documents apporter. » (processus)

« Pourquoi avons-nous été classés comme ayant des revenus élevés/étant employés ? » (questions sur l'évaluation)

« Ma retraite a été mal calculée en raison d'erreurs dans mes informations de cotisations. » (Réclamation à l'assurance sociale sur les montants des prestations)

« Je n'ai jamais eu de réponse de la part du programme pour ma demande d'inscription. » (absence de notification)

« Nous avons dû attendre plusieurs heures et revenir de nombreuses fois. » (temps-coûts-visites)

« Le travailleur social a été désagréable et m'a jugé sur ma situation. » (processus)

suite

Figure 8.19 *(suite)*

FOURNIR

GÉRER

CYCLE RÉCURRENT

7 **8** **9**

Paiement des prestations et/ou fourniture des services

Vérification du respect des obligations par les bénéficiaires, mise à jour des données, et gestion des réclamations

Décisions de sortie, notification, règlement des réclamations

« J'ai perdu la carte SIM de mon portable et je ne reçois plus les paiements. » (Réclamations sur les paiements par téléphone mobile)

« Mon compte n'a pas été crédité ce mois-ci » (absence ou retard de paiement)

« Le travailleur social m'a mis dans un poste pour lequel je suis surqualifié. » (emploi mal adapté)

« Mon adresse est incorrecte dans le système donc je n'ai pas reçu la notification. » (correction des données)

« Je dois me rendre au service d'emploi tous les trois mois pour prouver que je cherche du travail et je ne peux pas me permettre de payer tous ces trajets en bus. » (temps-coûts-visites, processus)

« Le montant du paiement de ce mois-ci était inférieur à celui du mois dernier. » (erreur de paiement ?)

« La garderie qu'on nous a attribuée est sale et le personnel ne s'occupe pas des enfants. » (niveau de qualité du service)

« J'ai déposé une réclamation il y a six mois et je n'ai jamais reçu de réponse. » (réclamations concernant le MGR)

« Je ne reçois plus mes prestations sans raison valable. » (recours de la décision de sortie)

« Nous devons marcher pendant six heures pour arriver au point de paiement. »
« Avant, le paiement arrivait par la poste. » (réclamations liées au service de paiement)

« Ils n'ont pas de travail pour moi. » (manque de service d'aide à la recherche d'emploi)

« Mon enfant est allé à l'école tout le mois. Pourquoi ont-ils réduit nos prestations pour cause d'absences ? » (réclamations sur le respect des conditionnalités et les conséquences)

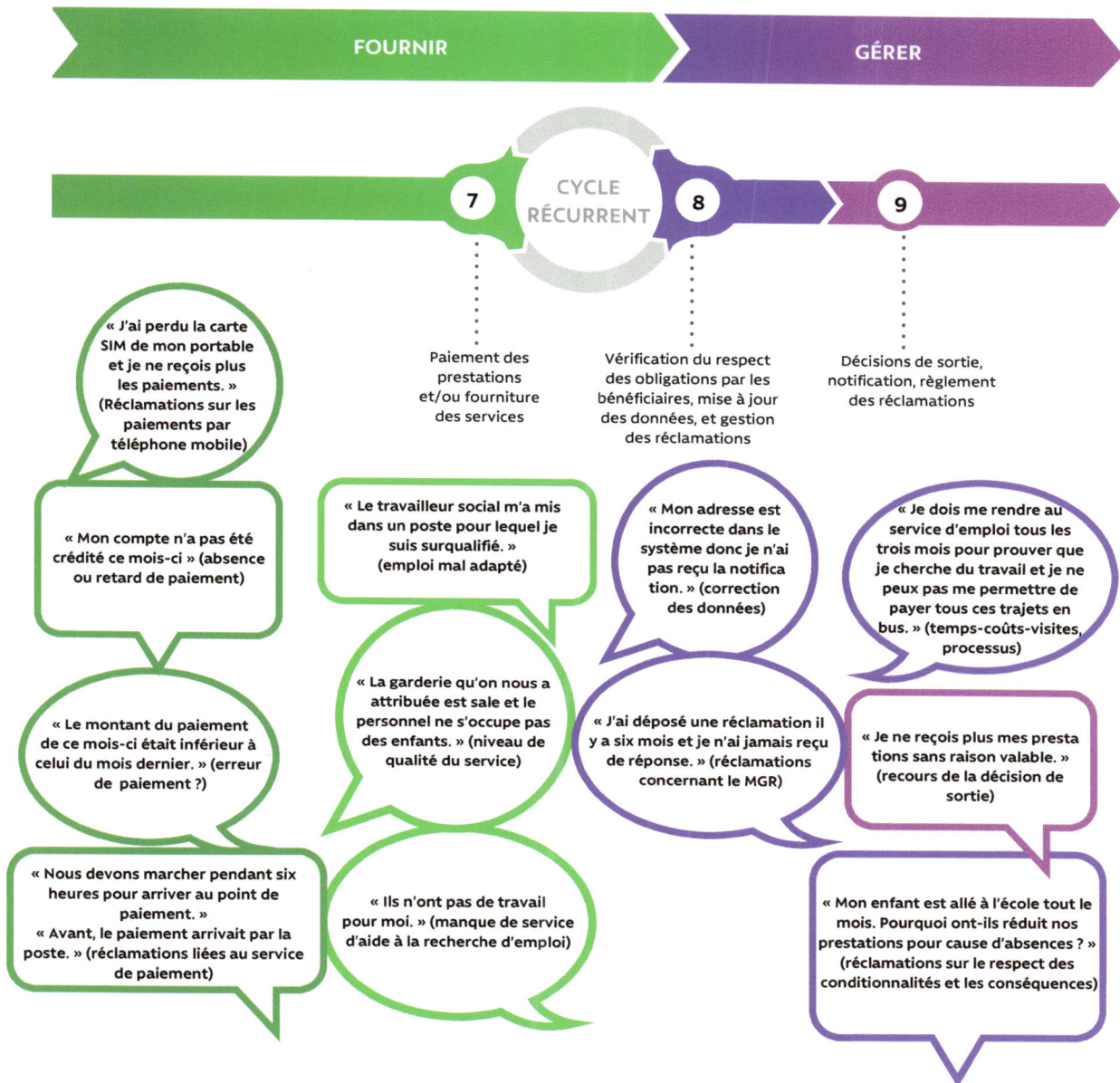

Source : Figure conçue pour cette publication.

Réclamations pendant l'étape d'évaluation

Pendant la phase de sensibilisation, de nombreuses réclamations peuvent simplement être des demandes d'informations sur le programme. Elles peuvent découler de méthodes de sensibilisation insuffisantes et de modalités de sensibilisation inadaptées. En conséquence, les efforts de sensibilisation peuvent exclure ou omettre une partie du public comme les minorités ou les personnes vivant dans des zones reculées. Les réclamations peuvent également résulter d'une conception médiocre des stratégies de communication, qui se traduit par l'envoi au public d'informations erronées ou incomplètes ou bien encore par un manque de supports de communication soit dans la langue locale, soit dans un format audiovisuel dans les contextes où le niveau d'alphabétisation est faible.

Lors de la phase d'accueil et d'enregistrement des demandes, les réclamations peuvent porter sur : (1) des erreurs dans les données relatives aux bénéficiaires, (2) une exclusion du processus d'enregistrement, (3) divers manques soit d'information (tel que des directives peu claires pour déposer une demande, par exemple sur les documents nécessaires), soit de personnel parlant la langue locale, soit d'assistance pour les personnes souffrant de handicap, (4) d'attentes trop longues dans les services ou (5) de services trop éloignés. Au cours de la phase d'évaluation des besoins et des conditions de vie, les réclamations peuvent résulter d'une mauvaise compréhension des conclusions de l'évaluation, d'erreurs dans les résultats ou de problèmes dans la mise en œuvre du processus.

Réclamations pendant l'étape d'inscription

Pendant la phase d'éligibilité et d'inscription, les réclamations peuvent résulter de décisions erronées sur l'éligibilité telles que des erreurs d'inclusion ou d'exclusion, de difficultés à effectuer les actions nécessaires à l'inscription ou d'une occasion manquée d'être inscrit. Lors de la phase de détermination du paquet de prestations et de services, elles peuvent surgir en cas d'erreur dans la détermination des prestations à payer et services à fournir, notamment sur le calcul du montant des prestations. Pendant la phase de notification d'inscription et du processus d'intégration, elles peuvent être déposées si le programme ne prévient pas les personnes enregistrées de leur inscription au programme ou du rejet de leur demande. Elles peuvent aussi se présenter si la qualité du processus d'intégration est médiocre, notamment en cas de manque d'informations sur les règles du programme et sur les droits et devoirs des bénéficiaires. En outre, les réclamations lors de l'étape d'inscription peuvent porter sur des conflits d'intérêts opposant des décideurs à des bénéficiaires ciblés.

Réclamations pendant la phase de paiement des prestations et de la fourniture des services

Pendant la phase de paiement des prestations, les réclamations peuvent concerner des retards, omissions ou erreurs de paiement, et des distances trop grandes ou autres difficultés pour arriver aux points de paiement (notamment les dépenses personnelles de transport, d'assurance ou d'autres besoins tels que les repas dans les cas des programmes à forte intensité de main-d'œuvre). Dans le cas d'un programme de transfert en espèces, des réclamations techniques liées aux cartes de paiement, aux guichets automatiques ou aux systèmes de paiement par téléphonie mobile et aux erreurs d'authentification des pièces d'identité sur les lieux de paiement des prestations peuvent également survenir. Au sujet de la fourniture de services, des réclamations peuvent résulter de retards et dysfonctionnements du service, de longues attentes, d'un niveau de service médiocre, du manque de disponibilité d'un service et de services mal adaptés.

Réclamations lors de l'étape de gestion des opérations des bénéficiaires

Les réclamations qui portent sur la gestion des opérations des bénéficiaires surviennent quand les données relatives aux bénéficiaires sont erronées ou quand elles doivent être corrigées ou mises à jour. Les réclamations liées à la conformité aux conditionnalités peuvent se présenter si les bénéficiaires subissent des pénalités, des retards ou des annulations de services ou de prestations dus à des erreurs administratives ou à une saisie et un traitement incorrect des données de conformité par les institutions responsables du contrôle. Certaines réclamations peuvent aussi être déposées à propos du mécanisme de gestion des réclamations lui-même, si le processus est fastidieux, trop long, compliqué ou difficilement accessible, ou si les agents officiels du MGR font preuve d'un mauvais comportement, de discrimination, de népotisme, fraude ou corruption. Enfin, les réclamations déposées lors de la phase de décision et notification de sortie et de règlement des réclamations peuvent être dues à des processus et prises de décisions ambiguës concernant les sorties, à l'absence ou à l'inadéquation des notifications de décision de sortie, ou aux résolutions des réclamations. Ces réclamations peuvent prendre la forme d'une plainte concernant les processus ou d'une demande de recours à la suite d'une décision de sortie.

Lors des différentes phases de la chaîne de mise en œuvre, les réclamations peuvent également être le résultat de fraudes réelles ou perçues comme telles, ainsi que d'autres types de comportements non professionnels au sein du personnel responsable de l'enregistrement des demandes, de l'inscription, du paiement et du contrôle.

Le tableau 8.11 propose des exemples de diverses réclamations tout au long de la chaîne de mise en œuvre, documentées à travers trois programmes au Bangladesh[42] : (1) Programme d'allocation de vieillesse, un programme soumis à condition de revenus qui apporte une allocation mensuelle à environ 2,75 millions de personnes âgées dans le besoin, (2) Programme de développement pour les groupes vulnérables, qui fournit une sécurité alimentaire, un développement des compétences et des intrants complémentaires pour les femmes vulnérables et (3) Programme de génération d'emploi, un programme de travaux publics qui vise à atténuer le chômage saisonnier dans le Bangladesh rural[43].

Le cadre du MGR

Un MGR bien conçu et bien mis en œuvre doit inclure des principes et des étapes formalisées pour la collecte et la gestion des réclamations. Le cadre d'un MGR efficace doit comprendre un ensemble de principes, de structures institutionnelles, de règles, de procédures et de processus à travers lesquels les demandes, réclamations et recours concernant le programme de protection

sociale sont résolus. Le MGR est un outil important grâce auquel les bénéficiaires, potentiels et existants, les non-bénéficiaires et les agences de mise en œuvre ainsi que d'autres parties prenantes font entendre leur voix. Il apporte différents moyens d'atténuer, de gérer et de résoudre les réclamations et de garantir la transparence et la redevabilité des programmes de protection sociale.

Principes du MGR

Il est important que les programmes de protection sociale adhèrent aux normes et principes internationaux dans la collecte et la gestion des réclamations. Les programmes doivent avoir des MGR pour remédier aux erreurs quand les responsables de la mise en œuvre et les décideurs se rendent compte de celles-ci, et pour corriger les processus et les systèmes dont les services n'atteignent pas la qualité annoncée. Les principes et attributs suivants doivent normalement s'appliquer à un MGR qui fonctionne bien (Banque mondiale, 2012a, 2018c) :

- *Indépendance.* Le MGR doit fonctionner indépendamment de toutes les parties intéressées afin de garantir un traitement juste, objectif et impartial de chaque cas.
- *Accessibilité et inclusivité.* Le MGR doit être accessible par les bénéficiaires du projet et par le grand public sans crainte de représailles ou de discrimination. Le processus de résolution doit être assez simple pour que les plaignants comprennent facilement le fonctionnement global et les délais stipulés de résolution. Les guichets de réception des réclamations doivent être accessibles aux bénéficiaires du programme et au grand public, quels que soient leur situation géographique, leur langue, leur niveau d'études et d'éducation ou de revenus. C'est pourquoi, un MGR efficace met souvent à disposition du public plusieurs moyens (par exemple, boîtes à réclamations, téléphone, SMS, courriels, formulaires, et interaction en face à face avec des travailleurs sociaux) et plusieurs lieux (par exemple, agences et branches locales, sites du programme et ministères) pour déposer leurs réclamations facilement. Les programmes de protection sociale s'adressant aux populations les plus vulnérables, le MGR doit tenir compte de son accessibilité et de sa facilité d'utilisation par les groupes

Tableau 8.11 Exemples de réclamations au cours de la chaîne de mise en œuvre dans trois programmes de protection sociale au Bangladesh

Réclamations par phase de la chaîne de mise en œuvre	Programme d'allocation de vieillesse	Programme de développement pour les groupes vulnérables	Programme de génération d'emplois
Décisions d'éligibilité et d'inscription	Les bénéficiaires et les non-bénéficiaires n'ont pas bien compris les décisions d'éligibilité et d'inscription. Des réclamations ont été déposées pour népotisme et inclusion de bénéficiaires favorisés par des politiciens.	Les réclamations faisaient état de népotisme, de pots-de-vin exigés par les gestionnaires du programme pour délivrer la carte du programme de développement pour les groupes vulnérables.	Les réclamations faisaient état de népotisme, de corruption et de manipulation du registre des bénéficiaires pour y ajouter des employés fictifs.
Détermination du paquet de prestations et de services	Réclamations sur le montant des prestations allouées. Réclamations arguant que les prestations étaient insuffisantes pour couvrir la nourriture et les médicaments.	• Réclamations sur le montant et la qualité des prestations et services alloués. • Réclamations portant sur la mauvaise qualité des céréales alimentaires et sur la quantité de céréales insuffisante pour nourrir toute la famille. • Réclamations sur les incohérences dans la quantité et le conditionnement des dons alimentaires.	Réclamations portant sur le niveau des salaires du programme.
Paiement des prestations	• Réclamations sur le fastidieux processus de collecte, la distance jusqu'au point de paiement, le temps d'attente trop long et le manque d'installations telles que toilettes, eau potable, etc. • Réclamations concernant les dépenses personnelles encourues pour le transport. • Réclamations portant sur les coûts supplémentaires cachés avant collecte des paiements (en effet, certaines banques facturent 10 Tk par transaction). • Réclamations sur les délais de réception du virement. • Les bénéficiaires ont également rapporté qu'ils étaient bien traités aux points de paiements uniquement quand le personnel de l'*upazila* (subdivision administrative) était présent, mais malheureusement ils n'étaient pas présents régulièrement.	Réclamations sur les longs temps d'attente, sur le gaspillage et les détournements aux points de paiement.	• Réclamations arguant que le paiement a été fait à un intermédiaire, *Union Parishad* (UP)/membres du conseil municipal (politiciens). • 17 % des bénéficiaires ont reçu leur paiement par un membre de l'UP et 10 % des bénéficiaires ont reçu des paiements du bureau de l'UP.

suite

Tableau 8.11 *(suite)*

Réclamations par phase de la chaîne de mise en œuvre	Programme d'allocation de vieillesse	Programme de développement pour les groupes vulnérables	Programme de génération d'emplois
Gestion des données relatives aux bénéficiaires	Réclamations portant sur le remplacement du récipiendaire désigné en cas de décès qui n'est pas traité conformément aux directives.	Réclamations portant sur de mauvais traitements ; les bénéficiaires ont également rapporté qu'ils étaient bien traités aux points de paiements uniquement quand le personnel de *l'upazila* (subdivision administrative) était présent, mais malheureusement ils n'étaient pas présents régulièrement.	Données non disponibles.
Mécanisme de gestion des réclamations (MGR)	Réclamations portant sur le MGR, les usagers ne connaissaient pas le point de contact ou le canal du MGR ou le processus pour déposer une réclamation.	Réclamations portant sur le MGR, les usagers ne connaissaient pas le point de contact ou le canal du MGR ou le processus pour déposer une réclamation.	Réclamations portant sur le MGR : les usagers ne connaissaient pas le point de contact ou le canal du MGR ou le processus pour déposer une réclamation.

Source : Pilotage d'un mécanisme de gestion des réclamations pour les programmes de protection sociale du gouvernement du Bangladesh : Rapport final, 2015.

marginalisés (comme les femmes, les jeunes, les personnes âgées et les personnes handicapées).

- *Confidentialité.* Les réclamations sont traitées de manière confidentielle, aucune information personnelle ne doit être divulguée à aucun tiers.
- *Réactivité.* Le MGR est conçu pour être réactif aux besoins des plaignants dans les meilleurs délais. Les réclamations doivent être évaluées de manière impartiale et traitées en toute transparence. Les mesures prises, qui doivent être adaptées, doivent aussi être communiquées aux plaignants afin de clore la boucle de rétroaction. Les personnes responsables des réclamations doivent donc avoir une formation adéquate pour prendre des mesures efficaces et répondre aux réclamations, et tout le personnel du programme doit connaître le fonctionnement et le rôle du MGR du programme.
- *Efficacité et amélioration continue.* Un MGR efficace contrôle et analyse les données recueillies pour se servir des retours des bénéficiaires et des citoyens pour améliorer l'efficacité et l'efficience du programme et du MGR lui-même. Un MGR peut commencer de manière simple et modeste. Il peut être évalué et amélioré en permanence tout au long de la vie du programme, au fur et à mesure de l'extension de ce dernier et de son atteinte de sa vitesse de croisière.

Ces principes ne sont pas normatifs, mais plutôt un ensemble de pratiques généralement acceptées qui sont recommandées aux programmes de protection sociale pour concevoir un MGR efficace. L'encadré 8.6 montre un exemple des principes qui gouvernent le MGR du Pantawid Pamilyang Pilipino Program (4Ps) aux Philippines.

Processus du MGR[44]

La plupart des MGR passent par des étapes similaires. Bien qu'il puisse y avoir de légères variations d'un système à l'autre, les six étapes principales sont : (1) la réception, (2) le tri et le traitement, (3) l'accusé de réception et le suivi, (4) la vérification, l'investigation et action, (5) le contrôle et l'évaluation, (6) le retour d'information (figure 8.20). La gestion des réclamations commence et reste généralement au niveau local effectuée par divers organismes des administrations locales. Quand les réclamations ne peuvent pas être résolues au niveau local, alors et seulement alors leur gestion est transmise aux institutions nationales en passant par les structures administratives du programme ou par des institutions indépendantes comme les bureaux des médiateurs.

La première étape est celle de la réception qui se réfère aux méthodes utilisées pour collecter les réclamations. Un MGR efficace doit avoir plusieurs sites d'enregistrement (au niveau de la communauté, du village, du district, de la province ou de la région, et national) ainsi que de multiples canaux (par exemple, courrier, courrier électronique, téléphone, SMS, site Internet ou boîte à réclamations). Le choix de ces guichets de réception des réclamations repose sur la technologie, le financement et les ressources, y compris humaines, disponibles et sur des contraintes de capacité. Le coût et la complexité des MGR sont susceptibles d'augmenter avec le nombre de guichets de réception des réclamations, aussi, les responsables du programme doivent choisir les canaux et les sites de manière stratégique. Avec l'évolution et l'expansion du MGR, des guichets supplémentaires peuvent être ajoutés. Un tel plan d'expansion doit alors être séquencé de manière stratégique en fonction des objectifs du programme.

La deuxième étape consiste dans le tri et le traitement des réclamations, car différents types de réclamations requièrent différentes mesures de suivi. Par exemple, certaines réclamations requièrent une simple explication ou la communication de certaines informations du programme tandis que d'autres peuvent nécessiter des investigations et un suivi approfondi.

Figure 8.20 Étapes de la mise en œuvre des systèmes de MGR

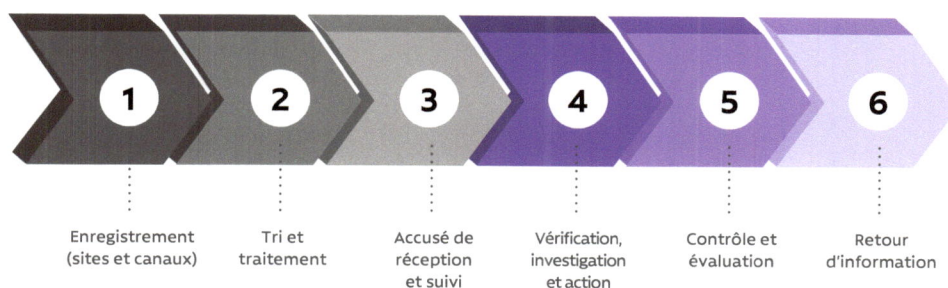

Source : Banque mondiale 2012a.

Note : MGR = mécanisme de gestion des réclamations.

Quelques catégories de réclamations sont listées ci-après. Lors de ce processus, il est important que soient impliqués les unités, agences et services du programme concernés, ou un plus haut niveau de la structure du programme, ou que le cas leur soit confié. Les réclamations doivent être enregistrées pour que le programme garde la trace de leurs transferts vers d'autres unités, agences ou services concernés, ou de leur passage à un niveau hiérarchique plus élevé quand elles ont été déposées à un niveau inférieur. Le journal d'information permet au programme de suivre la progression et le niveau de performance de leur résolution. Cette étape est donc cruciale pour définir une catégorie, une priorité à chaque réclamation et pour lui attribuer l'unité, l'agence ou le service compétent. Un MGR efficace reçoit parfois des réclamations qui sortent du cadre des programmes de protection sociale. Le processus de tri permet également de faire la distinction entre les réclamations liées au programme et les autres (table 8.12).

La troisième étape, une fois la réclamation catégorisée et traitée, consiste à en accuser réception et à informer le plaignant des actions de suivi. Cette étape nécessite une communication claire avec le plaignant pour lui signifier que sa réclamation est bien reçue et pour l'informer du délai prévu pour sa résolution et les actions de suivi. À ce stade, un MGR efficace génère un numéro de dossier (automatiquement ou manuellement) et le communique au plaignant avec les informations de contact pertinentes, dans le cas où celui-ci souhaiterait contacter le programme pour s'informer sur l'état d'avancement du dossier. Pour améliorer la transparence et la redevabilité du MGR, le délai de résolution, des explications claires sur le processus de résolution et

des détails sur les méthodes de suivi doivent être largement communiqués aux différentes parties prenantes.

La quatrième étape consiste en vérification, investigation et action pour résoudre la réclamation. Cette étape nécessite la collecte d'informations sur la réclamation pour déterminer sa validité et pour prendre les mesures appropriées à sa résolution. Cette étape implique également de transférer ou de faire remonter les réclamations qui n'ont pas été résolues à un premier niveau du système vers des responsables de niveau plus élevé pour une enquête et un suivi plus poussé. À ce niveau, les actions possibles peuvent consister à répondre à des demandes d'informations ou à des commentaires, à fournir aux plaignants des renseignements sur l'état d'avancement de la résolution, à demander des documents complémentaires si nécessaire et à les vérifier, à imposer des sanctions et à faire remonter un dossier à un niveau supérieur pour une enquête et un suivi plus poussé.

La cinquième étape de contrôle et d'évaluation est essentielle pour un MGR efficace. Le contrôle concerne le processus de suivi des réclamations et l'évaluation des progrès qui sont faits pour leur résolution. Un programme de protection sociale tend à recevoir un nombre important de réclamations, car il est utilisé par un grand nombre de personnes. Idéalement, il doit disposer d'un système électronique pour saisir, suivre et contrôler les réclamations et les résolutions. Le contrôle peut comporter des vérifications ponctuelles pour s'assurer de la qualité de la résolution d'une réclamation. Un MGR efficace comprend un ensemble d'indicateurs pour mesurer le contrôle et la résolution des réclamations. L'évaluation implique d'analyser les données des

Tableau 8.12 Liste indicative des catégories de réclamations

Catégorie	Sous-catégorie
Demande d'informations/de renseignements	• Renseignements d'ordre général sur le programme (par exemple l'objectif du programme, les informations génériques sur la population ciblée et les critères de sélection, le calendrier du programme, les procédures et documents nécessaires pour l'inscription, les catégories d'emplois disponibles et leur localisation, la durée du programme). • Informations sur l'enregistrement/la demande et/ou l'inscription (par exemple les processus et périodes pour effectuer une demande, les documents requis). • Informations concernant les paiements (par exemple montant des prestations, dates et fréquence des paiements, méthodes de paiement). • Informations sur le MGR
Réclamations	• Réclamations concernant l'inscription (par exemple impossible de s'inscrire en raison d'une panne ou d'un arrêt du système) • Réclamations concernant l'éligibilité (erreurs d'inclusion et d'exclusion) • Réclamations liées au paiement (retard de paiement, erreur sur le montant versé, dysfonctionnement de la carte de paiement, cartes de paiement volées ou perdues, dysfonctionnement des distributeurs ou d'autres méthodes de paiement) • Réclamations portant sur l'efficacité du personnel ou autres prestataires, y compris comportements non professionnels, mauvaise conduite, fraude et corruption • Réclamations portant sur le risque social et environnemental et/ou sur les dommages liés aux infrastructures sociales et aux programmes de travaux publics • Réclamations relatives aux passations des marchés déposées par les fournisseurs, vendeurs, sous-traitants ou consultants des programmes d'infrastructures sociales et de travaux publics • Réclamations liées aux services (par exemple, les services liés à la conditionnalité des TMC)[a]
Mise à jour des informations concernant le bénéficiaire	• Mises à jour des coordonnées d'enregistrement/inscription (par exemple, adresse, numéro de téléphone) • Mises à jour des informations concernant le bénéficiaire (adresse, numéro de téléphone, situation familiale y compris le nombre d'enfants, situation professionnelle)
Suggestions	Suggestions en vue d'améliorer le programme et le MGR
Autres commentaires	Compliments sur le programme, sur le personnel ou autres prestataires, et sur le MGR

Source : Tableau conçu pour cette publication.
Remarque : TMC : transferts monétaires conditionnels (programme) ; MGR : mécanisme de gestion des réclamations
[a] *le plus souvent, l'éducation et la santé sont les domaines de service choisis comme conditionnalités des programmes de transfert monétaire. Les réclamations liées à la disponibilité et à la qualité des services peuvent aller au-delà de la compétence de la juridiction administrative du ministère ou de l'agence de mise en œuvre, selon le contexte du programme.*

réclamations pour permettre aux gestionnaires du programme de modifier en conséquence les processus et procédures pour éviter de futures réclamations similaires. Des rapports doivent être transmis régulièrement à la haute direction du programme afin qu'elle puisse suivre les données sur les résolutions et les tendances des réclamations.

La sixième et dernière étape du MGR est le retour d'information au(x) plaignant(s) et au grand public sur les résultats des investigations et les mesures prises. Pour fermer la boucle de rétroaction, elle implique de communiquer clairement aux plaignants les résultats des investigations et les mesures appropriées prises par le programme. Cette étape finale est cruciale pour renforcer la relation de confiance entre le programme, les bénéficiaires et le grand public. Quand plusieurs niveaux de résolution des réclamations sont disponibles (par exemple, local, municipal et national), un plaignant qui souhaite contester le résultat d'une réclamation peut faire appel à un niveau supérieur à celui auquel sa réclamation a été résolue. Par ailleurs, le MGR du programme peut éventuellement demander aux plaignants de faire part de leur expérience utilisateur en vue de comprendre comment améliorer son efficience et son efficacité. La diffusion des informations de performance du programme dans le cadre des rapports de fonctionnement réguliers va fortement améliorer sa transparence.

La figure 8.21 détaille les différentes étapes du GRM dans le programme 4Ps des Philippines. L'encadré 8.7 propose une vue détaillée des étapes de la mise en œuvre du MGR en Turquie.

Dispositifs institutionnels pour les MGR

Pour déterminer d'éventuels dispositifs institutionnels lors de la conception d'un MGR, il est essentiel de mener une évaluation de tous les systèmes et pratiques du pays en matière de résolution des réclamations, y compris les mécanismes informels. Les dispositifs institutionnels pour la mise en œuvre d'un MGR diffèrent d'un pays à l'autre. Cette section résume certains des éléments clés que les professionnels devraient prendre en considération lors de l'évaluation et des décisions concernant les dispositifs institutionnels d'un MGR.

Il existe deux principaux types de MGR pour les programmes de protection sociale : les MGR internes au niveau du ministère, du programme ou du projet (encadré 8.8) et les MGR externalisés. De nombreux programmes de protection sociale établissent et renforcent leur MGR au niveau du ministère de tutelle ou à celui

du programme et du projet, dans le cadre des fonctions administratives du ministère et du programme, et dans le cadre du mandat de celui-ci et de son champ d'application. Ceux-ci sont des MGR internes. Ce sont par exemple, le MGR des 4Ps aux Philippines, le MGR du programme de transfert monétaire égyptien Takaful et Karama (T&K), le mécanisme de traitement des réclamations des programmes égyptiens à forte intensité de main-d'œuvre pour l'employabilité des jeunes, les unités de traitement des réclamations des programmes de transfert monétaire de Cisjordanie et de Gaza, et le MGR du programme décentralisé de fourniture de services de Sierra Leone, qui est géré par des assemblées locales. D'autres MGR utilisent des institutions indépendantes auxquelles ils sous-traitent les fonctions clés de collecte et de résolution des réclamations pour le programme, comme le bureau des médiateurs en Éthiopie, en Ouganda (sous le nom de « Inspectorat du gouvernement ») et au Rwanda, et la Commission anticorruption pour le programme de transfert monétaire de la Sierra Leone. Il est nécessaire d'être très attentif aux mandats institutionnels et juridiques des institutions responsables de la résolution des réclamations, aux pratiques existantes de collecte et de résolution, y compris

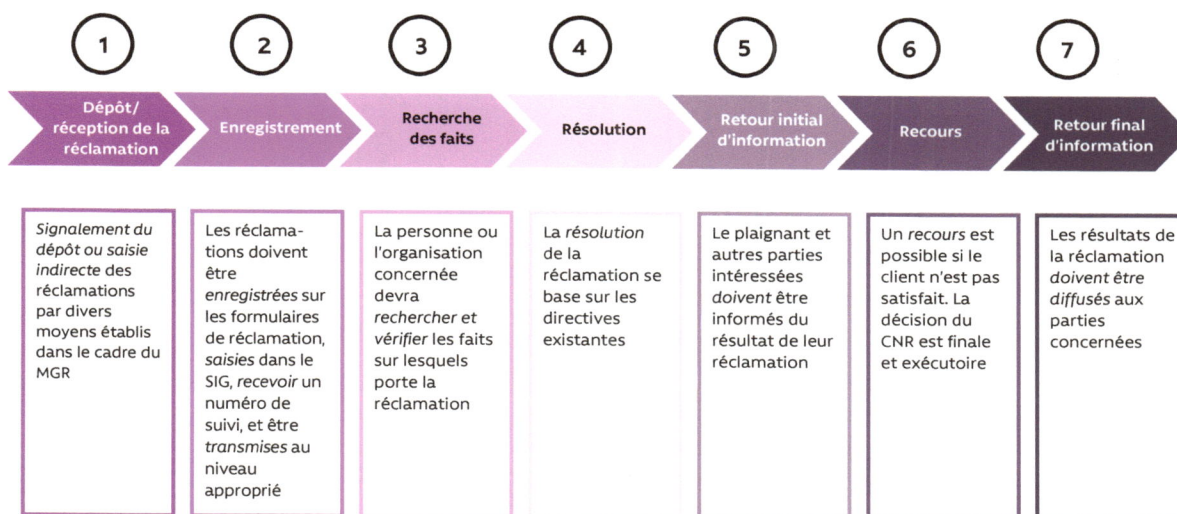

Figure 8.21 Différentes étapes du GRM dans le programme 4Ps des Philippines

1	2	3	4	5	6	7
Dépôt/ réception de la réclamation	Enregistrement	Recherche des faits	Résolution	Retour initial d'information	Recours	Retour final d'information
Signalement du dépôt ou saisie indirecte des réclamations par divers moyens établis dans le cadre du MGR	Les réclamations doivent être *enregistrées* sur les formulaires de réclamation, *saisies* dans le SIG, *recevoir* un numéro de suivi, et être *transmises* au niveau approprié	La personne ou l'organisation concernée devra *rechercher et vérifier* les faits sur lesquels porte la réclamation	La *résolution* de la réclamation se base sur les directives existantes	Le plaignant et autres parties intéressées *doivent* être informés du résultat de leur réclamation	Un *recours* est possible si le client n'est pas satisfait. La décision du CNR est finale et exécutoire	Les résultats de la réclamation *doivent être diffusés* aux parties concernées

Sources : Philippines, Département de la protection sociale et du développement, 2015 ; « Grievance Redress System Overview », présentation du Département de la protection sociale et du développement des Philippines, Manille, 2015.
Remarque : MGR = Mécanisme de gestion des réclamations ; SIG = système d'information de gestion ; CNR = Comité national des réclamations ; 4Ps = Pantawid Pamilyang Pilipino Program.

Encadré 8.7 Gestion des réclamations dans le système intégré d'assistance sociale de la Turquie

La Turquie dispose de plusieurs canaux de MGR pour déposer une réclamation à propos des programmes d'assistance sociale du pays. Ces canaux comprennent, sans s'y limiter (1) le module MGR intégré dans l'ISAS, (2) la ligne d'assistance téléphonique de la Turquie, Alo 144, (3) le Centre de communication de la présidence (CIMER), (4) l'Institution du médiateur, (5) le ministère de la Famille, du Travail et des Services sociaux (MFLSS), (6) la Direction générale de l'assistance sociale (GDSA) et (7) les organes pertinents des gouverneurs de district. Voir la figure B8.7.1. De plus amples informations sur certains de ces canaux sont présentées ci-dessous.

■ L'ISAS dispose d'un module MGR intégré qui est utilisé pour tout type de réclamations relatives aux programmes d'assistance sociale (y compris les transferts monétaires conditionnels, ou TMC). Les clients s'adressent à la fondation d'assistance sociale et de solidarité (SASF) de leur district, en utilisant un formulaire standard qui leur est fourni. Les demandes de réclamation sont envoyées à la SASF pour être évaluées lors des réunions hebdomadaires de décision du conseil d'administration. En fonction du règlement pertinent de la GDSA, le conseil doit résoudre le

Figure B8.7.1 Turquie : gestion multicanale des réclamations

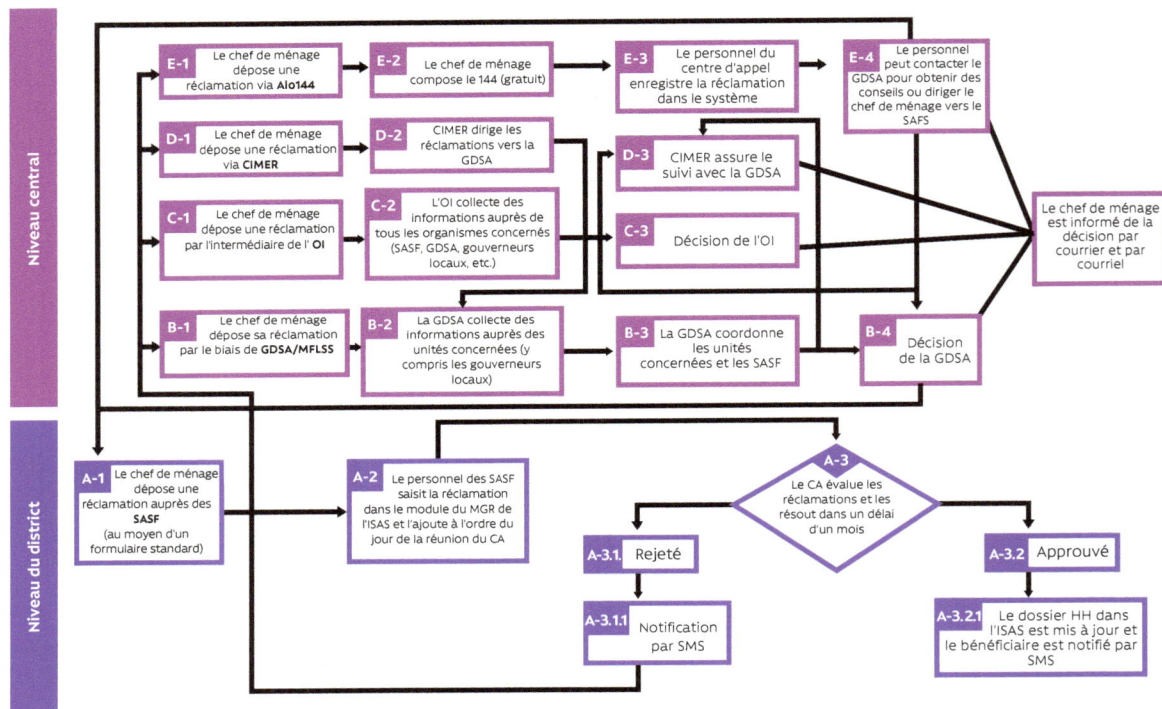

Source : Figure conçue pour cette publication.
Note : CA = Conseil d'administration ; TMC = Transfert monétaire conditionnel (programme) ; GDSA = Direction générale de l'assistance sociale (Turquie) ; MGR = mécanisme de gestion des réclamations ; HH = ménage (household) ; ISAS = Système intégré d'assistance sociale (Turquie) ; MFLSS = ministère de la Famille, du Travail, et des Services sociaux ; SASF = Fondation d'assistance sociale et de solidarité
a. Turquie, Direction générale de l'assistance sociale, 2016.
b. Turquie, Centre de communication de la présidence, 2019.
c. Turquie, Institution du médiateur, 2018.

suite

problème et notifier sa décision au client dans un délai d'un mois. La notification se fait par SMS.

■ La hotline Alo 144 est un centre d'appel gratuit qui fournit des informations et une aide aux clients des programmes d'aide sociale[b]. La hotline donne aux clients le statut de leur demande d'affiliation au programme ainsi que des informations sur les paiements, les nouveaux programmes et bien d'autres renseignements. Il s'agit de l'un des canaux d'information les plus importants pour tous les programmes d'aide sociale en Turquie. La hotline est aussi couramment utilisée pour les réclamations. Alo 144 utilise la technologie VoIP (voix via le protocole Internet ou Voice-over-Internet-Protocol). Il peut contacter n'importe quelle SASF au sujet de réclamations et peut diriger les citoyens vers une SASF, si nécessaire. Alo 144 reçoit plus d'un million d'appels par an.

■ Le CIMER (Centre de communication de la Présidence) est un portail en ligne que les clients peuvent utiliser pour déposer toute demande, réclamation, proposition ou plainte[b]. Les réclamations effectuées par l'intermédiaire du CIMER sont dirigées vers les autorités compétentes en fonction du sujet traité et selon la loi sur l'information (loi n° 4982) et la loi sur les pétitions (loi n° 3071) doivent être résolues dans les 15 jours ouvrables par l'autorité publique compétente. En ce qui concerne le TMC, les réclamations peuvent être adressées au MFLSS, à la GDSA et aux gouverneurs de district ou de province par le biais du portail CIMER.

■ L'Institution du médiateur (OI) emploie un mécanisme de réclamation indépendant et efficace, et effectue des enquêtes, des recherches et des recommandations sur toutes les mesures[c]. Le dépôt des réclamations auprès de l'OI peut être fait via un portail en ligne ou en utilisant un formulaire papier. En général, il faut plusieurs mois pour qu'une réclamation soit résolue par l'OI.

Encadré 8.8 Types de MGR interne

Les systèmes internes de gestion des réclamations peuvent se regrouper en trois types : GRM uniques associé à un programme ou un projet, GRM desservant plusieurs programmes ou situés au niveau d'un ministère, et GRM au niveau national.

Un MGR unique associé à un programme ou un projet est un MGR qui est exclusivement destiné à un seul programme de protection sociale. En voici quelques exemples :

■ Au Mexique, les deux principaux programmes de protection sociale, le programme Prospera de transfert monétaire conditionnel et le programme Pension para Adultos Mayores de retraite non contributive pour les citoyens de plus de 65 ans utilisent un MGR spécifique.

■ En République arabe d'Égypte, le programme de transferts monétaires T&K dispose de son propre MGR. Celui-ci est hébergé par le ministère de la Solidarité sociale qui dirige la mise en œuvre du T&K en coordination entre autres avec les ministères de la Santé et de l'Éducation. Le MGR du T&K se concentre sur la résolution des réclamations relatives au programme (par exemple, les demandes d'information, les réclamations relatives à l'inclusion ou à l'exclusion, et les problèmes liés aux cartes de paiement). Cela est réalisé en étroite collaboration avec d'autres organismes tels que la Commission médicale qui dispose de son propre MGR pour l'évaluation de l'incapacité fonctionnelle requise pour s'inscrire au Karama (un programme de transfert monétaire inconditionnel pour les personnes handicapées).

Un MGR desservant plusieurs programmes ou situés au niveau d'un ministère fait référence aux cas où un MGR est utilisé pour plusieurs programmes, couvrant une partie ou la totalité des programmes

suite

d'un ministère, d'un secteur ou d'une agence de protection sociale. En voici quelques exemples :

■ Au Mexique, les programmes de protection sociale, autre que Prospera et Pension para Adultos Mayores utilisent l'Organe de contrôle interne (Organo Interno de Control) du ministère du Développement social.

■ Au Rwanda, un MGR qui est développé depuis plus de cinq ans sert actuellement le programme phare de filet de sécurité sociale, mais il a également été étendu au fil du temps pour servir d'autres programmes de développement économique local qui sont gérés par l'Agence de développement des organismes administratifs locaux.

■ De même, un MGR établi dans le cadre du Fonds d'action sociale de la Tanzanie (TASAF) est non seulement devenu le MGR du programme de filet de sécurité sociale productif, mais il sert également d'autres programmes de développement et de subsistance communautaires gérés par le TASAF. Dans les MGR du Rwanda et de la Tanzanie, des ensembles variables de données sur les réclamations sont classés par différents programmes, en plus de détails sur les réclamations au niveau du programme, ce qui facilite l'analyse comparative entre les programmes et les services, et au sein de ceux-ci.

Un MGR au niveau national est un MGR desservant l'ensemble du gouvernement et utilisé pour déposer des réclamations concernant la protection sociale et d'autres programmes gouvernementaux. En voici quelques exemples :

■ Le Contraloria General de la Republica (Contrôleur général de la République) du Costa Rica est au service de l'ensemble du gouvernement, et les réclamations relatives aux programmes de protection sociale sont transmises aux programmes concernés par le biais de ce système national.

■ En Cisjordanie et dans la bande de Gaza, la direction générale des réclamations du bureau du Premier ministre envisage la mise en place d'un MGR national qui fonctionnerait comme un centre de tri des réclamations (voir figure B8.8.1). Lorsque ce canal national de réception deviendra disponible, il adressera à l'unité de traitement des réclamations (UTR) de chaque ministère de tutelle les réclamations qui la concernent ; cela peut coexister avec les canaux de réception déjà disponibles des UTR. Cette approche peut également être efficace dans un contexte plus large avec une population très dispersée.

■ C'est le cas de l'Indonésie qui dispose d'un MGR appelé LAPOR au service d'une population d'environ 200 millions de personnes qui vivent sur les 17 000 îles de l'archipel. LAPOR, qui se traduit par « signaler » en bahasa, est le premier système intégré de traitement des réclamations pour les services et programmes publics en Indonésie. Ce MGR est construit comme une plateforme sociale pour permettre l'interaction entre les personnes et le gouvernement. LAPOR est accessible via les canaux mobiles. Les gens peuvent démarrer le processus du MGR en envoyant un SMS au 1708, un numéro facile à retenir pour les citoyens, car le 17 août célèbre l'indépendance de l'Indonésie. LAPOR sert d'intermédiaire et met les gens en contact avec plus de 80 institutions gouvernementales. LAPOR permet aux citoyens de soumettre des rapports sur de nombreux sujets, allant des retards dans le versement des aides sociales aux routes endommagées. Il offre également un moyen de signaler les cas de fraude et de corruption. Depuis son lancement en 2012, le portail a reçu en moyenne environ 800 réclamations par jour, de toute l'Indonésie. Cependant, l'un des principaux risques de ces portails de commentaires des citoyens est d'être majoritairement utilisés par des personnes instruites et adeptes du numérique. Il a également été rapporté que la plupart des utilisateurs de LAPOR sont originaires de Jakarta, la plus grande ville et la capitale, et beaucoup moins des régions plus pauvres et plus éloignées de l'est de l'Indonésie.

suite

Figure B8.8.1 Mécanisme national de la réclamation en matière de réclamations en Cisjordanie et à Gaza

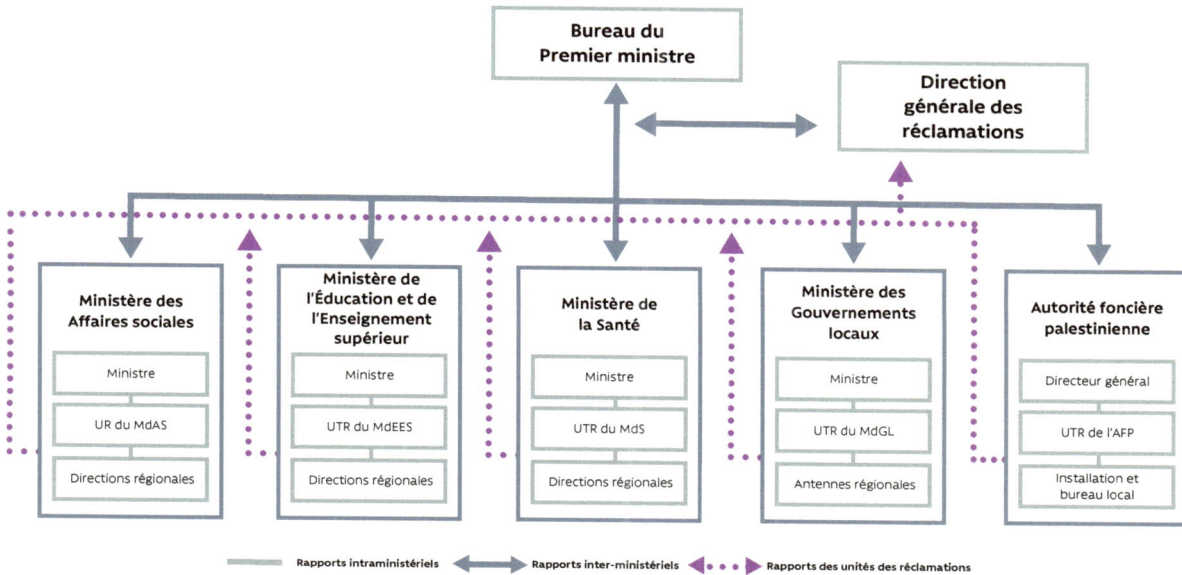

Note : UTR = Unité de traitement des réclamations (Complaint Unit, CU).

Ces trois types de systèmes peuvent coexister en tant que canaux différents pour gérer les réclamations. En Jordanie, par exemple, le gouvernement national héberge un MGR national appelé « At Your Service » (À votre service). Ce MRG reçoit les réclamations afférant au Fonds national d'aide (FNA) jordanien, chargé de la mise en œuvre d'un programme d'expansion des transferts en espèces. Le point focal du GRM au sein du FNA transmet ces cas au service du programme chargé de régler les réclamations, lequel service est situé au sein du Centre de réclamations et de services aux citoyens. Ce qui importe pour la résolution efficace des réclamations, c'est que le processus ainsi que les rôles et responsabilités en matière de résolution des réclamations soient clairement définis au sein de l'administration du programme, comme décrit ci-dessus. Quelle que soit la manière dont les réclamations sont recueillies, elles doivent être traitées conformément aux principes du MGR.

les pratiques informelles, et à la présence locale de ces institutions, car les programmes de protection sociale tendent à couvrir de vastes zones géographiques.

Un mandat institutionnel. Un MGR peut être hébergé au sein des ministères de tutelle concernés ou confié à une institution indépendante. La décision est souvent liée au mandat institutionnel quant à la nature et les types de réclamations que les programmes sont susceptibles de recevoir. Ces réclamations sont souvent d'ordre administratif (voir le tableau 8.12, Liste indicative des catégories de réclamations). En Éthiopie, par exemple, le mandat de l'Institution du médiateur inclut la résolution des réclamations administratives. L'institution est présente dans tout le pays ; aussi, utiliser les bureaux régionaux du médiateur pour les programmes de protection sociale s'est avéré logique, avec un renforcement de leurs capacités et de leurs fonctions de gestion des réclamations. En revanche, en Cisjordanie et à Gaza, les unités de traitement des réclamations du ministère sont légalement mandatées pour résoudre les réclamations administratives, tandis que le Bureau du médiateur est spécialisé dans les réclamations relatives aux droits de l'homme. De fait, les unités de gestion des réclamations du ministère des Affaires sociales (MdAS) au niveau central et dans les gouvernorats sont chargées de recueillir et de traiter les réclamations liées à tous les programmes du MdAS, y compris le programme de transfert en espèces. Dans ce cas, il a donc été logique de renforcer ces unités, afin qu'elles puissent traiter non seulement les réclamations relatives au programme de transferts monétaires, mais aussi celles d'autres programmes du MdAS. Dans certains pays où la loi l'autorise, comme la Jordanie, un plaignant peut éventuellement faire appel d'une réclamation administrative auprès d'une institution indépendante s'il n'est pas satisfait de la résolution par le MGR administratif. Au Rwanda, une institution indépendante, le Bureau du médiateur, supervise la résolution des réclamations administratives (encadré 8.10).

Couverture géographique et présence locale. De nombreux programmes de protection sociale fournissent à l'échelle nationale des services couvrant de vastes zones géographiques. (Cependant, lorsque les programmes sont déployés par phases ou par vagues, la couverture n'est pas nationale tant que les phases ne sont pas terminées.) Par conséquent, de nombreux MGR efficaces pour les programmes de protection sociale ont de multiples sites décentralisés, ce qui les rend accessibles aux bénéficiaires et au grand public. Lorsque des institutions indépendantes sont envisagées pour le MGR d'un programme, il est essentiel de connaître leur représentation géographique existante. En effet, le programme de protection sociale peut n'avoir aucune influence sur l'emplacement des succursales ou bureaux locaux de l'institution, sur leur allocation budgétaire ou sur les décisions relatives à leurs ressources humaines. Lorsqu'un MGR pour un programme doit être établi ou renforcé au sein d'un ou plusieurs ministères, il est important d'aligner la structure institutionnelle du MGR sur celle du programme. L'encadré 8.9 présente le MGR 4Ps des Philippines, exemple d'un MGR spécifique à un programme hébergé par un ministère, en l'occurrence le Département de la Protection sociale et du Développement (DPSD). L'encadré 8.10 présente le MGR du Rwanda pour les programmes de protection sociale, qui est lui géré par un système gouvernemental plus complexe. Quel que soit le dispositif institutionnel choisi

par les pays, il est important que les rôles et les responsabilités en matière de traitement des réclamations soient clairement définis pour que les MGR fonctionnent efficacement et que leurs objectifs soient atteints.

Il n'existe pas de modèle unique de MGR pouvant être reproduit et étendu à tous les programmes, car ceux-ci varient en termes de complexité et de maturité.

Un programme universel d'allocations familiales ou de retraite sociale peut être relativement simple comparé à un programme de TMC sous condition de ressources ou à un programme de travaux publics (Grosh et coll. 2008). De même, les programmes matures peuvent avoir des versions plus sophistiquées de MGR, soutenues par des institutions solides, tandis que les programmes dans des contextes de fragilité, conflits et violence ou dans des contextes où les revenus sont faibles peuvent devoir s'adapter à des solutions qui fonctionnent bien dans des contextes à ressources limitées, comme les solutions technologiques à faible coût qui ont prouvé leur efficacité. Un MGR peut commencer simplement et s'étendre et se développer au fur et à mesure que le programme prend de l'ampleur et mûrit. Les fonctions de mise à l'échelle et d'accroissement du MGR peuvent être planifiées par phases, en même temps que l'expansion et la maturité du programme.

Caractéristiques principales communes à des MGR efficaces

Plusieurs éléments clés participent à la réussite d'un MRG, notamment la sensibilisation et la communication, les canaux de réception des réclamations, un processus de résolution des réclamations, les systèmes d'information, la performance et la capacité institutionnelle.

Sensibilisation et communication

La sensibilisation et la communication sont des éléments clés d'un MGR. Une sensibilisation et une communication efficaces sont nécessaires pour informer les gens de l'endroit où ils doivent se rendre, de la façon d'accéder au système et de la façon de déposer une réclamation. Les gens doivent non seulement comprendre comment accéder au système du MGR et l'utiliser, mais aussi se sentir encouragés à déposer des réclamations en cas de besoin. Il est capital de faciliter l'accès et d'éliminer les obstacles potentiels à

L'administration des programmes de transferts monétaires conditionnels (TMC) est souvent complexe, car elle nécessite l'implication de plusieurs secteurs (protection sociale, éducation et santé) du niveau national jusqu'au niveau local. Le ministère de la Protection sociale et du Développement (DPSD) est la principale agence de mise en œuvre du programme national 4Ps de TMC des Philippines. Il héberge plus de 11 000 employés du programme à tous les niveaux — du national à la ville ou à la municipalité — et sert environ 4 millions de ménages bénéficiaires. Le secrétaire du DPSD fait office de directeur national du programme, chargé d'en assurer la direction générale. Le Bureau national de gestion du programme (NPMO) — hébergé par le DPSD — et ses bureaux régionaux gèrent les opérations quotidiennes du programme. Le NPMO met en œuvre l'ensemble des plans, politiques et activités du programme et se compose de 12 divisions ou unités, dont la GRD, la Grievance Redress Division (GRD, Division de gestion des réclamations). Quasi tout le personnel du programme (97 %) est décentralisé et déployé aux niveaux régional, provincial, des clusters et des villes/municipalités. Les comités consultatifs interagences du programme, aux niveaux national, régional, provincial et municipal, servent à renforcer l'appropriation nationale et à promouvoir les efforts conjoints avec les agences partenaires (par exemple, les Départements de l'éducation et de la santé), les exécutants locaux (unités de gouvernement local) et les organisations de la société civile. Ces comités consultatifs interagences font également office de comités de réclamations à leurs différents niveaux d'intervention.

Le mécanisme de gestion des réclamations du programme (MGR) suit la même structure que le programme avec des niveaux national, régional, provincial et municipal. Au niveau national, la GRD, hébergée par le NPMO, supervise et gère le MGR avec une équipe dédiée (17 personnes salariées à temps plein). La GRD contrôle et supervise l'ensemble du processus de traitement des réclamations, coordonne les réunions mensuelles du Comité national des réclamations, prépare des rapports mensuels sur les réclamations, enquête et résout les réclamations transmises au niveau national, les classe et les distribue au niveau approprié pour qu'elles soient résolues, maintient une base de données dédiée, renforce les capacités des agents de suivi sur le terrain. La GRD analyse également les tendances en matière de signalement des réclamations, identifie des stratégies pour résoudre les problèmes majeurs et examine les directives du MGR afin de les améliorer en permanence.

Plus de 200 responsables des réclamations sont déployés dans les bureaux locaux pour servir de points focaux aux niveaux régional, provincial et des groupes. Les agents de liaison urbains ou municipaux sont les principaux points focaux pour la gestion des réclamations de première ligne. Ils sont chargés d'accepter, d'enregistrer et d'enquêter sur les réclamations liées aux programmes et assurent également le suivi de toutes les réclamations dans leurs zones de travail. Les réclamations liées à un niveau particulier sont traitées par l'unité de réclamations située juste au-dessus de ce niveau. Par exemple, l'unité nationale facilite la résolution des réclamations graves à tous les niveaux, mais particulièrement celles qui concernent le niveau régional. Cependant, les réclamations relatives à la performance ou au comportement des agents de liaison urbains ou municipaux peuvent être signalées directement au bureau 4Ps provincial, régional ou national. Cette structure à plusieurs niveaux offre également aux plaignants la possibilité de faire appel des résolutions qui ont été décidées à un niveau inférieur. Les décisions prises au niveau national — par la GRD avec l'avis du comité consultatif national — sont définitives.

Source : Patel et al. 2014.

Note : 4Ps = Pantawid Pamilyang Pilipino Program.

Le Programme Umurenge — Vision 2020 (VUP) du Rwanda est un programme intégré de développement local visant à accélérer l'élimination de la pauvreté, la croissance rurale et la protection sociale par (1) un soutien direct, (2) des travaux publics et (3) des services financiers. Le VUP est un programme phare au Rwanda et a établi un niveau très localisé de mécanismes de gestion des réclamations (MGR). Le ministère du Gouvernement local est l'agence de mise en œuvre du programme au niveau national, mais le système des MGR est mis en œuvre par des structures parallèles afin de promouvoir la transparence et l'équité. Les principes du MGR du VUP sont les suivants : (1) minimiser les risques et réduire les erreurs et la corruption, (2) renforcer la transparence et la responsabilité des prestataires de services et (3) renforcer la confiance, améliorer les performances du programme et contribuer à des changements de politique pertinents. Le programme VUP a adopté une politique fortement décentralisée, où la plupart des réclamations sont résolues au niveau local et ne sont transmises au niveau central qu'en cas de nécessité absolue. Le gouvernement local et le gouvernement central

Figure B8.10.1 Résumé du schéma de processus du MGR dans le VUP du Rwanda

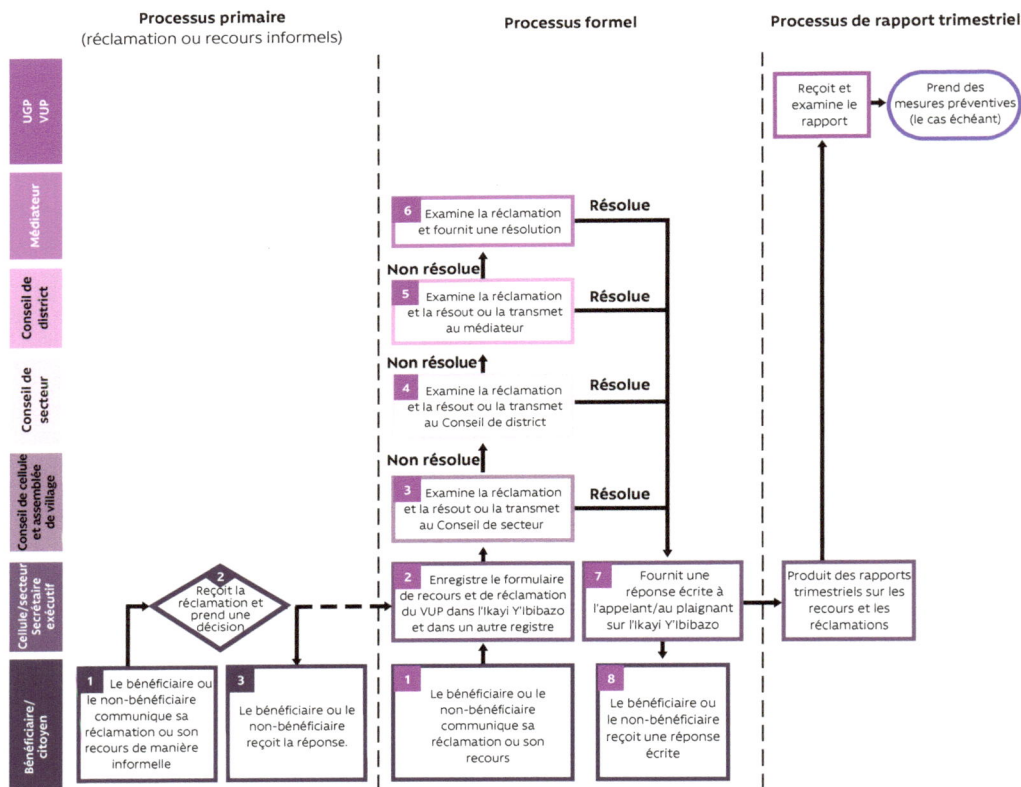

Source : Figure conçue pour cette publication.

Note : MGR = Mécanisme de gestion des réclamations, UGP = unité de gestion de projet, VUP = Programme Umurenge — Vision 2020.

a. L'Ikayi Y'Ibibazo est le registre de réclamations du Rwanda.

suite

travaillent en cohésion pour fournir un MGR opportun, précis et transparent. Au niveau local,

- Le Conseil de district examine et prend des décisions sur les réclamations et les recours du secteur.
- Le Conseil de secteur examine et prend des décisions sur les réclamations et les recours des cellules et des villages.
- Le Conseil de cellule se réunit pour résoudre les cas initiés par les cadres du village et de la cellule.

- L'assemblée du village enregistre officiellement les réclamations et les réclamations.

  Et au niveau national,

- Le Bureau du médiateur examine et décide des cas provenant des districts, et fournit un retour d'information à l'administration du district pour qu'elle prenne les mesures appropriées. La carte des processus opérationnels de la figure B8.10.1 donne un aperçu du MGR dans le VUP.

---

l'accès au MGR pour les groupes vulnérables et marginalisés, comme les personnes vivant dans des régions éloignées, les membres de minorités ethniques ou linguistiques et les populations autochtones qui peuvent éprouver des difficultés à déposer une réclamation. De nombreux programmes de protection sociale ont utilisé des affiches, des brochures ou d'autres médias pour informer les bénéficiaires et le grand public sur le MGR. Par exemple, le programme décentralisé de fourniture de services de la Sierra Leone a développé dans différentes langues des jingles sur le MGR qui ont été diffusés dans des émissions de radio pour informer le public sur le MGR qui était disponible dans les comités de quartier et les conseils locaux.

Canaux de réception des réclamations

Il existe de nombreux canaux de prise en charge, tant traditionnels qu'émergents. Les gestionnaires du programme doivent établir des lieux de réception des réclamations dans les zones où vivent les personnes pauvres et marginalisées afin d'atteindre le « premier kilomètre ». Comme le coût et la complexité des MGR sont susceptibles d'augmenter avec le nombre de canaux de réception, le programme doit les choisir ainsi que leurs emplacements de manière stratégique. Au fur et à mesure que le programme et le MGR se développent et mûrissent, d'autres canaux de prise en charge peuvent être ajoutés. Un tel plan d'expansion doit être

séquencé stratégiquement en fonction des objectifs du programme (encadré 8.11).

Voici quelques canaux traditionnels utilisés dans les mécanismes de gestion des réclamations.

- *Travailleurs sociaux et agents communautaires.* L'interaction en face à face avec les travailleurs sociaux ou les agents communautaires est un canal efficace pour réceptionner des réclamations, en particulier lorsque les niveaux d'alphabétisation sont faibles.
- *Boîtes à réclamations.* Elles constituent un canal simple et accessible pour les réclamations, bien qu'elles ne soient pas adaptées aux populations analphabètes.
- *Livres ou registres de réclamations et de réclamations.* Dans certains pays, des registres sont disponibles dans les bureaux des programmes et dans d'autres bureaux locaux désignés où les gens peuvent officiellement enregistrer les recours et les réclamations en les inscrivant dans des registres prévus à cet effet. Au Rwanda, ce canal reste important pour la réception des réclamations, même face aux progrès technologiques, principalement parce qu'on lui fait confiance et que ceux qui ne savent ni lire ni écrire peuvent demander à des personnes de leur entourage d'écrire pour eux.
- *Centres d'appels.* Fournir des informations par téléphone peut être efficace lorsque l'infrastructure de télécommunications est bien développée et

Encadré 8.11 MGR à canaux multiples : le programme mexicain de retraite pour les personnes âgées

Le PBPAM, le programme de retraites du Mexique, met en œuvre un mécanisme de gestion des réclamations à canaux multiples :

■ **Travailleurs sociaux.** Ce premier canal utilise le formulaire de mise à jour du bénéficiaire (décrit dans la section 8.2), qui est rempli par le travailleur social. Il s'agit d'un formulaire papier qui sera ensuite numérisé au bureau régional ; il permet d'enregistrer les informations du demandeur, le nom et le numéro de l'agent récepteur (normalement le travailleur social), et les caractéristiques de la réclamation. Sont ainsi gérées les réclamations suivantes : clarification du statut de non-éligibilité, changement de l'instrument de paiement et réintégration dans le programme (pour les bénéficiaires qui ont été temporairement suspendus). Ces réclamations sont collectées tous les deux mois et traitées en fonction du cycle de paiement.

■ **Les comités d'audit sociaux.** Selon la loi générale sur le développement social, tous les programmes sociaux sont tenus d'établir un comité d'audit social dans les localités où les programmes sont mis en œuvre. L'objectif du comité d'audit social est de superviser l'utilisation adéquate des fonds publics, de se prémunir contre toute utilisation politique du programme, et de recevoir et canaliser toute réclamation survenant dans la localité. Dans le cas du programme PBPAM, deux membres du comité sont élus par les bénéficiaires dans chaque localité. Les réclamations transmises par les comités d'audit social concernent l'utilisation abusive des fonds publics et l'utilisation politique du programme.

■ **Boîtes à réclamations dans les bureaux du programme.** Chaque bureau du ministère de la protection sociale, que ce soit au niveau régional ou national, dispose d'une boîte à réclamations clairement identifiée, où les individus peuvent déposer des réclamations écrites. Les réclamations sont rassemblées périodiquement et acheminées vers la direction du programme correspondant. Les réclamations recueillies par ce biais sont généralement liées au service.

■ **Centres d'appels et portail Internet.** Ce canal est utilisé par le MGR national, géré par le contrôleur général du Mexique.

Sources : Règlement du fonctionnement de la pension pour le bien-être des personnes âgées du Mexique, 2019, et Guide pour remplir les formulaires de réclamation, Secrétariat du Développement Social, 2017.

---

bon marché. Le public peut trouver qu'il est beaucoup plus facile de passer un appel que de se rendre dans un bureau et de faire la queue. Pour un programme de grande envergure, cela peut également être plus sûr pour les employés, et il peut être moins coûteux de gérer une telle fonction de back-office. Les centres d'appels peuvent être utiles, mais ils ne sont jamais suffisants en soi, car une partie de la clientèle peut les trouver impossibles ou inconfortables à utiliser. De plus, les centres d'appels doivent être dotés d'un personnel et d'un équipement adéquats et bien surveillés. Les appels auxquels on ne répond jamais, ou pire, auxquels on répond de manière incorrecte, peuvent nuire à la réputation d'un programme (Grosh et coll., 2008).

● *Comités de réclamations communautaires.* Plusieurs pays ont choisi de mettre en place un comité de réclamation communautaire. Par exemple, l'Arménie utilise des conseils locaux de protection sociale, composés de cinq représentants des bureaux du secteur social du gouvernement local et de cinq représentants d'organisations non gouvernementales. Ces conseils entendent les réclamations de ceux qui ont été jugés inéligibles au programme mais qui se considèrent dans le besoin.

● **Unités mobiles.** Cette option est particulièrement utile pour atteindre les groupes vulnérables qui vivent dans la rue ou dans des régions reculées. En l'absence de structures institutionnelles permanentes, les unités mobiles peuvent aider à documenter et à résoudre les réclamations du public sur une base périodique.

Les avantages et les inconvénients des différents canaux de MGR sont détaillés dans le tableau 8.13.

Canaux émergents : Les nouvelles technologies dans les Mécanismes de Gestion des Réclamations

L'utilisation des méthodes traditionnelles pour les MGR présente plusieurs défis, notamment le coût, la capacité institutionnelle, les processus à forte intensité de main-d'œuvre et les contraintes de ressources. Ces défis ont conduit à l'émergence de nouveaux canaux de MGR améliorés qui tirent parti des nouvelles technologies.

Tableau 8.13 Avantages et inconvénients des canaux traditionnels de gestion des réclamations

Canal de réception des réclamations	Avantages	Inconvénients
Agent communautaire, travailleur social	• Possède une bonne compréhension des programmes de protection sociale • Est accessible localement • A des contacts réguliers avec l'équipe du programme de protection sociale • Peut être formé facilement	• Conflit d'intérêts potentiel (les personnes ne peuvent pas se plaindre de sa conduite) • N'est pas toujours en mesure de trouver des solutions • Ne permet pas l'anonymat ni la confidentialité • Peut avoir un parti pris contre certains membres de la communauté
Boîte à réclamations	• Est facile à mettre en place • Peut être anonyme (si le formulaire de réclamation indique clairement que le nom et l'adresse ne sont pas nécessaires)	• Ne convient pas aux personnes analphabètes
Centre d'appel	• Est direct • Est simple • Supprime les barrières liées à l'illettrisme • Permet l'anonymat et la confidentialité • Utile dans les contextes décentralisés	• Les personnes pauvres ont moins de chances d'avoir accès à un téléphone ou d'être prêtes à payer l'appel. • Les personnes peuvent ne pas souhaiter révéler leur identité et leurs problèmes à une personne qu'ils ne connaissent pas. • Plus difficile d'assurer le suivi de la gestion de la réclamation • Le système doit fonctionner très bien, sinon cela peut se retourner contre lui
Comité de réclamations communautaires	• Les membres sont issus de la communauté ; ils sont largement connus et dignes de confiance. • Est facile d'accès (direct et simple) • Supprime les obstacles liés à l'analphabétisme	• Ne permet pas l'anonymat ni la confidentialité • Plus coûteux à mettre en place et à former
Unité mobile	• Est direct • Est simple d'accès • Supprime les problèmes liés à l'illettrisme • Théoriquement, permet l'anonymat et la confidentialité • Est impartiale/externe	• Les gens peuvent ne pas souhaiter révéler leur identité et leurs problèmes à quelqu'un qu'ils ne connaissent pas. • Pas facile à organiser dans tout le pays • Est coûteux à mettre en place • Les gens ne peuvent se plaindre que périodiquement

Source : Barca 2016.

Voici quelques-uns des canaux émergents les plus courants :

- **Solutions mobiles pour les MGR.** Les téléphones portables se sont révélés être des instruments remarquables pour améliorer l'inclusion, la transparence et la responsabilité. L'omniprésence des téléphones mobiles signifie que les solutions mobiles fonctionnent bien dans les régions urbaines et rurales. En Sierra Leone, les technologies mobiles sont utilisées pour améliorer la mise en œuvre des programmes de protection sociale. Un MGR interactif, avec un mécanisme automatisé, sans frais, basé sur les SMS est en cours de mise en œuvre. Pour accéder au système, l'utilisateur envoie un SMS au 161 et le système interagit avec l'utilisateur pour l'aider à soumettre une déclaration. Les déclarations par SMS peuvent être utilisées même dans les zones à faible couverture 3G et à faible diffusion de smartphones. Les principaux avantages de ce système sont les suivants : (1) l'interaction est automatisée et ne nécessite donc pas d'opérateur, (2) il est gratuit pour l'utilisateur, (3) il touche une base d'utilisateurs plus large et (4) il améliore l'inclusivité. Une adaptation centrée sur l'humain pour les MGR par téléphone, utilisant une messagerie vocale pour aider les populations analphabètes à documenter leurs réclamations, est en cours de conception (Banque mondiale, 2018b).
- **Canaux de communication par les réseaux sociaux et mécanismes de retour d'information.** Les mécanismes de retour d'information des réseaux sociaux et le retour d'information interactif impliquent une communication bidirectionnelle directe avec les individus et sont bons pour résoudre des problèmes spécifiques. L'utilisation des réseaux sociaux ou des applications de messagerie privée peut aider à canaliser les réclamations et faciliter un retour d'information interactif des bénéficiaires et de la population en général[45].
- **Traitement automatique de la langue naturelle : Chatbots et assistants virtuels.** Le traitement automatique de la langue naturelle (TALN), combiné à l'intelligence artificielle, peut contribuer à créer une nouvelle génération d'outils de MGR en répondant aux questions récurrentes.

Processus de gestion des réclamations

Un processus et une procédure clairs, étape par étape, pour la collecte et le règlement des réclamations sont essentiels à l'efficacité d'un MGR. La section 8.2 fournit un cadre pour la collecte et la résolution des réclamations. La présente section vise à fournir des conseils plus détaillés sur les processus de gestion.

- **Formuler les processus**. Tout le personnel participant à la gestion des réclamations doit avoir la même compréhension de la façon de recueillir, de documenter et de résoudre les réclamations. Les organigrammes de gestion des réclamations pour chaque catégorie de réclamations sont des outils efficaces pour les visualiser et en rationaliser les processus de résolution.
- **Rôles et responsabilités.** Chaque étape du processus doit clairement définir le service et le niveau responsable des actions à réaliser. Ainsi, il sera plus facile de déterminer les personnes requérant un type d'accès particulier au MRG.
- **Délai de résolution.** Certaines réclamations (comme les demandes d'information) peuvent être résolues sur le champ, tandis que d'autres (comme les erreurs potentielles d'inclusion/exclusion ou les performances du personnel) peuvent prendre plus de temps à être résolues et nécessiter des procédures spécifiques pour les traiter. Les programmes peuvent avoir des délais différents pour résoudre chaque catégorie de réclamation, car les procédures administratives et la durée de l'enquête peuvent varier. Chacun des processus de résolution devrait avoir un délai d'action désigné.

Systèmes d'information

Le système d'information d'un MGR peut être aussi simple qu'un journal de bord ou aussi sophistiqué qu'un système de gestion de l'information dédié. Compte tenu de la complexité et de l'ampleur des programmes de protection sociale, il est fortement recommandé que les programmes investissent dans un module du MGR au sein du système d'information du programme (comme l'ont fait l'Égypte, la Jordanie, la Cisjordanie et Gaza) ou en tant que système indépendant relié au système d'information du programme (comme le fait le système unifié d'information et de communication des 4Ps des Philippines — Gestion de la relation client). Les caractéristiques communes des systèmes d'information efficaces du MGR sont énumérées dans le tableau 8.14.

Performance des systèmes de MGR

Le suivi de la performance des MGR est une étape essentielle à leur succès, qu'ils soient spécifiques à un programme, multiprogrammes ou nationaux. Pour suivre et reconnaître le degré de réception, de traitement et de résolution des réclamations, il faut analyser régulièrement la fréquence, les modèles et les causes des réclamations, les stratégies et les processus utilisés pour les résoudre, ainsi que leur efficacité.

Un MGR efficace comprend des indicateurs de performance en matière de traitement des réclamations et surveille la performance du MGR, tout en utilisant les données sur les réclamations pour améliorer l'efficacité et l'efficience d'un programme. L'analyse des données de suivi du MGR permet aux gouvernements et aux gestionnaires de programmes d'évaluer la performance du système MGR et d'identifier les domaines d'amélioration potentiels afin de réduire les réclamations similaires à l'avenir. L'analyse des données sur

Tableau 8.14 Caractéristiques communes des systèmes d'information MGR efficaces

Caractéristiques principales	Description
Collecte de données en temps réel	Les données relatives aux réclamations sont collectées en temps réel à partir de divers canaux de réception, notamment le site web, les SMS et les médias sociaux
Réponse automatisée	Le cas échéant, une réponse automatisée est émise pour accuser réception d'une réclamation, générer un numéro de dossier et informer d'un délai de résolution stipulé et des méthodes de suivi.
Référentiel de données consolidé	Les données collectées sont stockées, y compris celles provenant des canaux informels de réclamation.
Tableau de bord : Interface interne	• Permet de suivre et de contrôler en temps réel l'état de la résolution de chaque cas et de visualiser les informations relatives à l'agent désigné • Permet aux contrôleurs du MGR d'être alertés lorsque le délai de résolution est proche et d'envoyer des rappels automatiques à un agent désigné et à son ou ses superviseurs • Les décideurs ont accès à des données en temps réel pour prendre des décisions politiques et programmatiques fondées sur des preuves, grâce à des fonctions de visualisation des données et/ou de géolocalisation.
Tableau de bord : Interface externe	• Permet le suivi en temps réel du statut de résolution avec un numéro de dossier • Permet au public de consulter le statut de résolution des réclamations du programme, ainsi que les rapports réguliers (p. ex., les rapports annuels)
Rapports personnalisés rapides	• La fonction de rapport automatisé permet aux décideurs et aux autres parties prenantes de disposer d'informations sur les programmes/projets aussi souvent qu'ils le souhaitent • Différents types de rapports peuvent être choisis — diagrammes à barres, camemberts, cartes, etc. • La personnalisation permet de choisir quelles données doivent être analysées, à quel niveau et à quelle fréquence
Langue	Il est possible d'utiliser plusieurs langues ou de choisir différentes options linguistiques
Sécurité	Le cryptage des données, les pare-feux et autres dispositifs similaires protègent les réclamations et les données personnelles recueillies
API	Maximise la compatibilité avec d'autres applications

Source : Kumagai 2013.

Note : API = Interface de programmation d'application ; MGR = Mécanisme de gestion des réclamations les réclamations peut également aider à identifier les processus d'un programme ou d'un système de prestation susceptible d'amélioration. Par exemple, s'il y a des réclamations récurrentes sur un sujet particulier, comme des retards de paiement, une mauvaise qualité de service ou des erreurs dans la détermination de l'admissibilité, les gestionnaires du programme pourraient devoir améliorer les processus opérationnels du programme.

Étant donné la complexité et l'ampleur des programmes de protection sociale, il devrait idéalement y avoir un système électronique pour saisir, suivre et contrôler l'enregistrement et la résolution des réclamations. Lorsqu'un système électronique est disponible, il est essentiel qu'il comprenne des rapports personnalisés rapides. Cette caractéristique devrait permettre aux équipes de mise en œuvre et aux décideurs des programmes d'avoir une gestion des données et un suivi de la résolution des réclamations en temps réel ou quasi réel. L'analyse de la résolution des réclamations doit également être intégrée dans les rapports réguliers destinés à la direction du programme. La liste ci-dessous présente des exemples d'indicateurs, qui peuvent être générés automatiquement et analysés à différents niveaux (national, régional, provincial ou local), et inclure d'autres caractéristiques d'intérêt (comme le genre), sur une base régulière.

- Nombre de réclamations recueillies (sur une période donnée [par exemple, mensuelle, trimestrielle, annuelle])
  - Nombre (et pourcentage) de réclamations relatives à chaque programme
  - Nombre (et pourcentage) de réclamations, par type de canaux de réception
  - Nombre (et pourcentage) de réclamations, par types de réclamations
  - Nombre (et pourcentage) de réclamations déposées par des femmes
  - Nombre (et pourcentage) de réclamations, par statut de résolution (ouvert, redirigé ou fermé)

  - Nombre de réclamations ouvertes, par type et ancienneté de la réclamation (par exemple, un, deux ou trois mois à compter de la date de réception)
  - Nombre de réclamations ouvertes et en suspens, par type et ancienneté de la réclamation (par exemple, un, deux ou trois mois de retard par rapport au délai de résolution stipulé)
- Nombre et pourcentage de réclamations résolues dans les délais impartis
- Nombre et pourcentage de plaignants satisfaits de la procédure de traitement des réclamations
- Nombre et pourcentage de plaignants satisfaits de l'action ou des actions entreprises

Par ailleurs, le tableau 8.15 contient une liste d'indicateurs de performance possibles pour le MGR, qui peuvent nécessiter une enquête auprès des plaignants.

Capacité institutionnelle

La capacité institutionnelle peut jouer un rôle important dans l'efficacité d'un MGR. Les programmes de protection sociale nécessitent un personnel dévoué et formé. Une pénurie de travailleurs de première ligne peut affecter certaines phases de la chaîne de prestation, y compris la gestion des réclamations. Certains programmes s'adaptent à ce défi en tirant parti des systèmes publics existants en dehors des institutions de protection sociale, en passant un contrat avec une entreprise externe ou en simplifiant la conception du MGR.

Le budget du programme et la volonté politique sont d'autres facteurs qui influent sur la capacité institutionnelle. La communication régulière des données du MGR peut inciter le personnel du programme à prendre au sérieux la gestion des réclamations. L'intégration d'un module sur le MGR dans la formation au programme peut être un moyen efficace de sensibiliser le personnel à l'importance de la résolution des réclamations. La sensibilisation au MGR est utile non seulement pour les bénéficiaires et les clients, mais aussi pour le personnel du programme.

Tableau 8.15 Indicateurs de performance des Mécanismes de gestion des réclamations (MGR)

Catégories des indicateurs pour les MGR	Indicateurs de performance
Sensibilisation des clients	Pourcentage de clients capables de nommer au moins un canal de réception des réclamations *
Accès	Pourcentage de clients rencontrant des difficultés d'accès qui bénéficient de mesures d'adaptation adéquates pour exprimer leurs réclamations *
Utilisation potentielle	Pourcentage de clients qui se plaindraient en cas de mauvaise qualité de la prestation des allocations et des services *
Utilisation réelle	• Pourcentage de clients qui ont considéré que la qualité était faible et ont utilisé les procédures établies pour s'en plaindre * • Pourcentage de clients qui ont donné leur avis
Tri et traitement	Pourcentage de réclamations enregistrées ventilées par type (par exemple, éligibilité, paiements, etc.)
Résolution	Pourcentage de réclamations résolues dans les délais prévus
Normes de qualité	Pourcentage de réclamations enregistrées entrées dans le processus de résolution selon les normes de qualité
Temps de traitement/résolution	Délai moyen de résolution des réclamations
Satisfaction du client	Pourcentage de plaignants satisfaits de la réponse et du processus de gestion des réclamations *
Notification/rétroaction	Pourcentage de réclamations pour lesquelles le bénéficiaire est informé du statut selon les normes de qualité

Source : Tableau conçu pour cette publication.

*Note : * = exige une (des) enquête(s) auprès des bénéficiaires ou des plaignants.*

8.6 CONTRÔLE DE LA FRAUDE, DES ERREURS ET DE LA CORRUPTION

Les systèmes de protection sociale englobent les programmes qui paient des prestations et fournissent des services à des milliers, voire des millions de bénéficiaires. Aussi, même si la valeur de chaque prestation ou service peut être relativement faible, les dépenses totales de protection sociale sont une part importante du budget national. Par conséquent, il est important de s'assurer que les prestations et services atteignent les bénéficiaires désignés dans leur totalité, au moment indiqué et avec les dispositions logistiques appropriées. Les EFC (erreur(s), fraude et corruption) réduisent l'efficience économique des interventions en diminuant le montant des prestations et le nombre de services destinés aux bénéficiaires visés, et peuvent par conséquent saper l'appui politique au programme. Par conséquent, il

est indispensable de suivre et de réduire le niveau d'EFC dans ces programmes.

La présente section décrira comment une approche de suivi délibérée visant à identifier et à corriger les prestations ou services affectés par les EFC peut aider les programmes de protection sociale à réduire les EFC sur toute la chaîne de mise en œuvre d'un programme.

La section 8.6 comporte par conséquent quatre sous-sections :

- ***Définitions, prévalence et facteurs affectant le niveau des EFC :*** principaux concepts, l'importance et l'incidence des EFC.
- ***Stratégies d'atténuation des EFC :*** cadre de mise en œuvre du contrôle et suivi des EFC, construit autour

de quatre piliers (prévention, détection, dissuasion et suivi).

- *Mesure des EFC :* mesure des EFC au niveau des systèmes ainsi qu'au niveau du programme individuel.
- *Développement d'un système visant à réduire le taux d'EFC :* feuille de route résumée des jalons nécessaires à la mise en place d'un système de contrôle et suivi des EFC de bout en bout.

Définitions, prévalence et facteurs affectant le niveau des EFC dans les programmes de protection sociale

Définitions

Tout programme de protection sociale aimerait transférer toutes ses ressources aux bénéficiaires désignés, dans leur totalité, au moment indiqué et avec les dispositions logistiques appropriées. Inéluctablement, une part de ces transferts ou services se perd du fait des EFC (figure 8.22). Pour commencer, parlons des concepts clés. Une **erreur** est une violation non intentionnelle des règles du programme ou des prestations qui entraîne le versement d'un montant de prestation erroné ou le versement d'une prestation à un demandeur non éligible. Des erreurs peuvent provenir de fautes non intentionnelles de la part des gestionnaires de programme ou du fait que les demandeurs ou les bénéficiaires aient par inadvertance fourni les mauvaises informations. Des abus intentionnels de la part des bénéficiaires du

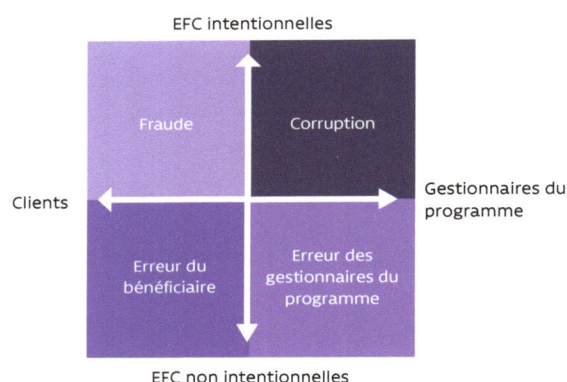

Figure 8.22 Représentation visuelle des erreur(s), fraudes et corruption (EFC)

Source : Figure conçue pour cette publication.

programme sont qualifiés de fraudes, et de la part des gestionnaires, de corruptions. La **fraude** se produit lorsqu'un demandeur fait délibérément une fausse déclaration ou dissimule ou déforme des informations pertinentes concernant l'éligibilité au programme ou le niveau des prestations. Enfin, la **corruption** désigne généralement la manipulation des listes de bénéficiaires, par exemple l'enregistrement de bénéficiaires inéligibles pour obtenir un soutien politique, l'acceptation par le personnel de paiements illégaux de la part de bénéficiaires éligibles ou inéligibles, le détournement de fonds vers des bénéficiaires fantômes ou d'autres méthodes illégales.

Le taux de pertes découlant des EFC (des trop-perçus ou sous-paiements par rapport au budget, une fourniture de services excessive ou insuffisante, etc.) révèle le degré de conformité du programme à ses propres règles. Lorsqu'un programme n'est pas mis en œuvre dans le strict respect de ses règles, il subit des pertes résultant des EFC. Par exemple, une partie des dossiers des bénéficiaires introduite dans le programme sur la base d'informations inexactes provoquera à coup sûr des trop-perçus dus aux erreurs ou à la fraude. De même, certains demandeurs seront rejetés ou recevront des prestations insuffisantes, car ils auront fourni des informations inexactes ou les informations seront mal gérées ; ce qui va entraîner des sous-paiements très probablement causés par une certaine forme d'erreur. Inversement, si les responsables du programme demandent aux bénéficiaires de leur donner des pots-de-vin, réduisant ainsi le montant de leurs prestations, il s'agit là d'un cas de corruption. Pour les programmes de réduction de la pauvreté, les pertes dues aux EFC s'ajouteront aux erreurs d'inclusion ou d'exclusion inhérentes à la conception de ce type de programme et affecteront davantage le niveau de réalisation de l'objectif ultime du programme.

Pourquoi se préoccuper des EFC dans les programmes de protection sociale

Ces programmes acheminent une grande quantité de ressources vers les bénéficiaires et même une petite fraction de prestations détournées pourraient constituer à terme de grosses sommes d'argent avec des coûts d'opportunité élevés. En moyenne, les dépenses de protection sociale représentent 16 % du PIB dans les pays développés, 7 % dans les pays à revenu intermédiaire et 4 % dans les pays à revenu faible. Les statistiques des EFC ne sont pas toujours disponibles dans de nombreux pays, mais celles fournies par des pays qui font un contrôle et suivi des EFC montrent l'ampleur des pertes financières qui en résultent. Même dans les pays qui consacrent une grande quantité de ressources pour prévenir, dissuader, détecter et recouvrer les pertes financières consécutives aux EFC, ce montant peut être élevé. Par exemple, dans cinq pays de l'OCDE qui ont fait l'objet d'une étude de l'United Kingdom National Audit Office en 2006, cette portion a oscillé entre 2 et 5 % des dépenses totales de protection sociale. Le taux d'EFC a varié par type de programme, et s'est avéré plus élevé dans les programmes avec des critères d'éligibilité et/ou des conditions de réévaluation plus complexes tels que les programmes axés sur la pauvreté (programmes de protection sociale soumis à des conditions de ressources), l'assurance invalidité ou les allocations chômage. Ainsi, pour les programmes soumis à l'évaluation des ressources, le taux d'EFC a grimpé jusqu'à 10 % environ. Les informations concernant les pays en développement sont plus rares, car seuls quelques programmes et pays ont pris des mesures pour combattre et/ou mesurer l'incidence des EFC. Toutefois, il serait logique de s'attendre à ce que la part des fonds affectés par les EFC soit plus grande comparée à celle des pays développés. La Roumanie a effectué des inspections sur les prestations de six vastes programmes de filets sociaux exposés au risque d'EFC pour la période 2011-2013 et a découvert que les taux d'irrégularités oscillaient entre 8 et 20 %.

Pourquoi le taux des pertes dues aux EFC varie d'un programme de protection sociale à l'autre

La part des fonds perdus du fait des EFC augmentera avec les dimensions et la complexité croissantes du programme[46], et diminuera en général avec une capacité institutionnelle plus grande, et plus particulièrement avec le niveau de ressources allouées à la prévention, à la détection, à la dissuasion et au suivi.

Tout d'abord, examinons les bénéfices de la fraude ou de la corruption et le type de programmes de protection sociale pour lequel les risques d'EFC sont a priori plus élevés. Les programmes les plus « profitables » à la fraude sont ceux qui offrent des prestations plus élevées sur une plus longue période (par exemple, des programmes de remplacement de revenu avec des périodes de recertifications). Entre deux programmes de filets sociaux qui offrent X et 10X en matière de prestations alors que toutes les autres conditions demeurent les mêmes, il faudrait s'attendre à ce que le taux d'EFC soit plus élevé dans le second programme. Entre deux programmes de filets sociaux identiques, avec et sans politique annuelle de réévaluation, celui qui n'en comprend pas aura un taux plus élevé d'EFC.

La complexité, quant à elle, accroît le risque d'EFC, car elle offre plus de possibilités de fraude. Ainsi, les programmes de filets sociaux de lutte contre la pauvreté sont plus complexes, et par conséquent plus exposés aux EFC. L'éligibilité à ces programmes repose souvent sur le niveau de bien-être du ménage, qui est plus difficile à évaluer et à vérifier que dans le cas, par exemple, des programmes de pension de vieillesse où les seules conditions requises sont la preuve de cotisations antérieures et de l'âge. Vu que le statut de bien-être d'un bénéficiaire évolue au fil du temps, l'éligibilité également évolue avec le temps, ce qui accroît le risque d'EFC. Les programmes d'invalidité, qu'il s'agisse de pensions ou d'assistance sociale, sont aussi plus exposés au risque d'EFC en raison des conditions de certification complexes ; en outre, ce risque sera plus élevé pour ce qui concerne les invalidités temporaires. De plus, les responsabilités liées à la mise en œuvre des programmes de filets sociaux sont souvent partagées entre différents départements, institutions et niveaux de l'administration, un autre facteur qui favorise l'introduction des EFC dans le programme. De fait, les programmes d'invalidité et de filets sociaux ont donc un immense intérêt à posséder des instruments et outils adéquats pour réduire au minimum les EFC.

Le fait de développer la capacité institutionnelle du programme réduira les pertes dues aux EFC. De manière générale, il s'agit donc de tendre vers la mise en œuvre de bonnes pratiques telles que décrites dans les chapitres précédents (par exemple : améliorer l'évaluation des besoins et des conditions de vie des clients en associant la liste des personnes enregistrées à une base de données d'identification fiable qui éliminerait les bénéficiaires fictifs et les doublons). Le passage du paiement en espèces aux virements bancaires ou à des modalités numériques permettrait aussi de réduire les pertes dues aux EFC. Une autre mesure consiste en un système de sanctions proportionnel à la valeur de la perte et à son caractère répété ou collusoire. Non seulement elle empêcherait et dissuaderait les EFC, mais permettrait aussi de véhiculer auprès du public le message selon lequel la majorité des cas d'EFC sont repérés par le personnel du programme. Plus précisément, les gestionnaires de programme pourraient investir dans les mesures spécifiques détaillées dans les prochaines et dernières sous-sections.

Stratégies d'atténuation des EFC

Les stratégies d'atténuation standard sont la prévention, la détection et la dissuasion (figure 8.23).

Les mesures préventives réduisent la probabilité de cas d'EFC. Ces mesures sont mises en œuvre au début de la chaîne de mise en œuvre, lors des phases d'évaluation et d'inscription. D'une part, elles visent la malhonnêteté délibérée en faveur du demandeur (par exemple, revenu ou autre situation économique non déclarés lors de l'éligibilité, changements non déclarés de circonstances matérielles, demandes multiples d'enregistrement au programme, mauvaise représentation des circonstances matérielles, fraude identitaire). D'autre part, elle cherche à réduire la corruption des responsables (par exemple, collusion avec les bénéficiaires et vol des ressources du programme) et les erreurs. Il peut s'agir d'une liste d'activités axées sur la conception et la gestion d'un programme de protection sociale telles que

(1) la simplification des formalités administratives dans la gestion de la prestation, (2) la simplification des critères d'éligibilité et (3) la réduction de la complexité de tout le système des prestations (par exemple, passer d'une détermination d'éligibilité, programme par programme, à une évaluation harmonisée via un registre social). La prévention des EFC peut également concerner la charge de travail du personnel, une plus vaste capacité administrative et les systèmes utilisés pour administrer un programme. La faiblesse du système (par exemple, manque d'interopérabilité entre les systèmes informatiques) est une cause commune d'EFC dans de nombreux programmes. Un contrôle d'éligibilité et des vérifications croisées plus strictes dès l'introduction d'une demande peuvent également être envisagés, ainsi que des campagnes visant à informer les bénéficiaires de leurs droits et responsabilités pendant la phase d'évaluation.

Le terme « détection » renvoie au fait de découvrir des EFC dans le système ou programme de protection sociale. Cette mesure intervient au cours du cycle récurrent de prestation. La détection englobe plusieurs façons d'identifier les cas de suspicion d'EFC, lesquels peuvent être transmis à une unité spécialisée (unité de la conformité, unité de l'examen, unité d'inspection, unité de la fraude) pour d'amples vérifications. Les méthodes d'identification des cas potentiels d'EFC peuvent inclure (i) le rapprochement des données à partir de différentes bases de données du secteur public (par exemple, identité, registres d'actifs, registres fiscaux et de prestations, registres de consommation d'énergie), (2) le profilage des risques, des informations communiquées par le public via une ligne d'assistance téléphonique et des signalements faits par les agents de première ligne (les personnes en contact direct avec les demandeurs et les bénéficiaires). L'inspection des cas potentiels d'EFC peut, soit être menée de façon aléatoire et temporelle (un certain temps après le début du paiement des prestations), soit se fonder sur le risque. Avec cette dernière méthode, les efforts d'inspection se concentrent sur des sous-populations spécifiques, guidés par des algorithmes qui prédisent le risque d'EFC en fonction des caractéristiques d'un bénéficiaire particulier et de la demande.

Le terme « dissuasion » désigne principalement les sanctions prises à l'encontre du demandeur, du bénéficiaire ou des gestionnaires du programme. Le coût des sanctions a un effet dissuasif sur les personnes

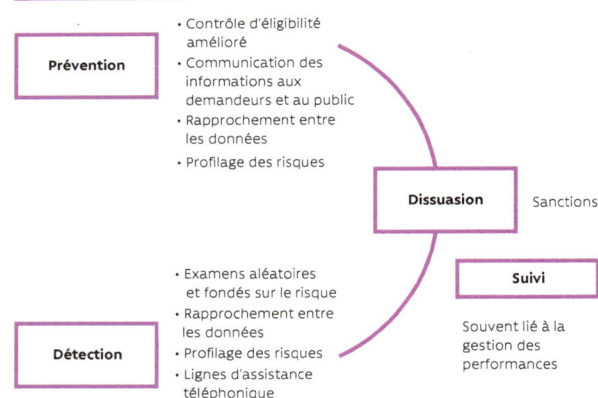

Figure 8.23 Stratégies d'atténuation standard

Prévention
- Contrôle d'éligibilité amélioré
- Communication des informations aux demandeurs et au public
- Rapprochement entre les données
- Profilage des risques

Dissuasion — Sanctions

Suivi — Souvent lié à la gestion des performances

Détection
- Examens aléatoires et fondés sur le risque
- Rapprochement entre les données
- Profilage des risques
- Lignes d'assistance téléphonique

Source : Figure conçue pour cette publication.

tentées par les EFC. Les sanctions peuvent comprendre la perte d'un droit (ou dans le cas d'un gestionnaire de programme, la perte d'un emploi), le remboursement du trop-perçu, une sanction administrative (peine pécuniaire) ou des poursuites pénales. Ces mesures surviennent pendant le cycle récurrent de la prestation de service. Certains pays, notamment de l'OCDE, utilisent des campagnes médiatiques pour dissuader les demandeurs de commettre les EFC ou pour influencer l'opinion publique à ce sujet (soit lors de l'évaluation, soit lors du cycle récurrent).

La bonne pratique impose le suivi et l'évaluation des actions mises en place pour réduire les EFC. Comme ces actions coûtent généralement de l'argent, il serait raisonnable de faire le suivi du montant recouvré en matière de trop-perçu et de prestations détournées, pour prouver qu'elles sont rentables, ou tout au moins n'impliquent aucun coût. Des faits provenant de l'Australie, des États-Unis, de la Roumanie et du Royaume-Uni montrent que des interventions bien conçues peuvent permettre de recouvrer au-delà de l'investissement fait dans les mesures d'atténuation (voir annexe 8B, Mesure des EFC).

Développer un système pour réduire le taux d'EFC dans les programmes de protection sociale : Stratégie et outils

S'il est vrai qu'aucun programme n'est épargné par les EFC, les preuves issues des pays développés montrent que les pertes dues aux EFC peuvent être ramenées à des niveaux négligeables. Une première étape serait de développer une stratégie et un plan d'action pour mettre en place un système de contrôle des EFC complet et de bout en bout. Telle fut la première démarche entreprise par le Royaume-Uni en 2000 et la Roumanie, en 2010.

Une deuxième étape serait de sélectionner les programmes à particulièrement surveiller. En effet, en raison des ressources limitées pour la lutte contre les EFC et les coûts que cette lutte engendre, le système de contrôle et suivi devrait surtout concerner les programmes à budget élevé et exposés au risque tels que les pensions d'invalidité, les programmes de remplacement du revenu et les prestations soumises à l'évaluation des ressources ou par approximation. Au Royaume-Uni, un système de

suivi solide a permis au gouvernement de classer les différents programmes selon les pertes dues aux EFC, de leur affecter un budget, et d'orienter les mesures d'atténuation vers les plus affectés. La Roumanie a appliqué cette stratégie à deux niveaux entre 2010 et 2011. Le pays disposait d'une unité d'enquête chargée de la conformité, composée d'environ 300 inspecteurs sociaux, mais ils officiaient quasi exclusivement pour vérifier la conformité aux normes dans la fourniture des services sociaux résidentiels (pour les enfants privés de soins parentaux, les personnes handicapées ou les personnes âgées). Ces services représentaient à ce moment-là seulement 5 % des dépenses de protection sociale, et les pertes d'EFC étaient probablement proportionnelles. Une première action stratégique du gouvernement a été de réorienter les efforts d'inspection vers les prestations de protection sociale, représentant 95 % des dépenses. De manière spécifique, le gouvernement a mis l'accent sur cinq programmes de filets sociaux ainsi que sur les pensions d'invalidité, a priori les programmes les plus exposés aux EFC.

Une troisième étape consisterait en un développement par le ministère de la Protection sociale ou l'administration chargée du programme d'un système complet de bout en bout pour réduire les EFC, en plus des mesures existantes et probablement fragmentées. Un tel système comprendrait normalement deux parties (figure 8.24). Une partie collecterait les informations sur les cas susceptibles de relever des EFC (cas suspect). De telles informations peuvent provenir du personnel de première ligne, d'une ligne d'assistance (téléphone, e-mail, site Web) ou d'un service de renseignements systématique qui regroupe les actions telles que le rapprochement entre les données ou le profilage des risques. Par la suite, ces informations seraient alors utilisées par les unités et le personnel pour essayer d'apporter des solutions aux cas de réclamations. Le nombre de références peut être plus élevé que la capacité humaine à les gérer. Dans ce cas, un triage est généralement effectué, au cours duquel les contrôles ou inspections sont axés sur les cas dont le potentiel de pertes est plus élevé, et qui plus est sont susceptibles d'être corrigés.

Le développement d'un système de bout en bout générerait des mesures pour toute une série d'instruments ou de politiques (encadré 8.12) : (1) développement d'une politique de sanctions et d'un système de recouvrement harmonisés et efficaces,

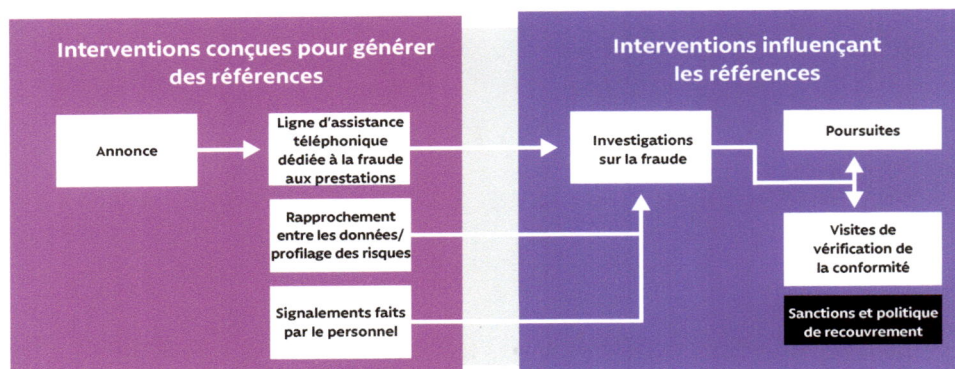

Source : Figure conçue pour cette publication.

Encadré 8.12 Développement en trois ans d'un système de contrôle efficace des EFC en Roumanie

En 2010, la Roumanie dépensait deux fois plus en termes d'assistance sociale, par rapport à 2005, sans une amélioration proportionnelle du bien-être des personnes pauvres et des personnes vulnérables. Le nombre de programmes d'assistance sociale et la complexité des démarches pour obtenir des prestations s'étaient aussi accrus, à l'inverse du personnel de première ligne qui devait traiter un volume plus important de documents administratifs. Les décideurs étaient convaincus que les pertes causées par les EFC avaient augmenté pareillement. Le ministère de tutelle en charge de la protection sociale a dès lors fixé la réduction des EFC comme une priorité stratégique.

Entre 2013 et 2014, pour réduire le niveau d'EFC, la Roumanie a graduellement développé un système de bout en bout, avec de bons résultats.

- **Professionnels chargés des examens et inspections de la conformité.** À la mi-2013, le pays avait mis en place une équipe professionnelle d'inspecteurs sociaux, faisant partie de l'Agence nationale des prestations sociales et de l'inspection (NASBI). Un module de formation spécial a été élaboré et dispensé par la NASBI à son personnel en avril 2013. Par ailleurs, de 2010 à 2013, la taille de l'équipe a augmenté, passant de 130 personnes environ à plus de 300.

- **Axe stratégique de l'examen de la conformité pour les programmes à budget élevé et exposés au risque d'EFC.** Après 2010, l'équipe d'inspection sociale (IS) a effectué chaque année des examens de conformité à grande échelle (dénommés « inspections thématiques » en Roumanie) pour l'ensemble de ses gros programmes exposés aux risques (Prestations pour l'éducation de l'enfant ou CRB, revenu minimum garanti ou RMG, prestations familiales ou PF, allocations de chauffage ou PC ; et allocations d'invalidité ou AI). En l'absence d'un système de signalement des cas à risque élevé, ces inspections étaient effectuées de façon aléatoire jusqu'à la fin 2012.

- **Système de contrôle et suivi de bout en bout.** Un tel système a été développé à la mi-2012 et comprend (1) la planification des inspections thématiques (sélection des fichiers et des bénéficiaires à examiner), (2) la documentation des conclusions de l'inspection thématique, notamment les mesures correctives proposées et les sanctions qui ont été appliquées et (3) le suivi de l'état d'avancement de la mise en œuvre des recommandations.

suite

Tableau B8.12.1 Passer d'un contrôle et suivi isolé des EFC à un système de contrôle et suivi en Roumanie, entre 2011-2014

Domaines thématiques	Situation de référence	Après 3 ans et plus
Politique de sanctions et de recouvrement	Chaque prestation de protection sociale a sa propre politique de sanctions Sanctions/inspections non fondées sur la rentabilité ou la gravité Politique de recouvrement faible	Même sanction pour la même infraction dans tous les programmes Des sanctions plus importantes pour de plus grandes infractions ou des infractions répétées Politique de recouvrement efficace
Pouvoirs d'investigation pour l'inspecteur social/ agent du respect de la conformité	Pouvoirs incomplets Axés sur le prestataire de service, non sur les bénéficiaires suspects	Pouvoirs plus importants Des mécanismes de contrôle clairs pour prévenir les abus
Vérifications croisées des bases de données	Occasionnelle, ad hoc	Des procédures régulières, claires et de routine pour détecter les irrégularités
Profilage des risques et inspections basées sur le risque	Sur la base de l'expérience des inspecteurs sociaux	Découlant des modèles analytiques

Source : "Reducing Fraud, Error, and Corruption (EFC) in Social Protection Programs," une présentation de Vlad Grigoras et Emil Daniel Tesliuc, Groupe de la Banque mondiale, 2017.
Remarque : EFC = erreur, fraude et corruption.

(2) développement d'une équipe professionnelle pour examiner et inspecter la conformité, (3) développement de la capacité d'analyse du système (par exemple, capacité à effectuer des vérifications croisées régulières des bases de données, ainsi que des modèles de profilage des risques) et (4) passage d'une inspection aléatoire ou basée sur l'expérience à des inspections fondées sur le risque et éclairées par l'analyse. Le développement d'un tel système prendrait un certain temps, surtout si la réduction des EFC dans les programmes de protection sociale ne constitue pas une priorité majeure. Une transition type peut mettre trois ans, voire plus, et un système fonctionnel comprendra les éléments figurant au tableau B8.12/1 (dans l'encadré 8.12).

Le rôle de l'analyse

Traditionnellement, l'identification des cas suspectés d'EFC repose sur l'expérience d'un personnel chargé du contrôle : inspecteurs, agents d'investigation ou auditeurs. Ce personnel spécialisé sélectionne les cas dont il estime qu'ils ont une probabilité élevée d'EFC et les inspecte. Souvent, après une certaine période, les membres du personnel chargés du contrôle se réunissent, partagent leurs idées et classifient subjectivement les facteurs associés aux EFC ou les critères indicatifs. Ces connaissances sont utilisées lors du deuxième tour d'inspection. La mise à jour du profilage subjectif des risques intervient en suivant. Les inspections sociales de la Moldavie et de la Roumanie ont utilisé cette approche à leurs débuts.

Progressivement, l'identification des cas ayant une forte probabilité d'EFC est effectuée à partir de modèles analytiques basés sur les TIC, tels que les vérifications croisées des données et le profilage des risques.

- Les vérifications croisées de données sont utiles pour identifier les cas où les informations déclarées par le demandeur et enregistrées par le personnel de première ligne sont différentes des informations identiques stockées dans d'autres bases de données publiques. Par exemple, une famille de demandeurs pourrait déclarer qu'ils n'ont pas de voiture, mais la vérification croisée avec le registre du véhicule révèle qu'ils en possèdent une. Les résultats de ces vérifications croisées de données permettraient d'identifier un cas d'EFC, soit une erreur officielle si les informations n'ont pas été bien enregistrées par le personnel de première ligne, soit un cas de fraude si le demandeur a intentionnellement caché ces informations. Parfois, les vérifications croisées utilisent des règles de logique pour déterminer les situations incompatibles, par exemple des demandeurs de prestations d'invalidité permanente en raison de leur cécité qui auraient par la suite obtenu un permis de conduire. Une fois de plus, ces contrôles logiques permettraient d'identifier des cas d'EFC.

- Le profilage des risques est utilisé pour estimer la probabilité d'un cas suspect d'EFC. Une façon simple de construire les profils de risques sur la base de l'analyse consiste à (1) utiliser les résultats de l'inspection aléatoire d'un ensemble de prestations, (2) développer un modèle de régression qui prédit le montant des trop-perçus ou leur occurrence grâce aux informations qui se trouvent généralement dans la base de données des bénéficiaires du programme, (3) utiliser le modèle pour prédire/assigner une probabilité d'EFC pour tous les cas ou bénéficiaires et (4) inspecter les cas qui ont la probabilité la plus élevée d'EFC, multipliée par la valeur de la perte estimée (le cas échéant). Ce type de modèle est susceptible d'être plus performant que le modèle d'identification traditionnel fondé sur l'expérience du personnel chargé du contrôle.

L'utilisation de l'analyse pour décupler les efforts visant à réduire les EFC dans les programmes de protection sociale est une voie prometteuse pour tous les pays, notamment les pays à revenu faible ou intermédiaire. Cette technique peut être mise en œuvre à un coût global limité. Dans le cas de la Roumanie, l'équipe chargée de l'analyse comprenait cinq personnes, un petit nombre si on le compare aux 300 inspecteurs sociaux. Cette équipe a favorisé une amélioration considérable de la rentabilité des ressources utilisées. Pour les vérifications croisées, le coût de la vérification et de l'identification d'un cas supplémentaire est pratiquement nul.

Cette technique réduirait le pouvoir discrétionnaire du personnel chargé du contrôle et limiterait la possibilité de pratiques collusoires et de corruption, tout en favorisant un meilleur signalement des cas suspects. L'expérience de l'inspection sociale de la Moldavie qui a commencé à utiliser les profils de risques basés sur l'analyse est assez illustrative. Une équipe spécialisée de neuf inspecteurs et de deux superviseurs avait été chargée d'inspecter environ 3 % du nombre de cas total d'un programme de dernier recours dénommé Aide sociale, afin de réduire les pertes d'EFC. Entre 2013 et 2015, pour déterminer les cas à inspecter, la Moldavie s'est servie d'un modèle traditionnel d'identification basé sur des règles découlant de l'expérience des inspecteurs sociaux. Au fil du temps, cette approche a fait ses preuves. Lorsque l'inspection sociale a démarré ses activités en 2013, seuls environ 7 % des cas inspectés relevaient d'EFC. Ce ratio est passé à 10 % en 2014 et à 64 % en 2015. En 2016, sur la base des résultats des dernières inspections et des informations issues des dossiers de clients, un statisticien a déterminé un modèle de profilage des risques basé sur l'analyse. Les inspecteurs sociaux, dont le taux d'identification était déjà assez élevé, ont été réticents à utiliser le modèle statistique. Pour évaluer sa valeur, les cas à inspecter en 2016 ont été sélectionnés à l'aide de ces deux méthodes, 266 sélectionnés sur la base de l'expérience des inspecteurs, et 508 grâce au nouveau modèle statistique de profilage des risques. Les deux méthodes ont donné de bons taux d'identification : celle fondée sur l'expérience a identifié correctement 68 % des cas, tandis que le modèle statistique avait un taux record d'exactitude de 90 %. Le modèle statistique a démontré sa valeur et a été adopté.

Le rôle de la technologie

Progressivement, la mise en œuvre de la protection sociale utilise les technologies modernes pour payer des prestations ou fournir des dons en nature ou des services aux bénéficiaires. Certaines de ces technologies pourraient être utilisées pour réduire les EFC dans les programmes ainsi que le coût des inspections. Le programme Rural Employment Guarantee dans l'État d'Andhra Pradesh en Inde a utilisé une série de méthodes et technologies pour réduire les EFC dans ses programmes. Les risques d'EFC étaient nombreux, partant des bénéficiaires ou membres de famille fictifs insérés dans les fiches de présence journalière des

Tableau 8.16 Outils fondés sur la technologie pour réduire au minimum les EFC dans un programme social de travail obligatoire en Inde

Outil	Description
Équipes du contrôle de la qualité	Quatre ingénieurs civils + deux spécialistes en horticulture
Audit interne	Visitent tous les blocs administratifs une fois tous les deux mois et vérifient les comptes ; l'administration centrale mène les actions de suivi
Système électronique de collecte et de mesure	Téléchargent quotidiennement les données des sites de travail sur un site Web grâce à des téléphones mobiles : Fiches de présence, mesures, vérifications et mesures croisées Gèrent les problèmes de falsification des données et de distorsion des mesures
Logiciel complet qui fournit des solutions informatiques de bout en bout	Le logiciel basé sur les transactions émet des cartes de travail, génère des estimations, émet des lettres d'embauche Met à jour des listes et des mesures de données, et génère des ordres de paiement
Paiements de salaires via la technologie biométrique	Le paiement des salaires est effectué dans le village via l'identification par empreintes biométriques ; la personne qui a vraiment travaillé reçoit un montant de paiement correct

Source : "Reducing Fraud, Error, and Corruption (EFC) in Social Protection Programs," a slide presentation by Vlad Grigoras and Emil Daniel Tesliuc, World Bank Group, 2017.

Remarque : EFC = erreur(s), fraude et corruption ; muster= liste d'appel.

employés, à des rapports d'exécution majorés sur les travaux réalisés, sur leur qualité ou même leur existence (débouchant sur le vol des matériels) et des chèques falsifiés par le personnel du programme. Pour réduire les EFC tout au long de la chaîne de mise en œuvre, le programme a déployé plusieurs technologies (tableau 8.16) pour réduire les cas d'abus et de corruption. Toutes ces techniques peuvent être appliquées de façon plus généralisée aux pays à revenu faible et intermédiaire.

En conclusion, les programmes ou les systèmes de protection sociale qui veulent réduire les EFC devraient mettre en place un système de bout en bout.

L'atténuation du risque d'EFC ne se fait pas après le paiement de la prestation ou la fourniture du service. Il s'agit d'un système qui agit sur toute la chaîne de mise en œuvre (par exemple, il pourrait être intégré dans le test d'éligibilité si l'évaluation des ressources est combinée au profilage des risques). Le coût de ce système est relativement faible si des outils modernes sont utilisés et peut être rapidement amorti grâce aux pertes qu'il permet d'atténuer. Un tel système impulsera l'acceptabilité politique des programmes de redistribution et n'entraînera pas de coûts pour les bénéficiaires légitimes s'il s'accompagne d'un système de profilage des risques bien conçu.

8.7 QUELQUES ÉLÉMENTS DE CONCLUSION

Le présent chapitre a identifié les composantes de l'une des parties les plus complexes de la chaîne de mise en œuvre, à savoir le besoin permanent pour chaque programme de gérer un flux continu d'informations lui permettant de réaliser ses objectifs et d'assurer le paiement et la fourniture des prestations et services à la personne désignée, au moment indiqué et avec les dispositions logistiques appropriées.

Comme évoqué à l'introduction du présent chapitre, la plupart des analyses sur les systèmes de mise en œuvre sont surtout orientées vers le point d'entrée, c'est-à-dire les phases d'évaluation et d'inscription, ainsi que vers le paiement ou la fourniture effective de la prestation ou du service. Lorsque des gestionnaires de programme mettent un programme en œuvre pour la première fois, ces deux phases captent la grande partie de leur intérêt et de leurs ressources, car elles génèrent certains des produits clés dont un programme a besoin pour démontrer qu'il fonctionne. À mesure que l'expansion de la couverture d'un programme se stabilise, et que ce dernier atteint une croissance annuelle à un chiffre, les composantes identifiées dans ce chapitre vont former les points essentiels de la gestion d'un programme. C'est à leur niveau que s'opéreront la plupart des améliorations apportées en continu au programme.

Pour accomplir la tâche difficile, mais créative, d'identifier les points d'amélioration constante, il est utile d'adopter deux approches complémentaires, à savoir : la technique (la façon dont une chose est faite) d'une part, et la technologie (l'instrument utilisé pour y parvenir) d'autre part.

La technologie est un catalyseur ; elle permet d'obtenir des résultats précédemment inimaginables. Par exemple, si une personne a une réclamation, elle ne doit pas attendre la prochaine visite du personnel du programme pour la soumettre ; elle peut appeler le service d'assistance ou utiliser une application mobile et démarrer immédiatement la procédure. La technologie mobile offre des solutions qui permettent à un individu de contacter le programme instantanément. De la même façon, les gestionnaires de programme s'appuient sur des systèmes d'information tels que les systèmes de gestion des opérations des bénéficiaires, dans leurs tâches quotidiennes de mise à jour des données, de suivi des conditionnalités et de règlement des réclamations. Ils s'appuient aussi sur des outils technologiques dans leurs efforts visant à réduire les erreur(s), fraude et corruption.

La technique quant à elle est une procédure à maitriser parfaitement par tout gestionnaire de programme : il faut que toute personne introduisant une réclamation dispose impérativement d'un numéro de dossier unique qui permettra le suivi de celui-ci. La technique nous montre la nécessité de classifier les réclamations au préalable en vue d'un triage efficace et d'une gestion efficiente. Elle nous enseigne que le fait de tenir un registre de réclamations permettra au programme d'analyser toutes les informations et d'identifier les étapes/éléments qui sont le plus concernés par les réclamations ou encore les améliorations éventuelles à apporter à des procédures. La technique est aussi essentielle dans la programmation et la planification de toutes les activités qui ont lieu à chaque cycle de mise en œuvre. En effet, l'utilisation d'un calendrier principal permet de gérer le chronogramme et de faire converger toutes les sources d'informations en intégrant les temps de traitement, les ressources et le volume de travail et en assurant la coordination des différents organismes impliqués dans la gestion des opérations des bénéficiaires. Par ailleurs, afin de limiter le risque que les processus d'EFC ne soit déclenchés après le paiement de la prestation ou la fourniture du service, la technique peut être de déployer des processus d'EFC de bout en bout, tout du long de la chaîne de mise en œuvre. Ces systèmes contribuent à des économies de coûts et une réduction des pertes et ils génèrent une plus grande confiance dans les programmes de redistribution ainsi que leur acceptabilité.

Il est crucial de faire la distinction entre technologie et technique. La technologie offrira des solutions, pourvu qu'elle repose sur une technique ou un ensemble de techniques bien documentées. L'approche axée sur l'humain, évoquée au chapitre 2, nous propose des méthodes pour écouter les individus et mieux comprendre leurs besoins et leurs difficultés. Concernant l'offre, il est toujours important de collaborer avec les agents de la mise en œuvre sur le terrain, de tenir compte de leurs avis et de comprendre leurs contextes. Cette démarche doit être menée de façon systématique, via des ateliers et des discussions organisés avec les décideurs du niveau central, et ne pas se limiter aux simples informations anecdotiques obtenues lors d'une visite de terrain.

ANNEXE 8A : ASPECTS DES CONDITIONNALITÉS DANS NEUF PROGRAMMES DE TRANSFERTS MONÉTAIRES CONDITIONNELS SÉLECTIONNÉS

Tableau 8A.1 Liste des conditionnalités dans les programmes TMC sélectionnés

	Éducation		Soins de santé				
			Femmes		Enfants		
	Âges d'inscription scolaire	% fréquentation scolaire par âge	Enceintes	En postpartum	Visites médicales[a] (enfants de 0 à 6 ans)	Autre	Conditionnalités pour les autres membres du ménage
BFP Brésil	6-17 ans	> 85 % pour les 6-15 ans > 75 % pour les 16-17 ans	Calendrier MDS[b] 4 visites	Calendrier MDS 3 visites	Calendrier MDS[c] 0-1 an : 7 visites 1-2 ans : 2 visites 2-3 ans : 1 visite 3-4 ans : 1 visite 4-5 ans : 1 visite 5-6 ans : 1 visite	s.o.	s.o.
FA Colombie	5-18 ans	> 80 % pour les 5-18 ans	s.o.	Calendrier MDS 4 visites	Calendrier MDS 0-1 an : 6 visites 1-2 ans : 3 visites 2-3 ans : 2 visites 3-4 ans : 1 visite 4-5 ans : 1 visite 5-6 ans : 2 visites	s.o.	s.o.
PKH Indonésie	6-21 ans	> 85 % pour les 6-21 ans	4 visites ; prendre des comprimés de fer ; accouchement assisté par un professionnel qualifié	2 visites	0-1 an : 12 visites 1-2 ans : 4 visites 2-3 ans : 4 visites 3-4 ans : 4 visites 4-5 ans : 4 visites 5-6 ans : 4 visites	Enfants 0-6 ans : capsules de vitamine A deux fois/an	Personnes en situation de handicap : bilan de santé annuel Personnes âgées : participer aux activités de bien-être, le cas échéant
PATH Jamaïque	6-18 ans	> 85 % pour les 6-18 ans	4 visites	2 visites	0-1 an : 6 visites 1-2 ans : 2 visites 2-3 ans : 2 visites 3-4 ans : 2 visites 4-5 ans : 2 visites 5-6 ans : 2 visites	s.o.	Personnes en situation de handicap, personnes âgées, adultes : 2 visites médicales par an

suite

Tableau 8A.1 (*suite*)

	Éducation		Soins de santé				Conditionnalités pour les autres membres du ménage
			Femmes		Enfants		
	Âges d'inscription scolaire	% fréquentation scolaire par âge	Enceintes	En postpartum	Visites médicales[a] (enfants de 0 à 6 ans)	Autre	
Prospera Mexique	6-22 ans	> 80 % pour les 3-22 ans	5 visites	3 visites	0-1 an : 9 visites 1-2 ans : 2 visites 2-3 ans : 2 visites 3-4 ans : 2 visites 4-5 ans : 2 visites 5-6 ans : 2 visites	Enfants et adolescents 5-19 ans : deux visites médicales/an	Adultes âgés de 20 ans et plus : 2 visites médicales par an Femmes enceintes et allaitantes et femmes avec enfants âgés de 6 à 59 mois : Récupérer des suppléments nutritionnels tous les deux mois dans des centres de santé
WeT Pakistan	4-12 ans	> 70 % pour les 4-12 ans	s.o.	s.o.	s.o.	s.o.	s.o.
4Ps Philippines	3-5 ans et 6-18 ans Les parents sélectionnent jusqu'à trois enfants à inclure et à suivre	> 85 % pour les 3-5 ans > 85 % pour les 6-18 ans	Visite tous les 2 mois ; au moins une visite prénatale/ trimestre ; accouchement assisté par un professionnel de santé	Au moins une visite dans les six premières semaines	0-1 an : 12 visites 1-2 ans : 12 visites 2-3 ans : 2 visites 3-4 ans : 2 visites 4-5 ans : 2 visites 5-6 ans : 2 visites	Les enfants 6 -14 ans prennent des vermifuges deux fois/an	Récipiendaire désigné du ménage
PSSN Tanzanie	5-18 ans Jusqu'à 4 enfants en âge du primaire, 3 au premier cycle du secondaire et 2 au deuxième cycle du secondaire	> 80 % pour les 5-18 ans	4 visites Les conditionnalités chez les femmes enceintes ont été supprimées en raison des difficultés à contrôler leur conformité	s.o.	Si aucun service n'est disponible, les principaux pourvoyeurs de soins des enfants de moins de 60 mois doivent participer à des sessions de santé et nutrition tous les deux mois	s.o.	s.o.

suite

Tableau 8A.1 *(suite)*

| | Éducation | | Soins de santé | | | | Conditionnalités pour les autres membres du ménage |
| | | | Femmes | | Enfants | | |
	Âges d'inscription scolaire	% fréquentation scolaire par âge	Enceintes	En postpartum	Visites médicales[a] (enfants de 0 à 6 ans)	Autre	
TMC Turquie	6-25 ans (12 années de scolarisation obligatoires)[d]	> 80 % pour les 6-25 ans	Calendrier MDS Avant 14 semaines 18-24 semaines 28-32 semaines 36-38 semaines Accouchement à l'hôpital (Prestation supplémentaire)	Calendrier MDS 3 bilans de santé à l'hôpital, plus 3 autres avant 42 jours	Calendrier MDS 0-1 an : 9 visites 1-2 ans : 3 visites 2-3 ans : 2 visites 3-4 ans : 1 visite 4-5 ans : 1 visite	s.o.	s.o.

Sources : Brésil : MDS BFP Operations Manual, 2017 ; Ministry of Health. Colombie : Prosperidad FA Operational Manual, 2017. Indonésie : MoSA (2018) Ministerial Regulation on PKH, articles 3, 4 and 5. Jamaïque : MLSS PATH Operational Manual, 2017. Mexique : Davila Larraga, 2016. Pakistan : BISP-WeT Team, Operational Manual for WeT, 2017. Philippines : DSWD Pantawid Pamilyang Pilipino Program Operations Manual, December 2015 Edition. Tanzanie : TASAF III, PSSN Operations Manual. Turquie : General Directorate of Social Assistance ; Ortakaya 2018 ; MoH Schedule.

Remarque : TMC : transfert monétaire conditionnel ; MdS = ministère de la Santé ; s.o. = sans objet ; PSSN = Filet social productif.

a. Les visites médicales chez les enfants comprennent généralement les bilans, le suivi de la croissance et du développement, et les vaccins du calendrier de vaccination.

b. Le calendrier du ministère de la Santé du Brésil comprend des visites prénatales au moins toutes les 8 semaines ; les visites postpartum au cours de la première semaine, entre le 7e et le 10e jour, et une autre entre le 42e et le 60e jour pour les mères allaitantes et entre le 30e et le 42e jour pour les mères non allaitantes (Manual de Assistencia Pre-Natal, Normas e Manuais Tecnicos, 3rd addition ; and Cronograma Sugerido para o Acompanhamento Pre-natal e Puerperio).

c. Le calendrier du ministère de la Santé du Brésil pour les jeunes enfants : 1re semaine, 1er mois, 2e mois, 4e mois, 6e mois, 9e mois, 12e mois, 18e mois, 24e mois, puis une fois par an. Les visites comprennent les vaccinations et le suivi de la croissance et du développement.

d. Les enfants des internats publics et des écoles ouvertes (établissements primaires et secondaires ainsi que les lycées qui ont un programme d'éducation à distance) ne sont pas concernés par les TMC.

e. L'assistance conditionnelle à l'éducation peut démarrer dès 48 mois avec une inscription préscolaire (s'il existe des liens entre l'école préscolaire et le ministère de l'Éducation) et peut se poursuivre jusqu'à l'âge de 25 ans (si l'enfant est inscrit à un programme d'éducation formelle).

Tableau 8A.2 Calibrage des cycles de suivi des conditionnalités et des cycles de paiement dans les programmes TMC sélectionnés

BFP Brésil : Éducation

	Mois 1	Mois 2	Mois 3	Mois 4
Période de conformité	PC1 (2 mois)		Continue avec le cycle suivant...	
Période de vérification de la conformité et lien vers le registre de paiement			PVC1 (période réelle <1 mois)	Conformité répercutée sur les paiements
Fréquence des paiements	Mensuelle	Mensuelle	Mensuelle	Mensuelle

BFP du Brésil : Santé

	Mois 1	2	3	4	5	6	7	8	9
Période de conformité	PC1 de six mois						Continue avec le cycle suivant...		
Période de vérification de la conformité et lien vers le registre de paiement							PVC1 (réel inférieur aux deux mois alloués)		Conformité répercutée sur les paiements
Fréquence des versements	Mensuelle	Mensuelle	Mensuelle	Mensuelle	Mensuelle	Mensuelle	Mensuelle	Mensuelle	Mensuelle

MFA Colombie : Éducation et santé

	Mois 1	2	3	4	5	6
Période de conformité	PC1 (2 mois)		Continue avec le cycle suivant...			
Période de vérification de la conformité et lien vers le registre de paiement			PVC1 (2 mois alloués dans le calendrier)		Conformité répercutée sur les paiements	
Fréquence des paiements	Bimensuelle		Bimensuelle		Bimensuelle	

PKH Indonésie : Éducation et santé (depuis 2018)

	Mois 1	2	3	4	5	6
Période de conformité	PC1 (3 mois)			Continue avec le cycle suivant...		
Période de vérification de la conformité et lien vers le registre de paiement				PVC1 (2 mois alloués dans le calendrier)		Conformité répercutée sur les paiements
Fréquence des paiements	Trimestrielle			Trimestrielle		

PATH Jamaïque : Éducation et santé femmes et enfants

	Mois 1	2	3	4
Période de conformité	PC1 (2 mois)		Continue avec le cycle suivant...	
Période de vérification de la conformité et lien vers le registre de paiement	Distribuer des FVC	PVC1 (2 mois alloués dans le calendrier)		Conformité répercutée sur les paiements
Fréquence des paiements		Bimensuelle		Bimensuelle

PATH Jamaïque : personnes en situation de handicap, adultes et personnes âgées

	Mois 1	2	3	4	5	6	7	8
Période de conformité	PC1 (6 mois)						Continue avec le cycle suivant...	
Période de vérification de la conformité et lien vers le registre de paiement	Distribuer des FVC					PVC1 (collecte des formulaires, traitement)		Conformité répercutée sur les paiements
Fréquence des paiements		Bimensuelle		Bimensuelle		Bimensuelle		Bimensuelle

Prospera Mexique : Éducation et santé

	Mois 1	2	3	4	5	6
Période de conformité	PC1 (2 mois)		Continue avec le cycle suivant...			
Période de vérification de la conformité et lien vers le registre de paiement			PVC1 (2 mois alloués dans le calendrier)		Conformité répercutée sur les paiements	
Fréquence des paiements	Bimensuelle		Bimensuelle		Bimensuelle	

Pakistan WeT : Éducation

	Mois 1	2	3	4	5	6	7
Période de conformité	PC1 (trimestre scolaire)			Continue avec le cycle suivant...			
Période de vérification de la conformité et lien vers le registre de paiement				PVC1 (3 mois alloués dans le calendrier)			Conformité répercutée sur les paiements
Fréquence des paiements	Trimestrielle			Trimestrielle			Trimestrielle

suite

Tableau 8A.2 *(suite)*

4Ps Philippines : Éducation et santé	Mois			
	1	2	3	4
Période de conformité	PC1 (2 mois)		Continue avec le cycle suivant...	
Période de vérification de la conformité et lien vers le registre de paiement		Distribuer des FVC	Vérifier la conformité (PVC1)	Conformité répercutée sur les paiements
Fréquence des paiements		Bimensuelle		Bimensuelle

PSSN Tanzanie : Éducation et santé	Mois				
	1	2	3	4	5
Période de conformité	PC1		Continue avec le cycle suivant...		
Période de vérification de la conformité et lien vers le registre de paiement			PVC1 (2 mois alloués dans le calendrier)		Conformité répercutée sur les paiements
Fréquence des paiements	Bimensuelle		Bimensuelle		Bimensuelle

TMC Turquie : Éducation et santé	Mois		
	1	2	3
Période de conformité	PC1 (2 mois)		Continue avec le cycle suivant...
Période de vérification de la conformité et lien vers le registre de paiement			PVC + liens vers le registre de paiement (2-3 heures)
Fréquence des paiements	Bimensuelle		Bimensuelle

Sources : Compilation basée sur les manuels opérationnels du programme et les documents connexes pour chaque pays. Pour harmoniser la présentation dans tous les pays, les mois dans ces calendriers sont arrimés au mois 1 au début de la période initiale de conformité. Ainsi, ces mois ne correspondent pas aux mois du calendrier (janvier, février, mars). Brésil : MDS BFP Operations Manual, 2017. Colombie : Prosperidad FA Operational Manual, 2017. Indonésie : MoSA (2018) Ministerial Regulation on PKH, articles 3, 4 and 5. Jamaïque : MLSS PATH Operational Manual 2017. Mexique : Dávila Lárraga, 2016. Pakistan : BISP-WeT Team, Operational Manual for WeT, 2017. Philippines : DSWD Pantawid Pamilyang Pilipino Program Operations Manual, Edition December 2015. Tanzanie : TASAF III, PSSN Operations Manual. Turquie : General Directorate of Social Assistance; Ortakaya, 2018 ; MoH Schedule.

Tableau 8A.3 Conséquences de la non-conformité aux conditionnalités dans les TMC sélectionnés

	Conséquences	Actions de suivi
BFP Brésil	• 1er épisode : avertissement • 2e épisode : blocage temporaire pendant une période d'un mois, mais non irrévocable (la sanction peut être levée le mois suivant en l'absence d'autres cas de non-conformité) • 3e épisode : réduction irrévocable de toute la prestation pendant deux mois (appelée « suspension »)	• 3 périodes de non-conformité déclenchent le statut « suspension » (réduction irrévocable de prestation) et la famille fait l'objet d'un suivi familial effectué par les travailleurs sociaux, et leur statut est enregistré dans le SICON (systèmes d'information). • Recours autorisés
FA Colombie	Réduction partielle de prestation pour la période de non-conformité	
PKH Indonésie	• 1er épisode : avertissement (pas de sanction) • 2e épisode : Jusqu'en 2017, la famille subissait une réduction de 10 % des prestations dès la deuxième occasion de non-conformité ; depuis 2017, la politique en cours vise à retenir la totalité des prestations familiales après deux périodes consécutives de non-conformité (par un membre quelconque de la famille) ; la famille peut récupérer cette prestation si la conformité est rétablie ; après trois périodes de non-conformité, les prestations sont suspendues, et après la 6e période, la famille est exclue du programme	Le facilitateur visite les familles qui ne se conforment pas pour essayer de résoudre les causes de la non-conformité ; les familles peuvent soumettre des réclamations via le centre de contact du ministère des Affaires sociales

suite

Tableau 8A.3 (*suite*)

	Conséquences	Actions de suivi
PATH Jamaïque	• 1er épisode : réduction partielle et irrévocable des prestations familiales (jusqu'au montant de base minimum des prestations de 800 $ J) • 2e épisode : réduction partielle et irrévocable des prestations (identique à la 1re) • 3e épisode : exclusion du bénéficiaire du programme	Le travailleur social est tenu de faire le suivi après deux épisodes de non-conformité afin de trouver les raisons de la non-conformité ; il doit rechercher s'il existe des circonstances exceptionnelles ; il doit encourager les membres qui ne se conforment pas à se conformer
Prospera Mexique	• 1er épisode : suspension partielle et temporaire (mensuelle) • 2e épisode avec coresponsabilité en matière de santé (4 mois consécutifs ou 6 mois non consécutifs) : suspension complète et permanente, mais révocable	La suspension complète des prestations est communiquée par un avis de suspension, qui contient le motif, les circonstances et le fondement juridique de la suspension ; la notification comprend aussi les procédures et les délais pour la demande de réactivation de la prestation, le cas échéant
WeT Pakistan	• 1er épisode : avertissement (pas de sanction) • 2e épisode : réduction partielle et irrévocable des prestations ; la part de prestation qui correspond à l'enfant qui n'est pas en conformité n'est pas payée. • 3e épisode : l'enfant est suspendu du programme, mais peut retourner à WeT s'il se conforme à nouveau	L'enfant est suivi après 2 trimestres de non-conformité. Les familles en sont informées par le BISP ou l'IPF et sont encouragées à se conformer à nouveau
4Ps Philippines	• 1er épisode (et suivant) : réduction partielle et irrévocable des prestations ; la part qui est réduite correspond au montant des subventions alloué au membre de famille qui ne se conforme pas • 4e épisode : exclusion avec avis à la famille par écrit	Recours possible dans un délai de 15 jours ; la réclamation doit être traitée dans un délai de 3 mois à compter de sa réception
PSSN Tanzanie	• 1er épisode : avertissement • 2e épisode : réduction partielle et irrévocable des prestations (réduit au prorata)[a]	Avertissement de suivi avec séance de conseil effectuée par le comité de gestion du TMC
TMC Turquie	• Déduction du montant de la prestation associé au membre du ménage qui n'est pas en conformité	Aucune

Sources : Brésil : MDS BFP Operations Manual 2017. Colombie : Prosperidad FA Operational Manual 2017. Indonésie : MoSA (2018) Ministerial Regulation on PKH, articles 3, 4 and 5. Jamaïque : Prosperidad FA Operational Manual 2017. Mexique : Dávila Lárraga 2016. Pakistan : BISP-WeT Team, Operational Manual for Wet 2017. Les Philippines : DSWD Pantawid Pamilyang Pilipino Program Operations Manual, December 2015 Edition; Tanzania: TASAF III, PSSN Operations Manual. Turquie : General Directorate of Social Assistance; Ortakaya 2018 ; MoH Schedule.
Remarque : BISP = Programme Benazir de soutien des revenus ; TMC = transfert monétaire conditionnel (programme) ; IPF = Organisation partenaire de mise en œuvre ; PSSN = Filet social productif
a. Le programme PSSN de la Tanzanie a un système de sanctions au prorata, c'est-à-dire que s'il y a deux bénéficiaires dans un ménage et que l'un d'entre eux ne se conforme pas pendant deux mois consécutifs, la prestation est réduite de moitié comme sanction. De même, lorsqu'il y a cinq bénéficiaires dans un ménage et que l'un d'entre eux ne se conforme pas pendant deux mois consécutifs, alors un cinquième de la prestation est déduit comme sanction.

ANNEXE 8B : MESURE DES ERREUR(S), FRAUDE ET CORRUPTION

Mesurer le niveau des erreur(s), fraude et corruption (EFC) est difficile, mais pas impossible. Mesurer le montant total des pertes découlant des EFC est tout aussi insaisissable qu'essayer de mesurer le niveau précis de l'économie grise. Néanmoins, il existe des techniques qui permettent d'avoir de bonnes estimations de ces pertes. Dans l'ensemble, on peut envisager deux types d'approches de suivi : (1) estimer et suivre le niveau général des EFC dans le système de protection sociale ou (2) estimer et suivre le niveau des EFC dans un seul programme.

Une bonne pratique consiste à estimer et à suivre toutes les fraudes et erreurs du système de protection sociale (PS). Quoique complexe, cette méthodologie permet une estimation représentative et non subjective du niveau de fraude et d'erreur dans chaque programme PS, laquelle est cumulée pour l'ensemble du système PS. Dans la pratique, ceci signifie que la tâche de suivi-évaluation fonctionne au niveau du ministère, de plusieurs programmes ou de tous les programmes. Le niveau d'EFC est exprimé en pourcentage des fonds du programme affecté par l'erreur ou la fraude, du nombre de cas, ou les deux.

Pour parvenir à une estimation non subjective des EFC, un échantillon (aléatoire) représentatif des cas (dossiers clients) est pris parmi les dossiers actifs de chaque programme[47]. Le programme fournira des dossiers électroniques et écrits à une équipe chargée de l'examen qui devra vérifier chaque dossier pour y identifier des erreurs ou des inexactitudes dans les données, et le cas échéant, rencontrer et avoir un nouvel entretien avec le demandeur. Pour chaque cas, l'équipe d'examinateurs estimera la somme d'argent manquante ou excédentaire, et vérifiera si l'écart est dû à l'erreur ou à la fraude. Ces chiffres sont totalisés pour estimer le niveau général des EFC. Ces estimations sont assorties d'intervalles de confiance qui tiennent compte de ce qu'un échantillon relativement petit est utilisé par rapport au nombre de dossiers réel. Estimer l'EFC sur la base d'un échantillonnage représentatif des dossiers des bénéficiaires donne aux gestionnaires une indication sur le problème général des EFC dans un système de protection sociale. Ainsi, les gestionnaires peuvent aussi déterminer dans quels programmes le niveau d'EFC est le plus élevé, les types de bénéficiaires ou de comportements du personnel les plus associés aux EFC (principales causes des EFC) et les autres caractéristiques ou profils associés aux EFC (profession, statut marital, âge, etc.).

Peu de pays mesurent le niveau général des EFC dans les programmes de protection sociale. Sur les neuf pays examinés dans l'étude de l'Office national d'audit (Royaume uni, NAO 2006), seuls l'Australie, l'Irlande et le Royaume-Uni mesurent le niveau général des EFC sur la base d'une « évaluation en continu » et/ou de « photos ». Cette méthode est considérée comme étant la meilleure pratique. Le Royaume-Uni a développé cette approche et elle est globalement conçue comme la meilleure pratique pour évaluer le volume total d'EFC dans un système. Environ 500 employés au Royaume uni examinent en continu les dossiers de prestation (figure 8B.1).

Une autre approche commune découverte dans la pratique est celle qui consiste à estimer les EFC dans un programme spécifique, en utilisant une approche d'échantillons aléatoires. Le programme est probablement choisi parce qu'il est vu comme présentant un risque élevé et/ou disposant d'un gros budget. La méthodologie est la même que pour le premier type d'évaluation présenté plus haut. Les États-Unis, la Grèce, l'Irlande, la Moldavie, la Nouvelle-Zélande, et la Suède utilisent cette approche. La Roumanie a utilisé une approche intermédiaire avec une estimation des taux d'EFC à partir de six programmes d'assistance sociale exposés au risque. Par exemple, l'US SNAP (précédemment « coupons alimentaires ») utilise l'estimation des taux d'EFC de chaque État comme critère associé aux incitations basées sur la performance.

Évaluation du coût-avantages des initiatives antifraude. L'avantage des mesures d'atténuation des EFC est que, lorsqu'elle est effectivement exécutée, une mesure rapportera plus, par le recouvrement des surpayés, qu'elle n'a coûté. Certains pays ont commencé à ce critère. Ainsi, l'Australie établit des rapports coût-avantage pour chaque initiative antifraude qu'elle entreprend. Si l'intervention ne se révèle pas rentable (c.-à-d. ne recouvre pas plus de surpayés que son coût), elle peut être revue ou interrompue. Au Royaume-Uni,

a. Surpayés ESA 2017/18 par motif d'erreur

b. Surpayés et sous-payés (% des dépenses

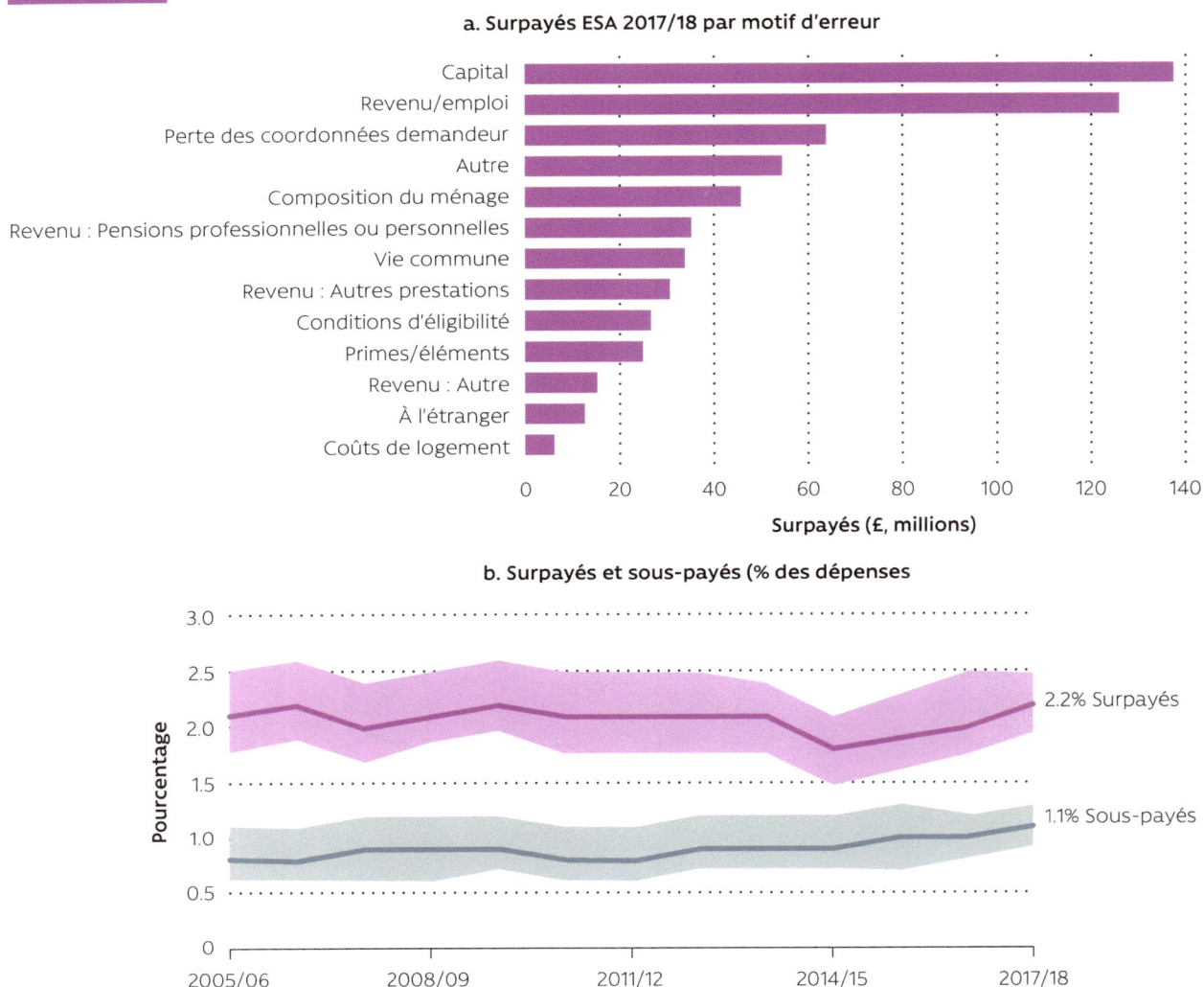

Source : Département du travail et des pensions, Grande-Bretagne, 2018. https://assets.publishing.service.gov.uk/government /uploads/system/uploads/attachment_data/file/762141/fraud-and-error-stats-release-2017-2018-final-estimates.pdf.
Remarque : EFC = erreur(s), fraude et corruption ; ESA = allocation de soutien à l'emploi.

des études ont également porté sur l'utilisation de ce ratio dans différents types d'intervention pour trouver des compromis entre différentes approches. En Roumanie, l'administration chargée des prestations est également responsable du suivi des sommes indûment versées et révélées par le rapprochement de données, ainsi que des coûts connexes (tableau 8B.1). L'objectif de ces évaluations est d'identifier les mesures d'atténuation qui ont fait leurs preuves et à mieux comprendre comment elles peuvent être comparées les unes aux autres. Ce dernier objectif pourrait permettre de prendre

des décisions stratégiques concernant le portefeuille des interventions liées aux EFC ; par exemple, celle d'insister davantage sur la prévention que sur la détection ou d'utiliser plus d'une approche pour la détection que pour d'autres aspects (dans les limites du budget).

Ces approches de suivi-évaluation ont un double objectif : responsabiliser et fournir des leçons. Ce deuxième objectif pourrait englober les moyens d'identifier des initiatives de façon plus efficace, voire plus rentable. Ces objectifs sont principalement impulsés par le contexte politique dans lequel l'atténuation des EFC est

Tableau 8B.1 Rapport coûts-avantages du premier exercice de rapprochement de données en Roumanie, 2013

	Nombre de cas suspectés : rapprochement de données	Nombre de cas enquêtés, 2013	Nombre de cas d'EFC, 2013	Surpayé total (dettes), 2013	Dette recouvrée au 31 mars 2014	Coûts au 31 décembre 2013
CRB	36 818	27 720	5 650	11 569 170	5 117 824	115 692
FA	51 664	34 123	15 151	2 643 421	1 690 999	1 129 939
RMG	15 964	9 676	2 959	1 730 223	877 075	
SCA	541 502	27 308	2 549	1 189 902	692 476	74 964
Chauffage	35 851	24 030	4 874	755 368	241 046	490 989
Handicaps	5 457	5 457	2 724	1 301 069	551 914	143 118
Total		128 314	33 907	19 189 153	9 171 334	1 954 701
Rapport coût-avantage sur les surpayés (dettes estimées)						9,58
Rapport coût-avantage sur les dettes recouvrées						4,69

Source : "Reducing Fraud, Error, and Corruption (EFC) in Social Protection Programs," présentation de Vlad Grigoras et Emil Daniel Tesliuc, Groupe de la Banque mondiale, 2017.

Remarque : CRB = Prestation pour l'éducation de l'enfant (programme) ; EFC = erreur(s), fraude et corruption ; AF = Allocation familiale (programme) ; RMG = Revenu minimum garanti (programme) ; SCA = allocation de l'État pour l'enfant.

mise en œuvre. Au Royaume-Uni par exemple, l'évaluation du volume total des EFC dans le système a été principalement stimulée par les pressions exercées par la chambre basse du Parlement en matière de responsabilisation. En Roumanie, des préoccupations sur l'EFC ont émergé après la crise de 2008 à la suite d'une période de hausses vertigineuses dans les dépenses de filets de sécurité sociale.

Réduire l'EFC ne se limite pas à réduire les surpayés. Maintenir l'intégrité d'un système de protection sociale ne se limite pas uniquement à réduire les surpayés dans un système. En principe, un sous-paiement est une erreur qu'un système de protection sociale devrait traiter avec la même vigueur que les erreurs qui entraînent un excédent de paiement, la fraude et la corruption. Cette action permettrait de garantir un système de protection sociale plus sûr. Il peut avoir une pléthore de raisons pour lesquelles les individus ne reçoivent pas les prestations auxquelles ils ont droit. Généralement, il s'agit d'erreurs administratives qui empêchent les bénéficiaires de recevoir la totalité de leur dû. Des problèmes plus systémiques concernant la discrimination et le déni de droit peuvent également justifier pourquoi certains groupes ne bénéficient pas de prestations. Enfin, des

motifs culturels et personnels sont aussi souvent la raison pour laquelle des personnes ne demandent pas de prestations. Au Royaume-Uni, les sous-paiements seraient potentiellement plus élevés que les surpayés en raison de la fraude. Les rares évaluations disponibles, encore au niveau international, suggèrent que l'erreur peut constituer un problème plus sérieux que la fraude elle-même.

Notes

1. On retrouve ce schéma dans les conclusions d'un article de Lindert et Vincensini (2010) qui retrace l'évolution de l'attention portée par la presse sur le programme Bolsa Família du Brésil ainsi que les priorités des gestionnaires de ce programme sur une période de six ans.

2. Toutefois, certains décideurs politiques mettent l'accent sur la sortie de programme dès la phase de conception, en particulier pour les transferts en espèces et souvent en raison de pressions politico-économiques. En ce qui concerne la mise en œuvre, ils doivent toutefois veiller à ne pas surcharger la conception d'un nouveau programme, car les capacités sont limitées et le processus d'apprentissage exigeant. Le principe de

« rester simple » (ou « faire simple ») devrait prévaloir avant d'introduire des « perfectionnements » complexes en matière de transferts en espèces.

3. Même si cette étape s'appelle la gestion des opérations des bénéficiaires, les réclamations peuvent être déposées tant par des bénéficiaires que par des non-bénéficiaires. Dans certains cas, la décision relative à la réclamation ou à la plainte peut conduire à l'inscription au programme d'un non-bénéficiaire qui devient ainsi un bénéficiaire. La gestion des réclamations est traitée dans ce manuel comme une activité de la phase de gestion et de suivi des bénéficiaires des processus et mécanismes de mise en œuvre, car il se répercute sur le cycle récurrent de mise en œuvre. Toutefois, ces réclamations peuvent être déposées lors de n'importe quelle phase des processus et mécanismes de mise en œuvre (ou pendant le programme plus généralement).

4. De plus, dans certains cas, les informations sont incomplètes, parce que les procédures ont changé ou que de nouvelles exigences ont été établies.

5. Ce choix est également motivé par les règles de maintien minimal d'une personne dans un programme.

6. Manuel des opérations du programme Pantawid Pamilyang Pilipino, Département de la protection sociale et du développement, Gouvernement des Philippines, décembre 2015.

7. Manuel des opérations du programme Waseela-e-Taleem, Programme Benazir d'aide au revenu, Gouvernement du Pakistan, 2017.

8. Le terme « chaîne de surveillance » fait référence à la documentation ou à la trace écrite témoignant de l'enchaînement chronologique de la prise de possession, du contrôle, du transfert, de l'analyse et de l'élimination des informations physiques ou électroniques.

9. Guía para el Llenado de Fichas de Atención, Secretaría de Desarrollo Social, 2017.

10. Turquie, Direction générale de l'assistance sociale, 2016.

11. Le programme a récemment été remanié et n'existe plus en tant que TMC en raison de l'évolution de la politique sociale du Mexique.

12. Les six dimensions sont : la protection sociale, la dynamique familiale, l'éducation et la formation, la santé, l'emploi et le logement.

13. Base de données ASPIRE de la Banque mondiale et Banque mondiale (2018b).

14. Voir les méta-analyses de Fiszbein et Schady (2009). Baird, et coll. (2014), Bastagli et coll. (2016), Bastagli et coll. (2018), et de nombreuses autres études.

15. Se reporter au chapitre 2, encadré 2.1, sur la confusion terminologique.

16. Ce nombre passe à 40 000 en incluant les facilitateurs, les opérateurs, les superviseurs et les coordinateurs de district.

17. Au Pakistan, le BISP a engagé deux entreprises partenaires de mise en œuvre (une privée et une ONG) pour assurer la mobilisation sociale, l'inscription, l'aide à l'admission et la vérification de la conformité pour les TMC du programme WeT. Elles ont été sélectionnées par un processus d'appel d'offres et rendent compte au BISP (directeur du programme WeT). L'externalisation de ces fonctions se justifiait notamment par le manque de capacités de mise en œuvre des acteurs provinciaux et locaux, ainsi que par le fait que le BISP ne pouvait pas payer ces autorités pour les services rendus en raison de la réglementation complexe en matière de passation de marchés régissant les transferts budgétaires fédéraux-provinciaux.

18. Au Pakistan, l'une des périodes de conformité n'est pas appliquée en raison des vacances/jours fériés.

19. Le ministère de l'Éducation contrôle les inscriptions scolaires de tous les élèves du Brésil chaque année dans le cadre du recensement scolaire annuel (Censo Escolar), mais l'assiduité scolaire quotidienne et mensuelle n'est systématiquement contrôlée que pour les bénéficiaires du BFP (dans le Sistema Presença).

20. Basé sur la présentation par le gouvernement du Brésil du programme SENARC/MDS en octobre 2015.

21. Comme nous l'avons vu au chapitre 4, en 2009, le GDSA a lancé ISAS, un système d'information intégré d'administration électronique qui relie les informations de 24 autorités publiques différentes afin de faciliter la gestion des programmes de protection sociale, notamment pour les demandes, la détermination de l'éligibilité, les décisions d'inscription, les paiements, le suivi des bénéficiaires, la comptabilité automatisée et les audits.

22. Dans certains programmes de TMC, les premiers versements ne sont pas liés à la vérification du respect des conditionnalités (ces « versements gracieux » ne sont pas présentés ici).

23. En tant que tels, ces mois font référence à des périodes moyennes de 30 jours à partir du début de la première phase du cycle de suivi. Ils ne correspondent pas forcément aux chiffres des mois calendaires (autrement dit, mois 1 ≠ janvier, mois 2 ≠ février, mois 3 ≠ mars, etc.).

24. Par suivi, nous entendons les bénéficiaires de chaque catégorie pour qui les données de suivi sont disponibles (qu'ils respectent ou non les conditionnalités).

25. C'est un inconvénient pour le programme 4Ps, car évidemment, les femmes qui étaient enceintes en 2015 ne le sont plus, et d'autres qui n'étaient pas enceintes à cette époque auront pu le devenir. De même, les

enfants âgés de 0 à 5 ans ont grandi depuis 2015, et d'autres sont nés dans des familles bénéficiaires.

26. Brésil, ministère du Développement social, 2017.

27. Ce point est également lié à nos préoccupations suscitées par le suivi limité au Mexique aux bénéficiaires inscrits auprès des cliniques du programme Prospera.

28. Le Brésil commence également à surveiller les données si une grossesse est signalée en dehors de cette tranche d'âge. De plus, si les périodes de conformité de la plupart des programmes de TMC sont de deux mois, le BFP du Brésil a étendu la période de conformité pour le suivi des soins de santé à six mois pour accroître la probabilité qu'il soit en mesure de saisir des données sur l'utilisation des soins de santé.

29. Étude WAPES-BID 2014 de l'Association mondiale des services publics d'emploi (World of Public Employment Services), (IDB/WAPES/OECD 2015). Voir également Konle-Seidle, 2012 et Kuddo, 2009.

30. Enquête WAPES-BID 2014, rapportée dans IDB/ WAPES/ OECD (2015).

31. IDB/WAPES/OECD 2015.

32. L'acronyme « PAI » correspond à différents noms selon les pays et les contextes. Il correspond au « job plan » en Australie, « job search plan » en Hongrie, « employment plan » en Macédoine du Nord, « career plan » ou autres terminologies. La signification générale est la même et nous nous référerons au générique PAI.

33. Malte dispose de scanners biométriques d'empreintes digitales dans chaque centre d'emploi du SPE. Sur la base de l'analyse, chaque demandeur d'emploi reçoit un dossier imprimé avec les aspects pertinents de son PAI, y compris les services qui peuvent être mis à sa disposition. Voir Tubb, 2012.

34. Cela reflète les récents amendements à la loi fédérale sur l'emploi de la population dans la Fédération de Russie en vigueur depuis le 1er janvier 2019.

35. Tiré du programme de filet de sécurité productif du ministère éthiopien de l'Agriculture — phase IV — Manuel de mise en œuvre du programme (décembre 2014).

36. Voir Angel-Urdinola et Leon-Solano, 2013 et Betcherman, 2012.

37. Des informations pour le Danemark sont disponibles sur le site www.jobinsats.dk. Voir Bjerre, Sidelmann et Puchwein-Roberts, 2016.

38. Banque Mondiale, 2016a.

39. Les revenus dissimulés représentaient la principale cause de trop-perçus liés à la fraude entre 2005 et 2009. Fuller et al., 2014.

40. Le Diagnostic administratif de l'Assurance sociale (DAAS) définit les réclamations dans deux catégories distinctes : réclamations et recours. Les réclamations sont classées comme des réclamations sur la manière ou la qualité des services fournis par les Agences de sécurité sociale (ASS), tandis que les recours sont classés comme des réclamations sur l'exactitude des décisions prises par l'ASS (Banque mondiale, 2019).

41. Adapté de « Feedback Matters » (Banque mondiale, 2012a).

42. Shelley 2015.

43. Le programme d'allocation de vieillesse est l'un des plus anciens programmes de protection sociale mené sur une grande échelle au Bangladesh. Le programme de développement pour les groupes vulnérables est une réponse humanitaire à l'insécurité alimentaire au Bangladesh. Le programme de génération d'emploi est l'un des plus grands programmes de travaux publics. Il fournit 100 jours d'emploi (travail manuel non qualifié) aux personnes des régions rurales pendant la mousson et la saison creuse.

44. Banque mondiale 2012a.

45. Le processus d'utilisation des médias sociaux pour recueillir les commentaires des utilisateurs dans le domaine de la protection sociale peut comprendre les éléments suivants : (1) il est demandé aux bénéficiaires un retour d'information sur les programmes en utilisant les réseaux sociaux et les plateformes de messagerie, (2) les bénéficiaires envoient un retour d'information en utilisant les réseaux sociaux ou les plateformes de messagerie, (3) les bénéficiaires reçoivent des réponses automatisées indiquant que le retour d'information a été reçu, (4) le retour d'information est entré dans des plateformes de gestion de la relation client (CRM) dotées de capacités d'analyse et de visualisation, et (5) les réponses envoyées au bénéficiaire sont personnalisées, et incluent des remerciements pour son retour d'information et sur les mesures prises le cas échéant.

46. En général, cette complexité permet de réaliser des économies. Les programmes qui sont rigoureusement focalisés sur leur groupe ciblé coûtent moins que les programmes catégoriels ou universels. En effet, la réduction des erreurs d'inclusion grâce à des critères d'éligibilité plus complexes se traduirait par des économies plusieurs fois supérieures à celles des autres cas concernés par l'EFC. L'augmentation du nombre de critères a pour effet de diminuer le nombre de bénéficiaires en excluant ceux qui n'aurait pas dû être inclus, et par conséquent de réaliser une épargne. Cependant, elle peut entrainer plus de tentatives de fraude. Mais le coût de cette dernière restera inférieur à l'épargne réalisée par une augmentation du nombre de critères.

47. Certains pays ou programmes essayent de suivre les EFC sans recourir à un échantillonnage aléatoire des dossiers des bénéficiaires, en utilisant par exemple le nombre de poursuites engagées ou le nombre de cas frauduleux détectés. Cette méthode

sous-estime le niveau de fraude et d'erreur dans le système de protection sociale étant donné que de nombreux cas de fraude et d'erreur sont susceptibles de passer inaperçus dans ces évaluations. Ce type de mesure conduit à une estimation partielle et non comparable du niveau d'erreurs et de fraudes dans le système. Étant donné le petit coût marginal associé pour mener une inspection ou un examen non subjectif, nous recommandons d'utiliser les deux premières approches.

Bibliographie

Agarwal, Sanjay. 2011. "Beneficiary and Civil Society Engagement in SSN Programs." Slide presentation, World Bank, Kuwait City.

Andersen, Torben M., Mark Strom Kristoffersen, and Michael Svarer. 2015. "Benefit Reentitlement Conditions in Unemployment Insurance Schemes." IZA Discussion Paper 8991, Institute for the Study of Labor, Bonn, Germany.

Angel-Urdinola, Diego F., and Rene A. Leon-Solano. 2013. «A Reform Agenda for Improving the Delivery of ALMPs in the MENA Region.» IZA Journal of Labor Policy 2 (13). http://www.izajolp.com/content/2/1/13.

Arulpragasam, Jehan, Luisa Fernandez, Yasuhiko Matsuda, Rosechin Olfindo, and Matt Stephens. 2011. "Building Governance and Anti-Corruption in the Philippines' Conditional Cash Transfer Program." Philippine Social Protection Note No. 1, World Bank, Washington DC. http://documents.worldbank.org/curated /en/279051468093836088/Building-governance-and -anti-corruption-in-the-Philippines-conditional-cash -transfer-program.

Ashenfelter, Orley, David Ashmore, and Olivier Deschenes. 2005. "Do Unemployment Insurance Recipients Actively Seek Work? Evidence from Randomized Trials in Four US States." Journal of Econometrics 125 (1–2): 53–75.

Asian Development Bank. 2012. "The KALAHI-CIDSS Project in the Philippines: Sharing Knowledge on Community-Driven Development." Asian Development Bank, Mandaluyong City, Philippines. https://www.adb.org /sites/default/files/publication/29878/kalahi-cidss -project-philippines.pdf.

Australia, Department of Human Services. 2018. https:// www.humanservices.gov.au/.

Baird, Sarah, Francisco H. G. Ferreira, Berk Ozler, and Michael Woolcock. 2014. "Conditional, Unconditional, and Everything in Between: A Systematic Review of the Effects of Cash Transfer Programmes on Schooling Outcomes." Journal of Development Effectiveness 6 (1): 1–43.

Barca, Valentina. 2016. "Grievance Mechanisms for Social Protection Programmes: Stumbling Blocks and Best Practice." International Policy Centre for Inclusive Growth, Brasilia, Brazil. https://ipcig.org /pub/eng/OP320_Grievance_mechanisms_for_social _protection_programmes_stumbling_blocks_and _best_practice.pdf.

Bassett, Lucy, Sara Giannozzi, Lucian Pop, and Dena Ringold. 2012. "Rules, Roles, and Controls: Governance in Social Protection with an Application to Social Assistance." Social Protection and Labor Discussion Paper 1206, World Bank, Washington, DC. http://documents.worldbank.org/curated /en/301371468151778608/Rules-roles-and-controls -governance-in-social-protection-with-an -application-to-social-assistance.

Bastagli, Francesca, Jessica Hagen-Zanker, Luke Harman, Valentina Barca, Georgina Sturge, and Tanja Schmidt. 2018. "The Impact of Cash Transfers: A Review of the Evidence from Low- and Middle-Income Countries." Journal of Social Policy 48 (3): 569–94.

Bastagli, Francesca, Jessica Hagen-Zanker, Luke Harman, Valentina Barca, Georgina Sturge, and Tanja Schmidt, with Luca Pellerano. 2016. Cash Transfers: What Does the Evidence Say? A Rigorous Review of Programme Impact and of the Role of Design and Implementation Features. London: Overseas Development Institute.

Begum, Mahmuda. 2018. "Bangladesh's Vulnerable Group Development (VGD) Program." Slide presentation at the South-South Learning Forum 2018, Frankfurt, Germany, February 19–22. http://pubdocs.worldbank .org/en/804111520537796819/SSLF18-Building -Resilience-Bangladesh.pdf.

Benhassine, Najy, Florencia Devoto, Esther Dulfo, Pascaline Dupas, and Victor Pouliquen. 2013. "Turning a Shove into a Nudge? The 'Labeled Cash Transfer' for Education." NBER Working Paper 19227, National Bureau of Economic Research, Cambridge, MA.

Betcherman, Gordon. 2012. "Labor Market Institutions: A Review of the Literature." Background paper for the World Development Report 2013, World Bank, Washington, DC. © World Bank. https://openknowledge .worldbank.org/handle/10986/12139 License: CC BY 3.0 IGO.

Bjerre, Karsten, and Peter Sidelmann, with Isabelle Puchwein-Roberts. 2016. "Practitioner's Toolkit: Performance Management in PES." Ramboll Management Consulting and ICF International, prepared for the European Network of Public Employment Services, European Commission, Brussels, Belgium.

Boone, Jan, Peter Fredriksson, Bertil Holmlund, and Jan C. van Ours. 2001. "Optimal Unemployment Insurance with Monitoring and Sanctions." IZA Discussion Paper 401, Institute of Labor Economics, Bonn, Germany.

Brazil, Ministerio do Desenvolvimento Social (MDS), Secretaria Nacional de Renda da Cidadania (SENARC). 2017. Manual de Gestao do Programa Bolsa Família. 3a Edicao.

Brown, Alessio JG, and Johannes Koettl. 2015. "Active Labor Market Programs—Employment Gain or Fiscal Drain?" *IZA Journal of Labor Economics* 4 (12): 1–36. https://doi.org/10.1186/s40172-015-0025-5.

Caixa Economica Federal and Ministerio do Desenvolvimento Social e Agrario (MDSA), Secretaria Nacional de Renda de Cidadania (Senarc). 2016. Manual do SIBEC: Sistema de Beneficios ao Cidadao: Programa Bolsa Família.

Campello, Tereza, and Marcelo Cortes Neri, eds. 2014. "Bolsa Família Program: A Decade of Social Inclusión in Brazil" (executive summary in English, full report in Portuguese). Institute for Applied Economic Research, Federal Government of Brazil, Brasilia.

Cecchini, Simone, and Aldo Madariaga. 2011. "Conditional Cash Transfer Programmes: The Recent Experience in Latin America and the Caribbean." *Cuadernos de la CEPAL* 95 (September/November). https://ssrn.com/abstract=1962666.

Chile, Ministerio de Desarrollo Social. 2018. Registro Social de Hogares de Chile, World Bank.

Colombia, Departamento Administrativo para la Prosperidad Social. 2018a. "Dirección Transferencias Monetarias Condicionadas: Informe de Gestión, Julio–Diciembre de 2017." Departamento Administrativo para la Prosperidad Social, Bogotá. https://www.prosperidadsocial.gov.co/inf/doc/Documentos%20compartidos/Informe%20de%20Gestio%CC%81n%20II%20semestre%202017%20DTMC-nov29.pdf.

Colombia, Departamento Administrativo para la Prosperidad Social. 2018b. "Guía Operativa para la Verificación de Compromisos en Educación: Más Familias en Acción." Departamento Administrativo para la Prosperidad Social, Bogotá. https://www.prosperidadsocial.gov.co/inf/doc/Documentos%20compartidos/G-GI-TM-7%20GUI%CC%81A%20OPERATIVA%20PARA%20LA%20VERIFICACIO%CC%81N%20DE%20COMPROMISOS%20EN%20EDUCACIO%CC%81N%20VERSIO%CC%81N%205.pdf.

Colombia, Departamento Administrativo para la Prosperidad Social. 2018c. "Guía Operativa para la Verificación de Compromisos en Salud: Más Familias en Acción." Departamento Administrativo para la Prosperidad Social, Bogotá. https://www.prosperidadsocial.gov.co/inf/doc/Documentos%20compartidos/G-GI-TM-8%20GUI%CC%81A%20OPERATIVA%20PARA%20LA%20VERIFICACIO%CC%81N%20DE%20%20SALUD%20VERSION%205.pdf.

Colombia, Departamento Nacional de Planeación. 2016. "Declaración de Importancia Estratégica del Sistema de Identificación de Potenciales Beneficiarios (Sisbén IV)." Documento CONPES 3877, Departamento Nacional de Planeación, Bogotá. https://colaboracion.dnp.gov.co/CDT/Conpes/Econ%C3%B3micos/3877.pdf.

Colombia, Departamento para la Prosperidad Social. 2017. "Manual Operativo: Más Familias en Acción."

Corbanese, Valli. 2015. "Assessment of Delivery of Employment Services and Programmes for Youth by the Employment Service Agency of the FYR of Macedonia." Decent Work Technical Support Team and Country Office for Central and Eastern Europe, International Labour Organization, Budapest.

Costa Rica, Gobierno de, Instituto Mixto de Ayuda Social. 2015. Puente al Desarrollo, Estrategia Nacional para la Reducción de la Pobreza, Gobierno de Costa Rica.

Dávila Lárraga, Laura G. 2016. "How Does Prospera Work? Best Practices in the Implementation of Conditional Cash Transfer Programs in Latin America and the Caribbean." Technical Note IDB-TN-971, Inter-American Development Bank, Washington, DC.

Dodlova, Marian, Anne Giolbas, and Jann Lay. 2018. "Non-contributory Social Transfer Programs in Developing Countries: A New Dataset and Research Agenda." *Data Brief* 16: 51–64.

Fiszbein, Ariel, and Norbert Schady, with Francisco H. G. Ferreira, Margaret Grosh, Niall Keleher, Pedro Olinto, and Emmanuel Skoufias. 2009. *Conditional Cash Transfers: Reducing Present and Future Poverty.* Washington, DC: World Bank.

Fuller, David L., B. Ravikumar, and Yuzhe Zhang. 2014. "Unemployment Insurance Fraud and Optimal Monitoring." Working Paper 2012-024D, Research Division, Federal Reserve Bank of St. Louis, St. Louis, MO.

Garsten, C., K. Jacobsson, and K. Sztandar-Sztanderska. 2016. "Negotiating Social Citizenship at the Street-Level: Local Activation Policies and Individualization in Sweden and Poland." In *Integrating Social and Employment Policies in Europe: Active Inclusion and Challenges for Local Welfare Governance*, edited by M. Heidenrich and D. Rice, 265–94. Cheltenham, U.K., and Northhampton, Massachusetts: Edward Elgar Publishing.

Gomez Hermosillo M., Rogelio. 2016. "Mission Accomplished: The Accelerated Scale Up of the Productive Social Safety Net in Tanzania Achieved by TASAF." Consultant report.

GovTech Singapore. 2019. Government of Singapore. https://www.tech.gov.sg/.

Grigoras, Vlad, and Emil Daniel Tesliuc. 2017. "Reducing Error, Fraud, and Corruption (EFC) in Social Protection Programs." Slide presentation, World Bank, Washington, DC.

Grosh, Margaret, Carlo del Ninno, Emil Tesliuc, and Azedine Ouerghi. 2008. *For Protection and Promotion: The Design and Implementation of Effective Safety Nets*. Washington, DC: World Bank.

Ibarrarán, Pablo, Nadin Medellin, Ferdinando Regalia, and Marco Stampini, eds. 2017. *How Conditional Cash Transfers Work: Good Practices after 20 Years of Implementation*. Washington, DC: Inter-American Development Bank.

IDB/WAPES/OECD (Inter-American Development Bank /World Association of Public Employment Services /Organization for Economic Co-operation and Development). 2015. *The World of Public Employment Services*. IDB/WAPES/OECD. https://publications.iadb .org/en/world-public-employment-services.

ILO (International Labour Organization). 2018. "Public Employment Services: Joined-up Services for People Facing Labour Market Disadvantage." Working paper, ILO, Geneva, Switzerland. https://www.ilo.org /employment/Whatwedo/Publications/policy-briefs /WCMS_632629/lang--en/index.htm.

Immervoll, Herwig, and Carlo Knotz. 2018. "How Demanding Are Activation Requirements for Jobseekers?" IZA Discussion Paper 11704, Institute of Labor Economics, Bonn, Germany.

Indonesia, Ministry of Social Affairs. 2016. Implementation Guideline Program Keluarga Harapan (Family Hope Program, PKH).

International Labour Organization. 2016. *What Works: Active Labor Market Policies in Latin America and the Caribbean*. Geneva: International Labour Office.

Jamaica, Ministry of Labour and Social Security—PATH Team. 2017. Programme of Advancement through Health and Education (PATH): Operations Manual.

Kamurase, Alex. 2018. "Grievance Redressal Mechanism: Checklist." Internal document, World Bank, Washington, DC.

Klepinger, Daniel H., Terry R. Johnson, Jutta M. Joesch, and Jacob M. Benus. 1997. "Evaluation of the Maryland Unemployment Insurance Work Search Demonstration." Abt Associates Inc. and Battelle Memorial Institute, prepared for the Maryland Department of Labor, Licensing, and Regulation, Baltimore.

Konle-Seidl, Regina. 2012. "Activation and Integration: Working with Individual Action Plans: Monitoring and Follow-Up of IAPs and Their Outcomes in Selected EU Countries." European Commission Mutual Learning Programme for Public Employment Services: DG Employment, Social Affairs, and Inclusion, Brussels, Belgium.

Kuddo, Arvo. 2009. «Employment Services and Active Labor Market Programs in Eastern European and Central Asian Countries.» Social Protection and Labor Discussion Paper 0918, Human Development Network, World Bank, Washington, DC.

Kuddo, Arvo. 2012. «Public Employment Services and Activation Policies.» Social Protection and Labor Discussion Paper 1215, World Bank, Washington, DC.

Kumagai, Saki. 2013. "Platforms for Grievance Management." Presentation, Social Development Grievance Redress Mechanism Working Group Meeting, World Bank, Washington, DC, October 30, 2013.

Kumagai, Saki. 2016. "Sierra Leone Decentralized Service Delivery Project 2 (DSDP2): Activity Summary Report 1: Grievance Redress Mechanism." World Bank, Washington, DC. http://documents.worldbank .org/curated/en/523421467995644865/Sierra -Leone-decentralized-service-delivery-project -2-DSDP-2-activity-summary-report-1-grievance -redress-mechanism.

Leite, Phillippe, Tina George, Changqing Sun, Theresa Jones, and Kathy Lindert. 2017. "Social Registries for Social Assistance and Beyond: A Guidance Note and Assessment Tool." Social Protection and Labor Discussion Paper 1704, World Bank, Washington, DC. http://documents.worldbank.org/curated /en/698441502095248081/Social-registries-for -social-assistance-and-beyond-a-guidance-note -and-assessment-tool.

Lindert, Kathy, Anja Linder, Jason Hobbs, and Benedicte de la Briere. 2007. "The Nuts and Bolts of Brazil's Bolsa Família Program: Implementing Conditional Cash Transfers in a Decentralized Context." Social Protection Discussion Paper 0709, World Bank, Washington, DC.

Lindert, Kathy, and Vanina Vincensini. 2010. "Social Policy, Perceptions, and the Press: An Analysis of the Media's Treatment of Conditional Cash Transfers in Brazil." Social Protection Discussion Paper 1008, World Bank, Washington, DC.

Loxha, Artan, and Matteo Morgandi. 2014. "Profiling the Unemployed: A Review of OECD Experiences and Implications for Emerging Economies." Social Protection and Labor Discussion Paper 1424, World Bank, Washington, DC.

Maragh, Daynia T. 2017. "Analysis of Current Compliance Situation: Programme of Advancement through Health and Education (PATH)." Ministry of Labor and Social Security, Kingston, Jamaica.

McKenzie, David. 2017. "How Effective Are Active Labor Market Policies in Developing Countries? A Critical Review of Recent Evidence." Policy Research Working Paper 8011, World Bank, Washington, DC.

Mexico. 2019. Reglas de Operación de la Pensión para el Bienestar de las Personas Adultas Mayores.

Mexico, Secretaría de Desarrollo Social. 2017. "Guía para el Llenado de Fichas de Atención." Secretaría de Desarrollo Social, Dirección General de Atención a Grupos Prioritarios.

Mexico, Secretaría de Desarrollo Social. 2017. Reglas de Operación del Programa Pensión para Adultos Mayores, para el ejercicio fiscal 2018.

Mexico, Secretaría de Desarrollo Social. 2018a. Prospera's current process in verification of co-responsibilities (Mexico): Responding to challenges leveraging new and emerging technologies. http://socialprotection.org/discover/publications/Prosperas-current-process-verification-co-responsibilities-mexico-responding.

Mexico, Secretaría de Desarrollo Social. 2018b. Reglas de Operación de Prospera Programa de Inclusión Social.http://socialprotection.org/discover/publications/Prosperas-current-process-verification-co-responsibilities-mexico-responding.

Mosley, Hugh G. 2011. "Decentralisation of Public Employment Services." European Commission, Social Affairs and Inclusion, Brussels, Belgium.

Ortakaya, Ahmet Fatih. 2018. "Monitoring Conditionalities in Turkey's CCT Program." Internal background note, Delivery Systems Global Solutions Group, Social Protection and Jobs Global Practice, World Bank, Washington, DC.

Paes-Sousa, Romulo, Ferdinando Regalia, and Marco Stampini. 2013. "Conditions for Success in Implementing CCT Programs: Lessons for Asia from Latin America and the Caribbean." Social Protection and Health Division Policy Brief IDB-PB-192, Inter-American Development Bank, Washington, DC.

Pakistan, Government of, Benazir Income Support Programme. 2017. Operation Manual Waseela-e-Taleem.

Patel, Darshana, Yuko Okamura, Shanna Elaine B. Rogan, and Sanjay Agarwal. 2014. "Grievance Redress System of the Conditional Cash Transfer Program in the Philippines." Social Development Department and East Asia Social Protection Unit Case Study, World Bank, Washington, DC. http://documents.worldbank.org/curated/en/111391468325445074/Grievance-redress-system-of-the-conditional-cash-transfer-program-in-the-Philippines.

Pearce, Rohan. 2017. "Department of Human Services Plans Next Generation of Virtual Assistants." Computerworld, October 11, 2017. https://www.computerworld.com.au/article/628424/department-human-services-plans-next-generation-virtual-assistants/.

Peixoto, Tiago, and Micah L. Sifry, eds. 2017. Civic Tech in the Global South: Assessing Technology for the Public Good. Washington, DC: World Bank and Personal Democracy Press. https://openknowledge.worldbank.org/handle/10986/27947.

Pellerano, Luca, and Valentina Barca. 2014. "Does One Size Fit All? The Conditions for Conditionality in Cash Transfers." Oxford Policy Management, Oxford, UK.

Pfeil, Hélène, Saki Kumagai, Sanjay Agarwal, and Alfredo Gonzalez-Briseno. 2016. Strengthening the Citizen-State Compact through Feedback: Effective Complaint Management as a Pathway for Articulating Citizen Voice and Improving State Response. Washington, DC: World Bank. http://documents.worldbank.org/curated/en/265311467007229719/Strengthening-the-citizen-state-compact-through-feedback-effective-complaint-management-as-a-pathway-to-articulate-citizen-voice-and-improve-state-response.

Philippines, Department of Social Welfare and Development. 2015a. "Grievance Redress System Overview." Presentation, June.

Philippines, Department of Social Welfare and Development. 2015b. GRS flowcharts—examples.

Philippines, Department of Social Welfare and Development. 2015c. Pantawid Pamilyang Pilipino Program Operations Manual, 2015 Edition.

Pinxten, Juul. 2018. "Background Note: Monitoring Conditionalities in Indonesia's PKH Program." Delivery Systems Global Solutions Group, Social Protection and Jobs Global Practice, World Bank, Washington, DC.

PWC (PricewaterhouseCoopers). 2016. "Comprehensive Assessment and Benchmarking Report of the Pantawid Pamilyang Pilipino Program Business Processes and Information Systems: Assessment and Benchmarking of the DSWD Pantawid Pamilyang Pilipino Program, Final Report." Consultant report.

Ranganathan, Malini. 2012. "Re-engineering Citizenship: Municipal Reforms and the Politics of 'e-Grievance Redressal' in Karnataka's Cities." In Urbanizing Citizenship: Contested Spaces in Indian Cities, edited by Renu Desai and Romola Sanyal, 109–32. Thousand Oaks and New Delhi: Sage.

Shelley, Selina. 2015. "Piloting a Grievance Mechanism for Government of Bangladesh's Social Protection Programmes: Final Report." Manusher Jonno Foundation, Dhaka, Bangladesh. http://nfspbd.org/wp-content/uploads/2018/07/GM-Scoping-Report.pdf.

Singapore, Inland Revenue Authority. 2019. https://www.iras.gov.sg/irashome/default.aspx.

Social Security Administration. n.d. Social Security Programs throughout the World. Various regions and years. Washington, DC: Social Security Administration. https://www.ssa.gov/policy/docs/progdesc/ssptw/.

Tanzania, President's Office. 2013. Tanzania Third Social Action Fund/Productive Social Safety Net (PSSN): Operational Manual.

Transparency International. 2016. "Complaint Mechanisms: Reference Guide for Good Practice." Transparency International, Berlin, Germany.

Tubb, Helen. 2012. "Activation and Integration: Working with Individual Action Plans: Toolkit for Public Employment Services." European Commission Mutual Learning Programme for Public Employment Services: DG Employment, Social Affairs, and Inclusion, European Commission, Brussels, Belgium.

Turkey, General Directorate of Social Assistance. 2014. Operational Manual on Central Regular Assistance Programs.

Turkey, General Directorate of Social Assistance. 2016. Turkey's Integrated Social Assistance System.

Turkey, Ministry of Family, Labor, and Social Services. 2019. https://alo144.aile.gov.tr/alo-144.

Turkey, Ombudsman Institution. 2018. https://www.ombudsman.gov.tr/English/about-us/index.html.

Turkey, Presidency Communication Center. 2019. https://www.cimer.gov.tr/.

UNDP (United Nations Development Programme) and UNDP-APRC (Asia-Pacific Regional Centre). 2013. "Strengthening the Governance of Social Protection: The Role of Local Government: Regional Analysis." UNDP, Bangkok, Thailand. http://www.asiapacific.undp.org/content/dam/rbap/docs/Research%20&%20Publications/democratic_governance/RBAP-DG-2014-Strengthening-Governance-of-Social-Protection.pdf.

United Kingdom, NAO (National Audit Office). 2006. "International Benchmark of Fraud and Error in Social Security Systems." NAO, London.

Van den Berg, Gerard, and Bas van der Klaauw. 2006. "Counseling and Monitoring of Unemployed Workers: Theory and Evidence from a Controlled Social Experiment." International Economic Review 47 (3): 895–936.

van Stolk, Christian, and Emil D. Tesliuc. 2010. "Toolkit on Tackling Error, Fraud, and Corruption in Social Protection Programs." Social Protection Discussion Paper 1002, World Bank, Washington, DC.

Velarde, Rashiel B. 2018. "The Philippines' Targeting System for the Poor: Successes, Lessons, and Ways Forward." Social Protection Policy Note 16, World Bank and Australian Aid, Washington, DC.

Venn, Danielle. 2012. "Eligibility Criteria for Unemployment Benefits: Quantitative Indicators for OECD and EU Countries." OECD Social, Employment, and Migration Working Paper 131, Organisation for Economic Co-operation and Development Publishing, Paris.

Villa, Juan M., and Miguel Niño-Zarazua. 2017. "Poverty Dynamics and Graduation from Conditional Cash Transfers: A Transition Model for Mexico's Progresa-Oportunidades-Prospera Program." Journal of Economic Inequality 17: 219–51. https://doi.org/10.1007/s10888-018-9399-5.

Wazed, Mohammed A. 2010. "Employment Generation Program of Bangladesh." Presentation by the Bangladesh Ministry of Food and Disaster Management at the South-South Learning Forum 2010, Arusha, Tanzania, June 14–18, 2010.

World Bank. 2012a. "Feedback Matters: Designing Effective Grievance Redress Mechanisms for Bank-Financed Projects. Part 1. The Theory of Grievance Redress." World Bank, Washington, DC. https://openknowledge.worldbank.org/handle/10986/12524.

World Bank. 2012b. World Development Report 2013: Jobs. Washington, DC: World Bank.

World Bank. 2013. "A Rapid Assessment Report of the Grievance Redress System (GRS) for the Conditional Cash Transfer Program in the Philippines: Pantawid Pamilyang Pilipino Program (Pantawid Pamilya)." World Bank, Washington DC.

World Bank. 2016a. "Activation and Public Employment Services in Poland: Enhancing Labor Market Policies for the Out-of-Work Population." World Bank, Washington, DC. https://openknowledge.worldbank.org/handle/10986/29831.

World Bank. 2016b. "World Development Report 2016: Digital Dividends." Overview booklet. World Bank, Washington, DC. http://documents.worldbank.org/curated/en/961621467994698644/World-development-report-2016-digital-dividends-overview.

World Bank. 2018a. "Grievance Redress Mechanisms: Responsible Agricultural Investment (RAI) Knowledge into Action Notes." RAI KN 19, World Bank, Washington, DC. http://documents.worldbank.org/curated/en/145491521090890782/Grievance-redress-mechanisms.

World Bank. 2018b. "Mobile Technology in Sierra Leone: Improving Inclusiveness, Transparency, and Accountability." Slide presentation, World Bank, Washington, DC.

World Bank. 2018c. "Stakeholder Engagement and Information Disclosure." Guidance Note for Borrowers ESS10, World Bank, Washington, DC. http://documents.worldbank.org/curated/en/476161530217390609/ESF-Guidance-Note-10-Stakeholder-Engagement-and-Information-Disclosure-English.pdf.

World Bank. 2018d. The State of Social Safety Nets 2018. Washington, DC: World Bank.

World Bank. 2018e. "Tanzania—Progress Review and Implementation Support of PSSN I and Preparation of Proposed New Phase Operation (PSSN II)." World Bank, Washington, DC.

World Bank. 2019. "Social Insurance Administrative Diagnostics (SIAD): Guidance Note." Working draft, World Bank, Washington, DC.

World Bank, Office of the Compliance Advisor Ombudsman. 2008. "A Guide to Designing and Implementing Grievance Mechanisms for Development Projects: Advisory Note." World Bank, Washington, DC. http://www.cao-ombudsman.org/howwework/advisor/documents/implemgrieveng.pdf.

WWP (Brazil Learning Initiative for a World Without Poverty). 2016a. "Bolsa Família Program Conditionalities: How Does It Work?" http://wwp.org.br/.

WWP (Brazil Learning Initiative for a World Without Poverty). 2016b. "Breach of Bolsa Família Program Conditionalities." http://wwp.org.br/.

WWP (Brazil Learning Initiative for a World Without Poverty). 2016c. "Results and Impacts of the Bolsa Família Educational Conditionalities Monitoring." http://wwp.org.br/.

WWP (Brazil Learning Initiative for a World Without Poverty). 2016d. "Results and Impacts of the Health Conditionalities of the Bolsa Família." http://wwp.org.br/.

WWP (Brazil Learning Initiative for a World Without Poverty). 2016e. "Results of Monitoring the Bolsa Família Conditionalities." http://wwp.org.br/.

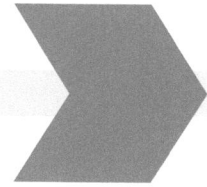

Chapitre 9

Évaluation des performances des systèmes de mise en œuvre de la protection sociale

Estelle Raimondo, Briana Wilson, Inés Rodríguez Caillava, et Kathy Lindert

Ce chapitre fournit un cadre d'évaluation de la performance des principaux éléments constitutifs des systèmes de mise en œuvre des programmes de protection sociale, ainsi que de la manière dont ces systèmes peuvent promouvoir l'inclusion et renforcer la coordination. Le chapitre est organisé comme suit :

- La section 9.1 donne un aperçu de la chaîne de résultats pour les systèmes de mise en œuvre dans le contexte d'une théorie du changement.
- La section 9.2 identifie les dimensions clés de la performance ainsi que les indicateurs de performance des différents systèmes qui interviennent le long de la chaîne de mise en œuvre.
- La section 9.3 passe en revue les types d'évaluations qui sont couramment utilisés pour évaluer les systèmes de mise en œuvre.

- La section 9.4 se termine par quelques réflexions sur la manière d'opérationnaliser ce cadre de mesure de la performance pour passer de la mesure de la performance à la gestion de la performance.

Plusieurs exemples de pays sont abordés dans ce chapitre, comme indiqué ci-dessous :

- **Afrique :** Malawi
- **Asie de l'Est et Pacifique :** Philippines
- **Europe et Asie centrale :** Grèce, Macédoine du Nord, Moldavie, Roumanie et Serbie
- **Amérique latine et Caraïbes :** Brésil, Chili, Colombie, Costa Rica, République dominicaine, Pérou
- **Moyen-Orient et Afrique du Nord :** République arabe d'Égypte, Cisjordanie et Gaza.
- **Asie du Sud :** Pakistan
- **Autres pays de l'Organisation de coopération et de développement économiques (OCDE) :** États-Unis

Comment les systèmes de mise en œuvre contribuent-ils aux résultats des programmes de protection sociale ?

Les chaînes de résultats se concentrent généralement sur le lien entre les activités du programme et les résultats de haut niveau. Les théories traditionnelles du changement tendent à se concentrer sur la chaîne de causalité reliant les activités du programme telles que les transferts d'argent ou la formation professionnelle à des résultats de haut niveau tels que la sortie des populations vulnérables de l'extrême pauvreté ou leur meilleure résistance aux chocs. Dans les théories traditionnelles du changement, un ensemble d'hypothèses sous-jacentes sur les systèmes de mise en œuvre sont généralement énoncées, notamment la précision du ciblage et la capacité des populations vulnérables à accéder aux prestations ou aux services du programme. D'autres hypothèses pourraient inclure l'efficacité du système d'orientation.

Cependant, les théories du changement sont rarement explicites quant à la manière dont les systèmes de mise en œuvre contribuent à l'efficacité et à l'efficience des programmes de protection sociale. En d'autres termes, ces théories ne précisent pas ce qu'il faut faire pour que leurs hypothèses se réalisent. Pourtant, comme l'a montré ce manuel, les systèmes de mise en œuvre impliquent de nombreux processus, acteurs et facteurs favorables à la mise en œuvre des programmes de protection sociale. Sans systèmes de mise en œuvre, il n'y a pas de mise en œuvre. Sans mise en œuvre, il n'y a pas d'activités de programme. Sans activités de programme, il n'y a pas de résultats.

Les systèmes de mise en œuvre méritent une chaîne de résultats avec une logique de performance qui lui est propre et qui sous-tend la théorie du changement du programme. Ce chapitre entend combler cette lacune en synthétisant un cadre de performance qui rend compte de cette partie souvent ignorée et pourtant essentielle des programmes de protection sociale efficaces. La figure 9.1 montre graphiquement où se situe l'axe de performance étudié dans ce chapitre par rapport aux théories du changement traditionnelles.

Performance tout au long de la chaîne de mise en œuvre

Les systèmes de mise en œuvre sont l'épine dorsale des programmes de protection sociale, car ils en constituent l'environnement opérationnel pour la délivrance de leurs prestations et de leurs services. Cet environnement opérationnel comprend les principales phases et processus tout au long de la chaîne de mise en œuvre (figure 9.2), les principaux acteurs (personnes et institutions) et les facteurs favorables (communications, systèmes d'information et technologie).

Une chaîne de mise en œuvre performante soutient le double objectif d'une fourniture efficace et efficiente des prestations et des services à la population ciblée. Les systèmes de mise en œuvre **efficaces** sont par essence inclusifs. Non seulement ils atteignent la population ciblée, mais ils le font en partie en surmontant le défi d'inclure les groupes vulnérables et ceux confrontés à des difficultés d'accès spécifiques. Les systèmes de mise en œuvre qui fonctionnent bien en favorisent également l'**efficience** : c'est-à-dire que les clients et les gestionnaires peuvent passer par chaque phase de la chaîne de mise en œuvre sans délai excessif et à un coût raisonnable. Un système de mise en œuvre efficient assure donc la coordination et élimine la fragmentation. Un tel système exploite les synergies au sein et entre les programmes pour minimiser les coûts pour les gestionnaires et intègre les systèmes et les chaînes de mise en œuvre des différents programmes afin de minimiser les coûts pour les clients. Les systèmes performants garantissent *l'efficacité* et *l'efficience* tout au long de la chaîne de mise en œuvre, de la sensibilisation à la surveillance de routine, et sont soutenus par des systèmes d'information, des interfaces clients et des institutions efficaces et efficients. Le récit de la performance tout au long de la chaîne de mise en œuvre est présenté graphiquement dans le niveau supérieur de la figure 9.3.

Chaque composante de la chaîne de mise en œuvre s'appuie sur les autres[1]. Par exemple, une sensibilisation efficace garantit que les populations ciblées et les groupes vulnérables sont informés des interventions et les comprennent, et qu'ils sont disposés à s'inscrire

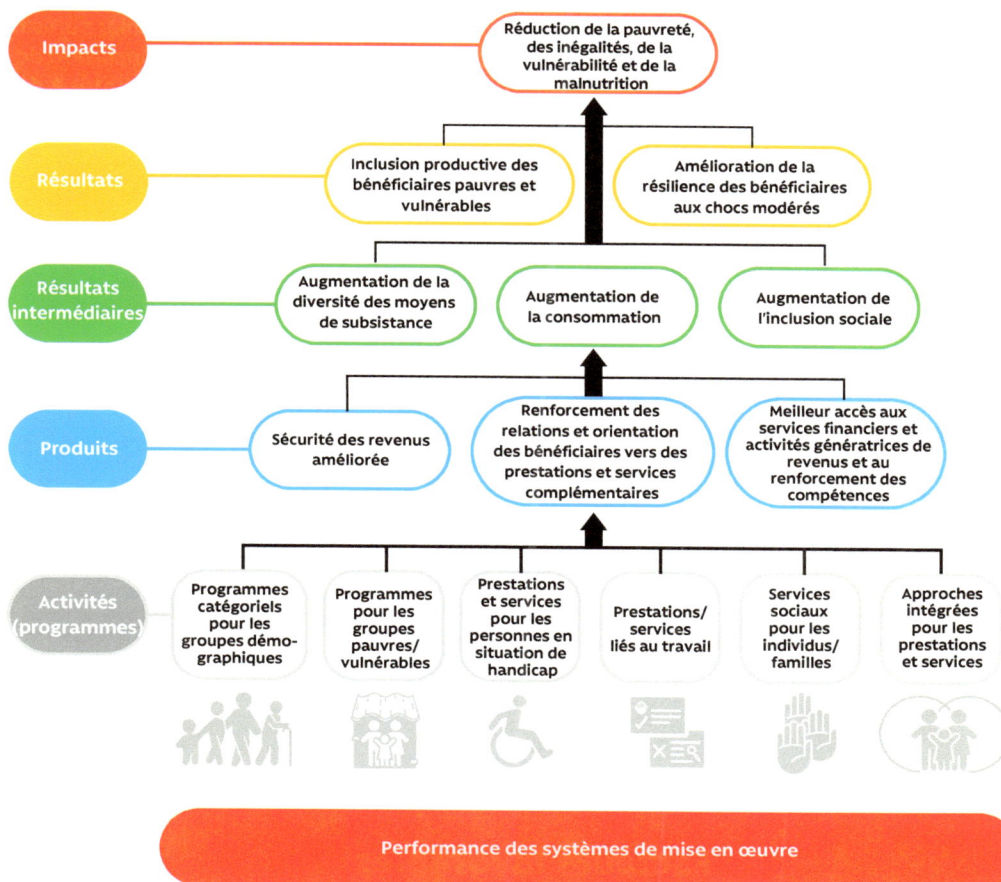

Figure 9.1 Relier les niveaux de la théorie du changement dans les programmes de protection sociale

Impacts

Réduction de la pauvreté, des inégalités, de la vulnérabilité et de la malnutrition

Résultats

Inclusion productive des bénéficiaires pauvres et vulnérables

Amélioration de la résilience des bénéficiaires aux chocs modérés

Résultats intermédiaires

Augmentation de la diversité des moyens de subsistance

Augmentation de la consommation

Augmentation de l'inclusion sociale

Produits

Sécurité des revenus améliorée

Renforcement des relations et orientation des bénéficiaires vers des prestations et services complémentaires

Meilleur accès aux services financiers et activités génératrices de revenus et au renforcement des compétences

Activités (programmes)

Programmes catégoriels pour les groupes démographiques

Programmes pour les groupes pauvres/ vulnérables

Prestations et services pour les personnes en situation de handicap

Prestations/ services liés au travail

Services sociaux pour les individus/ familles

Approches intégrées pour les prestations et services

Performance des systèmes de mise en œuvre

Source : Figure conçue pour cette publication.

Figure 9.2 La chaîne de mise en œuvre de la protection sociale

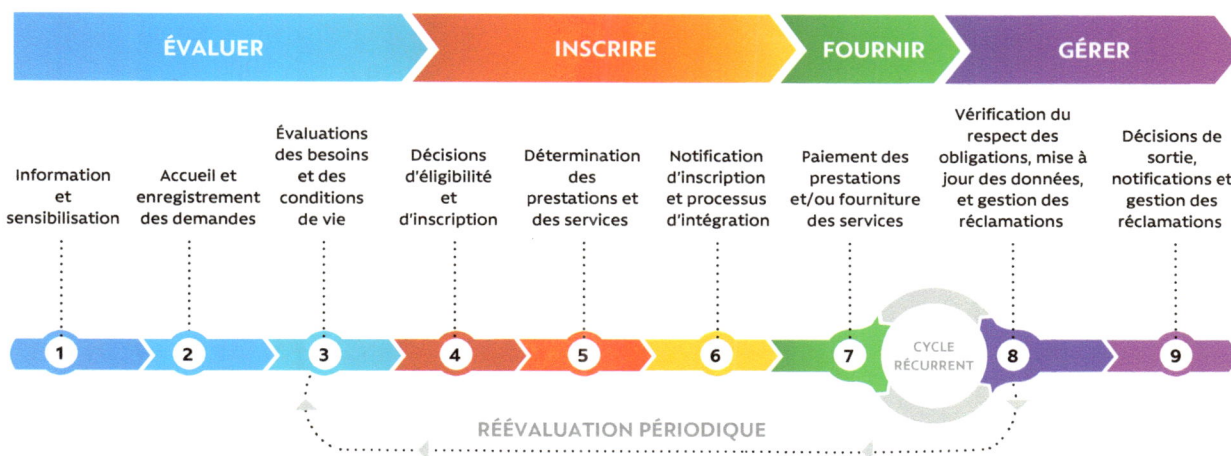

ÉVALUER INSCRIRE FOURNIR GÉRER

1. Information et sensibilisation
2. Accueil et enregistrement des demandes
3. Évaluations des besoins et des conditions de vie
4. Décisions d'éligibilité et d'inscription
5. Détermination des prestations et des services
6. Notification d'inscription et processus d'intégration
7. Paiement des prestations et/ou fourniture des services
8. Vérification du respect des obligations, mise à jour des données, et gestion des réclamations
9. Décisions de sortie, notifications et gestion des réclamations

CYCLE RÉCURRENT

RÉÉVALUATION PÉRIODIQUE

Source : Figure conçue pour cette publication.

OBJECTIF ··· Les programmes fournissent des services et des prestations de manière efficace et efficiente et favorisent l'inclusion de groupes spécifiques confrontés à des difficultés d'accès

ÉVALUER | **INSCRIRE** | **FOURNIR** | **GÉRER**

1 › 2 › 3 › 4 › 5 › 6 › 7 (CYCLE RÉCURRENT) › 8 › 9

Information et sensibilisation
La population ciblée (PV), y compris les groupes vulnérables (GV), comprend le programme et souhaite s'y inscrire

Accueil et enregistrement des demandes
Les PV et GV effectuent leur demande de manière efficiente et leurs informations sont enregistrées avec précision

Évaluation des besoins et des conditions de vie
Les demandeurs sont profilés et catégorisés avec précision

Inscription
Les demandeurs éligibles sont efficacement intégrés avec efficience, avec un minimum de fuites vers les populations inéligibles

Détermination du paquet de prestations/services
Les prestations et les services sont déterminés avec précision

Paiement des prestations et/ou fourniture des services
Les bénéficiaires inscrits reçoivent des services et des prestations appropriés, conformément aux normes de service

Vérification du respect des obligations par les bénéficiaires, mise à jour des données, et gestion des réclamations
Les informations sont mises à jour, exemptes d'erreur(s), de fraude et de corruption, adaptées aux besoins changeants des clients et elles favorisent les comportements souhaités

Facteurs favorables

Les systèmes d'information sont solides (ils contiennent des informations complètes, exactes et uniques), sécurisés (ils protègent la confidentialité des données et garantissent la sécurité des transactions), efficients (ils réduisent au minimum le temps et l'argent nécessaires pour fournir les informations, les conserver et y accéder), interopérables et dynamiques.

Les communications et l'interface client fournissent des informations et un soutien appropriés aux citoyens, en particulier à ceux qui sont confrontés à des obstacles à l'accès, afin de les guider dans le processus d'une manière centrée sur l'utilisateur.

Les institutions sont bien gouvernées (elles disposent d'un cadre juridique solide, de rôles et de responsabilités clairs, d'une supervision appropriée), bien dotées (elles disposent de ressources humaines qualifiées, de budgets et d'incitations appropriés) et bien coordonnées.

Source : Figure conçue pour cette publication.

aux programmes et à fournir des informations sur eux-mêmes. Ces produits de la sensibilisation alimentent ensuite la phase d'accueil et d'enregistrement des demandes. D'autres éléments importants doivent être réunis pour permettre un accueil et un enregistrement des demandes efficaces, notamment une interface client qui fonctionne bien ainsi qu'un système d'information robuste qui enregistre avec précision les informations des clients dans le registre social. Les produits

de cette phase sont alors des informations complètes, validées et vérifiées sur les demandeurs. Ces produits, ainsi que divers outils d'évaluation, alimentent l'évaluation des besoins et des conditions de vie. Les produits de la phase d'évaluation sont les profils des demandeurs/enregistrés évalués. Ces profils, ainsi que les critères d'éligibilité propres au programme, sont les éléments qui permettent de déterminer l'éligibilité. Les décisions relatives à l'inscription sont également influencées par les budgets des programmes et les protocoles de mise sur liste d'attente des personnes éligibles si les places sont insuffisantes. Les profils des inscrits permettent également de décider du paquet de prestations/services qui leur sera proposé. Les décisions d'inscription sont prises selon les règles du programme et à la discrétion des travailleurs sociaux. Les demandeurs sont informés de leur statut (éligibles ou non éligibles, inscrits ou sur liste d'attente), et les bénéficiaires inscrits sont intégrés. Ils reçoivent alors une explication des règles, des activités, des attentes, et de leurs droits et responsabilités. Après la notification et l'intégration des bénéficiaires, le registre des bénéficiaires est mis à jour. Celui-ci fournit à son tour des informations qui alimentent le paiement des prestations et la fourniture des services. L'étape suivante du cycle de mise en œuvre, la gestion des opérations des bénéficiaires, se traduit par des mises à jour du registre des bénéficiaires, des modifications du paquet de prestations/services, des décisions sur les éventuelles pénalités ou sanctions pour non-conformité aux conditionnalités, et le règlement des réclamations (dans certains cas, cela conduit à l'ajout de nouveaux bénéficiaires ou à des modifications du paquet de prestations/services). Ces résultats se répercutent sur le paiement des prestations et la fourniture des services.

La communication, notamment au sein de l'interface client, ainsi que les systèmes d'information et les technologies qui les prennent en charge permettent d'avoir une chaîne de mise en œuvre efficace et efficiente. La contribution de ces facteurs favorables à la performance des systèmes de mise en œuvre est représentée au bas de la figure 9.3. La performance de la chaîne de mise en œuvre dépend également de l'efficacité et de l'efficience avec lesquelles les acteurs clés et les facteurs favorables tels que les institutions, les communications et les systèmes d'information jouent leur rôle. Plus précisément, les systèmes de mise en œuvre performants reposent sur les éléments suivants :

- **Des institutions** qui sont bien gouvernées par un cadre juridique solide, avec des rôles et des responsabilités clairs et une supervision appropriée. Elles doivent également être dotées de ressources humaines qualifiées, de budgets et d'incitations appropriés. Elles doivent être bien coordonnées entre elles, afin de garantir un partage approprié des informations et des données.

- **Une communication et une interface client efficaces** qui facilitent l'interaction et les boucles de rétroaction entre le programme et les personnes qu'il cible. Une interface performante fournit des informations appropriées aux clients, les soutient tout au long des différentes phases du programme, de la demande à l'inscription, et les aide à s'orienter dans les différentes tâches. Il est essentiel d'accorder une attention particulière aux clients confrontés à des difficultés d'accès pour garantir l'inclusion des programmes de protection sociale.

- **Des systèmes d'information** qui soutiennent le programme de protection sociale tout au long de la chaîne de mise en œuvre en fournissant des informations précises. Les systèmes d'information doivent fournir des informations complètes et précises, et être bien sécurisés afin de protéger la confidentialité des données relatives aux clients et d'assurer la sécurité des paiements et autres transactions. En outre, ils doivent être efficients, afin de réduire au minimum le temps et l'argent nécessaires à la saisie, à la récupération, à la conservation et à l'accès aux informations. Les systèmes les plus efficaces sont dynamiques : ils peuvent évoluer avec les changements du programme et sont interopérables avec d'autres systèmes d'information, au sein ou en dehors du programme. En ce sens, les systèmes interopérables sont la quintessence d'une bonne coordination.

Justification de l'évaluation des performances des systèmes de mise en œuvre

Ouvrir la boîte noire de la mise en œuvre est l'un des objectifs de ce manuel pour (1) comprendre le fonctionnement interne des systèmes de mise en œuvre, (2) identifier les bonnes pratiques qui permettent aux différentes parties du système de fonctionner, et (3) définir les processus qui garantissent la fluidité de la chaîne de mise en œuvre et qui en minimisent son coût. La mesure de la performance des systèmes de mise en œuvre est un élément essentiel de cet objectif. Un cadre de mesure de la performance sert trois objectifs principaux qui font écho aux objectifs fondamentaux de suivi et d'évaluation, de gestion de la performance, d'apprentissage et de responsabilité :

- Premièrement, des indicateurs de performance suivis régulièrement peuvent permettre un diagnostic rapide des goulots d'étranglement dans la chaîne de mise en œuvre et d'apporter des corrections pour éviter les problèmes systémiques. La production d'informations sur la performance est nécessaire à la gestion efficace du système. En prenant régulièrement le pouls du système, un cadre de mesure des performances peut émettre des signaux indiquant que le système fonctionne efficacement pour atteindre la population ciblée, en offrant un accès adapté aux groupes vulnérables pour assurer l'inclusion, et en minimisant efficacement les coûts pour les gestionnaires et les clients. Inversement, il peut déclencher des signaux d'alarme lorsqu'une partie de la chaîne de mise en œuvre ne fonctionne pas comme prévu. Les gestionnaires de programmes peuvent alors intervenir pour y remédier.
- Deuxièmement, jumelés à d'autres techniques d'évaluation (voir les sources de données dans la section 9.2), les cadres d'indicateurs de performance peuvent également aider à identifier d'autres voies, processus ou pratiques qui permettent au système d'être plus efficace ou d'économiser du temps ou de l'argent aux clients. Les mesures de performance des systèmes de mise en œuvre peuvent alimenter un ensemble plus large de preuves évaluatives sur le programme, y compris les évaluations d'impact, et contribuer à un programme plus approfondi de leçons tirées de l'expérience pour affiner et améliorer l'impact d'un programme.
- Troisièmement, un système de mesure de la performance est une partie importante d'une fonction de surveillance plus large des programmes de protection sociale qui garantit une allocation efficace des fonds publics. Les décisions stratégiques au niveau du programme ou au niveau politique peuvent également bénéficier d'informations actualisées et opportunes sur les performances des systèmes de mise en œuvre et ajuster ainsi les paramètres clés du programme sur la base d'informations en temps réel. En outre, si les informations sur la performance sont mises à la disposition d'un large éventail de parties prenantes sous une forme utilisable, elles peuvent contribuer à préserver l'intégrité et la réputation du programme.

9.2 MESURER LA PERFORMANCE DES SYSTÈMES DE MISE EN ŒUVRE : LES INDICATEURS

Un cadre d'indicateurs de performance est un outil de gestion utile afin de suivre les progrès et l'apport des systèmes de mise en œuvre. Ce chapitre propose plusieurs options pour mesurer la performance tout au long des systèmes de mise en œuvre. L'annexe 9A classe plus de 100 indicateurs qui saisissent diverses dimensions de la performance. Cette compilation ne suggère pas qu'un programme doive adopter l'ensemble du cadre, mais vise plutôt à offrir une liste d'options parmi lesquelles les programmes de protection sociale peuvent choisir et adapter à leurs circonstances spécifiques. En effet, la parcimonie est une caractéristique importante d'un cadre d'indicateurs de qualité. Seuls les indicateurs mesurables, contrôlables et, surtout, utiles à la prise de décision doivent être intégrés. Cette section met en évidence la logique du cadre d'indicateurs, qui est présenté à l'annexe 9A.

Dimensions clés de la performance : efficacité et efficience

Le Manuel de référence se concentre sur deux catégories plus larges de performance : l'efficacité et l'efficience. La performance des systèmes de mise en œuvre comporte de nombreuses dimensions, mais la plupart d'entre elles correspondent aux objectifs généraux d'efficacité et d'efficience. Par exemple, l'inclusion est explicitement comprise comme une composante clé de l'efficacité. La performance peut également être reconnue à l'aide d'autres critères, en fonction des objectifs des programmes que les systèmes de mise en œuvre soutiennent. En outre, la performance des systèmes d'information, de la communication, des institutions et des personnes est prise en compte dans l'annexe 9A.

L'efficacité est un élément central de la performance des systèmes de mise en œuvre. Comme le définissent les critères d'évaluation de l'OCDE/CAD (Comité d'aide au développement), l'efficacité est la « mesure dans laquelle les objectifs et les résultats de l'intervention ont été atteints » (Réseau OCDE/CAD sur l'évaluation du développement, 2019). Dans ce Manuel de référence, un système efficace n'est pas seulement un système qui atteint, enregistre et fournit des prestations et des services à la majorité de la population ciblée, mais c'est aussi un système qui est inclusif parce qu'il tient compte des besoins spécifiques des populations vulnérables et de celles qui sont confrontées à des obstacles à l'accès. Par conséquent, le critère d'évaluation de l'inclusion est intégré à l'efficacité pour refléter cette logique. Toutefois, des indicateurs de performance spécifiques, permettant de mesurer la façon dont chaque partie de la chaîne de mise en œuvre atteint les groupes vulnérables et ceux qui sont confrontés à des obstacles à l'accès, sont intégrés à l'annexe 9A. Sans son propre ensemble de mesures, l'inclusion risque de « s'évaporer » en cours de route. Ce phénomène est bien mis en évidence dans la littérature sur l'intégration de la dimension de genre.

L'efficience est une autre dimension importante, bien qu'elle soit difficile à mesurer. Pour évaluer les performances, il est essentiel de s'assurer que les résultats sont atteints à des coûts raisonnables. Ainsi, les clients doivent pouvoir suivre les différentes phases de la chaîne de mise en œuvre à un rythme raisonnable et à un coût minimal, tant pour les gestionnaires que pour les clients. Parmi les mesures alternatives de l'efficience figurent les délais de traitement des différentes phases ou étapes de la chaîne de mise en œuvre.

Les indicateurs de performance peuvent donc aider à suivre l'efficacité et l'efficience des systèmes de mise en œuvre. Le choix des indicateurs dépend du niveau de maturité du système, ainsi que des objectifs généraux du programme et de la façon dont le système est censé contribuer au programme. Par conséquent, il n'existe pas d'ensemble idéal d'indicateurs qui pourrait être reproduit pour tous les programmes. Néanmoins, ce chapitre propose un ensemble d'indicateurs considérés comme importants pour saisir la performance tout au long de la chaîne de mise en œuvre. La figure 9.4 met en évidence ces indicateurs clés de performance. Le cadre d'indicateurs complémentaire de ce chapitre (annexe 9A) offre un large éventail d'options pour suivre les performances et contrôler les apports tout au long de la chaîne de mise en œuvre.

Lorsqu'on décide des indicateurs à intégrer dans le cadre de mesure de la performance d'un système de mise en œuvre, il faut garder à l'esprit quelques principes. Premièrement, la qualité des indicateurs de performance dépend de leur utilisation. Il peut être coûteux de produire des données de mesure de la performance et de leur donner un sens par le biais de rapports. Ainsi, au moment de décider des indicateurs de performance à suivre, il convient de consulter les utilisateurs prévus afin de s'assurer que les indicateurs seront utilisés. Deuxièmement, générer les indicateurs les plus utiles et les plus valides peut s'avérer plus coûteux que de collecter des indicateurs de routine moins utiles, mais générés automatiquement par le système. Ainsi, être sélectif en matière d'indicateurs signifie également considérer la valeur de chaque indicateur par rapport à son coût. Troisièmement, pour suivre les performances dans le temps, il est utile de générer des données longitudinales. Certains indicateurs de performance fondamentaux ne devraient pas changer chaque année. D'autres peuvent être adoptés pour des périodes plus courtes afin de suivre les effets à court terme d'une innovation dans le système de mise en œuvre ou pour vérifier si la performance s'améliore après qu'un problème dans les processus et mécanismes de mise en œuvre été résolu. Quatrièmement, le cadre des indicateurs de performance doit évoluer avec les systèmes de mise en œuvre. Des systèmes de mise en œuvre plus matures seront en mesure de générer et d'absorber des sources de données plus avancées. Compte tenu de ces quatre considérations, les programmes doivent choisir avec soin les indicateurs à adopter pour la gestion des performances.

Exemples d'indicateurs communs

Pour mesurer l'efficacité de l'information et de la sensibilisation, il est utile de déterminer si les gens sont informés d'un programme ou d'un registre social. Les indicateurs pour cette phase devraient provenir d'enquêtes spécifiques ou de sondages d'opinion. En ce qui concerne l'expérience et les droits des utilisateurs, certains programmes vérifient si les gens sont informés des objectifs du programme, des critères d'éligibilité, des droits et des responsabilités. Par exemple,

Figure 9.4 Indicateurs de performance clés le long de la chaîne de mise en œuvre de la protection sociale

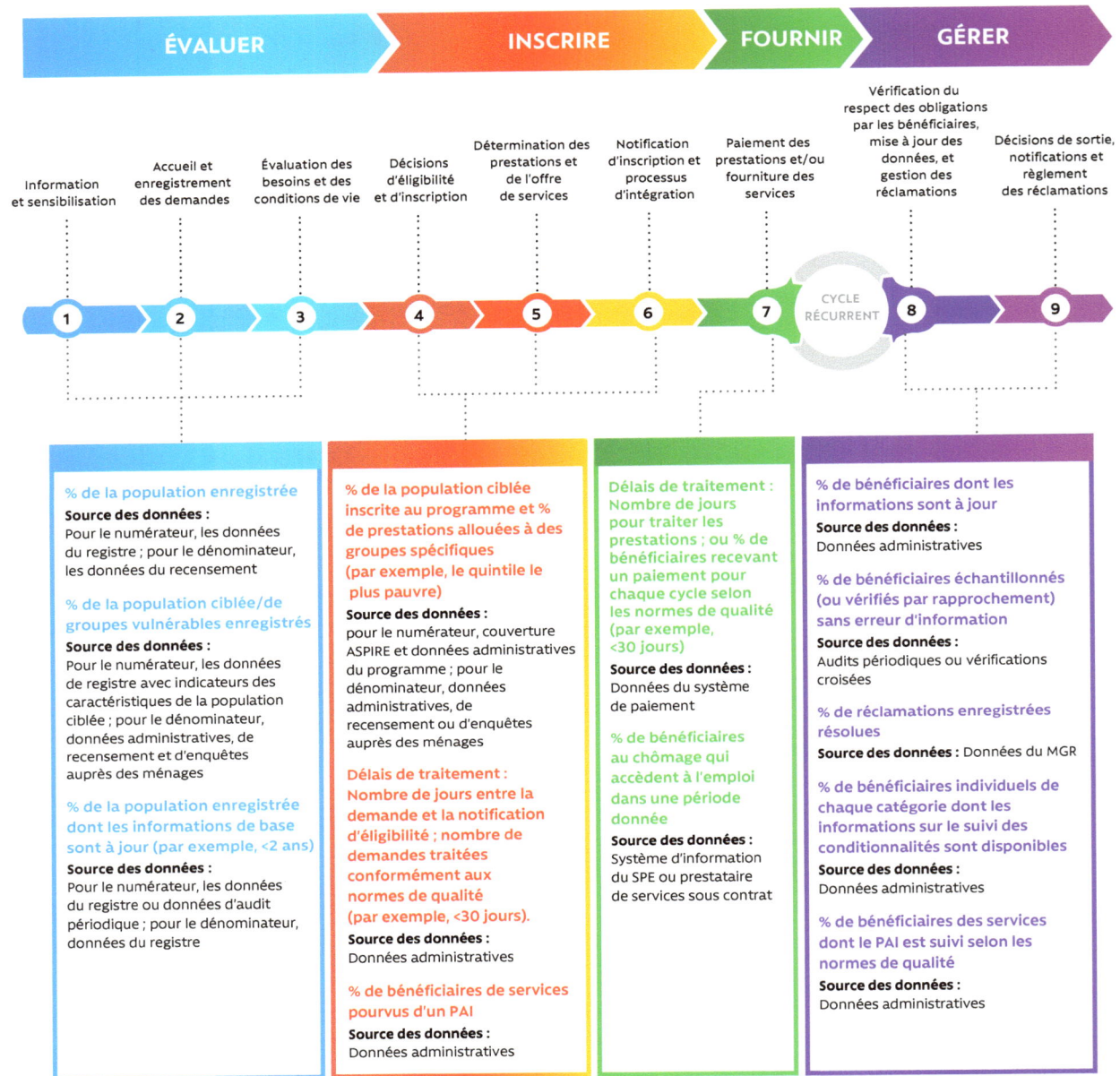

Source : Tableau conçu pour cette publication.

Note : ASPIRE = Atlas des indicateurs de résilience et d'équité de la protection sociale (Banque mondiale) (*Atlas of Social Protection Indicators of Resilience and Equity*) ; MGR = Mécanisme de gestion des réclamations ; PAI = plan d'action individualisé ; SPE = Service public de l'emploi.

dans le programme de transfert monétaire conditionnel (TMC) de la Macédoine du Nord, le cadre de résultats comprend un indicateur de performance sur le pourcentage de bénéficiaires potentiels (ménages potentiellement éligibles au TMC) qui ont été informés de leur statut d'éligibilité et des exigences du processus de demande dans le cadre du système de suivi du programme.

Il existe plusieurs indicateurs de performance pour mesurer l'efficacité de l'accueil et de l'enregistrement. Examinons quatre indicateurs qui peuvent être utiles pour cette phase :

- L'indicateur le plus simple et fréquemment suivi est la part de la population enregistrée dans un registre social. La figure 9.5 fournit des données de ce type pour divers pays, et indique également si l'accueil et l'enregistrement des demandes ont été effectués selon des approches à la demande ou impulsés par les gestionnaires (voir chapitres 2 et 4). Cet indicateur est un moyen facile de catégoriser la taille d'un registre social, particulièrement pertinent si le registre sert plusieurs programmes (dans la protection sociale et d'autres domaines)[2]. Il pourrait également être important de suivre la part de la population qui est enregistrée là où le registre social a été effectivement déployé. Cela permettrait de prendre en compte le ciblage géographique qui peut exister dans un pays. Pour les programmes liés au travail, cet indicateur pourrait être le nombre total de personnes (sans emploi) qui sont enregistrées auprès d'un bureau du service public de l'emploi (SPE).
- Le deuxième indicateur qui pourrait être utile est la part de la population bénéficiaire ciblée qui est enregistrée. Les données nécessaires pour cet indicateur sont plus complexes. Si la population ciblée est constituée de personnes pauvres, l'indicateur serait alors le nombre de personnes pauvres incluses dans le registre social par rapport au nombre total de personnes pauvres dans le pays. Pour les programmes liés au travail, cet indicateur pourrait être mesuré comme la part des chômeurs inscrits dans un bureau du SPE[3].
- Le troisième indicateur est le nombre ou la part de personnes (ou de familles) issues de groupes vulnérables qui sont enregistrées, ce qui est une variation du deuxième indicateur.

- Enfin, le quatrième indicateur est la part des personnes (ou des ménages) enregistrées dont les informations sont à jour (disons, datant de moins de deux ans). Pour les registres sociaux à la demande, cet indicateur est probablement en dessous de 100 %, car des personnes cessent d'avoir recours aux programmes de protection sociale et ne participent donc pas aux réévaluations périodiques. Pour les registres sociaux statiques maintenus par des gestionnaires de programme, la valeur de cet indicateur sera la même pour chaque ménage d'une même cohorte. Si la vague d'enregistrement a été effectuée récemment, cet indicateur peut être proche de 100 % (pour cette cohorte). Si l'enregistrement n'a pas été effectué depuis plusieurs années, cet indicateur peut être égal à zéro. Tous ces indicateurs sont illustrés dans le cadre du registre social brésilien Cadastro Único dans l'encadré 9.1, qui met également en évidence certains des défis en matière de données que pose le calcul du deuxième indicateur.

La plupart des programmes suivent des indicateurs relatifs à **l'inscription** au programme. En effet, les chaînes de résultats se concentrent traditionnellement sur les activités du programme ; les données sur le nombre de bénéficiaires sont donc généralement facilement disponibles. Un indicateur de performance clé pour l'étape d'inscription est la couverture de la population ciblée sur la base des données administratives. Le numérateur serait le nombre de personnes ou de ménages inscrits (sur la base des données du programme) et le dénominateur serait la taille de la population ciblée (à partir des enquêtes sur les ménages ou du recensement). Une autre variation de cet indicateur pourrait être le nombre de personnes inscrites ou de ménages couverts en tant que part des objectifs, en particulier si un programme est mis à l'échelle pour atteindre un objectif national. Pour divers services, une partie importante de l'étape d'inscription est l'élaboration de plans d'action individualisés (PAI), qui définissent les objectifs, les activités de service ciblées, etc. Un indicateur pourrait donc être la part des bénéficiaires pourvus de PAI au cours de la phase d'inscription.

Durant la phase de **paiement des prestations et/ ou fourniture des services**, le suivi de l'efficacité dépend de la nature des prestations ou des services fournis par le programme, mais de nombreux indicateurs peuvent s'appliquer aux deux. Les exemples d'indicateurs

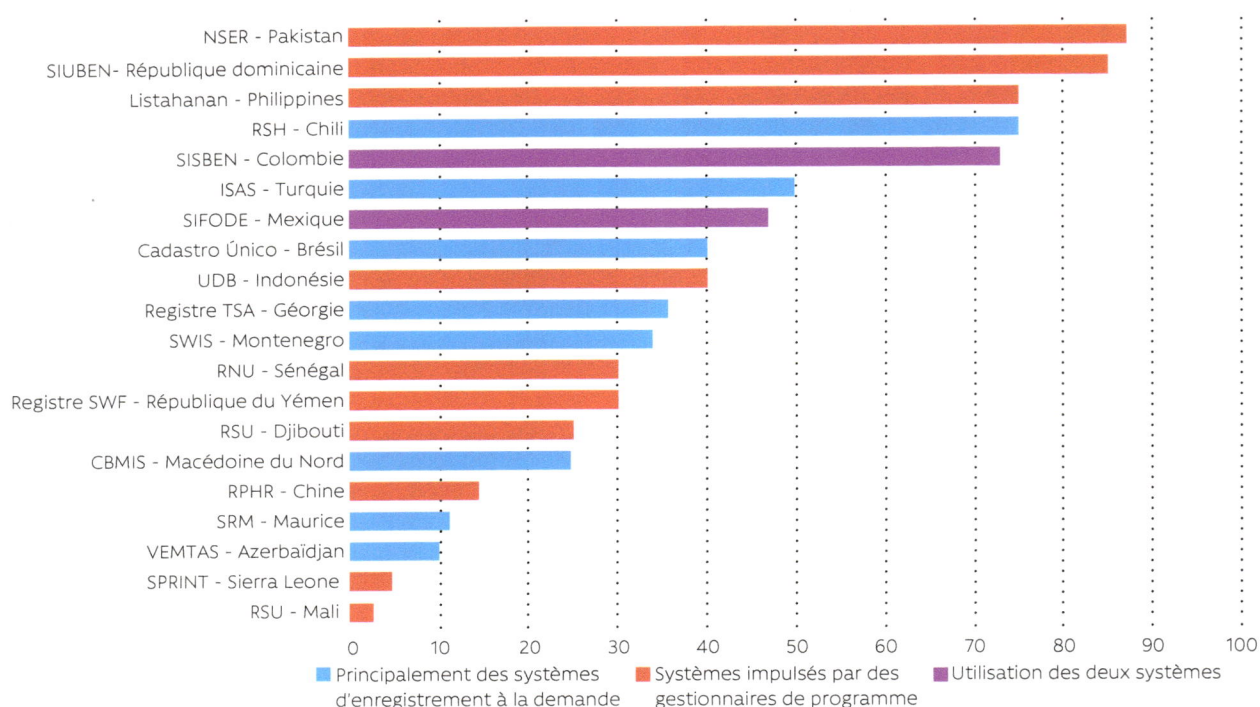

NSER - Pakistan	
SIUBEN- République dominicaine	
Listahanan - Philippines	
RSH - Chili	
SISBEN - Colombie	
ISAS - Turquie	
SIFODE - Mexique	
Cadastro Único - Brésil	
UDB - Indonésie	
Registre TSA - Géorgie	
SWIS - Montenegro	
RNU - Sénégal	
Registre SWF - République du Yémen	
RSU - Djibouti	
CBMIS - Macédoine du Nord	
RPHR - Chine	
SRM - Maurice	
VEMTAS - Azerbaïdjan	
SPRINT - Sierra Leone	
RSU - Mali	

■ Principalement des systèmes d'enregistrement à la demande ■ Systèmes impulsés par des gestionnaires de programme ■ Utilisation des deux systèmes

---

Encadré 9.1 Indicateurs pour l'accueil et l'enregistrement des demandes dans le cas du registre social Cadastro Único du Brésil

Le Cadastro Único du Brésil est un registre social qui fournit des informations recueillies lors de l'accueil et l'enregistrement des demandes au programme Bolsa Familia, mais aussi à de nombreux autres programmes. Il s'agit d'un système à la demande, de sorte que les données du registre sont fluides. Le Secrétariat général pour l'évaluation et l'information (SAGI) du ministère du Développement social (MDS) publie des rapports mensuels sur les indicateurs clés tirés du Cadastro Único. En utilisant ces rapports, ainsi que d'autres données de l'Institut brésilien de géographie et de statistique (IBGE), nous pouvons illustrer comment calculer trois indicateurs clés pour la phase d'accueil et d'enregistrement des demandes de la chaîne de mise en œuvre :

Indicateur 1 : le pourcentage de la population qui est enregistrée. Cet indicateur est relativement simple,

car le SAGI rend compte du nombre de ménages (27 313 209 en janvier 2019) et d'individus (74 437 980) enregistrés dans le Cadastro Único, et l'IBGE tient à jour les données sur la population (209 626 347 personnes estimées pour 2019). Cet indicateur était de 74 437 980/209 626 347 = 36 % enregistrés dans le Cadastro Único en janvier 2019.

Indicateur 2 : le pourcentage de la population ciblée qui est enregistrée. Cet indicateur est plus compliqué, car il nécessite des données supplémentaires du registre social ainsi que des estimations de la pauvreté de l'IBGE. Il nécessite également d'aligner la caractérisation des « personnes pauvres » par le registre social aussi étroitement que possible sur la définition nationale de la pauvreté. Les données du rapport SAGI indiquent que, parmi les personnes enregistrées dans le Cadastro Único,

suite

- 38,3 millions de personnes vivaient dans des familles dont le revenu était inférieur à 89 BRL par mois[a].

- 9,7 millions de personnes vivaient dans des familles dont le revenu était compris entre 89 BRL et 178 BRL par mois[b].

- 17,1 millions de personnes vivaient dans des familles dont les revenus se situaient entre 178 BRL et la moitié du salaire minimum mensuel, soit 499 BRL[c].

- Au total, 65,1 millions de personnes (88 % des personnes enregistrées) vivaient dans des familles dont le revenu était inférieur à 499 BRL, ce qui signifie que 31 % de la population nationale totale avait de faibles revenus et était enregistrée dans le Cadastro Único.

Les dernières données sur la pauvreté fournies par l'IBGE concernent l'année 2017. Elles suggèrent que 58,4 millions de personnes vivaient avec moins de 406 BRL par mois, ce qui représente environ 28 % de la population totale en 2017. Malheureusement, les données sur la pauvreté pour 2019 ne sont pas disponibles. D'autres ajustements seraient nécessaires pour des conversions correctes avec le même seuil (406 BRL) et pour le même moment dans le temps. Cela serait possible avec des données supplémentaires à celles du rapport mensuel du SAGI. Il est toutefois important de noter qu'il semble assez clair que la quasi-totalité des personnes considérées comme « pauvres » sont enregistrées dans le Cadastro Único[d]. Cela suggère une forte performance de ce système « à la demande » pour parvenir à atteindre une couverture quasi universelle des groupes à faibles revenus, ce qui est primordial puisque le Cadastro Único sert de nombreux programmes.

Indicateur 3 : nombre ou part de personnes ou de familles issues de groupes vulnérables qui sont enregistrées. Il est important de noter que le SAGI/MDS suit cet indicateur dans ses rapports mensuels, avec des informations sur le nombre de familles inscrites (et le sous-ensemble des bénéficiaires de la Bolsa Familia) issues de divers groupes vulnérables, tels que les populations autochtones des Quilombolo et Cigana, celles qui ont un statut spécifique lié à l'environnement ou à l'agriculture, et celles qui vivent dans divers types de situations précaires (comme les sans-abris).

Indicateur 4 : Part des ménages enregistrés dont les informations sont actualisées. Il s'agit d'un indicateur de performance de base qui fait l'objet d'un suivi et d'un rapport actifs par le MDS, car il alimente également leur indice de mise en œuvre décentralisée (IGD), comme indiqué au chapitre 4. Dans le rapport mensuel du SAGI, les données de 85 % des ménages enregistrés avaient moins de deux ans (leur période de réévaluation) dans le Cadastro Único, en janvier 2019. Cela est logique, car à cette date, toutes les personnes précédemment enregistrées n'avaient pas encore besoin d'un soutien. Le MDS suit également cet indicateur pour chacune des 5 570 municipalités, ce qui lui permet de suivre les variations de performance au niveau infranational.

Sources : Relatorio Bolsa Familia e Cadastro Único, un rapport mensuel du SAGI/MDS (https://aplicacoes.mds.gov.br/sagi/RIv3/geral/index.php?relatorio=153&file=entrada), consulté en 2019. Données sur la population et la pauvreté de l'IBGE (https://www.ibge.gov.br/).

a. 89 BRL est le seuil de revenu mensuel pour que les personnes extrêmement pauvres puissent bénéficier des prestations du programme Bolsa Familia. Ils reçoivent les montants de prestation les plus élevés, qui sont calculés sur la base des revenus et de la composition du ménage.

b. 178 BRL est le seuil de revenu mensuel pour que les personnes modérément pauvres puissent bénéficier des prestations du programme Bolsa Familia. Les personnes dont le revenu se situe entre 89 BRL et 178 BRL reçoivent des prestations plus modérées, selon la liste des prestations.

c. En janvier 2019, le salaire mensuel minimum était de 998 BRL, donc la moitié de ce montant est 499 BRL.

d. Outre les différences d'année et de seuils utilisés, les données d'un registre social ne sont pas exactement comparables aux statistiques annuelles sur la pauvreté, car le registre social saisit à la fois un stock (des personnes enregistrées au fil du temps) et un flux (les personnes enregistrées plus récemment).

suivants peuvent être utilisés ou adaptés pour mesurer les services ou les prestations : couverture de la population ciblée, fréquence des services/prestations, rapidité ou qualité du paiement ou de l'obtention des services, et accès aux prestations ou aux services (ventilé par groupes spécifiques). Deux indicateurs clés de performance sont détaillés comme suit :

- **Part de la population ciblée qui bénéficie de prestations et/ou de services («couverture»).** Pour les programmes démographiques catégoriels, cela pourrait être la part de toutes les personnes âgées (65 ans ou plus) recevant une pension sociale, ou la part de tous les enfants âgés de 0 à 18 ans recevant une prestation pour enfant. Cet indicateur peut être estimé à l'aide de données administratives ou d'enquêtes sur les ménages. Pour les programmes axés sur la pauvreté, l'indicateur pourrait porter sur la part des personnes appartenant au quintile le plus pauvre (ou à une autre tranche de revenus) qui bénéficient de prestations ou de services. Dans ce cas, le numérateur serait le nombre de bénéficiaires recevant des prestations ou des services dans le quintile le plus pauvre (ou une autre tranche de revenus) et le dénominateur serait la population totale du quintile le plus pauvre. Pour calculer la couverture par quintiles ou déciles de richesse par habitant, il faut généralement disposer de données issues d'enquêtes sur les ménages. La couverture est un indicateur principal dans la base de données ASPIRE de la Banque mondiale (figure 9.6)[4]. Pour les programmes axés sur l'emploi, ces indicateurs peuvent être utilisés pour mesurer la part des chômeurs bénéficiant de prestations ou de services de chômage (parfois ventilés par groupes spécifiques). De même, pour les prestations ou services d'invalidité, la couverture peut mesurer la part de la population en situation de handicap bénéficiant de prestations ou de services d'invalidité.

- **Incidence des prestations ou des bénéficiaires.** Cet indicateur est couramment utilisé dans les programmes axés sur la pauvreté pour reconnaître la répartition des prestations ou des bénéficiaires du programme le long de la distribution des richesses. Ainsi, cet indicateur détermine si un programme est favorable aux populations pauvres en examinant la part des prestations ou services totaux allant au quintile le plus pauvre (ou toute autre mesure de la

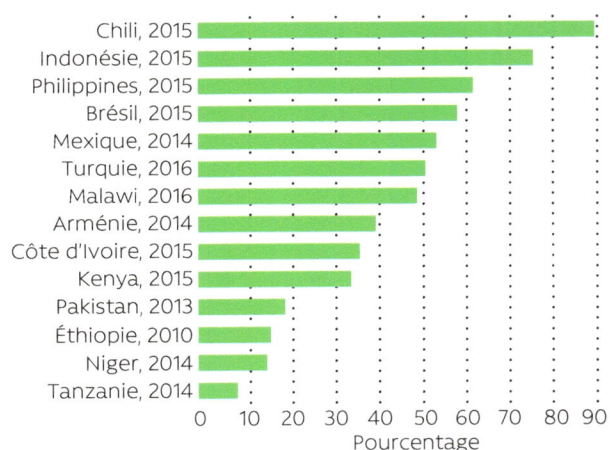

Figure 9.6 Part de la population du quintile le plus pauvre recevant des prestations d'aide sociale

Source : Base de données ASPIRE, Banque mondiale, http:// datatopics .worldbank.org/aspire/.

Note : L'indicateur est calculé comme suit : (nombre d'individus du quintile le plus pauvre qui vivent dans un ménage dont au moins un membre reçoit le transfert)/(nombre d'individus du quintile le plus pauvre). Ce chiffre sous-estime la couverture totale de la protection sociale et du travail, car les enquêtes sur les ménages n'incluent pas tous les programmes qui existent dans chaque pays. L'indicateur inclut les bénéficiaires directs et indirects (tous les individus qui vivent dans un ménage dont au moins un membre reçoit le transfert). Dans le cas du Kenya, un examen des dépenses publiques (Sundaram et Pape, 2019) a révélé que la couverture totale du quintile le plus pauvre est de 12,5 % lorsque les programmes de protection sociale de base sont pris en compte. Lorsque les programmes d'alimentation scolaire (qui profitent aux étudiants de tous les quintiles de revenu) sont ajoutés (dans ASPIRE), cela entraîne une différence de couverture par rapport à l'examen des dépenses publiques.

pauvreté). Dans ce cas, le numérateur est le nombre de bénéficiaires recevant des prestations ou des services (ou le montant des prestations) dans le quintile le plus pauvre et le dénominateur est le nombre total de bénéficiaires (ou le montant des prestations). Il s'agit d'un autre indicateur principal de la base de données ASPIRE de la Banque mondiale (figure 9.7).

- **L'allocation des prestations.** L'outil d'évaluation inter-agences de la protection sociale (ISPA) pour les systèmes de paiement fournit de nombreuses indications sur la manière d'évaluer la performance des systèmes de paiement pour la protection sociale, y compris des outils et des lignes directrices[5].

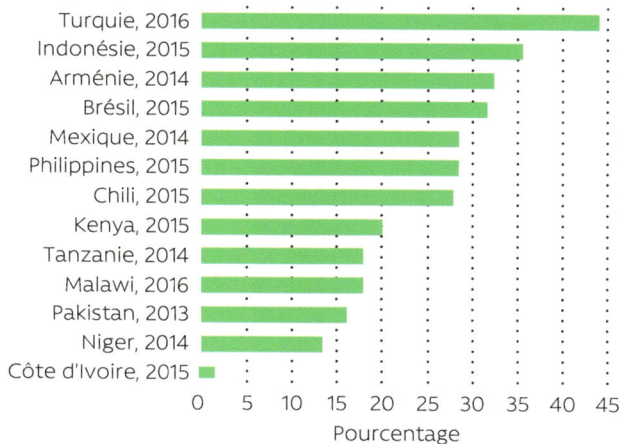

Figure 9.7 Part des prestations d'aide sociale allant aux quintiles les plus pauvres dans certains pays

Turquie, 2016
Indonésie, 2015
Arménie, 2014
Brésil, 2015
Mexique, 2014
Philippines, 2015
Chili, 2015
Kenya, 2015
Tanzanie, 2014
Malawi, 2016
Pakistan, 2013
Niger, 2014
Côte d'Ivoire, 2015

0 5 10 15 20 25 30 35 40 45
Pourcentage

Source : Base de données ASPIRE, Banque mondiale, http://datatopics .worldbank.org/aspire/.

Note : L'indicateur est calculé comme suit : (somme de tous les transferts reçus par tous les individus du quintile le plus pauvre)/(somme de tous les transferts reçus par tous les individus de la population). Dans le cas du Kenya, un examen des dépenses publiques (Sundaram et Pape, 2019) a révélé que la précision du ciblage est de 32,4 % lorsque les programmes de protection sociale de base sont pris en compte. Lorsque les programmes d'alimentation scolaire (qui profitent aux étudiants de tous les quintiles de revenu) sont ajoutés (dans ASPIRE), la précision du ciblage est moindre par rapport à l'examen des dépenses publiques. Ceci est dû au fait que les programmes d'alimentation scolaire ont une précision de ciblage plus faible par rapport aux programmes d'assistance sociale de base.

L'encadré 9.2 illustre la manière dont l'efficacité des systèmes de paiement peut être suivie. Il existe quelques indicateurs clés de performance en la matière, qui s'appliquent à tous les types de prestations (aide sociale, assistance ou assurance chômage, prestations d'invalidité ou pensions). Le premier est la *part des individus, des familles ou des ménages payés dans chaque cycle de paiement.* Cet indicateur est généralement ventilé par zone géographique, groupe cible (y compris les groupes vulnérables spécifiques), modalités de paiement et prestataire de services (voir l'encadré 9.2 sur la Colombie). Cet indicateur peut être poussé un peu plus loin pour mesurer la *part des bénéficiaires recevant des paiements conformes aux normes de qualité pour chaque*

cycle. Pour ce faire, il faudrait non seulement suivre les paiements versés aux bénéficiaires, mais aussi les paiements effectués selon des normes de qualité, qui comprennent généralement une indication de leur fréquence (mensuelle ou trimestrielle, par exemple) et de leur ponctualité (dans les cinq premiers jours du mois, dans les deux premières semaines, etc.) Un indicateur clé connexe est la *fréquence et l'ampleur des arriérés de paiement des prestations, ainsi que le pourcentage de retards de paiement ou le pourcentage d'individus, de familles ou de ménages subissant des retards de paiement.*

Fourniture de services. Pour la fourniture de services, les indicateurs sont plus hétérogènes, étant donné la spécialisation et la diversité de la main-d'œuvre et des services sociaux. La principale mesure de l'efficacité de la prestation de services est la qualité du service fourni. Les pays définissent et appliquent des séries de normes de qualité par service pour mesurer la performance dans ce domaine.

- *Tous les services.* Comme nous l'avons vu au chapitre 7, il existe diverses normes de qualité pour les services sociaux, notamment le Cadre volontaire européen de qualité pour les services sociaux de l'Union européenne (2009). Ces normes établissent des principes clés (disponible, accessible, abordable, centré sur l'humain, complet, continu et axé sur les résultats) pour garantir la qualité de la prestation des services. Tous les principes ne sont pas pertinents pour la phase de fourniture, comme le caractère abordable (qui est une question de conception de programme). Cependant, les principes clés qui sont pertinents peuvent être mesurés, par exemple, par les indicateurs suivants : (1) pourcentage de bénéficiaires qui indiquent que les services répondent à leurs besoins, (2) pourcentage de bénéficiaires ayant des difficultés d'accès qui bénéficient de services conformes aux normes nationales, (3) pourcentage de bénéficiaires qui bénéficient d'une prestation intégrée de services, (4) pourcentage de services fournis conformément aux normes de qualité et (5) pourcentage de bénéficiaires ou de clients satisfaits de la qualité des services.
- *Services sociaux.* Pour évaluer la fourniture de services sociaux, il peut être utile de suivre le nombre de gens orientés et la part des bénéficiaires recevant des services d'intermédiation. Plus important encore,

Familias en Accion, en Colombie, est un programme de transfert en espèces qui verse des prestations en six cycles de paiement. Deux modalités de paiement sont utilisées : les dépôts sur des comptes bancaires ou des portefeuilles mobiles, et la remise des prestations à des points de paiement pour les familles qui n'ont ni compte bancaire ni portefeuille mobile. Le programme mesure l'efficacité de son système de paiement en suivant plusieurs indicateurs :

■ **Pourcentage de familles payées par cycle de paiement.** Cet indicateur mesure le nombre de familles payées par rapport au nombre total de familles inscrites au programme. Pour les trois derniers cycles de paiement de 2018, les chiffres étaient les suivants :
  - Septembre 2018 : 74,07 %
  - Novembre 2018 : 74,71 %
  - Décembre 2018 : 74,65 %

■ **Pourcentage de familles payées par groupe cible.** Cet indicateur ventile les familles par groupe ciblé, notamment le SISBEN (familles reconnues par le registre social du pays, qui porte le même nom), les populations déplacées, l'UNIDOS (familles vivant dans l'extrême pauvreté) et les populations autochtones. Les données du dernier cycle de paiement de 2018 sont les suivantes :
  - SISBEN : 89,22 %
  - Populations déplacées : 90,82 %
  - UNIDOS : 90,82 %
  - Populations autochtones : 46,32 %

■ **Pourcentage de familles qui reçoivent leurs prestations par le biais de comptes bancaires ou de portefeuilles mobiles.** Cet indicateur permet de suivre les familles qui reçoivent des paiements par le biais de la première des modalités. Les pourcentages pour les trois derniers cycles de paiement sont les suivants :
  - Septembre 2018 : 74,50 %
  - Novembre 2018 : 85,41 %
  - Décembre 2018 : 84,83 %

Cet indicateur est également ventilé par prestataire de paiement et par groupe de municipalités.

■ **Pourcentage de familles qui ont perçu leurs prestations au point de paiement.** Cet indicateur est suivi pour les familles qui n'ont pas de compte bancaire et est ventilé par groupe de municipalités (les municipalités sont regroupées par quatre). Pour le cinquième cycle de paiement de 2018, les pourcentages étaient les suivants :
  - Groupe 1 : 50,68 %
  - Groupe 2 : 48,19 %
  - Groupe 3 : 69,63 %
  - Groupe 4 : 73,11 %

La source des données nécessaires au suivi de tous ces indicateurs est le système d'information de gestion des opérations des bénéficiaires du programme, ou SIG.

Source : Colombia's Prosperidad Social, Direccion Transferencias Monetarias Condicionadas, Informe de Gestion, juillet-décembre 2018, 2019.

les normes de qualité peuvent également être spécifiques au type de service fourni. Ces normes sont généralement établies au niveau national par catégorie de service (soins aux personnes âgées, soins à la petite enfance, etc.). Elles font l'objet d'un suivi et d'une inspection pour vérifier leur conformité et, en cas de lacunes, des mesures sont prises pour corriger

une norme ou assurer sa mise en application. Ces normes régissent généralement des éléments, tels que les performances du personnel, l'efficacité de la gestion de ceux-ci, les ratios personnels/clients, les qualifications du personnel et leurs conditions de travail ainsi que la liberté des bénéficiaires de choisir leur prestataire de soins. Ces normes peuvent être mesurées en adaptant les indicateurs génériques suivants à des services spécifiques :

- *Pourcentage de clients ayant bénéficié de services d'intermédiation qui accèdent désormais au service auquel ils ont été orientés ; pourcentage de clients qui accèdent à d'autres services sociaux grâce à l'orientation vers l'aide sociale ; nombre de ménages ciblés touchés par les services d'intermédiation (indicateur mesuré en Cisjordanie et à Gaza)*
- *Pourcentage de personnel ou de prestataires de services disposant d'une accréditation/certification de niveau supérieur appropriée ; pourcentage de clients évalués comme bénéficiant de services.*

● **Services de l'emploi.** Divers indicateurs sont utilisés pour mesurer la qualité ou la performance des services de l'emploi fournis soit par le secteur public (par les bureaux du SPE) soit par le secteur privé. Comme nous l'avons vu au chapitre 7, de nombreux types de services de l'emploi ou d'amélioration de l'employabilité sont confiés à des sous-traitants. Les indicateurs sont souvent utilisés dans les contrats de rémunération en fonction des résultats lorsque les services sont confiés à des prestataires privés. La boîte à outils de suivi et d'évaluation (S&E) des emplois contient un certain nombre d'indicateurs utiles pour la fourniture de services de l'emploi (Commission européenne, 2012), dont les suivants :

- *Nombre de demandeurs d'emploi inscrits par employé du SPE ; nombre moyen de contacts mensuels avec les demandeurs d'emploi inscrits par employé du SPE ; nombre de demandes par types de services par employé du SPE ; nombre de demandes de prestations de chômage par employé du SPE ; nombre d'orientations vers des types spécifiques de formation ; pourcentage de clients disposant d'un plan d'action individuel ; pourcentage de clients au chômage qui accèdent à l'emploi dans un délai déterminé (un indicateur suivi par le Jobcenter Plus britannique) ; et le pourcentage de femmes réintégrant la population active (après une naissance) qui sont placées en formation ou placées en emploi après une formation (un indicateur mesuré en Autriche). D'autres indicateurs utiles pourraient inclure le taux de postes vacants occupés, et placement d'emplois par nombre de conseillers en emploi.*

Il existe de nombreux indicateurs de performance permettant d'évaluer l'efficacité de la **gestion des opérations des bénéficiaires**. Parmi les indicateurs clés, citons :

● **Actualisation.** Un indicateur important est le pourcentage de personnes enregistrées dont les informations sont mises à jour. Ces informations sont importantes pour tous les types de programmes. Les informations mises à jour peuvent être des informations de base ou des informations plus spécifiques sur le statut du bénéficiaire (voir chapitre 8). Certains programmes sont plus fluides que d'autres en matière de changements potentiels pour les bénéficiaires. Par exemple, le statut de chômeur peut changer beaucoup plus rapidement que le handicap ou le statut socio-économique du ménage, et les mécanismes de mise à jour régulière sont particulièrement importants pour les programmes portant sur le chômage. Le statut de chômeur est également pertinent pour maintenir à jour les banques d'emplois où les chômeurs s'inscrivent.

● **Taux d'erreur.** La part des bénéficiaires de l'échantillon dont la vérification du statut par recoupement a confirmé l'absence d'erreurs.

● **Suivi des conditionnalités.** Comme nous l'avons vu au chapitre 8, deux indicateurs clés doivent être suivis pour contrôler la performance des systèmes de prestation : (1) le taux de contrôle de la conformité (bénéficiaires individuels pour lesquels les informations de contrôle sont disponibles par rapport au nombre total de bénéficiaires, pour chaque catégorie) et (2) le taux de conformité (part des personnes contrôlées qui se conforment). La plupart des programmes de transferts monétaires suivent ce dernier, mais les données manquent de sens si le premier n'est pas également rapporté (voir chapitre 8 pour des exemples de pays).

● **Suivi des PAI pour les clients des services.** Pour les services, l'indicateur qui pourrait faire l'objet d'un suivi est la part des clients des services dont les informations sont actualisées dans leur PAI. La source de données proviendrait alors des informations administratives.

● **Gestion des réclamations.** L'efficacité des mécanismes de gestion des réclamations (MGR) peut être évaluée en partie par le suivi de la proportion de réclamations enregistrées qui ont été résolues, ainsi qu'à l'aide de certains indicateurs démontrant que le MGR est utilisé de manière adéquate (encadré 9.3). Notez qu'il est très important de fournir une définition de la « résolution » lorsque vous mesurez la performance d'un MGR.

Le suivi de l'efficacité des mécanismes de gestion des réclamations (MGR) nécessite une combinaison de plusieurs indicateurs permettant de savoir si le système MGR est utilisé, si les réclamations sont traitées et résolues, et si les plaignants sont informés des mesures prises pour y répondre.

En **République dominicaine**, un bulletin de rapport communautaire est intégré au programme de transfert monétaire Progresando con Solidaridad (PROSOLI). Un mécanisme participatif de suivi et de règlement des réclamations a été mis en place pour identifier les problèmes liés au transfert d'argent et aux services locaux associés aux conditionnalités. Après une réunion entre les bénéficiaires et les prestataires de services, les membres de la communauté s'accordent sur des plans d'action pour résoudre les réclamations. Ces plans d'action sont contrôlés par les agences de mise en œuvre au moyen d'indicateurs clés de performance qui permettent de suivre le taux de réclamations pour lesquelles une solution a été trouvée ou qui ont été transmises à un niveau administratif supérieur. Le système permet également de déterminer si les membres de la communauté ont été informés du statut de leurs réclamations. En outre, à l'occasion d'une enquête auprès des clients dans le cadre d'une évaluation de processus, le programme a demandé aux clients dans quelle mesure ils étaient satisfaits du MRG et du suivi participatif. Les questions de l'enquête demandaient aux clients s'ils étaient satisfaits des mécanismes d'identification et de résolution des problèmes, et si les mécanismes étaient adéquats pour exprimer leurs préoccupations et leurs opinions. D'autres questions visaient à déterminer si le MGR était efficace pour identifier les problèmes les plus urgents et les traiter en temps opportun.

Dans le programme Pantawid Pamilyang Pilipino (4Ps) des **Philippines**, le MGR suit de très près l'efficacité et l'efficience de la résolution des réclamations.

- Les commentaires peuvent être reçus par de multiples canaux tels que le courrier électronique, le courrier postal, les télécopies, les appels téléphoniques, les boîtes de réclamation, les messages textuels et le face-à-face.
- Les réclamations sont saisies dans une base de données au fur et à mesure de leur réception, et leur statut est suivi jusqu'à leur résolution. La base de données est gérée au niveau de la ville ou de la municipalité et agrégée à un niveau supérieur.
- Le système surveille le nombre de réclamations reçues, le nombre de réclamations résolues (la résolution est définie en fonction de la satisfaction du plaignant), et le nombre de réclamations résolues « à temps » (qui varie en fonction du type de plainte — par exemple, un maximum de 60 jours pour résoudre les problèmes de paiement).
- En 2014, le taux de gestion des réclamations était de près de 100 %, avec un délai moyen de résolution de 32 jours. Le nombre total de réclamations reçues entre 2010 et 2014 s'élevait à plus de 485 000, avec une forte augmentation, passant de 50 000 en 2010 à environ 217 000 en 2013, soit 5,5 % du total des bénéficiaires[a]. Ces chiffres ne comprennent pas les réclamations liées à des erreurs d'exclusion, qui font l'objet d'un suivi distinct.

Sources : République dominicaine : Vice-présidence de la République dominicaine, 2014, Progresando con Solidaridad, Tema 7, Monitoreo Participativo de Servicios Sociales Mediante Reportes Comunitarios, Santo Domingo, https://www.scribd.com /document/248086281/Manual-7-Programa-Prosoli#download&from_embed ; the Philippines: Patel et al., 2014.
a. Selon Patel et coll. (2014), il s'agit d'un pourcentage élevé, « indiquant que le MGR est bien connu et est largement utilisé. » Toutefois, on ne sait pas sur quelle base ce pourcentage est considéré comme élevé, car il est bien connu que le processus de paiement, par exemple, est particulièrement éprouvant pour les bénéficiaires qui, dans la plupart des cas, doivent passer plus d'une demi-journée pour percevoir leur paiement.

Exemples d'indicateurs courants, d'identification des coûts, des difficultés et des bonnes pratiques

L'efficience dans sa définition la plus simple est mesurée par le temps ou le coût qu'il faut pour produire un produit ou un résultat en vérifiant si ces coûts sont raisonnables. Comme pour tout service public, les paramètres de coût-efficience sont essentiels pour évaluer la performance du système. Le rapport de coût-efficience peut être mesuré tout au long de la chaîne de mise en œuvre à l'aide de divers indicateurs. L'efficience doit être mesurée à la fois **du point de vue du client** et **du point de vue du gestionnaire du programme**. Il est plus difficile de mesurer l'efficience à certaines phases de la chaîne de mise en œuvre qu'à d'autres. Une collecte et une estimation précises des coûts sont essentielles pour suivre les indicateurs, et les indicateurs eux-mêmes doivent être évalués avec soin pour éviter de réduire les coûts au détriment de la qualité. De bonnes pratiques sont indiquées à la fin de cette section pour surmonter certaines difficultés fréquemment rencontrées.

Indicateurs de l'efficience tout au long de la chaîne de mise en œuvre.

Accueil et enregistrement des demandes. L'efficience de cette phase pour les clients peut être mesurée en calculant le temps, les coûts et les visites (TCV) du client pour en effectuer le processus. L'indicateur du TCV mesure la durée que le client consacre à cette phase, les coûts financiers encourus et le nombre de visites qu'il doit effectuer pour déposer une demande. Pour les gestionnaires de programme, les indicateurs pertinents sont les suivants :

- *Délai de traitement des demandes.* Nombre de jours calendaires ou ouvrables entre la date de demande et la date de notification. Ce calcul est surtout pertinent pour les systèmes à la demande. Il s'agit d'un indicateur crucial, notamment du point de vue des clients qui ont demandé des prestations ou des services pour répondre à un besoin particulier. (Voir l'exemple composite au chapitre 2 pour une analyse de cet indicateur.)

- *Pourcentage de demandeurs qui sont informés de leur statut d'éligibilité ou des décisions d'inscription conformément aux normes de qualité (par exemple, moins de 30 jours).* Cet indicateur peut permettre aux gestionnaires de programme de vérifier dans quelle mesure ces normes sont respectées. Une solution alternative consiste à mesurer le volume des demandes qui transitent par le système par jour, par semaine ou par mois. Cet indicateur alternatif doit être associé à un autre (comme le pourcentage de candidatures sans erreurs d'information) afin que la qualité ainsi que la rapidité soient encouragées. Le calcul combiné aidera à trouver l'efficience optimale tout en maintenant la qualité.

- *Le coût des modalités d'accueil et d'enregistrement des demandes.* C'est l'indicateur du coût des modalités au fil du temps, ou du coût d'un type de modalités par rapport à d'autres (comme un format papier par rapport à un service électronique). Voir la sous-section suivante, Sources de données, pour des exemples de la façon dont ce dernier indicateur peut être évalué, notamment la méthodologie de retour sur investissement (ROI). Le Registre socio-économique national (NSER) du Pakistan a testé l'efficience de différentes méthodes d'accueil et d'enregistrement (encadré 9.4).

Au cours de la phase *d'évaluation des besoins et des conditions de vie*, l'efficience du point de vue *des gestionnaires de programme* peut être mesurée en examinant les coûts d'évaluation (ou de réévaluation). Afin de vérifier que la qualité est constante, cela pourrait être comparé soit aux résultats d'efficacité du ciblage, soit à la proportion de candidats testés en fonction des risques pertinents. Les coûts des évaluations pourraient être définis de différentes manières : (1) les coûts administratifs de fonctionnement d'un registre social, pour les systèmes à la demande, (2) le coût total d'une vague d'enregistrement collectif, pour les systèmes impulsés par des gestionnaires de programme ou (3) le coût de diverses évaluations des risques ou des besoins, pour les services. (Les étapes portant sur la façon d'identifier les coûts sont énumérées plus loin.) Pour ce qui concerne l'efficience du point de vue des clients, le système basé sur la performance peut faire un suivi de la durée écoulée entre le dépôt de la demande et la notification d'éligibilité.

En 2017, le Pakistan a entamé la mise à jour de son Registre socio-économique national (NSER), qui contient des données sur les ménages et les caractéristiques socio-économiques de plus de 25 millions de ménages (ce qui représente plus de 85 % de la population). Pour la vague d'enregistrement de 2017, le Pakistan a décidé d'expérimenter deux modalités pour comparer leur efficacité et leur efficience : l'approche traditionnelle de porte à porte (D2D, *door to door*) et une approche pilote de bureaux temporaires (voir chapitre 4).

L'équipe du NSER a réalisé une étude de rentabilité pour évaluer les avantages et les inconvénients de chaque mode d'enregistrement et pour comparer leur efficacité et leur efficience. Les résultats suggèrent que l'approche D2D traditionnelle **a le meilleur rapport coût-efficacité global**. En effet, les coûts totaux étaient légèrement plus élevés par ménage interrogé dans le cadre de l'approche de bureaux temporaires, à 2,70 USD par ménage (287 PRe), contre 2,30 USD (246 PRe) par ménage pour le D2D. L'approche de bureaux temporaires avait des coûts **de conception et d'installation** plus élevés, mais des **coûts opérationnels** inférieurs (1,34 USD par ménage pour les bureaux temporaires contre 1,83 USD pour le D2D). Pour ce qui concerne les erreurs de ciblage simulées (erreurs d'exclusion et d'inclusion), les coûts de l'approche des bureaux temporaires étaient plus élevés : pour chaque tranche de 1000 USD dépensée, cette approche des bureaux a mal ciblé 10 ménages de plus que la méthode de D2D. À l'inverse, les erreurs d'inclusion étaient plus faibles pour les modalités recourant aux bureaux, principalement en raison d'une couverture plus faible et de l'autosélection.

Avec moins d'expérience préalable, l'approche des bureaux temporaires a rencontré des problèmes de **qualité lors de sa mise en œuvre,** qui pourraient être liés au fait d'être une approche pilote. Les leçons apprises sont instructives. La qualité du service dans cette approche était globalement élevée, malgré quelques difficultés dues à la surcharge et aux temps d'attente. Plus des deux cinquièmes des ménages ont dû retourner au bureau pour terminer le processus.

En moyenne, les femmes ont eu une période d'attente plus longue que les hommes (3 heures contre 2,3 heures). Les ménages pauvres qui avaient peu reçu d'informations ont été les moins susceptibles d'utiliser les bureaux. Les principaux obstacles à l'accès aux bureaux temporaires ont notamment été les frais personnels plus élevés, la distance de déplacement jusqu'au bureau, le manque d'informations sur cette approche et les difficultés pour se rendre sur place. Un nombre important d'erreurs ont également été signalées dans l'approche de bureaux : environ 5 à 20 % des ménages (jusqu'à 40 % dans certaines régions) n'ont pas enregistré tous les membres de leur famille. En outre, certains ménages ont mal déclaré des variables clés, certains ménages ont déclaré moins d'enfants qu'ils n'en avaient ou des actifs sous-évalués ou surévalués, ce qui a entraîné une mauvaise classification de 18 % des ménages. Néanmoins, les deux tiers des ménages étaient satisfaits du processus d'enregistrement, et la plupart des ménages (73 %) ont indiqué qu'ils pensaient que le processus était transparent.

En matière de **communication et de sensibilisation,** plusieurs voies ont été utilisées pour promouvoir la sensibilisation sur l'approche des bureaux temporaires. La plupart des gens ont eu connaissance des centres de bureaux temporaires, et la plupart d'entre eux les ont utilisés (75 %). Cependant, la sensibilisation a été relativement faible dans certaines régions. La plupart des personnes qui avaient connaissance des bureaux temporaires en avaient entendu parler par le biais de leur famille ou de leurs amis (60 %) ou des mosquées (27 %). Ces dernières ont aussi été les sources estimées les plus fiables. En général, les annonces dans les mosquées ont eu une large portée et atteignent 81 % des ménages. Il est intéressant de noter que les personnes déjà bénéficiaires du programme de transferts monétaires du programme Benazir de soutien des revenus (BISP) étaient plus susceptibles d'utiliser ces bureaux temporaires que les ménages qui ne l'étaient pas auparavant (77 % contre 50 %). Les ménages pauvres peu informés sur le programme BISP étaient encore

suite

moins susceptibles d'utiliser les services d'un bureau temporaire : 30 % de ceux qui ne connaissaient pas de bénéficiaire du BISP se sont rendus à un bureau, contre 70 % de ceux qui connaissaient un bénéficiaire (ou qui étaient déjà bénéficiaires).

Néanmoins, l'étude de rentabilité a suggéré que l'approche des bureaux temporaires pouvait être **utile dans certains contextes.** La productivité des bureaux temporaires a été beaucoup plus élevée dans les zones urbaines que dans les zones rurales : 24 questionnaires par jour contre 12 par jour dans les centres ruraux (les mesures de productivité ne sont toujours pas disponibles pour l'approche D2D). Le changement de localisation des bureaux temporaires s'est avéré un moyen efficace d'augmenter la couverture dans les zones rurales à faible densité, mais il a également été coûteux.

L'étude a conclu que l'approche D2D est plus rentable pour les recensements par balayage d'enregistrement collectif. Cependant, il a également

montré que l'approche des bureaux temporaires pouvait être prometteuse pour des vagues d'enregistrement plus petites, dynamiques et ciblées, car les erreurs d'inclusion sont plus faibles. L'approche des bureaux temporaires pourrait également être améliorée avec une stratégie d'optimisation de l'emplacement et de la quantité des bureaux pour attirer les ménages les plus pauvres, ainsi qu'avec des outils de communication et gestion de file d'attente pour réguler les flux de visiteurs. Dans l'ensemble, l'équipe du programme a conclu que l'approche des bureaux temporaires ne peut être avantageuse que si les personnes pauvres peuvent être amenées à les utiliser dans leur processus d'enregistrement, pour lequel l'équipe doit affiner ses communications, en particulier les messages. À l'avenir, l'équipe espère utiliser les données GPS en plus des données de pilotage et du travail qualitatif pour mieux comprendre pourquoi certaines personnes pauvres ne se sont pas inscrites dans les bureaux temporaires.

Source : Rosas, Jamy et Khan, 2017.

Pour les phases de ***décisions d'éligibilité et d'inscription et de notification d'inscription et processus d'intégration***, le suivi des TCV pour postuler à un programme, les coûts de transaction pour l'inscription ou les coûts de réévaluation sont utiles pour évaluer l'efficience *pour les clients*. Les délais de traitement entre la phase d'accueil et d'enregistrement des demandes et celles de décisions d'éligibilité et d'inscription, ou de notification d'inscription et le processus d'intégration, sont utiles *pour les gestionnaires de programme*.

Pour évaluer l'efficience de la ***détermination du paquet de prestations et de services***, les indicateurs qui mesurent l'efficacité peuvent également être utilisés pour mesurer l'efficience *du point de vue des gestionnaires de programme*. Ces indicateurs peuvent être comparés aux coûts administratifs ou aux coûts globaux du programme pour déterminer dans quelle mesure la performance de l'indicateur diminuerait ou augmenterait sur la base d'une diminution ou d'une augmentation

des ressources administratives. Les indicateurs servant aux décisions sont notamment :

- les erreurs d'inclusion (pourcentage de destinataires qui ne font pas partie de la population ciblée),
- les erreurs d'exclusion (pourcentage de la population ciblée ne recevant pas de transferts),
- l'efficacité du ciblage (pourcentage du total des transferts atteignant le ou les groupes ciblés),
- l'adéquation des prestations (montant total du transfert en pourcentage de la consommation ou du revenu du ménage pour les groupes éligibles).

Par exemple, des taux élevés d'erreurs d'inclusion ou d'exclusion suggèrent qu'un système est inefficace, car les prestations bénéficient à certaines personnes en dehors de la population ciblée et n'atteignent pas certains membres du groupe ciblé, réduisant ainsi l'impact global du programme sur la réduction de la pauvreté.

Mais des taux d'erreur élevés peuvent également indiquer une inefficience dans la fourniture des prestations ou des services, selon la proportion des coûts administratifs ou de programme consacrée au transfert de prestations qui n'auraient aucun impact sur la réduction de la pauvreté. Enfin, de faibles niveaux de prestations peuvent être inefficients s'ils ne favorisent pas des changements dans les dépenses ou la consommation des ménages.

Pour les clients, le TCV pour déterminer le paquet de services ou de prestation est la principale mesure de l'efficience dans la fourniture des prestations et des services.

Divers indicateurs et ratios de performance sont utiles pour analyser l'efficience **du paiement des prestations et de la fourniture des services**. Pour *les gestionnaires de programme*, ces indicateurs et ratios peuvent notamment être les suivants :

- **Temps nécessaire pour traiter les paiements de prestations** (en jours calendaires ou ouvrables). La source des données est le système d'information pour la gestion des prestations. La définition des points de début et de fin est essentielle pour l'indicateur. Le point de départ peut être le jour où la demande de paiement a été déposée (pour les systèmes à la demande) ou la date à laquelle la liste finale des bénéficiaires a été établie pour cette période de paiement. Le point final pourrait être la date à laquelle les prestations sont transférées aux bénéficiaires. Ou bien, une vue plus complète de la chaîne de mise en œuvre pourrait être obtenue en faisant un suivi du nombre de jours depuis la date d'enregistrement de la demande d'inscription et/ou celle d'inscription jusqu'à la première demande de prestations. Voir l'encadré 9.5 pour un exemple de paiements d'assistance sociale et de prestations d'invalidité en Égypte.
- **Coût par paiement,** mesurable de plusieurs façons, comme suit :
  - *Ratio coût-transfert (RCT).* Proportion des coûts administratifs dans le budget total du programme (coûts administratifs/coûts totaux du programme) ou coût administratif du transfert d'une unité à un bénéficiaire (Tesliuc et coll., 2014)
  - *Ratio coût total-transfert (RCTT).* Coût total, y compris des transferts, de la fourniture d'une unité de transfert à un bénéficiaire (coût total du programme/valeur

> **Encadré 9.5** Mesures d'efficience pour la fourniture de l'assistance sociale et des prestations d'invalidité en République arabe d'Égypte
>
> Le dispositif Takaful et Karama, en Égypte, est un programme de transferts en espèces qui fournit des prestations aux familles pauvres avec de jeunes enfants, aux personnes âgées et aux personnes en situation de handicap sévère. Afin de mesurer l'efficience du système de paiement, le programme assure un suivi du nombre de jours encore nécessaires après la date d'échéance du paiement pour que les fonds soient déposés sur les comptes individuels des bénéficiaires. L'indicateur cible initial était un dépôt effectué dans un délai de 10 jours après la date d'échéance du paiement. Le programme a amélioré ses processus, ce qui s'est traduit par une amélioration de l'efficience. Tous les paiements sont désormais effectués avant la date limite et il n'y a aucun retard.

totale des transferts). Plus le RCTT dépasse la parité, moins le programme est rentable (White, Hodges et Greenslade, 2013).

- **Coût unitaire**. Coût du programme par ménage, par client ou par ensemble de prestations ou de services (White, Hodges et Greenslade, 2013),
- **Coût administratif par bénéficiaire,**
- **Coût de la fourniture directe en pourcentage des transferts.** Concerne spécifiquement le rapport coût-efficience des prestataires de services de paiement (White, Hodges et Greenslade, 2013),
- **Durée nécessaire à l'élaboration d'un plan d'action individualisé.** Cet indicateur est utilisé pour mesurer l'efficience de la fourniture de services sociaux et d'emploi. Voir l'encadré 9.6 sur le Costa Rica.
  - *Coût unitaire par service ou client ; nombre de cas par membre du personnel,*
  - *Durée nécessaire à un demandeur d'emploi pour obtenir un emploi.* Par exemple, l'Australie mesure les résultats réels par rapport aux mesures prédites par une analyse de régression pour tenir compte des caractéristiques des demandeurs d'emploi et des conditions du marché du travail local (Commission européenne, 2012).

Puente al Desarrollo, au Costa Rica, est une stratégie nationale qui vise à lutter contre la pauvreté en utilisant une approche multisectorielle et interinstitutionnelle. Pour ce faire, elle offre aux ménages pauvres un accès au système de protection sociale, au développement de compétences, à des opportunités d'emploi et d'entrepreneuriat et à un logement décent, tout en réduisant l'inégalité et en promouvant le développement humain et l'inclusion sociale. Le programme comprend l'élaboration, la mise en œuvre et le suivi de plans d'intervention familiaux, ainsi que l'orientation vers des prestations et des services. Les indicateurs clés de performance utilisés par le programme pour mesurer son efficience dans la fourniture des services sociaux sont les suivants :

- **Temps nécessaire à l'élaboration de plans d'intervention familiaux.** Cet indicateur est également ventilé par province. Entre janvier 2015 et juin 2016, le délai moyen d'élaboration des plans d'intervention familiaux était de 89 jours.

- **Temps nécessaire pour approuver les orientations.** Cet indicateur est également ventilé par prestataire de service. Entre janvier 2015 et juin 2016, les données ont été les suivantes :
  - 44 % des recommandations ont pris moins de 30 jours pour être approuvées.
  - 29 % ont pris de 31 à 60 jours
  - 12 % ont pris de 61 à 90 jours
  - 15 % ont pris plus de 90 jours

- **Pourcentage de familles qui ont atteint les objectifs établis dans leurs plans.** Cet indicateur est également ventilé en fonction du nombre d'objectifs atteints. Entre janvier 2015 et juin 2016, 47 % des familles n'avaient atteint aucun des objectifs de leurs plans (en moyenne six).

Source : Audit opérationnel sur l'efficacité et l'efficience de la Stratégie nationale Puente al Desarrollo para la Reduccion de la Pobreza 2015-2018, par rapport à la réalisation de ses objectifs, Division de l'audit opérationnel et évaluatif du Costa Rica, décembre 2016.

Pour les clients, les indicateurs de l'efficience avec laquelle les prestations sont payées et les services fournis peuvent comprendre les éléments suivants :
- *Les TCV nécessaires pour que les bénéficiaires reçoivent un versement*
- *Le coût d'encaissement en pourcentage de la valeur du transfert*

Voici des indicateurs utiles et courants pour mesurer l'efficience du point de vue du gestionnaire de programme dans **la gestion des opérations des bénéficiaires** :
- *Délais de traitement pour la mise à jour des informations sur les bénéficiaires/le traitement des réclamations/le contrôle des conditionnalités.* Cet indicateur est généralement mesuré par des enquêtes d'auto-évaluation auprès du personnel, l'analyse de la charge de travail ou des données administratives.

- *Délai nécessaire pour traiter une réclamation.*
- *Nombre de cas par membre du personnel.* Pour cet indicateur, les bonnes pratiques consistent à comparer le nombre de cas à une norme raisonnable (établie par une analyse de la charge de travail, par exemple) pour déterminer qui pourrait avoir une programmation excessive ou insuffisante.
- *Coût administratif* du contrôle des conditionnalités/taux de conformité (bien que ces coûts soient très difficiles à dissocier des autres types de coûts administratifs). Encore une fois, ces informations pourraient être collectées par une analyse de la charge de travail ou une auto-évaluation du personnel.
- *Coût de détection des erreurs, de la fraude et de la corruption (EFC) par rapport au montant recouvré des prestations payées par erreur.* Cet indicateur est très important pour le travail sur les EFC afin de s'assurer que la valeur des fonds récupérés dépasse toujours le coût de récupération de ces fonds.

Identification des coûts

Des données précises sur les coûts sont essentielles pour mesurer la majorité des indicateurs d'efficience. Plusieurs outils et méthodes peuvent aider les institutions à collecter et à mesurer les données sur les coûts[6]. Il est important de planifier et de collecter régulièrement des données sur les coûts pour être en mesure d'analyser n'importe quelle mesure du rapport coût-efficience. La collecte de données sur les coûts est souvent négligée et n'est pas une priorité. Un cadre simple est proposé ici, sur la base des récents outils de calcul des coûts développés par la Banque mondiale (IRC, SIEF et Banque mondiale, 2019 ; Banque mondiale, 2018). Lors de la collecte de données sur les coûts pour mesurer l'efficience des systèmes de prestation de protection sociale, les étapes suivantes sont utiles (Banque mondiale, 2018) :

1. **Déterminer le périmètre des activités à chiffrer.** Quelles interventions et activités devraient être incluses (par exemple, la phase complète de la chaîne de mise en œuvre ou juste une ou deux phases) ? Quels sont les postes correspondants dans leurs budgets actuels ? Quelles zones géographiques ou quels groupes de bénéficiaires seront inclus (par exemple, le coût des systèmes de prestation pour un district ou le coût des systèmes de prestation pour un seul type de prestation) ? (Pour un exemple d'évaluation des coûts des modalités d'accueil et d'enregistrement des demandes, voir l'encadré 9.4.)

2. **Définir les catégories de coûts.** Pour les besoins du cadre proposé ici et pour ceux du Manuel de référence, les catégories de coûts reflèteront les principaux acteurs (personnes et institutions) et les facteurs déterminants (communications, systèmes d'information et technologie) tout au long de la chaîne de mise en œuvre. Dans d'autres exercices, tels que le calcul des coûts d'un système d'identification, les catégories de coûts peuvent inclure les ressources humaines, le développement de logiciels, l'infrastructure informatique centrale et les services d'assistance. Il est également important de faire la distinction entre les coûts de développement ou de démarrage et les coûts récurrents de mise en œuvre. Cela peut être fait en ajoutant un autre niveau de catégories ou en développant deux feuilles de calcul de coûts différentes, une pour le démarrage et une pour la mise en œuvre.

3. **Définir les composantes des coûts.** L'examen des budgets existants, des dépenses et des données administratives disponibles provenant des diverses agences, institutions et organisations impliquées dans la fourniture des prestations de protection sociale, peut aider à définir les composantes de coût. Celles-ci peuvent être par exemple le personnel (par titre, lieu d'affectation, fonction, etc.), les matériels, le carburant, les véhicules, la location des installations et l'entretien. La perspective dans laquelle s'inscrit l'exercice de calcul des coûts doit également être déterminée. Les perspectives les plus courantes sont les coûts fiscaux ou financiers, les coûts privés et les coûts sociaux. Les coûts fiscaux ou financiers ne comprennent que les ressources monétaires nécessaires pour exécuter un programme. Les coûts privés font référence aux coûts en argent et en temps à la charge des bénéficiaires lorsqu'ils postulent à un programme, se conforment aux co-responsabilités, réévaluent leurs besoins et leurs conditions de vie et encaissent les prestations, ainsi que le temps passé par les bénévoles dans la communauté et l'utilisation de l'espace communautaire. Les coûts sociaux combinent les coûts financiers et privés et comprennent toutes les ressources nécessaires pour exécuter le programme, y compris celles directement budgétisées ou dépensées par le programme et son personnel ainsi que les coûts pour les bénéficiaires, les communautés et la société. Voir le tableau 9.1 pour un exemple de coûts financiers.

4. **Déterminer la proportion des composantes de coût consacrées à chaque étape de la chaîne de mise en œuvre.** Cette étape concerne principalement les ressources partagées ou réparties dans la chaîne de mise en œuvre, telles que le personnel, le matériel ou les installations. Cette proportion est le plus souvent déterminée à travers des entretiens avec le personnel et des enquêtes (encadré 9.7).

5. **Collecter les coûts pour chaque élément.** Les données relatives aux coûts doivent (1) provenir de sources multiples (telles que les dépenses et autres données financières, des entretiens, des enquêtes, le S&E et les données administratives), (2) être ventilées (par type de personnel et par nombre d'employés, par exemple), (3) être spécifiques à l'intervention (par phase de la chaîne de mise en

Tableau 9.1 Exemple d'estimation des coûts

Phase de la chaîne de mise en œuvre	Catégorie de coût	Composante de coût	Unité	Prix unitaire (devise)	Nombre d'unités	Niveau d'implication (%)	Coût total (devise)
Information et sensibilisation	Communications	Personnel local	Nombre d'employés	20 000	100	20	400 000
Information et sensibilisation	Communications	Frais de carburant	Miles	0,70	1 000	100	700
Information et sensibilisation	Communications	Véhicules sous contrat	Jours-véhicules	20	20	100	400
Information et sensibilisation	Communications	Matériel d'information et de sensibilisation	Nombre de kits	0,50	1 000	100	500
Information et sensibilisation	Communications	Hébergement	Jours	100	10	100	1000
Information et sensibilisation	Communications	Temps bénévoles	Jours	75	2	100	150
Information et sensibilisation	Communications	Temps citoyens	Jours	75	1	100	75
Information et sensibilisation	Institutions	Personnel bureau central	Nombre d'employés	30 000	3	10	9 000
Information et sensibilisation	Systèmes d'information	Tablettes	Coût annuel amorti par tablette	75	50	10	375

Coût annuel total de la phase d'information et de sensibilisation — **412 200**

Source : Tableau conçu pour cette publication.

œuvre) et (4) être saisies en temps réel avant et pendant la mise en œuvre, si possible. Les étapes clés de la collecte d'informations sur les coûts sont les suivantes (IRC, FEIS et Banque mondiale, 2019 ; Banque mondiale, 2018) :

- Décider d'une période pour le calcul des coûts. Dans l'exemple du tableau 9.1, il s'agit d'une année.
- Déterminer les quantités, les prix et la fréquence d'achat pour les composantes de coût. Les enquêtes et les entretiens avec le personnel du programme, les budgets, les données sur les dépenses et les données administratives historiques peuvent être des méthodes utiles pour identifier les composantes et estimer leur coût.
- Déterminer les données de coût manquantes et élaborer un plan de collecte de données pour les données manquantes.

6. **Finaliser l'estimation des coûts.** Après la mise en œuvre de ces étapes, il est possible d'estimer le coût de la mise en œuvre d'une ou de plusieurs phases de la chaîne de mise en œuvre ou le coût d'une catégorie, comme celui de la sensibilisation dans les différentes phases de la chaîne de mise en œuvre. Le tableau 9.1 présente un exemple d'estimation des coûts. Les composantes de chaque catégorie de coûts qui sont pertinentes pour la phase d'information et de sensibilisation de la chaîne de mise en œuvre sont incluses. Les composantes, telles que les installations centrales, l'entretien du matériel ou un service d'assistance, par exemple ne sont pas incluses, car leur utilisation est très limitée pendant cette phase.

Une fois collectées, les données relatives aux coûts doivent ensuite être analysées afin de produire des données pour le suivi des indicateurs, l'évaluation des performances ou la sélection des options de conception. Les coûts, comme nous le verrons plus loin, ne doivent jamais être utilisés comme des données autonomes pour prendre des décisions et doivent toujours être comparés à la valeur de ce qu'ils permettent d'acheter (les prestations) pour déterminer la meilleure ligne de conduite. Une fois les données de coût collectées, elles doivent être utilisées pour développer des *ratios coût-efficience* (diviser le coût par les données sur les produits, comme le nombre de candidats au programme) ou des *ratios coût-efficacité* (diviser les coûts par les données de résultat, comme le taux d'erreur d'inclusion au fil du temps). (Voir la section suivante, Sources de données.) Une note sur la collecte des données temporelles est incluse dans l'encadré 9.8.

Difficultés et bonnes pratiques

Les systèmes de prestation comprennent souvent de multiples types de coûts répartis tout au long de la chaîne de mise en œuvre, sans système central pour les suivre et les gérer (Tesliuc et coll., 2014 ; White, Hodges et Greenslade, 2013). Les difficultés potentielles sont notamment les suivantes :

- *L'identification et le suivi des coûts des systèmes de mise en œuvre peuvent être difficiles*. Par exemple, les systèmes d'information à eux seuls font intervenir

Le temps est un indicateur clé pour évaluer l'efficience. Les données temporelles sont souvent un sous-produit de la collecte des données sur les coûts (par exemple, pour calculer les coûts des membres du personnel, il faut une estimation raisonnable de leur niveau d'implication par activité), et les données temporelles peuvent être extraites des données sur les coûts. Même si l'on adopte une perspective financière dans l'exercice de calcul des coûts, il peut être nécessaire, par exemple, de rendre compte du temps, des coûts et des visites pour les bénéficiaires. Dans ce cas, des enquêtes auprès d'un échantillon de bénéficiaires peuvent permettre de recueillir des estimations de ces valeurs. Il peut s'agir d'enquêtes ponctuelles ou d'enquêtes rapides auprès des bénéficiaires lors de leurs visites de demande, d'enregistrement ou de collecte de prestations.

de nombreux types de coûts différents. Leurs coûts de mise en place peuvent inclure des ressources humaines, des coûts de développement de logiciels, l'achat de matériel, la formation et le renforcement des capacités. La mise en œuvre et le déploiement ont également des coûts, notamment la maintenance, les mises à niveau du système, le personnel du service d'assistance, les installations administratives et les ressources humaines.

- *Les coûts sont répartis entre les différentes étapes de la chaîne de mise en œuvre, entre les administrations centrales et locales et entre les différents bailleurs de fonds.* En outre, les coûts sont répartis dans le temps. De fait, les types de coûts et les montants évoluent.
- *Il n'existe généralement pas de système comptable central permettant de suivre l'ensemble des coûts entre les différentes entités de mise en œuvre, entre les bailleurs de fonds et dans le temps.* Les modalités de mise en œuvre peuvent différer d'une entité à l'autre, il n'existe souvent pas de méthode ou de système de budgétisation standard ou centralisé, et de nombreux coûts ne sont pas pris en compte dans les

budgets ou les dépenses, comme les coûts supportés par le bénéficiaire ou les coûts en nature.

Une façon de résoudre le problème de la collecte de coûts répartis entre plusieurs sources, étant donné les difficultés à collecter et à catégoriser tous les différents coûts impliqués, consiste à utiliser un échantillon de district ou de région pour en déduire des coûts moyens, plutôt que de calculer le coût national exact (figure 9.8). D'autres méthodes de limitation du périmètre d'intervention consistent à limiter l'exercice à un intervalle de temps, une phase de la chaîne de mise en œuvre ou un type de programme très spécifiques.

Une autre difficulté tient à la rareté des données. Celle-ci peut résulter (1) de la complexité de la chaîne de mise en œuvre (elle peut être répartie entre différents niveaux administratifs, et entre plusieurs programmes au sein des unités, ou il peut y avoir une déconnexion entre la budgétisation et entre l'administration des coûts et l'administration des programmes), (2) d'une connaissance insuffisante de la méthodologie de quantification des coûts administratifs au niveau du programme ou au niveau infranational, (3) d'une compréhension limitée de l'utilité des informations sur les coûts administratifs pour le suivi et l'évaluation (S&E), (4) d'un manque de cohérence et de transparence dans les coûts indirects, tels que le temps de travail du personnel ou les installations partagées, (5) d'une difficulté à séparer les coûts de mise en place et ceux de déploiement (ou d'un bout à l'autre de la chaîne de mise en œuvre), en particulier lorsque le déploiement géographique des programmes implique de les mettre en place dans un nombre croissant de régions ou de districts (Tesliuc et coll., 2014 ; White, Hodges et Greenslade, 2013) et (6) de la réticence à partager les données sur les coûts, soit parce que les informations sont sensibles, comme les salaires des fonctionnaires, soit parce que l'on s'inquiète de la manière dont les données seront utilisées, par exemple pour réduire les budgets des programmes (Holla, 2019).

Une façon de résoudre le problème de la pénurie de données consiste à planifier le plus tôt possible la collecte des données. Il convient d'établir des systèmes, ou de programmer des efforts annuels, pour la collecte en temps réel des données sur les coûts afin d'éviter les exercices de collecte rétrospectifs et coûteux. Une planification anticipée renforcera la précision des données sur les coûts ainsi que l'efficience de leur collecte.

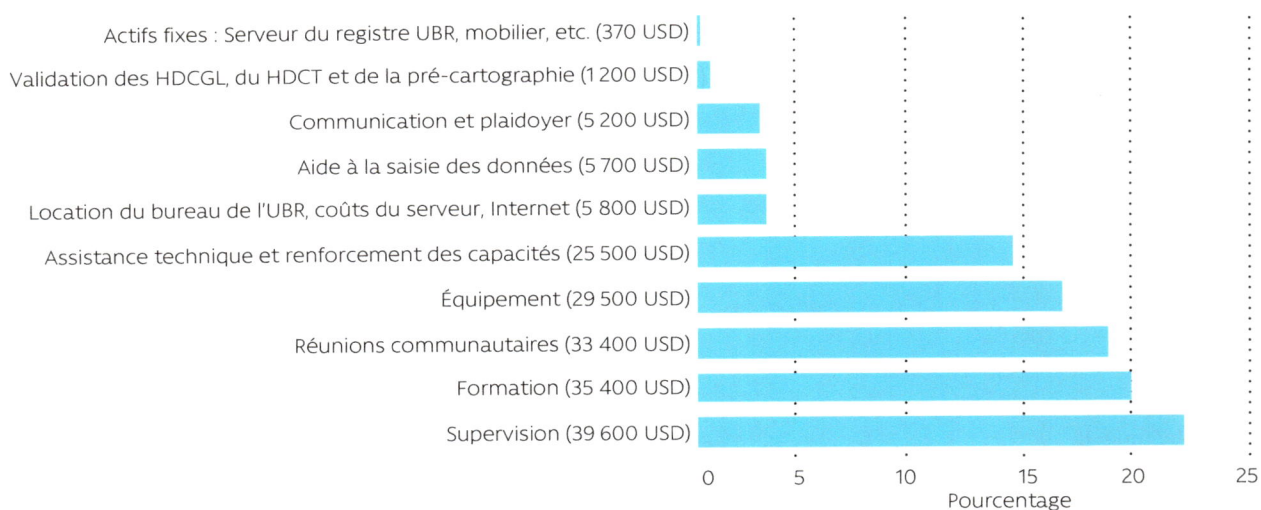

Actifs fixes : Serveur du registre UBR, mobilier, etc. (370 USD)
Validation des HDCGL, du HDCT et de la pré-cartographie (1 200 USD)
Communication et plaidoyer (5 200 USD)
Aide à la saisie des données (5 700 USD)
Location du bureau de l'UBR, coûts du serveur, Internet (5 800 USD)
Assistance technique et renforcement des capacités (25 500 USD)
Équipement (29 500 USD)
Réunions communautaires (33 400 USD)
Formation (35 400 USD)
Supervision (39 600 USD)

0   5   10   15   20   25
Pourcentage

Source : Lindert et coll., 2018.

Note : HDCGL = directives de collecte de données harmonisées ; HDCT = outil de collecte de données harmonisées ; UBR = Registre unifié des bénéficiaires (Registre social du Malawi).

Une autre difficulté majeure tient au fait que les données peuvent être interprétées de manière incorrecte.

- Tout d'abord, les caractéristiques du programme influent sur de nombreux paramètres de mesure des coûts et avantages, notamment la maturité et la couverture du programme, la taille et le type (en espèces ou en nature) du transfert, ainsi que d'autres éléments de conception, tels que la méthode de ciblage, la fréquence des réévaluations et le type de système de paiement. Par exemple, un programme dont les prestations sont plus généreuses aura — toutes choses égales par ailleurs — une part plus faible de coûts administratifs qu'un programme similaire dont les montants de transfert par bénéficiaire sont plus faibles (Tesliuc et coll., 2014).

- Deuxièmement, de faibles coûts administratifs par unité produite ne signifient pas nécessairement qu'un programme est efficient et efficace. Le RTCT (ratio total coûts-transferts) et le RCT (ratio coûts-transferts) ne nous disent rien sur les résultats qu'ils permettent de financer ni sur la qualité de la prestation. Un RTCT élevé, par exemple, peut signifier un gaspillage, ou bien il peut signifier que le bénéficiaire reçoit des services complémentaires, ce qui augmente l'efficacité de l'intervention.

- Troisièmement, les coûts administratifs peuvent être élevés dans un contexte de budget limité et de forte demande de prestations et de services. Les coûts ne dépendent pas seulement de la taille ou de la couverture réelle d'un programme, mais aussi du nombre de demandeurs, ou du taux d'utilisation, qui déterminent en fait la quantité d'efforts administratifs consacrés aux entretiens, à la vérification des revenus autodéclarés par les bénéficiaires, aux vérifications croisées, etc. (Tesliuc et coll. 2014).

- Quatrièmement, les coûts administratifs peuvent être élevés en raison d'inefficiences (auquel cas les processus opérationnels devraient être optimisés), mais souvent les coûts sont plus élevés parce que certaines fonctions nécessitent des coûts plus élevés pour être efficaces. Par exemple, les demandeurs d'emploi dont le placement est difficile ont besoin d'un soutien et de ressources plus importants que les demandeurs d'emploi prêts à travailler, d'où le fait que certaines agences de placement peuvent dépenser davantage par rapport aux résultats obtenus, et qu'une gestion des performances est nécessaire pour cibler davantage de ressources sur les cas difficiles. De même, le travail social est beaucoup plus intense et coûteux (nombre et intensité des visites) avec les familles ayant des besoins complexes qu'avec les autres. Il est important de garder cela à l'esprit lors de l'interprétation des indicateurs de coûts.

- Cinquièmement, il peut y avoir des arbitrages à faire entre les coûts. Par exemple, des coûts administratifs faibles peuvent entraîner des dépenses importantes en matière de TCV pour les bénéficiaires, car les coûts peuvent être transférés du programme aux bénéficiaires. Les deux catégories doivent donc être suivies parallèlement.

- Enfin, la mise à niveau des systèmes peut s'avérer coûteuse au début, mais avoir des retombées importantes par la suite[7]. Au cours des sept premières années du programme Prospera au Mexique, par exemple, les coûts administratifs sont passés de 51 % du budget global du programme à 6 %. Cela s'explique par d'importants investissements initiaux dans les systèmes — achat d'équipements, conception de systèmes, définition de procédures, etc. — qui ont débouché sur des bénéfices pendant plusieurs années, ainsi que par une augmentation progressive du nombre de bénéficiaires desservis par les systèmes (Lindert, Skoufias et Shapiro, 2006).

Une façon de s'assurer que les données sont interprétées correctement est de ne pas utiliser les données sur les coûts et les mesures d'efficience de manière isolée, mais plutôt comme des mesures relatives, comparées à une alternative ou à la progression dans le temps. D'autres bonnes pratiques connexes peuvent être citées :

- Seuls les ratios coût-efficacité peuvent nous renseigner sur la qualité et les résultats obtenus, mais même ces ratios doivent être interprétés en termes relatifs et mesurés par rapport aux arbitrages. Un programme pilote ou de démarrage aura un RCT plus élevé qu'un programme mature en raison des coûts fixes (tels que les importantes dépenses administratives initiales pour les systèmes comme l'achat d'équipement, la conception des systèmes et les définitions des procédures), qui sont élevés au départ, mais pas strictement proportionnels à la taille du programme et ont tendance à diminuer au fil du temps à mesure que les programmes augmentent en taille (Beegle, Coudouel, et Monsalve, 2018 ; Tesliuc et coll., 2014).

- Les coûts de réduction des erreur(s), fraude et corruption (EFC) doivent être comparés à la valeur des prestations récupérées.

- Les coûts de démarrage du développement des systèmes d'information doivent être comparés aux économies potentielles sur la durée de vie utile du système.

- En faisant une analyse comparative des performances dans le temps, la comparaison dans un même pays à différentes périodes tend à être plus utile que les comparaisons entre pays. Ces dernières sont plus utiles lorsque les pays de comparaison ont des systèmes similaires et sont de taille et de niveau de développement semblables. Les comparaisons internationales du RTCT sans ajustement en fonction de la taille et du niveau de développement du programme, par exemple, ne sont pas pertinentes étant donné les différences entre les systèmes.

- Pour les programmes pilotes ou encore peu développés, la projection du retour sur investissement dans le temps peut être utile pour justifier la valeur des coûts initiaux élevés de démarrage. Le plus important pour assurer une bonne interprétation des données est de présenter le contexte dans lequel elles existent.

Sources de données

Il existe trois sources principales de données qui peuvent être utilisées pour mesurer les principaux indicateurs du cadre de performance des systèmes de mise en œuvre : (1) les données administratives des systèmes de mise en œuvre, (2) les sources de données nationales (issues d'enquêtes périodiques) et (3) les données qui nécessitent un effort de collecte spécifique distinct. Il convient de noter que la combinaison de diverses sources de données pour élaborer des indicateurs de performance peut se heurter à certains écueils. L'un de ces pièges est celui du décalage temporel : alors que les données du programme sont potentiellement collectées de manière régulière, les données sur les ménages et les recensements sont beaucoup moins fréquentes. Le cadre de résultats de l'annexe 9A indique les sources de données qu'il convient d'utiliser pour chaque indicateur proposé.

Données générées par les systèmes de mise en œuvre

La plupart des programmes de protection sociale collectent et traitent régulièrement des données administratives aux fins de la mise en œuvre et du suivi des programmes. Les systèmes d'information suivent les données relatives aux différents processus réalisés tout au long des phases de la chaîne de mise en œuvre. Les données administratives comprennent également des informations sur le personnel et la comptabilité du programme, ainsi que des informations financières, notamment sur les coûts administratifs et la valeur des prestations du programme. Le MGR peut s'avérer une autre source importante de données de performance, comme le montrent le chapitre 8 et l'encadré 9.9.

Les données administratives existantes sur les systèmes de mise en œuvre seront une source de données primaire pour en évaluer la performance. Ces données constituent une ressource précieuse, en particulier pour les informations sur les indicateurs liés à la qualité du registre, aux performances en matière d'efficience (comme le temps de traitement aux différentes étapes de la chaîne de mise en œuvre), au respect des procédures opérationnelles et des règles du programme, aux performances en matière de réclamations et de recours, et aux mécanismes de gestion et de contrôle de l'information. Par exemple, les données administratives permettent de mesurer des indicateurs, tels que le taux de rotation du personnel, l'exécution du budget, le pourcentage de transferts monétaires effectués directement sur les comptes des bénéficiaires, les coûts administratifs et le délai entre la détermination, la notification et la distribution des prestations. De même, le pourcentage de clients recevant des paiements conformes aux normes de qualité pour chaque cycle peut être obtenu grâce aux données de transaction générées par le système de paiement. Étant donné la qualité variable de ces données, il est important de les recouper avec d'autres sources de données (voir ci-dessous).

Autres données administratives et statistiques nationales

Les données peuvent également être extraites des statistiques nationales et d'autres sources. Ces précieuses données peuvent être extraites d'autres sources de données nationales, telles que les recensements, les

---

Encadré 9.9 Utilisation des données relatives aux réclamations pour évaluer la performance du programme de pension pour les personnes âgées au Mexique

Au Mexique, le ministère de la Protection sociale utilise les données générées par le mécanisme de gestion des réclamations (MGR) pour suivre les performances du régime de retraite pour les personnes âgées (Pension para el Adulto Mayor, ou PAM). Cela nécessite une capacité institutionnelle spécifique et des processus efficaces de rédaction de rapports. Le rôle de la Direction générale d'appui aux groupes vulnérables (DGAGP) au sein du ministère de la Protection sociale est crucial. Cette Direction est responsable de la mise en œuvre et de la gestion des performances du programme de pension. Aussi, elle a créé une Direction du contrôle spécialisée, dont la principale responsabilité est de gérer tous les indicateurs de performance du programme PAM ainsi que de rassembler l'ensemble des demandes, recours ou réclamations et d'assurer le suivi de leur résolution. Une autre fonction importante de cette Direction est d'identifier les tendances de réclamations et de fournir un retour d'information à la direction chargée de la mise en œuvre. Le programme révise son manuel opérationnel une fois par an (pour publication dans le Journal officiel du gouvernement fédéral avant le début de l'exercice fiscal suivant) ; la Direction du contrôle fournit alors un recueil des problèmes récurrents détectés par le MGR, ainsi qu'une série de suggestions sur la manière de les résoudre.

Source : Mexique, Secretaria de Desarrollo Social, « Lineamientos Especificos del Programa Pension para Adultos Mayores 2017 » Mexico, janvier 2017.

enquêtes nationales sur les ménages (en particulier les enquêtes de mesure des niveaux de vie), ou les données administratives d'autres secteurs ou systèmes de prestation (tels que la santé, l'éducation et l'agriculture). Les données provenant de ces autres sources sont particulièrement précieuses pour valider l'exactitude des données administratives des systèmes de mise en œuvre de la protection sociale. Par exemple, le recoupement de ces données avec celles de la santé et de l'éducation permet de vérifier l'exactitude du contrôle des conditionnalités. De même, dans le cadre d'une enquête nationale de mesure du niveau de vie, la validation des classifications socio-économiques du registre au moyen d'un échantillon de bénéficiaires de la protection sociale peut donner lieu à une évaluation beaucoup plus précise de la façon dont le programme atteint la population ciblée. Les données de recensement ou d'enquêtes auprès des ménages peuvent également mesurer la taille de la population ciblée et être combinées aux données du registre pour déterminer les taux de couverture.

Données qui nécessitent une collecte distincte et dédiée

Certains indicateurs et évaluations nécessitent des enquêtes et des évaluations indépendantes. Des exemples sont présentés ci-dessous (par exemple, l'audit de performance, la re-vérification d'échantillons, l'évaluation des processus/performances, l'évaluation de la charge de travail, l'examen des processus opérationnels, l'examen institutionnel, etc.). Ces enquêtes seront nécessaires pour évaluer la performance des indicateurs liés, entre autres, à la conformité aux normes de qualité, à la compréhension et à la satisfaction des clients, à l'estimation des calculs de TCV ou des délais de traitement des gestionnaires de programme, et à l'accès des groupes vulnérables.

9.3 COMMENT ÉVALUER LES SYSTÈMES DE MISE EN ŒUVRE ? DIFFÉRENTS TYPES D'ÉVALUATIONS

Différents types d'évaluations peuvent être utilisés pour déterminer la performance des systèmes de mise en œuvre de la protection sociale. Elles s'échelonnent d'une approche générale et exhaustive jusqu'à une approche plus ciblée et spécifique. Certaines évaluations sont interdépendantes et fournissent des informations utiles à d'autres. Par exemple, l'examen des processus opérationnels fournit généralement une entrée pour l'examen des systèmes d'information, car le premier permet de cartographier les processus qui devraient être informatisés. De même, certaines évaluations, en particulier les plus ciblées, peuvent faire partie d'une évaluation plus large et générale. Ainsi, un examen des processus opérationnels peut tout aussi bien être mené en tant qu'évaluation indépendante que faire partie d'une évaluation plus large des processus. Lors d'une évaluation, plusieurs sources de données et d'information peuvent être utilisées pour répondre à certaines questions particulières. Le choix entre les différents types d'examens et les méthodes utilisées pour les mener doit toujours être guidé par les principales questions relatives au niveau de performance que le programme doit atteindre. Nous décrirons brièvement dans cette section huit types d'évaluations, leurs objectifs, les types de questions auxquelles elles peuvent répondre et les méthodes qui peuvent être utilisées pour répondre à ces questions. Le tableau 9.2 ci-dessous récapitule les différents types d'évaluations abordés dans cette section.

Évaluation de la performance axée sur le client

De nombreuses évaluations cherchent à mesurer le niveau d'efficacité et d'efficience des systèmes de mise en œuvre du point de vue du client. L'objectif est d'évaluer si la chaîne de mise en œuvre fonctionne correctement vis-à-vis des clients, si elle répond à leurs attentes et s'il existe des goulots d'étranglement particuliers qui doivent être résolus.

Champ d'application et questions

L'examen de la performance de la chaîne de mise en œuvre du point de vue du client peut englober toutes les étapes de la chaîne pour évaluer l'expérience globale des clients ou ne se concentrer que sur des parties spécifiques

Tableau 9.2 Types d'évaluations permettant de déterminer la performance des systèmes de mise en œuvre de la protection sociale

Type d'évaluation	Utilisation prévue
Évaluation de la performance axée sur le client	Évaluer la performance de la chaîne de mise en œuvre du point de vue du client
Évaluation des processus	Évaluer ce qui fonctionne et ce qui ne fonctionne pas dans la mise en œuvre du programme et trouver des options d'amélioration
Examen des processus opérationnels	Évaluer l'efficience de certains processus opérationnels de la chaîne de mise en œuvre
Audit de la conformité	Évaluer le respect des règles, directives et protocoles
Analyse d'efficience	Évaluer le coût relatif des résultats des différents systèmes ou processus
Analyse comparative	Comparer les performances de deux ou plusieurs systèmes de mise en œuvre
Examen des systèmes d'information	Évaluer l'adéquation des systèmes d'information et le respect des règles d'utilisation et d'intégrité des données
Examen des dispositions institutionnelles	Évaluer l'adéquation de la structure organisationnelle, des systèmes de gestion et du personnel

Source : Tableau conçu pour cette publication.

pour examiner en profondeur les obstacles particuliers. Un tel examen peut rechercher l'expérience « moyenne » du client à travers un échantillonnage aléatoire (stratifié), ou il peut rechercher le point de vue de groupes spécifiques de clients pour lesquels peuvent exister des obstacles à l'accès. L'évaluation peut inclure les questions suivantes :

- Comment les groupes vulnérables vivent-ils le processus d'enregistrement au programme ? Quels obstacles rencontrent-ils et pourquoi ?
- Dans quelle mesure le programme répond-il à l'attente des clients en matière de système de paiement ? Qu'est-ce qui fonctionne et qu'est-ce qui ne fonctionne pas du point de vue des clients ?
- Dans quelle mesure des groupes spécifiques de clients sont-ils satisfaits de la communication sur les prestations et les services du programme ?
- Dans quelle mesure le programme répond-il aux besoins d'information des clients ? Quelles attentes n'ont pas été satisfaites ? Pourquoi ne l'ont-elles pas été ?

Méthodologie

Un certain nombre d'outils et de techniques d'évaluation peuvent aider à évaluer l'efficacité et l'efficience de la chaîne de mise en œuvre. Une abondante littérature porte sur le suivi et l'évaluation participatifs et sur la façon d'impliquer les clients d'un programme dans le processus d'évaluation (par exemple, Chambers, 2009 ; Guijt et Gaventa, 1998 ; Holland, 2013). Nous décrivons ci-après deux outils spécifiques qui sont largement utilisés dans l'analyse de la performance des chaînes de mise en œuvre de la protection sociale :

- *la cartographie du parcours du client* est un outil qui aide à représenter l'expérience client tout au long de son parcours à travers les différentes phases de la chaîne de mise en œuvre. Elle retrace les expériences, les attentes, les comportements et les émotions (les hauts, les bas, les aspects pénibles) du client au cours de son parcours. Elle peut également mesurer le niveau d'atteinte des objectifs de performance et des normes de qualité en réponse à l'attente des clients (voir chapitre 2). Les données sous-jacentes de la cartographie du parcours peuvent provenir de différentes sources, y compris d'entretiens avec les clients, du suivi et de l'observation des clients à travers les différentes étapes de la chaîne de mise en œuvre ou de données particulières horodatées et générées par le système d'information sous-jacent à cette dernière.

- *Les enquêtes de satisfaction des utilisateurs ou les retours d'information des bénéficiaires* fournissent également des informations utiles sur la performance des systèmes. Elles visent à mesurer la performance des organismes de paiement de prestation ou de fourniture de services à travers le prisme de l'expérience des clients en la matière. Ces enquêtes collectent des données sur les comportements, les connaissances, les perceptions et les pratiques des individus, données toutes pertinentes pour évaluer la qualité des services et mesurer les indicateurs du côté de la demande. Parmi les exemples d'indicateurs mesurés à l'aide d'enquêtes menées auprès des ménages et des bénéficiaires figurent (1) le niveau de satisfaction ressenti à l'égard des prestations et des services, (2) le coût de transaction (en matière d'argent, de temps passé et de nombre de visites) qu'implique la participation au programme, (3) le montant et la fréquence des transferts sociaux, (4) l'accessibilité des services, (5) la sensibilisation aux droits et obligations et (6) l'engagement vis-à-vis du programme. Les enquêtes nationales menées auprès des ménages sont également utiles pour cibler les mesures et déterminer de manière indépendante la couverture des services.

Évaluation des processus

L'évaluation des processus se concentre sur l'examen des processus sous-jacents à la mise en œuvre et prend parfois le nom « d'évaluation de la mise en œuvre du programme ». Son principal objectif est d'identifier ce qui fonctionne et ce qui ne fonctionne pas, mais aussi d'identifier les moyens d'améliorer la mise en œuvre des programmes. L'efficience des différentes phases de la chaîne de mise en œuvre est évaluée et les contraintes procédurales auxquelles les clients ou les administrateurs du programme peuvent être confrontés sont identifiées. Cette évaluation est principalement formative dans la mesure où elle utilise des méthodes d'évaluation qui devraient permettre d'améliorer la façon dont les programmes sont exécutés. Si les questions portent principalement sur l'examen des résultats, l'évaluation est plus communément appelée « évaluation du programme ».

Champ d'application et questions

La formulation des principales questions de l'évaluation est un élément primordial. Des études particulières peuvent porter sur une ou plusieurs questions de l'évaluation. Voici des exemples de questions pertinentes qui peuvent être posées lors de cette évaluation :

- Quels processus ont été utilisés ? Quels étaient les buts recherchés ? Que s'est-il passé et que pouvons-nous apprendre ?
- Comment les administrateurs et les clients ont-ils adapté leur comportement au nouveau processus, à la nouvelle procédure ou à l'innovation ?
- Dans quelle mesure les agences se coordonnent-elles tout au long de la chaîne de mise en œuvre ? Pourquoi un tel niveau de coordination ?
- Les ressources ont-elles été sécurisées et mises à disposition au bon moment et en quantité optimale ? Les coûts ont-ils été minimisés ?
- Comment les groupes vulnérables vivent-ils les processus d'accueil et d'enregistrement des demandes du programme ? Quels obstacles rencontrent-ils et pourquoi ?

Méthodologie

Le domaine de l'évaluation des programmes a considérablement évolué au cours de la dernière décennie et devient de plus en plus sophistiqué, puisant dans de nouvelles techniques et sources de données pour ouvrir la boîte noire des systèmes de mise en œuvre de protection sociale. Le recours à des méthodes mixtes qui s'appuient à la fois sur des données quantitatives et qualitatives a tendance à se justifier pour comprendre le fonctionnement interne des systèmes de mise en œuvre. Les méthodes de collecte des données qualitatives, telles que les entretiens, les enquêtes et les groupes de discussion, permettent de recueillir la perception qu'ont les clients et les administrateurs de certains aspects des systèmes de mise en œuvre, y compris l'interface client. L'utilisation des dossiers de l'organisme ou des données de suivi pour identifier les modèles de comportements ou les problèmes fait également partie de l'évaluation de la mise en œuvre des programmes. D'autres méthodes de recherche peuvent être utilisées pour répondre à des questions particulières, telles que l'analyse de réseau (pour évaluer la coordination) ou les expériences comportementales, telles que la modélisation des choix discrets. Enfin, les observations directes peuvent être une autre source utile de données (encadré 9.10).

Examen des processus opérationnels

L'examen des processus opérationnels (EPO) constitue un sous-ensemble de l'évaluation des processus (voir la cartographie des processus de la chaîne de mise en œuvre, chapitre 2). L'EPO peut être une étude indépendante ou un examen intégré à d'autres évaluations. Son

---

Encadré 9.10 Grèce : évaluation des processus du programme de RMG

Une évaluation des processus de la première phase du déploiement national du programme grec de revenu minimum garanti (RMG) appelé « Revenu de solidarité sociale » (RSS) a été menée en 2016. La première phase a consisté à mettre en œuvre le programme dans 30 municipalités grecques, entre juillet et décembre 2016.

L'évaluation a porté sur la base juridique de la mise en œuvre de la première phase du RSS, avec pour objectif de comprendre comment les processus opérationnels étaient exécutés et de vérifier s'ils respectaient les procédures détaillées définies par le manuel des opérations et la Décision ministérielle conjointe (JMD). En complément de ces deux documents, l'évaluation s'est appuyée sur plusieurs sources d'information. D'une part, et pour comprendre comment le programme était mis en œuvre et supervisé au niveau central, des entretiens conduits avec des membres de l'unité du programme RSS, le personnel de l'agence d'e-gouvernement (IDIKA) responsable de la mise en œuvre de la phase 1 du RSS et des fonctionnaires du ministère du Travail, de l'Assurance sociale et de la Solidarité sociale (MdTASSS). D'autre part, des groupes de discussion auxquels participait le personnel municipal impliqué dans la mise en œuvre au niveau local du RSS ont été organisés dans 18 municipalités désignées pour la phase 1. Enfin, des groupes de discussion auxquels participaient des bénéficiaires du RSS ont été organisés dans 17 municipalités.

Les résultats de l'évaluation ont confirmé que la mise en œuvre du programme n'avait pas rencontré de difficultés majeures et que tant les bénéficiaires que le personnel municipal l'avaient très bien accepté. La majorité des bénéficiaires et du personnel municipal a apprécié la clarté du formulaire de demande et le fait que les demandeurs soient immédiatement informés du résultat après soumission de leur demande. Le système d'information supportant le programme a bien absorbé le volume des candidatures. Les municipalités ont pu organiser une campagne de communication exhaustive à l'aide du matériel distribué avant le lancement du programme, facilitant ainsi l'adoption du programme. L'évaluation a cependant révélé que le programme était encore pénalisé par l'absence de définition et de mise en œuvre de plusieurs composantes critiques qui pourraient considérablement augmenter le succès du déploiement complet, et en particulier : (1) une cellule affectée à temps plein au programme RSS avec des rôles et des responsabilités clairs et incluant une équipe informatique spécialisée, (2) une communication en temps opportun et bien développée au niveau local ainsi qu'une stratégie complète de formation et de perfectionnement pour les municipalités restantes et (3) un mécanisme de gestion des réclamations.

Les résultats de l'évaluation des processus ont permis d'améliorer le programme de RSS finalement lancé à l'échelle nationale en février 2017. Le RSS touche actuellement plus de 300 000 ménages et plus de 600 000 personnes (6,5 % de la population). Il est largement considéré comme un instrument important et efficace de soutien public du revenu de base pour les personnes pauvres.

Sources : Marini et coll., 2017.

---

objectif est d'évaluer l'efficience des processus et procédures opérationnels en vigueur et d'identifier les lacunes et les opportunités d'amélioration. Ce type d'examen est également utile pour identifier les domaines potentiels de réduction des coûts. L'EPO devrait à la fois identifier les avantages et les inconvénients de chaque option présentée.

Champ d'application et questions

Un EPO peut être complet et couvrir tous les principaux processus sous-jacents à la chaîne de mise en œuvre ou ne se concentrer que sur certains d'entre eux. En règle générale, un EPO passe en revue les processus suivants : sensibilisation et communications, accueil et enregistrement des demandes, inscription, paiement des prestations ou fourniture des services, traitement des réclamations et contrôle du respect des conditionnalités. Un EPO peut inclure les questions d'intérêt suivantes :

- Qui sont les acteurs clés impliqués dans le processus et quels sont leurs rôles et responsabilités ?
- Les processus clés sont-ils mis en œuvre par les acteurs concernés comme prévu par le programme et précisés dans le manuel des opérations (fidélité) ?
- Quels sont les goulots d'étranglement apparus lors de la mise en œuvre des processus ?
- Quelles pratiques fonctionnent mieux que d'autres ?
- Comment les clients et les autres parties prenantes appréhendent-ils les processus ?
- Quelles sont les options réalisables pour ajuster (corriger) certains processus et quel en serait le résultat probable d'amélioration de l'efficience ?

Méthodologie

Une large gamme d'outils, de méthodes et de données peuvent être utilisés lors d'un EPO, en particulier les entretiens ou les groupes de discussion avec les administrateurs et les clients. Le diagramme des processus est un outil utile pour représenter graphiquement une série de tâches ou d'activités qui constituent le processus étudié. Elle favorise la compréhension et une meilleure communication du processus passé en revue, en particulier les lacunes, les goulots d'étranglement,

les étapes redondantes ou les insuffisances. La cartographie peut être également utilisée pour visualiser et communiquer ce que pourrait être le processus amélioré. Les diagrammes de parcours peuvent prendre différentes formes, telles que des organigrammes pour illustrer la séquence des tâches effectuées dans un processus, et peuvent également être complétés par un diagramme de définition des processus qui montre l'entrée appliquée, les ressources de chaque activité et la sortie résultante. L'utilisation de « couloirs » peut être particulièrement utile, comme indiqué au chapitre 2. (Voir l'encadré 9.11.)

Audit et contrôle de conformité

L'objectif principal d'un audit de conformité est de déterminer si les règles, processus et procédures des prestations de protection sociale sont respectés et suivis conformément aux exigences du programme et aux procédures opérationnelles standard. Tout ou partie de la chaîne de mise en œuvre ainsi que les systèmes d'information qui la sous-tendent peuvent être audités. L'audit de conformité permet de vérifier si les informations enregistrées par le programme correspondent au véritable client concerné, aux informations stockées dans le système d'information du programme et aux informations enregistrées par d'autres systèmes (par exemple, les dossiers scolaires de présence des élèves pour contrôle de la conformité aux conditionnalités éducatives). Lorsqu'un audit de conformité concerne spécifiquement les paiements, il vise à vérifier si les paiements sont effectués aux « bons » clients et pour le paquet de prestations/services déterminé, conformément au manuel des opérations. Dans les systèmes de mise en œuvre de protection sociale, ce type d'audit est fréquemment appelé « inspection sociale » et inclut le contrôle de conformité et les enquêtes pour fraude.

Champ d'application et questions

Un audit peut inclure les questions suivantes :

- Dans quelle mesure la mise en œuvre du programme est-elle conforme aux orientations et aux procédures définies dans le manuel des opérations ?
- Les critères d'éligibilité sont-ils évalués conformément aux paramètres du programme ?

Encadré 9.11 Philippines : examen des processus opérationnels et des systèmes d'information du programme 4Ps

En 2016, le programme « *Pantawid Pamilyang Pilipino* » (4Ps) des Philippines a donné lieu à un examen de ses processus opérationnels et de ses systèmes d'information afin d'identifier les domaines à améliorer et rendre ce programme plus efficace et plus réactif aux besoins émergents. L'évaluation s'est déroulée dans le contexte de modifications apportées aux modalités du programme, dont une proposition d'élargissement de l'éventail des bénéficiaires passant des ménages aux familles, la mise en œuvre du projet de stockage des données du Département de la Protection sociale et du Développement (DSPD) et la décentralisation des activités du programme vers les bureaux régionaux du DSPD.

Les 7 processus opérationnels suivants ont été étudiés : (1) accueil, enregistrement des demandes et mise à jour, (2) suivi et contrôle de la conformité, (3) calcul et paiement des prestations, (4) signalement, traitement et résolution des réclamations, (5) évaluation de l'offre, (6) gestion des données et production de synthèses et de rapports et (7) formulation et traitement des demandes de modification des politiques et des processus opérationnels.

De plus, 7 systèmes d'information ont été passés en revue : (1) routine de contrôle de l'éligibilité, (2) système d'enregistrement des assemblées communautaires (CARS, *Community Assembly Registration System*), (3) système de mise à jour des bénéficiaires (BUS), (4) système d'information sur la vérification de la conformité (SVC), (5) système de paiement, (6) mécanisme de gestion des réclamations (MGR) et (7) système d'évaluation de l'offre (SSAS).

L'élaboration de diagrammes à « couloirs » des activités actuelles et à venir a permis de comprendre les processus opérationnels en vigueur et futurs. De même, des diagrammes de flux de données actuels et à venir ont permis d'évaluer les systèmes d'information actuels et futurs.

L'examen a conclu que le programme 4Ps pouvait atteindre ses objectifs en touchant effectivement plus de 4,4 millions de bénéficiaires, mais qu'il restait encore beaucoup à faire pour améliorer les contrôles ainsi que l'intégrité et l'exactitude des données. Les principales vulnérabilités des processus du programme 4Ps étaient liées aux multiples tâches effectuées manuellement et associées à des systèmes d'information non intégrés. L'examen a recommandé une plus grande automatisation des processus et une plus grande intégration des systèmes d'information. Ces étapes impliquaient l'amélioration de l'infrastructure TIC 4Ps, avec un premier objectif de mise à niveau de la base de données 4Ps.

Source : PWC, 2016.
Note : CARS.

- Le processus de paiement est-il effectué conformément aux exigences du programme ? Les paiements sont-ils effectués aux bons bénéficiaires dans le délai défini ?
- Dans quelle mesure la saisie des données, la vérification de la qualité des données et la production de rapports sont-elles conformes à la politique de gestion des données du programme ? Quels domaines de la gestion des données nécessitent des ajustements ?
- Le système de traitement des réclamations est-il géré de manière transparente et éthique et garantit-il que la boucle entre les clients et les administrateurs du programme est fermée ?

- S'il y a des écarts constatés, pourquoi se sont-ils produits et quels effets ont-ils eus sur le programme dans son ensemble ?
- Quelle est l'efficience des directives et des processus définis ? Des gains d'efficience sont-ils possibles ?

Méthodologie

Un audit de conformité valide, à l'aide de contrôles ponctuels ou de vérifications croisées par échantillonnage, l'exactitude des informations reçues et enregistrées par les systèmes du programme, telles que les données concernant le paiement effectif des clients (voir l'encadré 9.12).

Encadré 9.12 Moldavie : audit de conformité et vérification des prestations en fonction du profil de risque des clients

Le programme moldave de RMG et transferts en espèces « *Ajutor Social* » utilise l'évaluation des ressources par approximation (PMT) pour évaluer les besoins et les conditions de vie des bénéficiaires et déterminer l'éligibilité des ménages pauvres aux prestations. Le programme a démontré une bonne précision de ciblage, mais, selon les estimations, environ 35 % des bénéficiaires n'ont pas droit aux prestations. En 2011, pour réduire les erreurs d'inclusion du programme, le gouvernement a créé l'Agence d'inspection sociale (AIS) dont la mission est de minimiser les risques d'erreur(s), de fraude et de corruption (EFC) du système d'aide sociale. L'AIS effectue un contrôle ex post des prestations d'assistance sociale pour vérifier que les montants exacts sont versés aux bons clients et conformément aux règles et règlementations. Une équipe d'environ cinq personnes est chargée de réaliser le contrôle sur le terrain des prestations reçues par plus de 50 000 ménages à travers le pays.

L'AIS a effectué un premier contrôle en examinant district par district tous les cas actifs de prestations pour la période 2012-2014. À cette époque, l'agence établissait ses règles et procédures opérationnelles, et le taux de détection des EFC, défini comme le nombre d'irrégularités détectées pour 100 cas contrôlés, dépassait à peine 10 %. L'agence a élaboré pour la période 2014-2015 son premier manuel opérationnel complet où étaient définies les étapes normalisées des campagnes d'inspection des prestations, les règles claires d'identification et de suivi des différents types d'irrégularités et les procédures améliorées d'enregistrement et de suivi du résultat des campagnes. L'AIS a appliqué ces nouvelles procédures lors de la première série d'inspections basées sur le risque. Tout d'abord, des contrôles ont été menés en 2015 sur un échantillon aléatoire et ont révélé des prestations surpayées et d'autres sous-payées dans 64 % des cas de prestations examinées. Ensuite, les caractéristiques statistiquement significatives des cas de prestations surpayées et sous-payées de

l'échantillon aléatoire ont été utilisées pour développer des profils de risque et cibler les dossiers ayant une probabilité plus élevée d'EFC. En appliquant ces profils de risque, l'AIS a pu augmenter le taux de détection des fraudes et des erreurs de 20 % en 2016 par rapport à 2015, tandis que la valeur monétaire des irrégularités identifiées était cinq fois plus élevée que lors de la campagne précédente.

L'AIS travaille depuis à transformer l'expérience des inspections basées sur les risques en une pratique opérationnelle durable. L'AIS a commencé en 2016 à utiliser un module du SIG de l'assistance sociale connecté à la base de données des bénéficiaires ainsi qu'à différents registres publics pour planifier les campagnes de lutte contre les EFC, effectuer des contrôles sur le terrain et suivre leurs résultats. Les données recueillies en 2018 dans le cadre d'une campagne EFC sur un échantillon aléatoire ont aidé à élaborer de nouveaux profils de risque qui ont été utilisés en 2019 pour sélectionner les dossiers examinés lors d'une autre série de contrôles basés sur les risques.

Le travail de l'agence a permis d'améliorer les performances du programme « *Ajutor Social* ». Les erreurs d'inclusion sont passées de 60 % en 2011 à 40 % en 2016 alors que la couverture des prestations doublait au cours de la même période. Le pourcentage des différentes erreurs identifiées grâce aux campagnes d'échantillonnage aléatoire a considérablement diminué, passant de 64 % en 2015 à 38 % en 2018, la plus forte diminution concernant les erreurs liées au revenu des ménages. Pour assurer la pérennité des processus, l'AIS a intégré des algorithmes de profilage des risques dans ses règles opérationnelles et son système d'information afin d'ajuster en continu et en temps réel les algorithmes en fonction du résultat des contrôles. Afin de maximiser les résultats des inspections, c'est-à-dire dissuader les EFC et augmenter le rapport coûts-avantages des campagnes, l'AIS a également renforcé sa fonction d'exécution pour permettre le recouvrement des prestations versées aux ménages non éligibles.

Source : Yulia Smolyar, spécialiste principale de la protection sociale, Banque mondiale.
a. Le contrôle ex ante des prestations est réalisé au stade de l'évaluation de l'éligibilité en recoupant les informations autodéclarées du demandeur avec les données des registres publics, conduisant par la suite à la décision d'inscription.

Analyse d'efficience

Certaines évaluations de performance cherchent principalement à comparer le coût des programmes à d'autres systèmes, processus ou plans d'action alternatifs et utilisent pour ce faire différents types d'analyses d'efficience. **L'analyse coût-efficacité (ACE)** vise à relier le coût d'un programme ou d'un système de mise en œuvre aux principaux résultats attendus. Lorsque ces résultats ou avantages sont monétisés, l'analyse est alors généralement appelée **analyse coûts-avantages (ACA)**. En complément, un audit peut se justifier lorsque le principal objectif de l'examen est d'identifier les domaines où des économies de coûts sont possibles ou de vérifier la conformité du programme à certaines directives budgétaires.

Méthodologie[8]

Nous avons discuté ci-dessus de différents moyens de collecte et d'analyse de quelques indicateurs d'efficience. Ces indicateurs peuvent être combinés pour analyser plus largement ou plus globalement l'efficience d'un système de mise en œuvre ou de l'un de ses composants, par exemple une **analyse de retour sur investissement (ROI)** des coûts de mise à niveau d'un système d'information (voir l'exemple du comté de Montgomery dans l'encadré 9.13 et la figure 9.9 ci-dessous). En règle générale, cette analyse adopte une large perspective et tient compte de tous les coûts et prestations des parties prenantes, contribuables, participants ou autres groupes touchés par le programme examiné. Une analyse de l'efficience financière ne prend en compte que les coûts monétaires et les prestations d'un programme, d'une organisation, d'un ministère ou d'un département particulier, alors qu'une analyse plus large de l'efficience sociale inclut également les coûts sociaux, tels que les coûts pour les demandeurs, les communautés, etc. L'approche de l'ACE ou de l'ACA consiste à mesurer les coûts et avantages marginaux ou différentiels d'un programme par rapport à ceux d'un scénario établi de référence. Des décisions devront alors être prises en rapport avec les coûts et avantages identifiés et estimés. De fait, il est recommandé lors de l'évaluation de la performance des systèmes de protection sociale de prendre également en compte les coûts et avantages sociaux et de comparer les performances dans le temps au sein d'un

même programme ou par rapport à d'autres types de programmes similaires d'autres pays au niveau de développement similaire. La quantification (ACE) ou la monétisation (ACA) des prestations est un élément essentiel. La valeur actualisée d'un programme sur une certaine période sera calculée à l'aide d'un taux d'actualisation.

Un autre type d'analyse d'efficience pourrait consister à comparer différents organismes d'un programme chargés d'effectuer les mêmes tâches, par exemple, en comparant plusieurs guichets uniques, centres de services ou bureaux d'enregistrement. L'analyse consiste à comparer les organismes selon un certain nombre d'attributs (dont le ratio intrant/produit) et de les classer. Le classement permet alors d'identifier les parties les plus efficaces du système (par exemple, les agences décentralisées) et les parties plus faibles. L'analyse saisit les données sur la dotation en personnel de toutes les catégories (par exemple, le personnel administratif, les travailleurs sociaux, les spécialistes de l'informatique), le budget (y compris les salaires et les coûts de fonctionnement) et les produits (par exemple, le nombre d'employeurs contactés, les écoles vérifiées ou les dossiers suivis). Une bonne pratique consiste également à comparer les résultats (par exemple, l'adéquation réussie entre employés et emplois, le taux de placement, etc.) afin de mesurer la qualité par rapport au niveau d'efficience (comme mentionné précédemment, des coûts inférieurs ne traduisent pas toujours de meilleurs résultats).

Analyse comparative

L'analyse comparative peut être soit un exercice spécifique, soit une méthode utilisée dans d'autres types d'évaluations. Elle consiste à comparer les performances ou les processus de différentes organisations dans divers pays ou de différentes branches d'une organisation. L'objectif est d'identifier et d'apprendre de bonnes pratiques à travers un processus structuré de comparaison.

Champ d'application et questions

La comparaison peut porter sur les performances ou les processus. L'analyse comparative des performances est préférable si l'objectif est de comparer les performances globales des systèmes de mise en œuvre.

Le Département de la santé et des services aux personnes (*Department of Human and Health Services - DHHS*) du comté de Montgomery (Maryland, États-Unis) a effectué en 2013-2014 une analyse du retour sur investissement de l'argent des contribuables (RIC) afin d'évaluer la rentabilité de la mise en œuvre d'une technologie interopérable et d'un protocole de travail intense en équipe (PTIE) pour un sous-ensemble ciblé de la population ciblée, analyse devant démontrer le retour sur investissement de l'argent des contribuables.

Le DHHS du comté de Montgomery fournit une large gamme de services de santé publique et de services sociaux qui répondent aux besoins des enfants, des adultes et des personnes âgées les plus vulnérables de la communauté dans cinq principaux domaines : les services aux enfants, aux jeunes et aux familles, les services aux personnes âgées et aux personnes handicapées, les services de santé mentale, les services de santé publique et les services pour les sans-abris. Auparavant, ces services fonctionnaient de façon indépendante, ce qui ne permettait pas de répondre aux besoins des clients d'un point de vue global. Pour surmonter ce défi, le département a donc décidé d'investir dans une technologie permettant l'interopérabilité et des processus de gestion intégrée des dossiers qui doivent faciliter la collaboration entre les différentes fonctions, augmenter l'efficience opérationnelle des agences et finalement conduire à un meilleur service client et à de meilleurs résultats.

Le modèle RIC s'est concentré sur les coûts et les avantages de l'utilisation d'un système interopérable et d'un protocole de travail intense en équipe destiné aux « utilisateurs de soutien intensif » de deux populations ciblées qui représentaient 80 % de tous les utilisateurs du soutien intensif : les jeunes en transition et les sans-abris. Les utilisateurs de soutien intensif sont les clients « les plus chers » tout en représentant un faible pourcentage (environ 5 %) des clients du DHHS du comté de Montgomery.

La méthodologie s'est concentrée sur quatre étapes de l'analyse de l'investissement prévu : (1) identifier les groupes ciblés d'utilisateurs à l'aide d'un ensemble de critères définis et créer un profil « persona » de chaque groupe cible, (2) élaborer une liste des services les plus couramment utilisés par les « persona » des groupes d'utilisateurs (3) identifier les principales composantes de coûts associés à l'investissement, y compris les coûts ponctuels, les coûts fixes et les coûts variables et (4) identifier les principaux avantages associés à l'investissement, ainsi que le calcul des économies de coûts (figure 9.9).

L'analyse a conclu qu'un investissement dans une « double intervention » constituée d'un système interopérable et d'un protocole de travail intense en équipe appliqué aux « utilisateurs de soutien intensif » des sous-groupes des jeunes en transition et des sans-abris donnerait un RIC positif.

Source : Étude de cas : interopérabilité et protocole de travail intense en équipe — Analyse du rendement de l'investissement des contribuables, DHHS, comté de Montgomery, Maryland, 2014.

En revanche, l'analyse comparative des processus doit être privilégiée si l'objectif est de tirer les leçons d'autres expériences et d'améliorer certains des processus ou procédures de la chaîne de mise en œuvre. L'analyse et la comparaison des processus et procédures de différents programmes ou organismes similaires de protection sociale peuvent conduire à des résultats différents. Par exemple, il peut être utile d'examiner et de comparer la manière dont les réclamations sont traitées dans différents types d'organismes au sein d'un pays donné ou dans différents pays. Les principales questions posées lors d'une analyse comparative sont les suivantes :

- Quelles sont les similitudes et les différences entre les systèmes de mise en œuvre ?
- Quels facteurs peuvent expliquer ces différences ?
- Quels changements pourraient entraîner des améliorations dans les systèmes de mise en œuvre ?
- Comment comparer les coûts ?

Dépenses ponctuelles	Coûts fixes	Coûts variables
• Développement du système • Gestion du changement organisationnel	• Maintenance et exploitation du système (coût annuel)	• Coûts prévus du personnel PTIE pour la tenue des sessions pour les clients PTIE
TOTAL = 65 755 USD	**TOTAL = 26 922 USD**	**TOTAL = 2 348 871 USD**

Principaux intrants

1. Cartographie « en l'état » des processus en cinq points de la durée de vie d'un dossier
2. Estimation du temps

Système d'interopérabilité : calcul des économies de coûts

Nombre d'heures économisées par le nouveau système d'interopérabilité **×** Taux horaire des travailleurs sociaux **=** Économies de coûts réalisées par le système d'interopérabilité

Principaux intrants

1. Expérience des dossiers de clients PTIE
2. Scénarios de dossiers de clients PTIE

Processus PTIE : calcul des économies de coûts

Coût des services groupés dans l'état « futur » **—** Coût des services groupés dans l'état « tel quel » **=** Modification du nombre de services et du coût des services groupés

Source : Interoperability and Intensive Teaming Protocol Business Case—Return on Taxpayer Investment Analysis, Department of Human and Health Services, Montgomery County, Maryland, 2014.
Note : PTIE = protocole de travail intense en équipe.

Méthodologie

La première étape d'un exercice d'analyse comparative consiste à identifier les entités à comparer, à savoir d'autres programmes, organisations ou systèmes de mise en œuvre exerçant des activités similaires ou ayant des fonctions similaires, et par conséquent considérés comme comparables. Un élément important dans le choix du comparateur est la disponibilité d'informations comparatives pertinentes et fiables. De plus, et étant donné qu'il est peu probable qu'un seul comparateur soit supérieur dans toutes les dimensions, le nombre de comparateurs devrait augmenter à mesure que la complexité des systèmes ou des processus augmente (voir l'encadré 9.14).

Examen des systèmes d'information

L'examen des systèmes d'information vise à déterminer si les systèmes d'information, les ressources connexes et l'environnement (1) sont appropriés, (2) protègent de façon adéquate les actifs, (3) maintiennent l'intégrité des données et des systèmes, (4) délivrent de façon efficiente des informations pertinentes et fiables, (5) atteignent les objectifs du système d'information ou de celui de l'organisation, (6) consomment les ressources de façon efficace et (7) sont soumis à des contrôles internes qui apportent l'assurance raisonnable que les objectifs opérationnels et de contrôle seront atteints et que les événements potentiellement indésirables seront prévenus, détectés et rectifiés en temps opportun.

Encadré 9.14 Serbie : examen fonctionnel — analyse comparative de l'efficience du Service national de l'emploi

Dans le cadre d'un exercice plus vaste d'examens fonctionnels verticaux de trois secteurs serbes des services, éducation et santé et travail, la Banque mondiale a réalisé en 2017 une analyse de la dotation en personnel et de l'efficience relative des agences du Service national de l'emploi (SNE). L'objectif était alors de fournir des recommandations sur la manière d'augmenter l'efficacité et l'efficience globale de leurs services. Les travaux étaient cofinancés par la Banque mondiale et la Commission européenne.

La méthodologie utilisée a été l'analyse par enveloppement des données (AED). Une analyse comparative quantitative des meilleures pratiques des agences du SNE au niveau national a permis de comparer les efficiences des différentes agences quant à l'utilisation de leurs ressources pour délivrer différents services et l'impact de leur activité sur le nombre de chômeurs qui ont retrouvé un emploi dans le secteur formel après avoir bénéficié de leurs services[a]. Cette analyse a fourni à chaque agence une liste des points faibles et des points forts ainsi que des recommandations pour devenir plus efficiente.

L'analyse par enveloppement des données était limitée dans la mesure où elle n'a fourni qu'une analyse comparative de l'efficience relative des différents bureaux régionaux du SNE en Serbie et ne permettait pas de les comparer à d'autres bureaux de l'emploi d'autres pays. Elle ne tenait pas compte non plus du rôle des facteurs environnementaux, tels que les conditions et les défis du marché régional du travail (niveau global de compétences et âge des chômeurs, nombre et types d'offres d'emploi disponibles, secteurs économiques dominants, etc.).

Les résultats ont montré que les agences locales du SNE sont devenues plus efficaces dans le reclassement des chômeurs au cours de la période 2012-2014. Il était toutefois possible d'augmenter les placements tout en réduisant les ressources. Ainsi, entre 23 000 et 34 000 emplois supplémentaires pourraient être pourvus tous les ans si tous les bureaux de l'emploi pouvaient devenir aussi efficaces (en matière de ressources utilisées) que les meilleurs bureaux, et qu'entre 48 et 53 millions SRD pouvaient être alors économisés dans le même temps. Pour réaliser ces gains d'efficience, l'analyse a recommandé (1) de fixer des objectifs de performance individuels pour chaque agence (2) d'examiner la combinaison actuelle d'entrées et d'activités de chaque bureau, (3) d'accroître les contacts avec les employeurs ainsi que le nombre de conseillers pour l'emploi et (4) d'accroître l'apprentissage entre pairs des conseillers pour l'emploi.

Source : examen fonctionnel de la Serbie : analyse de l'efficience du Service national de l'emploi, Banque mondiale et Commission européenne, 2017.

a. Développée pour la première fois pour les organisations à but non lucratif, l'AED est une technique d'estimation non paramétrique des limites, utilisée pour comparer les performances. La « limite » estimée est constituée des unités les plus efficaces au sein d'un groupe et sert de référence par rapport à laquelle sont évaluées les performances des autres unités. L'AED vérifie donc si une unité spécifique est efficace par rapport aux autres et identifie une unité « idéale » que les autres unités peuvent imiter pour atteindre une plus grande efficience. L'AED se concentre sur l'efficience relative et non absolue, étant donné que la « meilleure » unité peut être relativement inefficiente en termes absolus. Par rapport aux méthodes paramétriques d'analyse des données, telles que la régression des moindres carrés ordinaires, la méthode d'AED nécessite moins de données, permet de combiner plusieurs intrants et plusieurs produits en une seule mesure récapitulative de l'efficience sans pondération à priori, et permet de comparer les performances lorsque le coût des intrants/produits n'est pas connu. L'AED peut être également utilisée pour les analyses statique et dynamique. Le progrès au fil du temps peut être séparé en progrès technologique (tout le monde s'améliorant en raison des progrès techniques ou des modifications de processus, de méthodologies appliquées ou d'environnement politique) et en progrès par convergence (les unités les moins performantes se rapprochant des plus performantes).

Cet examen permet d'identifier les besoins et les domaines à améliorer pour s'assurer qu'ils s'alignent avec les meilleures pratiques ou la conformité avec les politiques programmatiques. Il est également destiné à faire le point sur les besoins émergents et les modifications à apporter liées à une réforme majeure des programmes ou des processus, telle que la décentralisation des activités ou un changement de plateforme d'analyse des données.

Champ d'application et questions

L'examen des systèmes d'information peut être appliqué à tous les principaux systèmes d'information, tels que les registres sociaux, les systèmes de gestion des opérations des bénéficiaires, les systèmes de paiement, les mécanismes de gestion des réclamations, les systèmes de conformité aux conditionnalités, etc. Cet examen doit être exécuté par des sociétés de conseil en informatique ou des prestataires de services qualifiés (voir l'encadré 9.15).

Méthodologie

Les points caractéristiques d'un tel examen incluent les éléments suivants :

- Examen des politiques et procédures de gestion des données,
- Examen de la saisie des données, vérification de la qualité et de l'intégrité des données et de la production des formulaires et des rapports,
- Examen de la sécurité et du respect de la confidentialité des données,
- Examen de l'infrastructure et de l'organisation du système informatique/d'information en matière de capacité technologique et ressources humaines. Évaluation des risques informatiques à l'aide de cadres de contrôle de type COBIT.

Examen des dispositions institutionnelles

L'examen des dispositions institutionnelles vise à évaluer la performance des institutions impliquées dans le paiement des prestations et la fourniture des services de protection sociale. Il comprend différents sous-types d'évaluations, dont font partie l'examen fonctionnel et la revue des effectifs.

L'examen fonctionnel consiste à établir le diagnostic de l'environnement opérationnel de l'organisme ou du ou des programme(s) analysé(s). Il cherche à savoir si les politiques, les systèmes de gestion, le personnel, la structure organisationnelle et les autres éléments critiques d'un système de mise en œuvre sont appropriés et permettront d'atteindre les objectifs fixés. Un sous-ensemble de l'examen fonctionnel consiste à évaluer l'adéquation de la dotation en personnel, en particulier l'évaluation des compétences, de la formation, des rémunérations, des incitations, du mécanisme d'évaluation des performances et si les effectifs sont adaptés au volume et à la nature des activités du programme. Cet examen peut également évaluer l'adéquation de la collaboration, de la communication et du travail d'équipe.

Champ d'application et questions

L'examen des dispositions institutionnelles inclut une évaluation de la structure organisationnelle et des pratiques de gestion, en particulier le niveau de clarté des rôles et des responsabilités, l'absence de chevauchement ainsi que l'efficacité de leur coordination. Il peut également évaluer l'adéquation des ressources, de la gestion financière et de la gestion du personnel devant assurer le fonctionnement des systèmes de mise en œuvre. L'analyse des coûts est également un élément clé de ce type d'examen.

Méthodologie

Selon l'orientation exacte de l'examen des dispositions institutionnelles, différents outils et techniques d'évaluation peuvent être utilisés. L'examen fonctionnel qui cherche à déterminer si une structure organisationnelle particulière est adaptée à son objectif peut inclure des enquêtes auprès du personnel et de la direction, ainsi que différentes évaluations de la cartographie des réseaux pour évaluer le niveau de coordination et de coopération entre les équipes et identifier les lacunes du réseau organisationnel. Par exemple, une analyse de la charge de travail peut être un outil utile lors de l'examen des effectifs. Elle consiste à établir des références

Un type d'examen des systèmes d'information est l'évaluation des registres sociaux. La Banque mondiale a mené une évaluation rapide du registre social du Malawi, dénommé registre unifié des bénéficiaires (RUB). Le RUB a été créé pour être la source consolidée d'informations harmonisées relatives au statut socio-économique des ménages et permettre la détermination de leur potentielle éligibilité aux programmes sociaux. Le RUB prévoyait une expansion et la modification des objectifs d'enregistrement (passant de 50 % à 100 % des ménages). Les objectifs de l'évaluation ont donc été de : (1) passer en revue l'expérience du RUB, (2) identifier les points forts et les points faibles à améliorer, (3) fournir des recommandations à court terme pour soutenir l'expansion à venir, y compris les adaptations de mise en œuvre qui seraient nécessaires pour tenir compte des objectifs révisés d'enregistrement et (4) soutenir le renforcement à plus long terme du RUB.

Le cadre conceptuel (méthodologique) de l'évaluation a adopté une approche fonctionnelle basée sur un document d'étude de la Banque mondiale portant sur les registres sociaux (Leite et coll., 2017) et a couvert les points suivants : (1) dispositions institutionnelles, (2) processus et mise en œuvre, (3) contrôle de la qualité des données, (4) autres aspects du système d'information, (5) suivi et évaluation du RUB, (6) programmes utilisateurs et potentiel du RUB en tant que puissant outil de politique sociale, (7) communications stratégique et opérationnelle et (8) coût prévu de la mise en œuvre de l'expansion du RUB.

Les données ont été recueillies lors (1) d'examens approfondis des documents en lien avec le RUB (2) d'entretiens menés avec les nombreuses parties prenantes (dont le groupe de travail RUB, les ministères et agences associés, les responsables des districts et des communautés, les utilisateurs des programmes et les partenaires de développement) et (3) d'une visite sur le terrain. L'évaluation avait pour but de fournir des recommandations à court et long terme et a été « rapide » en ce sens qu'elle a été programmée pour être exécutée dans un délai relativement court et principalement axée sur l'identification des forces, des défis et des possibilités d'amélioration. L'examen s'est concentré sur les aspects pratiques de la mise en œuvre du RUB et ses structures institutionnelles, ses processus, ses systèmes, la qualité des données et les utilisations associées.

Les résultats ont montré que le RUB du Malawi avait de solides et nombreux fondamentaux. Le gouvernement, soutenu par une forte appropriation par les principaux organismes concernés, a dirigé la conception, la gestion et la mise en œuvre du RUB. Un atout majeur a résidé dans le fait que la mise en œuvre a été assurée par les structures institutionnelles décentralisées existantes. Les processus de mise en œuvre et les systèmes d'information étaient efficaces et, plus important encore, la qualité des données était solide et la couverture s'était rapidement étendue. Néanmoins, le rapport a identifié les principales actions à court et long terme qui pourraient surmonter les obstacles et renforcer l'efficience du RUB. Ces actions concernaient notamment les domaines des modalités institutionnelles, des processus de mise en œuvre, des systèmes d'information, de la qualité des données, des liens avec les programmes utilisateurs, des communications, et un éventuel changement de nom du RUB qui pourrait favoriser une meilleure compréhension de ce puissant outil d'inclusion et de coordination dans le secteur de la protection sociale et au-delà.

Source : Lindert et coll., 2018.

---

de charge de travail à l'aide de données antérieures sur le temps de travail total, le niveau d'efficience des différents postes et les besoins des employés. Elle peut également inclure des questionnaires permettant de savoir si les employés ont atteint leurs principaux indicateurs de performance, s'ils effectuent des activités supplémentaires en dehors de leur profil de poste ou si leur charge de travail est appropriée (voir l'encadré 9.16).

En 2011, un examen fonctionnel du secteur de l'emploi et de la protection sociale a été mené en Roumanie. Son objectif était d'examiner la situation du secteur, d'évaluer son fonctionnement et d'élaborer un plan d'action pour renforcer l'efficacité de l'administration publique roumaine. L'examen devait en particulier répondre aux questions suivantes : (1) Les buts et objectifs politiques du ministère du Travail et de la Protection sociale (MdTPS) et de ses agences sont-ils clairement définis et exprimés en termes mesurables et réalisables ? (2) Les systèmes d'information, les politiques, les effectifs et la structure organisationnelle sont-ils appropriés et permettent-ils d'atteindre les objectifs ? et (3) Des facteurs externes peuvent-ils entraver leur capacité à atteindre les objectifs ?

Les principales conclusions et recommandations de l'examen ont concerné (1) l'intégration plus efficace de la gestion, de la coordination et de la mise en œuvre du secteur de l'emploi et de la protection sociale et (2) le rééquilibrage de la répartition des ressources du secteur, en matière de budget, de dépenses, de ressources humaines, de TIC, de gestion financière, de surveillance et de contrôle.

L'examen a reconnu les nombreux progrès réalisés, noté les réformes entreprises au sein de ce secteur et a proposé des recommandations visant à renforcer la mise en œuvre de ces réformes. Les actions prioritaires transversales recommandées incluaient : (1) la création d'une unité stratégique au sein du MdTPS,

(2) le développement d'un système d'information global qui relierait les registres sous-sectoriels et permettrait d'améliorer l'élaboration des politiques et le fonctionnement opérationnel, (3) la consolidation de certaines prestations (par exemple, les prestations aux personnes à faible revenu), des critères d'éligibilité (par exemple, pour les pensions et allocations d'invalidité) et des fonctions de paiement (par un seul organisme de paiement), (4) le renforcement de la coopération entre les agences impliquées dans la supervision et le contrôle et (5) l'élaboration d'un plan d'optimisation des ressources humaines et des processus opérationnels afin d'identifier les domaines d'amélioration de l'efficience, y compris les possibilités de réaffectation du personnel pour améliorer l'équilibre des effectifs dans ce secteur.

Avec le soutien d'un prêt de 500 millions d'EUR accordé par la Banque mondiale dans le cadre du Projet de modernisation du système d'assistance sociale, ces recommandations ont été transformées en un plan d'action destiné à améliorer la gestion des performances de ce secteur. À ce jour, de nombreuses mesures importantes ont été prises pour mettre en œuvre ces recommandations, notamment l'adoption d'une législation visant à consolider certaines prestations, la mise en œuvre de nouveaux critères d'éligibilité et le renforcement de la coopération entre les agences de supervision et de contrôle. Le MdTPS continue de travailler à la mise en œuvre des recommandations proposées.

_____

Source : Banque Mondiale, 2011, 2018.

9.4 QUELQUES ÉLÉMENTS DE CONCLUSION

Évaluer la performance des systèmes de mise en œuvre est essentiel si l'on veut s'assurer que ceux-ci et les programmes de protection sociale qu'ils soutiennent sont efficaces et efficients. Pourtant, la qualité d'un cadre de mesure de la performance dépend de son utilisation. Dans un système qui fonctionne bien, certaines informations sur la performance sont utilisées en continu en vue d'effectuer des ajustements aux processus, aux paramètres et à la mise en œuvre. D'autres indicateurs

de performance sont contrôlés à des intervalles de temps spécifiques, lorsque des décisions clés doivent être prises sur des aspects particuliers des processus et mécanismes de mise en œuvre. Une troisième catégorie d'indicateurs est générée et utilisée moins souvent, lorsqu'il s'agit de rendre compte des performances du programme à un organe de décision extérieur, tel qu'un parlement. Une fois qu'un cadre de mesure de la performance est établi, il est essentiel de le rendre opérationnel par la mise en place d'un plan de gestion de la performance (généralement appelé stratégie ou plan d'action national). Idéalement, le plan de gestion de la performance des systèmes de mise en œuvre n'est pas autonome, mais intégré aux stratégies ou plans nationaux de protection sociale. Il existe différentes options pour rendre un cadre opérationnel, mais les éléments clés sont les suivants :

- une unité ou un groupe de travail affecté à cette activité[9],
- un plan d'action ou une stratégie opérationnelle qui peut mettre en évidence la chaîne de résultats (principaux objectifs, résultats et/ou produits et indicateurs associés), les objectifs annuels, les sources de données et les institutions responsables,
- la principale méthode de mise en œuvre, telle qu'un exercice annuel de fixation d'objectifs et de cibles, associé à des contrats de performance ou des examens et évaluations annuels ou une combinaison des deux. Elle permettra de mesurer les progrès, d'évaluer les réussites et les échecs et enfin de proposer des corrections de trajectoire ou des changements de stratégie.

Les approches de la gestion de la performance varient d'un pays à l'autre. Par exemple, dans le programme Pantawid Pamilyang Pilipino (4PS) des Philippines, une fonction spécifique est consacrée à la gestion de la performance. La Division de la planification, du suivi et de l'évaluation (DPSE) est chargée de la gestion des données et de la production de synthèses et de rapports sur les programmes, ce qui implique la collecte, la protection et le traitement des informations pour différents publics ou utilisateurs. Cela comprend la préparation des rapports de situation du programme, le partage des données et le stockage des informations. La division joue également un rôle de coordination et s'appuie sur cinq autres divisions pour obtenir des informations sur chacun de leurs processus respectifs, notamment la mise à jour du registre social et le mécanisme de gestion des réclamations. La DPSE est chargée de compiler, de produire et de diffuser des rapports. Sur une base hebdomadaire, mensuelle, trimestrielle et annuelle, la DPSE produit des mises à jour de la couverture géographique, de celle des ménages, des subventions accordées, du système et des ressources humaines. Un organe national de surveillance est chargé

d'examiner et d'approuver tous les rapports périodiques produits par la DPSE. Pour ce qui concerne le rapport annuel technique, le gestionnaire du programme national ne l'approuvera que lorsque les commentaires du comité de gestion auront été pris en compte, par suite d'une relecture préalable. Outre ces tâches liées aux rapports, le gestionnaire de programme national promeut et soutient également les initiatives en matière de gestion des données (PWC, 2016). Au Chili, le ministère du Développement social est chargé de renforcer les complémentarités entre les différents programmes sociaux, tout en garantissant l'efficience et l'efficacité de leur exécution. À cette fin, au cours de la période 2014-2017, le ministère a consolidé les outils de suivi et d'évaluation des programmes sociaux. Ces outils comprennent principalement des rapports de suivi, des évaluations de processus et la base de données intégrée des programmes sociaux du ministère (Banco Integrado de Programas Sociales [BIPS]). Au sein du ministère, le sous-secrétariat de l'évaluation sociale est chargé de la gestion de la performance. Au sein du sous-secrétariat, le département de suivi des programmes sociaux effectue un suivi semestriel de la gestion et de la mise en œuvre des programmes sociaux exécutés par différents organismes publics. Chaque programme est tenu de préparer un rapport de suivi qui comprend des informations concernant la couverture (la population ciblée et les bénéficiaires) ainsi que des indicateurs de performance et d'autres informations relatives à la mise en œuvre. En outre, les efforts du ministère du Développement social sont complétés par le programme d'évaluation du Bureau du budget du ministère des Finances (Dirección de Presupuesto [DIPRES]) qui, entre autres, réalise des évaluations de processus des programmes gouvernementaux. La BIPS constitue un outil supplémentaire de gestion de la performance du ministère du Développement social qui donne au public l'accès aux informations sur la performance des différents programmes sociaux. La BIPS comprend une liste de chaque programme social actif et sa description, ainsi que les rapports de suivi et les évaluations de processus de chaque programme[10].

En résumé, le plan de gestion de la performance peut prendre différentes formes et il n'existe pas de modèle « tout fait ». Le modèle adopté dépendra principalement du contexte du pays, de la maturité des systèmes de mise en œuvre et de la capacité de mesure de la performance.

ANNEXE 9A : CADRE D'INDICATEURS DE PERFORMANCE DES SYSTÈMES DE MISE EN ŒUVRE DE PROTECTION SOCIALE

Ce cadre d'indicateurs a été élaboré selon un processus ascendant. La sélection des indicateurs s'est appuyée sur une étude de documents de projets de la Banque mondiale, de cadres de résultats et de rapports d'auto-évaluation ainsi que sur leur validation par le Groupe d'évaluation indépendant de la Banque mondiale. Étant donné le peu d'indicateurs appropriés pour couvrir les différentes dimensions des systèmes de mise en œuvre, d'autres sources d'information ont été consultées, notamment les systèmes de suivi et d'évaluation de projet (M&E) propres à des programmes gouvernementaux et la documentation sur la mesure de la performance des prestations de services dans des domaines autres que la protection sociale. Là où il existait des lacunes, l'équipe a créé de nouveaux indicateurs qui ont été examinés et approuvés par des experts dans le domaine des systèmes de mise en œuvre de protection sociale.

Aucun programme existant ne suit actuellement tous ces indicateurs et ne devrait le faire. L'objectif de cet ensemble complet d'indicateurs est de fournir un menu d'options de mesure satisfaisantes pour chaque phase de la chaîne de mise en œuvre. Les programmes les plus avancés peuvent faire intervenir la plupart des catégories de performance et peuvent viser une exhaustivité, une fréquence et une ventilation accrues des données collectées. Les programmes moins matures peuvent n'avoir qu'une liste partielle d'indicateurs et s'efforcer d'en intégrer davantage au fur et à mesure de l'évolution de leur système de mise en œuvre.

Ce cadre a pour but d'offrir des options aux unités de gestion des programmes de protection sociale, ainsi qu'aux équipes de projet de la Banque mondiale, en vue d'enrichir leur cadre de suivi existant et de déterminer l'efficacité et l'efficience des différents systèmes d'une chaîne de mise en œuvre.

Des sources de données potentielles sont également proposées. Elles tendent à se répartir en trois catégories : les données générées par les systèmes de mise en œuvre eux-mêmes, les données générées plus ou moins régulièrement par d'autres systèmes administratifs ou par un bureau national des statistiques et les données qui nécessitent un effort spécifique en matière de collecte. Le système de numérotation établit une corrélation entre les indicateurs d'efficacité et d'efficience et le type de source de données : [a] indique les données générées par les systèmes de mise en œuvre [b] indique les autres données administratives et les statistiques nationales et [c] indique les données qui nécessitent un effort spécifique en matière de collecte. (Voir les sources de données à la section 9.2 pour une discussion plus approfondie.)

Les termes « Population ciblée » désignent les groupes spécifiques que le programme cherche à atteindre et à couvrir, selon le programme. La population ciblée peut être constituée de personnes sans emploi, de personnes en situation de handicap, de personnes pauvres appartenant au quintile inférieur de la distribution des revenus, de parents isolés, de femmes, de personnes âgées, etc. Les données doivent être ventilées en fonction de ces sous-groupes autant que possible.

Le cadre d'indicateurs permet de mesurer les performances selon deux critères principaux : l'efficacité et l'efficience. Dans la colonne efficacité, des indicateurs spécifiques visent à déterminer dans quelle mesure les systèmes de mise en œuvre favorisent l'inclusion de la population vulnérable, y compris les populations confrontées à des difficultés d'accès. Même si ces deux groupes font généralement partie de la population ciblée, le fait de déterminer s'ils sont réellement inclus nécessite une attention particulière et un ensemble d'indicateurs spécifiques. En outre, les indicateurs clés devraient idéalement être ventilés par marqueurs démographiques et sociaux pertinents (par exemple, le genre).

Selon le programme, le segment de la population ciblé par l'assistance peut être un individu, une famille ou un ménage. Il peut également inclure les demandeurs (personnes enregistrées) ou les bénéficiaires.

Certains indicateurs ne conviennent qu'aux systèmes d'enregistrement à la demande, tandis que d'autres ne conviennent qu'aux systèmes impulsés par des gestionnaires de programme. La majorité des indicateurs s'appliquent aux deux types de systèmes.

Tableau 9A.1 Indicateurs de performance des systèmes de prestation de protection sociale

suite

Indicateurs des systèmes de mise en œuvre	Efficacité	Sources de données pour les indicateurs d'efficacité	Efficience	Sources de données pour les indicateurs d'efficience
	Évaluent si la chaîne de mise en œuvre permet de fournir efficacement des prestations et des services à la population ciblée et favorisent l'inclusion des groupes vulnérables, y compris les populations confrontées à des difficultés d'accès		Évaluent si les différentes phases de la chaîne de mise en œuvre peuvent être réalisées de manière efficiente (en temps et en argent) à fois pour les gestionnaires de programme et les clients	
Partie 1 : Processus et mécanismes de mise en œuvre				
1. Information et sensibilisation	(1) % de la population ciblée qui comprend le programme (2) % de la population ciblée ayant postulé au programme (3) % de groupes ou de populations vulnérables ayant des difficultés d'accès qui ont postulé au programme	(1, 2, 3) Données d'enquêtes périodiques [c]a		
2. Accueil et enregistrement des demandes	(4) % de la population qui est enregistrée (incluse dans le registre social) [KPI] (5) % de la population ciblée qui est enregistrée (incluse dans le registre social) [KPI] (6) % de groupes ou de populations vulnérables confrontées à des difficultés d'accès, enregistrés dans le registre social (7) % de demandeurs/population enregistrée dont les informations de base sont actualisées [KPI] (8) % de demandeurs (échantillonnés) sans erreur d'information	(4, 5, 6) Numérateur : Données du registre social [a] Dénominateur : Données de recensement ou d'enquêtes auprès des ménages avec un suréchantillon de bénéficiaires du programme [b] (7, 8) Données d'audits périodiques [c]	**Pour les clients :** (9) Temps, coûts et visites (TCV) pour les demandeursᵇ **Pour les gestionnaires de programme :** (10) Délai de traitement (11) Volume de demandes traitées par le système par jour/semaine/mois	(9) Données d'enquêtes auprès des clients [c] (10, 11) Données du registre social ou d'audits périodiques de performance [a] et [c]
3. Évaluation des besoins et des conditions de vie	(12) % de demandeurs évalués par rapport aux critères d'éligibilité (13) % de demandeurs dont les données sont complètes (14) % de demandeurs catégorisés/classifiés selon les règles du programme (15) % de demandeurs (échantillonnés) dont la classification dans le registre social (par exemple, en tant que modérément pauvres, extrêmement pauvres) est comparable à celle de personnes appartenant aux mêmes catégories dans les enquêtes auprès des ménages (en utilisant des mesures de bien-être similaires) (16) % d'erreurs d'exclusion basées sur cet échantillon revérifié (17) % des réclamations reçues liées à des questions d'évaluation (18) % de demandeurs appartenant à des groupes vulnérables ou à la population ciblée pour lesquels les risques sont évalués qui ont fait l'objet d'une étude des risques ou dont le rapport d'évaluation des risques est complet	(15, 16) Données d'audits périodiques [c] (12, 13, 14, 18) Données des registres sociaux [a] et d'enquêtes auprès des ménages [b] (17) Données du MGR [a]	**Pour les clients :** (19) Délai entre la demande et la notification d'éligibilité **Pour les gestionnaires de programme :** (20) Nombre et fréquence des recoupements et des extractions de données avec d'autres systèmes administratifs (21) Nombre de programmes autres utilisant des informations du registre social	(19) Données du registre social [a] (20, 21) [a] ou d'audits périodiques [c]
4. Décisions d'éligibilité et d'inscription	(22) % de la population ciblée inscrite au programme [KPI] (23) % des inscrits qui font partie des quintiles les plus pauvres (24) % de demandeurs dont l'éligibilité est déterminée selon les règles du programme (25) % de demandeurs qui sont informés de la décision d'éligibilité selon les normes de service (26) Nombre de jours calendaires ou ouvrables entre la date de la demande et la date de la notification	(22, 23) Données administratives ou données d'enquêtes auprès des ménages [a] et [b] (24, 25, 26) Données du registre des bénéficiaires [a] ou d'audits périodiques [c]	**Pour les clients :** (27) Coûts de transaction de la demande et de l'inscription au programme (TCV pour l'inscription) (28) Coûts de transaction de la réévaluation du programme **Pour les gestionnaires de programme :** (29) **Délai de traitement (nombre de jours) entre la phase d'accueil et d'enregistrement des demandes et l'enregistrement des décisions d'éligibilité et celle des décisions d'éligibilité et d'inscription [KPI]** (30) % des décisions d'éligibilité et d'inscription traitées électroniquement	(27, 28) Données d'enquêtes auprès des clients [c] (29, 30) Données du SGOB [a]

Tableau 9A.1 (*suite*)

Indicateurs des systèmes de mise en œuvre	Efficacité	Sources de données pour les indicateurs d'efficacité	Efficience	Sources de données pour les indicateurs d'efficience
5. Détermination du paquet de prestations/services	**(31) % de prestations allant à des groupes vulnérables spécifiques (par exemple, le quintile le plus pauvre) [KPI]** (32) % de bénéficiaires dont les paquets de prestations/services sont déterminés en fonction des paramètres du programme et des calculs de prestations (33) % de bénéficiaires dans l'échantillon réexaminé dont les prestations sont correctement calculées **(34) % de clients bénéficiant de services, pourvus d'un plan d'action individualisé [KPI]** (35) % des réclamations liées à la discrimination/à l'exclusion (36) Erreurs d'inclusion (% de bénéficiaires n'appartenant pas à la population ciblée) et erreurs d'exclusion (% de la population ciblée ne recevant pas de transferts) (37) Efficacité du ciblage (% du total des transferts atteignant le(s) groupe(s) ciblé [s]) (38) Adéquation des transferts pour les bénéficiaires directs et pour les bénéficiaires dans leur ensemble (% de la consommation des ménages pour les groupes éligibles, % du PIB par habitant, % de personnes vivant dans la pauvreté)	(31, 35–38) Données d'enquêtes auprès des ménages ou d'enquêtes auprès des ménages avec un suréchantillon de bénéficiaires du programme [b] (32, 33) Données d'audits périodiques ou revérification de l'échantillon [c] (34) Données du MGR [a]	**Pour les clients :** (39) TCV pour obtenir la détermination d'un paquet de prestations/services **Pour les gestionnaires de programme :** (40) Coûts administratifs ou de programme par rapport aux erreurs d'inclusion, aux erreurs d'exclusion, à l'efficacité du ciblage ou à l'adéquation des transferts pour les bénéficiaires directs et les bénéficiaires dans leur ensemble (% de la consommation des ménages pour les groupes éligibles, % du PIB par habitant, % de personnes vivant dans la pauvreté), nombre de bénéficiaires de services	(39) Données d'enquêtes auprès des clients [c] (40) Données d'enquêtes auprès des ménages [b] et données du SGOB [a]
6. Notification d'inscription et processus d'intégration	(41) % de demandeurs inscrits éligibles informés de leur paquet de prestations/services conformément aux normes de service (42) % de bénéficiaires inscrits conformément aux normes de service (43) % de bénéficiaires confrontés à des difficultés d'accès dont les besoins ont été pris en compte lors de l'intégration	(41–43) Données du SGOB [a] ou d'audits/d'enquêtes périodiques [c]	(44) Délai de traitement entre la phase d'accueil et d'enregistrement des demandes et celle de notification d'inscription et processus d'intégration	(44) Données du SGOB [a]
7a. Paiement des prestations	**(45) % de bénéficiaires recevant des paiements conformes aux normes de qualité pour chaque cycle [KPI]** (46) Fréquence et ampleur des arriérés de paiement des prestations (47) % de bénéficiaires confrontés à des difficultés d'accès qui bénéficient d'un aménagement adéquat pour percevoir les paiements (48) % de centres de services accessibles aux bénéficiaires selon les normes nationales	(45, 46) Données du système de paiement [a] ou d'audits périodiques/d'examens du système d'information [c] (47, 48) Données administratives [b] ou d'enquêtes périodiques [c]	**Pour les clients :** (49) TCV pour les bénéficiaires lors de la collecte des paiements (50) Coût pour le bénéficiaire en % de la valeur du transfert **Pour les gestionnaires de programme :** (51) Coût par paiement (RCT ou RTCT) (52) Coût unitaire (coût du programme par ménage, par client, ou par paquet de transferts) (53) Coût administratif par bénéficiaire (54) Coût de mise en œuvre directe en % des transferts (55) Délai entre le traitement des montants de prestation et le décaissement (56) % de paiements non réclamés (57) Délai de rapprochement (58) Nombre moyen de bénéficiaires par point de paiement	(49, 50) Données d'enquêtes auprès des clients [c] (51–58) Données du système de paiement [a] ou d'audits périodiques de performance [c]

suite

Tableau 9A.1 *(suite)*

Indicateurs des systèmes de mise en œuvre	Efficacité	Sources de données pour les indicateurs d'efficacité	Efficience	Sources de données pour les indicateurs d'efficience
7 b. Fourniture de services	**Tous les services** (59) % de clients qui ont bénéficient de paquets de services intégrés (60) % de services fournis conformément aux normes de qualité (61) % de bénéficiaires qui déclarent que les services répondent à leurs besoins (62) % de bénéficiaires confrontés à des difficultés d'accès et bénéficiant d'un aménagement conformément aux normes nationales (63) % de bénéficiaires/clients satisfaits de la qualité des services dont ils bénéficient **Les services sociaux** (64) % de clients qui ont bénéficié de services d'intermédiation qui ont maintenant accès au service auquel ils ont été référés (65) % de clients qui ont accès aux services sociaux par suite d'une orientation de l'assistance sociale (66) Nombre de ménages ciblés contactés par les services de gestion de cas (67) % de clients évalués recevant des services (68) % de personnel/prestataires de services qui ont une accréditation/ certification appropriée/accréditation de niveau supérieur **Les services de l'emploi** (69) Nombre moyen de contacts mensuels avec des demandeurs d'emploi inscrits, par employé du SPE (70) Nombre de demandes par types de services, par employé du SPE (71) Nombre de demandes de prestations de chômage, par employé du SPE (72) **% de clients sans emploi qui accèdent à l'emploi selon un calendrier déterminé spécifique [KPI]** (73) Nombre d'orientations vers des types de formations spécifiques (74) % de clients sans emploi qui accèdent à un emploi dans un délai déterminé (75) % de clients qui réintègrent le marché du travail (après une naissance) et qui intègrent une formation ou un emploi à la suite d'une formation	**Tous les services** (59, 60, 63) Données du SGOB [a] (61) Données d'enquêtes périodiques/d'enquêtes auprès des clients [c] (62) Données d'enquêtes périodiques/enquêtes auprès des clients [c] ou données du SGOB [a] **Les services sociaux** (64, 65) Données d'enquêtes périodiques/enquêtes auprès des clients [c] ou du SGOB [a] (66) Numérateur : Données du SGOB [a] Dénominateur : Données de recensement ou d'enquêtes auprès des ménages avec un suréchantillon de bénéficiaires du programme [b] (67) Données du SGOB [a] (68) Données administratives [a] (données sur les ressources humaines) ou examen institutionnel [c] **Les services de l'emploi** (69-73) Données du SGOB ou données administratives [a] (74-75) Données du SGOB ou données administratives [a] ou d'enquêtes périodiques/enquêtes auprès des clients [c]	**Pour les gestionnaires de programmes :** **Tous les services** (76) Coût unitaire par service ou par client (77) Charge de travail par employé **Les services sociaux** (78) Temps moyen d'ouverture d'un projet personnalisé (79) Durée de vie moyenne du projet personnalisé **Les services de l'emploi** (80) Temps nécessaire d'obtention d'un emploi pour le demandeur d'emploi **Pour les clients :** **Tous les services** (81) TCV pour recevoir un service	**Pour les gestionnaires de programmes :** **Tous les services** (76-77) Données du SGOB ou données administratives [a] **Les services sociaux** (78-79) Données du SGOB [a] **Les services de l'emploi** (80) Données du SGOB [a] **Pour les clients :** **Tous les services** (80) Données d'enquêtes auprès des clients [c] (81) Données du SGOB ou données administratives [a]

suite

Tableau 9A.1 (*suite*)

Indicateurs des systèmes de mise en œuvre	Efficacité	Sources de données pour les indicateurs d'efficacité	Efficience	Sources de données pour les indicateurs d'efficience
8. Gestion des opérations des bénéficiaires	**Gestion des données personnelles relatives aux bénéficiaires** (82) % de bénéficiaires dont le paquet de prestations/services est à jour dans le SGOB (83) % de bénéficiaires travaillant avec des travailleurs sociaux **(84) % de bénéficiaires dont les informations de base sont à jour [KPI]** (85) % de bénéficiaires échantillonnés (ou contrôlés par recoupement) dont les informations sont sans erreur fraude et corruption (EFC) (86) % de prestations avec EFC détectées (par type) (taux d'erreur) (87) Erreurs d'éligibilité en pourcentage du total des inscrits (taux d'erreur) (88) % de cas d'EFC détectés qui sont résolus (89) % des paiements irréguliers recouvrés **Gestion des réclamations** (90) Connaissance du client : % de clients capables de mentionner au moins un mécanisme de réclamation (91) Utilisation potentielle : % de clients qui se plaindraient en cas de mauvaise qualité de service (92) Utilisation effective : % de clients qui ont considéré que la qualité du service était mauvaise et ont utilisé les procédures établies pour faire une réclamation, % de clients qui ont fourni un retour d'information (93) % de bénéficiaires ayant des difficultés d'accès mais disposant d'aménagements adéquats pour déposer leur réclamation (94) % de réclamations enregistrées qui ont été placées dans le processus de résolution selon les normes de service (95) % de réclamations enregistrées résolues (96) % de réclamations pour lesquelles le bénéficiaire est informé du statut selon les normes de service **Contrôle et suivi des conditionnalités** **(97) % de bénéficiaires individuels dans chaque catégorie (par exemple, enfants d'âge scolaire, femmes allaitantes, enfants <6 ans) pour lesquels les informations de suivi des conditionnalités sont disponibles (taux de suivi) [KPI]** (98) % de bénéficiaires confrontés à des difficultés d'accès et pour lesquels les informations de suivi des conditionnalités sont disponibles (99) % de bénéficiaires de chaque catégorie dont les informations de suivi sont disponibles et qui sont conformes (taux de conformité) (100) % de bénéficiaires non conformes pour lesquels une décision d'avertissement ou de sanction a été prise (101) % de bénéficiaires non conformes notifiés de la décision d'avertissement ou de sanction	**Gestion des données des bénéficiaires** (82 à 84) Données du SGOB [a] (86) Examens institutionnels périodiques [c] **EFC** (86–89) Audits périodiques [c] ou examen des données EFC [a] et données du SGOB mises à jour après l'examen des EFC [a] **Règlement de réclamations** (90 à 93) Enquête périodique [c] (94 à 96) Données MGR [a] **Contrôle et suivi des conditionnalités** (97 à 101) Données du SGOB [a] ou enquête périodique [c]	**Pour les clients :** (102) TCV pour la mise à jour des informations sur les bénéficiaires **Pour les gestionnaires de programme :** (103) Délais de traitement pour la mise à jour des informations sur les bénéficiaires, la gestion des réclamations et le contrôle des conditionnalités (104) Charge de travail par membre du personnel (105) Coût du contrôle : temps réel consacré à la vérification de la conformité (106) Coût de la détection des EFC par rapport aux montants de prestations erronées recouvrés	(102) Données d'enquêtes périodiques [c] (103 à 106) Données d'audits périodiques de performance [c] ou données du SGOB/données administratives [a]

suite

Tableau 9A.1 *(suite)*

Indicateurs des systèmes de mise en œuvre	Efficacité	Sources de données pour les indicateurs d'efficacité	Efficience	Sources de données pour les indicateurs d'efficience
Partie 2 : Facteurs favorables				
1. Interface client/ communication	**(107)** % de la population (interrogée) satisfaite de la facilité et du soutien reçu pour accomplir une tâche spécifique (par exemple, le processus d'enregistrement, la possibilité d'exprimer des réclamations, etc.) **(108)** % de la population ciblée confrontée à des difficultés d'accès qui déclare avoir bénéficié d'aménagements conformes aux normes nationales tout au long des processus et mécanismes de mise en œuvre **(109)** % de la population (interrogée) qui demande des prestations et des services sur la base d'une déclaration volontaire **(110)** % de bénéficiaires (interrogés) qui sont satisfaits des normes de service	**(107 à 110)** Données d'enquêtes périodiques auprès des clients [c]		
2. Institutions	**(111)** Connaissance minimale du personnel sur les processus de demandes, d'éligibilité, du système d'information, du cadre de ciblage **(112)** % du personnel formé aux activités d'information et de sensibilisation auprès des populations vulnérables, qui parle la langue de ces populations ou qui a suivi une formation sur la diversité et l'inclusion **(113)** Taille de la charge de travail (nombre de cas par personnel) **(114)** % des heures programmées effectuées par le personnel **(115)** % de postes clés pourvus **(116)** Taux de rotation du personnel **(117)** Fréquence et ampleur des arriérés de salaire (et de remboursement de frais de déplacement) pour le personnel de bureau de première ligne (ceux qui ont un contact direct avec les clients) **(118)** Niveau de conformité du personnel aux procédures opérationnelles et délais de traitement	**(111 à 118)** Données d'évaluations périodiques des performances et des processus ou d'examen institutionnel du programme et d'audits du personnel [c]	**(119)** Budget d'assistance sociale exécuté en % du budget approuvé (agrégé et par ligne budgétaire) au niveau central et sous-national du gouvernement **(120)** RCT (coût du transfert d'une unité à un bénéficiaire)	**(119, 120)** Données d'analyse de l'efficacité ou d'examens des activités [c]
3. Systèmes d'information	**(121)** % de la population enregistrée/des bénéficiaires (dans l'échantillon revérifié) dont les informations sont complètes, exactes, uniques et à jour **(122)** Nombre d'incidents de sécurité qui auraient pu porter atteinte à la confidentialité des données	**(121, 122)** Données d'examens périodiques du système d'information [c]	**(123)** Coût total de propriété du système **(124)** Coût du système par rapport à la population desservie/nombre de demandeurs ou ratio total coûts-transferts (RTCT), qui est le rapport entre les coûts totaux et la valeur des transferts à réception **(125)** % de l'information partagée avec d'autres programmes gouvernementaux	**(123, 124)** Données d'audits de performance et d'examens budgétaires périodiques [c] **(125)** Données du système d'information sociale [a]

Source : Tableau conçu pour cette publication.

Note : EFC = erreur(s), fraude et corruption, KPI = indicateur clé de performance (*key performance indicator*), MGR = mécanisme de gestion des réclamations, RCT = ratio coûts-transferts, RTCT = ratio total coûts-transferts, SGOB = système(s) de gestion des opérations des bénéficiaires, SPE = service(s) public(s) de l'emploi, TCV = temps, coûts et visites.

a. Le système de numérotation établit une corrélation entre les indicateurs d'efficacité et d'efficience et le type de source de données : [a] indique les données générées par les systèmes de mise en œuvre [b] indique les autres données administratives et les statistiques nationales et [c] indique les données qui nécessitent un effort spécifique en matière de collecte. (Voir les sources de données à la section 9.2 pour une discussion plus approfondie.)

b. Les coûts privés peuvent être mesurés en tant que « coûts en temps », « coûts financiers » ou « nombre de visites » que les clients doivent effectuer pour réaliser la tâche.

c. Cet indicateur doit être interprété à la lumière d'autres indicateurs incluant l'accès et l'utilisation du MGR. Pour plus d'informations sur le MGR, veuillez-vous reporter au chapitre 8, section 8.5.

d. Si le contrôle au niveau individuel n'est pas possible, le deuxième choix serait de ventiler les bénéficiaires par genre. Un minimum serait de suivre le % de ménages bénéficiaires dont les informations de suivi des conditionnalités sont disponibles pour au moins un membre du ménage.

e. Le taux de conformité et le taux de suivi doivent être contrôlés conjointement, et non de manière isolée.

Notes

1. Pour une discussion plus détaillée sur ces aspects relatifs aux intrants et produits à travers les phases de la chaîne de mise en œuvre, veuillez-vous référer à la section 2.1 (chapitre 2).

2. Toutefois, l'indicateur n'est pas linéaire dans le sens où une plus grande couverture ne signifie pas nécessairement une meilleure performance (et certains des plus grands registres sociaux sont statiques et non dynamiques, mais offrent des facilités d'accès à la demande).

3. Kuddo (2012) souligne toutefois que le nombre de personnes prétendant être au chômage qui sont inscrites dans les bureaux du SPE dépasse souvent le nombre total de chômeurs. Certains demandeurs d'emploi peuvent s'inscrire pour bénéficier de services qui les aideront à trouver un meilleur emploi (sans être au chômage), tandis que d'autres peuvent s'inscrire dans le but d'obtenir des prestations, notamment les travailleurs du secteur informel qui s'inscrivent pour continuer à bénéficier d'une assurance maladie subventionnée.

4. ASPIRE = Atlas de la protection sociale, de la résilience et de l'équité. Les utilisateurs doivent garder à l'esprit les avertissements et mises en garde suivants concernant les données lorsqu'ils interprètent les indicateurs de performance ASPIRE : (1) les enquêtes auprès des ménages ont leurs propres limites, (2) la mesure dans laquelle les informations sur les transferts et programmes sont saisies dans les enquêtes auprès des ménages peut varier considérablement d'un pays à l'autre, (3) souvent, les enquêtes auprès des ménages n'intègrent pas les programmes de protection sociale dans le pays et, dans les cas de meilleures pratiques, seulement les programmes les plus importants. Par conséquent, dans ASPIRE, les informations sur les programmes de protection sociale des pays sont limitées à ce qui est saisi dans l'enquête nationale sur les ménages correspondante, et ne représentent pas nécessairement l'univers des programmes existant dans le pays. En outre, la disponibilité des indicateurs ASPIRE dépend du type de questions incluses dans l'enquête.

5. L'outil ISPA sur les paiements de protection sociale (https://ispatools.org/payments/) dresse une liste d'indicateurs de performance clés pour mesurer l'efficacité et l'efficience des systèmes de paiement. Ces indicateurs couvrent cinq critères principaux, dont l'accessibilité, la robustesse, l'intégration et les coûts.

6. Voir https://ghcosting.org/pages/standards/reference_case et Vassall et coll. (2017).

7. L'introduction de nouvelles technologies ne garantit toutefois pas des économies de coûts. Dans un programme « argent contre travail communautaire » au Kenya, les paiements électroniques étaient 15 % moins coûteux à mettre en œuvre qu'une distribution de denrées alimentaires de valeur équivalente (CGAP/Banque mondiale, 2013). Cependant, dans le cadre du programme pilote de transfert d'argent et de nourriture visant à soutenir les moyens de subsistance au Malawi, il a été plus coûteux de fournir des espèces que de la nourriture (même si cela assurait une meilleure sécurité alimentaire), car le programme a pu acheter de la nourriture à des prix beaucoup plus bas et plus stables dans un contexte de faible intégration au marché alimentaire (Audsley, Halme et Balzer, 2010).

8. Les travaux ce Dhaliwal et coll., 2012 et Levin et McEwan, 2017 sont de bonnes ressources pour réaliser des analyses ACA et ACE.

9. Le groupe de travail peut être composé de membres du personnel désignés comme points focaux de la gestion de la performance dans diverses institutions, ministères, agences de mise en œuvre ou organismes gouvernementaux locaux impliqués dans la mise en œuvre du programme. Un groupe de travail devrait disposer d'un ou deux employés à temps plein pour prendre en charge la coordination et le suivi. Une unité spécifique peut être une unité de suivi et d'évaluation au sein du ministère national ou de l'institution principale. Il n'est pas recommandé de confier à une seule personne la responsabilité de la gestion de la performance, car cela cloisonne ladite gestion et conduit à la considérer comme la responsabilité d'une seule personne, plutôt que celle de toutes les personnes impliquées dans la réalisation des différentes phases de la chaîne de mise en œuvre.

10. Chili, ministère du Développement social, 2017a et 2017b ; sites web du ministère du Développement social (http://www.desarrollosocialyfamilia.gob.cl/) and DIPRES (https://www.dipres.gob.cl/).

Bibliographie

Audsley, Blake, Riikka Halme, and Niels Balzer. 2010."Comparing Cash and Food Transfers: A Cost-Benefit Analysis from Rural Malawi." In Revolution: From Food Aid to Food Assistance: Innovations in Overcoming Hunger, edited by Steven Were Omamo, Ugo Gentilini, and Susanna Sandstr.m, chapter 7. Rome: World Food Programme. https://www.wfp.org/publications/revolution-food-aid-food-assistance-innovations-overcoming-hunger#:~:text=Revolution%3A%20From%20Food%20Aid%20to%20Food%20Assistance%20%2D%20Innovations%20in%20Overcoming%20Hunger,-Publication%20

type%3A%20Books&text=It%20lays%20out%20
both%20new,country%2Dled%20food%20
security%20strategies.

Beegle, Kathleen, Aline Coudouel, and Emma Monsalve, eds. 2018. Realizing the Full Potential of Social Safety Nets in Africa. Africa Development Forum Series. Washington, DC: World Bank. CGAP (Consultative Group to Assist the Poor)/World

Bank. 2013. "Cash for Assets: World Food Programme's Exploration of the In-Kind to E-Payments Shift for Food Assistance in Kenya." Working paper, CGAP, Washington, DC. http://www.cgap.org/sites/default /files/eG2P_Kenya.pdf.

Chambers, Robert. 2009. "Making the Poor Count: Using Participatory Options for Impact Evaluation." In Designing Impact Evaluations: Different Perspectives (International Initiative for Impact Evaluation [3ie] Chapter 9 Assessing the Performance of Social P rotection Delivery S ystems 417 Working Paper 4), edited by Robert Chambers, Dean Karlan, Martin Ravallion, and Patricia Rogers. New Delhi, India. http:// www.3ieimpact.org/media/filer_public/2012/05/07 /Working_Paper_4.pdf.

Chile, Ministry of Social Development. 2017a. "Informe de Desarrollo Social 2017." Ministerio de Desarrollo Social, Santiago. http://www.desarrollosocialyfamilia .gob.cl/storage/docs/Informe_de_Desarrollo _Social_2017.pdf.

Chile, Ministry of Social Development. 2017b. "Manual de Seguimiento de Programas e Iniciativas Sociales: A.o 2017." Departamento de Monitoreo de Programas Sociales, Divisi.n Pol.ticas Sociales, Subsecretar.a de Evaluaci.n Social, Ministerio de Desarrollo Social, Santiago.

Costa Rica, Government of, Division of Operational and Evaluative Audit. 2016. "Auditor.a Operativa sobre la Eficacia y Eficiencia de la Estrategia Nacional Puente al Desarrollo para la Reducci.n de la Pobreza 2015-2018, en Relaci.n con el Cumplimiento de sus Objetivos," December 2016.

Dhaliwal, Iqbal, Esther Duflo, Rachel Glennerster, and Caitlin Tullock. 2012. "Comparative Cost-Effectiveness Analysis to Inform Policy in Developing Countries: A General Framework with Applications for Education." Abdul Latif Jameel Poverty Action Lab (J-PAL), Cambridge, MA.

European Commission. 2012. "Performance Management in Public Employment Services. https://www.google .com/url?sa=t&rct=j&q=&esrc=s&source=web &cd=&ved=2ahUKEwiv75Dp2ObpAhVTmHIEHdB _AmMQFjAAegQIBxAB&url=https%3A%2F%2Fec .europa.eu%2Fsocial%2FBlobServlet%3FdocId %3D10310%26langId%3Den&usg=AOvVaw2nmZvL41H BFS-RmmQ1WChy.

Grosh, Margaret, Carlo del Ninno, Emil Tesliuc, and Azedine Ouerghi. 2008. For Protection and Promotion: The Design and Implementation of Effective Safety Nets. Washington, DC: World Bank.

Guijt, Irene, and John Gaventa. 1998. "Participatory Monitoring and Evaluation: Learning from Change." IDS Policy Briefing 12, University of Sussex, Brighton, UK. http://www.ids.ac.uk/files/dmfile/PB12.pdf.

Holla, Alaka. 2019. "Capturing Cost Data: A First-Mile Problem." World Bank Blogs, April 29, 2019. http://blogs .worldbank.org/impactevaluations/capturing-cost -data-first-mile-problem?deliveryName=DM12088.

Holland, Jeremy, ed. 2013. Who Counts? The Power of Participatory Statistics. Warwickshire, UK: Practical Action Publishing.

IRC (International Rescue Committee), SIEF (Strategic Impact Evaluation Fund), and World Bank. 2019. "Capturing Cost Data." 2019. http://pubdocs .worldbank.org/en/994671553617734574/Capturing -Cost-Data-190314.pdf.

J-PAL (Abdul Latif Jameel Poverty Action Lab). n.d. Basic cost collection template. https://www .povertyactionlab.org/sites/default/files/resources /basic-costing-template.xls.

J-PAL (Abdul Latif Jameel Poverty Action Lab). n.d. Costing template. https://www.povertyactionlab.org/sites /default/files/resources/detailed-costing-template.xls.

J-PAL (Abdul Latif Jameel Poverty Action Lab). n.d. "J-PAL Costing Guidelines." https://www.povertyactionlab .org/sites/default/files/resources/costing-guidelines .pdf.

Kuddo, Arvo. 2012. «Public Employment Services and Activation Policies.» Social Protection and Labor Discussion Paper 1215, World Bank, Washington, DC.

Leite, Phillippe, Tina George, Changqing Sun, Theresa Jones, and Kathy Lindert. 2017. "Social Registries for Social Assistance and Beyond: A Guidance Note and Assessment Tool." Social Protection and Labor Discussion Paper 1704, World Bank, Washington, DC. http://documents. worldbank.org/curated/en/698441502095248081 /Social-registries-for-social-assistance-and-beyond-a -guidance-note-and-assessment-tool.

Levin, Henry M., Patrick McEwan, Clive Belfield, A. Brooks Bowden, and Robert Shand. 2017. Economic Evaluation in Education: Cost-Effectiveness and Benefit-Cost Analysis. 3rd ed. Los Angeles: Sage.

Lindert, Kathy, Colin Andrews, Chipo Msowoya, Boban Varghese Paul, Elijah Chirwa, and Anita Mittal. 2018. "Rapid Social Registry Assessment: Malawi's Unified Beneficiary Registry (UBR)." Social Protection and Jobs Discussion Paper 1803, World Bank, Washington, DC.

Lindert, Kathy, Skoufias, Emmanuel, and Shapiro, Joseph. 2006. Redistributing Income to the Poor and the Rich: Public Transfers in Latin America and the Caribbean

(English). SP discussion paper no. 605, Washington, DC: World Bank Group. http://documents.worldbank.org/curated/en/413331468300691124/Redistributing-income-to-the-poor-and-the-rich-public-transfers-in-Latin-America-and-the-Caribbean.

Marini, Alessandra, Michele Zini, Eleni Kanavits, and Alexandros Karakitsios. 2017. "Process Evaluation of the First Phase of the GMI Rollout." World Bank, Washington, DC.

OECD/DAC (Organisation for Economic Co-operation and Development/Development Assistance Committee) Network on Development Evaluation. 2019. "Better Criteria for Better Evaluation: Revised Evaluation Criteria Definitions and Principles for Use." OECD, Paris. https://www.oecd.org/dac/evaluation/revised-evaluation-criteria-dec-2019.pdf.

Patel, Darshana, Yuko Okamura, Shanna Elaine B. Rogan, and Sanjay Agarwal. 2014. "Grievance Redress System of the Conditional Cash Transfer Program in the Philippines." Social Development Department 418 SOURCE BOOK ON THE FOUNDATIONS OF SOCIAL PROTECTION DELIVERY SYSTEMS and East Asia Social Protection Unit Case Study, World Bank, Washington, DC. http://documents.worldbank.org/curated/en/111391468325445074/Grievance-redress-system-of-the-conditional-cash-transfer-program-in-the-Philippines

PWC (PricewaterhouseCoopers). 2016. "Comprehensive Assessment and Benchmarking Report of the Pantawid Pamilyang Pilipino Program Business Processes and Information Systems." Consultant report.

Rosas, Nina, Gul Najam Jamy, and Amjad Zafar Khan. 2017. "Value for Money of Different Registration Approaches—Preliminary Findings: Pakistan's National ocioeconomic Registry Update." Slide presentation.

Sundaram, Ramya, and Utz Johann Pape. 2019. Kenya Social Protection and Jobs Programs: Public Expenditure Review. Washington, DC: World Bank. https://hubs.worldbank.org/docs/ImageBank/Pages/DocProfile.aspx?nodeid=31272661.

Tesliuc, Emil, Lucian Pop, Margaret Grosh, and Ruslan Yemtsov. 2014. Income Support for the Poorest: A Review of Experience in Eastern Europe and Central Asia. Directions in Development Series. Washington, DC: World Bank.

Vassall, Anna, Sedona Sweeney, Jim Kahn, Gabriela B. Gomez, Lori Bollinger, Elliot Marseille, Ben Herzel, Willyanne DeCormier Plosky, Lucy Cunnama, Edina Sinanovic, Sergio Bautista-Arredondo, GHCC Technical Advisory Group, GHCC Stakeholder Group, Kate Harris, and Carol Levin. 2017. "Reference Case for Estimating the Costs of Global Health Services and Interventions." Global Health Cost Consortium. https://ghcosting.org/pages/standards/reference_case.

White, Philip, Anthony Hodges, and Matthew Greenslade. 2013. Guidance on Measuring and Maximising Value for Money in Social Transfer Programmes: Toolkit and Explanatory Text. 2nd ed. London: UK Department for International Development and UKAID.

World Bank. 2011. "Romania: Functional Review." Social Protection, World Bank, Washington, DC.

World Bank. 2018. "Cost of Identification Systems: Model Guidance Note: Assumptions and Methodology." World Bank, Washington, DC.

Chapitre 10

Perspectives

Par Margaret Grosh, Tina George Karippacheril et Inés Rodríguez Caillava

Le système de mise en œuvre de protection sociale a considérablement évolué au cours des vingt-cinq dernières années. Les régimes contributifs de retraite et les protections accordées aux travailleurs ne datent pas d'hier, ces programmes adoptés par certains pays remontant à une centaine d'années. Mais la protection sociale en elle-même a commencé à voir le jour dans les pays en développement au cours des deux dernières décennies, les remaniements des programmes dans le monde du travail étant également très récents. Certains pays ont mis en place de nouveaux programmes, augmenté leurs budgets et créé de nouveaux ministères ; ils ont aussi élaboré de nouvelles stratégies et se sont dotés de dispositifs législatifs. Pour mener à bien ces politiques, les pays doivent recourir à des systèmes modernes de mise en œuvre de protection sociale.

En théorie, tous les gouvernements des pays en développement travaillent à l'amélioration des éléments fondateurs qui sont au cœur de leurs systèmes de mise en œuvre de protection sociale, dont il est question dans ce Manuel de référence, notamment l'information et la sensibilisation, mais aussi l'identification des bénéficiaires, la tenue des registres sociaux, le paiement des prestations de protection sociale, la fourniture des services, la gestion des opérations des bénéficiaires, ou encore le traitement des réclamations, pour n'en citer que quelques-uns.

La régulation des systèmes de mise en œuvre de protection sociale a connu une inflation, en partie grâce à l'introduction des technologies et de la connectivité. Il fut un temps où bénéficier d'un programme de protection sociale représentait en soi un progrès, même si cela nécessitait de convoyer des fonds et des agents de sécurité à bord de véhicules mobiles, sur des points de paiement où les bénéficiaires étaient contraints d'attendre leur tour, parfois pendant plusieurs heures, pour percevoir leurs prestations, lesquelles leur étaient remises en liquide, au chiffre rond, dans de simples enveloppes. Il a donc paru plus actuel de verser ces prestations par le truchement du secteur bancaire. On a ainsi attribué aux bénéficiaires des cartes de retrait en guichet automatique pour leur permettre de retirer leurs prestations au moment et à l'endroit de leur choix. Cette formule présentait pour beaucoup l'avantage de réduire le coût des transactions, et de diminuer les risques de vols ou de politisation aux points de paiement. Cela laissait néanmoins subsister certaines restrictions liées à l'accessibilité des guichets automatiques. À présent, l'objectif est de verser l'ensemble des prestations issues de plusieurs programmes sur un seul et même compte, bancaire ou de dépôt, ouvert au nom du bénéficiaire, et qui peut servir à la fois de compte de réserve et de moyen de paiement à distance. De cette manière, les fonds disponibles peuvent être virés pour le paiement de factures des services publics, ou utilisés dans les points de vente équipés de terminaux de paiement ou sur les marchés qui acceptent les paiements électroniques. Ces comptes peuvent aussi être utilisés par leur titulaire pour épargner pour leurs prestations de vieillesse, ou pour investir dans le capital humain de leur famille, ou pour accéder au financement et au crédit dans le cadre de leur activité économique.

Les aspirations croissantes dans la mise en place des systèmes de mise en œuvre sont également le résultat d'une meilleure gouvernance et d'une plus grande capacité des pays à se consacrer au chapitre de la protection sociale. Un certain nombre d'entre eux mettent actuellement en place des réseaux de points d'interface avec le public, ainsi que des centres de services permettant d'interagir avec les individus et les familles dans les quartiers, les municipalités, les villes, les districts, ainsi que dans les zones rurales et urbaines. Ces pays sont par ailleurs en train d'élaborer des procédures applicables à ces programmes, accompagnées de règles de fonctionnement entre leurs institutions, ainsi que des protocoles de partage des données et la définition de cadres juridiques. Au fur et à mesure du développement de ces éléments, les ambitions de ces pays vont croissantes. Des recensements ponctuels visant à dénombrer et à catégoriser la proportion d'individus en état de nécessité font encore davantage penser aujourd'hui à un verre à moitié vide plutôt qu'à un verre à moitié plein. Désormais, le secteur de la protection sociale aspire à fonctionner de façon entièrement dynamique et à l'initiative des bénéficiaires, voire en libre-service. En effet, la perspective pour ces derniers d'avoir à se présenter auprès de différents guichets et se voir réclamer à chaque fois les mêmes justificatifs pour pouvoir bénéficier de prestations sociales différentes revêt aujourd'hui un moindre sens. Le nouvel objectif des gouvernements est désormais tourné vers des centres à guichet unique, avec des bénéficiaires associés à un seul identifiant, fonctionnant sur la base de registres sociaux, assurant le paiement à distance des prestations, et délivrant aux bénéficiaires un ensemble coordonné de prestations et de services.

Ces attentes croissantes à l'égard des systèmes de mise en œuvre vont de pair avec l'utilisation des plates-formes numériques qui sont de plus en plus sophistiquées. Le lien de confiance entre les institutions et les citoyens est aussi en pleine mutation : il repose sur un besoin de transparence et sur un niveau de qualité satisfaisant des services dans certains secteurs clés. La technologie a fait émerger des besoins plus poussés chez les utilisateurs, à la fois comme consommateurs et comme producteurs de services, ce qui a élevé le niveau de leurs attentes à l'égard des pouvoirs publics. Lorsque ces utilisateurs paient leur consommation d'électricité en service prépayé à l'aide de leur téléphone portable, comme au Rwanda, en Tanzanie ou en Ouganda (Adegoke, 2019) ; lorsque ces mêmes consommateurs font leurs achats en ligne sur les plates-formes Alibaba en Chine, Flipkart en Inde, Tokopedia en Indonésie ou MercadoLibre en Amérique latine (Economist, 2019) ; lorsqu'ils commandent également un trajet en moto sur la plateforme Grab en Malaisie, ou son équivalent Gojek en Indonésie (Chandler, 2019) ; ou lorsqu'ils effectuent des paiements sur Alipay ou Wepay en Chine, sur Go-Pay ou Ovo en Indonésie, sur Paytm en Inde, et sur Paga ou Flutterwave au Nigeria, l'idée fait alors facilement son chemin qu'il pourrait en être de même pour interagir et échanger aussi facilement avec les pouvoirs publics.

Une évolution vers de meilleurs systèmes de mise en œuvre prend désormais tout son sens lorsqu'on raisonne en termes de conséquences sur les programmes publics. Au premier abord, cela paraît tout à fait logique. Si les personnes concernées ne sont pas éligibles à un programme, ou si elles ne perçoivent pas les aides ou les services auxquels elles peuvent prétendre, ou si ces aides ou ces services ne leur parviennent pas à un stade critique, alors les effets vertueux que l'on peut en attendre manqueront leur cible. Par exemple, si une femme enceinte vivant dans la précarité ne parvient pas à obtenir un bon d'admission gratuit pour être admise à l'hôpital en vue de son accouchement, cette aide sera perdue et cette femme sera contrainte d'accoucher à son domicile. Inversement, si des personnes viennent à bénéficier de prestations auxquelles elles ne peuvent prétendre, alors les effets espérés du programme seront moins visibles que ce qu'on pouvait en escompter. Ainsi, une aide à la recherche d'emploi dispensée en faveur d'un travailleur qui dispose déjà d'un emploi décent au lieu de profiter à une personne au chômage n'aura pas un effet transformateur, même si elle améliore la situation de ce travailleur. À un autre niveau, cette amélioration des systèmes est impérative. On imagine en effet que des compléments de revenus qui parviennent à leurs destinataires après qu'un enfant a souffert de la faim durant des semaines, ou après qu'une famille entière a été expulsée de son logement ou de ses terres, arriveront bien trop tard pour prévenir des dommages. Dans le sillage de la pandémie de COVID-19, les gouvernements ont répondu aux chocs socio-économiques qui ont ébranlé le monde entier par la mise en œuvre de filets de protection sociale en faveur de millions de ménages. Près de 200 pays sur la planète ont engagé, sous diverses formes, des politiques visant à indemniser les travailleurs de leurs pertes de revenus, occasionnées par les mesures de confinement massives et par le ralentissement économique généralisé qui s'en est suivi, et à atténuer ainsi les effets dévastateurs de cette crise sur les personnes défavorisées et vulnérables. Grâce au numérique, les programmes de protection sociale ont pu opérer en conformité avec les exigences de distanciation sociale, d'un bout à l'autre de la chaîne de prestation, dans des conditions garantissant la sécurité et la rapidité des communications (Financial Times, 2020). Ce Manuel de référence fournit des exemples de systèmes de mise en œuvre dans le domaine de la protection sociale et en souligne différents aspects de leur efficacité et de leur efficience : comment ils permettent d'assurer une assistance en temps utile ; par quels moyens ils contribuent à réduire les coûts de transactions, tout en facilitant leur accès et en cumulant les avantages ; comment ces systèmes permettent aussi de diminuer les frais de fonctionnement administratifs, ainsi que les risques d'erreurs ou de fraude ; ou encore quelles améliorations ils sont amenés à apporter sur les effets d'un programme, en réduisant les doublons inutiles et en offrant la possibilité d'une programmation commune des systèmes, lorsque des synergies sont requises.

Une évolution vers des systèmes de mise en œuvre plus performants a certainement aussi une influence majeure sur les budgets et sur les aides publiques alloués aux programmes de protection sociale, et plus largement sur la confiance des citoyens dans le contrat social. Le rôle que jouent d'une part les individus et les ménages, et d'autre part les technocrates et les politiques, dans la défense d'un programme de protection sociale ou pour soutenir les efforts nécessaires pour financer des systèmes de mise en œuvre performants, est vraisemblablement plus aisé lorsque ce programme a déjà fait ses preuves aux yeux de l'opinion publique. Il en est de même lorsque des statistiques pertinentes permettent de démontrer son impact et son efficacité réels, ou bien quand ces mêmes chiffres viennent contredire de prétendues imperfections du programme à l'occasion d'un incident ponctuel qui fait peser des doutes sur un risque de dysfonctionnement ou de fraude. Ainsi, les individus et les ménages seront d'autant plus disposés à accorder leur confiance aux pouvoirs publics, et plus enclins à acquitter leur part d'impôts, ou à prendre part localement à des activités à grande échelle pour répondre aux crises (MIT Technology Review, 2020), qu'ils auront eux-mêmes accès à des prestations ou à des services dignes de ce nom, ou qu'ils seront témoins autour d'eux de l'attribution de ces avantages.

L'énorme tâche figurant à l'agenda des politiques, et qui conduit à poursuivre le développement du secteur de la protection sociale, passera nécessairement par de plus larges aménagements des systèmes de mise en œuvre, et ceci par plusieurs moyens. En voici ici quelques exemples :

- **Une évolution vers un modèle de protection sociale universelle suppose, pour beaucoup de pays, de toucher un plus grand nombre d'individus qu'à l'heure actuelle, notamment dans les pays à faibles revenus et en faveur des populations les plus défavorisées.** Comme nous l'avons vu dans les chapitres précédents (voir chapitres 4, 5 et 6), il s'agira d'étendre des éléments fondamentaux comme les identifiants individuels, ainsi que les données des registres sociaux, et de développer tout à la fois les systèmes de gestion des opérations des bénéficiaires et les systèmes de paiement des prestataires (de personne à gouvernement [P2G] ou de gouvernement à personne [G2P]).

- **Dans les pays à revenus moyens et intermédiaires, le déclin de la grande pauvreté implique une évolution dans le ciblage des programmes de protection sociale qui, grâce à l'innovation et à l'élargissement, viseront non seulement à toucher les plus défavorisés, mais aussi d'autres groupes**, comme les populations fragiles ou la classe moyenne émergente. Cela suppose que ces prestations soient étendues et distribuées sur un plus large spectre de revenus des ménages, par exemple du 15e au 40e centile, ou jusqu'au 60e centile, voire au-delà jusqu'au 80e centile. Cela suppose aussi que les registres sociaux soient plus conséquents et que, pour déterminer l'éligibilité des bénéficiaires, ces registres puissent être enrichis des données déjà détenues par d'autres administrations, plutôt que sur une nouvelle collecte de données. Il faudra donc favoriser le croisement des données, l'interopérabilité entre les administrations et l'intégration des systèmes d'information sociale, plutôt que privilégier le maintien de systèmes indépendants. En outre, des aides sont susceptibles d'être octroyées dans différents domaines — parmi lesquelles les aides de garde d'enfants, les bourses d'études, les soins de santé, ou les garanties hypothécaires — ce qui rend d'autant plus nécessaire une coordination entre les différentes agences concernées, à la fois pour élaborer des politiques communes, pour partager les systèmes d'information dans le but de faciliter l'enregistrement des bénéficiaires, pour disposer de fichiers croisés, ou encore pour permettre une meilleure coordination des prestations et des services.

- **Les systèmes de protection sociale pourraient commencer à aborder l'agenda social**, comme la prise en charge du handicap ou des soins aux personnes âgées, parmi d'autres services sociaux qui restent terriblement indigents. Comme nous l'avons évoqué au chapitre 7, chaque ensemble de services présente ses propres complexités. Ils sont accompagnés de procédures uniformisées, permettant de déterminer l'éligibilité des bénéficiaires, mais qui se heurtent à de nombreux défis pour trouver le juste équilibre entre ce qui est simplement faisable et ce qui est grandement souhaitable. Les services sociaux sont le plus souvent dispensés par des agences dépendant des gouvernements, qu'elles soient à but lucratif ou à but non lucratif. Ces agences sous contrat sont donc rémunérées selon des critères fréquemment fondés sur leurs résultats dans le calcul et le versement des prestations. Cela suppose qu'une agence sous contrat doit être en mesure de répondre à des exigences complexes et de déployer les moyens nécessaires pour encadrer et contrôler les services spécifiques qu'elle délivre. Un ensemble complexe de services peut souvent nécessiter une coordination entre les services : un adulte en situation de handicap peut ainsi prétendre à des services médicaux ou thérapeutiques, mais aussi à un emploi protégé, à un mode de transport fiable pour rejoindre son emploi ou son centre de soins habituel, et peut aussi avoir droit à un complément de revenus. On le voit, ce besoin de coordination entre les services et dans le partage des informations s'avère nécessaire dans un souci d'intermédiation et d'orientation. Pour répondre à ce besoin, il faudra disposer de systèmes d'information interopérables et intégrés ainsi que, dans la mesure du possible, de travailleurs sociaux suffisamment qualifiés et disponibles pour se consacrer à la situation individuelle de chaque bénéficiaire.

- **Les mutations (ou la stabilité) de la nature du travail font que, les emplois, sans contrats de travail formels à long terme**, vont probablement rester fréquents partout où ils l'étaient déjà, et augmenter là où ils étaient plus rares, y compris chez les groupes de travailleurs à revenu élevé. La couverture sociale du secteur informel, qui s'est vue renforcée à la suite de la crise COVID-19, devient donc une question de plus en plus prégnante. Pour y parvenir, il est nécessaire de se doter de systèmes de mise en œuvre qui s'affranchissent de tout lien de dépendance des travailleurs à l'égard des employeurs ou des entreprises — qui assument la charge de déclarer leurs salariés, de collecter les cotisations sociales et de les reverser — par une interaction directe entre les travailleurs, le gouvernement et les prestataires de paiement. Là encore, des systèmes d'information sophistiqués seront nécessaires. Ils devront offrir la possibilité d'assurer un suivi à long terme du paiement des cotisations de personne à gouvernement (P2G). Leurs interfaces de services et leurs paquets de prestations devront être suffisamment fiables pour susciter la confiance des travailleurs qui y cotiseront volontairement, et leurs coûts de fonctionnement suffisamment faibles pour être en mesure de gérer avec souplesse des flux réguliers de cotisations portant sur de petits montants.

- **Les changements démographiques, technologiques et climatiques influent sur la demande pour des programmes spécifiques au marché du travail**, qui permettent aux individus de rechercher de meilleures qualifications ou de changer d'emploi, ou bien encore de trouver de meilleures opportunités d'entrepreneuriat, d'accès à l'économie de plateformes ou de placement tout au long de leur vie active, et parfois à des postes ou des endroits différents. Cela suppose de faire preuve d'innovation et de faire évoluer les programmes consacrés au marché du travail dans plusieurs directions. Pour les systèmes de mise en œuvre, cela implique la nécessité de se doter d'institutions et de systèmes d'information susceptibles de relier à la fois les financements publics, l'information, la main-d'œuvre, et le secteur privé.

- **Les effets combinés du changement climatique et de la pandémie de COVID-19 ont remis l'accent sur la gestion des risques de catastrophes naturelles et l'importance des systèmes de protection sociale de réponse aux crises.** Les systèmes de réponse aux crises — climatiques ou sanitaires — nécessitent de disposer d'informations multisectorielles complexes touchant à plusieurs secteurs pour la planification des interventions. Ils mettent aussi l'accent sur une évaluation dynamique, en temps réel tant des besoins à couvrir que les façons de les servir après une période de crise, en prévoyant le plus souvent une extension des droits aux prestations ou une allocation de prestations complémentaires dans le cas des programmes à long terme, tout en coordonnant avec des programmes spécifiques de réponse d'urgence. Pour les systèmes de mise en œuvre, cela suppose une préparation sophistiquée amont et des moyens de réponse souples et dynamiques, au moins dans les zones localement touchées par ces crises.

- **Les programmes d'inclusion économique productive sont également au cœur des réflexions sur la protection sociale**, tant au regard de leurs objectifs de réduction de l'extrême pauvreté chronique que pour leur capacité à renforcer la résilience des ménages et à les préparer aux catastrophes. Ces programmes peuvent avoir des conditions d'éligibilité préalable, qui peuvent être gérées assez simplement par des systèmes statiques. Mais la mise en œuvre d'un ensemble de mesures plus complexe comme un complément de revenus, un accompagnement professionnel, un renforcement des compétences ou un transfert d'actifs peut constituer un défi de taille - qui n'a été réalisé actuellement à grande échelle que dans très peu d'endroits. De nombreux pays sont en train de mettre en place des versions alternatives de ces programmes. Nous devrions donc avoir, dans un délai relativement proche, les premiers résultats de différentes tentatives visant à délivrer un ensemble de mesures plus simples, à tirer le meilleur parti de la technologie dans la mise en œuvre, et découvrir si celle-ci est globalement mieux assurée par une seule et même agence, ou si elle nécessite une coordination entre plusieurs acteurs ayant des spécialisations différentes.

- **L'expansion des interventions de la protection sociale tant dans les pays économiquement fragiles ou connaissant des déplacements forcés de populations, que dans la gestion des risques de catastrophes naturelles pousse celle-ci dans les domaines du secteur humanitaire.** Il en résulte que la protection sociale, qui s'inscrit dans le cadre d'un développement à long terme à travers des systèmes de mise en œuvre gouvernementaux aura de plus en plus tendance à cibler les mêmes zones et à utiliser les mêmes moyens que les organisations humanitaires qui, elles, visent des objectifs d'aide et de secours à plus court terme, et souvent au moyen de systèmes de mise en œuvre parallèles. Cette évolution peut être source de doublons, voire de contradictions. Mais elle peut être l'occasion aussi d'alimenter une réflexion approfondie et constructive sur les particularités des systèmes de mise en œuvre et sur la manière dont les mêmes moyens peuvent être utilement mis en commun et partagés. Par exemple, même si le but et donc le niveau de prestation peuvent différer entre un programme destiné à des communautés d'accueil dont les moyens de subsistance ne sont pas affectés, et un programme destiné à des populations déplacées qui sont confrontées à la fois à la perte de leur habitat et à la dégradation de leur niveau de vie, les modalités de paiement des prestations peuvent néanmoins être partagées.

Les technologies sont appelées à jouer un rôle dans l'amélioration de la mise en œuvre de première ligne des programmes de protection sociale.

Des outils permettent désormais de vérifier l'éligibilité éventuelle des bénéficiaires, de programmer des rendez-vous ou de répondre aux questions des intéressés. C'est le cas des technologies mobiles, des agents conversationnels ou chatbots, des interfaces de services numériques librement accessibles, des moteurs de traitement automatique du langage naturel, ou encore de l'automatisation de l'application des règles applicables. D'autres outils permettent également de simplifier le processus d'authentification des bénéficiaires, comme l'authentification des paiements par reconnaissance vocale ou au moyen de dispositifs biométriques (empreintes digitales, reconnaissance visuelle ou faciale), ou encore la vérification ponctuelle. L'intelligence artificielle pourrait aussi fournir des services personnalisés ou proposer l'aide d'assistants virtuels au profit des personnes en situation de handicap, aux personnes âgées ou isolées, et, plus généralement, aux personnes vulnérables. Des applications géoréférencées sont aujourd'hui capables de mettre les bénéficiaires en relation avec des points de distribution ou de paiement, ou avec des détaillants, ou encore avec des services publics ou des organisations non gouvernementales, parmi d'autres ressources. Les technologies mobiles et les chatbots apportent une assistance aux bénéficiaires en répondant efficacement à leurs questions ou à leurs réclamations. Ces technologies numériques constituent aussi un vecteur qui offre aux bénéficiaires la possibilité d'émettre régulièrement leur avis sur la fourniture de services, ce qui permet d'améliorer la qualité de la prestation. Les sites d'application en ligne sont conçus et adaptés pour être utilisés par les personnes âgées ou en situation de handicap. Ce facteur favorise leur sentiment d'intégration par la prise en compte de leur autonomie (Coyne, 2016).

Les technologies peuvent aussi trouver une utilisation dans l'amélioration des services administratifs appuyant les programmes de protection sociale. Les techniques de « machine learning » (apprentissage automatique) et la modélisation prédictive grâce à l'imagerie satellitaire facilitent le ciblage géographique. Les techniques de géoréférencement sont capables de localiser, de tracer et d'assurer le suivi en continu des utilisateurs et des bénéficiaires et sont aussi susceptibles de constituer un appui utile dans la gestion et la réponse aux crises. Un calcul automatisé des prestations, pour répondre aux règles souvent complexes applicables à différents programmes, est aussi plus précis et plus rapide. L'apprentissage automatique va faciliter, lui, la détection des erreurs ou fraudes éventuelles, ainsi que les risques de corruption. Il constitue aussi un outil de prévention, d'identification des risques, de priorisation dans l'allocation des ressources, et un outil de contrôle. Dans les situations de crises, de chocs, de fragilité économique ou de catastrophes naturelles, le recours à ces technologies est de nature à réduire le temps de réponse et à rendre plus efficiente la fourniture de prestations et de services. Les solutions d'automatisation robotisée des processus (RPA) sont conçues pour automatiser les procédures récurrentes, répétitives et chronophages, dans le but de réduire la lourdeur administrative et les délais de traitement de ces procédures. Ces évolutions seraient particulièrement avantageuses pour les agences gouvernementales qui mettent en œuvre des programmes avec des équipes réduites, affectées à plusieurs tâches en même temps (Weisinger, 2017). Les solutions d'automatisation robotisée des processus vont pouvoir réduire le temps nécessaire apporté aux demandes des utilisateurs et au traitement des réclamations. L'intelligence artificielle sur laquelle elles reposent est capable ainsi de transformer les systèmes de protection sociale en changeant la façon de travailler.

Gérer le personnel et les sous-traitants qui œuvrent à ces technologies est aussi un défi de taille. Les compétences professionnelles, qui permettent de profiter de ces technologies appliquées aux systèmes de mise en œuvre et qui en assurent une protection suffisamment efficace, sont des compétences pointues, rares au sein des organismes de protection sociale, et il est souvent difficile d'attirer des candidats, qui seraient rémunérés sur la base des salaires de la fonction publique. Néanmoins, investir dans des systèmes d'information évolués utilisant des normes standards interopérables et modulables peut contribuer à renforcer les capacités des agences de protection sociale en termes de développement, d'exploitation et de maintenance de ces systèmes. Cela leur permet également d'éloigner le risque de se doter ou de migrer vers des systèmes de traitement verrouillés par leurs fournisseurs, qui constituent autant d'obstacles à l'adjonction de technologies et d'éléments d'architecture plus récents, plus innovants ou moins coûteux.

Cette mutation technologique a pour effet de changer la donne, notamment par sa capacité à révolutionner les emplois dans le secteur de la protection sociale. En rendant automatiques des tâches qui nécessitaient auparavant un temps de traitement administratif colossal — la collecte, l'enregistrement, le croisement et la vérification d'informations, qui sont des tâches désormais traitées par des bases de données partagées — la technologie a permis de libérer un temps de travail précieux. Ce faisant, il devient désormais possible de consacrer davantage du temps du personnel pour des échanges de meilleure qualité avec les bénéficiaires - par exemple en cherchant à être au plus près de leurs préoccupations, face aux défis auxquels ils sont confrontés, et donc face à leurs besoins en termes de services, ou en leur proposant des plans d'action individualisés, ou un accompagnement professionnel, ou bien encore un soutien psychosocial.

La protection des données personnelles est un aspect primordial dans la conception des systèmes et qui doit faire l'objet d'une plus grande vigilance. En principe, le développement des technologies numériques repose habituellement sur des dispositifs légaux et règlementaires, et s'inscrit dans un cadre institutionnel. On peut citer à ce sujet les textes qui protègent strictement les données personnelles, ainsi que le statut des agences indépendantes dont la mission consiste à assurer la protection de ces données. Les utilisations envisageables des données personnelles contenues dans les registres sociaux semblent d'ores et déjà constituer une difficulté en termes de règlementation. En effet, de nombreux pays n'ont pas encore modernisé leur législation ni les protocoles applicables au partage et à la confidentialité des données. S'agissant du partage des données, certains protocoles interdisent formellement toute utilisation abusive de ces données, alors que certains autres autorisent le partage de données dans des proportions susceptibles de porter atteinte à la vie privée. Quant à la confidentialité de ces données, elle est largement sous-protégée et les enjeux sont d'autant plus grands que les gouvernements gèrent de plus grandes quantités de données et administrent un plus grand nombre de points de connexion, sans compter le risque de menaces extérieures toujours plus élaborées. De nombreux systèmes de protection sociale sont aujourd'hui tout à fait inadaptés à ces différentes problématiques. La protection des données s'étend à l'ensemble des informations touchant à la vie privée des individus. Elle comprend la création de dispositifs propres à assurer la sécurité et la préservation de l'intégrité de ces données, et elle garantit un droit d'accès aux usagers dans le cadre de la gouvernance du système.

La protection des personnes en situation de pauvreté devient une priorité dans un monde en pleine mutation. Le recours aux technologies numériques dans la mise en œuvre de programmes sociaux est une entreprise complexe. Le développement exponentiel de la technologie bouleverse les modes de vie et la façon dont les individus travaillent et s'organisent. D'une certaine manière, cette révolution perturbe leurs habitudes et leur offre l'occasion de remettre à plat des problèmes structurels jusque-là insolubles. Mais sur un autre plan, les nouvelles technologies font émerger de nouvelles problématiques, liées à l'inclusion et à la protection des individus auxquels elles sont pourtant censées rendre service. On sait que l'appréhension d'un espace « virtuel », bien qu'évoluant dans le monde « réel », a des répercussions sur les personnes particulièrement vulnérables (Pilkington, 2019). Comme l'a d'ailleurs déclaré en 2019 le rapporteur spécial de l'ONU sur l'extrême pauvreté et les droits de l'homme, lors de l'assemblée générale de l'ONU, *« alors que l'humanité se dirige, peut-être inexorablement, vers l'avenir du tout numérique, il lui faut changer de cap, de manière significative et urgente, pour éviter de trébucher comme un mort-vivant sur un mauvais rêve numérique »* (Conseil des droits de l'homme de l'ONU, 2019). Les risques d'intrusion, d'atténuation des responsabilités publiques, d'encrage des inégalités et des discriminations constituent une réelle préoccupation (Eubanks, 2018). Les systèmes de protection sociale contribuent à susciter la confiance dans les gouvernements en facilitant l'accès au capital humain, et en constituant un facteur d'inclusion financière par le biais des prestations et des services. Mais l'expérience a montré que cette confiance reste fragile et qu'elle peut être remise en question à chaque fois que la faiblesse de la gouvernance et des institutions devient source d'abus. Il est donc d'autant plus important d'établir des protections et des garde-fous dans la conception des systèmes de mise en œuvre de protection sociale, qui doivent aller bien au-delà de la simple garantie de « ne pas nuire ».

Il est donc essentiel de prévoir une dotation en personnel plus adéquate et de déterminer les rôles et responsabilités des institutions dans la mise en place des systèmes de mise en œuvre destinés à appuyer les politiques clés. Cette exigence fait appel à davantage de flexibilité et de volonté politique. Il ne suffit pas de vouloir régler les problématiques liées à l'inclusion dynamique et à la coordination des programmes de base ; encore faut-il prendre en compte l'éventail de plus en plus ambitieux des programmes, à mesure que le secteur de la protection sociale évolue. Et cet effort passe par un certain nombre d'améliorations. Pour atteindre les populations dans tout le pays, il est nécessaire de recourir à un personnel formé et opérationnel, soit au sein d'agences de protection sociale décentralisées, soit auprès d'exécutifs locaux disposant de compétences propres. Cela nécessite la présence de personnels en nombre suffisant et disposant des bonnes qualifications. De leur côté, ces personnels auront besoin d'avoir à leur disposition les bons outils et les bonnes procédures à suivre pour les guider dans leur mission. Pour parvenir à un niveau de développement satisfaisant, il faut pouvoir disposer d'une logistique solide pour mettre sur pied des protocoles de fonctionnement entre les différentes institutions, et pour être en mesure de superviser les dispositifs techniques et ceux destinés à protéger les données personnelles.

Cela doit répondre aussi à une volonté politique. C'est d'elle que dépend la nécessité de lancer, voire d'imposer, différents programmes et de faire en sorte qu'ils fonctionnent ensemble à un degré de qualité élevé. C'est à cette volonté politique qu'il incombe de faire comprendre à la fois au législateur, aux contribuables et à l'opinion publique que la protection sociale est une composante essentielle du contrat social et qu'elle est avant tout l'affaire du gouvernement. Des efforts sont toujours possibles, car on constate que les premiers balbutiements portent leurs fruits et suscitent des encouragements. Dans les pays à faibles revenus, c'est peut-être l'histoire de l'évolution de l'aide sociale qui est en train de se jouer depuis ces vingt dernières années. Mais il apparaît que la protection sociale a encore besoin d'accompagnement et doit être renforcée dans de nombreux pays, y compris dans plusieurs pays à revenu élevé.

L'inclusion et le dynamisme restent des défis permanents. La plus grande part des moyens alloués à la protection sociale consiste à assister les populations au moment où elles ont besoin d'être aidées. Mais il est difficile d'identifier parmi elles les individus qui nécessitent une aide permanente, tout comme il est malaisé d'en connaître le nombre. Qui est susceptible de perdre son emploi ? Et dans combien de temps ? Combien de travailleurs se retrouveront au chômage en cas de récession économique ? Qui est susceptible d'être frappé par un accident entraînant une incapacité ? Parmi les femmes enceintes, lesquelles se retrouveront en situation de précarité au point d'être en droit de bénéficier de bons d'admission gratuits leur permettant d'accoucher à l'hôpital ? Quelles familles seront en droit de prétendre à un complément de revenus ? Parmi la population jeune, quels sont ceux qui quitteront l'école pour se lancer de plain-pied dans la vie active ? Et quels sont ceux qui auront besoin d'être assistés ? Parmi les personnes âgées, lesquelles nécessiteront une aide sociale ? Lesquelles de leurs familles devront elles-mêmes être assistées ? Toutes ces questions démontrent que les systèmes de mise en œuvre doivent toujours s'efforcer de s'adapter aux besoins de nouveaux bénéficiaires, en adoptant des procédures de plus en plus réactives, dynamiques et flexibles. Au cours des chapitres précédents, on a pu voir des exemples tirés de certains pays qui vont dans cette direction, en renforçant les compétences du personnel permanent, en ouvrant l'enregistrement en ligne des bénéficiaires, en conduisant des actions de sensibilisation actives auprès des différentes populations susceptibles d'avoir recours à des prestations ou à des services, ou encore en permettant aux bénéficiaires d'être informés des prestations ou services disponibles auxquels ils pourraient également prétendre. Il y a certes des progrès dans ces domaines, mais il reste encore beaucoup à faire pour atteindre la frontière du possible, voire pour repousser encore davantage cette frontière.

La coordination constitue un autre défi. L'état actuel des systèmes de mise en œuvre est encore caractérisé par une fragmentation massive. Les raisons qui expliquent ce phénomène pourraient sembler sans importance dans certains cas : quand un programme en particulier fournit un niveau satisfaisant de complément de revenus, il peut devenir moins prioritaire pour un ministère de se lancer dans une politique de réduction des coûts. Mais les politiques engagées dépendent aussi du résultat obtenu et il peut arriver que les acteurs locaux d'un programme, qu'il s'agisse des bénéficiaires ou des administrateurs, continuent à se contenter de programmes parcellaires, ou montrent une certaine méfiance face aux réformes qui pourraient toucher plusieurs agences. L'intégration des fonctions administratives, comme celle des registres sociaux ou des paiements multiprogrammes, peut constituer une alternative — quoique partielle — à la nécessité de pallier cette fragmentation. L'intégration peut même devenir un instrument de coordination, comme le démontre l'amélioration des systèmes d'information grâce à l'évolution à long terme de la technologie. Mais aucune solution ne peut remplacer les effets d'une réforme institutionnelle. On voit donc que la question de la coordination — que ce soit entre les différents secteurs, entre les différents niveaux décisionnels et dans les rapports du gouvernement avec les structures à but lucratif ou non lucratif — est une problématique qui semble rester à l'ordre du jour des réformes. Même si on observe des progrès sensibles par endroits, les résultats encourageants de certains programmes restent à poursuivre.

La diversité est une donnée constante. Parmi les écueils rencontrés dans la rédaction de ce Manuel de référence, il y a précisément le fait qu'il existe une grande diversité dans les différents systèmes de mise en œuvre de protection sociale. L'éventail des multiples programmes, le profil des populations concernées, tout comme le contexte des différents pays, constituent autant de facteurs de diversification. Les moyens permettant de relever les défis communs à tous ces acteurs sont tout aussi variés. On peut citer le recours à des technologies différentes, un nombre de bénéficiaires aux profils différents, des institutions différentes, des réformes politiques différentes qui reposent sur des solutions différentes, sans compter les emphases différentes de la protection sociale dans toutes ses composantes (solidarité ou indépendance, personnalisation ou transparence, moindre coût ou impact, etc.). L'ensemble de ces facteurs multiples montre bien que les systèmes de mise en œuvre de protection sociale, même s'ils s'inscrivent dans un cadre identique, seront différents d'un endroit à un autre, qu'ils auront recours à des outils différents, qu'ils seront destinés à des bénéficiaires aux profils divers, et que ces systèmes devront évoluer au fil du temps. Quand les pays s'efforcent d'atteindre un niveau de systèmes de protection sociale à la fois plus élevé et plus abouti, il faut donc s'attendre à ce qu'ils s'inspirent mutuellement de leurs expériences.

Les premières démarches des utilisateurs, surtout dans un système conçu pour être centré sur l'humain,

demeureront importantes. On sait que l'essentiel des besoins auxquels s'emploient à répondre les programmes de protection sociale résulte d'un changement de situation des individus, de sorte que les éventuels bénéficiaires ne sont pas nécessairement informés des prestations et des services qui leur sont ouverts. Dans la mesure où ces changements de situation (chômage, pauvreté, invalidité, maladie) peuvent être aussi à l'origine d'une certaine stigmatisation ou de nouvelles contraintes, il se peut que certains individus se montrent moins disposés et moins diligents à prendre les devants et à accepter les prestations ou les services auxquels ils auraient droit, par rapport à ceux pour lesquels ces aides font partie intégrante de leur mode de vie. Les enjeux de l'inclusion et de la coordination sont de taille et les nombreux exemples exploités dans ce Manuel montrent bien que la conception centrée sur l'humain demeure un outil précieux pour améliorer les systèmes de mise en œuvre de protection sociale. Cette conception centrée sur l'humain est aussi en totale résonnance avec la conception de la protection sociale elle-même, en tant que droit de l'homme. Cette idée, qui n'était pas encore très répandue dans les dernières décennies, constitue aujourd'hui un point de convergence dans l'élaboration des nouvelles politiques, à une époque où notre monde s'efforce d'atteindre des objectifs de développement durable dans une ère post-COVID.

Bibliographie

Adegoke, Yinka. 2019. "Solar's Big Promise for Lighting Africa Is Tied to the Continent's Mobile Money Advantage." Quartz Africa, June 30, 2019. https://qz.com/africa/1655648/solar-power-in-africa-and-the-mobile-money-advantage/.

Chandler, Clay. 2019. "Grab vs. Go-Jek: Inside Asia's Battle of the 'Super Apps'." *Fortune*, March 20, 2019. https://fortune.com/longform/grab-gojek-super-apps/.

Coyne, Allie. 2016. "DHS' New Front-Line Will Be Virtual Assistants." iTnews, December 19, 2016. https://www.itnews.com.au/news/dhs-new-front-line-will-be-virtual-assistants-444926.

Economist. 2019. "How to Beat Bezos: Baby Amazons Take On Their American Role Model." August 1, 2019. https://www.economist.com/business/2019/08/01/baby-amazons-take-on-their-american-role-model.

Eubanks, Virginia. 2018. *Automating Inequality: How High-Tech Tools Profile, Police, and Punish the Poor*. New York: St. Martin's Press.

Financial Times. 2020. "Mobile Cash is the Best Way to Help Africa Fight COVID-19." April 12, 2020. https://

www.ft.com/content/adc604f6-7999-11ea-bd25
-7fd923850377.

MIT Technology Review. 2020. "What the World Can Learn from Kerala about How to Fight COVID-19." April 13, 2020. https://www.technologyreview.com/2020/04/13/999313/kerala-fight-covid-19-india-coronavirus/.

Pilkington, Ed. 2019. "Digital Dystopia: How Algorithms Punish the Poor." *Guardian*, October 14, 2019. https://www.theguardian.com/technology/2019/oct/14/automating-poverty-algorithms-punish-poor.

United Nations Human Rights Council. 2019. "Report of the Special Rapporteur on Extreme Poverty and Human Rights." A/74/493. https://undocs.org/A/74/493.

Weisinger, Dick. 2017. "Robotic Process Automation (RPA): Closer to a Rules Engine than to Artificial Intelligence (AI)?" Formtek blog post, October 3, 2017. http://formtek.com/blog/robotic-process-automation-rpa-closer-to-a-rules-engine-than-to-artificial-intelligence-ai/.

Glossaire*

Protection sociale

Accueil. Processus de prise de contact, de dialogue avec le(s) client(s) et de collecte d'informations dans le but d'évaluer leurs besoins et les conditions d'éligibilité potentielle aux prestations ou aux services. Le point d'entrée peut se faire via un programme spécifique ou un point d'accès commun à plusieurs programmes (tel qu'un organisme de protection sociale, un service public de l'emploi ou un registre social).

Administration des paiements. Processus de transfert monétaire vers les bénéficiaires ou sur les comptes des bénéficiaires. L'administration des paiements comprend l'établissement et la vérification des registres de paiement, la définition du calendrier de paiement, l'établissement des demandes de virement entre comptes (par le ministère de tutelle au service du Trésor), l'émission de l'ordre de virement entre comptes (par le service du Trésor au prestataire des services de paiement), l'émission des instructions de paiement (par le ministère de tutelle au prestataire des services de paiement) et le versement aux bénéficiaires (par le prestataire des services de paiement).

Aide à la création d'entreprise. Mesures qui favorisent l'entrepreneuriat en encourageant les chômeurs et membres d'autres groupes ciblés à créer leur propre entreprise ou à devenir travailleurs indépendants. L'aide peut prendre la forme de versements directs d'espèces ou d'un soutien indirect sous la forme de prêts, de fourniture d'installations, de conseils d'affaires, etc.

Aide à l'enfance. Services sociaux destinés aux enfants à risque et à leurs familles, y compris les services de protection de l'enfance, l'adoption et le placement en famille d'accueil, le maintien des liens familiaux et les services de soins (à domicile, dans la communauté ou en institution).

Aide à l'embauche/aide salariale. Mesures financières incitant à la création et à l'acceptation de nouveaux emplois ou favorisant les opportunités d'amélioration de l'employabilité par le biais d'une expérience professionnelle et qui ne sont dues que pendant une période limitée. Ces incitations à l'emploi peuvent inclure des primes accordées exclusivement aux personnes du ou des groupes ciblés par les programmes d'emploi et subordonnées à l'acceptation d'un nouvel emploi (prime de retour à l'emploi, allocation de mobilité/réinstallation, etc.).

Allocation familiale. Voir allocation pour enfant.

Allocation pour enfant. Prestation en espèces versée aux familles en fonction de la présence et du nombre d'enfants dans la famille. La prestation peut varier en fonction du rang de naissance de l'enfant, de l'âge de l'enfant ou de la situation professionnelle du parent. L'éligibilité peut être universelle ou fondée sur une évaluation de la situation socio-économique (telle que l'évaluation des ressources).

Allocations globales. Fonds du gouvernement fédéral ou du gouvernement central versés à une autorité locale ou d'État et qui doivent être dépensés dans un but général spécifié par l'allocation. Les allocations globales n'exigent pas d'approbation préalable pour les projets ou programmes individuels, tant qu'ils sont dépensés dans le domaine convenu, comme certains aspects de la santé, de l'éducation, des services sociaux aux personnes et, maintenant, de l'assistance publique aux populations démunies. (Les gouvernements des États peuvent également donner des fonds aux municipalités

* Compilé par le Groupe des solutions mondiales sur les systèmes de prestation de protection sociale et d'emploi de la Banque mondiale.

ou à d'autres juridictions locales sous la forme d'allocations globales.)

Approche à la demande pour l'accueil et l'enregistrement. Approche qui permet à quiconque de postuler et d'enregistrer ses coordonnées afin de pouvoir éventuellement être intégré dans un ou plusieurs programmes. Trois aspects clés sont caractéristiques des approches à la demande : (1) la dynamique qui conduit à la participation est conduite par les clients (pas par « l'État ») qui prennent l'initiative de postuler ; (2) des clients spécifiques participent de leur propre initiative ; et (3) le calendrier : avec l'approche à la demande, des clients spécifiques participent à l'accueil et à l'enregistrement à leur propre rythme. Si les approches à la demande sont largement déterminées par la manière dont l'accueil et l'enregistrement sont effectués, elles influencent également d'autres phases de la chaîne de mise en œuvre. Voir aussi approche impulsée par les administrateurs.

Approche impulsée par les gestionnaires de programmes pour l'accueil et l'enregistrement (aussi appelée approche axée sur l'offre ou approche d'enregistrement collectif). Approches parfois utilisées pour enregistrer des groupes de ménages à évaluer et à prendre en compte pour les inclure éventuellement dans un ou plusieurs programmes. Trois éléments clés caractérisent les approches impulsées par les gestionnaires : (1) la dynamique qui conduit à la participation est impulsée par les administrateurs, et non par les personnes enregistrées (État ≥ personnes) ; (2) l'enregistrement est généralement collectif (groupes ou cohortes de ménages) et (3) le calendrier : les échéances des approches impulsées par les gestionnaires sont généralement déterminées par les financements et les capacités des programmes, et non par le calendrier ou les besoins de ménages spécifiques. Voir aussi approche axée sur la demande.

Arrêt des prestations pour non-respect des conditions d'éligibilité. Certains pays annulent ou mettent fin aux prestations correspondantes lorsqu'un bénéficiaire ne respecte pas de façon répétée et sur une certaine période les conditionnalités ou les coresponsabilités d'un programme de transfert monétaire conditionnel. Ils sortent alors le bénéficiaire du programme, soit généralement de manière permanente, soit pour une durée significative avant qu'il ne puisse présenter une nouvelle demande (sauf appel).

Assistance individualisée à l'activation. Services d'assistance individualisée assurés par des agents, des conseillers ou des spécialistes des services de l'emploi, généralement dans des bureaux locaux de l'emploi, souvent avec des plans d'action individualisés (PAI), des coresponsabilités et un contrôle de l'avancement des PAI et du respect des coresponsabilités.

Assistance sociale. Les programmes de filets sociaux sont des transferts non contributifs en espèces ou en nature. Ils visent principalement les pauvres et les personnes vulnérables, mais peuvent également venir en aide à d'autres groupes (par exemple les chômeurs de longue durée, les personnes handicapées, etc.). Certains programmes mettent l'accent sur la réduction de la pauvreté chronique ou sur l'égalité des chances, d'autres sur la protection des familles contre les chocs et les pertes durables qu'ils peuvent infliger aux ménages pauvres non protégés. Ces programmes comprennent des transferts en espèces (conditionnels et inconditionnels), des transferts en nature tels que les repas scolaires et l'aide alimentaire ciblée, et des prestations en quasi-espèces telles que des exonérations de frais et des bons alimentaires.

Assurance d'identité. Capacité à déterminer avec un certain degré de certitude — ou niveau d'assurance (NdA) - qu'une identité particulière revendiquée par une personne ou une entité peut être considérée comme la « véritable » identité du demandeur[8].

Assurance sociale. Paquets (ou ensemble) de programmes qui minimisent l'impact négatif des chocs économiques sur les individus, les familles et les ménages. Ils incluent les programmes publics et les régimes obligatoires d'assurance contre la vieillesse, l'invalidité, le décès du principal soutien du ménage, les prestations en espèces pour congé de maternité et de maladie et l'assurance maladie sociale. Les programmes d'assurance sociale sont contributifs et les bénéficiaires reçoivent des prestations et des services en contrepartie de cotisations à un programme ou à un régime d'assurance.

Authentification. Processus permettant d'établir avec confiance qu'une personne est bien celle qu'elle prétend être. L'authentification numérique implique généralement qu'une personne présente sous format électronique un ou plusieurs « facteurs d'authentifi-cation » pour « faire valoir » son identité, c'est-à-dire pour prouver qu'elle est la même personne que celle à laquelle l'identité ou le titre a été initialement délivré[1].

Avertissement pour non-respect des conditions d'éligibilité. Notification transmise à un bénéficiaire (par exemple d'un programme de transfert monétaire conditionnel) quand il s'avère qu'un ou plusieurs membres de la famille ne respectent pas les conditionnalités ou coresponsabilités du programme.

Bénéficiaire, bénéficiaires. Personnes, familles ou ménages inscrits à un programme qui sont les destinataires d'une prestation ou d'un service.

Biométrie ou données biométriques. Caractéristiques physiologiques ou comportementales qui sont uniques à un individu (par exemple, empreintes digitales, empreinte vocale) et qui peuvent être utilisées comme un moyen de vérification automatique de l'identité.

Cadre de mesure de la performance. Le cadre de mesure de la performance et ses indicateurs ont trois objectifs principaux. Premièrement, le contrôle régulier des indicateurs de performance peut aider à diagnostiquer très tôt les goulots d'étranglement de la chaîne de mise en œuvre, corriger la trajectoire et éviter des problèmes systémiques. Deuxièmement, les indicateurs de performance associés à d'autres techniques d'évaluation peuvent aider à identifier des canaux, processus ou pratiques alternatives qui permettront au système d'être plus efficace ou d'économiser du temps ou de l'argent. Les données mesurées de la performance des systèmes de mise en œuvre peuvent alimenter un ensemble plus large de données d'évaluation des programmes, en particulier les évaluations d'impact, et contribuer au développement de programmes d'apprentissage plus larges pour affiner et en améliorer les impacts. Troisièmement, un système de mesure de la performance est un élément important de la fonction plus large de contrôle des programmes de protection sociale, garantissant ainsi l'efficacité des fonds publics alloués.

Cadre intégré de gestion de l'information. Cadre qui intègre tous les systèmes et processus d'une organisation, permettant à une organisation de fonctionner comme une unité unique poursuivant un objectif commun. Il relie les informations entre différents services/systèmes et intègre les informations entre les organismes pour un utilisateur donné.

Cadre légal (en protection sociale). Cadre législatif ou juridique qui éclaire l'utilisation et la gouvernance des lois, ainsi que des décrets, règlements et autres documents juridiques ou politiques, et fournit une base pour la mise en œuvre des politiques et programmes déployés pour réaliser les plans et résultats stratégiques.

Cartographie de la chaîne de mise en œuvre. Outil de gestion visant à cartographier le séquencement des processus de mise en œuvre entre les acteurs (institutions) ou les niveaux de gouvernement. Important pour établir l'unicité et la clarté des rôles, et utile pour cartographier les processus « en l'état » et la vision potentielle « à venir » qui pourrait justifier des réformes. En plus de la cartographie du séquencement par acteur, il peut y avoir une dimension temporelle (calendrier des cycles de mise en œuvre).

Chaîne de mise en œuvre. Les transferts et services de protection sociale (y compris ceux relatifs à l'emploi) passent par des phases de mise en œuvre communes tout au long de la chaîne de mise en œuvre, notamment la sensibilisation, l'accueil et l'enregistrement, l'évaluation des besoins et des conditions de vie, les décisions d'éligibilité et d'inscription, la détermination des prestations et des services, la notification et l'intégration, la fourniture des paiements ou des services, et la gestion des opérations des bénéficiaires.

Ciblage. Politique qui cherche à orienter une intervention (prestation ou service) vers une population déterminée en minimisant la couverture de ceux qui ne sont pas destinés à être bénéficiaires (erreur d'inclusion) et en maximisant la couverture des bénéficiaires visés (erreur d'exclusion). (*Nous préférons éviter le terme ciblage dans le cadre des activités de mise en œuvre.*)

Ciblage catégoriel. Mécanisme de ciblage dans lequel l'éligibilité est définie pour des groupes de la population sur la base de caractéristiques spécifiques observables telles que l'âge. Appartiennent à cette catégorie les pensions sociales pour les personnes âgées, les allocations pour enfants, les allocations de naissance, les allocations familiales et les prestations pour orphelins.

Ciblage communautaire. Mécanisme par lequel les communautés locales ont la possibilité de déterminer les personnes, les familles ou les ménages qui seront sélectionnés comme bénéficiaires d'un programme particulier — ou de déterminer ceux qui seront enregistrés dans un registre social pour une évaluation plus approfondie de leurs besoins et conditions, et de leur éventuelle éligibilité à des programmes sociaux.

Chômage de longue durée. Concerne les personnes qui ont été au chômage pendant plus d'une certaine période, par exemple 52 semaines (1 an, Organisation internationale du travail, Organisation de coopération et de développement économiques) ou 27 semaines (Bureau américain des statistiques du travail).

Chômage, sans emploi. Personne au chômage, sans emploi, à la recherche active d'un emploi et actuellement disponible pour travailler. Voir Chômage de longue durée.

Collecte des cotisations d'assurance sociale. Processus de collecte des cotisations payées par le travailleur ou l'employeur pour l'éligibilité et le cumul des droits aux prestations d'assurance sociale, telles que les pensions de sécurité sociale, l'assurance chômage, les congés de maternité et de maladie, etc. Dans certains pays, le recouvrement des cotisations de sécurité sociale est combiné avec le recouvrement des impôts ; dans d'autres pays, il est effectué par un processus et un organisme distincts.

Conception centrée sur l'humain. Processus continu de compréhension et de satisfaction des besoins des utilisateurs. Plus précisément, la conception centrée sur l'humain est une approche multidisciplinaire pour résoudre les besoins et les problèmes des utilisateurs finaux (les personnes) et les capacités de transformation du gouvernement.

Conditionnalités (ou « coresponsabilités »). L'ensemble des obligations que chaque ménage bénéficiaire doit respecter pour continuer à recevoir des prestations en espèces. Les exemples les plus courants sont l'assiduité scolaire, les visites médicales et les efforts en matière d'emploi/de travail.

Confidentialité des données. Utilisation et gestion appropriées et autorisées des données personnelles.

Conformité et non-conformité (aux conditionnalités). La conformité fait référence au respect des conditionnalités ou des coresponsabilités requises pour la participation au programme par les bénéficiaires. La non-conformité renvoie au non-respect des conditionnalités.

Contrôle des conditionnalités. Contrôle du respect des conditionnalités par les membres du ménage bénéficiaire et le traitement des données associées. Il s'agit d'un terme générique qui couvre les périodes de contrôle de la conformité et les périodes/processus de vérification de la conformité.

Coordination horizontale et verticale. La coordination horizontale fait intervenir plusieurs acteurs au même niveau administratif hiérarchique (par exemple, la coordination entre des organismes centraux de même niveau ou la coordination entre des acteurs locaux). La collaboration verticale associe de multiples acteurs situés à des niveaux administratifs différents (par exemple, entre des acteurs au niveau central et au niveau local).

Corruption. Désigne généralement la manipulation des listes de bénéficiaires, par exemple l'enregistrement de bénéficiaires inéligibles pour obtenir un soutien politique, l'acceptation par le personnel de paiements illégaux de la part de bénéficiaires éligibles ou inéligibles, le détournement de fonds vers des bénéficiaires fantômes ou d'autres méthodes illégales.

Critères de ciblage. Voir Critères d'éligibilité.

Critères d'éligibilité. Facteurs utilisés pour déterminer si une personne, une famille ou un ménage est éligible (critères d'inclusion) ou non éligible (critères d'exclusion) à participer à un programme.

Cycle de contrôle des conditionnalités. Processus périodique qui commence par l'établissement de la dernière liste des ménages bénéficiaires, avec des informations sur les membres de la famille concernés (liste initiale), et se termine avec une liste révisée des bénéficiaires qui met à jour les informations sur la conformité pour ce cycle, ainsi que toute décision sur les conséquences de la non-conformité (sorties), qui se répercuterait sur la liste des ménages potentiellement bénéficiaires lors du prochain cycle de paiement (liste finale). Le cycle de contrôle des conditionnalités comprend à la fois la période de conformité et la période de vérification de la conformité.

Décentralisation, ou décentralisé. Attribution de la responsabilité politique et/ou de l'autorité décisionnelle à un niveau de pouvoir infranational (État, région) ou local (municipalité, comté) à partir d'un niveau de pouvoir supérieur (y compris un transfert de ces responsabilités du niveau central au niveau infranational ou du niveau infranational au niveau local).

Décisions d'inscription. Décisions par les gestionnaires d'un programme social d'admettre des personnes, des familles et/ou des ménages dans ce programme spécifique. Ces décisions prennent généralement en compte l'évaluation des besoins et des conditions de vie, les critères d'éligibilité, ainsi que d'autres facteurs spécifiques au programme (tels que la marge de manœuvre budgétaire).

Décisions relatives à l'ensemble des prestations et des services. Détermination des niveaux de prestations (en espèces ou en nature) et/ou définition de l'ensemble des services (pour les services) qui seront fournis aux bénéficiaires éligibles à des programmes sociaux, et établissement et notification de ces décisions aux bénéficiaires (et de toute condition associée à leur participation).

Déconcentration, ou déconcentré. Processus par lequel une organisation centrale transfère certaines de ses responsabilités à des unités qui lui sont subordonnées (de niveau inférieur) au sein de sa juridiction.

Déduplication. Technique permettant de détecter les enregistrements d'identité en double. Les données biométriques — notamment les empreintes digitales et les balayages de l'iris — sont couramment utilisées pour dédupliquer les identités afin d'identifier les demandes d'identité fausses ou incohérentes et d'établir l'unicité.

Demandeurs. Personnes, familles ou ménages qui demandent des prestations et des services de leur propre initiative. Voir également les personnes enregistrées.

Désincitation à l'emploi. Incitation négative encourageant les adultes valides à ne pas s'engager dans un travail ou un emploi résultant d'une admissibilité aux prestations ou de politiques fiscales.

Donnée personnelle. Toute information relative à une personne physique qui peut être directement ou indirectement identifiée par référence soit à un identifiant (par exemple, nom, numéro d'identification, données de localisation, identifiant en ligne) soit à une ou plusieurs caractéristiques propres à cette personne (état physique, physiologique, génétique, mental, économique, culturel ou social).

Données. Valeur ou ensemble de valeurs représentant un ou plusieurs concepts spécifiques. Les données deviennent des « informations » lorsqu'elles sont analysées et éventuellement combinées avec d'autres données afin d'en dégager le sens et de leur fournir un contexte. La signification des données peut varier en fonction de leur contexte et le terme est souvent utilisé de manière interchangeable avec l'information.

Écrémage. Pratique informelle dans les services publics de l'emploi dans laquelle les agents des services de l'emploi concentrent leurs efforts d'insertion sur les personnes ayant de fortes probabilités d'emploi (plus susceptibles d'obtenir un poste) plutôt que sur les clients défavorisés (plus difficiles à appuyer). (Le terme vient de la crème qui remonte au-dessus du lait).

Efficacité. Elle est essentielle à la performance des systèmes de mise en œuvre. Comme le définissent les critères d'évaluation de l'OCDE/CAD (Organisation de coopération et de développement économiques/Comité d'aide au développement), l'*efficacité* permet d'évaluer la mesure dans laquelle un programme ou une activité atteint son objectif. Dans ce Manuel de référence, un système efficace n'est pas seulement un système qui atteint, enregistre et fournit des prestations et des services à la plupart de la population visée, mais aussi un système qui est inclusif parce qu'il tient compte des besoins spécifiques des populations vulnérables et de celles qui sont confrontées à des obstacles à l'accès. Par conséquent, le critère d'évaluation de l'inclusion est intégré à l'efficacité pour prendre en compte cette logique.

Efficience. Autre dimension importante de la performance des systèmes de mise en œuvre, mais qui est difficile à mesurer. Pour évaluer la performance, il est essentiel de s'assurer que les résultats sont atteints à des coûts raisonnables, notamment en faisant passer les clients par les différentes phases de la chaîne de mise en œuvre à un coût minimal en termes de temps et d'argent, tant pour les administrateurs que pour les clients. Les délais de traitement pour les différentes phases ou étapes de la chaîne de mise en œuvre permettent des mesures alternatives de l'efficience.

Éligibilité. État dans lequel les personnes, les familles ou les ménages sont reconnus comme ayant droit ou étant certifiés à recevoir une prestation ou un service parce qu'ils répondent à certains critères.

Enregistré(e). Individu, famille ou ménage qui a communiqué ses informations personnelles lors de la phase d'accueil et d'enregistrement de la chaîne mise en œuvre. Il peut avoir fourni ces informations de sa propre initiative (ou sur demande, voir Demandeur) ou à l'initiative d'une agence ou d'un programme public (par exemple lors d'un enregistrement de masse ou d'une campagne de recensement). Dans ce dernier cas, ils ne seront pas désignés par le terme de demandeurs, car ils n'ont pas « techniquement demandé » à bénéficier d'une prestation ou d'un service.

Enregistrement. Processus d'enregistrement et de vérification des informations recueillies lors du processus d'admission. Ce processus peut également nécessiter l'extraction d'informations supplémentaires hébergées par d'autres systèmes administratifs. L'admission et l'inscription se font généralement simultanément.

Erreur. Une erreur est une violation non intentionnelle des règles du programme ou de sa procédure de mise en œuvre qui entraine le versement d'un montant de bénéfice erroné ou le versement d'un bénéfice à un demandeur non éligible.

Évaluation des besoins et des conditions de vie. Processus systématique de détermination des besoins et des conditions de vie des individus, des familles ou des ménages enregistrés afin (1) de déterminer l'éligibilité potentielle à des programmes spécifiques et/ou (2) de contribuer à déterminer les prestations et les services qui peuvent leur être rendus par les programmes.

Évaluation des ressources (ER). Méthodologie qui détermine l'éligibilité potentielle ou calcule les niveaux de prestations ou de services sur la base d'une évaluation des revenus et des actifs d'une famille ou d'un ménage.

Évaluation des ressources par approximation (Proxy Means Testing – PMT – en anglais). Mesure composite utilisée pour évaluer le statut socio-économique d'un ménage et représentée par une note pondérée calculée à partir des caractéristiques observables du ménage telles que la structure démographique, le niveau d'éducation, l'emplacement et la qualité du logement du ménage et la possession de biens durables et d'autres actifs. Ces variables sont toutes considérées comme des « substituts » aux données sur le revenu ou la consommation, données qui peuvent être plus difficiles à mesurer et à observer dans des situations de forte informalité.

Évaluation hybride des ressources (EHR). Type d'évaluation socio-économique qui combine une évaluation des ressources avec une évaluation indirecte des ressources en recueillant des informations sur le revenu observable d'un ménage, sous forme de niveau de vie vérifiable (comme dans l'évaluation des ressources) et des informations sur certains actifs du ménage pour prévoir le niveau de vie non vérifiable (comme dans l'évaluation indirecte des ressources).

Externalisation. Accord par lequel une entité décide de sous-traiter à une autre entité tierce (le prestataire) la fourniture de services (ou de biens) nécessaires à son fonctionnement. Cette entité s'engage alors à exécuter alors le travail correspondant en utilisant son propre personnel et ses propres équipements.

Famille. Une famille est définie à des fins opérationnelles comme « un groupe de deux personnes ou plus liées par la naissance, le mariage ou l'adoption et résidant ensemble ; toutes ces personnes (y compris les membres apparentés à la famille) sont considérées comme des membres d'une même famille. »

Formation. Mesures visant à améliorer l'employabilité et financées par des organismes publics. Toutes les activités de formation doivent témoigner d'un enseignement en classe ou sur le lieu de travail et de supervision, en particulier à des fins d'enseignement. La formation peut se décomposer en formation institutionnelle, formation en entreprise, formation en alternance et apprentissage.

Fourniture de services. Voir Prestation de services.

Fraude. Se produit lorsqu'un demandeur fait délibérément une fausse déclaration ou dissimule ou déforme des informations pertinentes concernant l'éligibilité au programme ou le niveau des prestations.

Gestion des cas. Le terme « gestion des cas » est particulièrement problématique, car il est utilisé différemment par diverses professions (par exemple, par les travailleurs sociaux, les travailleurs de la santé et les spécialistes en informatique). En outre, certains peuvent utiliser le terme « gestion des cas » pour désigner ce que nous appelons dans le Manuel la gestion des opérations des bénéficiaires. Certains praticiens utilisent le terme de gestion de cas pour désigner le travail social (couvrant la sensibilisation, l'intermédiation, l'orientation et le conseil). D'autres utilisent ce terme pour désigner une approche intégrée de la gestion des clients tout au long de la chaîne de mise en œuvre (tout au long de la « durée de vie du dossier », comme le disent certains praticiens). Pour éviter toute confusion, nous évitons ce terme.

Gestion des opérations des bénéficiaires. Étape de la chaîne de mise en œuvre de la protection sociale qui fait intervenir une activité continue d'interaction et de collecte des informations sur le terrain ou à partir d'autres sources (comme d'autres bases de données), qui sont ensuite traitées selon un ensemble de protocoles, enregistrées et utilisées pour la prise de décisions. Ce processus simple d'interaction, de collecte, de traitement et de décision est le fil conducteur qui relie l'ensemble des activités qui se déroulent en permanence dans la mise en œuvre d'un programme. La gestion des opérations des bénéficiaires comprend trois fonctions principales, qui sont mises en œuvre simultanément : la gestion des données des bénéficiaires, le contrôle des conditionnalités et la mise en œuvre d'un mécanisme de gestion des réclamations.

Groupes ciblés. Voir Population visée.

Guichets uniques/centres de services. Forme de « fourniture de services intégrés » dans laquelle tous les services sont situés au même endroit, de sorte que le client n'a besoin de se rendre qu'à un seul endroit pour obtenir de l'aide. Dans certains cas, il peut s'agir à la fois de prestations et de services sociaux ou liés à l'emploi. Dans d'autres cas, ils peuvent concerner spécifiquement les services de l'emploi (par exemple, les agences pour l'emploi). D'autres modalités combinent des prestations et des services sociaux et de santé (comme le « département de la santé et des services sociaux », qui est courant aux États-Unis et en Australie).

Identification. Action ou procédé d'identification d'une personne (voir « authentification »). Dans un premier temps, elle s'accompagne généralement de l'attribution d'un numéro d'identité (qui est souvent unique) et la délivrance d'un justificatif d'identité qui, seul ou en complément d'un autre facteur d'authentification (par

exemple, la biométrie), est ensuite utilisé pour prouver ou authentifier l'identité d'une personne[5].

Identification biométrique. Processus de recherche dans une base de données d'enregistrements biométriques pour trouver et renvoyer le ou les identifiants de référence biométriques attribuables à un seul individu. La comparaison peut être soit une correspondance un à un (1:1) -—communément appelée « vérification biométrique » — dans laquelle la comparaison est effectuée par rapport à un modèle unique, soit une correspondance un à plusieurs (1:N), où la comparaison est effectuée par rapport à plusieurs modèles[2].

Identité. Attribut ou ensemble d'attributs décrivant de façon unique un sujet dans un contexte donné[6].

Inactifs. Personnes considérées comme ne faisant pas partie de la population active, ni en emploi ni au chômage, c'est-à-dire ne recherchant pas activement un emploi. Il existe diverses raisons pour lesquelles certaines personnes ne font pas partie de la population active ; ces personnes peuvent s'occuper de membres de leur famille ; elles peuvent être à la retraite, malades, handicapées ou scolarisées ; elles peuvent croire qu'aucun emploi n'est disponible ; ou elles peuvent tout simplement ne pas vouloir travailler[9].

Incitations à l'emploi. Mesures qui facilitent le recrutement de chômeurs, de personnes à la recherche d'un premier emploi (primo-demandeurs d'emploi) et d'autres populations visées, ou qui contribuent à assurer le maintien dans l'emploi de personnes risquant de perdre involontairement leur emploi. Les mesures d'incitation à l'emploi désignent des subventions pour des emplois sur le marché du travail qui pourraient exister ou être créés sans la subvention publique et dont on espère qu'ils seront pérennisés après la fin de la période de subvention. Les emplois qui peuvent être subventionnés sont généralement dans le secteur privé, mais les emplois du secteur public ou à but non lucratif sont également éligibles.

Informations. Les données deviennent des « informations » lorsqu'elles sont analysées et éventuellement combinées avec d'autres données afin d'extraire du sens et de fournir un contexte.

Inscription à l'état civil. Enregistrement continu, permanent, obligatoire et universel de la survenue et des caractéristiques des faits d'état civil (par exemple, les naissances vivantes, les décès, les décès fœtaux, les mariages et les divorces) et d'autres événements d'état civil concernant la population, comme prévu par décret, loi ou règlement, conformément aux exigences légales de chaque pays.

Interface client. Point d'accès physique ou numérique ou l'interaction entre les personnes (personnes, familles et ménages) et les systèmes de mise en œuvre de la protection sociale.

Intermédiation. Approche intégrée de prestation de services utilisée à la fois dans les services de l'emploi et les services sociaux. L'intermédiation est un service à part entière, et elle met également en lien les personnes (les travailleurs) avec d'autres services. Il s'agit d'un processus visant à informer les clients sur une gamme de prestations et de services adaptés à leurs besoins, et à les orienter vers le point d'accès correspondant, sur la base de protocoles convenus avec les organismes prestataires de services, parfois avec des plans d'action individualisés (PAI), pour les aider à surmonter les multiples barrières socio-économiques. L'intermédiation établit un lien entre la demande et l'offre de services sociaux ou de services de l'emploi. Le rôle du médiateur (travailleur social ou agent des services de l'emploi) est d'identifier correctement les besoins du participant (côté demande — par l'évaluation des risques et le profilage), puis d'identifier la disponibilité des services et des prestataires de services (côté offre), et ensuite de les mettre en relation avec un système de référence et de contre-référence (contrôle et suivi) sur la base d'un plan d'action, de protocoles, de contrats de service et de normes de service.

Interventions/programmes ou services sur le marché du travail. Activités destinées à réduire les risques, à améliorer l'efficacité du marché du travail et à accroître l'employabilité des travailleurs, y compris la sécurité et la protection de l'emploi. Comprend les services d'emploi et de conseil, la formation et la reconversion, et les systèmes d'information sur le marché du travail, notamment la conception, l'achat et l'implémentation de logiciels et de matériel informatique.

Marchés du travail. Réservoirs de main-d'œuvre qualifiée ou non qualifiée disponibles au niveau des économies locales, nationales ou mondiales.

Mécanismes de ciblage géographique. Moyen de concentrer les interventions sur les personnes, les familles ou les ménages vivant dans une certaine zone.

Mécanisme de gestion des réclamations (MGR). Un moyen formel d'accepter, de trier, d'évaluer et de résoudre les réclamations, les recours et les requêtes des bénéficiaires du programme et des autres parties prenantes. Le MGR est composé d'un ensemble de structures institutionnelles, de règles, de procédures et de processus prescrits par lesquels les réclamations, les recours et les requêtes concernant le(s) programme(s) de protection sociale sont traités.

Ménage. Toute personne ou groupe de personnes qui vit sous la forme d'une seule unité économique, qui achète de la nourriture et prépare des repas ensemble.

Méthode d'enregistrement basée sur un recensement. Enregistrement en bloc des ménages dans le registre social. Avec cette méthode du recensement, tous les ménages ou la plupart des ménages de certaines zones (ou du pays tout entier) sont enregistrés en bloc. Contrairement à l'approche à la demande (voir ci-dessous), avec l'approche du recensement, des équipes d'enquêteurs se rendent dans les communautés et procèdent à la collecte et à l'enregistrement en faisant du porte-à-porte.

Modalités de paiement. Processus de transfert et de fourniture des prestations de services aux bénéficiaires.

Nombre ciblé d'enregistrés. Nombre prévu de ménages qui pourraient être enregistrés dans un district déterminé. Ce nombre n'a pas caractère de quota fixe ou intangible (plafond ou limite).

Notification et intégration. La notification implique d'informer les demandeurs des décisions relatives à leur inscription (sélectionnés, en liste d'attente ou non retenus), et l'intégration consiste à finaliser le processus d'inscription pour ceux qui ont été sélectionnés (participation à une séance d'introduction, collecte d'informations supplémentaires, offrir une possibilité de désistement, etc.).

Paiement de protection sociale (PS). Transfert d'espèces ou quasi-espèces aux bénéficiaires des programmes de protection sociale, qu'il soit contributif ou non contributif. Il peut se décomposer en paiement de gouvernement à personne (G2P) et de personne à gouvernement (P2G).

Pension alimentaire pour enfants. Soutien financier fourni par un parent non-résident, qui n'assume pas la garde de l'enfant, pour l'entretien d'un enfant.

Pension sociale. Prestation d'aide sociale (non contributive) versée à certaines catégories de la population, telles que les personnes âgées ou handicapées. Elle peut être universelle (payée à tous dans ces catégories) ou ciblée (payée aux personnes de ces catégories qui sont également pauvres).

Période de conformité. Période de chaque cycle de contrôle des conditionnalités pendant laquelle les bénéficiaires sont observés à des fins de contrôle de la conformité (en d'autres termes, c'est la période pendant laquelle ils sont censés respecter les conditionnalités).

Période de vérification de la conformité. Période pendant laquelle le processus de vérification de la conformité est effectué pendant chaque cycle de contrôle des conditionnalités. La période prescrite peut différer du temps réel nécessaire à l'exécution de toutes les étapes, qui serait mesuré par une évaluation du processus (et qui pourrait être supérieur ou inférieur à la durée prescrite).

Personnes handicapées. Les personnes handicapées sont celles "qui présentent des incapacités physiques, mentales, intellectuelles ou sensorielles durables dont l'interaction avec diverses barrières peut faire obstacle à leur pleine et effective participation à la société sur la base de l'égalité avec les autres" (Convention des Nations-Unies relative aux droits des personnes handicapées). Une personne handicapée est, dans d'autres institutions, définie comme une personne dont (1) un handicap physique ou mental limite de façon substantielle une ou plusieurs des principales activités de la vie quotidienne ; (2) présentant des antécédents d'un tel handicap ou (3) est considérée comme ayant un tel handicap[3].

Personnes ou familles difficiles à servir. En général, les personnes ou les familles vivant dans des situations contraignantes pour l'offre de services sont confrontées à des risques et à des contraintes multiples.

La complexité qui découle de cette multiplicité fait qu'il est difficile de leur offrir des services sociaux et des services de l'emploi, ce qui nécessite des approches de services coordonnées ou intégrées pour les aider à réduire leurs risques sociaux et à réduire leur distance par rapport au marché du travail.

Plan d'action individualisé (PAI). Également appelé plan de services, plan d'action familial, accord de responsabilité mutuelle ou plan de progression personnelle, il s'agit d'un accord entre un travailleur social et un bénéficiaire qui comprend généralement un résumé de l'évaluation individuelle, notamment les résultats du profilage ; les objectifs et les étapes convenues vers les objectifs ; les prestations (le cas échéant) ; la liste des services attribués ou prescrits ; les actions requises et les engagements des deux parties (le bénéficiaire et le travailleur social) ; les règles et procédures concernant les sanctions en cas de non-respect des actions requises ; les droits et responsabilités des bénéficiaires et les informations sur les procédures du mécanisme de règlement des réclamations (MRR). Au cours de la phase d'intégration, le PAI sera signé à la fois par le bénéficiaire et le travailleur social.

Planification de la mise en œuvre de bout en bout. Permet d'approfondir la cartographie de la chaîne de prestation de services en cartographiant le séquencement (détaillé) de toutes les étapes du processus ainsi que les acteurs, les intrants et les ressources, et le temps nécessaire pour chaque étape — pour toutes les phases de la chaîne de prestation (de bout en bout).

Population ciblée. Groupe des personnes, des familles ou des ménages qui sont censés être inclus en tant que bénéficiaires potentiels d'un programme. Aussi appelé « groupe cible ».

Possibilités d'emploi et réadaptation pour les personnes handicapées. Mesures visant à permettre aux personnes handicapées d'obtenir, de conserver et de progresser dans un emploi approprié et, ainsi, de favoriser leur intégration ou leur réintégration dans la société. La réadaptation couvre les mesures de réadaptation pour des personnes ayant une capacité de travail réduite (temporaire ou permanente) et qui visent à aider les participants à s'adapter à leur handicap ou à leur état et à développer des compétences qui les préparent à passer à l'emploi.

La réadaptation désigne uniquement la réadaptation professionnelle.

Prestataire des services de paiement. Organisation du secteur public ou privé chargée d'effectuer les paiements aux bénéficiaires du programme de protection sociale. Il peut s'agir d'une banque, de services postaux, d'un opérateur de téléphonie mobile, d'une organisation non gouvernementale, d'une coopérative d'épargne et de crédit ou d'une institution de microfinance.

Prestation de chômage. Toutes formes de prestations en espèces destinées à indemniser les personnes au chômage, incluant l'assistance chômage (non contributive) et l'assurance chômage (basée sur les cotisations et l'historique des rémunérations). Ces prestations peuvent être incluses en tant que composantes d'un programme d'activation.

Prestation de services. Services sociaux ou pour l'emploi fournis à des individus, familles ou ménages en tant que service individuel ou ensemble de services intégrés.

Prestations. Élément tangible qui est donné par les programmes de protection sociale aux personnes, aux familles ou aux ménages. Cela peut prendre la forme de transferts en espèces ou en nature (comme les bons d'alimentation, les rations alimentaires et les subventions). Il peut s'agir de programmes d'aide sociale à caractère non contributif financés par le budget général, ou de programmes financés par des contributions directes sous la forme d'une assurance sociale.

Processus de vérification de la conformité. Processus consistant à vérifier que les bénéficiaires ont respecté les conditionnalités du programme. Ce processus peut comporter la préparation et la distribution des listes de bénéficiaires, la collecte, l'enregistrement, la saisie, le traitement et la transmission des données relatives à la conformité (ou à la non-conformité), ainsi que la prise de décision quant au respect des conditionnalités par les bénéficiaires.

Profilage des demandeurs d'emploi. Le profilage des demandeurs d'emploi est une méthode de diagnostic permettant d'évaluer les perspectives de retour à l'emploi des chômeurs. Le profilage peut aider les services publics de l'emploi (SPE) à segmenter les demandeurs d'emploi en groupes présentant des probabilités similaires de retour à l'emploi, et ensuite à déterminer leur niveau d'accès à différents niveaux de traitement. En outre, le profilage peut guider le processus d'allocation des ressources au sein des SPE et l'attribution d'ensembles adaptés de prestations, de services d'emploi et de PAMT.

Programme passif d'emploi. Programme qui fournit un revenu de substitution aux chômeurs sans nécessiter de leur part un effort de recherche d'emploi ou de participation à des activités liées à l'emploi.

Programme Workfare (similaire à programme d'activation). Programme qui offre des prestations aux personnes (généralement chômeurs ou pauvres) en contrepartie d'une preuve d'emploi ou de participation à des activités liées à l'emploi (telles que la recherche d'emploi, la formation, l'intermédiation ou des cours de préparation à l'emploi).

Programmes actifs du marché du travail (PAMT). Interventions visant à améliorer les perspectives des bénéficiaires à trouver un emploi rémunéré, en d'autres termes, à améliorer leur employabilité. Ces programmes comprennent généralement des formations, des services et des incitations à la création d'entreprises ou de start-ups, la création d'emplois (notamment dans les travaux publics), des subventions salariales pour encourager l'embauche de chômeurs, de primo-demandeurs d'emploi, de travailleurs handicapés ou d'autres personnes de groupes cibles.

Programmes d'activation (workfare). Programmes qui fournissent généralement des prestations en espèces (comme des allocations de chômage ou une aide sociale) avec des plans d'action individualisés suivis et des coresponsabilités (comme la disponibilité à l'emploi, la recherche d'emploi, la participation aux PAMT).

Programmes de revenu minimum garanti (RMG). Programmes d'assistance sociale qui différencient les montants des prestations en fonction de la différence entre les revenus spécifiques de chaque ménage bénéficiaire et un montant établi, dans le but d'assurer au moins ce niveau de « revenu minimum garanti ».

Protection des données. Sécurisation des informations collectées. La protection des données est fondamentale pour garantir la confidentialité des données. *La confidentialité des données*, qui est un processus et une question juridique, est axée sur les personnes autorisées à accéder aux données, tandis que la protection des données est davantage une question technique.

Protection sociale. Systèmes qui aident les individus, les familles et les ménages, en particulier les pauvres et les vulnérables, à faire face aux crises et aux chocs, à trouver des emplois et à investir dans la santé et l'éducation de leurs enfants. Ils aident également à protéger la population vieillissante.

Quota d'enregistrement. Plafond explicite (limite) du nombre d'individus, de familles ou de ménages pouvant être enregistrés dans un district déterminé.

Rapprochement des paiements. Processus qui utilise deux ensembles distincts d'enregistrements comptables pour s'assurer que les évènements comptabilisés sont corrects et concordants. Il confirme qu'une somme portée au débit d'un compte correspond au montant qui a été dépensé et s'assure que les totaux des deux évènements sont équilibrés à la fin de la période d'enregistrement. Pour les prestations en espèces, le rapprochement permet de vérifier que les fonds transférés au prestataire de services correspondent aux sommes versées aux bénéficiaires dans la période de mise en œuvre. Il permet également d'identifier les montants non décaissés.

Recherche active. Approche de la *sensibilisation* par laquelle les administrateurs de programmes, les fonctionnaires locaux, les représentants de fondations ou d'autres personnes vont délibérément et de manière proactive à la rencontre de groupes de population (tels que ceux qui vivent dans des zones isolées ou les populations marginalisées) qui pourraient autrement ne pas être pris en compte ou ne pas être conscients de leur éligibilité potentielle aux programmes de protection sociale.

Récipiendaire désigné. Personne de la famille ou du ménage bénéficiaire qui est désignée comme titulaire ou destinataire des prestations lorsqu'elles sont versées (à des fins d'authentification et de paiement). Un récipiendaire désigné doit être nommé pour toutes les prestations pour lesquelles l'unité d'assistance est un groupe (famille ou ménage). Un récipiendaire désigné peut également être nécessaire pour les prestations individuelles si le bénéficiaire a besoin d'un tuteur pour agir en son nom (comme dans le cas des orphelins ou des personnes lourdement handicapées).

Réclamation. Désigne deux catégories distinctes : (1) les réclamations, et (2) les recours, et tout autre retour d'information de la part de l'ensemble de la population, de la population visée, des personnes enregistrées, des demandeurs, des bénéficiaires ou d'autres parties prenantes du programme de protection sociale.

Réclamations. Elles concernent la qualité ou le type de processus de fourniture de prestations et/ou de services. Elles peuvent porter sur des retards, des délais, de longues files d'attente, des exigences excessives en matière de documentation, le comportement du personnel du programme, les conditions d'accueil dans les bureaux publics, le manque d'information sur les décisions du programme, la difficulté d'accéder aux prestations et/ou services de protection sociale, etc.

Réclamations/plaintes. Elles concernent le bien-fondé des décisions prises par les programmes. Il peut s'agir d'une simple erreur administrative de la part du programme, ou de questions fondamentales d'éligibilité et de droit, qui peuvent porter sur une mauvaise interprétation de la loi par le programme, le refus d'une prestation ou d'un service, un calcul erroné des droits ou une classification erronée des bénéficiaires potentiels.

Réduction des prestations pour non-respect des conditions d'éligibilité. Certains pays imposent des restrictions au versement des prestations lorsqu'un bénéficiaire ne respecte pas de façon répétée les conditions d'éligibilité ou les coresponsabilités d'un programme de transfert monétaire conditionnel. Si tel est le cas, le bénéficiaire perdra pendant une certaine période tout ou partie des prestations accordées au ménage, et ce jusqu'à ce que la conformité aux conditions d'éligibilité soit rétablie.

Réfugié(e). Personne qui se trouve hors de son pays d'origine en raison d'une crainte de persécution, de conflit, de violence ou d'autres circonstances[12].

Registre des bénéficiaires. Base de données des bénéficiaires d'un programme de protection sociale. Il s'agit également d'une composante du système de gestion des opérations des bénéficiaires. Ces registres de bénéficiaires contiennent des informations sur les bénéficiaires du programme. Les registres qui contiennent des informations sur les bénéficiaires de plusieurs programmes sont appelés registres de bénéficiaires intégrés.

Registre social. Système d'information qui soutient les processus de sensibilisation, d'accueil et d'enregistrement des ménages, mais qui permet également d'évaluer les besoins et les conditions d'éligibilité potentielle des candidats aux programmes sociaux. Il mémorise les informations sur tous les ménages enregistrés, qu'ils bénéficient ou non d'un programme social. Ainsi, les ménages enregistrés dans les registres sociaux ne sont pas considérés comme des « bénéficiaires », mais comme des « ménages enregistrés ».

Sécurité de l'information. Pratique consistant à protéger les informations électroniques ou physiques contre tout accès, utilisation, divulgation, perturbation, modification, examen, inspection, enregistrement ou destruction non autorisés. La sécurité de l'information concerne la préservation de la confidentialité, de l'intégrité et de la disponibilité des informations, en plus d'autres propriétés telles que l'authenticité, l'imputabilité, la non-répudiation et la fiabilité (ISO/IEC 27000:2009). La sécurité de l'information veille à ce que seuls les utilisateurs autorisés (confidentialité) aient accès à des informations exactes et complètes (intégrité) en cas de besoin (disponibilité)[10].

Sensibilisation. Efforts déployés pour atteindre et informer les populations et les groupes vulnérables ciblés sur les programmes de protection sociale et les prestations et services fournis afin qu'ils soient conscients, informés, capables et encouragés à s'inscrire ou à y participer.

Service privé pour l'emploi. Toute personne physique ou morale, indépendante des pouvoirs publics, qui fournit un ou plusieurs des services suivants : (1) service de mise en relation des offres et des demandes d'emploi, sans que l'agence d'emploi privée ne participe à l'éventuelle future relation de travail ; (2) services consistant à employer des travailleurs en vue de les mettre à la disposition d'un tiers et (3) autres services liés à la recherche d'emploi.

Services. Actions, activités ou travaux, matériels ou immatériels, fournis aux bénéficiaires ou auxquels participent les bénéficiaires et qui doivent contribuer à leur bien-être (pour, par exemple, réduire la pauvreté, offrir des opportunités, améliorer l'employabilité, réduire les

risques sociaux, etc.). Ils peuvent être administrés par des organismes publics ou sous-traités à des tiers sous financements publics. Voir également la définition des Services pour l'emploi, Programme actif/passif pour l'emploi et Services sociaux.

Services de garde d'enfants. Garde d'enfants à l'extérieur du domicile, généralement pour des enfants n'ayant pas atteint l'âge de la scolarité obligatoire, ou pour des enfants en âge de fréquenter l'école primaire lorsque l'école n'est pas ouverte. Les services de garde d'enfants comprennent les établissements préscolaires, les crèches, la garde au domicile des parents et les services de garde d'enfants avant et après l'école.

Services de protection de l'enfance (SPE). Services fournis pour la protection des enfants qui risquent d'être ou sont victimes de négligence (physique ou émotionnelle) ou d'abus (physiques, sexuels ou émotionnels). L'accent est mis sur la sécurité de l'enfant, mais un soutien peut également être apporté aux parents ou à d'autres membres de la famille pour renforcer les familles et promouvoir des foyers sûrs et accueillants pour les enfants.

Service de soins à domicile. Services de soins de soutien fournis aux personnes ou aux familles à domicile. Les soins peuvent être fournis par des aidants professionnels qui apportent une assistance quotidienne pour permettre le bon déroulement des activités de la vie quotidienne, ou par des professionnels de santé agréés qui répondent aux besoins de traitement médical.

Services de soins de longue durée (SLD). Fait référence à la gamme de services conçus pour aider les personnes incapables d'exécuter des fonctions physiques et cognitives, mesurée par la capacité à effectuer les activités de la vie quotidienne (AVQ) et les activités instrumentales de la vie quotidienne (AIVQ). Les personnes peuvent avoir besoin de soins de longue durée en raison de capacités fonctionnelles limitées, d'affections chroniques, d'un traumatisme ou d'une maladie qui limitent leurs capacités à prendre soin d'eux-mêmes ou à effectuer des tâches personnelles de base qui doivent être accomplies chaque jour. Les SLD désignent les soins familiaux à domicile et dans la communauté, ainsi que les soins institutionnels. Ils sont tout à fait distincts des soins de santé, en ce sens que les services de soins de santé cherchent à changer l'état de santé (de malade à satisfaisant), alors que les services de SLD cherchent à rendre l'état actuel (malade) plus supportable.

Services de soins institutionnels. Type de traitement fourni à un individu dans un environnement résidentiel formel par un institut, une autre famille ou une autre forme organisée visant à fournir des services de soins (services sociaux ou de santé).

Services de l'emploi. Services fournis aux demandeurs d'emploi, aux chômeurs ou aux inactifs, aux travailleurs handicapés ou à d'autres personnes pour les aider à trouver un emploi rémunéré. Ils comprennent généralement : (1) des outils en ligne en libre accès ; (2) des services de recherche et d'insertion ; (3) des services d'assistance individualisée et d'accompagnement professionnel souvent guidés par : des plans d'action individualisés (PAI) ; (3) des services d'orientation professionnelle et d'information professionnelle ; (4) d'autres services spécialisés.

Services de recherche d'emploi et de placement. Catégorie de services de l'emploi qui comprend généralement une aide à la recherche d'emploi, des compétences en recherche d'emploi, des compétences en matière de CV/candidature et d'entretien, des salons/clubs d'emploi, des contacts avec des employeurs et des propositions d'emploi. Souvent assurés par les services publics de l'emploi, mais parfois sous-traités à des prestataires privés de services de l'emploi.

Services publics pour l'emploi. Voir Services de l'emploi.

Services sociaux. Large variété de programmes proposés par des organismes publics ou privés pour aider les individus, les familles et les ménages à faire face à certains risques particuliers et améliorer leur bien-être général.

Situation de la population active. Pourcentage de la population ayant un emploi, au chômage ou inactive, pour l'ensemble de la population de 15 ans et plus. Est considérée comme ayant un emploi toute personne qui a travaillé au moins une heure au cours de la semaine précédente contre rémunération, bénéfice ou gain familial. Une personne est considérée comme au chômage si elle ne travaille pas actuellement, mais cherche activement un emploi ou les moyens de démarrer une entreprise. Ceux qui ne sont ni en emploi ni au chômage sont inactifs. Une personne est définie comme « non

étudiant inactif » si elle est inactive et ne fréquente pas un établissement scolaire.

Subvention salariale. Versement d'argent public aux employeurs qui proposent un emploi aux chômeurs et autres groupes vulnérables présents sur le marché du travail. Voir Aide à l'emploi/Aide salariale.

Supervision et contrôle. Mesures, outils et systèmes de prévention, détection, dissuasion et surveillance des erreurs, fraudes et tentatives de corruption (EFC).

Système de gestion des opérations des bénéficiaires (SGOB). Système informatique qui automatise le traitement de l'information pour les décisions relatives à l'éligibilité et à l'inscription, les décisions relatives à l'ensemble des prestations et des services, la fourniture des prestations et des services, et la gestion des opérations des bénéficiaires (y compris la gestion des données sur les bénéficiaires, le contrôle du respect des conditionnalités, la gestion des réclamations et les décisions de sortie de programmes). Souvent appelé « SIG ». Voir l'encadré 2.1.

Système d'identification fondamental. Système permettant de prouver (ou d'« authentifier ») l'identité unique d'une personne. Il utilise un ensemble minimal de caractéristiques, telles que des données biographiques et biométriques, pour décrire une personne de façon exclusive et, sur cette base, fournir des justificatifs d'identité reconnus par le gouvernement. Il est « fondamental » par comparaison avec divers systèmes et bases de données fonctionnels (par exemple, éducation, santé) sur lesquels il s'appuie, mais c'est un composant parallèle et complémentaire (avec, par exemple, le système d'inscription à l'état civil) de l'ensemble de l'écosystème.

Systèmes d'information. Ensemble distinct de ressources, par exemple le personnel, l'équipement, les fonds et la technologie de l'information, organisé pour la collecte, le traitement, la maintenance, l'utilisation, le partage, la diffusion ou la destruction des informations.

Systèmes de mise en œuvre. Voir systèmes de mise en œuvre de la protection sociale.

Système de mise en œuvre de la protection sociale. Environnement opérationnel pour la mise en œuvre des prestations et des services de protection sociale, y compris pour l'emploi. Il inclut les étapes et les processus nécessaires à leur mise en œuvre tout au long de la chaîne de prestation, les principaux intervenants (personnes et institutions) et les outils qui facilitent la prestation (communication, systèmes d'information et technologie).

Taux de conformité. Indicateur de performance qui mesure le nombre de personnes respectant les conditionnalités requises par un programme (numérateur) en tant que proportion (%) du total des individus suivis (dénominateur). Cet indicateur est généralement suivi pour les personnes appartenant à un groupe catégoriel spécifique, comme les enfants d'âge scolaire, les femmes enceintes ou allaitantes, etc.

Taux de contrôle des conditionnalités. Indicateur de performance qui mesure le nombre de personnes pour lesquelles le programme contrôle les informations sur le respect des conditionnalités (numérateur) en tant que proportion (pourcentage) du total des personnes dans cette catégorie (dénominateur). Cet indicateur est généralement suivi pour les personnes appartenant à un groupe catégoriel spécifique, comme les enfants d'âge scolaire, les femmes enceintes ou allaitantes, etc.

Technologie de l'information. Tout équipement ou système interconnecté ou sous-système d'équipement utilisé pour l'acquisition, le stockage, la manipulation, la gestion, l'acheminement, le contrôle, l'affichage, la commutation, l'échange, la transmission ou la réception automatiques de données ou d'informations par l'organisme exécutif.

Temps, coûts, visites (TCV). Indicateur combiné du temps que les personnes consacrent à un processus donné, des frais encourus pour y participer (par exemple les frais de transport, de garde d'enfants, de notaire et la valorisation du travail perdu) et du nombre de visites qu'elles doivent rendre au bureau local ou à d'autres agences

Transfert monétaire inconditionnel (TMI). Programme qui fournit des prestations sous la forme de transfert en espèces aux individus, familles et ménages sans imposer de conditions aux bénéficiaires.

Transferts en espèces. Argent versé à des personnes, des familles ou des ménages. Les transferts en espèces sont des versements directs, réguliers et prévisibles, à caractère non contributif, qui aident les bénéficiaires à augmenter et à lisser leurs revenus. Le terme englobe toute

une gamme d'instruments (par exemple, les pensions sociales, les allocations familiales, les programmes de travaux publics, les transferts monétaires conditionnels ou non, etc.) et un large éventail d'options en matière de conception, de mise en œuvre et de financement.

Transferts monétaires conditionnels (TMC). Programmes d'aide sociale qui subordonnent la réception des prestations à des actions du bénéficiaire (telles que la fréquentation scolaire ou des visites médicales), généralement dans le but de réduire la pauvreté et de fournir des incitations à investir dans le capital humain.

Travail indépendant/entrepreneuriat. Travail réalisé en tant qu'entreprise plutôt qu'en tant qu'employé. Le revenu d'un travailleur indépendant se décompose en rémunération du travail réalisé et rendement des capitaux privés engagés. Un travail indépendant peut être entrepris à la suite d'une démarche entrepreneuriale ou en raison de l'absence d'emplois disponibles.

Travailleur migrant. Personne qui doit exercer, exerce ou a exercé une activité rémunérée dans un État ou un pays dont elle n'est pas ressortissante[11].

Travailleurs découragés (ou demandeurs d'emploi potentiels disponibles). Personnes qui ne sont pas actuellement sur le marché du travail et qui souhaitent travailler, mais ne cherchent pas activement un emploi parce qu'elles considèrent que les possibilités d'emploi sont limitées, parce que leur mobilité professionnelle est restreinte, ou parce qu'elles sont confrontées à la discrimination, ou à des obstacles structurels, sociaux ou culturels. Ils sont également appelés « demandeurs d'emploi potentiels disponibles » ou « chômeurs cachés » et sont considérés comme faisant partie de la main-d'œuvre potentielle[4].

Unité d'assistance. Cible d'une intervention. Il peut s'agir d'un individu, d'une famille ou d'un ménage.

Validation des données. Processus de contrôle de la qualité visant à garantir que les données sont valides (complètes, précises et cohérentes). Il s'agit du processus de comparaison des données avec un ensemble de règles visant à savoir si les données sont raisonnables. Il existe de nombreux types de validation des données, notamment les suivants :

● **Contrôle de l'intervalle des valeurs.** La valeur est comprise dans l'intervalle spécifié (par exemple, le nombre d'années d'enseignement secondaire ne peut être compris qu'entre 0 et 6).

- **Contrôle de présence.** Des données ont été saisies dans un champ.

- **Contrôle du format.** Les données sont formatées correctement (par exemple, le format de la date est jj/mm/aaaa).

- **Contrôle du type.** Le type de données saisi est correct (par exemple, l'âge doit être un nombre).

Vérification des données. Processus de contrôle de la qualité visant à garantir que les valeurs des données correspondent aux informations contenues dans d'autres systèmes administratifs (par le biais de vérifications croisées). Il s'agit du processus consistant à vérifier que les données saisies correspondent exactement à la source originale/compétente pour savoir si les données sont exactes.

Vérification d'identité. Processus consistant à établir qu'un individu est bien celui qu'il prétend être[7].

Aide-mémoire informatique

Analyse prédictive, informatique décisionnelle. Processus qui aident à trouver des réponses à un ensemble de questions définies. Ces processus organisés en systèmes permettent l'agrégation et l'analyse des données et la génération et la visualisation des résultats pour documenter et aider à la gestion et la stratégie des entreprises. Ils permettent la visualisation des données, l'exploration des données, la création de rapports, l'analyse de séries chronologiques (y compris l'analyse prédictive), le traitement analytique en ligne (OLAP Online Analytical Processing) et l'analyse statistique.

- **Exploration de données (ou Data Mining).** Systèmes qui aident à trouver des réponses que vous ignoriez chercher au préalable. Processus analytique qui tente de trouver des relations ou des modèles dans de grands ensembles de données pour y découvrir d'autres informations et éléments de connaissance[13]. Une célèbre légende dans le secteur de la vente au détail est que les hommes âgés de 30 à 40 ans et qui achetaient des couches le vendredi soir avaient

de fortes chances d'acheter également de la bière, ce qui a conduit le détaillant à rapprocher les rayons des couches et des bières. Le « Data Mining » a maintenant évolué vers le « Big Data ».

- **Mégadonnées (ou Big Data).** Systèmes qui aident à trouver les questions que vous ignoriez vouloir poser. Technologies qui stockent et traitent les données provenant de sources internes et externes à l'entreprise. Les mégadonnées font généralement référence au volume colossal de données disponibles en ligne et dans le cloud, volume qui nécessite toujours plus de puissance de calcul pour collecter les données pertinentes et les analyser. Étant donné que les sources sont extrêmement diverses et que ces données ne sont généralement pas utilisées dans l'objectif pour lequel elles étaient initialement destinées, les données sont souvent « brutes » et non structurées et devront être nettoyées avant que les informations utiles puissent être recueillies.

- **Spécialiste des données.** Expert en statistiques et en informatique qui connait les astuces lui permettant de retrouver les signaux cachés dans le bruit de fond du Big Data.

- **Traitement analytique en ligne (OLAP « online analytical processing »)** Structure de données qui permet un traitement analytique rapide à partir de plusieurs perspectives, généralement à l'aide d'un schéma en étoile ou en flocon de neige, stockée sous forme de métadonnées et à partir de laquelle les données peuvent être visualisées selon plusieurs axes.

Architecture des systèmes

- **Architecture à trois niveaux.** Architecture client-serveur composée de trois couches : la couche de données, la couche de logique applicative et la couche de présentation. Cette architecture est également connue sous le nom d'architecture MVC : Modèle - Vue - Contrôleur.

  - **Couche de données.**

  - **Couche de logique applicative.** Couche qui contient les programmes (lignes de code) qui exécutent les fonctionnalités logiques de base de l'application.

- **Couche de présentation.** Couche frontale de l'application qui contient l'interface utilisateur avec laquelle les utilisateurs finaux interagissent via une application Internet pour accéder au système d'information.

- **Architecture de micro-services.** Ou simplement micro-services. C'est une variante de l'architecture orientée services qui a gagné en popularité ces dernières années. Les micro-services reposent sur une approche architecturale et organisationnelle du développement logiciel où le logiciel est composé de petits services indépendants qui communiquent via des interfaces applicatives de programmation (API — « application programming interface ») clairement définies. Ces services appartiennent à de petites équipes autonomes. L'architecture des micro-services permet de développer et de faire évoluer plus facilement et plus rapidement les applications, favorisant ainsi l'innovation et accélérant la commercialisation de nouvelles fonctionnalités. C'est une méthode de développement d'applications logicielles constituées en suites de services modulaires à liaison libre et déployables indépendamment, dans laquelle chaque service exécute un processus unique et communique via un mécanisme léger et bien défini pour servir un objectif commercial. Amazon, par exemple, a migré vers une architecture de micro-services. Cette société reçoit de nombreux appels d'un ensemble d'applications, y compris les applications qui gèrent les API de service Internet ainsi que de leur site Internet lui-même, ce qui aurait été tout simplement impossible à gérer par l'ancienne architecture à deux niveaux. Dans une application de micro-services, chaque service gère généralement sa propre base de données unique. Son contraire est l'architecture monolithique. Voir la vidéo de Werner Vogels pour plus de détails[20].

- **Architecture d'entreprise.** Peut être considérée comme un sur-ensemble des architectures applicatives, de données et techniques. Voir TOGAF pour plus de détails[19].

  - **Architecture applicative.** Description de la structure des applications et de leurs interactions en tant que groupes de fonctionnalités qui exécutent les processus clés de l'entreprise et gèrent l'ensemble des données.

  - **Architecture des données.** Description de la structure et des interactions entre les principaux types et sources de données de l'entreprise, les ensembles logiques de données, les supports physiques de données et les ressources permettant la gestion de ces données.

  - **Architecture technique.** Description de la structure et des interactions entre services techniques et entre les différents composants technologiques.

- **Architecture monolithique.** Contrairement aux micro-services, une application monolithique est toujours conçue comme une seule unité autonome. Dans un modèle client-serveur, l'application côté serveur est un monolithe qui gère les requêtes HTTP, exécute les programmes et récupère/met à jour les données dans la base de données sous-jacente. Cependant, un des problèmes que présente l'architecture monolithique est que tous les cycles de modification finissent généralement par être liés les uns aux autres et qu'une modification apportée à une petite section nécessite la création et le déploiement d'une version entièrement nouvelle. Si vous devez faire évoluer une ou plusieurs fonctions spécifiques d'une application, vous devrez peut-être faire évoluer l'ensemble des applications au lieu des seuls composants concernés. Les systèmes monolithiques utilisent une seule base de données logique servant différentes applications.

- **Architecture orientée services (SOA — « service-oriented architecture »).** Type d'architecture basée sur l'utilisation de services qui, assemblés, constitueront des systèmes interopérables, modulaires, plus faciles à utiliser et à entretenir. Chaque service exécute une petite fonction comme par exemple la validation des données, fonction qui peut être réutilisée par d'autres applications logicielles ou combinée avec un certain nombre d'autres services pour fournir la fonctionnalité d'une grande application logicielle.

Base de données. Large ensemble organisé d'informations accessibles via un logiciel.

- **Base de données distribuée.** Ensemble intégré de bases de données physiquement distribuées sur les sites d'un réseau informatique. Un système de gestion de base de données distribuée (SGBDD) est le progiciel qui gère des bases de données distribuées de façon à ce que les aspects relatifs à la localisation et répartition des données soient transparents pour les utilisateurs[15].

- **Base de données virtuelle.** Les systèmes d'information sont développés au fil du temps à l'aide de différents SGBD et peuvent appartenir à différents départements d'une organisation. En conséquence, les données sont fragmentées et réparties dans un certain nombre de systèmes, d'organisations et de localisations géographiques. Un système de gestion de base de données virtuelle (SGBDV) est un SGBD qui sert de conteneur pour afficher et interroger de manière transparente d'autres bases de données via une interface applicative de programmation (API – « application programming interface ») unique qui sélectionne plusieurs sources de données comme s'il s'agissait d'une seule entité. Ces bases de données sont connectées via un réseau informatique et sont accédées comme si elles provenaient d'une seule base de données. L'objectif d'un SGBDV est de pouvoir visualiser et accéder aux données de manière unifiée sans avoir besoin de les copier et de les dupliquer dans plusieurs bases de données ou de combiner manuellement les résultats de nombreuses requêtes. Elles sont également appelées bases de données fédérées[17].

- **NoSQL.** Type de systèmes de gestion de bases de données (SGBD) qui ne suivent pas toutes les règles des systèmes de gestion de base de données relationnelle et ne peuvent pas utiliser le langage SQL traditionnel pour interroger les données[16]. Au 21e siècle, les systèmes NoSQL ont évolué et les données sont maintenant modélisées autrement que par des relations tabulaires, ce qui est particulièrement utile pour les applications Internet en temps réel et pour le Big Data. Les systèmes basés sur NoSQL sont généralement utilisés pour travailler sur de très grandes bases de données qui sont particulièrement sujettes aux problèmes de performances causés par les limitations du langage SQL et le modèle relationnel des bases de données. Beaucoup considèrent les bases de données NoSQL comme le meilleur choix moderne pour s'adapter aux exigences d'Internet. Certaines utilisations notables de systèmes NoSQL sont les bases de données Cassandra de Facebook, BigTable de Google et SimpleDB et Dynamo d'Amazon.

- **Stockage des données (ou Data Warehousing).** Ensemble non volatile, mais variable dans le temps de données relatives à un sujet donné et venant en soutien aux décisions managériales. Il tire généralement son contenu d'un grand nombre de bases de données opérationnelles et externes et utilise pour sa mise en œuvre une approche d'architecture fédérée.

- **Système de gestion de base de données (SGBD).** Logiciel conçu pour définir, manipuler, gérer et retrouver des données mémorisées dans une base de données[14]. Il inclut quatre composants : une interface applicative de programmation (API « application programming interface »), une interface de requête, une interface d'administration et un ensemble sous-jacent de programmes et de sous-programmes d'accès aux données. Les programmes d'application n'accèdent jamais directement au support physique des données. Ils transmettent à l'interface appropriée les données qu'ils doivent lire et écrire en utilisant des noms définis dans le schéma de la base de données.

- **Système de gestion de base de données relationnelle (SGBDR).** SGBD développé pour la première fois dans les années 1970 et qui organise les données stockées dans des structures appelées tables ou relations. La différence entre SGBD et SGBDR est qu'un SGBD fournit simplement un environnement dans lequel les utilisateurs peuvent facilement stocker et récupérer des informations même en présence de données redondantes. De son côté, un SGBDR utilise la normalisation pour éliminer les données redondantes. Les exemples de SGBDR incluent MS SQL Server, IBM DB2, ORACLE, My-SQL et Microsoft Access.

Données. Valeur ou ensemble de valeurs représentant un ou plusieurs concepts définis. Les données peuvent devenir des « informations » lorsqu'elles sont analysées et éventuellement combinées avec d'autres données afin d'en extraire une signification et fournir un contexte. La signification d'une donnée peut varier en fonction de son contexte. Le mot est souvent utilisé de manière interchangeable avec l'information.

- **Dictionnaire de données.** Répertoire qui enregistre la description de toutes les données utilisées ou produites par un ou des logiciels. Liste organisée de toutes les données pertinentes pour le système concerné associée à leur définition précise et rigoureuse pour que l'utilisateur et l'analyste du système aient une compréhension commune des entrées, des sorties, de la composition des zones de stockage et (même) des calculs intermédiaires du système.

- **Données de base.** Ensemble unique de données communes, convenues, partagées dans toute l'organisation et utilisées dans plusieurs systèmes, applications et processus. Elles incluent par exemple les données relatives aux clients, produits, employés, fournisseurs, matériaux, vendeurs, etc.

- **Données dynamiques ou transactionnelles.** Données modifiées à la suite d'un événement (une transaction). Une donnée possède une dimension temporelle, une valeur numérique et fait référence à un ou plusieurs objets de référence tels qu'une commande, une facture et/ou un paiement.

- **Données non structurées.** Données qui n'ont pas de format prédéfini et ne sont pas organisées selon un modèle prédéfini. Les exemples incluent les documents écrits, vidéo et audio, l'activité sur téléphone mobile, l'activité sur les réseaux sociaux et l'imagerie satellite.

- **Données semi-structurées.** Ensemble de données non structurées qui ne se conforment pas à la structure formelle des modèles de données, mais contiennent des balises, des métadonnées ou des marqueurs qui séparent les éléments sémantiques et permettent de hiérarchiser les enregistrements et les champs de données. Les données XML (langage de balisage extensible) et JSON (JavaScript Object Notation) en sont deux exemples.

- **Données structurées.** Données disposant d'un haut degré d'organisation leur permettant d'être stockées dans des bases de données relationnelles et d'être facilement consultables à l'aide d'algorithmes ou d'opérations, comme les données d'une feuille de calcul.

- **Métadonnées.** Données décrivant d'autres données.

Intégration et interopérabilité

- **Cadre d'interopérabilité.** Approche convenue pour réaliser et maintenir l'interopérabilité entre plusieurs organisations qui souhaitent travailler ensemble à la prestation conjointe de services publics (sans avoir à intégrer tous leurs sous-systèmes dans un seul grand système).

- **Intégration.** L'intégration et l'interopérabilité sont souvent confondues, mais ces deux termes ont des significations différentes. L'intégration est le processus qui consiste à relier des applications conçues indépendamment et les faire fonctionner ensemble comme un seul système, de sorte que les données contenues dans chaque système fassent partie d'un système plus vaste et plus complet qui partage rapidement et facilement les données nécessaires. L'intégration permet également d'accéder aux données et aux fonctionnalités de ces applications indépendantes via une interface ou un service unique.

- **Intégration des données.** Combinaison de données provenant de différentes sources et qui fournit aux utilisateurs une vue unifiée permettant l'intégration de services informatiques. Lorsque les services sont fournis par plusieurs prestataires, le défi de l'intégration des services consiste à les intégrer de façon transparente de bout en bout pour qu'ils fonctionnent comme un seul et unique modèle de prestation de services informatiques. Pour assurer l'accès et la fourniture de données stockées selon des types et des structures de données différentes, l'intégration des données nécessite l'utilisation de techniques et d'outils architecturaux pour répondre aux besoins en données des applications et des processus d'une organisation.

- **Interface applicative de programmation (API – « application programming interface »).** Ensemble de fonctions et de procédures permettant l'intégration de composants applicatifs. Les API permettent aux logiciels de communiquer entre eux sans devoir savoir comment ils sont mis en œuvre.

- **Interopérabilité.** Capacité des organisations à interagir vers des objectifs mutuellement bénéfiques, impliquant le partage d'informations et de connaissances entre les organisations, à travers les processus de gestion qu'elles permettent, au moyen d'échanges de données entre systèmes utilisant des normes communes. L'interopérabilité inclut également la capacité d'un système à fournir et à recevoir des services d'autres systèmes et à utiliser les services ainsi échangés pour leur permettre de fonctionner efficacement ensemble.

Logiciel. Voir également « Système d'information ».

- **Application mobile.** Le terme « application » a évolué pour ne plus désigner qu'un logiciel conçu pour résider sur une plate-forme mobile telle qu'une tablette ou un téléphone mobile. Les applications mobiles comprennent une interface utilisateur qui interagit avec des ressources Internet qui lui donnent accès à un large éventail d'informations pertinentes pour l'application et des capacités locales de traitement qui collectent, analysent et formatent les informations de la manière la mieux adaptée à la plate-forme mobile. De plus, les applications mobiles peuvent également fournir une capacité permanente de stockage hébergée par la plate-forme mobile. Les applications mobiles sont généralement téléchargées à partir de plates-formes de distribution d'applications exploitées par le propriétaire du système d'exploitation mobile, telles que l'App Store d'Apple (iOS) ou Google Play Store.

- **Logiciel commercial (COTS – « Commercial Off-the-Shelf Software »).** Solution logicielle packagée, disponible dans le commerce et adaptée aux exigences de l'organisme acheteur.

- **Logiciel open source.** Logiciel développé par des réseaux collaboratifs informels de programmeurs et généralement gratuit. Tout le monde est librement autorisé à utiliser, copier, étudier, distribuer et modifier le logiciel de quelque manière que ce soit, et le code source est ouvertement partagé afin que les intéressés soient encouragés à améliorer volontairement le logiciel[18]. Pour plus de détails et des exemples de logiciels open source, voir **https://opensource.com/resources/what-open-source.** Il existe deux « catégories » de logiciels open source, selon le sens donné au terme anglais « free » (libre / gratuit) :

  - **FLOSS (Free/libre and Open source software).** Souligne la valeur de liberté (gratuité), c'est-à-dire avec peu ou pas de restrictions.

  - **FOSS (Free and Open source software).** Fait référence à la liberté de l'utilisateur de copier et de réutiliser le logiciel.

- **Logiciel personnalisé.** Logiciel commercial qui a été configuré, amélioré ou modifié comme suit :

  - **Amélioration.** Processus d'ajout de codes ou de modules de programme destinés à apporter des fonctionnalités supplémentaires au logiciel. Il ne modifie pas les processus existants, mais en ajoute de nouveaux.

  - **Configuration.** Processus de sélection parmi différents paramètres des options de traitement ou de valorisation préférées par l'utilisateur, sans écrire de code spécifique répondant aux exigences de l'application.

  - **Modification.** Processus de modification du code d'un programme destiné à modifier le traitement existant. Dans de nombreux cas, le code n'est pas accessible et, lorsqu'il l'est, les modifications du code ne sont ni recommandées ni prises en charge par le fournisseur du logiciel, car une modification apportée à un programme peut entraîner des problèmes lors de l'installation d'une nouvelle version mise à jour du logiciel ainsi modifié.

- **Logiciel propriétaire.** Logiciel protégé par des droits de propriété intellectuelle. Il nécessite généralement l'obtention d'une licence d'utilisation en payant soit une redevance unique, soit des frais de licence récurrents. Le code source du logiciel est généralement caché et inaccessible à l'utilisateur.

- **Logiciel sur mesure développé localement (LDSW – « locally developed software ») ou logiciel maison ou logiciel sur mesure.** Logiciel développé spécifiquement pour une organisation ou un utilisateur.

- **Maintenance.** Modification d'un logiciel livré et installé afin d'en corriger d'éventuels défauts, améliorer ses performances ou d'autres caractéristiques ou adapter l'application à un environnement modifié.

- **Système clé en main.** Solution système complète incluant logiciels et matériels et commercialisée à l'organisme acheteur en tant que produit complet qui ne nécessite aucune configuration supplémentaire. Le système clé en main peut être immédiatement utilisé une fois installé et mis en œuvre.

Système d'information. Groupe d'éléments interdépendants qui fonctionnent ensemble pour atteindre un objectif prédéfini (ou pour résoudre un problème organisationnel) en collectant, organisant, stockant, traitant, créant et distribuant des informations. Pour atteindre cet objectif, un système d'information utilise différents éléments, à savoir :

- **Base de données.** Une grande collection organisé de données accessibles via un logiciel.

- **Documentation.** Manuels, formulaires et autres informations descriptives décrivant l'utilisation et/ou le fonctionnement du système.

- **Logiciel.** Ensemble caractérisé par (1) un ensemble d'instructions lisibles par machine (lignes de code) qui, lorsqu'elles sont exécutées, fournissent les caractéristiques, les fonctions et les performances souhaitées ; (2) une structure de données qui permet à ces instructions de manipuler des données et (3) des informations descriptives sous forme papier ou virtuelle décrivant le fonctionnement et l'utilisation des instructions. Les logiciels d'application sont des programmes autonomes qui répondent à un besoin de gestion spécifique et qui traitent les données commerciales, techniques et autres de façon à faciliter les opérations commerciales ou les prises de décision de gestion/technique.

- **Matériel.** Terme générique désignant les équipements électroniques et électromécaniques qui composent les parties physiques d'un ordinateur. Les équipements internes d'un ordinateur (CPU, disque dur, RAM) sont appelés composants et les équipements externes (souris, clavier, imprimantes, scanners) sont appelés périphériques.

- **Personnel.** Utilisateurs ou opérateurs des éléments du système.

- **Procédures.** Opérations décrivant l'utilisation spécifique de chaque élément du système ou le contexte procédural où œuvre le système.

Notes

1. Suivant la définition fournie dans le document *ID4D Practitioner's Guide* de la Banque mondiale, version 1.0, Washington, DC, 2019, https://id4d.worldbank.org /guide

2. Comme défini dans la norme internationale ISO/ IEC : Information technology—Vocabulary—Part 37, Biometrics, 2382—37, 2017, https://www.iso .org/standard/66693.html. Voir aussi *Introduction to Biometrics*, par Anil Jain, Arun Ross et Karthik Nandakumar, New York, Springer Publishing, 2011.

3. Selon la définition du ministère du travail des États-Unis.

4. Selon la définition de l'Organisation mondiale du travail.

5. Selon la définition du *Guide du praticien ID4D* de la Banque mondiale.

6. Selon la définition du National Institute of Standards and Technology (NIST).

7. Selon la définition du *Guide du praticien ID4D* de la Banque mondiale.

8. Selon la définition de l'Organisation internationale du travail.

9. ISACA (Information Systems Audit and Control Association), 2008.

10. Selon la définition des Nations Unies.

11. Selon la définition des Nations Unies.

12. Selon la définition des Nations Unies.

13. Selon la définition du NIST Computer Security Resource Center, https://csrc.nist.gov/glossary/term /data_mining (accessed July 2020).

14. Selon la définition de Techopedia.com, https:// www.techopedia .com/definition/24361/database -management -systems-dbms (accessed July 2020).

15. Selon la définition de *Encyclopedia of Database Systems* ("Distributed Database Systems" entry by KL Tan), édité par L. Liu et M.T. Ozsu, Springer, Boston, MA, 2009.

16. Selon la définition de Techopedia.com.

17. Selon la définition de Techopedia.com.

18. Voir *Open Source for Global Public Goods (Anglais)* par Tina George (Karippacheril), Anita Mittal, Vasumathi Anandan, et Maria Inés Rodríguez Caillava, Identification for Development, Banque mondiale, Washington, DC, 2019, http://documents.worldbank .org/curated/en/672901582561140400/Open-Source -for-Global-Public-Goods.20.

19. TOGAF Standard for Enterprise Architecture, Version 9.2, https://pubs.opengroup.org/architecture/togaf9 -doc/arch/index.html.

20. Werner Vogels' "Amazon, Microservices, and the Lean Cloud," HackFwd Build 0.7, Berlin, https://vimeo .com/29719577.

www.ingramcontent.com/pod-product-compliance
Lightning Source LLC
Chambersburg PA
CBHW080018240326
41598CB00075B/39